Culinaria

Culinaria

Europäische Spezialitäten

Band 1

Joachim Römer · Michael Ditter (Herausgeber)

Günter Beer (Fotos)

Peter Feierabend (Gestaltung)

Christine Westphal (Redaktion)

KÖNEMANN

Hinweise zu Abkürzungen und Mengenangaben

1 g	= 1 Gramm = $^1/_{1000}$ Kilogramm
1 kg	= 1 Kilogramm = 1000 Gramm
1 l	= 1 Liter = 1000 Milliliter
1 ml	= 1 Milliliter = $^1/_{1000}$ Liter
$^1/_8$ l	= 125 Milliliter = etwa 8 Eßlöffel
1 EL	= 1 gestrichener Eßlöffel
	= 15–20 Gramm bei trockenen Zutaten (je nach Gewicht)
	= 15 Milliliter bei flüssigen Zutaten
1 BL	= 1 Barlöffel = 5 Milliliter
1 TL	= 1 gestrichener Teelöffel
	= 3–5 Gramm bei trockenen Zutaten (je nach Gewicht)
	= 5 Milliliter bei flüssigen Zutaten
1 Schnapsglas	= 20 Milliliter = 2 knappe Eßlöffel
1 Glas	= 100–125 Milliliter
1 Tasse	= 100–150 Gramm oder Milliliter (je nach Zutat)

Löffelangaben beziehen sich bei trockenen Zutaten immer auf die
verarbeitete Rohware, beispielsweise: 1 EL gehackte Zwiebeln,
aber: 1 Zwiebel, geschält und gehackt

Mengenangaben in den Rezepten
Wenn nicht anders angegeben, sind die Rezepte für vier Personen
berechnet – ausgenommen Drinks (jeweils pro Person) und Büfett-
Gerichte (für eine unbestimmte Anzahl von Personen, die sich nach
Belieben bedienen). Um den Leser jedoch nicht in die Irre zu leiten
und Mißverständnissen vorzubeugen, wurde in jenen Fällen, in
denen auf einer Doppelseite mehrere Rezepte stehen, die jeweils
für eine unterschiedliche Anzahl von Personen berechnet wurden,
auch bei den Gerichten für vier Personen ein entsprechender
Hinweis gegeben.

© 1995 Könemann Verlagsgesellschaft mbH
Bonner Straße 126 · D-50968 Köln

Idee und Konzeption:	Ludwig Könemann
Layout:	Peter Feierabend
	Michael Ditter
	Günter Beer
Studiofotografie:	Food Foto Köln –
	Brigitte Krauth und Jürgen Holz
Foodstyling:	Stephan Krauth
Food-Beratung Text:	Volker Loskill
Produktionsleitung:	Detlev Schaper
Mitarbeit:	Ute Hammer
Bildbeschaffung und -recherchen:	Sally Bald, Ruth Correia, Regine Ermert, Eva Lipton
Reproduktionen:	Columbia Offset Group, Singapur
Druck und Bindung:	Neue Stalling, Oldenburg

Printed in Germany
ISBN 3-89508-056-X

Inhalt

Hinweise zu Abkürzungen und Mengenangaben	4
Vorwort von Joachim Römer	**9**

England — 10

Einführung	13
English Breakfast	14
Tee – Viel mehr als ein Getränk	16
Wissenswertes über Tee 18 · Tee verkosten nach allen Regeln der Kunst 19 · Die süße Versuchung – Sweet Shops 21	
Marmelade	22
Wie Mrs. Keiller die Orangenmarmelade erfand 22	
Roastbeef mit Yorkshire Pudding – Englands Nationalgericht	24
Die wichtigsten Stücke vom Rind 24	
Englische Spezialität: Vielfalt in der Zubereitung von Fleisch 25	
Saucen – Englische Geschmacksabenteuer	28
Ein Volk von Saucen-Liebhabern 29	
Pickles und Piccalilli	30
Curry – was ist das? 30	
Cheddar, Stilton & Co.	32
Picknick	34
Grundausstattung für ein klassisches Picknick 34	
Fish and Chips	36
Ale und Stout – Englands besondere Biere	38
Eine Auswahl englischer Ale-Sorten 39 · Englands Biersorten 40	
Cider – Wein aus Äpfeln	41
Merry Christmas	42
Ein typisches Christmas Menue 42 · Kleine Truthahnkunde 42	

Schottland — 44

Einführung	47
Whisky	48
Geschichte 48 · Herstellungsverfahren 48 · Schottische Whisky-Sorten 49	
Bekannte Scotch-Marken 51 · Drinks mit Scotch Whisky 52	
Haggis	54
Schottische Spezialitäten	56
Rund um den Hafer	58
Gebäck-Spezialitäten 58	

Irland — 60

Einführung	63
Die Kartoffel	64
Wie irische Hausfrauen Kartoffeln kochen 65 · Boxty – Bacstaí 65	
Fleisch	66
Von Schweinen und Rindern 66 · Irische Gerichte mit Schweinefleisch 67	
Wie aus Hammeln Lämmer wurden 68	
Halloween	72
Brack – Gebäck mit Symbolkraft 72	
Cockles and Mussels	70

Guinness – Das schwarze Bier	74
Ein Whiskey eigener Art	76
Midleton – Hauptstadt des Irish Whiskey 76 · Whiskey-Sorten 77	
Bailey's – ein Likör mit Weltgeltung 78	
Milch, Käse, Butter – Das weiße Fleisch	80
Irlands Käsesorten 82	
Backwerk und Desserts	83
Soda Bread – das Brot vom *griddle* 83 · Gurr Cake – Lieblingsessen der Schulkinder 83 · Puddings – die süße Verführung 83	

Dänemark — 84

Einführung	87
Geräucherter Hering – Bornholms duftende Delikatesse	88
Dänische Heringsspezialitäten 89	
Aal – Vom Volksessen zur Delikatesse	90
Schweinefleisch – Das mit Abstand beliebteste Nahrungsmittel	92
Smørrebrød – Eine Art Weltanschauung	94
Beliebte *smørrebrød*-Rezepte 96	
Bier – Tradition seit Wikinger-Zeiten	98
Plundergebäck – Wiener Brot aus Kopenhagen	100

Norwegen — 102

Einführung	105
Lachs – Vom Edelfisch zur Massenware	106
Gravet Laks (Gravlaks) – eine skandinavische Spezialität 106	
Kabeljau – Norwegens Grundnahrungsmittel	108
Fische, Fische, Fische	110
Fisch einkaufen und küchenfertig zubereiten 111	
Aquavit – Ein Schnaps reist um die Welt	112
Rentierzucht – Ein Erbe der Nomaden	114
Der Elch – Symbol für Europas Norden 114	
Käse – Von Almen an der Baumgrenze	116

Schweden — 118

Einführung	121
Smörgåsbord – Eine schwedische Institution	122
Smörgåsbord 1: Hering	122
Eine Spezialität für Kenner: *surströmming* 122	
Smörgåsbord 2: Kalte Vorspeisen	124
Smörgåsbord 3: Fisch und Fleisch	126
Wer war Jansson? 127	
Smörgåsbord 4: Die süßen Sachen	128
Frisches Backwerk zum Kaffee 128	
Alkoholika – Schnaps und Wein vom Staat	129
Knäckebrot – Das harte Brot	130
Getreide – Kraft aus vollem Korn 130 · Ballaststoffe 131	
Knäckebrot selbst herstellen 131	

Finnland	**132**

Einführung	135
Die Sauna – Ein Lebensmittelpunkt der Finnen	136
Finnische Sauna-Rituale 136	
Krebsessen – Ein Höhepunkt finnischen Wohlgefühls	137
Wie man ein Krebsfest feiert 137 · So kocht man Krebse 137	
Lachsforelle – Angelleidenschaft	138
Rogen – Die besondere Delikatesse	140
Finnische Rogenfische 141	
Kalakukko – Das Brot mit dem Fisch	142
Pilze und Beeren	143
Vergrabenes Lamm	143
Brot – Basis der finnischen Ernährung	144

Rußland und Staaten der ehemaligen Sowjetunion	**146**

Einführung	149
Sakuska – Das russische Ritual	150
Sakuski mit Eiern 152 · Sakuski mit Pilzen 152	
Piroggen – Nagelprobe hausfraulichen Könnens	156
Pelmeni – Sibiriens Ravioli	157
Der Stör – Luxus-Fisch seit Zaren-Zeiten	158
Kaviar – Rußlands teure Delikatesse	160
Kaviar-Qualitäten 160 · So ißt man Kaviar 161	
Blini zum Kaviar: die kleinen Sonnen 161	
Kraut und Rüben	162
Suppen – Herzhaft und sättigend	164
Russisches »Durcheinander«: Soljanka 165	
Fleischgerichte – Vom »Stroganoff« zum Familienbraten	166
Brot	169
Kwass – Das russische Volksgetränk	169
Krimskoje – Der Sekt von der Krim	170
Süßspeisen – Nicht nur zur Osterzeit	171
Tee – Das Geschenk des Mongolen-Khans	172
Der Samowar – Inbegriff russischer Teekultur 172	
Wodka – Die »weiße Magie«	173
Russische Wodka-Sorten 173 · Liköre aus Wodka 173	

Polen	**176**

Einführung	179
Pilze – Leckerbissen aus Polens Wäldern	180
Kascha – Ein polnisches Traditionsgericht	182
Kohl – König der Gemüse	184
Fleischgerichte – Üppig, deftig, mächtig	186
Krakauer – Polens berühmte Würste	188
Polnische Würste 188	
Süße Sachen	190
Honigmet – Getränk aus dem Mittelalter	193

Tschechien und Slowakei	**194**

Einführung	197
Prager Schinken – Im Brotteig unsterblich	198
Der Karpfen – König in böhmischen Küchen	200
Schafskäse – Speise der Slowaken	202
Oblaten und Becherovka – Der Gesundheit zuliebe	204
Pilsener Bier – Plneňsky Prazdroj: das echte	206
So wird Pilsener Bier hergestellt 208 · Spezialbiere 209	

Ungarn	**210**

Einführung	213
Der Zander – Herrscher des Plattensees	214
Ungarns Bouillabaisse: Halászlé	215
Gänseleber – Für Feinschmecker im In- und Ausland	216
Pörkölt – Gulasch ist nicht gleich Gulasch	218
Paprika – Nichts ist typischer	220
Ungarischer Gewürzpaprika 221	
Palatschinken – Eierpfannkuchen vom Feinsten	224
Tokaji Aszú – Das Geheimnis des Ausbruchweins	226

Österreich	**228**

Einführung	230
Das Wiener Kaffeehaus – Mythos und Legende	232
Kaffeespezialitäten 233	
Rindfleisch – Der ganz besondere Schnitt	237
Der österreichische Fleischschnitt beim Rind 237	
Wiener Schnitzel – Oft kopiert, nie erreicht	238
Feines vom Kalb	239
Wild – Österreich: ein Paradies für Jäger	240
Jagdzeiten in Österreich für die wichtigsten Wildarten 241	
Wildgerichte	242
Vom Wald auf den Tisch – der richtige Umgang mit Wild 242	
Wein – Auf dem Weg zur Weltgeltung	244
Österreichische Weinanbaugebiete 245	
Heuriger – Junger Wein und alte Gastlichkeit	246
Jausen zum Heurigen 247 · Wien – Stadt des Weins 247	
Der Würstelstand	247
Mehlspeisen – Alles was gut schmeckt, macht auch dick	248
Knödel – Ein sinnliches Vergnügen	250
Streifzug durch die Knödelküche 252	
Salzburger Nockerln – Das Schaumgebirge	254
Krapfen – Noch ein Kultgebäck	255
Österreichs Edelbrände – Flüssige Früchte	256
Die Marillen der Wachau 256	
Sachertorte – Die königliche Torte	257

Schweiz   258

Einführung   260

Schweizer Käse – Das Beste vom Besten   262
Emmentaler – Inbegriff des Schweizer Käses 262
Die Herstellung des Emmentalers 262

Käsefondue – Typisch schweizerisch   264
Wissenswertes über das Fondue 264 · Jedem Kanton das Seine 264
Raclette – das schmelzende Käsevergnügen 265

Rösti – Geriebene Kartoffeln in Variationen   266
Rösti-Kompositionen 266 · Ideal zu Rösti: das Zürigschnetzelte 267

Fische – Aus Bächen und Bergseen   268

Wein – Für den Eigenverbrauch   270
Schweizer Weinanbaugebiete 271

Bündner Fleisch – Aus würziger Gebirgsluft   272

Basler Leckerli – Süßes millimetergenau   274

Süße Spezialitäten   275

Schokolade – Aus Schweizer Alpenmilch   276
Von der Bohne zum Kakao 277 · Die Praline – Königin der Schokolade 277

Zigarren   278
Die Cohiba – Kubas Antwort an Davidoff 278 · Zigarrenformate 279
Der Zigarrenmacher – der wichtigste Mann 279
So raucht man eine Zigarre 279

Deutschland   280

Einführung   282

Brot und Brötchen – Weltmeister im Brotbacken   284
Deutsche Brotsorten 284 · Kleingebäck – von Schrippen, Semmeln,
Brötchen, Wecken und Semmeln 284 · So stellt man Sauerteig her 285
Wie Brötchen gebacken werden 285 · Brotgerichte 286
Brotsorten und Kleingebäcke 288

Das Schwein – Der Deutschen Lieblingstier   290
Die wichtigsten Stücke vom Schwein 290
Wurst – Qualität und Vielfalt 293 · Regionale Wurstspezialitäten 293
Wurst-Unterschiede 293 · Deutscher Wurst-Atlas 295
Regionale Fleischspezialitäten 296

Kieler Sprotten – Norddeutschlands Spezialität mit Weltruhm   298
Fische aus Nord- und Ostsee als Handelsware 300

Fischspezialitäten – Von Binnenland und Waterkant   302
Die Scholle – Deutschlands Plattfisch 303
Hering – ein Kapitel für sich 303

Kartoffeln – Allzweckgemüse mit vielen Qualitäten   304
Gegen die Hungersnot 304 · Wissenswertes über den Kartoffelanbau 304
Kartoffelgerichte 304

Die »Krauts« – Ein Kapitel vom Kohl   306
Deutsche Kohlsorten 307 · Das Brudermahl der Schaffer 307

Gemüse – Vielfalt der grünen Küche   308

Spargel – Das Saison-Gemüse   310

Spätzle – Die deutsche Nudel   311
Käse-Spätzle 311

Obst – Vitamine aus dem Garten   312
Deutsches Land – Apfel-Land 312

Kuchen – Der kleine Wohlstand   315

Süßes Kleingebäck – Das kleine Glück   316

Torten – Aber bitte mit Sahne   318
Obsttorten 319

Lebkuchen und Printen   320
Aachener Printen 321

Lübecker Marzipan   322

Wein – Deutschland: das Mutterland des Riesling   324
Wie der deutsche Wein sich behauptet 324 · Wein und Feste 326
Deutscher Wein und seine Qualitäten 326
Deutsche Weinanbaugebiete 327

Ebbelwoi – Apfelwein in Sachsenhausen   328

Deutsches Bier – Qualität durch Reinheit   330
Das größte Bierfest der Welt 331 · Ein Reinheitsgebot seit 500 Jahren 331
Obergärig und untergärig 331 · Vielfalt von Nord bis Süd 331
Inseln des deutschen Bierkonsums 332 · Bestandteile und Brauprozeß
von Bier 333 · Regionale Imbißspezialitäten zum Bier 333

Schnäpse – Von Korn, Obst und Kräutern   334
Branntwein: Korn und Klarer 334 · Obstbrannt: Obstler und
andere Wässer 334 · Kräuterschnaps: Medizin und Labsal 334
Weinbrand statt Cognac 334

Haxen – Das delikate Beinfleisch   335

Niederlande   336

Einführung   338

Käse aus Holland – Weltweit ein Begriff   340
Verfahren zur Herstellung von Käse 340
Trockenmasse und Fettgehalt 341

Eintöpfe – Solide und bodenständig   344

Poffert – Hollands Gugelhupf   345

Pfannkuchen – Auf die Größe kommt es an   346

Matjes – Über Kopf in den Mund   348
Wissenswertes über den Hering 348

Miesmuscheln – Bodenschatz des Meeres   350

Limburger Vlaai – Die delikaten Törtchen   352
Krentewegge für die Wöchnerinnen 353

Lakritze und Ingwer – Eine süße Leidenschaft der Niederländer   354
Spitze im Lakritzekonsum 354
Ingwer – Süßes aus dem fernen Osten 354

Speculaas – Das Gebäck vom Nikolaus   356

Genever und Liköre – »Binnenlands Gedestillierd«   358
Ein borrel Genever 358 · Berühmte Liköre 358

Danksagung · Übersetzungen · Fotonachweis   360

Europas Norden hat im Laufe einer langen und bewegten Geschichte eine Vielzahl von Staaten und Kulturen hervorgebracht. Ihre nationale Identität spiegelt sich nicht nur in Sprache, Kunst und Architektur, sondern auch in ihren Küchen: Mindestens ein »Nationalgericht« nennt jedes Land sein eigen, und die Küchentradition ist dem Bürger oftmals noch wichtiger als das kulturelle Erbe: Heimweh vertreibt man am besten und bequemsten durch die Zubereitung der von zu Hause gewohnten Genüsse.

In einer Zeit, in der es überall alles gibt, sind wir schon längst an den Umgang mit Lebensmitteln aus anderen Ländern gewöhnt: Zum Frühstück steht englische Orangenmarmelade auf dem Tisch, wir trinken tschechisches Bier und genießen russischen Kaviar, essen holländischen Käse mit schwedischem Knäckebrot. Irischer Whiskey und norwegischer Aquavit gehören ebenso zum kulinarischen Alltag wie Pilze aus Polen, Paprika aus Ungarn und Schokolade aus der Schweiz.

Bei so viel Internationalität wird die nationale und regionale Küchen-Identität besonders wichtig: Man besinnt sich wieder auf die Zubereitungen von Mutters und Großmutters Speiseplan und huldigt so auf praktische und genußvolle Weise der Tradition. Man kann aber auch als entdeckungsfreudiger Genießer, ohne die Strapazen einer Reise auf sich zu nehmen, kulinarische Ausflüge in benachbarte und entfernte Länder unternehmen: Es genügt, sich ein wenig mit der Kochkunst und den speziellen Eigenheiten dieser Länder zu befassen und ihre Lieblingsgerichte nachschöpferisch zuzubereiten.

Wie man das macht, steht auf appetitfördernde Weise in diesem Buch. Seine reiche Bebilderung läßt das Auge schwelgen, und die Texte beschreiben auf unterhaltsame Weise die Küchen-Philosophie der verschiedenen Länder. Will man dann zum Kochlöffel greifen, findet man auch die Rezepte dazu, und die Zutaten sind dank des hochentwickelten Transportwesens in Europa meist leicht erhältlich. Das meiste kann man in Supermärkten, Fachgeschäften oder Spezialläden für Lebensmittel aus anderen Ländern kaufen; seltene Rohprodukte läßt man sich von Freunden oder Urlaubsreisenden aus dem Bekanntenkreis mitbringen. Wenn man dann zu einem skandinavischen, russischen oder ungarischen Abend lädt und die Gerichte dieser Länder auf den Tisch bringt, tut man im kleinen mehr für die Völkerverständigung als mancher Politiker: Man praktiziert europaweite Gastfreundschaft und schafft Sympathie füreinander über Messer und Gabel. Kann man sich eine angenehmere Art vorstellen, sich mit anderen Kulturen zu befassen?

**Vorwort von
Joachim Römer**

Honor Moore

England

Die englische Küste bei Cornwall

Vorherige Doppelseite: Das Team von
Fortnum & Mason, einer der vornehmsten
Londoner Adressen für Delikatessen

England schwimmt bekanntermaßen gegen den Strom. Auf der Insel haben Traditionen einen besonderen Stellenwert – was sich nicht nur in der Beharrlichkeit ausdrückt, mit der man am Linksverkehr auf den Straßen festhält, sondern auch in den Ernährungsgewohnheiten der Briten, die sich jahrhundertelang vom Geschehen auf dem europäischen Kontinent abgeschottet hatten. England ist seit 1066 nicht mehr durch Waffengewalt erobert worden, aber im Laufe der Zeit kamen immer wieder Angehörige anderer Völker ins Land. Das britische Empire, noch vor hundert Jahren Herrscher über die halbe Welt, ließ sich trotz allen Traditionsbewußtseins gern von fremden Ideen und Gebräuchen beeinflussen und integrierte sie in das tägliche Leben. Britische Kolonialoffiziere brachten Lebens- und Ernährungsgewohnheiten, Rezepte für exotische Gerichte und oft genug auch ihren indischen oder chinesischen Koch mit bei ihrer Rückkehr in die Heimat. Und als aus dem Weltreich das Commonwealth wurde, strömten Asiaten und Afrikaner, Amerikaner und Australier in großer Zahl ins Land. Sie alle trugen bei zu einem abwechslungsreichen Speiseplan. England hat gewissermaßen zwei »Nationalgerichte«: *Roastbeef* mit *Yorkshire Pudding* sowie *fish and chips*. Das Roastbeef gilt als typisches Offiziersessen, ist in den englischen Clubs zu Hause und hat sogar einem ganzen Berufsstand seinen Namen gegeben: Die Wachmannschaften vor dem Tower, in dem die britischen Kronjuwelen aufbewahrt werden, heißen *beefeater*. Fish and Chips, Backfisch mit Pommes frites, hat Generationen von *dockers,* die englischen Hafenarbeiter, ernährt und gilt gemeinhin als Volksnahrung. Das Gericht ist heute erstaunlicherweise ein typisches Yuppie-Essen geworden, wobei jedoch der Fisch von ausgesuchter Qualität ist, auf edlem Porzellan serviert und von erlesenen französischen Weinen begleitet wird. Was sich trotz aller Wechselfälle des kulinarischen Geschmacks ungebrochen bewahrt hat, ist die Tradition des English Pub: Die Neigung, sein abendliches Bier in Gesellschaft anderer zu sich zu nehmen und sich geduldig an die unvermeidliche Sperrstunde heranzutrinken, setzt der steten Amerikanisierung des kulinarischen Lebens erfolgreichen Widerstand entgegen.

English Breakfast
Tee
Marmelade
Roastbeef mit Yorkshire Pudding
Saucen
Pickles und Piccalilli
Cheddar, Stilton & Co.
Picknick
Fish and Chips
Ale und Stout
Cider
Merry Christmas

English Breakfast

Der bekannte englische Romanschriftsteller Somerset Maugham hat einmal gesagt: »Die beste Art, sich in England zu ernähren, besteht darin, dreimal täglich zu frühstücken.« In der Tat: Das English Breakfast hat es in sich und Freunde überall auf der Welt. »Erfunden« haben es die Erbauer des British Empire – aber schon seit Jahrhunderten war es in England in allen Landstrichen Brauch, sich morgens erst einmal gründlich zu stärken, bevor man den Tag anging.

Das English Breakfast hat zweifellos kulinarische Kulturgeschichte geschrieben und sich neben dem französischen *croissant* und dem deutschen Marmeladenbrötchen auf der ganzen Welt durchgesetzt – kein anspruchsvolles Hotel, das ohne ein Frühstücksbüfett nach englischem Vorbild auskommt. Dabei ist das Büfett lediglich die zeit- und personalsparende Variante des Frühstückszeremoniells, das in seiner klassischen Form – wie ein Menü – in mehreren Gängen serviert wird.

Erster Gang:
Ein echtes English Breakfast beginnt mit einem Glas Orangensaft oder einer halben Grapefruit, die man in Segmente schneidet, mit Zucker bestreut und auslöffelt. Wer will, kann aber auch eingemachte Pflaumen oder Kompott bekommen.

Zweiter Gang:
Jetzt stehen Porridge oder Cornflakes auf dem Programm. Letztere werden mit Milch übergossen und gegessen, bevor sie sich mit der Flüssigkeit vollsaugen können – ein beliebter Knusper-Genuß insbesondere für Kinder. Nichts geht dem Freund des englischen Frühstücks jedoch über ein ganz frisch

14 **England**

zubereitetes Porridge, nur mit Wasser und einer Prise Salz gekochte Haferflocken, die man zusammen mit einem Stich Butter auf den Teller gibt, mit braunem Zucker bestreut und mit heißer Milch übergießt. Wer es einmal probiert hat, kann nach diesem bescheidenen, aber höchst wohlschmeckenden Gericht geradezu »süchtig« werden.

Dritter Gang:
Jetzt folgt das Hauptgericht: Eier, vorzugsweise als Spiegeleier mit knusprigem Speck *(ham and eggs)* oder gebratenem Schinken *(bacon and eggs)*. Manche bevorzugen auch *scrambled eggs*, Rührerei. Willkommene Beilagen sind Grilltomaten, Pilze oder Cocktail- und Bratwürstchen.
Wer noch weitere kulinarische Pläne für sein Frühstück hat, nimmt vielleicht statt der gebratenen Eier lieber ein *poached egg* (verlorenes Ei) auf Toast.

Vierter Gang:
Lust auf ein Fischgericht oder eine Fleischspeise? Die Lieblingszubereitung der Fischfreunde ist der *kipper*, geräucherter Hering frisch aus der Pfanne. Hoch im Kurs stehen auch *devilled kidneys* (von *devil* = Teufel), pikante Hammelnierchen, und *kedgeree*, gekochter Fisch in Curryreis.

Fünfter Gang:
Zum Abschluß kommen Toast und Marmeladen auf den Tisch sowie – erst jetzt – eine große Kanne heißer Kaffee, alternativ auch Tee, jeweils mit Milch. Besorgte Hausfrauen, die fürchten, daß ihre Gäste noch nicht satt geworden sind, stellen außerdem *hot cross buns* (Rosinenbrötchen) oder *crumpets* (gebackene Wecken) dazu.

So bereitet man Ham and Eggs zu
- In eine schwere, gußeiserne Pfanne etwas Fett und in dünne Scheiben geschnittenen, durchwachsenen Speck geben. Beidseitig brutzeln lassen, bis der Speck knusprig ist.
- Eier am Pfannenrand aufschlagen und über den Speck in die Pfanne gleiten lassen. Mit Salz und Pfeffer würzen und braten, bis die Ränder knusprig sind. (Man kann Speck und Eier auch im Backofen backen.)
- Dazu in Butter geröstete Weißbrotscheiben reichen.

Engländer essen Eier nicht gern direkt aus der Schale. Für die Zubereitung eines *poached egg* verwendet man *coddler*, Porzellangefäße mit einem Silberdeckel als Schraubverschluß, der mit einer großen Öse versehen ist. In das Gefäß schlägt man das Ei, gibt Gewürze hinzu, verschließt den Behälter und legt ihn in sprudelnd kochendes Wasser, wo man die Eiermasse stocken läßt. An der Öse kann man das Gefäß problemlos aus dem Wasser nehmen, ohne sich zu verbrühen.

Hot Cross Buns
Rosinenbrötchen

40 g Hefe
30 g Zucker
$1/8$ l lauwarme Milch
350–450 g Mehl
1 Prise Salz, 1 TL Piment, 1 TL Zimt
2 Eier
50 g weiche Butter
100 g Rosinen
1 Ei, mit 1 EL süßer Sahne verquirlt

Hefe und Zucker in der Milch auflösen. Stehenlassen, bis die Hefe zur doppelten Menge aufgegangen ist.
In einer Schüssel etwa 350 g Mehl mit Salz und Gewürzen mischen, Hefemischung und Eier zugeben und alles gut verrühren. Die Butter portionsweise unterrühren, gegebenenfalls noch Mehl hinzufügen, bis der Teig zu einem weichen Kloß geworden ist. Dann 10 Minuten kneten. Den Teig 45–60 Minuten gehen lassen, danach die Rosinen einkneten. Eine Handvoll Teig beiseite stellen.
Aus der größeren Teigmenge Brötchen formen von 3–4 cm Durchmesser und auf ein gefettetes Backblech setzen. Nochmals 15 Minuten gehen lassen.
Den Backofen auf 225 °C vorheizen. Mit einem Messer jedes Brötchen kreuzförmig einschneiden. Aus dem restlichen Teig dünne Schnüre rollen und stückweise in die Einschnitte drücken.
Brötchen dünn mit der Ei-Sahne bestreichen und auf mittlerer Schiene 15 Minuten backen. Abkühlen lassen und auseinanderbrechen.– Hot Cross Buns sind ein Ostergebäck.

Crumpets
Gebackene Wecken

20 g Hefe, $1/2$ TL Zucker, 2 EL lauwarmes Wasser
100 g Mehl
1 Prise Salz
$1/8$ l Milch
1 Ei
75 g Butter

Zum Ausstechen
5–6 offene runde Ausstechformen

Hefe und Zucker im Wasser auflösen und 5 Minuten stehenlassen. Mehl und Salz in eine Schüssel geben, Hefemischung, Milch und Ei zugeben und alles gut verrühren. 1 EL Butter zufügen, verrühren, bis der Teig weich und glatt ist. 60 Minuten gehen lassen.
Die übrige Butter klären, mit der halben Menge eine schwere Pfanne und die Formen auspinseln. Formen bei mittlerer Hitze in die Pfanne setzen, in jede 1 EL Teig geben. Wenn die Oberfläche blasig und die Unterseite gebräunt ist, Formen entfernen, die Crumpets wenden und noch 1 Minute bräunen. Warm halten; Pfanne und Formen mit der restlichen Butter einfetten und die zweite Portion backen.

Kedgeree
Fisch in Curryreis

250 g Langkornreis
500 g Steinbutt, Kabeljau oder Lachs
50 g Butter
1 EL Currypulver, 1 Prise Cayennepfeffer
4 hartgekochte Eier, in Scheiben geschnitten
2 EL feingehackte Petersilie

Reis in Salzwasser körnig kochen. Den Fisch mit Wasser bedeckt aufwallen und im offenen Topf 10 Minuten ziehen lassen. In große Stücke zerteilen, dabei die Gräten entfernen. Beiseite stellen.
Butter zerlassen, Currypulver und Cayennepfeffer einstreuen, 1 Minute anschwitzen. Den Reis unterrühren, Fischstücke zugeben und unterheben. Alles auf kleiner Flamme 1 Minute erhitzen, die Eierscheiben dann vorsichtig unterheben. Mit Petersilie bestreut sofort servieren. Dazu gebutterten Toast reichen.

Devilled Kidneys
Pikante Hammelnierchen

8 ganze Hammelnieren, gehäutet und vom Fett befreit
2 TL Mango-Chutney
1 EL Senf, 1 $1/2$ TL scharfes Senfpulver
2 TL Zitronensaft
$1/2$ TL Salz, 1 Prise Cayennepfeffer

Die Nierchen der Länge nach halbieren, ohne sie dabei ganz durchzuschneiden. Chutney, Senf, Senfpulver, Zitronensaft, Salz und Cayennepfeffer gut verrühren. Nierchen darin 60 Minuten marinieren. Grillpfanne des Backofens einfetten, Grill auf höchste Temperaturstufe schalten. Die Nierchen aus der Marinade nehmen, mit der Schnittseite nach oben in die Pfanne legen und 3 Minuten grillen. Wenden und weitere 3 Minuten grillen. Toastscheiben mit Marinade bestreichen, die Nierchen paarweise darauflegen und sofort servieren.

Viel mehr als ein Getränk

Tee

Der *butler,* der Kammerdiener des englischen Lords, hat am Morgen eine erste, wichtige Aufgabe: Er serviert den *early morning tea.* Das Procedere ist ein Ritual:

Der *butler* klopft an die Schlafzimmertür und bringt auf einem Silber-Mahagoni-Tablett den frisch aufgebrühten Tee und die *Times* mit der vorgeschriebenen Begrüßungsformel »Good Morning, Sir« – ganz gleich, ob der Herr allein oder mit einer Dame im Bett liegt: Ein gut geschulter englischer *butler* würde es niemals wagen, die Anwesenheit einer Dame im Negligé auch nur zur Kenntnis zu nehmen.

Alle Engländer behalten die Sitte des *early morning tea* bis heute bei, obwohl im Laufe der Zeit der *butler* abhanden kam. Auch Besucher der Insel kommen in den Genuß des *early morning tea.* Alle besseren Hotels bieten diesen Service, wenngleich mittlerweile in der automatisierten Version: Ein *water kettle* nebst Geschirr, Teebeuteln, Milch und Zucker steht auf den Zimmern bereit, so daß man am Morgen nur noch eine Taste zu drücken braucht, um das Wasser zum Kochen zu bringen. Oder eine schaltuhrgesteuerte *tea machine* tritt – ganz ohne Zutun des Schläfers – in Aktion und klingelt, sobald der Morgentrunk fertig ist.

Tee ist sicherlich das »englischste« aller Getränke, und es überrascht deshalb, daß er zunächst in Portugal in Mode war, lange bevor er nach London kam. Obwohl man die medizinischen Heilkräfte dieses Getränks bei der Behandlung von Kopfschmerzen, Epilepsie, Gallensteinen, Lethargie und sogar der Schwindsucht anpries, wurde die erste kleinere Sendung, die aus Holland kam, mit einigem Mißtrauen empfangen. Erst Katharina von Bragança, die aus Portugal stammende Gemahlin von King Charles II (1660–85), führte den Kult um die Teekanne mit erheblich größerem Erfolg in die Kreise des englischen Hofes ein.

Ch'a oder T'e machte man damals, indem man einige Teeblätter in Wasser kochte – manchmal eine halbe Stunde lang, um den Geschmack zum Tragen zu bringen. Es dauerte nicht lange, bis man Zucker hinzufügte, damit das Getränk nicht ganz so bitter schmecke. Wein wurde häufig gleichfalls auf diese Weise versüßt, und ein ebenso heißer wie süßer Punsch oder Fruchtlikör war hoch in Mode. Es sollte jedoch noch ein ganzes Jahrhundert vergehen, bevor man auf die Idee kam, Milch hinzuzufügen.

In den Kaffeehäusern, in denen sich die englischen Herren an jenem »neumodischen« Getränk laben konnten, war die Gesellschaft von Damen nicht erwünscht, was den Gepflogenheiten englischer Clubs in jener Zeit entsprach. Thomas Twining eröffnete deshalb das erste Teehaus für Damen im Jahre 1717, und es wurde sofort ein großer Erfolg. Der Name Twining steht noch heute für erstklassige Teequalität, was insbesondere für die Sorte Earl Grey gilt, ein mit Bergamotteöl aromatisierter Tee, der dadurch seinen unverkennbaren Geschmack erhält.

In größeren Städten wurden vornehme Teestuben eröffnet, an die häufig eine Leihbibliothek angeschlossen war, sowie weniger exklusive Gartencafés, in denen man Tee genießen und Feuerwerke bewundern konnte. Tee war ein teurer, weil hochbesteuerter Luxus. Neben Brandy und Wein wurde daher häufig auch Tee vom Kontinent eingeschmuggelt, und gewissenlose Kaufleute vermischten frische oder bereits gebrauchte Teeblätter mit entsprechend gefärbten Blättern des Hagedorns, der Esche oder des Schlehdorns. Obwohl sie den Geschmack des Tees wohl kaum verbessert haben dürften, waren sie jedoch glücklicherweise auch nicht gesundheitsschädlich. Das Verpfuschen der Kaffeebohnen war wesentlich schwieriger, so daß der Kaffeepreis hoch blieb. Durch zahlreiche Mißernten verteuerte sich auch das Bier, was zur Folge hatte, daß immer mehr Tee getrunken wurde. Als Tee schon bald nicht mehr besteuert wurde, überboten sich die berühmten englischen Tee-Klipper an Schnelligkeit, um alljährlich die ersten Erzeugnisse der neuen Tee-Ernte nach Hause zu bringen. Der Teeanbau verbreitete sich von China aus in der Zeit um 1830 bis nach Indien und von dort nach Ceylon. Auch Kenia profilierte sich als Teelieferant.

Tee begleitet einen Engländer durch den ganzen Tag. Mit ihm begrüßt man nicht nur den Tag beim *early morning tea:* Unter englischen Werktätigen ist es ein sorgsam gehüteter sozialer Besitzstand, um vier Uhr nachmittags eine Teepause einlegen zu dürfen.

Weltberühmt geworden ist der Brauch des Teetrinkens durch den Five o'clock tea: Hier erreicht die

---

One per person, one for the pot

Die vorschriftsmäßige Art, Tee zuzubereiten

Zur englischen Teezeremonie gehört auch das Wissen um die korrekte Zubereitung des Getränks. Dafür gibt es nur eine richtige Methode.

Die auch in England lange diskutierte Streitfrage, ob man zuerst den Tee oder zunächst die Milch in die Tasse gibt, scheint inzwischen entschieden: Es ist die Milch, und sie muß kalt sein, denn warme Milch verdirbt das Aroma des Tees.

- Man füllt frisches, kaltes Wasser in einen Kessel und setzt ihn auf den Herd.
- Wenn das Wasser kocht, wärmt man mit einer kleinen Menge Wasser, die man später fortgießt, die Teekanne an.

- In die erwärmte Teekanne gibt man ebenso viele Teelöffel Tee, wie man später Tassen erwartet – zuzüglich eines weiteren Löffels *for the pot.*

- Man geht mit der Kanne zum Kessel – niemals umgekehrt, denn sonst könnte das Wasser zu sehr abkühlen! Andererseits sollte es aber auch nicht allzu lange gesprudelt haben, bevor man den Tee aufgießt.
- Den Sud läßt man 5 Minuten ziehen, weil sich in dieser Zeit die Aromastoffe am besten entfalten, ohne daß der Tee bitter wird, und rührt das Getränk vor dem Einschenken um.

Afternoon Tea

Sandwiches
Kuchen
Teegebäck
Kanne Kaffee
Kanne Tee
Weißer und brauner Zucker
Kännchen kalte, frische Milch
Teesieb
Gedeck:
Tee- oder Kaffeetasse
Teller
Serviette
Messer und Gabel
Butter und Marmelade

englische Zeremonie des Teegenusses ihre Vollendung. Schwere, kunsthandwerklich vorzugsweise im viktorianischen Stil geformte Silberkannen und -gefäße nehmen den Tee, die Milch und den Zukker auf; die charakteristischen, flachen Teeschalen aus handgefertigtem Porzellan stehen bereit für die Gäste.

Der Five o'clock tea ist eine ausgezeichnete Gelegenheit zu einem kleinen Imbiß zwischen den Mahlzeiten, weshalb Kuchen, Kekse und Erdbeermarmelade dazu gereicht werden. Bei besonderen Anlässen bieten Englands Hausfrauen darüber hinaus auch noch Sandwiches mit Krabbenpaste, mit Tomatenscheiben und geriebenem Käse sowie Schinkenbrötchen an. Was aber niemals fehlt, sind Backwaren, deren Rezepte meist aus Schottland stammen: Tea Scones, Dundee Cake oder Shortbread.

Zwischen den Hauptmahlzeiten ist der Nachmittagstee eine vorzügliche Gelegenheit, eine Pause einzulegen und einen kleinen Imbiß zu sich zu nehmen. Eingeführt wurde dieser Brauch im 19. Jahrhundert von Queen Victoria, wobei es heute jedoch meist weniger zeremoniell zugeht.

Wissenswertes über Tee

Nur schwarzer Tee ist echter Tee – Kräutertees gehören nicht dazu (und heißen im Englischen ebenso wie im Französischen auch folgerichtig nicht »teas«, sondern »infusions«). Echter Tee ist ein Aufguß aus getrockneten und fermentierten Blättern des Teestrauchs, dessen Ursprünge auf die chinesischen Kaiserhöfe vor 5000 Jahren zurückgehen. Die Teepflanze ist ein Baumgewächs mit gelblich-weißen Blüten und kleinen hartschaligen, haselnußartigen Früchten. Durch regelmäßiges Stutzen wird die Pflanze zu einem etwa ein Meter hohen Strauch zurückgeschnitten. Dessen immergrüne, junge Triebe erntet man in zeitlich festgelegten Intervallen und nach einem ganz bestimmten Pflückmuster: Nur die Spitze und die ersten zwei bis drei Blätter werden abgeschnitten, dann zerkleinert, fermentiert und getrocknet, bis schließlich das Produkt entsteht, das als Tee in den Handel kommt.

Teesorten tragen oft lange, fremd klingende Namen wie Darjeeling Flowery Orange Pekoe oder Ceylon Broken Orange Pekoe. Diese Sortenbezeichnungen beinhalten die beiden wesentlichen Unterscheidungsmerkmale: zum einen das Ursprungsland und zum anderen die Blattgröße.

Ursprungsländer des Tees

Ein besonders aromatischer Tee kommt aus Darjeeling, dem nordindischen Distrikt an den Südhängen des Himalaja. Darjeelings sind relativ hell und zart im Geschmack.

In der nordindischen Provinz Assam wächst ein besonders schwerer Tee. Er ist kräftig-würzig, dunkelfarben und hat einen sehr typischen Nachgeschmack. Der Assam-Tee ist so kräftig, daß er mit jedem Wasser aufgebrüht werden kann, ohne an Geschmack zu verlieren. Aufgrund dieser Eigenschaft ist er auch Bestandteil vieler Mischungen (»Blends«).

Der aromatische Ceylon-Tee hat einen herben Geschmack. Farblich liegt er zwischen den Produkten aus Darjeeling und Assam.

Tees aus Afrika haben sich in den letzten Jahren gut entwickelt; Kenia erntet die besten Qualitätstees während der Trockenzeit.

Der grüne Tee stammt von der gleichen Pflanze wie der schwarze Tee und unterscheidet sich von diesem nur dadurch, daß er nicht fermentiert, also nicht chemisch verändert wird. Grüner Tee wird in den ostasiatischen Ländern bevorzugt und bildet beispielsweise die Grundlage der japanischen Teezeremonie. Oolong-Tee gehört weder zu den grünen noch zu den schwarzen Tees – außen ist er fermentiert, innen jedoch grün.

Geschmackssache: aromatisierte Tees

Tee läßt sich auf vielfältige Weise aromatisieren. Fruchtstückchen und Blüten, Gewürze und Aromastoffe sorgen für Abwechslung. Der bekannteste aromatisierte Tee ist der schon im 19. Jahrhundert hergestellte Earl Grey, eine nach dem britischen Außenminister Edward Grey benannte Rezeptur. Diesem Tee wird das Öl der Bergamottpflanze zugesetzt, wodurch er seinen charakteristischen blumig-herben Geschmack erhält. Weitere populäre aromatisierte Sorten sind Tees mit Zusatz von Vanille, Jasmin, Orange, Wildkirsche, schwarze Johannisbeere, Mango, Zitrone oder Apfel.

Sortierungen und Blattgrade

Nicht nur Anbaugebiete und gegebenenfalls Aromazusatzstoffe bestimmen Geschmack und Geruch der Teesorten, sondern auch Sortierung und Blattgrad. Tee kommt als Blatt-Tee, Broken-Tea, Fanning- und Dust-Tee in den Handel, wobei die Unterscheidung zwischen Blatt-Tee und Broken-Tea – »gebrochenen«, zerkleinerten Teeblättern – heute kaum noch eine Rolle spielt, da die meisten Tees als Broken-Tea importiert werden. Sogenannte »Fannings« ergeben sich beim Sieben nicht geschnittener Blätter und bestehen aus sehr kleinen Teilchen, weshalb sich Fanning-Sorten gut für Aufgußbeutel eignen. Dust, der ebenfalls für Teebeutel verwendet wird, sind die allerkleinsten Teilchen, die beim Aussieben zurückbleiben.

Hinsichtlich der Blattqualität gibt es gleichfalls signifikante Unterschiede. Die Begriffe Pekoe Tip oder Flowery Pekoe bezeichnen Tees, die nur feinste Blattknospen enthalten; Orange Pekoe besteht aus den zarten Blättern direkt unterhalb der Blattknospen; unter Pekoe versteht man Tees, die aus dem zweiten und dritten Blatt unterhalb der Blattknospe gewonnen werden. Souchong first ergibt sich aus dem dritten Blatt, wenn es grob und lang ist; Souchong sind sonstige große Blätter. Demnach ist beispielsweise Orange Pekoe keine Bezeichnung der Sorte oder Sortierung, sondern des Blattgrads.

Kenia-Tee

Formosa Oolong

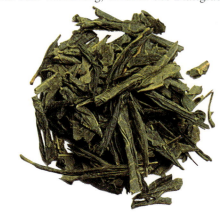

Japanischer Gyokuro

Indischer Darjeeling

Indischer Assam

Ceylon-Tee

18 England

Glossar der Abkürzungen

Sortenbezeichnungen werden auf der Verpackung meist mit Abkürzungen aus Buchstaben und Zahlen angegeben. Hier die meistverwendeten Schlüsselzeichen und ihre Bedeutung:

Grundbegriffe
Tippy: die hellen Blattspitzen des Tees
Golden: Hinweis auf goldbraune Spitzen
Flowery: besonders blumiges Aroma
Orange Pekoe: besonders zarte Blätter direkt unterhalb der Blattknospen – eine Gradbezeichnung (s. auch Erläuterungen linke Seite)

Blatt-Tee
SFTGFOP: Special Fine Tippy Golden Flowery Orange Pekoe
FTGFOP: Fine Tippy Golden Flowery Orange Pekoe
TGFOP: Tippy Golden Flowery Orange Pekoe
GFOP: Golden Flowery Orange Pekoe
FOP: Flowery Orange Pekoe
OP: Orange Pekoe

Broken-Teas
BPS: Broken Pekoe Souchong
TGFBOP: Tippy Golden Flowery Broken Orange Pekoe
GFBOP: Golden Flowery Broken Orange Pekoe
GBOP: Golden Broken Orange Pekoe
FBOP: Flowery Broken Orange Pekoe
BOP: Broken Orange Pekoe
FBOPF: Flowery Broken Orange Pekoe Fannings (ist jedoch kein Fanning!)
BT: Broken Tea

Fannings
BOPF: Broken Orange Pekoe Fannings
TGFOF: Tippy Golden Flowery Orange Fannings
GFOF: Golden Flowery Orange Fannings
FOF: Flowery Orange Fannings
OF: Orange Fannings
PF: Pekoe Fannings

Die Tee-Familie

Schwarze Tees
Assam
Indien
dunkel, aromatisch

Ceylon
Sri Lanka
hell, zart, delikat

Darjeeling
Indien
Goldfarbe, würzig

Keemum (Kemun)
China
Raucharoma

Aromatisierte Tees
z.B. Earl Grey

Oolong-Tees
Formosa Oolong
Formosa
Pfirsicharoma, fruchtig

Souchong
China
Basis für Jasmintee

Grüne Tees
Gunpowder
China
Gelbgrün, schwachbitter

Gyokuro
Japan (»Pearl Dew«)
hell, Kräuteraroma

Matcha
Japan
Speziell für die Teezeremonie: naturgetrockneter, pulverisierter Gyokuro

Tee verkosten nach allen Regeln der Kunst

Sowohl auf den Teeplantagen wie auch in den großen Teefirmen gibt es *tea tasters*. Ihre Aufgabe ist es, die Qualität der jeweiligen Ernte zu beurteilen und Mischungen herzustellen, die dem Stil des jeweiligen Hauses entsprechen. *Tea tasters* gehen folgendermaßen vor:

1. Das Teemuster wird auf einem Bogen weißen Papiers ausgebreitet, damit der Tee mit Auge und Nase geprüft werden kann.

2. In einem speziellen Gefäß, dem *tea taster's pot*, wird der Tee mit stets der gleichen Menge aufgebrüht. Es sind genau 2,86 Gramm; zum Auswiegen dieser Menge dient als traditionelles Eichgewicht eine Sixpence-Münze.

3. Nach genau fünf Minuten wird der aufgebrühte Tee in eine henkellose Tasse *(tea taster's cup)* gegossen. Das Teeblatt bleibt auf der Innenseite des Deckels, der nach oben gedreht auf den *pot* gelegt wird, damit der *tea taster* das Blatt betrachten und beriechen kann.

4. Sodann wird mit einem großen Löffel der Tee aus der Tasse entnommen, gekostet und (wie bei der Weinprobe) ausgespuckt.

Durch dieses fachmännische Verkosten ist es möglich, geeignete Tees zu Mischungen, den »Blends«, zusammenzustellen. Den großen Handelshäusern gelingt es auf diese Weise, Tee von gleichbleibender Qualität und gleichbleibendem Geschmack auf den Markt zu bringen, unabhängig von Klima- und Produktionseinflüssen in den Erzeugerländern.

Zur Teeverkostung wird immer eine ganz bestimmte Menge Tee (2,86 g) mit kochendem Wasser aufgebrüht. Professionelle *tea tasters* (unten) sorgen dafür, daß die Qualität von gleichbleibend hohem Standard ist.

Den gebrühten Tee läßt man 5 Minuten ziehen und gießt ihn dann in den sogenannten *tea taster's pot*. Das Teeblatt bleibt zur Begutachtung auf der Innenseite des Deckels.

Dundee Cake
Früchtekuchen

Für einen Kuchen von 24 cm Durchmesser

400 g Butter
175 g brauner Zucker
6 EL Orangensaft, 4 EL Zitronensaft
geriebene Schale von je
1 unbehandelten Orange und Zitrone
500 g Mehl
2 TL Backpulver
5 Eier
je 175 g Korinthen und Sultaninen
je 100 g Rosinen und kandierte Ananas
75 g Zitronat und Orangeat
100 g gemahlene Mandeln
75 g kandierte halbierte Kirschen

Zum Dekorieren

50 g halbierte blanchierte Mandeln
Milch

Eine Springform von 24 cm Durchmesser einfetten. Den Backofen auf 180 °C vorheizen.
In einer großen Schüssel Butter und Zucker verrühren, Zitrusschalen und -säfte zugeben.
Mehl und Backpulver mischen. Mehlmischung und Eier abwechselnd in die Butter-Zucker-Mischung einrühren. Dann alle anderen Zutaten unterrühren und den Teig in die Form gießen.
Zur Dekoration die Mandeln in Milch tauchen und die Oberfläche des Teigs damit belegen.
Den Kuchen 60 Minuten backen, dann die Hitze auf 150 °C reduzieren und weitere 60 Minuten backen. Wenn der Kuchen zu braun wird, mit Alufolie abdecken. Mit einem Holzstäbchen die Garprobe machen.
Den Kuchen aus dem Ofen nehmen und in der Form abkühlen lassen, dann auf ein Kuchengitter geben.
In einer luftdicht verschlossenen Blechdose hält sich der Dundee Cake mehrere Wochen.

Black Bun
Gedeckter Früchtekuchen

Für einen etwa 18 x 18 cm großen Kuchen

Mürbeteig

500 g Mehl
250 g kalte Butter
1 Prise Salz

Füllung

350 g Mehl
2 TL Backpulver
1 TL Zimt, 1/2 TL gemahlene Muskatblüte,
1 Messerspitze gemahlene Nelken
1/4 TL Salz, 1/2 TL schwarzer Pfeffer
900 g Rosinen und Korinthen
100 g gehackte Mandeln
100 g Zitronat und Orangeat
2 Eier
1/8 l Milch
2 EL Whisky

Für den Teig das Mehl und die in kleine Stücke geschnittene Butter in einer Schüssel zu Streuseln zusammenkneten.
6 EL Wasser dazugeben und einen Kloß formen. Ist der Teig zu krümelig, noch etwas Wasser zugeben. Mit Mehl bestäubt und in Frischhaltefolie eingeschlagen, 2 Stunden in den Kühlschrank stellen.
Eine etwa 18 x 18 cm große, etwa 6 cm hohe Kuchenform (oder eine Springform von 20 cm Durchmesser) einfetten. Den Backofen auf 175 °C vorheizen.
Für die Füllung Mehl, Backpulver und Gewürze in eine Schüssel geben. Nacheinander Früchte, Mandeln, Zitronat und Orangeat gut unterrühren.
Eier schaumig schlagen, mit Milch und Whisky verrühren und in die Schüssel geben. Alles gut vermengen.
Zwei Drittel des kalten Mürbeteigs zu einer quadratischen Platte von etwa 40 cm Seitenlänge ausrollen. Die Backform damit auslegen und abschneiden, was überhängt. Füllung in die Form geben, restlichen Teig zu einer etwa 20 x 20 cm großen Platte ausrollen und auf die Füllung legen. Wieder abschneiden, was überhängt, und die Ränder fest andrücken. Den Teigdeckel mit einer Gabel einstechen, in der Mitte zweimal parallel einschneiden.
Auf mittlerer Schiene 90 Minuten backen, dann die Hitze auf 125 °C reduzieren und weitere 90 Minuten backen.
Der Kuchen schmeckt am besten, wenn er, in Alufolie eingeschlagen, zunächst eine Woche bei Raumtemperatur aufbewahrt wird.

Tea Scones
Teebrötchen

Für etwa 12 Brötchen

300 g Mehl
2 TL Backpulver
1 Prise Salz
50 g Zucker
80 g kalte Butterflöckchen
1 Ei, 1 Eigelb und 1 Eiweiß
1/8 l Milch
Hagelzucker

Den Backofen auf 225 °C vorheizen. Ein Backblech einfetten und beiseite stellen.
In einer Schüssel Mehl, Backpulver, Salz und Zucker vermischen. Die Butterflöckchen zugeben, mit der Mehlmischung verreiben, bis die Masse streuselartig ist. Ei und Eigelb schaumig schlagen, mit der Milch verrühren und in die Schüssel zu den Streuseln geben. Den Teig zu einem festen Kloß verarbeiten und auf einer bemehlten Arbeitsfläche knapp 2 cm dick ausrollen.
Mit einer Ausstechform oder einem Glas Teigstücke von etwa 5 cm Durchmesser ausstechen und im Abstand von 3 cm auf das Backblech legen.
Das Eiweiß mit einer Gabel verschlagen und damit die Oberfläche der Teigstücke bestreichen; mit Hagelzucker bestreuen.
15–20 Minuten auf mittlerer Schiene backen, bis die Scones leicht gebräunt sind. Sofort servieren.
Dazu passen Butter, saure Sahne und Konfitüre.

Eccles Cakes
Gefüllte kleine Kuchen

Für etwa 14 Gebäckstücke

450 g Tiefkühl-Blätterteig, aufgetaut
175 g Korinthen
25 g weiche Butter
40 g hellbrauner Zucker
25 g Zitronat und Orangeat
1 Prise Muskatnuß, 1 Prise Piment
1 Eiweiß
etwas Streuzucker

Den Blätterteig ausrollen und runde Teigstücke von etwa 10 cm Durchmesser ausstechen.
Ein Backblech einfetten und den Backofen auf 220 °C vorheizen.
Alle anderen Zutaten mit Ausnahme von Eiweiß und Streuzucker gut miteinander vermischen. Jeweils 1 gehäuften TL auf jedes Teigstück geben. Die Teigränder hochnehmen und in der Mitte zusammendrücken. Umdrehen und sehr vorsichtig mit dem Nudelholz flach rollen, bis die Korinthen eben zu sehen sind.
Mit einem scharfen Messer zweimal in der Mitte einschneiden und auf das Backblech setzen.
Die Gebäckstücke mit dem verschlagenen Eiweiß bestreichen und Streuzucker darübergeben. Auf mittlerer Schiene 20 Minuten goldbraun backen.

Rechte Seite: Besonders begehrt bei den Liebhabern von Süßigkeiten sind die Toffees, die hier im Vordergrund in einer großen Silberschale präsentiert werden. Zu den Toffee-Zutaten gehören brauner Zucker oder Sirup, Butter und Sahne. Man kocht die Masse bis zum sogenannten »kleinen Bruch« (125 °C), gießt sie in eine flache Form und läßt sie abkühlen. Dann bricht man den Toffee in Stücke. Der typische Karamellgeschmack entsteht durch den karamelisierten Milchzucker der Sahne.

DIE SÜSSE VERSUCHUNG – SWEET SHOPS

Wer als Besucher vom Festland die Britischen Inseln besucht, staunt immer wieder über die Vielzahl der *sweet shops*, in denen Zuckerwaren, Schokoladen und andere Naschereien in unübersehbarer Fülle angeboten werden. Beim Verzehr von Süßwaren rangieren die Engländer in der Statistik ganz oben. Populärstes Naschwerk sind die *home made toffies*, kalorienträchtige, weiche Bonbons, die vor allem aus Butter und Zucker bestehen.

Little Scarlet
Strawberry Jam
(Erdbeere)

Gooseberry Jam
(Stachelbeere)

Raspberry Jam
(Himbeere)

English Breakfast
Orange
Marmalade
(Bitterorange)

Marmelade

Zahllose Hecken ziehen sich durch England. Sie dienen als Grenzmarkierungen und als für das Vieh unüberwindbare Barrieren. Zudem sollen sie die Erosion des Bodens durch Wind und Wasser verhindern. Sie haben aber noch einen weiteren, sehr praktischen Nutzen: An ihnen wächst eine Vielfalt an Beerenfrüchten, die man bei einem Spaziergang an einem schönen Sommertag pflücken und genießen kann. Vorzugsweise stellt man daraus jedoch Marmeladen, Konfitüren und Gelee her.

Mit *marmalade* bezeichnen die Engländer ausschließlich die entsprechenden Zubereitungen aus Zitrusfrüchten. Alles andere ist entweder *jam*, wenn das Fruchtfleisch mitverwendet wird – und entspricht in etwa unserer Konfitüre –, oder *jelly*, wenn nur der eingedickte Saft in die Gläser gefüllt wird. (Diese Unterscheidung hat eine entsprechende EG-Regelung übernommen.)

Holunder, Weißdorn und Schlehen eignen sich auch hervorragend zur Herstellung mehr oder weniger edler Destillate.

Wie Mrs. Keiller die Orangenmarmelade erfand

Nichts ist »englischer« als ein Glas Orangenmarmelade, obwohl sie eigentlich aus Schottland stammt: Das Original heißt »Dundee Marmalade« und wurde in der Hafenstadt Dundee an der Ostküste, nördlich von Edinburgh, erfunden.

Marmelade aus Bitterorangen wurde dort zum ersten Mal im Jahre 1770 zubereitet. Vor dieser Zeit bezeichnete man mit *marmalade* eine Art Konfekt, das aus einheimischen oder aus Portugal importierten Quitten *(marmelos)* bestand. Als ein ortsansässiger Lebensmittelhändler namens James Keiller einmal eine Schiffsladung Orangen entdeckte, die im Hafen von Dundee billig verkauft wurden, erwarb er sämtliche Früchte, um sie in seinem Laden günstig anzubieten. Unglücklicherweise handelte es sich dabei um bittere Orangen, die niemand haben wollte. In seiner Verzweiflung nahm er einige davon mit nach Hause. Seine Frau hatte die Idee, sie wie Quitten zu Marmelade zu verarbeiten. Dies war der Ursprung eines Brotaufstrichs, den man heute auf der ganzen Welt kennt.

Die Firma Keiller in Dundee stellt immer noch Marmeladen her, wozu auch ihre berühmte schwarze »Black Dundee Marmalade« gehört, die mit braunem Zucker und manchmal auch schwarzem Sirup zubereitet wird. Orangenmarmelade gibt es mittlerweile mit dicken oder dünnen Schalenstücken, mit Whisky-, Grand-Marnier- oder Ingwergeschmack, nur aus Bitterorangen oder auch einer Mischung verschiedener Zitrusfrüchte. Marmeladen eines besonderen »Jahrgangs« läßt man eine Zeitlang reifen, um den Geschmack abzurunden. Es gibt inzwischen Dutzende von verschiedenen Rezepten, und sie alle haben ihren Ursprung in Mrs. Keillers unverbrüchlicher Überzeugung, daß man weder Orangen noch Geld verschwenden sollte.

Die Orangenmarmelade ist ein Produkt, bei dem die übliche Entwicklung hin zur Manufaktur umgekehrt stattfand: Meistens werden ursprünglich hausgemachte Produkte später fabrikmäßig hergestellt; in diesem Fall gab es jedoch zuerst die kommerzielle Produktion. Überall auf den Britischen Inseln kochen Hausfrauen heutzutage ihre eigene Marmelade, entweder aus frischen Bitterorangen oder aus Orangenmark, das in Dosen erhältlich ist.

England

Lime Marmalade (Limone)

Blood Orange Marmalade (Blutorange)

Rose Petal Jelly (Rosenblätter)

Pink Grapefruit Marmalade (Rosa Grapefruit)

1 Blackberry (Brombeere)
Brombeeren werden zu Konfitüre und Likör verarbeitet. Die Brombeer-Apfel-Torte – Blackberry and Apple Pie – zählt zu den Meisterwerken der englischen Küche: Schwer und süß liegt das Obst unter einem Mürbeteigdeckel; dazu passen Schlagsahne oder Vanillesauce.

2 Blackthorn (Schlehdorn)
Die reifen Schlehen werden nach dem ersten Frost geerntet: Sie schmecken dann milder. Aus ihnen werden Schlehenwein und Schlehengeist hergestellt; auch zum Färben und Würzen von Gin kann man die Früchte verwenden. Mit Zucker und Essig eingemacht, ergeben Schlehen ein gutes Kompott.

3 Berberis (Berberitze oder Sauerdorn)
Die roten, länglichen Beeren der Berberitze schmecken angenehm säuerlich. Gemischt mit süßen Früchten, werden sie zu Konfitüre, Gelee oder Saft verarbeitet.

4 Elder (Holunderbeere)
Die kleinen, rotschwarzen Beeren des Holunderstrauchs verarbeitet man zu Gelee, Sirup, Konfitüre und Wein. Aus den Blüten bereitet man einen schweißtreibenden heilenden Tee.

5 Hawthorn (Hagedorn), **Hip** (Hagebutte)
Aus den Vitamin-C-reichen Früchten wird Gelee, Saft, Essig und Likör hergestellt.

6 Mulberry (Maulbeere)
Die Früchte der Maulbeere, die in reifem Zustand fast schwarz sind und süß-säuerlich schmecken, können roh gegessen oder als Kuchenbelag verwendet werden.

7 Quince (Quitte)
Quitten sind roh ungenießbar, schmecken jedoch zu Gelee verarbeitet köstlich. Eine Spezialität des West Country ist die Quittenpaste, schnittfest eingekochte Konfitüre, die man mit *clotted cream* zum Dessert serviert.

8 Whitethorn (Weißdorn)
Aus den kleinen roten Beeren des Weißdorns, die säuerlich-süß schmecken, lassen sich Kompott und Gelee, aber auch ein vorzüglicher Brandy herstellen.

Zur Herstellung der klassischsten aller englischen Marmeladen werden Bitterorangen samt Schale fein geschnitten. Dann wird der Mischung Zucker hinzugefügt.

Unter Zugabe von ein wenig Butter wird die Mischung aufgekocht.

Anschließend wird der Zuckergehalt der Fruchtmischung gemessen.

Schließlich wird die fertige Fruchtmischung in sterilisierte Gläser abgefüllt. Diese durchlaufen dann noch eine Endkontrolle unter UV-Licht.

Englands Nationalgericht

Roastbeef mit Yorkshire Pudding

Der hier gezeigte und erläuterte englische Schnitt ist mit dem deutschen nicht in allen Teilen identisch.

Engländer sind passionierte Rindfleischesser. Das beste Fleisch kommt zumeist aus Schottland: Aus Aberdeen stammen die bekannten Angus-Rinder, deren Fleisch berühmt ist für seine Zartheit und seinen typischen Geschmack, der von der feinen Fettmarmorierung herrührt, welche die Stücke saftig macht. Leider ist ein kleines, vom Knochen gelöstes Stück niemals so geschmacksintensiv wie ein größeres. Deshalb gehört der *beef trolley* in einem Restaurant wie Simpson's-in-the-Strand in London zu den besonderen Freuden der guten englischen Küche. Dabei handelt es sich um ein Wägelchen mit riesigen gebratenen Lendenstücken, von denen vor den Augen des Gastes ein *steak* abgeschnitten wird.

Das Roastbeef ist häufig Mittelpunkt eines Sonntagsmenüs. Gewöhnlich schneidet der Vater das Fleisch durch die knusprige braune Kruste bis hin zur Mitte, wo es mager, rosig und saftig ist. Dieses Stück schätzt der Kenner am meisten; Kinder indes bevorzugen die äußeren, dunkelbraun gebratenen Fleischscheiben.

Roastbeef wird üblicherweise im heißen Ofen gebraten, ebenso der dazugehörige Yorkshire Pudding. Dieser ist mitnichten süß. Aus Mehl, Milch und Eiern wird ein dickflüssiger Teig hergestellt, der in Rindertalg oder Schmalz so lange gebacken wird, bis er aufgeht und knusprig braun ist.

Die wichtigsten Stücke vom Rind:

1 *Neck and Clod* – Nacken und Kamm: zum Schmoren und für Eintöpfe
2 *Shin* – Vorderhesse, Hachse: zum Grillen und für Eintöpfe
3 *Chuck and Blade* – Nacken und Hochrippe: zum Schmoren
4 *Thick Rib* – Dicke Rippe: zum Schmoren
5 *Fore Rib* – Hochrippe: zum Braten
6 *Brisket* – Bug, Brust: zum Schmoren
7 *Thin Rib* – Rippenstück: zum Schmoren und für Eintöpfe
8 *Sirloin* – Steak, Roastbeef: zum Braten, zum Grillen oder Kurzbraten
9 *Fillet* – Filet oder Lende: zum Grillen oder Kurzbraten
10 *Flank* – Nachbrust, Bauchlappen, Dünnung: zum Schmoren
11 *Rump* – Entrecôte oder Rumpsteak: zum Grillen oder Kurzbraten
12 *Silverside* – Hüfte, Keule: zum Kurzbraten
13 *Topside* – Oberschale, Kluft: zum Kurzbraten
14 *Thick Flank* – Unterschale: zum Grillen oder Kurzbraten
15 *Leg* – Hinterhesse: für Eintöpfe

Das beste Fleisch für das typisch englische Roastbeef stammt aus Schottland. Dort ist die Heimat des Aberdeen-Angus, einer bekannten Rinderrasse mit Fleisch von besonders guter Qualität.

Das bekannte Londoner Restaurant Simpson's-in-the-Strand hat sich auf Rindfleisch spezialisiert. Roastbeef bekommt man dort direkt am Tisch serviert von sogenannten *beef trolleys* – kleinen Wagen mit ganzen, warm gehaltenen Lendenstücken.

Roastbeef wird in der Röhre gebraten. Durch die das Fleisch umgebende Fettschicht, die erst auf dem Teller entfernt wird, bleibt es zart und saftig. Außen ist es knusprig braun, innen jedoch sollte es noch rosa sein.

Typisch für erstklassiges Angus-Fleisch ist die feine Fettmarmorierung.

Englische Spezialität: Vielfalt in der Zubereitung von Fleisch

Beef Roll
Falscher Hase auf englische Art: Rinderhackfleisch und Schinkenmus in einer Puddingform gegart und gestürzt.

Boiled Beef and Carrots with Dumplings
Gepökelte und gekochte Rinderbrust mit Möhren und Klößen.

Devilled Beef Bones
Rinderrippchen, die vom Roastbeef übriggeblieben sind, in einer scharfen Sauce aus Currypulver und Cayennepfeffer.

Oxtail Stew
Ochsenschwanzragout, bei dem der geschmorte Ochsenschwanz mitsamt den Knochen serviert wird.

Pork and Apple Pie
Schweinefleisch, Zwiebeln und Äpfel, mit Kartoffelpüree umhüllt und im Backofen gebacken.

Potted Pork
Im geschlossenen Topf langsam gegartes Schweinefleisch, das zu einer Paste zerdrückt und kalt zu Toast gegessen wird.

Roastbeef mit Yorkshire Pudding

Toad in the Hole
Schweinswürstchen in Pfannkuchenteig.

Hot Pot
Lammtopf

Für 6 Personen

1 kg Kartoffeln
6 Lammnieren, gehäutet und vom Fett befreit
250 g Champignons
3 Zwiebeln
6 etwa 2 cm dicke Scheiben Lammschulter
Salz, schwarzer Pfeffer
6 Austern ohne Schale
2 EL Butterflöckchen
1 EL gehackte Petersilie

Die Kartoffeln schälen und in dünne Scheiben schneiden. Nieren und Champignons ebenfalls in Scheiben, die Zwiebeln in Ringe schneiden. Den Backofen auf 175 °C vorheizen. Eine hohe feuerfeste Form einfetten und mit einem Drittel der Kartoffelscheiben auslegen. Darauf 3 Scheiben Lammfleisch legen, mit Salz und Pfeffer würzen. Darüber die Hälfte der Nieren, Pilze, Zwiebeln und 3 Austern geben, mit dem zweiten Drittel der Kartoffeln bedecken. Darauf die restlichen 3 Lammscheiben legen und ebenfalls würzen. Die übrigen Nieren, Pilze, Zwiebeln und Austern darübergeben, mit der letzten Schicht Kartoffeln abschließen.
1/2 l Wasser eingießen, die Kartoffeln mit Butterflöckchen belegen. Bedecken und auf mittlerer Schiene 90 Minuten backen. Den Deckel abnehmen und weitere 30 Minuten backen, bis die Kartoffeln angebräunt sind. Mit Petersilie bestreuen.

Steak and Kidney Pie
Steak-Nieren-Pastete

Für 4–6 Personen

Teig
200 g Mehl
1/4 TL Salz
125 g kalte Butter in Stückchen
30 g kaltes Schmalz in Stückchen
30 g Rindertalg

Mehl und Salz in eine Schüssel geben. Butter, Schmalz und Rindertalg hinzufügen und alles schnell miteinander zu großen Streuseln verkneten. Mit 4 EL Wasser übergießen und zu einem Kloß formen. Ist der Teig zu krümelig, noch etwas Wasser zugeben. Den Teig in Frischhaltefolie einschlagen und 30 Minuten in den Kühlschrank legen.

Links: Hot Pot, aufgenommen im Riverhouse Hotel bei Blackpool

Den gut gekühlten Teig auf einer bemehlten Arbeitsfläche zu einer 2–3 cm dicken Platte drücken. Mit Mehl bestäuben und zu einem langen, schmalen Streifen ausrollen. Den Teigstreifen dreimal falten, so umdrehen, daß man eine offene Seite vor sich hat, und wieder zu einem langen, schmalen Streifen ausrollen. Diesen Vorgang noch zweimal wiederholen. Das Teigpäckchen in Frischhaltefolie einschlagen und mindestens 60 Minuten in den Kühlschrank legen.

Füllung
750 g Rumpsteak
500 g Kalbsnieren, gehäutet und vom Fett befreit
125 g Champignons
2 Zwiebeln
Salz, schwarzer Pfeffer
3 EL Mehl
50 g Schmalz
350 ml Wasser
2–3 EL trockener Sherry
einige Spritzer Worcestershire-Sauce
1 EL gehackte Petersilie
1 gute Prise getrockneter Thymian
1 Eigelb, mit etwas Sahne verquirlt

Steak und Nieren in 2 cm große Würfel und die Champignons blättrig schneiden, Zwiebeln schälen und grob hacken.
Den Backofen auf 225 °C Grad vorheizen. Das Fleisch trockentupfen, mit Salz und Pfeffer würzen. Mit dem Mehl in eine Schüssel geben und gut umrühren.
Das Schmalz in einer Pfanne erhitzen und darin die Fleischwürfel partieweise scharf anbraten. Die Würfel in einer Kasserolle beiseite stellen.
In derselben Pfanne Pilze und Zwiebeln 3–4 Minuten andünsten, ebenfalls in die Kasserolle geben. Den Bratensatz mit dem Wasser aufkochen, in die Kasserolle gießen und die restlichen Zutaten, mit Ausnahme der Ei-Sahne, hinzufügen. Alles miteinander vermengen.
Den Teig aus dem Kühlschrank nehmen und auf einer bemehlten Arbeitsfläche dünn ausrollen, 2 schmale Streifen abschneiden. Diese Streifen um den Innenrand einer feuerfesten Form legen, die Enden gut aneinanderfügen und alles fest andrücken. (Englische Pasteten werden meist in einer ovalen, tiefen Schüssel – *pie dish* –, häufig auch in ein Tuch eingeschlagen gebacken.)
Die Steak-Nieren-Mischung in die Form geben.
Die Teigplatte auf die Form legen und abschneiden, was überhängt. Den Teigdeckel gut andrücken. Aus den Teigresten Blattformen zur Verzierung ausschneiden, mit Ei-Sahne bestreichen und auf die Pastete kleben. Die Mitte des Teigdeckels zweimal einschneiden, die restliche Ei-Sahne auf die Oberfläche pinseln.
30 Minuten auf mittlerer Schiene backen, dann die Temperatur auf 175 °C reduzieren und weitere 30 Minuten backen. Sofort servieren.

Englische Geschmacksabenteuer
Saucen

»In England gibt es 60 verschiedene religiöse Sekten, aber nur eine einzige Sauce.« Das soll Francesco Caraccioli gesagt haben, jener Admiral, der 1799 auf Befehl Nelsons am Mast seiner Fregatte gehängt wurde. Er hatte wohl unrecht, denn in England gab und gibt es eine Fülle von Saucen. Die englische Vorliebe für gebratenes oder gekochtes Fleisch macht separate Saucen geradezu notwendig, denn bei beiden Zubereitungsarten ergibt sich kein Saucenfond. Neben Meerrettich- und Senfsaucen gibt es eine Reihe von scharfen Chutneys und Ketchups, die anfangs in den Küchen der Bauern und reichen Bürger aus dem Überschuß an Obst und Gemüse selbst zubereitet wurden. Heute werden sie meist kommerziell hergestellt.

Senfsauce geht den Engländern über alles
Die am weitesten verbreitete Sauce ist die Senfsauce, *mustard sauce*. Wilder Senf wuchs von altersher überall auf den Britischen Inseln, aber es waren die Römer, die dies zu nutzen wußten: Sie mischten Senfkraut mit anderen Gewürzen, Wein und Kräutern und würzten damit am Spieß gegrilltes Rinderfleisch. Die Liebe zum Senf hielt sich auch nach dem Zusammenbruch des Römischen Reiches. Durch dieses ganz einfach herzustellende Würzmittel gewannen Pökelfleisch und eingesalzener Fisch im Winter, wenn es an sonstigen Beilagen mangelte, an Geschmack.

Als die Nachfrage nach Senf immer größer wurde, ging man dazu über, die Senfkörner (mit Hilfe von Kanonenkugeln!) zu einem groben Pulver zu zermahlen, und vermischte es mit Meerrettich, um eine größere Schärfe zu erzielen. Dann feuchtete man die Mischung an und rollte sie zu Kugeln. So konnte der begehrte Grundstoff leichter transportiert werden. In den Küchen wurde dann durch Zugabe von Essig, Apfelwein oder Apfel- und Kirschsaft daraus eine Sauce hergestellt.

Das Senfpulver, wie wir es heute kennen, hat allem Anschein nach eine gewisse Mrs. Clements erfunden. Sie hatte die kluge Idee, die zerstoßenen Senfkörner in einer Getreidemühle zu mahlen und sie dann sorgfältig auszusieben. Der von ihr hergestellte *Durham mustard* war sofort ein großer geschäftlicher Erfolg.

Die Londoner Firma Keens in Garlick Hill ging noch einen Schritt weiter und stellte für die Gaststätten der Stadt Senf in Gläsern her. Der Nachfolger dieser Firma war ein gewisser Jeremiah Colman, ein Müller aus Norwich, dessen Geschäft so erfolgreich war, daß er sich 1814 ganz dem Senfhandel widmete. Eine sorgfältige Mischung aus hellen und dunklen Senfkörnern, der man Kurkuma (Gelbwurz) hinzufügte, ergab einen Senf von scharfem Geschmack, der noch heute als *English mustard* erhältlich ist.

Im Laufe der Zeit wurde eine Vielzahl unterschiedlichster Sorten entwickelt. Inzwischen gibt es milden, süßen und scharfen Senf, solchen mit Kräutern sowie abgepackte Senfkörner zur Herstellung einer eigenen Mischung. Colman's in Norwich führen einen eigenen Senfladen und ein Senfmuseum, beides große Touristen-Attraktionen. Mittlerweile gibt es auch Hersteller von Senfspezialitäten, wie zum Beispiel die Firma Wilshire Tracklements. Der Betrieb fing ganz klein an: Der erste selbstgemachte Topf Senf wurde in der örtlichen Kneipe verkauft. Heute stellt man vier grobkörnige Senfsorten her: scharfen Senf für Schinken, Würstchen und Pasteten; einen aromatischen »schwarzen« Senf, einen Estragonsenf und eine Sorte, die mit Honig angereichert wird.

Worcestershire-Sauce – am Anfang eine Katastrophe
Eine der berühmtesten englischen Saucen, die Worcestershire-Sauce (gesprochen »Wuster-Soße«), hat ihren Ursprung in der britischen Kolonialzeit. Sie ist keine Beilagen-, sondern eine Würzsauce, die man beim Kochen verwendet. Ihre Entstehungsgeschichte ist überaus bemerkenswert:

Lord Sandys, der während der Regierungszeit Queen Victoria's zeitweilig Gouverneur in Ben-

Zur Herstellung von Senfpulver werden zwei verschiedene Sorten Senfkörner unter möglichst geringer Hitzeentwicklung gemahlen und anschließend gesiebt, um die Körnerschalen zu entfernen.

Das fertige Pulver ist von typischer, leuchtend gelber Farbe. In dieser Form ist Senf in England am gebräuchlichsten.

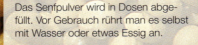

Das Senfpulver wird in Dosen abgefüllt. Vor Gebrauch rührt man es selbst mit Wasser oder etwas Essig an.

galen war, fand an der dortigen Küche Geschmack und überredete seinen Koch, ihm das Rezept für jene »magische« Sauce zu geben, die dieser stets verwendete. In der Heimat beauftragte er zwei Drogisten mit der Zubereitung. John Lea und William Perrin aus Worcester stellten die Sauce genauso her, wie es das Rezept vorschrieb, aber als sie zusammen mit Lord Sandys das Ergebnis probierten, stellten sie fest, daß die Zubereitung ungenießbar war.

Lea und Perrin stellten die Fässer mit der Sauce in die hinterste Ecke eines Lagerraums und vergaßen sie. Mehrere Jahre später entdeckten sie beim Aufräumen die staubigen Fässer und probierten die Sauce erneut. Zu ihrer großen Überraschung war sie jedoch in der Zwischenzeit zu einer wunderbar scharfen Würze herangereift.

Die beiden begannen sofort mit der Herstellung. Das war im Jahre 1837. Die originale Worcestershire-Sauce wird heute noch nach dem ursprünglichen Rezept zubereitet und als Handelsware in die ganze Welt verschickt, um den verschiedensten Gerichten eine pikante Würze zu verleihen. Das Rezept wird selbstverständlich geheimgehalten, als Zutaten sind jedoch Malz- und Branntweinessig, Zuckermelasse, Salz, Sardellen, Tamarinde, Schalotten, Chilis, Sojasauce und Knoblauch bekannt. Worcestershire-Sauce reift heute drei Jahre, bevor sie in den Handel kommt.

Ein Volk von Saucen-Liebhabern

Die klassischen englischen Zubereitungen für Fisch und Fleisch, Grillen und Kochen, ergeben keine Saucen. Findige Hausfrauen und Köche haben deshalb neben der Senfsauce und der Worcestershire-Sauce eine Fülle von Zubereitungen ersonnen.

Caper Sauce
Aus Kapern, Butter, Mehl und je nach dem zugehörigen Gericht aus Lamm-, Rinder- oder Fischfond. Zu gekochtem Fleisch und zu Fisch.

Cheese Sauce
Spezialität mit Käse aus Wales. Zu gekochtem und überbackenem Lauch, dem dortigen Nationalgemüse.

Cream Sauce
Aus Sahne, Mehl und Butter. Krabben in Cream Sauce, mit Parmesan bestreut im Ofen gebacken, ist ein Leibgericht der walisischen Küche.

Cumberland Sauce
Aus Orangen- und Zitronenschale, Senf- und Ingwerpulver, Rotweinreduktion, Portwein und rotem Johannisbeergelee. Zu Wild, Schinken und kaltem Geflügel.

Horseradish Sauce
Aus Meerrettich, Essig, Zucker, Senfpulver, Sahne sowie Salz und Pfeffer. Beilage zu Roastbeef und Fisch wie geräucherter Forelle, Aal oder gegrilltem Lachs.

Lemon Butter Sauce
Buttersauce, bei der Zubereitung mit frisch gepreßtem Zitronensaft aromatisiert und mit Stärkemehl angedickt. Zu gekochtem Hecht, vor allem an der Küste von Devon verbreitet.

Mint Sauce
Aus Zucker, verdünntem Wein- oder Malzessig und feingehackten frischen Minzeblättern. Zu Hammelbraten.

Onion Sauce
Aus in Butter gedünsteten Zwiebeln und reichlich Sahne. Besonders zu gefüllter Lammschulter, einer Londoner Spezialität.

Orange and Port Wine Sauce
Sauce aus Orangensaft und Portwein, mit Stärkemehl angedickt. Vor allem zu gebratenem und gegrilltem Geflügel.

Raisin and Celery Sauce
Gebundene Sauce aus gehacktem Staudensellerie und Rosinen, gewürzt mit trockenem Cider. Zu frisch gekochtem Schinken.

Rhubarb Sauce
In Bristol Beilage zu Makrelen. Deshalb enthält die Rhabarbersauce auch keinen Zucker, sondern trockenen Cider und Zitronensaft, was ihr eine herb-würzige Note verleiht.

Ein wichtiger Bestandteil von Worcestershire-Sauce sind getrocknete Chilis. Weitere Zutaten sind Malz- und Branntweinessig, Melasse, Sardellen, Tamarinde, Schalotten, Sojasauce und Knoblauch.

Bis zu drei Jahren mazerieren die Chilischoten in dem Sud. Danach wird die Sauce gefiltert und in Flaschen abgefüllt.

Der Bildhintergrund auf dieser Doppelseite zeigt Senfkörner in starker Vergrößerung.

Worcestershire-Sauce von Lea & Perrins verwendet man in den Küchen der ganzen Welt. Man benutzt sie meist zum Abschmecken von weißen Saucen und Ragoût fin, seltener als Würze bei Tisch.

Pickles und Piccalilli

Die Herstellung von Pickles hat in England eine lange Tradition. Denn alles, was den Sommer über in englischen Gärten wuchs, mußte über die kalte Jahreszeit hinweggerettet werden. Da bot sich eine Konservierung in Essig geradezu an. Heutzutage sind in England unzählige Sorten derartiger Zubereitungen im Angebot – neben den Pickles auch das Relish, süß-sauer eingelegte, gehackte Gemüse, und Chutneys, Mischungen aus Früchten oder Gemüsen, die zu einer dicken Sauce eingekocht werden.

Die »Urmutter« aller Pickles ist das Piccalilli. Es wurde nach einem aus Indien stammenden Rezept bereits vor 1690 zubereitet: Verschiedene Gemüsesorten – Blumenkohl, Perlzwiebeln, Möhren und Gurken – werden mit einem Gemisch aus Essig, Senfkörnern, Zucker, Knoblauch und Gewürzen gekocht. Piccalilli wird gewöhnlich zu kaltem Fleisch serviert und läßt sich manchmal auch selbstgemacht auf ländlichen Märkten finden.

Es waren die Offiziere der East India Company, die in ihrem Heimaturlaub Curry und Chutney nach England einführten. Sie kommen dem englischen Geschmack sehr entgegen und verleihen der sonst harmonischen englischen Küche einen exotischen scharfen Akzent.

Curry – Mitbringsel aus der indischen Küche

Curry ist kein Gewürz, sondern eine Sammelbezeichnung für eine Gruppe von Fleisch- und Fischzubereitungen, die indischen Ursprungs sind. Da man für die Herstellung eines Chicken-, Rindfleisch- oder Fisch-Curry stets eine hierfür charakteristische Gewürzmischung verwendet, die *curry powder* heißt, hat sich der Name Curry im Laufe der Zeit nicht für die Zubereitung, sondern für die Gewürzmischung eingebürgert.

Den englischen Hausfrauen und Köchen des vorigen Jahrhunderts war im übrigen die Schärfe und Geschmacksintensität des Pulvers nicht unwillkommen, konnte man doch Geruch und Geschmack nicht mehr frischen Fleischs oder Fischs mit der Würze überdecken. Der Magen eines englischen Kolonialoffiziers hielt schon einiges aus.

Curry – was ist das?
Jeder Koch und jede Hausfrau schwören auf ihre ganz persönliche Currymischung. Deshalb schmeckt *curry powder* immer wieder anders.

Englands imperiale Vergangenheit läßt sich nicht leugnen: Aus den Kolonien importierte man schon frühzeitig Gewürze – deretwegen in alter Zeit sogar Kriege geführt wurden – in großen Mengen ins Heimatland. Der Handel mit den kostbaren Aromazutaten blüht auch heute noch. Das Foto rechts wurde in der Lagerhalle des Gewürzgroßhändlers Kiriana House in Haydock aufgenommen.

Piccalilli
Die berühmten Pickles aus Gemüsen

Tikka Paste
Würzmischung indischen Ursprungs

Tomato Salsa
Tomatensauce auf italienische Art

Pickled Cabbage
Sauer eingelegter Kohl

Pickled Onions
Sauer eingelegte Zwiebeln

Poacher's Relish
Süß-sauer eingelegte Gemüse

Onion Relish
Süß-saure, gehackte Zwiebeln

Hot Gooseberry Chutney
Scharfes Stachelbeerkompott

Mango Chutney
Süß-saure Mangostückchen

Cashmere Chutney
Spezialität aus dem Norden Indiens

Lime & Chilli Chutney
Scharfe Zubereitung aus Limonen und Chilis

Apricot Chutney
Süß-saures Aprikosenkompott

Minted Apple Chutney
Aus säuerlichen Äpfeln

Mixed Fruit Chutney
Aus mehreren Früchten

Tropical Fruit Chutney
Aus exotischem Obst

Aubergine Pickle
Sauer eingelegte Auberginen

Ginger Pickle
Ingwer in Essig

Lime Pickle in Oil
In Öl eingelegte Limonen

Mixed Pickle
Verschiedene Gemüsesorten

Branston Pickle
Spezialität für ein deftiges Landessen

Hot Mustard Pickle
Scharfes Senfgemüse

500 g Blumenkohlröschen
250 g grüne Tomaten
500 g weiße und 250 g gelbe Zwiebeln
250 g und 1 TL Salz
500 g kleine geschälte Gurken
1 EL Kapern, 1/2 TL Selleriesamen
125 g Butter, 25 g Mehl
1/2 l Malzessig
100 g Zucker
1 EL Kurkuma, 2 EL Senfpulver

Blumenkohl, Tomaten und Zwiebeln putzen und in einen Topf geben, 250 g Salz in 4 l Wasser auflösen und darübergießen. 24 Stunden kühl stellen, dann abgießen. Gurken, Kapern, Selleriesamen, 1 TL Salz zugeben und mit 1 l Wasser zum Kochen bringen. 10 Minuten kochen, dann abgießen. Gemüse in eine Schüssel geben. Eine Mehlschwitze aus Butter und Mehl mit dem Essig aufgießen und 3 Minuten köcheln lassen. Zucker, Kurkuma und Senfpulver zugeben. Die Hälfte der Flüssigkeit über das Gemüse gießen, bei Zimmertemperatur 24 Stunden marinieren, dann die restliche Marinade unterrühren.

Apple Chutney
Apfel-Chutney

1,5 kg grüne Kochäpfel
500 g Zwiebeln
400 g Rosinen
400 g brauner Zucker
350 ml Malzessig
1 EL zerstoßene Senfkörner
1 1/2 TL Mixed-Pickle-Gewürz
je 1/2 TL gemahlener Ingwer und Cayennepfeffer

Äpfel schälen, das Kerngehäuse entfernen und das Fruchtfleisch würfeln, Zwiebeln grob hacken. Alle Zutaten in einem Topf zum Kochen bringen. Dann im offenen Topf bei kleiner Flamme 2 Stunden köcheln lassen und dabei häufig umrühren. In sterilisierte Gläser füllen, luftdicht verschließen und kühl stellen.

Pickled Red Cabbage
Rotkohlsalat

1 Rotkohl (etwa 1 kg), fein gehobelt
3 EL grobes Salz
600 ml Malzessig
1 EL Zucker
1 EL Mixed-Pickle-Gewürz

Rotkohl in einen Topf (Emaille oder Edelstahl) geben, mit dem Salz bestreuen und über Nacht stehenlassen. Abgießen und den Kohl gut ausdrücken.
Essig mit Zucker und Gewürz aufkochen, nach 10 Minuten Kochzeit abkühlen lassen und über den Kohl gießen. Den Kohl in Gläser füllen, mit dem Sud bedecken und zugedeckt im Kühlschrank mindestens 5 Tage marinieren.

Pickled Onions
Eingelegte Zwiebeln

1 kg weiße Zwiebeln
125 g Salz
1 l Malzessig
100 g Zucker
2 EL Mixed-Pickle-Gewürz
5 Nelken
10 schwarze Pfefferkörner

Zwiebeln schälen, mit dem Salz bestreuen und über Nacht zugedeckt stehenlassen. Abgießen, unter fließendem Wasser abspülen und trocknen.
Die restlichen Zutaten 5 Minuten kochen. Zwiebeln zugeben, weitere 10 Minuten im offenen Topf kochen. Zwiebeln in Gläser füllen, mit der Flüssigkeit übergießen. Mindestens 2 Wochen ziehen lassen.

Cheddar, Stilton & Co.

Englische Mönche des Zisterzienserordens, die nach der normannischen Eroberung im Jahre 1066 in die Täler von Yorkshire gezogen waren, gelten als die Begründer der Käsetradition Englands. Aus den bescheidenen Anfängen hat sich eine vielfältige Käsekultur entwickelt, deren Sorten und Abwandlungen aber zumeist nur regionale Bedeutung haben. Im Gegensatz zu den französischen konnten sich die englischen Käsesorten nicht weltweit durchsetzen – sieht man einmal vom Stilton ab.

Stilton, der einzige englische Käse, der die Welt erobert hat, wird ausschließlich in Leicestershire, Nothinghamshire und Derbyshire hergestellt. Blue Stilton, ein Blauschimmelkäse in Form großer Zylinder, ist als Warenzeichen geschützt. Er ist von cremiger Konsistenz und gelblicher Farbe, und er ist gleichmäßig von den blaugrünen Adern des *penicillium roquefortii* durchzogen. Weißer Stilton ist bröckelig und mild, ohne die Blauschimmeladern, aber dennoch von ganz unverwechselbarem Geschmack. In der Stilton-Käsemeister-Vereinigung sind sieben Hersteller Mitglied, von denen einer, Colston Bassett, den einzigen unpasteurisierten Stilton produziert.

Der am häufigsten hergestellte Käse in England ist der Cheddar. Der aus der Cheddar-Schlucht in der Grafschaft Somerset stammende Hartkäse hat einen starken, charakteristischen Geschmack und benötigt ein bis zwei Jahre für seine Vollendung. Milder Cheddar wird schon nach drei Monaten Lagerung verkauft. Je älter der Käse ist, desto intensiver sind sein Geschmack und seine Farbe.

Die Herstellung des Cheddar ist so ungewöhnlich wie sein Geschmack: Das *cheddaring* ist ein eigenständiges Herstellungsverfahren, bei dem der Käsebruch in sogenannten Bruchkuchen geschichtet wird, um nachzusäuern. Das Verfahren wird am deutlichsten beim *sage derby* erkennbar, bei dem grüner Salbeisaft, mit dem man die Bruchkuchen würzt, für eine augenfällige Marmorierung sorgt. Man ißt ihn speziell zur Weihnachtszeit.

Obwohl heutzutage der Großteil des Käses kommerziell hergestellt wird, gibt es in England noch 24 Bauernhöfe, auf denen Cheddar in der traditionellen Weise produziert wird, in einigen Fällen sogar mit unpasteurisierter Milch.

Die Vielfalt der englischen Käsesorten reicht vom weichen, ungepreßten Crowdie, der aus saurer Milch oder Buttermilch hergestellt wird, über die halbweichen Sorten – zu denen die meisten Blauschimmelkäsevarianten gehören – und die halbfesten Käsesorten wie Wensleydale oder dem walisischen Caerphilly (der heute allerdings in vielen Teilen Westenglands produziert wird) bis hin zu den harten Sorten, von denen neben dem Cheddar

Double Gloucester

Cheshire

Creamery Goat's Curd

Cheddar

Harbourne Blue

Caerphilly

Lancashire

Beenleigh Blue

England

die bekanntesten der Cheshire (auf dem Kontinent fälschlich als Chester bezeichnet), der Leicester und der Double Gloucester sind. Die meisten dieser Käse werden aus Kuhmilch gewonnen, aber es gibt inzwischen zahlreiche regionale Varianten, die aus Ziegen- oder Schafmilch hergestellt werden.

Auf dem Land hat sich auch die Käsetradition der Zisterziensermönche erhalten. Die Bauern setzten nach der Auflösung der Klöster die Tradition fort: So gibt es noch viele landwirtschaftliche Betriebe, die das Verfahren der Mönche bei der Käsezubereitung anwenden und dabei so ausgefallene Sorten wie Swaledale oder Danbydale herstellen.

Die englische Käseplatte bietet aber noch andere Spezialitäten, wie zum Beispiel Käse mit Kräutergeschmack, Räucherkäse, Käse mit Adern aus Holunderwein (Red Windsor), solche mit Knoblauch, Paprika oder sogar süßen Pickles – Käse, den man in Haferschrot gewälzt (Scottish Caboc), oder solchen, den man in Asche gerollt hat.

Eine Delikatesse: Stilton mit Portwein

Ein kleines Dorf an der Strecke zwischen London und York hat dem Stilton seinen Namen gegeben. Er gilt als der beste von allen blauen englischen Käsen und steht weltweit selbstbewußt in einer Reihe mit Roquefort aus Frankreich und Gorgonzola aus Italien. Stilton ist ein weißer Käse mit einem leichten Gelbton und starker grünlich-blauer Schimmelkultur. Die Rinde ist dunkel und runzelig, der Geschmack würzig. Der Kenner genießt ihn mit einem Glas edlen Portweins.

Englische Käsemeister sind sich darüber einig, daß man einen Stilton niemals mit dem Löffel aushöhlen sollte. Statt dessen schneidet man keilförmige Stücke ab, wodurch die Konsistenz bis zum letzten Stück die gleiche bleibt. Höhlt man ihn hingegen mit dem Löffel aus, trocknet er aus.

Es gibt Käsefreunde, die dies zu verhindern versuchen, indem sie Portwein in die Aushöhlung gießen. Diese Praktik sei – wie die Käsehersteller gern betonen – nicht zu empfehlen, denn sie mache den Käse naß, fehlfarben und unappetitlich. Portwein zum, aber nicht im Käse – heiße die Regel.

Stilton

Pearoche

Fertige Käselaibe werden vor der Lagerung nochmals mit einer Masse aus Käsebruch »gespachtelt«, um eine gleichmäßige Oberfläche zu erhalten.

Die Laibe werden mit Stahlnadeln pikiert. Die so entstehenden Luftlöcher dienen dazu, daß sich der Schimmelpilz innerhalb des Käseteigs gut ausbreiten kann.

Verkaufsfertiger ausgereifter Stilton in der charakteristischen Zylinderform

Picknick

England ist das Mutterland des Picknicks. Ob bei der Eröffnung der Opernfestspiele von Glyndebourne, dem Pferderennen in Ascot oder dem Tennisturnier in Wimbledon – der *hamper*, der englische Picknickkorb, ist immer dabei. Ungeachtet festlicher Kleidung läßt man sich stets, wenn es das Wetter annähernd zuläßt, auf einer Wiese im Freien nieder, breitet eine große Decke aus und genießt die mitgebrachten Delikatessen.

Champagner und Sandwiches, geräucherter Lachs und *strawberries* (Erdbeeren) mit Sahne, Salate, Obst und Käse sind die klassischen Bestandteile eines Picknickkorbs. Eine Grundausstattung, die sich natürlich leicht um Pasteten und Schinken, Hummer und vielerlei *pies* ergänzen läßt. In früheren, vom kolonialen Reichtum geprägten Zeiten gehörten auch der Rolls Royce und der vorschriftsmäßig gekleidete Butler dazu, denn ein Picknick war und ist ein Vergnügen zwar für alle Gesellschaftsklassen, vorzugsweise jedoch für die gehobenen Stände.

Den echten Engländer erkennt man daran, daß er zum Picknick auch ein Krockett-Spiel im Kofferraum seines Autos mit sich führt.

Grundausstattung für ein klassisches Picknick

1 Erdbeeren mit Sahne
2 Frisches Obst
3 Geräucherter Lachs
4 Käse
5 Frischer Salat
6 Champagner
7 Sandwiches

8 Ein Picknickkorb, bestückt mit Tellern, Besteck, Gläsern, Tassen, Dosenöffner, Salz und Pfeffer, einer Thermoskanne und fest verschließbaren Behältern

Ebensowenig darf eine Decke fehlen, und auch ein Krockett-Spiel gehört dazu.
Der Phantasie sind selbstverständlich keine Grenzen gesetzt, und wenn es der Ausflugsort zuläßt, kann man auch Grillen.
Bei unbeständiger Witterung ist ein großer Regenschirm von Nutzen.

Fish and Chips

Fish and Chips sind das englische »Volksnahrungsmittel« Nummer eins, sozusagen das Nationalgericht des kleinen Mannes. Fish and Chips (umgangssprachlich gerne verkürzt zu *fishnchips*) sind eine typisch englische Spezialität, die man am Imbißbüdchen kauft und in der klassisch-volkstümlichen Variante sogar aus Zeitungspapier ißt.

Als Basis dienen Schellfisch und Kabeljau, aber auch Seezunge und Scholle lassen sich verarbeiten. Charakteristisch ist die dicke, in der Friteuse aufgeblasene Panade, die man zum Verzehr mit Salz und Essig würzt.

Die Fish-and-Chips-Läden stammen aus der Zeit der industriellen Revolution, die Ende des 18. Jahrhunderts in England ihren Anfang nahm. Sie lieferten preiswertes, schnelles und nahrhaftes Essen für die Fabrikarbeiter. Die Chips – eigentlich Pommes frites – kamen wie selbstverständlich als Beilage hinzu: Kartoffeln waren billig und in großen Mengen verfügbar, und das Fettbad hatte man für die Garung des Fischs ohnehin schon angeheizt.

Heute ist England mit einem dichtmaschigen Netz von Fish-and-Chips-Läden überzogen. Das Zeitungspapier hat zwar ausgedient, aber noch immer ißt man das Gericht vorzugsweise im Stehen oder an blanken Resopaltischen aus dem Papier. In seiner veredelten Großstadt-Variante kann man sich sogar das Vergnügen machen, sich trockenen französischen Weißwein dazu zu bestellen.

Fish and Chips
Fritierter Fisch mit Pommes frites

Für 4 Personen

Ausbackteig
200 g Mehl, 1 El Zucker
4 EL Bier
1/4 TL Salz, 2 Eigelb
6 EL Milch, 6 EL Wasser
2 Eiweiß

Das Mehl in eine Schüssel sieben, den Zucker zugeben und beides vermengen. In die Mitte Bier, Salz und Eigelb geben. Alles gut verrühren. Milch und Wasser mischen und nach und nach zugeben, bis der Teig eine dickflüssige, glatte Konsistenz aufweist. 30 Minuten stehenlassen, dann das Eiweiß steif schlagen und vorsichtig unterziehen.

Pommes frites
1 kg Kartoffeln
Öl zum Fritieren

Die Kartoffeln schälen, in 1 cm dicke Stäbchen schneiden und wässern. Die Friteuse mit Öl füllen und auf 160 °C erhitzen. Die Kartoffelstäbchen aus dem Wasser nehmen, gut trockentupfen und in die Friteuse geben. Wenn sie gar sind, aus dem Öl heben und abtropfen lassen. Die Temperatur des Öls auf 180 °C erhöhen und nun die Kartoffelstäbchen darin braun und knusprig fritieren. Herausnehmen, auf Küchenkrepp abtropfen lassen und salzen.

Fisch
1 kg frische weiße, grätenfreie Seefischfilets,
in Portionsstücke geschnitten
Worcestershire-Sauce, Zitronensaft,
scharfer Senf, Mehl

Den Fisch waschen, trockentupfen, mit den Würzzutaten würzen und mit Mehl bestäuben. Partieweise in den Ausbackteig tauchen und nach den Kartoffeln in die Friteuse geben. In 4–5 Minuten goldbraun fritieren, aus dem Öl nehmen und salzen.
Fisch und Pommes frites sofort servieren. Zum Würzen Malzessig reichen.

Prinzipiell eignen sich alle Kartoffelsorten zur Herstellung von Pommes frites, die meisten Köche bevorzugen jedoch mehlig-festkochende Sorten. Wenn man die Kartoffelstäbchen vor dem Fritieren etwa eine halbe Stunde wässert und so die Stärke entfernt, werden die Pommes frites besonders knusprig und kleben nicht zusammen.

Englands besondere Biere

Ale und Stout

Burton-upon-Trent in den Midlands gilt als die Bierhauptstadt Großbritanniens. Dort befinden sich die Zentralen von zwei bedeutenden Brauereien, Bass und Ind Coope, sowie einiger kleinerer Braubetriebe.

Angefangen hat alles mit dem Ale, das zuerst in Edinburgh in Schottland gebraut wurde. Es ist milder und süßer als Bier und wird oft direkt nach einem Whisky getrunken, gewissermaßen zum Nachspülen. Vor der Einführung von Tee und Kaffee trank man in den ländlichen Gemeinden zur Deckung des täglichen Flüssigkeitsbedarfs selbstgebrautes Ale oder Dünnbier, von dem man berechtigterweise annahm, daß es weniger Gefahren barg als das Leitungswasser in den Städten.

Als es durch die Beimischung von Hopfen und anderen Ingredienzien möglich wurde, Bier zu brauen, standen die Gäste diesem bitteren Getränk zunächst skeptisch gegenüber. Nach einer Weile jedoch hatte das Bier viele Anhänger gewonnen.

Englands Bierlandschaft ist farbig wie ein Flickenteppich. Dabei gilt die Regel: Je weiter man nach Norden kommt, desto stärker wird das Bier. Am beliebtesten ist das Bitter, ein kräftiges Bier mit vergleichsweise hohem Alkoholgehalt, das niemals kalt, sondern bei Kellertemperatur serviert wird. Die Engländer schwören darauf, daß sich so das Aroma am besten entfalte. Auch auf den Schaum legen sie keinen großen Wert, lieben indes ein bis zum Rand gefülltes Glas.

Fortsetzung des Textes auf S. 40

1 2 3

38 **England**

Eine Auswahl englischer Ale-Sorten
1 Thomas Hardy's Ale: Ale des jeweiligen Jahrgangs
2 The Bishop's Tipple: ein Barley Wine, eine starke Ale-Variante für den Winter
3 Bass Pale Ale: mild, mit niedrigem Alkoholgehalt
4 Royal Oak Ale: urig-würziges Ale
5 Strong Pale Ale: stark gehopftes, kräftiges Ale
6 Stonehenge Exhibition: starkes Ale der Wiltshire Brauerei
7 Stonehenge Ginger Beer: exotische Bierspezialität mit Ingwer
8 Whitbread Best Bitter: dunkles, kräftiges Bitter
9 John Smith's Bitter: mit wenig Kohlensäure und hohem Alkoholgehalt

Unten: Pubs, »Public Houses«, sind der lizensierte Ort, an dem öffentlich und zu bestimmten Zeiten alkoholische Getränke ausgeschenkt werden dürfen. Daher entwickelten sie sich zu einem sozialen Treffpunkt, der aus dem englischen Alltag nicht wegzudenken ist. Hier trinkt man zwischendurch oder nach Feierabend ein Glas *ale*, ißt einen Happen und unterhält sich ein wenig. Ausländischen Besuchern fallen vor allem die rigorosen Sperrstunden auf, die zu einem – im internationalen Vergleich – ungewohnt frühen Abschied (23.00 Uhr) vom Tresen zwingen.

Man trinkt sein Bier vor allem im Pub. Solch ein English Pub ist eine Institution: Er besteht in der Regel aus drei Räumen. Vorn, im ersten, steht man an der Theke und trinkt sein Bier unter Verzicht auf jegliche Kleiderordnung. Der zweite Raum, mit Tischen ausgestattet, ermöglicht die Einnahme einer Mahlzeit, während der dritte und letzte Raum (ladies' room) ausdrücklich jenen Gästen vorbehalten ist, die in Damenbegleitung kommen – neuerdings, im Zeichen der Emanzipation, auch weiblichen Gästen ohne Herrenbegleitung.

Weil die Engländer sich bis zum heutigen Tag beharrlich weigern, das dezimale Maßsystem zu übernehmen, bestellt man eine *pint* oder ein *quarter*. Die *pint* ist das Normalmaß, ungefähr ein halber Liter (0,568 Liter, um genau zu sein), der zumeist in einem gläsernen Henkelkrug ausgeschenkt wird. Gezapft wird aus dem Keller mit den charakteristischen Schwengeln.

Englands Biersorten

Ale
Das obergärige Ale ist eine der bekanntesten und ältesten Biersorten Englands. Als bestes Ale gilt das sogenannte »Real Ale«: Es soll nach der Gärung noch etwas Zucker enthalten, damit es im Faß nachgären und so sein besonderes Aroma entwickeln kann. Die dafür notwendige Gerstensorte wächst aber nur im Norden Englands. Doch hinter der Bezeichnung »Ale« verbirgt sich eine ganze Bier-Familie mit unterschiedlichen Sprößlingen:

Barley Wine
Diesen »Gerstenwein«, ein starkes Ale für den Winter, gibt es in verschiedenen Ausführungen, die alle den Namen eines Bischofs tragen. Sie heißen beispielsweise Ridley's Bishops Ale oder The Bishop's Tipple. Die Namen erinnern an die Zeit, in der viele Brauereien noch der Geistlichkeit gehörten.

Bitter
Das heute in ganz England beliebteste und am häufigsten getrunkene Bier: mit hohem Hopfenanteil, klar und bernsteinfarben. Es ist kräftig im Geschmack und hat sehr viel weniger Kohlensäure als deutsches Bier, aber einen höheren Alkoholgehalt.

Bombardier Ale
Schwer, von sahniger Konsistenz und mit ausgeprägtem Malzgeschmack, ist dieses Bier aus Wales beliebt in ganz England.

Brown Ale
Das berühmteste dunkle Ale kommt aus Newcastle: Das Newcastle Brown, rötlich-braun und trocken, ist in ganz England erhältlich.

Mild
Ein Ale, das so schmeckt, wie es heißt: nur schwach mit Hopfen gewürzt und mit niedrigem Alkoholgehalt. Besonders beliebt ist es in den Midlands, Burton-upon-Trent gilt als wichtigstes Bierbrauzentrum für Mild und Bitter. Eine der bekanntesten Mild-Sorten ist das Indian Pale Ale. Der Name rührt daher, daß es ursprünglich für den Export in die Kolonien bestimmt war. Mit hoher Stammwürze und stark gehopft, konnte es den langen Transport besser überstehen. In Asien fand es aber keinen rechten Anklang. Um so lieber wird es in heimischen Gefilden getrunken.

Old Peculier
Ein starkes, dunkles Ale, süß und schwer im Geschmack und am besten frisch gezapft.

Yorkshire Stingo
Eine regionale Spezialität aus Englands Nordwesten: stark, besonders trocken und fast schwarz – eine dunkle Version des Barley Wine.

Porter
Eine fast schon vergessene Londoner Biersorte, die heute vor allem in Irland gebraut wird und vor ein paar Jahren eine Renaissance erlebt hat als leichtere Variante des Stout. Porter schmeckt süßlich.

Stout
Stout ist Malzbier – das schwerste, vollmundigste und dunkelste Bier, das auf den Britischen Inseln aus Malz hergestellt wird. Es zählt zu den Bieren mit dem höchsten Alkoholgehalt. Geschmacklich teilt es sich in Sweet und Dry Stout. Sweet Stout gilt als gutes Beruhigungsmittel. Eine der bekanntesten Stout-Sorten ist sicher das irische Guinness.

Wein aus Äpfeln

Cider

Im Herbst ist in England Erntezeit für spezielle, bittersüße Holz- oder Mostäpfel, die nicht besonders gut schmecken, sich aber ausgezeichnet zu Most verarbeiten lassen. Der herbe Cider, der daraus entsteht, kann bis zu acht Prozent Alkohol enthalten.

Cider stammt in der Regel aus den ausgedehnten Obstanbaugebieten im Westen Englands. Die Äpfel werden zerkleinert und gekeltert. Der Saft und das Fruchtfleisch fließen in große Vorratstanks und von dort in gewaltige Fässer, in denen sich die Feststoffe am Boden absetzen. Cider gärt bis zu drei Wochen. Das fertige Produkt wird im Interesse der gleichbleibenden Qualität verschnitten und zum Verkauf auf Flaschen gezogen, die Ähnlichkeit mit Champagnerflaschen aufweisen. In einem English Pub gibt es Cider auch direkt vom Faß.

Die »Geschichte« des Cider führt zurück ins erste Jahrhundert. Joseph von Arimathia kam nach dem Tod Jesu nach England. Bei Glastonbury in Somerset gründete er ein christliches Kloster, dessen Ruinen noch heute zu besichtigen sind. Dieser Ort hat in der Artus-Sage einen geheimnisvollen Namen: Avalon – was nichts anderes bedeutet als »Insel der Äpfel«. In der Legende heißt es, Joseph habe auf einem Hügel bei Glastonbury gestanden und einen Apfel gegessen. Die Kerne spuckte er aus, und wo sie hinfielen, wuchsen Apfelbäume.

Tatsächlich waren es die Römer, die den Apfelanbau auf den Britischen Inseln etablierten. Sie brachten Sorten mit, von denen die meisten der heutigen Mostäpfel abstammen: French Longtail, White Swan oder Slack My Girdle. Das Besondere an Mostäpfeln ist ihr »Innenleben«. Sie haben zwar süßen Saft, aber saures Fruchtfleisch – ganz wichtig für das herbe Aroma und den richtigen Säuregehalt des Cider.

Auch heute noch gibt es Bauern, die Cider für ihren Privatverbrauch wie früher selbst herstellen. Das Gros der Produktion kommt jedoch aus den Mostfabriken. Traditionell hergestellter Cider heißt im West Country *scrumpy* – eine besonders alkoholhaltige Sorte, die schon mancher unterschätzt hat.

Cider – vergorener Apfelmost – ist in England sehr verbreitet und in beinahe jedem Pub frisch vom Faß erhältlich. Man trinkt ihn aus schweren Glaskrügen.

Merry Christmas

Englische Weihnachten genießt man am besten auf dem Land. Hier werden die traditionellen Weihnachtsbräuche noch gepflegt, und es kommen die klassischen Spezialitäten für das wichtigste aller Feste auf den Tisch.
Im Mittelpunkt des Festmahls stand in früheren Jahrhunderten ein großer, mit Lorbeerzweigen bekränzter Wildschweinkopf – Reminiszenz an die römischen Zeiten, die nicht nur dem Gaumen, sondern auch dem Auge etwas zu bieten hatten. Er ist inzwischen vom *turkey*, vom Truthahn aus der Neuen Welt, abgelöst worden. Dieser sollte weder gekocht noch gebraten werden – getreu der alten englischen Redensart:

Turkey boiled is turkey spoiled.
And turkey roast is turkey lost.
But for turkey braised
The Lord be praised!

Truthahn kochen heißt ihn verderben,
und Truthahn braten ist ein Verlust.
Aber geschmorter Truthahn!
Dem Himmel sei dank dafür!

Höhepunkt jedes englischen Weihnachtsessens ist der *plum pudding* – ein schwerer Früchtekuchen, der oft schon Monate vorher hergestellt wurde und zum Weihnachtsmahl, mit brennendem Cognac übergossen, feierlich auf den Tisch getragen wird. Dieser *plum pudding* ist in der Vorstellung vieler Engländer so eng mit Weihnachten verknüpft, daß er *Christmas pudding* genannt wird.
Das Rezept entwickelte sich aus dem Pflaumen-Porridge, das mehr einer Suppe ähnelte. Diese bestand aus Fleischbrühe, Trockenpflaumen oder Rosinen, Gewürzen und Wein und wurde mit Semmelbröseln angedickt. Im Laufe der Zeit wurde dieser *plum porridge* immer fester in der Konsistenz, und das Fleisch, von dem nur noch ein Rest in Gestalt des Rindernierenfett übrigblieb, verschwand als Zutat gänzlich. Die Verfestigung hatte zur Folge, daß man dazu überging, die Masse in einem Tuch eingewickelt zu garen. Nachdem man den Pudding viele Stunden lang gekocht hatte, hängte man ihn irgendwo auf, um ihn einige Monate »reifen« zu lassen.
Am Weihnachtstag wickelte man ihn dann aus seiner Verpackung und steckte Talismane hinein – einen silbernen Sixpence, der Reichtum bringen sollte; ein Hufeisen als Glücksbringer; einen Knopf für einen Junggesellen oder eine alte Jungfer und vieles mehr. Dann kochte man das Ganze erneut für einige Stunden. Heutzutage dämpft man *Christmas pudding* für gewöhnlich in einer Puddingform im Wasserbad, und der Rindernie-

rentalg, das letzte Überbleibsel des ursprünglichen *plum porridge*, wird meist durch Butter oder Margarine ersetzt.
Von den weihnachtlichen *mince pies* nimmt man an, daß sie noch wesentlich älter sind als der *Christmas pudding*. Sie waren ursprünglich von rechteckiger Form und bestanden aus Teig, der eine Füllung aus zerkleinertem Fleisch mit Gewürzen und Trockenfrüchten umschloß. Nachdem die Kreuzfahrer aus dem Nahen Osten zurückgekehrt waren, schmückte man diese Pasteten mit einer kleinen Christusfigur und brachte sie zu Weihnachten auf den Tisch.
Oliver Cromwell und die Puritaner verboten nicht nur alle heidnischen Festivitäten wie den Tanz um den Maibaum oder die Freudenfeuer zu Halloween, sondern auch die Weihnachtsfeier – und die *mince pies*. Nach der Thronbesteigung Charles' II im Jahre 1660 kam Weihnachten wieder zu seinem alten Recht, und auch die *mince pies* gab es wieder, nunmehr kleine, runde Teigpasteten mit einer Füllung aus Trockenfrüchten, kandierten Zitronenschalen, kleingehacktem Rindernierenfett, Gewürzen, Zucker und Weinbrand. Die Füllung muß man einige Monate ziehen lassen, bevor man sie zum Backen verwenden kann.
Sowohl den *Christmas pudding* als auch die *mince pies* serviert man mit Weinbrandbutter oder *hard sauce*, einer sahnigen Buttersauce, die man mit Zitronensaft, Weinbrand oder Whisky abschmeckt. Manchmal mischt man auch nach einer aus dem Mittelalter stammenden Tradition gehackte Mandeln darunter.

Kleine Truthahnkunde

- Truthähne sind im Handel in unterschiedlichsten Größen und Gewichtsklassen erhältlich. Sie können bis zu zwölf Kilogramm wiegen; für ein ausgiebiges Weihnachtsmahl reicht jedoch ein halb so schweres Tier. Kleinere Exemplare sind in der Regel jünger und damit auch zarter. Außerdem gilt die Regel: Hennen sind zarter als die größeren Hähne.
- Truthähne gibt es frisch und tiefgefroren im Handel. Feinschmecker bevorzugen frische Ware, zumal meist mehr Innereien beiliegen, die als besonderer Leckerbissen gelten. Entscheidet man sich für einen tiefgefrorenen Vogel, sollte man ihn im Kühlschrank auftauen lassen. Achtung: Ein großer Truthahn braucht bis zu 24 Stunden, bis er aufgetaut ist!
- Wann der Truthahn gar ist, läßt sich am besten mit Hilfe eines Bratenthermometers feststellen, das man in die Keule steckt. Wenn es – nach drei bis fünf Stunden, je nach Größe des Tiers – 85–90 °C anzeigt, ist der Truthahn durchgebraten.
- Der Truthahn stammt ursprünglich aus Mexiko und gelangte durch die Spanier nach Europa. Eine bekannte englische Truthahnrasse ist der Norfolk Black, aber auch die Beltsville-Puten sind eine Delikatesse.

Ein typisches Christmas Menue
1 Geschmorter Truthahn mit Rosenkohl, Möhren und Kastanien-Äpfel-Füllung
2 Cranberry Sauce
3 Christmas Cake
4 Christmas Pudding
5 Mince Pies

Mince Pies

250 g Mürbeteig (Rezept S. 20, halbe Menge)

Füllung (Mincemeat)
100 g Rindernierenfett, gehackt
je 100 g Korinthen und Rosinen, gewaschen
100 g kandierte Zitrusschalen, gehackt
100 g säuerliche Äpfel, geschält, entkernt und gehackt
50 g Zucker
Saft und Schale von 1 unbehandelten Zitrone
4 EL Weinbrand
je 1/2 TL Zimt, Muskat, Piment und Nelken
Salz, schwarzer Pfeffer
1 Eigelb

Für die Füllung alle Zutaten – mit Ausnahme des Eigelbs – mischen und die Mischung mehrere (mindestens 1–2) Stunden stehenlassen; gelegentlich umrühren. Den Backofen auf 220 °C vorheizen. Mehrere (etwa 12) Förmchen mit etwa 6 cm Durchmesser einfetten. Den Teig dünn ausrollen und Teigscheiben ausstechen. Je nachdem wie viele Förmchen man verwendet, benötigt man die gleiche Anzahl kleiner Teigscheiben von jeweils 8 cm und 6 cm Durchmesser. Die größeren Scheiben in die Förmchen drücken, jeweils 1 gehäuften TL Mincemeat daraufgeben und mit den kleineren Teigscheiben bedecken. Aus den Teigresten Sterne oder andere Zierformen ausstechen und auf die Teigdeckel legen. Mit Eigelb bestreichen.
Die Mince Pies etwa 10 Minuten im Ofen backen. Warm mit Buttersauce, Schlagsahne und Weinbrandbutter servieren.
Nicht verwendetes Mincemeat hält sich in fest verschlossenen Gläsern bis zu 6 Wochen. – Früher gehörte zu den obligatorischen Zutaten auch durchgebratenes Rumpsteak, gekochte Rinderzunge oder gekochte Rinderbrust, die durch den Fleischwolf gedreht wurde. In diesem Fall war die das Mincemeat konservierende Weinbrand-Menge größer. Heute bevorzugt man jedoch zunehmend die hier mitgeteilte, etwas weniger »schwere« Zubereitung ohne Fleisch. Wenn man, wie in den ursprünglichen Rezepten, bei den Zutaten jeweils die drei- bis fünffache Menge verwendet, muß das Mincemeat mehrere Monate ziehen.

England

Christmas Pudding

Für 8–10 Personen

100 g Rindernierentalg
je 50 g Zitronat und Orangeat
100 g kandierte Kirschen
100 g Mandeln
je 150 g Rosinen und Korinthen
100 g Mehl
150 g Semmelbrösel
100 g brauner Zucker
geriebene Schale und Saft von 1 unbehandelten Zitrone
je 2 Messerspitzen Zimt, Nelken und Piment
1/2 TL Salz
Saft von einer Orange
knapp 1 Tasse Milch
3 Eier
3 EL Cognac

Talg, Zitronat, Orangeat, Kirschen und Mandeln fein hacken; Rosinen und Korinthen heiß waschen.

In einer Schüssel Früchte und Mandeln mischen; Talg, Mehl, Semmelbrösel, Zucker, Zitronenschale, Gewürze und Salz zufügen und alles gut vermengen. Zitrussäfte und Milch unterrühren. Eier und Cognac miteinander verquirlen, in die Schüssel geben und einrühren.

Für das Wasserbad in einem großen Topf Wasser zum Kochen bringen. Eine große Puddingform einfetten und die Masse bis maximal 5 cm unter dem Rand einfüllen. Die Form mit eingefetteter Backfolie und dann mit Alufolie abdecken und die Folien mit Bindfaden rundum befestigen. In das kochende Wasser stellen – die Form muß stets zu zwei Drittel im Wasser stehen –, den Topf verschließen und den Pudding bei mittlerer Hitze 4 Stunden dämpfen. Dann auskühlen lassen und stürzen. In ein mit Weinbrand getränktes Tuch wickeln und in Alufolie verpackt mindestens 4 Wochen im Kühlschrank ruhenlassen. Vor dem Servieren den Pudding in der Form nochmals 3 Stunden im kochenden Wasserbad dämpfen. Dazu Weinbrandbutter reichen.

Cranberry Sauce
Preiselbeersauce

Schale und Saft von 1 unbehandelten Orange
500 g frische Preiselbeeren
1 Stück Zimtstange
4 Gewürznelken
1/2 TL Ingwerpulver
150 g Zucker
2 TL Portwein

Die Orangenschale in feine Streifen schneiden. Zusammen mit dem Saft zu den gründlich abgespülten und zerdrückten Preiselbeeren geben. Gewürze und Zucker hinzufügen. Alles aufkochen, dann bei schwacher Hitze im geschlossenen Topf noch 5 Minuten köcheln lassen. Danach den Portwein einrühren. Abkühlen lassen und im Kühlschrank aufbewahren.

Traditional Braised Turkey
Geschmorter Truthahn

1 ofenfertiger Truthahn (etwa 6 kg)
1 Portion Füllung
175 g Butter
Salz, schwarzer Pfeffer
250 g durchwachsener Speck, in Scheiben geschnitten
2 TL Speisestärke
2–3 EL Geflügelfond
extra breite Bratfolie

Den Backofen auf 220 °C vorheizen. Die Füllung in den Truthahn geben. Auf dem Backblech 2 große Folienbahnen kreuzweise übereinanderlegen und den Truthahn auf die Folie setzen. Rundherum mit der Butter einreiben und mit Salz und Pfeffer würzen, die Speckscheiben auf die Brust legen. Den Truthahn in die Folie einschlagen – gut verschlossen, aber nicht zu eng. Auf der unteren Schiene des Backofens 40 Minuten garen. Danach die Hitze auf 170 °C reduzieren und weitere 3 1/4 Stunden garen. Dann die Folie öffnen und die Speckscheiben herausnehmen, damit die Haut braun und knusprig wird. Die Temperatur auf 200 °C erhöhen und den Truthahn weitere 45 Minuten garen, dabei häufig mit dem Bratensaft begießen. Mit einem Fleischspieß die Garprobe machen. Den Truthahn auf eine vorgewärmte Platte geben und 30–60 Minuten an einem warmen Ort ruhenlassen, dann erst aufschneiden. Fett und Bratensaft in eine Pfanne gießen, überschüssiges Fett abschöpfen. Auf kleiner Flamme köcheln lassen, Speisestärke und Geflügelfond einrühren. Reduzieren, bis die Sauce sämig ist.

Pork, Sage and Onion Stuffing
Fleischfüllung mit Salbei und Zwiebel

4 gehäufte TL Weißbrotkrumen
1 gehäufter TL getrockneter Salbei
1 große Zwiebel, feingehackt
1 kg Bratwurstfülle
Salz, schwarzer Pfeffer
2 TL mittelscharfer Senf

In einer Schüssel Weißbrotkrumen, Salbei und Zwiebel vermischen, einen Schuß kochendes Wasser zugeben und gut verrühren. Die Wurstfülle einrühren und mit Salz, Pfeffer und Senf würzen.

Chestnut and Apple Stuffing
Kastanien-Äpfel-Füllung

1 Dose pürierte Eßkastanien (450 g, ungesüßt)
700 g Bratwurstfülle
450 g geschälte, entkernte und feingewürfelte Kochäpfel
1 verquirltes Ei
Salz, schwarzer Pfeffer

Alle Zutaten miteinander vermengen, zum Schluß das Ei unterrühren und die Füllmasse mit Salz und Pfeffer abschmecken.

Honor Moore

Schottland

Die schottischen Highlands

Vorherige Doppelseite: John Milroy, Inhaber einer
Whisky-Handlung mit komplettem Sortiment

46 **Schottland**

In Schottland sagt man: »*S mairg a ni tarcuis air biadh*«, und das heißt soviel wie: »Ein Narr, wer das Essen verachtet.« Die Bewohner des kargen Landes im Norden Großbritanniens haben gelernt, aus den wenigen Gaben der Natur das Beste zu machen. Das zähe, eigenwillige Berg- und Bauernvolk bewahrt seine Traditionen. Hier hält man zusammen, und die Familien-*clans* geben die Rezepte für ihre kulinarischen Spezialitäten von Generation zu Generation weiter. Berühmt geworden sind die schottischen Rinderzüchter mit dem Aberdeen-Angus, einer Rinderrasse, die nach dem Urteil der Feinschmecker auf der ganzen Welt das beste Fleisch liefert. Es blieb jedoch den englischen Nachbarn vorbehalten, daraus das britische Nationalgericht, das Roastbeef, zuzubereiten. Die bescheidenen und genügsamen Schotten halten demgegenüber ihr eigenes Nationalgericht in Ehren, den legendären *haggis,* im Schafsmagen gegarte Schafsinnereien. Unschätzbare Verdienste haben sich schottische Schnapsbrenner mit der Herstellung und Verfeinerung des Whiskys erworben: Schottischer Whisky gilt als der Inbegriff für Whisky schlechthin. Unter Kennern ist vor allem der Single Malt Whisky hochgeschätzt, der in unglaublicher aromatischer und geschmacklicher Vielfalt auftritt – ganz zu schweigen von der großen Zahl der Whisky-Cocktails. Torfbedeckte Katen überall im Land erinnern an das *crofting,* die über die Jahrhunderte vorherrschende Bewirtschaftungsform des kargen Landes. Die *crofter,* kleine landwirtschaftliche Pächter, bauten auf ihren Grundstücken vor allem Hafer, Gerste und Wurzelgemüse an und hielten auch etwas Vieh – Rinder, Ziegen und Schafe. Ihre Ernährung war sehr einfach, bestand jedoch aus wohlschmeckenden und sättigenden Gerichten. Auf ihrem Speisezettel standen *porridge* und Haferkekse, gesalzener Fisch und Hammelfleisch, ab und zu Lachs und Garnelen. Auf die Kochkunst der Bäuerinnen gehen viele traditionelle schottische Gerichte zurück, von denen einige auch außerhalb des schottischen Hochlandes Freunde gefunden haben. Die Kunst, aus schlichtem Hafer das höchst wohlschmeckende *porridge* zuzubereiten, ist ebenso ihrer Erfindungsgabe zu verdanken wie die große Backtradition des Landes und das Wissen um die Käseherstellung.

Whisky

Haggis

Schottische Spezialitäten

Rund um den Hafer

Whisky

Geschichte

Die beiden keltischen Brudervölker, die Schotten und die Iren, streiten sich bis heute darüber, wer von ihnen den Whisky erfunden habe. Vieles spricht für Irland: Um das Jahr 430, vermutlich 432, kam der heilige Patrick als Missionar nach Irland. Dort baute er Klöster, die nicht nur geistliche, sondern auch weltliche Zentren der damaligen Zeit waren: Schulen und Krankenhäuser gehörten dazu, Handelsgeschäfte ebenso wie Apotheken. In den Apotheken benutzte man ein seltsam geformtes Gerät: die Brennblase. Mit diesem Destillierapparat wurde das *uisge beatha*, das Lebenswasser, hergestellt, das als Arznei galt.

Es dauerte nicht lange, bis das Lebenswasser auch in Schottland heimisch wurde, denn hier verfügte man gleichfalls über alle Zutaten, die zur Herstellung von Whisky erforderlich waren: Gerste als Grundstoff, klares Wasser für die Maische, Torf zum Heizen – und das kühle Klima, das den Whisky richtig »gedeihen« läßt.

Erst 1494 ist der Begriff »Whisky« erstmals dokumentiert: In schottischen Steuerurkunden findet sich eine entsprechende Eintragung. Wenig später, im Jahre 1505, wurde der Gilde der Chirurgen in Edinburgh das Monopol zur Whisky-Destillation zugesprochen – getreu der damaligen Rolle des Whiskys als Arzneimittel. Längst war jedoch die Kunst des Destillierens von Whisky in allen Tälern des schottischen Hochlandes verbreitet, wo sich die Menschen wenig um die Obrigkeit scherten.

Trotz einer sehr bald einsetzenden kräftigen Besteuerung gab es Ende des 17. Jahrhunderts in Schottland zahlreiche Destillerien – neben einer Unzahl von Schwarzbrennereien: Im Jahre 1777 besaßen nur acht von 408 Brennereien, die es damals allein in Edinburgh gab, eine Lizenz. Erst 1823, als ein neues Steuergesetz verabschiedet wurde, etablierten sich die großen Whisky-Unternehmen. Scotch Whisky begann seinen Aufstieg, begünstigt durch die Reblaus-Katastrophe, die zur gleichen Zeit in Frankreich die Traubenernte ruinierte. Denn dadurch wurde der Wein aus Frankreich knapp, und die Freunde eines guten Tropfens suchten nach passendem Ersatz.

Schon damals war man sich uneins, welcher Whisky denn nun der bessere sei – Single Malt Whisky oder Blended Whisky. Der Unterschied ist in der Tat gravierend: Single Malt Whisky wird aus angekeimter Gerste hergestellt, die man über Torfrauch trocknet. Der Single Malt ist unverschnitten und stammt aus verschiedenen Jahrgängen einer einzigen Destillerie. Die Destillation erfolgt in kupfernen Brennblasen – ein aufwendiges Verfahren, das viel Sorgfalt erfordert. Bei dem industriell hergestellten Blended Whisky handelt es sich um eine Mischung aus verschiedenen Malt Whiskys und sogenanntem Grain Whisky, der vorwiegend aus ungemälztem Getreide (Roggen, Mais, Hafer, Gerste) und Gerstenmalz produziert wird. Da die Bestandteile eines verschnittenen Whiskys stets variieren, ist es die hohe Kunst des Blendmeisters, immer wieder aufs neue das typische Aroma eines bestimmten Whiskys zu komponieren.

Herstellungsverfahren

Die Gerste wird gereinigt und etwa zwei Tage in Wasser eingeweicht. Nach dem Abtropfen breitet man sie in einer etwa 30 Zentimeter dicken Schicht auf einer Mälztenne aus, wo sie zu keimen beginnt. Das dauert sieben bis zehn Tage. Dreimal täglich muß das Getreide gewendet werden, damit sich weder ein Hitzestau noch Schimmelkulturen bilden.

Sobald sich die Stärke in Zucker umgewandelt hat, wird die Gerste getrocknet, »gemälzt«. Zu diesem Zweck breitet man sie auf engmaschigem Draht aus, unter dem ein Torffeuer schwelt.

Unten: Einen guten schottischen Whisky kann man in einem der zahlreichen heimeligen Pubs genießen.
Rechte Seite: Der Hintergrund zeigt Gerstenkörner in starker Vergrößerung.

48 **Schottland**

Nach dem Mälzen wird die Gerste abgekühlt und geschrotet, das heißt zu grobem Mehl vermahlen, dem *grist*. Ihm wird das Wasser der Destillerie zugegeben, das auf ungefähr 65 Grad Celsius erhitzt wurde. Bei diesem Vorgang werden die zuckerhaltigen Teile herausgelöst. Die entstandene breiige Masse, die sogenannte *mash*, wird in große Maischbottiche gefüllt, die zwischen 9000 und 36 000 Liter fassen können. Dort trennt man die zuckerhaltige Flüssigkeit von den festen Bestandteilen und erhält die *wort*, »Würze«. Sie wird in Kühlbehälter gepumpt, in denen sie auf etwa 22 Grad Celsius abgekühlt wird.

Die Fermentation, bei welcher der Zucker zu Alkohol und Kohlensäure umgewandelt wird, geschieht in *washbacks*, geräumigen Gärbehältern aus Holz oder Edelstahl. Um den Gärvorgang einzuleiten, wird der Würze Hefe beigegeben. Etwa zwei Tage dauert die chemische Reaktion, in der die brodelnde Flüssigkeit immer wieder umgerührt werden muß.

Die Destillation erfolgt in kupfernen Brennblasen, den *pot stills*. Der Alkohol wird in zwei Phasen extrahiert. Die *wash* wird zunächst in eine erste, größere Brennblase gepumpt, die von unten langsam erhitzt wird. Wenn der Siedepunkt erreicht ist, steigen die Dämpfe auf in den Hals der Brennblase und kondensieren dort. Auf diese Weise entsteht ein Rauhbrand – Roh-Whisky, der anschließend in einem zweiten Destilliervorgang zu Feinbrand verfeinert wird. Dies geschieht in drei ineinander übergehenden Destillationsabschnitten, Vor-, Mittel- und Nachlauf. Mit großer Präzision isoliert der Brennmeister den qualitativ hochwertigen Mittellauf, das sogenannte »Herzstück« des Durchlaufs, von den unerwünschten Nebenstoffen der Vor- und Nachlaufs. Das Destillat enthält etwa 75 Prozent Alkohol und muß zunächst einige Jahre in Holzfässern reifen, die innen angekohlt werden. Dies verleiht dem Whisky später seine charakteristische Farbe.

Ein Malt Whisky trägt in der Regel auf dem Etikett eine Altersangabe. Meist ist er zehn oder zwölf Jahre alt, es gibt jedoch auch Sorten, die 15 oder 21 Jahre gereift sind.

Vor dem Abfüllen entscheidet es sich, ob ein Single Malt oder ein Blended Whisky daraus wird. Malt Whiskys bleiben unverschnitten und unterscheiden sich durch eine Fülle von Geschmacksnuancen voneinander. Blended Whisky ist ein Verschnitt – in der Sprache des Weins eine »Cuvée«. Ein verschnittener Whisky reift zumeist noch ein weiteres Jahr im Faß, bevor er abgefüllt wird. Enthält das Etikett eine Altersangabe, so bezieht diese sich auf das Alter des jüngsten Destillats.

Der Alkoholgehalt aller Whisky-Sorten, gleichgültig ob Blend oder Single Malt, wird vor dem Abfüllen mit Wasser auf Trinkstärke herabgesetzt – für die internationalen Märkte sind dies 43 Prozent Alkohol (in Deutschland liegt er bei 40 Prozent). Der Kenner verdünnt den Whisky beim Einschenken durch Zugabe von so viel klarem kaltem Wasser, daß ein Alkoholgehalt von etwa 33 Prozent erreicht wird. Dabei werden Aromen freigesetzt, die den Genuß des Whiskys erst vollkommen machen – die gleiche Methode verwenden übrigens auch die Blendmeister bei der Auswahl für ihre Kompositionen.

Viele Schotten trinken ihren Whisky – insbesondere den Single Malt – unverdünnt bei Zimmertemperatur und parallel dazu ein Glas Wasser: Nach jedem Schlückchen Whisky nehmen sie etwas Wasser und mischen beides im Mund.

Das klassische Whisky-Glas ist der *tumbler*, ein gedrungenes, zylinderförmiges Glas, das etwa zwei Finger hoch mit Whisky eingeschenkt werden sollte, der dann mit klarem Wasser – natürlich vorzugsweise aus dem schottischen Hochland – verdünnt wird. Wer seinen Whisky lieber pur trinkt, verwendet tulpenförmige Gläser oder Kognakschwenker.

Zur Whisky-Herstellung wird Malz – das in Säcken bereits fertig angeliefert wird – geschrotet.

Aus dem geschroteten Malz entsteht in diversen Arbeitsschritten die Würze – Basis der Alkoholgärung.

Jeweils am Ende der beiden Destillationsvorgänge wird der Alkoholgehalt überprüft.

Der zunächst klare Alkohol bekommt seine goldgelbe Farbe erst durch eine Faßreifung.

Schottische Whisky-Sorten

Single Malt Whisky

Single Malts stammen – ähnlich wie anspruchsvolle Weine – aus genau definierten Anbaugebieten der Lowlands und der Highlands sowie der schottischen Inseln. Die Sorten unterscheiden sich in der Farbe (von blaßgelb bis dunkelbraun) wie auch im Geschmack (von leichter Frische bis zum schweren, torfigen Rauchton). Die besten reifen acht bis zwölf Jahre. Die United Destillers Group, in der etwa 50 Destillerien zusammengeschlossen sind, vermarktet sechs ihrer besten Whisky-Sorten unter dem Oberbegriff »Classic Malts«, die einen guten Überblick über die Vielfalt des Malt-Geschmacks geben.

Grain Whisky

Grain Whisky wird aus ungemälztem Getreide und Gerstenmalz hergestellt. Das Trocknen über Rauch entfällt, und statt in *pot stills* wird er in kontinuierlich arbeitenden Brennsäulen gebrannt. Die Destillate enthalten mehr Alkohol (etwa 95 Prozent) als der Malt, und die Lagerzeit ist kürzer. Grain Whisky ist heute nur noch selten im Handel. Er wird zumeist in Blends verschnitten.

Blended Whisky

Blended Whisky ist eine Mischung aus Malt und Grain Whiskys unterschiedlicher Jahrgänge und Herkunft. Die Blends verfügen über einen markentypischen, stets gleichbleibenden Geschmack. Ein »Standard Blend« besteht aus rund 40 verschiedenen Whiskys, wobei der Malt-Anteil zwischen fünf und 70 Prozent schwanken kann. »De Luxe Blends« sind die Spitzenerzeugnisse der Hersteller von Blended Whiskys. Sie enthalten einen höheren Anteil an alten Whiskys wie auch an Malt (ab 35 Prozent). Daher schmecken sie runder und sanfter als die Standard-Erzeugnisse.

Bekannte Scotch-Marken

Blended Whiskys

Die meisten Blends werden in der Gegend zwischen Glasgow und Edinburgh hergestellt. Sie haben einen jeweils gleichbleibenden Geschmack.

Ballantine's: trocken, mit zartem Torfaroma. Vor dem Krieg der am weitesten verbreitete schottische Whisky.

Black & White: eleganter Scotch, leicht, trocken und geschmeidig.

Chivas Regal: ein De Luxe Blend, dezent süß und mild-rauchig.

Cutty Sark: hell und weich mit eleganten, fruchtigen Obertönen und angenehmem Malzaroma. In den USA sehr beliebt.

The Famous Grouse: weich und samtig, gut abgerundet.

J & B: leicht, mit angenehmem Aroma und dezenter Süße.

Johnnie Walker Red Label: erfrischend und pikant; als Zutat in Longdrinks beliebt.

Long John: weich, dunkel – ein klassischer Scotch.

Teacher's: mit hohem Malzanteil und recht lieblichem Geschmack. Man genießt ihn am besten mit etwas Wasser.

White Horse: weich, relativ dunkel, mit starkem Torfgeschmack; eignet sich für alle Gelegenheiten.

Single Malt Whiskys

Aberlour: voluminös und würzig, lang anhaltender, weicher Abgang.

Cardhu: weich, malzig und süß mit langem Abgang; besonders als Digestif geeignet.

Cragganmore: anfangs süßlich und malzig, später trocken und grasig, mit herb-rauchigem Nachgeschmack.

Dalwhinnie: einer der mildesten Malts mit feinem Malzton und langem, süßem Abgang.

Glen Deveron: mild, leicht und von vollem Malzgeschmack mit trockenem Abgang.

Glenfarclas: dunkler Malt mit vollem Körper und großer Geschmacksentfaltung; als Digestif geeignet.

Glenfiddich: blaß goldfarben, ausgewogen fruchtiger Geschmack mit leichtem Malzaroma und angenehmer Süße; als Aperitif geeignet.

Glenlivet: bemerkenswerter Geschmack, der blumig und fruchtig ist und an Pfirsich und Vanille erinnert.

Glen Moray: sehr hell, leicht und frisch, runder Malzgeschmack und sauberer Abgang.

Highland Park: fast rot in der Farbe, üppiges und süßes Aroma von Honig und Malz; als Digestif geeignet.

Knockando: duftig, mit dezenter Süße und langem, lieblichem Abgang.

Lagavulin: kräftige, goldbraune Farbe, robuster und voller Geschmack von großer Vielfalt; schwerer Digestif.

Oban: weicher und rauchiger Malzgeschmack mit etwas Süße, angenehm weicher und lieblicher Abgang.

Talisker: mittelschwerer Malt mit dem Geruch von Torf, Rauch und Seeluft, langer und warmer Abgang mit raffinierter Süße.

Linke Seite: Sudpfanne in einer Whisky-Destillerie
Oben: Malt Whiskys bei Milroy's, einer Whisky-Handlung in London

Schottland 51

Drinks mit Scotch Whisky

Scotch Sour

40 ml Scotch Whisky
Eis
Saft von 1/2 Zitrone
1 BL Zucker
Soda

Whisky auf Eis in einen Shaker geben, Zitronensaft und Zucker hinzufügen. Schütteln und in einen Tumbler abseihen, mit Soda auffüllen.

Club 21

15 ml Scotch Whisky
15 ml Grenadine
Champagner
Orangenscheibe

Whisky und Grenadine mischen, mit Champagner auffüllen und der Orangenscheibe garnieren.

Thistle

1 Teil süßer Vermouth
2 Teile Scotch Whisky
Maraschino-Kirsche

Vermouth und Whisky in einem Cocktailglas mischen. Die Kirsche auf einen Cocktailsticker stecken und in das Glas geben.

Die »Exoten«

Hausrezepte, die vor allem in der kalten Jahreszeit der Gesundheit dienten, und die Trinkfestigkeit der schottischen Highland-Regimenter sind die Grundlagen dieser sehr speziellen Cocktails.

Uld Man's Milk
Milch für ältere Herren

6 Eier
Zucker nach Geschmack
1/2 l Milch
1/2 l Sahne
1/4 l Scotch Whisky
geriebene Muskatnuß

Eiweiß und Eigelb getrennt schlagen. Zum Eigelb Zucker, Milch und Sahne geben, vermischen, dann den Whisky hinzufügen. Vorsichtig den Eischnee unterheben und den Drink mit Muskat würzen. Ein beliebtes Morgengetränk.

White Caudle

2 EL Haferflocken
1 EL Zucker
2 l Scotch Whisky
geriebene Muskatnuß

Die Haferflocken mit 1/4 l Wasser vermischen und 2 Stunden quellen lassen. Die Masse durch ein Sieb streichen und die Flüssigkeit kochen. Den Zucker hinzufügen und warten, bis er sich aufgelöst hat, dann den Whisky zugeben. Mit Muskat abschmecken.

Highland Cordial

250 g weiße Johannisbeeren
Schale von 1 unbehandelten Zitrone
1 TL frisch gepreßter Ingwersaft
1 Flasche Whisky
400 g Zucker

Die Johannisbeeren von den Stengeln befreien und mit Zitronenschale und Ingwersaft 48 Stunden in Whisky einlegen. Durch ein Sieb streichen und den Zucker hinzufügen. Stehenlassen, bis der Zucker sich aufgelöst hat (nach etwa 24 Stunden). In Flaschen füllen und verkorken. Nach 3 Monaten ist der Likör trinkfertig und hält sich dann noch mehrere Wochen.

Toddy
(Abbildung rechte Seite)

3 TL Zucker
200 ml Scotch Whisky
Gewürznelken

Einen Tumbler mit warmem Wasser vorwärmen. Den Zucker in das Glas geben und 200 ml kochendes Wasser darübergießen. Wenn der Zucker sich aufgelöst hat, den Whisky hinzufügen und gut durchrühren. Zur Aromatisierung einige Gewürznelken in das Glas geben. Heiß getrunken, ist der »Toddy« ein gutes Heilmittel gegen Erkältungen.

Het Pint

2 Flaschen Bier
geriebene Muskatnuß
1 EL Zucker
1 geschlagenes Ei
200 ml Whisky

Das Bier nach Geschmack mit Muskat würzen und in einem schweren Topf heiß werden lassen (nicht kochen). Den Zucker darin auflösen. Das Ei langsam in des Bier einrühren. Den Whisky hinzugeben und das Getränk in vorgewärmte Bierkrüge füllen. »Het Pint« wird in Schottland speziell am Silvesterabend getrunken.

Rob Roy

2 Teile Scotch Whisky
1 Teil süßer Vermouth
1 Spritzer Angostura-Bitter
1 Stück unbehandelte Zitronenschale

Whisky und Vermouth in einem Glas mischen, mit Angostura-Bitter würzen. Zitronenschale in das Glas geben.

Whisky Collins

30 ml Scotch Whisky
1 BL Zucker
Zitronensaft
Soda

Whisky, Zucker und Zitronensaft gut mischen. Die Ingredienzen mit Soda auffüllen.

Scotch Flip

15 ml Scotch Whisky
15 ml Madeira
1 Eigelb
1 BL Sirop de Canne (Zuckerrohrsirup)

Die Zutaten in einem Shaker kräftig schütteln und in ein Cocktailglas seihen.

Toddy

Haggis

Haggis gilt als das schottische Nationalgericht schlechthin. Auswärtigen Gästen erzählen die Schotten gern, bei Haggis handele es sich um ein urtümliches Fabeltier, das in den Wäldern lebe und schwer zu erlegen sei, weil es den Jägern immer wieder ein Schnippchen zu schlagen verstehe. In Wirklichkeit ist es nichts weiter als ein gefüllter Schafsmagen – eine besondere Art von Wurst.
Haggis wird das ganze Jahr über von den Metzgern überall im Land angeboten. Seine große Zeit hat das Gericht jedoch an zwei Festtagen: zu *hoghmanay,* Silvester, und zur *Burns' Night* am 25. Januar, die Robert Burns huldigt, dem neben Walter Scott größten schottischen Dichter. Er hat an diesem Tag Geburtstag. Seine Ode auf den Haggis (s. rechts) ist Bestandteil einer feierlichen Zeremonie: Der Träger des Haggis, gefolgt vom Träger des Whiskys, begleitet von Dudelsackspielern, bringt das Gericht auf einer Silberplatte in den Speiseraum. Der Gastgeber schneidet mit einem langen Messer, das der Schotte traditionell in einem seiner Kniestrümpfe mit sich führt, den Haggis an und spricht dazu die Ode. Nach dieser Zeremonie wird die Platte wieder unter Dudelsackbegleitung in die Küche zurückgetragen, wo der Haggis zusammen mit *clapshot,* einem Püree aus Steckrüben und Kartoffeln, angerichtet wird. Dazu trinkt man Whisky aus kleinen Gläsern.

Haggis

1 Schafsmagen
Schafsinnereien (Leber, Herz, Lunge)
250 g Schafsnierenfett
Salz, schwarzer Pfeffer
3 Zwiebeln
500 g grobes Hafermehl

Den Schafsmagen gründlich waschen, umstülpen und sauber auskratzen. In kaltes Salzwasser legen und über Nacht weichen lassen.
Innereien und Fett waschen, in kochendes Salzwasser geben und 2 Stunden köcheln lassen. Herausnehmen, Luftröhre und Knorpel entfernen und alles fein hacken oder durch den Fleischwolf drehen.
Zwiebeln schälen, im Kochwasser blanchieren und ebenfalls fein hacken. Das Wasser aufbewahren.
Das Hafermehl in einer Pfanne langsam rösten, bis es knusprig wird. Mit den anderen Zutaten mischen und mit etwas Kochwasser zu einer geschmeidigen Masse kneten. Den Schafsmagen damit zu etwa zwei Dritteln füllen, die Luft herausdrücken, zunähen – gegebenfalls auch in der Mitte abbinden – und mehrmals einstechen, damit er beim Kochen nicht platzt. In leicht kochendem Wasser zugedeckt 3–4 Stunden garen. Danach warm stellen und die Fäden herausziehen. Nach dem Aufschneiden mit viel Butter und *clapshot,* einem Püree aus Steckrüben und Kartoffeln, servieren.

Haggis stellen die Metzger das ganze Jahr über her. Seinen Höhepunkt hat das Gericht jedoch zu Silvester und zur *Burns' Night* am 25. Januar.

Die Hauptzutaten für den Haggis – Leber, Herz, Lunge und Nierenfett vom Schaf – werden feingehackt oder durch den Fleischwolf gedreht.

Anschließend wird die Masse, angereichert durch gehackte Zwiebeln und Gewürze und gebunden mit gerösteten Hafermehl, in einen Schafsmagen gefüllt.

Der fertige Haggis ist eine von allen Schotten hochgeschätzte Delikatesse. Man serviert ihn warm mit viel Butter und *clapshot,* einem Püree aus Steckrüben und Kartoffeln.

To a Haggis

Fair fa' your honest, sonsie face,
Great Chieftan o' the Puddin'-race!
Aboon them a'ye tak your place,
        Painch, tripe, or thairm:
Weel are ye wordy of a *grace*
        As lang's my arm.

The groaning trencher there ye' fill,
Your hurdies like a distant hill
Your *pin* wad help to mend a mill
        In time o' need,
While thro' your pores the dews distil
        Like amber bead.

His knife see Rustic-labour dight,
An' cut you up wi' ready slight,
Trenching your gushing entrails bright
        Like onie ditch;
And then, O what a glorious sight,
        Warm-reekin, rich!

Then, horn for horn they stretch an' strive
Deil tak the hindmost, on the drive,
Till a'their weel-swall'd kytes belyve
        Are bent like drums;
Then auld Guidman, maist like to rive,
        Bethankit hums.

Is there that owre his French *ragout,*
Or *olio* that wad staw a sow,
Or *fricassee* wad mak her spew
        Wi' perfect sconner,
Looks down wi' sneering, scornfu' view
        On sic a dinner?

Poor devil! see him owre his trash,
As feckless as a wither'd rash,
His spindle shank a guid whip-lash,
        His nieve a nit;
Thro' bluidy flood or field to dash,
        O how unfit!

But mark the Rustic, *haggis-fed,*
The trembling earth resounds his tread,
Clap in his walie nieve a blade,
        He'll mak it whissle;
An' legs, an' arms, an' heads will sned
        Like traps o'thrissle.

Ye Pow'rs wha mak mankind your care,
And dish them out their bill o'fare,
Auld Scotland wants nae skinking ware
        That jaups in luggies;
But, if ye wish her grateful' pray'r,
        Gie her a *Haggis!*

Robert Burns (1759–1796)

Rechte Seite: Zutaten für den Haggis – Schafsinnereien, Hafermehl und Zwiebeln. In manchen Rezeptversionen verwendet man auch – wie hier abgebildet – Bauchfleisch und ein Rippenstück.

Schottische Spezialitäten

Hotch Potch – Gemüsesuppe mit Hammelfleisch

Howtowdie – Gefülltes Brathuhn

Lady Tillypronie's Scotch Broth
Lamm-Gemüsesuppe

Für 4 Personen

750 g Lammbrust
4 Zwiebeln, geschält und in Scheiben geschnitten
3 weiße Rüben, geputzt und in Scheiben geschnitten
2 Möhren, geputzt und in Scheiben geschnitten
8 Pfefferkörner
2 kleine Stangen Lauch, geputzt und in Ringe geschnitten
1 Stange Staudensellerie, in Scheiben geschnitten
3 EL Graupen

Das Lammfleisch, jeweils zwei Drittel der Zwiebeln, Rüben und Möhren mit gut 1 l Salzwasser und den Pfefferkörnern aufsetzen, zum Kochen bringen und zugedeckt 3 Stunden köcheln lassen.
Abkühlen lassen und das Fett abschöpfen. Die Brühe abgießen und aufbewahren. Das Fleisch entbeinen und in Stücke schneiden, Fett und Gemüse wegwerfen.
Den Topf ausspülen. Die Brühe mit den restlichen Gemüsen und den Graupen wieder einfüllen und zugedeckt 45 Minuten köcheln lassen. Das Lammfleisch zugeben und 5 Minuten in der Gemüsesuppe erhitzen.
(Das Rezept notierte Lady Clark of Tillypronie um 1880. Ab 1841 – als ihre Familie Revolutionsflüchtlinge aus Frankreich aufnahm – hat sie Tausende von Rezepten gesammelt. 1851 heiratete sie einen Diplomaten und lernte auf Reisen die Küche vieler europäischer Länder kennen.)

Ham and Haddock
Schinken und Schellfisch

1 großer geräucherter Schellfisch
2 EL Butter
2 große Scheiben geräucherter Schinken
schwarzer Pfeffer

Den Fisch knapp mit Wasser bedeckt zum Kochen bringen und 5 Minuten sieden, dabei einmal wenden. Herausnehmen, Haut und Gräten entfernen.
Butter in einer Pfanne zerlassen, die Schinkenscheiben darin von beiden Seiten anbraten. Dann den Fisch auf den Schinken geben, mit Pfeffer würzen und noch 3 Minuten zugedeckt garen lassen.

Fish Tobermory
Fischfilets auf Spinat
(Abbildung rechte Seite, rechts)

500 g blanchierter Spinat
2 EL Butter
Salz, schwarzer Pfeffer
geriebene Muskatnuß
500 g Fischfilets
350 ml Milch
350 ml Fischbrühe

Sauce

3 EL Butter
3 EL Mehl
100 g geriebener Käse
Butterflöckchen

Den Backofen auf 200 °C vorheizen. Den Spinat in einem Tuch ausdrücken und hacken. In einen Topf mit Butter geben, mit Salz, Pfeffer und Muskat würzen und bei kleiner Hitze garen, bis er trocken ist.
Fisch in eine flache Auflaufform legen, mit Milch und Fischbrühe bedecken und mit gefetteter Alufolie abdecken. Knapp 15 Minuten im Ofen backen, dann den Fisch aus der Form nehmen. Die Brühe durchsieben und beiseite stellen.
Die Form säubern und einfetten, den Spinat hineingeben und den Fisch auf dem Spinat verteilen. Abgedeckt im Backofen warm stellen.
Für die Sauce aus Butter und Mehl eine Mehlschwitze zubereiten, mit der Brühe aufgießen und 5 Minuten kochen. Die Hälfte des Käses einrühren und schmelzen lassen.
Die Sauce über den Fisch geben, mit dem restlichen Käse bestreuen und mit Butterflöckchen belegen. Unter den Backofengrill stellen, bis der Käse zerlaufen ist.

Hotch Potch
Gemüsesuppe mit Hammelfleisch
(Abbildung links)

1 kg Hammelbrust mit Knochen
10 weiße Pfefferkörner
3 Pimentkörner
2 Lorbeerblätter
1 Stange Staudensellerie
4 Möhren
4 gelbe Rüben
6 Frühlingszwiebeln
1 Blumenkohl
1 EL gehackte Petersilie
1 EL Schnittlauchröllchen

Das Hammelfleisch in 3 l kaltem Salzwasser mit den Gewürzen aufsetzen und zugedeckt kochen, bis es weich ist. Dann herausnehmen, von den Knochen lösen und in Stücke schneiden. Beiseite stellen.
Die Brühe durch ein Sieb passieren. Das Gemüse putzen, in Stücke schneiden und in der Brühe garen. Vor dem Servieren das Fleisch in der Suppe erwärmen. Mit Petersilie und Schnittlauch bestreuen.

Schottland

Fish Tobermory
Fischfilets auf Spinat

Howtowdie
Gefülltes Brathuhn
(Abbildung Mitte)

Füllung
2 Tassen Brotkrumen
Milch
1 Zwiebel, geschält und gehackt
2 TL gehackte Petersilie
Salz, schwarzer Pfeffer

1 Brathuhn (1 1/2–2 kg)
2 EL Butter
6 Zwiebeln, geschält und in Scheiben geschnitten
350 ml Hühnerbrühe
2 Gewürznelken
6 schwarze Pfefferkörner
1 Prise geriebene Muskatnuß
1 kg Spinat, geputzt und gewaschen
Leber des Huhns
2 EL Sahne
Salz, schwarzer Pfeffer

Den Backofen auf 250 °C vorheizen.
Für die Füllung die Brotkrumen in etwas Milch einweichen, dann mit den anderen Zutaten vermengen und abschmecken.
Das Huhn mit der Brotmasse füllen. Mit einem Spieß verschließen oder mit Küchengarn zunähen.
1 EL Butter in einem Schmortopf zerlassen und die Zwiebeln darin bräunen. Das Huhn in den Topf geben, im Backofen 20 Minuten garen, bis es gebräunt (dabei öfters wenden). Brühe und Gewürze zugeben, zudecken und bei 200 °C etwa 40 Minuten schmoren.
Den Spinat garen und warm halten.
Das Huhn aus dem Topf nehmen und warm stellen. Die Brühe durch ein Sieb passieren. Die Hühnerleber kleinschneiden, in die Brühe geben und auf dem Herd 5 Minuten köcheln lassen, dann die Leber zerdrücken. Sahne und restliche Butter zufügen, nochmals erhitzen, aber nicht mehr kochen, und abschmecken.
Das Huhn auf einer vorgewärmten Platte anrichten, mit dem Spinat umranden und mit der Sauce übergießen.

Poacher's Pot
Wilderer-Eintopf
Für 12 Personen

1 Kaninchen (etwa 1 kg), in Stücke geschnitten
2 Tauben, halbiert
2 Fasane, in Stücke geschnitten
50 g Mehl
2 große Zwiebeln, geschält und gehackt
2 weiße Rüben, geputzt und in Würfel geschnitten
3 große Möhren, geputzt und in Scheiben geschnitten
1 kg geräucherter Schinken am Stück
je 4 Zweige Salbei, Thymian und Petersilie
1 TL Salz, 1 TL schwarzer Pfeffer
1 großer Wirsing, geputzt und geviertelt
300 ml Rotwein

Kaninchen und Wildgeflügel mit Mehl bestäuben. Zwiebeln, Rüben und Möhren in einen großen Topf geben, das Fleisch und dann den Schinken einschichten. Kräuter, Salz und Pfeffer hinzufügen und alles mit Wasser bedecken. Zum Kochen bringen und zugedeckt etwa 2 1/2 Stunden köcheln lassen. Gelegentlich umrühren.
Nach 2 Stunden Kochzeit Wirsing und Rotwein zugeben und abschmecken.
Wenn alles gar ist, den Schinken herausnehmen, in dicke Scheiben schneiden, die Schinkenscheiben halbieren und wieder in den Topf geben. Den Eintopf mit selbstgebackenem frischem Brot servieren, mit dem man den Fleischsaft aufnehmen kann.

Cock-a-Leekie
Lauchsuppe mit Huhn

1 Suppenhuhn (etwa 1,5 kg)
Salz, schwarzer Pfeffer
2 kleine Zwiebeln, geschält und feingehackt
5 Stangen Lauch, geputzt und in Scheiben geschnitten
1 EL gehackte Petersilie

Das Huhn abspülen, in etwa 2 1/2 l kaltem Wasser aufsetzen und zum Kochen bringen. Den Schaum abschöpfen, die Brühe salzen. Halb zugedeckt 2 Stunden köcheln lassen, bis das Huhn fast zerfällt.
Das Huhn herausnehmen und abkühlen lassen. Das Fett von der Brühe schöpfen und die Brühe durchsieben. Die Zwiebeln in dem Fett glasig dünsten, den Lauch hinzufügen und noch etwa 5 Minuten dünsten. Das Huhn enthäuten, die Knochen entfernen und das Fleisch kleinschneiden. Das Fleisch mit der Zwiebel-Lauch-Mischung und der Brühe zurück in den Topf geben und noch einige Minuten köcheln lassen. Mit Salz und Pfeffer abschmecken und zum Servieren mit Petersilie bestreuen.

Rund um den Hafer

Im kalten schottischen Hochland gedeiht von allen Getreidesorten der Hafer am besten, denn er ist genügsam. Da Hafergerichte auch sehr sättigend sind, bestand die Ernährung in Schottland – bevor die Kartoffel hier heimisch wurde – hauptsächlich aus Zubereitungen mit Haferschrot, wie beispielsweise *porridge,* ein wohlschmeckender Haferbrei, oder auch die bekannten *oat cakes,* Haferplätzchen.

Porridge, den man aus grobem Hafermehl, Wasser und Salz zubereitet, ißt man zum Frühstück. Schottische Schäfer hatten die Gewohnheit, sich einen ganzen Wochenvorrat an Porridge zu kochen und diesen dann in einer »Porridge-Schublade«, *porridge drawer,* aufzubewahren, wo er fest wurde. Bei Bedarf schnitten sie ihn in Scheiben, *caulders,* und brieten ihn – ein schnelles nahrhaftes Essen, wenn man tagelang mit den Schafherden unterwegs war.

Für die Zubereitung wurden strenge Rituale ersonnen: Porridge wird beispielsweise immer mit der rechten Hand rechts herum gerührt. Dazu verwendet man den *spurtle,* einen angespitzten Stock. Es gehört sich, den Porridge mit »Sie« anzusprechen (englisch *they*), und wer es ganz genau nimmt, verzehrt ihn nur im Stehen – einem mittelalterlichen Brauch folgend, als angeblich die schottischen Highlander einander den Dolch in den Rücken zu stoßen pflegten. Porridge wurde traditionell aus einer Birkenholzschale mit einem tiefen Hornlöffel gegessen – mit kalter Milch oder Sahne und etwas Zucker, manchmal auch nur mit Salz.

Gebäck-Spezialitäten

Man sagt gern, schottische Hausfrauen seien mit einem Nudelholz unter dem Arm zur Welt gekommen, denn ihre Leidenschaft für das Backen ist grenzenlos. Aus Hafermehl lassen sich vortreffliche Brote und Kuchen herstellen. Schottische *oatcakes,* knusprige Haferplätzchen, sind typisch für die Backtradition des Landes, und *scones,* ein brötchenartiges Buttergebäck, dürfen bei keinem Nachmittagstee fehlen, ebensowenig wie das gehaltvolle *shortbread,* das seinen Wohlgeschmack der reichlichen Verwendung von Butter und Zucker verdankt. Zu einem perfekten Frühstück gehören nicht zuletzt *bannocks,* flache kleine Rosinenbrote. Heute nimmt man zum Backen allerdings statt Hafermehl lieber das feinere und hellere Weizenmehl.

Porridge
Haferbrei

125 g mittelfeines Hafermehl oder
200 g Haferflocken
Salz
Butter
brauner Zucker
Milch oder Sahne

Etwa 1 ¼ l Wasser zum Kochen bringen. Hafermehl oder Haferflocken (die Menge richtet sich nach der gewünschten Konsistenz) unter ständigem Rühren einstreuen. Nach Geschmack salzen. Die Hitze reduzieren und die Masse etwa 30 Minuten leise köcheln lassen, bis sie eine breiartige Konsistenz hat. Den Brei nochmals kurz aufkochen lassen, vom Feuer nehmen und kräftig durchrühren. In Schälchen oder tiefe Teller geben, jeweils ein Stück Butter auf den Brei geben und nach Geschmack mit Zucker bestreuen. In einer separaten Schale dazu kalte Milch oder Sahne reichen.

Oben: Shortbread ist ein sehr gehaltvolles Gebäck aus Zucker, Butter und Mehl, wobei eine Faustregel besagt, daß diese Zutaten im Verhältnis 2:4:6 *(Ounces)* zueinander stehen. Mit *short* charakterisiert man von altersher alles, was knusprig und etwas krümelig ist, während *bread*, Brot, hier einen Kuchen, *cake*, meint. Diese Unlogik geht zurück auf einen Sprachgebrauch in früheren Jahrhunderten, bei dem ein Stück Brot von einem Laib, *loaf*, als *cake of bread* bezeichnet wurde. Die Schotten haben diese Tradition bewahrt und sich in diesem Fall für *shortbread*, nicht für *shortcake* entschieden – um sich von Engländern und Amerikanern zu unterscheiden, wie Lästermäuler meinen.

Shortbread
Butterkuchen

Für einen Kuchen von 18 cm Durchmesser

50 g Zucker
125 g Butter
175 g Mehl
Salz
Streuzucker

Den Backofen auf 120 °C vorheizen. Zucker und Butter zusammenreiben, dann Mehl und Salz hinzufügen und alles zu einem halbfesten Teig verarbeiten (1). Den Teig zu einer 2–3 cm dicken runden Platte ausrollen (2) und in eine eingefettete Springform von 18 cm Durchmesser geben (3). Mit einer Gabel mehrfach einstechen und vorsichtig Gebäckstücke markieren. Im Ofen 45 Minuten backen, bis der Kuchen goldbraun ist (4). Nach dem Abkühlen mit Zucker bestreuen.

Oatcakes
Haferplätzchen

100 g mittelfeines Hafermehl
1 Messerspitze Salz
2 TL Fett von ausgelassenem Speck
2–3 EL warmes Wasser

Hafermehl mit dem Salz in einer Schüssel mischen, in die Mitte eine Mulde drücken und das Fett hineingeben. Die Zutaten verrühren und so viel Wasser hinzufügen, bis ein fester Teig entsteht.
Auf einer bemehlten Arbeitsfläche den Teig einige Minuten kräftig kneten (1), dann fingerdick ausrollen. Große runde Teigstücke ausstechen (2) und diese kreuzweise in 4, 6 oder 8 Segmente schneiden (3); mit Hafermehl bestreuen. Die Teigecken auf einer heißen Platte (4) oder in einer schweren Pfanne backen – aber nicht wenden –, bis sie sich aufbiegen. Heiß oder kalt mit ungesalzener Butter oder Crowdie (schottischem Hüttenkäse) oder einem anderen Frischkäse servieren.

Links: Traditionell wird **Porridge** aus einer großen Schüssel gegessen, indem man mit einem tiefen Löffel zunächst eine mundgerechte Portion Haferbrei (1) und anschließend – mit demselben Löffel – etwas kalte Milch oder Sahne aus einer separaten Schale aufnimmt (2).

Rechts: Klassische Zutaten für **Oatcakes** sind Hafermehl, Fett – traditionell Fett von ausgelassenem Speck oder Schmalz, nicht jedoch Butter oder Öl (wie in »modernen« Versionen des Rezeptes) – und etwas Salz, die zu einem Teig verarbeitet werden, den man ausrollt. Daraus sticht man große runde Teigstücke aus, die man anschließend in vier Viertel (oder mehrere Segmente) schneidet und auf einer heißen Platte backt. Da sie nicht gewendet werden, ergibt sich die charakteristisch aufgebogene Form, wodurch sich das Gebäck im übrigen nicht gut verpacken läßt.

Honor Moore

Irland

Irische Küstenlandschaft bei Cork

Vorherige Doppelseite: Hier werden *potato apple cakes,* Kartoffel-Apfelkuchen, auf dem *griddle,* einer gußeisernen Platte, gebacken (siehe auch S. 72–73). Das Foto entstand in Omagh, Hauptstadt der Grafschaft Tyrone in Nordirland.

62 **Irland**

Zahlreiche Völker haben in Irland ihre Spuren hinterlassen, und sie alle leisteten ihren eigenen Beitrag zur Geschichte und Kultur des Landes. Auf sie gehen auch die vielen Facetten der Kochkunst zurück, zu der sogar die Wikinger ihren nicht unwesentlichen Teil beitrugen. Die Erkenntnis, daß sich die heutige Methode des Grillens nicht allzusehr von der Art unterscheidet, in der die Kelten einen riesigen irischen Elch oder einen Rothirsch über dem offenen Feuer rösteten, hat etwas Verblüffendes.

Käse, ein wesentlicher Bestandteil der früheren Ernährung, verschwand als Lebensmittel zur Zeit Oliver Cromwells, der Mitte des 17. Jahrhunderts die irischen Ureinwohner im Zuge der Kolonianisierung durch die Engländer von den fruchtbaren Feldern im Osten des Landes vertrieb und sie *to Hell or to Connacht*, zur Hölle oder nach Connacht, jagte. Die Gebiete im Westen der Insel sind indes so karg, daß sie die Viehherden der Iren nicht ernähren konnten, und die meisten Tiere waren ohnehin für die Verpflegung von Cromwells Soldaten geschlachtet worden. Die Menschen mußten das Land zudem erst urbar machen, hauptsächlich um Kartoffeln anzubauen. Die zahllosen Felsen und Steine, die dort aus dem Boden »wuchsen«, schichtete man zu Steinwällen auf als Schutz vor den starken Winden. Das derart entstandene und jeden Besucher beeindruckende Landschaftsbild hat sich bis auf den heutigen Tag erhalten.

In jenen von Armut und Not geprägten Zeiten entwickelte sich eine ausgesprochen bußfertige Haltung zum Essen (nicht jedoch zum Trinken), wobei nur die kirchlichen Festtage zu Weihnachten und Ostern eine Ausnahme bilden. Die Fastenzeit wurde streng eingehalten, aber dem Reisenden gegenüber war man stets gastfreundlich – und konnte es dank der Kartoffel auch sein, wie arm man sonst sein mochte. Heim und Familie spielen im Alltagsleben der Iren eine große Rolle. Obwohl die irischen Häuser in der Regel heute keine offene Feuerstelle mehr haben, ist die Küche nach wie vor der Mittelpunkt des Familienlebens. In einer irischen Küche werden die Tagesaktivitäten diskutiert, Freunde unterhalten, Musik gespielt, Geschichten erzählt und in harmonischem Miteinander die Ordnung der Welt wiederhergestellt.

Die Kartoffel

Fleisch:

Von Schweinen

und Rindern –

Wie aus Hammeln

Lämmer wurden

Cockles and Mussels

Halloween

Guinness

Ein Whiskey eigener Art

Milch, Käse, Butter

Backwerk und Desserts

Als Nahrungsmittel unverzichtbar
Die Kartoffel

Kartoffeln sind ein wesentlicher Bestandteil der Ernährung. Ihren Nutzen als Nahrungsmittel erkannte man in Irland wesentlich früher als irgendwo sonst in Europa. Sir Walter Raleigh, ursprünglich Pirat und später Admiral im Dienste von Queen Elizabeth I, soll um das Jahr 1585 herum die Kartoffel aus Amerika nach Irland gebracht haben. Mit ihr änderten sich die Ernährungsgewohnheiten der Iren grundlegend. Bis dahin standen in erster Linie Haferprodukte auf dem Speisezettel; jetzt dominierte die braune Knolle aus der Neuen Welt.

Die Kartoffel scheint aus vielerlei Gründen für Irland wie geschaffen zu sein. Zum einen begünstigt das feuchte, kühle Klima das Gedeihen der Frucht und bewahrt sie vor Viruserkrankungen, zum anderen wächst die anspruchslose Pflanze auf fast jedem Boden und bringt auch auf kleinen Äckern noch relativ große Erträge. Die Kartoffel ist ein sehr gesundes Nahrungsmittel: Sie enthält viele Kohlenhydrate und Mineralien sowie reichlich Vitamin C – Nährstoffe, die für die Volksgesundheit unerläßlich sind. Nur dank der Kartoffel konnte die irische Bevölkerung in den kargen Zeiten des Mittelalters überleben.

Es ist überliefert, welch gewaltige Mengen in der Vergangenheit konsumiert wurden: So aß jeder Ire noch im vorigen Jahrhundert (statistisch gesehen) täglich drei Kilogramm Kartoffeln – für uns heute kaum mehr vorstellbar. Bedenkt man jedoch, daß es praktisch nichts anderes zu essen gab, deckte diese Menge gerade den Energiebedarf.

Seit dem 17. Jahrhundert bestand die tägliche Mahlzeit einer irischen Durchschnittsfamilie aus Milch und Kartoffeln, wobei man gelegentlich, wenn vorhanden, Schinken, Fisch und Eier hinzufügte. Durch diese offenbar sehr gesunde Ernährung verdoppelte sich die Bevölkerung zwischen 1780 und 1840 und wuchs auf acht Millionen an. Als jedoch die Kartoffelernte im Jahre 1845 durch die Kartoffelpest größtenteils ausfiel und auch in den darauffolgenden Jahren eine Mißernte die andere ablöste, wurde die Bevölkerung infolge der verheerenden Hungerkatastrophe und einer beispiellosen Auswanderungswelle wieder nahezu halbiert.

Bis heute sind Kartoffeln in Irland ein Grundnahrungsmittel geblieben und kommen mindestens einmal am Tag auf den Tisch. Sie werden in *lazy beds* angebaut, schmalen Beeten mit Bewässerungsgräben. Die Hausfrau wählt die Knollen sorgfältig aus und reagiert sensibel auf Qualitätsschwankungen. Man bevorzugt die rötlichen, mehligen Sorten und kocht sie in der Schale, die erst bei Tisch mit Messer und Gabel abgezogen wird – ein ganz und gar ungewöhnliches Verhalten beispielsweise für englische Besucher, die diese Form des Umgangs mit Messer und Gabel meist erst lernen müssen.

Der Kartoffelanbau hat in Irland Tradition: Noch im vorigen Jahrhundert betrug der tägliche Pro-Kopf-Verbrauch 3 Kilogramm.

Anna

Record

Wie irische Hausfrauen Kartoffeln kochen

Neue Kartoffeln kocht man in reichlich Salzwasser, das schon kocht, wenn man die Kartoffeln hinzugibt.

Alte Kartoffeln setzt man kalt auf und kocht sie in einem Topf mit Deckel.

In jedem Fall müssen die Kartoffeln nach dem Abgießen des Kochwassers abgedämpft werden. Dies geschieht, indem man ein sauberes Tuch über den Topf legt und die Kartoffeln dann für einige Minuten »zum Trocknen« auf den Ofen zurückstellt.

Eine besondere Delikatesse sind neue Kartoffeln mit Minze. Die Knollen werden gewaschen oder leicht gebürstet und in einer Mischung aus heißem, reichlich gesalzenem Wasser und Milch zu gleichen Teilen zusammen mit einem Bund Minze auf kleiner Flamme gegart. Nach dem Abgießen fügt man ein gutes Stück Butter hinzu und schwenkt die Kartoffeln darin, bevor man sie mit Petersilie bestreut serviert.

King Edward

Die Bildfolge rechts zeigt, wie man Boxty Pancakes auf einer heißen Platte backt. Bis der Teig aus Milch und rohen Kartoffeln goldbraun ist, dauert es etwa 5 Minuten.

Boxty – Bacstaí

Boxty, das traditionelle irische Kartoffelgericht, kann man in Form von Brot, Grillkuchen, Klößen, Pfannkuchen und Pudding zubereiten. In allen Fällen werden rohe Kartoffeln verwendet.

Irischen Kindern singt man das »Boxty-Lied« vor:

Boxty on the griddle,
Boxty in the pan,
if you don't eat your boxty
you'll never get a man.

Boxty, das dem Schweizer Rösti sehr ähnlich ist, hat in jüngster Zeit eine unerwartete Wiederbelebung erfahren: In Callaghers' Boxty House in Dublin kann man sich eine Mahlzeit aus süßen oder pikanten Boxty Pancakes zusammenstellen.

Boxty Pancakes
Kartoffelpuffer

500 g Kartoffeln
2 EL Mehl
1 TL Backpulver
½ TL Salz
150 ml Milch

Die Kartoffeln schälen, reiben und in ein sauberes Tuch geben, dessen Enden man zusammendreht, um die Stärkeflüssigkeit hinauszupressen. Stärkeflüssigkeit in einem Gefäß auffangen.
Die ausgepreßten Kartoffeln in eine Schüssel geben, Mehl, Backpulver und Salz hinzufügen.
Aus dem Topf mit der Kartoffelstärke die klare Flüssigkeit abgießen und die zurückbleibende weiße Stärke zur Kartoffel-Mehl-Mischung geben. Mit der Milch zu einem leichten Teig von halbflüssiger Konsistenz verrühren und löffelweise in eine Pfanne mit heißem Fett oder auf eine heiße Platte (s. links) geben. Auf beiden Seiten etwa 5 Minuten backen, bis die Kartoffelpuffer goldbraun sind. Boxty Pancakes serviert man mit Butter und Zucker oder Früchten, mit gebratenem Speck, Fleisch-, Fisch- oder Gemüsefüllung.

Boxty Bread
Kartoffelbrot

250 g geschälte rohe Kartoffeln
250 g geschälte gekochte Kartoffeln
Salz
50 g Mehl

Die rohen Kartoffeln reiben und auspressen, wie im Rezept für Boxty Pancakes beschrieben; in eine Schüssel geben.
Die gekochten Kartoffeln zerstampfen.
Die ausgepreßten rohen mit den gestampften gekochten Kartoffeln bedecken, damit sie sich nicht verfärben. Die weiße Stärke von den ausgepreßten rohen Kartoffeln hinzufügen, salzen und gut durchmischen. Das Mehl einrühren.
Den Kartoffelteig zu einem flachen, runden Fladen formen und in einer schweren gußeisernen Pfanne backen, bis das Kartoffelbrot auf beiden Seiten leicht gebräunt ist (nach etwa 30 Minuten).
In Scheiben schneiden und servieren.

Fleisch

Von Schweinen und Rindern

Das Schwein ist das älteste Haustier Irlands. Wenn es im Mittelalter geschlachtet wurde, gingen die besten Stücke an die Herrschaft, und die Dorfbewohner teilten sich den Rest wie folgt: Kopf, Schwanz und Füße bekam der Schmied; der Nacken gehörte dem Schlächter; zwei kleine Rippen waren für den Schneider bestimmt, die Leber für den Tischler und das Bries für eine Frau mit Kind.

Wo so sorgsam auch mit den weniger edlen Teilen umgegangen wurde, entwickelten sich schon bald viele Wurstspezialitäten. Hausgemachte Würste erfreuen sich in Irland großer Beliebtheit. Alljährlich entbrennt unter den Metzgern ein Wettstreit um die begehrten Preise für die besten Wurstwaren. Gleichwohl haben nicht viele von ihnen *enison sausages*, Wildbretwürste, im Angebot, die von hervorragendem Geschmack sind und wenig Fett enthalten. Wildbret und Schweinebauch sind die Grundzutaten.

Ein berühmtes irisches Gericht ist der *Dublin coddle*, der aus Speck, Würstchen, gekochten Kartoffeln, Zwiebeln und Äpfeln zubereitet und als heimische Spezialität den Touristen angeboten wird. Früher servierte man das Gericht in Dubliner Familien regelmäßig am Samstagabend dem Herrn des Hauses.

Dublin Coddle
Irisches Nationalgericht

Für 4 Personen

2 große Zwiebeln, geschält und in Scheiben geschnitten
2 Äpfel, geschält, entkernt und gewürfelt
250 g Speck (Bacon) in Scheiben
6 große Mettwürste, in Stücke geschnitten
750 g Kartoffeln, geschält und in Scheiben geschnitten
Salz, schwarzer Pfeffer
2 EL gehackte Petersilie

Zwiebeln, Äpfel, Speck, Würste und Kartoffeln in einen Topf geben und miteinander vermengen. Nach Geschmack würzen und 1 EL Petersilie hinzufügen. Etwa 300 ml Wasser zugeben und zum Kochen bringen, dann im geschlossenen Topf 60–90 Minuten köcheln lassen, bis das Wasser verdampft ist.
Mit der restlichen Petersilie bestreuen und servieren.

Links: Unter den vielen Wurstspezialitäten Irlands erfreuen sich vor allem hausgemachte Würste besonderer Beliebtheit. Grundsätzlich unterscheidet man zwischen Roh-, Brüh- und Kochwürsten, je nach Herstellung und Füllung. Hier sind Mett-, Brat- und Brühwürstchen abgebildet – Zierde jeder Metzgerei.

66 **Irland**

Irische Gerichte mit Schweinefleisch

Black Pudding – Putóga Fola
Masse aus Blut, Fett und Milch, die in Schweinsdärme gefüllt und heiß oder kalt serviert wird.

Fried Liver and Bacon – Ae agus bagún friochta
Gebratene Leber und Speck. Auch als Irish Grill bekannt.

Kidneys in their Jacket – Duáin sa tsaill
Nieren mit Haut, fächerartig aufgeschnitten und im Backofen gegart.

Limerick Ham – Liamhás Luimneach
Über Eichenspänen und Wacholderbeeren geräucherter Schinken. Die berühmte Spezialität von Limerick gibt es gekocht und kalt aufgeschnitten oder gebraten mit *parsley sauce*, Petersiliensauce.

Porc Ciste – Ciste muiceola
Ciste heißt Kuchen und bezieht sich hier auf die brotähnliche Kruste des Schweinebratens, die ihn saftig und zart hält.

Stuffed Pork Fillets – Filleád eanna muiceola
Mit Brot, Zwiebeln und Gewürzen gefüllte Schweinefilets, die zum sonntäglichen Lunch und anderen besonderen Gelegenheiten beliebt sind.

Irische Gerichte mit Rindfleisch

Corned Beef with Dumplings and Cabbage
Das traditionelle Lieblingsessen der Iren zu Ostern und zum St Patrick's Day (17. März).

Gaelic Steaks
Saftige, in der Pfanne gebratene Rindersteaks, bei denen der Bratensatz mit einem Schuß Irish Whiskey verfeinert wird (Rezept s. unten).

Spiced Beef
Ein altes Rezept mit einer Vielzahl von Zutaten. Das Gericht wird speziell zu Weihnachten serviert (Rezept s. rechts).

Gaelic Steaks
Gälische Steaks

Für 4 Personen

4 Sirloin Steaks (je etwa 250 g)
schwarzer Pfeffer
Butter, Öl
50 ml Irish Whiskey
1 Becher Schlagsahne
Salz

Eine schwere Pfanne erhitzen. Die Steaks abspülen und mit Küchenkrepp trockentupfen. Mit Pfeffer würzen. Butter und Öl in die heiße Pfanne geben und abwarten,
bis die Butter schäumt. Steaks schnell in das heiße Fett geben, damit sich die Poren schließen, und die Hitze reduzieren.
Steaks auf jeder Seite 3–4 Minuten braten, aus der Pfanne nehmen und warm halten.
Das Fett abgießen, den Whiskey in die Pfanne geben und den Bratenfond ablösen. Leicht reduzieren lassen, Sahne hinzufügen und bei mäßiger Hitze einige Minuten köcheln lassen.
Die Sauce mit Salz und Pfeffer würzen und über die angerichteten Steaks geben.
Dazu passen traditionell gebackene Kartoffeln, geröstete Zwiebelringe, Pilze und grüne Gemüse.

Spiced Beef
Gewürztes Rindfleisch

Für 8 Personen

2 kg mageres Rindfleisch
250 g Salz
100 g brauner Zucker
1 TL Salpeter (aus der Apotheke)
1 gehäufter EL schwarzer Pfeffer
1 gehäufter EL zerdrückte Wacholderbeeren
2 gehäufte TL geriebene Ingwerwurzel
3 gehäufte TL Gewürznelken
1 gehäufter TL geriebene Muskatnuß
2 gehäufte TL Muskatblüte
3 gehäufte TL Piment
1 gehäufter TL gehackter frischer Thymian
2 große Lorbeerblätter, zerrieben
1 große Zwiebel, geschält und feingehackt
350 ml Guinness-Bier

Das Fleisch mit Salz, Zucker und Salpeter in 1½ l Wasser zum Kochen bringen. 10 Minuten kochen und dann abkühlen lassen.
Das Fleisch mit dem Sud in einen Topf umfüllen und diesen 6 Tage in den Kühlschrank stellen; das Fleisch jeden Tag wenden.
Das Fleisch aus der Flüssigkeit nehmen und gut abtrocknen. Die restlichen Zutaten – mit Ausnahme des Guinness – mischen und in das Fleisch einreiben. Das Fleisch für weitere 4 Tage in den Kühlschrank stellen; jeden Tag wenden und mit der Würzmischung einreiben.
Am 10. Tag das Fleisch in einen Topf geben und knapp mit Wasser bedecken, zudecken und zum Kochen bringen. Bei schwacher Hitze 3½–4 Stunden köcheln lassen. In der letzten Stunde das Guinness zugießen.
Nach Ende der Kochzeit das Fleisch in der Kochflüssigkeit abkühlen lassen, dann gut trockentupfen, in Frischhaltefolie wickeln und im Kühlschrank aufbewahren (1 Woche haltbar). In dünne Scheiben geschnitten mit Brot servieren.

Irish Fry
Irische Pfanne

Für 2 Personen

4 Bratwürstchen
4 Scheiben Speck (Bacon)
4 Scheiben Blutwurst
2 Scheiben Sodabrot (Rezept S. 83)
2 Scheiben Kartoffelbrot (Rezept S. 65)
4 Eier

Die Würstchen in eine Pfanne mit heißem Fett geben und bei schwacher Hitze braten, bis sie fast gar sind. Dann die Temperatur erhöhen, den Speck in die Pfanne zu den Würstchen geben und mitbraten. Würstchen und Speck aus der Pfanne nehmen und auf Küchenkrepp abtropfen lassen.
In der Pfanne die Blutwurstscheiben einige Minuten erhitzen, mit Würstchen und Speck beiseite stellen und alles warm halten.
Soda- und Kartoffelbrot in der Pfanne rösten, bis sie knusprig sind. Aus der Pfanne nehmen und ebenfalls warm stellen.
Zum Schluß die Eier in der Pfanne braten. Alles auf 2 großen vorgewärmten Tellern anrichten und sofort servieren.

Savoury Meat Loaf
Hackbraten

Für 4 Personen

2 EL Semmelbrösel
1 gehackte Zwiebel
500 g Rinderhack
100 g Brotkrumen
1 geschlagenes Ei
1 EL Tomatenketchup
1 TL Worcestershire-Sauce
1 TL gemischte Kräuter
1 TL gehackte Petersilie
Salz, schwarzer Pfeffer

Den Backofen auf 190 °C vorheizen. Eine Kastenform einfetten und mit Semmelbröseln ausstreuen.
Die Zwiebel in einer Pfanne in etwas Fett glasig dünsten, das Hackfleisch zugeben und anbraten, bis es braun ist. Die restlichen Zutaten mit dem Fleisch vermischen und alles in die Kastenform füllen. Mit Alufolie abdecken und 60 Minuten im Backofen backen.

Irish Oxtail Stew
Ochsenschwanzragout

Für 4 Personen

1 großer Ochsenschwanz, in Stücke von etwa 4 cm Länge geschnitten
50 g Mehl
1 große Zwiebel, geschält und in dünne Scheiben geschnitten
2 große Möhren, geputzt und in Scheiben geschnitten
2 EL pürierte Tomaten
1 Bouquet garni (Thymian, Petersilie, Lorbeerblatt) oder 1 Ochsenschwanz-Gewürzsäckchen von Lacroix
je 1 Prise gemahlene Muskatblüte und Piment
600 ml Rinderbrühe
Salz, schwarzer Pfeffer
2 EL feingehackte Petersilie

Den Ochsenschwanz mit Mehl bestäuben und in heißem Fett ringsum anbraten. Zwiebel und Möhren hinzufügen und einige Minuten weitergaren. Dann die pürierten Tomaten einrühren sowie Bouquet garni und Gewürze zugeben.
Die Rinderbrühe zugießen, alles zum Kochen bringen und bei schwacher Hitze zugedeckt 2½–3 Stunden garen. Bouquet garni herausnehmen, überschüssiges Fett entfernen, das Ragout würzen und mit Petersilie bestreut servieren.

Wie aus Hammeln Lämmer wurden

Wer heute Irland bereist, kann die zahlreichen Schafherden nicht übersehen. Sie bevölkern die Weiden ebenso wie die karge Felslandschaft: Irische Schafe sind allgegenwärtig.

Ursprünglich hielt man sie vor allem wegen ihrer Wolle – ihre Milch und ihr Fleisch wurden erst unter englischem Einfluß im großen Stil vermarktet, denn bis dahin galten die Haustiere als zu kostbar, um geschlachtet zu werden.

Der Genuß von Lammfleisch kam vor wenigen Jahrzehnten in Mode, als man entdeckte, wie wohlschmeckend das Fleisch der Lämmer ist, die auf salzigen Wiesen in Küstennähe grasen (daher die Qualitätsbezeichnung *pré-salé*, wörtlich: »vorgesalzen«). Noch vor einer Generation bevorzugte man Hammelfleisch, was viele heute jedoch wegen seines kräftigen, charakteristischen Geschmacks ablehnen. Zur Zeit ist die Nachfrage nach zarten jungen Lämmern so groß, daß es geradezu schwierig geworden ist, Hammelfleisch zu bekommen.

Irish Stew – Irlands Nationalgericht

Irlands Nationalgericht Irish Stew ist bekannt auf der ganzen Welt. Es gibt zahlreiche Varianten in der Zubereitung, wobei die Verwendung von Hammelfleisch, wie sie das Originalrezept vorsieht, immer seltener geworden ist. Am nächsten kommt man dem ursprünglichen Gericht, wenn man *hogget*-Fleisch nimmt – Hoggets sind Lämmer, die ein Jahr alt sind. Hogget-Fleisch gibt es im Frühjahr und im Frühsommer.

Auch hinsichtlich der übrigen Zutaten sind die Meinungen geteilt. So wird beispielsweise diskutiert, ob man Möhren verwendet oder nicht. Das Ur-Rezept schreibt Hammelfleisch, Kartoffeln und Zwiebeln vor, und dessen Anhänger vertreten die Ansicht, daß der reine Geschmack durch Möhren, Graupen oder andere Ingredienzen verfälscht werde. Die moderne, leichtere Variante des Irish Stew hingegen läßt sogar grüne Gemüse als Zutaten zu – für Traditionalisten eine geradezu erschreckende Vorstellung. In jedem Fall sollte ein gutes Irish Stew in der Konsistenz sämig, nicht flüssig sein.

Original Irish Stew (I)
Hammel- oder Lammeintopf

Für 4 Personen

1,5 kg Hammelfleisch oder Nackenkoteletts vom Lamm
1 kg Kartoffeln
500 g Zwiebeln
1 gehäufter EL gehackte Petersilie
1 Messerspitze getrockneter Thymian
Salz, schwarzer Pfeffer
600 ml Rinderbrühe

Das Fleisch gegebenenfalls von Fett und Knochen befreien und in ragoutgroße Stücke schneiden. Kartoffeln und Zwiebeln schälen und in Scheiben schneiden. Den Backofen auf 150 °C vorheizen.

In einer Kasserolle zunächst eine Lage Kartoffeln geben und mit Kräutern bestreuen, dann Fleischstücke auflegen und darüber eine Schicht Zwiebeln geben. Jede Schicht kräftig würzen.

Auf die gleiche Weise alle Zutaten aufschichten, dabei mit einer Lage Kartoffeln abschließen. Die Rinderbrühe zugießen und den Topf bedecken. Etwa 2 Stunden im Ofen garen. Wenn das Stew gegen Ende der Garzeit zu trocken wird, noch etwas Flüssigkeit zugeben.

Irish Stew (II)
Lammeintopf mit Gemüsen
(Abbildung)

Für 4–6 Personen

1,5 kg Lammnacken oder –schulter
1 weiße Rübe
4 Zwiebeln
4 Möhren
3 Stangen Lauch
1 Bouquet garni (Thymian, Petersilie, Lorbeerblatt)
Salz, schwarzer Pfeffer
6 Kartoffeln
100 g Weißkohl
Worcestershire-Sauce
1 Bund Petersilie, gehackt

Das Fleisch von Fett und Knochen befreien und in Würfel schneiden, die Knochen aufbewahren. In einem Topf die Fleischwürfel mit kaltem Salzwasser bedecken zum Kochen bringen, dann abspülen.

Rübe, Zwiebeln, Möhren und Lauch putzen und in mundgerechte Stücke schneiden. Zusammen mit Fleischwürfeln, Knochen und Bouquet garni in einen anderen Topf geben, mit Salz und Pfeffer würzen. Die Zutaten mit Wasser bedecken und 60 Minuten köcheln lassen. Zwischendurch immer wieder den Schaum abschöpfen.

Die Kartoffeln schälen und in Stücke schneiden, in den Topf geben und weitere 30 Minuten köcheln lassen. Den Weißkohl putzen und hobeln. In den letzten 5 Minuten der Garzeit in den Topf geben. Knochen und Bouquet garni herausnehmen, das Stew mit Worcestershire-Sauce abschmecken und die gehackte Petersilie unterrühren.

Boiled Mutton with Caper Sauce
Hammelfleisch in Kapernsauce

Für 4–6 Personen

2 kg Hammelschulter
4 Möhren
2 weiße Rüben
4 Zwiebeln
50 g Butter, 50 g Mehl
300 ml Milch
1 EL Kapern
1 TL Kapern-Flüssigkeit
Salz, schwarzer Pfeffer

Das Fleisch abspülen, trockentupfen und überschüssiges Fett abschneiden. In einem Topf Salzwasser zum Kochen bringen, das Fleisch in das kochende Wasser geben – es sollte gerade mit Wasser bedeckt sein –, 5 Minuten bei starker Hitze kochen, dann bei schwacher Hitze knapp 2 Stunden garen. Zwischendurch den Schaum abschöpfen. Die Gemüse putzen und in kleine Stücke schneiden. 30 Minuten vor Ende der Kochzeit zu dem Fleisch geben. Wenn alles gar ist, das Fleisch auf einer Platte mit den Gemüsen anrichten und warm stellen. 300 ml der Kochbrühe aufbewahren.

Für die Sauce aus Butter und Mehl eine Mehlschwitze zubereiten, mit der Brühe angießen und kurz aufkochen. Milch, Kapern und Kapern-Flüssigkeit zugeben und weitere 5 Minuten köcheln lassen. Mit Salz und Pfeffer würzen.

68   Irland

*Irish Stew (II) –
Lammeintopf mit Gemüsen*

Lamb's Kidneys with Mustard Sauce
Lammnieren in Senfsauce

Für 4 Personen

12 Lammnieren
2 Glas Weißwein
2 TL gehackte Kräuter (Thymian, Petersilie, Rosmarin, Schnittlauch)
2 Knoblauchzehen, geschält und gehackt
1 EL Sahne
1 EL Dijon-Senf
Salz, schwarzer Pfeffer

Die Nieren enthäuten, der Länge nach durchschneiden und von Fett und Röhren befreien. Gründlich waschen und trockentupfen. In Butter bei mittlerer Hitze in einer Pfanne braten, bis sie gar sind. Aus der Pfanne nehmen und warm stellen.
Weißwein, Kräuter und Knoblauch in die Pfanne geben und köcheln lassen, bis die Flüssigkeit um ein Drittel reduziert ist. Die Sahne und ganz zum Schluß den Senf einrühren, mit Salz und Pfeffer würzen.
Die Nieren zurück in die Pfanne geben und vorsichtig in der Sauce erhitzen, aber nicht mehr kochen. Sofort servieren. Dazu passen Reis und Kopfsalat.

Jellied Lamb
Lamm in Gelee

Für 6 Personen

Lammknochen
250 g gekochtes Lammfleisch
12 g Pulvergelatine
4 EL Minzsauce (aus frischen Minzeblättern, Zucker, verdünntem Wein- oder Malzessig)
Salz, schwarzer Pfeffer
50 g blanchierte junge Erbsen
2 hartgekochte Eier, in Scheiben geschnitten
1 EL gehackte Petersilie

Aus den Lammknochen in 2 Stunden etwa 600 ml Brühe kochen, abkühlen lassen und das Fett abschöpfen. Lammfleisch von überschüssigem Fett befreien und in kleine Würfel schneiden.
Die Gelatine mit 2 TL Brühe verrühren und auflösen, dann unter Rühren in den Topf mit der Brühe geben. Die Minzsauce einrühren und die Mischung abschmecken.
Eine runde hohe Kuchenform mit kochendem Wasser ausspülen und abtrocknen. Etwa 1 cm hoch mit Brühe füllen und diese gelieren lassen. Zwei Drittel der Erbsen am Rand der Form verteilen, die Hälfte der Eier in die Mitte legen und mit Brühe übergießen, bis alles bedeckt ist. Fleischwürfel, restliche Erbsen und Eierscheiben sowie Petersilie vorsichtig vermengen, mit Pfeffer würzen und in die verbliebene Brühe geben. Wenn diese zu gelieren beginnt, in die Form füllen, abdecken und einige Stunden in den Kühlschrank stellen.
Die Form stürzen. Lamm in Gelee mit Salatblättern und Kräutern garnieren und servieren.

Cockles and Mussels

Fisch und Meeresfrüchte spielen bei allen Inselvölkern eine große Rolle, und Irland macht hier keine Ausnahme. Entlang der ausgedehnten Küste sind Fischgerichte seit altersher Basis der Ernährung. Produkte aus dem Meer, ebenso wie Fisch aus den klaren Binnengewässern, bereicherten die meist karge Kost, die aus Feldfrüchten und etwas Fleisch bestand. Vor Einführung der modernen Frischhaltetechniken bediente man sich der gängigen Konservierungsverfahren wie Salzen, Räuchern oder Trocknen.

Weil sie vom Land aus auch ohne die Gefahren der Seefahrt leicht zugänglich waren, erfreuten sich vor allem *cockles and mussels*, Herz- und Miesmuscheln, bei den Küstenbewohnern besonderer Beliebtheit.

Daran erinnert das traditionelle Lied:

In Dublin's fair city,
Where the girls are so pretty,
I first set my eyes on sweet Molly Malone.

She wheeled her wheelbarrow
Though streets broad and narrow,
Crying »Cockles and mussels alive, alive, oh!«

Mussels waren im flachen Wasser längs den Küsten nahezu überall zu finden. Man schätzte sie wegen ihres delikaten Geschmacks, am Meer ebenso wie im Binnenland, wo sie für wenig Geld in Fässern angeboten wurden und speziell bei armen Leuten begehrt waren. Heute werden die Muscheln weitgehend in Muschelfarmen gezüchtet.

Auch die *cockles* sammelt man von Hand. Hierfür braucht man nicht einmal ins Wasser zu gehen, sondern nur zu warten, bis die Ebbe einsetzt. Dann findet man sie im feuchten Sand, aus dem man sie mit einem Löffel oder einem kleinen Spaten ausgräbt. Eine alte Regel besagt, daß *cockles* nicht gesammelt werden dürfen, bevor im April nicht dreimal Flut gewesen sei: »Sie müssen dreimal Aprilwasser getrunken haben.«

In früheren Zeiten konnte man während der Sommermonate überall entlang der Strände Frauen und Kinder mit Eimerchen und anderen Gefäßen beim Sammeln von *cockles* beobachten. Herzmuscheln waren häufig jedoch nicht nur ein Nahrungs-, sondern auch eine Art Zahlungsmittel: Man tauschte sie ein gegen Waren wie Mehl, Hafer und sogar Kleidung. Noch heute ist es ein vergnüglicher Spaß, an den weißen Sandstränden nach Muscheln zu graben. Allerdings sollte man jene, die an der Sandoberfläche liegen, nicht einsammeln, weil diese bereits tot sind.

Beliebt und geschätzt sind die irischen Austern, die auf Austernfarmen – auch für den Export – gezüchtet werden. Irische Austern sind klein, aber besonders wohlschmeckend, und man genießt sie gern mit einem Glas Guinness.

Entlang der Küste gab es in der Vergangenheit auch Heringe und Makrelen im Überfluß – letztere wurden um die Jahrhundertwende sogar mit großem Erfolg in die Vereinigten Staaten exportiert. Wegen der fortgesetzten Überfischung sind die Bestände heute weitgehend erschöpft.

Vielseitiger Seetang

Eine Besonderheit ist das Sammeln und Verarbeiten von Seetang oder Meeresgemüse. Einige Arten benutzt man als Dünger, aus anderen stellt man Arzneien her, wiederum andere wie beispielsweise Dulse verwendet man bei der Produktion von Lebensmitteln. Manche sollen bewirken, daß das Guinness nach dem Zapfen seine schöne Schaumkrone behält.

Das bekannteste Meeresgemüse ist *carrageen*, auch als Perltang oder »irisches Moos« bezeichnet. Zusätzlich zu seiner kulinarischen Verwendung als Geliermittel in Saucen und Desserts soll es einen wohltuenden Einfluß bei der Behandlung von Verdauungs- und Durchblutungsstörungen, Heufieber, Fettleibigkeit und – wenn man es mit Knoblauch vermischt – bei Husten haben. Als Aphrodisiakum ist es angeblich ebenfalls von Nutzen.

Mussels in Wine Sauce
Muscheln in Weinsauce

Für 4 Personen

48 Miesmuscheln
150 g Butter
2 große Zwiebeln, geschält und feingehackt
4 Knoblauchzehen, geschält und zerdrückt
2 Stangen Lauch, geputzt und in dünne Scheiben geschnitten
600 ml trockener Weißwein
300 ml Wasser (oder Fischbrühe)
50 g Mehl
Salz, schwarzer Pfeffer
4 EL gehackte Petersilie

Die Muscheln unter fließendem Wasser bürsten und die Bärte entfernen, geöffnete Muscheln wegwerfen. 100 g Butter in einem großen Topf erhitzen, Zwiebeln, Knoblauch und Lauch darin glasig dünsten.
Die Muscheln, Weißwein und Wasser (oder Fischbrühe) zugeben, alles zum Kochen bringen und 5–8 Minuten zugedeckt kochen lassen, bis sich die Muscheln geöffnet haben.
Die Muscheln herausnehmen, gleichmäßig auf 4 Suppenteller verteilen und warm stellen.
Die restliche Butter und das Mehl miteinander verkneten und nach und nach unter Rühren in den Muschelsud geben. Abschmecken und mit Petersilie bestreuen. Den Sud über die Muscheln gießen und mit Brot servieren.

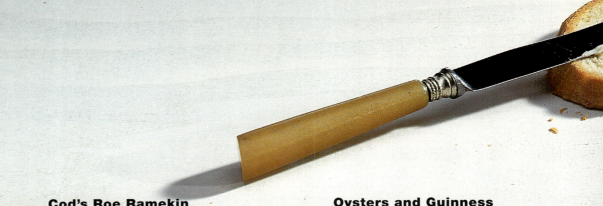

Cod's Roe Ramekin
Dorschrogen-Auflauf

Für 8 Personen

250 g Dorschrogen, gekocht und enthäutet
100 g Semmelbrösel
je 1 Prise Muskat und Paprika
Salz, schwarzer Pfeffer
2 EL gehackte Petersilie
3 EL Zitronensaft
1 Eigelb, 1 Eiweiß
150 ml Sahne

Acht Auflaufförmchen mit Butter einfetten. Den Rogen hacken und mit Semmelbröseln, Gewürzen, Petersilie und Zitronensaft mischen. Das Eigelb mit der Sahne verschlagen und über den Rogen geben. 10 Minuten stehenlassen.
Den Backofen auf 200 °C vorheizen.
Das Eiweiß steif schlagen und unter die Rogen-Mischung heben. Die Masse in die Förmchen geben und backen, bis sie aufgegangen und goldbraun ist (etwa 15 Minuten).

Oysters and Guinness
Austern mit Guinness-Bier
(Abbildung)

Für 2 Personen

12 frische Austern
1 Zitrone, in Viertel geschnitten
Cayennepfeffer
Weißbrot, Butter
Guinness-Bier

Die Austern gründlich waschen, bürsten und öffnen. Auf einer Platte mit zerstoßenem Eis anrichten, mit Zitronenvierteln garnieren und mit etwas Cayennepfeffer würzen. Dazu Brot, Butter und Guinness-Bier reichen.

Cockles and Bacon Rashers
Herzmuscheln mit Speck

Für 2 Personen

20 Herzmuscheln
4 dicke Scheiben Speck (Bacon) ohne Schwarte
100 g Butter
schwarzer Pfeffer
2 EL gehackte Petersilie

Die Muscheln unter fließendem Wasser bürsten, geöffnete Muscheln wegwerfen. In einen großen Topf etwas Salzwasser füllen, so daß der Boden bedeckt ist, und zum Kochen bringen. Die Muscheln in den Topf geben und etwa 5 Minuten dämpfen, bis sie aufgehen. Dann die Schalen entfernen.
Die Speckscheiben in der halben Buttermenge knusprig braten, aus der Pfanne nehmen und warm stellen.
Die Muscheln mit der restlichen Butter in die Pfanne geben und einige Minuten bei schwacher Hitze erwärmen. Mit Pfeffer und Petersilie bestreuen und auf einer vorgewärmten Platte mit den Speckscheiben anrichten.

Dublin Lawyer
Hummer auf Dubliner Art

Für 2 Personen

1 Hummer (etwa 1 kg)
50 g Butter
4 EL Irish Whiskey
150 ml Crème double
1 TL Zitronensaft
1 TL Senf
Salz, schwarzer Pfeffer

Den lebenden Hummer mit dem Kopf voran für 2 Minuten in sprudelnd kochendes Wasser geben. (Vorsicht vor Verbrühungen!)
Herausnehmen und mit kaltem Wasser abschrecken. Das Schwanzende des Hummers abtrennen und in Scheiben schneiden. Den Körper der Länge nach halbieren, Magensack und Darm entfernen, das Fleisch auslösen und würfeln; die Schalen aufbewahren. Die Scheren aufbrechen und das Fleisch herausnehmen. Jeweils das Hornblatt entfernen und das Fleisch würfeln.
Butter in einer großen Pfanne erhitzen und die Hummerstücke darin dünsten – sie müssen gar sein, dürfen aber noch keine Farbe angenommen haben. Das Hummerfleisch mit dem Whiskey flambieren. Dann Crème double, Zitronensaft und Senf einrühren, würzen und kurz aufwallen lassen.
Die Hummerstücke aus der Pfanne nehmen und in die vorgewärmten Schalen füllen. Die Sauce etwas reduzieren und über das Hummerfleisch geben. Sofort servieren. (*Lawyer* heißt Rechtsanwalt, und der Rezepttitel *Dublin Lawyer* für dieses Hummergericht bürgerte sich ein, weil früher nur Besserverdienende sich die kostspielige Delikatesse leisten konnten.)

Oysters and Guinness –
Austern mit Guinness-Bier

71

Halloween

Kein Feiertag ist in Irland so bedeutsam wie jenes Fest, welches das Ende des Erntejahrs am 31. Oktober markiert: *All Hallows Eve*, besser bekannt als Hallowe'en. Dieses Allerheiligenfest war über viele Jahrhunderte ein Fastentag, an dem kein Fleisch gegessen werden durfte. Deshalb enthalten die traditionellen Halloween-Gerichte auch keinerlei fleischliche Zutaten. Man ißt Kartoffel-Apfelkuchen, Kartoffelpuffer und –pudding oder *colcannon*, *barm brack* und *blackberry pies*, Blaubeertörtchen.

Wofür man sich auch entscheiden mag: Ein Trauring gehört immer dazu. Er wird sorgfältig in Pergamentpapier gewickelt und in dem jeweiligen Gericht versteckt. Früher verwendete man auch andere kleine Souvenirs wie etwa eine Silbermünze, einen Knopf oder einen Fingerhut. Wer einen solchen Gegenstand auf seinem Teller fand, wußte, was ihn im kommenden Jahr erwartete: Der Ring signalisierte eine baldige Heirat, die Münze stand für Macht und Einfluß, der Knopf für ein Jahr als Junggeselle und der Fingerhut für weitere zwölf Monate in Jungfernschaft.

Brack – Gebäck mit Symbolkraft

Unter allen Backwaren ist das *brack* sicher die »irischste« aller Zubereitungen. Der Name dieses Früchtebrotes leitet sich von *breac* ab, was »gesprenkelt« bedeutet. Man unterscheidet zwei Grundrezepte: das mit Hefe zubereitete *barm brack* und das mit Backpulver hergestellte *tea brack*, bei dem die verwendeten Trockenfrüchte vor der Verarbeitung in kaltem Tee eingeweicht werden.

Barm brack ist eine der wichtigsten Halloween-Spezialitäten, obwohl das Früchtebrot auch zu zahlreichen anderen festlichen Anlässen gebacken wird. *Tea bracks* gibt es wie andere Kuchen das ganze Jahr über.

Traditional Barm Brack
Früchtebrot

500 g Mehl
1 Prise Salz
50 g Butter
175 g Rosinen, 30 Minuten in kaltem Wasser eingeweicht
50 g Zitronat und Orangeat
50 g und 2 EL Zucker
20 g Hefe
300 ml lauwarmes Wasser
2 geschlagene Eier

Mehl, Salz und Butter zu Streuseln verkneten, dann die ausgedrückten Rosinen, Zitronat und Orangeat sowie 50 g Zucker dazugeben und alles gut vermischen.
Die Hefe im lauwarmen Wasser auflösen.
In die Mitte der Mehl-Früchte-Mischung eine Vertiefung drücken, die Eier und die aufgelöste Hefe hineingeben. Alles zu einem Teig verarbeiten. Den Teig auf einer bemehlten Arbeitsfläche 10 Minuten durchkneten und an

Einige Zutaten für Barm Brack: Mehl, Eier, Butter, Zucker, eingeweichte Rosinen, Zitronat und Orangeat.

Die Rosinen müssen vor der Verwendung 30 Minuten in kaltes Wasser eingeweicht werden.

Traditionell wird der Teig in einem gußeisernen Topf gebacken, auf dessen Deckel man glühende Kohlen legt.

Barm Brack ist ein gehaltvolles, schweres Früchtebrot, das zu Halloween gegessen wird. In dem Teig versteckt man einen Trauring – wer ihn findet, dem steht angeblich eine Heirat ins Haus.

einem warmen Ort zugedeckt zur doppelten Größe aufgehen lassen.
Dann den Teig halbieren, jede Hälfte einige Minuten kneten und zu runden Kuchen von etwa 20 cm Durchmesser formen. Auf ein gefettetes Backblech setzen. Nochmals 60 Minuten an einem warmen Ort gehen lassen.
Den Backofen auf 200 °C vorheizen und die Bracks 30 Minuten backen.
Die restlichen 2 EL Zucker in 2 EL Wasser auflösen und die Bracks mit der Zuckerlösung einpinseln, sobald sie aus dem Ofen kommen. Zum Trocknen nochmals für 2–3 Minuten in den Ofen zurückstellen.

Colcannon
Kohl in Kartoffelpüree

500 g Grün- oder Weißkohl
500 g Kartoffeln
1 Bund Frühlingszwiebeln
180 ml Sahne
Salz, schwarzer Pfeffer
1 Ring, in Pergamentpapier gewickelt
100 g zerlassene Butter

Den Kohl putzen und in feine Streifen schneiden, in wenig Salzwasser garen und gut abtropfen lassen. Die Kartoffeln in der Schale kochen, pellen und pürieren.
In der Zwischenzeit die Zwiebeln putzen und in schmale Ringe schneiden. In der Sahne 5 Minuten köcheln lassen. Die Zwiebelsahne nach und nach unter das Kartoffelpüree rühren. Dann den Kohl unterheben, mit Salz und Pfeffer abschmecken und den Ring in die Mischung stecken. Zum Servieren in die Mitte des Colcannons eine Vertiefung drücken und die Butter in die Mulde gießen.

Potato Apple Cake
Kartoffel-Apfelkuchen
(Abbildung rechte Seite)

500 g frisch gekochte Pellkartoffeln
1 gute Prise Salz
30 g geschmolzene Butter
etwa 100 g Mehl
2–3 säuerliche Äpfel
Butterflöckchen
Streuzucker

Die Kartoffeln pellen und pürieren, Salz und Butter unterrühren. Soviel Mehl einkneten, daß ein geschmeidiger Teig entsteht. Den Teig zu einer runden Platte formen, dann vierteln.
Äpfel schälen, entkernen und in dünne Scheiben schneiden. Zwei Viertel der Kartoffelplatte mit Apfelscheiben belegen und mit den anderen beiden Vierteln bedecken. Die Ränder gut andrücken.
In einer großen schweren Pfanne bei schwacher Hitze die Kuchen jeweils 10 Minuten auf beiden Seiten backen. Danach von den Kartoffel-Apfelkuchen vorsichtig den Deckel abnehmen. Butterflöckchen und Zucker nach Geschmack auf die Äpfel geben. Den Deckel wieder aufsetzen und die Kuchen nochmals in die Pfanne geben, damit Butter und Zucker schmelzen. Sofort servieren.

Rechte Seite: Die Iren backen Kartoffel-Apfelkuchen gern wie von altersher auf dem sogenannten *griddle*, einer schweren runden, meist gußeisernen Platte, die man an einem herunterklappbaren Tragegriff über das offene Feuer hängt (siehe S. 64–65). Durch die konstante Hitze gelingen Backwaren aller Art auf dem *griddle* besonders gut.

Das schwarze Bier

Guinness

Irland ist der Geburtsort eines der bekanntesten Getränke der Welt, eines Dunkelbiers namens Guinness. Im Jahre 1759 kaufte Arthur Guinness eine kleine, stillgelegte Brauerei am Dubliner St James's Gate und gründete ein Unternehmen, dessen Produkt untrennbar mit seinem Namen verbunden sein sollte. Zunächst braute Guinness das übliche »Ale«, doch schon bald kam ein stärkeres Bier auf den Markt: »Porter«, so benannt nach jenen, die es bevorzugt tranken – nach den Lastenträgern auf den Londoner Fisch- und Gemüsemärkten. Guinness führte es 1799 in Irland ein. Um konkurrenzfähig zu bleiben, braute er dann ein noch stärkeres Bier, das »Extra Stout«. Es wird hergestellt aus gemalzter Gerste, Hopfen, Hefe und reinstem Dubliner Wasser. Damit begann der Aufstieg des Unternehmens, und schon 1833 war Guinness die größte Brauerei Irlands. Aus dem Attribut *stout* (»stark«) war die Sortenbezeichnung »Stout« geworden. Heute gehört der Betrieb am St James's Gate zu den größten Brauereien der Welt. Die Geschichte des Guinness kann der Besucher im firmeneigenen Guinness Museum and Visitors' Centre verfolgen. Zwar wird Guinness-Bier nunmehr auch in England, Kanada, Australien, Ghana, Nigeria, Sierra Leone, Malaysia und Jamaica gebraut, aber der eingefleischte Dubliner ist bereit zu beschwören, daß es das wirklich echte Guinness nur in seinem Dubliner Pub gibt, wo man es mit dem nötigen Respekt zapft, damit es einen schönen, cremigen Schaumkopf bekommt. (Inzwischen ist dieses »Faßbier« auch in Dosen erhältlich.)

Früher waren die Brauereipferde und die auf dem Liffey schwimmenden Flöße mit den Guinness-Fässern ein vertrautes Bild; heute gibt es sie nicht mehr. Doch obwohl die irische Firma mittlerweile Teil eines internationalen Getränkekonzerns ist und jeden Tag auf der Welt zehn Millionen Gläser Guinness getrunken werden, gehört immer noch ein Mitglied der Gründerfamilie zum Vorstand des Unternehmens.

Im Stammhaus am St James's Gate werden gegenwärtig über 2,6 Millionen Hektoliter Bier gebraut. Zweitgrößte Braustätte der Guinness-Gruppe ist die Harp Lager Brewery in Dundalk mit einer auf 1,4 Millionen Hektoliter ausgebauten Kapazität. Harp braut ein untergäriges Lager-Bier – ein normales bis hochwertiges Vollbier hellen Typs –, das in Irland erst im Laufe der letzten Jahre an Beliebtheit gewinnen konnte. In Dundalk ansässig ist auch die Guinness-Tochter Marcardle Moore, eine Ale-Brauerei. Über eine Kapazität von einer Million Hektoliter verfügt die E. Smithwick & Sons Ltd. in Kilkenny, ebenfalls ein Mitglied der Guinness-Familie.

Konkurrenz hat Guinness im eigenen Land durch Beamish & Crawford in Cork, hinter der die kanadische Molson-Gruppe steht, und die Murphy Brewery Ireland, ebenfalls in Cork, die zum niederländischen Heineken-Konzern gehört.

Es ist ein irisches Phänomen, daß weit über 80 Prozent des Biers in Pubs umgesetzt wird. Der jährliche Pro-Kopf-Verbrauch der Iren bewegt sich momentan bei 123 Litern, dies relativ konstant seit 1990. Irland steht damit in der Europäischen Union (EU) an dritter Stelle nach Deutschland und Dänemark.

Im Gegensatz zum englischen Ale zapft man Guinness mit einer cremigen Schaumkrone.

Die Iren sind ein geselliges Volk – 80 Prozent des Biers werden in Pubs konsumiert.

Die Hintergrundabbildung zeigt eine der letzten Guinness-Lieferungen mit einem Pferdefuhrwerk an einen Pub in Dublin.

Die unverzichtbaren Zutaten für Guinness-Bier: Hopfen und Malz

In riesigen Sudpfannen wird aus Wasser und Malz die Würze gebraut. Hopfen liefert das Aroma.

Der Zuckergehalt der Würze wird mit einer Auftriebswaage gemessen.

Nach der alkoholischen Gärung, die in Tanks stattfindet, wird das noch ungefilterte Bier verkostet.

Ein Whiskey eigener Art

Irischer Whiskey ist »anders« als alle übrigen Whisky-Sorten, was die Iren schon dadurch ausdrücken, daß sie ihr Getränk mit einem »e« schreiben, also *whiskey* statt *whisky*. Mit einigem Recht können sie in der Tat behaupten, daß die Kunst der Whiskey-Destillation in ihrem Lande erfunden wurde. Geburtsstätte waren die Klöster in der Zeit der Wende vom Altertum zum Mittelalter, die damals das ganze Land überzogen.

Als Henry II – der den Westen Frankreichs beherrschte und von seiner Mutter England und die Normandie geerbt hatte (jener König, der 1170 Thomas Becket ermorden ließ) – im Jahre 1171 Irland eroberte, entdeckten seine Soldaten das *uisge beatha*, das Lebenswasser. Den Soldaten imponierte vor allem die ganz beachtliche Steigerung der Kampfkraft ihrer irischen Gegner nach dem Genuß dieses Getränks, und da das Wort für sie ein Zungenbrecher war, nannten sie es zunächst *uisce*, bis irgendwann *whiskey* daraus wurde.

Auf Henry II geht somit auch die Eroberung Englands durch den irischen Whiskey zurück, denn die Soldaten brachten ihn von der Insel mit in die Heimat. Als dann der Seehandel zwischen Irland und England an Bedeutung gewann, waren stets auch einige Fäßchen mit dem Lebenswasser an Bord der Schiffe.

Seine Blütezeit erreichte der irische Whiskey zum Ende des 18. Jahrhunderts. Damals konnte das künstlerische und geistige Leben Dublins mit demjenigen in London oder Paris durchaus konkurrieren. Offiziell gab es mehr als 2000 Whiskey-Brennereien – obwohl schon damals die Kunst des Schwarzbrennens weit verbreitet war.

Als älteste offizielle Brennerei der Welt gilt Old Bushmills im heute zu Großbritannien gehörenden Nordirland, die 1608 die Lizenz zur Whiskey-Herstellung erhielt. Im Jahre 1780 wurde die Destillerie John Jameson in Dublin gegründet, 1791 kam John Power hinzu. Beide setzten und setzen auf Qualität, und ihre Namen standen lange Zeit für irischen Whiskey schlechthin.

Im Zuge der Auswanderungswelle Mitte des 19. Jahrhunderts kam der Whiskey auch nach Amerika. Murphy's Bar in New York war der Treffpunkt heimwehkranker Iren, wo der Whiskey in Strömen floß – abrupt beendet durch die Prohibition im Jahre 1920, die allem Alkoholgenuß in den Vereinigten Staaten ein Ende setzte. Die Iren, die seinerzeit schwerwiegende Probleme im eigenen Land hatten, konnten nicht wie die Schotten Strukturen für den Alkoholschmuggel aufbauen, und so verlor der irische Whiskey auch in Amerika an Bedeutung. Als Präsident Roosevelt 1933 die Prohibition abschaffte, hatten die Iren den Anschluß verpaßt: Sie besaßen nicht genügend ausgereifte Vorräte, um entsprechende Mengen exportieren zu können. Irlands Whiskey-Industrie erlebte eine lange Flaute: 1973 gab es nur noch fünf Brennereien, die sich schließlich zusammentaten und die Irish Destillers Group gründeten.

Heute wird irischer Whiskey nur noch an zwei Standorten produziert: in Midleton und bei Old Bushmills in Nordirland. Gepflegt wird die Whiskey-Kultur jedoch in Dublin im Irish Whiskey Corner, einem schönen Whiskey-Museum mit Bar.

Midleton – Hauptstadt des Irish Whiskey

Midleton in der Grafschaft Cork ist sicher der modernste Destillerie-Komplex der Welt. Hier entstehen die großen irischen Whiskey-Sorten Jameson, Power's, Tullamore Dew und Paddy sowie der besondere Midleton Very Rare. Ein kleines Museum, das Jameson Whiskey Centre, präsentiert die Geschichte des irischen Whiskeys.

In den abgelegenen ländlichen Gebieten Irlands gibt es heute noch eine Tradition »freiberuflicher« Whiskey-Brennereien. Selbstgebrannter *poteen*, eine äußerst starke Variante, kann ganz vorzüglich oder tödlich sein. Wenn die Ortspolizei, die *garda*, jedoch eine illegale Brennerei entdeckt, wird in jedem Fall das Destillat vernichtet und die Anlage zerstört.

In großen Maischbottichen vermischt man unter ständigem Rühren geschrotetes Gerstenmalz mit heißem Wasser. Dabei werden die zuckerhaltigen Teile von den anderen Malzschrotteilen gelöst. Wenn man die zuckerhaltige Flüssigkeit von den festen Malzbestandteilen trennt, erhält man die sogenannte »Würze«, die man in Gärbottiche gibt. Mit Hilfe von Hefe wird der Zucker nun in Alkohol und Kohlensäure umgewandelt. Danach erfolgt die Destillation. Bevor man den Whiskey in Flaschen abfüllt (unten), wird der Alkoholgehalt durch Zugabe von Wasser auf Trinkstärke (43% vol.) reduziert.

Irish Whiskey reift traditionell mehrere Jahre in Eichenfässern (im Hintergrund das Lager von Bushmills in Nordirland), was ihm die goldgelbe Farbe und das charakteristische Aroma verleiht.

Whiskey-Sorten

Linke Seite (von links nach rechts): Green Spot – Tullamore Dew: eine leichte Sorte von delikatem Geschmack – Paddy: vor allem bei jungen Leuten beliebt – Power's: der meistverkaufte Whiskey in Irland – Hewitts Nut: süßes, nussiges Aroma – Bushmills Malt: der erste irische Malt Whiskey, 10 Jahre alt – Jameson 1780: ein ungewöhnlich weicher Whiskey, 12 Jahre alt – Redbreast: in einer limitierten Menge hergestellt, 12 Jahre alt – Midleton

Bailey's – ein Likör von Weltgeltung

Eine Redensart besagt, daß ein Kamel dabei herauskomme, wenn man ein irisches Komitee bitte, ein Pferd zu entwerfen. Es hätte also einiges passieren können, als sich die Direktoren der Firma R & A Bailey & Cie. zusammensetzten, um ein neues Getränk zu kreieren. In jener denkwürdigen Konferenz kombinierte jedoch ein Herr aus ihrer Mitte, Mr. David Dand, Whiskey, Sahne und Kakao mit einigen anderen Zutaten zu »Bailey's Original Irish Cream Liqueur«.

In den 20 Jahren, die seit dem ersten Schluck Bailey's vergangen sind, ist er einer der wohl meistverkauften Liköre der Welt geworden: 40 Millionen Menschen trinken Bailey's. Und als wäre damit das Maß noch nicht voll, hat man 1992 in Irland einen weiteren Likör entwickelt: Sheridans, der in einer Doppelflasche verkauft wird – die eine Seite enthält Sahne mit einem ordentlichen Schuß Whiskey, die andere eine Mischung aus Kaffee und Kakao. Wenn man das Getränk langsam einschenkt, hat es im Glas optisch große Ähnlichkeit mit Irish Coffee.

Irish Fruit Delight
Rote Grütze mit Bailey's

Für 4 Personen

250 g schwarze Johannisbeeren
250 g und 100 g rote Johannisbeeren
250 g und 200 g Himbeeren
120 g Zucker
60 g Speisestärke
Bailey's Irish Cream
Löffelbiskuit

Schwarze Johannisbeeren sowie jeweils 250 g rote Johannisbeeren und Himbeeren mit dem Zucker in 3/4 l Wasser weich kochen und durch ein Sieb passieren. Beiseite stellen und etwas abkühlen lassen. Den Saft mit der Speisestärke binden.
Wenn die Grütze nur noch lauwarm ist, vorsichtig die verbliebenen ungekochten roten Johannisbeeren und Himbeeren unterheben, mit Ausnahme einiger Beeren, die man zum Dekorieren aufhebt.
Die Grütze in Dessertschälchen oder bauchige Gläser füllen und kalt stellen.
Vor dem Servieren über die Grütze in einer etwa 1 cm dicken Schicht Bailey's Irish Cream geben und mit Löffelbiskuit und den zurückbehaltenen Beeren dekorieren.

Zucker, Sahne, Irish Whiskey, Vanille und Kakaobohnen sind Zutaten von Bailey's Original Irish Cream Liqueur.

Unter Hochdruck werden solch gegensätzliche Ingredienzen wie Whiskey und Sahne miteinander vermischt.

Bailey's genießt man pur oder *on the rocks*. Er soll zu den erfolgreichsten Likören der Welt zählen.

Irish Whiskey Trifle

(Abbildung unten)

Für 4–6 Personen

500 ml Milch
1 Vanilleschote, längs aufgeschnitten
3 Eier
25 g Zucker
1 Biskuitboden
Himbeermarmelade
150 ml Irish Whiskey
500 g Obst (beispielsweise Birnen und Bananen)
300 ml Sahne

Zum Dekorieren

Cocktailkirschen
blanchierte, gehobelte Mandeln (nach Belieben)

Für die Zubereitung einer Eiercreme die Milch mit der Vanilleschote zum Kochen bringen, dann vom Herd nehmen und etwas abkühlen lassen.
Eier und Zucker verschlagen. Die Vanilleschote aus der Milch nehmen und die Milch nach und nach unter die Eimasse rühren.
Den Milchtopf mit kaltem Wasser ausspülen und die Eiermilch wieder einfüllen. Auf der Kochstelle bei sehr schwacher Hitze so lange rühren, bis sie dick wird. Die Eiercreme beiseite stellen und gelegentlich umrühren, damit sich keine Haut bildet.
Den Biskuitboden längs halbieren, mit Himbeermarmelade bestreichen und wieder zusammensetzen. Dann in Scheiben schneiden und damit eine große, möglichst gläserne Schüssel auf dem Boden und an den Seiten auslegen. Mit zwei Drittel des Whiskeys beträufeln.
Das Obst schälen, in Scheiben schneiden, mit dem restlichen Whiskey beträufeln und auf den Biskuit geben. Darüber die Eiercreme verteilen.
Die Schüssel zugedeckt mehrere Stunden kalt stellen.
Vor dem Servieren die steif geschlagene Sahne auf die Eiercreme streichen. Den Trifle mit Cocktailkirschen und nach Belieben mit Mandeln dekorieren.

Irish Coffee

Pro Person

1 Schnapsglas (etwa 20 ml) Irish Whiskey
Zucker nach Geschmack
starker schwarzer, heißer Kaffee
1 El leicht geschlagene Sahne oder Crème double

Whiskey und Zucker in einem Stielglas über einer Flamme erwärmen. Mit dem kochend heißen Kaffee bis etwa 1 cm unterhalb des Rands aufgießen.
Dann die Sahne auf das Getränk geben, dabei so verfahren, wie auf der Abbildung unten zu sehen ist. Die Sahne darf sich nicht mit dem Whiskey-Kaffee vermischen (daher nicht rühren!). Man genießt das heiße Getränk durch die kalte Sahne.

Whiskey Punch

Pro Person

1 dicke Zitronenscheibe, halbiert
3 Gewürznelken
50 ml Irish Whiskey
1–2 TL brauner Zucker

Die Zitronenscheibe mit den Gewürznelken spicken. Zusammen mit dem Whiskey und dem Zucker in ein großes Stielglas geben.
Einen Teelöffel in das Glas stellen – damit die Hitze das Glas nicht zum Bersten bringt – und die Zutaten mit kochendem Wasser aufgießen. Nach Geschmack mit Zitronenscheibe und Cocktailkirsche dekorieren.
Gut umrühren und heiß trinken.

Irish Whiskey Trifle
in einem Portionsglas

Das weiße Fleisch

Milch, Käse, Butter

Schriftliche und mündliche Überlieferungen aus der Frühzeit Irlands berichten immer wieder von jenem »weißen Fleisch«, dem *banbhianna*, das den Menschen damals als besonderer Genuß galt. Viehbesitz war gleichbedeutend mit Reichtum und das Vieh zu wertvoll, um es zu schlachten, denn die Milch der Tiere benötigte man zur Zubereitung zahlreicher Nahrungsmittel.

Süße, saure und Buttermilch, Butter und rund 20 Käsesorten werden schon in alten Manuskripten erwähnt. Das damalige Wissen um die Käseherstellung ist heute weitgehend verloren. Es gehörte zu den vielen Bereichen der gälischen Zivilisation, die durch die wirtschaftliche Abwertung der Iren im Zuge der Eroberung durch die Engländer im 16. und 17. Jahrhundert vernichtet wurden.

In letzter Zeit entwickelt sich jedoch erneut eine florierende Käsewirtschaft, deren Produkte mittlerweile mit importierten Käsesorten durchaus konkurrieren können. Die Iren sind im Begriff, ihre Liebe zu dem »weißen Fleisch«, wozu auch die Butter gehört, wiederzuentdecken. Betriebe, in denen Käse hergestellt wird, sind über das ganze Land verteilt. Hauptsächlich wird Kuhmilch verwendet, aber auch einige aus Ziegen- oder Schafmilch produzierte Käsesorten gewinnen an Beliebtheit. Die meisten irischen Restaurants können inzwischen eine Käseplatte zusammenstellen, die ausschließlich Käsesorten der jeweiligen Region präsentiert. Dazu reicht man frische Landbutter oder Butter der auch in anderen Ländern bekannten Marke »Kerrygold« – so benannt nach ihrer Herkunft aus der Grafschaft Kerry im Südwesten der Insel –, frisches dunkles Brot und *crackers*, kleine runde Salzkekse.

Kerry cows, die auf den salzigen Wiesen in der Grafschaft Kerry im Südwesten Irlands weiden – in einer »Bilderbuchlandschaft« mit blauen Bergen, goldenen Sandstränden und schimmernden Flüssen.

Milleens, kräftig in Geschmack und Geruch, ist ein weicher Käse mit gewaschener Rinde, der aus unpasteurisierter Kuhmilch hergestellt wird. Er war in den 80er Jahren der erste irische Landkäse der »neuen Generation« und wurde vielfach international ausgezeichnet. – Die Bildfolge zeigt, wie die mit einem Gerinnungsmittel »dickgelegte« Milch mit einer Käseharfe in den sogenannten »Bruch« geteilt wird (1). Dieser wird anschließend von der Molke getrennt und bildet die Käsegrundmasse (2). In runden Gefäßen wird der Bruch sodann gepreßt (3) und anschließend mehrere Tage in eine Salzlake gelegt, die ihm die kräftige Würze verleiht (4). Zuletzt lagert man ihn so lange an der Luft (5), bis er das gewünschte Reifestadium erreicht hat (6).

Irlands Käsesorten

Cahill's Irish Porter · Coolea · Cratloe Hills · Gubbeen · Cashel Irish Blue · Cooleeney · Wexford Irish Brie · Milleens

Der **Gabriel** ist ein harter, milder Käse von der Art des Schweizer Gruyère. Er wird aus der Milch von Schafen hergestellt, die in kleinen Herden zwischen dem Mount Gabriel und der Küste weiden.

Auch der **Desmond** ist ein Schafskäse. Wie der Gabriel wird er hergestellt von Bill Hogan, dessen individuelle Käseproduktion inzwischen bei Feinschmeckern einen fast legendären Ruf genießt.

Der **Cashel Irish Blue** ist Irlands einziger Blauschimmelkäse aus Rohmilch. Sein Salzgehalt ist ungewöhnlich gering. Am besten schmeckt er, wenn er so reif ist, daß er fast zerfließt.

Backwerk und Desserts

Soda Bread – das Brot vom *griddle*

Mit dem weichen irischen Mehl läßt sich kein gutes Hefebrot backen. Dies erklärt, warum das mit *baking soda* gebackene *soda bread* entwickelt wurde (*baking soda* wird bei uns durch Backpulver plus/oder Natron ersetzt). Bis zur Elektrifizierung auch der ländlichen Gebiete wurde irisches Brot auf gußeisernen Platten, sogenannten *griddles*, über dem offenen Torffeuer gebacken. Die Qualität des Brotes hing nicht nur von der leichten Hand des Bäckers ab, da der Backvorgang sehr schnell vor sich gehen mußte, sondern auch von dessen Geschick, das Feuer konstant zu halten.

Gurr Cake – Lieblingskuchen der Schulkinder

Ein preiswertes Backwerk, um den Hunger der Schulkinder zu stillen, die sich *on the gurr* befanden (was soviel heißt wie »Schule schwänzen«), ersannen im vorigen Jahrhundert Dubliner Bäcker. Ihr *gurr cake* bestand aus Resten altbackenen Brots, die sie mit Zucker und Trockenfrüchten vermischten. (Auch Kuchenreste – in diesem Fall ohne Trockenfrüchte als Zutat – ließen sich gut verwerten.) Die Masse schichtete man zwischen mehrere Lagen Teig. Ein Stück *gurr cake* kostete damals einen halben Penny.

Wie viele alte Gerichte erlebt auch der *gurr cake* in diesen Zeiten eine Renaissance. Heute wird er mit einem reichhaltigeren Teig und einer fruchtigeren Füllung gebacken, und statt der Brot- oder Kuchenreste verwendet man hochwertige Zutaten. In Dubliner Restaurants reicht man *gurr cake* zusammen mit einer Portion Sahne zum Nachtisch.

Puddings – die süße Verführung

In Irland ist keine Mahlzeit ohne einen abschließenden Pudding oder ein anderes Dessert denkbar. Wildfrüchte, Beeren und Nüsse werden traditionell mit Honig oder Sahne verarbeitet oder zu Törtchen gebacken. Milch und Honig – die Dichter rühmen Irland gern als das Land, in dem Milch und Honig fließen – spielen bei der Zubereitung der Puddings stets eine bedeutende Rolle. Zu den wichtigsten Bestandteilen gehören jedoch die Äpfel, seit die Normannen im 12. Jahrhundert die ersten Apfelbäume pflanzten.

Zahlreiche Desserts sind Milchpuddings, die traditionell mit Hafermehl, Graupen oder Reis zubereitet werden. Nur in den wohlhabenderen Farmhäusern, den *big houses*, gab man auch Sahne zu, die sonst ausschließlich zur Herstellung von Butter diente. Ein hoher Sahneanteil in einem Dessertrezept ist daher zumeist ein Zeichen dafür, daß es sich um eine moderne Zubereitung handelt.

Irish Soda Bread
Irisches Sodabrot

500 g Weizenvollkornmehl
1 1/2 TL Salz
1 1/2 TL Natron
500 ml Buttermilch

Den Backofen auf 200 °C vorheizen. Mehl, Salz und Natron in einer Schüssel vermengen, dann die Buttermilch einrühren. Alles zu einem krümeligen Teig verarbeiten. Auf einer bemehlten Arbeitsfläche leicht und zügig durchkneten. Den Teig zu einem Laib formen, auf ein gefettetes Backblech setzen und den Laib auf etwa 5 cm Teighöhe flach drücken. Mit einem Messer ein tiefes Kreuz einschneiden.
30–35 Minuten in Ofen backen, bis der Laib gut aufgegangen und leicht gebräunt ist. Abkühlen lassen. Frisch mit Butter und Marmelade servieren.

Gurr Cake
Brotkuchen

8 Scheiben altbackenes Brot ohne Kruste
3 EL Mehl
1/2 TL Backpulver
2 TL Brotgewürz
100 g brauner Zucker
2 EL Butter
175 g Korinthen oder gemischte Trockenfrüchte
1 geschlagenes Ei
4 EL Milch
250 g Mürbeteig (Rezept S. 20, halbe Menge)
Streuzucker

Das Brot 60 Minuten in etwas Wasser einweichen, dann ausdrücken. Mit Mehl, Backpulver, Gewürz, Zucker, Butter, Korinthen, Ei und Milch mischen. Die Zutaten gut verrühren.
Mit der Hälfte des Teigs eine etwa 22 x 22 cm große Form auslegen, die Brotmasse in die Form geben, gleichmäßig verteilen und mit dem restlichen Teig bedecken. Mehrmals einritzen.
Etwa 60 Minuten bei 190 °C im Backofen backen. Mit Zucker bestreuen und in der Form auskühlen lassen. Dann den Kuchen in 24 quadratische kleine Stücke schneiden (ein solches Stück kostete damals einen halben Penny).

Blackberry Mousse
Brombeerpudding

Für 4 Personen

250 g Brombeeren
50 g Zucker
Saft von 1/2 Zitrone
8 g Pulvergelatine
70 ml Sahne
1 Eiweiß

Die Brombeeren waschen. Mit Zucker und Zitronensaft bei schwacher Hitze 10 Minuten erhitzen. Abkühlen lassen und durch ein feines Sieb in eine Schüssel streichen. In einer Tasse die Gelatine mit 2 EL Wasser verrühren und 5 Minuten quellen lassen. Dann im heißen Wasserbad so lange rühren, bis sie aufgelöst ist. Die Gelatine unter Rühren langsam mit den Brombeeren mischen. Sahne und Eiweiß jeweils steif schlagen. Wenn das Brombeerpüree fest zu werden beginnt, erst die Sahne und dann das Eiweiß unterheben. In Dessertschalen füllen und mehrere Stunden kalt stellen. Mit Schlagsahne und ganzen Brombeeren verziert servieren.

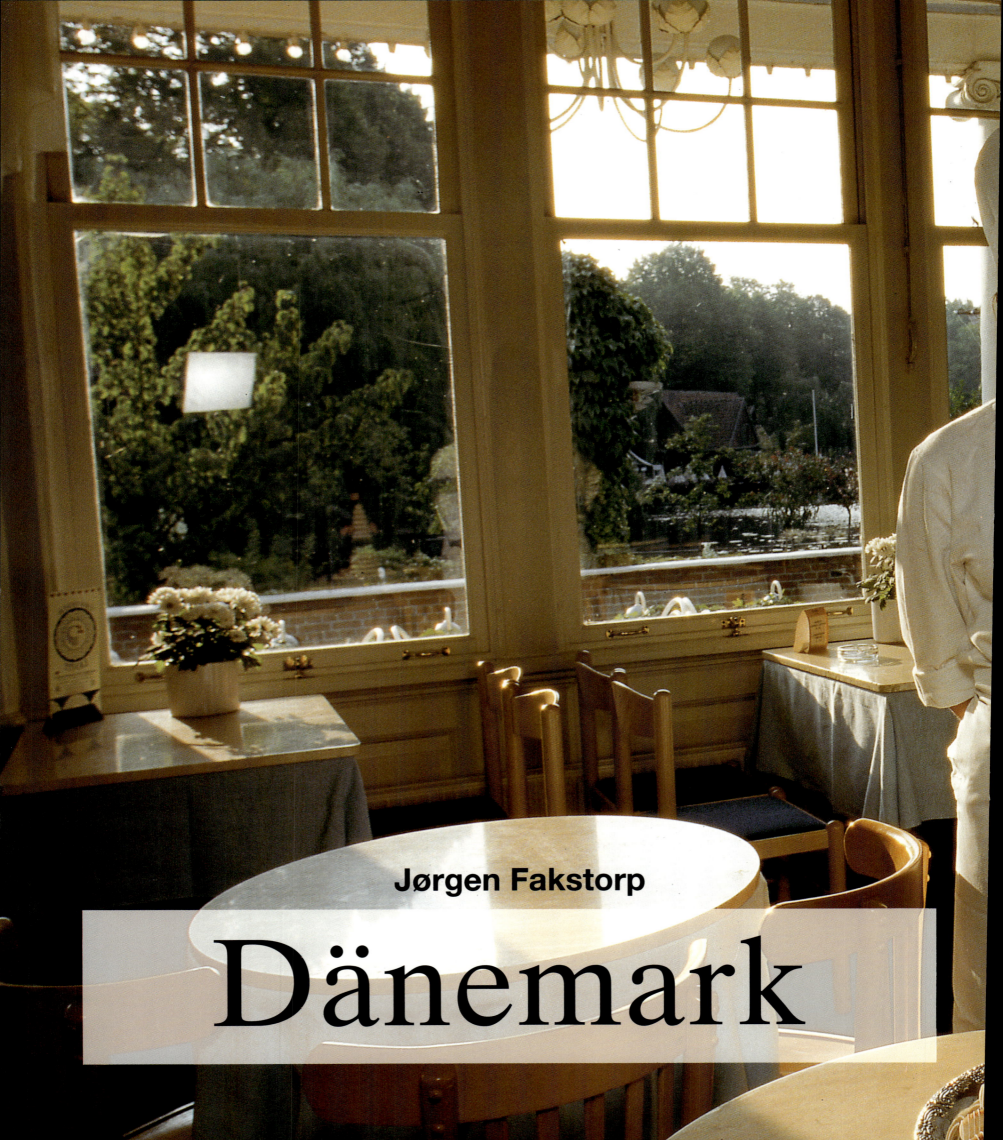

Jørgen Fakstorp

Dänemark

Segelschiffe im Hafen von Kopenhagen

Vorherige Doppelseite: Eine Konditorei in Kopenhagen, in der zwei stolze Konditoren ihren *kransekage* präsentieren. Der aus Ringen aufgebaute Kuchen wird zu besonderen Anlässen, vor allem bei Hochzeiten, serviert und traditionell mit kleinen Papierflaggen geschmückt. Manchmal legt man die Kuchenringe stufenweise um eine Flasche Champagner.

86 **Dänemark**

Aufgrund seiner geographischen Lage hat Dänemark eine Brückenfunktion zwischen Deutschland und Skandinavien, trennt aber auch Nord- und Ostsee voneinander. In ethnischer, historischer und sprachlicher Hinsicht ist es ein sehr homogenes Land und bereits seit über tausend Jahren selbständiges Königreich. Im 11. und 12. Jahrhundert erreichte Dänemark durch die Zugehörigkeit Englands und Norwegens seine größte politische Ausdehnung nach Westen und Norden, zeitweilig stand sogar Estland unter der Hoheit der dänischen Könige. Im Jahre 1389 wurde die Königin von Dänemark und Norwegen, Margarete, auch Königin von Schweden. Erst im 19. Jahrhundert sank Dänemark auf den Status eines Kleinstaates hinab.

Die Dänen stehen in dem Ruf, unter den nordischen Völkern das großzügigste und gastfreundlichste zu sein. Das ist nicht erstaunlich, denn trotz seiner nördlichen Lage ist Dänemark ein Schlaraffenland, was den Fischreichtum seiner Gewässer und die Fruchtbarkeit des Landes angeht. Nirgendwo in Europa wird, relativ gesehen, so viel Ackerbau betrieben wie in Dänemark. Auch die Viehzucht spielt eine herausragende Rolle im Wirtschaftsleben des Landes, und es ist einigermaßen bezeichnend, daß Dänemark doppelt so viele Schweine wie Einwohner zählt. Da die Dänen ihren jährlichen Fang von etwa 1,5 Millionen Tonnen Fisch größtenteils exportieren, sind sie vorzugsweise Fleisch- und insonderheit Schweinefleischesser geworden.

Die dänische Küche entwickelte sich aus der Vorratswirtschaft. Fisch und Fleisch wurden gesalzen und geräuchert, Gemüse und Brot getrocknet. Aufgrund der geringen Ausdehnung des Landes gibt es kaum regionale Unterschiede auf dem Speisezettel. Viele dänische Traditionsgerichte haben die Zeiten überdauert: *Flæskesteg* beispielsweise, der dänische Schweinebraten, *rødgrød med fløde*, Rote Grütze mit Sahne, oder *æblekage*, dänischer Apfelkuchen. Krabben und Heringe, frisch geräucherter Aal und Ostseelachs sind allseits beliebte Nahrungsmittel aus dem Meer. Vor allem aber mögen die Dänen *smørrebrød* – ein »Butterbrot« (so die wörtliche Übersetzung) mit Wurst, Käse oder Fisch, phantasievoll garniert und in hundertfachen Variationen kreiert.

Geräucherter Hering
Aal
Schweinefleisch
Smørrebrød
Bier
Plundergebäck

Paarweise werden die Salzheringe angeordnet, wobei jeweils der Kopf des einen durch die Kiemenöffnung des anderen Fisches geschoben wird.

Dann reiht man die Fische auf Stangen und achtet auf Gleichmäßigkeit hinsichtlich Größe und Gewicht.

Die Fische werden »am laufenden Meter« ausgerichtet und für die Räucherung vorbereitet.

Wichtig sind Qualität und Quantität der Fische, die zu den »Exportschlagern« des Landes zählen.

Bornholms duftende Delikatesse

Geräucherter Hering

Für viele Dänen ist ein geräucherter Hering, ein Bückling also, schlicht ein »Bornholmer«. Die Insel Bornholm, zwischen Südschweden und Polen gelegen, gilt als die »Heimat« des geräucherten Herings. Die Schornsteine der Räuchereien sind charakteristisch für die Küstenstädte der Insel – auch wenn sie in heutiger Zeit nur noch eine touristische Attraktion darstellen, da es so gut wie keine Privatbetriebe mehr gibt.

Geräuchert wird von Mai bis Oktober, gegebenenfalls mit Unterbrechungen, wenn Quantität und Qualität der Heringe nicht den hohen Ansprüchen genügen. Der Bornholmer Hering ist klein und hat zartes Fleisch. Die Fische werden ausgenommen, ohne daß man den Kopf entfernt, und leicht gesalzen. Das Salz läßt man über Nacht einwirken, dann steckt man die Fische paarweise zusammen, indem man den Kopf des einen durch die Kiemenöffnung des anderen schiebt. Anschließend werden die Salzheringe auf langen Stangen aufgereiht und über brennenden, glimmenden Erlenspänen geräuchert. Geräucherter Hering, *røget sild*, kann man im Ganzen essen, aber die meisten Feinschmecker ziehen es vor, ihn zu filetieren und mit Zwiebeln, Schnittlauch und Radieschen sowie einem rohen Eigelb zu servieren – dann heißt das Gericht poetisch *sol over Gudhjem,* »Sonne über Gudhjem«.

Rechts: Die großen Industrieräuchereien, welche die Familienbetriebe inzwischen fast ganz verdrängt haben, bieten vielen Menschen Arbeit. Hier wird ein Hering gesäubert und zum Räuchern vorbereitet.

Dänemark

Dänische Heringsspezialitäten

Bornholmsk Biksemad
Das »Bornholmer Bastelessen« ist eine Art Resteessen. Bückling wird mit gerösteten Zwiebeln, gekochten Kartoffeln, Gurken und Tomaten vermischt und aus der Pfanne warm gegessen.

Kogt Sild
Ausgenommene, aber nicht entgrätete Heringe werden in einer Lake aus Essigwasser, gehackten Zwiebeln und Gewürzen gekocht und über Nacht in dem Sud mariniert. Man ißt den Fisch kalt.

Ristet Saltsild
Heringe über der offenen Glut geröstet, bis die Haut knusprig und dunkelgolden ist.

Rullemops
Der Bornholmer Rollmops wird aus gekochten, ungesalzenen Heringen hergestellt. Die entgräteten Filets rollt man zusammen und legt sie in eine Lake aus Essig und Gewürzen.

Røget Sild
Geräucherte Heringe, Bücklinge, schmecken am besten, wenn sie warm aus der Räucherei kommen: Man bestreut sie mit Salz und ißt sie mit Brot.

Saltstegt Sild
Gebratener Salzhering (eigentlich *stegt saltsild*), in Mehl gewälzt und in der Pfanne ausgebraten. Dazu gehören ein Schmalzbrot, rote Bete und Senf.

Sildebøf
Heringssteak aus entgräteten und pürierten Heringen, die mit Mehl, Salz und Pfeffer zu kleinen Hacksteaks geformt und ausgebraten werden. Dazu reicht man eine braune Zwiebelsoße.

Spegesild
Die gepökelten Heringe heißen auf Bornholm wie in alter Zeit *saltsild,* auf Hochdänisch *spegesild.* Man verwendet dazu jene Heringe, die im Herbst laichen.

Vindtørret Sild
In Wind und Sonne getrocknete Salzheringe, die in der Pfanne gebraten und mit Senf gegessen werden.

Rechts: Die Bornholmer essen den Bückling noch warm, wenn er ganz frisch geräuchert ist. Für den wählerischen Geschmack der Inselbewohner ist der Fisch schon einige Stunden nach dem Räuchern nicht mehr genießbar.

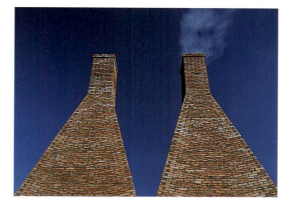
Die Schornsteine der Heringsräuchereien prägen die Küste der Insel Bornholm.

Die Heringe werden über brennenden, glimmenden Erlenspänen geräuchert.

Hitze und Rauchentwicklung während des Räuchervorgangs müssen konstant sein.

Die Bücklinge sind fertig, wenn sie eine goldgelbe Farbe angenommen haben.

Ål i Karrysovs – Aal in Currysauce

Vom Volksessen zur Delikatesse

Aal

Früher, als die Fische noch reichlich waren und das Leben ärmlich, kam insbesondere an den Küsten und auf den Inseln am Limfjord täglich Aal auf den Tisch. Fischer und Tagelöhner aßen ihn ebenso wie Bauern und Gutsherren. Der Fisch war billig, und in einer Art Warentermingeschäft traf man Absprachen über den Preis für den Fang einer bestimmten Nacht. Die kiloschweren Fische gingen damals zu Hunderten ins Netz. Zwar fängt man auch heute noch im Limfjord Aale, aber nicht mehr in den Mengen wie in der Vergangenheit, da die modernen Fanggeräte die Brut zerstören.

Heute ist der Aal vom Volksessen zur Delikatesse aufgestiegen – trotz der gemischten Gefühle, die er bei vielen Menschen immer noch hervorruft. Einerseits schmeckt er hervorragend, ob gekocht, gebraten oder geräuchert. Andererseits löst er wegen seines schlangenähnlichen Aussehens einen gewissen Widerwillen aus. Man hielt ihn für giftig und glaubte, daß er ertrunkene Seeleute fraß. In der Tat enthält Aalblut eine dem Schlangengift ähnliche Substanz, die allerdings beim Erhitzen zerstört wird. Aale spielen in dänischen Mythen und Märchen eine große Rolle.

Die wahren Liebhaber des Aals lassen sich ihre Leidenschaft einiges kosten, denn Aal ist ein teurer Fisch geworden. Am liebsten ißt man ihn geräuchert. Räucheraal wird gern auch leicht geröstet, nachdem Haut und Gräten entfernt worden sind, und als Aufschnitt, mit Rührei und Roggenbrot oder auf grünem Salat mit einer Marinade aus Öl, Essig und Senf sowie einem rohen Eigelb serviert. Zu den Köstlichkeiten der vielfältigen dänischen Aalküche, die man besonders in früheren Zeiten schätzte, gehört *ålekage,* Aalkuchen, oder *ålebrød,* Aalbrot. Es wurde nur selten zubereitet – nämlich nur dann, wenn man den großen Backofen anheizte, um Schwarz- und Graubrot zur Vorratshaltung zu backen. Dazu wurde ein ausgenommer, leicht gesalzener frischer Aal spiralförmig auf einen Fladen aus Hefegraubrotteig gelegt, in den Teig gedrückt und anschließend im Ofen gegart. Da Aal einen hohen Fettgehalt hat, war eine Zugabe von Butter oder Sahne, wie manche Rezepte vorsehen, nicht notwendig. Originelle Zubereitungen sind beispielsweise auch *åleæggekage,* Aaleierkuchen – gebratene Aalstücke in einer Ei-Milch –, und *røget ål i øl,* Räucheraal in Biersauce.

90 Dänemark

Ål i Karrysovs
Aal in Currysauce
(Abbildung links)

4 frische Aale
Salz, Zucker
4 große Zwiebeln, geschält und in Scheiben geschnitten
1 EL Currypulver, 1 TL Paprikapulver
3 Äpfel, geschält und in Scheiben geschnitten
2 Tomaten, enthäutet und gehackt
1 Flasche Weißwein
1 EL gehackte Petersilie

Die Aale säubern, häuten, entgräten und waschen. In 3 cm große Stücke schneiden, mit Salz und Zucker bestreuen und 60 Minuten kühl stellen.
In einer großen Pfanne die Zwiebeln mit Curry- und Paprikapulver in Butter anbraten. Die Aalstücke in Mehl wälzen und zu den Zwiebeln geben. Die Tomaten hinzufügen und den Wein angießen. Alles 30 Minuten köcheln lassen.
Die Aalstücke aus der Pfanne nehmen. Die Sauce abschmecken und die Petersilie unterrühren. Das Gericht mit Pellkartoffeln oder Roggenbrot servieren.

Rulleål
Rollaal
(Abbildung unten)

1 frischer Aal (etwa 1 kg)
gehackte Zwiebeln, gehackte Petersilie
Salz, schwarzer Pfeffer
1 Lorbeerblatt, Essig

Den Aal säubern, häuten, entgräten, waschen und aufklappen. Das Schwanzende abschneiden und kleinhacken. Die Innenseite des Aals mit Schwanzfleisch, Zwiebeln und Petersilie belegen, mit Salz und Pfeffer würzen. Dann den Aal vom Schwanz her zusammenrollen und mit Küchengarn verschnüren, jedoch nicht allzu fest, da der Fisch sich beim Kochen ausdehnt.
In reichlich Wasser, dem man ein Lorbeerblatt und etwas Essig hinzufügt, etwa 15 Minuten kochen.
Im Sud erkalten lassen. Das Garn entfernen und den Aal aufschneiden. Als Vorspeise mit grünem Salat servieren.
Eine Variante ist rulleål i gelé, Rollaal in Aspik. Die Zubereitung entspricht der hier beschriebenen, nur gibt man etwas Gelatine in das abgekühlte Kochwasser.

Rulleål – Rollaal

Das mit Abstand beliebteste Nahrungsmittel

Schweine-fleisch

In Dänemark sind Ackerbau und Viehzucht von herausragender Bedeutung – was ein wenig verwundert bei einem Land, das in der Europäischen Union zu den großen Fischfangnationen gehört. Die Dänen haben eine besondere Vorliebe für Schweinefleisch, von dem jeder Bürger, statistisch betrachtet, 70 Kilogramm jährlich konsumiert. Selbst Bauern mit einem Minimum an Grund und Boden konnten es sich schon in früheren Zeiten leisten, ein Schwein aufzuziehen. Noch heute hat Dänemark mehr Schweine als Einwohner. Auch Gänsefleisch zählt zu den bevorzugten Nahrungsmitteln, während Rind und Hammel auf dem Speisezettel eher ein Schattendasein führen.

In der Vergangenheit konnte nur der Adel außerhalb der Schlachtzeit frisches Fleisch auf den Tisch bringen. Das »Fußvolk« kam lediglich von Mitte November bis Weihnachten in den Genuß von Frischfleisch – in der übrigen Zeit bestand die Nahrung aus Pökel- und Räucherfleisch. Als um 1860 der Herd seinen Einzug in dänische Küchen hielt, ergab sich die Möglichkeit, größere Fleischstücke selbst in der Röhre zu garen. Vordem mußte das Fleisch gekocht oder in kleinen Stücken in der Pfanne gebraten werden; einen großen Festtagsbraten beispielsweise konnte nur der Bäcker in seinem Backofen schmoren. Durch den eigenen Herd waren dänische Hausfrauen nunmehr in der Lage, den allseits beliebten Schweinebraten mit kroß gebratener Schwarte zu servieren. Dieses Gericht wurde das führende dänische Festmahl. Anfangs war Schweinebraten ein teures Essen, das man sich nur ein- bis zweimal im Jahr leisten konnte. Heute ist Schweinefleisch sehr billig geworden, aber heute wie damals ist die knusprige, krachende ofenwarme Schwarte das Allerwichtigste.

Fleisch und Speck konservierte man früher in einer Salzlake oder durch Räuchern. Zum Frühjahr und Sommer hin schmeckten sie meist bitter und ranzig. Das Fleisch kochte man meist in einer dicken Erbsensuppe. Auch geräucherter Speck und Würste aus Schweinefleisch wurden gekocht und kamen in einer Suppe aus Graupen und Grünkohl auf den Tisch. Grünkohl, das robuste und winterfeste Gemüse, war in der kalten Jahreszeit die wichtigste Vitamin-C-Quelle der Nordeuropäer. Die schwere Kost milderte man mit Senf, Essig, Wein mit Honig und Gewürzen oder eingelegtem Steinobst. Diese Tradition, süße und saure Beilagen zu salzigem, geräuchertem und fettem Essen zu reichen, hat sich bis heute bewahrt. Erbsen mit Speck und Wurst sind nach wie vor ein beliebtes Winteressen. Den Speck und die traditionelle Bratwurst gibt es nur noch leicht gesalzen, die Suppe ist mit Möhren, Lauch und Kartoffeln angereichert und kräftig mit Thymian gewürzt. Die »Luxusausgabe« dieser Gemüsesuppe enthält gesalzenes Gänse- oder Entenfleisch.

Wenn es um die Wurst geht, kann Dänemark mit der Auswahl in Mitteleuropa allerdings nicht mithalten. Am häufigsten ißt man Bratwurst. Eine dänische Spezialität, die Straßenbild und Lebensstil prägen, ist der Wurstwagen. Diese kleinen, transportablen Imbißbuden sind an fast jeder Ecke zu finden und erfreuen sich großer Beliebtheit, weil man hier nicht nur schnell, sondern auch preiswert satt wird. Angeboten werden alle möglichen warmen Würstchen mit einer Vielfalt von Beilagen.

Bratwurst im Speckmantel mit Ketchup

Currywurst mit Senf und Ketchup

Hot dogs mit Senf und Ketchup

Flæskesteg med Svær
Schweinebraten mit Kruste
(Abbildung rechte Seite)

1/2 frischer Schinken (etwa 3 kg) ohne Knochen
grobes Salz, schwarzer Pfeffer

Den Backofen auf 150 °C vorheizen. Schwarte und Fett des Schinkens in Abständen von etwa 1 cm kreuzweise einschneiden und in die Schnitte Salz und Pfeffer reiben. Das Fleisch auf den Rost legen – die Fettpfanne darunterschieben – und etwa 4 Stunden langsam garen. Nicht begießen, da die Schwarte knusprig werden soll. Nach Ende der Garzeit den Braten aus dem Ofen nehmen, etwas ruhen lassen und dann aufschneiden.
Zu jeder Portion gehört ein Stück Kruste. Dazu passen süßsaurer Rotkohl und Salzkartoffeln. Als Sauce serviert man den Bratensaft, von dem man das Fett abgeschöpft hat.

Links: Die Wurstwagen, die man an fast jeder Straßenecke findet, bieten dem eiligen Passanten warme Würstchen, *pølser,* in allen Variationen.

Rechte Seite: *Flæskesteg med svær,* Schweinebraten mit Kruste, ist das Leibgericht der Dänen, die mehr Schweinefleisch essen als alle anderen Europäer.

Räucheraal mit Rührei

Eine Art Weltanschauung
Smørrebrød

Eine einflußreiche New Yorker Küchenkritikerin schrieb einmal in ihrer Zeitung: »Die Dänen essen belegte Brote zum Frühstück, zum Lunch und zum Mittagessen. Und um sicherzugehen, daß sie keinen Hunger bekommen, essen sie auch noch ein paar Brote als Zwischenmahlzeit.«

Das ist natürlich eine Übertreibung, aber richtig ist, daß die Dänen mehr *smørrebrød* essen als irgendein anderes Volk. Eine oder zwei Scheiben Brot mit Wurst, Käse oder Fisch – das ist die einfachste und am schnellsten zubereitete Mini-Mahlzeit, die sich denken läßt.

Die Dänen haben diesen Imbiß zu einer Kunst von hohem Niveau entwickelt, in kulinarischer wie auch in optischer Hinsicht.

In Dänemark spricht man von *et stykke mad* (ein Stück Essen) und meint damit eine Schnitte Brot, meistens Roggenbrot, das mit Butter oder Schmalz bestrichen und belegt ist, wobei der Belag aus den unterschiedlichsten Köstlichkeiten bestehen kann – von der einfachen Scheibe Pellkartoffel mit Schnittlauch und grobem Salz bis zur pompösen, knusprig gebratenen Entenbrust, garniert mit Backpflaumen, Rotkohl und Senfgurken sowie gekrönt von einem Reiter aus einem Stückchen Apfelsinenscheibe. Es gibt hundert und mehr bekannte Variationen des *smørrebrød*.

Ein *smørrebrød*, auf dem sich diverse Leckereien türmen, trägt die Bezeichnung »opulent« und wird von den sogenannten *smørrebrød*-Jungfern zubereitet, die eine besondere Ausbildung besitzen, ähnlich wie Köche, Bäcker oder Metzger. In Delikateßgeschäften, die auf fertige *smørrebrød* spezialisiert sind, hat man eine riesige Auswahl. Dabei ist das opulente *smørrebrød* allerdings eine ziemlich junge Erfindung: Es kam während des Ersten Weltkriegs auf, als es darum ging, die sparsame Auswahl des Belags optisch aufzuwerten und den Eindruck eines gewissen Wohlstands zu erwecken.

Um das *smørrebrød* als Festmahlzeit mit einer bestimmten Reihenfolge in den einzelnen Gängen ist eine eigene Kultur mit eigener Terminologie entstanden. Eine sehr beliebte Variante – wobei immer die Abfolge Hering/Salziges/Fleisch/Käse gilt – ist zum Beispiel:
- Marinierter Hering,
- warmes Fischfilet mit Remoulade,
- Schweinerippchen mit Senfgurken und Rotkohl,
- Käse auf Schmalzbrot, mit Bratengelee garniert und einigen Spritzern Rum gewürzt,
- ein kräftiger Handkäse auf Schmalzbrot.

Zum *smørrebrød* trinkt man Bier und *sildesnaps*, keinen Wein. Zwei »Kurze« sind dabei das Minimum – einer zum Hering und einer zum Käse. *Smørrebrød* mit Bier und Schnaps kann ein ziemlich belastendes Erlebnis sein. Deshalb ist es klug,

Geräucherter Schinken mit Ei und Zwiebel

Geräucherter Lachs mit grünem Spargel

die Mahlzeit in eine Zeit zu verlegen, in der keine große geistige Konzentration mehr verlangt wird.
Die Liebe der Dänen zum *smørrebrød* findet ihren Ausdruck in den Spitznamen, die man beliebten Versionen verliehen hat:
• *Dyrlægens natmad,* »Abendessen des Tierarztes«, ist eine mit Schmalz bestrichene Scheibe Roggenbrot, die man mit Leberpastete, Pökelfleisch sowie Bratengelee und roten Zwiebelringen belegt.
• *Sol over Gudhjem,* »Sonne über Gudhjem«, benannt nach einer Stadt auf Bornholm, ist warm geräuchertes Heringsfilet, das man mit Zwiebeln, Schnittlauch, Radieschen und einem rohen Eigelb garniert.
• *Løvemad,* »Löwenessen«, ist unter Eingeweihten die Bezeichnung für Tatar mit einer Garnitur aus Kapern, Zwiebeln, roter Bete, Meerrettich und einem rohen Eigelb.
Bei der Kreation von *smørrebrød* legt man Wert auf Kontraste. Beliebt sind Garnituren aus pikanten, oft süß-sauren Zutaten wie eingelegten Gurken, Kapern, Zwiebeln, Senf, eingelegten roten Beten oder Meerrettich. Hering wird meist als Salzhering oder Gewürzhering in pikanten Laken oder Saucen serviert.
Es versteht sich von selbst, daß solch ein »nasser« Belag für einfache, aber auch üppige Pausenbrote nicht geeignet ist, die im Alltag am meisten verbreitete Form des *smørrebrød*. In den klassischen Lunchpaketen der Dänen, die sie von zu Hause mitnehmen und um die Mittagszeit auf ihrer Arbeitsstelle oder in der Schule essen, muß man einen trockenen Belag verwenden.
Auch hier hat der Volkswitz seinen Ausdruck gefunden: Das sehr beliebte schlichte Salamibrot wird *Roskilde landevej,* »Landstraße nach Roskilde«, genannt. Das aus Fleisch und Speck gezeichnete Muster der Wurstscheibe ähnelt in der Tat dem jetzt verschwundenen Kopfsteinpflaster dieser wichtigen Straße, die Kopenhagen mit dem Zentrum von Seeland verbindet.

Beliebte *smørrebrød*-Rezepte

Geräucherter Lachs mit weißem Spargel (links)
Frisch geräucherten Lachs in dünne Scheiben schneiden und mit Spargel und Dill garnieren.

Heilbutt mit Kartoffelscheiben (rechts)
Pellkartoffeln in Scheiben schneiden und auf gebuttertes Roggenbrot legen. Mundgerechte Portionen von geräuchertem Heilbutt auf die Kartoffeln geben. Mit gehacktem Ei und Dill garnieren.

Champignons in Sahne mit Schinken (links)
Die Pilze putzen und in Butter anbraten. Sahne hinzugeben, mit Pfeffer würzen und etwas einkochen lassen. Die Champignons auf eine Scheibe getoastetes Weißbrot legen und mit knusprig gebratenen Bacon-Streifen garnieren.

Lachstatar auf getoastetem Weißbrot (rechts)
Räucherlachs schaben, mit Senf, Kresse und Dill mischen und mit Pfeffer würzen. Mit Crème fraiche abschmecken. Das Tatar auf getoastetem Weißbrot anrichten.

Anschovis mit Eiern und Zwiebeln (links)
Hartgekochte Eier hacken, in ein Schälchen geben und mit kleinen Zwiebeln und gerollten Anschovis dekorieren.

Räucheraal mit Rührei (rechts)
Eine Scheibe Roggenbrot mit Butter bestreichen, mit Rührei und Aalstücken belegen.

96   **Dänemark**

Dorschrogen mit Remoulade (links)
Frischen Dorschrogen in Pergamentpapier wickeln und in Salzwasser 5–10 Minuten kochen, dann ziehen lassen. Aus dem Wasser nehmen, in Scheiben schneiden, die Scheiben in Roggenmehl wälzen und in Butter braten. Auf Roggenbrot, bestrichen mit Remoulade, anrichten.

Salzschinken mit pochiertem Ei (rechts)
Auf eine dünne Scheibe Roggenbrot dänischen Salzschinken und ein pochiertes Ei legen. Mit gehackter roter Zwiebel und Schnittlauch dekorieren.

Gebeizter Fisch auf Eis (links)
Seelachsfilets mit einer Mischung aus Salz, etwas Zucker, Dillsamen und Pfeffer bestreichen und kalt stellen. Auf Eis anrichten und mit gehackten Zwiebeln und einem rohen Eigelb servieren. Dazu mit Schmalz bestrichenes Brot reichen.

Geräucherter Schinken mit Ei und Zwiebel (rechts)
Geräucherten Schinken würfeln und mit hartgekochten gehackten Eiern und Zwiebelwürfeln auf eine Weißbrotscheibe legen. Mit einem rohen Eigelb und Zwiebelringen garnieren.

Lammkeule mit Rührei (links)
Geräucherte Lammkeule in dünne Scheiben schneiden und auf das Brot legen. Mit warmem Rührei und Schnittlauch garnieren.

Dylægens natmad – »Abendessen des Tierarztes« (rechts)
Ein klassisches *smørrebrød:* Auf das mit Schmalz bestrichene Brot kommen eine oder zwei dicke Scheiben Leberpastete, darauf mehrere dünne Scheiben gekochtes Fleisch, das mit Bratengelee und Zwiebelringen garniert wird.

Tradition seit Wikinger-Zeiten

Bier

Bier, dänisch *øl* – geprochen wie »Öl« –, und Met sind seit den Zeiten der Wikinger – also seit dem 10./11. Jahrhundert – in Dänemark bekannt. Für Bier ist Korn die Grundlage, für Met Honig. Als in der ersten Hälfte des 13. Jahrhunderts Mönche den Hopfen nach Dänemark einführten, trug das Bier den Sieg über den Met davon – bis zum heutigen Tag.

Die Dänen trinken jährlich pro Kopf rund 130 Liter Bier – trotz einer beachtlichen Biersteuer, die den Hopfentrank erheblich verteuert. Darin werden sie in der Europäischen Union (EU) nur noch von den Deutschen übertroffen, die es auf mehr als 140 Liter pro Kopf und Jahr bringen. Im Mittelalter und in der Renaissance waren acht bis zehn Liter täglich für einen erwachsenen Dänen nichts Ungewöhnliches. Damals wurde der Bierkonsum bedingt durch die stark gesalzenen und geräucherten Nahrungsmittel. Aber das Bier war, anders als heute, dünn und alkoholarm, obergärig und nur begrenzt haltbar.

Im Jahre 1845 brachte der Brauer J. C. Jacobsen von einer Reise bayerische Bierhefe mit und braute schon Ende 1847 in Kopenhagen das erste untergärige, lagerfähige »bayerische« Bier. Seinen neuen Produktionsbetrieb nannte er Gamle Carlsberg, nach seinem Sohn Carl und dem Standort der Brauerei auf einem Hügel. Carl Jacobsen begann 1871 in einer von seinem Vater gepachteten Anlage Pils zu brauen. Als er sich mit seinem Vater zerstritt, gründete er 1880 die Brauerei Ny Carlsberg. Es war der erste Industriebetrieb in Dänemark, bei dem führende Architekten und Künstler gestalterisch beteiligt waren. Noch heute ist die Anlage mit ihrem monumentalen Brauhaus eine Sehenswürdigkeit. Die kulturellen Ambitionen des Unternehmens wurden somit schon in seinen Anfängen deutlich.

Das bayerische Bier verlor im Laufe der Zeit an Beliebtheit und mußte dem Pils weichen. Aber eine Flasche Bier heißt im Volksmund immer noch *bajer*.

Das dänische Pils wird aus Gerstenmalz, Reis- oder Maisstärke und Hopfen gebraut. Diese Rohmaterialien ergeben ein helles, weniger kräftiges Bier mit weinartigem Charakter. Vor einiger Zeit hat man versucht, ein Pils nach Dänemark einzuführen, das nach dem deutschen Reinheitsgebot gebraut worden ist, also nur aus Malz und Hopfen – der Verkauf entwickelte sich nicht gerade vielversprechend.

Bier trinkt man zum Essen, besonders zum *smørrebrød* und anderen kalten Speisen. Der Gerstensaft ist Bestandteil des dänischen Lebensstils: Bier gibt es als Aperitif, als Erfrischung im Laufe des Tages oder bei festlichen Gelegenheiten. Ein Fußballspiel, ein Rock-Konzert oder eine politische Versammlung im Freien wären ohne Ströme von Bier undenkbar.

Bei solchen Anlässen wird gern ein stärkeres Bier getrunken: Export-Bier, *guldbajere*, und das Starkbier mit dem Namen »Elephant«, benannt nach dem bekannten Elefantentor der Brauerei Carlsberg. Carlsberg produziert auch ein Porter, das dem englischen Stout entspricht.

Durch Aufkauf und Fusion, etwa mit Tuborg, beherrscht Carlsberg direkt oder indirekt den gesamten dänischen Biermarkt, obwohl es noch einige wenige unabhängige Produzenten gibt. Ausländische Biermarken sind in Dänemark kaum präsent.

Im Jahre 1887 vermachte J. C. Jacobsen seine Brauerei Gamle Carlsberg dem Carlsbergfonds, den er 1876 gegründet hatte. Die Stiftung dient der Förderung von Mathematik, Philosophie, Geschichte, Natur- und Sprachwissenschaften. 1901 übereignete auch Carl Jacobsen seine Brauerei Ny Carlsberg dem Fonds mit der Auflage, die dänischen Künste zu unterstützen.

Der Carlsbergfonds unterhält das Carlsberg-Laboratorium, ein unabhängiges Forschungsinstitut von internationaler Reputation, sowie das Museum Frederiksborg, ein nationalhistorisches Museum, das im früheren Königsschloß in Hillerød im Norden von Seeland eingerichtet wurde. Der Fonds stellt darüber hinaus bedeutende Summen für die Forschung zur Verfügung, finanziert wissenschaftliche Projekte und verleiht Stipendien. Das prunkvoll ausgestattete Privathaus von J. C. Jacobsen, das in einem herrlichen Garten liegt, dient heute einem verdienten dänischen Wissenschaftler als Alterswohnsitz.

Der Neue Carlsbergfonds, gegründet von Carl Jacobsen, ist Träger der Ny Carlsberg Glyptothek in Kopenhagen und vergibt bedeutende Mittel für Kunst und Kunstwissenschaft sowie den Einkauf von Kunstwerken für die Museen Dänemarks. Die Glyptothek besitzt eine einzigartige Sammlung von Kunstwerken der griechischen und römischen Antike und Exponate aus der Zeit des Impressionismus.

Wenn der Däne also sein Bier trinkt, kann er das mit gutem Gewissen tun, denn er unterstützt damit Kunst und Kultur.

Die Zutaten für dänisches Bier sind Gerste, Hopfen und Maisstärke.

Die Carlsberg-Brauerei in Kopenhagen gehört zu den größten der Welt.

Fachkenner mit sensiblen Geschmacksnerven verkosten das Gebräu und überprüfen seine Qualität.

Links: Die gängigsten Marken der Brauerei Carlsberg (von links nach rechts): das Starkbier Elephant, das Dunkelbier Porter, Pils und einfaches Bier. Bemerkenswert ist, daß in Dänemark die Bierflaschen schon um die Jahrhundertwende standardisiert wurden, was die Wiederverwendung der Flaschen, auf die ein Pfand erhoben wird, erleichtert. Rund 30mal durchwandert eine dänische Bierflasche auf diese Weise den Kreislauf von der Brauerei zum Kunden und zurück – ein rekordverdächtiger Wert.

Linke Seite: In der Sudpfanne wird die Bierwürze unter Zugabe von Hopfen auf die gewünschte Konzentration – den Gehalt an Stammwürze – gekocht. Das Foto entstand in der Kopenhagener Brauerei Carlsberg.

Dänemark

Wiener Brot aus Kopenhagen

Plundergebäck

Das »Wiener Brot«, dänisch *wienerbrød,* ist in den Wiener Cafés und Konditoreien gänzlich unbekannt, aber unter der Bezeichnung »Danish Pastry« international ein Begriff. Nicht alles jedoch, was sich Danish Pastry nennt, hat etwas mit diesem Kopenhagener Plundergebäck zu tun. Es soll um 1860 von Wiener Bäckergesellen entwickelt worden sein, die man nach Dänemark anwarb, weil nach der Aufhebung des Innungswesens Mangel an ausgebildeten Bäckergesellen bestand.

»Kopenhagener« – so die meist benutzte Kurzform – werden aus einem Hefeteig hergestellt, den man ausrollt, mit kalter Butter belegt, zusammenklappt und wieder ausrollt. Dieser Vorgang wird mehrmals wiederholt; er entspricht der Herstellung von Blätterteig, der jedoch keine Hefe enthält. Das französische *croissant* kommt dem Kopenhagener

Die Gebäckstücke, die man aus Dänischem Blätterteig herstellt, haben allesamt phantasievolle Namen, die jeder kennt und die schon sehr alt sind: *hanekam* (Hahnenkamm), *trekant* (Dreieck), *skrubbe* (Flunder, Schrubber), *spandauer* (Spandauer), *chokoladebolle* (Schokoladenwecken), *wienerhorn* (Wiener Hörnchen).

Zum Geburtstag gibt es die *kringle* (Brezel). Die Füllung besteht aus Makronenmasse mit Rosinen und Sukkade, bestreut wird die Brezel mit Zucker und Mandelsplittern. Sehr beliebt ist auch die

Festlich: Kransekage – Kranzkuchen

Der Kranzkuchen ist ein Kuchen für festliche Ereignisse. Der Teig wird aus Mehl, Eiern, Butter, Puderzucker und Mandelmasse (Marzipan) hergestellt und zu Ringen geformt, wobei die einzelnen Ringe sukzessive kleiner werden. (Es gibt spezielle Ringformen für den *kransekage.*)

Man backt die Teigringe im Ofen, verziert sie nach dem Abkühlen im Zickzackmuster mit einer Puderzuckerglasur und setzt sie anschließend zu einem Turm zusammen. Je nach Anlaß wird der Kuchen dann geschmückt: mit Fähnchen (Abbildung am Beginn des Kapitels, S. 84–85), Papierblumen oder Knallbonbons, als Hochzeitskuchen mit einem kleinen Brautpaar, das auf der Spitze thront. Backanleitungen für Kuchen aus Mandelmasse geben schon die ersten dänischsprachigen Kochbücher im 17. Jahrhundert. Als die Straßen noch Kopfsteinpflaster trugen und jede Wagenfahrt von unsanftem Gerumpel begleitet war, mußten die fertigen Kranzkuchen zu Fuß transportiert werden. Die Bäckerjungen legten sich ein Joch auf die Schultern und stellten auf jede Tragfläche einen Kuchen. Auf diese Weise erreichte das kunstvolle Backwerk unbeschädigt den Kunden.

am nächsten, enthält aber sehr viel weniger Butter. Charakteristisch für den Kopenhagener ist die Füllung. Das kann eine schaumig gerührte Masse aus Butter und Zucker sein, Mandel-, Marzipan- oder Makronenmasse oder auch Buttercreme, ebenso Konfitüre, gehackte Mandeln, Rosinen, Sukkade (kandierte Fruchtschalen) und Schokoladencreme. Man verwendet *wienerbrødsdej,* Wienerbrotteig – auch unter der Bezeichnung Dänischer Blätterteig oder Plunderteig bekannt –, meist zur Herstellung von Gebäckstücken, aber auch für den kalorienträchtigen *smørkage,* dänischen Butterkuchen, der mit Buttercreme und Mandelmasse bestrichen, mit Rosinen und Sukkade bestreut und nach dem Backen mit einer Glasur verziert wird.

borgmesterstang (Bürgermeisterstange), ein Marzipanzopf.

Kopenhagener werden im Café und in der Konditorei, im Restaurant, in der Kantine, im Büro und zu Hause gegessen – oder sogar draußen auf einer Bank direkt aus der Tüte. Dazu trinkt man Kaffee, Tee oder Kakao. Kenner behaupten, Kopenhagener dürfe man nur zwischen elf und zwölf Uhr morgens essen, weil sie dann am besten seien: warm und knusprig.

Oben: Ein besonders attraktives Gebäck aus Wienerbrotteig ist die *borgmesterstang,* wörtlich: »Bürgermeisterstange«, ein mit Mandeln bestreuter Marzipanzopf. – Die Teigmenge wird in drei Portionen geteilt, die man jeweils zu einem etwa 50 cm langen flachen Strang formt. Dann legt man die Stränge nebeneinander und verflechtet sie zu einem Zopf. Die Enden schlägt man unter.

Rechte Seite unten: Ein Wunderwerk, das in seiner Struktur an die Jahresringe von Bäumen erinnert, ist dieser in mehrfachen Lagen ausgerollte Wienerbrotteig, ein Hefeblätterteig, aus dem die Dänen köstliches Plundergebäck herstellen, das als »Kopenhagener« weltweit berühmt ist. Die Kopenhagener gibt es in vielen Varianten mit phantasievollen Namen. In der hier gezeigten fotografischen Vergrößerung sind die einzelnen Teigschichten, aus denen sich der Blätterteig zusammensetzt, gut zu erkennen.

100 **Dänemark**

Wienerbrødsdej
Wienerbrotteig, Plunderteig oder
Dänischer Blätterteig für Kopenhagener

*1 Portion Hefeteig
(Rezept für vetelängd, schwedischen
Hefezopf, S. 128)*

250 g kalte Butter, in dünne Scheiben geschnitten

Den gegangenen Hefeteig zu einem länglichen Rechteck von etwa 0,5 cm Dicke ausrollen. Die Teigfläche zur Hälfte mit Butter belegen, die andere Hälfte darüberklappen und den Teig erneut ausrollen.
Den Vorgang so oft wiederholen, bis die gesamte Buttermenge verarbeitet ist.

1 Die viereckigen Teigtaschen aus Wienerbrot- oder Dänischem Blätterteig heißen *spandauer* – warum, weiß man heute nicht mehr. Man kann sie auf ganz verschiedene Weise füllen, beispielsweise mit Konfitüre oder Vanillecreme, und bestreut sie mit Mandelblättchen oder gehackten Nüssen. Manchmal erhalten sie auch noch eine Schokoladenglasur.

2 Hier entstehen die nicht weniger berühmten länglichen *hanekamme,* Hahnenkämme, die man aus Marzipanmasse und Apfelmus herstellt. In manchen Rezepten verwendet man auch eine Teigmasse mit Marzipan und gemahlenen Nüssen. Das fertige Gebäck wird mit einer einfachen Zuckerglasur bestrichen oder mit Hagelzucker bestreut.

3 Äußerlich hat das sogenannte *wienerhorn,* Wiener Hörnchen, Ähnlichkeit mit dem französischen *croissant,* enthält jedoch mehr Butter und eine Marzipan- oder Nußfüllung. Die Teigdreiecke rollt man von der langen Seite zur Spitze hin auf – die Füllung gut umschließend –, wodurch sich die charakteristische Hörnchenform ergibt.

1

2

3

101

Jørgen Fakstorp

Norwegen

Küstenlandschaft Norwegens in der Bucht von Alta

Vorherige Doppelseite: Auf einer Lachsfarm, wo die
Fische in riesigen Meeres-Netzkäfigen gezüchtet werden

Im Norden Europas haben die Nahrungsmittel ihr natürliches Aroma bewahrt: Sie schmecken nach Meer und Erde, Bergen, Kiefern und Birken. Die Wikinger standen Pate bei Skandinaviens Küchenzetteln. Sie wußten die Tradition der Gastfreundschaft zu pflegen und tischten behagliche, einfache Gerichte auf – im Norden das Fleisch der Elche und im Süden das der Schafe, Lachse aus den Gebirgsflüssen, Dorsche, Heringe und Makrelen aus dem Atlantik sowie frische Pilze und wilde Beeren aus Wald und Flur. Erst 1905 ist das Königreich Norwegen ein selbständiger Staat geworden. In der Zeit von 1380 bis 1814 war es Teil der Doppelmonarchie Dänemark–Norwegen, und von 1815 an bildete es einen Gemeinschaftsstaat mit Schweden. Trotz der recht schwierigen Verkehrsverhältnisse, bedingt durch die Landesnatur, gibt es in der norwegischen Küche keine größeren regionalen Unterschiede. In den Hafenstädten haben die Handelsverbindungen mit Europa ihre Spuren hinterlassen: Bergen dürfte der einzige Ort in ganz Skandinavien sein, wo es *polenta* gibt. Schweinebraten mit Sauerkraut und russischen Erbsen verrät gleichfalls ausländischen Einfluß, auch wenn das norwegische Sauerkraut gebräunt und mit Kümmel gewürzt wird. Das Nationalgericht *får i kål* (Hammel-Kohl-Eintopf) muß in Bergen mit Mohrrüben, Kartoffeln und Kohlrabi gekocht werden, während die Ostnorweger darauf bestehen, daß nur Hammelfleisch und Kohl zusammen zu kochen sind und man die Salzkartoffeln separat reicht. Von der Almwirtschaft rührt die Tradition her, Kuh- und Ziegenmilch sofort zu konservieren, indem man Sauermilch und saure Sahne, norwegisch *rømme*, herstellt.
Das harte Leben im Norden hat die Norweger nie daran gehindert, Essen und Trinken zu genießen. Norweger sind große Festveranstalter. Zu besonderen Anlässen war und ist es üblich, alles auf den Tisch zu bringen, was Feld, Wald und Meer hergeben. Gefeiert, getafelt und geschmaust wird bis zum frühen Morgen, bis es Hafersuppe, Hafergrütze mit saurer Sahne und *dravle* gibt, ein kräftiges Getränk aus Dickmilch und Sirup. Mit Abstand am meisten gefragt ist jedoch *rømmegrøt*, eine besondere Hafergrütze mit saurer Sahne und heißer Milch, die mit flüssiger Butter übergossen wird.

Lachs
Kabeljau
Fische, Fische, Fische
Aquavit
Rentierzucht
Käse

Vom Edelfisch zur Massenware

Lachs

Der Lachs besiedelt nicht nur die See. In den Quellgebieten von Flüssen und Bächen kommt er zur Welt, und schon bald macht er sich auf den Weg zum Meer, wo er bleibt, bis die Zeit zum Laichen gekommen ist. Dann schwimmt er gegen den Strom wieder zu seinem Geburtsort zurück, um dort seine Eier abzulegen.

Die Sportangler, die von Juni bis August an den Ufern der Flüsse stehen und mit komplizierten Ködern, deren Bezeichnungen nur Eingeweihten verständlich sind, den zum Quellgebiet strebenden, laichbereiten Lachs zu fangen versuchen, sind auf eine besondere Delikatesse aus: In dieser Zeitspanne seines Lebens nämlich ist der Lachs wegen seines unaufhörlichen Kampfes gegen die Strömung mit kräftigem und wohlschmeckendem Muskelfleisch ausgestattet. Es ist jedoch nicht leicht, eines Flußlachses – der bergan steigende Lachs wird »Salm« genannt – habhaft zu werden, denn die Tiere sind schlau. Wie man die Fische am besten anlockt, ist unter Anglern Gegenstand exzessiver Diskussionen. Ausländische Sportangler zahlen viel Geld für die Erlaubnis, in einem Lachsfluß angeln zu dürfen. Dabei sorgen strenge Vorschriften dafür, daß dem Jagdeifer Grenzen gesetzt sind. Der Angler hat Anspruch nur auf die kleineren Fische seines Fangs, die er in der freien Natur auch verzehren darf, und einen einzigen größeren Lachs pro Tag. Alle übrigen Lachse müssen an die einheimische Bevölkerung verkauft werden.

Lachsfischer bereiten ihren Fang auf ganz einfache Art und Weise zu. Sie nehmen den Fisch aus, schuppen ihn vom Schwanz in Richtung Kopf, braten ihn in der Pfanne und löschen das Bratfett zum Schluß mit reichlich *rømme*, jener sauren Sahne, welche die Norweger bei fast allen Gerichten verwenden.

Einen größeren Lachs kocht man – nachdem man ihn ausgenommen und gesäubert hat – im Ganzen und serviert ihn warm mit zerlassener Butter, eventuell unter Zugabe von etwas Essig und *rømme*, nach spezieller norwegischer Tradition mit süß-saurem Gurkensalat als Beilage, nach internationalem Brauch auch mit einer Sauce hollandaise. Lachskoteletts oder -filets werden in der Pfanne oder im Backofen gegart und mit zerlassener Butter, Zitrone und Meerrettich serviert.

> **Gravet Laks (Gravlaks) – eine skandinavische Spezialität**
>
> Nach Überzeugung der meisten Feinschmecker, nicht nur in Skandinavien, wird die Zubereitung des Lachses als *gravet laks* dem rosafarbenen Edelfisch am besten gerecht.
> Der Name geht zurück auf die ursprüngliche Konservierungsmethode des Trockensalzens, bei welcher der Fisch mit Salz, Zucker und Pfeffer bestreut und mit Dill bedeckt in einem Erdloch für mehrere Wochen vergraben (*gravet*) wurde, wobei die Würzzutaten unter dem Druck der aufliegenden Erdmasse in den Lachs einzogen.
> Für den modernen Haushalt empfiehlt es sich, zum Beschweren beispielsweise einen Teller oder ein dickes Holzbrett und gefüllte Konservendosen als Gewichte zu verwenden.

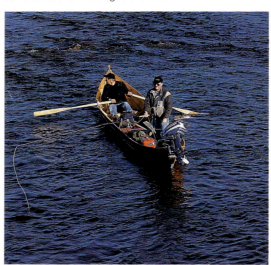

Sportangler in Erwartung der Lachsschwärme, die stromaufwärts zu ihrem Laichgebiet streben

Besonders schmackhaft ist der berühmte Räucherlachs, den man mit Rührei, gedünstetem Spinat, Spargel oder anderen Gemüsen ißt. Früher, als es noch keine Gefrier- oder Kühlmöglichkeiten gab, konservierte man Lachs – ebenso See- und Bachforellen – durch eine Milchsäuregärung des leicht gesalzenen Fisches. Dieses Produkt, das im Norwegischen *rakørret* heißt, hat nicht jenen strengen Geruch, der so manchen Genießer am schwedischen *surströmming*, fermentiertem Hering, abstößt. Als anläßlich der Volksabstimmung über den Beitritt Norwegens zur Europäischen Union (EU) das Gerücht aufkam, daß *rakørret* nicht mehr hergestellt werden dürfe, wenn Norwegen Mitglied der Gemeinschaft sei, liefen die *rakørret*-Liebhaber sofort zu den EU-Gegnern über.

Heute sind die meisten Lachse, die in den Handel kommen, Zuchtlachse. Die Lachsfarmen liegen in den norwegischen Fjorden, wo Lachs, Lachsforelle und Regenbogenforelle in riesigen Meeres-Netzkäfigen gezüchtet und bis zur Marktreife gemästet werden. Man füttert die Fische vorwiegend mit Hering und Kapelan, einem in großen Mengen vorkommenden arktischen Seefisch. Normalerweise ist die Regenbogenforelle ein Süßwasserfisch mit sehr hellem Fleisch. Durch die Fütterung ist es der norwegischen Fischereiwirtschaft gelungen, rotes Fleisch zu erzeugen und die Fische auf die Größe von Lachsforellen zu mästen. Die Lachszucht hatte leider zur Folge, daß der Wildlachs durch Krankheiten – übertragen von entkommenen Zuchtlachsen – stark dezimiert wurde. Andererseits ist Lachs aufgrund der Zuchterfolge das ganze Jahr über lieferbar und deutlich billiger geworden. Heute ist Lachs kein Luxus mehr wie noch vor etwa zehn Jahren, mitunter ist er sogar billiger als Kabeljau.

Damit erreicht der Lachs, der noch vor wenigen Jahren ein gesuchter und teurer Edelfisch war, den sich nicht jeder leisten konnte, wieder annähernd den Status, den er in früheren Jahrhunderten innehatte: Damals gab es an der norwegischen Küste so viel Lachs, daß sich Hausangestellte und anderes Personal in ihren Dienstverträgen bescheinigen ließen, nicht öfter als zweimal wöchentlich Lachs essen zu müssen.

1

1

1

2

2

2

3

3

3

Gravet Laks
(Abbildung 1–3 oben)

1,5 kg frischer Lachs (Mittelstück), geschuppt
2 Bund Dill, gewaschen und grobgehackt
2 EL grobes Salz
1 EL Zucker
1 EL weißer Pfeffer

Senfsauce

6 Eigelb, leicht geschlagen
1 EL Öl
1 EL Zucker
½ EL Essig
2 TL weißer Pfeffer
2 TL Salz
1 EL Senf
2 EL feingehackter Dill

Den küchenfertigen Lachs (1) längs halbieren und die Mittelgräte entfernen. Die Lachshälften kurz abspülen und trockentupfen. Ein Filet mit der Hautseite nach unten in eine Schüssel legen und mit dem Dill bestreuen. Salz, Zucker und Pfeffer mischen und darüberstreuen (2). Die andere Lachshälfte mit der Hautseite nach oben darauflegen. Mit Alufolie bedecken und mit einem Teller beschweren, auf den man einige Konservendosen als Gewichte setzt. 24 Stunden in den Kühlschrank stellen. Weitere 3–4 Tage im Kühlschrank marinieren, dabei den Fisch täglich mehrmals wenden und mit der sich ansammelnden Flüssigkeit begießen. Für die Sauce alle Zutaten vermischen.
Den Lachs aus der Marinade nehmen, Dill und Gewürze abschaben und den Fisch trockentupfen. Diagonal in dünne Scheiben schneiden und mit der Sauce servieren (3). Dazu Toast und grünen Salat reichen.

Ristet Laks
Gegrillter Lachs
(Abbildung 1–3 oben Mitte)

4 Lachsfilets mit Haut (etwa 4 cm dick)
Salz
Öl und/oder Butter

Die Fischfilets waschen und trockentupfen. Die Filets der Länge nach einschneiden bis zur Haut, jedoch nicht ganz durchtrennen. Die so vorbereiteten Filets auseinanderklappen (2). Leicht salzen, mit Öl bestreichen und auf dem Grill oder im Backofen rösten. Man kann den Lachs auch in Butter und/oder Öl in einer Pfanne braten. Dazu passen Brokkoli und verschiedene Gemüse (3).

Kokt Laks
Pochierter Lachs
(Abbildung 1–3 oben)

4 Scheiben Lachs mit Haut und Mittelgräte

Sud

1 Zwiebel, geschält und in Scheiben geschnitten
1 Möhre, geputzt und in Scheiben geschnitten
1 Sträußchen frische Kräuter (Petersilie, Dill, Thymian)
5–6 schwarze Pfefferkörner

Für den Sud in einem großen Topf Salzwasser mit den Zutaten zum Kochen bringen, dann die Hitze reduzieren und den Sud 10 Minuten köcheln lassen. Erneut zum Kochen bringen und die Lachsscheiben in das sprudelnde Wasser geben (2). Sofort die Hitze wieder reduzieren – das Wasser darf nicht mehr kochen – und den Fisch 5–10 Minuten in dem Sud ziehen lassen, herausnehmen und sofort servieren. Dazu passen Pellkartoffeln, saure Sahne und Gurkensalat, aber auch Gemüse wie beispielsweise Blumenkohl (3).

Norwegens Grundnahrungsmittel

Kabeljau

An Norwegens langgezogener Küste – im Skagerrak, in der Nordsee, im Nordmeer und in der Barentssee – liegen einige der größten Laichplätze für Kabeljau (vor der Geschlechtsreife heißt er »Dorsch«) und andere Dorscharten. Obwohl 90 Prozent des Fangs der norwegischen Fischfangflotte exportiert werden, essen die Norweger mehr Kabeljau als irgendein anderes Volk. In den Küsteneinem kleinen arktischen Lachs, von dem sich der Kabeljau großenteils ernährt. Die 190 Kilometer lange bergige Inselgruppe Lofoten vor der nordnorwegischen Küste ist das Zentrum des Kabeljaufangs. Zwar hat sich der Bestand in den letzten Jahren stark reduziert, aber andere Kabeljauarten von ebenfalls ausgezeichneter Qualität, die man früher nicht hochschätzte, gewinnen zunehmend an Bedeutung. Dazu gehören vor allem *sei* (Köhler oder Seelachs), *lange* (Lengfisch) und *bløiange* (Blauleng).

Erfahrene Einkäufer beurteilen den Kabeljau nach der Farbe, die von Grau über Braun und Grün bis zu dem roten *taretosk* (Algendorsch)

Wenn es kräftig sprudelt, legt man den Fisch hinein und wartet, bis das Wasser erneut kocht. Dann nimmt man den Topf vom Feuer und läßt den Fisch etwa fünf bis sieben Minuten ziehen. Man serviert ihn »natur« mit Pellkartoffeln und Möhren, die man zusammen mit dem Fisch gart, einer Scheibe Zitrone und einem Schälchen *eggesaus,* der norwegischen Eiersauce, die mit Fischbrühe zubereitet wird.

Stockfisch und Klippfisch

Kabeljau schmeckt frisch am besten, aber die Norweger essen ihn gern auch als Trockenfisch. Wenigstens tausend Jahre alt ist der Brauch, Kabeljau

1

2

3

4

Norwegen unterhält eine der größten Fischfangflotten der Welt. Kabeljau fängt man mit großen Fischtrawlern (1). Sobald die Schiffe vor Anker gehen, wird der Fang zu Stockfisch verarbeitet, indem man die Fische köpft (große Abbildung oben), an den Schwänzen zusammenbindet und zum Trocknen aufhängt (Abbildung rechte Seite). Zur Zubereitung, für die nur das Mittelstück des Kabeljaus verwendet wird (2), weicht man den Trockenfisch ein (3). Danach pochiert oder brät man ihn und serviert ihn mit Pellkartoffeln und Wurzelgemüsen (4).

stengebieten steht Kabeljau so häufig auf dem Speisezettel, daß viele ihn eher als Plage denn als Segen betrachten.

Man unterscheidet zwischen Meeres- und Küstenkabeljau. Beide gehören der Art *gadus morrhua* an, doch der Meereskabeljau, den die Norweger *skrei* nennen, bildet vermutlich einen eigenen norwegisch-arktischen Kabeljaustamm. Strenggenommen verdient nur dieser Fisch die Bezeichnung Kabeljau. Er kann bis zu 180 Zentimeter lang und an die 70 Kilogramm schwer werden.

Der Kabeljaufang im Nordatlantik findet vor allem im Frühjahr statt, wenn der Fisch seine Laichplätze in der Nähe der Küste aufsucht. Dabei folgt er oft großen Schwärmen Lodde oder Kapelan, variieren kann. Die Farbe spiegelt den Boden wider, auf dem der Kabeljau gelebt hat. Die Westnorweger bevorzugen den dunklen Kabeljau von braunem oder grünem Tangboden, Südnorweger schätzen vor allem den hellen Kabeljau vom Stein- oder Sandboden.

Ein anderes Kriterium ist die Fangmethode. Kennern zufolge wird der beste Kabeljau geangelt. So kann er sofort nach dem Fang geschlachtet und ausgeblutet werden. Der im Schleppnetz gefangene Kabeljau – die am meisten verbreitete Fangmethode – hat die geringste Qualität, weil der Fisch dabei erstickt.

Die Zubereitung von Kabeljau ist einfach: Man bringt reichlich gesalzenes Wasser zum Kochen.

zu trocknen, und das Verfahren hat sich in dieser Zeit kaum geändert.

Sobald die Fischfangschiffe im Hafen vor Anker gehen, werden die Fische geköpft und ausgenommen, doch weder zerlegt noch gesalzen, sondern paarweise an den Schwänzen zusammengebunden und im Freien über Holzgestelle gehängt. Der kalte, arktische Wind entzieht ihnen langsam die Feuchtigkeit, und nach sechs bis zwölf Wochen sind sie so steif und hart wie ein Brett. Sie können wie Holzscheite gestapelt und jahrelang aufbewahrt werden. *Tørrfisk*, Dörrfisch, oder *stokkfisk*, Stockfisch, wie er dann heißt, ist auch ein gefragter Exportartikel, der seinen Weg bis in entfernteste Länder nach Übersee findet. – Eine Variante des *stokkfisk* ist der *klippfisk*. Den Klippfisch spaltet man längs der Rückenlinie auf, entfernt das Skelett und salzt ihn. Danach wird er zum Trocknen aufgehängt, früher legte man ihn dazu auf die Klippen.

Die populärste Zubereitung des getrockneten Kabeljaus ist der *lutefisk*. *Lute* bedeutet »Lauge« – sie wird aus Birkenasche hergestellt –, in welcher der Trockenfisch tagelang eingeweicht wird. Eigenartigerweise verliert er dabei zwar sein Aroma, nicht aber seinen Nährwert. *Lutefisk* ist nicht jedermanns Sache, manche norwegische Feinschmecker versteigen sich sogar zu der Behauptung, diese Art der Fischbehandlung sei eine nationale Schande. Die mühselige und zeitaufwendige Prozedur des Einweichens erübrigt sich inzwischen, da auf den Märkten und in den Fischgeschäften Norwegens kochfertiger *lutefisk* angeboten wird. Tiefgefrorener *lutefisk* gilt auf der ganzen Welt als typische skandinavische Delikatesse und ist sogar im fernen Amerika erhältlich.

Unten: In dieser luftigen Stockkonstruktion werden die Stockfische zum Trocknen aufgehängt.

Lutefisk

1 kg Trockenfisch
(ergibt nach dem Einweichen 2 1/2–3 kg Fisch)
2 1/2 EL Soda (aus der Apotheke)
Salz

Den Fisch in einem großen Behälter in reichlich Wasser 1 Woche einweichen, dabei das Wasser einmal täglich wechseln. Dann in einem Gefäß aus Glas oder Steingut das Soda in 7 l Wasser auflösen, den Fisch aus dem Wasser nehmen und für 2–3 Tage in die Lauge legen. Abschließend den Fisch nochmals 2–3 Tage in klares Wasser legen, dabei das Wasser zweimal täglich wechseln. Den Fisch salzen und in Alufolie bei 200 °C etwa 20 Minuten im Ofen backen. Das ausgetretene Wasser abgießen und den Fisch sofort servieren.

Klippfiskegratin
Gratin von Klippfisch

500 g Klippfisch
3 EL Butter
3 EL Mehl
350 ml Milch
2 Eier, leicht geschlagen
Pfeffer
1 gute Prise geriebene Muskatnuß

Den Klippfisch 1–2 Tage wässern, dabei das Wasser häufig wechseln. Den Fisch aus dem Wasser nehmen und in mundgerechte Stücke schneiden. Den Backofen auf 180 °C vorheizen.
Aus Butter, Mehl und Milch eine helle Sauce zubereiten, 4 Minuten köcheln lassen und vom Herd nehmen. Unter ständigem Rühren die Eier hinzufügen, mit Pfeffer und Muskat würzen. Die Sauce mit den Fischstücken in eine gefettete feuerfeste Form geben und 35 Minuten im Ofen backen. Mit zerlassener Butter servieren.

Torsketunge
Kabeljauzunge

Im nördlichen Norwegen, speziell auf den Lofoten, wo die Kabeljaufischerei den Haupterwerbszweig der Bevölkerung darstellt, schätzt man frische Kabeljauzungen als besondere Delikatesse. Man schneidet sie aus den Fischköpfen, aus denen man Fischmehl für die Tierfütterung herstellt. Kabeljauzungen sollten absolut frisch sein, weil sie sehr schnell ihr Aroma verlieren.
Die Zubereitung ist ähnlich einfach wie die von frischem Kabeljau. Man serviert sie gekocht mit zerlassener Butter oder mit einer einfachen weißen Sauce, die man mit Curry aromatisiert. Man kann die Kabeljauzungen auch in Mehl oder Semmelbröseln wälzen, mit Salz und Pfeffer würzen, in Butter ausbraten und mit Zitronensaft beträufeln.

Fische, Fische, Fische

Norwegen gehört zu den größten Fischfangnationen Europas: Mehr als 50 000 Menschen finden in der norwegischen Fischwirtschaft Arbeit, die mehr als drei Millionen Tonnen Fisch pro Jahr umsetzt. Die Tradition des Fischfangs reicht weit zurück, vermutlich auf die Zeit noch vor den Wikingern. Fisch wurde immer schon als gesunder und sättigender Eiweiß- und Mineralstofflieferant geschätzt.

In den Fanggebieten der norwegischen Fischer leben unzählige Fischarten, die für Abwechslung auf dem Speisezettel sorgen. Erstaunlicherweise halten sich die Küstenbewohner bei der Zubereitung kaum mit irgendwelchen Raffinements auf: Das Kochen ist die verbreitetste Garmethode, gefolgt vom Braten und vom Grillen. Das ist nicht weiter verwunderlich, denn frischer Fisch hat ein feines Aroma und einen neutralen Wohlgeschmack. Der sattsam bekannte Fischgeruch, der kontinentalen Genießern oft genug den Appetit verdirbt, entsteht bekanntlich erst dann, wenn der Fisch nicht mehr ganz frisch ist. Auf Norwegens Fischmärkten sucht man diesen Geruch vergebens.

Zum Aroma eines frischen Fisches passen am besten Gemüse. Die beiden traditionell beliebtesten Beigaben sind gekochte Möhren und Gurkensalat. Aber auch Lauch, grüne Bohnen, Blumenkohl, Brokkoli und Erbsen sind inzwischen geschätzte, das Auge ebenso wie den Gaumen belebende Beilagen zu Fisch. Gekochte Kohlrabi und süß-saures Sauerkraut schmecken hervorragend zu Hering.

Jahrelang galt zerlassene oder gebräunte Butter als die beste Begleitung zu Fisch. Heutzutage bevorzugt man meist weniger fettreiche Saucen: Zu gekochtem Fisch serviert man statt der Butter gekochte und pürierte Fischleber oder etwas Fischbrühe mit Zitronensaft.

Ål – Aal
(männlich bis 50 cm – weiblich bis 100 cm)

Skrubbe – Flunder
(bis 50 cm)

Piggvar – Steinbutt
(bis 100 cm)

Rødspette – Scholle
(bis 95 cm)

Tunge – Seezunge
(bis 60 cm)

St. Petersfisk –
Petersfisch, Heringskönig
(bis 60 cm)

Knurr – Knurrhahn
(bis 45 cm)

Hyse – Schellfisch
(bis 100 cm)

Mulle – Meerbarbe
(bis 40 cm)

Makrell – Makrele
(bis 50 cm)

Torsk – Dorsch, Kabeljau
(bis 170 cm)

Breiflabb – Seeteufel
(bis 170 cm)

Lyr – Pollack
(bis 100 cm)

Lodde – Lodde, Kapelan
(bis 25 cm)

Kveite – Heilbutt
(bis 400 cm)

Makrellstjørje – Thunfisch
(bis 300 cm)

Sild – Hering
(bis 40 cm)

Fischpüree

1 frischer Schellfisch (etwa 4 kg)
Salz
2 Zwiebeln, geschält
geriebene Muskatnuß
3 Eier
50 g Stärkemehl
gut 1 l Milch

Den Fisch küchenfertig vorbereiten, filetieren, waschen und trockentupfen. Aus Kopf, Flossen, Schwanz und Mittelgräte in Salzwasser 30 Minuten eine Brühe kochen. Fischfilets und Zwiebeln dreimal nacheinander durch den Fleischwolf drehen oder in der Küchenmaschine pürieren. Das Püree in einer Schüssel mit 1 EL Salz und reichlich Muskat würzen. Die Eier einzeln einrühren (nach jedem Ei das Püree 5 Minuten schlagen), dann das Stärkemehl zugeben und gut unterrühren. Nach und nach die Milch hinzufügen und weitere 15 Minuten rühren.
Das Püree in 2 Portionen teilen: aus einer Portion beispielsweise *fiskepudding* zubereiten, aus der anderen *fiskeboller*. Die Fischbrühe durchsieben und zugedeckt kalt stellen. Innerhalb von 1 Woche verbrauchen, etwa für eine Fischsuppe.

Fiskeboller
Fischklößchen

Aus der Püreemasse eigroße Bällchen formen und in kochender Fischbrühe 30 Minuten garen. Dazu paßt eine helle Sauce mit Krabben.

Fiskepudding
Fischpudding

Den Backofen auf 180 °C vorheizen. Das Püree löffelweise in eine gut gefettete Auflaufform geben. Die Form in eine zweite, größere Form setzen, die 3–4 cm hoch mit Wasser gefüllt ist, und das Püree 45 Minuten backen. Dazu paßt eine Krabbensauce oder eine leichte Currysauce. Man kann den Pudding auch in fingerdicke Scheiben schneiden und in Butter bräunen.

Fisch einkaufen und küchenfertig vorbereiten

Frischen Fisch kauft man entweder im Ganzen, ausgenommen oder in Filets oder Stücke geteilt. Für alle Angebote gelten folgende Qualitätskriterien:

- frischer, sauberer Geruch
- hellrote Kiemen
- klare, konvex gewölbte Pupillen
- elastisches, noch festes Fleisch (Fingerprobe machen)
- glänzende, weiche Haut

Vorbereitung zum Garen: Ein ganzer Fisch wird erst geschuppt – nachdem man sämtliche Flossen mit einer Küchenschere weggeschnitten hat – und dann ausgenommen. Zum Schuppen benutzt man ein scharfes Messer mit Wellenschliff oder einen speziellen Fischschupper, wobei man den Fisch häufig unter fließendem Wasser abspült. Man arbeitet vom Schwanz zum Kopf hin.
Dann schlitzt man den Fisch auf der Unterseite auf und achtet darauf, die Innereien nicht zu verletzten, die man anschließend vorsichtig mit den Fingern löst und aus der Bauchhöhle zieht. Auch die Kiemen werden entfernt. Eßbare Organe wie Rogen, Milz und Leber wäscht man gründlich und wässert sie etwa eine Stunde.
Man säubert den Fisch in viel kaltem, fließendem Wasser, wozu man eine kleine Bürste und ein kleines, scharfes Messer verwendet, um alle blutigen und schwarzen Teile zu entfernen.
Zum Filetieren schneidet man mit einem scharfen Messer auf einer Seite des Rückgrats die Haut vom Kopf zum Schwanz hin ein und löst das Fischfleisch, indem man das Messer an der Mittelgräte entlangführt. Dann dreht man den Fisch um und wiederholt den Vorgang von der anderen Seite.
Um ein Filet zu enthäuten, legt man es mit der Hautseite nach unten auf eine Arbeitsfläche. Mit einer Hand hält man es am Schwanzende fest und setzt das Messer zwischen Haut und Fleisch an. Dann bewegt man das Messer, das man so flach wie möglich hält, in einer Sägebewegung vom Schwanz zum Kopf, wobei man gleichzeitig die Haut straff hält und auf diese Weise sukzessive abzieht.

Die **Kochzeiten** variieren je nach Beschaffenheit und Dicke des Fisches:
Fettarme Fische (z. B. Kabeljau)
5 cm dick   13 Minuten
7 cm dick   25 Minuten
10 cm dick   50 Minuten
Fettreiche Fische (z. B. Lachs)
5 cm dick   18 Minuten
7 cm dick   35 Minuten
10 cm dick   70 Minuten
Plattfische (z. B. Flunder)
3 cm dick   13 Minuten
4 cm dick   23 Minuten
5 cm dick   35 Minuten

Kleiner Fisch-Kalender
Welche Fische gibt es zu welchen Jahreszeiten?

Ål – Aal	Januar, April bis Dezember
Breiflabb – Seeteufel	ganzjährig
Havåbor – Seebarsch	Juni bis September
Hvitting – Wittling	Januar bis April, August bis Dezember
Hyse – Schellfisch	Juni bis Dezember
Knurr – Knurrhahn	selten, ganzjährig
Kveite – Heilbutt	ganzjährig
Laks – Lachs	Januar bis April, Oktober bis Dezember
Lomre – Limande, echte Rotzunge	ganzjährig
Lyr – Pollack	selten, ganzjährig
Lysing – Seehecht	Juni, September bis Dezember
Makrell – Makrele	Februar bis November
Makrellstjørje – Thunfisch	Juni bis Oktober
Mulle – Meerbarbe	ganzjährig
Øyepål – Stintdorsch	ganzjährig
Piggvar – Steinbutt	März, Juli bis Dezember
Rødspette – Scholle	Mai, November bis Februar
Sild – Hering	Januar bis Februar, Juli bis Dezember
Skrubbe – Flunder	ganzjährig
Slettvar – Glattbutt	ganzjährig
Smørflyndre – Rotzunge	selten, ganzjährig
St. Petersfisk – Petersfisch, Heringskönig	ganzjährig
Torsk – Dorsch, Kabeljau	ganzjährig
Tunge – Seezunge	Mai bis Dezember

Ein Schnaps reist um die Welt

Aquavit

Wie alle Skandinavier haben auch die Norweger ein ziemlich gebrochenes Verhältnis zu Alkohol. Die Abstinenzbewegung ist ebenso aktiv wie die weitverbreitete illegale Schwarzbrennerei. Die Besteuerung alkoholhaltiger Getränke gehört in Norwegen zu den höchsten der Welt. Das gilt nicht nur für Hochprozentiges wie Whisky, Cognac und Aquavit, sondern auch für Wein und Bier.

Das harte und gefährliche Leben der Seeleute und Fischer an der norwegischen Küste schuf den Nährboden für religiöse Erweckungsbewegungen. Wenn die Seeleute sich an Land aufhielten, vertranken sie ihre Heuer, prügelten sich und schlugen alles kurz und klein. Die Prediger betonten tränk, das man in Norwegen überall erhält, ist mildes, alkoholarmes Bier.

Der Vertrieb aller anderen alkoholischen Getränke ist Sache des Staates. Die staatliche Gesellschaft Vinmonopol führt Wein und Spirituosen ein und übernimmt auch deren Verkauf. Vinmonopol bietet darüber hinaus das ausgezeichnete norwegische Bier an, das nach dem gleichen Reinheitsgebot gebraut wird wie in Deutschland. Die Gesellschaft betätigt sich auch als Produzent und stellt vor allem *akevitt*, wörtlich »Lebenswasser«, her.

Der berühmteste Aquavit ist der sogenannte »Linie-Aquavit«. Der in der Luft- und Schiffahrt gebräuchliche Begriff der »Linie«, mit dem man auf eine regelmäßig befahrene Route verweist, macht in diesem Fall den Käufer darauf aufmerksam, daß der Schnaps einmal über den Äquator und zurück geschippert ist, bevor er abgefüllt wurde. Der Transport um die Weltmeere und die damit verbundenen Temperaturunterschiede tragen entim Jahre 1885 Jørgen Lysholm in Trondheim produzierte und der einen Alkoholgehalt von 41,5 Prozent hat. Er ist leicht gewürzt und schmeckt subtil nach Kümmel und Holz. Später kam der etwas stärker gewürzte und süßere »Løiten Linje« hinzu. Beide Aquavits sollten bei Zimmertemperatur oder leicht gekühlt, aber nicht eisig wie sonst im Norden, serviert werden. Auf dem Etikett eines Linie-Aquavits erfährt man, mit welchem Schiff und auf welcher Route der Schnaps seine teure Reise um die Welt unternommen hat.

Die Norweger trinken im Alltag lieber die einfacheren Spirituosen von Vinmonopol. Sie sind alle – mal schwächer, mal stärker – mit Kümmel gewürzt. »Gilde Taffel« ist der einzige Schnaps ohne spezielle Lagerzeit, während die meisten zwischen acht und 26 Monaten gelagert werden. Das Spitzenprodukt »Gilde Non Plus Ultra« wird zehn Jahre im Faß gelagert und gern auch als Digestif zum Kaffee serviert.

Eine Destillation auf Korn- oder Kartoffelbasis ergibt hochprozentigen Alkohol, den Grundstoff für Aquavit.

Würzende Zutaten geben dem klaren Alkohol seinen Geschmack: Kümmel, Koriander, Anis und Fenchel.

Alte Sherry-Fässer aus dem spanischen Jerez werden dafür vorbereitet, den Aquavit aufzunehmen.

In den Fässern tritt der zunächst noch wasserklare Schnaps seinen Weg um die Welt an.

Zurück von seiner Reise, hat er einen warmen Bernsteinton angenommen, der von der Faßlagerung stammt.

Die Qualität und Reife wird bei einer anschließenden Verkostung beurteilt.

daher mehr die dunklen, strafenden Seiten des Christentums und legten das Gewicht auf Sünde, Tod, Flammenschwert und Verdammnis. Der Weg zur Erlösung führte nur über Gebete, Wohltätigkeit und vor allem Abstinenz. Die einzigen Genußmittel, die nicht der Ächtung anheimfielen, waren Kaffee und Tabak. In vielen Gemeinden, vor allem an der Westküste, gilt noch heute Schankverbot, und das einzige alkoholische Ge-

scheidend zur Reife und zum milden Geschmack des Linie-Aquavits bei. Man füllt ihn nach dem Brennen in gebrauchte Sherry-Fässer aus Eiche und schickt ihn über Australien einmal um die Erde. Durch die permanente Bewegung des Schiffes nimmt er dabei die in den Holzfässern enthaltenen Aromastoffe auf.

Der erste Schnaps, bei dem diese Methode angewandt wurde, war »Lysholm Linje«, den erstmals

Rechte Seite: Auf Schiffen reist der Linie-Aquavit in alten Sherry-Fässern einmal um die Welt. Durch die schaukelnde Bewegung des Schiffes nimmt das hochprozentige Getränk die Aromastoffe des Fasses an. Die Karte zeigt die Reiseroute.

Auf der Rückseite des Etiketts jeder abgefüllten Flasche ist vermerkt, wann der Aquavit auf welchem Schiff den Äquator überquerte.

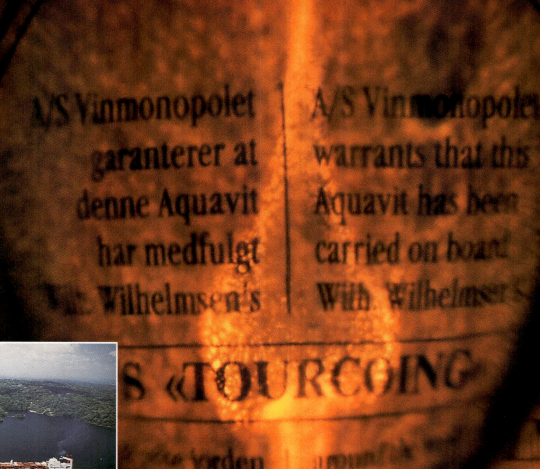

Ein Erbe der Nomaden

Rentierzucht

In den ausgedehnten Tundren und Berggebieten Nordnorwegens, der Finnmark, leben etwa 20000 Samen, Nachkommen eines alten Nomadenvolkes (die frühere Bezeichnung der Samen als »Lappen« ist nicht mehr gebräuchlich). Sie sprechen samisch, eine Sprache, die sich aus dem Finnisch-Ugrischen herleitet. In Schweden, Finnland und Rußland leben ebenfalls verstreut noch Angehörige dieses Volksstammes, aber es sind nicht mehr allzu viele.

Leben und materielle Kultur der Samen, die ursprünglich Fischer und Jäger waren, sind eng mit dem Rentier verbunden, das sie domestiziert haben und in riesigen Herden halten. Früher folgten die Samen den Wanderungen des nahrungssuchenden Wildes, das sich im Winter hauptsächlich von Rentierflechte ernährt. Mit Hilfe seines Geweihs, das beide Geschlechter tragen und das einseitig einen schaufelartigen Augsproß besitzt, und seiner kräftigen, zweigeteilten spreizbaren Hufe mit Geäfter – so nennt man die beiden hinteren bodenfernen Zehen am Huf – kann das Rentier seine Nahrung unter dem Schnee freischaufeln. Die Fußform ermöglicht es ihm darüber hinaus, in Schnee und Sumpfgebieten zu wandern, ohne einzusinken. Damals hingen die Samen vollständig vom Rentier ab. Es lieferte ihnen nicht nur Nahrung und Kleidung: Aus Knochen und Geweihen wurden Werkzeuge hergestellt.

Heute sind die meisten Samen seßhaft und betreiben neben der Rentierzucht Ackerbau und Viehwirtschaft, an der Küste Fischerei. Aber es gibt immer noch einige, die im Sommer gezwungenermaßen wie in alten Nomadenzeiten mit ihren halbwilden, vom Wanderungstrieb beherrschten Herden ziehen und in Zelten wohnen. Nach wie vor bestimmen die Rentiere somit Lebensrhythmus und Alltag der Samen. Sie liefern Fleisch und Milch und dienen auch als Arbeitstiere, indem sie die Schlitten ziehen. Die Rentierschlittenrennen an Ostern sind eine Touristenattraktion.

Das Fleisch von Rentieren war früher nur im Norden Norwegens bekannt und erhältlich. Vor dem Hintergrund verbesserter Transportwege wird Rentierfleisch heutzutage im ganzen Land angeboten. Es kommt in frischem und gefrorenem Zustand in den Handel. Bug und Keulen werden oft getrocknet, gesalzen und geräuchert. Frisches Fleisch wird wie Hirschfleisch zubereitet: Der Rücken ist beispielsweise ein beliebtes Festessen, zu dem Preiselbeeren gereicht werden.

Getrocknetes oder geräuchertes Rentierfleisch ist tiefrot und gilt als Delikatesse. Es wird mit *lefse*, Fladenbrot (Rezept S. 117), bei den Samen oft zusammen mit *prim*, einem Molkekäse, gegessen. Dieser hat eine butterartige Konsistenz und entsteht, wenn die nach der Käseherstellung verbliebene Molke der Rentiermilch eingekocht wird.

Aus den weniger zarten Stücken des Rentiers bereiten die Samen Eintopfgerichte zu, die aus jener Zeit stammen, als das Essen über dem offenen Feuer gekocht wurde. Solch ein Eintopfgericht ist zum Beispiel *samekok*. Dazu wird in einer Rentierfleisch-Bouillon gesalzenes oder geräuchertes Rentierfleisch, Zunge, Leber und Mark zusammen mit Wurzelgemüsen, Kartoffeln und Kohl gekocht. Wer Norwegens Norden bereist, wird auf urige Restaurants stoßen, die diese regionale Spezialität in passender Umgebung zubereiten.

Der Elch –
Symbol für Europas Norden

Elche, die größte aller Hirscharten – sie werden bis zu drei Metern lang bei einer Schulterhöhe von zwei Metern –, haben ihren Lebensraum in Regionen mit Nadelbaumbestand, wobei sie sich besonders in Sumpfgebieten heimisch fühlen. Sie treten nicht in Rudeln auf, sondern wandern in kleinen Herden umher; die Kälber bleiben bis zum dritten Jahr bei den Muttertieren. Trotz ihrer riesigen, schaufelförmigen Geweihe bewegen sich die Tiere auch in dichtem Unterholz in einem langsamen Trab zügig voran. Wegen der langen Vorderbeine und des kurzen Halses können sie mit dem Maul nicht den Boden erreichen. Deshalb fressen sie nur die oberen Teile von Kräutern und kleinen Sträuchern.

Nachdem der natürliche Feind des Elchs, der Wolf, so gut wie ausgerottet ist, hat sich der Elchbestand stark vergrößert, so daß jedes Jahr viele Tiere geschossen werden müssen. Während das Fell der Elche mit seiner feinen Wollschicht überaus begehrt ist, hat das Fleisch aufgrund seiner recht grobfaserigen Struktur keine herausragende Qualität und wird wie einfaches Rindfleisch in Suppen, Ragouts und Farcen verarbeitet.

1

1

2

2

Bidos
Rentier-Ragout der Samen

1 kg Rentierfleisch von der Vorderhesse, ohne Knochen
Salz, weißer Pfeffer
¼ TL gemahlene Nelken
2 große Zwiebeln, geschält und feingehackt
1 EL Butter
1 l Fleischbrühe oder Wildfond
8 mittelgroße Kartoffeln, geschält und in etwa 2 cm große Würfel geschnitten
2 kleine Lorbeerblätter
Essig

Das Fleisch von der Haut und den weißen Hauptsehnen befreien. In etwa 2 cm große Würfel schneiden (1) und mit Salz, Pfeffer und Nelken würzen. In einem Bratentopf mit Deckel die Zwiebeln in der Butter glasig dünsten. Das Fleisch zu den Zwiebeln geben und bei starker Hitze unter Rühren anbraten. Mit der Brühe auffüllen und zugedeckt etwa 90 Minuten sanft köcheln lassen.
Kartoffeln und Lorbeerblätter zugeben, gegebenenfalls noch etwas Wasser zugießen, damit alles mit Flüssigkeit bedeckt ist. Sanft weitergaren lassen, bis die Kartoffeln weich sind.
Die Lorbeerblätter herausnehmen. Das Ragout mit einem Spritzer Essig abschmecken und servieren (2).

Røkt Reinsdyrhjerte i Fløtesaus
Geräuchertes Rentierherz in Sahnesauce

1 geräuchertes Rentierherz
1 große Zwiebel, geschält und feingehackt
Salz, weißer Pfeffer
1 EL mittelscharfer Senf
2 EL Mehl
300 ml Apfelsaft
50 g Butter
½ l Sahne
1 gute Prise Hickory-Rauchsalz

Das Herz mit einem spitzen Messer von Haut, Fett und Sehnen befreien. Längs in schmale Streifen schneiden und die sichtbaren Knorpel und Röhren entfernen. Das Fleisch gründlich waschen, mit Küchenkrepp trockentupfen und quer in dünne Scheiben schneiden (1). Mit Salz, Pfeffer und zuletzt Senf würzen und leicht mit 1 EL Mehl bestäuben. Öl in einer tiefen Pfanne erhitzen, bis es raucht. Das Fleisch unter ständigem Rühren darin scharf anbraten, mit einer Siebkelle herausnehmen und warm halten. Die Hälfte des Apfelsaftes in die Pfanne geben und weitgehend reduzieren. Dann die Butter zugeben, aufschäumen lassen und das restliche Mehl einrühren. Mit dem restlichen kalten Apfelsaft auffüllen, gut verrühren und die Sahne hinzufügen. Die Flüssigkeit etwas einkochen lassen, bis die Sauce eine cremige Konsistenz bekommt.
Das Herzfleisch untermischen und vorsichtig mit Rauchsalz abschmecken. Sofort servieren (2). Dazu Reis oder Bandnudeln reichen.

1 **Jarlsberg**
  Mildwürziger Schnittkäse mit leicht süßlichem Nußgeschmack
2 **Gudbrandsdalsost**
  Aus stark eingekochter Ziegen- und Kuhmilchmolke mit Karamelgeschmack
3 **Gamalost**
  Scharfer Hartkäse aus gesäuerter Magermilch mit eigenwilligem Geschmack
4 **Snøfrisk** (wörtlich: »schneefrisch«)
  Frischkäse aus Ziegenmilch
5 **Pultost – Hedemark**
  Trockenere, krümelige Pultost-Variante
6 **Pultost – Loiten**
  Streichfähiger würziger, fast scharfer Käse aus Buttermilch mit Kümmel
7 **Ridder**
  Sehr milder halbfester Schnittkäse

Von Almen an der Baumgrenze

Käse

Das norwegische Frühstücksbüfett ähnelt einem schwedischen *smörgåsbord*. Es ist reichhaltig und bietet eine große Auswahl schmackhafter und landestypischer Zubereitungen. Hering gibt es in verschiedenen Varianten, auch andere gesalzene und eingelegte Fische sowie mehrere Brotsorten und Gebäcke, warme und kalte Frühstücksflocken, gekochte und gebratene Eier, Kartoffeln mit Speck, Obst und Obstsäfte, Milch, Buttermilch und Dickmilch, Kaffee und Tee und noch vieles mehr.
Vor allem der Käse darf nicht fehlen – die Almwirtschaft spielt in Norwegen eine große Rolle.

Die Almen liegen zum größten Teil in Höhe der Baumgrenze oder darüber, weitab von den Höfen der Bauern. Entfernungen von 50 Kilometern zwischen den Almen sind keine Seltenheit, wobei sie mit Fahrzeugen nur schwer zu erreichen sind.
Daher können sie auch nicht für den Ackerbau, sondern lediglich als Weideland für Schafe, Ziegen und Kühe genutzt werden. Das Vieh wird – wie in den Alpen – Mitte Juni nach oben und Anfang September wieder nach unten getrieben.

Für die Menschen, welche die Tiere hüten und die Milch verarbeiten, hat man sogenannte *støl* gebaut, primitive Hütten aus Holz und Geröll (*støl* heißt »Alm«, hier begrifflich übertragen auf Almhütte). Sehr oft liegen mehrere *støl* dicht beieinander, damit die *budeien*, die Sennerin, in Notfällen Hilfe bei den Nachbarn holen kann. Dort gibt es noch *melkebu* und *ystarom*, Räume, in denen die Milch für die Herstellung von Butter (*smør*) und Käse (*ost*) deponiert wird. Auf Almen, die den Unbilden des Wetters besonders ausgeliefert sind, hat man Unterstellschuppen oder Ställe für die Tiere gebaut, sogenannte *fjøs*. Almbetriebe mit mehreren *støl* hat man zum Teil an das Elektrizitätsnetz angeschlossen, so daß Melken, Buttern und Käsekneten maschinell erfolgen können.
Um Zwischenprodukte der Milchwirtschaft nicht unnötig transportieren zu müssen, hat man schon in ältesten Zeiten Methoden entwickelt, mit denen alle Nebenprodukte bei der Milchverarbeitung zur Herstellung von Butter und Käse genutzt werden. Gesäuerte Magermilch, die bei der Produktion

von Sahne zurückblieb, ist die Basis für Gamalost. Der Käse entwickelt einen besonderen Schimmel auf der Rinde, die in regelmäßigen Abständen in Käsemaße gepreßt wird, was dem Käse seinen charakteristischen scharfen Beigeschmack gibt. Aus Buttermilch wird der lockere, streichfähige Pultost hergestellt, ein mit Kümmel oder auch Anis gewürzter Käse.

Beim Mysost (von *mys*, Molke), einem beliebten Frühstückskäse, wird die Molke so stark eingekocht, daß der Milchzucker zu kristallisieren und teilweise zu karamelisieren beginnt. Übrig bleibt eine bräunliche Käsemasse von fester Konsistenz und süßlichem Geschmack. Wenn der Käse aus der Molke von Ziegenmilch hergestellt wird – wie ursprünglich –, heißt er Geitost. Bei Gudbrandsdalsost wird eine Mischung aus Ziegen- und Kuhmilchmolke verwendet. Der mildwürzige bis scharfe Jarlsberg, ein Schnittkäse mit leicht süßlichem Nußgeschmack, wurde erst 1959 in Oslo entwickelt und nach einer alten Siedlung der Wikinger am Oslofjord benannt.

Lefse
Fladenbrot

Eine norwegische Spezialität, die man einmal probieren sollte. Die Norweger essen *lefse* mit Butter und Sahne zum Dessert, mit Butter und Ziegenkäse als Snack, mit Butter und Zucker bestreut als Kaffeegebäck sowie zu getrocknetem oder geräuchertem Rentierfleisch.

500 g Kartoffelpüree
(aus ungesalzenen gekochten Kartoffeln)
100 g Roggenmehl
1 TL Zucker
1 TL Salz

Das Kartoffelpüree in eine Schüssel geben. Mehl, Zucker und Salz vermengen, zu dem Kartoffelpüree geben, etwas Wasser hinzufügen und alles gut verkneten, bis ein halbfester Teig entsteht. Aus dem Teig eigroße Bällchen formen und diese auf einer leicht bemehlten Arbeitsfläche dünn ausrollen. Die Fladen auf einer heißen Platte oder in einer Pfanne mit etwas Fett backen, bis der Teig Blasen wirft. Dann die Fladen wenden und auf der anderen Seite backen. Nach dem Backen sollten die Fladen noch weich und geschmeidig sein.

117

Jørgen Fakstorp

Schweden

Fischerboote im Hafen von Stockholm

Vorherige Doppelseite: Geschäftsführer Lauri Nilson und
Koch Karl Heinz Krücken vom Ulriksdal Wärdhus in Solna
nahe Stockholm vor einem Smörgåsbord

120 **Schweden**

Wenn in Schweden die Zeit der langen Sommerabende gekommen ist, bevor wieder die monatelange Dunkelheit des Winters das Leben einschränkt, wird in den Landhäusern an den Seen und an der Küste gebacken und gekocht, konserviert und eingemacht. Die Schweden haben ein ausgeprägtes Traditionsbewußtsein und bewahren ihre alten Bräuche. Mit Hingabe feiern sie Feste wie *Midsommarafton*, Mittsommmernacht, *Luciafesten*, ein vorweihnachtliches Lichterfest, und *Jul*, Weihnachten. Insbesondere zu solchen Anlässen dominieren wie in alten Zeiten die bäuerlichen Gerichte. Früher genierten sich die Schweden wegen ihrer schlichten Kost ein wenig; heute bieten selbst Feinschmecker-Restaurants in der Hauptstadt zunehmend *husmanskost* (Hausmannskost) an – mit großem Erfolg, denn nicht nur die Schweden, sondern auch die zahlreichen ausländischen Besucher mögen diese Gerichte. Schwedens Küche weist einige bedeutende regionale Unterschiede auf. Im hohen Norden wird *pitepalt* gegessen, mit Schweinefleisch gefüllte Kartoffelklöße. Im Landesinneren bereitet man gern *nyponsoppa* zu, eine Fruchtsuppe aus Hagebutten, die kalt mit Mandeln und Schlagsahne als Dessert serviert wird. In Skåne, im Süden des Landes, dem »Bauernhof Schwedens«, ißt man *äpple-fläsk*, mit Schweinefleisch, säuerlichen Äpfeln und Zwiebeln, und *pytt i panna*, ein Pfannengericht aus Kartoffel- und Fleischwürfeln oder Schinken, das man mit einem Eigelb oder einem Spiegelei serviert. Da Fleisch generell recht teuer ist, wird es vorzugsweise als Hackfleisch oder zu Wurst verarbeitet. Fisch ist auf dem täglichen Speiseplan um so wichtiger, besonders der Hering: Wohl kaum ein Volk hat soviel Erfindungsreichtum bei der Zubereitung dieses Fisches bewiesen wie die Schweden. Ungewöhnlich ist dabei allerdings, daß viele schwedische Heringsgerichte vor allem süß und nur wenig sauer sind. Ihren vollkommensten Ausdruck erfährt die schwedische Küche im *smörgåsbord*. Es ist sozusagen der Stolz des Landes, und seine bescheidene Übersetzung »Butterbrottisch« wird der Pracht und Vielfalt dieses Büfetts nicht gerecht. Ein *smörgåsbord* bietet viele der feinsten schwedischen Delikatessen, die schon seit Generationen den Gaumen erfreuen.

Smörgåsbord:
1 Hering
2 Kalte Vorspeisen
3 Fisch und Fleisch
4 Die süßen Sachen

Alkoholika
Knäckebrot

Eine schwedische Institution
Smörgåsbord

Smörgåsbord 1: Hering

Das *smörgåsbord* ist ein Büfett, das viele kleine Gerichte präsentiert, wobei sich jeder hinsichtlich Menge und Geschmacksrichtung selbst bedient. Es hat sich vermutlich aus dem *brännvinsbord* (wörtlich: »Branntweintisch«) entwickelt, das seit der Mitte des 18. Jahrhunderts bekannt ist. Dort stand im Mittelpunkt ein Fäßchen mit Aquavit und drumherum kleine Schalen mit Speisen, die dazu dienten, den ersten Appetit zu stillen, wenn man als Gast ein Haus betrat.
Die Entstehung des *brännvinsbord* und seine Entwicklung zum *smörgåsbord* weist Parallelen zum russischen *sakuski* auf. Je reicher der Gastgeber und je vornehmer die Gäste, desto größer war die Auswahl an Aquavit und kleinen Häppchen. Die Nachbarn wetteiferten miteinander in ihrer Demonstration von Wohlstand, und so kamen immer mehr Gerichte hinzu. Mit der Zeit wurde die Auswahl zunehmend größer und reichhaltiger, aber der Mittelpunkt des Büfetts, die *brännvinskantin*, ist bis heute erhalten geblieben. In gutsituierten Haushalten war dies ein prunkvoller, versilberter Aufsatz mit eigenen Kammern für die verschiedenen Schnapssorten auf einem mit Eis gefüllten Behälter, versehen mit Zapfhähnen, aus denen man sich bediente. Es galt jedoch als unpassend, zu einer Mahlzeit mehr als sechs Schnäpse zu trinken.
Aufgrund der strengen Regeln, die 1917 für den Ausschank alkoholischer Getränke eingeführt wurden, verlor das *smörgåsbord* an Bedeutung und war eine Zeitlang nur als Mini-Ausgabe präsent: als Vorspeise *smör, ost och sill* (Butter, Käse und Hering), auch bekannt unter dem Kürzel *s.o.s.*
Seit Anfang der 60er Jahre erlebt das *smörgåsbord* eine Renaissance. Jetzt wird es aber fast nur noch in Restaurants und nicht mehr privat angeboten. Inzwischen ist es zu einer Bezeichnung für eine selbständige Mahlzeit geworden.
Ein richtiges *smörgåsbord* besteht aus mindestens vier Gängen:

- Als ersten Gang ißt man *sill* (Hering) oder *strömming* (Ostseehering) in verschiedenen Zubereitungen.
- Der zweite Gang besteht aus Krabben, Lachs, Eiergerichten und kalten Salaten sowie – manchmal auch als eigener Gang – in Scheiben geschnittenem Braten oder Schinken, Pâtés und Würsten. Dazu werden eingelegte Gurken, eingelegte rote Bete und Mixed Pickles gereicht.
- Der dritte Gang bietet warme Gerichte wie Fleischbällchen, gratinierten Fisch und gratinierte Würste.
- Der vierte Gang beinhaltet Käse, Obst, Desserts und Kuchen.

Um die Speisen wirklich zu genießen, muß man sich Gang für Gang durch das *smörgåsbord* essen und sollte sich dabei an die Reihenfolge halten. Man füllt seinen Teller nicht zu voll, sondern geht mehrmals zum Büfett und nimmt jedesmal einen sauberen Teller.

Hering – Thema mit Variationen

Der Hering ist unentbehrlicher Bestandteil des *smörgåsbord* und bildet traditionell seine Ouvertüre. Niemand versteht sich so auf die Zubereitung von Hering wie die Schweden. Durch die Vielfalt der phantasievollen Heringsgerichte hat der Fisch fast den Rang einer raffinierten Delikatesse erhalten. Die Schweden unterscheiden zwischen *sill* und *strömming*. Nur derjenige Hering, der nördlich an jener Linie gefangen wird, die von der alten Festungsstadt Kalmar über die Insel Öland nach Liepaja (Libau) in Estland reicht, heißt *strömming*. Er ist in der Regel kleiner und nicht so fett wie der Hering, wird aber auf gleiche Art zubereitet.
Auch wenn die Schweden frischen und gesalzenen Hering als warme Mahlzeit essen, so sind die kalt zu genießenden Zubereitungen doch der eigentliche kulinarische Höhepunkt. Die Basis solcher Heringsgerichte sind Salz- und Gewürzhering, in Zucker und Salz eingelegter frischer (grüner) Hering, getrockneter, gebratener oder geräucherter Hering (ein geräucherter *strömming* heißt *böckling*, Bückling).
Am liebsten ißt man den Hering mariniert: Die Filets von Salzheringen, die ohne Haut drei bis acht Stunden gewässert wurden, legt man in eine Marinade aus Branntweinessig, Wasser, Zucker und Zwiebelringen sowie schwarzem Pfeffer, Piment und Lorbeerblättern. Zum Servieren werden die Heringsfilets halbiert, mit roten Zwiebelringen garniert und mit etwas Marinade übergossen.
Frische, gerollte und in einer Brühe leicht pochierte Heringsfilets kann man auf verschiedene Weise anrichten. Wenn man sie in einer gewürzten Sauce aus Tomatenpüree und Zwiebeln serviert, heißen sie *tomatsill* (Hering in Tomatensauce), in Curry-Mayonnaise *karrysill*. In Ei und Paniermehl gewendete und gebratene Heringsfilets, die nach dem Abkühlen in eine gesüßte Essigmarinade mit Zwiebeln gelegt worden sind, nennt man *ättiksill* (Essighering) oder *ättikströmming*.
Salzheringe sind auch die Basis verschiedener Salate: Gewässerte, in Stücke geschnittene Filets werden mit Äpfeln, Zwiebeln, eingelegter roter Bete, gekochten, in Scheiben geschnittenen Kartoffeln und manchmal auch kaltem Fleisch oder Schinken vermischt und entweder mit einer Vinaigrette – einer Salatsauce aus Essig und Öl, Salz, Pfeffer und gegebenenfalls Dijon-Senf – oder der üblichen süß-sauren Marinade übergossen.
Der mit Salz und Zucker marinierte frische Hering nennt sich *gravad sill*. Dieser hat eine ganz andere Struktur als der in der Tonne gereifte Salzhering und wird gern in einer Sauce aus süßem Senf und Dill serviert.

Eine Spezialität für Kenner: *surströmming*

Der *surströmming* (Sauerhering) ist ein Ostseehering, den man mittels Milchsäuregärung haltbar macht. Ursprünglich wurde er dazu in Erdgruben vergraben. Diese Konservierungsmethode ist uralt und wird von allen Völkern, die rund um den Nordpol wohnen, auf die unterschiedlichste Weise praktiziert. Der chemische Prozeß besteht darin, daß der Milchzucker (Lactose) durch Milchsäurebakterien abgebaut wird und als wesentliches Produkt Milchsäure entsteht. Durch den bei der Gärung stattfindenden Zersetzungsprozeß entwickelt sich der starke, von den meisten als höchst unangenehm empfundene Geruch. Der *surströmming* ist infolgedessen eine Spezialität nur für ausgesprochene Kenner, die wegen des guten Geschmacks die Geruchsbelästigung in Kauf nehmen. Zur Herstellung von *surströmming* müssen die leicht gesalzenen Heringe acht Tage in einer offenen Tonne liegen. Anschließend verschließt man die Tonne und dreht sie um. Die Heringe werden kühl aufbewahrt. Die Tradition verlangt, daß der *surströmming* bis zum Bartholomäustag (24. August) ausgereift sein soll – eine Tradition, die noch aus katholischer Zeit stammt. (Die Reformation wurde 1527 von König Gustav I. eingeführt.)
Surströmming wird hauptsächlich in Norrland gegessen und mit Brot, Zwiebeln, saurer Milch oder Sahne und Käse serviert. Überall in Schweden ist er auch in Dosen erhältlich.

Dillsill
Dillhering
(Abbildung unten)

2 Salzheringe (mindestens 12 Stunden gewässert)
1 Bund Dill
1 Zwiebel
6 Pimentkörner
$1/4$ l Essig
5 EL Zucker

Die Heringe filetieren, dann die Filets in 2 cm große Stücke schneiden. Den Dill waschen und hacken, die Zwiebel schälen und in Ringe schneiden, die Pimentkörner zerdrücken. Die Zutaten abwechselnd in ein hohes Glas schichten.
Essig und Zucker mit $1/4$ l Wasser kurz aufkochen und rühren, bis sich der Zucker gelöst hat. Über den Hering in das Glas gießen und zugedeckt 2 Tage kalt stellen.

Dillsill – Dillhering

Tomatsill

Hering in Tomatensauce
(Abbildung unten rechts)

2 Salzheringe (mindestens 12 Stunden gewässert)
4 EL Weinessig
3 EL Öl
6 EL Tomatenpüree
4 TL Zucker
weißer Pfeffer
4 Pimentkörner, zerdrückt
Schnittlauchröllchen

Die Heringe filetieren, die Filets in Stücke schneiden und in eine Schüssel geben. Essig, Öl, Tomatenpüree und Gewürze mit 4 EL Wasser verrühren und über die Heringsstücke gießen. Über Nacht in den Kühlschrank stellen. Vor dem Servieren den Fisch mit Schnittlauch bestreuen.

Räksallad – Krabbensalat
(Rezept S. 124)

Rödbetsallad – Rote-Bete-Salat
(Rezept S. 124)

Glasmästaresill

Marinierte Salzheringe

2 große Salzheringe (mindestens 12 Stunden gewässert)
1/8 l Essig
75 g Zucker
2 EL Senfkörner
6 Pimentkörner
2 Lorbeerblätter
2 rote Zwiebeln
1 Möhre
1 Stück Meerrettichwurzel (etwa 4 cm)
4 dünne Scheiben Ingwerwurzel

Die Heringe filetieren und die Filets in 2 cm große Stücke schneiden. Essig, Zucker und Gewürze mit 1/8 l Wasser aufkochen und rühren, bis sich der Zucker aufgelöst hat. Abkühlen lassen.
Zwiebeln schälen, Möhre und Meerrettich putzen und alles in dünne Scheiben schneiden. Mit den Heringsstücken und dem Ingwer abwechselnd in ein hohes Glas schichten. Die Marinade darübergießen und zugedeckt 2–3 Tage in den Kühlschrank stellen.
Dazu paßt Bauernbrot mit Butter.

Ättikströmming

Essighering

4 grüne Heringe
Sardellenpaste
1 Bund Dill, gewaschen und gehackt
Semmelbrösel
Mehl
Salz
1/4 l Essig
3 EL Zucker
4 Pimentkörner, zerdrückt
4 weiße Pfefferkörner
1 rote Zwiebel, geschält und in Ringe geschnitten

Die Heringe waschen und putzen. Innen mit Sardellenpaste bestreichen und mit Dill bestreuen. Semmelbrösel, Mehl und Salz vermischen und die Heringe panieren. Auf beiden Seiten 5 Minuten braten.
Essig, Zucker und Gewürze mit 1/4 l Salzwasser aufkochen und abkühlen lassen. Die Bratheringe in eine Schüssel schichten, die Zwiebelringe darüber verteilen, die Marinade zugießen und die Schüssel zugedeckt in den Kühlschrank stellen. Mindestens 2 Stunden ziehen lassen. Vor dem Servieren die Heringe aus der Marinade nehmen und mit gehacktem Dill bestreuen. Nach 2–3 Tagen schmeckt der Fisch am besten.

Stekt Gädda – Gebackener Hecht
(Rezept S. 124)

Tomatsill – Hering in Tomatensauce

Smörgåsbord 2: Kalte Vorspeisen

Den zweiten Gang eines großen *smörgåsbord* bilden Krabben, Lachs, Eiergerichte und kalte Salate.

Västkustsallad
Westküstensalat

150 g Champignons
Zitronensaft
250 g frische oder Tiefkühl-Erbsen
250 g geschälter Spargel
500 g Krabbenfleisch
500 g gekochte, aus der Schale gelöste Miesmuscheln
1 kleiner Kopf Eisbergsalat
4 EL Weinessig
Salz
Zucker
gehackter Dill
6 EL Öl

Die Champignons putzen, in Scheiben schneiden und mit etwas Zitronensaft beträufeln. Erbsen und Spargel in wenig Salzwasser garen, den Spargel in Stücke schneiden; den Salat waschen und zerkleinern. Gemüse und Meeresfrüchte vermischen.
Für die Marinade Essig, Salz, Zucker und Dill verrühren, dann das Öl unterschlagen. Erst kurz vor dem Servieren über den Salat gießen.

Rödbetsallad
Rote-Bete-Salat
(Abbildung S. 123)

1 Glas eingelegte rote Bete
1 eingelegte Gurke
1 Apfel, geschält
geriebene Meerrettichwurzel
200 g saure Sahne

Rote Bete, Gurke und Apfel kleinschneiden. Meerrettich unter die saure Sahne rühren und alle Zutaten gut vermischen.

Räksallad
Krabbensalat
(Abbildung S. 123)

4 EL Mayonnaise
2 EL saure Sahne
Saft von 1 Zitrone
1 TL Zucker
1 TL Tomatenketchup
Salz, schwarzer Pfeffer
Cayennepfeffer
1 Bund Dill, gewaschen und gehackt
500 g Krabbenfleisch

Für die Salatsauce Mayonnaise und saure Sahne vermischen, dann den Zitronensaft einrühren. Zucker und Ketchup hinzufügen, mit Salz, Pfeffer und Cayennepfeffer würzen; den Dill unterrühren. Die Sauce getrennt zu den Krabben servieren.

Fisksallad
Fischsalat

500 g gekochter Fisch (oder Kochfischreste) ohne Gräten
3 EL Mayonnaise
3 EL saure Sahne
1 TL Currypulver
Zitronensaft
1/2 Salatgurke, geschält und in Scheiben geschnitten
2 Tomaten, in Scheiben geschnitten

Den Fisch in mundgerechte Stücke zerteilen. Mayonnaise und saure Sahne mischen, Currypulver einrühren und die Mischung mit Zitronensaft abschmecken.
Die Sauce über den Fisch geben und mit Gurken- und Tomatenscheiben garnieren.

Gratinerad Rom
Überbackener Rogen

1 Dose Dorschrogen
Schnittlauchröllchen
2 geschlagene Eier
300 ml Milch
Pfeffer

Den Backofen auf 200 °C vorheizen. Den Dorschrogen mit einer Gabel zerteilen und mit dem Schnittlauch vermischen. Die Eier in die Milch einrühren, die Ei-Milch mit dem Rogen vermengen und mit Pfeffer würzen. Die Masse in eine gefettete Auflaufform füllen und 30 Minuten im Ofen stocken lassen.

Äggstanning
Gestockte Eier

1/2 l Milch
8 geschlagene Eier
Salz
Butter

Den Backofen auf 175 °C vorheizen. Die Milch erhitzen, aber nicht kochen. Die Eier nach Geschmack salzen, dann die Milch dazugeben. Die Eimasse in eine mit Butter gefettete Auflaufform geben, diese in ein Wasserbad stellen und die Eimasse 30 Minuten im Ofen stocken lassen.

Fyllad Ägghalvor
Gefüllte Eier

8 hartgekochte Eier
100 g Schlagsahne
geriebene Meerrettichwurzel
3 EL Mayonnaise
3 EL saure Sahne
2 EL feingehackte Kräuter
(Dill, Petersilie, Schnittlauch, Sauerampfer)
Anschovisfilets
geräucherter Lachs
Kaviar
Krabben
Kräuterzweige

Die Eier längs halbieren, die Eigelbe herausnehmen und zerdrücken. Aus Schlagsahne und Meerrettich eine Sauce rühren. Separat Mayonnaise und saure Sahne vermischen und die Kräuter zugeben. Die Eigelbe jeweils zur Hälfte mit den beiden Saucen vermischen und in die Eihälften füllen. Wahlweise Anschovis, Lachs, Kaviar und Krabben darauflegen und auf einer Platte anrichten. Mit Kräuterzweigen dekorieren.

Solöga
»Sonnenauge«

Pro Person

Anschovisfilets, gehackt
1 Zwiebel, geschält und gehackt
2 Scheiben eingelegte rote Bete, in Stückchen geschnitten
6 Zweige Petersilie, gewaschen und feingehackt
2 gekochte Kartoffeln, in kleine Würfel geschnitten
1 Eigelb

Anschovis in der Mitte eines flachen Tellers anrichten. Um die Anschovis herum zunächst die Zwiebeln, dann die Petersilie, danach die rote Bete und als äußersten Kreis die Kartoffeln anordnen. Das Eigelb in die Mitte gleiten lassen. Gekühlt servieren.

Stekt Gädda
Gebackener Hecht
(Abbildung S. 123)

1 ganzer Hecht (etwa 2 kg)
1 Salatgurke
Salz, weißer Pfeffer
2 hartgekochte Eier
100 g Reis
2 EL gehackte Zwiebeln
150 g Butter
2 EL feingehackte Petersilie
1 EL Schnittlauchröllchen
3 EL Sahne
6 EL Semmelbrösel

Den Hecht säubern, ausnehmen und schuppen, das Rückgrat entfernen, Kopf und Schwanz jedoch nicht abtrennen. Die Gurke schälen, entkernen und in Würfel schneiden. Die Gurkenstücke in eine Schüssel geben, mit Salz bestreuen und etwa 5 Minuten entwässern. Das Wasser abgießen und die Gurkenwürfel mit Küchenkrepp trockentupfen. Die Eier grob hacken.
Den Reis in reichlich Salzwasser körnig kochen, abgießen und zum Abkühlen beiseite stellen. Gurke und Zwiebel in etwas Butter weich dünsten.
In einer Schüssel Gurke, Zwiebel, Eier, Reis und Kräuter vermengen, kräftig mit Salz und Pfeffer abschmecken und die Sahne hinzufügen.
Den Backofen auf 180 °C vorheizen. Den Fisch waschen, trockentupfen und mit der Reismasse füllen. Mit Holzspießchen und Küchengarn die Öffnung gut verschließen. In einer großen Auflaufform die restliche Butter zerlassen, den Hecht in die Form geben und von beiden Seiten – Vorsicht beim Wenden, damit der Fisch nicht auseinderfällt – goldbraun braten. Beidseitig mit Semmelbröseln bestreuen und etwas heißes Wasser angießen. Etwa 30 Minuten im Ofen backen. Entweder in der Form servieren oder den Fisch behutsam auf eine Servierplatte heben und mit hartgekochten Eiern und gehackten Dillspitzen dekorieren.

Rechte Seite: Ein üppiges *smörgåsbord* in Stockholm – bereit für den »Ansturm« der Gäste. Bei diesem Büfett hält man sich streng an die Reihenfolge der einzelnen Gänge – zuerst Hering, dann kalte Vorspeisen mit Ei und Fisch, gefolgt von warmen Fisch- und Fleischgerichten. Abschließend gibt es etwas Süßes.

Smörgåsbord 3: Fisch und Fleisch

Der dritte Gang des schwedischen *smörgåsbord* besteht aus warmen Gerichten, Zubereitungen aus Fisch und Fleisch, mit den zugehörigen Beilagen.

Köttbullar
Fleischklößchen
(Abbildung unten Mitte)

4 EL gehackte Zwiebeln
100 g Kartoffelpüree
3 EL Semmelbrösel
500 g Rinderhack
5 EL Sahne
1 EL gehackte Petersilie
1 TL Salz
1 Ei
3 EL Butter
2 EL Öl

Die Zwiebeln in etwas Fett glasig dünsten. Kartoffelpüree, Semmelbrösel, Hackfleisch, Sahne, Petersilie, Salz und Ei sowie die gedünsteten Zwiebeln vermischen und alle Zutaten gründlich verrühren. Aus der Masse Klößchen formen, nebeneinander auf ein Backblech setzen und abgedeckt 60 Minuten kalt stellen. In einer tiefen Pfanne Butter und Öl erhitzen und die Klößchen darin unter ständigem Rütteln partieweise braun braten. Die fertigen Klößchen warm stellen.

Biff Lindström
Rindfleisch à la Lindström

Dieses feine Hacksteak wurde angeblich nach dem berühmten schwedischen Schauspieler Carl-Gustav Lindström (1818–1893) benannt.

8 EL geriebenes altbackenes Brot
1/4 l Milch
1 geschälte Zwiebel
2 Scheiben eingelegte rote Bete
1 Essiggurke
500 g Rinderhack
Salz, schwarzer Pfeffer
6 Kapern

Das Brot in der Milch 10 Minuten quellen lassen. Zwiebel, rote Bete und Gurke fein hacken. Die Zwiebel in Butter glasig dünsten. Das Hackfleisch mit Salz und Pfeffer würzen, mit der Brot-Milch und den übrigen Zutaten vermischen. Aus der Masse Frikadellen formen und diese bei starker Hitze in Butter auf beiden Seiten braun braten. Nach Geschmack die Hacksteaks jeweils mit einem Spiegelei belegt servieren.

Pytt i Panna
Schwedisches Pfannengericht

500 g Kartoffeln, geschält
500 g gekochtes oder gebratenes Rindfleisch
250 g gekochter Schinken
2 EL Butter
2 EL Öl
3 EL gehackte Zwiebeln
Salz, schwarzer Pfeffer
1 EL gehackte Petersilie
Eier oder Eigelbe

Kartoffeln, Fleisch und Schinken würfeln. In einer tiefen Pfanne Butter und Öl erhitzen und die Kartoffeln bei mittlerer Temperatur etwa 15 Minuten braten. Aus der Pfanne nehmen und auf Küchenkrepp abtropfen lassen. Dann die Zwiebeln glasig dünsten, die Fleischwürfel zugeben und bei stärkerer Hitze etwa 10 Minuten braten. Die Kartoffeln wieder in die Pfanne geben und erhitzen. Das Gericht mit Salz und Pfeffer würzen und mit Petersilie bestreuen.
Zum Servieren auf Tellern anrichten und jeweils in die Mitte ein Spiegelei oder ein frisches Eigelb setzen.

Prinskorvar – Bratwürstchen

Schweden

Sjömansbiff
Seemannsauflauf

500 g Rinderbraten
2 EL Butter
2 EL Öl
2 Zwiebeln, geschält und gehackt
6 mittelgroße Kartoffeln, geschält und in dünne Scheiben geschnitten
4 Möhren, geputzt und in dünne Scheiben geschnitten
Salz, schwarzer Pfeffer
4 Pimentkörner, zerdrückt
1 Lorbeerblatt
¾ l Altbier

Den Backofen auf 175 °C vorheizen.
Den Braten in dünne Scheiben schneiden und in einer Pfanne bei starker Hitze in dem Fett kurz braten. Das Fleisch aus der Pfanne nehmen und in eine Auflaufform geben.
Die Hitze reduzieren und die Zwiebeln glasig dünsten. Mit den Kartoffeln und den Möhren zu dem Fleisch geben. Würzen und die Zutaten gut vermischen. Piment und Lorbeerblatt hinzufügen und alles mit dem Bier aufgießen. Etwa 50 Minuten im Backofen garen.

Jansson's Frestelse
Janssons Versuchung
(Abbildung unten rechts)

1 kg mittelgroße Kartoffeln, geschält
2 Dosen Anchovisfilets
5 Zwiebeln, geschält und in dünne Scheiben geschnitten
weißer Pfeffer
½ l Sahne
2–3 EL Semmelbrösel
Butterflöckchen

Die Kartoffeln in dünne Stifte schneiden. Die Anchovis abtropfen lassen (das Öl aufbewahren) und zerkleinern. Den Backofen auf 200 °C vorheizen.
In eine gefettete Auflaufform abwechselnd Kartoffeln, Zwiebeln und Anchovis schichten, mit einer Schicht Kartoffeln abschließen. Jede Schicht mit weißem Pfeffer würzen. Mit etwas Anchovisöl beträufeln und die Sahne zugießen. Mit Semmelbröseln bestreuen und mit Butterflöckchen belegen. Etwa 60 Minuten zugedeckt im Ofen backen, in der letzten Viertelstunde der Backzeit den Deckel abnehmen.

Wer war Jansson?

Die Antwort auf diese Frage ist gar nicht so einfach. Manche meinen, daß der schwedische Bassist Pelle Janzon (1844–1889) dem Gericht seinen Namen gegeben habe. Dann wieder wird behauptet, dieses stamme aus den Vereinigten Staaten. Dort habe ein schwedischer Prediger, Eric Janscn, in Bishop Hill im Staate Illinois eine Sekte gegründet und für alle Bereiche des Lebens Askese gepredigt. Aber eines Tages sei er von einem Sektenmitglied dabei ertappt worden, wie er sich heimlich an einem leckeren Anschovisauflauf delektierte – Prediger Jansson war in Versuchung geführt worden und ihr erlegen. Verständlicherweise war das Entsetzen in der Gemeinde groß.
Neuesten Informationen zufolge verdankt das Gericht seinen Namen jedoch einem schwedischen Film gleichen Titels, der 1929 Premiere hatte. Eine Wirtin und ihre Köchin, welche die Bezeichnung »Kartoffel-Anschovis-Gratin« nicht für hinreichend attraktiv gehalten haben sollen, hätten das damals bereits bekannte Gericht nach dem Besuch der Filmvorführung umbenannt.

Jansson's Frestelse – Janssons Versuchung

Köttbullar – Fleischklößchen

Smörgåsbord 4: Die süßen Sachen

Bei ihrer ausgeprägten Neigung zu Süßem lassen sich die Schweden auch zum Abschluß eines noch so üppigen Mahls keinesfalls den Nachtisch entgehen. Wer könnte auch widerstehen, wenn Johannisbeergrütze, diverse Beerenkuchen, Backäpfel oder gar der berühmte *ostkaka* (Käsekuchen) bereitstehen! Letzterer stammt aus der Provinz Småland und ist eigentlich mehr ein Pudding.

Heute kann man zwar in den meisten Geschäften Smålands einen *ostkaka* kaufen, aber für eine schwedische Hausfrau aus dieser Provinz ist es Ehrensache, ihr eigenes, über Generationen vererbtes und wie ein Geheimnis gehütetes Rezept zu verwenden. Wichtig ist, daß der *ostkaka* stets unberührt wirkt: Man entnimmt die Portionen aus der Kuchenmitte und kann das so entstehende Loch am nächsten Tag mit frischem Obst füllen.

Ostkaka
Käsekuchen

125 g weiche Butter
70 g Zucker
1 Ei
250 g Mehl, 1 TL Backpulver

Käsemasse

50 g Butter
3 Eier
175 g Zucker
750 g Magerquark, 1/2 l saure Sahne
60 g Speisestärke, 1 TL Backpulver
125 g Rosinen

Butter, Zucker und Ei gut verrühren, dann das mit dem Backpulver vermischte Mehl dazugeben und alles schnell zu einem Mürbeteig verkneten. Den Teig in Frischhaltefolie wickeln und 30 Minuten in den Kühlschrank legen. Den Backofen auf 190 °C vorheizen.
Mit der Hälfte des Teigs den Boden einer Springform auslegen und etwa 20 Minuten im Ofen backen. In der Zwischenzeit die Zutaten für die Käsemasse vermischen. Aus dem restlichen Teig den Kuchenrand formen und die Käsemasse in die Form geben. Die Hitze des Backofens auf 180 °C reduzieren und den Käsekuchen 60 Minuten backen. 2–3 Stunden auskühlen lassen.

Vinbärskräm med Vaniljsås
Johannisbeergelee mit Vanillesauce

500 g rote und schwarze Johannisbeeren
3–4 EL Speisestärke
Zucker
2 Becher Schlagsahne
2 Päckchen Vanillinzucker

Die Beeren putzen und waschen. Mit etwa 200 ml Wasser unter Rühren zu einem flüssigen Brei kochen. Durch ein Sieb streichen, einige EL von der Flüssigkeit abnehmen und nach dem Abkühlen mit der Speisestärke verrühren. Den übrigen Saft nach Geschmack süßen und wieder erhitzen. Die aufgelöste Speisestärke einrühren, den Saft kurz aufkochen lassen und in Dessertschalen füllen. Vor dem Servieren einige Stunden in den Kühlschrank stellen. Vanillinzucker in der flüssigen Sahne auflösen und zu dem Gelee reichen.

Frisches Backwerk zum Kaffee

Auf der nachmittäglichen schwedischen Kaffeetafel dürfen Hefezöpfe und Mürbeteigtörtchen nicht fehlen. Insbesondere der ofenfrische Hefezopf ist ein bei Groß und Klein beliebtes Gebäck. Er geht im Backofen zu einem goldgelben Wunderwerk auf. Man kann ihn mit Hagelzucker oder Mandelblättchen bestreuen, aber auch mit einer Zuckerglasur versehen, die man aus Puderzucker und heißem Wasser herstellt.

Unten links: Hefezöpfe, schwedisch *vetelängd* (wörtlich: »Weizenlänge«), in drei Varianten – mit Hagelzucker bestreut; ohne Auflage, vor dem Backen nur mit Ei bestrichen; mit Mandelblättchen und Zuckerguß
Unten rechts: Mürbeteigtörtchen

Vetelängd
Hefezopf

500 g Mehl
25 g Hefe
40 g Zucker
1/4 l lauwarme Milch
1 Prise Salz
60 g zerlassene lauwarme Butter
1 Ei
1 Eigelb
Mandelblättchen

Das Mehl in eine Schüssel sieben und in die Mitte eine Mulde drücken. Die Hefe mit 1 TL Zucker und 4 EL Milch verrühren, in die Mehlmulde geben und darin einen Vorteig anrühren. Die Schüssel mit einem Tuch bedecken und an einem zugfreien Ort beiseite stellen.
Wenn der Vorteig Blasen wirft (nach etwa 15 Minuten), den restlichen Zucker sowie Salz, Butter und Ei zugeben und etwa die Hälfte der verbliebenen Milchmenge eingießen. Mit dem Knethaken des Rührgeräts die Zutaten so lange verrühren – dabei nach und nach bis auf 1 EL die restliche Milch zugeben –, bis ein glatter, mittelfester Teig entsteht. Nochmals mit einem Tuch bedecken und den Teig an einem zugfreien Ort gehen lassen, bis er das doppelte Volumen erreicht hat (nach etwa 30 Minuten). Den Backofen auf 200 °C vorheizen.
Den Teig nochmals kurz durchkneten und in 3 gleiche Portionen teilen. Daraus 3 Stränge von je etwa 50 cm Länge formen. Die Teigstränge nebeneinander auf eine bemehlte Arbeitsfläche legen und von der Mitte aus – zuerst in der einen, dann in der anderen Richtung – einen Zopf flechten. Die Enden flach drücken und unter den Zopf schieben. Den Zopf auf ein gefettetes Backblech setzen und nochmals 10–15 Minuten gehen lassen.
Das Eigelb mit dem zurückbehaltenen EL Milch verrühren. Den Zopf mit der Ei-Milch bestreichen, mit den Mandelblättchen bestreuen und 45–50 Minuten im Ofen backen. Nach Belieben zusätzlich mit Zuckerguß verzieren.

128 **Schweden**

Schnaps und Wein vom Staat
Alkoholika

Herstellung und Vertrieb alkoholischer Getränke sind in Schweden – ebenso wie Bergbau und Forstwirtschaft, Sägewerke und Papierfabrikation – in staatlicher Hand. Die Vin- & Spritcentraler Aktiebolag ist die staatliche Gesellschaft für die Produktion und den Import von Schnaps und Wein. Dieses riesige Unternehmen hat nur einen bedeutenden Kunden, nämlich die Nya Systemet AB (AB entspricht der deutschen AG), die ebenfalls dem Staat gehört. Sie betreibt die einzigen legitimierten Verkaufsstellen für Schnaps, Wein und Bier – im Lebensmittelhandel sind nur einige alkoholarme Biersorten erhältlich. Systemet, wie eine solche Verkaufsstelle in der Umgangssprache heißt, hat bürokratische und keine publikumsfreundlichen Öffnungszeiten. Sie muß eine eigenartige Doppelrolle erfüllen: Einerseits ist es ihre Aufgabe, die Bevölkerung vor den Gefahren des Alkohols zu warnen und den Verbrauch zu begrenzen – vor allem den hochprozentiger Spirituosen wie Schnaps, Cognac oder Whisky –, andererseits soll sie gute Umsätze mit alkoholischen Getränken machen.
Trotz dieser restriktiven Haltung, der eine politische Entscheidung zugrunde liegt, stellt die Vin- & Spritcentraler hervorragende Produkte her und importiert ein reichhaltiges Sortiment guter Weine aus allen Ländern – französische Spitzenweine sogar zu sehr vernünftigen Preisen. Einfacher Wein wird in so großen Mengen abgenommen, daß er in Tankschiffen importiert und in Schweden abgefüllt wird.
Die lokale Produktion konzentriert sich auf Schnaps und industriell hergestellten Punsch. Schnaps wird aus Korn und Kartoffeln gebrannt, wobei man zwischen 19 verschiedenen gewürzten Schnäpsen wählen kann.

Rechts: Punsch zählt zu den bekanntesten Spezialitäten des Landes und wird in alle Welt exportiert. Die Bildfolge zeigt einige Ingredienzen und Arbeitsschritte der Punschherstellung, wie sie das Punsch-Museum in Stockholm seinen Besuchern vorführt (von oben nach unten): Zu den Zutaten für Punsch, der in Schweden industriell produziert wird, gehören Kräuter und Gewürze sowie ausschließlich natürliche Essenzen und Aromastoffe wie etwa Zitronenöl. – Die trockenen Zutaten werden mit einem Holzhammer zerkleinert. – Durch Destillation gewinnt man aus vergorenem Kernobst Alkohol. – Je nach Geschmacksrichtung mazerieren in dem Alkohol, der in Fässern gelagert wird, die verschiedenen Zutaten.

Hintergrund: Stark vergrößerter Ausschnitt aus einem alten Rezept für Punsch, das im Stockholmer Punsch-Museum aufbewahrt wird.

Das harte Brot
Knäckebrot

Die ersten Knäckebrotscheiben wurden vor rund 500 Jahren hergestellt. Ursprünglich war Knäckebrot ein Vorratsbrot. Der Teig wurde in dünne, runde Platten ausgerollt, die man in der Mitte mit einem Loch von etwa fünf Zentimetern Durchmesser versah. Wegen der geringen Schichtstärke war die Backzeit kurz, die Backtemperatur jedoch sehr hoch. Nach Fertigstellung reihte man die Brotplatten auf einer Stange auf und hängte sie auf den Dachboden. Durch den Trocknungsvorgang reduzierte sich der Wassergehalt von ursprünglich 20 auf fünf Prozent. Auf diese Weise war das Vorratsbrot nahezu unbegrenzt haltbar.

Knäckebrot (von schwedisch *knäcka*, »knacken«) wurde früher nur aus grobem Roggenmehl gebacken. Heute stellt man es auch aus Weizenmehl oder einem Mehlgemisch her. Die Erkenntnisse der modernen Ernährungswissenschaft hinsichtlich Wert und Funktion der Ballaststoffe haben dazu geführt, daß man dem Knäckebrotteig Körner und Kleie von verschiedenen Kornsorten beimischt. Im Handel sind daher zahlreiche Varianten dieses schmackhaften und gesunden Nahrungsmittels erhältlich.

In der Knäckebrotherstellung unterscheidet man im wesentlichen zwei Verfahren. Bei den sogenannten Kaltbroten – das sind die dünnen Scheiben – wird der Teig von Zimmertemperatur auf nahe null Grad heruntergekühlt und durch Zugabe von kalter Luft gelockert. Die Kaltbrottechnik entwickelte sich aus einem Zufall: Im sogenannten Nordischen Krieg (1700–15), in den der Schwedenkönig Karl XII. von August dem Starken und Zar Peter dem Großen verwickelt wurde, um das Übergewicht Schwedens in Nordeuropa zu brechen, gab es auf einem Winterfeldzug in der Feldküche keine Hefe mehr. Gleichwohl mußte das Brot zur Versorgung der Soldaten gebacken werden. Der Teig war bereits fertig, als ein heftiger Schneesturm durch das Lager fegte. Dabei wurde auch der Brotteig stark abgekühlt. Als sich das Unwetter legte, buk man den eisgekühlten Teig im Feuer – und erstaunlicherweise geriet das Brot besonders locker und wohlschmeckend. Bei den Warmbroten – dazu gehören die dunklen, dicken, besonders knusprigen Sorten – wird der Teig hauptsächlich durch eine Hefegärung gelockert, wozu Wärme notwendig ist.

Eine besondere Variante des Knäckebrots ist *skorpa* (wörtlich: »Kruste«). Sie wird, wie Zwieback, in einem zweistufigen Backprozeß hergestellt: Zunächst backt man Brötchen, die dann halbiert und nochmals gebacken werden.

Die Funktion des Lochmusters

Die Oberfläche eines Knäckebrots ist stets mit Vertiefungen unterschiedlicher Größe und Musterung versehen. Sie haben eine wichtige Funktion:

Das runde Knäckebrot mit dem Loch in der Mitte ist in Schweden noch heute am meisten verbreitet. Die ungewöhnliche Form hat praktische Gründe: Die Brotfladen wurden früher nach dem Backen zum Trocknen auf einer Stange aufgereiht.

Sie vergrößern die Oberfläche des Fladens und ermöglichen beim Backen eine große Hitzeeinwirkung – Voraussetzung für die extrem kurze Backzeit von nur sieben bis acht Minuten. Außerdem kann die im Teig eingeschlossene Luft an diesen Stellen schneller entweichen. Ergebnis des kleinen Tricks: Das Knäckebrot wird locker und knusprig, und die Inhaltsstoffe bleiben erhalten.

Früher verwendete man Nudelhölzer mit vorstehenden Zapfen, um die Vertiefungen in die Brotfladen zu drücken. Heute geschieht dies durch vollautomatische Zapfenwalzen.

Getreide – Kraft aus vollem Korn

Roggen, Weizen, Hafer und Gerste bilden die Basis der Knäckebrotherstellung:

Roggen
Die Heimat des Roggens ist Vorderasien, von wo die anspruchslose Pflanze in frühgeschichtlicher Zeit zunächst nach Südrußland und später nach Mittel- und Nordeuropa gelangte. Lange Zeit galt Roggen als wichtigstes Brotgetreide. Roggenmehl – Basis auch für Knäckebrot – ist reich an Kalium und Phosphor.

Weizen
Wildformen des Weizens wurden schon vor 8000 Jahren gesammelt. Angebaut wurde das Getreide vermutlich erstmals in Mesopotamien. Wegen des hohen Klebergehalts gilt Weizenmehl als das beste Back- und Kuchenmehl. Hartweizen ist besonders für die Herstellung von Teigwaren von Bedeutung. Weizen ist reich an Kalium, Phosphor und Magnesium. Er enthält von allen Getreidesorten das meiste Eisen.

Hafer
Der Hafer ist heimisch in Mitteleuropa. Im alten Rom galt er als »Barbarenfraß«. Die Germanen kannten jedoch seinen Wert und schätzten ihn als »Kraftnahrung«. Hafer hat einen hohen Gehalt an Eiweiß und Fett mit der lebensnotwendigen Linolsäure und ist reich an Vitaminen des B-Komplexes und an Mineralstoffen, vor allem an Calcium.

Gerste
Gerste wurde bereits um 5000 v. Chr. von den Sumerern angebaut. Als Getreidepflanze ist Gerste weitverbreitet und wie die anderen Getreidearten reich an Vitaminen und Mineralstoffen. Am nährstoffreichsten sind die ganzen Körner. Gerste ist Zutat in Müslimischungen und Mehrkornbrot und als Braugerste für die Alkoholgewinnung von Bedeutung.

Ballaststoffe

Ballaststoffe – nicht verwertbare Kohlenhydrate – sind kein unnötiger Ballast, sondern lebensnotwendiger Bestandteil unserer Ernährung. Sie haben vor allen Dingen wichtige Aufgaben bei der Verdauung zu erfüllen. Weitere Vorteile bestehen in ihrem positiven Einfluß auf den Zucker- und Fettstoffwechsel, auf die Zahngesundheit und das Körpergewicht. Die Ballaststoffe des Getreides sind nur im vollen Korn enthalten. Daher ist es wichtig, das volle Korn zu vermahlen und zu verbacken, weil so die lebensnotwendigen Vitamine und Mineralstoffe erhalten bleiben. Diese sind zudem für die Verarbeitung der Kohlenhydrate notwendig. In Knäckebrot sind Ballaststoffe in hohem Maße vorhanden, ebenso hochwertiges pflanzliches Eiweiß (0,8–1 g pro Scheibe) sowie beachtliche Mengen an energieliefernden Kohlenhydraten.
Zu den ballaststoffreichen Nahrungsmitteln gehören – neben allen Getreidesorten – auch Obst, Gemüse und vor allem Hülsenfrüchte.

Knäckebrot selbst herstellen

1/4 l lauwarme Milch
25 g Hefe
1 TL zerstoßener Fenchelsamen
1 TL Salz
250 g Weizenmehl
250 g grobes Roggenmehl

In der Milch die Hefe auflösen. Fenchel, Salz und Mehle zugeben, 7 EL Roggenmehl zurückbehalten.
Die Mischung zu einem Teig verkneten, auf einem Backbrett zu 2 länglichen Rollen formen. Die Teigrollen jeweils in 8 Teile teilen, jedes Teigstück zu einer Kugel formen und 20 Minuten an einem zugfreien warmen Ort gehen lassen.
Den Backofen auf 200 °C vorheizen. Die Teigkugeln zu Platten von etwa 20 cm Durchmesser ausrollen und diese mehrmals mit einer Gabel einstechen. Auf einem gefetteten Backblech 10 Minuten backen.

Roggen-Knäckebrote

1 Vollkorn
2 Roggen dünn
3 Rustikal
4 Würzig
5 Mjölk

Weizen-Knäckebrote

6 Sesam
7 Mild und Mürb

Knäckebrote aus Mischgetreide

8 Mehrkorn
9 Haferkorn
10 Müsli

Schwedenbrötchen

11 Original Skorpa

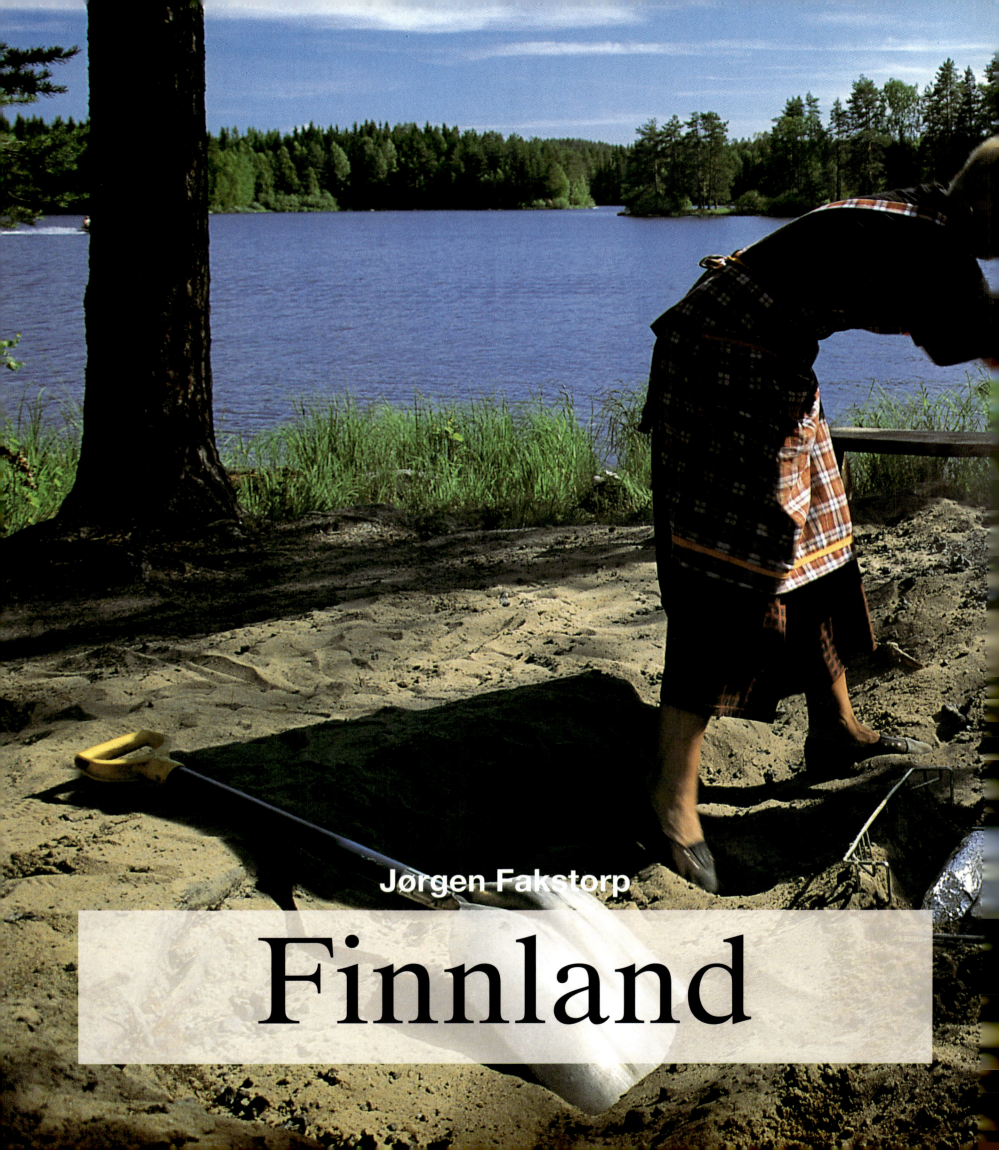

Jørgen Fakstorp

Finnland

Finnische Seenlandschaft bei Kuopio

Vorherige Doppelseite: Im vorigen Jahrhundert, als finnische Bauern noch mit ihren Schafherden umherzogen, garte man Lammfleisch, indem man es vergrub und darüber ein Feuer entfachte. Heute ist diese Zubereitungsform eine touristische Attraktion.

134 **Finnland**

Trotz wenig günstiger Umstände, bedingt durch Landesnatur, Klima und Geschichte, ist es den Finnen gelungen, eine Gesellschaft mit hohem Lebensstandard zu entwickeln und zu bewahren. Finnland wurde in frühester Zeit von mehreren Stämmen besiedelt: Zur Zeitenwende wanderten von Süden die Finnen ein (bei Tacitus heißen sie »Fennen«) und drängten die dort beheimateten Samen nach Norden ab. Um das Jahr 1000 kamen von Osten die Tavastländer, die sich in Mittel- und Westfinnland niederließen, sowie die Karelier, die in Süd- und Ostfinnland siedelten. Ab etwa Mitte des 12. Jahrhunderts bis 1809 gehörte Finnland zu Schweden und danach zu Rußland. Heute ist das Land ein moderner Industriestaat, der sich der Europäischen Union angeschlossen hat und sich nach Zentraleuropa orientiert. Durch seine Lage haben sich jedoch zahlreiche Eigenarten und ethnische Besonderheiten bewahrt. Finnisch und Schwedisch sind offizielle Landessprachen. Finnisch und das ihm nahestehende Samisch sind mit den übrigen nordischen Sprachen nicht verwandt. Kulturell und gesellschaftlich steht Finnland den anderen nordeuropäischen Demokratien jedoch sehr nahe.

Finnlands Landschaft ist geprägt von Wäldern und Seen. Die Forstwirtschaft mit ihrer Holz-, Zellulose- und Papierindustrie ist von großer ökonomischer Bedeutung. Finnland liegt an der nördlichen Grenze für den Anbau von Getreide. Nur etwa zehn Prozent des Landes können landwirtschaftlich genutzt werden. Die wichtigsten Getreidearten sind Hafer und Roggen; auch Kartoffeln prägen die ursprüngliche finnische Küche. Die Bauernhöfe sind meist relativ klein, die Viehwirtschaft dominiert. Hauptsächlich Schweinefleisch, ebenfalls in Form von Geräuchertem, sowie eine ausgeprägte Wursttradition bestimmen das Angebot, das durch Rentierfleisch aus Nordfinnland und Rindfleisch bereichert wird. Elchfleisch spielt eine eher geringe Rolle. Ebenfalls von einiger Bedeutung als Wirtschaftsfaktor ist die Meeresfischerei, obwohl sie wegen der Vereisung der Häfen alljährlich drei bis vier Monate ruht. Nicht so sehr vom ökonomischen, jedoch vom kulinarischen Standpunkt aus zu beachten ist die Fischerei in den Seen und Wasserläufen.

Die Sauna
Krebsessen
Lachsforelle
Rogen
Kalakukko
Pilze und Beeren
Vergrabenes Lamm
Brot

Ein Lebensmittelpunkt der Finnen
Die Sauna

Finnland hat – bei rund fünf Millionen Einwohnern – etwa 500 000 private Saunas. Der Begriff »Sauna« ist das einzige Wort aus dem Finnischen, das Eingang in die Sprachen der Welt gefunden hat – außer in Schweden, wo man die Sauna beharrlich *bastu* nennt. Öffentliche Saunas gibt es in Hotels, Fabriken und Krankenhäusern. Sogar während des Zweiten Weltkriegs bauten finnische Soldaten an den Frontlinien ihre Saunas.

Seit altersher geht die ganze Familie zusammen in die Sauna. Die Sauna-Kultur gehört so sehr zum finnischen Alltagsleben, daß sie oft Teil einer Einladung ist, besonders im Sommer: Zunächst versammelt man sich in der Sauna, dann ißt und trinkt man in geselliger Runde. Manchmal fängt das Trinkgelage auch schon in der Sauna an – wenn man allerdings Schnaps auf den heißen Ofen gießt, ist die Grenze zwischen lustig und gefährlich sehr schnell überschritten.

Traditionell hat jeder finnische Bauernhof seine Sauna – oft ein eigenes Häuschen, in dem ein mit Holz beheizter Ofen steht, der mit großen Steinen abgedeckt ist. Diese Steine geben die Saunawärme ab. Zu jeder Sauna gehört ein Holzeimer mit kaltem Wasser, mit dem man die Luftfeuchtigkeit steigern und damit das Schwitzen anregen kann, und Birkenreisig, mit dem man sich leicht schlägt – was die Poren zusätzlich öffnet und die Durchblutung fördert. Ideale Voraussetzungen bestehen, wenn die Sauna an einem See oder am Meer liegt, so daß man direkt von der heißen Sauna ins Wasser springen kann. Im Winter rollt man sich im Schnee, um sich abzukühlen.

Eine Sauna muß lange und kräftig geheizt werden. Schon früh begann man die Hitze des Saunaofens und den sich entwickelnden Rauch für die Zubereitung von Speisen zu nutzen. So ist *savukinkku* ein saunageräucherter Schinken (*savu* bedeutet Rauch und *kinkku* Schinken), gesalzenes Schweinefleisch, das man in den Rauchfang eines Saunaofens hängt. Dort wird es gleichzeitig geräuchert und gegart. *Savukinkku* ist eine begehrte Delikatesse, die man kalt mit grünem Salat oder Gemüse oder warm mit Pilzen und Rührei genießt.

In einer hellen Sommernacht in die Sauna zu gehen, anschließend im spiegelglatten See zu baden und später im Freien zu essen ist ein so intensives und so nordisches Erlebnis, daß finnische Auswanderer vor Sehnsucht weinen, wenn sie daran denken.

Finnische Sauna-Rituale

Wer zum ersten Mal eine finnische private Sauna benutzt – häufig ein Blockhaus am Ufer eines Sees –, wird einige Unterschiede zu öffentlichen Saunas feststellen, wie es sie beispielsweise in Hotels gibt. Viele Sauna-Regeln, die dort schon aus Gründen der Hygiene zu beachten sind, gelten für die Privatsauna nicht. Die Vorbereitung der Sauna ist in der Regel Sache des Hausherrn. Mit einem Wasserschlauch spritzt er zunächst die Holzwände, den Fußboden und die Decke ab. Dann wird – vorzugsweise mit Birkenholz – eingeheizt, bis eine Temperatur von etwa 100 Grad Celsius entsteht. Die Hitze speichern die Steine, die auf dem Saunaofen aufgeschichtet sind.

Im Unterschied zur öffentlichen Sauna betritt man die finnische Privatsauna mit trockenem Körper, vorher zu duschen ist nicht üblich. Mit viel Wasser, das in Holzeimern bereitgestellt wird oder aus dem Wasserschlauch entnommen wird, reinigt man zunächst seinen Körper, um sich dann auf einer der Pritschen auszustrecken. Birkenruten, die aus jungen Zweigen gebunden werden, stehen wie Schnittblumen bereit. Man taucht sie ausgiebig in Wasser, legt sie kurz auf die heißen Steine und schlägt damit leicht seinen Körper.

In der heißen Sauna bleibt man so lange, bis man die Hitze nicht mehr erträgt. Dann geht man ins Freie und verschafft sich Abkühlung, indem man in den See springt oder sich im Schnee wälzt. Passionierte, aber vor allem abgehärtete Sauna-Freunde hacken im Winter auch ein Loch ins Eis, um darin einzutauchen. Verdutzten Gästen aus Mitteleuropa erklärt man gern, daß angesichts einer Lufttemperatur von minus 20 Grad Celsius das eisige Wasser durchaus als angenehm empfunden werde, ist es doch in jedem Fall 20 Grad wärmer als die Luft.

Ist der Körper auf diese Weise schlagartig abgekühlt, flüchtet man zurück in die warme Sauna und gießt mit einem Holzlöffel reichlich Wasser auf die aufgeheizten Steine des Saunaofens. Das zischende *löyly*, wie der Dampfstoß genannt wird, legt sich wie Millionen Stecknadeln auf die kalte Haut und verursacht jenes besondere Sauna-Gefühl, für das die finnische Sauna berühmt geworden ist.

Es dauert nicht lange, und der Körper ist naß – wegen des *löyly* ebenso wie wegen des Körperschweißes. Man trocknet ihn von Zeit zu Zeit ab und legt dabei die Füße hoch, um »die Zehen zu rösten«. Der anschließende erneute Sprung ins kalte Wasser ist dann geradezu eine Erlösung.

Die Prozedur kann man so lange wiederholen, wie man Spaß daran hat. Am Ende sollte man sich jedoch in große Badetücher oder einen Bademantel wickeln, um einer Erkältung vorzubeugen.

Nach der Sauna schmeckt kräftig gesalzenes Essen, weil damit dem Körper das durch das Schwitzen entzogene Salz wieder zugeführt wird. Zu den Spezialitäten gehört die runde Saunawurst, *lenkkimakkara*, eine Art Fleischwurst, die man entweder an einem Spieß über dem offenen Feuer grillt oder in Alufolie gewickelt auf die heißen Steine des Saunaofens legt und im eigenen Saft heiß werden läßt.

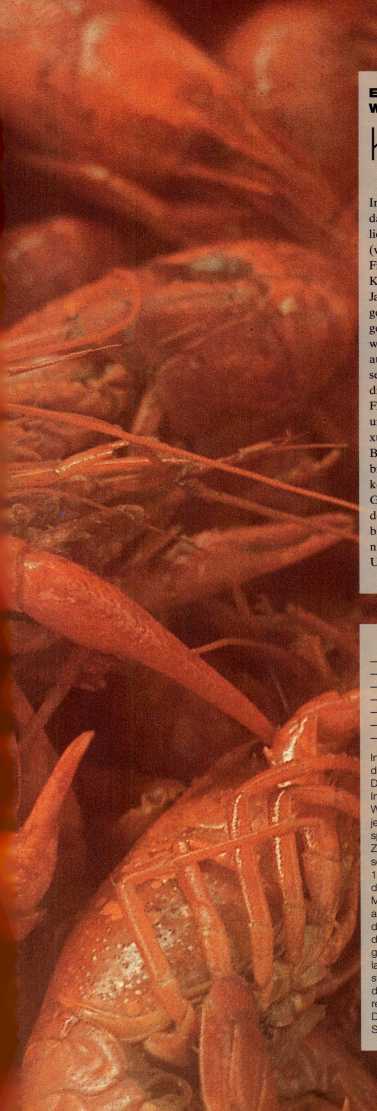

Ein Höhepunkt finnischen Wohlgefühls

Krebsessen

Im Spätsommer, Ende Juli, kommt die Zeit für das Krebsessen – eine Tradition, die ursprünglich aus Schweden stammt und dort *kräftaskiva* (wörtlich: »Krebsplatte«) heißt, aber von den Finnen übernommen und zum Bestandteil ihrer Kultur gemacht wurde.

Jahrhundertelang hat man in Finnlands unzähligen Seen und Wasserläufen Flußkrebse, *rapuja*, gefangen. Es gab sie reichlich, und sie waren ein wichtiger Teil der täglichen Nahrung, wie man aus den alten Rechnungsbüchern der Klöster ersehen kann. Raffiniert angerichtete Krebse dienten zudem oft als Fastenessen.

Finnische Flußkrebse sind heute eine Seltenheit, und ein Krebsessen ist deshalb eine teure Luxusveranstaltung, die nur mit Geld und guten Beziehungen zu organisieren ist. Als Ausweg bietet sich die Verwendung von importierten gekochten Krebsen an, was sich für den wirklichen Gourmet jedoch verbietet. Lebende Krebse, aus der Türkei eingeflogen, sind indes eine akzeptable Alternative, da zwischen ihnen und ihren finnischen Artgenossen geschmacklich kaum ein Unterschied besteht.

Wie man ein Krebsfest feiert

Auf einem langen Tisch stehen Teller, Servietten, Krebsmesser, Schnaps- und Biergläser bereit sowie Butter und getoastetes Brot. Als Dekoration wirken Kränze und Sträußchen aus Dill besonders hübsch. In die Mitte der Tafel stellt man die Schüssel mit den Krebsen. Man rechnet pro Person zehn bis 20 Krebse. Sie wurden mit viel Dill gekocht und sind über Nacht im Sud erkaltet. Man serviert sie kalt, und jeder löst seine Krebse selbst aus. Man ißt mit den Fingern und benutzt das Messer, dessen Klinge in der Mitte ein Loch aufweist, nur zum Aufbrechen der Schalen. Der beste Teil ist für Kenner der Schwanz, den man verhältnismäßig leicht freilegen kann. Kopf und Scheren enthalten leckere kleine Stückchen, an die man am besten durch Saugen und Lutschen gelangt.

Traditionsgemäß trinkt man nach jedem ausgelösten Krebs einen Schnaps. Man muß wohl kaum betonen, daß bei einem Krebsessen normale Tischsitten vorübergehend außer Kraft gesetzt werden. Der Geräuschpegel ist hoch, es wird geredet, gegessen und geprostet.

In letzter Zeit trinken die Finnen lieber Wein statt Schnaps zum Krebs. Wein scheint mit dem zarten Geschmack der Schalentiere besser zu harmonieren – und außerdem kann er den Krebsliebhaber davor bewahren, in den See zu fallen, wenn er sich von der Festtafel erhebt.

So kocht man Krebse

10–20 lebende Flußkrebse pro Person
2–3 EL grobes Salz
1–2 TL Zucker
3–4 EL Dillsamen
5–6 Dillkronen
3–4 Bund frischer Dill, gewaschen

In einem großen Topf 3–5 l Wasser – je nach Anzahl der Krebse – mit Salz, Zucker, Dillsamen und 2–3 Dillkronen zum Kochen bringen.

In der Zwischenzeit die Krebse unter fließendem Wasser waschen und bürsten. Einzeln – pro Partie jeweils etwa 5 Krebse – mit dem Kopf voran in das sprudelnd kochende Wasser geben und mit den Zweigen von 2 Bund Dill bedecken. Wenn das Wasser wieder zu kochen beginnt, die Krebse etwa 10 Minuten kochen lassen. Sie sind gar, wenn sich die Schale vom Schwanz löst.

Mit den restlichen Dillzweigen eine große Schüssel auslegen. Die Krebse mit einem Schaumlöffel aus dem Topf heben und auf den Dill legen. Den Sud durch ein Sieb passieren und über die Krebse gießen, so daß sie gerade bedeckt sind. Abkühlen lassen, zudecken und mindestens 12 Stunden kalt stellen. Vor dem Servieren die Flüssigkeit abgießen, die Krebse auf einer Platte anrichten und mit den restlichen Dilldolden sowie frischem Dill garnieren. Dazu Butter und frisch geröstetes Brot, Bier, Schnaps und Wein reichen.

Krebs, Dill und Schnaps gehören für den Kenner bei einem Krebsessen zusammen. In Finnland besteht der Schnaps zumeist nicht in einem Aquavit, sondern gemäß der russischen Vergangenheit des Landes in einem eiskalten finnischen Wodka.

Angelleidenschaft

Lachsforelle

Unzählige Bäche, Flüsse und Seen prägen die finnische Landschaft. Sie sind hinsichtlich ihrer Wasserqualität und des ökologischen Gleichgewichts so intakt wie kein anderes Gewässer in Europa (auch wenn es inzwischen selbst in diesem Naturparadies durch sauren Regen tote Seen gibt). Das Angeln, speziell die Jagd auf Lachsforellen, gehört deshalb zu den großen Leidenschaften der Finnen.

In den kurzen, aber intensiven Sommern ist es üblich, die frischgefangenen Fische sogleich an Ort und Stelle zu verzehren. Denn nichts schmeckt besser als eine Lachsforelle, die sich soeben noch durch das kristallklare Wasser eines Gebirgsbaches geschlengelt hat.

Die Zubereitung einer Lachsforelle in freier Natur erfolgt traditionell durch Grillen auf einem Brett. Zu diesem Zweck entzündet man ein kräftiges Feuer, das zugleich gegen die Kühle des hereinbrechenden Abends wärmt. Man filetiert den Fisch und heftet ihn mit Holznägeln auf das Brett, das man sodann senkrecht ans Feuer stellt – mit dem großen Vorteil, daß das Fett ablaufen kann und das Fischfleisch seine ganze Zartheit entfaltet. Die Finnen nennen diesen »genagelten« Fisch *ristiinnaulittu lohi* (wörtlich: »gekreuzigter Lachs«) oder »Glühlachs«, *loimulohi* (wörtlich: »lichterloh brennender Lachs«).

Es versteht sich, daß man auch das passende Getränk dazu bereithält. Das ist ganz sicher Bier, vor allem aber auch *koskenkorva*, kurz *koskis* genannt, der finnische Wodka, der den Geschmack des gegrillten Fischs abrundet und ein gutes Mittel gegen die Kälte darstellt.

Vor der Zubereitung werden die fangfrischen Fische filetiert.

In den glasklaren Forellenflüßchen ködert man die begehrten Lachsforellen bevorzugt mit einer Fliege.

Die Filets nagelt man auf ein Brett und gart sie am Feuer.

Die besondere Delikatesse

Rogen

Die Finnen essen nicht nur das Fleisch der Fische gern, sondern mögen auch den Rogen, *mäti*, besonders den von *muikku*, der Kleinen Maräne, und *siika*, Renke oder Felchen. Nachdem man die Häutchen entfernt hat, salzt man den orangefarbenen Rogen, der je nach Fischart unterschiedlich groß sein kann. Er wird mit Zwiebeln, schwarzem Pfeffer und *smetana*, saurer Sahne, gegessen. Zuweilen gilt der Rogen von *muikku* und *siika* als Ersatz für den echten Kaviar vom Stör – unberechtigterweise, denn Geschmack und Struktur haben eine eigene Qualität.

Gesalzener Rogen von Lachs und Lachsforelle wird wie der Rogen von Kleiner Maräne und Renke angerichtet und als Garnitur zu Fischgerichten und Saucen verwendet. Unter Kennern begehrt ist der Rogen der *made*, Aalquappe oder Quappe, den es – wie den Rogen von Kleiner Maräne und Renke – nur von November bis Januar gibt.

Rogen als Appetitanreger

Frischer Rogen von Kleiner Maräne, Renke oder Aalquappe (aber auch jedem beliebigen anderen Fisch)
Salz und Pfeffer
dunkles Roggenbrot in Scheiben
Butter
geschlagene saure Sahne
gehackte Zwiebeln

Die Häutchen vom Rogen entfernen. Den Rogen mit Salz und Pfeffer würzen. Die Brotscheiben erst mit Butter, dann mit saurer Sahne bestreichen und reichlich Rogen daraufgeben. Mit Zwiebeln bestreuen.

Finnische Rogenfische

Ahven – Barsch (bis 40 cm)
Hauki – Hecht (bis 150 cm)
Kirjolohi – Lachsforelle (bis 140 cm)
Kuha – Zander (bis 80 cm)
Lahna – Brasse, Brachse (bis 70 cm)
Lohi – Lachs (bis 150 cm)
Made – Aalquappe, Quappe (bis 80 cm)
Muikku – Kleine Maräne (bis 25 cm)
Siika – Renke, Felchen (bis 40 cm)
Silakka – Strömling, Ostseehering (bis 20 cm)
Taimen – Forelle (bis 40 cm)

Mätivoi
Rogenbutter

50 g Rogen von einem beliebigen Süßwasserfisch
250 g sehr weiche Butter
schwarzer Pfeffer

Den Rogen enthäuten. Die Butter in eine kleine Schüssel geben, den Rogen hinzufügen und vorsichtig mit einer Gabel unterheben. Dabei darauf achten, daß die Rogenkörner ganz bleiben. Nach Belieben mit schwarzem Pfeffer abschmecken. In einem Glasschälchen gekühlt servieren. Mit Weißbrot als Vorspeise reichen.

Paistettu Mätiä
Gebratener Rogen

200 g Rogen (vorzugsweise vom Strömling)
2 EL gehackte Zwiebeln
Salz, schwarzer Pfeffer

Den Rogen enthäuten und mit der Gabel zerteilen. Die Zwiebeln in etwas Butter glasig dünsten, dann den Rogen hinzufügen und mit den Zwiebeln vermischen. Unter Rühren 2–3 Minuten braten. Nach Geschmack mit Salz und Pfeffer würzen.
Dazu getoastetes Weißbrot reichen.

Taimenmätiä – Rogen von der Forelle

Lohimätiä – Rogen vom Lachs

Muikku – Kleine Maräne

Siika – Renke, Felchen

Made – Aalquappe, Quappe

Siikamätiä – Rogen von der Renke

Muikkumätiä – Rogen von der Kleinen Maräne

Smetana – Saure Sahne

Mademätiä – Rogen von der Aalquappe

141

Das Brot mit Fisch und Fleisch

Kalakukko

Speziell in Ostfinnland hat das Garen im heißen Ofen Tradition – beeinflußt durch die russische Gepflogenheit, den Ofen in den kalten Wintern zum Lebensmittelpunkt zu machen. Die Kultur der Piroggen und gefüllten Brote kommt denn auch aus dem Osten.

Die berühmteste finnische Pastete, der *kalakukku*, stammt aus der Provinz Savo in Mittelfinnland. Der Name bedeutet »Fischhahn« und wurde vermutlich gewählt, weil das Gericht äußerlich eine entfernte Ähnlichkeit mit gebackenem Geflügel aufweist. Der Teigmantel umhüllt jedoch eine saftige Füllung aus Fisch und Schweinefleisch. Da der Brotteig die Pastete für mehrere Wochen haltbar macht, kann man durchaus eine größere Menge backen.

In Mittelfinnland als dem »Geburtsland« des *kalakukko* – und hier vor allem in Kuopio, das als eine Art Hochburg dieses gefüllten Brots gilt – sind Verkaufsstände mit *kalakukko* auf allen Märkten zu finden. Im östlichen Finnland haben ihn vor allem die Bäcker als besondere Spezialität im Angebot. Weil die Pastete wie ein rundes Brot aussieht, ist Verwechslungsgefahr nicht ausgeschlossen: Schon mancher kam mit der Absicht, ein Brot zu kaufen, und ging mit einem *kalakukko*.

Kalakukko
Fisch-Fleisch-Pastete

Teigmantel
1 kg Roggenmehl (oder 600 g Roggenmehl, gemischt mit 400 g Weizenmehl)
1 EL Salz
2 EL Butter

Füllung
1 ½ kg Kleine Maränen oder Barsch
Salz, schwarzer Pfeffer
250 g fettes Schweinefleisch
150 g durchwachsener Speck
1 Bund Dill, gewaschen

Für den Teigmantel das Mehl mit Salz, Butter und etwa 1 l Wasser zu einem halbfesten glatten Teig verarbeiten (reines Roggenmehl ergibt einen herzhaften Teigmantel, mit einem Anteil Weizenmehl läßt sich der Teig besser kneten). Beiseite stellen.

In der Zwischenzeit für die Füllung die Fische küchenfertig vorbereiten (schuppen, ausnehmen, Kopf und Schwanz entfernen). Gründlich waschen, mit Küchenkrepp trockentupfen und salzen. (Wenn man einen größeren Fisch statt mehrerer kleiner Fische verwendet, den Fisch in etwa 5 cm große Stücke schneiden.)

Das Schweinefleisch in dünne Streifen schneiden, den Speck würfeln und den Dill hacken.

Den Teig auf einer bemehlten Arbeitsfläche zu einer runden bis ovalen Platte ausrollen. Fisch und Fleisch in der Mitte aufschichten, Speck und Dill darübergeben. Mit Salz und Pfeffer würzen.

Die Teigränder mit Wasser bestreichen und über der Füllung zusammenschlagen; gut andrücken. Die Oberfläche mit feuchten Händen glätten und mit Roggenmehl bestreuen.

Die Pastete im Backofen bei 250 °C backen, bis die Oberfläche Farbe bekommt, dann in Alufolie einschlagen und bei reduzierter Hitze (150 °C) 5–6 Stunden im Ofen weitergaren. Ab und an mit Schweinefett bestreichen. Nach dem Backen abkühlen lassen und zum Servieren wie Brot in dicke Scheiben schneiden. Man ißt *kalakukko* warm oder kalt mit Butter und trinkt kalte Milch oder Buttermilch dazu.

Für den Teig des *kalakukko* verwendet man meist reines Roggenmehl.

Der Brotteig wird – nicht zu dünn – rund bis oval ausgerollt.

Die Füllung besteht aus Kleiner Maräne oder Flußbarsch.

Durchwachsener Speck und Schweinefleisch sorgen für ein kräftiges Aroma.

Beim Einschlagen des Teigs muß die gesamte Füllung bedeckt sein.

Der ofenfertige *kalakukko* hat eine entfernte Ähnlichkeit mit gebackenem Geflügel.

Die Pasteten garen 5–6 Stunden im Backofen.

Das fertige Gericht ist von einem einfachen Laib Brot nicht zu unterscheiden.

Kalakukko genießt man warm oder kalt mit etwas Butter. Als Getränk reicht man dazu kalte Milch oder Buttermilch.

Pilze und Beeren

Ein Volk von Sammlern

Während der Sommermonate sind überall im Lande Frauen und Kinder unterwegs, die mit Spürnase und Geduld in den Wäldern unglaubliche Mengen von Pilzen und Beeren sammeln, die anschließend auf den Wochenmärkten verkauft werden. Über diese Märkte zu schlendern, ist ein besonderes Erlebnis. In einer Zeit, in der fast alle Nahrungsmittel das ganze Jahr über erhältlich sind, haben wilde Früchte und waldfrische Pilze einen besonderen Wert – sie sind wirklich nur in einer bestimmten Saison zu bekommen.

Im Frühjahr gibt es Lorcheln (*korvasieni*), während die meisten eßbaren Pilze erst im Herbst zu haben sind. Die braunrote Frühlorchel ist ein im Norden Europas weitverbreiteter aromatischer Speisepilz, der von März bis Mai wächst. Er enthält eine giftige Säure, so daß man ihn nur getrocknet oder – mehrmals jeweils in frischem Wasser und jeweils mindestens zehn Minuten! – gekocht verwenden kann; selbst in dieser Form ist er für viele Menschen unverträglich, bisweilen sogar tödlich (in Deutschland ist er als Marktpilz nicht mehr zugelassen). Man bereitet ihn auf verschiedene Weise zu: als eigenes Gericht, in Mehlschwitzen mit Sahne, als Beilage zu Fleisch und Eiergerichten sowie in Saucen.

Im Sommer sind dann die finnischen Wälder voll von wilden Beeren: Blaubeeren (*mustika*), Preiselbeeren (*puolukka*), Moosbeeren (*karpaloo*) von Heide und Moor und die überaus begehrten Walderdbeeren (*ahomansikka*), die man in den Waldlichtungen, in Gehölzen und sogar am Wegesrand findet. Diese Beeren werden frisch oder mit Milch und Zucker gegessen, zu Saft, Saucen oder Konfitüre verarbeitet, als Zutat für Torten und Eis oder als Garnitur von Puddings und Nachspeisen verwendet.

Zwei Beerensorten, die zur Familie der Rosen gehören, gibt es nur hoch oben im Norden. Das ist die *lakka*, die Molte- oder Aakerbeere, und die *mesimarja* (wörtlich: »Honigbeere«), eine arktische Brombeere. Beide brauchen zum Gedeihen feuchten Boden. Die Früchte der *lakka* sind kräftig gelb, die der *mesimarja* rot. Beide haben einen intensiven und eigenwilligen Geschmack – Bestätigung der alten Erfahrung, daß Früchte unter extremen Wachstumsbedingungen ein besonders intensives Aroma entwickeln. Die beiden außergewöhnlichen Beeren ißt man als Dessert oder verwendet sie zur Herstellung von Konfitüre. Ein beliebtes Souvenir sind die ausgezeichneten Liköre aus diesen Früchten – zur Zarenzeit geschätzte Raritäten bei Hofe.

Im Herbst schießen dann die anderen eßbaren Pilze aus dem Boden. In Finnland gibt es etwa 500 genießbare Arten, von denen etwa 200 als gute Speisepilze gelten. Am begehrtesten sind die verschiedenen Steinpilzsorten (*herkkutatti*). Sie haben einen angenehmen Duft und einen nußartigen Geschmack, und in guten Jahren wachsen sie aus zu wahren Sonnenschirmen mit einem Durchmesser von bis zu 30 Zentimetern. Gesammelt werden ebenfalls die verschiedenen Champignons (*herkkusieni*), von denen es rötliche, gelbliche und Mandelchampignons gibt, und Blätterpilze wie der Pfifferling (*kantarelli*) und die Totentrompete (*musta torvisieni*).

Mansikkalumi
Erdbeerschnee

500 g frische Erdbeeren
150 g Zucker
4 Eiweiße
1 Prise Salz
1 Becher Sahne, geschlagen
12 ganze Erdbeeren

Die Erdbeeren – bis auf die 12 ganzen Früchte – waschen und durch ein feines Sieb streichen. In die Fruchtmasse nach und nach den Zucker einrühren. Die Eiweiße mit dem Salz kräftig schlagen, bis der Eierschnee schnittfest ist. Das Erdbeerpüree und die geschlagene Sahne unterheben und den Erdbeerschnee in Dessertschälchen füllen. Mit ganzen Erdbeeren garnieren und sofort servieren.

Sienisalaatti
Waldpilzsalat

500 g Waldpilze (Pfifferlinge, Steinpilze u.a.)
Salz
1 kleine Zwiebel, geschält und gehackt
1/4 l süße oder saure Sahne, geschlagen
Zitronensaft
Zucker (nach Belieben)
zerdrückter Piment oder schwarzer Pfeffer

Die Waldpilze säubern, wässern und salzen. Pilze, Zwiebel und Sahne vermengen. Mit Zitronensaft und Zucker abschmecken.
Den Salat in einer Schüssel anrichten und mit Piment oder schwarzem Pfeffer bestreuen.

Die *mesimarja* – die arktische Brombeere – gedeiht nur im hohen Norden. Unter den extremen Lebensbedingungen entwickelt sie einen besonders intensiven, aromatischen Geschmack.

1

2

3

Vergrabenes Lamm

Ein bäuerliches Traditionsgericht, das im ganzen Land verbreitet ist, trägt den Namen *rosvopaisti* (wörtlich: »Räuberbraten«). Es wird heute Touristen und Festgesellschaften als ein besonderes Stück Erlebnisgastronomie serviert (3). Hierfür wird aus einem Feld oder Gartenbeet eine Grube ausgehoben (1), in die man ein in Alufolie eingeschlagenes gewürztes Stück Lammfleisch legt und locker mit Erde bedeckt. Als »Hitzeschild« gibt man eine Lage Sand darüber, auf der man ein kräftiges Lagerfeuer entfacht. Dies geschieht bereits mittags, damit das Fleisch abends gar ist und unter den Augen der Festgesellschaft ausgegraben werden kann (2). Der Brauch stammt aus dem vorigen Jahrhundert, als finnische Bauern noch Schafherden hielten, mit denen sie oft tage- und wochenlang auf Nahrungssuche in den kargen und unwirtlichen Landstrichen Mittel- und Nordfinnlands unterwegs waren. Für einen *rosvopaisti* brauchte man weder Bratgeschirr noch eine Grillvorrichtung; und auch die heute verwendete Alufolie ist eine Konzession an moderne Hygiene-Vorstellungen.
Schafe sind in Finnland selten geworden, und das Lammfleisch ist entsprechend teuer, weshalb man sich auch mit Rind- oder Schweinefleisch behilft.

Basis der finnischen Ernährung

Brot

Finnland ist ein Brotland – präziser: ein Schwarzbrotland. Heimwehkranke Finnen im Ausland holen sich gern ein Stück Heimat in Gestalt von selbstgebackenem finnischem Brot ins Haus.
Die Vorstellung von Brot ist für Finnen immer mit Roggen verbunden. Von anderen skandinavischen Brotrezepten unterscheiden sich finnische Backanleitungen für Brot durch die Verwendung eines gröber gemahlenen Mehls und die weniger süße Geschmacksrichtung.
Brot ist traditionell die Basis der finnischen Ernährung und darf niemals fehlen. Ist kein Brot im Haus, heißt es in Finnland: »Es gibt nichts zu essen.« Eine andere alte Redensart lautet: »Der Hunger muß wirklich schlimm sein, wenn er nicht mit Brot zu stillen ist.«

Finnisches Brot ist fest und relativ hart, weil der kurze Sommer das Getreide meist nicht ausreifen läßt. Es muß daher schon grün geerntet werden, was seine Lagerfähigkeit beeinträchtigt. Damit es nicht schimmelt, wird es sofort zu Mehl vermahlen und anschließend zu Brot verbacken. Das Brot wiederum muß den langen finnischen Winter überstehen, in dem die Natur kaum Eßbares liefert. Das Loch in der Mitte vieler finnischer Fladenbrote erinnert daran, daß diese Brote früher – aufgereiht auf Stangen – auf dem Dachboden zum Trocknen aufgehängt wurden.
Form, Dicke und Beschaffenheit des finnischen Brotes variieren je nach regionaler Herkunft. Häufig ist es flach wie eine Pizza und wird in tortenförmige Stücke geschnitten. Manche Sorten backt man ohne Gärungsmittel und läßt sie mittels Sauerteig aufgehen. Einige werden auf gußeisernen Platten gebacken, andere wiederum direkt in der nachglühenden Asche des großen Ofens. Brote, die den Winter überdauern sollen, werden zweimal gebacken, um sie auszutrocknen.

Hiivaleipä
Roggenbrot

25 g Hefe
3 EL lauwarmes Wasser
2 EL Honig
2 TL Salz
50 g Butter
1/4 l heißes Wasser
250 g Roggenmehl
150 g Weizenmehl
zerlassene Butter

Die Hefe in dem lauwarmen Wasser, Honig, Salz und Butter in dem heißen Wasser auflösen. Die Honigmischung abkühlen lassen, dann die Hefemischung und das Roggenmehl einrühren und alles zu einem weichen Teig verarbeiten.
Das Weizenmehl hinzufügen und den Teig etwa 10 Minuten kneten, bis er elastisch ist. In eine vorgewärmte, eingefettete Schüssel geben und darin wenden, bis die Teigoberfläche überall mit dem Fett bedeckt ist. An einem zugfreien warmen Ort zugedeckt etwa 60 Minuten gehen lassen, bis der Teig sein Volumen verdoppelt hat, dann umdrehen und weitere 10 Minuten ruhenlassen.
Zwei Laibe formen und in gut gefettete Backformen setzen. Nochmals den Teig zur doppelten Größe aufgehen lassen (etwa 45 Minuten) und bei 200 °C im Ofen 30 Minuten backen. Die Laibe sind fertig, wenn sie beim Klopfen auf die Rinde hohl klingen. Zum Schluß die Oberfläche jeweils mit zerlassener Butter bestreichen.

Ruisleipä
Bauern-Roggenbrot

25 g Hefe
3 EL lauwarmes Wasser
150 ml lauwarme Milch
1 EL brauner Zucker
125 g grobes Roggenmehl
1 EL zerlassene Butter
1 1/2 TL Salz
etwa 150 g Weizenmehl

In einer großen Schüssel die Hefe in dem Wasser auflösen. Milch und Zucker dazugeben, dann Roggenmehl, Butter und Salz hinzufügen. Alles gründlich verrühren. So viel weißes Mehl einarbeiten, bis ein fester Teig entsteht. Den Teig 15 Minuten ruhenlassen.
Auf einer mit Roggenmehl bestreuten Arbeitsfläche den Teig 10 Minuten kneten, bis er eine weiche Konsistenz hat. (Nicht zuviel Mehl hinzufügen, auch wenn die Teigmasse noch zäh ist, weil sonst ein zu schweres Brot entsteht.) Den Teig in eine gefettete Schüssel geben, wenden und auf diese Weise einfetten. Mit einem Tuch bedecken und an einem zugfreien warmen Ort etwa 2 Stunden gehen lassen, bis er sein Volumen verdoppelt hat.
Einen runden Laib formen und diesen in eine gefettete Kuchenform setzen; nochmals 45–60 Minuten gehen lassen, bis sich der Teig wiederum verdoppelt hat. Bei 190 °C etwa 50 Minuten im Ofen backen und mit Butter bestreichen, wenn das Brot noch heiß ist.

Ohraleipä
Gerstenbrot

50 g Hefe
1/2 l lauwarme Milch
1 TL Salz
300 g Gerstenmehl
250 g Weizenmehl

In einer großen Schüssel die Hefe in der Milch auflösen. Salz und Gerstenmehl einrühren und den Teig an einem zugfreien warmen Ort zugedeckt etwa 60 Minuten gehen lassen.
Das Weizenmehl hinzufügen und den Teig so lange kneten, bis er weich und glatt ist. Nochmals etwa 10 Minuten ruhenlassen.
Zwei runde Laibe formen, dabei reichlich Mehl verwenden, da der Teig ziemlich locker ist.
Die Laibe aufgehen lassen, mit einer Gabel einstechen und bei 250 °C im Ofen etwa 25 Minuten backen.

Näkkileipä
Fladenbrot

50 g Hefe
300 ml lauwarmes Wasser
300 ml lauwarme Milch
1 EL Salz
1 Ei
2 EL Honig oder brauner Zucker
100 g Weizenvollkornmehl (Grahammehl)
100 g Weizenmehl
etwa 250 g weißes Mehl
50 g weiche Butter

In einer großen Schüssel die Hefe in dem Wasser auflösen. Milch, Salz, Ei und Honig dazugeben. Nach und nach Weizenvollkorn- und Weizenmehl einrühren und so viel weißes Mehl hinzufügen, bis die Masse knetfähig ist. Mit der Butter auf einer bemehlten Arbeitsfläche zu einem weichen Teig verkneten.
Den Teig zu Fladen formen und diese auf ein gefettetes Backblech setzen. Mit einer Gabel die Teigfladen einstechen, kurze Zeit gehen lassen und bei 190 °C etwa 30 Minuten im Ofen backen. Mit Butter bestreichen, wenn die Fladen noch heiß sind.

Joululimppu
Finnisches Weihnachtsbrot

300 g Roggenmehl
100 g Kartoffelpüree
300 ml Kartoffelwasser
(aus ausgepreßten rohen Kartoffeln)
25 g Hefe
50 g dunkle Melasse
3/4 l lauwarmes Wasser
4 EL Öl
5 EL Zucker
3 EL Salz
1 TL Anissamen
125 g Rosinen
etwa 500 g weißes Mehl

Die halbe Menge des Roggenmehls in einer Schüssel mit dem Kartoffelpüree, dem Kartoffelwasser und der Hefe vermischen, durchrühren, abdecken und 2 Tage bei Zimmertemperatur stehenlassen.
Dann die Melasse und das Wasser zugeben, Öl, Zucker, Salz, Anis, Rosinen, das restliche Roggenmehl und so viel weißes Mehl einrühren, daß ein geschmeidiger Teig entsteht.
Auf einer bemehlten Arbeitsfläche den Teig durchkneten, bis er nicht mehr klebt. In eine gefettete Schüssel geben und an einem warmen zugfreien Ort gehen lassen, bis sich sein Volumen verdoppelt hat.
Den Teig zu einem großen Laib oder mehreren kleineren runden Kuchen formen; alle Teigstücke jeweils zu doppelter Größe aufgehen lassen und bei 190 °C etwa 50 Minuten im Ofen backen.

Links: Für die Finnen muß Brot nicht nur gut schmecken, es soll auch nahrhaft sein. Daher ißt man gern und zu allen Tageszeiten vorzugsweise Roggenbrot (3). Gleichwohl ist die Vielfalt finnischer Brotsorten unübertroffen: Brote aus Weizen, Gerste oder Hafer, Grahambrot, Schwarzbrot, Knäckebrot, Toastbrot, Buttermilchbrot (4) und das schmackhafte »Nach-Ofen-Brot«, das im nachglühenden, abkühlenden Ofen mehrere Stunden ausbackt, Brot mit krachender, knuspriger Kruste oder weicher Rinde, flache Fladen (1) – die immer noch mit einem Loch in der Mitte gebacken werden wie in früheren Zeiten, als man sie zum Trocknen auf eine Stange reihte –, hohe Laibe, Kastenformen (2) und und und. Finnland ist in der Tat ein Brotland!

Finnland 145

Joachim Römer

Rußland
und Staaten der ehemaligen Sowjetunion

Teefelder in Georgien

Vorherige Doppelseite: Eine reich gedeckte Festtagstafel in Kasachstan

148 **Rußland u. a.**

Nur wenige Berührungspunkte hatten die Feinschmecker in westlichen Ländern bisher mit der Küche Rußlands und seiner Nachbarstaaten. Der Eiserne Vorhang und das System der Planwirtschaft haben jahrzehntelang einen kulinarischen Blick über den Zaun erschwert. Das rote Riesenreich ist nun zerbrochen, Rußland wandelt sich langsam zur Demokratie, und die ehemaligen Sowjetrepubliken sind wieder unabhängige Staaten geworden. Die zögernd aufblühende Privatwirtschaft sorgt auch für mehr Vielfalt auf dem Küchenzettel, und das nationale Selbstbewußtsein der neuen Staaten drückt sich nicht zuletzt in der Betonung ihrer kulinarischen Spezialitäten aus. *Sakuski,* Vorspeisen, und Piroggen aus dem europäischen Rußland, Pelmeni aus Sibirien und Borschtsch aus der Ukraine, Schaschlik aus Armenien und Störfleisch aus der Kaspischen See rücken zunehmend wieder in den Blickpunkt des kulinarischen Weltreisenden. Traditionen werden lebendig. Denn zur Zaren-Zeit verblüffte die russische Küche durch ihre Vielfalt und ihre unvorstellbare Üppigkeit. In krassem Gegensatz zu dem schwelgerischen *savoir vivre* des Adels stand das bescheidene und oft kärgliche Leben der einfachen Menschen. Sie lebten damals ebenso wie heute in ärmlichen Verhältnissen und behalfen sich mit den wenigen Nahrungsmitteln, die sie selbst anbauen und herstellen konnten. Sie kultivierten den Ofen als Mittelpunkt des familiären Lebens, und das im Ofen gegarte Schmorgericht ist wohl der wichtigste Wesenszug der russischen Landküche. Höhepunkt des russischen Jahreskreislaufs ist das Osterfest, das älter ist als das Christentum und auch von jenen begangen wird, die nicht gläubig sind. Zu den feierlichen Messen in den Kirchen gesellen sich ebenso feierliche Festessen, zumal wenn die Fastenzeit vorüber ist, die in Rußland sehr ernst genommen wird. Nach der strengen orthodoxen Lehre dürfen während der Fastenzeit weder Eier noch Schmalz, weder Butter noch Milch und erst recht kein Fleisch auf den Tisch kommen. Danach aber gibt es die lange entbehrten Köstlichkeiten: kunstvoll bemalte Ostereier, große Mengen Kaviar, der in Rußland *ikra* heißt, *kulitsch,* den russischen Osterkuchen, und die Quark-Eierspeise *pascha.*

Sakuska
Piroggen
Pelmeni
Der Stör
Kaviar
Kraut und Rüben
Suppen
Fleischgerichte
Brot
Kwass
Krimskoje
Süßspeisen
Tee
Wodka

Das russische Ritual

Sakuska

Jedes Kulturvolk hat seine Zeremonien. Was für die Japaner die Teezeremonie und für die Finnen die Sauna, ist für die Russen die *sakuska*, der Vorspeisentisch. Der Begriff *sakuska* entspricht dem englischen *appetizer*, und als Appetitanreger werden herzhafte und säuerliche Zutaten verwendet, die nicht sättigen, sondern auf die kommenden Gerichte einstimmen. In Portionen gemessen sind diese Gerichte klein, das Angebot hinsichtlich der Zubereitungsarten indes nahezu unbegrenzt. Russische Hausfrauen geben sich beim Arrangement einer *sakuska*-Tafel viel Mühe. Die

Optik der Farben und Formen ist ebenso wichtig wie die Vielfalt der Imbißhappen. Je nach Anlaß und den finanziellen Verhältnissen des Gastgebers gehören zu einer richtigen *sakuska*
• eine oder mehrere Fischvorspeisen,
• mehrere Fleischgerichte,
• Salate und verschiedene Gemüse,
• Eiergerichte,
• marinierte Gemüse und Pilze,
• eingelegte Früchte,
• Gewürze wie Senf, Meerrettich und Pfeffer,
• frisches weißes und dunkles Brot.
Als Dekoration formt man Figuren aus Butter und schmückt den Tisch mit aufwendig geschnitzten Gemüsen wie Rettich und Möhren. Schließlich darf die Hauptsache nicht fehlen: Der Wodka, den es auch aromatisiert gibt, steht auf einem Gestell in der Mitte der Tafel.

Hintergrund: Die russische *sakuska*-Tafel ist ein Vorspeisentisch, nicht unähnlich den üppigen Büfetts skandinavischer Provenienz. Gedeckt wird gern ein runder oder ovaler Tisch, der von allen Seiten zugänglich ist. Je nach gesellschaftlichem Status und Finanzkraft des Gastgebers bietet eine *sakuska*-Tafel eine Fülle köstlicher kleiner Gerichte und Appetithappen: eingelegte Gemüse, Heringe, geräucherten Lachs, gefüllte Pilze, Eierspeisen, Salate mit Hühner- oder Rindfleisch und vieles mehr.

Seljodki
Heringe

2 Salzheringe
1 Zwiebel
Petersiliensträußchen

Die Heringe bei Zimmertemperatur etwa 8 Stunden wässern, dann ausnehmen und die Haut abziehen. Das Fischfleisch vom Rücken her filetieren, Kopf und Schwanz aufbewahren. Die Fischfilets in Stücke schneiden und auf einer Platte zusammen mit Kopf und Schwanz in Fischform auflegen. Mit Petersilie und Zwiebelringen garnieren, wahlweise auch mit Gurken- und Tomatenstückchen. Mit einer Marinade aus Essig, Öl, Salz und Pfeffer oder einer Senfsauce übergießen, die man aus scharfem Senf, Eigelb, Essig, Öl und etwas Zucker zubereitet.

Salat is Kurizy
Pikanter Hühnersalat

2 Hühnerbrüste
2 Zwiebeln, geschält und geviertelt
1 Glas Dillgurken
500 g gekochte Kartoffeln
3 hartgekochte Eier
Salz, schwarzer Pfeffer
50 g Mayonnaise
50 g saure Sahne
2 EL Kapern
1 EL frische Dillspitzen
6 grüne Oliven
1 Tomate, gewaschen und in Scheiben geschnitten
1 Kopf grüner Salat, geputzt und gewaschen

Die Hühnerbrüste mit den Zwiebeln und etwas Salz in kaltem Wasser aufsetzen und zum Kochen bringen. Fett und Schaum abschöpfen, den Topf zudecken und das Fleisch 20 Minuten köcheln lassen, bis es weich ist. Die Hühnerbrüste herausnehmen, die Haut entfernen und die Knochen auslösen. Das Fleisch in Streifen schneiden, die Gurken würfeln, Kartoffeln und Eier in Scheiben schneiden. Die Zutaten in einer Schüssel mischen und würzen. Mayonnaise und saure Sahne verschlagen, die Hälfte unter den Salat rühren. Den Salat zu einer Pyramide auftürmen, mit der restlichen Sauce überziehen, mit Kapern und Dill bestreuen, mit Oliven, Tomatenscheiben und Salatblättern dekorieren.

Salat is Gowjadiny
Rindfleischsalat

500 g Rindfleisch
Knoblauchzehen
Salz, schwarzer Pfeffer
1 Glas kleine Salzgurken
geriebener Meerrettich
1 Glas eingelegte Pflaumen

Das Rindfleisch mit Knoblauch einreiben, in nicht zu kleine Würfel schneiden, salzen und pfeffern und in etwas Fett braten. Abkühlen lassen und in dünne Scheiben schneiden. Die Gurken ebenfalls in Scheiben schneiden. Die Fleischscheiben auf einem Teller mit den Gurken anordnen, mit Meerrettich und den eingelegten Pflaumen garnieren.

Sakuski mit Eiern

Gutap
Kräuter-Ei-Taschen
(Abbildung 1)

Teig
175 g Mehl
1 Prise Salz
1/4 l lauwarmes Wasser
50 g weiche Butter
Öl zum Fritieren

Füllung
8 Eier
Salz, schwarzer Pfeffer
2 EL zerlassene Butter
1 TL Mehl
5 EL feingehackte Petersilie
3 EL feingehackter Dill
1 EL feingehackter Koriander
3 EL feingehackte Frühlingszwiebeln

Für die Füllung die Eier verquirlen und würzen, Butter und Mehl unterrühren sowie Kräuter und Zwiebeln. Den Backofen auf 180 °C vorheizen. Eine Auflaufform gut buttern und die Eiermasse in die Form geben. Etwa 15 Minuten im Ofen backen, bis die Eiermasse stockt. Abkühlen lassen.
Für den Teig die Zutaten vermischen und zu einer Masse von fester Konsistenz verkneten.
Den Teig dünn ausrollen und in etwa 5 x 5 cm große Quadrate schneiden. Auf jedes Quadrat 1 gehäuften TL Eiercreme setzen, die Teigecken jeweils zusammennehmen und gut andrücken.
In heißem Öl die Teigtaschen 3–4 Minuten fritieren. Abtropfen lassen und sofort servieren.

Kartofelnyj Salat po-russki
Russischer Kartoffelsalat
(Abbildung 2)

1 kg Kartoffeln
2 EL gehackte Frühlingszwiebeln
2 EL feingehackter Dill
5 Essiggurken, gewürfelt
5 Radieschen, in dünne Scheiben geschnitten
einige Dillzweige

Dressing
5 EL Mayonnaise
2 TL Worcestershire-Sauce
1 EL Tomatenketchup
2 EL Weißwein
etwas Meerrettich

Die Kartoffeln in der Schale gar kochen, noch heiß pellen, abkühlen lassen und in Scheiben schneiden. Mit Zwiebeln, Dill, Gurken und Radieschen vorsichtig vermengen. Für das Dressing die Zutaten mischen und unter den Salat heben. Etwa 30 Minuten durchziehen lassen und mit Dillspitzen garnieren.

1

2

4

152 **Rußland u. a.**

Jaiza po-russki
Russische Eier
(Abbildung 4, linke Seite)

10 hartgekochte Eier
3 EL Mayonnaise
2 EL Dijon-Senf
5 Essiggurken, gewürfelt
2 EL feingehackte Frühlingszwiebeln
Salz, schwarzer Pfeffer
1 rote Paprikaschote
Kapern

Die Eier halbieren und die Eigelbe herauslösen. Die Eigelbe zerdrücken und mit den Zutaten vermischen, dann die Eigelbmasse in die Eiweißhälften füllen. Mit Paprikasternen und Kapern dekorieren.

Jaiza po-minski
Eier nach Minsker Art
(Abbildung 3, linke Seite)

10 hartgekochte Eier
75 g weiche Butter
1 EL Mayonnaise
2 EL Crème double
3 EL feingehackter Dill
1 EL feingehackte Petersilie
2 TL Paprikapulver (edelsüß)
Salz, schwarzer Pfeffer
4 EL Semmelbrösel
3 EL geriebener Käse
Sardellenfilets, gewässert und halbiert

Die Eier halbieren und die Eigelbe herauslösen. Die Eigelbe mit Butter, Mayonnaise, Crème double, den Kräutern und dem Paprikapulver mischen und würzen. 4 Eiweißhälften fein hacken und ebenfalls unter die Eigelbmasse mischen. Die 16 verbliebenen Eiweißhälften mit der Eigelbmasse füllen.
Den Backofen auf 200 °C vorheizen. Semmelbrösel und Käse vermischen. Die Eier kreuzweise mit den Sardellenfilets belegen und mit der Käsemischung bestreuen. Im Ofen etwa 10 Minuten überbacken. Warm servieren.

Sakuski mit Pilzen

Eine große Rolle in der russischen Küche, auch bei der *sakuska*-Tafel, spielen Pilzgerichte. Die ausgedehnten Wälder sind im Frühherbst reich an Pilzen. Man hat ausgerechnet, daß – statistisch gesehen – auf jeden Russen etwa 15 Kilogramm Pilze entfallen. Dieses Geschenk der Natur hat die Russen zu großen Pilz-Liebhabern gemacht. Schon am frühen Morgen ziehen sie zur »stillen Jagd« in die Wälder, um Pilze zu suchen, und die Ausbeute ist trotz der Umweltbelastung auch heute noch beträchtlich. Pilze sind im russischen Jahreskreislauf auch schon deshalb von Bedeutung, weil während der Fastenzeit, die streng eingehalten wird, selbst der Genuß von Milchprodukten untersagt ist.

Die Pilzschwemme weckte natürlich den Wunsch, diesen Reichtum zu konservieren und auch über den Winter hinweg haltbar zu machen, indem man die Pilze beispielsweise einlegt. Hierfür eignen sich insbesondere Echter Reizker, Pfifferling und Hallimasch. Ein großes Faß wird gründlich ausgewaschen und aromatisiert, indem man Wacholderzweige hineinlegt und mit kochendem Wasser übergießt. Dann verschließt man das Faß, damit der Wacholderdampf nicht entweichen kann. Später wirft man einen glühenden Stein hinein, um das Wasser erneut zu erhitzen. Der Wacholder entwickelt nicht nur sein wundervolles Aroma, das in die Faßwände eindringt, sondern wirkt auch desinfizierend, so daß die Pilze im Winter nicht verschimmeln.

Die Pilze werden nun sorgfältig gesäubert und in das Faß geschichtet. Über jede Schicht gibt man Dill, Johannisbeer-, Meerrettich-, Eichen- und Kirschblätter, auch Kümmel und andere Gewürze werden verwendet. Wenn das Faß voll ist, deckt man es mit einem Sack Salz ab und legt ein Holzbrett darauf, das man mit einem Stein beschwert. Nach einiger Zeit senkt sich das Brett, und auf seiner Oberfläche sammelt sich Pilzsaft, den man ab und zu abschöpft. Nach etwa zwei Monaten sind die Pilze durchgezogen und können serviert werden. Mit einem Gläschen Wodka schmecken sie dann ganz köstlich.

Auf ähnliche Weise legt man in Rußland auch Tomaten, Gurken und andere Feldfrüchte ein. Pilze werden jedoch nicht nur durch Einlegen oder auch Trocknen konserviert, man bereitet sie genauso gern frisch zu, beispielsweise als Pilz-Kaviar.

Marinovannyje Griby
Marinierte Pilze
(Abbildung)

500 g Champignons oder Austernpilze
2 Knoblauchzehen
2 Gewürznelken
1 Lorbeerblatt
3 Pfefferkörner
1 EL Zucker
1 TL Salz
1/4 l Rotweinessig
Öl

Die Pilze putzen, indem man den Stiel bis zum Hutrand abschneidet, und säubern. Die restlichen Zutaten mit Ausnahme des Öls mit 1/8 l Wasser aufkochen lassen, dann die Pilze hinzufügen. Im offenen Topf bei reduzierter Hitze köcheln lassen, bis die Pilze auf den Topfboden sinken.
Den Knoblauch herausnehmen und den Sud abkühlen lassen. Die Pilze mit der Flüssigkeit in Gläser füllen und mit Öl übergießen, so daß sich ein geschlossener Ölfilm auf der Oberfläche der Flüssigkeit bildet. Mit Frischhaltefolie luftdicht verschließen und 10 Tage in den Kühlschrank stellen.

Baklaschannaja Ikra
»Arme-Leute-Kaviar«
(Abbildung)

1 Zwiebel
350 g gemischte Pilze
100 g Butter
1 Glas trockener Sherry
je 1 Zweig Petersilie, Estragon und Majoran
150 g Quark

Die Zwiebel schälen und fein hacken, die Pilze putzen und mit den Zwiebeln in einer großen Pfanne in der Butter braten. Mit dem Sherry ablöschen und die Pfanne vom Herd nehmen.
Die Kräuter waschen, fein hacken und mit dem Quark verrühren. Pilze und Zwiebel mit der Quarkmasse vermischen. In einen Steinguttopf geben, glatt streichen, in die Oberfläche ein Kreismuster zeichnen und abdecken. Über Nacht oder besser einige Tage kalt stellen. Mit Roggenbrotscheiben servieren.

Griby w Smetane
Pilze in saurer Sahne
(Abbildung)

500 g Champignons, geputzt und gesäubert
4 Frühlingszwiebeln, geputzt und feingehackt
100 g Butter
1 EL Mehl
Salz, schwarzer Pfeffer
1 Becher saure Sahne
1 Becher Crème double
50 g geriebener Käse

Die Pilze mit den Zwiebeln in der Hälfte der Butter dünsten. 1 EL Butter mit dem Mehl verrühren und zu den Pilzen geben. Wenn die Mischung angedickt ist, mit Salz und Pfeffer würzen und saure Sahne und Crème double einrühren.
Den Backofen auf 180 °C vorheizen. Die Pilzmischung in eine Auflaufform geben, mit Käse bestreuen, die restliche Butter in Flöckchen darauf verteilen und 20–25 Minuten überbacken.

Rechte Seite: Eine reich gedeckte Sakuska-Tafel im Freien um die Jahrhundertwende

Marinovannyje Griby – Marinierte Pilze

Baklaschannaja Ikra – »Arme-Leute-Kaviar«

Griby w Smetane – Pilze in saurer Sahne

154 Rußland u. a.

Nagelprobe hausfraulichen Könnens

Piroggen

Die Fähigkeit einer Hausfrau, ihren Haushalt zu führen, beurteilt man in Rußland nach ihrem Können beim Backen von *pirogi*, aufwendigen Pasteten aus Hefeteig. Nicht von ungefähr spielt die Pirogge daher auch bei Hochzeiten eine große Rolle: Neuvermählte auf dem Land müssen am Tag nach der Hochzeit eine Pirogge backen, die sie den Gästen mit einem Glas Wein anbieten. Jeder Gast ist gehalten, von der Pirogge zu probieren, den Wein zu kosten, seine Glückwünsche auszusprechen und ein Geldgeschenk auf das Tablett zu legen. Zu einer russischen Hochzeit gehört vielfach auch der *kurnik*, eine große Pirogge mit mehreren Füllungen, wobei auf jeden Fall Hühnerfleisch als Zutat verwendet werden muß.

Es gibt unzählige Piroggen-Varianten: offene und geschlossene, kleine und große, runde und viereckige, gebackene und gebratene, süße und saure Piroggen. Als Füllungen werden die unterschiedlichsten Zutaten verwendet. Eine Pirogge ist daher immer ein Geheimnis – zum einen, weil der Teig nicht ständig gleich ausfällt, und zum anderen wegen der Füllung, die bei einer geschlossenen Pirogge nicht sichtbar ist. Russische Hausfrauen markieren ihre Piroggen gern, indem sie als eine Art Code mit der Gabel kleine Lochreihen in den Teigmantel stechen, wobei die Zahl der Löcher Aufschluß über die Füllung gibt.

Eine besonders große Pirogge wird *kulebjaka* genannt. Dabei handelt es sich um eine gewaltige Pastete, von der an die zehn Personen gut satt werden. Sie wird in ihrer klassischen Variante mit Fisch und Reis gefüllt, aber auch eine Pilzfüllung ist beliebt.

Grundrezept für Piroggen

20 g Hefe
2 EL Zucker
2 EL lauwarmes Wasser
500 g Mehl
1/8 l Milch
Salz
4 Eier
125 g Butter
Öl
1 geschlagenes Ei

Die Hefe mit dem Zucker in dem lauwarmen Wasser auflösen und mit einem Drittel der Mehlmenge zu einem Vorteig verarbeiten. Mit Mehl bestäuben und an einem warmen Ort 2–3 Stunden gehen lassen.

Die Milch dazugeben, leicht salzen und mit den Eiern, der Butter und dem restlichen Mehl zu einem glatten, halbfesten Teig verkneten. Etwas Öl hinzufügen und einkneten, danach den Teig 2 Stunden ruhenlassen.

Den Teig zu einer Rolle formen und in gleichmäßige Scheiben schneiden. Jede Scheibe zu einer Kugel formen und erneut einige Minuten gehen lassen. Aus den Kugeln runde Plätzchen ausrollen und in die Mitte die gewünschte Füllung geben. Die Teigscheiben zusammenklappen und über der Füllung zu einer Falte zusammenkneifen.

Auf ein gefettetes Backblech setzen und 20 Minuten ruhenlassen, mit etwas verquirltem Ei bestreichen und bei großer Hitze (etwa 250 °C) im Backofen backen.

Piroschki s Mjasom
Hackfleisch-Piroggen

500 g Hackfleisch
2 Zwiebeln
1 EL Mehl
1 Bund Suppengrün, geputzt und gewürfelt
Salz, schwarzer Pfeffer

Das Fleisch kurz in Butter anbraten und danach durch den Fleischwolf drehen. Die Zwiebeln schälen und hacken, zusammen mit dem Mehl in dem Bratenfett anbraten, mit etwas heißem Wasser ablöschen, das Suppengrün hinzufügen und würzen. Mit der Fleischmasse vermischen und die Piroggen damit füllen.

Piroschki s Tworogom
Quark-Piroggen

1 EL Mehl
500 g Quark
2 Eier
2 EL Zucker
1 Päckchen Vanillinzucker
Salz

Das Mehl mit etwas Fett in der Pfanne leicht rösten. Den Quark mit Eiern und Zucker vermischen, das Mehl und den Vanillinzucker hinzugeben, salzen und alles zu einer glatten Masse rühren. Die Piroggen damit füllen.

Rybnik
Große sibirische Fisch-Pirogge

2 rohe Kartoffeln, in dünne Scheiben geschnitten
500 g Fischfilets, in Stücke geschnitten
Salz, schwarzer Pfeffer
1 Zwiebel, geschält und in Scheiben geschnitten
2 EL zerlassene Butter
1 geschlagenes Ei

Den Piroggen-Teig nach Grundrezept (links) zubereiten und zu zwei großen Platten ausrollen. Auf eine der Teigplatten die Kartoffelscheiben legen, dann den Fisch darübergeben, würzen und mit den Zwiebelscheiben bedecken. Mit Butter beträufeln und mit der zweiten Teigplatte bedecken. Die Ränder der Platten gut zusammendrücken, die Pirogge etwa 20 Minuten ruhenlassen und mit Ei bestreichen. Mit einer Gabel den Teigdeckel mehrmals einstechen und die Pastete bei 200 °C im Ofen backen, bis die Oberfläche eine leichte Bräunung aufweist.

Sibiriens Ravioli
Pelmeni

Pelmeni sind kleine gefüllte Teigtaschen, die entfernt an italienische Ravioli erinnern. Obwohl sie mongolischen Ursprungs sind, gilt Sibirien als ihre Heimat, und dort werden sie bis zum heutigen Tag als wichtigste Mahlzeit überhaupt gegessen – traditionell gefüllt mit einer Masse aus gehacktem Pferdefleisch.

In den sibirischen Wintern werden Unmengen von Pelmeni zubereitet, wobei der gesamte weibliche Teil des Haushalts beteiligt ist. Die fertigen Teigtaschen legt man auf Bretter und stellt sie ins Freie, wo sie gefrieren. Man verpackt sie dann in Beutel und hängt sie in kalten Räumen auf, so daß man für die ganze Winterzeit einen Vorrat hat.

Pelmeni waren die klassische Wegzehrung der Sibirier auf ihren winterlichen Reisen. Wenn sie auf die Jagd gingen oder Holz beschafften, nahmen sie gefrorene Pelmeni mit. Unterwegs machten sie ein Feuer, tauten Schnee in einem Kessel auf und brachten das Schneewasser zum Kochen. Dann gab man die Pelmeni hinein, und schon nach kurzer Zeit war eine schmackhafte Mahlzeit zubereitet.

Pelmeni werden heute nicht nur in Sibirien, sondern in ganz Rußland gern gegessen. Ihren Ruhm erlangten sie gegen Ende des vergangenen Jahrhunderts durch das Moskauer Restaurant Lopaschow, einem prächtig mit Gobelins und altem Silber ausgestatteten Traditionshaus. Hier wirkte der beste Pelmeni-Koch Sibiriens. Die Fama erzählt, daß eines Tages die wichtigsten Goldminenbesitzer Sibiriens dort abstiegen und außer *sakuski* nichts anderes als Pelmeni aßen: Für zwölf Personen sollen rund 2500 dieser kleinen Teigtaschen aufgetischt worden sein, gefüllt mit Fleisch und Fisch. Zum Dessert gab es – eine Premiere – Pelmeni mit Fruchtfüllung, serviert in rosa Champagner.

Die Schwierigkeit bei der Herstellung von Pelmeni besteht darin, einen möglichst dünnen Teig herzustellen, der nicht dicker als eine Messerklinge sein sollte. Die Pelmeni dürfen weder beim Kochen platzen noch aneinander kleben, und am besten schmecken sie, wenn sie gefroren waren, bevor sie ins heiße Wasser kommen. Sie halten sich übrigens tiefgekühlt etwa drei Monate.

Hintergrund: Piroggen und – auf einem Teller – Pilz-Pelmeni

Grundrezept für Pelmeni

| 100 ml Milch |
| 1 Prise Salz |
| 200 g Mehl |
| 1 TL Öl |

Die Milch mit der gleichen Menge Wasser und dem Salz mischen. Das Mehl mit der Flüssigkeit zu einem Teig verarbeiten. Zum Schluß das Öl unterkneten. Den Teig sehr dünn ausrollen und mit Ausstechformen oder einem Schnapsglas runde Plätzchen ausstechen.
Auf jedes Plätzchen die gewünschte Füllung geben, halbmondförmig zusammenklappen und die Ränder gut andrücken. Die fertigen Pelmeni entweder in kochendem Wasser garen oder einfrieren.

Pelmeni Sibirskie
Sibirische Pelmeni

| 400 g Rindfleisch |
| 100 g Kalbsleber |
| 1 Zwiebel |
| Salz, schwarzer Pfeffer |

Das Rindfleisch zweimal durch den Fleischwolf drehen (oder in der Küchenmaschine entsprechend verarbeiten), beim zweiten Mal die Leber hinzugeben. Die Zwiebel schälen, pürieren und unter die Fleischmasse geben. Die Masse würzen, gut verkneten und die Pelmeni damit füllen.

Pelmeni s Gribami
Pilz-Pelmeni

| 150 g Champignons |
| 1/2 Zwiebel |
| Salz |

Die Pilze putzen und säubern, Pilze und Zwiebel fein würfeln. Die Zwiebel in Butter goldgelb dünsten, die Pilzwürfel hinzugeben und unter Rühren 3 Minuten rösten. Danach salzen und abkühlen lassen. Die Pelmeni mit der Masse füllen.

Für die Verarbeitung des Störs wurden spezielle Schiffe ausgerüstet.

Der Fang wird noch an Bord unter klinischen Bedingungen verarbeitet.

Man entnimmt die Rogenblase und reibt die Kaviarkörner durch ein Sieb.

Der Kaviar wird gesalzen und in Dosen verpackt.

Luxus-Fisch seit Zaren-Zeiten
Der Stör

Im Kaspischen Meer und an der Wolgamündung lebt der Stör, der schon von altersher als Luxus-Fisch gilt. Sein Fleisch ist zart und fest und hat fast keine Gräten, die Filets sind von beachtlicher Größe, und der Geschmack ist exquisit. Der Stör wird in der Tat nicht nur wegen seines legendären Kaviarrogens geschätzt, sondern vor allem auch wegen seines köstlichen Fleischs, das man auf vielerlei Weise zubereiten kann.

Störe finden sich nicht nur im Kaspischen Meer, sondern auch in den Flüssen Sibiriens und den Gewässern des asiatischen Raums. Das Vorkommen des Störs war einer der Gründe, weshalb russische Forscher und Eroberer den Herrschaftsbereich des Zaren bis an die pazifische Küste Asiens ausdehnten. Sogar Ludwig XIV. – von 1643 bis 1715 Frankreichs »Sonnenkönig« – ließ sich Störfleisch liefern. Im 19. Jahrhundert war kalter Stör mit Meerrettichsauce ein beliebtes Gericht in Moskauer Lokalen, und in den Bankettträumen des Eremitage Restaurants in St. Petersburg wurde lebendiger Stör präsentiert, der vor den Augen der Gäste getötet wurde. Hier fanden grandiose Festmahle statt, bei denen Störgerichte im Mittelpunkt standen. Insbesondere ein Gericht namens *balyk* war unter den Feinschmeckern sehr begehrt: gedörrter Rücken des Sevruga-Störs, in hauchdünne Scheiben geschnitten und mit einem Glas Wodka serviert.

Zu Zeiten der Sowjetunion verschwand der Stör von den Fischmärkten, und erst in jüngster Zeit taucht er dort wieder auf – ebenso wie auf den Speisekarten von Restaurants im westlichen Ausland. Als Gipfel des Luxus gilt es, den Stör in Champagner zu pochieren.

Osetrina Varjonaja
Stör in Champagner

4 Störfilets
Salz
1/2 Flasche Champagner
30 g Butter in Flöckchen
1 unbehandelte Zitrone, in dünne Scheiben geschnitten

Die Störfilets in etwa 10 cm breite Stücke schneiden, leicht salzen und in eine Kasserolle legen.
So viel Champagner hinzufügen, daß die Fischstücke halb bedeckt sind, mit Butterflöckchen besetzen und die Zitronenscheiben darübergeben.
Den Topf mit einem Deckel verschließen, den Fisch zum Kochen bringen und bei mäßiger Hitze langsam garen. Dabei rechnet man etwa 3 Minuten pro cm Dicke der Fischstücke.
Den Fisch aus dem Champagnersud nehmen, abtropfen lassen und auf vorgewärmten Tellern mit frischem grünem Salat servieren.
Die Brühe ergibt einen hervorragenden Fischsud für eine spätere Verwendung.

Scherg, Sternhausen (bis 200 cm)
Der Fisch kann bis zu 80 Kilogramm schwer werden. Er kommt im Kaspischen und im Schwarzen Meer vor, auch in der Adria und in der Donau bis Preßburg wurde er vereinzelt nachgewiesen. Als *sevrjuga* bezeichnet man den Fisch in der Terminologie der Kaviarfreunde.

Sevrjuga
Kaviar vom Scherg: kleines, dunkles Korn, Durchmesser 2,5 mm, intensiver Geschmack.

Stör (bis 550 cm)
Der Name des haiförmigen Fisches wurde auf die gesamte Gattung übertragen. Die Russen sortieren da etwas genauer und nennen diese Art *osjotr*. Der Wanderfisch, der im Frühjahr zum Laichen in die Flüsse aufsteigt, kann bis zu 200 Kilogramm schwer werden.

Osjotr
Kaviar vom Stör: bräunliches Korn von 3 mm Durchmesser, nußartiger Geschmack.

Beluga
Kaviar vom Hausen: größtes Korn (und höchster Preis), Durchmesser 3–4 mm, Farbe hellgrau.

Hausen (bis 900 cm)
Der Gigant unter den Stören, von den Fischern auch respektvoll »Elefantenfisch« genannt, kann ein Gewicht von bis zu 1500 Kilogramm erreichen, wobei sein Rogen bis zu 15 Prozent seines Gewichts ausmachen kann. Er liefert den teuersten Kaviar (*beluga*) mit dem größten Korn.

Sterlet (bis 100 cm)
Der kleinste der Störe kann bis zu sechs Kilogramm schwer werden. Sein Fleisch eignet sich hervorragend für die Herstellung der *ucha*, einer klaren Fischsuppe (Rezept S. 165). Früher gab es den Fisch sogar in der Donau bis Ulm, heute ist er fast ausgestorben.

Waxdick (bis 400 cm)
Von diesem Wanderfisch, der bis zu 160 Kilogramm schwer werden kann, sind drei Arten bekannt, der Pontische, der Nordkaspische und der Südkaspische Waxdick. Zur Fortpflanzung dringt er in Süßwasser ein, aber es gibt auch nicht-wandernde Arten in Wolga und Donau.

Rußland u. a.

Rußlands teure Delikatesse

Kaviar

Keine andere russische Spezialität ist auf der ganzen Welt so begehrt wie der Kaviar, der Rogen vom Stör. Als Delikatesse der Reichen und Mächtigen steht er auf der Speisekarte der Luxusprodukte Europas neben Champagner, Trüffeln, Austern und Gänseleber ganz oben. Sein Preis ist astronomisch, sein Genuß für viele unvergleichlich. Kaviar essen heißt am Luxus teilzuhaben.

Der Verzehr von Kaviar gehörte im 18. und 19. Jahrhundert zu den Leidenschaften der Genießer, darüber hinaus war er ein Statussymbol: Ein vermögender Haushalt rechnete es sich als Ehre an, auf seiner *sakuska*, dem Vorspeisentisch, ständig mehrere Kilo Kaviar in Bereitschaft zu halten für den Fall, daß unerwartete Gäste kämen. Auch heute noch ist der Kaviar – auf russisch *ikra* - Symbol des Luxus und des Wohllebens. Für »glückliche Fänge«, die ein besonders schönes und großes Korn ergeben, werden unter Millionären Höchstpreise gezahlt, und zur Zaren-Zeit war es selbstverständlich, daß diese zunächst dem Herrscher offeriert wurden.

Dem Lieferanten des Kaviars, dem Stör, hat diese hohe Wertschätzung fast bis zur Ausrottung geschadet. Die weltweite Nachfrage nach der teuren Delikatesse, verbunden mit der chronischen Devisenknappheit des Sowjetreichs, kollidierte heftig mit dem Aufkommen bedeutender Erdölfunde im Kaspischen Meer, dem Gebiet mit dem größten Störbestand in der damaligen Sowjetunion. Die Bestände waren schnell leergefischt, das Erdöl entzog den Stören ihre Lebensgrundlage – und die Folge waren unaufhörlich steigende Preise, die aus dem einstigen Volksnahrungsmittel (die Fischer am Kaspischen Meer aßen außer Kartoffeln praktisch nichts anderes) eine immens teure Delikatesse machten. Erstaunlich ist, daß 90 Prozent des Fangs im Lande verbleiben und nur zehn Prozent in den Export kommen.

Es hat nicht an Versuchen gefehlt, Ersatz für den Kaviar zu finden. Lachs- und Forellenkaviar gelten als akzeptable Alternativen, der schwarz gefärbte, kleinkörnige Rogen des Seehasen ist ein optisch wie geschmacklich eher unbefriedigender Ersatz. Es stimmt, was Kaviarfreunde schon immer wußten: Nichts geht über »echten« Kaviar vom Stör.

Kaviar-Qualitäten

Kaviar wird sogleich nach dem Fang an Bord spezieller Kaviar-Fangschiffe verarbeitet. Sie zeichnen sich durch extreme Sauberkeit aus und gleichen schwimmenden Operationssälen. Dem Fisch wird die Rogenblase entnommen, und ein Experte bestimmt nach dem Zustand des Korns, wie der Kaviar später in den Handel kommt. Man unterscheidet folgende Qualitäten:

Frischer Kaviar
Er wird praktisch nicht behandelt und muß deshalb innerhalb weniger Tage verzehrt werden.

Malossol
Der Begriff bedeutet »schwach gesalzen« und ist daher keine Kaviarsorte, sondern eine Qualitätsbezeichnung. Bei sachgerechter Lagerung um null Grad Celsius hält er sich ein Jahr.

Pasteurisierter Kaviar
Er wird erhitzt und in Vakuumgläser abgefüllt wie eine Konserve und ist dadurch nahezu unbegrenzt haltbar.

Preßkaviar
Beschädigte und minderwertige Rogen werden stärker gesalzen und zu Ziegeln gepreßt. Preßkaviar ist preiswert, hat aber einen intensiven Kaviargeschmack.

Der Vorgang des Salzens dauert nur zehn Minuten und wird von Hand durchgeführt. Man breitet den Kaviar aus und verreibt ihn mit einer genau dosierten Schicht Salz. Dadurch wird das Korn fest, es darf aber nicht hart werden. Nach dieser Behandlung wird der Kaviar in großen Dosen abgefüllt, welche die Nummer des Fisches tragen: Man vermischt niemals den Rogen verschiedener Störe miteinander. Die Dosen werden in den Laderäumen des Schiffes gelagert. An Land wird der Kaviar sodann in Portionsdosen gefüllt und verschickt.

Kaviar benötigt eine konstante Lagertemperatur um null Grad Celsius. Frost zerstört die Zellstruktur des Rogens für immer, und bei zu warmer Lagerung verdirbt er. Für die weite Strecke vom Kaspischen Meer zum Zarenhof waren daher früher im Winter spezielle Wärmevorrichtungen und im Sommer Kühlverfahren nötig. Die moderne Kühltechnik erleichtert heute den Transport – eine durchgängige Kühlkette gewährleistet die Qualität des Kaviars. Deshalb empfiehlt es sich auch nicht, Kaviar zweifelhafter Herkunft zu kaufen. Zwar mag er durch einen attraktiven Preis bestechen, ganz sicher aber war er auf seinen oft abenteuerlichen Wegen an der Legalität vorbei erheblichen Temperaturschwankungen ausgesetzt.

So ißt man Kaviar

Kaviar ißt man löffelweise und gleich aus der Dose. Dabei sollte man keinen Metall- oder Silberlöffel verwenden, weil dies den Geschmack beeinträchtigt: Löffel aus Horn, Perlmutt oder im Notfall aus Plastik eignen sich besser.

Zur Prüfung der Qualität des Kaviars verwendeten die russischen Zaren eine goldene Kugel von der Größe einer Kirsche: Der Kaviar war nur dann gut, wenn die Kugel an der Oberfläche blieb, der Kaviar also fest war. Noch heute kann man bei dem französischen Juwelier Cartier eine solche Kugel erwerben, die man an einer goldenen Kette um den Hals trägt – allerdings wohl vornehmlich der Historie wegen.

Auf der feinen Tafel kommt der Kaviar in Kristallschalen auf den Tisch, die von einem silbernen Gefäß umgeben sind, in das man Eiswürfel gibt. Es gilt aber durchaus nicht als Verstoß gegen die guten Sitten, die ganze, ein Pfund oder ein Kilogramm Kaviar fassende Dose zusammen mit einem Eisblock auf den Tisch zu stellen.

Bei den Beilagen zum Kaviar wird viel gesündigt. Feinschmecker lehnen gehacktes Ei ebenso ab wie gehackte Zwiebeln oder Zitronenschnitze. Auch saure Sahne ist eine fragwürdige Beigabe, weil sie den zarten Nußgeschmack des Kaviarkorns verwässert. Am besten passen *blini*, hauchdünne Buchweizenpfannkuchen, Weißbrot mit Butter oder frischgekochte Pellkartoffeln zum Kaviar.

Kaviar und Pellkartoffeln waren über die Jahrhunderte die Hauptspeise der Fischer des Kaspischen Meers, die sich durch eine besondere Langlebigkeit auszeichnen – ein nicht ganz von der Hand zu weisendes Indiz dafür, daß Kaviar sehr gesund sein muß. In der Tat enthält er viele Vitamine, Lecithin und Spurenelemente und hat einen enormen Nährwert: Mehr als 100 Gramm Kaviar kann ein im Verzehr nicht geübter Europäer auf einmal kaum bewältigen, selbst wenn er sich die damit verbundene Ausgabe leisten kann.

Blini zum Kaviar: die kleinen Sonnen

Wer einmal die echten russischen Butter-*blini* versucht hat, ist verblüfft von dem Wohlgeschmack, der ganz anderer Art ist als bei gewöhnlichen Pfannkuchen. Hauptsächlich liegt es daran, daß der Teig mit Hefe zubereitet wird. Blini werden in Rußland vor allem in der Fastnachtswoche gegessen. Diese sogenannte »Butterwoche« ist die Woche vor der 40tägigen Fastenzeit, die bis Ostern dauert, und zu ihrem Anlaß feiert man *Maslenitza*, ein fröhliches Fest, bei dem vor allem Blini gegessen werden.

»Der Blin ist ein Symbol der Sonne, der schönen Tage, der reichen Ernten, der glücklichen Ehen und der gesunden Kinder«, schrieb der russische Schriftsteller Aleksandr J. Kuprin. Blini verkörpern den Abschied vom Winter und das Eintreffen des Frühlings. Daraus erklärt sich auch die runde Form des Gerichts, denn ein Blin sieht wie eine kleine Sonne aus.

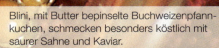

Blini, mit Butter bepinselte Buchweizenpfannkuchen, schmecken besonders köstlich mit saurer Sahne und Kaviar.

Blini
Buchweizenpfannkuchen

25 g Hefe
Zucker
300 g Weizenmehl
2 EL lauwarmes Wasser
75 g Buchweizenmehl
½ l lauwarme Milch
3 Eigelb, 3 Eiweiß
3 EL zerlassene Butter
3 EL saure Sahne
Salz

Die Hefe mit 1 TL Zucker in dem lauwarmen Wasser auflösen, mit 2–3 EL Weizenmehl verrühren und den Vorteig an einem warmen Ort etwa 15 Minuten stehenlassen, bis er aufgegangen ist.

Das restliche Weizenmehl und zwei Drittel des Buchweizenmehls in eine große Schüssel geben und vermischen. In die Mehlmischung eine Mulde drücken. Die Hälfte der Milch und den Vorteig in die Mulde geben und mit dem Mehl verarbeiten; kräftig schlagen, bis der Teig glatt ist. Die Schüssel mit einem Tuch bedecken und den Teig 3 Stunden an einem warmen zugfreien Ort gehen lassen.

Dann den Teig gründlich rühren und das restliche Buchweizenmehl darunterschlagen. Erneut 2 Stunden gehen lassen, wieder rühren und nach und nach die restliche Milch, die Eigelbe, zerlassene Butter, saure Sahne sowie je 1 Prise Salz und Zucker untermischen. Die Eiweiße steif schlagen und vorsichtig unter den Teig ziehen, der dann nochmals 30 Minuten gehen muß.

In einer Pfanne die Küchlein schöpflöffelweise von beiden Seiten goldbraun backen, die Oberfläche jeweils leicht mit Butter bepinseln. Heiß servieren, dazu Butter und saure Sahne reichen. Traditionsgemäß wird Kaviar dazu gegessen.

Kraut und Rüben

In der russischen Küche dominieren zwei Gemüsesorten: das Kraut und die Rüben. Beide haben eine mehr als tausendjährige Geschichte. Nur wenige Monate im Jahr gibt es frisches Gemüse. Das Kraut des Weißkohls ist eines der wichtigsten Nahrungsmittel in Rußland, weil Krautköpfe sich über den Winter lagern lassen, ohne daß man unbedingt daraus das berühmte Sauerkraut herstellen muß.

Farschirovannaja Kapusta
Gefüllter Kohl

1 Zwiebel
500 g Rinderhack
500 g Schweinemett
Salz, schwarzer Pfeffer
1 Tasse Reis
1 Weißkohl (etwa 1 kg)
1 l Fleischbrühe

Sauce

2 EL Mehl
2 EL Butter
50 g saure Sahne
Zucker
Salz
1 EL Tomatenmark

Die Zwiebel schälen und fein hacken und in etwas Butter glasig dünsten. Das Hackfleisch in eine Schüssel geben, würzen und mit der Zwiebel vermischen, dann den ungekochten Reis hinzufügen.
Den Kohlkopf putzen und den Strunk entfernen. In einem großen Topf Salzwasser zum Kochen bringen und den Kohlkopf darin etwa 5 Minuten garen. In Eiswasser abschrecken, die Blätter abzupfen und auf einem sauberen Tuch kreisförmig so auslegen, daß sie sich überlappen – zunächst die äußeren Blätter, dann die nächstliegende Blattschicht bis zu den inneren Blättern. Auf jede Schicht etwas von der Hackfleischmischung geben.
Die Enden des Tuchs hochnehmen und zusammendrehen, so daß wieder die Form eines Kohlkopfs entsteht. In einen großen Topf mit kochendem Wasser geben, etwas Fleischbrühe hinzufügen, um den Geschmack zu verfeinern, und den Kohl etwa 15 Minuten zugedeckt köcheln lassen.
Den Backofen auf 200 °C vorheizen.
Für die Sauce das Mehl anrösten und unter Rühren die Butter hinzufügen, bis sich Bläschen bilden. Etwas Wasser oder Fleischbrühe angießen, dann die saure Sahne unterrühren und 1 Minute köcheln lassen. Die Sauce mit Zucker und Salz abschmecken und mit dem Tomatenmark binden.
Den Kohlkopf aus dem Topf nehmen und in eine feuerfeste Form geben. Mit der Sauce übergießen und im Ofen 10–15 Minuten backen. Die restliche Fleischbrühe darübergeben und mit Roggenbrot und Bier servieren.

Kapustnye Kotlety
Krautschnitzel

1 fester Weißkohl (etwa 1 kg)
2 geschlagene Eier
5 EL Semmelbrösel
50 g Butter in Flöckchen
1 Becher saure Sahne
2 EL gehackte Petersilie

Den Kohl putzen, den Strunk entfernen und den Kohlkopf in sechs Teile schneiden. Die Stücke in kochendes Salzwasser geben und halb garen. Abkühlen lassen und mit den Händen ausdrücken, damit die Flüssigkeit austritt und die Krautstücke die ovale Form von Schnitzeln annehmen.
Den Backofen auf 200 °C vorheizen.
Die Krautschnitzel zunächst in Ei tauchen und dann in den Semmelbröseln wenden. Einen Bräter ausbuttern und die Schnitzel hineinlegen, mit Butterflöckchen besetzen und im Ofen goldgelb backen. Die saure Sahne darübergeben und nochmals 10 Minuten backen. Mit gehackter Petersilie bestreuen und servieren.

Salzgemüse für den Winter

In Rußland ist die Erntezeit kurz, der Winter lang. Auf der Suche nach geeigneten Konservierungsmethoden haben die Russen zwei Verfahren entwickelt: das Einlegen in Essig und das Pressen in einer Salzlake. Letzteres ist die ältere, allerdings auch die kompliziertere Methode der Haltbarmachung.
Die *kislaja kapusta*, das Sauerkraut, fehlt in keinem russischen Haushalt, und wer einen Keller hat, legt es gern selbst ein.

Sauerkraut selbst herstellen

10 kg Weißkohl
1 kg Äpfel
1 kg Möhren
Moos- oder Preiselbeeren
250 g Salz

Die Kohlköpfe putzen, die Strünke entfernen und den Kohl hobeln. Die Äpfel schälen und reiben, die Möhren putzen und raspeln. Nach Geschmack einige Moos- oder Preiselbeeren sowie das Salz hinzugeben und alles gut vermischen.
Einen hohen Steinguttopf mit heißem Wasser auswaschen, das Kraut hineingeben und stampfen. Mit einem Holzdeckel beschweren, auf den man einen Stein oder einen anderen schweren Gegenstand legt. Mit einem Tuch abdecken.
Zu Beginn des Gärungsprozesses das Kraut ab und an mit einem Stab durchstoßen, damit die sich bildenden Gase entweichen können – andernfalls bekommt das Kraut einen bitteren Geschmack. Auch den Schaum an der Oberfläche abschöpfen. Bei einer Temperatur von etwa 20 °C das Kraut 3 Tage gären lassen, dann das Faß in einen trockenen, kühlen Keller stellen, wo es 2–3 Wochen reifen muß.

Ebenso alt wie das Kraut ist die weiße Rübe, die zwischenzeitlich jedoch weitgehend durch die Kartoffel verdrängt wurde. Seit dem 11. Jahrhundert kennt man in Rußland auch rote Rüben, die damals aus Byzanz eingeführt wurden, und ab dem 16. Jahrhundert die Möhre. Beide Gemüse dienen als Beilagen zu Fleisch- und Fischgerichten, können aber auch mit Kartoffeln als selbständige Hauptgerichte zubereitet werden.

Morkov s Imbirem
Gedünstete Möhren mit Ingwer

500 g Möhren
1 EL Ingwerpulver
Zucker
Salz
50 g Butter
1 Becher saure Sahne

Die Möhren putzen und in Scheiben schneiden. In eine Schüssel geben, mit Ingwerpulver, Zucker und Salz bestreuen, umrühren und 30 Minuten stehenlassen. Die sich bildende Flüssigkeit abgießen. Den Backofen auf 200 °C vorheizen.
In einer Pfanne die Butter erhitzen, die Möhren hineingeben und unter ständigem Rühren etwa 10 Minuten garen, bis sie eine rotgoldene Farbe angenommen haben. In eine feuerfeste Form geben, mit saurer Sahne übergießen und etwa 15 Minuten im Ofen backen.

Hintergrund: Eine russische Familie arbeitet gemeinsam auf einem Kohlfeld.

Unten: Sauerkraut stellt man her, indem man Weißkohl hobelt und mit Äpfeln, Möhren und Salz in einen Steinguttopf schichtet, stampft und gären läßt.

Herzhaft und sättigend
Suppen

In der russischen Küche gilt die Suppe als erster Gang und wird nach den Vorspeisen gegessen, weil sie ebenso wie diese den Appetit anregt. Keine andere nationale Küche der Welt hat ein solch üppiges Suppenangebot aufzuweisen wie die russische. Nicht nur in der Küche der Armen, denen kaum eine andere Wahl blieb, sondern auch bei Hofe standen Suppengerichte in hohem Ansehen. Dabei war der Begriff »Suppe« zunächst unbekannt – Russen bezeichneten ihre Suppengerichte als *schtschi, ucha, borschtsch* oder *soljanka*. Erst mit Zar Peter dem Großen kam unter französischem Einfluß der Begriff *sup* in Rußland auf (abgeleitet von franz. *souper*, »Abendessen«). Keiner russischen Hausfrau würde es jedoch bis heute einfallen, ihre *schtschi* oder *soljanka* als Suppe zu bezeichnen.

Urmutter aller russischen Suppen ist die *schtschi*, eine Kohlsuppe. Im Sommer wird sie aus frischem Kohl und im Winter aus Sauerkraut zubereitet. Darüber hinaus enthält sie alles, was im Haushalt gerade vorhanden ist. Eine *schtschi* ist stets ein herzhaftes und sättigendes Gericht. Sie wird um so besser, je öfter man sie aufwärmt.

Sweschije Schtschi
Kohlsuppe
(Abbildung)

500 g Rindfleisch mit Knochen
500 g Weißkohl
2 Kartoffeln
1 weiße Rübe
1 Möhre
1 Petersilienwurzel
1 Zwiebel
2 EL Butter
2–3 Lorbeerblätter
Salz, schwarzer Pfeffer
2 Tomaten
saure Sahne

Das Fleisch in kaltem Wasser aufsetzen und zum Kochen bringen. Die Brühe abschäumen und etwa 2 Stunden kochen lassen.
Den Kohl putzen, in Streifen schneiden und in die kochende Brühe geben. Die Kartoffeln schälen, in Stifte schneiden und ebenfalls in die Fleischbrühe geben. Die Wurzelgemüse putzen und kleinschneiden, die Zwiebel schälen und hacken. Gemüse und Zwiebel in der Butter leicht andünsten und in die Suppe geben, 20 Minuten kochen lassen. Dann die Lorbeerblätter sowie Salz und Pfeffer hinzugeben. Die Tomaten enthäuten, entkernen und achteln und kurz vor dem Ende der Garzeit in den Topf geben.
Das Fleisch aus der Brühe nehmen, in Würfel schneiden und zurück in die Suppe geben. Die Suppe servieren und saure Sahne dazu reichen.

Kislye Schtschi
Sauerkrautsuppe

500 g Hammel- oder Rindfleisch
500 g Sauerkraut
2 EL Tomatenpüree
1 Möhre
1 Petersilienwurzel
1 Zwiebel
2 EL Butter
1 EL Mehl
1 Lorbeerblatt
Salz, schwarzer Pfeffer
2 Knoblauchzehen
saure Sahne

Das Fleisch in kaltem Wasser aufsetzen, zum Kochen bringen und 2 Stunden köcheln lassen. Das Sauerkraut auspressen und in einen Topf geben. Tomatenpüree und etwas Wasser hinzufügen und das Sauerkraut im geschlossenen Topf 2 Stunden schmoren lassen.
Die Wurzelgemüse putzen, die Zwiebel schälen, alles zerkleinern und in etwas Butter andünsten. Das Fleisch aus der Brühe nehmen und in Würfel schneiden; beiseite stellen. Wurzelgemüse und Sauerkraut in die Fleischbrühe geben und etwa 30 Minuten ziehen lassen.
Aus Mehl und Butter eine Mehlschwitze herstellen und etwa 15 Minuten vor Ende der Garzeit zu der Suppe geben, ein Lorbeerblatt, Salz (vorsichtig verwenden, da es bereits reichlich im Sauerkraut vorhanden ist) und Pfeffer hinzufügen. Die Knoblauchzehen zerdrücken und ebenfalls dazugeben. Die Fleischwürfel in die Suppe geben. Dazu saure Sahne reichen.

Borschtsch
Rote-Bete-Suppe
(Abbildung)

500 g rote Bete
2 große Möhren
1 weiße Rübe
200 g Weißkohl
1 große Zwiebel
500 g Rindfleisch
30 g Butter
1 1/2 l Fleischbrühe
3 EL Rotweinessig
2 Lorbeerblätter
1 TL Zucker
Salz, schwarzer Pfeffer
je 1 Bund Petersilie und Dill
saure Sahne

Die Gemüse putzen und kleinschneiden. Das Rindfleisch mundgerecht würfeln.
In einem großen Schmortopf die Butter zerlassen. Fleisch, Möhren, Rübe und Zwiebel hinzugeben und etwa 10 Minuten schmoren, bis das Fleisch gebräunt und das Gemüse gar ist. Die rote Bete hinzufügen, etwas Fleischbrühe angießen sowie Essig, Lorbeerblätter und Zucker dazugeben; mit Salz und Pfeffer würzen. Gut durchrühren und zugedeckt etwa 45 Minuten köcheln lassen.
Petersilie und Dill waschen und zu einem Sträußchen binden. Mit dem Weißkohl in den Topf geben und die Zutaten weitere 30 Minuten garen. Das Kräutersträußchen und die Lorbeerblätter entfernen. Die Suppe nochmals gut durchrühren und mit saurer Sahne servieren.

Sweschije Schtschi – Kohlsuppe

Borschtsch

164 Rußland u. a.

Russisches »Durcheinander«: Soljanka

Von dieser Suppe gibt es in Rußland drei Varianten: Fleisch-, Fisch- und Pilz-Soljanka. *Soljanka* bedeutet »durcheinander«, und die Bezeichnung stammt aus jener Zeit, als bei großen Dorffesten jeder Teilnehmer etwas für den Suppeneintopf mitbrachte, der in einem großen Kessel mit allen Zutaten gekocht wurde.

Ucha
Klare Fischsuppe

1 ½ kg Fischabfälle
3 Zwiebeln, geschält
1 Lorbeerblatt
einige Pfefferkörner
2 Zweige Petersilie, gewaschen
2 Eiweiß
Salz, schwarzer Pfeffer
500 g Fischfilets
gehackter Dill oder gehackte Petersilie

Die Fischabfälle in einen großen Topf mit Salzwasser geben, Zwiebeln, Lorbeerblatt, Pfefferkörner und Petersilienzweige hinzufügen und 30 Minuten kochen. Den Sud durch ein feines Sieb passieren, dabei die Fischabfälle gut ausdrücken. Die Fischbrühe in den Topf zurückgeben. Die Eiweiße schaumig schlagen, in die Brühe geben und diese unter ständigem Schlagen zum Kochen bringen. Würzen und abkühlen lassen, dann durch ein Tuch seihen. Die klare Brühe zurück in den Topf gießen, erhitzen, die Fischfilets in die Brühe geben und 3 Minuten ziehen lassen. Auf Tellern anrichten, die Suppe darübergeben und mit Dill oder Petersilie bestreuen.

Einige Zutaten für eine Fisch-Soljanka: Fisch, Salzgurke, grüne und schwarze Oliven, Tomatenmark und Zwiebeln

In einen großen Topf mit Salzwasser gibt man unter anderem Zwiebeln und Tomaten und bringt das Wasser zum Kochen.

Dann gibt man die Fischstücke in die Garflüssigkeit und läßt sie etwa 5 Minuten im offenen Topf ziehen. Die Suppe wird mit Kapern, schwarzen und grünen Oliven geschmacklich abgerundet.

Rybnaja Soljanka
Fisch-Soljanka
(Abbildungen)

1 Bund Petersilie
2 große Zwiebeln
2 Tomaten
1 große Salzgurke
1 Lorbeerblatt
800 g Heilbutt, Stör oder Schellfisch
30 g Butter
Salz, weißer Pfeffer
1 EL Kapern
8 schwarze Oliven, entsteint
100 g grüne Oliven, entsteint
2 EL Tomatenmark

Die Petersilie waschen, die Blätter fein hacken, die Stengel aufbewahren. Die Zwiebeln schälen, die eine grob hacken, die andere in Scheiben schneiden. Die Tomaten enthäuten, entkernen und würfeln. Die Gurke ebenfalls in Scheiben schneiden.
In einem großen Topf Salzwasser mit der gehackten Zwiebel, Lorbeerblatt, Petersilienstengel und Tomaten zum Kochen bringen. Den Fisch in Stücke schneiden und dazugeben, die Temperatur reduzieren und den Fisch im offenen Topf etwa 5 Minuten ziehen lassen. Petersilienstengel und Lorbeerblatt entfernen.
In einem zweiten Topf die Butter zerlassen und die Zwiebelscheiben darin glasig dünsten. Die Gurkenscheiben hinzufügen und etwa 10 Minuten schmoren lassen. Zu der Fischsuppe geben, pfeffern und eventuell nachsalzen. Den Topf vom Herd nehmen, Kapern, Oliven und Petersilienblätter in die Suppe geben, mit Tomatenmark etwas binden, abschmecken und servieren.

Rybnaja Soljanka – Fisch-Soljanka

Vom »Stroganoff« zum Familienbraten

Fleisch-gerichte

Die Russen lieben große Braten am Stück. Das Schmoren wird dem wichtigsten Requisit des russischen Haushalts, dem Ofen, auch am meisten gerecht, denn im heißen Ofen gelingen große Fleischstücke nun einmal besser als kleine. Meist sind zudem vielköpfige Tischgesellschaften zu versorgen, so daß ein großer Braten schon von daher obligatorisch ist. Unter den traditionellen russischen Fleischgerichten finden sich daher ausschließlich Schmorbraten, die mit Vorliebe ganz auf den Tisch kommen und von denen – je nach Bedeutung, Statur und Appetit des Tischgastes – mehr oder weniger große Portionen abgeschnitten werden.

Ist jedoch in der Küchenliteratur des westlichen Auslands von russischen Fleischgerichten die Rede, wird ausgerechnet stets ein geschnetzeltes Gericht an erster Stelle genannt: das berühmte Bef Stroganoff. Es wurde im späten 19. Jahrhundert von einem französischen Koch für einen russischen Grafen erfunden, der damit unsterblich wurde. Heute kennt und kocht man das Gericht auf der ganzen Welt – in zahlreichen Abwandlungen, je nach Talent und Ehrgeiz der Köche, die es zubereiten.

Bef Stroganoff
Rinderfilet Stroganoff
(Abbildung rechte Seite)

1 EL Senf
1 TL Zucker
Salz, schwarzer Pfeffer
500 g Champignons
500 g Zwiebeln
1 kg Rinderfilet
2 Becher saure Sahne

Senf mit Zucker, 1 Prise Salz und 1 EL heißes Wasser zu einer dicken Paste verrühren und ziehen lassen. Die Pilze putzen, säubern und in Scheiben schneiden. Die Zwiebeln schälen und hacken. Pilze und Zwiebeln in Öl anbraten, den Deckel auflegen und 20 Minuten weich dünsten, dabei gelegentlich umrühren. Die Flüssigkeit abgießen. Das Filet quer zur Faser in dünne Scheiben schneiden, diese in Streifen teilen. In einer anderen Pfanne Öl stark erhitzen und die Fleischstreifen darin partieweise scharf anbraten. Wenden und von allen Seiten bräunen, mit einem Schaumlöffel zu den Pilzen in die andere Pfanne geben. Mit Salz und Pfeffer würzen, die Senfpaste untermischen und die saure Sahne einrühren. Zudecken und erwärmen, durchrühren und servieren.

Kotlety po-Kiewski
Hühnerkotelett Kiew

4 Hühnerbrüste mit Flügelknochen
200 g Butter
Salz, schwarzer Pfeffer
Mehl
2 geschlagene Eier
100 g Semmelbrösel
Öl zum Fritieren

Die Hühnerbrüste häuten, ausbeinen und halbieren. Den kurzen Knochen an der Brust belassen. Das Fleisch vorsichtig flach klopfen.
Die Butter in 8 Teile teilen und jedes Stück zu einer etwa 8 cm langen Rolle von 1 cm Durchmesser formen. In den Kühlschrank legen, damit die Butter fest wird.
Das Fleisch salzen und pfeffern und in jedes Kotelett ein Butterröllchen wickeln. Die Koteletts in Mehl wälzen, zwischen den Händen rollen, zunächst in Ei und dann in Semmelbröseln wenden. Etwa 2 Stunden in den Kühlschrank stellen, damit Butter und Fleisch fest werden. Die Koteletts etwa 5 Minuten goldbraun fritieren.

Gowjadina Tuschonaja
Rinderschmorbraten

800 g Rindfleisch
Salz
Mehl
Butter
3 Zwiebeln
1 Möhre
1 Sellerieknolle
4–6 rohe Kartoffeln
2 Scheiben dunkles Brot
einige Pfefferkörner
2 Lorbeerblätter
150 g Schweinespeck
200 ml Fleischbrühe
50 ml saure Sahne

Das Rindfleisch in fingerdicke Scheiben schneiden, salzen, in Mehl wälzen und in etwas Butter von beiden Seiten anbraten. Möhre und Sellerie putzen und hacken. Die Zwiebeln schälen und ebenfalls hacken. Die Kartoffeln und die Brotscheiben würfeln. Alles in einer Schüssel mischen, Pfefferkörner, Lorbeerblätter und etwas Salz hinzufügen.
Den Backofen auf 200 °C vorheizen.
Den Speck in Scheiben schneiden und den Boden einer breiten Kasserolle damit auslegen. Darüber abwechselnd jeweils eine Schicht Fleisch und eine Schicht Gemüse geben. Die Fleischbrühe zugießen und alles zum Kochen bringen. Dann die Kasserolle in den Backofen stellen und das Gericht etwa 2 Stunden zugedeckt garen lassen. 20 Minuten vor Ende der Garzeit die saure Sahne zugeben.

Buschi Hwosti s Kaschei
Würziger Ochsenschwanz mit Buchweizen

2 kg Ochsenschwanz
3 Zwiebeln
4 Knoblauchzehen
1 EL Tomatenpüree
1 Dose Tomaten
³/₄ l Rinderbrühe
1 Bund Petersilie
1 Bund Koriander
3 Zimtstangen
je 1 TL gemahlener Kreuzkümmel und Ingwer
1 TL Senfkörner
¹/₂ TL Kurkuma
300 g Buchweizengrütze
25 g Butter in Flöckchen
3 Möhren
350 g weiße Rüben
1 kleine Sellerieknolle
2 Zucchini
2 Stangen Lauch
Salz, schwarzer Pfeffer
Petersilienzweige

In einer großen Kasserolle den Ochsenschwanz in Öl braun anbraten, herausnehmen und beiseite stellen. Die Zwiebeln schälen, in Scheiben schneiden und im Öl bräunen, den Knoblauch zerdrücken und zu den Zwiebeln geben. Tomatenpüree, Dosentomaten mit Saft sowie die Rinderbrühe hinzufügen. Die Kräuter waschen, fein hacken, zusammen mit den Gewürzen in die Zwiebel-Tomaten-Mischung einrühren und aufkochen lassen. Den Ochsenschwanz dazugeben und zugedeckt 4 Stunden köcheln lassen, bis das Fleisch der größeren Stücke vom Knochen fällt. Gegebenenfalls heißes Wasser angießen, damit das Fleisch ständig mit Brühe bedeckt ist. Die Kasserolle vom Herd nehmen, abkühlen lassen und für 12 Stunden oder über Nacht in den Kühlschrank stellen. Den Backofen auf 180 °C vorheizen. Die Buchweizengrütze in einer Pfanne unter Rühren rösten, bis die Körner aufzuplatzen beginnen. ¹/₂ l heißes Wasser angießen, salzen, die Butterflöckchen einstreuen, den Deckel auflegen und die Grütze etwa 45 Minuten garen, bis die Körner weich sind. Warm stellen.
Die Kasserolle aus dem Kühlschrank nehmen, das inzwischen fest gewordene Fett abheben. Das Fleisch herausnehmen, in eine große Auflaufform geben und heißes Wasser angießen, bis der Boden 1 cm hoch bedeckt ist. Mit Alufolie abdecken und das Fleisch im Backofen etwa 30 Minuten erwärmen.
Die Fleischbrühe aus der Kasserolle durch ein Sieb passieren und zurück in die Kasserolle geben. Möhren, Rüben und Sellerie putzen, in dünne Scheiben schneiden und in die Brühe geben. Bei geschlossenem Topf etwa 20 Minuten garen. Die Zucchini in Scheiben schneiden, den Lauch putzen, aber nicht zerkleinern. Beide Gemüse 5 Minuten vor Ende der Garzeit zu den anderen Gemüsen in die Brühe geben.
Alles durch ein Sieb passieren, die Gemüse beiseite stellen. Die Bratenflüssigkeit des erwärmten Fleisches in die Brühe geben und aufkochen.
Die Buchweizengrütze auf eine Servierplatte geben, das Gemüse darauf anrichten und das Fleisch rundum arrangieren. Etwas von der Bratensauce über das Gemüse träufeln, den Rest in einer Sauciere servieren. Die Platte mit Petersilienzweigen garnieren.

Bef Stroganoff – Rinderfilet Stroganoff

Zutaten für Kwass: Roggenbrot, Zucker, Hefe, Minze und Wasser

Das Brot muß 4 Stunden in heißem Wasser ziehen.

Dann rührt man die Hefe an und läßt sie etwa 20 Minuten gehen.

Die Brotmischung wird durch ein Sieb passiert, das Brot ausgedrückt.

Brot

Brot ist das wichtigste russische Grundnahrungsmittel. Das verwundert nicht, denn bis zur Oktoberrevolution 1917 waren Rußland und vor allem die Ukraine die Kornkammer Europas. Die Ukraine und die südlichen Provinzen Rußlands liefern Weizen, während der beste Roggen in Zentralrußland und in den nördlichen Provinzen wächst. Der Verzehr von Brot gehört zum russischen Alltag, und eine *schtschi* oder *soljanka* ohne reichlich Brot ist für einen Russen keine vollständige Mahlzeit.

Schon im 19. Jahrhundert wurde Brot aus Sauerteig gebacken. Heute überwiegen Mischbrote aus Roggen und Weizen. Sie heißen *borodinskij*, *orlowskij* und *slawjanskij* – je nach den weiteren Zutaten wie Melasse, Kümmel oder Koriander.

Kascha – Symbol des Wohlergehens

Eine bedeutende Rolle als Grundnahrungsmittel aus Getreide spielt auch die *kascha*, eine Grütze aus Hirse, Gerste oder Buchweizen, der die Russen in der Vergangenheit eine geradezu mythische Bedeutung verliehen. Die Kascha galt als glückbringender Gast im Hause, und ihre gelungene Zubereitung verhieß eine gute Ernte. Kascha diente als Versöhnungsmahl zwischen Feinden, und ohne Kascha war kein Friedensvertrag gültig. Neuvermählte bekamen als Symbol der Fruchtbarkeit Kascha zu essen, und beim Verlassen der Kirche warf man Grützekörner über das Brautpaar, womit sich gute Wünsche für Jugend, Schönheit und Wohlstand verbanden.

Heute wird die Kascha meist zum Frühstück oder zum Abendessen serviert, aber auch als Beilage zu verschiedenen Speisen.

Gretschnewaja Kascha
Buchweizengrütze mit Champignons und Zwiebeln

1 Tasse (etwa 100 g) Buchweizengrütze
1 Ei
Salz
125 g Butter
3 Zwiebeln
250 g Champignons

Grütze und Ei verrühren, in einer Pfanne unter Rühren trocknen und leicht bräunen. 1/2 TL Salz, ein Drittel der Butter und 1/2 l Wasser hinzugeben. Verrühren, zudecken und bei schwacher Hitze 20 Minuten köcheln lassen. Vom Herd nehmen und warm stellen.
Die Zwiebeln schälen und hacken. Das zweite Drittel der Butter in einer Pfanne zerlassen, die Zwiebeln darin glasig dünsten und in die Grützemischung rühren.
Die Champignons putzen, hacken, in der restlichen Butter garen und ebenfalls zu der Kascha geben. Alles gut vermischen und nach Geschmack würzen.

Das russische Volksgetränk

Kwass

Kwass ist in Rußland ebenso populär wie in anderen Ländern das Bier. Der Name bedeutet wörtlich »saures Getränk«, und es wird aus vielerlei im Hause verfügbaren Zutaten gebraut: aus trockenem Brot ebenso wie aus Äpfeln und Birnen, Moos- und Preiselbeeren, schwarzen und roten Johannisbeeren, Erdbeeren und Buchweizen. Zucker oder Honig süßt das Gebräu.

Im 19. Jahrhundert wurde das Brotbier zu einem Streitobjekt zwischen zwei gegensätzlichen Strömungen des russischen Lebens: Die eine Gruppe, die eine stärkere Hinwendung zum Westen forderte, verlangte die Einführung des Biers anstelle von Kwass. Ihre Gegner, die Slawophilen, verlangten die Beibehaltung der altrussischen Sitten und somit auch des Kwass. Heute ist der Streit beigelegt, Bier und Kwass sind in Rußland gleich verbreitet. Kwass allerdings ist ein Volksgetränk für Jung und Alt, Frauen und Männer geblieben, während Bier hauptsächlich von Männern getrunken wird. Hausgemachter Kwass schäumt leicht und enthält nur wenig Alkohol. Seine Herstellung hat sich bis heute in ländlichen Regionen erhalten, wo er in Flaschen gefüllt und zum späteren Gebrauch gelagert wird. In der Ernährung der Bauern spielt er eine wichtige Rolle, da die darin enthaltene Hefe eine nahrhafte Zutat zur eintönigen Kost bildet.

Kwass Domaschnij
Hausgemachter Kwass
(Abbildungen unten)

500 g Roggenbrot
40 g Hefe
100 g Zucker
5 EL lauwarmes Wasser
1 Bund Pfefferminze
Blätter von schwarzen Johannisbeeren
50 g Rosinen
Schale von 1 unbehandelten Zitrone

Das Roggenbrot in Scheiben schneiden und im Backofen trocknen, in einen Topf geben und mit 4 l kochendem Wasser übergießen. Mit einem Tuch abdecken und 4 Stunden ziehen lassen, dann durch ein engmaschiges Sieb passieren.
Die Hefe mit etwas Zucker und dem lauwarmem Wasser verrühren, etwa 20 Minuten gehen lassen und zu der Flüssigkeit geben. Dann die Brotmasse sorgfältig über der Flüssigkeit ausdrücken, den restlichen Zucker, Minze – einige Minzeblätter zurückbehalten – und Johannisbeerblätter hinzufügen und die Flüssigkeit über Nacht an einem warmen Ort gären lassen.
Nochmals durch ein Tuch seihen und in Flaschen abfüllen. In jede Flasche einige Rosinen, ein Minzeblatt und ein Stück Zitronenschale geben, fest verschließen und 3 Tage im Kühlschrank lagern.
Wenn die Rosinen an die Oberfläche gestiegen sind, den Kwass wiederum durchseihen und erneut abfüllen. Er ist jetzt trinkfertig.

Nach zwölfstündiger Gärung seiht man die Flüssigkeit nochmals durch.

Nun füllt man den Kwass in gründlich gesäuberten Flaschen ab.

In jede Flasche gibt man einige Rosinen, ein Minzeblatt und ein Stück Zitronenschale.

Den Kwass seiht man zum dritten Mal durch und füllt ihn erneut in Flaschen.

Der Sekt von der Krim

Krimskoje

Seit über 200 Jahren wird auf der Krim Sekt hergestellt. Obwohl er auch – als Konzession an den Zeitgeschmack – weiß und trocken erhältlich ist, bleibt der rote Krimsekt mit der Geschmacksrichtung »Mild« der »eigentliche« Klassiker. Er wird aus der Rebsorte Cabernet Sauvignon hergestellt sowie aus weiteren Rebsorten mit den Namen Sabernet, Saperawi und Matrassa, die nur im Schwarzmeergebiet wachsen. Aus den Grundweinen wird eine Cuvée hergestellt, die ähnlich wie Champagner unter Zusatz von Hefe ein zweites Mal in der Flasche gärt und bis zur Auslieferung mindestens drei Jahre auf der Hefe ausreift. Das Ergebnis ist ein besonderer, unverwechselbarer Geschmack. Krimsekt hat Freunde auf der ganzen Welt und gehört daher zu den wichtigsten Exportartikeln der Ukraine.

Nicht nur zur Osterzeit

Süßspeisen

Zwar haben Süßspeisen und Kuchen in Rußland ihre große Zeit während des Osterfestes, dem wichtigsten Fest im Jahreskreislauf, doch die Vorliebe der Russen für süße Sachen beschränkt sich nicht auf spezielle Anlässe. Alles, was man als angenehm empfindet, wird in der russischen Sprache mit dem Wort *sladko* (süß) bezeichnet. Zu den traditionellen russischen Süßspeisen gehören die *kissel* genannten Fruchtschalen, Quarkspeisen, Honig- und Pfefferkuchen sowie süße Brote.
Die geleeartigen, halbflüssigen *kissel* sind Rußlands älteste Süßspeisen. Für ihre Zubereitung verwendet man getrocknete Früchte, Beeren, Säfte, Sirup und Milch.

Kissel is Tscherniki
Kissel aus Heidelbeeren

250 g Heidelbeeren
100 g Zucker
3 EL Speisestärke

Die Beeren waschen und auspressen, den Saft in eine Schüssel geben und kalt stellen. Das Fruchtfleisch mit kochendem Wasser übergießen, 5 Minuten ziehen lassen und durch ein feines Sieb passieren.
Den Zucker in die Flüssigkeit geben, kurz aufkochen und abschäumen. Die Speisestärke in kaltem Wasser anrühren, unter ständigem Rühren in den heißen Beerensirup geben, nochmals aufwallen lassen und den abgekühlten Saft hinzufügen. Eiskalt mit Milch oder Sahne servieren.
Die Süßspeise kann man auch aus Preisel-, Moos-, Stachel- oder Johannisbeeren, Sauerkirschen, Rhabarber oder Aprikosen zubereiten.

Pascha
Russische Osterspeise

1 kg Magerquark
250 g weiche Butter
1 Becher saure Sahne
4 Eier
200 g Zucker
50 g Orangeat und Zitronat
50 g gehackte Mandeln

Den Quark in einen Stoffbeutel geben, aufhängen und über Nacht langsam die Flüssigkeit austropfen lassen. Auspressen, bis er ganz trocken ist. Den Quark durch ein Sieb streichen und in eine Schüssel geben, die weiche Butter unterrühren. Die Sahne erhitzen. Die Eier mit dem Zucker verschlagen, langsam zu der Sahne geben und bei schwacher Hitze so lange rühren, bis die Mischung dick wird. Orangeat und Zitronat fein hacken und in die Sahnemischung geben. Dann die Quarkmischung und die Mandeln dazugeben und die Masse nochmals erhitzen, aber nicht kochen lassen. Die Masse in eine Form geben und über Nacht kühl stellen, bis die Quarkspeise fest ist.
Stürzen und nach Belieben mit Kirschen, Mandeln, Orangeat und Zitronat dekorieren.

Charlottka
Russische Cremespeise
(Abbildung)

40 Löffelbiskuits
4 Eigelb
80 g Zucker
6 Blatt Gelatine
1/4 l Milch
Mark von 1 Vanilleschote
je 1/8 Liter süße und saure Sahne
1 Orange

Den Boden einer Springform mit Löffelbiskuits auslegen. Dabei die Spitzen so zuschneiden, daß der Boden lückenlos bedeckt ist. Die Eigelbe mit dem Zucker verrühren. Die Gelatine in kaltem Wasser einweichen. In einem kleinen Topf die Milch mit dem Vanillemark erhitzen. Unter ständigem Rühren die Eimasse langsam in die Milch geben. So lange bei schwacher Hitze rühren, bis die Masse eine cremige Konsistenz bekommt. Sie darf nicht kochen, da die Eier sonst gerinnen.
Den Topf vom Feuer nehmen und die ausgedrückte Gelatine unter die Creme rühren und abkühlen lassen. Die süße Sahne steif schlagen, die saure Sahne unterziehen und weiterschlagen. Die Sahnemischung vorsichtig unter die Creme heben.
Die Creme in die Springform geben, bis die Löffelbiskuits gleichmäßig bedeckt sind. Die restlichen Biskuits aufrecht am Rand der Form aufstellen und die restliche Creme in die Form geben. Die Oberfläche glätten, mit Frischhaltefolie abdecken und 4 Stunden in den Kühlschrank stellen. Die Orange schälen und zerteilen. Die Springform auf einen Servierteller stellen und den Rand vorsichtig abnehmen. Die Creme mit den Orangenscheiben und einigen Sahnetupfern dekorieren.

Gogol Mogol
(Abbildung)

Diese Eierspeise, eine russische *zabaione*, schätzte der berühmte Sänger Fedor Schaljapin (1873–1938) als bestes Mittel zur »Ölung« seiner Stimmbänder.

12 Eigelb
9 EL (etwa 125 g) Zucker
2 EL Cognac
1 EL Orangenlikör
1 EL Zitronensaft

Eigelbe und Zucker schaumig rühren. Cognac, Likör und Zitronensaft hinzufügen und die Masse lange und kräftig schlagen, bis sie eine dickflüssige Konsistenz angenommen hat. Mindestens 30 Minuten in den Kühlschrank stellen und in Dessertschalen servieren.

Gogol Mogol

Charlottka

Aus dem Samowar, der traditionell mit Holzkohle beheizt wird, entnimmt man das heiße Wasser für den Tee.

Ein schöner alter russischer Samowar mit Messingelementen, reich mit Ornamenten verziert

Das Geschenk des Mongolen-Khans

Tee

Tee, *tschai*, ist in Rußland sicher das populärste Getränk, und jeder Russe würde schwören, daß er zutiefst russisch ist. Tatsächlich kam der Tee jedoch erst im 17. Jahrhundert nach Rußland: Damals brachte der russische Botschafter am Hof des Mongolen-Khans vier Pud Tee (etwa 65 Kilogramm) als Geschenk des Groß-Khans für den Zaren Michael Feodorowitsch (1613–45) mit. Der Botschafter hatte sich anfangs geweigert, das Geschenk anzunehmen, weil er den Zorn des Zaren wegen des »getrockneten Grases« fürchtete, doch der Groß-Khan bestand auf seinem Geschenk.

Wie befürchtet, wollte dem Zar das neue Getränk anfangs überhaupt nicht gefallen. Er stellte alsbald jedoch fest, daß der Tee während der langen Gottesdienste und der noch langwierigeren Sitzungen der Duma, der Versammlung des Hochadels – heute Bezeichnung für das russische Parlament –, die Schläfrigkeit zu vertreiben schien. Als der Vorrat aufgebraucht war, vergaß man den Tee jedoch wieder.

Erneut waren es Gesandte, die den Tee ein zweites Mal nach Rußland brachten, und diesmal kamen sie aus China. Jetzt wurde der Tee schon als alter Bekannter begrüßt. Er blieb allerdings teuer, so daß sich ihn nur der Adel leisten konnte. Größere Verbreitung erlangte der Tee erst im 18. Jahrhundert, und zur gleichen Zeit tauchten auch die ersten Samoware auf.

Unten: Eine moderne russische Familie beim Nachmittagstee. Auf dem Tisch steht zwar immer noch der Samowar, er wird jedoch elektrisch betrieben, und auch das Zeremoniell der Teezubereitung ist nüchterner Pragmatik gewichen.

Der Samowar – Inbegriff russischer Teekultur

Ein Samowar ist ein Wasserkocher – wenn auch ein ungewöhnlicher. Es gab ihn in jeder möglichen Gestalt: rund, zylindrisch und konisch, aus Kupfer oder Messing. Viel Mühe verwendete man meist auf die Ziselierung der einzelnen Bestandteile, die man üppig mit Mustern und Figuren dekorierte.

Bis heute gibt es in Rußland Samoware in allen Größen, vom kaum mehr als tassengroßen Mini-Samowar bis zur Familienausführung für mehrere Liter Wasser. Die heutigen Samoware nehmen sich jedoch gegenüber ihren noblen Vorfahren aus besseren Zeiten recht schlicht aus. Sie sind Massenartikel aus Blech, enthalten eine elektrische Heizspirale wie ein Tauchsieder und lassen nur noch in Anklängen die einstige Pracht erahnen. Aber sie tun ihren Dienst, und das ist im Prinzip die Hauptsache.

Der klassische Samowar wird mit Holzkohle betrieben, die glimmend in das Heizrohr eingelegt wird. Dann setzt man eine Verlängerung auf das Rohr, bis das Wasser kocht. Tritt kein Rauch mehr aus dem Schornstein aus, wird er abgenommen und der Samowar auf den Tisch gestellt.

Der Tee ist ein starker Extrakt, der in einem Kännchen gebrüht wird, das man auf den Samowar stellt. Man bedient sich zunächst aus diesem Kännchen und verdünnt den Extrakt mit kochendem Wasser aus dem Samowar.

Den Tee serviert man traditionell in hohen Gläsern mit Metallgriff (heute nimmt man auch Tassen und Becher) und garniert ihn mit dünnen Zitronenscheiben. In manchen Gegenden des Kaukasus, in Zentralasien und in Kasachstan trinkt man mit Vorliebe grünen Tee.

Russen trinken Tee zu jeder Tageszeit. Dazu serviert man Konfitüren, Kuchen, süße Piroggen, Hörnchen und Honig. Im Sommer genießt man die Früchte der Saison wie Erdbeeren, Himbeeren und Johannisbeeren zum Tee.

Tee aus den Wäldern

Der ursprüngliche russische Tee ist der Waldtee. Für seine Zubereitung nimmt man getrocknete Beeren, Blüten, Blätter, Stengel, Halme und Wurzeln verschiedener Pflanzen. Beliebt sind die Blüten des Jasmins, der Wildrose und der Linde, die Blätter von Minze und Preiselbeeren, die Beeren von Preiselbeeren, Heidelbeeren, Eberesche und Weißdorn. Für die Herstellung rechnet man einen Eßlöffel getrockneten Tees auf einen Liter kochendes Wasser. Der Waldtee muß wesentlich länger ziehen als der schwarze oder grüne Tee. Er enthält zwar kein (anregendes) Tein – wie das im Tee enthaltene Koffein auch genannt wird –, verfügt aber über einen ausgeprägten Geschmack und ein schönes Aroma.

Sbitjen aus Honig und Gewürzen

Im 18. und 19. Jahrhundert war *sbitjen* weit verbreitet, ein heißes Getränk, das aus Honig und Gewürzen gekocht wird. Er wurde auf Marktplätzen in kleinen Holzhütten ausgeschenkt, auf deren Fensterbrettern gewöhnlich ein großer Samowar stand. Nicolai W. Gogol beschreibt einen solchen *sbitjen*-Stand in seinem Roman »Die toten Seelen«: »Am Fenster machte sich ein Sbitjen-Verkäufer mit einem Samowar aus rotem Kupfer breit. Das Gesicht des Sbitjentschiks war genauso rot wie der Samowar. Von ferne hätte man annehmen können, im Fenster wären zwei Samoware gestanden, wenn nicht einer von ihnen einen schwarzen Bart gehabt hätte.«

Der Name des Getränks ist abgeleitet von dem russischen Wort *sbitj* (»vereinigen«, »vermengen«). Vermengt werden mit dem Honig verschiedene Gewürze in unterschiedlichen Mischungsverhältnissen wie Ingwer, Gewürznelken, Muskat, Zimt und Kümmel.

Die »weiße Magie«
Wodka

Trinken ist in Rußland und seinen Nachbarländern eine ernste Sache. Wodka trinkt man nicht aus Bedürfnis und nicht aus Kummer, stellte ein satirischer Schriftsteller vor einigen Jahren fest, sondern aus einer uralten Sehnsucht nach dem Wunderbaren und Außergewöhnlichen – »Wodka ist die weiße Magie«. Wodka (wörtlich: »Wässerchen«) wurde im 14. Jahrhundert als Medizin entwickelt und ursprünglich aus Traubenmaische, später aus Roggen gebrannt. Als man in Rußland die Kartoffel einführte, verwendete man auch sie zur Herstellung von Wodka – ein Verfahren, das in den Notzeiten des Zweiten Weltkriegs wieder zu Ehren kam: Damals machte man Wodka aus Kartoffelschalen.

Wodka ist so neutral, daß sich der Grundstoff, aus dem er hergestellt wurde, nicht herausschmecken läßt. Deshalb spielt es auch vor dem Auge des Gesetzes keine Rolle, ob er aus Roggen, Weizen, Mais oder Kartoffeln gebrannt wird. Entscheidend ist die Destillationsweise, die in Rußland auch nach dem Ende der Sowjetunion das Staatsmonopol regelt. Auf die Destillation kommt es entscheidend an, damit der Wodka weich, klar und geschmacklich neutral wird. Man destilliert ihn mehrfach und filtert ihn schließlich noch über Holzkohle und Asbest, um ihm die letzten Spuren geschmacksbestimmender Substanzen zu nehmen. Auch die Lagerung in Stein- oder Glasbehältern verhindert eine Aromatisierung, wie sie sich beispielsweise in Holzfässern entwickelt.

Wodka kann in schwierigen Lebenslagen hilfreich, für labile Naturen aber auch mörderisch sein. Wie so oft, steckt der Dämon nicht im Schnaps, sondern im Menschen – was die Russen aber nicht daran hindert, gelegentlich kräftig einen über den Durst zu trinken. Immerhin machten zur Zaren-Zeit die Salz- und Alkoholsteuern 30 Prozent des gesamten Steueraufkommens aus.

Der beste Wodka wird heute aus Weizen hergestellt. Nach russischer Sitte trinkt man ihn eiskalt, und es ist kein Snobismus, eine Wodkaflasche samt Gläsern vereisen zu lassen: Dann erst entfaltet sich das ganze Feuer des Getränks bei seinem Genuß.

Es gibt auch Wodkas, die aromatisiert wurden, beispielsweise mit Zitronenschale, Ingwer, Cayennepfeffer oder gar Büffelgras.

Russische Wodka-Sorten

Die in Klammern gesetzten Ziffern beziehen sich auf die Abbildungen unten (da es sich um russische Originalabfüllungen für den außerrussischen Markt handelt, wurde auf den Etiketten – nach internationaler Gepflogenheit – die Transskription ins Englische benutzt, die von der ins Deutsche abweicht).

Krepkaja (4)
»Der Starke« enthält 56 Volumprozent Alkohol, und nur hartgesottene Naturen trinken ihn pur. Barmixer verwenden ihn gern für Cocktails.

Limonnaja
Er enthält 40 Volumprozent Alkohol und ist mit Zitronenschalen aromatisiert. Man erkennt ihn an seiner intensiven gelben Farbe.

Moskowskaja (7)
Er ist besonders mild, weil ihm Soda und Natriumsulfad zugegeben werden. Sein Alkoholgehalt liegt bei 40 Volumprozent.

Ochotnitschja (1)
Kräftiger Wodka mit 45 Volumprozent Alkohol und besonders würzig durch die Beigabe von Ingwer, Nelken und spanischem Pfeffer.

Perzowka (3)
Diese Wodka-Sorte treibt dem unvorbereiteten Genießer die Tränen in die Augen, denn er hat nicht nur 45 Volumprozent Alkohol, sondern ist mit Cayennepfeffer gewürzt. Man schätzt ihn bei Magenverstimmungen und Erkältungen.

Starka (6)
Die Blätter der Äpfel und Birnen von der Krim werden mitdestilliert, dann wird Weindestillat und Likörwein hinzugegeben. Der Wodka hat einen Alkoholgehalt von 43 Volumprozent.

Stolitschnaja (2)
Der Name des Wodkas, der 40 Volumprozent Alkohol und geringe Mengen Zucker enthält, bedeutet »hauptstädtisch«.

Stolowaja
Der kräftige Wodka hat 50 Volumprozent Alkohol.

Ukrainskaja
Die Sorte hat ein feines Bukett von Lindenblütenhonig und enthält 45 Volumprozent Alkohol.

Zubrowka (5)
Der mit 40 Volumprozent normal starke Wodka ist mit Büffelgras aromatisiert. Ein Grashalm in der Flasche weist darauf hin.

Liköre aus Wodka

Auf der Basis von Wodka werden unzählige Hausliköre hergestellt. Sie heißen *nastoika*, wenn sie auf Kräuterbasis angesetzt werden und *nalivka* auf Beerenbasis.

Ihre Zubereitung ist denkbar einfach: Man zerkleinert die jeweiligen Zutaten, legt sie in eine große Flasche oder einen Ballon und füllt mit Wodka auf. Das Gefäß stellt man an einen warmen Ort und läßt den Aufguß ein bis zwei Wochen ziehen. Sodann seiht man ihn durch und gibt die gewünschte Menge Wodka zu, je nachdem, ob der Geschmack milder oder stärker sein soll.

Diese aromatischen Getränke sind um so schmackhafter, je länger man die Zutaten ziehen läßt. Den auf der Basis von Beeren hergestellten *nalivki* gibt man, wenn sie zu herb ausfallen, gern auch Zucker oder Honig zu.

Hintergrund: Ein Glas eiskalter Wodka ist – nicht nur für Russen – ein Hochgenuß.

Beata Dębowska

Polen

Flußlandschaft in Pommern

Vorherige Doppelseite: Die berühmten Krakauer Würste werden zum Räuchern aufgehängt.

178 **Polen**

Polen, ein Land unermeßlicher Wälder, weiter Getreideflächen und kilometerlanger Flüsse, entspricht hinsichtlich seiner klimatischen Gegebenheiten dem europäischen Rußland, hat aber kulturelle Impulse in erster Linie von seinen westlichen Nachbarn erhalten. Daher verbinden sich in der polnischen Küche slawische und germanische Einflüsse zu einer eigenen kulinarischen Tradition – wenn auch 50 Jahre Sozialismus und die politische Anbindung an die Sowjetunion das russische Element dominieren ließen. Gastfreundschaft und die Verbundenheit mit der Tradition haben in Polen große Bedeutung. Zwar sind im Laufe der Jahrhunderte einige alte Bräuche in Vergessenheit geraten, die Tugend der Gastfreundschaft aber hat überdauert. Indes sei jeder, der über keinen gesegneten Appetit verfügt und keinen Alkohol verträgt, gewarnt. Das gilt vor allem für Taufen, Hochzeiten und Namenstage. Um sich bei Kaffee, Tee oder einem Gläschen Wodka zu treffen, braucht es keinerlei Anlaß oder Vorwand. Wodka gilt als »flüssiges Grundnahrungsmittel« und gehört zu den wenigen polnischen Spezialitäten, die auch außerhalb der Landesgrenzen bekannt sind. Irrtümlicherweise zählt man auch die Gans dazu. In der Tat exportiert Polen Gänse in erheblichem Umfang, sie sind jedoch in der polnischen Küche längst nicht so populär wie beispielsweise im Nachbarland Deutschland. Viel mehr schätzt man in Polen das Schwein als Fleischlieferanten und alles, was sich daraus zubereiten läßt – vom Schinken bis zum Schweineschnäuzchen, vom Kotelett bis zur Wurst. Kohl, Rüben, Pilze und Gurken, im Sommer reichlich vorhanden, werden für den Winter in Salz oder Essig eingelegt, auch Beeren kommen dann eingesalzen zu Fleischgerichten auf den Tisch – ein eigenartiger, weil etwas ungewohnter, aber recht pikanter Geschmack.
Da in Polen, das in seiner Geschichte oft besetzt, annektiert und geteilt war, die historischen Wechselfälle zwangsläufig unterschiedliche Spuren hinterlassen haben, darunter auch kulinarische, erkennt man an den Speisen, aus welcher Gegend Polens jemand stammt. Diese Unterschiede werden besonders zu Weihnachten deutlich – ein Feiertag, den man im katholischen, tiefgläubigen Polen sehr festlich begeht.

Pilze

Kascha

Kohl

Fleischgerichte

Krakauer

Süße Sachen

Honigmet

Boczniak ostrygowaty – Austernseitling   Borowik szlachetny – Steinpilz   Czubajka kania – Parasolpilz   Gąsówka naga – Violetter Rötelritterling

Leckerbissen aus Polens Wäldern

Pilze

Pilze bilden traditionell den Grundstock vieler polnischer Gerichte, denn seit altersher werden sie in Polen gesammelt. In den ausgedehnten Wäldern findet sich eine Fülle von Pilzarten. Besonders geschätzt werden Steinpilze und Morcheln, Reizker und Champignons. Pilze galten in den Küchen der Reichen als Leckerbissen und wurden als Beilage zu Fleischgerichten gereicht, wohingegen die armen Leute sich mit dem Sammeln abmühten, um sich ein paar Groschen hinzuzuverdienen.

Auch heute noch sind die polnischen Wälder eine »Goldgrube« für Pilzsammler. Über viele Jahre hinweg erfüllte das Pilzesammeln in Polen darüber hinaus eine bemerkenswerte gesellschaftliche Funktion, insbesondere in den Nachkriegsjahren. Nichts konnte die Menschen mehr animieren, gemeinsam ihre Freizeit zu verbringen, als am Wochenende »in die Pilze« zu fahren. Solch ein Ausflug wurde oft durch ein Picknick gekrönt, begleitet von reichlichem Alkoholgenuß, wobei man so manches Problem auf informellem Weg regeln konnte.

In Polen sind 31 Pilzarten frisch zum Verkauf und zur Verarbeitung zugelassen. Inoffiziell sind es weitaus mehr – darunter solche, die nur in bestimmten Gegenden zu finden sind und daher lediglich lokale Bedeutung haben. Besonders reich sind die Pilzvorkommen in den Wäldern der Woiwodschaften (Amtsbezirke) Zielona Góra, Piła und in den Masuren.

Zum Verkauf in getrockneter Form freigegeben sind 15 Arten. Dabei dürfen nur Hüte mit Stielen verwendet werden. Diese hocharomatischen Trockenpilze verwendet man für Saucen, Suppen und Füllungen sowie als Beilage zu den klassischen polnischen Gerichten wie *zrazy*, eine mit Pilzen gefüllte Roulade, *bigos*, gedämpftes Sauerkraut mit vielerlei Sorten Fleisch, *barszcz*, eine mit saurer Sahne verfeinerte Suppe aus roten Beten, Enten- und Rinderbraten.

Frische Pilze bereitet man auf klassische Art in Sahne geschmort zu. Reizker, die als besondere Delikatesse gelten, brät man in Butter oder gart sie in einem fest verschlossenen Tontopf. Man legt sie auch ein. Dazu werden sie mit Salzwasser übergossen und mit Pfeffer, Piment und Lorbeerblättern gewürzt. Erst zu Beginn dieses Jahrhunderts kam das Marinieren in Mode: Aus Essig und Wasser sowie Zwiebeln, Lorbeerblatt und Piment stellt man eine Marinade her, in der man die Pilze eine Zeitlang ziehen läßt. Marinierte Pilze sind eine beliebte Beigabe zu Wodka.

Der Umgang mit Pilzen

Pilze sind reich an Proteinen, Mineralstoffen und Spurenelementen, wobei besonders das Pilzeiweiß von Bedeutung ist, da es höherwertig ist als das normale Pflanzeneiweiß und tierisches Eiweiß fast ersetzen kann. Besonders Steinpilze und Maronenröhrlinge enthalten Eiweiß von hoher Qualität. Gleichwohl sollten Wildpilze nicht allzu häufig gegessen werden (pro Woche maximal um 200 Gramm), da sie giftige Schwermetalle und andere Schadstoffe aus der Luft speichern. Ihr Genuß ist nur zu empfehlen, wenn sie nicht aus Gebieten mit stark belasteter Umwelt stammen. Will man sicher gehen, sollte man sie nach dem Sammeln so bald wie möglich garen. Man kann sie sodann verzehren oder trocknen und bis zu einem Jahr aufbewahren.

Rohe Pilze sollten möglichst nicht gewaschen werden, weil sie sonst zu viel Wasser aufnehmen. Meist genügt es, sie mit einem feuchten Tuch abzuwischen. Sind sie sehr schmutzig, spült man sie kurz mit kaltem Wasser ab.

Pilze müssen nur geschält werden, wenn ihre Haut zäh oder verfärbt ist. In diesem Fall zieht man die Haut mit einem kleinen scharfen Messer ab.

Frische Pilze bewahrt man in einem offenen Plastikbeutel im Kühlschrank auf; dort halten sie sich einige Tage.

Pilze werden in der Regel gedünstet oder gebraten, wobei sie erst aus der Pfanne genommen werden sollten, wenn die abgesonderte Flüssigkeit – immerhin bestehen Pilze zu 90 Prozent aus Wasser – verdampft ist. Pilze sollte man nicht roh verzehren, da sie giftige Substanzen enthalten, die erst durch Erhitzen zerstört werden. (Selbst Zuchtchampignons sind in den Verdacht geraten, krebserregend zu wirken, wenn man sie roh, beispielsweise in Salaten, ißt.)

Auch bei der Resteverwertung von Pilzgerichten sollte man Vorsicht walten lassen. Zwar kann man solche Reste innerhalb von 24 Stunden aufwärmen, wenn sie in einem geschlossenen Behältnis im Kühlschrank aufbewahrt wurden, muß dann jedoch überaus kritisch Geruch und Aussehen prüfen. Schon bei der geringsten Veränderung gegenüber dem frischen Gericht sind die Pilze nicht mehr genießbar. Pilzgerichte mit Eiern oder Mayonnaise, ebenso solche aus Tiefkühl-Pilzen kann man in keinem Fall aufbewahren. Um solche Risiken jedoch gar nicht erst einzugehen, empfiehlt es sich, Pilze nur in der Menge zu garen, die man auch verzehren kann.

Zrazy duszone z grzybami
Rouladen mit Pilzfüllung

1 Zwiebel
125 g Pilze
1 EL Semmelbrösel
1 Eigelb
Salz, schwarzer Pfeffer
4 Rinderrouladen
Senf
50 g fetter geräucherter Speck
1 EL Mehl
1 Glas Rotwein
1/8 l saure Sahne
Lorbeerblatt

Die Zwiebel schälen und hacken. Die Pilze putzen, waschen und kleinschneiden. Die Zwiebel in heißem Öl anrösten, Semmelbrösel hineinstreuen und mitrösten. Die Pilze dazugeben, kurz dünsten und die Zwiebel-Pilz-Mischung abkühlen lassen. Das Eigelb unterrühren und die Mischung mit Salz und Pfeffer würzen.

Die Rouladen am Rand einschneiden, salzen, pfeffern und dünn mit Senf bestreichen. Die Pilz-Zwiebel-Masse darauf verteilen, die Fleischscheiben aufrollen und mit einem Zahnstocher und Küchengarn verschließen.

Den Speck würfeln und in einem Schmortopf glasig braten, dann die Rouladen hinzugeben. Rundum braun anbraten und leicht mit Mehl bestäuben. Rotwein und etwas Wasser angießen. Das Lorbeerblatt hinzugeben und die Rouladen etwa 60 Minuten schmoren lassen.

Das Lorbeerblatt entfernen, die Sauce mit saurer Sahne anrühren und über die Rouladen geben.

Koźlarz babka – Brauner Birkenpilz

Koźlarz czerwony – Rotkappe

Lejkowiec dęty – Herbsttrompete

Maślak żolty – Goldröhrling

Maślak sitarz – Kuhpilz

Maślak pstry – Sandröhrling

Mleczaj rydz – Edelreizker

Muchomór czerwonawy – Perlpilz

Opieńka miodowa – Hallimasch

Pieczarka polna – Wiesenchampignon

Pieprznik jadalny – Pfifferling

Piestrzenica kasztanowata – Frühlorchel
(Achtung! Dieser Pilz ist nur eingeschränkt als Speisepilz verwendbar. Siehe S. 143)

Podgrzybek brunatny – Maronenröhrling

Podgrzybek złotawy – Ziegenlippe

Smardz stożkowaty – Spitze Glockenmorchel

Smardz jadalny – Speisemorchel

181

Ein polnisches Traditionsgericht

Kascha

Polens Spezialität ist *kasza*, Grütze. Sie wird aus mehreren Getreidesorten hergestellt, vor allem aus Weizen, Hafer, Gerste, Mais, Hirse und Buchweizen, wobei letzterer strenggenommen kein Getreide ist, sondern ein Wiesenkraut, dessen Früchte wie Getreide verarbeitet werden, vor allem in ihrer geschroteten Form. Buchweizen – der Name ergab sich infolge seiner Ähnlichkeit mit Bucheckern – ist bei der Zubereitung von Kascha besonders wichtig, weil er der Grütze den typischen Geschmack verleiht.

Die Qualität einer Kascha hängt nicht nur von der verwendeten Getreidesorte ab, sondern auch von ihrer Bearbeitung: Es kommt sehr darauf an, wie das Getreide gemahlen wird. Der Mahlgrad sollte nicht zu grob und nicht zu fein sein, und die richtige Konsistenz ergibt sich erst durch beharrliches Ausprobieren.

Kascha ist ein Lebensmittel aller sozialer Schichten, sie steht auf den Tafeln der Reichen wie auf den Tischen der Armen. Eine Zeitlang war sie weniger populär, weil zunehmend Kartoffeln gegessen wurden. Im Zuge der Hinwendung zu Traditionsgerichten ist die Kascha jedoch wieder gesellschaftsfähig geworden: Auch renommierte Restaurants mit polnischen Spezialitäten führen Kascha ständig in ihrem Angebot – vor allem Kascha aus Buchweizen.

Die Blüten des Buchweizens riechen nach Honig und werden deshalb gern von Bienen aufgesucht. Dies ergibt den dunklen Buchweizenhonig, der als Delikatesse geschätzt und gesucht wird. Die Körner des Buchweizens sind schnell gar, und um das Korn zu schonen, wird es vor dem Schälen geröstet. Dadurch bildet sich eine bräunliche Schutzschicht, die verhindert, daß das Korn beim Kochen platzt. Diese »verbrannte« Buchweizenkascha wird wegen ihres charakteristischen Geschmacks sehr geschätzt. Sie ist eine unersetzliche Zugabe zu vielen Fleischgerichten mit Sauce. Vorzüglich schmeckt sie auch mit heißen, ausgelassenen Speckgrieben und Buttermilch.

Die Krakauer Kascha gilt als die delikateste und feinste Buchweizenkascha. Sie wird salzig, mitunter aber auch süß zubereitet. Perlkascha erhält man durch Polieren des Gerstenkorns, wodurch eine glatte Oberfläche entsteht. Aus dieser Kascha stellt man ein weiteres typisch polnisches Gericht her, die Graupensuppe. Sie schmeckt gut und ist äußerst nahrhaft. In einigen polnischen Regionen verwendet man Kascha auch als Piroggenfüllung.

In Polen fesseln weite Getreidelandschaften – hier das wogende Korn eines Gerstenfeldes – den Blick. So nimmt es nicht Wunder, daß Getreideprodukte in der polischen Küche eine wichtige Rolle spielen und auch Kascha in vielen Variationen verbreitet ist.

1 Jęczmien – Gerste
2 Pęczak – Graupen
3 Płathi jęczmienne – Gerstenflocken
4 Kasza perłowa gruba – grobe Perlkascha
5 Kasza perłowa drobna – feine Perlkascha

1   2   3   4   5

Polen

1

2

3

4

5

6

Kasza krakowska
Krakauer Kascha
(Abbildung 1–6)

1 Tasse Buchweizengrütze
Salz
100 g Butter
1 Tasse Perlgraupen
300 g Zwiebeln, geschält und gehackt
1 l Fleischbrühe

Die Grütze waschen (1), in einer Pfanne unter Rühren trocknen und leicht bräunen (2). 1/2 TL Salz, die Hälfte der Butter und den größten Teil der Fleischbrühe hinzugeben (3). Verrühren, zudecken und bei niedriger Hitze 20 Minuten köcheln lassen. Vom Herd nehmen und stehen lassen.
Inzwischen die Perlgraupen in einem kleinen Topf in der restlichen Fleischbrühe garen (4), abgießen und mit der Grütze vermischen. Die restliche Butter in einer Pfanne zerlassen, die Zwiebeln darin glasig dünsten und in die Kascha rühren (5). Alles gut vermischen und abschmecken.

Budyń gryczany
Buchweizenpudding

1/2 l Milch
Mark von 1 Vanilleschote
100 g Butter
1 Tasse Buchweizen
4 Eigelb, 4 Eiweiß
80 g Zucker
abgeriebene Schale von 1 unbehandelten Zitrone
100 g Rosinen
Butterflöckchen
Kirschmarmelade

In einem größeren Topf die Milch mit dem Vanillemark zum Kochen bringen. Die Milch vom Herd nehmen, zwei Drittel der Butter dazugeben und schmelzen lassen.
Den Backofen auf 190 °C vorheizen.
Den Buchweizen in die Milch geben, den Topf wieder auf die Herdplatte setzen und die Buchweizenmischung unter ständigem Rühren kochen, bis die Masse dick wird.
In eine feuerfeste Form mit gut schließendem Deckel geben und im Ofen etwa 45 Minuten backen. Die Masse abkühlen lassen.
Die Eigelbe mit dem Zucker schaumig schlagen, Zitronenschale und Rosinen hinzufügen und mit der Buchweizenmasse vermischen. Die Eiweiße steif schlagen und unterziehen.
Die Oberfläche glattstreichen und mit Butterflöckchen besetzen. Weitere 30 Minuten im Ofen backen und zusammen mit der Kirschmarmelade servieren.

Krupnik
Graupensuppe

300 g Suppenfleisch
100 g Pilze
1 Bund Suppengemüse
3 mittelgroße Kartoffeln
1 Tasse Perlgraupen
Salz, schwarzer Pfeffer

Das Suppenfleisch in einen großen Topf mit kochendem Salzwasser geben und etwa 30 Minuten schwach kochen lassen, bis das Fleisch gar ist.
Herausnehmen, abkühlen lassen und in mundgerechte Stücke schneiden.
Die Pilze putzen, säubern und vierteln, die Kartoffeln schälen und würfeln. Das Suppengemüse putzen und zerkleinern.
Etwas von der Fleischbrühe in einen kleinen Topf geben und darin die Graupen garen. Die Graupen abgießen und in die restliche Fleischbrühe geben. Die Kartoffeln dazugeben und gar kochen, Suppenfleisch, Pilze und Gemüse hinzugeben.
Nochmals aufkochen lassen und mit Salz und Pfeffer würzen.

König der Gemüse

Kohl

In Polen ist das Klima für den »König der Gemüse« – wie die Polen den Kohl gern bezeichnen – besonders günstig, so daß er in großen Mengen angebaut wird und das ganze Jahr verfügbar ist. Die Kohlköpfe werden bis zum Ende des Winters gelagert, anschließend behilft man sich bis zur neuen Ernte mit sauer eingelegtem Kohl.

Die schweren und fetten Kohlgerichte der altpolnischen Küche, wie Kohl mit Erbsen, Kohl mit Kartoffeln oder Kohl mit Pilzen, werden heute nicht mehr zubereitet – sie waren auch nicht besonders bekömmlich. Dafür ist ein anderes Kohlgericht um so populärer, der *bigos*. Seine Tradition reicht weit in die polnische Vergangenheit. Er war Reiseproviant und Jagdessen, Alltagsgericht und Festmahl. Früher bewahrte man ihn in Holzfässern oder großen Tonkrügen auf. Bigos gehörte in jede gut gefüllte Speisekammer. Es gab ihn zur Fastenzeit, zu Weihnachten, aber auch zu jeder sonst sich bietenden Gelegenheit.

Das Gericht ist eine Komposition mit vielen Variationen, jede Hausfrau kocht es nach ihrem eigenen Rezept. Je mehr unterschiedliche Fleisch- und Wurstsorten sowie Schinkenspeck er enthält, desto besser ist der Bigos. Gern werden bei der Zubereitung auch getrocknete Pilze und Backpflaumen verwendet, und als Krönung eines Festtagsbigos gibt man trockenen Rotwein oder Madeira dazu.

Am besten schmeckt Bigos nach dreimaligem Aufwärmen. Man serviert ihn sehr heiß und reicht dazu Roggenbrot und ein Gläschen eisgekühlten Wodka.

 ①  ②  ③  ④
 ⑤  ⑥  ⑦  ⑧

Bigos
(Abbildung 1–8)

15 g getrocknete Pilze (ergibt etwa 150 g)
500 g Fleisch (verschiedene Sorten)
200 g durchwachsener Speck
2 Krakauer oder andere Würste
500 g Sauerkraut
750 g Kartoffeln
20 g Schmalz
1 Zwiebel
1 1/2 l Fleischbrühe
Kümmel
Zucker
Rotwein
Salz, schwarzer Pfeffer

Die Pilze 30–60 Minuten (je nach Größe) in lauwarmem Wasser einweichen.
Das Fleisch in mundgerechte Würfel schneiden (2), den Speck fein würfeln. Die Würste grob in Stücke schneiden. Das Sauerkraut auflockern, gegebenenfalls kleinschneiden (3), die Kartoffeln schälen und in Scheiben schneiden. Die eingeweichten Pilze ausdrücken (4).
Das Schmalz in einem Topf erhitzen, Fleisch, Speck und Würste darin von allen Seiten anbraten (5). Die Zwiebel schälen, hacken, zu dem Fleisch in den Topf geben und glasig dünsten.
Dann Sauerkraut, Kartoffeln und Pilze zugeben (6) und mit der Fleischbrühe auffüllen. Kümmel und etwas Zucker sowie einen Schuß Rotwein hinzufügen (7). Die Zutaten etwa 30 Minuten köcheln lassen, würzen (dabei sparsam mit dem Salz umgehen, da das Sauerkraut bereits Salz enthält) und das Gericht servieren (8).

Gołąbki
Kohlrouladen
(Abbildung rechts)

1 Weißkohl
1 Tasse Reis
1 große Zwiebel
80 g Butter
300 g Hackfleisch (halb Rind, halb Schwein)
1 Ei
Salz, schwarzer Pfeffer

Sauce

2 TL Butter
2 TL Mehl
1 Dose Tomaten
1 Knoblauchzehe
1/8 l Hühnerbrühe
getrockneter Thymian
1 Prise Zucker
Salz, schwarzer Pfeffer

Den Kohl putzen. Im Ganzen in kochendem Salzwasser etwa 30 Minuten garen. Aus dem Wasser nehmen, abtropfen und abkühlen lassen.
Den Reis körnig kochen. Die Zwiebel schälen, hacken und in der Butter weich dünsten. Das Hackfleisch hinzugeben und unter Rühren bräunen. Reis und Ei hinzufügen und die Mischung würzen. Abkühlen lassen.
Den Backofen auf 190 °C vorheizen.
Die Kohlblätter auslegen, die Hackfleischmischung auf den Blättern verteilen, aufrollen und in eine feuerfeste Form geben. Etwas heißes Wasser angießen, zudecken und etwa 30 Minuten im Ofen garen.
Für die Sauce aus Butter und Mehl eine Schwitze herstellen und mit den Zutaten 20 Minuten köcheln lassen. Die Rouladen auf der Sauce anrichten.

Üppig, deftig, mächtig
Fleischgerichte

Nóżki wieprzowe w galarecie
Schweinsfuß in Aspik
(Abbildung)

750 g Schweinsfüße
300 g Schweinefleisch
Salz, schwarzer Pfeffer
Weinessig
2 Möhren
1 Stange Sellerie
2 Eiweiß

Die Schweinsfüße, das Fleisch und die Gemüse in einem großen Kochtopf mit kaltem Wasser aufsetzen und 2 Stunden köcheln lassen. Den Schaum abschöpfen, Salz, Pfeffer und einen Schuß Essig hinzugeben und weitere 2 Stunden kochen lassen. Durch ein Sieb passieren, einen Teil der Brühe aufbewahren.
Das Fleisch der Schweinsfüße von den Knochen lösen, Schweinsfüße und Schweinefleisch in Würfel schneiden. Möhren und Sellerie putzen und in Scheiben schneiden. Die Fleischbrühe aufkochen und die Eiweiße unter kräftigem Schlagen hineingeben, bis sich dicker Schaum bildet. Mehrmals aufwallen lassen und in eine Schüssel absieben, die mit einem sauberen Tuch ausgelegt wurde. Abkühlen lassen, einen Teil der Masse in eine runde Napfkuchenform geben und kalt stellen, bis die Masse geliert. Möhren- und Selleriescheiben dekorativ darauf anordnen, erneut einen Teil der Flüssigkeit in die Form geben und nochmals kalt stellen. Die Fleischwürfel mit der verbleibenden Flüssigkeit vermischen und die Form damit auffüllen. Mindestens 4 Stunden kalt stellen, bis die Masse fest wird, und stürzen.

Wolowina z grzybami
Rinderfilet mit Pilzen

20 g getrocknete Steinpilze (ergibt etwa 250 g)
800 g Kartoffeln (festkochend)
500 g Rinderfilet
50 g Butter
Salz, schwarzer Pfeffer
1 TL Mehl
1 Becher Crème fraiche
1 Becher Sahne
2 EL gehackte Petersilie

Die Pilze etwa 30 Minuten in lauwarmem Wasser einweichen. Die Kartoffeln schälen und in Scheiben schneiden. Das Rinderfilet entlang der Faser in der Mitte durchschneiden und in einem gußeisernen Topf von allen Seiten in der Butter kurz anbraten, salzen und pfeffern.
Die Pilze ausdrücken, das Pilzwasser aufheben. Die eine Hälfte des Filets mit den Pilzen bedecken, die andere darüberlegen. Das Pilzwasser angießen und aufkochen lassen.
Die Kartoffelscheiben würzen und rund um das Filet legen. Den Deckel auflegen und das Filet etwa 20 Minuten schmoren lassen. Von Zeit zu Zeit den Topf leicht rütteln, damit die Kartoffeln nicht am Topfboden anhaften.
Das Mehl mit Crème fraiche und Sahne verrühren und vorsichtig unter die Kartoffeln heben. Nochmals 10 Minuten köcheln lassen. Vor dem Servieren Filet und Kartoffeln mit Petersilie bestreuen.

Nadziewany rostbef
Gefülltes Roastbeef

50 g Butter
1 kg Rinderlende
Mehl
150–200 ml Fleischbrühe
1 Zweig Thymian
schwarzer Pfeffer
Füllung
3 Zwiebeln
50 g Butter
3–4 Scheiben Brot
1 EL gehackte Petersilie
1 TL gehackter Thymian
1 Ei
Paprikapulver (edelsüß)
Salz, schwarzer Pfeffer

Die Butter in einem schweren Topf erhitzen. Das Fleisch leicht mit Mehl bestäuben und von allen Seiten in der Butter braun braten. Die Fleischbrühe angießen, den Thymian hinzufügen und mit Pfeffer würzen. Den Deckel auflegen und das Fleisch bei mäßiger Hitze etwa 45 Minuten garen, dabei von Zeit zu Zeit wenden. Gegebenenfalls noch Fleischbrühe oder heißes Wasser nachgießen. Das Fleisch aus dem Topf nehmen und warm stellen.
Für die Füllung die Zwiebeln schälen, fein hacken und in der Butter glasig dünsten, das Brot zerkrümeln und zusammen mit den übrigen Zutaten zu den Zwiebeln geben; gut umrühren.
Das Fleisch mehrmals einschneiden, in jede Fleischtasche etwas Füllmasse geben und wieder zusammendrücken. Das Fleisch dann weitere 40 Minuten garen. Wenn es zart ist, aus dem Topf nehmen und anrichten. Den Bratensaft bis zu einer sirupartigen Konsistenz reduzieren und über das Fleisch geben.

Nóżki wieprzowe w galarecie –
Schweinsfuß in Aspik

Kaczka pieczona
Ente in Kapernsauce
(Abbildung)

1 Ente
1 Knoblauchzehe
Salz, schwarzer Pfeffer
50 g Butter
1/8 l Hühnerbrühe
1 TL Zucker
Essig
1–2 TL Stärkemehl
6 EL Kapern

Die Ente ausnehmen, waschen und trockentupfen. Den Knoblauch zerdrücken und die Ente damit einreiben sowie salzen und pfeffern. Beiseite stellen.
In einem schweren Bräter etwas Öl erhitzen, die Butter dazugeben und die Ente in dem Fett ringsum anbraten. Die Hühnerbrühe angießen und die Ente im geschlossenen Topf etwa 90 Minuten garen.
In einem kleinen Topf den Zucker in etwas Wasser auflösen und einkochen, bis er karamelisiert. Vom Herd nehmen, etwas Bratensaft und einen Spritzer Essig dazugeben und bei mittlerer Hitze unter Rühren aufkochen. Wenn die Ente gar ist, aus dem Topf nehmen und warm stellen. Vom Bratensaft das überschüssige Fett abschöpfen. Das Stärkemehl in etwas kaltem Wasser auflösen und den Bratensaft damit binden. Die Kapern hinzufügen und bei großer Hitze einkochen, bis die Sauce dick wird. Die Zuckerlösung einrühren. Die Ente anrichten und mit der Bratensauce übergießen.

Rossolnik
Enteneintopf

1 Ente
Salz, schwarzer Pfeffer
2 l Kalbsfond
1 Salatgurke
2 Eigelb
1 Becher Sahne

Die Ente ausnehmen, waschen, mit Salz und Pfeffer einreiben und in einem Bräter von allen Seiten goldbraun anbraten. Den Kalbsfond erhitzen und zu der Ente geben, zugedeckt etwa 60 Minuten garen.
Die Ente tranchieren und das Fleisch in Würfel schneiden; beiseite stellen.
Die Gurke schälen, entkernen und würfeln. In kochendem Wasser blanchieren und kalt abschrecken. In einer Schüssel die Eigelbe mit der Sahne verrühren, etwas Fleischsaft hinzufügen und alles in den heißen Bratensaft geben. Mit Salz und Pfeffer würzen. Vor dem Servieren das Entenfleisch und die Gurkenstücke hinzugeben.

Kaczka pieczona – Ente in Kapernsauce

Polens berühmte Würste

Krakauer

Zu den Besonderheiten der polnischen Küche gehören die zahlreichen pikanten Wurstsorten. Daß diese Erzeugnisse so aromatisch sind, machen nicht allein die Gewürze – das Geheimnis liegt vor allem in der Tieraufzucht.

Das meiste Schlachtvieh, Rinder und Schweine, kommt aus kleinen bäuerlichen Wirtschaften. Das kräftige Futter gedeiht auf gesundem, natürlich gedüngtem Boden. Als Basisfutter dienen Kartoffeln, Getreide und Milch. Im Sommer kommt noch Grünfutter dazu.

Die Schweine sind in der Regel reinrassig, vorwiegend eine Kreuzung mit dem ursprünglichen Hausschwein. Zum Schlachten nimmt man Jungvieh von sechs bis sieben Monaten und einem Gewicht um die 85 Kilogramm.

Polnische Würste werden bevorzugt aus Schweinefleisch hergestellt, dem eine größere oder kleinere Menge Rindfleisch zugegeben wird. Außerhalb Polens besonders bekannt ist die Krakauer Wurst. Nach polnischem Rezept wird sie aus 80 Prozent Schweinefleisch, zehn Prozent Speck und zehn Prozent Rindfleisch hergestellt. Dazu kommen Pfeffer, frischer Knoblauch und Kümmel als Gewürze.

Die Wurst wird so lange in heißem Rauch geräuchert, bis sie goldbraun ist, danach gedämpft oder gegart. Nach dem Erkalten wird sie nochmals warm geräuchert, bis sie eine dunkelbraune Farbe erhält.

Der offizielle Handel bietet überregional etwa 40 Wurstsorten an, dazu kommen noch ungezählte regionale Sorten. Darüber hinaus stellen viele Polen ihre eigene, ganz individuelle Sorte her, die sich gewöhnlich durch eine gewaltige Menge Knoblauch auszeichnet. Eine sehr schmackhafte Wurst wird auch aus Wild hergestellt. Man unterscheidet Dauerwürste, Roh-, Koch- und Brühwürste.

Polnische Würste

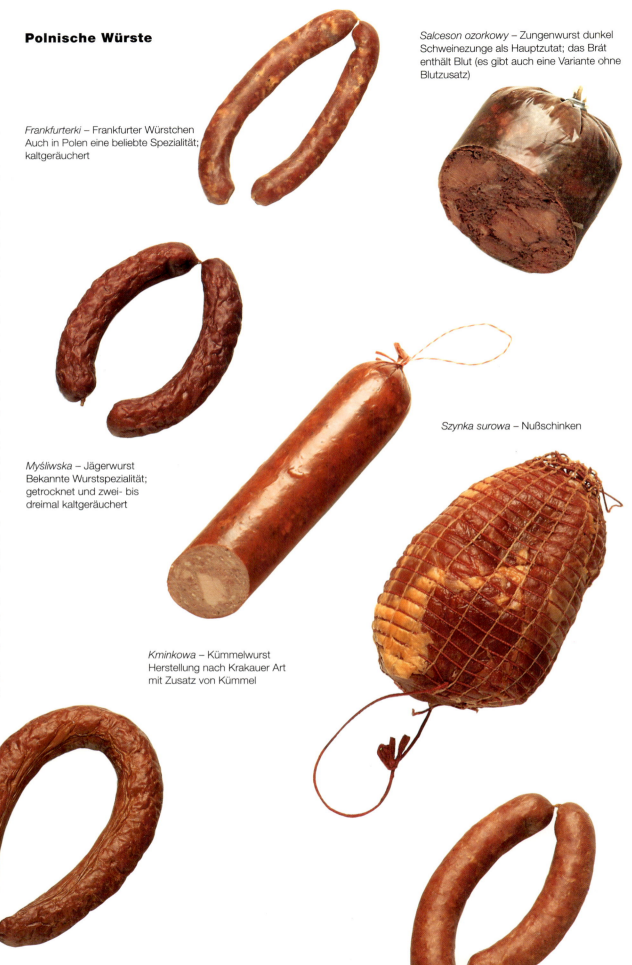

Frankfurterki – Frankfurter Würstchen Auch in Polen eine beliebte Spezialität; kaltgeräuchert

Salceson ozorkowy – Zungenwurst dunkel Schweinezunge als Hauptzutat; das Brät enthält Blut (es gibt auch eine Variante ohne Blutzusatz)

Myśliwska – Jägerwurst Bekannte Wurstspezialität; getrocknet und zwei- bis dreimal kaltgeräuchert

Szynka surowa – Nußschinken

Kminkowa – Kümmelwurst Herstellung nach Krakauer Art mit Zusatz von Kümmel

Jałowkowa – Wacholderwurst Herstellung nach Krakauer Art; enthält neben Wacholder etwas Knoblauch und muß vier bis fünf Tage abhängen

Ślązka – Schlesische Wurst Eine Art Krakauer mit ein wenig Knoblauch, die warm gegessen wird

188 **Polen**

Toruńska – Krakauer lang
Wie die Schlesische Wurst besonders geeignet zum Braten

Krakowska sucha –
Krakauer trocken
Doppelt geräucherte Krakauer, die mindestens sieben bis acht Tage abhängen muß

Łowiecka – Jagdwurst
Als Ring geformte Fleischwurst mit viel Knoblauch

Polska surowa –
Polnische Rohe
Kaltgeräucherte Rohwurst im Naturdarm

Kabanosy – Kabanossa
Aus gehacktem Schweinefleisch; geräuchert und gebacken

Szynkowa – Schinkenwurst
Enthält große Fleischstücke und wird vornehmlich als Brotbelag verwendet

Baleron – Rollschinken
Schweinefleisch vom Nacken, ohne Knochen; gepökelt, geräuchert und gekocht im Netz

Parówkowa – Oppler Wurst
Brühwurst, dem Knacker ähnlich

Parówki – Wiener Würstchen

Salceson – Preßkopf dunkel
Dem bayerischen Preßsack ähnliche Sülzwurst mit Blutzusatz

Szynka gotowana – Gekochter Nußschinken

189

Süße Sachen

Makowiec
Mohnkuchen
(Abbildung)

Teig

50 g weiche Butter
70 g Zucker
2 Eier
25 g Hefe
2 EL lauwarme Milch
1 Prise Salz
500 g Mehl

Füllung

¼ l Milch
250 g gemahlenen Mohn
80 g gemahlene Walnüsse
30 g Butter
50 g Honig
50 g Zucker
1 Schnapsglas (etwa 20 ml) Weinbrand

Für den Teig die Butter mit dem Zucker schaumig rühren und unter Schlagen die Eier hinzufügen. Die Hefe in der Milch auflösen, das Salz hinzugeben und unter die Butter-Zucker-Masse rühren. Das Mehl einstreuen und den Teig so lange kneten, bis er weich und geschmeidig ist. Den Teig in eine gefettete Schüssel legen, abdecken und etwa 60 Minuten gehen lassen, bis sich sein Volumen verdoppelt hat.
Für die Füllung die Milch zum Kochen bringen und über den Mohn gießen. Alle Zutaten unterrühren.
Den Backofen auf 190 °C vorheizen.
Den Teig erneut einige Minuten durchkneten, halbieren und beide Hälften dünn ausrollen. Die Füllung gleichmäßig auf die Teigplatten verteilen und diese über der Füllung zusammenrollen. Die Enden zusammendrücken und die Teigrollen auf ein gefettetes Backblech setzen. Im Ofen etwa 50 Minuten backen.

Mazurek
Osterkuchen
(Abbildung)

80 g weiche Butter
80 g Zucker
100 g gehackte Mandeln
abgeriebene Schale von 1 unbehandelten Zitrone
250 g Mehl
2 hartgekochte Eigelb, 1 rohes Eigelb
1 Prise Salz
1 Messerspitze Zimt
Aprikosen- und/oder Kirschkonfitüre
Puderzucker

Butter und Zucker schaumig rühren. Mandeln, Zitronenschale, Mehl und die hartgekochten Eigelbe sowie Salz und Zimt hinzugeben. Die Mischung zu einem geschmeidigen Teig verarbeiten und 60 Minuten in den Kühlschrank stellen.
Den Backofen auf 190 °C vorheizen.
Zwei Drittel des Teigs ausrollen und auf ein gefettetes Backblech legen. Den restlichen Teig ebenfalls ausrollen und in dünne Streifen schneiden, diese gitterartig auf die Teigplatte legen und andrücken. Mit Eigelb bepinseln und etwa 30 Minuten im Ofen backen.
Abkühlen lassen, vom Backblech lösen und in jedes der Gitterfelder einen Löffel Konfitüre geben. Mit Puderzucker bestreuen und servieren.

Baba
Polnischer Rumkuchen
(Abbildung rechte Seite)

¼ l Milch
15 g Hefe
2 Eier
50 g weiche Butter
1 EL Zucker
200 g Mehl
150 ml (etwa 10 EL) Rum
Puderzucker
1 Becher süße Sahne

Die Milch erwärmen und die Hefe darin auflösen. Die Eier schaumig schlagen und zusammen mit Butter und Zucker in die Milch geben; gut durchmischen. Das Mehl einstreuen und zu einem leichten Teig verarbeiten.
Den Backofen auf 200 °C vorheizen.
Den Teig in eine feuerfeste Form geben und an einem warmen zugfreien Ort gehen lassen. Dann etwa 50 Minuten im Ofen backen.
Abkühlen lassen, mit Rum tränken und mit Puderzucker bestäuben. Mit geschlagener Sahne servieren.
Variante: Den Kuchen in einer Kranzform backen, stürzen, mit Rum tränken und mit Schokolade überziehen. – Eine andere Version ist dem Gugelhupf oder Napfkuchen zu vergleichen, da sie auch Rosinen als Zutat verarbeitet.

Makowiec – Mohnkuchen

Mazurek – Osterkuchen

Baba – Polnischer Rumkuchen

Getränk aus dem Mittelalter
Honigmet

Schon in vorgeschichtlicher Zeit war dieses weinartige Getränk aus vergorenem Honig in weiten Teilen Europas bekannt. In Polen wird Honigmet seit dem Mittelalter hergestellt und ist damit das älteste Volksgetränk des Landes, Bier und Wodka sind weitaus späteren Datums. Es gab über die Jahrhunderte hinweg kaum eine polnische Küche, in der kein Honigmet gebraut wurde – in Adelshäusern ebenso wie auf Bauernhöfen.

Früher wurde Honigmet in großen Mengen produziert. Seinen wichtigsten Bestandteil, den Honig, gab es damals in verschwenderischer Fülle. In dem waldreichen Land lebten große Wildbienenschwärme, und das Aufkommen der häuslichen Bienenzucht trug das Ihre dazu bei. Mit der Abholzung der Wälder und der Umwandlung vieler brachliegender Felder in Ackerland verschlechterten sich jedoch die natürlichen Bedingungen für die Bienen, und so ging auch die Produktion von Honigmet zurück.

Honigmet ähnelt dem Wein. Man gewinnt ihn durch Alkoholfermentierung, indem man Honig mit Wasser verdünnt und diesen mit Hopfenextrakt ergänzt. Gewürze oder Fruchtsäfte dienen der Aromatisierung.

Man unterscheidet zwischen ungesättigtem und gesättigtem Met. Ungesättigter Met wird aus einem kalten Honig-Wasser-Gemisch hergestellt, gesättigter Met durch Kochen des Gemischs. Das Kochen macht das Getränk keimfrei und erlaubt eine schnellere Fermentierung. Auf diese Weise erhält man zwar eine bessere und gesündere Qualität, muß jedoch den Nachteil in Kauf nehmen, daß gesättigter Met nicht so aromatisch ist wie ungesättigter. Während beim gesättigten Met die Honigqualität von eher untergeordneter Bedeutung ist, nimmt man für ungesättigten Met nur den besten Honig mit edlem Aroma wie Linden- oder Kleehonig. Die beliebteste und am häufigsten produzierte Sorte ist der Dreifach-Met, der schon nach ein- bis zweijähriger Lagerung eine gute Qualität erreicht. Honigmet serviert man bei Zimmertemperatur, im Winter auch unter Zugabe von Gewürzen als Heißgetränk. Gelagert wird der Met wie Wein – dunkel und kühl, bei einer Temperatur von fünf bis zehn Grad Celsius.

Honigmet-Qualitäten
Ausschlaggebend für die Qualität des Mets ist der Grad seiner Verdünnung mit Wasser. Man unterscheidet folgende Sorten:
Anderthalb-Met
1 Liter Honig und 1/2 Liter Wasser
Halbsüßer Met
1 Liter Honig und 1 Liter Wasser
Dreifach-Met
1 Liter Honig und 2 Liter Wasser

Hintergrund: In dieser starken Vergrößerung faszinierend – eine Honigbiene vor den kammerartigen Waben ihres Stocks

Ein Imker mit seinem Bienenvolk. Die häusliche Bienenzucht hat in Polen Tradition.

Met stellt man aus vergorenem Honig her, dem man Hopfenextrakt hinzufügt.

Honigmet wird wie Wein gelagert: in Fässern und fünf bis zehn Grad Celsius kühl.

Honigmet serviert man bei Zimmertemperatur, im Winter auch heiß und aromatisiert mit Gewürzen.

Thomas Veszelits

Tschechien · Slowakei

Seenlandschaft bei Třeboň in Südböhmen

Vorherige Seite: In einem kleinen bäuerlichen Betrieb in der Slowakei wird Schafskäse ausgedrückt und in Modeln gepreßt.

196 **Tschechien • Slowakei**

Tschechen (Böhmen) und Slowaken (Mähren) waren über 40 Jahre unter kommunistischer Herrschaft in einem Staat namens Tschechoslowakei vereint. Sie haben sich zum 1. Januar 1993 getrennt und zwei selbständige Staaten gegründet: Tschechien und Slowakei. Die Küchen der beiden Länder sind einander recht ähnlich: In gleichem Maße dominieren die Deftigkeit, die Vorliebe für Schweinernes und die geradezu exzessive Verwendung von Mehlspeisen. Allerdings halten es die böhmischen Tschechen eher mit dem Bier und die mährischen Slowaken eher mit dem Wein, und letztere haben dank ihrer Schafherden auch eine beachtliche Käsekultur aufzuweisen. Zur Verdauung ihrer schweren und fettreichen Kost greifen die Tschechen lieber zum *becherovka*, einem Karlsbader Kräuterschnaps, und die Slowaken zum *slivovice*, dem Pflaumenschnaps. Über 40 Jahre real existierender Sozialismus haben aus den einstmals blühenden Küchen der beiden Länder beinahe eine kulinarische Wüste gemacht – aber nur beinahe: Seit dem Ende der kommunistischen Herrschaft 1989 und der damit verbundenen Privatisierung auch der Lebensmittelwirtschaft und der Gastronomie kommen die alten Herrlichkeiten der Landesküchen wieder zu Ehren: Die *knedlík*, Knödel, ebenso wie *powidla*, Pflaumenmus, Karpfen aus Třeboň, Schafskäse aus der Slowakei und Bier aus Pilsen. Und natürlich der Prager Schinken, *Pražská šunka*, einst weltberühmt und früher aus den Auslagen der Delikatessengeschäfte verschwunden – finessenreich zwischen Parma- und Bayonner Schinken angesiedelt. Die süßen Mehlspeisen wie Kipferl und Buchteln kommen jetzt auch in ihrem Herkunftsland wieder zu Ehren, nachdem sie jahrzehntelang ihren Ruhm an das benachbarte Österreich abgeben mußten. Powidl, das Pflaumenmus, hatte seine Exil-Heimat ebenfalls in Österreich gefunden, obwohl es zutiefst böhmisch ist: Am Wenzelstag, dem 28. September – Wenzel ist der Schutzheilige Böhmens – endet die Pflaumenernte, und man kocht dann das Pflaumenmus ein. Seit 1993 arbeiten Tschechen und Slowaken am Ausbau ihrer staatlichen Eigenständigkeit, aber sie unterhalten nach wie vor gutnachbarliche Beziehungen – nicht selten über den gemeinsamen Kochtopf.

Prager Schinken
Karpfen
Schafskäse
Oblaten und Becherovka
Pilsener Bier

Im Brotteig unsterblich

Prager Schinken

Das Schicksal ist manchmal ungerecht. Denn aus den Schinken der Schweine, die in Böhmen und Mähren gedeihen, verstehen die Prager Metzger einen hervorragenden Schinken herzustellen, den *Pražská šunka*, in aller Welt berühmt als »Prager Schinken«. Er mußte – und daran ist der Sozialismus nicht unschuldig – seinen Ruhm in der Nachkriegszeit an vergleichbare Spezialitäten aus dem italienischen Parma, dem französischen Bayonne und dem spanischen Serrano abgeben.

Überlebt hat er im Bewußtsein der Feinschmecker im westlichen Europa jedoch in einer bis heute populären Zubereitungsform, als »Prager Schinken im Brotteig«. Die Folge ist, daß sich die Gourmets in den Kopf gesetzt haben, Prager Schinken sei gekochter Schinken. Mitnichten: Er wird zuerst mit Schwarte und Knochen in Salzlake gepökelt, die mit Pfeffer, Koriander und Lorbeerblättern gewürzt ist, und dann über Buchenholzfeuer geräuchert. Auf diese Weise erhält er einen milden Salzgeschmack ebenso wie das rauchige Aroma. Dünn aufgeschnitten und mit Sahnemeerrettich serviert, ist er eine beliebte Vorspeise.

Das Rezept für Prager Schinken hütet jeder Metzger wie ein Staatsgeheimnis. Pate standen die Italiener, die stilbildend auch Prags Architektur nach südlichem Vorbild bestimmten. Die Metzger in Prag haben jedoch die Technik der Lufttrocknung verfeinert. Aus einem derart prächtigen Ausgangsprodukt lassen sich viele Gerichte zubereiten.

Prager Schinken in Burgunder

1 Prager Schinken (etwa 2,5 kg)
200 g Wurzelgemüse (Möhren, Sellerie, Lauch)
1 Flasche weißer Burgunder
Puderzucker

Den Schinken etwa 50 Minuten in Wasser kochen, abkühlen lassen, Schwarte und überschüssiges Fett entfernen.
Den Backofen auf 200 °C vorheizen.
Das Wurzelgemüse putzen, kleinschneiden und in einem großen Bräter in etwas Butter andünsten. Den Schinken hinzugeben und den Wein angießen, zudecken und etwa 45 Minuten im Ofen schmoren. Kurz vor Ende der Garzeit den Deckel abnehmen, den Schinken mit Puderzucker bestäuben und bei starker Oberhitze braun glasieren.
Den Bratensaft kann man binden und vielfältig verfeinern, beispielsweise mit Madeira oder gehackten Pilzen.

Šunka lesnická
Schinken auf Förster-Art

200 g Prager Schinken in dicken Scheiben
50 g Butter
100 g Steinpilze
50 g Speck
2 EL Rotwein
1 EL Tomatenmark
Kräuterbutter

Die Schinkenscheiben kurz in der Butter braten. Die Pilze putzen, säubern und vierteln. Den Speck würfeln, in einer Pfanne auslassen und rösten, Pilze, Rotwein und Tomatenmark hinzufügen und die Pilze gar dünsten.
Die Schinkenscheiben auf Tellern anrichten, die Pilze darübergeben und mit Kräuterbutter garnieren.

Zapečená šunka plněná chřestem
Überbackener Schinken mit Spargel

200 g Prager Schinken in dicken Scheiben
80 g Butter
200 g Spargel
2 EL Semmelbrösel
80 g geriebener Käse

Die Schinkenscheiben mit einem Drittel der Butter braten, in eine feuerfeste Form geben und mit dem Spargel garnieren. Mit Semmelbröseln und Käse bestreuen. Die restliche Butter zerlassen und den Schinken damit beträufeln. Bei 200 °C im Ofen überbacken.

Rechte Seite: Prager Schinken im Brotteig
Ein Prager Schinken, *Pražská šunka*, ist der Mittelpunkt eines jeden festlichen Büfetts. Besonders gut gelingt er, wenn man ihn in einem Brotteig backt. Hierzu bedarf es entweder eines sehr leistungsfähigen Ofens oder aber eines Bäckers, der auch gleich den Brotteig dazu herstellt.
Man kocht einen ganzen, etwa 2,5 Kilogramm schweren Prager Schinken etwa 50 Minuten lang. Dann läßt man ihn abkühlen, entfernt die Schwarte sowie das überschüssige Fett und hüllt ihn in einen Brotteig aus Roggenmehl. Der Schinken wird anschließend wie ein Brot braun gebacken und als Brotlaib serviert. Wenn er noch warm vor den Augen der Gäste aufgeschnitten wird, entsteht ein unnachahmlicher Duft von frischem Brot und gekochtem und gewürztem Schinken.

198 Tschechien • Slowakei

König in böhmischen Küchen
Karpfen

Seit man in Tschechien Chroniken schreibt, gilt der Karpfen als traditionelles Weihnachtsgericht. Lange bevor man es wagte, Salzwasserfische zu essen – weil man das Meer als feindlich und voller geheimnisvoller Ungeheuer betrachtete und erst die Entdeckungsreisenden Marco Polo und Kolumbus Kunde vom gefahrlosen Genuß der Meeresfische brachten –, war der Karpfen populäre Nahrung aus dem See, mit bloßen Händen zu fangen oder mit einem Steinwurf zu erlegen.

»Ente, Schwein und Hase schmecken gut – regieren tut als König in der Küche aber der Karpfen mit Anmut«, lautet (frei übersetzt) ein Sprichwort. Die Heimat des *Třeboňský kapre*, des böhmischen Karpfens, ist Třeboň in Südböhmen, einem Land der Seen, Teiche, Tümpel, Weiher und Sümpfe. Sein Geheimnis liegt auf dem Grund: Der sandige Boden sorgt für den unverwechselbaren Geschmack. Wenn das Brackwasser, wo der Karpfen gründelt, moorig ist, wird sein Geschmack leicht unangenehm, über sandigem Boden hingegen findet er weitgehend saubere Nahrung.

Obwohl man den Karpfen auch gern als »Schwein des Wassers« bezeichnet, wälzt er sich nicht im Schlamm. Auch liegt er nicht faul herum, wie man oft fälschlich annimmt – dies ist eher Sache des Hechtes, der stundenlang auf die Beute lauert und dann blitzschnell angreift. Der Karpfen ist fleißig und schwimmt unermüdlich hinter jedem Bissen her. Dabei legt er auch beachtliche Strecken zurück: Fünf Kilometer lang ist der Svět, der rund 200 Hektar große See in Südböhmen, und diese Strecke schafft ein ausgewachsener Karpfen ohne weiteres zweimal täglich. Hier fing man auch den größten und ältesten Karpfen mit einem Gewicht von 30 Kilogramm und einem Alter von 33 Jahren. Heute wie damals werden Karpfen mit Vorliebe auf dem Rost zubereitet oder blau gekocht. Ähnlich wie beim Hummer, der im siedenden Wasser rot wird, wechseln auch die goldenen Schuppen unter der Einwirkung des heißen Wassers ihre Farben.

Als ein Wiener Konditor, Besitzer des Hotels Sacher, im Jahr 1832 nach der Sachertorte für den Fürsten Metternich auch die Technik des Panierens erfand, ummantelte man den Karpfen ebenfalls mit Ei, Mehl und Semmelbröseln. In Prag fand man, daß er ausgebacken noch besser schmecke als ein Wiener Schnitzel. Die Fischer von Třeboň lieben ihn aber auf ihre Art: In Schlamm gewendet und in grüne Blätter verpackt, legen sie ihn unter Glut und Asche. Anschließend wird die Kruste aufgebrochen und das weiße, zarte Karpfenfleisch mit den Fingern gegessen.

Třeboň in Südböhmen ist die Heimat des tschechischen Karpfens. Der sandige Boden, in dem der Fisch gründelt, sorgt für den unverwechselbaren Geschmack.

Karpfen sind eine leichte Beute. Im Brackwasser der Uferzonen kann man sie mühelos fangen. In Mitteleuropa gehört der Fisch zu den ältesten »Haustieren«.

Der Schuppenkarpfen (ganz unten) ist die Wildform des Fisches. Spiegelkarpfen (unten), die nur wenige Schuppen entlang der Flossen besitzen, sind eine Züchtung.

Kapr marinovaný
Marinierter Karpfen

1 Möhre
1/2 Sellerieknolle
1 Zwiebel
50 g grüne Erbsen
1 saure Gurke
500 g Mayonnaise
1 Glas Weißwein
Saft von 1 Zitrone
Salz, schwarzer Pfeffer
Zucker
1 küchenfertiger Karpfen (etwa 1 kg)

Möhre, Sellerie und Zwiebel putzen oder schälen und in feine Streifen schneiden, in kochendem Wasser blanchieren, abtropfen und erkalten lassen. Die Erbsen in Salzwasser garen, die Gurke in schmale Streifen schneiden. Erbsen und Gurke zum Gemüse geben. Das Gemüse mit Mayonnaise, Weißwein und Zitronensaft vermischen und mit Salz, Pfeffer und Zucker abschmecken.
Den Karpfen in Salzwasser garen. Haut und Gräten entfernen, in Portionsstücke schneiden und in der Marinade mehrere Stunden durchziehen lassen.

Kapr v aspiku
Karpfen in Aspik

12 Blatt Gelatine
2 EL Essig
1 TL Salz
1 Bund Suppengrün
1 Lorbeerblatt
einige Pfefferkörner
2 unbehandelte Zitronen
1 küchenfertiger Karpfen (etwa 1 kg)
1 Eiweiß
verschiedene Gemüse

Die Gelatine in kaltem Wasser einweichen. Aus 2 l Wasser mit Essig, Salz, Suppengrün, Lorbeerblatt, Pfefferkörnern und dem Saft von 1 Zitrone einen Sud kochen. Die andere Zitrone in Scheiben schneiden.
Den Karpfen in Portionsstücke teilen und in dem Sud pochieren. Dann aus dem Sud nehmen und in einer Form anordnen.
Den Fischsud durch ein Sieb passieren, die Gelatine ausdrücken und in den Sud geben. Mit dem leicht geschlagenen Eiweiß klären und nochmals durch ein Sieb geben. Die Flüssigkeit abkühlen lassen.
Die Fischstücke mit Zitronenscheiben und dekorativ ausgestochenem Gemüse garnieren. Kalt stellen und mit der Gelierflüssigkeit übergießen. Im Kühlschrank fest werden lassen und in Portionen abstechen.

Kapr smažený
Panierter Karpfen

500 g Karpfenfleisch
Salz
Mehl
1 geschlagenes Ei
Semmelbrösel
1 unbehandelte Zitrone
geriebener Meerrettich

Den Karpfen in Portionen teilen und leicht salzen. Zunächst in Mehl wälzen, dann durch das Ei ziehen und in den Semmelbröseln wenden. Karpfenstücke in reichlich Öl ausbraten oder fritieren. Auf Küchenpapier abtropfen lassen. Die Zitrone in Scheiben schneiden, auf jede Scheibe 1 TL Meerrettich geben und auf den Karpfenstücken anrichten.

Tschechien · Slowakei

Speise der Slowaken

Schafskäse

In der Slowakei dominieren Ackerbau und Viehzucht. Dort gibt es immer noch – wie beispielsweise auch in Griechenland – viele Schafhirten. Im Unterschied zu den Griechen verfügen die Slowaken jedoch über kein Olivenöl, da am Ende der Karpaten, in der Hohen Tatra, keine Olivenhaine gedeihen. Schafskäse hingegen gibt es in der Slowakei in großen Mengen. Weil jedoch vielerorts die Geräte für die Pasteurisierung der Schafsmilch fehlen, ist der slowakische *bryndza* (Schafsquark) in die Europäische Gemeinschaft meist nicht exportfähig.

Die Schafe sind das Leben der *bačas*, der slowakischen Schafhirten: Rund 400 Schafe umfaßt eine Herde, deren weibliche Tiere dreimal täglich gemolken werden. Schafsmilch ist reicher an Fett und Eiweiß als Kuhmilch. Jedes Schaf gibt etwa 200 Milliliter Milch, die in Baumwollsäcken abtropft. Die weiche, feuchte Masse trocknet etwa eine Woche. In einer Käserei wird sie sodann zu *bryndza*, dem typischen slowakischen Schafsquark, verarbeitet. Dabei wird der Rohkäse fein gemahlen und mit Salz vermischt. Nach kurzer Gärung erreicht er den charakteristischen säuerlichen Geschmack. Man kann ihn ohne weitere Zutaten oder mit rotem Paprika, Butter oder Zwiebeln verrieben als Brotaufstrich verwenden. Zu Liptauer Käse läßt er sich ebenfalls ausgezeichnet verarbeiten. *Bryndza* ist auch Basis für *strapačky* und *halušky*, zwei traditionelle slowakische Zubereitungen.

Häufig wird der Schafskäse auch geräuchert, um ihn besser haltbar zu machen. Besonders hübsch ist die Idee, die Käsemasse in Modeln zu formen und die so entstandenen Gestaltungen in die Räucherkammer zu hängen.

Die weiblichen Tiere einer Schafherde werden dreimal täglich gemolken.

Die Milch sammelt man in großen Holzbottichen.

Die Milch wird gerührt, damit sich keine Bestandteile am Boden absetzen.

Dann gibt man die Milch in Baumwollsäcke.

Räucherhütte, in welcher der Schafskäse geräuchert wird

In Modeln geformter Schafskäse wird zum Räuchern aufgehängt.

Halušky

500 g rohe Kartoffeln, gerieben
100 ml Milch
Salz, Mehl
500 g Schafskäse
Griebenschmalz

Die Kartoffelmasse mit Milch, Salz und Mehl zu einem lockeren Teig verrühren und in kochendes Wasser bröseln. Einige Minuten garen, aus dem Wasser nehmen und mit dem Schafskäse vermischen. Das Griebenschmalz auslassen und über die Kartoffel-Käse-Mischung geben.

Strapačky

1 Weißkohl
2 Zwiebeln
Zutaten für halušky

Den Weißkohl putzen, hobeln und in Salzwasser garen. Die Zwiebeln schälen und fein hacken. *Halušky* herstellen, wie links beschrieben, jedoch die Zwiebeln in dem Griebenschmalz glasig dünsten, den Kohl unterziehen und zusammen mit den *halušky* servieren.

Liptovský syr
Liptauer Käse

50 g weiche Butter
200 g Schafskäse
1 Zwiebel, geschält und feingehackt
Paprika, Kapern, Kümmel, Sardellenpaste, Senf
Schnittlauchröllchen

Die Butter schaumig rühren, den Schafskäse durch ein Sieb drücken und mit der Butter verrühren. Die Zwiebel dazugeben und die Käsemasse mit den restlichen Zutaten würzen und kühl stellen. Vor dem Servieren mit Schnittlauchröllchen bestreuen.

Die Säcke hängt man auf, so daß die Molke langsam abtropfen kann.

Zurück bleibt eine weiche, feuchte Masse, die trocknen muß.

Aus gemahlenem und gesalzenem Quark entsteht *bryndza*.

Nach kurzer Gärung erreicht der Käse den typischen säuerlichen Geschmack.

Der Gesundheit zuliebe
Oblaten und Becherovka

Zwei Spezialitäten schätzt jeder Tourist als Mitbringsel: die Oblaten und den Becherovka. Beide stammen aus Karlsbad, der Hauptstadt des westböhmischen Bäder-Dreiecks, das wegen seiner zahllosen Heilquellen geschätzt ist. Nationalbewußt bezeichnet man sie heute mit ihren tschechischen Namen: Karlovy Vary für Karlsbad, Mariánské Lázně für Marienbad und Frantieskový Lázně für Franzensbad. An den dort entspringenden Mineralquellen suchte schon in feudalistischer Zeit Heilung, wer wegen allzu ausschweifenden Lebenswandels Probleme mit Verdauung, Leber und Nieren hatte.

Findige Bäcker in Karlsbad stellten schon in der Mitte des 19. Jahrhunderts die Karlsbader Oblaten her – tellergroßes, papierdünnes Knuspergebäck, das den Kurgästen den aus medizinischer Sicht gebotenen Verzicht auf die kalorienreichen Mehlspeisen erleichtern sollte. Die hauchdünne Füllung täuscht dem Magen Sättigung vor, und weil sich auch das Auge gern an solcher Suggestion beteiligt, hat man beim Verzehr der großformatigen Backwaren durchaus das Gefühl, etwas gegessen zu haben, das den Magen füllt.

Ein ähnlicher kulinarischer Trick mag auch dem Apotheker Jan Becher vorgeschwebt haben, als er im Jahre 1807 die Rezeptur für den weltberühmten Kräuterbitter Becherovka erfand. Man bezeichnet den Schnaps gern als die »13. Heilquelle« von Karlsbad, und der Dichterpräsident Václav Havel rührt als begeisterter Becherovka-Anhänger fleißig die Werbetrommel für den Nationalbitter, der im Ausland – sieht man einmal von der touristischen Attraktion ab – nur zögernd Freunde findet. Zu groß ist die Ähnlichkeit mit Hustensaft, den man ja auch nur widerwillig und aus gesundheitlichen Gründen zu sich nimmt. Das Gebräu, dessen Rezept bis heute wie ein Staatsgeheimnis gehütet wird, hat indes im In- und Ausland zahlreiche Preise gewonnen, und heute wird Becherovka in vielen Teilen der Welt in eigenen Niederlassungen hergestellt: eine Art böhmischer Cola-Limonade, die sich sogar zu flüssigen Vorspeisen veredeln läßt. Die Produzenten des Becherovka haben inzwischen auch eine »Diabetiker-Variante« ihres Kräuterlikörs ersonnen. Er heißt »KV-14« und wird ohne Zucker hergestellt, so daß der ärztlicherseits gelegentlich erhobene Vorwurf, der Becherovka weise zu hohe Kalorienwerte auf, entkräftet werden kann.

Die tortengroßen Karlsbader Oblaten sind berühmt in aller Welt. Die hauchdünnen Waffeln haben eine Schokoladen-, Vanille- oder auch Mandelfüllung.

Karlovarský aperitiv
Karlsbader Aperitif

| 40 ml Becherovka |
| 10 ml Branntwein |
| 20 ml KV-14–Likör |
| 3 Eiswürfel |
| 1 Cocktailkirsche |
| 1 Streifen Zitronenschale |

Die alkoholischen Zutaten auf Eis in einem Rührglas vermischen und zusammen mit Kirsche und Zitronenschale in einem Cocktailglas servieren.

Odpolední lázeňský aperitiv
Nachmittagsaperitif des Kurgastes

| 40 ml KV-14-Likör |
| 40 ml weißer Wermut |
| Eiswürfel |
| Orangenscheibe |

Die Alkoholika auf Eis in einem Rührglas vermischen und in ein Cocktailglas geben. Die Orangenscheibe einschneiden und an den Rand des Glases stecken.

Mrazená karlovaská becherovka
Geeister Karlsbader Likör

| 50 ml Becherovka |
| 1 Barschaufel zerstoßenes Eis |

Eine Sektschale randvoll mit zerstoßenem Eis füllen und den Becherovka darübergeben.
Einige Stunden ins Gefrierfach stellen. Dabei sinkt der Likör auf den Boden des Glases, und das Eis bildet eine glatte, feste Schicht.
Den Cocktail kann man ohne Strohhalm durch die Eisdecke hindurch schlürfen.

Eine Suppe aus Thermalwasser

Mit Karlsbad ist auch untrennbar die Geschichte der Familie Pupp verbunden. Jan Jirí Pupp, der Leibkoch des Grafen Veltrusky, machte im 19. Jahrhundert in Karlsbad Karriere, indem er der Familie Becher Grundbesitz abkaufte und damit den Grundstein für das heutige Grandhotel Pupp legte. Für seinen Herrn kochte er als erster die *Karlovarská vrídelní polévka*, die Karlsbader Thermalwassersuppe, die bald auch in anderen Kurhäusern beliebt und bis zum Ende des Zweiten Weltkriegs fester Bestandteil aller Karlsbader Diät-Speisekarten war.

Karlovarská vrídelní polévka
Karlsbader Thermalwassersuppe

| 6 Tassen (etwa 1 l) Thermalwasser |
| 4 EL Mehl |
| 1 Prise Muskat |
| 1 Eigelb |
| Butter |
| 1 TL feingehackte Petersilie |
| Weißbrot |

Das Thermalwasser zum Kochen bringen. Das Mehl in einer Pfanne ohne Fett anrösten und in das Thermalwasser einrühren; mit Muskat würzen. Etwa 15 Minuten kochen lassen.
Das Eigelb verquirlen und zusammen mit etwas Butter und der Petersilie in die Suppe geben. Das Weißbrot in Würfel schneiden, anrösten und über die Suppe streuen.
Es gibt Verfeinerungen, die zum Beispiel getrocknete Pilze, Majoran, Liebstöckel, Oregano, Salbei und geröstete Zwiebeln vorsehen. Wichtig: Das Thermalwasser ist ausreichend salzig, weshalb man für die Thermalwassersuppe kein Salz benötigt.

Die Gewohnheit mancher Feinschmecker, ihrem Kaffeemehl eine Prise Salz zuzusetzen, stammt im übrigen ebenfalls aus Karlsbad. Dort pflegte man den Kaffee mit dem salzhaltigen Thermalwasser zu kochen, was einen zunächst ungewöhnlichen, später aber sehr geschätzten Geschmack ergab.

Karlsbader Becherovka ist ein Kräuterschnaps, dessen
Rezeptur bis heute wie ein Staatsgeheimnis gehütet wird.
Aufgrund seiner gesundheitlichen Vorzüge bezeichnet
man ihn auch gern als »13. Heilquelle« von Karlsbad.

Hintergrund: Eine urige Kneipe in Prag, in der man die zahlreichen Bierspezialitäten genießen kann

Plzeňský Prazdroj: das echte

Pilsener Bier

Bierkenner sprechen mit besonderer Hochachtung von tschechischen Bieren, vor allem von dem echten Pilsener Urquell.
Bier bedeutet für die Tschechen Politik, Religion und Kult zugleich, vor allem aber Streit: Urquell oder Budweiser – so lautet die Frage. Dabei sind dies nur die beiden bekanntesten nationalen Sorten, nahezu jeder Tscheche schwört jedoch auf seine örtliche Hausbrauerei. Alljährlich prüfen Experten der tschechischen Bierakademie und eine Laienjury anläßlich der Biermesse »Pivex« in Brno (Brünn) die Angebote, um sie zu prämieren. Seit 1082 wird in Prag Bier gebraut, wie eine Urkunde beweist. Im 13. Jahrhundert wurden in Böhmen neue Städte gegründet, und sie erhielten als königliche Siedlungen besondere Privilegien wie etwa das Braurecht: Jeder Bürger durfte Bier herstellen und es in seinem Umkreis verkaufen. Zu den privilegierten Städten zählten Pilsen, Budweis und Saaz, die Stadt des Hopfens. Auch in Mähren wurden in dieser Zeit mehrere Brauereien errichtet.

Ein gut gezapftes Pilsener Bier braucht seine Zeit. Nur dann hat es den richtigen Kohlensäuregehalt und die typische Schaumkrone.

Andere Brauorte hatten ein weniger gnädiges Schicksal: Sie wurden bis auf die Grundmauern niedergerissen, um mit den Steinen Befestigungen bauen zu können.

Bis 1842 war Bier stets dunkel oder trüb. In jenem Jahr aber brachte eine Brauerei in Pilsen ein helles und klares Bier heraus. Es schmeckte ungewöhnlich, gewann aber bald viele Freunde. Wie es zustande kam, läßt sich heute nicht mehr verläßlich rekonstruieren. Es spricht einiges dafür, daß der Braumeister Josef Groll aus der benachbarten bayerischen Stadt Vilshofen durch Zufall dieses helle Bier entdeckt hat – so jedenfalls steht es auf einer Gedenktafel in Pilsen. Sein Zufallsprodukt wurde nicht zuletzt deshalb so beliebt, weil man in dieser Zeit dazu überging, Bier nicht mehr aus hölzernen und irdenen Krügen zu trinken, sondern aus Gläsern. Da sah das goldschimmernde helle Bier entschieden attraktiver aus – aber vor allem schmeckte es besser: Bis heute bemühen sich Brauereien in der ganzen Welt, das Pilsener Original nachzuahmen, ohne jedoch je den besonders würzigen Geschmack zu erreichen. Das Original Pilsener Bier, *Plzeňský Prazdroj*, hat von allem etwas mehr: mehr Aroma, mehr Malzgeschmack, mehr Hopfenton und mehr Herbheit im Abgang.

Prazdroj, das Original, wird aus Gerste gebraut, die aus Böhmen und Mähren stammt. Kenner behaupten, ein echtes Pilsener müsse stets mit Saazer Hopfen gehopft sein. Viele Brauereien in ganz Europa importieren deshalb diesen Hopfen, um den echten Pilsener Geschmack zu erzeugen.

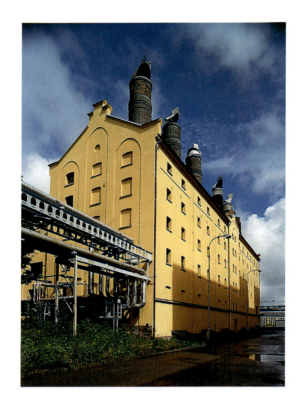

Von hier, dem »Bürgerlichen Brauhaus« – das heute wieder im Besitz der Erben der damaligen bierbrauenden Bürger ist –, stammt das Original Pilsener Bier, *Plzeňský Prazdroj,* das 1842 durch Zufall von dem Braumeister Josef Groll aus dem bayerischen Vilshofen entdeckt worden sein soll. Wegen seines unvergleichlich herb-würzigen Geschmacks ist es weltberühmt geworden, so daß viele Brauereien sogar den Hopfen importieren, mit dem das Bier gehopft ist, um den Geschmack nachzuahmen.

So wird Pilsener Bier hergestellt

Die Gerste wird 36 Stunden eingeweicht und keimt sechs Tage in der Mälzerei; 24 Stunden dauert der Vorgang der Trocknung und Entkeimung, bis das Malz entsteht. Es kocht zwölf Stunden lang, fermentiert zwölf Tage mit Hopfen und Stammwürze in riesigen Bottichen und gärt weitere zwölf Wochen, bevor es abgefüllt wird.

Das Original Pilsener hat stets zwölf Grad Stammwürze, ebenso wie das Budvar, das Budweiser. Beide gehören im Tschechischen zu den Lagerbieren, die von den Faßbieren unterschieden werden, die auch Biere minderer Stärke sein können: Diese haben lediglich sechs oder sieben Grad Stammwürze, verfügen über einen frischen, sauberen Geschmack und sind nur leicht gehopft. Deshalb ist es Stahlarbeitern und Bergleuten erlaubt, es am Arbeitsplatz zu trinken. Eine bessere Qualität stellen die Zehn-Grad-Biere dar – auch »schwarze Biere« genannt –, für die man aromatisches dunkles Malz nach bayerischer Art nimmt.

Seinen ersten großen Preis erhielt das Pilsener Bier 1863 auf der Internationalen Hamburger Ausstellung.

Trotz allen Ansehens, welches das Pilsener Bier genießt, gibt es viele Tschechen, die jederzeit bereit wären, auf die Barrikaden zu gehen, um Budvar, das Bier aus Budweis, zu verteidigen. Schon König Ferdinand ließ es 1531 an seinen Hof liefern, und seitdem wirbt die Brauerei mit dem Slogan »Das Bier der Könige«. Budvar ist heller als Pilsener und hat einen leicht süßlichen Geschmack.

Gekeimte Gerste wird getrocknet.

Das entstehende Gerstenmalz ist die Basis der Bierherstellung.

Das Malz wird mit Wasser in Sudpfannen aufgekocht. Die Würze entsteht.

Der Mischung wird Hefe zugegeben.

Die Hefemenge bestimmt den typischherben Pilsgeschmack.

Die alkoholische Gärung erfolgt in offenen Bottichen in Gärkellern.

Der Reifegrad des noch ungefilterten Biers wird geprüft.

Anschließend wird das Bier in Holzfässern gelagert.

Spezialbiere

Ein Land mit derart ausgeprägter Bierkultur wie Tschechien gibt sich mit seinen »normalen« Bieren nicht zufrieden. Eine ganze Reihe von Braustätten stellt Spezialbiere her, die sich sowohl im Stammwürzegehalt als auch im Geschmack deutlich von den Klassikern der Pilsener Brauart unterscheiden.

Bekanntestes Bier dieser Art ist das dunkle Bier aus dem Brauhaus U Fleků, zugleich auch eine populäre Brauerei-Gaststätte mit riesigem Biergarten. Das Bier verfügt über einen zarten Karamelgeschmack und eine Stammwürze von 13 Grad. Ähnliche Spezialbiere werden auch in Westböhmen unter dem Namen Chodovar und in der Slowakei mit der Bezeichnung Čierny Bažant (»Schwarzer Fasan«) hergestellt.

Noch stärkere Biere sind das Bockbier Velkopopovický Kozel aus Mittelböhmen und das Konžel (»Ratsherr«) aus Litomerice. Hinzu kommt etwa ein Dutzend heller Spezialbiere mit 14 Grad Stammwürze. Volle 18 Grad Stammwürze enthält das Diplomat aus der Gambrinus-Brauerei in Pilsen, das es nur in erstklassigen Restaurants und im Export gibt, und das stärkste Bier wird in der Stadt Martin in der Zentralslowakei mit einer Stärke von 20 Grad hergestellt: Martinský Porter ist nur dort zu bekommen.

Gerichte zum Bier

Topinky
Geröstetes Knoblauchbrot

4 Scheiben dunkles Bauernbrot
8 Knoblauchzehen
Salz

Die Brotscheiben auf beiden Seiten mit Knoblauch einreiben und in einer Pfanne rösten. Salzen und noch warm servieren.

Pivní guláš
Böhmisches Bierfleisch

500 g Schweineschulter
1 EL Rosenpaprika
2 große Zwiebeln
50 g Schweineschmalz
1 TL Kümmel
1 Flasche Pilsener Urquell
1 Scheibe Schwarzbrot
Salz, schwarzer Pfeffer

Das Schweinefleisch in Würfel schneiden und mit dem Paprikapulver vermischen.
Die Zwiebeln schälen, grob hacken und in dem Schweineschmalz anrösten. Das Fleisch zugeben und unter Rühren etwa 10 Minuten anbraten.
Den Kümmel und die Hälfte des Biers hinzugeben, zudecken und etwa 45 Minuten köcheln lassen.
Das Schwarzbrot zerkrümeln und zusammen mit dem restlichen Bier zu dem Fleisch geben, nochmals 15 Minuten köcheln lassen; mit Salz und Pfeffer abschmecken.

Bramborová polévka
Kartoffelsuppe

20 g getrocknete Pilze (ergibt etwa 200 g)
500 g Kartoffeln (mehligkochend)
1 Bund Suppengrün
150 g geräucherter Speck
1 1/2 l Fleischbrühe
Kümmel
Majoran
1 große Zwiebel
1 Knoblauchzehe
50 g Butter
50 g Mehl
Salz, schwarzer Pfeffer
1 Becher saure Sahne
1 Eigelb
gehackte Petersilie

Die Steinpilze über Nacht in Wasser einweichen und quellen lassen. Kartoffeln schälen und würfeln, das Suppengrün putzen und kleinschneiden, den Speck ebenfalls würfeln.
Pilze, Kartoffeln, Suppengrün und Speck sowie Kümmel und Majoran nach Geschmack mit der Fleischbrühe zum Kochen bringen und 20 Minuten köcheln lassen.
Zwiebel und Knoblauchzehen schälen, hacken und in der Butter goldbraun rösten. Mit dem Mehl überstäuben und zu einer Mehlschwitze verrühren. Unter Rühren in die Suppe geben und diese durch ein Sieb streichen. Mit Salz und Pfeffer gut abschmecken.
Die Sahne mit dem Eigelb verrühren, den Topf vom Herd nehmen und die Ei-Sahne-Mischung in die Suppe rühren. Mit Petersilie bestreuen und servieren.

Spezial- und Lagerbiere:
1 Velkopopovický Kozel
2 Radegast
3 Budvar (Budweiser)
4 Gambrinus
5 Topvař
6 Zlaty Bažant

Zoltán Halász

Ungarn

Pußtalandschaft mit Wildpferden

Vorherige Doppelseite: Zwei Arbeiter in einer Paprikamühle in Kalocsa

Die Ungarn waren ursprünglich ein Volk von Nomaden, und der *bogrács*, der gußeiserne Kessel, erinnert bis heute daran. Er ist das älteste Kochgeschirr der Ungarn, den das Reitervolk von seinen Wanderungen mit ins Karpatenbecken brachte. Der weltberühmte *gulyás* ist für einen Ungarn nur dann »echt«, wenn er wie bei den alten Magyaren im Kessel über offenem Feuer gekocht wird. Im 17. Jahrhundert, als die Türken Ungarn besetzt hielten, übernahm die ungarische Küche viele türkische Rezepte. Später erhielt sie französische Impulse, zunächst über Siebenbürgen, wo die Fürsten gern französische Köche anstellten, und in der Folgezeit auch ganz unmittelbar und dezidiert, als der Chefkoch von Kaiser Napoléon III. die Leitung des Pester Kasinos übernahm. Schließlich gab es – wechselseitige – Einflüsse zur Zeit der österreichisch-ungarischen Donau-Monarchie im 19. Jahrhundert.

Neben dem Paprika gehört auch eine spezielle, milde Zwiebelsorte untrennbar zur ungarischen Küche, ebenso die saure Sahne, die für viele ungarische Speisen unerläßlich ist. Darüber hinaus darf der Räucherspeck nicht unerwähnt bleiben, von dem es zahllose Varianten gibt und der von den besonders prächtigen Schweinen stammt, die seit altersher in Ungarn gedeihen. Fleisch ißt man gern fett und mit Schmalz gegart. Die Zubereitung von Würsten beim Schweineschlachten hat eine lange bäuerliche Tradition, und die ungarischen Salamiwürste gehören zum Feinsten: Sie sind begehrte Exportartikel und erstklassige Devisenbringer. Das gilt auch für die Lebern der Mastgänse, mit denen vor allem Frankreich seine über die Eigenproduktion hinausgehende Nachfrage befriedigt. Zu den berühmten ungarischen Spezialitäten zählt auch der *fogas*, der Zander aus dem Plattensee, der Tokajer-Wein aus dem Norden des Landes und der *barack pálinka*, der Aprikosenschnaps von anderthalb Millionen Bäumen in der großen ungarischen Tiefebene.

Die ungarische Küche gehört zu den profiliertesten in Europa, denn die Ungarn sind ein lebens- und genußfrohes Volk, das aus den Schätzen, die ihm die Natur schenkt, Spitzenprodukte erzeugt. Von Fläche und Einwohnerzahl her mag Ungarn zwar klein sein – kulinarisch ist es ein Riese.

Zander
Gänseleber
Pörkölt
Paprika
Süßspeisen
Tokaji Aszú

Herrscher des Plattensees
Der Zander

Als »Ungarisches Meer« bezeichnen die Ungarn mit einem Schuß Selbstironie den Balaton (Plattensee). Doch alle Ironie schwindet, wenn von den Fischen des Gewässers die Rede ist, vor allem vom *fogas*, dem Zander. Als gefürchteter Raubfisch ist er der König des Plattensees. Aber er verdient seinen Namen nur, wenn er mehr als 1,5 Kilogramm wiegt – kleinere Zander heißen *süllö*. Ein guter Plattensee-Zander kann ein Gewicht von sechs bis acht Kilogramm erreichen.

Der Zander ernährt sich überwiegend von kleineren Fischen wie Alsen oder Weißfischen. Er ist viel und schnell in Bewegung – ein Grund, warum sein Fleisch, das einen leichten Nußgeschmack hat, so mürbe und von besonderer Feinheit ist. Der Zander hält sich in der Regel im tiefen Wasser auf und kommt nur an die Oberfläche, wenn er Jagd auf kleine Fische macht. In seinem Lebensraum, in drei bis vier Metern Tiefe, können die Sonnenstrahlen das mit vielen feinen Sandkörnern durchsetzte Wasser des Sees nicht durchdringen, weshalb sein Fleisch besonders hell ist.

Die Laichzeit des Zanders fällt in die Monate April und Mai. Ein Zanderweibchen kann jährlich bis zu 40 000 Eier ablegen, doch kaum ein Drittel davon entwickelt sich zu Jungfischen, denn den größten Teil dieser Eier fressen Vater und Mutter Zander selbst. Der junge Zander, *süllö*, hat nach einem Jahr ein Körpergewicht von etwa einem Kilogramm, und wenn er als *fogas* bezeichnet werden kann, ist er in der Regel zwei Jahre alt.

Die Wissenschaftler haben sich jahrzehntelang darüber gestritten, ob der Zander im Plattensee eine selbständige Art oder ein Verwandter der Lachse ist. Der Naturwissenschaftler Otto Herman hat die Diskussion beendet, indem er bewies, daß der *fogas* zwar zur Lachsfamilie gehört, die Art außer im Balaton aber sonst nirgendwo vorkommt.

Immer wieder haben sich ungarische Meisterköche an neuen und ungewöhnlichen Zanderzubereitungen versucht. Unter den Freunden des königlichen Fisches herrscht jedoch die Meinung vor, daß der im Ganzen in der Pfanne gebratene Zander, der angerichtet auf der Platte dann stolz Kopf und Schwanz in die Höhe hebt, am schmackhaftesten ist. Ganz naturgetreu ist die urtümliche Variante der Zubereitung, bei welcher der Zander über der Glut eines offenen Feuers auf dem Rost oder an Haselrutenspießen gebraten wird.

Ein Fischer zeigt stolz seinen kapitalen Fang: einen mehrere Kilogramm schweren Zander.

Der Zander hat weißes Fleisch und gehört zu den schmackhaftesten Speisefischen.

Hintergrund: Ein Fischfänger auf dem Plattensee, einem an Fischen reichen Gewässer und Heimat des Zanders

① ② ③ ④

Fogas, egészben sütve
Ganzer gebratener Zander
(Abbildung 1–4)

1 Zander (etwa 2 kg)
150 g Räucherspeck, in Streifen geschnitten
Salz
Mehl
100 g Butter
1 kleine Zwiebel
200 ml saure Sahne
100 ml süße Sahne
1 TL Paprikapulver (edelsüß)
1 Zitronenscheibe

Den Zander (1) entschuppen, ausnehmen, waschen, auf beiden Seiten einschneiden (2) und spicken. Den Rücken mehrmals einschneiden, damit sich der Fisch beim Braten nicht krümmt. Salzen, in Mehl wenden und mit dem größten Teil der Butter in eine gußeiserne Pfanne geben (3). Bei größtmöglicher Hitze 10–15 Minuten braten, den Fisch herausnehmen und warm stellen (4).
Die Zwiebel schälen und fein hacken, in etwas Butter goldgelb dünsten. Saure und süße Sahne hinzugeben, kurz aufkochen lassen und das Paprikapulver einstreuen. Mehl mit der restlichen Butter verrühren und unter Rühren in die Zwiebelsahne geben. Wenn die Sauce angedickt ist, durch ein Sieb streichen.
Den Zander so auf einer Platte anrichten, daß Kopf und Schwanz sich nach oben biegen, und die Zitronenscheibe ins Maul stecken.

Fogas Gundel módra
Zander nach Gundel-Art

Dieses Rezept hat der legendäre ungarische Meisterkoch Károly Gundel kreiert.

1 kleiner Zander
4 Eier
120 g Mehl
250 g Semmelbrösel
200 g Butter
500 g Spinat
300 g Kartoffeln
100 g geriebener Käse
1 Becher Sahne
Salz, schwarzer Pfeffer

Den Fisch küchenfertig vorbereiten (schuppen, ausnehmen) und in Portionsstücke zerteilen. Zwei Eier verschlagen. Den Fisch zunächst in Mehl, dann in Ei und schließlich in Semmelbröseln wenden. 150 g Butter erhitzen und die Fischstücke darin braten. Den Spinat waschen, blanchieren, pürieren und mit 2 EL Bratbutter verrühren. Die Kartoffeln mit Schale kochen, pellen und noch warm reiben. Die restlichen beiden Eier und etwas Butter hinzufügen.
Eine feuerfeste Form mit der restlichen Butter einfetten. Den Rand aus dem Spritzbeutel mit dem Kartoffelpüree garnieren und den Spinat in die Mitte geben. Den Fisch darauf anrichten. Den Käse mit der Sahne verrühren und über den Fisch geben. Im Backofen oder unter dem Grill überbacken.

Ungarns Bouillabaisse: Halászlé

Die Fischer der Theiß und des Plattensees verfügen über ein Rezept, das der südfranzösischen Bouillabaisse in nichts nachsteht: die Fischsuppe *halászlé*. Der feine Geschmack des Paprikas gibt diesem sättigenden und wohlschmeckenden Gericht, das wegen seiner reichhaltigen Zutaten ohne weiteres als Hauptgericht gereicht werden kann, seine besondere Note.
Das ursprüngliche Rezept verlangt möglichst viele verschiedene Fische, die es außerhalb Ungarns nicht gibt, und einen großen Kessel, der über einer offenen Feuerstelle beheizt wird. Nur dann entsteht nach Überzeugung eines Ungarn eine echte *halászlé*. Nicht-Ungarn und Stadtmenschen müssen sich mit weniger Fischvielfalt und der Herdplatte begnügen.

Halászlé
Fischsuppe

je 500 g Karpfen, Hecht und Zander
5 Zwiebeln, geschält und in Scheiben geschnitten
Salz
2 EL Paprikapulver (edelsüß)
1 EL Rosenpaprika

Die Fische säubern, waschen und in 3 cm große Würfel schneiden. In eine große Kasserolle die verschiedenen Fischsorten schichten, jeweils getrennt durch eine Schicht Zwiebeln; mit einer Schicht Fisch abschließen. Mit Wasser aufgießen, so daß alles bedeckt ist, Salz hinzufügen und zum Kochen bringen. Dann die beiden Paprikapulver einstreuen, etwa 60 Minuten ziehen lassen, dabei die Kasserolle gelegentlich rütteln, aber nicht umrühren, da die Fischstücke sonst zerfallen.
Die *halászlé* servieren, indem man die Kasserolle auf den Tisch stellt. Dazu paßt frisches Weißbrot.

**Für Feinschmecker im
In- und Ausland**

Gänseleber

Wer in Straßburg Gänseleber-Terrine kauft, hat möglicherweise eine Leber von ungarischen Gänsen erworben. Denn ungarische Gänseleber wurde schon zu sozialistischen Zeiten als devisenbringender Exportartikel in den Westen verkauft – nicht zuletzt, weil die Nachfrage der Feinschmecker nach dieser besonderen Delikatesse mit der Produktion im französischen Périgord schon längst nicht mehr befriedigt werden kann.

Gänse werden fast überall in Ungarn gezüchtet, doch die Urheimat der fetten Gänseleber ist eine geographisch gut abgrenzbare Region im Süden der Ungarischen Tiefebene, die sich von Kiskunhalas bis nach Orosháza erstreckt. Hier ist der Boden für die Gänsezucht hervorragend geeignet, denn Gänse bevorzugen Sandboden, der auch nach großen Regenfällen nicht schlammig wird, und ein Klima mit viel Sonnenschein.

Von ebenso großer Bedeutung ist das über viele Generationen gesammelte Fachwissen hinsichtlich Aufzucht und Mast der Gänse, die auf kleinen privaten Bauernhöfen betrieben wird, wo alles vom Können und von der Sorgfalt des Gänsezüchters abhängt. Bei der Gänsemast kommt es beispielsweise sehr darauf an, welche Sorte Mais zum Stopfen verwendet wird und auf welchem Boden er wächst. Auch das Trinkwasser für die Gänse ist von Wichtigkeit. Jeder Bauer hat seine eigene Methode, das Wasser mit weißem Ton und anderen Bestandteilen aufzubessern.

Neben den beiden in Ungarn gezüchteten Weißfeder-Gänserassen, der *hungaviscomb* und der *babat*, ist auch die aus Frankreich stammende, graufedrige Rasse sehr beliebt. Letztere hat das größte Körpergewicht und liefert deshalb auch die größte Leber. Die Gänse werden von speziell ausgebildeten Gänsezüchtern im Durchschnitt neun bis zehn Wochen lang aufgezogen und kommen dann in die Mästerei, wo sie zwei Wochen lang täglich vier- bis fünfmal reichlich mit Mais gefüttert werden, wovon sie eine schöne, goldgelbe Leber bekommen.

Auch bei der Zubereitung der Stopfmasse hat jeder Gänsemeister sein spezielles Geheimnis. Der Mais wird entweder gekocht oder eingeweicht und mit Pflanzenöl und Vitamin C angereichert. Entscheidend ist es, die Mast sehr schonend vorzunehmen, damit die Gänse nicht übermäßigem Streß ausgesetzt sind. Künstliche Zusatzstoffe und Antibiotika sind verboten, ebenso Stoffe, die im Organismus nicht abgebaut werden können. Durch die Mast erhöht sich der Blutfettspiegel im Körper der Gans, und das Blut wird zur Leber transportiert, die es in großen Mengen speichert, woraufhin sie auf etwa drei Pfund anschwillt. Eine gute Gänseleber hat eine goldgelbe Farbe und fühlt sich weich und geschmeidig an.

Die ungarische Gänseleber schmeckt nach Meinung von Experten am besten, wenn sie über Nacht in Knoblauchmilch in den Kühlschrank gestellt, dann abgespült und in Gänseschmalz bei starker Hitze gebraten wird. In Orosháza weicht man die Leber in Milch ein, wendet sie in Mehl und brät sie ohne Fett in der offenen Pfanne.

Bei der Gänsemast ist die Zusammensetzung der Stopfmasse – deren Zubereitung ein Geheimnis des Gänsemeisters ist – von entscheidender Bedeutung. Künstliche Zusatzstoffe und Antibiotika sind verboten, ebenso Stoffe, die im Organismus nicht abgebaut werden können. Gefüttert wird während der zweiwöchigen Mastzeit vier- bis fünfmal täglich, aber schonend und streßfrei.

Libamáj
Gebratene Gänseleber

1 Gänseleber
100 g Gänsefett
Salz
2 Zwiebeln
1 TL Paprikapulver (edelsüß)

Die Gänseleber in 1,5 cm dicke Scheiben schneiden und diese etwa 5 Minuten in Gänsefett braten. Salzen, aus der Pfanne nehmen und warm stellen. Die Zwiebeln schälen, eine Zwiebel in Ringe schneiden und beiseite stellen, die andere Zwiebel fein hacken und in dem Bratfett goldbraun braten. Vom Herd nehmen und das Paprikapulver einstreuen; nochmals langsam erhitzen. Die Gänseleberscheiben anrichten, mit dem Bratfond übergießen und mit den Zwiebelringen garnieren.

Libacomb
Gänsekeulen

4 Gänsekeulen
Salz
80 g Gänsefett
1 Zwiebel
1 EL Paprikapulver (edelsüß)
1 Knoblauchzehe
Kümmel
1 kg Kartoffeln
2 Tomaten
2 grüne Paprikaschoten
gehackte Petersilie

Die Gänsekeulen abspülen, trockentupfen und salzen. Das Gänsefett in einer großen Pfanne erhitzen und die Keulen darin auf beiden Seiten rasch anbraten. Aus der Pfanne nehmen und warm stellen. Die Zwiebel schälen, fein hacken und in dem Bratfett anbräunen. Vom Herd nehmen, das Paprikapulver einstreuen und etwas Wasser angießen. Die Gänsekeulen in die Pfanne zurücklegen, die zerdrückte Knoblauchzehe und etwas Kümmel dazugeben und zugedeckt bei mittlerer Hitze etwa 30 Minuten schmoren lassen. Die Kartoffeln schälen und in Stifte schneiden, Tomaten und Paprika waschen, entkernen, würfeln und mit den Kartoffelstiften zu den Gänsekeulen geben. Weitere 30 Minuten köcheln lassen. Die Gänsekeulen mit den Gemüsen auf einer Platte anrichten, mit gehackter Petersilie bestreuen und servieren.

Linke Seite: Besonders beliebt für die Mast ist die graufedrige, aus Frankreich stammende Gänserasse, da sie ein größeres Körpergewicht und somit auch eine größere Leber hat.

Ungarische Gänselebern sind berühmt für ihre Qualität. Sie haben ein Gewicht von etwa drei Pfund, und ihre goldgelbe Farbe verdanken sie dem Mais, mit dem die Gänse gemästet werden.

Ungarn 217

Gulasch ist nicht gleich Gulasch

Pörkölt

Während außerhalb Ungarns pauschal vom »Gulasch« gesprochen wird, unterscheidet der Ungar sorgfältig zwischen *gulyás, pörkölt, tokány* und *paprikás. Gulyás* bezeichnete ursprünglich den Schafhirten, und *gulyáshús* ist der Name für das Fleischgericht, das die Schafhirten auf ihren langen Wanderungen mitnahmen. Hierzu schnitten sie Rind-, Hammel- oder Schweinefleisch in große Würfel und kochten es in einem schweren eisernen Kessel, dem *bogrács*, bis jegliche Flüssigkeit verdampft war. Das Fleisch trockneten sie in der Sonne und bewahrten es in Beuteln aus Schafsmagen auf. Wenn sie Hunger hatten, nahmen sie ein Stück Trockenfleisch heraus, gaben etwas Wasser hinzu und erhitzten es. Nahm man eine größere Menge Wasser, wurde eine *gulyás leves*, eine Gulaschsuppe, daraus.

Pörkölt heißt wörtlich übersetzt »geröstet«. Es unterscheidet sich vom *gulyás* durch seine Konsistenz: Die dunkelrote Sauce ist sämig, und das Gericht entspricht dem, was in der westlichen Welt gemeinhin als »Gulasch« bezeichnet wird.

Tokány ist dem Pörkölt verwandt, aber man muß zum Würzen nicht Paprika verwenden, sondern kann auch schwarzen Pfeffer und Majoran nehmen. Das Gericht besteht aus mehreren Sorten Fleisch, und manchmal werden Gemüse oder Pilze mitgedünstet.

Paprikás heißen Zubereitungen, bei denen das kleingeschnittene Fleisch mit süßer oder saurer Sahne verfeinert wird. Traditionell nimmt man für ein *paprikás* nur helles Fleisch, also Fisch, Huhn, Kalb oder Lamm.

Bográcsgulyás
Kesselgulasch

Für 8 Personen

2 Zwiebeln
2 EL Schmalz
1 kg Rindfleisch (Schulter oder Keule)
200 g Rinderherz
1 Knoblauchzehe
1 TL Kümmel
Salz
1 Tomate
2 Paprikaschoten
500 g Kartoffeln
Rosenpaprika

Die Zwiebeln schälen und grob in Stücke schneiden. In einem großen Schmortopf das Schmalz zerlassen und die Zwiebeln darin glasig dünsten.
Fleisch und Herz in Würfel schneiden, zu den Zwiebeln geben und unter Rühren anbraten.
Knoblauch und Kümmel mit etwas Salz zerstoßen. Den Topf vom Herd nehmen und die Gewürzmischung gründlich unterrühren. Gut 2 l warmes Wasser zugießen und zugedeckt alles bei schwacher Hitze etwa 60 Minuten köcheln lassen.
Die Tomate enthäuten, entkernen und in Würfel schneiden, die Paprikaschoten waschen, entkernen und in Ringe schneiden. Die Kartoffeln schälen und würfeln.
Tomate und Paprika zu dem Fleisch geben, gegebenenfalls Wasser nachgießen, salzen und nochmals 30 Minuten köcheln lassen. Dann die Kartoffeln hinzufügen und alles garen. Nach Geschmack mit scharfem Rosenpaprika würzen. In tiefen Suppentellern servieren.

Borjúpörkölt
Kalbspörkölt

Für 4–6 Personen

1 kg Kalbfleisch
1 große Zwiebel
1 EL Paprikapulver (edelsüß)
1 Knoblauchzehe, zerdrückt
Salz
1 Tomate
1 Paprikaschote
2 EL Schmalz

Das Fleisch würfeln, die Zwiebel schälen und hacken. Das Schmalz in einem Schmortopf zerlassen und die Zwiebel darin leicht bräunen.
Den Topf vom Herd nehmen und Paprikapulver, Knoblauch, etwas Salz und schließlich das Fleisch dazugeben. Zudecken und bei schwacher Hitze schmoren lassen. Bevor das Fleisch anbrennt, etwas warmes Wasser angießen und jeweils noch Wasser nachgießen, wenn die Flüssigkeit verdampft ist.
Die Tomate enthäuten, entkernen und würfeln, die Paprikaschote waschen, entkernen und kleinschneiden. Nach etwa 15 Minuten Garzeit in den Topf geben und mitgaren lassen. Am Ende der Garzeit die Flüssigkeit bei offenem Topf möglichst weit einkochen lassen.

218 Ungarn

Csirskepörkölt
Hühnerpörkölt
(Abbildung)

Für 4–6 Personen

	1 Suppenhuhn
	3 Zwiebeln
	1 EL Schmalz
	1 EL Paprikapulver (edelsüß)
	1 EL Tomatenmark
	1 Knoblauchzehe, zerdrückt
	Salz
	2 Tomaten
	2 Paprikaschoten

Das Huhn in Portionen teilen. Die Zwiebeln schälen, hacken und in dem Schmalz glasig dünsten.
Das Fleisch mit Paprikapulver, Tomatenmark, Knoblauch und Salz zu den Zwiebeln geben. Bei geschlossenem Topf etwa 15 Minuten schmoren lassen.
Die Tomaten enthäuten, entkernen und in Würfel schneiden, die Paprikaschoten waschen, entkernen und in kleine Stücke schneiden. Alles schmoren lassen, bis das Fleisch gar ist. Möglichst wenig Flüssigkeit zugeben, da das Huhn weitgehend im eigenen Saft garen soll.

Csirskepörkölt – Hühnerpörkölt

Nichts ist typischer
Paprika

Feurig, würzig und temperamentvoll – diese Attribute verbindet man sowohl mit dem Paprika als auch mit dem ungarischen Nationalcharakter. Paprika ist nicht nur das wichtigste Gewürz der ungarischen Küche, sondern ein zentraler Bestandteil unzähliger Gerichte – ohne Paprika wäre die ungarische Küche nicht denkbar.

Die Herkunft des Paprika ist ungeklärt. Vielleicht hat ihn Kolumbus aus Amerika mitgebracht, denn das Gemüse tauchte im Spätmittelalter zuerst in Spanien auf. Andere Forscher vertreten die Ansicht, der ungarische Paprika sei über Persien aus Indien gekommen und zu Anfang des 16. Jahrhunderts von den Türken in Ungarn eingeführt worden. Für diese These spricht, daß der Paprika jahrhundertelang »indischer Pfeffer« genannt wurde – was aber wiederum wenig aussagekräftig ist, da frühe Botaniker mit »indisch« auch »indianisch« (aus Amerika) meinten.

Folgt man den Spuren der Verbreitung des Paprika, so findet man ihn nach Spanien in Italien, und von dort gelangte er zu den Türken, die ihn auf den Balkan mitbrachten. Im 16. Jahrhundert kamen viele bulgarische Gärtner nach Ungarn, und sehr wahrscheinlich bauten sie dort Paprika an.

Im Laufe der Jahrhunderte haben ungarische Züchter die Pflanze immer mehr veredelt, so daß sich die guten Eigenschaften des Paprikas im Laufe der Zeit voll entfalten konnten. Unter anderem gelang es, den scharfen Geschmack zu mildern. Seine Schärfe wird von dem Alkaloid Capsaicin verursacht, das in den Samenträgerleisten im Hohlraum der Frucht enthalten ist.

Die Gebrüder Pálffy, Paprikazüchter aus Szeged, hatten im vorigen Jahrhundert die Idee, die Rippen aus der Paprikafrucht zu entfernen und dadurch dem Gewürz weitgehend die Schärfe zu nehmen. Auf diese Weise entstand der mild-scharfe *édesnemes paprika*, Szegediner Edelsüßpaprika, der mit der Zeit weltberühmt wurde. Ein anderer Paprikazüchter veredelte die Pflanze so lange, bis die Früchte überhaupt nicht mehr scharf waren – so entstand der an Farbstoffen reiche, aber völlig milde *csemege paprika*, Delikateßpaprika.

Herstellung von Gewürzpaprika

Für die Herstellung von Gewürzpaprika werden die getrockneten roten Früchte in modernen Anlagen gewaschen und gedörrt. In den Gegenden von Szeged und Kalocsa wird der Gewürzpaprika mit Stein- und Stahlwalzen gemahlen und verarbeitet. Die Paprikamüller legen aufgrund ihrer Erfahrung fest, wieviel von den getrennt gelesenen Samenkernen zusammen mit den Früchten vermahlen werden sollen. Aus den Kernen fließt nämlich durch die beim Mahlprozeß auftretende hohe Temperatur Samenöl, das den Schärfegrad bestimmt und den Farbstoff aus den Früchten löst. Auch die Mahltemperatur muß von den Fachleuten genau bestimmt werden, denn erst durch die leichte Karamelisierung des natürlichen Zuckergehalts im Paprika wird das Aroma des Gewürzes abgerundet.

Wenn der Paprika gemahlen ist, also unmittelbar nach der Fertigstellung des Gewürzes, wird die Mischung einer sorgfältigen Qualitätskontrolle unterzogen und klassifiziert. Nach Laboruntersuchungen entscheidet dann letztlich der Gaumen der Paprika-Verkoster, ob die Gewürzmischung allen Anforderungen entspricht und die Abfüllungen

Die Paprikapflanze stammt vermutlich aus Amerika, da sie erstmals nach den Reisen des Kolumbus in Spanien auftauchte.

Nach der Ernte werden die Früchte getrocknet, gewaschen und gedörrt.

Anschließend wird der Paprika mit Stein- und Stahlwalzen gemahlen.

Eine Anzahl Samenkerne wird mit vermahlen. Sie bestimmen Farbe und Schärfegrad des Gewürzpulvers.

mit dem Markensiegel versehen werden können. Paprika ist heute auf der ganzen Welt als Gewürz bekannt und verbreitet. Viele Hobbyköche erleben immer wieder aufs neue das »kleine Küchenwunder«: Man gibt fein geschnittene Zwiebeln in erhitztes Öl oder Schmalz, stäubt auf die goldgelb angeschwitzten Zwiebeln Edelsüßpaprika, und unter sorgsamem Rühren (damit nichts anbrennt) entsteht in diesem Augenblick eine völlig neue Komposition von Duft, Aroma und Geschmack. Mit diesem Kochprozeß beginnt in Ungarn die Zubereitung vieler Feinschmeckergerichte.

Das Wort *paprika* verwenden die Ungarn im übrigen ausschließlich für Gewürzpaprika. Er wird vom Gemüsepaprika deutlich unterschieden, dessen Früchte grün-gelb sind und während des Reifungsprozesses zunehmend rot werden. Dieser Paprika wird dann »Tomatenpaprika« genannt.

Paprika wird auf verschiedene Weise verarbeitet: als Gewürz zu Pulver vermahlen und in Blechdosen verpackt (oben) oder als Frucht in Gläsern konserviert (unten).

Ungarischer Gewürzpaprika

Paprika gibt es in fünf Schärfegraden, wobei eine Faustregel besagt: je roter, desto milder.

Delikateßpaprika
Dunkelrot, mittelfein gemahlen, sehr mild

Paprika edelsüß
Dunkelrot, mittelfein gemahlen, feine Schärfe

Paprika halbsüß
Rot, von matter Farbe, kräftiger Gewürzgeruch und mittlere Schärfe; niemals in Fett anrösten

Rosenpaprika
Pikant und sehr scharf, mittelfein gemahlen
Sorte mild: glänzend hellrot, mittelfein gemahlen, weniger scharf, aber würzig im Geschmack
Sorte scharf: gelblich bis hellrot, mittelfein gemahlen und höllisch scharf

Paprikás csirke
Paprikahähnchen

1 küchenfertiges Brathähnchen (etwa 800 g) mit Innereien
Salz
150 g Räucherspeck
1 Zwiebel
1 TL Paprikapulver (edelsüß)
Hühnerbrühe
Hühnerleber
1 Becher saure Sahne

Das Hähnchen waschen und trockentupfen, salzen und in große Stücke teilen. Den Speck würfeln und auslassen. Die Zwiebel schälen, fein hacken und zu dem Speck geben; goldbraun braten. Die Pfanne kurz vom Herd nehmen und das Paprikapulver einstreuen.
Die Hähnchenstücke in die Pfanne geben, anbraten und etwas Brühe angießen. Zugedeckt bei schwacher Hitze etwa 60 Minuten dünsten, dabei das Fleisch gelegentlich wenden.
Kurz vor Ende der Garzeit die Leber kleinschneiden und einige Minuten mitdünsten. Dann die saure Sahne zugießen, kurz aufkochen lassen und das Paprikahähnchen servieren.

Unten: Der sehr milde, feingemahlene ungarische Delikateßpaprika wird in alle Welt exportiert. Vorher durchläuft er strenge Qualitätskontrollen. Nach den Laboruntersuchungen entscheidet jedoch letztlich der Gaumen der Paprika-Verkoster, ob die Gewürzmischung allen Anforderungen entspricht und mit dem Markensiegel zu versehen ist.

Töltött papriká
Gefüllte Paprikaschoten

8 mittelgroße grüne Paprikaschoten
100 g Schmalz
1 Zwiebel
500 g Schweinehack
Saft von 1 Knoblauchzehe
Salz, schwarzer Pfeffer
100 g gekochter Reis
1 Ei
4–5 Tomaten
Mehl

Die Paprikaschoten entstielen, einen Deckel abschneiden und die Schoten gründlich entkernen. Waschen und abtropfen lassen.
Die Hälfte des Schmalzes erhitzen. Die Zwiebel schälen, fein hacken und darin goldgelb rösten. Das Hackfleisch hinzugeben und unter Rühren kurz anbraten. Mit Knoblauch, Salz und Pfeffer würzen.
Den Reis zu dem Fleisch geben, das Ei hinzufügen und alles zu einer glatten Masse verarbeiten, die man in die Schoten füllt.
Die Tomaten kochen und durch ein Sieb streichen, mit Salz und Pfeffer würzen. Aus dem restlichen Schmalz und dem Mehl eine Schwitze herstellen und unter das Tomatenpüree geben, würzen.
Die gefüllten Schoten in eine gebutterte feuerfeste Form stellen, die Tomatensauce darübergeben und die Deckel der Schoten aufsetzen. Im Backofen bei 200 °C etwa 20 Minuten dünsten.

Lescó
Paprika-Tomaten-Gemüse

1 Zwiebel
2 EL Schmalz
5 kleine Paprikaschoten
3 Tomaten
1 EL Paprikapulver (edelsüß)
Zucker
Salz

Die Zwiebel schälen und in Scheiben schneiden. Das Schmalz in einer Kasserolle erhitzen und die Zwiebel darin glasig dünsten.
Die Paprikaschoten waschen, entkernen und in Ringe schneiden, zu der Zwiebel geben und weitere 15 Minuten dünsten. Die Tomaten enthäuten, entkernen und würfeln, zusammen mit Paprikapulver sowie etwas Zucker und Salz zu der Zwiebel-Paprika-Mischung geben und nochmals 20 Minuten garen.

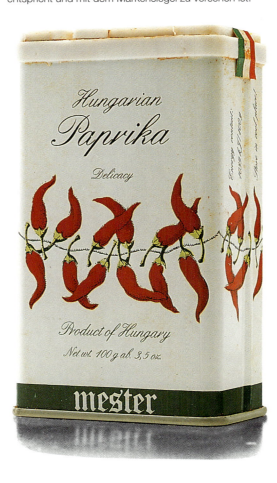

Nachfolgende Doppelseite:
In Säcken verpackter Gewürzpaprika, schlechthin *die* ungarische Spezialität

221

Eierpfannkuchen vom Feinsten

Palat-
schinken

Man nehme einen französischen, einen österreichischen, einen böhmischen und einen ungarischen Koch und lasse sie über den Ursprung der Palatschinken diskutieren. Jeder wird genügend Argumente parat haben, um die Herkunft dieses delikaten, hauchdünnen Pfannkuchens aus seinem Land zu begründen: Der Franzose wird seine *crêpes* verteidigen, der Österreicher seine Palatschinke, der Böhme seinen *palatcinky* und der Ungar seine *palacsinta*. Keiner von ihnen dürfte jedoch letztlich recht behalten, denn der Ursprung geht auf eine römische Zubereitung namens *placenta* zurück: So nannten die Römer ihre runden Kuchen, die sie anstelle von Brot aßen. Den römischen Legionären ist es zu verdanken, daß sich diese Zubereitung in ganz Europa verbreitete.

Den Weltruhm der ungarischen *palacsinta* hat der Gastronom und Küchenchef Károly Gundel begründet. Er erfand – wenn auch unter französischem Einfluß – die Gundel-Palatschinken mit einer delikaten Walnußfüllung.

Palacsinta Gundel módra
Gundel-Palatschinken
(Abbildung rechte Seite, oben)

Teig
3 Eier
250 g Mehl
200 g Milch
1 TL Zucker
1 Prise Salz
Butter
¼ l Sodawasser

Eier, Mehl, Milch, Zucker und Salz zu einem glatten Teig verrühren und 2 Stunden ruhen lassen. Eine große Pfanne erhitzen und etwas Butter hineingeben. Während sie schmilzt, das Sodawasser in den Teig einrühren.
Eine Kelle Teig in die Pfanne gießen und diese so schwenken, daß sich der Teig über den gesamten Pfannenboden verteilt. Wenn er Blasen wirft, umdrehen und auch die Rückseite backen. Herausnehmen, warm stellen und den Vorgang so lange wiederholen, bis der ganze Teig aufgebraucht ist.

Walnußfüllung
1 Becher Sahne
200 g gemahlene Walnüsse
50 g gehackte Rosinen
120 g Zucker
2 EL Rum
abgeriebene Schale von 1 unbehandelten Orange

Die Sahne kurz aufkochen und die Zutaten hinzugeben. Etwa 1 Minute köcheln lassen. Auf jede Palatschinke 1 TL Füllung geben und zusammenrollen.

Schokoladen-Rum-Sauce
1 Tafel halbbittere Schokolade
200 ml Milch
3 Eigelb
2 EL Kakaopulver
1 EL zerlassene Butter
2 EL Zucker
2 EL heller Rum

Die Schokolade in der erwärmten Milch schmelzen lassen. Den Topf vom Herd nehmen, zunächst die Eigelbe, dann Kakao, Butter, Zucker und Rum einrühren. Die Masse glatt rühren und eventuell mit etwas Milch verlängern. Die Sauce über die Palatschinken gießen.

Töltött körte
Gefüllte Birnen
(Abbildung unten)

2 EL Zitronensaft
120 g Zucker
4 feste Birnen
50 g gemahlene Walnüsse
1 EL saure Sahne
1 Päckchen Vanillinzucker

1 EL Zitronensaft mit dem Zucker in $1/2$ l Wasser geben und zum Kochen bringen. Die Birnen schälen, das Kerngehäuse entfernen und die Früchte halbieren. Die Birnenhälften in den Sirup geben und fast gar kochen; sie sollen fest bleiben.
Den restlichen Zitronensaft mit Nüssen, saurer Sahne und Vanillinzucker vermischen. Aus der Masse kleine Kugeln formen. Die Birnenhälften aus dem Sirup nehmen und mit den Nußkugeln füllen.
Nach Geschmack kann man – wie die Abbildung zeigt – die Birnen mit Schokoladensauce übergießen und auf geschlagener Sahne anrichten.

Hintergrund: Ein Budapester Kaffeehaus in der Zeit um die Jahrhundertwende

Das malerische Dorf Tokaj liegt im Herzen der gleichnamigen Weinbauregion und gab dem weltberühmten Wein seinen Namen.

Das Geheimnis des Ausbruchweins
Tokaji Aszú

In ganz Ungarn wird Wein angebaut, aber eine Sorte hat Weltruhm erlangt: der Tokajer. Das malerische Dorf Tokaj am Fuß des gleichnamigen Berges gab dem berühmten Wein seinen Namen. Der Tokajer reift aber nicht nur an den Hängen dieses Berges und in der unmittelbaren Umgebung des Ortes Tokaj, sondern in einer 28 Gemeinden umfassenden Region, die im nordöstlichen Grenzgebiet Ungarns gelegen ist und den Namen Tokaj-Hegyalja trägt.

Der weltberühmt gewordene *tokaji aszú*, Tokajer-Ausbruchwein, ist eine ungarische Spezialität, die auf das 17. Jahrhundert zurückgeht. Damals ließ eine Grundbesitzerin die Weinlese auf einen späteren Zeitpunkt verschieben, was bei den Trauben zur Edelfäulnis führte: Sie begannen einzutrocknen und zu schrumpfen, ihr Zuckergehalt stieg, und ihr Säuregehalt nahm ab.

Der aus diesen geschrumpften Beeren gekelterte Wein fand sogar seinen Weg nach Frankreich auf die Tafel Ludwigs XIV. und konnte mit den französischen Weinen so erfolgreich konkurrieren, daß ihm der Sonnenkönig den Ehrentitel »König der Weine – Wein der Könige« verlieh.

Die hochrangige Empfehlung machte den Tokajer auch an anderen europäischen Fürstenhöfen populär: Katharina die Große von Rußland beispielsweise beschäftigte einen ständigen Einkäufer im Tokajer Weinbaugebiet, der den Wein für den Zarenhof mit sibirischen Pelzen bezahlte. Auch Kaiserin Maria Theresia von Österreich schätzte den Wein, und einmal ließ sie Papst Benedikt XIV. (1740–58) eine Sendung Tokajer zukommen. Der Papst bedankte sich bei der Kaiserin, die zugleich ungarische Königin war, mit folgenden sinnreichen Zeilen für das Präsent: »Benedicta sit terra quae te germinavit, Benedicta mulier qui te misit, Benedictus ego, qui te bibo!« – »Gesegnet sei die Erde, die dich hervorbrachte, gesegnet sei die Frau, die dich schickte, gesegnet auch ich, Benedictus, der ich dich trinke!«

Die im Weinbaugebiet Tokaj-Hegyalja am meisten verbreitete Rebsorte ist der Furmint, eine andere beliebte Traube der Hárslevelü (der »Lindenblättrige«), in geringem Maße wird auch Gelber Muskateller angebaut. Diese drei Rebsorten werden zur Herstellung des Tokajers verwendet.

Für den Ausbruchwein beginnt die Weinlese traditionell am Simon-Judas-Tag, dem 28. Oktober. Sie erstreckt sich über den ganzen November und manchmal auch in den Dezember hinein. Von den Beeren werden die Ausbruchbeeren sorgfältig ge-

Linke Seite: Ein Sortiment des berühmten ungarischen Ausbruchweins, Tokaji Aszú, teilweise von »biblischem« Alter. Das Geheimnis des Weins ist die Edelfäule der verwendeten Trauben.

Ein altes Faß, in dem der Tokajer gelagert wird; daneben ein *puttony*, eine Bütte, die etwa 30 Liter faßt und in der die Trauben gesammelt werden.

Die Kellerwände sind mit einem schwarzen Edelschimmelpilz bedeckt, der wesentlich zum Aroma des Weins beiträgt.

Durch das im Keller herrschende spezielle Mikroklima erhält der Tokajer-Ausbruchwein seinen eigentümlichen, an frisches Brot erinnernden Geschmack.

Tokaji Aszú wird aus den Rebsorten Gelber Muskateller, Hárslevelü und Furmint hergestellt.

trennt in kleinen Kufen gesammelt. Ein geringer Teil des Saftes der Ausbruchbeeren setzt sich am Boden der Kufen ab. Dieser durch das Eigengewicht der Trauben selbsttätig ausgepreßte Most, der sogenannte Selbstfluß, ist die Essenz, die nur in kleiner Menge entsteht und auch ausgereift von hohem Zuckergehalt, blumig und hocharomatisch ist – eine seltene und teure Spezialität.

Die Ausbruchbeeren – sie heißen so, weil sie geplatzt sind – werden zu einer breiigen Masse, dem sogenannten Ausbruchteig, verarbeitet; der übrige Most wird normal gekeltert.

Für den Aszú setzt man diesem normalen Most eine mehr oder weniger große Menge Ausbruchteig zu. Als Maßgefäß dienen hierbei die Bütten, *puttonyos*, in denen man die Trauben sammelt und die rund 30 Liter fassen. Je nachdem, wie viele *puttonyos* man einem Faß Most (136 Liter) zusetzt, spricht man von einem Tokajer mit drei, vier oder gar fünf *puttonyos*, was auf dem Etikett meist mit Sternen bezeichnet wird.

In Tokaj-Hegyalja stößt man in allen Gemeinden auf Weinkeller, die sich in die Weinberge hineingraben. Ein fast schwarzer Kellerwandbelag aus Schimmelpilzen schafft ein besonderes Mikroklima, das einen großen Anteil an der Entwicklung des Tokajer hat. Die vom Edelschimmel getränkte Luft nimmt den Säuredunst des Weins in sich auf und schafft damit die Voraussetzungen für die volle Entfaltung des Aromas.

Der Reifeprozeß vollzieht sich äußerst langsam, weil der hohe Zuckergehalt des Ausbruchs die Gärung verzögert. Bis zur vollen Reife braucht ein Tokajer-Ausbruch sechs bis acht Jahre.

Barack pálinka

Der bekannteste ungarische Schnaps ist sicher der Aprikosenschnaps Barack pálinka. Für ihn werden zwei Sorten von Aprikosen verwendet: die *kajszi*, die gewöhnliche Aprikose, und die *rakovszky*, eine runde, saftige Frucht mit besonders vollem Geschmack. Während der Destillation gibt man gemahlene Aprikosensteine hinzu, um den Geschmack noch zu intensivieren. Barack pálinka lagert mindestens ein Jahr in eichernen Fässern.

Ungarn 227

Joachim Römer

Österreich

Landschaft in der Wachau

Vorherige Doppelseite: Herr Hawelka, Besitzer des gleichnamigen Kaffeehauses in Wien, hinter der Theke. Das Hawelka gehört zu den legendären Literaten-Kaffeehäusern, in denen sich die Intelligenzija traf.

230 **Österreich**

Wer der Ansicht ist, in Österreich werde deutsch gesprochen, der muß sich zumindest in kulinarischer Hinsicht eines Besseren belehren lassen: Tomaten sind Paradeiser, Blumenkohl ist Karfiol, Meerrettich ist Kren, und Pflaumenmus heißt Powidl. Und wer in einem Wiener Kaffeehaus schlicht einen Kaffee bestellt, gibt sich unfehlbar als Nicht-Österreicher zu erkennen: Ein Brauner muß es schon sein oder eine Melange.

Sprachliche Eigenarten wie diese wurzeln in der langen kulinarischen Tradition des Alpenlandes, das einstmals ein Weltreich war: Zu Österreich gehörten in der Vergangenheit ganz Ungarn, Böhmen (das heutige Tschechien) sowie Teile von Norditalien (Südtirol und Triest, damals österreichischer Kriegshafen) und Istrien, Teil des heutigen Kroatien. Jahrhundertealt ist der Kampf gegen die Türken, die dank Prinz Eugen – man erinnert sich: »der edle Ritter« – die Hauptstadt Wien niemals eroberten, wohl aber unauslöschlich ihre Spuren in der nachhaltigen Liebe der Österreicher zu ihren Kaffeespezialitäten hinterließen.

Am österreichischen Hof war die Welt zu Gast. Dort schmausten Schweden und Preußen, Engländer und Russen, Franzosen und Griechen. Und weil der Kaiser von Österreich über die Jahrhunderte hinweg auch König von Spanien war, finden sich bis zum heutigen Tag auch starke Einflüsse von der Iberischen Halbinsel auf Österreichs Küchenzettel. Nach dem letzten Sieg über die Türken im Jahre 1697 entfaltete sich in Österreich das barocke Leben in seiner ganzen Pracht. Vom Ruhm vergangener Zeiten kündet auch der imperiale Auftritt der alten Reichshauptstadt Wien, heute zwar für den Bedarf einer kleinen Alpenrepublik entschieden zu groß, aber mit ihren Palästen und herrschaftlichen Ringbauten ein imposanter, weltläufiger Rahmen für eine Kulinarik, die nach wie vor in kaiserlichen und königlichen Dimensionen denkt: Ein österreichischer Genießer kennt bei Tisch keine Staatsgrenzen. Ungeniert macht er Anleihen in den ethnischen Küchen der ehemaligen Donau-Monarchie, angereichert durch die deftigen Zubereitungen der Land- und Gebirgsprovinzen. Kochen, Essen und Genießen hat für die Österreicher Tradition und ist ein wichtiges Stück Lebensqualität.

Das Wiener Kaffeehaus
Rindfleisch
Wiener Schnitzel
Feines vom Kalb
Wild
Wildgerichte
Wein
Heuriger
Der Würstelstand
Mehlspeisen
Knödel
Salzburger Nockerln
Krapfen
Österreichs Edelbrände
Sachertorte

232 **Österreich**

Mythos und Legende
Das Wiener Kaffeehaus

Wer in einem Wiener Kaffeehaus schlicht einen Kaffee bestellt, gibt sich als Piefke zu erkennen: So nämlich nennt der Österreicher seinen deutschen Nachbarn, mit dem ihn ein zwiespältiges Verhältnis verbindet. Man honoriert zwar die Wirtschaftskraft des großen Bruders, fürchtet sich aber andererseits vor erneuter, diesmal ökonomischer Vereinnahmung. Und von der Wiener Kaffeekultur versteht er nach Überzeugung der Österreicher ohnehin nichts.

Viele Legenden und Histörchen ranken sich um das Wiener Kaffeehaus. Zu Kaiser Franz Josephs Zeiten und in den 20er Jahren der ersten österreichischen Republik war es der Treffpunkt der Intellektuellen, Künstler und Literaten. Weniger die Freude am Kaffee trieb sie an die runden Marmortischchen, sondern eher die Wohnungsnot: Ein Wiener Künstler oder Literat lebte gemeinhin in erbärmlichen Untermietverhältnissen oder hatte gerade einmal eine Bettkammer für sich zur Verfügung. Da bot sich der Aufenthalt im Kaffeehaus geradezu an – zum einen, weil man dort warm und trocken saß, zum anderen wegen der »Leute« und der Geselligkeit unter Gleichgesinnten. Hierher konnte man seine Post ordern, sich an literarischen Fingerübungen versuchen, den neuesten Klatsch austauschen oder einfach seinen Gedanken nachhängen. Es soll sogar Professoren gegeben haben, die ihre Doktoranden zur Prüfung ins Kaffeehaus bestellt haben.

Das Wiener Kaffeehaus ist heute mehr Mythos und verklärte Legende als Realität. Zwar existieren noch immer fast 500 Kaffeehäuser, aber wohl eher aus touristischen Gründen. Den klassischen Kaffeehaus-Literaten gibt es ohnehin nicht mehr, zumal viele von ihnen als Juden während der Hitler-Diktatur verfolgt, vertrieben und ermordet wurden. Zwischen den beiden Weltkriegen wohnten 200 000 Juden in Wien, sie hatten beispielsweise 123 der 174 Redakteursposten bei den Tageszeitungen inne. Nach dem Krieg war die jüdische Gemeinde auf 5000 Mitglieder zusammengeschmolzen.

Einige kamen nach dem Krieg zurück, aber mit dem Kaffeehaus als Institution ging es bergab. Die wertvollen Quadratmeter der Innenstadt-Cafés wurden als Ladenlokale beispielsweise für Modehäuser und Fast-Food-Restaurants benötigt. Außerdem zog aus dem benachbarten Italien ein mächtiger »Feind« des Kaffees österreichischer Machart herauf: der Espresso.

Im Interesse des Fremdenverkehrs hat die Stadt Wien in den 80er Jahren einige Traditionsadressen wie das »Landtmann«, das »Sperl« oder das »Schwarzenberg« wieder aufpoliert. Sie verfügen zwar über die typischen Erkennungsmerkmale des Kaffeehauses, den Zeitungstisch und die Fensterloge, den Windfang am Eckeingang und die Sitzkassa, die Spiegel, den Billardtisch und das umfangreiche Kaffeespezialitäten-Angebot – aber sie sind Wirtschaftsunternehmen geworden, die professionell gemanagt werden und auf einen angemessenen Umschlag der zur Verfügung stehenden Sitzplätze bedacht sind: Wer sich heutzutage nach alter Literatenart an einem Glas Wasser festhält, erntet strafende Blicke vom Bedienungspersonal.

Neben diesen Vorzeigecafés gibt es allerdings noch einige – unter Touristen weniger bekannte – Kaffeehäuser der alten Art, welche die neuen Zeiten überlebt haben. Zwar wird hier nicht mehr Weltliteratur geschrieben, dafür aber hat die Wiener Jugend sie als Treffpunkt für sich entdeckt. In ihrem etwas angestaubten und durchaus nicht eleganten Ambiente erhält der Besucher, der zufällig dort hineingerät, einen Eindruck davon, wie es früher einmal in einem Wiener Kaffeehaus ausgesehen hat.

In allen Kaffeehäusern Wiens, den revitalisierten ebenso wie den nostalgischen, wird eine Fülle von Kaffeespezialitäten angeboten. Kulinarisch sind die Wiener Kaffeehäuser vollwertige Restaurants. Man bekommt dort keineswegs nur Kaffee und den dazu passenden Kuchen, sondern auch warme Gerichte vom Kalbsbeuscherl bis zum Fiaker-Gulasch, das mit einem Würstel, einem Spiegelei und einer fächerförmig aufgeschnittenen Essiggurke angereichert wurde, um den Hunger des Fiakers, des Pferdedroschkenkutschers, zu stillen.

Kaffeespezialitäten
(Abbildung links)

1 Einspänner
Gesüßter Schwarzer (Mokka) im Glas mit Schlagobers (geschlagener Sahne), bestreut mit Kakaopulver
2 Fiaker
Gesüßter Mokka, im Glas serviert
3 Kapuziner
Kaffee mit viel Milch
4 Großer Brauner
Große Tasse Kaffee mit einem Schuß Milch
5 Kleiner Schwarzer
Mokka ohne Milch
6 Kleiner Goldener
Mokka mit Milch
7 Kleiner Brauner
Kleine Tasse Kaffee mit einem Schuß Milch
8 Melange
Kaffee und Frischmilch zu gleichen Teilen, mit einem Klecks aufgeschäumter Milch

---

Nachfolgende Doppelseite: Nichts ist wienerischer als eine Melange. Diesen Kaffee mit aufgeschäumter Milch könnte man als Symbol der Kaffeehauskultur bezeichnen. Traditionell wird die Melange mit einem Glas Wasser serviert, über dem quer ein Teelöffel liegt. Das Wasser macht den Kaffee bekömmlicher und wird daher auch zu anderen Kaffeespezialitäten gereicht.

Wiener Tafelspitz
(Abbildung oben)

500 g Markknochen
1 1/2 kg Tafelspitz
1 Zwiebel, geschält und in Scheiben geschnitten
Wurzelwerk (Möhren, Sellerie, Lauch, Petersilienwurzel), geputzt
schwarze Pfefferkörner
Salz
Schnittlauchröllchen

Die Markknochen waschen, in einen Topf mit reichlich kaltem Wasser geben und zum Kochen bringen. Das Fleisch abspülen und in die kochende Brühe geben. Nach etwa 30 Minuten die Zwiebel anrösten und mit den (unzerkleinerten) Gemüsen, einigen Pfefferkörnern und etwas Salz zu dem Fleisch geben. Alles etwa 2 Stunden köcheln lassen.
Das Fleisch herausnehmen, quer zur Faser in dicke Scheiben schneiden und mit etwas Sud begießen. Mit Schnittlauchröllchen garnieren.
Dazu passen knusprige Bratkartoffeln und Apfelkren, eine Mischung aus geriebenem Meerrettich, geriebenen Äpfeln und Sahne.

Schulterscherzel mit Wurzelgemüse
(Abbildung oben)

500 g Markknochen
1 kg Schulterscherzel
Wurzelwerk (Möhren, Sellerie, Lauch, Petersilienwurzel), geputzt
Salz
Schnittlauchröllchen

Die Markknochen waschen und mit etwa 1 1/2 l Wasser zum Kochen bringen. Das Fleisch abspülen und mit den (unzerkleinerten) Gemüsen sowie etwas Salz in die kochende Brühe geben; 30–40 Minuten köcheln lassen. Fleisch und Gemüse aus der Brühe nehmen. Das Fleisch in Scheiben, die Gemüse in mundgerechte Stücke schneiden. Mit Schnittlauchröllchen garnieren und mit der Brühe servieren.

Rindsgulasch
(Abbildung oben)

1 kg Rindfleisch (Wadschinken)
1 kg Zwiebeln
3 EL Öl
2 EL Paprikapulver (edelsüß)
1/4 l Fleischbrühe
Rinde von 1 Scheibe altbackenen Brots
1 Stück Speckschwarte
Salz, schwarzer Pfeffer
1 Spritzer Essig
Tomatenmark

Das Fleisch abspülen, trockentupfen und in große Würfel schneiden. Die Zwiebeln schälen, grob zerkleinern und in einem Schmortopf in dem Öl andünsten. Das Fleisch dazugeben und kurz anbraten. Das Paprikapulver einstreuen und die Brühe angießen. Dann Brotrinde und Speckschwarte hinzufügen und alles bei geschlossenem Topf 60–90 Minuten kochen lassen. Mit Salz, Pfeffer und Essig abschmecken und mit etwas Tomatenmark binden.

Österreich

Der ganz besondere Schnitt
Rindfleisch

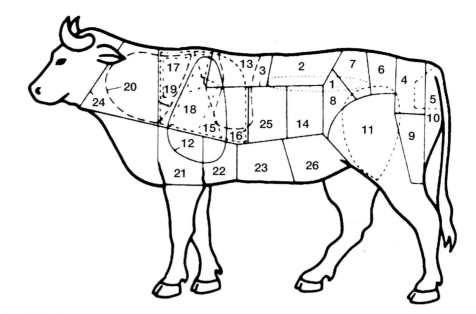

In Österreich bevorzugt man Rindfleisch – im Unterschied beispielsweise zu Deutschland, wo Schweinefleisch am beliebtesten ist. Gekochtes Rindfleisch gibt es zwar in aller Welt, aber nur in Österreich wurde seine Zubereitung in Tafelspitz, Beifried oder anderen Spezialitäten zu einer hohen Kunst entwickelt. Und nur hier unterscheidet man sorgfältig zwischen Hüferschwanzel und Kavalierspitz, schwarzem und weißem Scherzel und dem Ortsschwanzel. Einer der größten Liebhaber gekochten Rindfleischs soll Kaiser Franz Joseph gewesen sein, und seine Untertanen folgten ihm gern in dieser kulinarischen Schwäche. Im Restaurant Meissl & Schaden am Wiener Neuen Markt gab es vor dem Krieg nicht weniger als 24 Sorten Rindfleisch auf der Karte. Danach überwinterte die Fleischeslust im legendären Hietzinger Bräu in der Innenstadt. Heute kehrt man bei Plachutta an der Wollzeile im ersten Bezirk ein, wo praktisch nur Rindfleischgerichte auf der Karte stehen und trotz ausgedehnter Räumlichkeiten allabendlich ohne Tischreservierung nichts zu machen ist. Dort genießt man in Perfektion den Zwiebelrostbraten ebenso wie Beuschel mit Knödel, Fiaker-Gulasch und Schulterscherzel – und natürlich den legendären Tafelspitz.

Er hat – das ist keineswegs übertrieben – Weltruhm erlangt. Seine Zubereitung setzt einen besonderen Schnitt beim Zerlegen des Rindfleischs voraus, wie er außerhalb von Österreich gemeinhin nicht praktiziert wird. Nur so entsteht als zartes Endstück der Hüfte (dem äußersten Ende des Schwanzstücks) der Spitz oder die Blume, aus der einzig der vorschriftsmäßige Tafelspitz zubereitet werden darf, weil er nur dann von unvergleichlicher Zartheit ist – alles andere ist Suppenfleisch. Wenn dann die quer zur Faser geschnittenen fingerdicken Scheiben auf den Tisch kommen, etwas heiße Fleischbrühe darübergeträufelt und mit Schnittlauchröllchen dekoriert, dann wartet der Kenner gespannt auf die dazugehörigen Beilagen. Diese fallen in der guten österreichischen Gastronomie gern reichlich aus – auf jeden Fall aber gehören Apfelkren (Apfelmeerrettich) und Schnittlauchsauce dazu.

Der österreichische Fleischschnitt beim Rind

1 Lungenbraten
2 Beifried, Roastbeef
3 Rostbraten
4 Tafelspitz
5 Beinscherzel
6, 7, 8 Hüferschwanzel und Hüferscherzel
9 Ortsschwanzel
10 Weißes Scherzel
11 Zapfen
12 Schulter
13 Rieddeckel
14 Riedhüferl
15 Dicker Spitz
16 Kruspelspitz
17 Hinteres Ausgelöstes
18 Kavalierspitz
19 Mageres Meisel
20 Fettes Meisel
21 Brustkern, Brustspitz
22 Dickes Kügerl
23 Mittleres Kügerl
24 Tristel
25 Zwerchried, Palissade
26 Dünnes Kügerl

Zwiebelrostbraten

4 fingerdicke Scheiben Roastbeef
Salz, schwarzer Pfeffer
2 EL Mehl
2 EL Öl
2 Zwiebeln
2 EL Butter
1/8 l Fleischbrühe

Das Fleisch kalt abspülen, leicht klopfen und den Fettrand mehrmals einschneiden. Auf beiden Seiten salzen und pfeffern, aber nur jeweils eine Seite in das Mehl drücken.
In einer großen gußeisernen Pfanne das Öl erhitzen und die Fleischscheiben mit der gemehlten Seite nach unten in das heiße Öl geben. Von beiden Seiten etwa 4 Minuten bei mittlerer Hitze braten und warm stellen.
Die Zwiebeln schälen und in schmale Ringe schneiden. In einer zweiten Pfanne die Butter erhitzen und die Zwiebeln darin goldbraun braten.
Ebenfalls warm stellen.
Den Bratensatz mit der Fleischbrühe lösen und mit einem Stich Butter verfeinern.
Die Rostbraten anrichten, mit dem Bratensaft übergießen, dann die Zwiebelringe darauf verteilen.
Dazu passen Bratkartoffeln und grüner Salat.

Rostbraten Esterházy

Die elegantere Variante des Zwiebelrostbratens bereitete man auf Schloß Eszterháza zu, das der österreichische Feldmarschall Fürst Nikolaus Joseph von Esterházy südlich des Neusiedlersees erbauen ließ - eine Art ungarisches Versailles, dessen Luxus Goethe in »Dichtung und Wahrheit« pries und wo Joseph Haydn fast 30 Jahre (1761–90) als Kapellmeister wirkte.

4 fingerdicke Scheiben Roastbeef
Salz, schwarzer Pfeffer
Wurzelwerk (Möhre, Sellerie, Lauch, Petersilienwurzel), geputzt und in schmale Streifen geschnitten
1 Zwiebel, geschält und gehackt
Paprikapulver (edelsüß)
Mehl
1 Tasse Fleischbrühe
Zitronensaft
1 Becher saure Sahne

Die Fleischscheiben klopfen und jeweils am Rand einschneiden, salzen und pfeffern. Auf beiden Seiten rasch anbraten. Aus der Pfanne nehmen und warm stellen.
In dem Bratenfett Gemüse und Zwiebel anrösten, mit reichlich Paprika würzen und mit etwas Mehl binden. Die Fleischbrühe angießen und aufkochen. Das Fleisch in die Bratensauce geben und gar dünsten. Mit Zitronensaft abschmecken, die Sahne angießen und nochmals kurz aufkochen lassen. Sofort servieren. Dazu reicht man breite Bandnudeln oder körnig gekochten Reis.

Oft kopiert, nie erreicht

Wiener Schnitzel

Das Wiener Schnitzel läßt nicht vermuten, wieviel Weltgeschichte es schon überdauert hat. Es wird aus Kalbfleisch zubereitet, aber es gibt ernstzunehmende Spezialisten, die es lieber vom Schwein mögen – sie sagen, es sei dann weniger trocken und habe mehr Geschmack. Als »Wiener Schnitzel« darf es dennoch nicht verkauft werden, weshalb es auf den Speisenkarten als »Schnitzel nach Wiener Art« erscheint.

Bleiben wir jedoch beim Original und seiner langen Geschichte: Als der legendäre Feldmarschall Graf Joseph Radetzky, einer der volkstümlichsten österreichischen Heerführer, Mitte des vorigen Jahrhunderts in Italien Krieg führte, ließ er – als militärisches Geheimnis – nach Wien melden, daß die Mailänder ihre Schnitzel vor dem Backen in Semmelbröseln wälzten. Die Wiener probierten diese Art der Zubereitung sofort aus – nicht wissend, daß die Italiener das Rezept von den Spaniern übernommen hatten, die es während der Zeit der maurischen Besatzung wiederum den Arabern abschauten, die nun ihrerseits diese Technik aus Byzanz (dem heutigen Istanbul) mitgebracht hatten. So ist das Wiener Schnitzel im Grunde ein Byzantinisches Schnitzel und ein Kind der *costoletta milanese*, heutigen Touristen auch als *piccata* bekannt.

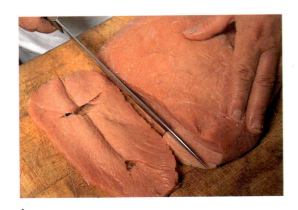
1

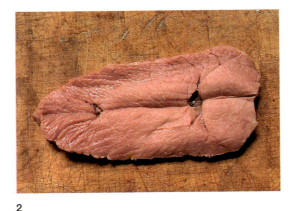
2

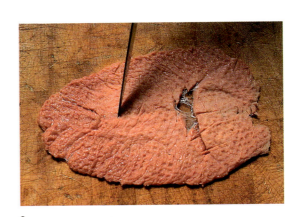
3

4

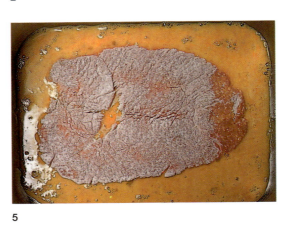
5

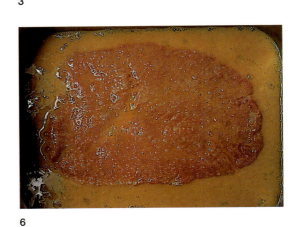
6

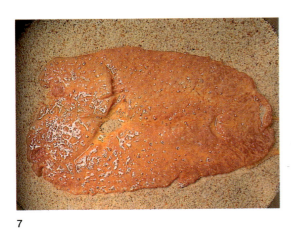
7

8

9

238 Österreich

Beiden, der italienischen Mutter ebenso wie der österreichischen Tochter, wird von den Köchen in aller Welt täglich Gewalt angetan – sei es, daß man die *piccata* zusammen mit in Tomatensauce ertränkten Bandnudeln serviert oder das Wiener Schnitzel in der Friteuse ausbackt.

Ein authentisches Wiener Schnitzel wird aus erstklassigem Kalbfleisch hergestellt, das man recht dünn aus der Nuß schneidet und so gekonnt und trocken brät, daß man sich unbesorgt darauf setzen könnte, ohne daß ein Fettfleck entsteht. Das eigentliche Geheimnis dieses Gerichts besteht darin, daß die Panade besonders locker aufliegt und das Fleisch außerordentlich zart ist.

Wiener Schnitzel
(Abbildung 1–9, linke Seite)

200 g Mehl
2 geschlagene Eier
200 g Semmelbrösel
4 Kalbsschnitzel aus der Nuß
Salz
250 g Schweineschmalz oder Öl
1 unbehandelte Zitrone
1 Bund Petersilie

Mehl, Eier und Semmelbrösel in drei separaten Tellern bereit stellen.
Die Schnitzel – Abbildung 1 und 2 zeigen den speziellen Schnitt quer zur Faser aus der Nuß – sanft klopfen, mit der Messerspitze überall etwas einschneiden (3) und leicht salzen, nacheinander durch Mehl (4) und Eier (5, 6) ziehen und in den Semmelbröseln wenden (7).
In einer großen Pfanne das Schmalz erhitzen und die panierten Schnitzel auf beiden Seiten darin 3–4 Minuten braten (8). Dabei darauf achten, daß die Schnitzel weder einander noch den Pfannenrand berühren – gegebenenfalls einzeln braten – und während des Bratens in Bewegung bleiben, indem man die Pfanne öfters schwenkt. Auch sollte man beim Wenden nicht in das Fleisch stechen.
Wenn die Schnitzel goldbraun sind, auf Küchenkrepp abtropfen lassen und auf einer vorgewärmten Platte mit Zitronenvierteln und Petersilienbüscheln servieren (9).
Dazu paßt Kartoffelsalat. In Wien serviert man als klassische Beilagen Bratkartoffeln sowie eine Orangenscheibe mit Preiselbeeren und grünen Salat.

Feines vom Kalb

Auch aus den weniger edlen Teilen des Kalbs versteht man in Österreich Treffliches zuzubereiten. Zu nennen wären hier zum Beispiel das Kalbsgulasch, das aus Fleisch aus der Schulter hergestellt und mit edelsüßem Paprikapulver gegart wird, und die Kalbsleber in der klassischen Zubereitung mit Zwiebeln und Äpfeln. Gefüllte Kalbsbrust ist eine weitere Delikatesse, die lombardische Italiener zwar gern als *cima genovese* für sich in Anspruch nehmen, die aber ihre wahre Wurzel in der österreichischen Küche hat. Und wenn sich aus dem übrigen Fleisch des jungen Rindes scheinbar gar nichts Delikates mehr herstellen läßt, gibt es immer noch das Butterschnitzel – durchgedrehtes Kalbfleisch mit eingeweichten Brötchen und Eiern vermischt, gut durchgeknetet und als fingerdicke Bratlinge in der Pfanne ausgebacken. Die Butterschnitzel werden mit einem »Erdäpfelpüree« (Kartoffelbrei) und gerösteten Zwiebelringen angerichtet.

Ein raffiniertes Gericht der einfachen Küche ist das Salonbeuschel, Kalbslunge und Kalbsherz sauer. Hinter dem für Nicht-Österreicher unverständlichen Begriff Beuschel verbergen sich die beiden Lungenflügel und das Herz eines Kalbs. Das Beuschel wurde zu Beginn unseres Jahrhundert salonfähig, weshalb man es bei besonders sorgfältiger Zubereitung »Salonbeuschel« nannte.

Salonbeuschel

800 g Kalbsbeuschel (Kalbslunge und Kalbsherz)
Wurzelwerk (Möhren, Sellerie, Lauch, Petersilienwurzel), geputzt und grob zerkleinert
1 Zwiebel, geschält und halbiert
1 Lorbeerblatt
Pfefferkörner
1 Zweig Thymian, gewaschen
3 EL weiche Butter
3 EL Mehl
1 Prise Zucker
2 Gewürzgurken, in kleine Würfel geschnitten
1 TL Kapern
1 Sardellenfilet
1 Knoblauchzehe
1 Bund glatte Petersilie, gewaschen
1 EL Weinessig
1 EL Zitronensaft
1 EL Senf
1 Becher Sahne
1 Becher saure Sahne
Majoran
Salz, weißer Pfeffer

Das Beuschel mit den Gemüsen, einer Zwiebelhälfte, Lorbeerblatt, einigen Pfefferkörnern und dem Thymian in etwa 2 l kaltem Salzwasser aufsetzen und etwa 60 Minuten weich kochen. Abkühlen lassen.
Butter, Mehl und Zucker verrühren und in einer Pfanne goldbraun rösten. Gurken, Kapern, Sardellenfilet, die

andere Zwiebelhälfte, Knoblauchzehe und Petersilie fein hacken und mitrösten, mit Essig und Zitronensaft ablöschen und mit Kochwasser aufgießen. Etwa 30 Minuten köcheln lassen und durch ein Sieb passieren.
Das Beuschel in Streifen schneiden und dazugeben und nochmals etwa 10 Minuten köcheln lassen.
Den Senf mit Sahne und saurer Sahne verrühren und nach und nach zu der Mischung geben. Mit Majoran, Salz und Pfeffer abschmecken. Dazu ißt man Serviettenknödel (Rezept S. 250).

Butterschnitzel

2 Semmeln
350 ml Milch
500 g Kalbfleisch, durch den Fleischwolf gedreht
2 Eier
Salz, schwarzer Pfeffer
Muskat
2–3 EL Semmelbrösel
80 g Butter
50 ml Fleischbrühe

Die Semmeln in der Milch einweichen, ausdrücken und zu dem Hackfleisch geben. Die Eier untermischen und die Masse mit Salz, Pfeffer und Muskat abschmecken.
Die Hackfleischmischung mit den Semmelbröseln gut durchkneten. Etwa 8 Fleischkugeln formen und jeweils auf etwa Fingerdicke flach drücken.
In einer Pfanne die halbe Buttermenge erhitzen und die »Schnitzel« von beiden Seiten goldbraun braten.
Warm stellen.
Die Fleischbrühe zu dem Bratenfett geben und kurz aufkochen lassen. Die Sauce mit der restlichen Butter verfeinern. Die Butterschnitzel auf vorgewärmten Tellern anrichten und mit der Sauce übergießen. Dazu gehört ein »Erdäpfelpüree« mit gerösteten Zwiebelringen.

Kalbsleber mit Zwiebeln und Äpfeln

2 Zwiebeln
2 Äpfel
Schweineschmalz
4 Scheiben Kalbsleber
Salz, schwarzer Pfeffer
2 EL Mehl

Zwiebeln und Äpfel schälen, die Zwiebeln in Ringe, die Äpfel in Scheiben schneiden.
In etwas Schmalz Zwiebeln und Äpfel schmoren, aus dem Fett nehmen und warm stellen.
Die Kalbsleber von Sehnen und Häuten befreien, abspülen und trockentupfen. Würzen, in Mehl wenden und von beiden Seiten braun braten.
Die Kalbsleber mit den Zwiebelringen und Apfelscheiben anrichten und dazu Petersilienkartoffeln reichen.

Österreich: ein Paradies für Jäger
Wild

Der Waldreichtum Österreichs macht das Land zu einem Dorado für Jäger. Die vielseitige Natur wechselt von Auen und Tälern über Mittelgebirgs- bis zu Hochgebirgslandschaften. Zwei Drittel der Landesfläche nehmen die Alpen ein, wobei der Großglockner mit 3797 Metern die höchste Erhebung darstellt. In den Kalkalpen finden sich zumeist Buchen- und Fichtenwälder, in den Zentralalpen herrschen Kiefernwälder vor.
Bei der Jagd unterscheidet man zwischen Hoch- und Niederwild. Zum Hochwild zählen Rot-, Dam- und Schwarzwild, Steinböcke, Muffelwild (Wildschafe), Gemsen, Bären, Luchse, Wölfe und Auerhähne. Zum Niederwild gehören alle übrigen Wildarten, darunter auch Rehwild.

Hochwild wird in der Regel mit der Kugel geschossen. Ausnahmen bilden Auerhähne, Luchse und Wölfe, die man auch mit Schrot schießen darf. Niederwild wird mit Schrot geschossen – ausgenommen Rehwild, das mit der Kugel geschossen werden muß.
Das österreichische Jagdrecht ist ein Teil des Grundstücksrechts. Der Eigentümer darf die Jagd ausüben, aber nur, wenn er im Besitz eines Jagdscheins ist, der von staatlichen Behörden nach einer Jägerprüfung gegen Gebühr ausgestellt wird.
Voraussetzung jeder Jagd ist die Hege des Wildes. Darunter sind alle Maßnahmen zu verstehen, die der Jäger zum Schutz des Wildes zu unternehmen hat. Dazu gehört die Fütterung in Notzeiten ebenso wie die Abwehr von Wilderern, der Abschuß von Beutegreifern und die Bekämpfung von Wildseuchen.
Österreich ist ein beliebtes Jagdland auf Gams, Hirsch-, Auer- und Niederwild. Es gibt private und staatliche Jagdangebote, einheimische Berufsjäger führen die Jagdgäste.

Hintergrund: Eine Rotwild-»Familie«. Das Geweih des europäischen Rot- oder Edelhirschs ist eine begehrte Jagdtrophäe.

Unten:
1 Feldhase
2 Muffelwild
3 Rehwild
4 Schwarzwild
5 Fasan
6 Graugans
7 Rebhuhn
8 Ringeltaube
9 Schnepfe
10 Stockente

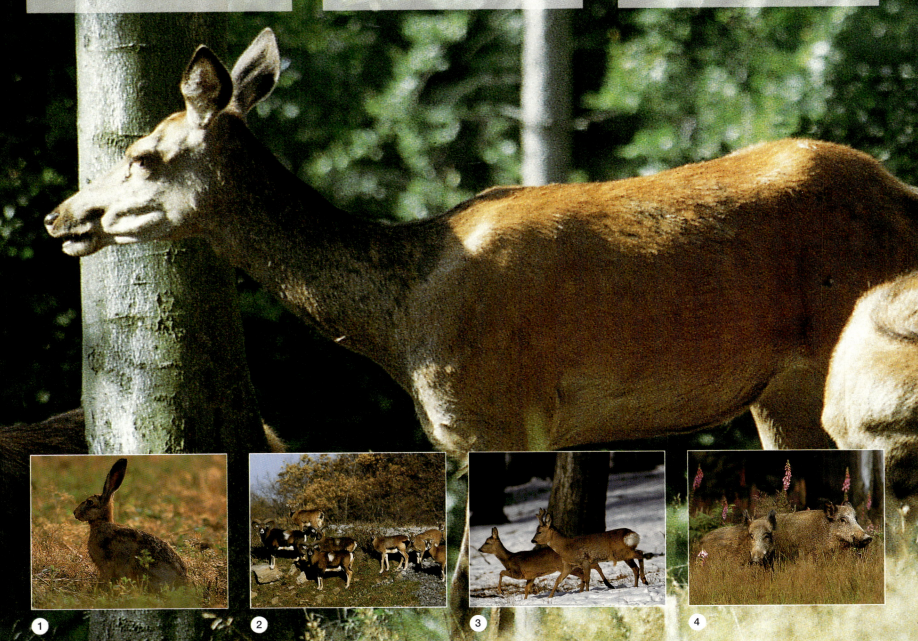

1 2 3 4

Jagdzeiten in Österreich für die wichtigsten Wildarten

Damwild	1. August bis 15. Januar	**Ringeltaube**	1. August bis 15. April
Fasan	1. Oktober bis 31. Dezember	**Rotwild**	1. August bis 15. Januar
Feldhase	1. Oktober bis 31. Dezember	**Schnepfe**	1. August bis 15. April
Gamswild	1. August bis 31. Dezember	**Schwarzwild**	ganzjährig (bis auf die führende Bache)
Graugans	1. Oktober bis 15. Januar		
Muffelwild	1. Juni bis 31. Dezember	**Sikawild** (ostasiatischer Hirsch)	
Rebhuhn	in Österreich weitgehend geschont; nur kurze, gestaffelte Abschußzeiten		1. August bis 15. Januar
		Stockente	15. September bis 31. Dezember
Rehwild	16. Mai bis 15. Oktober (Bock: 1. August bis 15. Oktober)		

Wildgerichte

Vom Wald auf den Tisch –
der richtige Umgang mit Wild

Schalenwild, das heißt Hirsche und Rehe, muß ausgenommen – wie die Jäger sagen: aufgebrochen – werden, sobald es erlegt ist. Danach muß es gut auskühlen, ehe es weitertransportiert wird. Man läßt es eine gewisse Zeit abhängen, damit es mürbe wird und den richtigen Geschmack entwickelt. Die besten Stücke zum Braten sind der Rücken (Ziemer) und die Keulen. Wildfleisch junger Tiere sollte niemals mariniert werden, damit der feine Geschmack nicht beeinträchtigt wird. Das Fleisch älterer Tiere hingegen wird durch Marinieren mürber.

Wildfleisch enthält wenig Fett und Wasser, aber viel Eiweiß. Deswegen muß ihm vor der Zubereitung das Fett durch Spicken zugeführt werden. Gespickt wird mit kernigem, fettem Speck, den man mit einer gebogenen Spicknadel durch das Fleisch zieht.

Hasen und wilde Kaninchen werden oft im Fell geliefert und sind auch nicht immer ausgenommen. Man kann sie einige Tage im Kühlraum hängen lassen, bevor man das Tier häutet und ausweidet. Das Blut hebt man dabei mit einigen Tropfen Essig verquirlt auf und verwendet es für Hasenpfeffer. Hasenfleisch ist nach dem Enthäuten dunkel, Fleisch von Wildkaninchen eher weiß. Rücken und Keulen gelten als das beste Fleisch; Kopf und Hals, Vorderläufe, Bauchlappen und Herz lassen sich zu einem Ragout verarbeiten.

Federwild sollte nach dem Abschuß sobald wie möglich von seinem Federkleid befreit werden. Gerupftes und ausgenommenes Federwild kann man in einem Kühlraum acht bis zehn Tage hängen lassen. Früher besorgte man das Abhängen mehrere Wochen lang im Freien; davon ist man aus hygienischen Gründen abgekommen. Das Spicken der Brust ist heute auch bei größeren Vögeln wie dem Fasan nicht mehr üblich. Man begnügt sich zumeist damit, die Brust mit einer dünnen Scheibe fetten Specks zu umbinden.

Fasan im Speckhemd
(Abbildung)

Schon in griechischer und römischer Zeit galt der Fasan als Leckerbissen in allen Teilen der damals bekannten Welt. In Österreich wird er vornehmlich in den Auen des Marchfeldes nahe der ungarischen Grenze gejagt.

2 küchenfertige junge Fasane
Salz, schwarzer Pfeffer
300 g fetter oder durchwachsener Speck
50 g Butter
100 g blaue Weintrauben

Die Fasane innen und außen abspülen, dann innen und außen salzen und pfeffern. Den Speck in dünne Scheiben schneiden und die Fasane damit umwickeln. Mit Küchengarn befestigen und auch die Keulen zusammenbinden. Den Backofen auf 250 °C vorheizen.
Die Fasane in der Butter kurz anbraten, in den Ofen schieben und etwa 60 Minuten garen, ab und zu wenden und mit dem Bratensaft begießen.
Von dem Bratensaft das Fett abschöpfen und die Weintrauben in die Sauce geben.
Die Fasane auf einer Platte anrichten und servieren. Dazu passen Rotkohl und Kartoffelkroketten.

Fasan im Speckhemd

Wildschwein nach Lainzer Art

Lainz ist ein Bezirk von Wien.

1,5 kg Frischlingskarree (Rücken)
150 g fetter Speck, in Streifen geschnitten
Salz
Mehl
500 g Hirschfilet
1/2 l Wildfond
200 g Wurzelwerk (Möhren, Sellerie, Lauch, Petersilienwurzel), geputzt
Pfefferkörner
Lorbeerblatt
2 Zweige Thymian, gewaschen
50 g Preiselbeeren
1/8 l Rotwein
1/8 l saure Sahne
Zitronensaft
150 g Kalbsbries
150 g Gänsestopfleber
150 g Champignons, geputzt

Das Filet des Karrees auslösen, säubern und daraus etwa sechs Schnitzel schneiden. Leicht klopfen, spicken, salzen, eine Seite mit Mehl bestäuben und in heißem Fett rasch anbraten. Die Hirschfilets auf die gleiche Weise vorbereiten. Die Knochen des Karrees kleinhacken.
Das Fett abgießen und den Bratensatz mit etwas Fond ablöschen. Knochen, Fleisch- und Speckreste mit den Gemüsen in dem abgegossenen Fett anrösten, leicht mit Mehl bestäuben und mit dem abgelöschten Bratensatz, dem restlichen Fond, den Gewürzen, Thymian, Preiselbeeren und Rotwein kurz aufkochen lassen und dann durch ein Sieb passieren. Die Sauce mit saurer Sahne und etwas Zitronensaft abrunden. Die Schnitzel von Frischling und Hirsch in die Sauce geben und langsam weich dünsten.
Währenddessen das Kalbsbries kurz anbraten und in Würfel schneiden, die Stopfleber würzen, braten und ebenfalls in Würfel schneiden. Die Champignons in Scheiben schneiden und in etwas Butter dünsten. Alles mit etwas Sauce binden.
Die Frischlingsschnitzel anrichten, mit dem Ragout bedecken und darauf die Hirschschnitzel legen. Etwas Sauce darübergießen.

Montafoner Hirschrücken

Montafon (von *mont*, »Berg«, und *davo*, »hinten«, nennt sich das Tal der Ill in Vorarlberg.

1 Hirschrücken
Salz, schwarzer Pfeffer
100 g fetter Speck, in Streifen geschnitten
Wacholderbeeren
100 g Butter
200 g Pfifferlinge
1 Bund Petersilie

Den Hirschrücken mit Salz und Pfeffer einreiben und gleichmäßig spicken. In einen passenden Bräter legen und eine Handvoll Wacholderbeeren dazugeben. Die Butter zerlassen und zur Hälfte über das Fleisch geben. Bei milder Hitze braten, dabei gelegentlich mit der verbliebenen Butter aus der Pfanne begießen. Wenn das Fleisch auf der Unterseite gebräunt ist, wenden und garen, bis es weich ist.
Die Pfifferlinge putzen, die Petersilie waschen und fein hacken. Beides in etwas Butter dünsten, bis die Pilze weich sind; nach Geschmack würzen.
Den Hirschrücken aufschneiden und mit den Pfifferlingen servieren. Dazu passen Spätzle und Preiselbeeren.

Hirschkoteletts mit Steinpilzen

4 Hirschkoteletts
Öl
Salz, schwarzer Pfeffer
100 g Butter
Wacholderbeeren
100 ml Madeira
100 ml Wildfond
100 g Steinpilze
Zitronensaft

Die Hirschkoteletts in eine Marinade aus Öl, Salz und Pfeffer legen und einige Stunden marinieren lassen. Etwa zwei Drittel der Buttermenge erhitzen und die Koteletts von beiden Seiten darin braun braten. Einige Wacholderbeeren zerdrücken, zu dem Bratensaft geben und mit Madeira ablöschen. Den Wildfond zugießen und die Flüssigkeit etwas einkochen lassen, nach Geschmack würzen, durch ein Sieb streichen und mit einem Stich Butter verfeinern.
Die Steinpilze putzen, salzen und pfeffern, mit Zitronensaft beträufeln und in der restlichen Butter dünsten.
Die Hirschkoteletts anrichten und die Steinpilze darübergeben.
Als Beilagen schmecken Maronen, Rotkohl und pochierte Birnen.

Gamsschlegel in Weinsauce

1 Gamsschlegel
200 g fetter Speck, in Streifen geschnitten
50 g Butter
30 g Mehl

Marinade

1/2 l Rotwein
300 g Wurzelwerk (Möhren, Sellerie, Petersilienwurzel), geputzt
1 Zwiebel, geschält und in Scheiben geschnitten
1 Lorbeerblatt
einige Pfefferkörner
1 Zweig Salbei

Für die Marinade die Zutaten mit 1/2 l Wasser in einen Topf geben, aufkochen und abkühlen lassen. Das Wurzelgemüse grob zerkleinern, die halbe Menge in einem Steinguttopf auslegen.
Den Gamsschlegel abspülen, trockentupfen und auf das Wurzelgemüse in den Steinguttopf legen, darauf den Rest des Wurzelgemüses geben. Mit der Marinade übergießen, bis das Fleisch völlig bedeckt ist. Abdecken und drei Tage an einem kühlen Ort stehenlassen.
Das Fleisch herausnehmen, trocknen, mit den Speckstreifen spicken und in der Butter rundum gut anbraten. Mit der Marinadenflüssigkeit ablöschen, etwas Wurzelwerk hinzugeben und den Schlegel gar ziehen lassen. Die Sauce durch ein Sieb passieren, mit dem Mehl binden und sehr heiß über das angerichtete Fleisch geben. Dazu passen Semmelknödel, Pfifferlinge und Preiselbeeren.

Gefüllte Hasenfilets in Madeira-Sauce

4 Hasenfilets
Salz, schwarzer Pfeffer
100 g Champignons
50 g Schalotten
1 Knoblauchzehe
gehackte Petersilie
gehackte Schale von 1 unbehandelten Zitrone
300 ml Demi-glace (reduzierte Bratensauce mit Kalbsfond)
80 g fetter Speck, in Streifen geschnitten
100 g Butter
Mehl
100 ml Madeira
1 EL Tomatenpüree

Die Filets abspülen, trockentupfen und längs einschneiden, so daß Schnitzel entstehen. Die Hasenschnitzel klopfen und salzen.
Die Champignons putzen und in Scheiben schneiden, die Schalotten schälen und hacken, den Knoblauch ebenfalls hacken. Schalotten, Pilze, Knoblauch mit Petersilie und Zitronenschale vermischen und in einer Pfanne mit etwas Öl kurz anrösten. Salzen, pfeffern und mit 1 EL Demi-glace binden. Die Masse auf die Filets streichen, die Filets zusammenrollen und mit dem Speck spicken. Die Filetrollen in Mehl wenden, in etwas Öl scharf anbraten und in Butter nachbraten. Aus der Pfanne nehmen und warm stellen.
Den Bratensatz mit Madeira ablöschen, die restliche Demi-glace hinzugeben, mit etwas Tomatenpüree abschmecken und mit der restlichen Butter verfeinern. Die Filets anrichten und mit der Sauce begießen. Dazu passen Knödel oder Reis.

Österreich 243

In einem Weinkeller in der Wachau

Der neue Jahrgang wird verkostet.

Österreichs Weißweine haben Weltgeltung.

In dem sonnigen Klima der Wachau, die sich entlang der Donau erstreckt, gedeihen Spitzenweine.

Auf dem Weg zur Weltgeltung

Wein

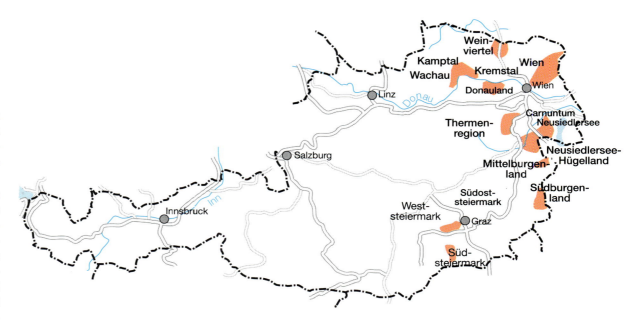

Der Glykolskandal von 1985 brachte die Wende: Damals hatten skrupellose Geschäftemacher den Wein mit Frostschutzmittel versetzt, was dem Ansehen von Österreichs Rebensaft höchst abträglich war.

Der Schock saß tief. Ein neues Weingesetz – noch im gleichen Jahr verabschiedet – sorgte für eine neue Ordnung, und die Winzer besannen sich wieder auf die Grundsätze einer organisch-biologischen Weingartenarbeit. Inzwischen hat sich in Österreich eine beachtliche Kultur von Spitzenweinen herauskristallisiert, die auch im Ausland große Beachtung findet. Österreichs Weine sind auf gutem Weg, weltweit Anerkennung zu gewinnen. Die besten Veltliner, Rieslinge und Zweigelt stehen heutzutage ebenbürtig neben ihren Konkurrenten aus Deutschland und Italien.

Insgesamt 33 Rebsorten sind für die Erzeugung von Qualitäts- und Prädikatsweinen zugelassen. Bei den Weißweinsorten dominiert der Grüne Veltliner mit 36,7 Prozent der Anbaufläche, ein fruchtiger Weißwein mit pikanter Säure, der sich bei entsprechender Sorgfalt der Bereitung durchaus mit internationalen Spitzenweinen messen kann. Sein charakteristisches Merkmal ist das »Pfefferl«, ein pikanter Würzeton im Abgang (dem Duft von Rostbraten nicht unähnlich, wie Kenner sagen). Daneben gibt es den Riesling – auf nur 2,6 Prozent der Anbaufläche –, ohne Zweifel der feinste aller österreichischen Weißweine, mit zartem Rosenduft, Pfirsich- und Marillen-Geschmack, elegant mit milder Säure.

Von Bedeutung sind außerdem der Müller-Thurgau, der Welschriesling, der Weißburgunder, der Chardonnay, der Neuburger, der Muskat-Ottonel und weitere weiße Rebsorten, die jeweils aber weniger als ein Prozent der Anbaufläche ausmachen. Beim Rotwein dominieren der Zweigelt, der fruchtig-herbe, ansprechende Weine liefert, der Blaufränkisch, dessen Weine auch internationales Format erreichen können, und der Blaue Portugieser, der einen leichten, milden Rotwein erzeugt und kühl getrunken werden sollte.

Österreichs Weißweine gehören heute zu den besten der Welt, und selbst einige Rotweine der letzten Jahrgänge können international mithalten. Dies ist auch eine erfreuliche Folge des österreichischen Weingesetzes, das je nach Qualitätsstufe immer strengere Bestimmungen vorsieht, die den Konsumenten vor unredlichen Manipulationen schützen sollen. Man unterscheidet Tafelwein, Landwein, Qualitätswein und Kabinettswein sowie bei den Prädikatsweinen Spätlesen, Auslesen, Beerenauslesen, Ausbruch, Trockenbeerenauslesen und Eiswein. Die Winzer der Wachau haben sich eigene Weinkategorien gegeben, die den typischen Reifebedingungen dort entsprechen.

Österreichische Weinanbaugebiete

Burgenland – Neusiedlersee-Hügelland, Mittelburgenland, Südburgenland

In früheren Zeiten dominierte hier der Müller-Thurgau (Riesling x Sylvaner), doch inzwischen verlagert sich der Schwerpunkt zunehmend auf die roten Reben – Zweigelt, Saint-Laurent, Spätburgunder und vor allem Blaufränkisch, die zweithäufigste österreichische Rotweinsorte überhaupt. Aufgrund des einzigartigen feuchtwarmen Klimas gedeiht am Westufer des Neusiedlersees ein süßer Wein, sogenannter Ausbruchwein, aus edelfaulen, auf natürliche Weise eingetrockneten Beeren.

Niederösterreich – Donauland-Carnuntum, Kamptal-Donauland, Thermenregion, Wachau, Weinviertel

Diese Weinanbauregion nimmt mehr als die Hälfte der gesamten österreichischen Rebfläche ein. Hier ist vor allem der Grüne Veltliner zu Hause, eine ganz eigenständige Sorte, die in keinem anderen Land zu finden ist. Der Wein weist eine gewisse Ähnlichkeit mit dem deutschen Silvaner auf, vor allem hinsichtlich seiner Eigenschaft, die Aromen des Bodens aufzunehmen. Kraftvolle Rotweine wie auch leichte, milde Weine aus dem Blauen Portugieser gibt es hier. In der Wachau, der »guten Stube« Niederösterreichs, ist der Riesling von hervorragender Qualität – die Wachauer behaupten gern, daß hier und nicht am Rhein seine ursprüngliche Heimat sei. Zur Kennzeichnung hat man Prädikate eingeführt wie »Steinfeder« (ein nicht angereicherter Qualitätswein), »Federspiel« (Stufe Kabinett) und »Smaragd« (hochwertige Spätlese).

Steiermark – Südost-Steiermark, Südsteiermark, Weststeiermark

Früher wurden die leicht süßlichen Weine, die hier gediehen, im Lande getrunken. Mittlerweile haben jedoch hochfeine, trockene Sorten Aufmerksamkeit erregt: Chardonnay, Weißburgunder und Sauvignon blanc. Eine Spezialität gibt es im Westen der Steiermark, wo aus der Sorte Blauer Wildbacher der Schilcher-Rosé gepreßt wird.

Wien

Rund 700 Hektar Rebfläche gehören zur Weinanbauregion Wien – das ist mehr als am Mittelrhein. Hier entsteht aus unterschiedlichen Trauben der »Heurige«, ein frischer, junger Schoppenwein. Doch gibt es hier auch beachtliche Qualitäten aus Grünem Veltliner, Weißburgunder und Rheinriesling (in Österreich und anderen Ländern Bezeichnung für den echten Riesling). Sie sind fruchtiger und rassiger als jene des Burgenlandes, auch wenn sie nicht die Güte der Wachauer Weine erreichen.

Österreich

Zum Heurigen gehört eine deftige Jause – wie die hier abgebildete »Brettljause«, bei der der Heurigenausschank nahezu alles auftischt, was er zu bieten hat: Hausmacherwurst, Geselchtes, Käse, saure Gurken und natürlich dazu ein »Laberl«, ein Brötchen.

Junger Wein und alte Gastlichkeit
Heuriger

Wer Wien besucht, kommt an Grinzing und Heiligenstadt nicht vorbei. Zur Hochsaison blüht schon am späten Vormittag in den beiden Weindörfern vor den Toren der Hauptstadt die Fröhlichkeit auf. In anheimelnder Umgebung sitzt man an großen Tischen und trinkt aus nicht minder großen Gläsern den jungen Wein, den Heurigen, der wegen seiner Wirkung auf das Verdauungssystem gern auch als »Sauser« bezeichnet wird. Weinselige Gemütlichkeit mit Schrammelmusik, mehr laute als schöne Gesänge und ab und zu eine Jause – so nennt man in Österreich die kleine Zwischenmahlzeit – vom Büfett: Das hat sich als fester Bestandteil der vermeintlichen österreichischen Lebensart herauskristallisiert, wie sie jedenfalls der Tourist erlebt. Das Privileg der Winzer, jungen Wein ohne Konzession ausschenken zu dürfen, geht auf Kaiser Joseph II. (1765–90) zurück, der im Jahr 1784 einen entsprechenden Erlaß herausgab. »Ausg'steckt is!« signalisiert der herausgehängte Föhrenbusch (Kiefernzweig), der die Fertigstellung des jungen Weins kundtut. Auf diesen »Strauß« oder »Busch« geht die Bezeichnung »Straußwirtschaft« oder »Buschenschank« zurück für jene gaststättenähnlichen Nebenerwerbsbetriebe der Winzer, die vier Monate im Jahr dort ihre eigenen Weine ausschenken und auch einfache Speisen anbieten dürfen.

»Heuriger« ist ein Doppelbegriff, der in Wien ebenso für den Wein der diesjährigen Ernte wie für das Lokal verwendet wird, in dem man den Heurigen ausschenkt. Der Name stammt aus jener Zeit, als sich die Winzer mit dem Lagern ihres Weins nicht viel Mühe machten und bestrebt waren, ihn möglichst frühzeitig an den Mann zu bringen.

Die Heurigen-Paradiese am Stadtrand von Wien haben mit dieser Tradition nicht mehr viel zu tun. Dort stehen konzessionierte Weinschänken, die das ganze Jahr hindurch geöffnet haben und ihren Wein vom Handel beziehen. Der Freund des echten Heurigen betrachtet diese Betriebe mit Zurückhaltung, da sie sich in erster Linie an Touristen wenden. Zum Heurigen hört man hier gern die passenden Lieder, die inzwischen um die Welt gegangen sind. Auch darin hält sich der »Eingeweihte« eher zurück, denn dort, wo keine Musik geboten wird, ist der Wein zumeist besser. Die meisten Kenner haben ihre Heurigen-Stammkneipe, vor der kein Touristen-Bus hält und die man vornehmlich in Nußdorf oder Sievering in kleinen Gassen mit Kopfsteinpflaster findet. Da schmeckt zum Wein ein Schmalzbrot mit Zwiebelringen, mit Liptauer Käse und Brezn. Wer seine Verpflegung lieber selbst mitbringt, bekommt ohne weiteres Teller und Besteck.

Wien – Stadt des Weins
Die Wiener Weingärten wurden von dem römischen Kaiser Marcus Aurelius Probus angelegt, woran noch heute in der Stadt die Probusgasse erinnert. Probus bewahrte seine Legionen vor den gefährlichen Versuchungen des Müßiggangs, indem er sie mit dem Pflanzen von Reben beschäftigte – nicht nur in Wien, sondern auch in Gallien. Dank der Weitsicht des römischen Kaisers und der Großzügigkeit seines habsburgischen Nachfahren auf dem Thron sind heute die Wiener Vorstädte die Orte abendlicher Geselligkeit – und haben dafür gesorgt, daß es in der Wiener Innenstadt praktisch kein Nachtleben gibt. Und wenn die Heurigen-Lokale um zwölf oder ein Uhr schließen, sind die Wiener ohnehin müde und gehen schlafen.

An einem traditionsreichen Wiener Würstelstand, dessen Angebot sich keineswegs in Wiener Würstchen – die hier »Frankfurter« heißen – erschöpft, genießt man einen kleinen Imbiß und ist auch einem Gespräch nicht abgeneigt.

Leckere, duftende Burenwürste, sogenannte »Häuterl«, auf einem Grill warten auf einen hungrigen Passanten.

Linke Seite: Ein altes Wiener Heurigen-Lokal, wo man in freundschaftlicher Runde den jungen Wein und eine Jause genießt.

Jausen zum Heurigen

Geselchtes
Geräucherter Bauchspeck und andere Stücke von Schwein, nicht zu dünn aufgeschnitten, mit Bauernbrot
Heurigenplatte (»Brettljause«)
Wurst, Käse, gehackte Zwiebeln und saure Gurken mit Brot
Liptauer
Mit Paprika scharf gewürzter Frischkäse
Quargel
Handkäse mit gehackten Zwiebeln
Saumeise
Geräucherter Schweinemagen mit Fleischfüllung
Saure Blunzen
Blutwurstscheiben, angemacht mit Essigmarinade
Schmalzbrot
Bauernbrot, bestrichen mit Grammelschmalz (Griebenschmalz)
Schweinebraten
Kaltes Schweinefleisch, aufgeschnitten, mit Brot
Surbraten
Fleisch, das drei Wochen in einer Würzlake mariniert und dann gebraten wird; es wird warm gegessen
Verhackerts
Brotaufstrich aus Wurst- und Bratenresten, die man zuvor durch den Fleischwolf gedreht hat

---

Der Würstelstand

Wiener Würstchen kennt man auf der ganzen Welt. Sie bestehen aus einer Mischung von Rind- und Schweinefleisch, etwas Speck und diversen Gewürzen. Ausgerechnet in jener Stadt, die ihnen den Namen gegeben hat, sind sie unter fremder Flagge erhältlich: In Wien heißen sie »Frankfurter«.
Die Heimat dieser zu Ruhm gelangten Spezialität ist der Würstelstand, eine bedeutende wienerische Institution. Dort stillt man nicht nur schnell und unkompliziert seinen Hunger, man kommt auch mit Gott und der Welt ins Gespräch. Der unverkrampfte Straßenkontakt und die Wiener Neigung zum Philosophieren haben den Würstelständen den Spitznamen »Kleines Sacher« eingetragen.
Ein Wiener Würstelstand hat ein breites Angebot an Fleischlichem: Leberkäse gehört dazu, die fette und pikante Burenwurst, ungarische Debreczner (eine Rohwurst mit mittelgroßen Fleischstücken), Bratwurst und Käsekrainer – eine Wurst, die tatsächlich eine gute Portion Käse enthält.
Außerdem bietet man auch Rollmöpse an, die mit viel Paprika scharf gewürzt wurden und daher nicht ohne Witz »Teufelsroller« heißen. Dazu gibt es Brot, Gurken, Perlzwiebeln und verschiedene Getränke sowie als Dessert sogenannte »Mannerschnitten«, Haselnuß-Schokoladenwaffeln.

Österreich 247

Alles was gut schmeckt, macht auch dick

Mehlspeisen

Mit Mehlspeisen bezeichnet der Österreicher längst nicht mehr nur solche Zubereitungen, die mit Mehl hergestellt werden, sondern den Nachtisch schlechthin. In der Tat spielt das Mehl im Zuge der Verfeinerung eine immer weniger wichtige Rolle, und die Zutaten rücken um so stärker in den Vordergrund. Klassisches Beispiel dafür ist der legendäre Apfelstrudel.

Beim Apfelstrudel, den nach unverbrüchlicher Überzeugung vieler Österreicher nur sehr erfahrene Hausfrauen herstellen können, wird der Strudelteig so dünn wie möglich ausgerollt, mit bemehlten Handrücken vorsichtig angehoben und von der Mitte nach außen gezogen. Der Teig sollte so transparent sein, daß man durch ihn hindurchsehen kann und bequem eine Zeitung lesen könnte. Auch die Qualität der hierfür verwendeten Äpfel, die zusammen mit Rum, Rosinen und Semmelbröseln die Füllung bilden, ist keineswegs gleichgültig: Boskoop oder Gravensteiner werden empfohlen, auf jeden Fall säuerliche Sorten. Und frisch müssen sie sein – die häufig verwendeten Dunstäpfel, Halb- oder Vollkonserven, vermitteln nur einen schwachen Abglanz dieses berühmten Gerichts.

Der Apfelstrudel hat wie so viele Gerichte der österreichischen Küche mehrere Väter: Der hauchdünne Teig ist türkischen Ursprungs; die Äpfel gaben die Ungarn hinzu. Zum Glanzstück der Küchenkunst wurde er aber erst in Wien.

Unten: Apfelstrudel – Glanzstück der Wiener Küchenkunst. Der hauchdünne Teig wird mit einer Apfel-Rosinen-Mischung gefüllt (Rezept rechte Seite; die Ziffern dort beziehen sich auf die hier gezeigte Abbildungsfolge zur Herstellung von Apfelstrudel).

1

2

3

4

5

6

248 **Österreich**

Apfelstrudel
(Abbildung 1–6, linke Seite)

Teig
300 g Mehl
1 Prise Salz
1 Ei
Öl
Puderzucker

Füllung
80 g Rosinen
2 EL Rum
80 g Semmelbrösel
100 g Butter
1 1/2 kg säuerliche Äpfel
80 g gehackte Nüsse
100 g Zucker
Zimt
Zitronensaft

Mehl, Salz, Ei und 1 EL Öl mit 1/8 l lauwarmem Wasser zu einem weichen Teig verarbeiten und 30 Minuten ruhenlassen. Danach in ein gemehltes Tuch legen, ausrollen und mit Öl bestreichen. Nun mit bemehlten Handrücken unter den Teig greifen und diesen vorsichtig von der Mitte aus nach allen Seiten ausziehen, bis er ganz dünn ist. Die dicken Teigränder wegschneiden und aufbewahren.
Für die Füllung die Rosinen waschen, trockentupfen und mit dem Rum beträufeln, die Semmelbrösel in etwas Butter rösten und über den Teig streuen. Die Äpfel schälen (1), entkernen, in dünne Scheiben schneiden und mit Rosinen, Nüssen, Zucker, Zimt und Zitronensaft mischen und über den ausgezogenen Teig verteilen (2). Den Strudel zusammenrollen (3), die Enden einschlagen und festdrücken. Die Oberfläche mit den Teigresten verzieren und mit einer Gabel mehrmals einstechen (4).
Den Backofen auf 180 °C vorheizen. Die restliche Butter zerlassen. Den Strudel auf ein gefettetes Backblech setzen (5), mit zerlassener Butter bestreichen und 30–45 Minuten im Ofen backen; während der Backzeit ab und an mit der flüssigen Butter bestreichen.
Nach Ende der Backzeit den Apfelstrudel in schmale Stücke schneiden (6) und mit Puderzucker bestäubt noch warm servieren.

Kaiserschmarrn

200 g Mehl
1 Prise Salz
4 Eigelb, 4 Eiweiß
40 g Zucker
1/4 l Milch
40 g Rosinen
Puderzucker

Mehl, Salz, Eigelbe, Zucker und Milch zu einem glatten Teig verrühren. Die Eiweiße steif schlagen und unter den Teig ziehen.
In einer Pfanne etwas Butter erhitzen, die Teigmasse fingerdick eingießen und leicht anbacken lassen, dann mit den Rosinen bestreuen. Wenn der Teig goldbraun ist, wenden und auch auf der Rückseite backen.
Anschließend mit zwei Gabeln in kleine Stücke reißen, anrichten, mit Puderzucker bestreuen und servieren.
Dazu paßt Preiselbeerkompott.

Ein sinnliches Vergnügen

Knödel

Österreichs Knödel haben ihren Ursprung in Böhmen. Im Böhmerland und auch in Mähren gab es große Getreidefelder, und böhmische Köchinnen verstanden sich ganz besonders darauf, aus Mehl und anderen Zutaten herrliche, weiche, lockere runde Gebilde zu formen: die Knödel. Speziell ihre Lockerheit ist es, die sie von ihren nordeuropäischen Vettern, den Klößen, unterscheidet. Ein Vorfall, wie er sich 1404 in der Schlacht von Norhastedt im Dithmarschen zugetragen hat – damals nutzten Frauenregimenter ihre Klöße als Wurfgeschosse, um den Feind in die Flucht zu schlagen –, wäre in Österreich undenkbar: Der zarte weiche Knödel österreichischer Machart wäre schon auf seiner Flugbahn zerfallen.

Für die Zubereitung von Knödeln hat die österreichische Hausfrau sieben verschiedene Grundprodukte zur Auswahl: Mehl, Kartoffeln (»Erdäpfel«), Grieß, Semmeln, Quark (»Topfen«), Käse und Hefe (»Germ«).

Aus diesen Basiszutaten – auch in Kombination – entsteht eine Fülle von Knödel-Varianten, die als Beilagen, eigenständige Gerichte der einfachen Küche oder als Süßspeisen auf den Tisch kommen.

Das Prinzip der Zubereitung ist stets gleich: In einem großen Topf wird reichlich Salzwasser zum Kochen gebracht. Aus den verwendeten Zutaten wird ein Teig von genau richtiger Konsistenz gerührt, von dem Stücke abgestochen und mit nassen Händen zu Knödeln geformt werden. Sie kommen in das siedende Salzwasser, und wenn sie aufsteigen, sind sie gar.

Ihren besonderen Reiz erhalten Österreichs Knödel dadurch, daß man sie auf mannigfache Weise füllen kann. Ob mit gerösteten Brotwürfeln, Speck oder Fleischstückchen in der herzhaften Variante, ob mit Zwetschken (Pflaumen) oder Weichselkirschen oder mit Powidl (Pflaumenmus) – oder mit den legendären Marillen, das sind die Aprikosen, die in der Wachau wachsen.

Höhepunkt aller Knödel-Kunst ist der Serviettenknödel, der in einem Tuch gekocht wird. Früher kam er in seiner ganzen Größe auf den Tisch, und man schnitt sich seine Portion selbst davon ab.

Natürlich sind solche Ergebnisse des böhmischen Küchenzaubers der schlanken Linie nicht gerade förderlich, so daß in Wien damals zwangsläufig die Mehlspeis-Schönheiten das Straßenbild beherrschten. Heutzutage, im Zeichen der Diäten, steht den Menschen weniger der Sinn nach der Opulenz vergangener Zeiten – aber die Rückbesinnung auf die gute alte heimische Küche hat auch dem Knödel wieder seinen Platz auf den Tischen Österreichs zurückerobert.

Serviettenknödel
(Abbildung unten)

6 Semmeln
$1/8$ l Milch
3 Eier
1 Zwiebel
40 g Speck
150 g Butter
1 Bund glatte Petersilie
Salz
Mehl

Die Semmeln in Würfel schneiden, Milch und Eier verquirlen, die Eimasse über die Semmelwürfel geben. Die Zwiebel schälen und hacken, den Speck würfeln und beides in einer Pfanne anrösten.

Die Butter schaumig rühren, die Petersilie waschen und fein hacken. Die Butter mit der Semmelmasse, Zwiebeln, Speck, Petersilie, etwas Salz und 1 EL Mehl vermengen. Die Masse auf eine feuchte, gebutterte und mit Mehl bestäubte Leinenserviette legen, zu einer länglichen Wurst rollen und die Enden zusammenbinden.

Die Rolle an einen Kochlöffel binden und in reichlich kochendes Salzwasser hängen; 30–45 Minuten garen lassen. Kurz abschrecken, den Knödel aus der Serviette wickeln und in fingerdicke Scheiben schneiden.

Zur Herstellung von Serviettenknödeln, einer besonderen Spezialität, schneidet man zunächst mehrere Semmeln in kleine Würfel.

Dann verquirlt man Milch und Eier miteinander.

Die Eiermilch gibt man über die Semmelwürfel.

Dann fügt man eine Mischung aus Butter, Zwiebeln, Speck, Mehl und Petersilie zu der Semmelmasse.

Die Masse gibt man auf eine feuchte, gebutterte, mit Mehl bestäubte Leinenserviette und formt sie zu einer Wurst.

Nachdem man die Tuchenden zusammengebunden hat, hängt man den Serviettenknödel in kochendes Salzwasser.

Topfenknödel

100 g Butter
100 g Zucker
Vanillinzucker
3 Eier
Zitronensaft
Salz
120 g Weißbrot
500 g Topfen (Quark)
2 EL Saure Sahne
100 g Semmelbrösel
Puderzucker

Die Hälfte der Butter mit Zucker, Vanillinzucker, Eiern, einem Spritzer Zitronensaft und etwas Salz schaumig rühren. Das Weißbrot würfeln, den Topfen mit der Sahne vermischen und zu dem Weißbrot geben. Alles gut verrühren. Die Masse 60 Minuten an einem kühlen Ort ruhenlassen.
Aus der Topfenmasse kleine Knödel formen. In kochendes Salzwasser legen und etwa 10 Minuten sieden lassen. Herausnehmen, auf Küchenpapier abtropfen lassen. Die Semmelbrösel in der restlichen Butter rösten und die Knödel darin wälzen. Mit Puderzucker bestreuen.
Dazu paßt Zwetschkenröste: Frische Früchte mit Zucker und Zimt, in der Pfanne geröstet.

Germknödel

250 g Mehl
10 g Germ (Hefe)
1 EL Zucker
2–3 EL lauwarme Milch
100 g Butter
1 Prise Salz
1 Eigelb
100 g Zwetschkenmus
1 TL Rum
1 Messerspitze Zimt
50 g gemahlener Mohn
Puderzucker

Das Mehl in eine Schüssel geben. Die Hefe mit dem Zucker in der Milch auflösen und zu dem Mehl geben. Etwa 30 g (1–2 EL) Butter zerlassen und mit Salz und Eigelb zu dem Mehl geben. Alles zu einem glatten Teig verarbeiten. Kräftig schlagen und 60 Minuten gehen lassen. Zwetschkenmus mit Rum und Zimt verrühren. Den aufgegangenen Teig in 12 gleich große Stücke teilen, je 1 TL Zwetschkenmus in die Mitte der Teigstücke geben und diese zu Knödeln formen. Nochmals 30 Minuten gehen lassen und dann in Salzwasser auf kleiner Flamme 6 Minuten kochen, umdrehen und weitere 6 Minuten garen. Die restliche Butter zerlassen und bräunen. Die Germknödel mit reichlich Mohn und Puderzucker bestreuen und mit brauner Butter übergießen.

Erdbeerknödel werden auf die gleiche Weise zubereitet wie Marillenknödel, indem man zunächst einen glatten Teig herstellt, den man in Portionen teilt.

Dann drückt man die Teigstücke flach, legt jeweils eine große Erdbeere darauf und formt den Teig zu Knödeln.

Die Knödel kommen in kochendes Salzwasser. Wenn sie an die Oberfläche steigen, sind sie gar.

Die fertigen Knödel werden in gebräunten Semmelbröseln gewälzt und mit Puderzucker bestreut.

Marillenknödel

Hier wird der Teig aus Pellkartoffeln und Mehl zubereitet. In der Wachau, dem »Mutterland« der Marillen, sehen einige Rezepte einen Hefeteig, andere einen gekühlten Mürbeteig vor.

1 kg Kartoffeln
300 g Mehl
1 Prise Salz
1 Ei
120 g Butter
500 g Marillen (Aprikosen)
Würfelzucker
1 Schnapsglas (etwa 20 ml) Marillenbrand
100 g Semmelbrösel

Die Kartoffeln in der Schale weich kochen. Noch warm mit Mehl, Salz, Ei und der Hälfte der Butter zu einem glatten Teig verarbeiten.
Den Teig in Portionen teilen, jedes Teigstück zu einer Wurst formen, flach drücken und mit einer Marille belegen. An die Stelle des Kerns kommt ein Stück Würfelzucker, das in Marillenbrand getaucht worden ist. Den Teig zusammendrücken und zu einem Knödel formen. Auf diese Weise alle Knödel herstellen. Die Knödel in kochendes Wasser geben und so lange kochen lassen, bis sie nach oben steigen.
Die restliche Butter erhitzen und die Semmelbrösel darin leicht anbräunen. Die abgetropften Marillenknödel darin wälzen, mit Puderzucker bestäuben und sofort servieren. Eine Variante sind Erdbeerknödel, aber auch jede andere mundgerechte Frucht, beispielsweise eine Zwetschke, eignet sich als Füllung. Die Bildfolge links zeigt die Herstellung von Erdbeerknödeln.

Streifzug durch die Knödel-Küche

1 Erdbeeren als Füllung für Erdbeerknödel
2 In Scheiben geschnittener Serviettenknödel
3 Semmelknödel
4 Glatte Petersilie – unerläßliche Zutat für Semmel- und Serviettenknödel
5 Weizenmehl
6 Weißbrotwürfel für Semmel- und Topfenknödel
7 Butter für Knödel-Grundteig
8 Zitrone für den Teig von Topfenknödeln
9 Milch für Servietten- und Semmelknödel
10 Zwiebeln für Servietten- und Semmelknödel
11 Eier für den Grundteig aller Knödelsorten
12 Füllung für Fleischknödel
13 Germknödel-Teig

Das Schaumgebirge
Salzburger Nockerln

Salzburg, die elegante Festspielstadt an der bayerischen Grenze, unterscheidet sich in vielerlei Hinsicht von anderen österreichischen Regionen. Das Bundesland Salzburg ist erst seit 1805 Österreich zugehörig und gibt sich auch außerhalb der Festspielzeit einen ausgesprochen weltläufigen Anstrich. Statt des Weins bevorzugen die Salzburger das Bier, und die Küche ist kosmopolitisch. Deshalb gibt es auch nur wenige typische Salzburger Rezepte – mit einer Ausnahme: den Salzburger Nockerln.
Nockerln sind nichts anderes als Hügel, und das Gericht ist ein überwältigendes Schaumgebirge, eigentlich ein Soufflé. »Süß wie die Liebe und zart wie ein Kuß« soll es sein, so heißt es jedenfalls in einer Operette. Die gigantischen Ausmaße des süßen Gerichts lösen insbesondere bei Touristen Erstaunen und Begeisterung aus, und wer es nicht mag, der wird niemals ein Österreicher – heißt es.

Salzburger Nockerln
(Abbildung)

4 Eigelb, 4 Eiweiß
1 Prise Salz
30 g Zucker
1 Päckchen Vanillinzucker
abgeriebene Schale von 1 unbehandelten Zitrone
20 g Mehl
Puderzucker

Die Eiweiße mit dem Salz in einer Schüssel steif schlagen, dann nach und nach Zucker und Vanillinzucker hinzugeben.
In einer zweiten Schüssel etwa ein Drittel der Eischneemenge mit den Eigelben und der Zitronenschale verrühren und langsam unter den übrigen Eischnee geben. Vorsichtig das Mehl unterziehen.
Den Backofen auf 220 °C vorheizen.
Eine ovale feuerfeste Form gut mit Butter einfetten und die Nockerlmasse einfüllen, dabei Hügel (Nocken) formen. Etwa 10 Minuten im Ofen goldbraun überbacken.
Mit Puderzucker bestäuben und sofort servieren.
Die Nockerln sollen außen fest, aber innen noch cremig sein (daher die Backofentür während des Backvorgangs nicht öffnen).

Linzer Torte

Wie die Salzburger Nockerln ist die Linzer Torte weit über die Grenzen des kleinen Österreich bekannt geworden.

150 g Mehl
150 g kalte Butter
150 g gemahlene Mandeln
150 g Zucker
Zimt
Nelkenpulver
2 Eier
Saft von 1/2 Zitrone
1 Glas Johannisbeerkonfitüre
125 g Mandelblättchen
Vanillinzucker
Puderzucker

Das Mehl auf eine Arbeitsfläche sieben und in die Mitte eine Mulde drücken. Die Butter in Flöckchen schneiden und mit den gemahlenen Mandeln, Zucker, Zimt, Nelkenpulver, 1 Ei und dem Zitronensaft in die Mulde geben und mit dem Mehl zu einem glatten Teig verarbeiten.
Die Teigmenge halbieren und 30 Minuten in den Kühlschrank legen.
Den Backofen auf 180 °C vorheizen.
Eine Springform von 24 cm Durchmesser buttern und eine Teighälfte hineingeben. Mit den Fingern flach drücken, bis der Formboden bedeckt ist, und Johannisbeerkonfitüre aufstreichen. Die andere Teighälfte ausrollen und in schmale Streifen schneiden. Die Teigstreifen gitterartig über die Konfitürenfüllung legen. Das zweite Ei verschlagen, das Teiggitter damit bestreichen und mit den Mandelblättchen bestreuen.
Die Torte etwa 60 Minuten backen, bis sie goldbraun ist. Vanillin- und Puderzucker mischen und die Torte damit bestreuen.

Salzburger Nockerln

Noch ein Kultgebäck
Krapfen

Beim Krapfen scheiden sich in Österreich die Geister. Die einen denken an Tiroler Krapfen, ein Produkt der bäuerlichen Küche des Berglandes. Anderen Geschmäckern entspricht eher der Wiener Faschingskrapfen, der nur zur Saison gebacken wird.

Mit dem Begriff »Krapfen« bezeichnet man in Österreich alle möglichen Formen und Verfahrensweisen für Schmalzgebäck. Alte Kochbücher nennen Dutzende von Krapfenrezepten. In der Barock-Zeit setzte sich die Sitte durch, das Gebäck mit Konfitüre zu füllen – was einen regelrechten Krapfenkult auslöste im Wien des 18. und frühen 19. Jahrhunderts. In jener Zeit wurden die Krapfen hoffähig: Man servierte sie nämlich zum Hofball, dem gesellschaftlichen Großereignis der Donau-Monarchie. Im Inn-Viertel gibt es die Krapfen am Neujahrsmorgen, im Salzkammergut erscheinen sie in der Nacht auf Dreikönig als Glöcklerkrapfen. In vorösterlicher Zeit bietet man Beichtkrapfen an, und zum Tag der Sonnenwende, am 22. Juni, sollten die Bäuerinnen neun verschiedene Krapfen backen: Hollerkrapfen (mit Wacholderbeeren), Kleekrapfen, Brennesselkrapfen, Krautkrapfen, Schnürkrapfen, Schneeballen, Butterkrapfen, Blechkrapfen und Prügelkrapfen. In der Erntezeit bekamen die Helfer Schnitterkrapfen, und zu Kirchweih und bei Bauernhochzeiten wurden ebenfalls Krapfen aufgetischt – niemals jedoch zum Leichenschmaus.

Allen Krapfen ist gemeinsam, daß sie in heißem Fett, zumeist in zerlassener Butter, gebacken werden. Den mit Konfitüre gefüllten Faschingskrapfen, ein Erzeugnis bürgerlicher Kochkunst, charakterisiert sein »Ranftel«, der helle Ring um die Mitte. Demgegenüber sind die Tiroler Krapfen dreieckige Teigstücke mit einer Füllung, die früher aus Schmalz, Milch, Mehl, Zucker, Butter und Honig hergestellt wurde. Daß die Wiener Köchin Cäcilie Krapf – sie hat es wirklich gegeben! – die Krapfen erfunden habe, gehört aber wohl ins Reich der Legende.

Tiroler Krapfen

1/8 l Milch
150 g Butter
500 g Mehl
1 Prise Salz
200 g Konfitüre (nach Geschmack)
50 g Semmelbrösel
Öl zum Ausbacken

Die Milch erwärmen und die Butter darin schmelzen lassen. Das Mehl aufhäufeln, das Salz dazugeben und mit dem lauwarmen Milch-Butter-Gemisch zu einem Teig verkneten.
Den Teig 30 Minuten ruhenlassen, dann dünn ausrollen und in etwa 10 cm große Quadrate schneiden. Die Konfitüre mit den Semmelbröseln vermischen. Jeweils 1 TL der Mischung auf die Teigquadrate setzen und diese so über der Füllung falten, daß Dreiecke entstehen; die Ränder gut zusammendrücken. In heißem Öl schwimmend ausbacken, abtropfen lassen und warm servieren.

Faschingskrapfen
(Abbildung)

1/8 l Milch
20 g Hefe
50 g Zucker
300 g Mehl
50 g Butter
1 Prise Salz
3 Eigelb
1 EL Rum
abgeriebene Schale von 1/2 unbehandelten Zitrone
150 g Marillenkonfitüre
Öl zum Ausbacken
Puderzucker

Die Milch erwärmen. Die halbe Milchmenge mit der Hefe, 1 TL Zucker und etwas Mehl zu einem Vorteig verrühren und aufgehen lassen, bis sich sein Volumen verdoppelt hat.
Die Butter und den restlichen Zucker in der restlichen warmen Milch schmelzen lassen. Salz, Eigelbe, Rum, Zitronenschale und den Vorteig sowie das restliche Mehl mit der Butter-Zucker-Milch zu einem glatten Teig verkneten, bis er Blasen wirft; etwa 20 Minuten ruhenlassen. Den Teig etwa 1 cm dick ausrollen. Mit Ausstechformen oder einem Glas von 6 cm Durchmesser kreisförmige Plätzchen ausstechen. Auf die Hälfte der Teigscheiben jeweils 1 TL Marillenkonfitüre geben und mit einer Teigscheibe bedecken. Die Teigränder rundherum leicht andrücken und mit einem kleineren Glas von etwa 5 cm ausstechen. Die gefüllten Teigstücke auf ein bemehltes Tuch legen, bedecken und nochmals etwa 20 Minuten gehen lassen.
Die Krapfen schwimmend in heißem Öl 3 Minuten ausbacken, dann umdrehen und nochmals etwa 3 Minuten goldbraun backen. Abtropfen, auskühlen lassen und mit Puderzucker bestreut servieren.

Faschingskrapfen

Flüssige Früchte

Österreichs Edelbrände

Seit altersher wird in Österreich Schnaps gebrannt. Fast jeder Bauer verfügt auch über eine Brennblase, in der er Fallobst und andere Restprodukte des landwirtschaftlichen Betriebs destilliert, und nahezu jeder österreichische Schnapsfreund hat seine bäuerliche Quelle, von der er schwört, daß sie die beste sei.

Ein knappes Dutzend österreichischer Brenner hat jedoch in den letzten Jahren meisterhafte Schnäpse herzustellen begonnen. Jedes Jahr kommen neue hinzu, die auf hochwertige Qualität setzen. Einer von ihnen ist der Tiroler Günther Rochelt, der Schnäpse mit dem ungewöhnlich hohen Alkoholgehalt von 50 Prozent herstellt. Seine Sorten – Gravensteiner Apfel, Holunder, Marille, Muskattraube, Quitte, Weichsel und Williamsbirne – werden in besonderen Flaschen abgefüllt, die an Parfümflakons erinnern und deren Form aus der Tiroler Zangenflasche abgeleitet worden ist. Kenner schwören auch auf die Produkte der Freihof-Destillerie in Voralberg, eines Familienbetriebs mit einer über hundert Jahre langen Tradition im Schnapsbrennen. Die Sorten »Vom ganz Guten« und »Gebhard Hämmerle – Herzstück« erfreuen sich vor allem in der Spitzengastronomie großer Beliebtheit. Unter »Herzstück« verstehen Brenner den sogenannten Mittellauf eines Destillats, in dem die Aromakomponenten der Frucht in reinster Form zur Geltung kommen.

Legendären Ruf hat der Wachauer Marillenbrand erlangt. Die vergorene Maische aus Fruchtfleisch und einem genau abgestimmten Maß von Kernen ergibt ein aromatisches Getränk, das klar und farblos ist und an dessen Wiege der ungarische Aprikosenschnaps Barack Pálinka Pate gestanden hat.

Seit über hundert Jahren wird in allen Alpenländern Enzian destilliert. Der Enzian als wichtigster aller Wurzelbranntweine gilt allen Bergvölkern als geheiligte Naturgabe. Er gehört zu den ältesten Heilpflanzen der Menschheit und ist keineswegs bitter, sondern hat einen eigenartigen Erdton und einen Hauch von Süße. Die blauen Almblümchen, die gern auf den Flaschenetiketten abgebildet werden, haben mit ihm nichts zu tun, denn er wird ausschließlich aus der Wurzel destilliert, die bis zu sechs Kilogramm schwer und bis zu einem Meter lang sein kann. Enzian wächst nur wild; alle Versuche, ihn anzubauen, sind bislang fehlgeschlagen. Eine besondere Spezialität sind österreichische Liköre. Sie haben eine ausgeprägt bäuerliche Note. Unter ihnen ragen der »Wachauer Gold-Marillenlikör« und ein Likör aus grünen Walnüssen mit Namen »Nujuki« heraus. Eine raffinierte österreichische Likörspezialität ist auch der »Mozart-Liqueur«, der im Geschmack an die weltbekannten Mozartkugeln erinnert. Wie diese ist er eine Verbindung aus Nougat, Schokolade und Kirschwasser.

Wachauer Marillenlikör der bekannten Marke Bailoni wird in Flaschen gefüllt.

Nicht weniger populär ist der klare Marillenbrand, ein Obstler von legendärem Ruf

Marillenlikör in der Bügelflasche und in der typischen runden Flaschenform

Die Marillen der Wachau

Die Wachau – Österreichs »gute Stube« –, malerisch zwischen Melk und Krems entlang der Donau gelegen, ist nicht nur berühmt wegen ihrer landschaftlichen Schönheit und ihrer herausragenden Weine, sondern vor allem auch wegen ihrer Marillen, wie die Aprikosen hier heißen.

Heimat der wärmeliebenden Frucht ist China, wo sie bereits vor rund 4000 Jahren gewerbsmäßig angebaut wurde. Die sehr frühe Blüte (der Name Aprikose leitet sich ab von lat. *praecox*, »frühreif«) ist weiß bis rosa, die orangegelbe Frucht säuerlich-süß und sehr würzig. Nur Gebiete mit ausgesprochenem Sonnenklima eignen sich für ein gedeihliches Wachstum des Obstes, wie es etwa Kalifornien, Spanien, Frankreich, Ungarn und Israel zu bieten haben – und eben die sonnendurchflutete Wachau. Hier macht man aus Marillen die vielfältigsten Köstlichkeiten, unter anderem den berühmten Marillenlikör und den legendären Marillenbrand.

Aus der vergorenen Marillen-Maische, die einen Anteil an gemahlenen Kernen enthält, wird Obstler gebrannt.

256 **Österreich**

Die königliche Torte

Sachertorte

Vor dem Café des altehrwürdigen Hotels Sacher an der Philharmonikerstraße im Wiener ersten Bezirk stehen im Sommer die Touristen Schlange. Sie warten darauf, daß eines der winzigen Tischchen frei wird, an denen immer wieder dasselbe bestellt wird: ein Stück Sachertorte zusammen mit einer Wiener Kaffeespezialität.

Solch eine Sachertorte besteht aus Butter, Eigelb, Kuvertüre, Eiweiß, Zucker, Mehl und Marillenkonfitüre. Die königliche Torte, einst für die Tafel des Fürsten Metternich kreiert, geriet nach dem Zweiten Weltkrieg in die Schlagzeilen, weil sich die Gerichte mit ihr beschäftigen mußten: Das Haus Sacher, damals in wirtschaftlichen Schwierigkeiten, verkaufte in der Not das Rezept für die Sachertorte an die Konditorei Demel, die fortan mit der Bezeichnung »Original Sachertorte« für ihr Erzeugnis warb.

Als Sacher später wieder finanziell zu Kräften gekommen war, mochte man dies nicht länger hinnehmen und zog vor Gericht. Jahrzehntelang tobte der Streit, der als der »Wiener Tortenkrieg« in die Geschichte eingegangen ist – entschieden ist er allerdings bis heute nicht.

Sachertorte
(Abbildung)

150 g Schokolade
150 g weiche Butter
100 g Puderzucker
6 Eigelbe, 6 Eiweiße
50 g Zucker
150 g Mehl
1 Prise Salz
Marillenkonfitüre
Salz

Glasur

200 g Schokolade
200 g Zucker

Die Schokolade im Wasserbad schmelzen und mit der Butter schaumig rühren, dann nach und nach den Puderzucker und die Eigelbe einrühren. Die Eiweiße mit dem Zucker zu nicht allzu steifem Schnee schlagen und zusammen mit dem Mehl, in das man das Salz gemischt hat, unter die Schokoladenmasse ziehen.
Den Backofen auf 180 °C vorheizen. Eine Springform von 24 cm Durchmesser buttern und mit Mehl bestäuben, den Teig hineingeben und 45–60 Minuten backen. Die Torte in der Form vollständig abkühlen lassen, dann aus der Form lösen.
Die Marillenkonfitüre erwärmen und die Torte damit bestreichen. Die Torte dann einige Stunden an einem kühlen Ort ruhenlassen.
Für die Glasur die Schokolade und den Zucker mit 1/8 l Wasser unter ständigem Rühren zum Kochen bringen und bei schwacher Hitze etwa 5 Minuten kochen lassen, bis die Glasur dickflüssig zu werden beginnt. Den Guß gleichmäßig und schnell über die gesamte Torte ziehen.
Zur Sachertorte reicht man ungesüßte Schlagsahne – und gern auch eine der typischen Kaffeespezialitäten.

Joachim Römer

Schweiz

Alpenpanorama

Vorherige Doppelseite: Vorbereitung eines Käsefondues
in der Raclette-Stube in Zürich

Die Schweiz hat sich in den gut 700 Jahren ihres Bestehens den Ruf eines friedfertigen und streng neutralen Inselstaates inmitten des europäischen Kontinents geschaffen. Mit ihrem ausgeprägten nationalstaatlichen Selbstbewußtsein – das aufs Trefflichste durch einen Sinn für weltweiten Handel ergänzt wird – haben es die Schweizer bis zum heutigen Tag verstanden, sich aus allen politischen Wirren, Verwicklungen und Zusammenschlüssen herauszuhalten. Das Land gliedert sich in vier Sprach- und Kulturräume. In der Westschweiz, wo französisch gesprochen wird, sind Anklänge an die Sitten und Gebräuche Frankreichs nicht zu übersehen, aber die vom höfischen Zeremoniell geprägte Tischkultur Frankreichs hat die Schweiz nie nachvollzogen. Und die alemannischen Nordschweizer schauen zwar gern über den Rhein zu ihren badischen Nachbarn hinüber, doch an die Stelle von deren Spätzle- und Knöpfle-Kultur haben sie als trotzigen Gegenpunkt die Kartoffel gesetzt. Die italienisch sprechenden Südschweizer im Tessin wiederum anerkennen durchaus die mediterranen Lebens- und Genußformen ihrer südlichen Nachbarn, widersetzen sich indes erfolgreich deren üppiger Pasta-Kultur. Ganz und gar auf Eigenständigkeit bedacht sind die im Südosten des Landes ansässigen Graubündener: Die etwa 40 000 Rätoromanen sprechen keine der Sprachen ihrer Nachbarländer und halten ihre eigene überkommene Bergbauernkultur aufrecht – in der Sprache ebenso wie in der Küche.
Wer über die Schweizer Küche spricht, gerät deshalb schnell in Erklärungsnotstand. Sie existiert eigentlich nicht, die »typische« Schweizer Küche. Wären da nicht die Schweizer Käse und die Schweizer Schokoladen – beide unstreitig »Welterfolge« –, man müßte eher von einer Küche der Kantone sprechen. Einen Begriff von dem, was man Schweizer Küche nennen möchte, erhält man am ehesten, wenn man in kleinen Bergbauern-Wirtschaften einkehrt. Was dort auf den Tisch kommt, hat jahrhundertealte Tradition und ist geprägt von der Kargheit des bäuerlichen Jahreskreislaufs: Es sind einfache Zubereitungen aus den wenigen Produkten, die eine Almwirtschaft zu liefern imstande ist: Milch, Fleisch und Feldfrüchte, in manchen Gegenden auch Wein.

Schweizer Käse

Käsefondue

Rösti und

Zürcher Geschnetzeltes

Fische

Wein

Bündner Fleisch

Basler Leckerli

Süße Spezialitäten

Schokolade

Zigarren

Das Beste vom Besten

Schweizer Käse

Mit einigem Recht behaupteten die Schweizer, daß ihr Käse einzigartig sei, sie bezeichnen ihn sogar als den besten der Welt. Seine Qualität ist zurückzuführen auf das Zusammentreffen mehrerer glücklicher Umstände: saftige Bergwiesen, unverbrauchte, saubere Luft, kerngesunde Viehherden und fleißige Almbauern. Unter diesen Bedingungen entsteht Schweizer Alpenmilch, Grundlage für den Schweizer Käse.

Viele Bergvölker stellen Käse her. Daß gerade der Käse aus der Schweiz so besonders gut ist, verdanken die Schweizer ihren Bäuerinnen. Die jungen Almburschen vergangener Jahrhunderte waren nämlich alles andere als friedfertig und verdingten sich gern als Söldner in fremden Heeren, wobei sie die Almwirtschaft großzügig den Frauen überließen. Sie waren es denn auch, die aus der überreich fließenden Alpenmilch in ihren Almhütten den Käse herzustellen verstanden – mit solcher Perfektion, daß ihn sogar Fürsten und Könige ihren Tafelgesellschaften als Delikatesse anboten. Den Käse der Helvetier – eines keltischen Stammes, der im 1. Jahrhundert v. Chr. von Südwestdeutschland in das Gebiet der heutigen Schweiz einwanderte – schätzten schon die alten Römer. Man vermutet, daß damals bereits eine Art Emmentaler hergestellt wurde, weshalb sich der Käse einer 2000jährigen Tradition rühmen kann. Heute ist der Emmentaler der Schweizer Käse schlechthin und bekannt in aller Welt. Ihm folgt auf der Popularitätsskala der Appenzeller, ein würziger, elfenbeinfarbener Käse aus dem gleichnamigen Kanton. Einer der ältesten Hartkäse der Welt ist der Greyerzer – in Frankreich heißt er Gruyère –, der aus der fruchtbaren Grafschaft Greyerz am Rande der Freiburger Alpen stammt. Hier ist nachweislich schon im Jahre 1115 Käse produziert worden, wie eine alte Urkunde bezeugt. Der Käse ist würzig und herzhaft und wird auch gern in geriebener Form bei der Zubereitung von Gratins verwendet.

Sicherlich ebenso alt ist der Schabziger aus dem Kanton Glarus, der sein charakteristisches Aroma durch den gemahlenen Ziegen- oder Hornklee erhält, den die Kreuzritter zum Ende des 11. Jahrhunderts aus Kleinasien mitbrachten. Sbrinz wird vor allem in Luzern und in den benachbarten Kantonen hergestellt. Der vollfette Hartkäse ist besonders eiweißreich und gut verträglich.

Weitere populäre Schweizer Käsespezialitäten sind der feste und harte, gelbfleischige Tomme, der in runden Spanschachteln verkaufte mild-cremige Vacherin und der originelle, im Berner Jura hergestellte Tête de moine (Mönchskopf).

Mit der Käseharfe, einem Rührgerät mit dünnen Drähten, wird der Käsebruch in erbsgroße Stückchen geschnitten.

Den Käse formt man heute meist nicht mehr in Laibe, sondern in große viereckige Blöcke, so daß man den Lagerraum besser ausnutzen kann.

Die Ränder werden maschinell gebürstet...

...und begradigt – anschließend wird der Käse acht bis zwölf Wochen gelagert.

Emmentaler – Inbegriff des Schweizer Käses

Emmentaler Käse wird auf der ganzen Welt mit Schweizer Käse schlechthin gleichgesetzt. Rund 1000 Liter Milch werden benötigt, um einen Emmentaler-Laib von etwa 80 Kilogramm Gewicht herzustellen – eine Menge, die der durchschnittlichen Tagesproduktion von 80 Kühen entspricht. Längst sind auch andere Länder dazu übergegangen, ihrerseits Emmentaler Käse herzustellen. Dies geschah bereits zu Zeiten, als das weltweite Patentrecht noch nicht erfunden war oder noch in den Kinderschuhen steckte – weshalb die Schweizer heute mitansehen müssen, daß ihre berühmte Käsespezialität auch in Deutschland, Frankreich, Österreich, Finnland und sogar in Übersee hergestellt wird. Zur Abgrenzung behelfen sie sich mit einer sehr detaillierten Käseverordnung, welche die Qualität des Schweizer Käses sichert, und mit einer Schutzmarke: Schweizer Käselaibe tragen das Markenzeichen »Switzerland« in Form von Radspeichen auf jedem Laib, und der Verbraucher zieht trotz des höheren Preises den echten Schweizer Emmentaler allen Nachahmungen vor.

Die Herstellung des Emmentalers

Emmentaler Käse wird aus Rohmilch hergestellt, wobei meist die frische Morgenmilch mit jener vom Vorabend gemischt wird. In einem großen Käsekessel mit Rührwerk wird die Milch auf etwa 30 bis 32 Grad Celsius erwärmt. Dann gibt man ihr in Wasser aufgelöstes Lab und Bakterienkulturen bei. Durch das Lab, einem Ferment aus den Mägen von Kälbern, gerinnt die Milch zu einer joghurtähnlichen Masse, die man mit der Käseharfe, einem mit Draht bespannten Rührinstrument, in erbsgroße Stückchen zerschneidet. Dabei werden die flüssigen von den festen Bestandteilen getrennt. Anschließend erhitzt man die Käsemasse auf 52 Grad und rührt sie nochmals etwa 45 bis 60 Minuten. Danach wird die Masse mit einem groben Tuch zum Abtropfen aus dem Kessel gehoben und in einem Holzreif, dem sogenannten »Järb«, unter die Presse gebracht, wo der Laib geformt wird. Im Laufe des Tages wird er mehrmals gewendet und mit zunehmendem Druck gepreßt. Am nächsten Tag kommt der Laib in den Salzkeller, wo er eingesalzen wird und erkaltet. Danach legt man ihn für etwa drei Tage in ein stark konzentriertes Salzbad und lagert ihn anschließend zehn Tage auf runden Holztellern im Salzkeller.

Im warmen und feuchten Gärkeller entsteht Kohlensäuregas, das sich zum Teil im Käseteig ansammelt. Dadurch bilden sich die berühmten Löcher im Emmentaler Käse. Je ausgeglichener der Prozeß verläuft, desto schöner und gleichmäßiger wachsen die Löcher. Nach etwa acht bis zwölf Wochen folgt das letzte Stadium der Reife im kühlen Reifekeller. Emmentaler ist nach vier Monaten verzehrreif, aber noch mild. Je länger er reift, um so herzhafter wird sein Geschmack.

Inzwischen hat sich statt der runden Form der Käselaibe weitgehend die Viereckform durchgesetzt, die für Transport und Lagerhaltung rationeller ist.

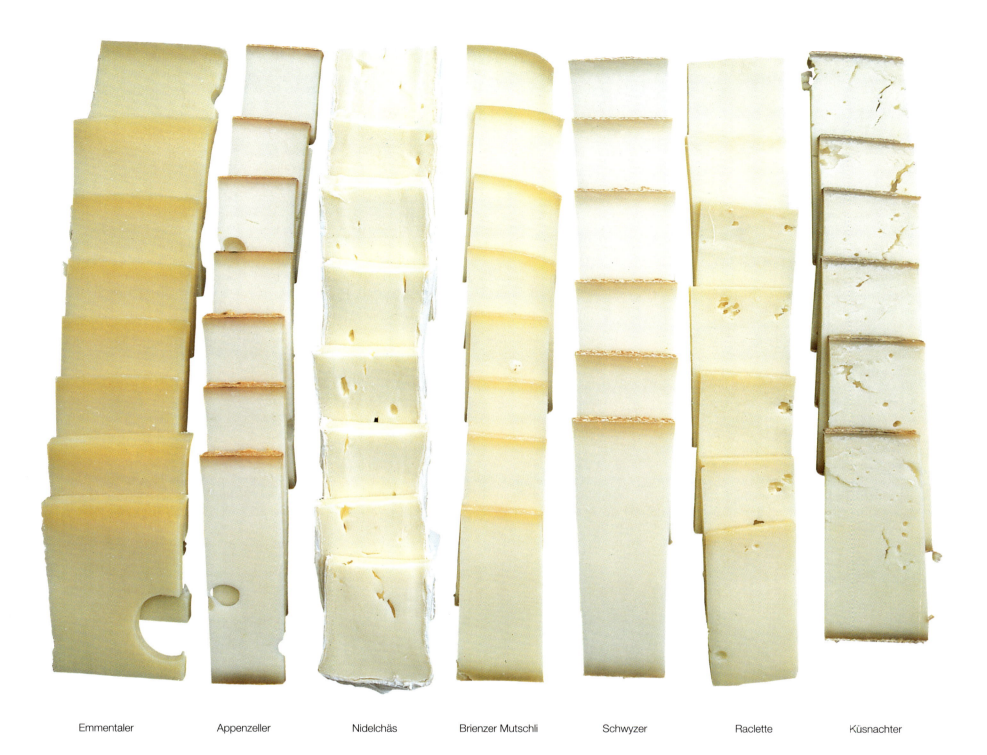

Emmentaler — Appenzeller — Nidelchäs — Brienzer Mutschli — Schwyzer — Raclette — Küsnachter

Oben: Neben den berühmten Käsesorten – darunter Emmentaler und Appenzeller – prägen vor allem die vielen Bergkäse die Schweizer Käselandschaft. Während man in Deutschland und Österreich nur den Oberbegriff »Bergkäse« zur Bezeichnung verwendet, tragen Schweizer Alpkäse in der Regel Herkunftsnamen. Es gibt sie in nahezu unendlicher Vielfalt, jede Region betreibt eine eigene Almwirtschaft. Sie unterscheiden sich in Trockenmasse, Teigbeschaffenheit und Aroma. Meist wiegen sie zwischen 30 und 40 Kilogramm und haben verschiedene Fettstufen (zwischen 15 und 45 % Fett i.Tr.). Der bekannteste Bergkäse ist wohl der Greyerzer, der in Frankreich Gruyère und in Italien Gruviera heißt.

Schweizer Käsetörtchen

250 g Mehl
1 Prise Salz
125 g kalte Butter
1 Ei

Füllung
1 EL Sahne
1 EL Milch
3 Eier
200 g geriebener Greyerzer
100 g geriebener Emmentaler
Salz, schwarzer Pfeffer
geriebene Muskatnuß

Das Mehl in eine Schüssel sieben und mit dem Salz vermischen. Die Butter in kleine Stücke schneiden und mit dem Mehl und etwa 2 EL Wasser zu einem glatten Teig verarbeiten. Den Teig in Frischhaltefolie wickeln und etwa 2 Stunden in den Kühlschrank legen.
Für die Füllung Sahne, Milch und Eier verschlagen, den Käse unterrühren und die Masse mit Salz, Pfeffer und Muskat würzen.
Den Backofen auf 220 °C vorheizen.
Den Teig dünn ausrollen und Tortelettförmchen damit auskleiden. Die Käsemasse in die Förmchen füllen und etwa 25 Minuten backen, bis der Käse aufgegangen und die Oberfläche gebräunt ist.
Varianten: Vor dem Backen die Torteletts mit Sesamsamen oder Kümmel bestreuen oder in die Käsemasse gewürfelten Räucherspeck mischen.

Typisch schweizerisch

Käsefondue

Ein Land, das seinen Wohlstand dem Käse verdankt, hat natürlich auch eine Vielzahl von Käserezepten aufzuweisen. Das bekannteste ist das Fondue, das seinen Ursprung im Kanton Neuenburg (Neuchâtel) hat.

Wissenswertes über das Fondue

Im Mittelpunkt steht der sogenannte *caquelon*, ein speziell für Fondues produzierter feuerfester Topf mit einem Stiel. Es gibt ihn aus Ton, glasierter Keramik und emailliertem Gußeisen; den Tontopf muß man vor dem ersten Gebrauch mit Milchwasser auskochen. Gemäß dem Neuenburger Grundrezept (rechte Seite) benötigt man für ein Käsefondue als Hauptzutaten Weißwein und zwei Sorten Käse, die man raspelt oder reibt, miteinander vermischt und mit dem Wein unter Rühren aufkocht. Meist verwendet man Emmentaler und Greyerzer – Emmentaler allein wäre zu mild, Greyerzer allein zu herb. Wichtig ist auch, daß man dem Wein etwas Zitronensaft zusetzt, um ihm die nötige Säure zu verleihen; die Säure bewirkt, daß der Käse sich auflöst. Die angedickte und gewürzte Käsemasse wird dann von der Kochplatte genommen und auf ein Rechaud – meist ist dies ein Spiritusbrenner –, auf den Tisch gesetzt, um den die Tafelrunde Platz nimmt. Jeder Gast verfügt über reichlich Weißbrotwürfel, die er auf eine lange Gabel spießt und in die Käsecreme taucht. Experten tränken ihr Brotstückchen zunächst mit Kirschwasser und trinken schwarzen Tee dazu, wahlweise auch Weißwein. Grundsätzlich gilt: Jedes Fondue ist nur so gut wie der dazu verwendete Käse. Ist er zu jung, bilden sich kleine Klumpen; alter Käse sondert gern Fett ab. Manche Fondue-Rezepte schreiben bis zu drei verschiedene Käsesorten vor, wozu aufgrund seiner Würzqualitäten fast immer der salzig-pikante Greyerzer gehört.

Jedem Kanton das Seine

In der Schweiz wechselt die Fondue-Zubereitung von Kanton zu Kanton. Die einzelnen Rezepte unterscheiden sich in erster Linie durch die Wahl des Käses, wobei das regionale Produkt jeweils bevorzugt wird.

Freiburger Fondue

Man verwendet für die Käsemasse zur Hälfte Greyerzer, zur anderen Hälfte Freiburger Vacherin, Vacherin à Fondue, nicht zu verwechseln mit dem Butterkäse gleichen Namens. Diese Fondue-Variante nennt sich *Moitié-Moitié*, »Halbe-Halbe«. Nimmt man nur vollreifen Vacherin à Fondue, braucht man keinen Weißwein und auch kein Kirschwasser, tunkt den Brotwürfel jedoch zunächst in Zwetschgenwasser, bevor man ihn in die Käsemasse taucht.

Genfer Fondue

In die Käsemasse aus Greyerzer, Emmentaler und Walliser Bergkäse kommen gewässerte und in Butter gedünstete Morchelstücke. Eine andere Variante wird aus Emmentaler und Greyerzer Käse zweier Reifegrade sowie drei Eigelben zubereitet und auf einer Warmhalteplatte, nicht auf einem Rechaud serviert, da sonst die Eier gerinnen.

Glarner Fondue

Im Kanton Glarus verwendet man Greyerzer und Schabziger, den pikanten grünen Würzkäse, die man in eine Schwitze aus Mehl, Butter und Milch reibt.

Neuenburger Fondue

Man nimmt Greyerzer und Emmentaler im Verhältnis zwei zu eins (siehe rechte Seite) oder auch jeweils zur Hälfte, außerdem Neuenburger Wein.

Ostschweizer Fondue

Appenzeller und Vacherin à Fondue sowie trockener Cidre (Apfelwein) sind die Hauptzutaten.

Waadtländer Fondue

Man verwendet ausschließlich Greyerzer Käse in verschiedenen Reifegraden mit feingehacktem und leicht angeröstetem Knoblauch in der Käsemasse.

Walliser Fondue (Gomser Fondue)

Diese Zubereitung beginnt mit einer leichten Mehlschwitze, in die man Gomser, einen typischen Bergkäse aus dem Wallis, reibt.

Ein wichtiges Utensil für das Käsefondue ist der Caquelon, ein feuerfester Stieltopf aus Ton, glasierter Keramik oder emailliertem Gußeisen.

Für ein Käsefondue gibt man Wein mit etwas Zitronensaft in einen Caquelon, einen speziellen Stieltopf. Nach Geschmack kann man etwas Knoblauchsaft hinzufügen.

Als Käse wählt man – in der »Urversion« des Neuenburger Fondues – milden Emmentaler und pikant-würzigen Greyerzer.

Beide Käsesorten werden in den Wein gerieben oder gehobelt. Anschließend erhitzt man die Mischung.

Wenn die Käsemasse kocht, rührt man etwas Stärkemehl mit Kirschwasser an.

Unter ständigem Rühren gibt man dann das Stärkemehl zu der Käsemasse und bindet sie.

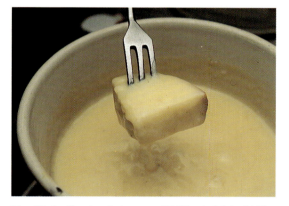
Man ißt das Fondue, indem man Weißbrotwürfel mit Hilfe einer langen Gabel in die Käsemasse taucht.

Grundrezept für Käsefondue
(Neuenburger Fondue)

1 Knoblauchzehe
400 g Greyerzer Käse
200 g Emmentaler Käse
300 ml Weißwein
1 TL Zitronensaft
2 TL Speisestärke
100 ml Kirschwasser
schwarzer Pfeffer
geriebene Muskatnuß
Weißbrotwürfel
(pro Person etwa 200 g)

Den Caquelon mit dem Knoblauch ausreiben. Die beiden Käse reiben oder hobeln. Den Wein mit dem Zitronensaft und dem Käse unter Rühren aufkochen. Das Stärkemehl mit dem Kirschwasser anrühren und in die Käsemasse geben, mit Pfeffer und Muskat abschmecken. Die Masse nochmals kurz kochen, bis sie glatt und cremig ist, dann auf das Rechaud auf dem Tisch setzen. Das Fondue während des Essens weiterköcheln lassen und immer wieder umrühren, damit es sämig bleibt.
Man ißt das Fondue, indem man die Brotstückchen auf eine lange Gabel spießt und in die Käsemasse taucht. Eine alte Regel besagt, daß jeder, der sein Brotstückchen verliert, der Tischrunde eine Flasche Wein schuldet.
Ein Tip: Ist das Fondue zu dünn geraten, noch etwas geriebenen Käse unterrühren, ist es zu dickflüssig, mit etwas Wein verdünnen. Der Wein spielt im übrigen eine entscheidende Rolle – er sollte nicht zu alt sein und reichlich Säure enthalten. Auch Apfelwein eignet sich recht gut für die Zubereitung eines Fondues.

Raclette – das schmelzende Käsevergnügen

Das Raclette stammt aus dem Wallis und war ein Essen der Bauern und Sennen, das auf den verschiedenen Walliser Bergkäsen basierte. Irgendwann – der Zeitpunkt ist nicht überliefert – geriet der Käse in die Nähe eines Feuers. Man entdeckte, das die geschmolzene Masse hervorragend schmeckte, und das Raclette war geboren.
Ursprünglich bestand das Schweizer Raclette nur aus Käse, Pellkartoffeln und Gewürzgurken. Heute hat sich daraus eine Vielzahl von Raclette-Rezepten entwickelt, bei denen Fleisch und Fisch, Geflügel und Gemüse, sogar Wild und Früchte zu den Zutaten zählen.
Man verwendet inzwischen einen speziellen Raclette-Käse – lange Zeit nahm man auch in verfeinerten Rezepten immer noch Walliser Bergkäse wie Gomser oder Bagnes – mit cremigem Teig, der leicht schmilzt, aber nicht läuft, sowie entweder einen Raclette-Ofen oder einen Raclette-Grill. Der Ofen ist für die Aufnahme eines kleinen halbierten Käselaibs eingerichtet, über dem sich eine Art Heizstrahler mit rotglühenden Metallfäden befindet. Je nach Bedarf kann man den Grill in unterschiedlicher Distanz zu dem Käse plazieren. Sobald dieser schmilzt, wird er mit einem Messer auf einen Teller geschabt und gegessen. Das Messer gab dem Gericht seinen Namen: *Raclette* kommt aus dem Französischen und bedeutet »Schabeisen« oder »Spatel«. Zum Raclette-Grill gehören Portionspfännchen, in die man die Zutaten gibt und mit einer Scheibe Käse belegt, bevor man sie in den Grill schiebt. Auf der heißen Oberfläche des Grills lassen sich während des Schmelzvorgangs Steaks und andere Beilagen braten.
Noch heute gibt es im Wallis alte Raclette-Stuben, in denen Raclette auf traditionelle Weise zubereitet wird, indem man einen halbierten Käselaib mit der Schnittfläche an ein Kaminfeuer schiebt und den schmelzenden Käse mit einem Schaber auf einen Teller schabt. Dazu reicht man Pellkartoffeln und sauer eingelegtes Gemüse.

Schweiz 265

Geriebene Kartoffeln in Variationen

Rösti

Was Angehörige anderer Nationalitäten meist nicht wissen: Die Schweiz ist ein Kartoffel-Land. Vielfältige und einfallsreiche Kartoffelzubereitungen wurden in den Landküchen der Schweizer Kantone ersonnen – allen voran eine Spezialität, die gemeinhin als typisch schweizerisch gilt: die Rösti (gesprochen »Rööschti«). Sie bestehen aus gerösteten Pellkartoffeln. Der goldgelbe, pfannkuchenähnliche Fladen war ursprünglich ein Bauernfrühstück, das mitten auf den Tisch gestellt wurde und von dem sich jeder mit einem Löffel ein Stück abstach.

Die Rösti haben ihren Siegeszug um die Welt angetreten. Köche aus aller Herren Länder versuchen sich an ihnen – mit höchst unterschiedlichem Erfolg. Denn perfekte Rösti gibt es eigentlich nur von Schweizer Küchenherden – allein schon deshalb, weil sie dort täglich hergestellt werden und Koch oder Köchin die Mengen und den Garpunkt sozusagen im Schlaf beherrschen. Nur dann nämlich entsteht diese unvergleichliche Mischung aus krosser Kruste und genau richtig gegartem Innenleben, wohlduftend und mit lockerer Struktur.

Jeder Schweizer Kanton hat selbstverständlich seine eigenen Rösti. Sie dienen als Beilage zu vielen Gerichten, werden aber auch mit grünem Salat als selbständige Mahlzeit gegessen. Die geduldige Basisfrucht Kartoffel läßt eben vielerlei Geschmackskompositionen zu. So kommen in den Kantonen jeweils diejenigen Zutaten in die Kartoffelmasse, die verfügbar sind – und siehe da: Die Rösti schmecken immer!

Grundrezept für Rösti

1 kg Kartoffeln
1 Zwiebel
Salz
Öl

Die Kartoffeln in der Schale gar kochen, abschrecken, noch heiß pellen und auf einer Reibe grob raspeln. Die Zwiebel schälen und fein hacken, mit der Kartoffelmasse mischen und salzen. Das Öl in einer Pfanne erhitzen, die Kartoffelmasse hineingeben und zu einem gleichmäßigen flachen Kuchen formen. Braten, bis die Unterseite braun ist, dann mit Hilfe eines Tellers oder Deckels wenden und auch die andere Seite braun braten. Die Rösti auf einer vorgewärmten Platte oder in der Pfanne servieren.

Zur Zubereitung von Rösti verwendet man geriebene Pellkartoffeln, die man mit feingehackter Zwiebel mischt.

In einer Pfanne wird Öl erhitzt. Man nimmt meist feines Pflanzenöl.

Dann gibt man die Kartoffelmasse in die Pfanne und formt sie zu einem gleichmäßigen flachen Kuchen.

Die Rösti werden von beiden Seiten etwa 5 Minuten gebraten, bis sie eine goldbraune Farbe angenommen haben.

Rösti-Kompositionen

Appenzeller Rösti
Mit Teigwaren, Speck und Appenzeller Käse

Basler Rösti
Mit Zwiebelringen

Berner Rösti
Mit Speckwürfeln

Glarner Rösti
Mit Schabziger, einem würzigen Kräuterkäse

Tessiner Rösti
Mit Speckwürfeln und Rosmarin

Westschweizer Rösti
Mit Speck, Tomaten, Paprika und Greyerzer Käse

Zürcher Rösti
Mit feingehackter Zwiebel und Kümmel

Zürcher Geschnetzeltes

Für Zürcher Geschnetzeltes wird Schnitzelfleisch vom Kalb in schmale Streifen geschnitten.

In einer Pfanne brät man das Fleisch kurz in Butter an, nimmt es dann heraus und stellt es warm.

Dann gibt man zunächst die Zwiebel, danach die Champignons in die heiße Butter und dünstet sie.

Die Sauce wird mit Wein abgelöscht.

Dann fügt man Sahne hinzu und läßt die Sauce kurz aufkochen.

Zum Schluß gibt man das Fleisch und die Champignons wieder in die Sauce.

Berner Rösti

Von allen Rösti-Versionen haben besonders die Berner Rösti europaweit den Weg in die Kochbücher gefunden und gehören mittlerweile zum selbstverständlichen Repertoire internationaler Restaurants und Hotelküchen.

1 kg Kartoffeln (festkochend)
1 TL Kümmel
125 g fetter Speck
Salz
2 EL Milch

Die Kartoffeln mit Schale in Salzwasser, in das man den Kümmel gibt, gar kochen, abschrecken und noch heiß pellen. Über Nacht zugedeckt stehenlassen. Dann die Pellkartoffeln grob raspeln.
Den Speck fein würfeln und in einer Pfanne auslassen. Die Kartoffelmasse dazugeben, salzen und so lange wenden, bis die Kartoffeln das Fett ganz aufgenommen haben.
Die Speck-Kartoffel-Masse zu einem flachen Kuchen zusammendrücken, so daß er den Pfannenboden gleichmäßig bedeckt. Braten, bis die Unterseite goldbraun ist, dann die Milch darüberträufeln und den Kartoffelkuchen mit Hilfe eines Tellers oder Deckels wenden. Wenn auch die zweite Seite goldbraun ist, die Rösti aus der Pfanne nehmen, auf eine vorgewärmte Platte geben und heiß servieren.
Rösti passen zu allen kurzgebratenen Fleischgerichten, aber auch zu Wild. Nachgerade untrennbar ist die »Ehe« der Rösti mit dem Zürcher Geschnetzelten (rechts).

Ideal zu Rösti: das Zürigschnetzelte

Nichts paßt besser zu den Rösti als das Zürcher Geschnetzelte – ein Verwandter des russischen Filetgulasch »Stroganoff«, jedoch aus Kalbfleisch zubereitet.

Zürcher Geschnetzeltes

1 Zwiebel
300 g Champignons
600 g Kalbsschnitzel (aus dem Nußstück der Keule)
Mehl
50 g Butter
1 Glas Weißwein
1 Becher Sahne
Salz, schwarzer Pfeffer
gehackte Petersilie

Die Zwiebel schälen und hacken, die Champignons putzen und in Scheiben schneiden.
Das Schnitzelfleisch in schmale Streifen schneiden und leicht mit Mehl bestäuben.
Die Butter in einer Pfanne erhitzen und das Kalbfleisch darin anbraten. Herausnehmen und warm stellen.
Die Zwiebel glasig dünsten, dann die Champignons dazugeben und anbraten. Wein und Sahne angießen, kurz aufkochen lassen und das Fleisch hinzufügen, mit Salz und Pfeffer würzen.
Mit gehackter Petersilie bestreut servieren.

Aus Bächen und Bergseen
Fische

Wer die Schweiz bereist, ist stets aufs neue begeistert von der Anmut der stillen Bergseen, die unberührt scheinen von den Plagen der Zivilisation und der zunehmenden Besiedelung: Glasklar liegen sie vor dem Auge des Betrachters, und die Berggipfel spiegeln sich darin. Auch die zahlreichen Gebirgsbäche, die diese Seen speisen, vermitteln den Eindruck sauberer, ursprünglicher Natur. Der Feinschmecker vermutet zu Recht, daß sie außerordentlich fischreich sein müssen.

In der Tat ist die Schweiz ein Anglerparadies, und Gäste sind fast überall willkommen. Wegen der Vielfalt der Gewässer und somit auch der Fischarten gibt es zu allen Jahreszeiten Möglichkeiten, Petri Heil zu versuchen.

Die Seen in den Niederungen des Schweizer Mittellandes sind nach einer Phase der Überdüngung und Verschmutzung heute wieder sauber und weisen gute Bestände von Hechten, Barschen, Seeforellen und Zandern auf. In den Flüssen und Bächen findet man Forellen, Äschen, Karpfen und Aalquappen. Die Alpenseen sind dem Angler nur für eine kurze Zeit des Jahres zugänglich. Sie machen am meisten Freude im Juli, wenn das Eis gänzlich geschmolzen ist. Die Bäche und Flüsse der Alpen sind klassische Forellengewässer, und wer auf große Fische aus ist, wird im Oberrhein und in der Rhône fündig: Forellen, Karpfen und Hechte sind hier gut vertreten.

Als »Kanton der tausend Täler« ist Graubünden bekannt, wo der aktive Angler, der auch Fußmärsche nicht scheut, die schönsten Salmoniden fängt, Fische aus der Familie der Lachse wie beispielsweise den Saibling. Im Engadin um St. Moritz ist der durch das Tal fließende Inn sehr fischreich; die Oberengadiner Seen sind für ihre Forellen und Saiblinge berühmt, die man auch nördlich von Zürich in der Thur findet. Im weiter östlich gelegenen Walensee gibt es Seesaiblinge und Seeforellen. In Luzern beginnt alljährlich am 1. Januar die Saison für den Vierwaldstädter See, in dem große Seeforellen gefangen werden.

Schuppenkarpfen (bis über 100 cm)
Der Fisch ist vollkommen mit Schuppen bedeckt und unterscheidet sich dadurch von seinen Verwandten, dem Spiegel- und dem Lederkarpfen. Der schmackhafte Speisefisch läßt sich problemlos in Teichen ziehen.

Laube, U(c)kelei (bis 20 cm)
Der Verwandte der Mairenke ist in langsam fließenden Gewässern zu Hause. Man ißt den kleinen Weißfisch fritiert oder gebacken.

Rotauge, Plötze (bis 30 cm)
Das weiße Fleisch dieses kleinen Fisches ähnelt im Geschmack dem des Hechtes, ist jedoch nicht ganz so fest und auch weniger aromatisch.

Felchen (bis 60 cm)
Der silberglänzende, schlanke Fisch mit kleinen Schuppen ist weit verbreitet und kommt in vielen Arten vor. Er ist ein hervorragender Speisefisch.

Blei, Brachse, Brasse (bis 70 cm)
Der flache, grätenreiche Fisch eignet sich zum Braten, Grillen und besonders zum Räuchern sowie als Zutat zu Fischsuppen.

Spiegelkarpfen (bis über 100 cm)
Dieser Karpfen wurde aus dem Speisekarpfen gezüchtet und hat nur wenige große Schuppen. Sein Fleisch ist, ob gebacken oder gekocht, sehr sckmackhaft.

Aalquappe, Quappe, Trüsche (bis 80 cm)
Die einzige Art der Dorschfische, die im Süßwasser lebt, hat einen kräftigen, aalförmigen Körper. Sein Fleisch ist mager und fast grätenlos; als besondere Delikatesse gilt die Leber, die man in Butter brät. Geschätzt wird auch der Rogen.

Äsche (bis 50 cm)
Der Fisch mit der hohen Rückenflosse lebt als Standfisch in klaren, kühlen Gewässern, vor allem in der Ostschweiz bei Schaffhausen. Sein zartes, aromatisches Fleisch hat einen leichten Thymiangeschmack. Am besten dünstet man ihn nur in Butter.

Schleie (bis 50 cm)
Der karpfenähnliche Fisch hat eine schleimige Haut und hält sich mit Vorliebe in schlammigen Gewässern auf. Sein zartes Fleisch ist schwach süßlich und wohlschmeckend.

Regenbogenforelle (bis 50 cm; oben)
Bachforelle (bis 40 cm; unten)
Die Regenbogenforelle wurde 1880 aus Nordamerika eingeführt und ist heute hauptsächlich ein Zuchtfisch, daher auch das ganze Jahr über erhältlich. Die Bachforelle lebt in sauberen, sauerstoffreichen Alpenbächen und hat ein sehr wohlschmeckendes Fleisch.

268 Schweiz

Rotfeder, Rotkarpfen (bis 30 cm)
Der in der Körperform dem Rotauge ähnliche Fisch liebt stehende und langsam fließende Gewässer. Seinen Namen verdankt er den farblich markanten Flossen. Sein Fleisch ist schmackhaft, doch reich an Gräten.

Wels, Waller (bis 300 cm)
Der Raubfisch mit dem großen Kopf und den charakteristischen Bartfäden kann bis zu 300 Kilogramm schwer werden. Obwohl sein Fleisch sehr fettreich ist, gilt es aufgrund seines Geschmacks als Delikatesse.

Eglifilets in Weißwein

800 g Eglifilets (Barschfilets)
Zitronensaft
Salz, schwarzer Pfeffer
Mehl
50 g Butter
1 Becher Sahne
2 Glas Weißwein
100 g Champignons
2 EL gehackte Petersilie

Die Fischfilets abspülen, trockentupfen, mit Zitronensaft beträufeln und würzen. In Mehl wenden und kurz in Butter braten.
Die Sahne mit dem Wein erhitzen und einige Minuten ziehen lassen, mit Salz und Pfeffer abschmecken. Die Champignons putzen und in Scheiben schneiden. Die Eglifilets anrichten und die rohen Pilze darauf verteilen, mit der heißen Sauce übergießen und mit gehackter Petersilie bestreuen.
Dazu passen Nudeln, Reis oder Salzkartoffeln und Salat.

Bachsaibling, Saibling (bis 60 cm)
Der forellenähnliche Fisch mit grünlichem Rücken lebt in kalten, tiefen Seen. Er gilt als Delikatesse, weil sein Fleisch zart und besonders schmackhaft ist.

Saibling auf Genfer Art

100 g Butter
3 Schalotten
Petersilie, Schnittlauch, Thymian, Rosmarin, Estragon
4 küchenfertige Saiblinge
Zitronensaft
Salz, schwarzer Pfeffer
1 Glas Weißwein
2–3 EL Mehl
1 Becher Sahne
2 Eigelb

Die Schalotten schälen, fein hacken und in der Hälfte der Butter glasig dünsten. Die Kräuter waschen, hacken und zu den Schalotten geben. Die Fische innen mit Zitronensaft beträufeln und ebenfalls zu den Schalotten geben, mit Salz und Pfeffer würzen. Den Wein und etwas Wasser angießen, zudecken und im vorgeheizten Backofen bei 150 °C etwa 15 Minuten dünsten.
Die Fische aus dem Sud nehmen und warm stellen. Die restliche Butter zerlassen, mit Mehl binden und mit dem Fischsud zu einer glatten Sauce verrühren. Die Sahne hinzufügen, mit Salz und Pfeffer würzen.
Die Sauce zum Kochen bringen, dann vom Herd nehmen und mit den Eigelben glattrühren. Nochmals kurz erhitzen und über die Fische geben.

Flußaal
(männlich bis 50 cm – weiblich bis 100 cm)
Der Flußaal hat einen viermal so hohen Fettgehalt wie der Meeraal, was sein Fleisch besonders schmackhaft macht. Vor allem geräuchert schätzt man ihn.

Blaufelchen, Große Schwebrenke (bis 50 cm)
Der dunkelgrüne bis blausilbrige Fisch lebt in den tiefen, klaren Seen der Voralpen und hat ein festes, bekömmliches Fleisch. Der Rogen ist als Felchenkaviar im Handel.

Flußbarsch, Egli (bis 40 cm)
Der flache, hohe Fisch mit dem dunklen, quergestreiften Rücken lebt in Flüssen und Seen und hat festes, schmackhaftes Fleisch.

Zander (bis 70 cm)
Der gefräßige Raubfisch lebt in Flüssen und Seen, die im Sommer durch Plankton getrübt sind. Er hat weißes, zartes, sehr schmackhaftes Fleisch.

Hecht (bis 150 cm)
Der graue, schlanke Raubfisch mit dem entenschnabelförmigen Maul hat feines, festes Fleisch, von Nachteil sind jedoch die vielen Gräten, weshalb man das Fleisch vor allem zur Zubereitung von Farcen und Klößchen verwendet.

Für den Eigenverbrauch

Wein

Die Schweiz ist – nach dem Großherzogtum Luxemburg – das kleinste europäische Weinanbauland. Die Erntemengen sind gering, weshalb die Schweizer ihren Wein auch nicht exportieren, sondern selbst trinken.

Im übrigen macht man kein großes Aufheben um den Wein, obwohl insbesondere derjenige aus der Rebsorte Gutedel oder (französisch) Chasselas ein besonderer Tropfen ist. Er wird Fendant genannt, im Waadtland heißt er Dorin, im Kanton Genf Perlan. Fendant ist leicht und spritzig, dabei alkohol- und körperreich und umfaßt etwa 60 Prozent der Rebfläche. Vor allem im Wallis gedeiht er vorzüglich.

Zweitwichtigste Weinsorte ist der Johannisberg, wie die Schweizer den Silvaner nennen, gefolgt vom Dôle, einem kräftigen und glutvollen Rotwein aus den Rebsorten Pinot noir und Gamay. Er kann in guten Jahren durchaus mit dem französischen Burgunder in Konkurrenz treten.

In Neuchâtel und am Bieler See gedeihen auf winziger Rebfläche mit einer Jahresproduktion von nur vier Millionen Litern fruchtige Weißweine; auf den sandigen Böden in der Region Genf wächst eine Vielzahl meist weißer Rebsorten, und in der Ostschweiz stehen Rotweine aus der Blauburgundertraube im Vordergrund. Im Mittelmeerklima des Tessin gedeihen fast nur Rotweine, wobei besonderes Gewicht auf die Merlot-Rebe gelegt wird.

Der Weinbau in der Schweiz geht auf Karl den Großen zurück, hat aber dann durch den im Mittelalter zunehmenden Handel mit südlichen Ländern und durch das Auftreten der Reblaus immer mehr an Bedeutung verloren. Heute steigt die Weinproduktion wieder an, da die Schweizer jedoch große Weintrinker sind, müssen sie immer noch mehr als das Doppelte der eigenen Produktion aus anderen Ländern einführen.

Schweizer Weinanbaugebiete

Ostschweiz – Basel-Land, Aargau, Zürich, Thurgau, St. Gallen, Graubünden

Hier gelten besonders hohe Qualitätsanforderungen. Als Rotwein dominiert der Pinot noir, ein Blauburgunder, auch Clevner genannt. Unter den Weißweinen gelten Grauburgunder und Gewürztraminer sowie der Silvaner – der an der Rhône Johannisberg genannt wird – als erste Wahl. Gleichfalls wächst hier ein feiner Müller-Thurgau, der von dem Rebforscher Hermann Müller, einem Ostschweizer, für diese hochgelegene Landschaft gezüchtet wurde. Merkwürdigerweise nennt sich sein Wein hier »Riesling x Sylvaner«.

Westschweiz – Neuenburg (Neuchâtel), Waadt (Vaud), Genf (Genève), Wallis (Valais)

Am bekanntesten sind die Walliser Weine, die vorzugsweise aus der Gutedel- oder Chasselas-Traube gewonnen werden. Hier ist die Heimat des trockenen Fendant mit dem typischen Feuersteingeschmack und des eleganten Dôle, eines Blauburgunders. Auch im Waadtland wächst vor allem die Gutedeltraube, ebenso in Genf, wo der entsprechende Wein Perlan heißt. Vom Genfer See stammt einer der besten Weine der Schweiz, der Dézaley. Andere Rebsorten gewinnen in diesen Gebieten zunehmend an Bedeutung, wie etwa der rote Gamay, eine Beaujolais-Traube, und der Pinot noir.

Südschweiz – Tessin (Ticino)

Im Süden der Schweiz sind alle Voraussetzungen gegeben, um gute Weine hervorzubringen: ein mildes Klima, sonnige Hänge und ehrgeizige Weinbauern. Hier ist der Merlot zu Hause, ein glutvoller, geschliffener Rotwein. Weißwein wird nur in geringem Umfang erzeugt. Infolge der Urbanisierung und Zersiedelung der Landschaft sind immer mehr Anbaugebiete in dieser »Sonnenstube der Schweiz« – wie das Tessin gern genannt wird – verschwunden, so daß die ursprünglich einmal 6500 Hektar große Rebfläche inzwischen auf 800 Hektar geschrumpft ist.

Linke Seite: Der Fendant ist ein Wein aus der Gutedel- oder Chasselas-Traube, der in der Schweiz – vor allem in den Westschweizer Kantonen Wallis, Waadt, Genf und Neuenburg (Neuchâtel) – am häufigsten angebauten Rebsorte. Im Waadtland heißt er Dorin, im Kanton Genf bezeichnet man ihn als Perlan.

Schweiz 271

Nachdem das Bündner Fleisch, eine Spezialität aus Graubünden, in einer Würzlake gepökelt wurde, muß es mehrere Monate an der Luft trocknen. Man ißt es gern als Imbiß zum Wein.

Aus würziger Gebirgsluft

Bündner Fleisch

Zum Wein paßt als Imbiß das berühmte Bündner Fleisch, das Graubündener Bergbauern schon vor Jahrhunderten als Wegzehrung auf ihren Almwanderungen mitnahmen. Grundlage sind die zarten und fettreichen Muskelstücke der Rinderkeule, die mit Kräuterlake eingerieben und in der würzigen Gebirgsluft Graubündens mehrere Monate getrocknet werden, wobei das Fleisch über die Hälfte seines Wassergehalts verliert. Bündner Fleisch, italienisch auch *bresaola* genannt, wird hauchdünn geschnitten und in Röllchen auf einem Holzteller zusammen mit herzhaftem Vollkornbrot und Butter serviert. Dazu gehört Pfeffer aus der Mühle.

Bündner Fleisch wird zu Beginn der Trocknung gepreßt – dadurch erhält es seine typische kantige Form.

Bündner Fleisch wird hauchdünn geschnitten, gerollt und mit Vollkornbrot und Butter serviert. Man würzt es mit frisch gemahlenem Pfeffer.

Süßes – millimetergenau
Basler Leckerli

Die Schweizer haben eine Vorliebe für Süßwaren und Kuchen jeder Art. Die größten Leckermäuler sind die Einwohner der Nordschweiz, insbesondere die Baseler.
Auf eine mehr als 600jährige Tradition gehen die »Basler Leckerli« zurück, Honigkuchen, die in der ganzen Welt bekannt geworden sind. – Bei der in diesem Rezept verwendeten Pottasche handelt es sich um Kaliumkarbonat, das man in Honigkuchen häufig als Backtriebmittel nimmt.

Basler Leckerli

| 400 g Honig |
| 250 g Zucker |
| 10 g Pottasche |
| 1 Glas Kirschwasser |
| 50 g Orangeat und Zitronat |
| 100 g Mandeln |
| 700 g Mehl |
| Zimt, gemahlene Nelken, Muskat |

Den Honig in einem Topf erhitzen, den Zucker hinzugeben, gut durchkochen und die Mischung abkühlen lassen. Die Pottasche in dem Kirschwasser auflösen und zu der Honigmasse geben. Zitronat, Orangeat und Mandeln fein hacken und zusammen mit dem Mehl und den Gewürzen nach und nach zu der Honigmasse geben. Alle Zutaten zu einem Teig verarbeiten. Über Nacht ruhenlassen. Den Backofen auf 200 °C vorheizen. Den Teig ausrollen und auf ein gefettetes Backblech geben. Etwa 20 Minuten im Ofen backen, abkühlen lassen und in kleine Quadrate schneiden.

Unten: Schweizer gelten als gewissenhaft und penibel – die Maße der Basler Leckerli werden bei der Herstellung genauestens festgehalten.

Oben: Zutaten für Basler Leckerli – Honig, gehackte Mandeln, Mehl, Zitronat und Orangeat, Gewürze, Pottasche, ein Backtriebmittel, und Zucker

274 **Schweiz**

1 2 3 4

5 6 7 8

Süße Spezialitäten

Aargauer Rüeblitorte
(Abbildung unten)

Im Kanton Aargau wird eine Torte gebacken, die bei Fremden immer wieder Erstaunen auslöst. Man bereitet sie aus rohen geraspelten Möhren zu, die dem Backwerk einen pikant-süßlichen Geschmack verleihen.

6 Eigelb, 6 Eiweiß
300 g Zucker
abgeriebene Schale von 1 unbehandelten Zitrone
2 EL Kirschwasser
300 g Möhren
300 g gemahlene Mandeln
50 g Mehl
Puderzucker
Marzipan-Rohmasse

Eigelbe und Zucker schaumig rühren, Zitronenschale und Kirschwasser hinzugeben. Die Möhren putzen und raspeln, dann mit Mandeln, Mehl und mit der Eigelbmasse verrühren. Die Eiweiße steif schlagen und unter den Möhrenteig ziehen.
Den Backofen auf 180 °C vorheizen. Die Möhrenmasse in eine gefettete Springform füllen und etwa 60 Minuten im Ofen backen. Mit Puderzucker bestäuben und mit Rübchen aus Marzipan garnieren.

Zuger Kirschtorte
(Abbildung 1–8, oben)

Die Torte ist eine Kirschtorte ohne Kirschen. Einem verblüfften Gast, der dies beanstandete, soll man zur Antwort gegeben haben, in Hundekuchen sei schließlich auch kein Hund enthalten. Die Lösung des Rätsels: Die Nuß- und Biskuittorte, zwischen deren Böden sich Buttercreme befindet, wird mit reichlich Kirschwasser aromatisiert.

Nußböden
4 Eiweiß
125 g Puderzucker
100 g gemahlene Haselnüsse
25 g Stärkemehl

Biskuitboden
3 Eigelb, 3 Eiweiß
75 g Puderzucker
50 g Mehl
50 g Stärkemehl
1/2 TL Backpulver
abgeriebene Schale von 1/2 unbehandelten Zitrone

Buttercreme
150 g Butter
150 g Puderzucker
1 Eigelb
4 EL Kirschwasser

Vollendung
4 EL Kirschwasser
125 g gehackte Haselnüsse
100 g Puderzucker

Für die Nußböden die Eiweiße steif schlagen und mit der Hälfte des Puderzuckers vermischen. Den restlichen Puderzucker, die Nüsse und das Stärkemehl verrühren und dann unter den Eischnee geben. Aus dem Teig in einer Springform zwei Böden backen.
Für den Biskuitboden die Eigelbe mit 3 EL warmem Wasser schaumig rühren und die Hälfte des Puderzuckers hinzufügen. Eiweiße mit dem restlichen Puderzucker steif schlagen, auf die Eigelbmasse geben und mit Mehl, Stärkemehl, Backpulver und Zitronenschale zu einem Teig verrühren. In einer Springform von gleicher Größe wie für die Nußböden den Teig 20 Minuten bei mittlerer Hitze backen.
Für die Buttercreme die Butter schaumig rühren, Puderzucker und Eigelb zugeben und zum Schluß das Kirschwasser hinzufügen. Die Masse in drei Portionen teilen.
Für die Vollendung einen Nußboden mit dem ersten Drittel Buttercreme bestreichen (1), darauf den Biskuitboden setzen (2) und mit dem Kirschwasser beträufeln (3). Darauf eine weitere Schicht Buttercreme streichen, auf die man den zweiten Nußboden setzt (4). Die Torte mit der restlichen Buttercreme bestreichen (5), Rand und Oberfläche mit den Nüssen bestreuen (6) und mit Puderzucker bestäuben (7). Die Tortenstücke in Rautenform schneiden (8).

Aargauer Rüeblitorte

275

Aus Schweizer Alpenmilch

Schokolade

Im Zuge der Entdeckungsreisen durch Christoph Kolumbus und Hernán Cortés gelangte die Kakaobohne im 16. Jahrhundert von Amerika nach Europa. Das Schokoladengetränk erfreute sich großer Beliebtheit in der vornehmen Gesellschaft und bei Hofe. Der endgültige Durchbruch kam jedoch erst im Jahre 1828, als der Holländer C. J. Houten ein Verfahren erfand, mit dem man die Kakaomasse entölen und somit Kakaopulver herstellen konnte. Zwei Jahrzehnte später entdeckte der Engländer Joseph Fry die Herstellung von Eßschokolade, und 1875 fügte der Schweizer Daniel Peter noch kondensierte Milch hinzu und produzierte die erste Tafel Milchschokolade. Wenige Jahre danach erfand dann Rudolph Lindt ein Verfahren zur Verfeinerung, das er Conchieren nannte (von span. *concha,* Muschel): In beheizten, sich ständig bewegenden muschelförmigen Trommeln wurde die Schokolade zwischen Walzen zerrieben. Vordem enthielt sie kleine Klumpen oder feste Teile, die sich in heißer Trinkschokolade zwar auflösten, aber die Herstellung einer gleichmäßig glatten Schokoladenmasse verhinderten, die man benötigte, um sie in Formen gießen zu können. Durch Lindts Verfahren bekam die Schokolade jenen Schmelz, der sie so schmackhaft machte und eine Weiterverarbeitung ermöglichte. Damit war die Wandlung zum Volksgenußmittel vollzogen.

Vor allem Schweizer waren an der Entwicklung in allen Stadien maßgeblich beteiligt. Namen wie Kohler und Cailler, Sprüngli und Lindt, Suchard und Tobler markieren den Siegeszug der Schweizer Milchschokolade, die bis heute wegen ihrer besonderen Güte von Feinschmeckern auf der ganzen Welt gerühmt wird. Die Namen stehen für tüchtige Unternehmer des ausgehenden 19. und des beginnenden 20. Jahrhunderts, deren gemeinsames Ziel es war, die Kakaobohne mit der guten Alpenmilch der Schweiz zu verbinden.

Linke Seite: Doppelkeks aus Mürbeteig mit einer Füllschicht aus Erdbeergelee. Aus dem Deckelplätzchen mit Zuckerglasur und Puderzucker wurde ein quadratisches Kreuz herausgeschnitten, so daß die Füllung sichtbar wird – bezihungsvolle Anspielung auf die Schweizer Nationalflagge, die ein weißes Kreuz auf rotem Grund zeigt.

Von der Bohne zum Kakao

Die Kakaobohne wächst hauptsächlich in Afrika, Südamerika und Asien. Die reifen, 15 bis 25 Zentimeter großen Kakaofrüchte werden abgeschlagen und gespalten. Dann löst man die weißen Samenkerne, die Kakaobohnen, und das Fruchtfleisch heraus und läßt sie gären, indem man sie aufhäufelt und abdeckt. Nach dem Gärungsprozeß sind die Bohnen »schokoladenbraun« und haben jenes Kakaoaroma entwickelt, das sie so begehrt

macht. Sie werden dann getrocknet und kommen in Säcken per Schiff nach Europa, wo sie gereinigt, geröstet und zu Kakaomasse vermahlen werden. Beim Mahlvorgang sowie beim anschließenden Pressen tritt die Kakaobutter aus, die von besonderem Wert ist: Ihr niedriger Schmelzgrad nahe der menschlichen Körpertemperatur macht sie nicht nur für die Schokoladenherstellung, sondern auch für kosmetische und pharmazeutische Produkte interessant. Der zurückbleibende Kakaokuchen wird erneut vermahlen. Daraus entsteht Kakaopulver, wie man es für die Herstellung von Trinkschokolade verwendet, aber auch für Milchgetränke und Glasuren, Schokoladenbonbons und Schokoladenpudding.

In einem komplizierten Verarbeitungsprozeß werden sodann Kakaopulver und Kakaobutter zusammen mit Milchpulver zu Schokolade verarbeitet. Die richtige Kombination dieser drei Komponenten ist das Geheimnis jedes Schokoladenherstellers. Nüsse, Mandeln und Trauben können zur Steigerung der Geschmacksvielfalt hinzukommen. Strenge Vorschriften regeln die Reinheit und Güte der verschiedenen Schokoladensorten. Man unterscheidet Schmelz- und Sahneschokolade, Vollmilch- und Magermilchschokolade, Kuvertüre und weiße Schokolade, die weder Kakaopulver noch Kakaomasse, sondern nur Kakaobutter enthält.

Die Praline – Königin der Schokolade

Pralinen lassen sich nach den Herstellungsverfahren in drei Gruppen unterteilen: überzogene Pralinen mit einer festen oder halbfesten Füllung, Hohlkörperpralinen mit weicher oder flüssiger Füllung und Massivpralinen. Am verbreitetsten sind die Überzugspralinen, die einen Kern aus Marzipan, Nougat,

Schweizer Konfekt
1 Orangenschnitze (kandierte Orangenachtel mit Zucker- und Schokoladenglasur)
2 Princesses (Orangen-Trüffel mit Puderzucker)
3 Ananasdreiecke (kandierte Ananasstückchen)
4 Kirschspitzli (Weinbrandkirschen)
5 Whisky-Truffes (Trüffel mit Whisky-Füllung, in Kakao gewälzt)
6 Kransekager (Marzipankonfekt, benannt nach dem dänischen Kranzkuchen)
7 Florentiner Pralinen (Florentiner in Miniform)
8 Calissons (Schiffchen mit Zuckerguß)
9 Schiesser Rhum (eine Kreation der Confiserie Schiesser in Basel)
10 Baisers du jour (»Tagesküsse«)

Trüffeln oder Krokant haben können und von allen Seiten mit Schokolade umschlossen sind. Aufgelegte Mandeln oder Nüsse, aufgespritzte Verzierungen aus bitterer Schokolade und andere Dekorationen erfordern noch heute viel Handarbeit und Geschick.

An der Spitze der Beliebtheitsskala liegt der Nougat. Er wird ähnlich wie Schokolade hergestellt, nur werden anstelle von Kakaobohnen gemahlene Haselnüsse oder Mandeln verwendet. Zu den kostbarsten Füllungen zählen die Trüffelmassen mit ihren zahlreichen Geschmacksvarianten. Sie entstehen durch Verrühren von Schokolade mit Sahne und ausgewählten Rohstoffen wie Butter, Spirituosen, Nuß- und Mandelpasten sowie natürlichen Fruchtprodukten. Krokant, eine besondere Delikatesse, ist ein Produkt aus geschmolzenem Zucker und zerkleinerten Nüssen oder Mandeln. Marzipan wird durch eine Mischung von zerkleinerten Mandeln und Puderzucker unter Zugabe von Rosenwasser hergestellt. Als besonderer Genuß gelten in Alkohol eingelegte Früchte wie etwa Weinbrandkirschen, auch flüssige Füllungen auf der Basis von Schnäpsen oder Likören sind aus keinem Pralinensortiment wegzudenken.

Schweiz

Zigarren

Genf, die altehrwürdige internationale Stadt am Lac Léman, ist nicht nur der Sitz vieler bedeutender weltweiter Organisationen, sondern auch ein Zentrum der Zigarrenkultur. Eng damit verbunden ist ein Name, der gleichsam als Synonym für Zigarren steht, Zino Davidoff. Der in Kiew geborene Russe, dessen Familie sich noch rechtzeitig vor der Oktoberrevolution nach Genf in Sicherheit bringen konnte, starb 1994 im Alter von 88 Jahren, aber sein Lebenswerk besteht fort. Während des Zweiten Weltkriegs leitete er geschickt die Handelsströme von Kuba nach Frankreich und Deutschland über Genf, und sein Geschäft wurde zu einer weltweit bekannten Anlaufstelle für alle Freunde der Zigarre. Bereits 1929 führte er klimatisierte Keller für die Lagerung von Zigarren ein, und nach 1945 brachte er die berühmten Château-Zigarren auf den Markt, die er aus Kuba importierte und nach großen Bordeaux-Weinen benannte. Im Jahre 1990 dann kam der Bruch mit Kuba; Davidoff-Zigarren werden seitdem in der Dominikanischen Republik hergestellt. Sie sind leichter als die Havanna-Zigarren; die Davidoff-Grand-Cru-Serie gibt es in fünf Formaten von 155 bis 102 Millimetern Länge.

Die Cohiba – Kubas Antwort an Davidoff

Der lange andauernde und schließlich zum Bruch führende Streit zwischen Kuba und Davidoff soll nicht zuletzt dadurch entstanden sein, daß die Kubaner ihrer eigenen Marke Cohiba – der Name stammt aus der Sprache der Taino-Indianer Kubas und bedeutet »Zigarre« – Priorität einräumten und die besten Blätter für deren Herstellung reservierten. Heute gilt die Cohiba unter Kennern als Inbegriff der Havanna-Zigarre schlechthin.

Mit der Produktion der Cohiba-Zigarre beauftragte der Revolutionär Che Guevara, der als Verantwortlicher für die Zigarrenindustrie ihre Herstellung anregte, einen der größten Experten des Landes, Avelino Lara. Die herausragende Qualität der Cohiba ist im wesentlichen darauf zurückzuführen, daß man nur die allerbesten Tabakblätter verarbeitet, wobei die Erzeugnisse von zehn Plantagen zur Wahl stehen, und daß die Blätter dreimal fermentiert werden. Darüber hinaus unterliegen die Zigarren einer strengen Qualitätskontrolle. Rund 20 Prozent der Tagesproduktion werden nach acht verschiedenen Kriterien getestet; so prüft man beispielsweise Länge, Gewicht, Festigkeit, Deckblatt und den Schnitt des Brandendes. Berufsraucher, sogenannte *catadores*, verkosten anschließend Proben aus verschiedenen Partien.

Die Cohibas sind die teuersten aller Havannas. Die Anzahl der jährlich hergestellten Cohibas liegt bei etwa 3,5 Millionen, was nur einem Prozent der gesamten Produktion Kubas entspricht. Seit 1982 wird die Edelmarke auch exportiert.

Oben: Zigarren-Standardformate für Havannas – die Ziffern beziehen sich auf die Erläuterungen im gelben Kasten auf der rechten Seite. Der abgebildete Zollstock mit dem Maß von 20 Zentimetern veranschaulicht die Länge der Zigarren.

Links: Cohiba-Formate – die Ziffern beziehen sich auf die Erläuterungen im gelben Kasten auf der rechten Seite. Die einst von dem kubanischen Revolutionär Che Guevara initiierte Cohiba gilt als Inbegriff der Havanna. Zunächst war die Zigarre – Fidel Castros bevorzugte Marke – nur ausländischen Diplomaten, Königen und Diktatoren vorbehalten, wird aber seit 1982 auch für »gewöhnliche« Raucher exportiert. Kreiert hat sie ein Experte von höchsten Graden: Avelino Lara, der in den 20er Jahren seine berufliche Laufbahn als Zigarrenmacher begann. Die führende Position der Cohiba hinsichtlich Qualität und Preis ist unumstritten.

Zigarrenformate

Es gibt etwa 60 verschiedene Zigarrenformate, viele Marken verwenden für ihre Standardformate jedoch auch eigene Namen. Länge und Dicke einer Zigarre werden in Zoll (1" = etwa 25,5 mm) angegeben, wobei man den Durchmesser mit einem Ringmaß bezeichnet, das ebenfalls auf der Basis einer Zoll-Einheit errechnet wird: Bei der geltenden Maßeinheit von $1/64$ Zoll hat beispielsweise eine Zigarre mit einem Ringmaß von 50 einen Durchmesser von $50/64$ Zoll. Die folgende Auflistung verzeichnet die Maße nach dem Schema Zoll/mm für die Länge – Ringmaß.

Zigarren-Standardformate für Havannas
(kleine Abbildung linke Seite)

1	Doppel-Corona	7 7/8"/200 mm	49
2	Especial	7 1/2"/191 mm	38
3	Churchill	7"/178 mm	47
4	Corona Grande	6"/152 mm	42
5	Corona	5 1/2"/140 mm	42
6	Kleine Corona	5"/127 mm	42
7	Pyramide/Torpedo	6 1/8"/156 mm	52
8	Robusto	5"/127 mm	50
9	Panetela	4 1/2"/114 mm	26
10	Demi-Tasse	4"/102 mm	30

Cohiba-Formate
(große Abbildung linke Seite)

1	Siglo I	4"/102 mm	40
2	Siglo II	5"/127 mm	42
3	Siglo III	6"/152 mm	42
4	Siglo IV	5 5/8"/142 mm	46
5	Siglo V	6 3/4"/171 mm	43
6	Robusto	5"/127 mm	50
7	Panetela	4 1/2"/114 mm	26
8	Exquisito	5"/127 mm	36
9	Coronas Especial	6"/152 mm	38
10	Lancero	7 1/2"/191 mm	38
11	Esplendido	7"/178 mm	47

Die Formate der Siglo-Serie wurden nach den Jahrhunderten, *siglos,* ab 1492 benannt, als Christoph Kolumbus Amerika entdeckte und auch der Brauch des Tabakrauchens in Europa bekannt wurde.

Einer der exklusiven klimatisierten Zigarrenläden, in denen das ganze Sortiment von Havanna-Zigarren vorrätig ist. Hier werden die Zigarren gelagert unter ständiger Kontrolle von Zimmertemperatur (um die 16 °C) und Luftfeuchtigkeit (80%).

Rechts: Ein Stapel weltbekannter Havanna-Marken. Handgemachte Zigarren werden in Zedernholzkästen verpackt und aufbewahrt, da Zedernholz den Reifungsprozeß unterstützt und vor allem ein Austrocknen verhindert. Mit dem beginnenden Wachstum der Branche Mitte des vorigen Jahrhunderts und der zunehmend größeren Zahl von Produzenten empfahl sich dann eine eindeutige Kennzeichnung. So wurde jede Zigarrenkiste, nachdem man sie zugenagelt hatte, mit dem Emblem des Herstellers versiegelt. Havannas haben zudem ein Garantiesiegel, das (übersetzt) lautet: »Garantie der Regierung von Kuba für aus Havanna exportierte Zigarren.« (Die olivgrüne Banderole auf der Zigarrenkiste ganz unten zeigt dieses Staatssiegel der Republica de Cuba.) Zu den bekanntesten und besten Marken mittlerer bis gehobener Preislage gehören – um einige aus dem großen Havanna-Angebot zu nennen – die Bolivar, eine der stärksten und schwersten Havannas; die Montecristo, trotz Überproduktion auch heute noch eine der besten Havanna-Marken, deren Name im übrigen auf den Brauch zurückgeht, den Zigarrenmachern bei ihrer Arbeit laut vorzulesen, wobei der Roman »Der Graf von Monte Christo« von Alexandre Dumas besonders gefragt war; die Romeo y Julieta mit einem sehr breiten Angebot von über 40 Formaten; oder auch die in großen Mengen hergestellten Partagas, eine der ältesten Havanna-Marken überhaupt.

Der Zigarrenmacher – der wichtigste Mann

Zigarren werden nicht auf den Oberschenkeln kubanischer Schönheiten gerollt – das ist eine Legende, die sich leicht widerlegen läßt, schaut man einem Zigarrenmacher bei der Arbeit zu. Seine Tätigkeit steht am Ende eines langen Prozesses, der mit der Aussaat im August beginnt, sich mit der Ernte im Januar fortsetzt und mit der Fermentation sowie einer drei- bis vierjährigen Lagerung der Tabakballen noch lange nicht zu Ende ist.

Zigarrenmacher, *torcedores,* arbeiten ausschließlich mit der Hand; ihre einzigen Werkzeuge sind ein scharfes Messer und eine Holzschablone. Handgemachte Zigarren bestehen aus drei Teilen: dem Deckblatt (*capo*), dem Umblatt (*capote*) und der Einlage, die aus einzelnen Blättern in Längsrichtung zusammengefügt wird, so daß eine Art Kanal entsteht, durch den der Rauch ziehen kann, was nur durch Handarbeit gewährleistet ist.

Die Kunst des Zigarrenmachers besteht unter anderem darin, die für die Einlage verwendeten drei Blattsorten *seco* (von der Mitte der Tabakpflanze) für das Aroma, *volado* (vom Fuß) für eine optimale Verdichtung und *ligero* (von der Spitze) für die richtige Würze und Stärke zu einem perfekten Ganzen zusammenzuführen.

Die frischen Zigarren treten dann ihre Reise nach Übersee an und werden in Genf nochmals über ein Jahr gelagert, bevor sie nach einer weiteren Qualitätskontrolle in die klimatisierten Keller der Fachgeschäfte gelangen.

So raucht man eine Zigarre

Zur Grundausstattung jedes Zigarrenfreundes gehört der sogenannte »Humidor«, ein temperierter und stets feucht gehaltener Kasten oder Schrank aus Edelholz, in dem die Zigarren lagern. Die optimale Klimabeschaffenheit eines Humidors ähnelt dem eines Weinkellers, weshalb sich Zigarren auch dort hervorragend lagern lassen: Etwa 16 Grad Celsius und eine Feuchtigkeit von etwa 80 Prozent sind für das Wohlbefinden der Zigarren gerade richtig. Zigarren sind auch im verarbeiteten Zustand noch durchaus lebendig, was man daran erkennt, daß sie zur Blütezeit eine grünliche Farbe annehmen, die sich nach einigen Wochen wieder verliert.

Eine richtig gelagerte Zigarre darf nicht knistern, wenn man sie ans Ohr hält und leicht dreht. Da sie feucht gelagert wird, ist das Deckblatt elastisch und geschmeidig. Mit einem scharfen Messer – besser: mit einem speziellen Zigarrenabschneider – kappt man das runde Ende der Zigarre, und mit einem langen Streichholz oder einem »Fidibus«, einem Span aus Sandelholz, zündet man die Zigarre langsam und gleichmäßig an.

Eine Zigarre raucht man mit Sorgfalt: Das Deckblatt darf niemals heiß werden, andererseits soll die Zigarre aber auch nicht ausgehen. Das Rauchen einer Zigarre dauert etwa 90 Minuten – eine Maßzahl, die der französische Regisseur François Truffaut so definiert hat: »Ebenso lange wie ein guter Film – und das ist das Leben.«

Joachim Römer

Deutschland

Weinlandschaft in Rheinhessen

Vorherige Doppelseite: Weinernte in den Weinbergen
des Bürgerspitals bei Würzburg

Von den Aachener Printen bis zu den Berliner Buletten, von den Kieler Sprotten bis zur Münchner Weißwurst spannt sich der Bogen der kulinarischen Spezialitäten aus deutschen Landen. Die Küche der 16 deutschen Bundesländer ist so vielfältig wie die Regionen – ein »typisch deutsches« oder gar ein »Nationalgericht« gibt es nicht. Die Soldatenküche der Preußenherrscher schuf gegen Ende des 19. Jahrhunderts einen Begriff dafür, wie deutsche Mahlzeiten zu sein hatten: Sie bestanden aus Brot und Kartoffeln, Eisbein und Sauerkraut, Erbsensuppe und Frikadellen: karge Kost für harte Männer, denen Siege auf den Schlachtfeldern wichtiger waren als der kulinarische Genuß.

So galt die deutsche Küche über die Jahrzehnte hinweg als spartanisch. Wer aber zu leben verstand, wußte es immer schon besser, und wer es sich leisten konnte, aß auch im preußischen Deutschland gut. Weniger wohlhabende »Untertanen« entwickelten gleichfalls erstaunliche Fertigkeiten im Umgang mit den bescheidenen Grundnahrungsmitteln: köstliche Grünkohlgerichte im Norden, einfallsreiche Zubereitungen von Innereien im Badischen, der seelenwärmende Wohlgeschmack eines Bayerischen Schweinsbraten mit Knödeln, das Leipziger Allerlei (in seiner Urform mit Krebsschwänzen eine heute zu Unrecht vergessene Delikatesse), Schwäbische Maultaschen oder Rheinischer Sauerbraten, Thüringer Bratwürste oder – seit dem Alten Fritz – die allgegenwärtigen Bratkartoffeln, für die noch heute mancher Feinschmecker sein Hummersüppchen stehen läßt.

Die deutschen Genießer der Gegenwart setzen auf Qualität und naturbelassene Produkte. Man bevorzugt Zutaten erster Wahl aus ökologischem Anbau und artgerechter Tierhaltung, die zudem den Vorteil haben, in Topf und Pfanne viel bessere Ergebnisse zu zeitigen als Allerweltsware. Auch der deutsche Wein gewann Terrain zurück: Tüchtige junge Winzer bringen feine und leichte, trockene und durchgegorene Weine in den Handel. Das deutsche Nationalgetränk Bier wurde ebenfalls hoffähig: Edle Markenbiere, sogenannte »Premiums«, eroberten den Markt und verdrängten das schlichte »Helle«. So hat sich aus der wenig phantasievollen Küche unter dem Preußenadler eine neue kulinarische Vielfalt entwickelt.

Brot und Brötchen
Das Schwein
Regionale
Fleischspezialitäten
Kieler Sprotten
Fischspezialitäten
Kartoffeln
Die »Krauts«
Gemüse
Spargel
Spätzle
Obst
Kuchen
Süßes Kleingebäck
Torten
Lebkuchen, Printen und
Marzipan
Wein
Ebbelwoi
Deutsches Bier
Schnäpse
Haxen

Weltmeister im Brotbacken
Brot und Brötchen

Brot ist in Deutschland das Grundnahrungsmittel schlechthin. Es wird stets mit Belag gegessen – das Butterbrot ist die Minimalforderung an den Brotgenuß und die schlichteste Variante: Wenn etwas »für ein Butterbrot« verkauft wird, hat man kein gutes Geschäft gemacht.

Die Deutschen und ihr Brot: Die Weltmeister im Brotbacken lassen es nicht mit ein paar Varianten bewenden, sondern haben eine fast unüberschaubare Vielfalt von Sorten, Typen, Formen und regionalen Besonderheiten entwickelt. Selbst heute noch kommen immer wieder neue Brotsorten auf den Markt – erstaunlich bei einer Sortenvielfalt, die europaweit ihresgleichen sucht.

Rund 400 Brotsorten und etwa 1200 verschiedene Kleingebäcke kann man in Deutschland genießen, wenn man sich die Mühe macht, kreuz und quer durch die Lande zu reisen. Der backenden Zunft stehen viele Möglichkeiten offen, Brot herzustellen: Sie kann Mehle oder Schrote der verschiedenen Getreidearten für die Teigbereitung in ganz unterschiedlichen Mengen verwenden. Insbesondere die Mischung von Roggen und Weizen in den Brotrezepten ist typisch für das deutsche Sortiment und die Grundlage der Angebotsfülle.

Deutsche Brotsorten

Roggenbrot
Aus Roggenmehl (meist mit einem Zusatz von Weizenmehl) in unterschiedlichen Ausmahlungsgraden und in der Regel mit Sauerteig hergestellt. Es hat einen kräftigen, aromatisch-säuerlichen Geschmack.

Weizenbrot
Aus Weizenmehl, teilweise unter Zugabe geringer Mengen Milch, Fett oder Zucker. Es hat eine helle Krume und eine goldbraune Kruste, weshalb es auch Weißbrot genannt wird.

Mischbrot
Aus Roggen- und Weizenmehl in unterschiedlichen Mischungsverhältnissen mit Sauerteig oder Hefe hergestellt. Je nach der überwiegend verwendeten Mehlsorte wird es als Weizen- oder Roggenmischbrot bezeichnet. Das Mischbrot ist die in Deutschland meistgekaufte Brotsorte.

Vollkorn- und Spezialbrot
Es zeichnet sich durch Besonderheiten der verwendeten Mahlerzeugnisse, Zutaten oder Backverfahren aus. Vollkornbrot wird aus Roggen- und/oder Weizenvollkornmehl hergestellt, wobei sowohl grober Schrot wie auch feingemahlenes Mehl verwendet werden können. Die Geschmacksvarianten reichen von Würzig-nußartig bis Kräftig-säuerlich. Bei Spezialbroten verbackt man besondere Zutaten, zum Beispiel Haferflocken oder Dinkelschrot, Leinsamen oder Sesam, Gewürze oder geröstete Zwiebeln. Durch das gestiegene Ernährungsbewußtsein erfreuen sich »Körnerbrote« aufgrund ihres hohen Anteils an Ballaststoffen inzwischen besonderer Beliebtheit. Manche Brotsorten wie etwa Pumpernickel oder Knäckebrot entstehen durch spezielle Backverfahren.

Kleingebäck – von Schrippen, Semmeln, Brötchen, Wecken und Brezeln
Kleingebäck ist die Sammelbezeichnung für Brötchen, Brezeln, Stangen, Hörnchen und vieles mehr. Hier wird die landsmannschaftliche Vielfalt der deutschen Brotbäckerei besonders deutlich. Die klassischen Kleingebäcke sind aus Weizenmehl gebackene Brötchen – so die knusprigen, längs eingeschnittenen Weißbrötchen oder die Brötchen von der Waterkant, die Hamburger Rundstücke mit ihrer glatt-glänzenden Oberfläche. Ihre Berliner Kollegen heißen Schrippen, während man in Bayern statt dessen Semmeln ißt. Die Kaisersemmeln werden aus einem Weizenmehlteig mit Milchzusatz hergestellt und sind an den typisch bogenförmigen Einschnitten in der Oberfläche leicht zu erkennen.

Die Bauernbrötchen sind rund, oft unregelmäßig geformt und sehen durch ihre rissig-krustige Oberfläche besonders rustikal aus. Kümmelstangen, Mohn-, Zwiebel-, Sesam- oder Käsebrötchen sind einige derjenigen Kleingebäcke, die mit besonderen Zutaten hergestellt werden. Sie schmecken vorzüglich zu herzhaften Gerichten.

Die Grundzutaten des Brotteigs – Mehl, Wasser, Salz und ein Triebmittel – werden zu einem festen Teig verknetet.

Wenn man die Teigoberfläche vor dem Backen mit Milch oder Ei bestreicht, glänzt die Kruste besonders schön.

Süße Hörnchen und Rosinenbrötchen, die Schwedenbrötchen oder die Croissants passen am besten zu süßem Aufstrich – man ißt sie aber auch gern »pur« oder nur mit Butter.

Roggen- oder Mischbrötchen mit Roggenmehlanteil sind zum Beispiel die Schusterjungen, die in Berlin beheimatet sind, aber längst auch andernorts gebacken werden. In diese Kategorie gehören auch die Röggelchen, die aus dem Rheinland stammen. Röggelchen sind glänzende Doppelbrötchen mit dunkelbrauner Kruste.

Laugenbrezeln sind eine Spezialität aus dem Süden Deutschlands, wo sie »Brezen« (ohne l) heißen. Sie werden aus Hefeteig hergestellt, und ihre Kruste, die meist mit grobem Salz bestreut ist, erhalten sie durch das Eintauchen in eine Salzlauge, bevor sie gebacken werden. Dieses Verfahren verleiht ihnen den typischen Eigengeschmack.

Der Brezelteig wird zu kleinen Laiben geformt.

Aus jedem Teigstück rollt man lange dünne Schnüre.

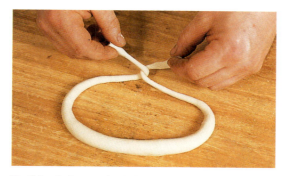
Die Teigschnüre werden in Brezelform gebracht.

Die Enden der Teigschnüre drückt man gut an.

Das Formen der Brezeln geschieht mit geübtem Schwung.

Vor dem Backen kommen die Brezeln in eine Salzlauge.

Dann werden sie mit grobem Salz bestreut.

Laugenbrezeln schmecken frisch am besten.

So stellt man Sauerteig her

Für Roggenbrote verwendet man meist Sauerteig als Triebmittel. Es gibt ihn als Handelsware beim Bäcker, man kann ihn jedoch auch selbst herstellen: 2 EL Roggenmehl mit 1 TL Zucker und 1–2 EL warmem Wasser zu einem Brei verrühren; 5–6 Tage bei Zimmertemperatur stehenlassen, täglich umrühren. Etwa am 5. Tag wirft der Teig Bläschen und riecht säuerlich; 2 Tage vor der Verwendung täglich nochmals jeweils 2 EL Roggenmehl und warmes Wasser zugeben und alles erneut zu einem dicken Brei verrühren. Danach ist der Sauerteig gebrauchsfähig.

Wie Brötchen gebacken werden

Mehl, Wasser und Salz sind die Grundzutaten für den Brötchenteig. Triebmittel sorgen dafür, daß der Teig locker wird. Bei der Verarbeitung von Roggenmehl wird Sauerteig als Triebmittel angesetzt, während man Hefe für Weizenmehlteige verwendet. Beide enthalten Mikroorganismen, die für eine Aufspaltung der im Mehl enthaltenen Stärke zu gasförmigem Kohlendioxid und Alkohol sorgen, der sich während des Backens verflüchtigt. Da der Teig zäh ist und das Gas nicht ohne weiteres entweichen kann, entstehen im Teig winzige Gasbläschen, die ihn auflockern und so sein Volumen vergrößern. Beim Backen gerinnt das Eiweiß um die Bläschen herum zu einem elastischen Netz mit gleichmäßigen Poren: Es entsteht die Krume.

Zur Brötchenherstellung werden zunächst die Grundzutaten vermischt, wobei man für zehn Kilogramm Mehl etwa fünf bis sieben Liter Wasser, rund 180 Gramm Salz und an die 500 Gramm Hefe oder Sauerteig benötigt. Durch Kneten entsteht daraus der Teig. Er muß einige Zeit in der Wärme des Raumes ruhen, damit das Triebmittel seine Wirkung entfalten und der Teig aufgehen kann. Dann wird er nochmals geknetet, in Stücke geteilt und zu Brötchen geformt. Die geformten Teigstücke auf dem Backblech müssen erneut 30 bis 60 Minuten ruhen.

Deutschland

Oben: Ein frisches Bauernbrot mit aufgebrochener röscher Kruste gehört zu den schmackhaftesten Produkten deutscher Brotbäcker. Land- oder Bauernbrote, meist Roggenmischbrote, sind sogenannte freigeschobene Brote, die einzeln zu einem Laib geformt und im Ofen in einem gewissen Abstand zueinander gebacken werden, wodurch sie eine rundum knusprige Kruste erhalten.

Brotgerichte

Zubereitungen mit Brot

Weil die Liebe der Deutschen so sehr am Brot hängt, dient es nicht nur als Grundlage für die unterschiedlichsten Auflagen. Eine Vielfalt meist regionaler Rezepte beschäftigt sich vor allem mit der Verwertung altbackenen Brotes. Wer daraus nicht nur Semmelbrösel (Paniermehl) machen will, kann aus Brot regelrechte Leckereien zubereiten. Insbesondere in früheren Zeiten, als der Brotkorb sprichwörtlich hoch hing, waren die Hausfrauen in Sachen Resteverwertung besonders pfiffig.

Altbacken ist nicht gleich alt

Altbackenes Brot ist im übrigen keineswegs altes Brot. Im Brot vollzieht sich – unabhängig von der Lagerung – kontinuierlich ein Prozeß der Entquellung der im Brot enthaltenen Stärke. Dadurch wird es »altbacken«, das heißt, es riecht und schmeckt ein wenig muffig. Weißbrot, das einen hohen Stärkegehalt hat, ist von diesem Vorgang besonders betroffen. Bei Brot, das Sauerteig als Triebmittel enthält, verzögert sich diese chemische Reaktion, so daß beispielsweise Roggenbrot selten altbacken wird.

Brotsuppe

4 Scheiben altbackenes Brot	
½ l Fleischbrühe	
200 g geputztes Gemüse nach Saison	
1 Kartoffel, geschält und gewürfelt	
1 Eigelb	

Das Brot in Butter anrösten und mit der Brühe aufgießen. Gemüse und Kartoffel hinzugeben und in der Brühe garen. Die Suppe durch ein Sieb streichen und mit dem Eigelb binden.

Frikadellen

Altbackene Brötchen sind für die Herstellung einer preiswerten deutschen Fleischspezialität unerläßlich, die je nach Region Frikadelle, Hacksteak (Norddeutschland), Bulette (Berlin) oder Fleischpflanzerl (München) heißt. Erst durch die eingeweichten Brötchen erhält dieser beliebte Imbiß die gewünschte Lockerheit.

2 altbackene Brötchen	
500 g Hackfleisch (halb Rind, halb Schwein)	
1 Ei	
1 Zwiebel, geschält und gehackt	
1 Bund Petersilie, gewaschen und feingehackt	
Salz, schwarzer Pfeffer	

Die Brötchen in Wasser einweichen, ausdrücken und mit dem Hackfleisch vermischen. Ei, Zwiebel und Petersilie hinzufügen, mit Salz und Pfeffer würzen und die Masse gut durcharbeiten.
Den Fleischteig zu Bällchen formen, diese flach drücken und in der Pfanne in etwas Fett ausbacken.

Strammer Max

Winzer-Vesper

Armer Ritter

Armer Ritter auf Weinschaumsauce
(Abbildung oben)

8 Scheiben altbackenes Weißbrot
300 ml Milch
2 Eier
1 Prise Salz
1 EL Zucker
Semmelbrösel
Zimt und Zucker zum Bestreuen

Weinschaumsauce

2 Eigelb
50 g Zucker
1/8 l Weißwein

Die Weißbrotscheiben übereinander auf einen großen Teller legen. Milch, Eier, Salz und Zucker verquirlen, über die Weißbrotscheiben geben und einziehen lassen. Die mit der Ei-Milch getränkten Brotscheiben in Semmelbröseln wälzen und in Butter braun braten. Mit Zimt und Zucker bestreuen.
Für die Sauce die Eigelbe mit dem Zucker glatt rühren. Den Wein angießen und im heißen Wasserbad mit dem Schneebesen zu einer dickschaumigen Masse aufschlagen. Die Sauce auf einen Teller geben und die panierten Brotscheiben darauf anrichten. Sofort servieren.

Strammer Max
(Abbildung ganz oben)

Vor allem in den Ländern, die früher zu Preußen gehörten, liebt man diese Brotzubereitung als einfaches und wohlschmeckendes Zwischengericht.

1 Scheibe Graubrot (Weizen- oder Roggenmischbrot)
Butter
2 Scheiben gekochter Schinken
1 Ei
Salz, schwarzer Pfeffer

Die Brotscheibe mit Butter bestreichen und mit dem Schinken belegen. Das Ei in eine Pfanne aufschlagen, salzen und pfeffern und als Spiegelei braten. Auf das Schinkenbrot geben und sofort servieren.

Hamburger Kraftbrot

Diese norddeutsche Brotspezialität gehörte jahrelang zu den Standardzubereitungen in den Speisewagen deutscher Schnellzüge.

1 Scheibe Vollkorn- oder Roggenbrot
Butter
1 dicke Scheibe roher oder geräucherter Schinken
1 geschlagenes Ei
Salz, schwarzer Pfeffer
gehackte Petersilie

Die Brotscheibe mit Butter bestreichen, die Schinkenscheibe in kleine Würfel schneiden und auf das Brot geben. Das Ei mit Salz und Pfeffer würzen und als Rührei braten. Über die Schinkenwürfel geben, mit etwas Petersilie bestreuen und sofort servieren.

Winzer-Vesper
(Abbildung oben)

Graubrotscheiben (Weizen- oder Roggenmischbrot)
Butter
Hausmacherblut- und -leberwurst in Scheiben
Jagdwurst oder Fleischwurst in Scheiben
roher und gekochter Schinken in Scheiben
Schnittlauchquark
Senf
Silberzwiebeln
Essiggurken

Alle Zutaten werden auf den Tisch gestellt, so daß sich jeder nach Geschmack bedienen kann. Dazu paßt hervorragend ein Glas deutscher Landwein.

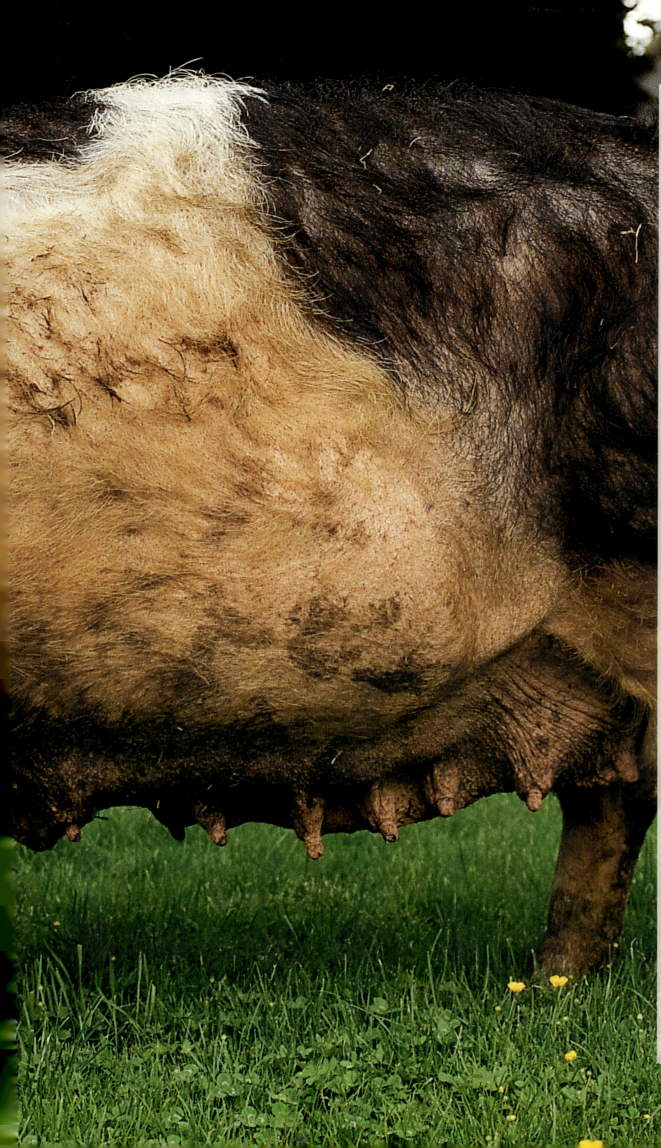

Der Deutschen Lieblingstier

Das Schwein

Kein Haustier – der als Wächter und Hüter geschätzte Hund vielleicht einmal ausgenommen – hat die Deutschen so nachhaltig durch ihre Geschichte begleitet wie das Schwein. Es war über die Jahrhunderte ein idealer lebender Vorratsspeicher für Fleisch und zugleich ein dankbarer Resteverwerter. In den bäuerlichen Strukturen des Mittelalters wurden die Schweine auf der Weide und freilaufend im Hof gehalten. Seit dem 19. Jahrhundert begann man Schweine im Stall zu mästen. Sie sollten fett werden, da Schweineschmalz sehr begehrt war. Erst nach dem Zweiten Weltkrieg wurden, entsprechend den veränderten Verbraucherwünschen, magere Schweine gezüchtet. Sie hatten nur halb so viel Speck wie ihre Vorfahren, dafür mehr Fleisch und 16 statt zwölf Rippen. Heute weiß man, daß mageres Schweinefleisch hohen Ansprüchen geschmacklich nicht genügt, so daß man wieder Schweine bevorzugt, die etwas mehr Fett in der Muskulatur aufweisen und marmoriertes Fleisch liefern. Bei der Zubereitung garantiert das Fett überdies einen saftigen Braten.

Deutscher Schweinebraten

1 kg Schweinebraten aus der Keule mit Schwarte
Salz, schwarzer Pfeffer
Gewürze zum Einreiben der Schwarte (nach Geschmack)
Schweineschmalz
1 Bund Suppengrün
1 TL getrockneter Majoran
Stärkemehl

Den Backofen auf 175 °C vorheizen. Das Fleisch abspülen und trockentupfen, die Schwarte gitterartig einschneiden. Den Braten auf allen Seiten mit Salz, Pfeffer und den gewünschten Gewürzen einreiben. In einem großen Bratentopf Schweineschmalz erhitzen und das Fleisch rundum knusprig anbraten.
Das Suppengrün putzen, kleinschneiden und kurz mit anbraten. Eine Tasse Wasser angießen und den Majoran einrühren. Den Bräter zudecken und in den Ofen schieben. Den Braten insgesamt etwa 90 Minuten bis 2 Stunden garen, nach 60 Minuten Garzeit den Deckel abnehmen und den Braten zwischenzeitlich wiederholt mit Bratensaft begießen. Die Flüssigkeitsmenge durch Angießen von Wasser konstant halten. Den Braten aus dem Bräter nehmen und zugedeckt warm halten. Den Bratensaft durch ein Sieb passieren. Nach Belieben mit kochendem Wasser verlängern und mit Stärkemehl andicken. Den Braten aufschneiden und Saft oder Sauce angießen. Dazu Salzkartoffeln oder Knödel reichen.

Oben: Bratwurstherstellung in einer Metzgerei –
Großes Foto: Abgebundene kurze dicke Brühwürste, sogenannte Knacker

Der Schweinebraten, zumeist aus der Keule geschnitten, ist in vielen deutschen Regionen ein Sonntags- und Festtagsgericht. Jede Region hat ihre eigene, spezielle Zubereitung, die sich im wesentlichen aber in der unterschiedlichen Behandlung der Schwarte erschöpft, damit eine knusprige Kruste entsteht. Die Bayern zum Beispiel reiben sie mit Bier, die Rheinländer mit Knoblauch ein, in anderen Rezepten wird die Kruste mit Meerrettich, Wacholderbeeren oder Muskat gewürzt.

Das im Handel erhältliche Schweinefleisch stammt von jungen Mastschweinen, die im Alter von sieben bis acht Monaten geschlachtet werden. Das rosafarbene bis hellrote Fleisch ist feinfaserig und zart. Schweinefleisch benötigt eine nur kurze »Reifezeit« von 48 Stunden und braucht daher nicht abzuhängen. Es enthält das wichtige Thiamin, ein Vitamin aus der B-Gruppe, das den Stoffwechsel sowie die Nerven- und Muskeltätigkeit steuert.

Vom Schwein ist fast alles eßbar:
- Seine edelsten Teile sind der Kotelettstrang, das Filet und der Schinken.
- Aus dem Rücken wird fetter Speck gewonnen.
- Der Nacken liefert saftige Grillkoteletts.
- Der Bauch (»Wammerl«) wird als preiswertes Koch- und Schmorfleisch und als Grillspezialität geschätzt.
- Von den Beinen stammen Eisbein und Hachse.
- Das Fleisch vom Kopf findet zum Beispiel in Sülzen Verwendung, schmeckt aber auch gut in deftigen Eintöpfen und in einer herzhaften Erbsensuppe.
- Schweinebacke – besonders gern in Norddeutschland gegessen – eignet sich ebenfalls für Eintöpfe und ergibt gebraten einen herzhaften Imbiß.
- Die Pfoten schließlich, frisch oder gepökelt angeboten, stellen mit Semmelbrösel paniert und dann gebraten oder gegrillt eine eigene kleine Köstlichkeit dar und werden wegen des hohen Anteils an Gelierstoffen gern für Sülzen verwendet.

Wurst – Qualität und Vielfalt

Die Wurst spielt in deutschen Haushalten eine wichtige Rolle. In Scheiben geschnitten ist sie der Brotbelag schlechthin, und deutsche Metzger werden nicht müde, immer neue Wurstzubereitungen zu ersinnen bis hin zur Fleischwurst speziell für Kinder, die mit Tiermotiven gestaltet wird. Unter den Imbißgerichten ist Bratwurst ein Klassiker. Hunderte von Wurstsorten gibt es in deutschen Landen – unmöglich, sie alle zu kennen. Da ist es hilfreich zu wissen, daß sich diese Wurstvielfalt in drei große Gruppen einteilen läßt: Je nach Zutaten und Herstellung unterscheidet man Rohwürste, Brühwürste und Kochwürste. Die vierte Gruppe der Fleischerzeugnisse sind die Schinken.

Wurst wird in der Regel aus Muskelfleisch, Speck, Innereien, Salz und Gewürzen hergestellt. Die Zu-

Nürnberger Rostbratwürstchen gehören zu den Bratwurstdelikatessen. Man ißt sie gern mit Sauerkraut.

Münchner Weißwürste sind weit über den »Weißwurst-Äquator« hinaus bekannt geworden. Man saugt, bayerisch »zuzzelt«, das Brät aus der Pelle.

Currywurst in Schaschliksauce ist eine Berliner Erfindung. Den Imbiß-Klassiker ißt man mit Holzspießchen aus Pappschalen.

taten werden zerkleinert, gut gemischt und in Wursthüllen abgefüllt. Die Herstellung von Wurst unterliegt strengen gesetzlichen Bestimmungen. So ist zum Beispiel vorgeschrieben, wieviel mageres Fleisch in den jeweiligen Wurstsorten mindestens enthalten sein muß.

Regionale Wurstspezialitäten

Die Vielfalt der deutschen Wurstzubereitungen resultiert aus dem Erfindungsreichtum der Regionen. Unter den Bratwürsten – geradezu eine Art Volksnahrungsmittel auf Jahrmärkten und Schützenfesten, aber auch umsatzstark an allen Imbißbuden – gelten die aus Thüringen und Nürnberg als besonders schmackhaft. Die nur fingergroßen Nürnberger Rostbratwürstchen werden auf Buchenholzkohle gegrillt. Stilecht ißt man sie im halben oder ganzen Dutzend vom Zinnteller, und im Unterschied zu anderen Bratwurstzubereitungen würzt man sie nicht mit Senf, sondern mit Meerrettich. Dazu gibt es Kartoffelsalat oder Sauerkraut.

Ebenfalls ein »Kultgericht« der werktätigen Klasse ist die Currywurst, die ein bis heute unbekannt gebliebener Berliner Metzger in den 30er Jahren »erfand«: Man schneidet eine Bratwurst in Scheiben (das besorgen heutzutage eigens dafür konstruierte kleine Maschinen), bepudert sie dick mit Currypulver und übergießt sie mit Schaschliksauce. Gegegessen wird die Wurst aus einer Pappschale mit Hilfe eines zweizackigen Spießchens oder eines Zahnstochers.

Zu den regionalen, jedoch überregional bekannten Würsten gehört auch die Münchner Weißwurst, eine Brühwurst aus Kalb-, Rind- und Schweinefleisch, die heiß serviert und – wie die Münchner sagen – »gezuzzelt«, das heißt aus der Wurstpelle gesaugt wird.

Wurst-Unterschiede

Rohwürste (etwa 550 Sorten)
Sie bestehen aus rohem Fleisch, Speck und Gewürzen. Die Zutaten werden zerkleinert, gesalzen, gewürzt und in Wurstdärme gefüllt. Durch Pökeln und langsames Trocknen oder durch Räuchern erreichen sie ihre Reife und den typischen Geschmack. Alle Dauer- und Hartwürste gehören in diese Kategorie.

Brühwürste (etwa 750 Sorten)
In dieser Gruppe gibt es die meisten Wurstsorten. Brühwürste werden aus rohem Schweine- oder Rindfleisch und Speck hergestellt, wobei man die Zutaten unter Zugabe von Eis, Pökelsalz und Gewürzen zu Brät verarbeitet. Nach dem Abfüllen in Därme werden sie in Wasser bei etwa 75 °C gebrüht, manche Sorten anschließend noch leicht geräuchert. Brühwürste müssen schnell verzehrt werden.

Kochwürste (etwa 350 Sorten)
Zutaten sind vorgekochtes Fleisch, Innereien und Gewürze. Nur bei Blut- und Leberwürsten wird überwiegend rohes Grundmaterial verwendet. Nach dem Abfüllen in Wurstdärme werden sie ein zweites Mal gekocht. Die meisten Kochwürste sind Frischwürste, die bald gegessen werden müssen. Durch kurzes Räuchern kann ihre Haltbarkeit verbessert werden.

Schinken
Sie stammen meist aus der hochwertigen Schweinekeule. Seine Haltbarkeit und seinen guten Geschmack erhält der Schinken durch Pökeln, Räuchern oder Kochen. Spezielle Verfahren machen Holsteiner, Schwarzwälder und Westfälischen Schinken besonders delikat.

Deutschland 293

Deutscher Wurst-Atlas

Bayern: Leberkäs', Pressack, Regensburger, Weißwurst, Wollwurst
Berlin: Currywurst
Brandenburg: Bierschinken
Braunschweig, Göttingen: Mettwurst
Bremen: Pinkelwurst
Franken: Nürnberger, Blauzipfel
Hamburg und Umgebung: Aalrauchwurst
Hessen: Preßkopf, Frankfurter Leberwurst
Mecklenburg: Rügenwalder Teewurst
Pfalz: Pfälzer Leberwurst, Saumagen
Rheinland: Fleischwurst, Grützwurst
Sachsen: Jagdwurst, Salami
Schleswig-Holstein: Katenrauchwurst
Schwarzwald: Räucherschinken
Thüringen: Rotwurst, Bratwurst
Westfalen: Räucherschinken
Württemberg: Schinkenwurst, Landjäger

Wursttheke in einer deutschen Metzgerei: Qualität und Vielfalt des Angebots ist einzigartig in Europa.

Regionale Fleischspezialitäten

Rheinischer Sauerbraten
(Abbildung unten)

Eines der Lieblingsgerichte der rheinischen Küche erhält seinen besonderen Reiz durch die Kombination der an sich gegensätzlichen Geschmacksrichtungen Süß und Sauer. Der Rheinische Sauerbraten, in seiner ursprünglichen Form aus Pferdefleisch zubereitet, schmeckt am besten mit Kartoffelklößen.

1 1/2 kg Rinderbraten aus der Brust
Schmalz und Butter zum Braten
2 Zwiebeln, geschält und feingehackt
50 g Rosinen, in Wasser eingeweicht
4 Lebkuchen, zerbröckelt
1/4 l Sahne
1 EL Johannisbeergelee
1/8 l Rotwein

Marinade
1/2 l Wasser
1/4 l Essig
1 TL Salz
10 zerdrückte Pfefferkörner
10 zerdrückte Wacholderbeeren
5 Nelken
1/2 TL Senfkörner
3 Zwiebeln, geschält und in Scheiben geschnitten
1 Möhre, geputzt und in Scheiben geschnitten
2 Lorbeerblätter
1/4 l Rotwein
Koriander, Majoran und Rosmarin

Das Fleisch kalt abspülen, trockentupfen und in eine Schüssel legen.
Für die Marinade die Zutaten vermischen und kurz aufkochen lassen. Das Fleisch mit der Marinade übergießen, so daß es bedeckt ist, und 3–4 Tage zugedeckt an einem kühlen Ort stehenlassen; mehrmals täglich wenden. Das Fleisch aus der Marinade nehmen und trockentupfen, die Marinade durch ein Sieb gießen.
In einem schweren Bräter das Fett erhitzen und das Fleisch 5 Minuten von allen Seiten anbraten. Die Zwiebeln dazugeben und bei kleiner Hitze unter Rühren etwa 5 Minuten weiterbraten, dann etwas Marinade angießen. Den Deckel auflegen und den Braten auf kleiner Flamme etwa 2 Stunden schmoren lassen. Gelegentlich wenden und gegebenenfalls noch Marinade oder Wasser nachgießen, damit die Flüssigkeit konstant bleibt. Am Ende der Garzeit das Fleisch herausnehmen und warm stellen. Die Bratensauce durch ein Sieb passieren. Die Rosinen ausdrücken, mit Lebkuchen und Sahne zu dem Bratensaft geben und 10 Minuten unter Rühren köcheln lassen. Mit Salz und Pfeffer abschmecken. Zum Schluß den Johannisbeergelee und den Rotwein einrühren.
Zu Rheinischem Sauerbraten gehören als Beigaben Klöße, Backobst und Apfelmus.

Mecklenburger Lammkeule

1 Lammkeule (etwa 1,5 kg)
500 g Gemüsezwiebeln
500 g grüne Paprika
40 g Butter
1 EL Zucker
Mehl
3/4 l Lammfond
Salz, schwarzer Pfeffer

Die Lammkeule abspülen und trockentupfen.
Die Zwiebeln schälen und die Paprika putzen. Beide Gemüse kleinschneiden. Die Zwiebeln in der Butter glasig dünsten, den Zucker zugeben und mit etwas Mehl bestäuben. Mit dem Lammfond ablöschen.
Die Paprika zugeben und 10 Minuten dünsten.
Die Lammkeule würzen und in heißem Öl anbraten. Zu dem Gemüse geben und zugedeckt etwa 90 Minuten bei mittlerer Hitze schmoren lassen.
Das Fleisch in Scheiben schneiden und mit den Gemüsen servieren. Dazu paßt Krautsalat.

Abgebräunte Kalbshaxe
(Abbildung unten)

Diese Zubereitung ist eine süddeutsche Spezialität. In manchen Rezeptanweisungen wird die halb gargekochte Haxe paniert, bevor man sie in Butterschmalz brät.

1 Kalbshaxe
1 Bund Suppengrün
1 Zwiebel
1 Möhre
Salz, schwarzer Pfeffer
Butterschmalz

Die Kalbshaxe kalt abspülen und in kochendes Salzwasser geben. Das Suppengrün waschen und grob zerkleinern, die Zwiebel schälen und halbieren, die Möhre putzen und halbieren. Suppengrün, Zwiebel und Möhre zu der Haxe geben. Das Fleisch etwa 60 Minuten bei mittlerer Hitze kochen lassen. Aus dem Topf nehmen, abtropfen lassen, salzen und pfeffern.
In heißem Butterschmalz die Haxe etwa 60 Minuten von allen Seiten knusprig braun braten, zwischendurch mit heißem Wasser begießen. Nach Ende der Garzeit die Haxe auf einer Platte anrichten und mit dem Bratenfond übergießen. Dazu ißt man Kartoffelsalat.

Rheinischer Sauerbraten

Abgebräunte Kalbshaxe

Pfälzer Saumagen
(Abbildung unten)

In der Pfalz war es Brauch, die beim Schlachten anfallenden Reste zusammen mit Kartoffeln in einen Schweinemagen zu füllen und darin zu garen. Ursprünglich ein Arme-Leute-Essen, ist das Gericht durch ständige Verfeinerungen inzwischen salonfähig geworden – wohl nicht zuletzt, weil der deutsche Bundeskanzler Helmut Kohl, ein gebürtiger Pfälzer, Pfälzer Saumagen als sein Leibgericht bezeichnet.

1 Schweinemagen
1 altbackene Semmel
Milch
250 g Schweinekamm
250 g Schweinebauch
2 Zwiebeln
500 g gekochte Kartoffeln
Schweineschmalz
300 g Wurstbrät
2 Eier
Salz, schwarzer Pfeffer
Majoran, Thymian, Kümmel, Muskat
1 Bund Suppengrün

Den Schweinemagen über Nacht in Salzwasser legen, danach gründlich abspülen. Die Semmel in der Milch einweichen.
Schweinekamm und Bauchfleisch in fingerdicke Würfel schneiden. Die Zwiebeln schälen und grob hacken, die Kartoffeln würfeln. Fleisch- und Zwiebelwürfel in Schweineschmalz kräftig anbraten, die Kartoffeln dazugeben und mitbraten.
Die Fleischmischung abkühlen lassen. Die Semmel ausdrücken und mit Wurstbrät, Eiern und Gewürzen dazugeben. Die Füllmasse gut durchkneten und in den Saumagen geben. Den Magen zunähen und in eine Serviette binden. Das Suppengrün waschen und grob zerkleinern. Mit dem Saumagen in einen Topf mit Salzwasser geben und 3–4 Stunden sieden lassen.
Dann den Saumagen herausnehmen, abkühlen lassen und trockentupfen. In Schweineschmalz ringsum braun braten.
Den Bratensatz mit etwas Kochwasser lösen und abschmecken. Den Saumagen in Scheiben schneiden und mit der Sauce angießen. Dazu passen Sauerkraut und Bauernbrot.

Kaninchenbraten

Kaninchen gelten in Südeuropa als beliebte Fleischlieferanten. In Deutschland, besonders im Ruhrgebiet, hielt man Kaninchen vor allem in Notzeiten in kleinen Verschlägen hinter dem Haus.

1 kg Kaninchenfleisch
1/4 l Wildfond
1 Glas Weißwein
1 Glas Rotwein
Salz, schwarzer Pfeffer
1 Becher saure Sahne

Das Kaninchenfleisch in Portionsstücke zerteilen, abspülen und trockentupfen. Das Fleisch in heißem Fett anbraten, mit Salz und Pfeffer würzen, dann den Wildfond und den Weißwein zugießen. Etwa 40 Minuten schmoren lassen. Das Fleisch herausnehmen, den Bratensaft mit dem Rotwein ablöschen und die saure Sahne einrühren. Kurz aufkochen lassen und mit dem Fleisch servieren. Dazu passen Salzkartoffeln, Spätzle und Klöße.

Martinsgans

Dieses Traditionsgericht wird in vielen Regionen am Sankt-Martinstag, dem 11.11., zubereitet, im Rheinland gleichzeitig Beginn der Karnevalszeit.

1 küchenfertige Gans (etwa 4 kg)
500 g Kartoffeln
4 Zwiebeln
2 Äpfel
1 Bund Petersilie
Majoran
Salz, schwarzer Pefier
1 Lorbeerblatt
Beifuß
Salbei
1 TL Speisestärke

Die Gans innen und außen gründlich waschen und trocknen. Die Kartoffeln schälen, würfeln und in kochendem Salzwasser blanchieren. Zwiebeln und Äpfel schälen, die Äpfel entkernen. Zwiebeln und Äpfel würfeln, die Petersilie waschen und hacken. Zwiebeln und Äpfel in Butter dünsten, mit Kartoffeln, Petersilie und Majoran vermischen und die Gans mit der Masse füllen. Die Gans mit Küchengarn zunähen und mit Salz und Pfeffer einreiben. Den Backofen auf 220 °C vorheizen.
In einem großen Bräter etwas Wasser zum Kochen bringen und die Gans mit der Brustseite nach unten hineinlegen. Lorbeerblatt, Beifuß und Salbei dazugeben, den Bräter in den Ofen schieben und die Gans etwa 2 1/2 Stunden garen, 30 Minuten vor Ende der Backzeit umdrehen.
Die Gans aus dem Bräter nehmen und warm stellen. Den Bratenfond duch ein Sieb passieren und das Fett abschöpfen. Die Speisestärke mit etwas kaltem Wasser verrühren und damit den Bratensaft binden. Die Sauce getrennt zur Gans reichen. Dazu passen Kartoffelknödel und Apfelrotkraut oder Rosenkohl mit Maronen.

Pfälzer Saumagen

An den Köpfen aufgereiht auf Stangen, kommen die Sprotten in die Räucherkammer.

Bevor die Sprotten verpackt werden, würzt man sie mit einer guten Prise Salz.

In kleinen Holzkisten werden Kieler Sprotten in die ganze Welt exportiert.

Das Foto dokumentiert die Größenverhältnisse: oben eine große geräucherte Makrele, darunter ein geräucherter Hering (Bückling) von etwa 30 cm Länge, ganz unten zwei kleine Kieler Sprotten.

Unten: Nach dem Fang werden die Fische für das Räuchern vorbereitet, indem man sie ausnimmt und durch die Kiemen auf Stangen reiht.

Norddeutschlands Spezialität mit Weltruhm

Kieler Sprotten

Schleswig-Holstein, »meerumschlungen«, Deutschlands nördlichstes Bundesland, hat die Nordsee und die Ostsee vor seiner Haustür. Entsprechend groß ist hier der Fischreichtum.

Eine besondere Räucherfischspezialität sind die Kieler Sprotten. Sprotten sind Verwandte des Herings, werden jedoch nur etwa 15 Zentimeter groß. Im Gegensatz zum Hering leben sie in Küstennähe und in Flußmündungen. Die Sprotte hat zartes Fleisch mit einem hohen Fettanteil, wodurch sie besonders zum Räuchern geeignet ist.

Echte Kieler Sprotten dürfen ihren Namen nur tragen, wenn sie in der Kieler Bucht gefangen wurden. Wo sie geräuchert werden, ist hingegen nicht vorgeschrieben. Deshalb kommen die meisten Sprotten auch nicht aus Kiel, sondern aus Eckernförde und Kappeln im Norden von Schleswig-Holstein.

Das Räuchern war vor Jahrhunderten Sache der Küstenfischer, die auf diese Weise den Fisch konservierten. Ihre Rezepte hielten sie geheim und vererbten sie vom Vater auf den Sohn. Erst mit dem Ausbau des Eisenbahnnetzes Anfang dieses Jahrhunderts entstanden für die leicht verderbliche Räucherware auch im Binnenland gute Absatzchancen. So wurde in Küstennähe eine Räucherindustrie aufgebaut, die ihre Technik immer mehr verfeinerte und vielen Menschen Arbeit gibt.

Links: In den norddeutschen Räuchereien verarbeitet man Fisch auf vielfältige Weise. Hier werden zusammengerollte Fischfilets geräuchert. Alle Räucherfischspezialitäten weisen eine appetitliche goldbraune Farbe auf.

Rührei mit Kieler Sprotten

250 g Kieler Sprotten
40 g Butter
schwarzer Pfeffer
6 Eier
4 EL Sahne
Salz
Schnittlauchröllchen

Die Sprotten säubern, Hauptgräte, Kopf und Schwanz entfernen. In einer Pfanne die Butter erhitzen, das Fischfleisch kurz darin anbraten und mit frisch gemahlenem Pfeffer würzen.
Die Eier mit der Sahne verquirlen, über die Sprotten gießen und bis zum Stocken verrühren. Anrichten und mit Schnittlauchröllchen bestreuen. Dazu passen Bratkartoffeln und grüner Salat.

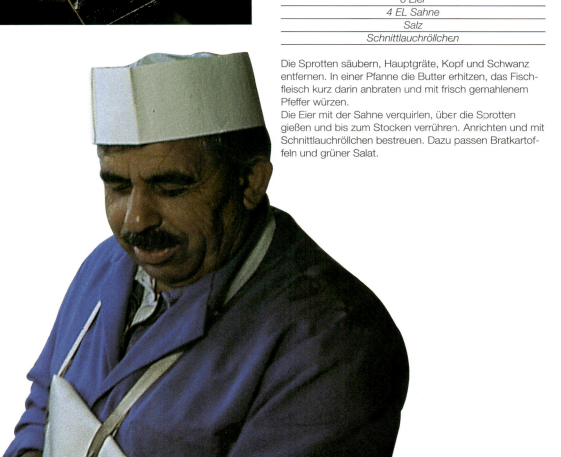

Fische aus Nord- und Ostsee als Handelsware

1 Aal: geräuchert (80 % des Fangs), frisch, in Aspik oder in Marinade
2 Makrele: frisch, geräuchert und als Konserve
3 Sprotten: frisch, geräuchert (Kieler Sprotten) und als Konserve
4 Hering: frisch (grüner Hering), geräuchert (Bückling), in Essig eingelegt als Bismarck-Hering u.a.
5 Scholle: frisch im Ganzen und als Filet, tiefgekühlt

Die Forelle ist ein beliebter Speisefisch. Sie wird heute weitgehend in Teichen gezüchtet. Das große Hintergrundfoto zeigt eine Zuchtfarm in der Eifel.

Die in einem Zuchtteich gehaltenen Forellen werden abgefischt und lebend als Frischfisch, geräuchert oder tiefgefroren vermarktet.

Viele Zuchtteiche beherbergen außer Regenbogen- und Bachforellen auch andere beliebte Süßwasserfische wie Aal (oben) und Karpfen (darunter).

Forellen, die über einem Wacholderholzfeuer geräuchert wurden, sind eine besondere Delikatesse.

Forelle blau

4 fangfrische Forellen
¼ l Essig
Saft von ½ Zitrone
Petersilie
Zitronenscheiben

Die Forellen ausnehmen und kurz unter fließendem kaltem Wasser abspülen. Dabei darauf achten, daß die Schleimschicht der Haut nicht verletzt wird, da der Fisch sonst nicht »blau« wird.
1 l leicht gesalzenes Wasser mit Essig und Zitronensaft aufkochen. Die Fische in den Sud geben und bei schwacher Hitze etwa 8 Minuten sieden lassen (nicht kochen!). Anrichten und mit Petersilie und Zitronenscheiben garnieren. Dazu passen Salzkartoffeln, zerlassene Butter und grüner Salat.

Von Binnenland und Waterkant
Fischspezialitäten

Über die Jahrhunderte hinweg war der Rhein, Deutschlands größter Fluß, ein wichtiger Fischlieferant. Weißfische, vornehmlich im Monat Mai angeboten (»Maifische«), zählten bis zur Mitte dieses Jahrhunderts zu den beliebtesten Volksnahrungsmitteln. König der Rheinfische war jedoch der Lachs, auf Kölner Speisekarten jener Zeit als »Rheinsalm« bezeichnet. Mit der zunehmenden Verschmutzung des Stroms wurde er dann in den 50er Jahren zur gesuchten Delikatesse, bis er wenig später ganz verschwand.

Demgegenüber sind die Anwohner der süddeutschen Seen und Flüsse in einer beneidenswerten Lage, denn die Binnengewässer verfügen auch heute noch über einen nicht enden wollenden Reichtum an schmackhaften Fischen. In den im Gebirge entspringenden Flüssen und Bächen mit ihren klaren kühlen Wassern gibt es ausgezeichnete Forellen: Wer einmal eine frisch gefangene Bachforelle genossen hat, mag sich mit ihren im Bassin gezüchteten Artgenossen nicht mehr recht anfreunden. Der Süden Deutschlands mit seinen vielen Seen brilliert mit vielfältigen Fischgerichten aus stehenden Gewässern. Populärster Fisch ist zweifellos der Karpfen, der seine große Zeit im Winter hat: Da kommt er als Weihnachts- oder Silvesterkarpfen zuerst in die heimische Badewanne und dann – wenn die Kinder nicht protestieren – auf den Festtagstisch.

Die Scholle – Deutschlands Plattfisch

Die ersten Schollen kommen im Mai aus dem Meer. Sie sind noch recht klein, dafür aber besonders zart und schmackhaft. Die beste Zubereitung trägt ihren Namen nach dem einstigen Fischerdorf Finkenwerder im Westen Hamburgs, heute Ortsteil der Hansestadt. Wie der Steinbutt und die Flunder gehört die Scholle zu den Plattfischen. Sie heißt Goldbutt, wenn sie aus der Ostsee stammt.

Plattfische sind bemerkenswerte Meeresbewohner. Als Larven haben sie eine ganz normale Fischform, doch wenn die Larve zum Bodenleben übergeht, wandert ein Auge auf die Körperkante, die spätere Oberseite des Fischs. In Anpassung an die Umgebung färbt sich die Oberseite nun dunkel, die Bauchseite hell. Oft graben sich die Fische bis zu den Augen in den Untergrund ein. Einem Angreifer fällt es schwer, sein Opfer in Augenhöhe zu attackieren, ist die Scholle doch mit ihren vielen augenrunden roten Punkten auf der Oberseite äußerst verwirrend getarnt.

Finkenwerder Maischollen
(Abbildung 1–4 unten)

4 Maischollen
Zitronensaft
Salz, schwarzer Pfeffer
1 EL Mehl
150 g fetter Speck
1 EL Butterschmalz

Die küchenfertigen Schollen filetieren (1), abspülen, mit Zitronensaft beträufeln (2), mit Salz und Pfeffer würzen und in dem Mehl wenden (3).
Den Speck fein würfeln und in einer Pfanne mit dem Butterschmalz auslassen. Speckwürfel und Grieben herausnehmen und beiseite stellen.
Die Schollen im heißen Fett auf beiden Seiten braun braten (4) und auf einer Platte anrichten. Speck und Grieben in die Pfanne zurückgeben, erhitzen und über die Schollen geben. Dazu passen Petersilienkartoffeln und grüner Salat.

Hering – ein Kapitel für sich

Von Fürst Otto von Bismarck, dem Gründer des Deutschen Reichs von 1871, ist der Ausspruch überliefert: »Wäre der Hering nur so kostbar wie Kaviar und Austern, dann würde er als feinster Leckerbissen gelten.«

Inzwischen ist es tatsächlich soweit: Noch in den 60er Jahren fingen die deutschen Fischer jährlich rund 100 000 Tonnen des beliebten Speisefischs. Dann waren die Meere praktisch leergefischt – ein sechsjähriges Fangverbot war die Folge. Zwar ist der Heringsfang in der Nordsee wieder erlaubt, doch nur in von der Europäischen Union penibel bestimmten Fangquoten. Anfang der 80er Jahre wurden nur noch rund 18 000 Tonnen Heringe angelandet. Der Bismarck zugeschriebene Ausspruch scheint sich zu bewahrheiten.

Rollmops

Auf Bismarck geht auch der Name einer Heringsspezialität zurück, die sich als höchst erfolgreiches Produkt erwiesen hat. Sein Hausarzt hatte dem damaligen Reichskanzler aus gesundheitlichen Gründen empfohlen, möglichst oft Hering zu essen. Damit der Politiker auch auf seinen ostelbischen Gütern nicht auf den »verordneten« Fisch verzichten mußte, ersann sein Koch diese konservierende Zubereitung: Der Fisch wird von Kopf und Gräten befreit und zwei bis drei Tage mit Zwiebelringen und Gewürzen in Essig mariniert.

Rollmops
(Abbildung oben)

Diese Variante des Bismarck-Herings ist eine Erfindung von Binnenländern. Vor allem in Berlin, aber auch anderswo, genießt man den Rollmops an der Theke oder als Katerfrühstück.

6 frische Heringe
$1/4$ l Weißwein
$1/8$ l Essig
1 Zwiebel
1 Möhre
1 Stange Lauch
Pfefferkörner
Lorbeerblatt
Wacholderbeeren
Dill
Thymian
1 Glas Salz- oder Gewürzgurken

Die Heringe ausnehmen und filetieren. Die Gemüse putzen oder waschen und kleinschneiden. Weißwein und Essig in einen Topf geben, Gemüse und Gewürze hinzufügen, zum Kochen bringen und etwa 5 Minuten köcheln lassen.
Die Heringsfilets in eine feuerfeste Form geben, mit dem Sud übergießen und abkühlen lassen. Die Gurken längs in Stücke schneiden und die Filets jeweils um ein Gurkenstück rollen. Mit einem Holzstäbchen oder Zahnstocher befestigen. Die Rollmöpse wieder in die Marinade geben und 4–6 Tage stehenlassen. Bei Bedarf servieren.

1

2

3

4

Deutschland

Allzweckgemüse mit vielen Qualitäten

Kartoffeln

Gegen die Hungersnot

Bereits gegen Ende des 16. Jahrhunderts gab es in Deutschland Kartoffeln – zunächst allerdings nur als hübsche Zierpflanzen in den Gärten reicher Leute. Den wahren Wert der Knolle erkannte man in West- und Süddeutschland im Dreißigjährigen Krieg (1618–48), während sie nach Preußen erst um 1720 gelangte als »Mitbringsel« eingewanderter Pfälzer Bauern. Später sorgte der Preußenkönig Friedrich der Große (1740–86), der »Alte Fritz«, hier für einen umfangreichen Anbau der Nutzpflanze, um die damals grassierenden Hungersnöte zu lindern. Überliefert ist, daß jedoch erst eine List die Bauern bewog, das Gemüse anzubauen: Der König ließ Kartoffelfelder anlegen und sie zum Schein von Grenadieren bewachen. Die Bauern vermuteten eine Kostbarkeit auf den Feldern und stahlen die Knollen nachts im Schutze der Dunkelheit (die Grenadiere schauten dabei natürlich geflissentlich in eine andere Richtung). Der Bann war gebrochen, und die List hatte den gewünschten Erfolg.

Bis hinein ins 20. Jahrhundert blieben Kartoffeln häufig die letzte Rettung für knurrende Mägen. Nach dem Ende des Zweiten Weltkriegs stieg der Pro-Kopf-Verbrauch vorübergehend auf mehr als 200 Kilogramm, denn die deutsche Bevölkerung hatte nicht viel mehr als Kartoffeln im Topf. Mit wachsendem Wohlstand ging der Konsum zurück. Heute werden Kartoffeln wieder mehr geschätzt, nicht zuletzt wegen ihrer Inhaltsstoffe und wegen ihrer vielseitigen Zubereitungsmöglichkeiten auch für anspruchsvolle Gerichte.

Unter der dünnen Schale der Kartoffel sitzt vielerlei Nützliches. Sie enthält leicht verdauliche Kohlenhydrate, reichlich Ballaststoffe, wertvolles pflanzliches Eiweiß, elf verschiedene Vitamine sowie 15 verschiedene Mineralstoffe.

Wissenswertes über den Kartoffelanbau

Für den Anbau verwendet der Bauer keine Samen, sondern Saat- oder Pflanzkartoffeln. Diese sogenannten Mutterknollen werden in die Erde gelegt. Aus Trieben, die durch das Erdreich ans Licht streben, wachsen die Kartoffelstauden. An unterirdischen Trieben bilden sich Wurzeln und Tragfäden, an deren Ende schließlich die Knollen entstehen. Für die Pflanze sind sie Nährstoffdepots, für uns ein wertvolles Nahrungsmittel. Die Kartoffeln sind erntereif, wenn das Kraut über der Erde welk wird.

Die Kartoffelpflanze ist anspruchslos und gedeiht selbst noch auf Sandboden. Gepflanzt wird in Deutschland im März und April, geerntet je nach Sorte von Juni bis Oktober. Heute entlasten bei Saat und Ernte moderne Maschinen den Bauern von der schweren, mühsamen Bück- und Hackarbeit (daher auch die Bezeichnung der Kartoffel als »Hackfrucht«). Die geernteten Kartoffeln werden von grobem Schmutz befreit, sortiert, auf ihre Qualität kontrolliert, zu kleinen oder großen Einheiten verpackt und dann an den Handel geliefert, wo ab Juni bis in den November hinein Speisekartoffeln der jeweils neuen Ernte angeboten werden. Je nach Sorte haben die Kartoffeln unterschiedliche Kocheigenschaften. Festkochende Kartoffeln eignen sich vor allem für Kartoffelsalat, Gratins, Salz-, Pell- und Bratkartoffeln. Mehligkochende und mehlig festkochende Sorten verwendet man vorwiegend für Püree, Puffer, Klöße und Eintöpfe. Ziel der deutschen Kartoffelzüchter ist es in allen Fällen, solche Sorten zu züchten, die sich durch einen hervorragenden Geschmack auszeichnen und appetitlich aussehen, also gelbfleischig sind. Es dauert etwa zehn Jahre und kostet einige Millionen Mark, bis eine neue Sorte für den Vermehrungsanbau freigegeben wird. In Deutschland gibt es rund 130 zum Anbau zugelassene Sorten, wobei etwa 90 als Speisekartoffeln auf den Markt kommen, von denen wiederum lediglich zehn überregional und etwa 25 regional angeboten werden. Die übrigen Kartoffelsorten verarbeitet man industriell zu Viehfutter oder Alkohol.

Kartoffelgerichte

Nie ist der Genuß an der Kartoffel größer als an dem Tag, an dem die ersten Knollen des Jahres in den Regalen des Lebensmittelhandels auftauchen. Dann ißt man sie pur als Pellkartoffeln – entweder ganz schlicht mit Butter und Salz oder mit kalten Saucen, mit einem Matjes oder Räucherfisch oder zusammen mit dem zeitgleich reifenden Spargel.

Kartoffelsalat

1 1/2 kg Kartoffeln (festkochend)
Kümmel
1/8 l Fleischbrühe
1 Zwiebel, geschält und gehackt
5 EL Essig
Zucker, Salz, schwarzer Pfeffer
4 EL Salatöl

Die Kartoffeln waschen und in Salzwasser mit Kümmel 15–20 Minuten kochen. Abgießen, abschrecken, pellen und etwas abkühlen lassen. Wenn sie lauwarm sind, in dünne Scheiben schneiden und in eine Schüssel geben. Die Brühe erhitzen und über die Kartoffeln gießen. Zwiebel und Essig sowie Zucker, Salz und Pfeffer nach Geschmack hinzugeben und vorsichtig mit den Kartoffelscheiben vermengen. Etwa 20 Minuten ziehen lassen, dann das Öl untermischen.

Bratkartoffeln

Ein einfacher Klassiker, der zu deftiger Kost paßt.

1 kg Kartoffeln (festkochend)
3 EL Öl
Salz, schwarzer Pfeffer

Die Kartoffeln kochen, pellen und in nicht zu dünne Scheiben schneiden. Das Öl in einer Pfanne erhitzen und die Kartoffelscheiben darin unter häufigem Wenden in etwa 20 Minuten goldbraun braten. Zum Schluß mit Salz und Pfeffer abschmecken. Man kann die Bratkartoffeln anreichern, indem man Zwiebeln und Speckwürfel mitbrät.

Reibekuchen

In Bayern heißen sie Reiberdatschi, im Rheinland Rievkooche, in Norddeutschland Kartoffelpuffer.

1 kg Kartoffeln (festkochend)
1 Zwiebel, geschält und gerieben
2 Eier
Salz, Muskat, Mehl

Die Kartoffeln schälen und in ein Sieb reiben, damit die Masse abtropfen kann. Die Zwiebel und dann die Eier zugeben. Nach Geschmack mit Salz und etwas Muskat würzen. Alles gut verrühren und die Konsistenz des Teigs mit etwas Mehl regulieren. Öl in einer schweren Pfanne erhitzen, eßlöffelweise den Kartoffelteig hineingeben und mit dem Löffelrücken flach drücken. Die Reibekuchen von beiden Seiten goldgelb ausbacken und sofort servieren. Dazu passen Apfelmus und Apfelkraut.

Links: Gängige Kartoffelsorten (festkochend)
1 Nicola – 2 Celena – 3 Sieglinde – 4 Hansa

Rechts: Die Kartoffelpflanze, deren oberirdische Samenfrüchte giftig sind, ist ein Nachtschattengewächs. Nur die unterirdischen Verdickungen an den Wurzelenden sind eßbar, sogar besonders nahrhaft und auf vielseitige Weise zuzubereiten. Eine Kartoffelpflanze treibt je nach Sorte zehn bis 25 Knollen aus.

Hintergrund: Ein herbstliches Kartoffelfeld, auf dem das vertrocknete Kartoffelkraut verbrannt wird. Es ist eine alte Tradition, daß Bauern und Erntehelfer bei dieser Gelegenheit Kartoffeln in das Feuer legen und sich zu einem geselligen Mahl im Freien versammeln, wenn die Knollen gar sind.

Hintergrund: Ein Prachtexemplar von Weißkohl, eine der vielseitigsten deutschen Kohlsorten – unter anderem Basisgemüse für Sauerkraut.

Ein Kapitel vom Kohl
Die »Krauts«

Das in Deutschland wohl beliebteste Gemüse ist der Kohl – was den Deutschen im Ausland den (Schimpf-) Namen »Krauts« eingetragen hat. Alle Kohlsorten sind reich an Vitamin C, Mineral- und Ballaststoffen und arm an Kalorien. Kohl ist wohlschmeckend und preiswert und galt daher lange als klassisches Arme-Leute-Essen. Eine herausragende Rolle unter den Kohlsorten spielt der Weißkohl – auch als Weißkraut oder Kappes bezeichnet –, der großenteils zu Sauerkraut verarbeitet wird.
Ein klassisches Wintergemüse ist der krausblättrige Grünkohl, der vor allem in Norddeutschland geradezu ein Kultgericht geworden ist. Er benötigt einige Nächte mit leichtem Frost, um seinen vollen Geschmack zu entfalten. Der Frost verwandelt die Stärke in Zucker und lockert das Zellgewebe, wodurch der Grünkohl bekömmlicher wird.

Sauerkraut

Sauerkraut ist in feine Streifen geschnittener und eingesalzener Weißkohl. Beim Gärungsprozeß entwickelt sich Milchsäure, die seinen angenehmen Geschmack ausmacht. Man kauft Sauerkraut am besten fertig. Zu seiner Verfeinerung gibt es ein badisches Rezept, das »Offenburger Sauerkraut« heißt.

2 Zwiebeln
2 säuerliche Äpfel
30 g Gänseschmalz
500 g frisches Sauerkraut
6 Wacholderbeeren
10 Pfefferkörner
1/2 TL Kümmel
1 Knoblauchzehe
1/4 l trockener Riesling
1 Möhre, geputzt
1 Prise Zucker
Salz
1 Kartoffel, geschält und gerieben

Zwiebeln und Äpfel schälen. Die Zwiebeln hacken, die Äpfel entkernen und fein würfeln. Schmalz in einem großen Topf erhitzen, Zwiebeln und Äpfel darin goldgelb anbraten. Das Sauerkraut hinzugeben und unter Rühren etwa 5 Minuten dünsten. Wacholderbeeren, Pfefferkörner, Kümmel und Knoblauch in einem Mörser zerstoßen und unter das Kraut rühren. Mit dem Riesling aufgießen. Die Möhre auf das Kraut legen, den Topf gut verschließen und alles etwa 90 Minuten schmoren lassen. Die Möhre entfernen, das Sauerkraut mit Zucker würzen und nach Geschmack salzen. Mit der Kartoffel etwas abbinden.
Sauerkraut ißt man vor allem zu Eisbein und Schweinshaxe (Rezepte S. 335), aber auch zu Bratwürstchen (S. 293) oder dem inzwischen zu einiger Berühmtheit gelangten Pfälzer Saumagen (Rezept S. 297).

Deutsche Kohlsorten

Blumenkohl (Abbildung 1)
Strunk und Blätter werden entfernt. Man gart den Kopf im Ganzen oder in Röschen zerteilt.
Brokkoli (Abbildung 2)
Grüne oder (seltener) violette Blumenkohlart, die auch Spargelkohl genannt wird. Die Strünke mit den zarten Knospen schmecken gedämpft am besten.
Grünkohl
Auch Krauskohl oder Winterkohl genannt, der nach den ersten Nachtfrösten besonders schmackhaft ist. Als Beilage zu Wild und Wurst beliebt.
Kohlrabi
Es gibt weiße und blaue Sorten. Die Knolle hat einen delikaten Geschmack. Man verwendet auch die vitaminhaltigen Blätter, indem man sie kleinhackt.
Rosenkohl
Kleine Kohlart, die auch Sprossenkohl oder Brüsseler Kohl genannt wird, weil sie in Belgien gezüchtet wurde. Die Röschen wachsen traubenartig in den Achseln der Stengelblätter eines Pflanzenstiels.
Rotkohl (Abbildung 3)
In Süddeutschland Blaukraut genannt. Wie Weißkohl hat er einen festen runden oder ovalen Kopf, schmeckt jedoch süßlicher, weshalb man ihn meist mit säuerlichen Äpfeln zubereitet.
Spitzkohl
Die hochwertige Weißkohlsorte hat einen spitz zulaufenden Kopf und riecht nur dezent nach Kohl. Spitzkohl ist nur im Frühjahr und im Sommer erhältlich.
Wirsingkohl (Abbildung 4)
Ein schmackhaftes Wintergemüse mit runzeligen Blättern, die außen von sattem Grün und innen gelblich sind. Die Kohlblätter eignen sich besonders gut für Kohlrouladen.

Das Brudermahl der Schaffer

Grünkohl mit Pinkel, einer fetten Brägenwurst, spielt eine wichtige Rolle bei der traditionellen Bremer Schaffer-Mahlzeit – Schaffer ist die Bezeichnung für den Proviantmeister eines Schiffes –, ein seit 1545 alljährlich am zweiten Freitag des Monats Februar angerichtetes Brudermahl. Es findet im Bremer Rathaus statt in Erinnerung an das feierliche Abschiedsessen der Reeder und Schiffer, ehe nach der Winterruhe die Seereisen wieder begannen. Auswärtige Gäste, von denen jeder nach den Statuten nur einmal eingeladen wird, tragen Frack mit schwarzer Fliege und schwarzer Weste.
Die Mahlzeit lehnt sich an die alten Schiffergerichte an. Sie beginnt mit einer Hühnersuppe, gefolgt von Stockfisch und begleitet vom eigens für die Schaffer-Mahlzeit gebrautem Seefahrtsbier. Vor dem Hauptgericht, Grünkohl mit Pinkel (Rezept umseitig) – der Grünkohl heißt in Bremen Braunkohl –, gibt es Rauchfleisch mit Maronen und Bratkartoffeln, und wer dies alles nicht mag, kann sich noch auf Kalbsbraten und Backpflaumen freuen. Zum Nachtisch werden Käse und geräucherter Butt aus Riga gereicht. Außer dem Seefahrtsbier trinkt man Rheinwein und Bordeaux. Jeder Gast findet an seinem Platz ein silbernes Tütchen mit Salz und ein goldfarbenes mit Pfeffer vor – Reminiszenz an die Zeit, als diese beiden Gewürze so kostbar waren, daß sie jeder Gast selbst mitbringen mußte.
Am Schluß des Mahls wird die Armenbüchse der Stiftung »Haus Seefahrt« präsentiert, in welche die Festgäste eine großzügige Spende geben. Gesammelt wird für die Unterstützung alter Kapitäne und deren Witwen. Das Mahl, das um 15 Uhr beginnt, endet erst nach fünf Stunden.

Vielfalt der grünen Küche
Gemüse

Die deutsche Küche hat eine unübersehbare Vielfalt von Gemüsezubereitungen aufzuweisen. Und seit man weiß, daß man Gemüse schonend garen muß, um die in ihm enthaltenen Vitamine und Mineralstoffe zu bewahren, ist auch eine kenntnisreich hergestellte Gemüseplatte zur Delikatesse avanciert.

Eine Hauptrolle spielt das Gemüse in Deutschland als Beilage zu Fleisch oder Fisch. Aber in den verschiedenen Regionen hat man darüber hinaus zahlreiche Gemüsegerichte ersonnen, die durchaus den Rang einer eigenen Mahlzeit für sich in Anspruch nehmen können. Hierzu zählen das »Lübecker National«, ein Steckrübeneintopf mit Schweinebauch; die »Holsteiner Dickmusik«, vielerlei Gemüse mit Speck; das »Westfälische Blindhuhn«, das aus Bohnen, Möhren, Kartoffeln und Äpfeln besteht; der »Pichelsteiner Topf« der Franken; die in Berlin beheimateten »Teltower Rübchen«; die brandenburgische Erbsensuppe; die »Dicken Bohnen mit Speck« aus dem Rheinland. Höchsten Ruhm hat ein Gemüsegericht erlangt, das in Sachsen beheimatet ist und unter dem Namen »Leipziger Allerlei« international Karriere gemacht hat.

Grünkohl mit Pinkel
(Abbildung unten)

Die größten Anhänger dieses Gemüses, das bei ihnen Braunkohl heißt, sind die Bremer, und im Zusammenhang mit dem Gericht wird auch der einzige Orden verliehen, den ein Bremer annimmt: Verdiente Bürger erhalten eine Kiste Wein aus dem Ratskeller. Nur der »Freßorden« wird gern entgegengenommen – und den bekommt derjenige, der bei einer Grünkohl-mit-Pinkel-»Orgie« der Letzte ist, der zu essen aufhört. Solche Wettbewerbe finden vornehmlich auf dem Lande außerhalb von Bremen statt: Gasthöfe locken im Winter mit entsprechenden Angeboten, und ganze Gesellschaften versammeln sich dann um die ländlichen Tische. Zur besseren Verdauung trinkt man außerdem den einen oder anderen Schnaps dazu. Ein geselliges Treffen ganz anderer Art, bei dem das Gericht eine wichtige Rolle spielt, ist das Brudermahl der Schaffer (siehe vorherige Seite)

1 ½ kg Grünkohl
150 g geräucherter Speck
1 EL Schmalz
150 g Schweinebauch
350 ml Fleischbrühe
2 Brägenwürste (Pinkel)
Salz, schwarzer Pfeffer, Muskat

Den Grünkohl putzen, indem man die welken und fleckigen Blätter sowie die Blattrippen entfernt, gründlich waschen und in Salzwasser 1–2 Minuten kochen, abtropfen lassen und grob hacken.
Den Speck würfeln, in einem großen Topf auslassen und das Schmalz hinzufügen. Grünkohl und Schweinebauch dazugeben, dann die Fleischbrühe angießen und alles etwa 45 Minuten im geschlossenen Topf garen.
Die Brägenwurste einlegen, eventuell etwas Wasser zugeben, wenn das Gemüse zu fest ist, und die Würste etwa 15 Minuten mitkochen lassen. Immer wieder den Grünkohl umrühren, damit er nicht am Topfboden ansetzt. Am Ende der Kochzeit die Brägenwurst herausnehmen und warm stellen. Den Kohl mit Salz, Pfeffer und Muskat abschmecken und mit den Würsten servieren.

Pichelsteiner Topf

250 g Hammelfleisch
250 g Kalbfleisch
250 g Schweinefleisch
250 g Rindfleisch
200 g Rindermark
250 g Möhren
250 g Knollensellerie
250 g Zwiebeln
250 g Kartoffeln
1 kleiner Kopf Wirsingkohl
¾ l Fleischbrühe
Salz, schwarzer Pfeffer, Muskat
1 Bund glatte Petersilie, gewaschen und gehackt

Das Fleisch abspülen, trockentupfen und in Würfel schneiden. Das Rindermark wässern, trockentupfen und in Scheiben schneiden. Die Gemüse schälen oder putzen, waschen und in Stücke schneiden, die Petersilie waschen und hacken.
Das Rindermark in einem großen Topf auslassen, in einem zweiten Topf die Fleischbrühe erhitzen. Wenn das Rindermark geschmolzen ist, die Gemüse mit dem Fleisch in den Topf schichten. Die Fleischbrühe zugießen, den Deckel auflegen und die Fleisch-Gemüse-Mischung etwa 60 Minuten schmoren lassen. Durchrühren, mit Salz, Pfeffer und Muskat abschmecken und mit Petersilie bestreuen.

Leipziger Allerlei
(Abbildung unten rechts)

Das Gericht wurde ursprünglich – bis zum Aussterben der heimischen Krebse – mit Krebsschwänzen zubereitet.

15 g getrocknete Morcheln
lauwarme Milch
Fleischbrühe
Butter
250 g Möhren
250 g grüne Bohnen
1 Blumenkohl
250 g Spargel
250 g Erbsen
Salz, schwarzer Pfeffer
feingehackte Petersilie

Helle Sauce

50 g Butter
1 EL Mehl
1/4 l Fleischbrühe
1/4 l Sahne

Die Morcheln in einer Mischung aus lauwarmer Milch und Wasser 30 Minuten einweichen, mehrmals abspülen und ausdrücken. 10 Minuten in Fleischbrühe kochen, die man mit einem Stich Butter angereichert hat.
Die Gemüse putzen, waschen und zerkleinern. In einem großen Topf Wasser mit 1 TL Zucker aufsetzen und zum Kochen bringen. Nach und nach die Gemüse hineingeben: zuerst die Möhren (sie haben die längste Garzeit), dann Bohnen, Blumenkohlröschen, Spargel und Erbsen. Wenn die Gemüse gar sind, mit einer Siebkelle aus dem Wasser nehmen, abtropfen lassen, in Butter schwenken und würzen. Die Morcheln in Streifen schneiden und mit den Gemüsen vermischen.
Für die Sauce die Butter in einem Topf erhitzen, das Mehl einrühren und unter ständigem Rühren die Fleischbrühe dazugeben. Mit der Sahne auffüllen und mit Salz und Pfeffer abschmecken.
Das Gemüse in einer Schale anrichten und mit Petersilie bestreuen. Die Sauce separat dazu reichen.

Erbsensuppe

Den preußischen Soldaten diente sie über die Jahrhunderte als Hauptmahlzeit. Das in der Mark Brandenburg beheimatete Gericht hat auch im Rheinland viele Freunde.

500 g Trockenerbsen
300 g Schweinerippe
300 g gepökeltes Schweinefleisch
750 g Kartoffeln
Suppengrün (Sellerie, Lauch, Möhre, Petersilie)
Salz
Majoran

Die Erbsen über Nacht in reichlich Wasser einweichen. Zum Kochen bringen und das Fleisch einlegen. Hülsen und Eiweiß abschöpfen.
Die Kartoffeln schälen und würfeln, das Suppengrün putzen, waschen und kleinschneiden. Nach 60 Minuten Kochzeit das Fleisch herausnehmen und in mundgerechte Portionen schneiden.
Die Kartoffeln zu den Erbsen geben. Die Suppe etwa 2 Stunden leise köcheln lassen, bis die Erbsen weich zu werden beginnen. Dann das Suppengrün hinzufügen und nochmals 30 Minuten garen. Mit Salz und Majoran abschmecken und zum Schluß das Fleisch wieder zu den Erbsen geben.

Linseneintopf
(Abbildung ganz unten)

500 g Linsen
300 g geräucherter Speck
Tomatenmark
1/2 l Fleischbrühe
2 Möhren
2 Zwiebeln
2 Stangen Lauch
1/4 Sellerieknolle
300 g Kartoffeln
1 Bund Petersilie
1 Zweig Liebstöckel
4 geräucherte Mettwürste
Essig
Salz, schwarzer Pfeffer

Die Linsen waschen. Mit dem Speck und etwas Tomatenmark in der Fleischbrühe und reichlich Wasser zum Kochen bringen und 60 Minuten köcheln lassen.
Die Gemüse schälen oder putzen, waschen und kleinschneiden, die Kartoffeln schälen und würfeln. Zu den Linsen geben und in etwa 20 Minuten weich garen. Die Kräuter waschen und hacken, die Mettwürste in Scheiben schneiden, den Speck herausnehmen und in mundgerechte Stücke schneiden. Alles zu den Linsen geben und kurz aufkochen lassen. Mit Essig, Salz und Pfeffer abschmecken.

Das Saison-Gemüse

Spargel

Alljährlich zwischen April und Juni wird in Deutschland mit Leidenschaft Spargel gegessen. Man bevorzugt im Gegensatz zu Frankreich und Italien die weißen Stangen, deren Köpfe sich noch nicht durch Lichteinfall blau gefärbt haben. Deshalb sticht man die Spargelstangen frühmorgens vor Sonnenaufgang und transportiert sie auf kürzestem Wege in die Markthallen, wo sie versteigert werden und sofort in den Handel kommen.

Spargel ist eine uralte Kulturpflanze, die schon in der Antike – seit etwa 200 v. Chr. – bekannt und teuer war. Der römische Kaiser Diokletian (284 bis 305 n. Chr.) veröffentlichte über ihren Preis sogar einen eigenen Erlaß.

In Deutschland wurde das Gemüse erstmals 1568 in der Nähe von Stuttgart angebaut. Auch heute noch ist Spargel ein teures Gemüse. Als Faustregel gilt: Je weißer und dicker die Stangen, desto teurer ist er. Frischen Spargel erkennt man daran, daß Saft austritt, wenn man ihn mit dem Daumennagel einritzt.

Spargel wird auf die allereinfachste Weise verzehrt: Man rechnet pro Person ein Pfund Gemüse, das gekocht und zusammen mit zerlassener Butter, neuen Kartoffeln und Schinken serviert wird. Recht gut passen auch verschiedene Saucen und ein frischgebackener Eierkuchen dazu. In den Spargelanbaugebieten haben sich zahlreiche Restaurants auf diese einfache Zubereitung spezialisiert, so daß sich dort alljährlich ein reger Spargel-Tourismus entwickelt. Spargel reicht man in der Saison auch als Beilage zu Roastbeef, Räucherlachs oder kurzgebratenem Fleisch.

Unten: Deutscher – in der Regel weißer – Spargel wird größtenteils im Südwesten angebaut und ist eines der feinsten Gemüse. Man züchtet ihn in angehäufelten Beeten und sticht ihn, wenn der Kopf die Erdkruste leicht anhebt. Spargel enthält die Vitamine A und C sowie viele Mineralstoffe. Da er außerdem zu 90 Prozent aus Wasser besteht und nur sehr wenige Kalorien enthält, ist er das ideale Gemüse zur Gewichtsreduzierung.

Stangenspargel

2 kg weißer Spargel
1 kleines Glas trockener Weißwein
½ TL Salz
½ TL Zucker
20 g Butter

Die Spargelstangen von den Köpfen zur Schnittfläche hin mit einem kleinen, scharfen Messer oder einem Spargelschäler sorgfältig schälen. Das untere Ende großzügig abschneiden – alle Stangen sollten die gleiche Länge haben. In einem großen Topf – oder einem speziellen Spargeltopf – Wasser mit Wein, Salz, Zucker und Butter zum Kochen bringen. Den Spargel bündeln und in das kochende Wasser geben; zugedeckt 15–20 Minuten garen (die Garzeit richtet sich nach Frische und Dicke der Stangen). Abtropfen lassen und auf einer zusammengefalteten Stoffserviette servieren. Man reicht dazu zerlassene Butter oder Sauce hollandaise.

Aus dem Kochwasser läßt sich eine vortreffliche Spargelcremesuppe herstellen, indem man etwas heiße Milch dazugibt und die Flüssigkeit mit Eigelb und Sahne bindet.

Sauce hollandaise
Holländische Sauce

250 g Butter
2 Eigelb
3 EL Weißwein
Salz, weißer Pfeffer
Zitronensaft

Die Butter zerlassen, den Schaum abschöpfen und die Butter abkühlen lassen.

In einem kleinen schweren Topf die Eigelbe mit dem Wein verschlagen. Die Masse bei schwacher Hitze 2-3 Minuten schaumig schlagen, dabei darauf achten, daß der Topfboden nicht zu heiß wird, weil die Eigelbe sonst gerinnen. Den Topf vom Herd nehmen und die flüssige Butter langsam und tropfenweise mit dem Schneebesen unter die Eimasse rühren. Mit Salz, Pfeffer und Zitronensaft abschmecken.

Sauce hollandaise ist eine Grundzubereitung mit vielen Abwandlungsmöglichkeiten: Mischt man geschlagene Sahne oder Crème fraiche darunter, erhält man eine besonders lockere *sauce mousseline*. Wenn man die *hollandaise* zusätzlich mit Schalotten, Weinessig und gehacktem Estragon zubereitet, erhält man eine *sauce béarnaise*, mit etwas Tomatenpüree verrührt eine *sauce Choron*.

Die deutsche Nudel
Spätzle

Deutsche Kinder essen am liebsten »Pagetti«, womit sie die dünnen Hartweizennudeln italienischer Herkunft meinen. Im Zuge der Internationalisierung des deutschen Speisezettels hat auch Italiens Grundnahrungsmittel seinen Einzug in deutsche Küchen gehalten. Darüber wird leicht übersehen, daß es auch in Deutschland immer schon eine ausgeprägte Nudelkultur gab – vor allem im Schwabenland, wo die Spätzle erfunden wurden. Was Spätzle sind, kann man den Freunden italienischer Nudeln nur schwer verständlich machen. Sie herzustellen, erfordert eine spezielle, im alemannischen Kulturraum entwickelte Fertigkeit. Wegen ihres hohen Gehalts an Eiern sind Spätzle gekocht weicher und saftiger als andere Nudeln. Obwohl es sie küchenfertig als Handelsware gibt, bereitet, wer etwas auf sich hält, seine Spätzle selbst zu.
Traditionell sind und bleiben die Süddeutschen die größten Nudelkonsumenten in Deutschland: In Bayern und der Spätzle-Heimat Baden-Württemberg werden nahezu die Hälfte aller Teigwaren verkauft, während die Nordlichter, die fast die Hälfte der Bevölkerung stellen, sich mit einem Anteil von nur 28 Prozent eher zurückhalten.
Teigwaren zählen zu den ältesten Grundnahrungsmitteln der Menschheit. Schon die Vorzeitmenschen zermahlten Getreidekörner, rührten aus dem Getreideschrot und Wasser einen Teig an, der als Fladen an der Luft getrocknet wurde. Ihn schnitt man in Streifen und gab diese in warme Brühe. Das älteste überlieferte Rezept stammt aus China. Es ist eine vor über 4000 Jahren geschriebene kulinarische Anleitung, die Nudeln mit Hühnerfleisch kombiniert. Damals wurden Nudeln aus Weizenmehl, Eiern und Wasser hergestellt – eine Mischung, die etwa der Zusammensetzung heutiger deutscher Eiernudeln entspricht.
In Europa finden sich schon im 1. Jahrhundert n. Chr., im Kochbuch des Römers Apicius, ebenfalls Pasta-Rezepte. Und so behaupten die Schwaben nicht ganz zu Unrecht, daß ihre Spätzle ein Erbe aus römischer Besatzungszeit seien.

1

2

3

4

5

6

Spätzle
(Abbildung 1–6)

400 g Mehl
4 geschlagene Eier
1 TL Salz
50 g Butter

Das Mehl in eine Schüssel sieben. Die Eier mit dem Salz sowie 2–3 EL Wasser dazugeben. Die Zutaten gründlich verrühren, nach und nach noch etwa 150 ml Wasser einarbeiten und den Teig so lange schlagen, bis er Blasen wirft (1).
Salzwasser in einem großen, breiten Topf zum Kochen bringen. Ein Holzbrett mit Griff – besser noch ein Spätzlebrett – kurz in das Wasser tauchen, den Spätzleteig dünn auf das Brett streichen (2) und mit einem großen, flachen Messer oder einem Spätzleschaber in etwa 5 mm dicken Streifen in das kochende Wasser schaben (3). Das Messer immer wieder in das Wasser tauchen, damit der Teig nicht anhaftet. Diese Prozedur wiederholt man so lange, bis der Spätzleteig verarbeitet ist.
Die Spätzle sind fertig, wenn sie oben schwimmen (4). Mit einem Schaumlöffel aus dem Wasser nehmen, in ein Sieb geben (5), mit kaltem Wasser abschrecken und abtropfen lassen.
Die Butter erhitzen und die Spätzle darin schwenken (6), bis sie heiß und luftig aufgegangen sind. Sofort zu Braten oder Geschnetzeltem servieren.
Spätzle können auch »geschmelzt« werden – dann übergießt man sie kurz vor dem Servieren mit in Butter gebräunten Semmelbröseln.

Käse-Spätzle

Die Schwaben haben eine besonders köstliche Variante der Spätzle ersonnen, die Käse-Spätzle: Man stellt die Spätzle her, wie links beschrieben. Dann reißt man etwa 400 Gramm Bergkäse – besonders gut eignet sich Greyerzer – und schichtet diesen mit den Spätzlen lagenweise in eine vorgewärmte große Schüssel. Darüber gibt man zerlassene Butter und reichlich geröstete Zwiebeln.
Im Allgäu stellt man die Spätzle nicht in der bekannten Nudelform her, sondern als runde »Knöpfli«. Als Käse nimmt man meist Emmentaler und Romadur oder Limburger, zwei Käsesorten mit relativ kurzer Reifezeit und weichem Teig, die den Käse-Spätzle einen pikanten, salzig-würzigen Geschmack geben.

Vitamine aus dem Garten

Obst

In Deutschland hat nahezu jeder Landbewohner, aber auch so mancher Stadtmensch einen kleinen Haus- oder Schrebergarten, in dem er ein wenig Obst und Gemüse für den Eigenbedarf anbaut. Zur Saison werden diese Produkte zwischen Gärtnern und Nichtgärtnern eifrig gehandelt – und damit der Sommer auch gut über den Winter kommt, wird die überreiche Obst- und Gemüseschwemme durch Einkochen und Einmachen haltbar gemacht. Ganzer Stolz der ländlichen Hausfrau sind die Kellerregale voller Gläser mit Obst und Gemüsen, Konfitüren und Säften. Deren Vitamingehalt ist zwar nicht verbürgt, aber sie verschaffen dem Tischgast angenehme Erinnerungen an den vorigen Sommer und Vorfreude auf den nächsten.

Deutsches Land – Apfel-Land

Wenn in Deutschland von Obst die Rede ist, denken wohl die meisten zuerst an den Apfel. Die uralte Frucht, mit der sich so viele Mythen, Sagen und Legenden verbinden, ist der Deutschen Lieblingsobst. Wegen eines Apfels mußten Adam und Eva das Paradies verlassen; Herkules stahl drei goldene Äpfel. Um einen Apfel ging es, als Paris die Schönste im Lande der Griechen, Helena, wählen mußte. In den nordischen Mythen galt der Apfel als Symbol der Liebe, Fruchtbarkeit und ewigen Jugend. Auch in der Politik spielt der Apfel seine Rolle: Als Reichsapfel mit dem Kreuz wurde er zum Zeichen der christlichen Herrschaft und gehörte seit dem 12. Jahrhundert zu den deutschen Reichsinsignien.

Äpfel haben in Deutschland das ganze Jahr Saison. Etwa 24 000 Obstbaubetriebe in allen deutschen Landen mit rund 16 Millionen Apfelbäumen sorgen für eine gute Ernte. Damit jeder auf seinen Geschmack kommt, gibt es an die 1000 Sorten, wovon etwa 100 regional und 15 bis 20 überregional gehandelt werden – Äpfel mit frisch-säuerlichem, feinwürzigem, mildem oder aromatischem Geschmack und mürbem, knackigem, saftigem, feinem oder festem Fruchtfleisch.

Auch in der Küche findet der Apfel vielfache Verwendung, denn er läßt sich gut mit anderen Lebensmitteln kombinieren. Äpfel passen zu Leber ebenso wie zu Matjeshering, zu Schweinefleisch ebenso wie zu Lamm. Enten und Gänse werden mit Äpfeln gefüllt, Sauerkraut und Rotkohl bekommen durch Äpfel erst ihren feinen Geschmack, und im Rheinland mischt man Äpfel mit Kartoffelpüree und nennt das Ganze sinnfällig »Himmel und Erde«. Unter den süßen Backwaren nimmt der Apfelkuchen eine Spitzenstellung ein – entweder mit Mürbeteig oder in der Pfanne gebacken als Apfelpfannkuchen.

Alkmene
Süß-fruchtig, fein-säuerlich, aromatisch
Pflückreife: Anfang bis Mitte September
Genußreife: September bis Ende November

Berlepsch
Süß-säuerlich, sehr aromatisch
Pflückreife: Ende September bis Anfang Okober
Genußreife: November bis März

Glockenapfel
Herb-säuerlich, erfrischend
Pflückreife: Mitte Oktober
Genußreife: Februar bis Juni

Gloster
Fein-fruchtig, säuerlich
Pflückreife: Mitte Oktober
Genußreife: November bis Mai

Holsteiner Cox
Fein-säuerlich, würzig
Pflückreife: Mitte bis Ende September
Genußreife: Oktober bis März

Idared
Schwach fein-säuerlich
Pflückreife: Mitte bis Ende Oktober
Genußreife: Januar bis Juli

Jonagold
Süß fein-säuerlich
Pflückreife: Ende September bis Mitte Oktober
Genußreife: Oktober bis Mai

Jonathan
Süß fein-säuerlich
Pflückreife: Ende September bis Mitte Oktober
Genußreife: Dezember bis Juli

Boskoop
Fruchtig, säuerlich
Pflückreife: Ende September bis Mitte Oktober
Genußreife: Dezember bis April

Cox Orange
Süß-säuerlich, typisch würzig, hocharomatisch
Pflückreife: Mitte bis Ende September
Genußreife: Oktober bis März

Elstar
Fein-säuerlich, würzig, erfrischend
Pflückreife: Ende September bis Anfang Oktober
Genußreife: Ende September bis März

Golden Delicious
Süß-säuerlich, erfrischend
Pflückreife: Anfang bis Ende Oktober
Genußreife: November bis Juli

Goldparmäne
Süß-fruchtig, nußartiges Aroma
Pflückreife: Mitte bis Ende September
Genußreife: Oktober bis Dezember

Gravensteiner
Erfrischende Würze, besonders aromatisch
Pflückreife: Ende August bis Anfang September
Genußreife: September bis November

Ingrid Marie
Fein-säuerlich, mild
Pflückreife: Mitte bis Ende September
Genußreife: Oktober bis März

Jamba
Fein-säuerlich, aromatisch
Pflückreife: Mitte August bis Anfang September
Genußreife: Mitte August bis Ende Oktober

James Grieve
Säuerlich-süß, würzig
Pflückreife: Ende August bis Anfang September
Genußreife: Ende August bis Ende Oktober

Klarapfel
Säuerlich bis fein-säuerlich
Pflückreife: Anfang Juli bis Anfang August
Genußreife: Mitte Juli bis Mitte August

McIntosh
Süß-aromatisch, mild
Pflückreife: Mitte bis Ende September
Genußreife: September bis April

Äpfel sind in Deutschland das wohl beliebteste Obst, das man auf vielfältige Weise verarbeitet und zubereitet: als Gelee, Mus oder Kompott, als Zutat zu Kohlgerichten, als Füllung, zu Saft gepreßt, in Rum eingelegt oder vergoren zu Apfelwein. Die Tafel veranschaulicht einige der gängigsten, überregional angebotenen Apfelsorten und gibt eine kurze Charakterisierung ihrer jeweiligen Eigenschaften.

Apfelgelee mit Mandeln

Für dieses Rezept benötigt man saftige, säuerliche Tafeläpfel oder Holzäpfel, die sich wegen ihres hohen Pektingehalts für die Zubereitung von Gelees und Kompott besonders gut eignen. Holzäpfel, vermutlich die Vorfahren des Kulturapfels, sind so sauer, daß man sie roh nicht genießen kann. Die kleinen roten Früchte sind nur kurze Zeit im Herbst erhältlich.

2 kg Äpfel mit unbehandelter Schale
Gelierzucker je nach Saftmenge
abgeriebene Schale von 1 unbehandelten Zitrone
100 g Mandelblättchen

Die Äpfel waschen und vierteln, Blüten- und Stengelansatz entfernen (Kerngehäuse und Schale belassen). Die Früchte in einen großen Topf geben, knapp mit Wasser bedecken, zum Kochen bringen und so lange kochen, bis sie weich sind – die Garzeit hängt ab von der Festigkeit des Fruchtfleischs. Den Fruchtbrei in ein Tuch oder einen speziellen Saftbeutel geben und den Saft über Nacht in ein Gefäß tropfen lassen. Nicht wringen oder pressen, da dies das Gelee trüben würde.
Den Saft abmessen oder wiegen und im Verhältnis 1:1 Gelierzucker abwiegen. Saft und Zucker mit der Zitronenschale in einen großen Topf geben. Unter Rühren aufkochen und etwa 5 Minuten kochen lassen.
Vom Feuer nehmen, leicht abkühlen lassen und die Mandeln untermischen. Das Gelee in vorbereitete Gläser füllen und diese sofort verschließen.

Bratäpfel mit Aprikosensauce
(Abbildung unten)

4 große Äpfel mit unbehandelter Schale
1 Dose Aprikosen
2 EL Rosinen
150 g Marzipan-Rohmasse
80 ml Aprikosenlikör
1 Becher Sahne
1 Päckchen Vanillinzucker
2 EL Zucker

Die Äpfel waschen und das Kerngehäuse ausstechen. Die Aprikosen abtropfen lassen, 3 Hälften in Würfel schneiden und die übrigen pürieren. Die Aprikosenwürfel mit Rosinen und Marzipan sowie der Hälfte des Aprikosenlikörs vermischen. Die Masse in die Äpfel füllen und mit einem Löffel festdrücken.
Die Äpfel auf ein Backblech setzen und bei 220 °C etwa 20 Minuten im Ofen backen.
Inzwischen die Sahne steif schlagen. Das Aprikosenpüree mit Vanillinzucker, Zucker und dem restlichen Likör vermischen und unter die Sahne geben.
Die Äpfel auf Portionstellern anrichten, mit der Aprikosensauce umgießen und servieren.

Erdbeeren und Pflaumen

Direkt nach dem Apfel folgt auf der deutschen Beliebtheitsskala zweierlei Saison-Obst: im Frühjahr und Sommer die Erdbeeren sowie im Spätsommer die Pflaumen und Zwetschgen.
Erdbeeren werden im März und April unter Glas angebaut. Doch wenn die Freilandfrüchte Saison haben – Ende Mai bis Anfang Juli –, stehen in den Anbaugebieten überall in Deutschland die Schilder am Straßenrand, die zum Selberpflücken einladen: Jeder bekommt einen Korb, schlendert ins Erdbeerfeld und macht sich einen Spaß aus der ansonsten mühsamen Arbeit des Bückens und Pflückens. Dabei darf man naschen, soviel man will – nur die im Korb gesammelte Ware, die man nach Hause trägt, wird gewogen und bezahlt.
Pflaumen sind ab etwa Mitte Juli bis September erhältlich, manche Sorten auch noch im Oktober. Pflaumenkuchen (Rezept S. 315) ist in dieser Zeit ein Genuß, auf den sich viele Feinschmecker schon seit Monaten freuen.

Erdbeerquark

1 kg frische Erdbeeren
2 Töpfchen Sahnequark
1 Päckchen Vanillinzucker
2 Eigelb
Saft von 1 Zitrone

Erbeeren waschen und vierteln, einige ganze Beeren beiseite legen. Quark, Vanillinzucker und Eigelbe in einer Schüssel glattrühren. Die Erdbeeren pürieren und unter die Quarkmischung geben, in Portionsschälchen füllen und mit den restlichen Erdbeeren verzieren.

Sommerlicher Obstsalat
(Abbildung ganz links)

1 Apfel mit unbehandelter Schale
1 Birne mit unbehandelter Schale
Zitronensaft
250 g blaue Weintrauben
125 g Heidelbeeren
125 g Erdbeeren
4 EL Zucker
100 ml Portwein oder anderer Likörwein

Die Früchte waschen, abtrocknen oder abtropfen lassen. Apfel und Birne vierteln und entkernen. Die Viertel in Scheiben schneiden und sofort mit Zitronensaft beträufeln, damit sich das Fruchtfleisch nicht verfärbt. Trauben und Erdbeeren halbieren.
Alle Früchte in eine Schüssel geben. Zucker und Portwein vermischen, zu den Früchten geben und vorsichtig untermischen. Den Obstsalat etwa 60 Minuten im Kühlschrank durchziehen lassen, in einer dekorativen Glasschale anrichten und servieren.

Sommerlicher Obstsalat

Bratapfel mit Aprikosensauce

Der kleine Wohlstand
Kuchen

Pflaumenkuchen

Kuchen war im Mittelalter, nicht nur in Deutschland, ausschließlich reichen Leuten vorbehalten, denn der Zucker – aus Zuckerrohr von Übersee – war für das Gros der Bevölkerung praktisch unerschwinglich. Er wurde mit ebenso horrenden Preisen gehandelt wie die fremdländischen Gewürze, die man gleichfalls zum Kuchenbacken benötigte. Während das Volk weitgehend auf Süßes verzichten mußte und nur über Honig als Süßmittel verfügte, entwickelte sich an den Fürstenhöfen eine lebhafte Zuckerbäckerkultur. Der Genuß süßen Backwerks war bei Hofe so selbstverständlich, daß die französische Königin Marie Antoinette angesichts der hungernden Menschenmassen, die vor dem Pariser Schloß demonstrierten, den Ausspruch tat: »Sie haben kein Brot? Dann sollen sie doch Kuchen essen.«

Der unaufhaltsame Aufstieg der süßen Kunst begann mit dem Chemiker Andreas Sigismund Marggraf, dem Leiter des chemischen Laboratoriums der Akademie der Wissenschaften in Berlin, der Mitte des 18. Jahrhunderts die Runkelrübe als Zuckerquelle entdeckte und damit die Basis für die deutsche Zuckerindustrie schuf. Bei nunmehr sinkenden Preisen wurde Zucker für weite Teile der Bevölkerung zu einem beliebten Genußmittel. Noch gefördert wurde die Entwicklung durch eine neue Einrichtung des beginnenden 19. Jahrhunderts: die Kaffeehäuser. Sie waren die Treffpunkte des aufstrebenden Bürgertums – und bald auch ein erster Schritt zur Emanzipation der Frauen, die sich von Kaffee und Kuchen in der Öffentlichkeit nicht ausschließen ließen. Was nicht heißt, daß nicht auch lebhaft zu Hause gebacken wurde: Viele Kuchenrezepte, die wir heute kennen, haben ihren Ursprung in der Backtätigkeit jener Zeit.

Quark-Streuselkuchen

Streuselkuchen ist der klassische deutsche Kuchen zum Kaffee. Gerade aus seiner Schlichtheit bezieht er seinen Wohlgeschmack.

Teig
400 g Mehl
25 g Hefe
1/4 l lauwarme Milch
80 g Zucker
80 g Butter
2 Eier
abgeriebene Schale von 1 unbehandelten Zitrone
1 Prise Salz
1 Prise Pimentpulver

Füllung
1/4 l Milch
90 g Zucker
30 g Speisestärke
250 g Quark
Saft und abgeriebene Schale von 1/2 unbehandelten Zitrone
1 EL Rum

Streusel
350 g Mehl
200 g Butter
200 g Zucker
Mark von 1/2 Vanilleschote

Für einen Vorteig das Mehl in eine Schüssel sieben, in die Mitte eine Mulde drücken, die Hefe in die Vertiefung bröckeln, mit der Hälfte der Milchmenge und etwas Zucker sowie etwas Mehl vom Rand der Mulde verrühren. Zudecken und 15 Minuten an einem warmen Ort gehen lassen.
Die Butter in der restlichen Milch auflösen, mit dem restlichen Zucker, den Eiern, Zitronenschale, Salz und Piment verrühren. Die Milchmischung mit dem Vorteig zu einem lockeren Hefeteig schlagen, mit dem Mehl verkneten und zugedeckt nochmals 20 Minuten gehen lassen.
Den Backofen auf 200 °C vorheizen. Den Teig auf Backblechgröße ausrollen und auf das Blech legen, mit einer Gabel mehrmals einstechen.
Für die Füllung die Milch mit dem Zucker aufkochen. Die Speisestärke mit etwas Milch anrühren und die Milch damit binden; abkühlen lassen. Quark, Zitronensaft und -schale sowie den Rum zu der Milch geben und verrühren. Die Masse auf den ausgerollten Teig streichen.
Für die Streusel das Mehl mit Butter, Zucker und Vanillemark zwischen den Fingern zu Streuseln reiben und diese gleichmäßig über die Quarkmischung verteilen.
Etwa 25 Minuten im Ofen backen. Den Kuchen abkühlen lassen und in Stücke schneiden.

Pflaumenkuchen
(Abbildung oben)

Der Frühherbst ist in Deutschland die große Zeit des Pflaumenkuchens, je nach Region und verwendeter Sorte auch »Zwetschgendatschi« genannt. Dick mit Zucker bestreut und ofenwarm gegessen, gehört er zu den ganz besonderen jahreszeitlichen Delikatessen deutscher Backtradition. Seine kulinarische Heimat ist das bayerische Augsburg. Manche bevorzugen als Pflaumenunterlage einen Hefeteig, andere einen mittelfesten Backpulverteig wie in diesem Rezept.

Teig
400 g Mehl
2 TL Backpulver
1 Prise Salz
150 g Zucker
150 g Butter (Zimmertemperatur)
2 Eier
4–5 EL kalte Milch

Belag
1,5 kg frische Pflaumen oder Zwetschgen
5 EL Zucker
Zimt (nach Belieben)

Das Mehl mit Backpulver und Salz mischen. Zucker, Butter und Eier schaumig rühren, zu der Mehlmischung geben und mit der Milch zu einem glatten mittelfesten Teig verarbeiten. Mit dem Teig ein großes, gefettetes Backblech auslegen.
Den Backofen auf 200 °C vorheizen. Die Früchte waschen, halbieren und entsteinen. Die Teigplatte dachziegelartig dicht an dicht mit den Pflaumenhälften belegen. Etwa 30 Minuten im Ofen backen. Nach dem Backen einige Minuten ruhen und abkühlen lassen. Mit Zucker, den man nach Belieben mit Zimt vermischt, bestreuen und den Kuchen in Stücke schneiden.

Variante (wie Abbildung): Aus 150 g Mehl, 125 g Zucker, 125 g Butter und 1 Prise Zimt Streusel herstellen, indem man die Zutaten mit den Fingerspitzen zusammenreibt. Die Streusel vor dem Backen gleichmäßig auf den Pflaumen verteilen. Da die Streusel schnell Saft ziehen, sollte man den Kuchen noch warm vom Blech servieren.

Deutschland

Das kleine Glück

Süßes Kleingebäck

Sie heißen je nach Region Teilchen, Stückchen oder Küchli – süßes Kleingebäck ist unverzichtbar zum Nachmittagskaffee. In deutschen Bäckereien und Konditoreien fehlen sie in keiner Auslage, und am besten schmecken sie, wenn sie ganz frisch sind. Sie werden vornehmlich aus Hefeteig, aber auch aus Blätterteig und Brandteig hergestellt. Findige Bäcker verarbeiten sogar Teig- und Kuchenreste zu Teilchen.

Ebenso beliebt sind Stücke von großen Blechkuchen, dem populären Bienenstich ebenso wie von Pflaumen- oder Apfelkuchen. Auch die vor allem in der Weihnachtszeit gebackenen Stollen sind stückweise zu haben. Mohnkuchen, Windbeutel, Mandelsplitter oder Nußecken – wer zählt die Varianten, wer kennt die Namen?

1 Quark-Streuselkuchen
Hefegebäck mit Streuselauflage und Quarkfüllung (Rezept S. 315)

2 Stollen
Schwerer Mürbeteigkuchen mit Rosinen, Orangeat und Zitronat, auch mit Marzipan

3 Hefebrezel mit Mandelblättchen
Manchmal auch mit einem Anteil Marzipan

4 Plundergebäck
Blätterteig mit verschiedenen Füllungen, mit Zuckerglasur überzogen.

5 Blätterteigschnitte
Strangförmig gebackener Blätterteigkuchen mit Zuckerglasur

6 Hefezopf
Geflochtener Hefeteig mit Rosinen, bestreut mit Mandelblättchen

7 Hefestückchen
Mit Früchten oder Quark gefüllte Küchlein aus Hefeteig

8 Apfeltasche
Mit Apfelmus gefüllte Teigtasche mit Zuckerglasur oder bestreut mit Hagelzucker

9 Marzipanteilchen
Mit Marzipan gefüllter Hefeteig

10 Hefeteilchen mit Zucker- und Schokoladenguß
Häufig bestreut mit Pistazienkernen

11 Rosinenschnecke
Hefegebäck in Schneckenform mit Rosinen

12 Hefeteilchen mit Quarkfüllung
Auch mit Marzipanfüllung und/oder Zuckerglasur

Aber bitte mit Sahne

Torten

Eine deutsche Torte ist oft zu schön zum Essen. Die Phantasie der Konditoren ersinnt immer neue, raffinierte Kombinationen und ornamentale Ausgestaltungen, die Torten geradezu zu Kunstwerken werden lassen. Groß sind die Kinderaugen, wenn zu Festtagen eine Torte auf den Tisch kommt – zum Geburtstag mit Kerzen geschmückt, zur Hochzeit mit einem Modell des Brautpaares oder zum Jubiläum mit der passenden Jahreszahl.
Torten sind nicht nur prächtig, sondern auch mächtig: Sahne und Buttercreme sind meist die wichtigsten Bestandteile eines solchen Kunstwerks, vor dem sich die (sehr viel gesünderen) Obsttorten ausgesprochen bescheiden ausnehmen. Aber auch sie bestellt man gern »mit Sahne«. Die wohl populärste deutsche Torte ist die Schwarzwälder Kirschtorte.

Schwarzwälder Kirschtorte
(Abbildung)

700 g Sauerkirschen aus dem Glas (2 Gläser)
1 EL Speisestärke
100 g Zucker
1 Zimtstange
1 Schokoladen-Biskuitboden von 26 cm Durchmesser
³⁄₄ l Sahne
2–3 EL Kirschwasser
Schokoladenspäne

Die Sauerkirschen abtropfen lassen. Mit etwas Saft die Speisestärke anrühren und $\frac{1}{4}$ l des Saftes mit 40 g Zucker und der Zimtstange aufkochen. Die Zimtstange herausnehmen und die Flüssigkeit mit der Speisestärke binden. Mehrmals kräftig aufwallen lassen, die Kirschen dazugeben – einige Kirschen für die Dekoration zurückbehalten –, mit dem Schneebesen vorsichtig umrühren und nochmals aufkochen lassen. Vom Herd nehmen und erkalten lassen.
Den Biskuitboden zweimal horizontal durchschneiden. Die Sahne mit dem restlichen Zucker mischen und steif schlagen. Den ersten Boden dünn mit Sahne bestreichen, mit einem Spritzbeutel vier konzentrische Sahneringe aufspritzen und in die Zwischenräume die Hälfte der Sauerkirschen geben. Den zweiten Boden darübersetzen, leicht andrücken und gleichmäßig mit Kirschwasser beträufeln (das Kirschwasser eventuell vorher mit Zuckerwasser verdünnen). Die restlichen Sauerkirschen auf dem Boden verteilen und dick mit Sahne bestreichen.
Den dritten Boden darübersetzen und ebenfalls mit Kirschwasser beträufeln.
Die Torte rundherum und auf der Oberfläche mit Sahne bestreichen, mit Sahneröschen aus dem Spritzbeutel und den zurückbehaltenen Kirschen garnieren. Die Tortenmitte und den Seitenrand mit Schokoladenspänen bestreuen.

Frankfurter Kranz

Für diese Spezialität, die fast so populär ist wie die Schwarzwälder Kirschtorte, benötigt man eine Kranzform. Darin backt man einen Biskuitteig, der 24 Stunden stehen muß, bevor man den Kuchen dreimal horizontal teilt, die Lagen jeweils mit Likör oder Kirschwasser tränkt und mit Buttercreme bestreicht. Dann setzt man den Kuchen wieder zusammen. Der gekühlte Kranz wird außen gleichmäßig mit Buttercreme bestrichen und mit Krokant eingestreut. Man garniert ihn mit Buttercreméröschen und kandierten Kirschen.
Das Verfahren ist aufwendig und zeitraubend, so daß auch Anhänger von Selbstgebackenem ihren Frankfurter Kranz bei einem guten Konditor kaufen.

Schwarzwälder Kirschtorte

Buttercreme

Die Kalorienbomben unter den Torten sind die Buttercremetorten. Sie waren vor allem in der Nachkriegszeit in Deutschland beliebt als ein Zeichen wirtschaftswunderlichen Wohlstands.
Für die Herstellung von Buttercreme gibt es mehrere Zubereitungsarten. Die Vanillebuttercreme nach deutscher Art enthält relativ wenig Zucker.

150 g Zucker
40 g Speisestärke
3 Eigelb
1/2 l Milch
350 g Butter
Mark von 1 Vanilleschote

Für die Vanillebuttercreme die Hälfte des Zuckers zusammen mit der Speisestärke in eine kleine Schüssel geben, die Eigelbe hinzufügen und die Hälfte der Milch zugießen. Mit einem Schneebesen die Zutaten gut vermischen.
In der Zwischenzeit die restliche Milch mit dem restlichen Zucker und dem Vanillemark zum Kochen bringen. Die angerührte Speisestärke langsam bei starker Hitze unter Rühren in die kochende Milch geben und mehrmals aufkochen lasssen.
Die Butter schaumig rühren und die Vanillecreme hinzugeben. Beide sollten die gleiche Temperatur haben, da die Creme sonst gerinnt.

Käsekuchen

Der Käsekuchen ist eine der beliebtesten deutschen Torten, obwohl jede Hausfrau seine Tücken kennt: Wenn er zu warm gebacken wird, reißt er auf und fällt zusammen. Die Kunst besteht darin, das richtige Material und die richtige Backtemperatur zu wählen.

Teigboden
200 g Mehl
120 g weiche Butter
50 g Puderzucker, gesiebt
1 Eigelb
1 Prise Salz

Füllung
80 g Rosinen
2 EL Kirschwasser
500 g Quark
4 Eigelb, 4 Eiweiß
160 g Zucker
abgeriebene Schale vom 1 unbehandelten Zitrone
100 g weiche Butter
50 g Mehl
Puderzucker

Für den Teigboden das Mehl auf eine Arbeitsfläche sieben, in die Mitte eine Mulde drücken. Butter, Puderzucker, Eigelb und Salz in die Vertiefung geben und nach und nach mit dem Mehl zu einer bröckeligen Teigmasse verarbeiten. Die Mischung mit einem großen Messer durchhacken und dann mit den Händen zu einem glatten Teig kneten. Den Teig in Frischhaltefolie wickeln und 1–2 Stunden in den Kühlschrank legen.
Den Teig zu einer runden Platte ausrollen, damit eine Springform belegen und den Teigboden mehrmals einstechen. 10 Minuten bei 190 °C im Ofen vorbacken.
Für die Füllung die Rosinen in Kirschwasser einweichen. Den Quark durch ein Sieb streichen, die Eigelbe und die Hälfte des Zuckers hinzugeben. Die Masse gut verrühren, Zitronenschale, Butter, Mehl und Rosinen hinzufügen und kurz durchrühren.
Die Eiweiße steif schlagen und mit dem restlichen Zucker süßen. Vorsichtig unter die Quarkmasse heben und diese in die Springform auf den vorgebackenen Teigboden geben. Die Oberfläche glattstreichen und den Kuchen in den vorgeheizten Backofen schieben. Die Hitze auf 160 °C reduzieren und den Kuchen etwa 45 Minuten backen. Mit Puderzucker besieben und auf die Oberfläche ein heißes Tortengitter legen, damit der Zucker karamelisiert und ein attraktives Muster entsteht.

Obsttorten

Obsttorten gehören zum klassischen Backrepertoire. Sie werden in der Erntezeit gebacken, wenn Früchte reichlich und preiswert zu haben sind. Jede Region hat ihre eigenen Spezialitäten.
Spitzenreiter unter den Obsttorten ist der Apfelkuchen – nicht zuletzt, weil es ihn fast das ganze Jahr über gibt. Doch jede andere Frucht eignet sich ebenfalls als Belag für eine Obsttorte. Am bequemsten ist es, einen fertigen Tortenboden aus Mürbeteig oder Tiefkühl-Blätterteig zu kaufen und die blanchierten frischen Früchte daraufzusetzen. Eine einfache Tortenglasur bildet dann den Überzug. Um die empfindlichen Früchte vor dem Backprozeß zu bewahren, wird oft auch ein separat gebackener Biskuitboden mit dem Obst belegt und mit Schlagsahne oder Buttercreme verziert.

Apfeltorte mit Rum

Teigboden
1 Paket Tiefkühlblätterteig
1 kg Äpfel
60 g Korinthen
2 EL Rum (oder Calvados)
50 g Zucker

Creme
4 Blatt Gelatine
3 Eigelb
70 g Zucker
1/4 l Milch
Mark von 1/2 Vanilleschote
3 EL Rum (oder Calvados)
1/4 l Sahne

Guß
1/4 l trockener Weißwein
50 g Zucker
1 EL Speisestärke
50 g Mandelblättchen, geröstet

Den Blätterteig auftauen lassen und zu zwei gleichmäßig starken Böden von 28 cm Durchmesser ausrollen. Mit einer Schablone (etwa einem Teller oder Deckel) genau beschneiden. Die Böden auf ein mit kaltem Wasser abgespültes Backblech setzen, mehrmals einstechen und bei 220 °C etwa 15 Minuten im Backofen backen.
Die Äpfel schälen, entkernen und in Spalten schneiden. Mit den Korinthen in eine Schüssel geben, mit Rum beträufeln und mit Zucker bestreuen; 60 Minuten ziehen lassen.
Für die Creme die Gelatine in kaltem Wasser einweichen. Die Eigelbe mit dem Zucker verrühren. Die Milch mit dem Vanillemark aufkochen und noch heiß unter die Eigelb-Zucker-Masse rühren. Die Gelatine ausdrücken und in die Creme geben; abkühlen lassen. Den Rum unterrühren, die Sahne schlagen und unter die Creme heben.
Etwa drei Viertel der Creme auf den ersten Teigboden streichen und den zweiten daraufsetzen. Oberfläche und Rand mit der restlichen Creme bestreichen. Die Apfelspalten abtropfen lassen und die Torte damit dicht belegen, die Korinthen gleichmäßig auf den Äpfeln verteilen. Für den Guß den Wein mit dem Zucker aufkochen. Die Speisestärke mit etwas Wasser anrühren und in den Wein geben; unter Rühren aufkochen lassen. Wenn die Flüssigkeit klar ist, diese mit einem Pinsel über den Äpfeln verteilen. Den Rand mit den Mandeln verzieren.

319

Lebkuchen und Printen

Pfeffer- und Lebkuchen gab es bereits im Mittelalter. In Ulm ist schon 1296 der Patriziername »Lebzelter« belegt – und ebenso alt ist das Wissen um die stärkende, gesundheitsfördernde Wirkung des »Lebenskuchens«.

Wohl die besten dieser besonderen Spezereien heißen »Oblaten-Lebkuchen« und kommen aus Nürnberg. Die Oblate, ursprünglich als geweihtes Meßopfer auf heißen Eisenplatten gezogen, diente den Klosterbäckern des Mittelalters bald als praktische Backhilfe, um den halbflüssigen süßen Lebkuchenteig zu verarbeiten: Dank der Oblaten klebte die Masse nicht am Backblech, und die fertigen Küchlein blieben länger frisch.

Bis heute haben Lebkuchen etwas Fremdländisch-Geheimnisvolles. Kein Wunder, denn neben Mehl und Honig spielen Gewürze aus aller Herren Länder die Hauptrolle: Anis und Ingwer, Kardamom und Koriander, Muskat und Nelken, Piment und Zimt waren im Mittelalter gesuchte Raritäten. Der alten Kaiser- und Handelsstadt Nürnberg kam zugute, daß sich hier die Handelswege kreuzten und so die exotischen Aromen in die Stadt gelangten – Beginn einer jahrhundertealten Lebkuchentradition, die bis heute ungebrochen fortwirkt.

Hintergrund: Nürnberger Lebkuchen und Aachener Printen haben eine lange Tradition und genießen Weltruhm. Inzwischen gibt es beide Backwaren in vielen Varianten – immer jedoch sind sie von erlesenem Geschmack.

Elisen-Lebkuchen

Elisen-Lebkuchen – die vor allem als Weihnachtsleckerei gebacken werden – stellen die höchste Qualitätsstufe der sogenannten Oblatenlebkuchen dar. Mandeln oder/und Haselnüsse müssen mindestens 25 Prozent der Teigmasse ausmachen.

200 g Zucker
200 g gemahlene Mandeln
je 20 g Orangeat und Zitronat
50 g Mehl
1 Messerspitze Backpulver
abgeriebene Schale von 1 unbehandelten Zitrone
1 Prise Salz
1 Päckchen Vanillinzucker
1 TL Zimt
3 Eier
1 EL Rum

Alle Zutaten miteinander vermengen und zu einer glatten halbfesten Masse verarbeiten. Die Masse teelöffelweise auf kleine Oblaten von etwa 4 cm Durchmesser setzen. Bei 175 °C im Ofen etwa 20 Minuten backen.
Elisen-Lebkuchen werden mit Schokoladenglasur oder Zuckerguß überzogen.

Aachener Printen

Aachener Printen sind eine Variante des Lebkuchens. Die »Urprinte« hatte äußerlich Ähnlichkeit mit dem Spekulatius, da der Teig ebenfalls in geschnitzte Holzmodeln gedrückt und auf diese Weise zu Figuren oder in Mustern geformt wurde. Vom Drücken, »Prenten«, soll das Gebäck dann auch seinen Namen erhalten haben.
Als den Printenbäckern für die Herstellung ihres Lebkuchens kein Rohrzucker und auch kein amerikanischer Wildblütenhonig mehr zur Verfügung stand – die von Napoleon 1806 verhängte Kontinentalsperre gegen England ließ keinerlei Importe zu –, mußten sie Rübenzucker und -sirup verwenden. Der zähere, gröbere Teig war nicht mehr auf herkömmliche Weise formbar, so daß die flache, rechteckige Schnittprinte entstand – eine zukunftsträchtige »Notlösung«, deren Erfindung dem Aachener Bäckermeister Henry Lambertz zugeschrieben wird. Ihren typischen Geschmack verdanken die Printen den ungelöst gebliebenen Krümeln des zerstoßenen Kandiszuckers.

250 g brauner Kandiszucker
250 g Kandissirup
je 200 g Orangeat und Zitronat
1/2 TL Anis
1 TL Lebkuchen-Gewürz (Handelsware)
500 g Mehl
1 TL Backpulver
Schokoladenkuvertüre

Den Kandiszucker zerstoßen. Den Sirup mit 3 EL Wasser erwärmen, den Kandiszucker sowie Oreangeat, Zitronat und die Gewürze zugeben. Abkühlen lassen. Das Mehl mit dem Backpulver vermischen und mit der Sirupmasse zu einem Teig verkneten. Den Teig 24 Stunden ruhenlassen.
Dann den Teig dünn ausrollen und längs in etwa 3 cm, quer in 10 cm breite Streifen schneiden. Bei 200 °C im Backofen etwa 15 Minuten backen.
Mit flüssiger Schokoladenkuvertüre bestreichen.

Lübecker Marzipan

Wer durch Lübeck schlendert, wird immer wieder einem Zeichen begegnen, das weltweit zu einem Symbol für Lübecker Marzipan geworden ist: zwei gekreuzte Bänder, darüber das stilisierte Holstentor mit den Initialen JGN. Sie stehen für Johann Georg Niederegger, einen Konditormeister aus Ulm, der sich 1806 in Lübeck selbständig machte.
Niederegger war so erfolgreich, daß er 1922 in Lübecks bevorzugter Lage, gegenüber der berühmten Rathaustreppe, sein Geschäftshaus errichten ließ. Dort befindet sich auch heute noch das Café Niederegger, ein Dorado der Marzipanfreunde: Über 300 Marzipanspezialitäten sind hier zu finden – Brote und Torten, Pralinen und Pasteten, Früchte und Figuren, saisonale Extras wie Weihnachtskonfekt und Ostereier. Marzipan besteht aus Mandeln, Zucker und Rosenwasser. (Die nebenstehende Fotofolge zeigt die Marzipanherstellung bei der Firma Niederegger.)

Zur Herstellung von Marzipan werden Mandeln mit flüssigem Zucker übergossen und durchlaufen anschließend ein Mahlwerk.

In großen Kupferkesseln werden die gemahlenen Mandeln dann mit Zucker und Rosenwasser zu Marzipan-Rohmasse verrührt.

Marzipan

250 g geschälte süße Mandeln
250 g Puderzucker
2 EL Rosenwasser (oder Obstgeist)

Die Mandeln fein zermahlen und mit Puderzucker und Rosenwasser zu einem festen Teig verkneten. Gut abdecken und 12 Stunden an einem kühlen Ort durchziehen lassen.
Dann die Masse nach Belieben zu Figuren oder kleinen Laiben ausformen und etwa 30 Minuten bei 120 °C im Backofen trocknen. Die Haltbarkeit dieser Produkte ist begrenzt.
Um sie länger haltbar zu machen, erhitzt man die Masse unter ständigem Rühren in einem Kupferkessel, bis sie nicht mehr am Boden anhaftet.

Wieviel Zucker darf Marzipan enthalten?
Die im Handel erhältliche Marzipan-Rohmasse besteht zum größten Teil aus Zucker: Nach den Vorschriften des Deutschen Lebensmittelrechts können 500 Gramm Marzipan-Rohmasse – in der bereits 35 Prozent Zucker enthalten sind – nochmals 500 Gramm Zucker zugesetzt werden. Diese Mischung darf sich dann immer noch Marzipan nennen, obwohl sie aufgrund des hohen Zuckergehalts eher zu den Zuckerwaren gehört. Das sogenannte »Lübecker Edelmarzipan« hingegen enthält 900 Gramm Rohmasse und nur 100 Gramm zugesetzten Zucker. Die Firma Niederegger verwendet für ihre Marzipanprodukte sogar Rohmasse ohne jeden weiteren Zuckerzusatz.

Aus der Masse formt man Figuren oder kleine Laibe, die teilweise auch noch mit Schokolade überzogen werden.

Dann trocknet man die aus der Marzipan-Rohmasse geformten Süßigkeiten.

Duftendes Lübecker Marzipan – verführerisch geformt und verpackt – ist für seine Qualität berühmt und geht in alle Welt.

Auch Marzipankartoffeln und Marzipanäpfel – das Hintergrundfoto zeigt, stark vergrößert, Marzipanäpfel –, sind beliebte Leckereien.

Deutschland – das Mutterland des Rieslings

Wein

In vielen deutschen Regionen bestimmt der Wein von altersher den Lebensrhythmus der meist bäuerlich geprägten Menschen: Er gibt ihnen Arbeit und Brot – und nach der Ernte das Vergnügen. Zu verdanken haben dies die deutschen Winzer den Römern: Sie nutzten die Wasserstraßen, um nach Germanien vorzustoßen – und nebenbei zeigten sie den Barbaren-Stämmen, wie man Reben pflanzt.
So kam Deutschland zu seiner Weinkultur, die heute im Wettbewerb der Rebensäfte aus der ganzen Welt eine Sonderstellung einnimmt: Deutscher Wein ist fein und leicht, hat reichlich Säure und wenig Alkohol. Vor allem hat er sich durch die Kultivierung der typisch deutschen Rebsorte Meriten erworben: des Rieslings.
Die deutschen Weinanbaugebiete – 13 an der Zahl – gehören zu den nördlichsten der Welt. Deutschland liegt im Grenzbereich zwischen dem feuchtwarmen Golfstromklima aus dem Westen und dem trockenen Kontinentalklima des Ostens – der Grund dafür, warum es hier im Sommer selten zu heiß, im Winter selten zu kalt ist. Während es in den südlichen Ländern von Mai bis September kaum Niederschläge gibt, erhalten die deutschen Weinberge immer wieder eine erfrischende Dusche. So können die Reben auch im Hochsommer ungehindert wachsen, und ein warmes Herbstklima läßt die Trauben viele Wochen länger reifen, oft bis in die späten Oktobertage oder sogar in den November hinein.
Aufgrund dieser langsamen, doch kontinuierlichen Reifeentwicklung zeichnen sich die deutschen Weine durch eine frische, fruchtige Säure, einen geringen Alkoholgehalt und feine Bukettstoffe aus. Der Riesling, Deutschlands Weißweintraube Nummer eins, vermag den Finessenreichtum des deutschen Weins am besten wiederzugeben. Deutschland besitzt die größte mit Riesling bepflanzte Rebfläche der Welt, und die deutschen Rieslingweine gelten Kennern als die rassigsten und elegantesten Weißweine.
Neben dem Riesling ist auch der Silvaner in Deutschland sehr verbreitet. Seine Weine sind weitgehend geschmacksneutral, und gelegentlich heißt es, sie seien plump und ohne Eleganz. Von Gesteins- und Kiesböden können indes sehr fruchtige Silvanerweine gewonnen werden. Der Müller-Thurgau verbindet die Milde des Silvaners mit der Blume des Rieslings – er ist eine Kreuzung aus beiden Rebsorten und eine gut hundert Jahre alte Züchtung. Weine dieser Rebsorte sollten jung getrunken werden, weil sich der sortentypische Muskatton im Laufe der Jahre verliert.
Einen bedeutenden Platz in der deutschen Rebsortenliste nimmt auch der Ruländer (Grauburgunder) ein. Er erzeugt wuchtige, feurige Weine mit vollem Bukett.
Wie der Riesling unter den Weißweinen, nimmt der Blaue Spätburgunder unter den Rotweinen die oberste Qualitätsstufe ein. Weitere in Deutschland verbreitete Rebsorten sind unter anderem Kerner (eine Kreuzung aus Trollinger und Riesling), Scheurebe (eine Kreuzung aus Silvaner und Riesling), Blauer Portugieser, Trollinger und Gewürztraminer.

Wie der deutsche Wein sich behauptet

Wegen der nördlichen Lage seiner Anbaugebiete haben es die deutschen Weine manchmal schwer, das Mostgewicht zu erreichen, das für einen harmonischen, kräftigen Wein nötig ist – schließlich bestimmt der Zuckergehalt des aus den Beeren gepreßten Mostes den Alkoholgehalt des Weins. Der Most darf deshalb vor oder während der Gärung mit Zucker angereichert werden. Eine solche Anreicherung bedeutet grundsätzlich eine Erhöhung des Alkoholgehalts, niemals jedoch eine »Süßung« des Weins. Denn beim Gärprozeß werden sowohl der aus der Traube stammende als auch der zugesetzte Zucker in Alkohol und Kohlensäure umgewandelt. Die Kohlensäure entweicht, der Alkohol aber und die anderen Inhaltsstoffe verbleiben und geben dem Wein Fülle und Aroma.
Der Zucker, der bei der Vergärung in Alkohol umgewandelt wird, ist der Maßstab für die Reife. Er bestimmt das Mostgewicht, das amtlicherseits in sogenannten »Öchslegraden« ausgedrückt wird. Der Name geht zurück auf den Pforzheimer Apotheker, Goldschmied und Mechaniker Ferdinand Öchsle (1774 bis 1852), der ein Instrument zur Messung des Mostgewichts erfand, das in seiner Grundform bis heute verwendet wird.
Öchslegrade, die inzwischen mit einem Refraktometer gemessen werden, zeigen an, um wieviel Gramm ein Liter Most bei einer Temperatur von 20 Grad Celsius schwerer ist als ein Liter Wasser. Aus dem so ermittelten spezifischen Gewicht läßt sich der Zuckergehalt in Gramm pro Liter annähernd errechnen. Mit dieser Methode kann der potentielle Alkoholgehalt des Weins nach der Gärung eingeschätzt werden.

Hintergrund:
Weinernte in Rheinhessen

Pflückreife Weintrauben, in denen sich golden das Sonnenlicht fängt

Bei der Weinlese werden die Trauben in Bütten gesammelt.

In einen Öchslegradmesser gibt man eine Probe des frisch gekelterten Mostes.

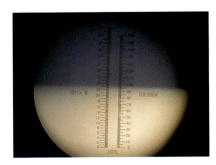
Der Öchslegrad gibt Auskunft über den Zuckergehalt des Traubensaftes.

Anschließend gärt der Most unter Wärme- und Kohlensäureentwicklung, wobei zunächst der »Federweiße« entsteht.

In gutbürgerlichen Gaststuben – wie hier im Bürgerspital in Würzburg – genießt man den neuen Jahrgang.

Später lagert der Wein bis zu über hundert Jahre – wie hier im Keller des Weingutes Schloß Johannisberg.

Schloß Johannisberg im Rheingau ist Deutschlands ältestes Rieslingweingut und eine der berühmtesten Weinbergslagen.

Wein und Feste

Jedes Jahr, Ende September bis Anfang Oktober, ist Federweißer-Zeit. Kurz zuvor werden die ersten Frühsorten gelesen. Nach dem Angären im Faß wird der junge, noch trübe Wein »Federweißer«, »Bitzler«, »Sturm«, »Sauser« oder »Rauscher« genannt, je nach Anbaugebiet.

Beim Angären treten in den Fässern mit dem neuen Most Hefepilze in Aktion. Sie wandeln den Zucker in der Traube in Alkohol und Kohlensäure um, wobei sich der Most weißlich färbt. Seine milchig-trübe Farbe erinnert an Tausende wirbelnde Federchen, daher der Name »Federweißer«. Er hat bereits fast alle Geschmackseigenschaften, die der neue Weinjahrgang später aufweisen wird.

Federweißer gehört zum Herbst wie der Zwiebelkuchen und die Eßkastanien, die man dazu serviert. Doch Vorsicht: So gut er auch schmeckt, er hat es in sich! In Maßen genossen, ist er ein sehr gesundes Getränk, denn er enthält die meisten Vitamine. Denkt man dann noch an den hohen Anteil an Hefe mit ihrer entschlackenden Wirkung, so wird verständlich, warum Federweißer als erfrischendes und belebendes Getränk in den Weinanbaugebieten so beliebt ist.

Die Freunde der deutschen Weine feiern nicht nur nach der alljährlichen Weinlese im Herbst, sondern bei vielen Gelegenheiten fast das ganze Jahr hindurch. Vielfältig wie die deutschen Weine sind auch die Feste, welche die Tradition des Weinbaus widerspiegeln. Solche Feste sind beliebt bei Jung und Alt, denn jedes Winzerfest hat seinen eigenen Reiz, von den feierlich umrahmten Eröffnungen mit festlichen Umzügen über Volksfeste mit heimatlichen Klängen bis zu fachlichen Weinproben, Autorenlesungen und literarischen Dämmerschoppen. Einiger Beliebtheit erfreuen sich auch die für ein größeres Publikum organisierten Weinproben.

Deutscher Wein und seine Qualitäten

Die Mostgewichte einer durchschnittlichen Ernte unterscheiden sich je nach Rebsorte und Anbaugebiet beträchtlich innerhalb Deutschlands. Sie bestimmen die Qualitätsstufen – der Handel nennt sie »Güteklassen« – der deutschen Weine.

Tafelwein
Tafelweine sind leicht, frisch und anspruchslos. Deutsche Tafelweine dürfen keine Lagenamen führen und tragen daher jeweils nur den Namen von vier großflächigen Tafelweinanbaugebieten – Rhein und Mosel; Main; Neckar; Oberrhein – oder die Namen engerer Herkunftsräume in diesen Gebieten. Sie unterliegen keiner besonderen Qualitätskontrolle. Nur knapp drei Prozent der deutschen Weine gehören in die Kategorie der Tafelweine (während sie in Frankreich und Italien die große Mehrheit ausmachen).

Landwein
Bei diesen Weinen handelt es sich um gehobene Tafelweine – landschaftstypische, herzhafte Schoppenweine, wie sie die Winzer selbst gern trinken. An sie werden höhere Anforderungen als an die Tafelweine gestellt. Sie dürfen nur aus den Trauben eines einzigen Landweingebietes stammen – 20 Landweingebiete wurden im Weingesetz festgelegt. Deutscher Landwein ist nur in trockenen und halbtrockenen Abfüllungen im Handel, was für seine Qualität spricht.

Qualitätswein bestimmter Anbaugebiete (QbA)
Dies sind gebietstypische Weine, die nur von genehmigten Rebflächen und zugelassenen Rebsorten stammen dürfen. An den Reifegrad der Trauben und an die Herkunft werden weitergehende Anforderungen gestellt. Ein Qualitätswein darf nur aus einem der 13 Anbaugebiete stammen und muß in einer amtlichen Qualitätsprüfung vorgestellt und geprüft werden. Die erteilte amtliche Prüfnummer (A.P.-Nr.) muß auf dem Etikett stehen.

Qualitätswein mit Prädikat
Wenn es die Natur gut mit den Winzern meint, bringen sie Prädikatsweine ein, die auf Jahrzehnte das Prestige nationaler und internationaler Weinkarten mitbestimmen. Die einzelnen Prädikate – Kabinett, Spätlese, Auslese, Beerenauslese, Trockenbeerenauslese und Eiswein – werden nur dann zuerkannt, wenn die Weine in der geschmacklichen Überprüfung die jeweils typischen Qualitätsmerkmale aufweisen.
So darf der Most dieser Weine nicht mit Zucker angereichert und der Reifezustand der Trauben muß vor der Lese angemeldet werden, damit die amtlichen Prüfstellen Stichproben nehmen und die »A.P.-Nr.« vergeben können.

Deutsches Weinsiegel
Das deutsche Weinsiegel, ein Gütezeichen der Deutschen Landwirtschaftsgesellschaft, wird in drei Farben vergeben: Gelb – trockene Weine; Grün – halbtrockene Weine; Rot – liebliche oder süße Weine.

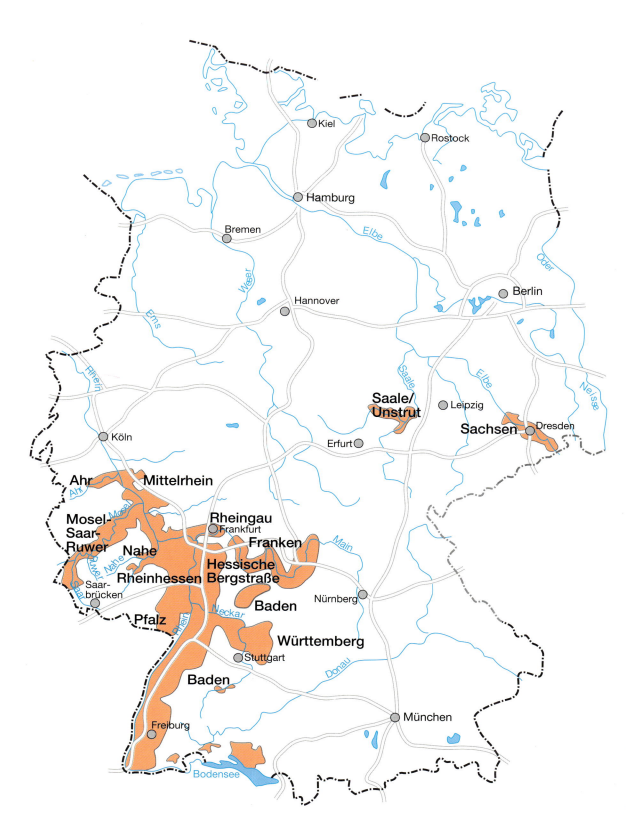

Deutsche Weinanbaugebiete

In Deutschland gedeiht der Wein am besten an Hängen, die nach Süden oder Südwesten orientiert sind: in den wind- und wettergeschützten Tälern des Rheins und seiner Nebenflüsse. Insgesamt 13 Anbaugebiete hat die Weinwirtschaft festgelegt.

Ahr: Südlich von Bonn wachsen an den Hügeln der Eifel auf Schiefer- und Vulkanböden vornehmlich Rotweine mit feinem, samtigem Charakter. Mehr als die Hälfte der Rebfläche nimmt der Blaue Spätburgunder ein. Auch einige Weißweine, wie etwa der Riesling, gedeihen hier.

Mittelrhein: Zwischen Bonn und Bingen, im romantischsten Teil des Rheinlandes, wachsen auf Tonschieferterrassen, die von Sonne und Fluß gewärmt werden, kernige und herzhafte, rassige Rieslingweine sowie Müller-Thurgau, ein weicher, vorwiegend leichter Wein mit milder Säure.

Nahe: Das Gebiet erstreckt sich von Bingen flußaufwärts und liefert Weine von überraschender Vielfalt. Die Rebfläche umfaßt über 4500 Hektar und ist damit viermal so groß wie die von Ahr (485) und Mittelrhein (680) zusammen. Angebaut wird vor allem der Riesling, der hier einen herzhaften Fruchtgeschmack und ein mineralisches Aroma hat. Auch der Weißburgunder lohnt das Probieren.

Mosel-Saar-Ruwer: Von der luxemburgischen Grenze, südlich von Trier, schlängelt sich die Mosel mit ihren Nebenflüssen bis nach Koblenz. Hier liegt das größte Anbaugebiet für den Riesling. Mosel-Riesling wird – in guten Jahren – gerühmt in aller Welt wegen seiner Eleganz. Er ist zart, leicht und fast prickelnd. Am besten schmeckt er halbtrocken und drei bis vier Jahre gereift.

Rheingau: Wo der Rhein einen Schwenker nach Westen macht, gedeihen – auf üppigem Lehmboden – Weine von Weltruf. Die Rheingauer waren die ersten, die den Wert der Botrytis-Edelfäule, welche die Weinbeeren zu Rosinen schrumpfen läßt, und somit die Spätlese und Auslese entdeckten. Alle ausgezeichneten Lagen sind mit dem Riesling bestockt.

Hessische Bergstraße: Im Schutz des Odenwaldes liegt eines der kleinsten deutschen Weinanbaugebiete, das Weine von blumig-herzhafter Art erzeugt. Bergsträßer Riesling schmeckt weich, dezent und etwas erdig. Die wohl besten Lagen finden sich in Bensheim und Heppenheim.

Rheinhessen: Zwischen Bingen, Alzey, Mainz und Worms gelegen, liefert Deutschlands größtes Weinanbaugebiet eine reiche Palette an Qualitätsweinen und großen Spitzengewächsen. Typisch für Rheinhessen ist nicht mehr, wie ehedem, der Müller-Thurgau, die häufigste deutsche Rebsorte, sondern der Silvaner. Doch auch ein rassiger Riesling, feine Weißburgunder sowie weiche Spätburgunder-Rotweine gedeihen hier.

Pfalz: Längs der Bergrücken der Haardt und des Pfälzer Waldes erstreckt sich ein geschlossener Rebgürtel. Nach Rheinhessen ist die Pfalz Deutschlands zweitgrößtes Weinanbaugebiet. Die wichtigsten Weine sind hier Müller-Thurgau, hochklassige Silvaner und Weißburgunder, aber auch ein erdig-fruchtiger Riesling.

Baden: Die Rebflächen Badens erstrecken sich vom Bodensee am östlichen Rheinufer entlang bis nördlich von Heidelberg. Ihre Ausdehnung über fast 400 Kilometer Länge bedingt große Unterschiede in Klima- und Bodenverhältnissen. Entsprechend vielfältig sind auch die Rebsorten. Früher dominierten Müller-Thurgau, Ruländer und Weißherbst, aus denen Rivaner, Grauburgunder und Rosé wurden. Weiß-, Grau- und Blauer Spätburgunder werden fast immer trocken angeboten.

Württemberg: Das schwäbische Weinanbaugebiet liegt zwischen Heilbronn und Stuttgart. Gemeinsam ist allen Württemberger Weinen der eigenwillige, markante und nervige Geschmack. Vor allem herzhafte Rotweine sind hier vertreten wie der Trollinger. Der Riesling bedeckt ein Viertel der gesamten Anbaufläche.

Franken: Das fränkische Anbaugebiet zwischen Aschaffenburg und Schweinfurt liefert einen herben Wein von ausgeprägter Eigenart: Bei allen Frankenweinen ist das typische Erdaroma zu erkennen. Hier ist auch die Heimat des Bocksbeutels. Aufgrund der unterschiedlichen Bodenverhältnisse gibt es eine Vielzahl von Geschmacksrichtungen.

Saale/Unstrut: An den warmen Talhängen der beiden Flüsse Saale und Unstrut wachsen die Weine der nördlichsten deutschen Weinregion. Die Weine haben aufgrund der Muschelkalk- und Sandsteinböden einen weichen Charakter. Die Unstrutweine lassen sich mit den Frankenweinen vergleichen.

Sachsen: Die relativ kalkarmen Böden des kleinsten deutschen Weinanbaugebietes geben den Elbtalweinen eine gemeinsame Note. Sie sind charaktervoll, trocken, mit unverwechselbarer fruchtiger Säure. Alle Weine sind völlig durchgegoren.

Apfelwein in Sachsenhausen
Ebbelwoi

Im pittoresken Frankfurter Stadtteil Sachsenhausen ist der Apfelwein zu Hause, im hessischen Dialekt auch »Ebbelwoi« genannt. So wie in Münchner Biergärten das Bier wird er dort zur Sommerzeit im Schatten großer Bäume in geselliger Runde getrunken. Den Ebbelwoi schenkt man aus großen Steingutkrügen aus, die »Bembel« genannt werden. Die gerippten Ebbelwoi-Gläser fassen ein Drittelliter, und Stammgäste bedecken ihr Glas mit einem hölzernen Deckel, der kunstvoll verziert ist: mit Schnitzereien, eingelassenen Münzen oder Wappen, auch mit Fotos von Verwandten. Der Sinn des Deckels ist selbst Frankfurtern nicht ganz klar, denn die Vermutung, er solle verhindern, daß Lindenblüten oder Insekten ins Glas fallen, ist eine unzureichende Erklärung: Auch in geschlossenen Räumen wird der Deckel verwendet.

Wer Apfelwein zum ersten Mal probiert, ist von der herben Säure dieses Getränks verblüfft und beschließt zunächst, ihn nicht zu mögen – eine Einstellung, die sich spätestens beim Genuß des zweiten oder dritten Glases verliert. Denn der erfrischende Durstlöscher, der aus besonders dafür geeigneten, ausgewählten Äpfeln hergestellt wird, enthält etwa 5,5 Prozent Alkohol. Darüber hinaus ist er durch eine natürliche Kombination von organischen Säuren und Mineralstoffen ein wertvolles Lebensmittel.

Die guten Eigenschaften des Apfelweins werden durch seine schonende Herstellung in den Keltereien erzielt. Diese beginnt schon bei der Apfelernte Anfang September, bei der die Kelter-Äpfel auch heute noch in traditioneller Art vielfach von Hand vom Baum geschüttelt und in Säcken verladen werden. Für einen Kelter-Apfel ist die richtige Mischung von natürlichem Fruchtzucker und Fruchtsäure bei festem, saftigem Fleisch ausschlaggebend.

Bei der Kelterung werden die gründlich gewaschenen Äpfel zunächst zu Maische gemahlen und diese dann ausgepreßt. Der aus dem Kelter laufende frische Most, der noch keinen Alkoholgehalt aufweist, wird »Süßer« genannt. Vor der Hauptgärungsphase wird er auf Güte, das heißt mit der Öchslewaage auf Fruchtzucker- und Fruchtsäuregehalt geprüft. Im anschließenden natürlichen Gärungsprozeß, der vier bis sechs Wochen dauert, entstehen aus dem Fruchtzucker dann Alkohol und Kohlensäure.

Nach dieser Hauptgärung wird der Apfelwein von der Hefe abgezogen und in Lagerfässer oder Tanks umgebettet. Es folgt ein erst im Dezember beendeter Reifungsprozeß, der dem Getränk seinen harmonischen Geschmack verleiht, wobei durch die natürliche Kohlensäure seine Spritzigkeit erhalten bleibt. Apfelwein trinkt man mit einer Temperatur von etwa zwölf Grad Celsius, also leicht gekühlt, weil sich dann der Frischegeschmack voll entfaltet.

Einige kulinarische Spezialitäten gehören ebenfalls zum Apfelwein, wie beispielsweise »Handkäs mit Musik« oder »Frankfodder Gebabbel«. Der »Handkäs« ist ein kleiner, aus freier Hand geformter Käse, und die »Musik« besteht aus gehackten Zwiebeln, Essig, Öl und Gewürzen, einer Marinade, die den Käse milder und leichter verdaulich macht.

In Sachsenhausen wird der Handkäs nur mit dem Messer serviert – Gabel und Serviette gibt es nicht dazu. Man bestreicht sein Brot mit Butter, schneidet ein Stück Käse ab und legt es auf eine Ecke des Brotes. Obenauf kommen ein paar gehackte Zwiebeln, und nun wird einfach abgebissen.

Frankfodder Gebabbel

Das andere beliebte Gericht zum Apfelwein sind Frankfurter Rippchen mit Sauerkraut. In Frankfurt werden die Rippchen nicht geräuchert, sondern nur gepökelt. Beim Ebbelwoi gerät der Frankfurter ins »Babbele«, was dem Apfelwein auch den Namen »Babbelwasser« eingetragen hat.

750 g gepökelte Rippchen
2 Zwiebeln
2 Gewürznelken
5 Pfefferkörner
2 Äpfel
Schmalz
750 g Sauerkraut
1 Lorbeerblatt
4 Wacholderbeeren
1 Glas Apfelwein

Die Rippchen in wenig Wasser zusammen mit einer geschälten, grob zerkleinerten Zwiebel, Nelken und Pfefferkörnern etwa 30 Minuten kochen, herausnehmen und in Scheiben schneiden.

Die zweite Zwiebel schälen und hacken, die Äpfel schälen, entkernen und in Scheiben schneiden. In einem Topf Schmalz erhitzen, Zwiebel und Äpfel darin kurz anrösten. Das Sauerkraut hinzufügen und anschmoren. Lorbeerblatt und Wacholderbeeren dazugeben, den Apfelwein angießen und die Pökelrippchen auflegen. Den Topf mit einem Deckel verschließen und alles bei schwacher Hitze garen.

Frankfurter grüne Sauce

Die »grie Sooß« paßt am besten zu gekochtem Rindfleisch.

4 hartgekochte Eier
Salz
1 Bund Schnittlauch
1 Bund Petersilie
3 Dillzweige
1 Bund gemischte Kräuter
1/8 l Öl
Zitronensaft
schwarzer Pfeffer
Zucker
Senf

Die Eier schälen und halbieren, Eigelbe herauslösen, zerdrücken und salzen. Die Kräuter waschen, trockentupfen und fein hacken, mit den Eigelben vermengen und nach und nach das Öl einarbeiten. Die Eiweiße hacken und zu der Mischung geben. Mit Zitronensaft, Pfeffer, Zucker und Senf abschmecken.

Hintergrund: Im Frankfurter Stadtteil Sachsenhausen sitzen die Gäste dichtgedrängt und genießen in entspannter Atmosphäre den Ebbelwoi.

Frankfurter Ebbelwoi – hochdeutsch: Apfelwein – wird aus einem Steinkrug, dem sogenannten Bembel, ausgeschenkt.

Qualität durch Reinheit
Deutsches Bier

Das größte Bierfest der Welt

Alljährlich im September findet in München ein gigantisches Volksfest statt: das Oktoberfest. Für viele der in die Millionen zählenden Besucher hat es nur einen Zweck – sich kräftig zu betrinken. Man trinkt dort das Bier, damit der gewünschte Rausch sich schneller einstellt, aus »Maßkrügen«, die wahrhaftig einen ganzen Liter Bier fassen (oder zumindest sollten). Der dazugehörige Griff zum Henkelglas will erlernt sein – ebenso wie die verkaufsfördernde Trinkerhymne, welche die Trachtenkapellen in den gewaltigen Bierzelten in Abständen intonieren: »Ein Prosit, ein Prosit der Gemütlichkeit.« Dann haben die kräftig gebauten, gutmütigen, aber im Streitfall recht energischen Bedienungen wieder einmal gehörig zu schleppen. Ein Dutzend Maßkrüge gleichzeitig tragen sie mit Leichtigkeit – mit solchen Damen führt man im Ernstfall keine Diskussionen.

Bier ist nicht nur in Bayern, sondern in ganz Deutschland ein Kultgetränk. Mehr als 140 Liter pro Jahr nimmt jeder Deutsche zu sich – Kinder und Greise eingerechnet. Wein (20 Liter pro Jahr und Kopf) rangiert demgegenüber weit abgeschlagen auf dem zweiten Platz. Nur Kaffee trinken die Deutschen noch lieber (200 Liter).

Bier ist in Deutschland längst nicht gleich Bier. Welches Bier man bevorzugt, grenzt an eine Weltanschauung und läßt sich in langen Thekengesprächen auch ausgiebig begründen. Denn nicht nur beim Münchner Oktoberfest spielt Bier die Hauptrolle: Überall in Deutschland gibt es Anlässe und Gelegenheiten genug, der Leidenschaft des Biergenusses zu frönen – sei es alltäglich in einer der hunderttausend Kneipen im ganzen Land, sei es bei einem der zahlreichen Feste, die rund um das Jahr in allen Landstrichen stattfinden.

Ein Reinheitsgebot seit 500 Jahren

Die deutschen Brauer haben sich verpflichtet, ihre Biere nach wie vor nach dem Reinheitsgebot herzustellen, das der bayerische Herzog Wilhelm IV. am 23. April 1516 verkündete (in Köln gab es sogar schon seit 1412 eine vergleichbare Verordnung). Trotz ihrer Niederlage vor dem Europäischen Gerichtshof im Jahre 1987, der die Selbstbeschränkung auf Hopfen und Malz, Hefe und Wasser als europäisches Handelshemmnis abqualifizierte, werden in Deutschland keine anderen Stoffe als die vier genannten für die Herstellung von Bier verwendet. Gleichwohl gibt es in Deutschland rund 5000 verschiedene Biere, vom Einfachbier bis zum Maibock, wobei neben vielen anderen Faktoren die Art des Hopfens, die verwendeten Hefekulturen und der Geschmack des Wassers am Brauort eine bedeutende Rolle spielen. Die deutschen Biertrinker honorieren im übrigen die Prinzipientreue der Brauer: Als Ergebnis einer Studie von 1992 bezeichneten 92 Prozent von 3000 Befragten das Reinheitsgebot als wichtig hinsichtlich Qualität und Bekömmlichkeit.

In Bayern trinkt man das Bier aus Literkrügen – nicht nur eine Herausforderung für die Kellnerinnen.

In einem Bierzelt bringt beim Münchner Oktoberfest eine Trachtenkapelle das Publikum in Stimmung.

Obergärig und untergärig

Strenggenommen gibt es nur zweierlei Arten Bier, die man brautechnisch jeweils nach dem Gärprozeß unterscheidet – und dieser Unterschied ist bedeutsam. Er resultiert aus der verwendeten Hefe. Noch im Jahre 1516, als das bayerische Reinheitsgebot erlassen wurde, war Bierhefe unbekannt und das Gelingen des Gebräus eher Zufall. Erst im 17. Jahrhundert erkannte man die Wirkung der Hefe, und im 19. Jahrhundert entdeckte der Däne Emil Christian Hansen zahlreiche verschiedene Heferassen, von denen viele auf das Bier einwirken. Als die Züchtung spezieller Hefepilze gelang, braute man das Bier gezielt obergärig oder untergärig. Die meisten Brauereien züchten in Reinzuchtanlagen aus einer einzigen Hefezelle ihre Bierhefe selbst, so daß alle Hefezellen identische Eigenschaften haben. Auf diese Weise ist ein gewisser Geschmacksstandard zu gewährleisten.

Obergäriges Bier vergärt bei einer Temperatur von 15 bis 20 Grad Celsius. Die zugesetzte Hefe hat die Eigenschaft, zusammenhängende Kolonien zu bilden, die nach dem Brauvorgang auf dem Sud schwimmen – daher die Bezeichnung »obergärig – und abgeschöpft werden können. Dieses Brauverfahren ist das ältere. Nicht von ungefähr hat man in Regionen mit mildem Klima und entsprechenden Temperaturen wie beispielsweise am Niederrhein – wo ein langer kalter Winter eher die Ausnahme darstellt – eine besonders ausgefeilte obergärige Brautechnik entwickelt, die des Altbiers. Zu den obergärigen, begrenzt lagerfähigen Bieren gehören außerdem Kölsch, Berliner Weiße Weizen- und Malzbier.

Untergäriges Bier benötigt für den Gärprozeß niedrige Temperaturen von unter zehn Grad Celsius. Vor der Erfindung der Kältemaschine im Jahre 1876 durch den bayerischen Ingenieur Carl Linde konnte dieses Bier nur in den Wintermonaten gebraut werden, und Regionen mit kalten, langen Wintern wie beispielsweise Bayern waren hier im Vorteil. Untergärige Hefe vergärt den Malzzucker langsam in einem Zeitraum von etwa einer Woche. Dann setzt sie sich am Bottichboden ab. Solcherart gebrautes Bier ist länger lagerfähig (alle Lagerbiere sind daher untergärige Biere). Pils, Export, Stark- und Bockbier beispielsweise sind untergärige Biere, die mit etwa 85 Prozent Marktanteil den Biermarkt dominieren.

Vielfalt von Nord bis Süd

So gut wie überall in Deutschland wird seit dem Mittelalter Bier gebraut. Brauen war in vergangenen Zeiten Sache der Hausfrau; erst im vorigen Jahrhundert haben sich in großem Stil gewerbliche Brauereien entwickelt, zumeist Familienbetriebe, die ihr Bier rund um den Brauereischornstein verkauften. Die meisten von ihnen sind inzwischen verschwunden: Sie wurden von großen, überregionalen Konkurrenten aufgekauft und stillgelegt.

Bei diesen großen Brauereien ist vom Brauprozeß nicht mehr viel zu sehen. Blankpolierte Sudpfannen von beeindruckenden Ausmaßen, imposante Schalttafeln mit elektronischen Lämpchen sowie gewaltige Lagertanks aus Edelstahl, Hunderte von zylinderförmigen Aluminiumfässern in der Versandhalle und hochkomplizierte, fußballfeldgroße Flaschenabfüllanlagen, die wie von Geisterhand bewegt funktionieren, lassen keine Bierbrauerromantik mehr aufkommen.

Das ist bei den kleinen und kleinsten Privatbrauereien anders, die vor allem in Bayern noch existie-

Linke Seite: In Köln trinkt man obergäriges Kölsch – und zwar aus sogenannten Stangen, die nur 0,2 Liter fassen. Am besten schmeckt es natürlich frisch gezapft wie hier im Brauhaus Päffgen.

ren. Sie haben sich dem Konzentrationsprozeß widersetzt und brauen ihr Bier auf herkömmliche Weise – technisch weniger perfekt, dafür aber auf alte handwerkliche Art. Die heimischen Biertrinker schwören auf ihr solcherart entstandenes »eigenes« Bier und wollen von den großen »Premium«-Marken nichts wissen. Die kleinen Brauer besetzen geschickt jene Marktnischen, die ihnen die großen Bierproduzenten gelassen haben, und bringen ihr Bier in der traditionellen Bügelverschlußflasche, in hölzernen Bierkästen und vereinzelt sogar noch in Holzfässern alter Art auf den

Inseln des deutschen Bierkonsums

Wo das Bier eine so dominante Rolle als Getränk spielt, bilden sich auch regionale Spezialitäten heraus. Da nimmt es nicht wunder, daß die deutsche Bierkarte einem Flickenteppich gleicht.

In Berlin trinkt man die (andernorts wenig geschätze) Berliner Weiße: ein alkoholarmes, obergäriges Schankbier auf Milchsäurebasis und einem Drittel Weizenmalz, das man, um es geschmacklich aufzuwerten, mit einem »Schuß« grünen Waldmeister- oder roten Himbeersirup versetzt und mit einem Strohhalm serviert.

feinbitteres Obergäriges, das man am liebsten vom Faß aus schlichten, gedrungen-zylindrischen Gläsern trinkt. Alt schmeckt schwach nach Malz, was auf ein besonderes Röstverfahren beim Mälzen des Braugetreides zurückgeht. In der Düsseldorfer Altstadt, gern als die »längste Theke der Welt« bezeichnet, ist Alt das Pflichtgetränk.

Köln ist die Stadt mit den meisten Brauereien in Deutschland (zwölf in den Stadtgrenzen, weitere zwölf im Umland): Dort trinkt man aus schlanken, zylindrischen »Stangen« mit einem Fassungvermögen von nur einem Fünftelliter Kölsch, ein »helles,

Hopfen, Gerstenmalz und Hefe sind außer Wasser die einzigen Zutaten für deutsches Bier.

In Sudpfannen wird das Malz mit Wasser gekocht. Die sogenannte Würze – Basis der anschließenden alkoholischen Gärung – entsteht.

Während des Kochvorgangs wird Hopfen hinzugefügt, der dem Bier eine herbe Note verleiht.

Markt. Einige von ihnen haben es sogar verstanden, damit überregionale Bedeutung zu erlangen, und versenden ihr Bier über Hunderte von Kilometern an interessierte Kunden, die den nostalgischen Habitus zu schätzen wissen. Sie bewahren damit eine Tradition, die sonst der großindustriellen Produktion zum Opfer fallen würde.

Dabei handelt es sich um eine Tradition, die auf die zahlreichen Klöster zurückgeht, mit denen Deutschland im Mittelalter überzogen war. Bierbrauen war ein Privileg der Mönche, die sich dieser Aufgabe mit Hingabe widmeten und das Handwerk des Brauens zu großer Kunstfertigkeit entwickelten. Das wohl berühmteste Kloster dieser Art ist Weihenstephan, wo sich noch heute die angehenden Braumeister in der Bierbrauer-Fakultät der Universität München ihr Rüstzeug holen.

Das Zentrum der deutschen Bierproduktion liegt dort, wo in Deutschland die meisten Menschen wohnen: im Ruhrgebiet. In Dortmund und in den angrenzenden ländlichen Regionen (Siegerland, Sauerland, Eifel), wo das Wasser am besten ist, wird der größte Teil des deutschen Biers hergestellt. Es sind hauptsächlich Pilsener Biere der »Premium«-Klasse, edle Markenbiere, die von dort aus ins ganze Land gehen – außer in die »Bierfestung« Bayern, wo man noch unbeirrt am traditionellen »Hellen« festhält und dazu ein umfangreiches Sortiment von Spezialbieren anbietet – vom obergärigen Weißbier über Bock-, Maibock- und Dunkelbockbier bis zum Oktoberfest-Märzen, das nur während des größten Bierfestes der Welt ausgeschenkt wird.

In Hannover ist die »lüttje Lage« zu Hause. Ähnlich wie sich der Bergwerkskumpel im Ruhrgebiet nicht mit einem Glas Bier zufriedengibt, sondern seinen Schnaps dazu braucht, genießt auch der Hannoveraner sein Feierabendgetränk. Er trinkt indes nicht »zweihändig« wie sein Kollege im Westen, sondern führt Bier- und Schnapsglas in einem komplizierten Doppelgriff mit einer Hand so zum Mund, daß der Schnaps erst ins darunter ausfließende Bier und dann zusammen mit diesem in den Mund fließt (Abbildung S. 334).

In Düsseldorf und am Niederrhein wird Alt getrunken. Das ist ein würziges, dunkles und dabei

Deutsche Biere

1 Flensburger Pilsener
2 Altenmünster Premium Bier
3 Dom Kölsch
4 Diebels Alt
5 Aecht Schlenkerla Rauchbier
6 Augustiner Bräu München
7 Warsteiner Pilsener
8 Weltenburger Kloster Asam-Bock
9 Ayinger Maibock
10 Königliches Festtagsbier
11 Erdinger Dunkler Weizenbock
12 Münchner Kindl Weißbier
13 Weihenstephan Hefeweißbier
14 Lauterbacher Brotzeitbier
15 Kloster Andechs Doppelbock

blankes, hopfenbetontes obergäriges Vollbier«, wie es in der »Kölsch-Konvention« heißt. Sie ist übrigens ein in der deutschen Biergeschichte einmaliges Dokument: Die »Kölsch-Konvention« von 1986 regelt Herkunft und Vermarktung der Kölschbiere bis ins kleinste und hindert andere Brauereien daran, es den Kölnern gleichzutun – Kölsch muß aus Köln kommen wie Nürnberger Lebkuchen aus Nürnberg.

Ein ganz eigenwilliges Bier wird im fränkischen Bamberg hergestellt, das Bamberger Rauchbier. Sein Rauchgeschmack kommt von einem Buchenholzfeuer, über dem das Grünmalz gedarrt wird.

1   2   3   4   5

Bestandteile und Brauprozeß von deutschem Bier

In Deutschland gibt es rund 5000 Biersorten. Gleichwohl werden sie alle – gemäß dem Reinheitsgebot von 1516 – aus nur vier Zutaten hergestellt. Grundlage für die Herstellung deutschen Biers ist Gerstenmalz, vereinzelt auch Weizenmalz. Die darin enthaltene Stärke ist der Ausgangsstoff für Alkohol und Kohlensäure und damit Basis des Biers.
Hinzu kommt der Hopfen, der dem Bier seinen fein-bitteren Geschmack gibt und die Haltbarkeit erhöht. Vor allem der Hopfen bestimmt den Biertyp: Je nach Art des verwendeten Hopfens und seiner Dosierung entsteht ein milderes oder herberes Bier.
Dritter Bestandteil ist die Hefe, bei der man zwei Haupttypen unterscheidet: die untergärige und die obergärige Hefe. Letztere ist die ältere; sie gärt bei Temperaturen zwischen 15 und 20 Grad Celsius, während die untergärige Hefe zwischen fünf und zehn Grad Celsius benötigt – daher wurde in früheren Zeiten nur im Winter oder aber obergärig gebraut. Erst mit der Erfindung der Kältemaschine war es möglich, ganzjährig untergärig zu brauen – Voraussetzung für den Siegeszug der Export- und später der Pilsbiere.
Und schließlich das Wasser: Kalkhaltiges Wasser eignet sich besser für dunkle Biere, Urgesteinwasser für helle Biere. Gegebenenfalls wird das Wasser heute in Wasserenthärtungsanlagen aufbereitet.
Die wichtigsten Phasen des Brauprozesses sind das Maischen, das Kochen der Würze, das Gären und das Reifen im Lagerkeller.
Mit »Maischen« bezeichnet man das Erwärmen und Kochen des geschroteten Malzes mit Wasser. So entsteht die »Würze«, die alsdann unter Zugabe von Hopfen gekocht wird.
Danach wird die Hefe zugesetzt, und der Gärprozeß kann beginnen. Er dauert zwischen vier und zehn Tage. Dann kommt das fertige Jungbier in Lagertanks, wo es einige Wochen reifen darf, bis es gefiltert und auf Fässer oder Flaschen abgefüllt wird.
In allen Phasen der Bierherstellung hat der Braumeister vielfältige Eingriffsmöglichkeiten, um ein Bier nach seinen speziellen Vorstellungen zu produzieren. Nicht nur durch die Wahl der Zutaten, sondern auch durch die Länge des Brau-, Gär- und Lagerprozesses sowie durch die Art der abschließenden Filterung bestimmt er den Biergeschmack, den der Bierfreund schließlich in seinem Glas würdigt.

Regionale Imbißspezialitäten zum Bier

Nicht nur beim Bier sind Deuschlands Regionen auf Eigenständigkeit bedacht – auch in den meist deftigen kleinen Speisen, die zum Bier gereicht werden, drückt sich regionale Unabhängigkeit aus.

Berlin
- Aal jrün mit Jurkensalat
  Mit kochendem Essig übergossener frischer Aal mit Gurkensalat
- Berliner Bierkarpfen
  Karpfen, aromatisiert mit geriebenem Pfefferkuchen
- Bollenfleisch
  Hammelragout mit Zwiebeln und Kümmel
- Bulette
  Frikadelle aus Rinder- und Schweinehackfleisch
- Gänseweißsauer
  Gänsefleisch in Essigsülze
- Hackepeter
  Gewürztes Schweinehack, mit Brot roh gegessen
- Hoppel-Poppel
  Resteverwertung aus Fleisch, Kartoffeln, Eiern und Zwiebeln
- Rollmops
  Roulade aus sauer eingelegtem Hering mit Gurke und Zwiebeln
- Soleier
  In Salzlake eingelegte, gekochte Eier
- Stolzer Heinrich
  Bratwurst mit Zwiebeln und Bratensauce, mit Kartoffelpüree serviert

Bayern
- Beuscherl
  Gekochte Lunge, Herz und Milz
- Fleischpflanzl
  Frikadelle aus durchgedrehtem Rind- und Schweinefleisch
- Knöcherlsulz
  Sülze mit Schweinsknochen und –füßen
- Leberkäs'
  Gebackenes Rinderbrät
- Milzwurst
  Brühwurst mit Milzstücken
- Obatzter
  Angemachter Camembert
- Preßsack
  Wurst aus Schwartenmagen
- Radi
  Weißer Rettich, kunstvoll in Spiralen geschnitten und mit Salz bestreut
- Tellerfleisch
  Gekochtes Rindfleisch mit Meerrettich
- Wammerl
  Schweinebauch
- Weißwurst
  Feine Wurst aus Kalbsbrät

Rheinland
- Hämmche
  Oberteil der Wade vom Schwein, gepökelt und gekocht
- Halve Hahn
  Halbes Roggenbrötchen mit einer Scheibe Holländer Käse
- Himmel un Äd
  Kartoffel- und Apfelbrei mit gebratener Blutwurst
- Hirringschlot
  Heringssalat
- Klatschkies met Musik
  Quark mit Zwiebeln
- Knabbeldanz
  Gebratene Fleischreste in Buchweizenmehl, auch als »Pannhas« bekannt
- Kölsch Kaviar
  In Scheiben geschnittene und gebratene Blutwurst mit Zwiebeln, außerhalb Kölns auch »Näcke Hennes« genannt
- Rievkooche
  Pfannkuchen aus geriebenen Kartoffeln (Rezept S. 304)
- Suurbrode
  Sauerbraten vom Rind, ursprünglich vom Pferd
- Zizies
  Frische Bratwürste

Ruhrgebiet
- Blindhuhn
  Eintopf aus Kartoffeln, Bohnen, Speck, Möhren, Äpfeln und Birnen
- Pfefferpotthast
  Gulasch auf Westfälisch: Rindfleischwürfel in Zwiebeln geschmort und mit Semmelbröseln gebunden
- Pillekuchen
  Eierpfannkuchen mit Kartoffeln
- Potthucke
  Kartoffelbrot mit eingebackener Mettwurst
- Töttchen
  Gewürzeltes Kalbfleisch in heller Mehlsauce

6 7 8 9 10 11 12 13 14 15

Von Korn, Obst und Kräutern
Schnäpse

Branntwein: Korn und Klarer

Wenn von deutschem Schnaps gesprochen wird, denkt man gewiß zuerst an den Korn. Seine Wurzeln stammen aus der Landwirtschaft: Die Bauern des Mittelalters brannten Roggen, Weizen oder Gerste, weil sie nicht nur Wert auf das Destillat legten, sondern auch auf die sogenannte Schlempe. Dieses Nebenprodukt der Alkoholerzeugung erwies sich als hochwertiges, eiweißreiches Futtermittel und ermöglichte es den Bauern, mehr Vieh zu halten, das schneller heranwuchs und mehr Dünger produzierte. Dies führte wiederum zu höheren Erträgen auf den Feldern. Der »Schlempe-Kreislauf« spielt noch heute in der Landwirtschaft eine Rolle.

Korn ist ein Brand aus Roggen, Weizen, Buchweizen, Hafer oder Gerste. Die Rohstoffe müssen alle Bestandteile des Getreidekorns enthalten, damit sich das Destillat »Kornbrannt« nennen darf. Im Sprachgebrauch werden »Korn« und »Klarer« oft miteinander verwechselt. »Klarer« ist ein Sammelbegriff, der alle aromatischen Destillate meint, wenn sie nur »klar«, also farblos, sind. »Korn« im Sinne des Gesetzes muß einen Mindestalkohol von 32 Volumprozent aufweisen, »Doppelkorn« von 38 Volumprozent. Doppelkorn ist weder ein doppelt gebrannter noch eine größere Menge Korn, sondern ein Korn von besonderer Güte, der aus Weizen oder Roggen erzeugt sein kann.

Der erste Kornbrannt ist vermutlich in Nordhausen im Harz hergestellt worden, denn eine Urkunde von 1507 erwähnt schon eine dort beheimatete Brennerei. Nach dem Dreißigjährigen Krieg (1618–48) nahm die Stadt einen bedeutenden Aufschwung: Kornbrannt wurde bis nach Rußland, Schweden, Dänemark und Ungarn geliefert.

Obstbrannt: Obstler und andere Wässer

Was der Korn im Norden, ist der Obstler im Süden. Obstler darf sich nur nennen, wenn er aus Birnen, Äpfeln oder einer Mischung aus beiden Früchten hergestellt worden ist. Die Obstbrenner verwenden viel Sorgfalt auf die Destillation ihres Getränks: Nur unversehrte Kernfrüchte kommen in Frage für die Herstellung eines guten Obstlers, dem manchmal zur Geschmacksverbesserung ein wenig Zwetschgenwasser zugesetzt wird.

Ein Birnenbrannt behält bei der Destillation seinen typischen Fruchtgeschmack; Apfelbrannt schmeckt hingegen nach der Herstellung kaum noch nach Äpfeln, allenfalls nach den Kernen. Deshalb tritt er nur selten unter eigenem Namen auf, sondern wird als Obstbranntwein verkauft, wobei auch anderes Obst zugesetzt sein kann.

In den Obstanbaugebieten, vor allem in Süddeutschland, ist die Herstellung von Obstbranntwein von großer ökonomischer Bedeutung, weil damit auch ein unerwartet großer Erntesegen wirtschaftlich bewältigt werden kann. Nur drei bis sieben Liter Alkohol gewinnt man aus hundert Kilogramm Äpfeln, wobei sich die kleinen und unansehnlichen Früchte, für die man auf dem Markt kaum einen Erlös erzielen würde, besonders anbieten. Auch die kleinen und wenig attraktiven Birnen aus dem süddeutschen Bergland lassen sich zu aromatischen und wohlschmeckenden Schnapsen verarbeiten.

Die Schwarzwälder sind stolz auf ihr Zwetschgenwasser, das nicht nur aus dem Fruchtfleisch, sondern auch aus den Steinen gewonnen wird. Es ist farblos und klar, weil es nicht in Holzfässern, sondern in Ton- oder Glasbehältern gereift ist. Eine Sonderform ist der Zibartenbrannt, der aus einer Wildpflaume dieses Namens gewonnen wird, die vor allem an sonnigen Hängen des Schwarzwaldes wächst. Aus der wildwachsenden Schlehe, die zum Steinobst gezählt wird, gewinnt man den Schlehenbrannt und einen schmackhaften Likör namens »Schlehenfeuer«.

Eine besondere Spezialität des Schwarzwaldes ist das Kirschwasser: Schwarzwälder Kirsch gehört zu den wenigen geographischen Herkunftsbezeichnungen, die vom Gesetz her für einen Obstbrannt gestattet sind. Er muß mindestens zwölf Monate lagern und unterliegt einem besonderen Reinheitsgebot – so darf beispielsweise kein Zucker zugesetzt werden. Kirschwasser ist sicher der edelste deutsche Obstbrannt.

Kräuterschnäpse: Medizin und Labsal

Die Tradition der deutschen Kräuterschnäpse geht auf die Kurfürstin Anna von Sachsen im 16. Jahrhundert zurück. Sie hinterließ nicht weniger als 181 Rezepte für deftige Kräuterschnäpse und andere geistige Getränke. Ihre Destillerie lieferte an alle Höfe Europas, wobei im Mittelpunkt ihres Schaffens der medizinische Aspekt der Kräuterschnäpse stand: »Ein wahres Lebenselixier, als treffliches Medicament zur Stärkung und Erhaltung des Körpers und des Geistes.« Wacholder, Wermut, Engelwurz und Ingwer, Vogelbeeren, Schafgarbe, Rosmarin und Nelken – sämtlich uralte Kultur- und Heilpflanzen – übertrugen fortan ihre heilkräftige Wirkung auf die Kräuterschnäpse.

Weinbrand statt Cognac

Wer von deutschen Schnäpsen spricht, darf die Weinbrennereien nicht vergessen. Wohl der bekannteste Name unter den Weinbrennern ist Hugo Asbach, der 1892 in Rüdesheim am Rhein sein Unternehmen gründete und durch eine bis heute andauernde besinnliche Werbekampagne das Produkt Asbach Uralt zu großem Erfolg führte. Cognac dürfen die deutschen Weinbrenner ihr Produkt seit dem verlorenen Ersten Weltkrieg nicht mehr nennen – andererseits ist es ihnen auch nicht gelungen, die Bezeichnung Weinbrand ausschließlich für deutsche Produkte zu reservieren.

Auch für den Weinbrand gelten strenge Gesetze: Weinbrand muß ausschließlich auf der Grundlage von Weindestillat hergestellt werden, und die zur Herstellung verwendeten Weintrauben dürfen ausschließlich von empfohlenen oder zugelassenen Rebsorten stammen. Das Destillat muß mindestens sechs Monate in Eichenholzfässern liegen. Die zur Abrundung zugelassenen Auszüge dürfen mit keinem anderen Alkohol hergestellt werden, und bei der Produktion darf kein Likörwein zugesetzt werden. Weinbrand wird wie Wein mit einer amtlichen Prüfnummer (A.P.-Nr.) versehen.

Unten: Schnaps und Bier, eine »lüttje Lage«, genießen Hannoveraner auf besondere Weise – in einer Art Doppelgriff werden beide Gläser gleichzeitig zum Mund geführt, wobei der Schnaps zuerst auf das Bier und beide Getränke zusammen in den Mund fließen.

Das delikate Beinfleisch

Haxen

Die hochdeutschen Schreibweisen für das schweinerne Beinfleisch, »Hachse« oder »Hesse«, sind im Sprachgebrauch in Vergessenheit geraten – dafür hat sich der süddeutsche Ausdruck »Haxe« bundesweit durchgesetzt. Aus ihm bereitet man einen der wenigen Klassiker der deutschen Küche, die sich über alle Regionen hinweg auf den Speisezetteln findet: das Eisbein, das zusammen mit Sauerkraut und Kartoffelpüree als typisch deutsche Spezialität gilt. Sogar in Bayern, wo man diesen Teil des Schweins lieber im Ofen backt und das Produkt dann »Schweinshaxe« nennt, ist das Eisbein verbreitet, nämlich unter der Bezeichnung »Surhaxe«. Im Rheinland heißt das gleiche Gericht »Hämmchen« und wird ganz ohne Beilage gegessen, allenfalls mit einem Klecks Senf und einem Röggelchen, einem kleinen würzigen Roggenbrötchen.

Die Kalbshaxe, das Beinfleisch vom jungen Rind, wird ebenso zubereitet wie die Schweinshaxe. Weil sie größer ist, werden von einer Kalbshaxe leicht zwei Personen satt (Rezept S. 296). Eine bayerische Kalbshaxe ißt man zünftig mit Bayerischkraut, mit in Speck und Zwiebeln gedünstetem Weißkohl.

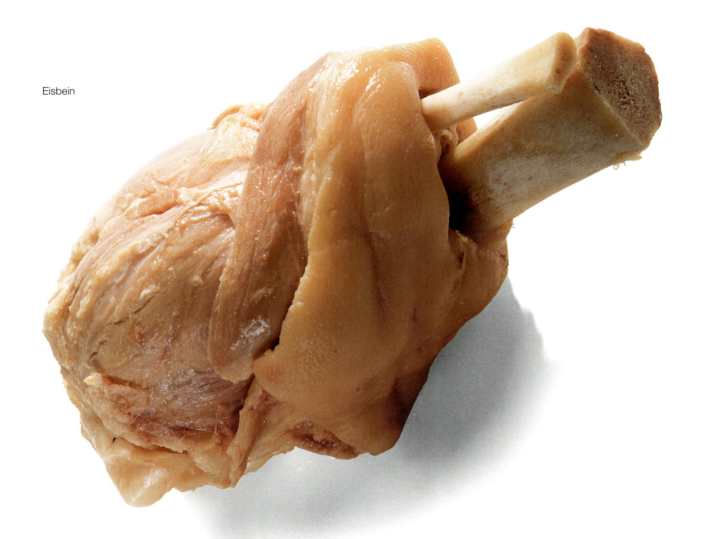

Eisbein

Schweinshaxe

1 große ungepökelte Schweinshaxe
Salz
1 große Zwiebel
1 Möhre
Kümmel
Pfefferkörner
Stärkemehl

Die Schweinshaxe kalt abspülen, trockentupfen und mit Salz einreiben. In einen Bräter geben, mit etwa 1/4 l kochendem Wasser übergießen und in den vorgeheizten Backofen schieben. Etwa 2 Stunden backen, gegebenenfalls heißes Wasser nachgießen.

Die Zwiebel schälen und hacken, die Möhre putzen und in Scheiben schneiden. Beide Gemüse sowie die Gewürze 30 Minuten vor Ende der Garzeit zu der Haxe geben. Damit die Schwarte knusprig wird, in den letzten 10 Minuten der Garzeit die Haxe mit kaltem Salzwasser oder mit Bier bestreichen.
Für die Sauce den Bratensaft mit Wasser auffüllen, durch ein Sieb passieren und leicht mit Stärkemehl binden. Mit Salz abschmecken. Dazu paßt Sauerkraut.

Eisbein
(Abbildung oben)

1 gepökeltes Eisbein
1 Zwiebel, geschält und geviertelt
1 Lorbeerblatt
Pfefferkörner

Das Eisbein kalt abspülen und in einen großen Topf mit kochendem Wasser geben. Die Zwiebel mit dem Lorbeerblatt und einigen Pfefferkörnern zu dem Fleisch geben. Bei mäßiger Hitze etwa 90 Minuten kochen. Das Eisbein auf Sauerkraut servieren. Dazu reicht man Kartoffel- oder Erbspüree.

Elke Meiborg

Niederlande

Windmühle bei Eenrum

Vorherige Doppelseite: Das Team der Käsehandlung
van de Lei in Groningen vor reichhaltigem Käsesortiment

338 **Niederlande**

Gäbe es die Dünen und Deiche nicht, die Hälfte der Niederlande stünde unter Wasser. Denn große Teile des kleinen und überwiegend flachen Landes im Nordwesten des europäischen Kontinents liegen in Höhe des Meeresspiegels und sogar darunter. Die Auseinandersetzung mit dem nassen Element bestimmte daher über die Jahrhunderte den Lebensrhythmus der Niederländer, deren Land bis heute überwiegend von agrarischen Strukturen geprägt wird – bei aller industriellen Entwicklung in den Ballungsgebieten der großen Städte im Norden und Westen.

Im Volksmund werden die Niederlande in das Land »oberhalb« und »unterhalb« der Flüsse eingeteilt. Die Waal und der Lek, die Maas und der Rhein gliedern es in zwei Teile, deren Bewohner sich gern über die jeweils andere Seite ein wenig lustig machen. Im Norden leben nüchterne, kühle und sparsame Calvinisten; im Süden »burgundische«, katholische und lebensfrohe Genießer. Wenn auch solche Charakterisierungen zu einem Großteil aus Übertreibungen bestehen, so enthalten sie doch ein Körnchen Wahrheit. Sie zeigen allerdings auch, daß in den kleinen Niederlanden mit seinen zwölf Provinzen ein ausgeprägtes regionales Bewußtsein herrscht, das sich auch in den kulinarischen Gepflogenheiten widerspiegelt. Nahezu jeder Landstrich und jede Provinz pflegen die Zubereitung einer Anzahl traditioneller Spezialitäten. Wie in den meisten europäischen Ländern hat der Wohlstand erst in diesem Jahrhundert allmählich Einzug gehalten. Deshalb überwiegen in der niederländischen Küche jene Gerichte aus »ärmeren« Zeiten wie einfache und kräftige Eintöpfe aus Hülsenfrüchten, Kartoffeln, Gemüse und Fleisch sowie herzhafte Pfannkuchen, so groß, daß sie über den Tellerrand hinausragen. In den Küstengebieten genießt man vor allem Hering und Matjes, ebenso Miesmuscheln, die in großen Unterwasserfarmen gezüchtet werden.

Ein Hauptbestandteil der Ernährung ist der *kaas*. Käse aus Holland genießt Weltruf – »Holland« steht in der Regel für »Niederlande« –, und Käse, Butter, Milch und Milchprodukte sind auch die wichtigsten landwirtschaftlichen Exportartikel. Ebenfalls von herausragender ökonomische Bedeutung sind Blumenzucht, Obst- und Gemüseanbau.

Käse aus Holland
Eintöpfe
Pfannkuchen
Matjes
Miesmuscheln
Limburger Vlaai
Lakritze und
Ingwer
Speculaas
Genever und Liköre

Weltweit ein Begriff

Käse aus Holland

Bei Ausgrabungen hat man steinerne Käsefässer gefunden, die belegen, daß schon vor über 2000 Jahren in Holland eine Art Milchwirtschaft betrieben wurde. Im Mittelalter gehörte Edamer Käse zu den wichtigsten Exportartikeln des Landes. Edam war damals Hafenstadt, und die Käsekugeln fanden ihren Weg in die Ostseeländer, nach Deutschland und Frankreich und sogar über die Alpen bis nach Italien. Die Verbindung zur Zuiderzee, dem heutigen Ijsselmeer, wurde jedoch in der 20er und 30er Jahren im Zuge der Landgewinnung trockengelegt, so daß der traditionsreiche

man zwei Verfahren: Sauermilchkäse, beispielsweise Schimmel- und Frischkäse, entsteht durch Dicklegung der Milch mit Hilfe von Milchsäurebakterien; Süßmilchkäse – zu ihnen gehören die meisten Käsesorten, ebenso die bekannten holländischen Käse wie Edamer und Gouda – sind sogenannte Labkäse. Um die festen Stoffe der Milch von der Flüssigkeit zu trennen, setzt man ihr Lab zu, ein Ferment aus den Mägen säugender Kälber. Das Lab bewirkt, daß sich die Eiweißteilchen in der Milch zusammenballen und die Milch gerinnt, ohne sauer zu werden. Bei diesem Vorgang werden auch die übrigen festen Bestandteile wie Fett, Mineralstoffe und Vitamine eingekapselt.

Wenn der Gerinnungsprozeß beendet ist, gießt man die Molke ab. Übrigbleibt der sogenannte Bruch, eine quarkähnliche Masse, die mit einer Käseharfe, einem Rührgerät mit feinen Metalldrähten, kreuz und quer zerschnitten wird. Dadurch tritt noch mehr Molke aus, und die Masse wird fester. Der tropfnasse Käsebruch wird in höl-

ern – so lagert ein junger Gouda beispielsweise zwischen vier und acht Wochen, ein mittelalter Gouda mindestens vier Monate und ein alter Gouda zehn Monate und länger. Je älter ein Käse ist, desto intensiver und würziger ist sein Geschmack. Während der Reifezeit wird der Käse viele Male gewendet und gebürstet, meist noch mit einer atmungsaktiven Plastikmasse eingerieben, um die Rinde vor Schimmelbildung zu schützen.

Auf holländischen Bauernhöfen und privaten landwirtschaftlichen Betrieben stellt man – im Unterschied zur industriellen Produktion – den Käse aus Rohmilch her. Die Rohmilch enthält noch einige Bakterien, die beim Pasteurisieren der Milch zerstört werden. Rohmilchkäse, der nach drei Monaten Reifezeit verzehrfertig ist, unterscheidet sich im Geschmack deutlich von industriell hergestelltem Käse. Um ihr Produkt zu kennzeichnen, versehen die Bauern ihren Käse mit einem ovalen Aufkleber *Boerenkaas*, Bauernkäse, während der Fabrikkäse einen runden Aufkleber trägt.

1

2

3

4

5

6

7

8

Käsemarkt aufgegeben werden mußte. Nur noch die historische Käsewaage erinnert an die alte Handelstradition der Stadt.

Die bedeutendste holländische Käsesorte ist heute der Gouda aus der Stadt Gouda in der Provinz Südholland. Bis zu 30 Kilogramm wiegen die mächtigen Laibe dieses Schnittkäses, der mit seinen Geschmacksvarianten einen kulinarischen Genuß für alle Gelegenheiten bietet.

Verfahren zur Herstellung von Käse

Kuhmilch besteht zu 87 Prozent aus Wasser und zu 13 Prozent aus Trockenmasse. Um ein Kilogramm Käse herzustellen, sind rund zehn Liter Milch erforderlich. Bei der Käseproduktion unterscheidet

zerne Käseformen geknetet (heute verwendet man meist Formen aus Kunststoff). Obenauf legt man die sogenannte *Rijkskaasmerk* (»Reichskäsemarke«), sozusagen den »Paß« jedes holländischen Käses, verschließt die Formen mit einem Deckel und stellt sie unter die Käsepresse. Nach vier bis sechs Stunden nimmt man den jungen Käse aus der Form und legt ihn in eine Salzlake. Hier entwickelt sich sein spezifisches Aroma, und die Rinde wird allmählich fest.

Nach einigen Tagen nimmt man die Käselaibe aus der Lake und transportiert sie zur Reifung in ein Lager, wo Temperatur und Luftfeuchtigkeit beständig kontrolliert werden. Der Reifungsprozeß kann einige Wochen, aber auch über ein Jahr dau-

Oben: Die Bildfolge zeigt die Herstellung von Gouda. Nach Trennung der festen und flüssigen Bestandteile der Milch mit Hilfe von Lab entsteht der sogenannte Käsebruch, eine quarkähnliche Masse (1). Sie wird mit einer Käseharfe zerschnitten, um ihr noch mehr Molke zu entziehen (2). Dann knetet man den Käsebruch in Kunststoffformen (3), die man einige Stunden unter eine Presse stellt (4). Anschließend nimmt man den Käse aus der Form (5) und legt ihn in eine Salzlake (6). Hier entwickelt sich sein Aroma, und die Rinde wird fest (7). Nach einigen Tagen nimmt man die Laibe aus der Salzlake und lagert sie so lange in einem kühlen Keller (8), bis der Käse den gewünschten Reifegrad erreicht hat.

Trockenmasse und Fettgehalt

Fett- und Eiweißgehalt des Käses sind in etwa gleich. Milcheiweiß ist besonders hochwertig und verträglich, weil es in seinem biologischen Aufbau dem körpereigenen Eiweiß des Menschen entspricht. Käse enthält auch Milchzucker, zahlreiche Vitamine und Mineralstoffe. Da sich letztere beim Herstellungsprozeß im Käse konzentrieren, decken bereits zwei dicke Scheiben Käse den Tagesbedarf an Calcium und Phosphor.

Der Fettgehalt des Käses wird in Prozenten als »Fett in der Trockenmasse« angegeben – abgekürzt als »% Fett i. Tr.« auf jeder Verpackung vermerkt. Zur Trockenmasse zählen alle Bestandteile im Käse mit Ausnahme des Wasseranteils. Während der Reifung verdunstet ein Teil des Wassers. Ein junger Gouda enthält zum Beispiel 42 Prozent Wasser, die sich im Laufe der Reifung auf 34 Prozent verringern. Je höher der (relative) Anteil an Trockenmasse ist, desto älter und härter ist der Käse. Ein Hartkäse beispielsweise enthält über 60 Prozent Trockenmasse – und entsprechend weniger Wasser –, mehr als ein Weichkäse mit einem Anteil zwischen 34 und 52 Prozent oder gar Magerquark mit 20 Prozent Trockenmasse.

Kaasaardappelen
Käsekartoffeln

8 große, mit der Schale gekochte Kartoffeln
50 g Butter
150 Gramm alter Gouda
Pfeffer, Kümmel, Paprika, Basilikum

Die Kartoffeln ungepellt halbieren und mit der Schnittfläche nach oben auf ein gebuttertes Blech setzen. Den Käse reiben und über die Kartoffeln streuen. Die Käsekartoffeln etwa 10 Minuten bei 250 °C im Ofen backen. Die fertigen Kartoffeln nach Geschmack mit Kräutern und Gewürzen bestreuen.

Unten: Eine Käsetheke in einem holländischen Laden – das Foto entstand in Groningen – ist ein ebenso appetitanregender wie ästhetischer Anblick. Hier erhält man all jene berühmten Käsesorten, die das kleine Holland weltweit bekannt gemacht haben. Um dem Interessenten die Qual der Wahl zu erleichtern, schneidet man aus einem Laib keilförmig ein Stück heraus, damit man an der Schnittfläche Struktur, Konsistenz und Farbe des Käses, vor allem auch sein Alter erkennnen kann (links oben ein alter, links unten ein junger Gouda), ebenso Zutaten wie Kümmel, Pfeffer oder Kräuter.

1 Commisie Kaas – Kommisionskäse
Der große Kugelkäse gleicht in Geschmack und Geruch dem Edamer. Früher wurde er auf Bestellung, »in Kommission«, nach Frankreich geliefert und kam so zu seinem Namen.

2 Maasdammer (Leerdammer) Kaas – Leerdamer
Der Käse gehört zur neuen Gruppe der sogenannten »Goutaler«, welche die Schnittfestigkeit und Geschmeidigkeit des Gouda mit dem Aroma des Emmentalers kombinieren. Er kommt nach fünfwöchiger Reifezeit in den Handel, hat kirschgroße Löcher und einen milden, nußartigen Geschmack.

3 Friese Nagelkaas – Friesischer Nelkenkäse
Der mit Kreuzkümmel und Nelken gewürzte Schnittkäse wurde früher auf den Bauernhöfen in der Gegend von Leiden hergestellt. Er reift drei Monate.

4 Kernhemmer Kaas – Kernheimer
Dieser halbfeste Schnittkäse mit besonders hohem Fettgehalt (mehr als 60 % i. Tr.) hat eine orangefarbene Rinde und einen rahmigen Geschmack.

5 Goudse Boerenkaas (oud) – Bauern-Gouda (alt)
Der Käse wird aus Rohmilch hergestellt, manchmal auch mit würzenden Zutaten, und mindestens zehn Monate gelagert. Es gibt ihn – wie den industriell hergestellten Gouda – *jong* (jung) und *belegen* (mittelalt) mit vier bis acht Wochen und zwei bis vier Wochen Reifezeit.

6 Drentse Kruidenkaas – Drenter Kräuterkäse
Dies ist ein Schnitt-, kein Frischkäse. Mit etwa 50 % Fett in der Trockenmasse hat er einen relativ hohen Fettgehalt.

7 Geitekaas – Ziegenkäse
Ziegenkäse wird auch heute noch weitgehend in kleinen bäuerlichen Käsereien von Hand hergestellt, meist als Frischkäse. In Holland ist vor allem der mit Kräutern gewürzte Limburger Ziegenkäse bekannt.

8 Edammer Kaas (belegen) – Edamer (mittelalt)
Der Käse mit der typischen kugelrunden Form und der roten oder gelben Paraffinrinde lagert zwei bis vier Monate. Er ist schnittfest, aber weicher als Gouda.

9 Leidse Kaas – Leidener Käse
Der milde Schnittkäse enthält 20 oder 40 Prozent Fett in der Trockenmasse. Wie alle Leidener Käse ist er mit Kreuzkümmel gewürzt.

10 Mon Chou – Holländischer Weißschimmelkäse
Dieser Weichkäse mit voller Schimmelflora ist eine holländische Variante des französischen Neufchâtel. Der Käse hat eine feste, aber geschmeidige Konsistenz und einen mild-säuerlichen Geschmack.

Solide und bodenständig

Eintöpfe

Die Niederländer werden häufig als solide und bodenständig charakterisiert, und eben diese Eigenschaften weisen auch zahlreiche holländische Gerichte auf – allen voran der *stamppot*, der Eintopf. Dieses deftige und sättigende Familienessen weist zurück auf die bäuerliche Geschichte des Landes, wo immer hart gearbeitet werden mußte, längst nicht immer aber genügend Nahrungsmittel zur Verfügung standen, damit alle satt wurden. Deshalb spielt auch die Kartoffel in diesen Gerichten eine Hauptrolle.

Der älteste und zugleich populärste holländische Eintopf ist der *hutspot*, fester Bestandteil eines jeden Speiseplans. Er besteht aus Rindfleisch, Zwiebeln, Möhren und Kartoffeln und erhält durch das Zusammenkochen der Zutaten einen ganz eigenen Geschmack. Man behauptet, er stamme aus Spanien. Angeblich authentisch ist eine spannende Geschichte, welche die Leidener noch heute gern Besuchern ihrer Stadt erzählen: Im 16. Jahrhundert belagerten die Spanier die Stadt Leiden. Fast wollten sich die halb verhungerten und entkräfteten Bürger schon ergeben, als am 3. Oktober 1574 die Geusen – niederländische Freiheitskämpfer, die sich gegen die spanische Herrschaft zusammengeschlossen hatten – die Spanier in die Flucht schlugen. Bei ihrem überstürzten Abzug ließen die Belagerer einen großen irdenen Topf zurück, der eine dicke Suppe mit verschiedenen Fleischsorten, Wurzelgemüsen und Kichererbsen enthielt. Die Niederländer adaptierten das Gericht, funktionierten es zu einem Gemüseeintopf mit Rindfleisch um, reicherten es an mit Kartoffeln und nannten es *hutspot*, Hüttentopf. Noch heute wird der 3. Oktober als Tag der Befreiung von den Spaniern in Leiden mit einem *hutspot* gefeiert, und dessen Fundort markiert inzwischen ein Gedenkstein.

Auch viele andere *stamppotten* werden aus Kartoffeln und einer Gemüsesorte zubereitet, die man jeweils mit Butter zu einem groben, sämigen Püree verarbeitet. Man verwendet Grünkohl, Endivien oder Sauerkraut und gibt *rookworst*, geräucherte Mettwurst, oder Speck hinzu – die Variationsmöglichkeiten sind zahlreich.

Nicht wegzudenken aus der niederländischen Küche sind auch die traditionellen Gerichte aus Hülsenfrüchten, vor allem der *snert*, eine deftige Suppe aus grünen Erbsen und Schweinefleisch – eine komplette, schmackhafte Mahlzeit, die zudem ohne Aufwand zuzubereiten ist.

Zutaten für den *hutspot*: Kartoffeln, Möhren, Zwiebeln und Rindfleisch, in manchen Varianten auch Bauchfleisch und *rookworst,* geräucherte Mettwurst.

Die Gemüse werden gewürfelt und nach Ende der Garzeit püriert oder zu einem groben Püree zerstampft.

Zum Servieren richtet man das Fleisch – in große Scheiben oder in mundgerechte Portionen geschnitten – auf dem Gemüse an.

Hutspot met klapstuk
Gemüsetopf aus Leiden
(Abbildung links)

500 g Rindfleisch (Rinderbrust)
4 Zwiebeln
500 g Möhren
500 g Kartoffeln
Salz, schwarzer Pfeffer
Butter
gehackte Petersilie

Das Fleisch abspülen und in Salzwasser zum Kochen bringen. 90 Minuten köcheln lassen.
Die Zwiebeln schälen und in Ringe schneiden, die Möhren putzen und würfeln, die Kartoffeln schälen, waschen und ebenfalls würfeln. Die Gemüse zu dem Rindfleisch geben und weitere 45 Minuten kochen lassen. Das Fleisch herausnehmen und in Würfel schneiden. Das Gemüse pürieren und mit Salz und Pfeffer abschmecken. Zum Servieren das Fleisch auf dem Gemüse anrichten, mit brauner Butter übergießen und mit reichlich Petersilie bestreuen.

Snert
Erbsensuppe

500 g grüne getrocknete Erbsen
500 g geräucherte Mettwürstchen, durchwachsener Speck, gepökelte Schweinshachse oder Schweinerippchen
500 g Lauch
2 Stangen Staudensellerie
1 Stückchen Knollensellerie
Salz, schwarzer Pfeffer
2 EL gehackte Petersilie

Die Erbsen waschen, über Nacht in kaltem Wasser einweichen und in der Flüssigkeit 60 Minuten kochen lassen. Lauch, Stauden- und Knollensellerie putzen und kleinschneiden. Das Fleisch, den Staudensellerie und den Lauch zu den Erbsen geben und die Suppe weitere 30 Minuten kochen lassen, bis die Erbsen zu einem Brei verkocht sind. Herzhaft abschmecken. Den Knollensellerie unmittelbar vor dem Servieren unter die Suppe rühren. Mit Petersilie bestreuen.

Stamppot
Kohleintopf

Butterschmalz
600 g Schweineschulter
1 l Fleischbrühe
je 500 g Weiß- und Rotkohl
800 g Kartoffeln
Salz, schwarzer Pfeffer
50 g Butter

Schmalz in einem großen Topf erhitzen und das Fleisch darin von allen Seiten braun braten. Die Fleischbrühe aufkochen, auf das Schweinefleisch gießen und dieses zugedeckt 15 Minuten köcheln lassen.
Weiß- und Rotkohl putzen und vierteln, die Strünke entfernen und den Kohl in Streifen hobeln. Zum Schweinefleisch geben und alle Zutaten weitere 20 Minuten zugedeckt kochen lassen. Die Kartoffeln schälen, waschen und vierteln, zum Fleisch geben, salzen und weitere 30 Minuten kochen lassen.
Das Fleisch herausnehmen und in Würfel schneiden. Das Gemüse kräftig durchrühren, die Kartoffeln dabei zerdrücken. Die Butter dazugeben, den Eintopf mit Salz und Pfeffer würzen und servieren. Die Fleischwürfel auf dem Gemüse anrichten.

344 **Niederlande**

Hollands Gugelhupf

Poffert

Die Niederländer backen einen köstlichen kleinen Rosinenkuchen, bemessen für vier Personen: als Kaffeegebäck, zum Nachtisch oder einfach als Schlemmerei für Leckermäuler. Äußerlich wie auch in der Konsistenz ähnelt der *poffert* dem Napfkuchen oder Guglhupf, wird jedoch ohne Hefe und ohne Butter hergestellt. Da man für den Rührteig nur wenige Zutaten benötigt, die in jedem Haushalt vorhanden sind, ist er schnell und ohne Aufwand zuzubereiten. Die Holländer schneiden den Kuchen in Scheiben und reichen dazu Butter, zerstoßenen Kandiszucker und Sirup – fürwahr eine kalorienträchtige Angelegenheit. Eine Abwandlung des Kuchens, eine Art Miniaturausgabe, sind die *poffertjes*, die allerorten als Imbiß angeboten werden. Häufig backt man diese Küchlein auch aus einfachem Pfannkuchenteig.

Poffert
Rosinenkuchen

500 g Mehl
1 TL Backpulver
400 ml Milch
2 Eier
150 g Rosinen und Korinthen
1 Päckchen Vanillinzucker
1 Prise Salz

Alle Zutaten miteinander vermischen und zu einem halbfesten Teig verarbeiten. Zwei kleine Guglhupf-Formen (etwa 18 cm Durchmesser) sorgfältig ausbuttern und den Teig in die Formen geben. Bei 120 °C etwa 60 Minuten im Ofen backen. Abkühlen lassen und auf einen Kuchenteller stürzen. Den *poffert* in dicke Scheiben schneiden und servieren.
In kleinen Schalen reicht man dazu Butter – wenn man möchte, dekorativ in Bällchen geformt, wie es die Abbildung unten zeigt (das Auge ißt schließlich mit) – sowie Sirup und zerstoßenen Kandiszucker, mit denen man die Kuchenscheiben ganz nach Geschmack bestreicht, beträufelt oder bestreut.

Auf die Größe kommt es an
Pfannkuchen

Niederländische Pfannkuchen, *pannekoeken*, sind Legende wegen ihrer beeindruckenden Größe und ihrer goldgelben Knusprigkeit. Sie erfreuen sich bei Kindern wie Erwachsenen gleicher Beliebtheit, und fast überall in den Niederlanden gibt es ein *pannekoekenhuis*, ein Pfannkuchenhaus, in dem nur Pfannkuchen serviert werden. In der Regel sind diese so groß, daß sie weit über den Tellerrand hängen.

Grundteig für Pannekoeken

200 g Mehl
1/2 TL Backpulver
1 Prise Salz
2 Eier

Das Mehl mit Backpulver und Salz vermischen und mit kaltem Wasser zu einem dickflüssigen Teig verrühren. Unter Rühren die Eier hinzufügen. In einer Pfanne etwas Butter erhitzen und einen Schöpflöffel Teig hineingeben. Den Pfannkuchen auf beiden Seiten goldbraun backen. Den Vorgang wiederholen, bis der Teig aufgebraucht ist.

Spekpannekoek
Speckpfannkuchen

Grundteig für pannekoeken *(links)*
200 g durchwachsener Speck, in dünne Scheiben geschnitten

Von allen Pfannkuchenzubereitungen, ob süß oder pikant, ist der Speckpfannkuchen wohl mit Abstand der populärste – eine knusprige, duftende Köstlichkeit.
Drei Scheiben Speck in einer Pfanne leicht braun braten und so viel Teig hinzugeben, daß Speck und Pfannenboden gut bedeckt sind. Den Pfannkuchen auf beiden Seiten goldbraun backen. Er sollte sofort gegessen werden. Auf die gleiche Weise sämtliche Pfannkuchen backen und portionsweise servieren.

Strooppannekoek
Pfannkuchen mit Sirup

Grundteig für pannekoeken *(links)*
Sirup

Vor allem bei Kindern ist der holländische *pannekoek* in seiner naturbelassenen Form beliebt.
Man backt ihn, wie für die Zubereitung des Grundteigs beschrieben. Auf den noch heißen Pfannkuchen träufelt man dann den *stroop*, einen hellbraunen Sirup aus Zuckerrüben. Besonders gut schmeckt es, wenn man den Sirup noch in der Pfanne auf den Kuchen gibt und ihn ein wenig karamelisieren läßt.

Appelpannekoek
Apfelpfannkuchen

Grundteig für pannekoeken (linke Seite)
2 Äpfel
Zitronensaft
Streuzucker

Die Äpfel schälen, entkernen und in dünne Scheiben schneiden. In dem Zitronensaft wenden, damit sie sich nicht verfärben. Den Teig in die Pfanne geben und dachziegelförmig mit den Apfelscheiben belegen. Mit Zucker bestreuen und den Pfannkuchen braun backen.
Mit Hilfe eines flachen Tellers oder Topfdeckels vorsichtig wenden, damit auch die Äpfel angebraten werden und der Zucker karamelisiert.
Den Pfannkuchen erneut wenden und heiß servieren.

Gemberpannekoek
Ingwerpfannkuchen

Grundteig für pannekoeken (linke Seite)
1 Töpfchen eingelegter Ingwer

In Zuckersirup eingelegter Ingwer wird in den Niederlanden in kleinen blauen Töpfen mit chinesischem Dekor verkauft.
Auf jeden Pfannkuchen kommen, bevor man ihn aus der Pfanne nimmt, kleingewürfelter Ingwer und etwas von dem Zuckersirup, in den der Ingwer eingelegt wurde.
Auf diese Weise karamelisiert der Sirup.

Ein Stapel goldgelber, knuspriger holländischer Pfannkuchen. Man ißt sie gern mit *stroop*, hellbraunem Sirup. Auch in Zubereitungen mit Speck (wie hier), Ingwer, Äpfeln oder anderen Zutaten gibt es sie überall im Lande.

Wissenswertes über den Hering

Der Hering ist bekömmlich und leicht verdaulich und spielt daher in der Diätkost eine wichtige Rolle. Wie Lachs und Karpfen gehört er zur Gruppe der Fettfische und enthält 25 Prozent Fett, das wegen seiner fettlöslichen Vitamine und der essentiellen ungesättigten Fettsäuren besonders wertvoll ist. Der Hering, dessen Fortbestand lange Zeit wegen Überfischung gefährdet war, liefert auch hochwertiges Eiweiß, viele Mineralstoffe wie etwa Jod und reichlich Vitamine der B-Gruppe, die für den Stoffwechsel von Bedeutung sind.
Heringe leben in großen Schwärmen im freien Wasser. Sie werden von der Biskaya bis zum nördlichen Eismeer gefangen, hauptsächlich in Nord- und Ostsee, und zwar in drei verschiedenen Entwicklungsstadien:
Matjes sind Jungfische vor der Laichreife. Ihre Hauptfangzeiten sind Mai und Juni.
Vollheringe werden im Juli und August sowie von Dezember bis April gefangen. Sie haben noch nicht gelaicht und sind ziemlich fett.
Herbstheringe (Leerheringe, Yhlen) sind abgelaichte Heringe und wesentlich weniger fett als Matjes und Vollhering. Man fängt sie im September und Oktober.

Heringe kommen meist verzehrfertig und konserviert auf den Markt:
- Grüne Heringe sind frische Fische, die sich zum Braten und Grillen eignen.
- Bratheringe sind frische ausgenommene Heringe, mit den Gräten gebraten und in Essigmarinade konserviert.
- Bücklinge sind gesalzene, heißgeräucherte Heringe.
- Kipper sind mit der Haut kaltgeräucherte Heringe, die man zum Verzehr braten oder auf andere Weise erhitzen muß.

Über Kopf in den Mund
Matjes

In den Niederlanden sind überall in Küstennähe Heringsbuden zu finden – insbesondere im Frühsommer, wenn der Jungfisch Saison hat. Hier wird die nach der unverbrüchlichen Überzeugung vieler Niederländer einzig richtige Verzehrmethode für *maatjesharing* praktiziert: Man nimmt den Fisch am Schwanz, hebt ihn über den Kopf und läßt ihn in den Mund gleiten. Der Matjes ist ein junger Hering, der noch nicht gelaicht hat; sein Name geht auf das niederländische *maagdekensharing*, Jungfernhering, zurück.

Der wichtigste Heimathafen der niederländischen Heringsflotte ist der alte Bade- und Fischerort Scheveningen. Ende Mai – die Saison beginnt traditionell am 31. Mai mit zahlreichen Heringsfesten – laufen die Heringsschiffe zum ersten Mal aus, und jedes Jahr beginnt damit ein Wettkampf, wer den ersten Fang an Land bringt – denn die erste Tonne dieses *Hollandse Nieuwe* gehört traditionell der Königin. Die jungen Fische werden direkt nach dem Fang ausgenommen. Dabei bleibt ein Teil der Bauchspeicheldrüse erhalten, da ihre Enzyme dem Matjes seinen unverwechselbaren Geschmack geben, der sich auch aus der besonderen Form der Konservierung ergibt: Man friert die Matjes in einer Salzlake in Eichenfässern ein, wobei die Salzkonzentration nur zwischen sechs und 21 Prozent liegt. Das macht den späteren Matjes so mild-würzig. Den Matjes fängt man bis Ende Juni – dann ist der Fisch laichfähig.

Der Fischfang spielt in den Niederlanden naturgemäß eine bedeutende Rolle. Die Fischerei hat eine uralte Tradition. Bis zum Ende des 12. Jahrhunderts waren die Holländer die führende Fischereination, und aus dem 16. Jahrhundert wird von erbitterten Auseinandersetzungen mit den Norwegern um Fischgründe und Absatzmärkte berichtet. In dieser Zeit tummelten sich bis zu 20 000 holländische Fischer in der Nordsee. Heute wird der Hering jedoch größtenteils von den Dänen gefangen, da er vor allem in jenem Teil der Nordsee zu finden ist, wo die Dänen die meisten Fangrechte haben. Allerdings ist der Heringshandel nach wie vor in den Händen der Holländer.

Niederländischen Ursprungs soll auch der Name »Hering« sein. Während der großen Zeit des Heringshandels führten die Holländer eine Qualitätskontrolle ein, bei der die in Holzfässern verpackte Ware mit einem ringförmigen Brandzeichen versehen wurde, wenn es keine Beanstandungen gab. Dieser Ring soll Veranlassung gewesen sein, den Begriff *haring*, Hering, auf den Fisch zu übertragen.

Schon seit frühesten Zeiten ist die Konservierungstechnik des Einsalzens bekannt. Nur mit diesem Verfahren war es möglich, die Fische auch ins Binnenland zu versenden oder sie auf Schiffen nach Übersee als Proviant mitzuführen. Als Erfinder der noch heute üblichen Pökelmethode gilt ein Holländer namens Willem Beukelsz., von dessen Namen sich die Bezeichnung *pekelen*, pökeln, ableitet. Seine Lebensdaten sind nicht bekannt, aber er muß gegen Ende des 14. Jahrhunderts gewirkt haben, denn damals machten die Holländer große Fortschritte bei der Heringskonservierung.

Die Niederlande unterhalten eine große Heringsflotte, deren wichtigster Heimathafen der alte Bade- und Fischerort Scheveningen ist.

Man verarbeitet die Heringe direkt nach dem Fang – die erste Tonne Matjes, *Hollandse Nieuwe*, wird traditionell der Königin angeboten.

Die mild gesalzenen und in Holzfässern gereiften Matjesfilets sind eine von Feinschmeckern hochgeschätzte Delikatesse.

Der Fischmarkt ist der wichtigste Umschlagplatz für Verkäufer und Käufer.

Maatjes met groene Bonen
Matjes mit grünen Bohnen

8 Matjesfilets
500 g Kartoffeln
1/2 TL Kümmel
gehackte Petersilie
500 g grüne Bohnen
1 EL (etwa 20 g) Butter
1 Tasse Fleischbrühe
Salz, schwarzer Pfeffer
getrocknetes Bohnenkraut
150 g durchwachsener Speck
2 Zwiebeln

Die Matjesfilets wässern und abtropfen lassen.
Die Kartoffel mit Schale in Salzwasser mit Kümmel gar kochen, noch heiß pellen, in einer Schüssel anrichten und mit Petersilie bestreuen.
Die Bohnen putzen und waschen. Die Butter in einem Topf zerlassen, die Fleischbrühe erhitzen und zu der Butter geben. Die Brühe mit Salz, Pfeffer und Bohnenkraut abschmecken. Die Bohnen hinzufügen und in etwa 15 Minuten garen.
In der Zwischenzeit den Speck würfeln, in einer Pfanne anrösten. Die Bohnen abgießen, anrichten und den Speck darübergeben.
Die Zwiebeln schälen und in Ringe schneiden. Die Matjesfilets anrichten und mit den Zwiebelringen garnieren.
Dazu Pellkartoffeln und Bohnen reichen.

Maatjessla
Matjessalat

8 Matjesfilets
1 kleine Salatgurke
2 Äpfel
Zitronensaft
2 Möhren
1 Bund Frühlingszwiebeln
1 Bund Schnittlauch
1 Bund Dill
1 Becher saure Sahne
1 Becher Crème fraiche
Salz, schwarzer Pfeffer
Zucker

Die Matjesfilets wässern, abtropfen lassen und in mundgerechte Stücke schneiden.
Die Gurke schälen und der Länge nach halbieren. Die Kerne herausschaben und die Gurke in dünne Scheiben schneiden. Die Äpfel schälen, entkernen und ebenfalls in dünne Scheiben schneiden. Die Apfelscheiben mit etwas Zitronensaft beträufeln, damit sie sich nicht verfärben. Die Möhren putzen und raspeln. Die Zwiebeln putzen und in feine Streifen schneiden.
Schnittlauch und Dill waschen und fein hacken.
Saure Sahne und Crème fraiche verrühren, mit Salz, Pfeffer, Zucker und Zitronensaft abschmecken und die Kräuter hinzugeben.
Die Matjesstücke in eine Schüssel geben, die Gemüse und die Sahne-Kräuter-Sauce hinzufügen und alles miteinander vermischen. Den Matjessalat gekühlt servieren. Dazu ißt man Brot je nach Geschmack.

Bodenschatz des Meeres

Mies-muscheln

Die Niederländer sprechen von ihren Muschelkulturen, die sie in Unterwasserfarmen züchten, als einem einzigartigen »Bodenschatz«. Etwa 100 000 Tonnen beträgt die Ernte, die fast zur Gänze nach Frankreich, Belgien und Deutschland exportiert wird. Das Zentrum der Muschelkultur ist Yerseke in der Scheldemündung, und die Erzeuger heißen »Muschelbauern«. In der Tat hat die Muschelkultur mit Fischfang nicht mehr viel zu tun – lediglich das Aussäen der Muschelsaat und das Ernten der ausgewachsenen Muscheln geschieht per Schiff.

Die niederländische Methode der Kultivierung von Miesmuscheln gilt als eine der fortschrittlichsten auf der Welt. Die winzigen Jungmuscheln werden im Flachwasser ausgesät in Parzellen, die jeder lizenzierte Züchter vom Staat gepachtet hat. Wenn die Muscheln etwa drei bis vier Zentimeter groß geworden sind, transportiert man sie in tieferes Wasser auf nahrungsreiche Muschelbänke. (Früher setzten sich die Muscheln an Pfählen fest, weshalb sie auch Pfahlmuscheln heißen.) Zweimal im Jahr, im Mai und im September, werden sie geerntet: Haben die Muscheln ihre Marktgröße – fünf bis sieben Zentimeter – erreicht, werden sie mit Schleppnetzen vom Meeresboden geholt und in spezielle Meerwasser-Lagerhäuser an der Küste gebracht, wo sie Sand und andere Verunreinigungen ausscheiden und bei Bedarf verpackt und verschickt werden. Aufgrund solcher »Lagerhaltung« und moderner Kühlverfahren ist es möglich, Groß- und Einzelhändler kontinuierlich zu beliefern.

Wegen dieser ausgefeilten Zucht- und Vermarktungstechniken, die im übrigen streng kontrolliert werden, ist es heute nur noch bedingt richtig, Muscheln nur in jenen Monaten zu essen, die ein »r« in ihrem Namen tragen – gemäß einer alten Regel, wonach in der Zeit von Juni bis August keine Muscheln verzehrt werden dürfen wegen einer möglichen Muschelvergiftung, die nur in den Sommermonaten auftreten kann, wenn die Tiere beim Filtern des einströmenden Meerwassers die »Wasserblüte« speichern, die durch die Konzentration bestimmter rötlicher Algen entsteht. In heutiger Zeit, in der fast ausnahmslos gezüchtete Miesmuscheln im Handel sind, ist diese Gefahr allerdings sehr gering.

Mit großen Netzen werden die Miesmuscheln von den Muschelbänken geerntet.

Anschließend transportiert man sie in spezielle Meerwasser-Lagerhäuser, wo sie gewässert werden.

Mosselen in witte Wijn
Miesmuscheln in Weißwein

2 kg Miesmuscheln
2 Zwiebeln
2 Möhren
1/4 Sellerieknolle
1 Bund Petersilie
150 g Butter
1 Knoblauchzehe
1 Lorbeerblatt
schwarze Pfefferkörner
1/4 l trockener Weißwein

Die Muscheln unter fließendem Wasser säubern und die »Bärte« entfernen (1); geöffnete Muscheln wegwerfen (sie sind tot). Die Zwiebeln schälen, die Möhren und den Sellerie putzen und alle Gemüse kleinschneiden; die Petersilie waschen und hacken. In einem großen Topf die Butter zerlassen und die Gemüse mit Petersilie, Knoblauch, Lorbeerblatt und Pfefferkörnern andünsten (2, 3). Mit dem Weißwein ablöschen und die Muscheln in den Sud geben. Den Deckel auflegen und bei starker Hitze garen, bis sich die Muscheln öffnen (4). Den Topf vom Herd nehmen und die Muscheln im Topf servieren.
Man ißt die Muscheln, indem man eine leere Muschelschale als Zange benutzt, mit der man das Fleisch aus den Muscheln herausnimmt.

Hintergrund: Gekochte, geöffnete Miesmuschel in riesiger Vergrößerung

Die delikaten Törtchen

Limburger Vlaai

Limburg ist nicht besonders typisch für die Niederlande. Die südlichste Provinz des Landes kennzeichnen Hügel und Wälder, alte Klöster und Fachwerkhäuser – da wähnt man sich eher in Belgien als in Holland. Ganz anders als im übrigen Land ist auch das Lebensgefühl der Limburger, das in den nördlichen, eher puritanisch geprägten Landesteilen oft auf Befremden stößt. Jeder Niederländer weiß jedoch eine Spezialität dieser Region zu schätzen, den Limburger *vlaai*.

Einem alten Wörterbuch zufolge ist *vlaai* (wörtlich: »Fladen«) »ein flacher, runder Brotkuchen, mit Früchten oder Reisbrei belegt«. Im Mittelalter wurde er als Opfergabe gebacken, um für die Fruchtbarkeit der Äcker und Obstgärten zu bitten. Der *vlaai* von heute ist im wesentlichen ein Feingebäck. Er wird kaum noch aus Brotteig, sondern eher aus anderen Teigen und mit mehr Butter gebacken. Die Füllung oder der Belag kann aus heimischem Obst wie Erdbeeren, Kirschen, Stachelbeeren oder Pflaumen bestehen, doch auch exotische Früchte finden heutzutage Verwendung. Manchmal werden die Törtchen mit einem Teiggitter oder Streuseln bedeckt.

Eine beliebte Variante ist der *rijst-vlaai* mit süßem, sahnigem Reispudding als Füllung. Limburger essen den *vlaai* einfach aus der Hand, natürlich nicht ohne das ein oder andere *kopje koffie*, Täßchen Kaffee dazu zu genießen.

Vlaai mit Streuseln

Krentewegge für Wöchnerinnen

Einige Gebäckspezialitäten Hollands sind eng mit alten Bräuchen verknüpft. Reich an solchen Traditionen ist das an Deutschland grenzende Twente, eine ländliche, waldreiche Gegend mit kleinen Bauerndörfern. Von altersher nehmen Verwandte und Freunde zum Besuch einer Wöchnerin allerlei Geschenke für Mutter und Kind mit, so zum Beispiel die *krentewegge*, ein flaches, längliches Rosinenbrötchen. Wer wohlhabend war, zeigte dies, indem er ein besonders langes Brötchen schenkte. Noch heute gibt es unter den Bäckern Wettbewerbe, wer das längste Brötchen backen kann: *Krenteweggen* können bis zu zwei Metern lang sein!

Linke Seite: Limburger *vlaai*, Törtchen, die ursprünglich aus Brotteig hergestellt wurden, gibt es in vielen Variationen – belegt mit Früchten, mit süßen oder pikanten Füllungen, als Reis- oder Quarktörtchen sowie überbacken als Quiche.

Limburgse Vlaai
Limburger Törtchen

250 g Mehl
1 Messerspitze Salz
100 g Zucker
1 Ei
25 g Hefe
1/4 l lauwarme Milch
80 g Butter, zerlassen

Das Mehl in eine große Schüssel sieben, Salz und Zucker untermischen. In die Mehlmischung eine Mulde drücken und das Ei hineingeben. Die Hefe mit etwas warmer Milch verrühren und ebenfalls in die Mehlmischung geben. Die restliche Milch mit der zerlassenen Butter vermischen und zusammen mit dem Teig zu einer weichen Masse verkneten. Abdecken und etwa 60 Minuten an einem warmen zugfreien Ort gehen lassen.
Den Backofen auf 200 °C vorheizen. Tortelettförmchen buttern und den Teig ausrollen. Die Förmchen mit dem Teig auskleiden, den Teigboden mehrmals mit einer Gabel einstechen und etwa 15 Minuten im Ofen backen. Abkühlen lassen und anschließend mit dem gewünschten Belag belegen.

Krenteweggen
Rosinenbrötchen

Hefeteig
100 g Rosinen

Den Hefeteig herstellen, wie links beschrieben. Die Rosinen einkneten und den Teig zu kleinen länglichen Laiben formen. Die Laibe auf ein gefettetes Backblech setzen und 30 Minuten gehen lassen. Mit Eigelb bepinseln und im Backofen etwa 20 Minuten bei starker Hitze ausbacken, bis sie goldbraun geworden sind.
Krenteweggen ißt man mit Butter bestrichen zur traditionellen *koffietafel*; sie schmecken auch gut mit einer Scheibe Gouda.

Niederlande

Eine süße Leidenschaft der Niederländer

Lakritze und Ingwer

Spitze im Lakritzekonsum

Nirgendwo auf der Welt wird soviel Lakritze, *drop*, gegessen wie in den Niederlanden, und nirgendwo sonst gibt es so viele verschiedene Sorten von Lakritzen. Über 30 000 Tonnen dieses Naschwerks verzehren die Holländer pro Jahr, und ihre Vorliebe für das rabenschwarze zähe, eher salzige als süße »Zeugs« ist Ausländern oft nicht nachvollziehbar.

Lakritze wird aus dem eingedickten Saft der Süßholzwurzel hergestellt. Süßholz, das als Arzneipflanze angebaut wird, wächst in Südeuropa und Zentralasien. Man importiert das Ausgangsprodukt für Lakritze in großen Blöcken aus dem Mittelmeerraum. Unter Zugabe von Wasser, Zucker, Stärke, Mehl, Glukosesirup sowie geruchs- und geschmacksgebenden Zutaten wie Salmiak, Lorbeer, Menthol, Anis, Eukalyptus und Honig wird es in den Niederlanden weiterverarbeitet. Häufig verwendet man außerdem Geliermittel, um dem Produkt Elastizität zu verleihen. Die Lakritzebonbons, *drops*, werden in großen Gläsern zur Schau gestellt, die in den Süßwarengeschäften in den Schrankfächern hinter der Ladentheke stehen. Auf der Theke befindet sich eine Waage, auf der die gewünschten Mengen abgewogen werden. Oft sieht man Kunden, kaum daß sie den Laden verlassen haben, in die typischen spitz zulaufenden, häufig durchsichtigen Tüten greifen – auf dem Gesicht den versonnenen Ausdruck genußvoller Erwartung.

Ingwer – Süßes aus dem fernen Osten

Bereits seit über 2000 Jahren werden die jungen, zarten und saftigen Wurzeln des chinesischen Ingwers kandiert – eine Köstlichkeit, die schon Marco Polo zu schätzen wußte. Ingwer war im Mittelalter ein beliebtes Gewürz, geriet jedoch in Vergessenheit. Holländische Seefahrer brachten es dann im 18. Jahrhundert von ihren Kreuzfahrten nach Asien mit. Seitdem dient Ingwer nicht nur zur Verfeinerung vieler – vor allem exotischer – Gerichte, sondern auch zur Herstellung von Ingwerplätzchen, kandiertem Ingwer und Ingwerbonbons. Liebhaber dieses eher ausgefallenen Aromas schwören darauf. Zum Kandieren werden Ingwerstücke in konzentrierter Zuckerlösung gekocht, bis sie glasig werden.

Drops, Lakritzebonbons, in Hütchenform,…

… als *toverballen*, »Zauberkugeln«, …

… als »Brikett«-Stückchen, …

… als Scheiben mit Prägung usw. usw.

In einem Süßwarengeschäft in Groningen stehen die Lakritzebonbons in Gläsern hinter der Theke.

Das Gebäck vom Nikolaus
Speculaas

Alljährlich am 6. Dezember, dem Sankt-Nikolaus-Tag, gibt es in Holland *speculaas*, Spekulatius: Der Nikolaus bringt die Plätzchen den Kindern, wenn sie das Jahr über brav waren.

Bei holländischen Familien ist es Tradition, sich am Vorabend des Nikolaustages im Hause der Großeltern einzufinden, wo man sich kleine Geschenke überreicht und in gemütlicher Runde die würzigen Spekulatiusplätzchen zusammen mit heißer Schokolade ißt.

Der Grundteig für Spekulatius – die auch in Belgien und Deutschland ein beliebtes Weihnachtsgebäck sind – ist ein relativ fester Mürbeteig, der mit Zimt, Muskat, Kardamom, Nelken und Ingwer gewürzt wird. Anschließend drückt man den Teig in figürlich oder nach tradierten Mustern geschnitzte Holzformen, sogenannte Modeln, und backt ihn im Ofen. Immer wieder erstaunlich ist es, wie kunst- und phantasievoll die Modeln geschnitzt sind. Die Beliebtheit der Spekulatius beruht, neben ihrem köstlich-würzigen Geschmack, nicht zuletzt auf ihrer durch die Holzformen geprägten Gestaltung.

Mit der Weihnachtszeit eng verbunden sind auch *ontbijtkoek*, Honigkuchen, und *janhagel*, gewürzte Mandelplätzchen.

Speculaas
Spekulatius

Hierfür benötigt man spezielle Spekulatiusformen, sogenannte Modeln aus Holz. Inzwischen gibt es aber auch Formen aus Keramik.

250 g Mehl
1 TL Backpulver
je 1/2 TL Zimt, Muskat, Kardamom, Nelken- und Ingwerpulver
100 g weiche Butter
125 g Zucker
1 Ei
abgeriebene Schale von 1/2 unbehandelten Zitrone
50 g gemahlene Mandeln

Das Mehl mit Backpulver und Gewürzen in einer Schüssel vermengen. Butter und Zucker in einer Rührschüssel verrühren, dann das Ei und die Zitronenschale hinzufügen. Die Hälfte der Mehlmischung und die Mandeln unter die Butter-Zucker-Mischung rühren. Dann das restliche Mehl unterheben und die Masse zu einem festen Teig kneten. Den Teig in Klarsichtfolie einschlagen und 3–4 Stunden in den Kühlschrank legen.

Den Backofen auf 200 °C vorheizen. Die Spekulatiusformen gründlich einfetten und leicht mit Mehl bestäuben. In jede Form ein Teigstück drücken, überschüssigen Teig entfernen. Dann die geformten Teigstücke vorsichtig aus den Formen lösen, auf ein gefettetes Backblech setzen und je nach Größe 10–15 Minuten backen. Die Spekulatius auf dem Blech abkühlen lassen und mit einem Messer lösen. Auf einem Kuchengitter erkalten lassen.

356 Niederlande

Ontbijtkoek
Honigkuchen

350 Gramm Mehl
1 Päckchen Backpulver
1 Prise Salz
3 TL Honigkuchen-Gewürz (Handelsware)
50 g Orangeat und Zitronat
125 g brauner Zucker
150 ml Milch
175 g Honig
25 g Kandiszucker

Eine Kastenform ausfetten und mit Pergamentpapier auslegen. Mehl, Backpulver, Salz und Gewürz mit Orangeat und Zitronat sowie dem Zucker vermischen, Milch und Honig hinzufügen und alles zu einem glatten Teig verrühren. Den Backofen auf 175 °C vorheizen. Den Teig in die Form geben, den Kandiszucker zerstoßen und die Teigoberfläche damit bestreuen. Etwa 60–70 Minuten im Ofen backen. Aus der Form nehmen und auf einem Kuchengitter abkühlen lassen.
Der Honigkuchen wird wie ein Brotlaib in dünne Scheiben geschnitten, die man mit Butter bestreicht.

Janhagel
Gewürzte Mandelplätzchen

200 g Mehl
100 g Zucker
1 TL Zimt
1 Messerspitze Piment
1 Prise Salz
80 g kalte Butter
1 Eiweiß
150 g Mandelblättchen oder –hälften

Mehl, Zucker, Gewürze und Salz vermischen. Die Butter in kleine Stücke schneiden und in die Mehlmischung einarbeiten. Wenn der Teig krümelig wird, nach und nach einige TL kaltes Wasser zugeben, bis der Teig zusammenhält.
Den Teig zu einer Kugel formen und diese zu einem gleichmäßig dicken Rechteck in Backblechgröße ausrollen. Die Teigplatte auf ein eingefettetes Backblech legen und glätten.
Den Backofen auf 160 °C vorheizen. Das Eiweiß mit etwas Wasser verschlagen und die Teigoberfläche damit bestreichen, mit Mandeln bestreuen und diese leicht andrücken. Dann den Teig in etwa 5 x 6 cm große Rechtecke schneiden und etwa 20 Minuten im Ofen backen, bis die Mandeln gebräunt sind. Abkühlen lassen, die Rechtecke trennen und die Plätzchen auf einem Kuchengitter erkalten lassen.

Links: *Speculaas* sind ein beliebtes Nikolaus- und Weihnachtsgebäck. Der Teig wird in sogenannten Modeln geformt – figürlich oder ornamental kunstvoll geschnitzten Holzformen (oben) – und auf dem Backblech im Ofen ausgebacken. Besonders Kinderherzen schlagen höher angesichts der phantasievollen Spekulatius-Gestalten. Die duftenden Gewürzplätzchen gehören auch in Belgien und Deutschland zur Advents- und Weihnachtszeit.

Binnenlands Gedestillierd

Genever und Liköre

Ein *borrel* Genever

Der Genever ist unstreitig Hollands Nationalgetränk. Er wurde von einem Leidener Professor namens Franziskus de Bove um das Jahr 1600 entwickelt, als in den Niederlanden das Goldene Zeitalter anbrach: Nach langem Kampf hatten sich die Holländer von der spanischen Herrschaft befreit und schickten sich an, mit ihrer Flotte zur Welthandelsmacht aufzusteigen. Der Reichtum wuchs stetig, weil die Seeleute aus fernen Ländern seltene Waren mitbrachten, mit deren Verkauf hohe Gewinne zu erzielen waren.

Der Leidener Professor suchte nach einem Medikament gegen die ungesunden Folgen des Wohllebens – der medizinische Aspekt steht am Anfang der Entstehungsgeschichte fast aller klaren Wässer –, und er komponierte aus Gerste, Roggen, Mais und Wacholder einen Verdauungsschnaps, den er *genièvre* (franz. für »Wacholder«) nannte. Das Volk nahm den Trank dankbar an und veränderte seinen Namen umgangssprachlich in »Jenever«.

Den Wacholder schmeckt man heutzutage kaum mehr, vielmehr dominiert der Korngeschmack. Die Niederländer unterscheiden zwischen altem und jungem Genever – was in die Irre führt, denn der Unterschied liegt nicht im Alter: Der *jonge* Genever ist schlicht ein Klarer mit oder auch ohne Wacholderaromatisierung, während der *oude* Genever nach dem alten, traditionellen Herstellungsverfahren auf der Basis von *moutwijn*, Malzwein, gebrannt wird, den man aus Mais, Roggen und geschrotenem Gerstenmalz dreifach destilliert. Beim dritten Brennprozeß erfolgt die Aromatisierung mit Wacholderbeeren oder Gewürzen wie Kümmel und Anis. Auch Obst wie Äpfel oder Kirschen sowie Beerenfrüchte können dem Genever eine spezielle Geschmacksrichtung geben und ihn so zur Verfeinerung von Speisen verwendbar machen.

Um fünf Uhr nachmittags schlägt für den Niederländer die Bitterstunde. Er *gaat borrelen* und genießt sein Gläschen Schnaps, *borrel*, liebevoll auch *borreltje* oder *propje* genannt, dem er gern einige Tropfen eines bitteren Elixiers zusetzt – Boonekamp, Angostura, Pomeranze. Dazu knabbert er ein Stückchen Gouda oder ein paar salzige Erdnüsse. Und wenn sich dann noch ein geselliges Gespräch ergibt und das Trinken des Borrels – was für Genever steht – sich ein wenig hinzieht, dann spricht der Niederländer von der *borreluur*, der Borrelstunde. Neuesten Statistiken zufolge sollen die Niederländer jährlich rund 50 Millionen Liter ihres *Borrel* trinken!

Bei der Genever-Herstellung wird zunächst aus Mais, Roggen und Gerstenmalz *moutwijn*, Malzwein, destilliert.

Der Malzwein wird gebrannt und mit Wacholderbeeren oder Gewürzen aromatisiert.

Bevor eine weitere Destillation vorgenommen wird, überprüft man, ob die Würzstoffe ihr Aroma ausreichend entfaltet haben.

Zur *borreluur*, der Borrelstunde, genießt man gern ein Glas Genever in seiner Stammkneipe.

Berühmte Liköre

In früheren Zeiten waren es vor allem die Mönche, die aus Branntwein, Gewürzen, Kräutern, Früchten und diversen »geheimnisvollen« Zutaten Liköre in immer neuen Variationen komponierten. In einem Holzschuppen vor den Toren Amsterdams schlug um 1575 die Geburtsstunde des holländischen Likörs: Der Likörbrenner Lucas Bols brannte dort – wegen der Feuergefahr durch seine Brennblase außerhalb der Stadtmauern – seine Likörmischungen, und die Amsterdamer unternahmen gern Spaziergänge zu ihm, um seine Würztränke zu probieren. Mit immer neuen Erfindungen lockte er seine Mitbürger an und präsentierte ihnen Kompositionen mit Kümmel, Anis und Orangen oder Pomeranzen, die er von Curaçao, einer Insel der in der Karibik liegenden Niederländischen Antillen, per Schiff einführen ließ. Mancher nahm anschließend einen irdenen Krug mit einem Bols-Likör mit, um auch daheim nicht auf das köstliche Getränk verzichten zu müssen. Jan Jacob Bols, der Sohn des Likörtüftlers, war bereits vermögend genug, um ein festes Haus aus Stein zu bauen, und seine Nachfahren stiegen ins Amsterdamer Patriziat auf. Noch heute kann man in der Rozengracht 106 bei Bols in der gemütlichen »Bols-Taverne« einkehren.

Nach wie vor werden die Liköre von Bols in 200 Jahre alten Kupferkesseln destilliert. Berühmtester aller Liköre ist wohl der Apricot. Er hat mit 31 Volumprozent einen relativ hohen Alkoholgehalt und ergibt mit Gin und Orangensaft (jeweils ein Drittel) den Cocktail »Paradies«. Weitere Bols-Spezialitäten sind der etwas herbere Curaçao Triple Sec, dessen charakteristischer Geschmack aus dem Öl der grünen Pomeranze herrührt, und der aus Eiern, Zucker, Gewürzen und Genever hergestellte Eierlikör Advokaat.

Liköre eignen sich gut als Zutaten für Drinks, zum Süßen wie auch zum Aromatisieren. Es gibt im Mixen von Drinks wahre Meister ihres Fachs, zumal die Möglichkeiten zu vielfältiger individueller Kreativität nahezu unbegrenzt sind. Auch keine Hausbar kommt ohne ein Standardsortiment an Likören aus. Da Liköre in der Regel einen hohen Zuckergehalt haben, sind sie lange haltbar. Fruchtsaftliköre verlieren allerdings, einmal geöffnet, nach einiger Zeit ihr frisches Aroma.

Als Anregung hier eine Drink-Komposition mit Apricot Brandy, einem beliebten Ingredienz für Cocktails:

1 BL Grenadine
30 ml Apricot Brandy
15 ml Zitronensaft
15 ml Dry Gin
2–3 Eiswürfel
Stielkirsche zum Garnieren

Die Zutaten auf Eis im Shaker schütteln und in ein gekühltes Cocktailglas seihen. Den Drink mit der Kirsche im Glas servieren.

Von links nach rechts: *Jonge Genever*, *Genever met Appel* (Apfel), *Kersen* (Kirschen), *Frambozen* (Himbeeren) und *Bessen* (Johannisbeeren)

Danksagung

Der Verlag dankt für die freundliche Unterstützung und Mithilfe. In diesen Dank mit eingeschlossen sind jene Personen und Institutionen, die bei der Realisierung des Projekts mithalfen, ohne dem Verlag namentlich bekannt zu sein.

Birgit Beyer, Köln
Ilona Esser Schaus, Köln
Rebecca Hübscher, Köln
Peter Khow, Köln
Annette Nottelmann, Köln
Julia Mok, Köln
Andreas Pohlmann, Köln

England
Mitch Farquharson, The Cheese Company,
  Melton Mowbray
Chris Lynch, Colman's of Norwich
The Coronation Tap, Bristol
Fortnum & Mason, London
Shaun Hill, Gidleigh Park
Lea & Perrins International, Worcester
Meat and Livestock Commission, Milton Keynes
Jason Hinds, Neal's Yard Dairy, London
Patak's (Spices) Ltd., Haydock
Harry Ramsden's, White Cross
Bill Scott, The Riverhouse, Thornton-le-Fylde
Smiles, Bristol
Simpson's-in-the-Strand
Ann Taylor, Taunton Cider Company, Taunton
Paula MacGibbon, The Tea House, Covent Garden, London
Thornton's, Cheapside, London
Twinings, Andover

Schottland
The Aberfeldy Water Mill, Aberfeldy
C. Alexander & Son, Lanark
Mr. Young, The Breadalbane Bakery, Aberfeldy
Denrosa Apiaries, Coupar Angus
Dunsyre Blue Cheese, Carnwath
Glenturret Distillery, Crieff
John Meterlerkamp, The Chesterfield Hotel, Mayfair,
  London
John Milroy, London
Nancy Ewing und Arthur Bell, The Scottish Gourmet, Thistle Mill,
  Biggar

Irland
Maureen O'Flynn, R. & A. Bailey & Co., Dublin
Maureen O'Flynn, Boxty House, Dublin
John Metelerkamp, The Chesterfield Hotel, London
Guinness Ireland, Dublin
McCartney's Family Butchers, Moira, Co. Down
Patrick Doherty, Mulligan's of Mayfair, London
Jason Hinds, Neal's Yard Dairy, London
Sheila Croskery, The Old Bushmills Distillery, Bushmills, Co.
  Antrim
Scally's Supermarket, Clonakilty, Co, Cork
Veronica und Norman Steel, Eyeries, Co. Cork
Michael Stafford, Co. Cork
Ulster-American Folk Park, Omagh, Co. Tyrone

Dänemark
Carlsberg Brauerei, Kopenhagen
Königlich Dänische Botschaft in Deutschland
Hjorth's Røgeri, Ansdale, Bornholm
Gert Sørensen und Angestellte, Konditoriet i Tivoli, Kopenhagen

Norwegen
Jens-Harald Jenssen, Finnmark Travel Association, Alta
Norske Meierier, Oslo
Torger Pedersen, City Café, Alta
SAS Hotel, Varasjok
Vinmonopolet, Oslo
Harald Volden, Volden Fiskeoppdrett

Schweden
Lauri Nilsson und Karl-Heinz Krücken, Ulriksdals Wärdshus, Solna
Vete-Katen Bäckerei, Stockholm
Vin + Sprithistorika Museet, Stockholm
Wasa, Celle

Finnland
Annan Kotikukko Bäckerei, Sorsasalo
Botschaft von Finnland; Presse- und Kulturabteilung;
  Marita Schulmeister
Forellenfarm Lohimaa, bei Kuopio
Hotel Rahalaati, Kuopio

Rußland und Staaten der ehemaligen Sowjetunion
Swetlana Dadaschewa, Moskau
Hotel Lux, Köln

Polen
Metzgerei Beim Schlesier, Herr Wieschollek, Kerpen

Tschechien · Slowakei
Juraj Heger, Preßburg

Ungarn
Zander-Fangflotte Balaton, Keszheim
Barneval, Kishunhalas
Restaurant Fogas, Halbinsel Tihany
Magda Molnár und Gábor Vince, Kulturtrade
Thomas Niederreuther GmbH, München
Paprikamühle, Kalocsa
Tokaijweingut Gundel, Mád

Österreich
Café Hawelka, Wien
Frau Jell, Gasthaus Jell, Krems a.d. Donau
Hietzinger Bräu, Wien
Josef Jamek, Weingut Jamek, Joching, Wachau
Heurigen Maier-Resch, Stein a. d. Donau
Barbara und Manfred Pichler, Krems a. d. Donau
Heinz Prokop, Traismauer
Café Reuter, Stein a. d. Donau
Bailoni, Stein a.d. Donau
Hotel Sacher, Wien

Schweiz
Fleisch Trocknerei Brügger, Parpan
Bäckerei Landsbeck, Aarau
Leckerli Hus, Basel
Kuttel-Tabaco, Bern
Konditorei Meier, Zug
Confiserie Schiesser, Basel
Raclette-Stube, Zürich
Schaukäserei Switzerland, Seenen bei Schwyz
Zunfthaus Zur Waage, Zürich

Deutschland
Aachener Printen- und Schokoladenfabrik
  Henry Lambertz, Aachen
Auswertungs- und Informationsdienst für Landwirtschaft und
  Forsten (AID)
Bäckerei Allkofer, Regensburg
Bergische Forellenzuchtanstalt, Lindlar
Hans Dieter Blume, Lohne
Centrale Marketinggesellschaft der deutschen Agrarwirtschaft
  (CMA)
Deidesheimer Hof, Deidesheim
Deutscher Brauerbund
Deutscher Weinfonds/Deutsches Weininstitut
Deutsches Teigwaren-Institut
Dikhops Hof, Wesseling
Metzgerei Hans Dollmann, Regensburg
Konditorei und Bäckerei Fassbender, Siegburg
Restaurant Friesenhof, Kiel
Weingut Gunderloch, Nackenheim
Brauerhaus Heller, Köln
Weingut Juliusspital, Würzburg
Horst Mayer, Hotel Steigenberger Graf Zeppelin, Stuttgart
Fürst von Metternich, Johannisberg
Microgrill, Köln
Niederegger Marzipan, Lübeck
Päffgen, Köln
Simex, Jülich
Verband der deutschen Binnenfischerei
Vereinigung Getreide-, Markt- und Ernährungsforschung (GMF)
Weißbräu, Köln
Fischräucherei Wiese, Kiel

Niederlande
Abrahams Mosterdmakerij, Eenrum
Restaurant Auberge Maritim, Maroel, Ziriksee
Droppie, Groningen
Fassbender, Siegburg
Fischmarkt, Scheveningen
Hooghoudt, Groningen
Konditorei Theo Könegracht, Maastricht
Muschelkantor, Yerseke
Käserei J.T. Neeleman, Scheemda
Niederländisches Büro für Milcherzeugnisse
Van De Lei, Groningen

Übersetzungen
Aus dem Englischen: Dorle Merkel
Aus dem Dänischen: Angela Djuren
Aus dem Polnischen: Ursula Baierl
Aus dem Ungarischen: Hannelore Schmör-Weichenhain
Aus dem Holländischen: Sabine Holthaus

Fotonachweis
Alle Fotos Günter Beer
außer:
Food Foto Köln, Brigitte Krauth und Jürgen Holz: 13, 14/15,
  22/23 (großes Foto), 42/43, 56/57, 66–71, 78/79 (großes Foto),
  90/91, 93–97, 116/117, 121–123, 126/127, 130/131, 140/141,
  144/145, 149, 152–154, 156/157, 159, 161 (kleines Foto), 163
  (kleines Foto), 164–167, 170/171, 174 (Flaschen), 186/187,
  190/191, 197–199, 204, 209, 218/219, 225, 242/243,
  254/255, 270/271, 283, 286/287, 296/297, 308–310,
  314–321, 332/333 (Flaschen), 335, 346/347, 356/357 (großes
  Foto)
agrar-press, Fachbildagentur für Agrar- und Naturfotografie
  Dr. Wolfgang Schiffer: 305 (großes Foto)
Karol Kallay/Bilderberg: 212
Andrej Reiser/Bilderberg: 158 (alle Fotos)
© Johannes Booz/Benedikt Taschen Verlag, Köln: 168/169
  (alle Fotos)
Mary Evans Picture Library: 34/35
Dr. Rainer Berg/Fischereiforschungsstelle des Landes Baden-
  Württemberg: 141 oben Mitte, 141 oben rechts,
  268 (Aalquappe, Äsche, Laube, Felchen), 269 (Hecht)
© Garden Picture Library/Brian Carter: 23 (Nr. 6)
© Garden Picture Library/Vaughan Fleming: 23 (Nr. 7)
© Garden Picture Library/Lamontagne: 23 (Nr. 1, 4, 5)
© Garden Picture Library/Clive Nichols: 23 (Nr. 3)
© Garden Picture Library/J.S. Sira: 23 (Nr. 8)
© Garden Picture Library/Brigitte Thomas: 23 (Nr. 2)
© Horst Niesters/Verlags-Service K.G. Hütten: 241 (Nr. 7, 9)
© Günther Schumann/Verlags-Service K.G. Hütten: 240 großes
  Foto und Nr. 1–6, 8, 10)
Jürgens Ost u. Europa-Photo: 172 (alle Fotos)
Kelterei Possmann KG: 328/329
Archiv Brigitte Krauth: 310
Magyar Nemzeti Muzeum Történeti Fényképtára: 224/225
  (großes Foto)
Österreich Werbung: 246 (großes Foto)
B+H Kunz/OKAPIA: 180 (Steinpilz)
O. Cabrero i Roura/OKAPIA: 181 (Edelreizker)
Johan De Meester: /OKAPIA: 180 (Austernseitling), 181 (Perlpilz,
  Hallimasch)
Alfred Gröger/OKAPIA: 181 (Kuhpilz)
Andreas Hartl/OKAPIA: 268 (Schleie), 269 (Wels, Bachsaibling,
  Blaufelchen, Flußbarsch)
KHS/OKAPIA: 180 (Violetter Rötelritterling), 181 (Rotkappe)
Hans Lutz/OKAPIA: 181 (Spitze Glockenmorchel)
Y. Merlet/OKAPIA: 268 (Schuppenkarpfen)
NAS/T. McHugh/OKAPIA: 141 oben links
NAS/McWilliams/OKAPIA: 181 (Herbsttrompete)
Naturbild Ag. Schacke/OKAPIA: 181
  (Sandröhrling, Maronenröhrling)
Naturbild Ag. Schmidt-Stohn/OKAPIA: 181
  (Goldröhrling, Frühlorchel, Ziegenlippe)
Fachbuchverlag Dr. Pfanneberg & Co., aus »Lexikon der Küche«
  von Richard Hering Gießen 1987, 23. Druckauflage, S. 744:
  237 (Zeichnung)
Hans Reinhard/OKAPIA: 181 (Brauner Birkenpilz,
  Wiesenchampignon, Pfifferling, Speisemorchel), 268 (Rotauge,
  Blei), 269 (Rotfeder)
K. Wanecek/OKAPIA: 180 (Parasolpilz)
Christl Reiter: 3310 oben
Scandinavian Fishing Year Book, Baekgaardsvej,
  DK-2640 Hedehusene: 110/111
Hans Schmied: 331 unten
Ruprecht Stempell: 306/307
Miriam Klyvare/Tiofoto : 125
Thomas Veszelits: 196, 201 (Trĕboň – Karpfenfang)
Vinmomopolet: 113 (kleines Foto und Karte)
VISUM/Günter Beer: 136/137
VISUM/Helmut Claus: 12
VISUM/Gerd Ludwig: 146/147, 162/163, 173
VISUM/Jörg Modrow: 260
VISUM/Dirk Reinartz: 178
VISUM/Tomasz Tomaszewski: 148
Christa Wendler: 159 (alle Abbildungen)
© WILDLIFE/K. Keilwerth: 269 (Zander)

360 **Culinaria**

Culinaria

Culinaria

Europäische Spezialitäten

Band 2

André Dominé · Michael Ditter (Herausgeber)

Günter Beer (Fotos)

Peter Feierabend (Gestaltung)

Christine Westphal (Redaktion)

KÖNEMANN

Hinweise zu Abkürzungen und Mengenangaben

1 g	= 1 Gramm = $^1/_{1000}$ Kilogramm
1 kg	= 1 Kilogramm = 1000 Gramm
1 l	= 1 Liter = 1000 Milliliter
1 ml	= 1 Milliliter = $^1/_{1000}$ Liter
$^1/_8$ l	= 125 Milliliter = etwa 8 Eßlöffel
1 EL	= 1 gestrichener Eßlöffel
	= 15–20 Gramm bei trockenen Zutaten (je nach Gewicht)
	= 15 Milliliter bei flüssigen Zutaten
1 BL	= 1 Barlöffel = 5 Milliliter
1 TL	= 1 gestrichener Teelöffel
	= 3–5 Gramm bei trockenen Zutaten (je nach Gewicht)
	= 5 Milliliter bei flüssigen Zutaten
1 Schnapsglas	= 20 Milliliter = 2 knappe Eßlöffel
1 Glas	= 100–125 Milliliter
1 Tasse	= 100–150 Gramm oder Milliliter (je nach Zutat)

Löffelangaben beziehen sich bei trockenen Zutaten immer auf die verarbeitete Rohware, beispielsweise: 1 EL gehackte Zwiebeln, aber: 1 Zwiebel, geschält und gehackt

Mengenangaben in den Rezepten

Wenn nicht anders angegeben, sind die Rezepte für vier Personen berechnet – ausgenommen Drinks (jeweils pro Person) und Büfett-Gerichte (für eine unbestimmte Anzahl von Personen, die sich nach Belieben bedienen). Um den Leser jedoch nicht in die Irre zu leiten und Mißverständnissen vorzubeugen, wurde in jenen Fällen, in denen auf einer Doppelseite mehrere Rezepte stehen, die jeweils für eine unterschiedliche Anzahl von Personen berechnet wurden, auch bei den Gerichten für vier Personen ein entsprechender Hinweis gegeben.

© 1995 Könemann Verlagsgesellschaft mbH
Bonner Straße 126 · D-50968 Köln

Idee und Konzeption:	Ludwig Könemann
Studiofotografie:	Food Foto Köln – Brigitte Krauth und Jürgen Holz
Foodstyling:	Stefan Krauth
Mitarbeit Rezepte:	Uschi Stender-Barbieri
Register:	Regine Ermert
Produktionsleitung:	Detlev Schaper
Mitarbeit:	Ute Hammer
Bildbeschaffung und -recherchen:	Sally Bald, Ruth Correia, Regine Ermert
Reproduktionen:	Columbia Offset Group, Singapur
Druck und Bindung:	Neue Stalling, Oldenburg

Printed in Germany
ISBN 3-89508-056-X

Inhalt

Hinweise zu Abkürzungen und Mengenangaben	4
Vorwort von André Dominé	**9**
Belgien	**10**
Einführung	13
Waterzooi	14
Aal im Grünen	15
Pommes frites Stoemp 16	16
Muscheln Zubereitungsarten für Muscheln 16	16
Chicorée	18
Rosenkohl und Hopfensprossen	19
Geflügel Geflügel-Qualitäten 20	20
Ardennenschinken	22
Wildgerichte aus den Ardennen	24
Kochen mit Bier	26
Belgische Biere Lambic und Gueuze 28	28
Trappistenbier Trappisten-Brauereien 31	30
Herve	32
Käse	34
Lütticher Waffeln Belgische Backwaren-Spezialitäten 36	36
Sirup	37
Pralinen	38
Frankreich	**40**
Einführung	43
Die Baguette Brote und Gebäcke 46	44
Butter aus Rohmilch	45
Croissant	47
Pastis Traditionelle Aperitifs 48 · Zutaten für Edel-Pastis 49	48
Crème de Cassis	50
Weinbergschnecken Schnecken als Handelsware 54	54
Hummer Berühmte Hummergerichte 57	56
Austern Austernsorten 58 · Wie man Austern öffnet 59 · Austerngrößen 59 In Europa gängige Austernrassen 59	58
Meeresfrüchte	60
Fische	62

Fisch, Schal- und Krustentiere: Gerichte für Feinschmecker	64
Bouillabaisse	66
Anschovis Anschovis als Handelsware 69	68
Suppen	70
Trüffeln Das Périgord – Heimat der schwarzen Trüffel 72 · Wissenswertes über Trüffeln 73	72
Pasteten und Terrinen	75
Foie gras Hinweise zur Qualität von Foie gras 76	76
Volaille de Bresse	79
Geflügel Geflügelgerichte 82	80
Der Traiteur Delikatessen vom Traiteur 84	84
Schinken und Wurst	89
Rind Der französische Fleischschnitt beim Rind 92 · Der Umgang mit hochwertigem Rindfleisch 93 · Rinderrassen 93 · Rindfleischgerichte 94	92
Schwein und Schaf Schweinerassen 96 · Schafrassen 97	96
Choucroute Das gehört auf eine Schlachtplatte mit Choucroute 101	100
Gemüse und Kartoffeln Crudités 103 · Kartoffelvielfalt 103	102
Salate, Öl und Essig Ölsorten 104 · Essigsorten 105	104
Kräuter der Provence	106
Moutarde de Dijon Senfsorten 109	108
Quiche lorraine	110
Käse Fromage frais – Frischkäse 114 · Camembert 114 Fromages à croûte fleurie – Weißschimmelkäse 115 Vacherin Mont d'Or 115 · Fromages à croûte lavée – Weichkäse mit Rotflora 115 · Roquefort 116 · Chèvre – Ziegenkäse 118 Fromages à pâte pressée non cuite – Halbfeste und feste Schnittkäse 119 Fromages à pâte pressée cuite – Hartkäse 119 Französische Käse auf einen Blick 119	112
Wein Weinkategorien 124 · Flaschenformen 124 Weinwissen – Basis-Vokabular 125 · Bordeaux 127 Rebsorten in Bordeaux 127 · Südwestfrankreich 127 · Burgund 128 Beaujolais 128 · Rebsorten im Burgund 128 · Côtes du Rhône 130 Provence 130 · Korsika 130 · Languedoc-Roussillon 130 Rebsorten Südfrankreichs 131 · Loire 132 · Elsaß 132 Jura und Savoyen 132 · Rebsorten der Loire 132	124
Champagner Kleines Champagner-Glossar 134 · Bekannte Champagner-Marken 134	134
Cognac Cognac-Kategorien 136 · Bekannte Cognac-Marken 137	136
Likör Frankreichs berühmteste Liköre 138	138

Armagnac	139
Fine 139 · Marc 139	
Obstbrände	140
Beeren, Wildbeeren und Früchte für Obstbrände 140	
Kleines Glossar der Obstbrände – Eaux-de-vie de fruits 141	
Regionen 141	
Cidre	142
Apfeldesserts	144
Symphonie autour d'une pomme – Symphonie um einen Apfel 144	
Calvados	145
Süßspeisen	146
Crêpes	148
Die beliebtesten Crêpes 148	
Patisserie	150
Die wichtigsten Cremes der Patissiers 151	
Schokolade aus Lyon	152
Mousse au chocolat 153	
Nougat	154
Die Klassiker der Confiserie 155	

Spanien   156

Einführung	159
Tapas	160
Sherry	164
Sherry-Sorten 164 · Brandy de Jerez 164	
Iberischer Schinken	166
Wie man *jamón ibérico* schneidet und ißt 167	
Würste	168
Wurstformen 168	
Gazpacho	171
Fleisch	172
Kleines Fleisch-Lexikon 172	
Suppen und Eintöpfe	174
Eierspeisen	175
Beliebte Tortillas 175	
Fisch	176
Beliebte Fische 177	
Meeresfrüchte	178
Fischkonserven	179
Fischgerichte und Gerichte mit Meeresfrüchten	180
Reis	182
Reis – Sorten und Qualitäten 182	
Paella	184
Grundregeln für die Zubereitung von Reis 185	
Safran	185
Safran-Qualitäten 185	
Olivenöl	187
Olivenöl-Qualitäten 186 · Alioli 187	
Gemüse	189
Käse	190
Spanische Käsesorten 191	
Obst	192
Die Früchte Spaniens 193	
Desserts und Süßigkeiten	194

Rioja	196
Rioja-Jahrgänge 197 · Qualitätskategorien 197	
Wein	199
Wichtige Rebsorten 198 · Spanische Weinanbaugebiete 199	
Cava	200
Cava-Qualitäten 200	
Sidra	202

Portugal   204

Einführung	207
Petiscos und Salgados	208
Salgados – Pikante Pastetchen 208 · Petiscos – Leckerbissen 209	
Caldo verde	210
Kleines Gemüse-Glossar 211	
Suppen und Eintöpfe	212
Sardinen	215
Bacalhau	217
Fische und Meeresfrüchte	218
Aus portugiesischen Gewässern 219	
Fleisch	220
Portugiesische Tierrassen mit Qualitätsbezeichnung 221	
Kleines Fleisch-Glossar 221	
Würste und Schinken	222
Brot	224
Olivenöl	225
Piri-Piri und andere Gewürze 225	
Käse	227
Portugals Käsesorten 227	
Süßes und Feingebäck	228
Feingebäcke und kleine Kuchen 229	
Früchte und Nüsse	230
Nüsse und Knabbereien 230	
Mel – Honig	231
Vinho verde	232
Portugiesische Weinanbaugebiete	233
Weinkategorien 233	
Portwein	234
Madeira	235

Italien	236
Einführung	239
Brot	240
Brot-Spezialitäten 240	
Pizza	242
Prosciutto di Parma	244
Prosciutto di San Daniele	244
Antipasti	246
Pasta secca	248
Pasta-Saucen 248 · Welche Sauce paßt zu welcher Pasta? 249	
Pasta fresca	252
Wie man Ravioli herstellt 253 · Wie man Tortellini herstellt 253	
Gnocchi	255
Polenta	256
Parmigiano-Reggiano	258
Pecorino	260
Gorgonzola	262
Italiens Käsesorten	262
Suppen	264
Kutteln	265
Reis	266
Reissorten 266	
Salumi	268
Salami	270
Italiens Schweine 270 · Salami-Spezialitäten 271	
Fleisch	272
Der italienische Fleischschnitt beim Rind 272	
Kleines Fleisch-Glossar 273 · Fleischgerichte 274	
Geflügel	276
Kleines Geflügel-Lexikon 276	
Wild	278
Fische und Meeresfrüchte	280
Kleines Lexikon der Fische und Meeresfrüchte 280	
Gemüse	284
Bagna caôda – Gemüsefondue 284 · Was ist eine Frittata? 285	
Steinpilze	286
Trüffeln	288
Olivenöl	290
Olivenöl-Qualitäten 290	
Insalata – Salat	291
Dolci	292
Beliebte Süßspeisen 292	
Panettone	293
Gelati	294
Italienisches Eis und seine Geschmacksrichtungen 294	
Aceto balsamico	296
Wein	298
Weinkategorien 298 · Wichtige Rebsorten 298 · Italienische Weinanbaugebiete 300 · Brunello di Montalcino 301	
Vin Santo	302
Grappa	304
Campari	306
Aperitifs und Spirituosen	307
Espresso	308

Griechenland	310
Einführung	313
Mezédes	314
Suppen	316
Píta und Fíllo	317
Gemüse	318
Moussakás 320	
Fische und Meeresfrüchte	322
Zubereitungsarten 322	
Fleisch	324
Gyros 324	
Käse	326
Griechische Ostern	327
Oúzo	328
Digestifs 328	
Retsína	329
Weinanbau 329 · Likörwein 331	
Rebsorten, Weine und Weinanbaugebiete	331
Süßspeisen	332
Beliebte Süßigkeiten 333	
Kaffee	333

Türkei	334
Einführung	337
Fladenbrot	338
Meze	340
Typische türkische Vorspeisen 340	
Yufka, Bulgur und Reis	342
Rakı	343
Gemüse	344
Fisch	346
Fische aus drei Meeren 346	
Fleisch	348
Joghurt und Käse	350
Türkische Käsesorten 350	
Süßspeisen	352
»Hochburgen« von Süßigkeiten und Desserts 352	
Tee und Teehäuser	354

Glossar	356
Bibliographie	358
Danksagung · Fotonachweis	360
Register	361

Unser Streifzug durch Europa führt an das Mittelmeer, wo die westliche Zivilisation entstand. Kulinarisch gesehen, hat der mediterrane Stil, auch das mediterrane Lebensgefühl jedoch gerade erst zur Eroberung der Welt angesetzt. Dafür steht ein leichter, beschwingter Umgang mit Lebensmitteln und das wählerische Qualitätsbewußtsein gegenüber den zu verarbeitenden Zutaten. Reife Gemüse, frische Fische und sparsam eingesetztes Fleisch spielen dabei eine Rolle. Unkompliziert ist der Ansatz, mit Sinn für Ursprünglichkeit und Geschmack an den intensiven Aromen heißer Sommer. Als verbindendes Element zwischen allen Länderküchen des Mittelmeerraums fließt (fast) ununterbrochen der Strahl feinen Olivenöls. Viele Rezepte in diesem Band verbreiten die hinreißende Botschaft mediterraner Küche und regen zur Nachahmung an. Noch faszinierender als die offensichtlichen Gemeinsamkeiten indes sind die wahren, eigenständigen Spezialitäten. Gerade im Süden Europas gibt es eine Vielzahl von landwirtschaftlichen Höfen, auf denen Menschen traditionelle Kulturen und Verarbeitungsweisen pflegen, mit denen sie außerordentliche und authentische Lebensmittel erzeugen. Käsemeister und Metzger folgen überlieferten Methoden und Verfahrenstechniken, mit denen sie Produkte höchster Qualität herstellen. Winzer und Destillateure verstehen es, die Essenz großartiger Weinberge einzufangen. Die Höhepunkte europäischer Kulinarik muß man suchen – ob sie aus den belgischen Ardennen oder dem französischen Zentralmassiv, aus Andalusien oder dem abgelegenen nordportugiesischen Trás-os-Montes stammen; ob wir sie auf einer Schaffarm vor Rom aufstöberten, auf einem Weingut bei Patras oder bei einem Fischer am Bosporus. »Culinaria« möchte mit seinen Bildern und Eindrücken, detaillierten Erläuterungen und atmosphärischen Verdichtungen eine Brücke schlagen zwischen jenen, die kulinarische Unterschiede in der Herstellung, und jenen, die sie im Genuß kulitivieren. Nur so können wir den Reichtum bewahren, der sich auf diesen Seiten widerspiegelt.

**Vorwort von
André Dominé**

André Dominé

Belgien

Landschaft in den Ardennen

Vorherige Doppelseite: Ein bierbrauender Mönch in dem
berühmten Trappistenkloster Chimay

12 **Belgien**

Die Belgier orientieren sich mit Begeisterung an ihren französischen Nachbarn und deren Weinkeller – in Belgien findet man nahezu alle Weine Frankreichs. Besonders Bordeaux und Burgunder werden sehr geschätzt. In belgischen Restaurants dominieren französische Einflüsse derart, daß manche Gourmets die belgische mit der französischen Küche in einem Atemzug nennen. Das hindert die Belgier keineswegs daran, ihre eigenen Spezialitäten hoch- und wertzuhalten. Das gilt vor allem auch für das Bier. Nicht eine oder zehn, sondern mehr als hundert Biersorten gibt es, darunter einige, die zu den besten der Welt zählen. Für Bier ist immer Zeit, und jedes Bier hat seinen Moment – die hellen, leichteren eher zum Mittagessen und als Durstlöscher, am Abend die dunkleren, vollmundigeren, kräftigeren. Mit kulinarischen Genüssen geht man in Belgien flexibel um. Nur einmal am Tag gönnt man sich eine ausgedehnte Mahlzeit, die dann allerdings durchaus zwei Stunden dauern kann, und ein abendliches Souper mit Freunden mag sich schon mal über fünf Stunden erstrecken. Dafür gibt man sich oft mittags mit einer der beliebten gut gefüllten Baguettes zufrieden, die überall angeboten werden, oder mit einem einfachen Tellergericht. Zwar gilt Belgien als Land der allerbesten Pommes frites, aber Muscheln sind nicht weniger berühmt und sehr gut. Überhaupt verwöhnt die Nähe zum Meer insbesondere die Flamen. Wallonen dagegen werden von den Wäldern der Ardennen und ihrem Wildreichtum entschädigt oder den zahlreichen Lütticher Spezialitäten. Bei Wurstwaren ist man eher zurückhaltend, mit Ausnahme von Pasteten oder gekochtem Schinken. Gemüse hingegen genießt inzwischen zunehmend kulinarische Aufmerksamkeit. Im Gegensatz zu dem Anschein, den sie erwecken, sind die Belgier keine übertriebenen Naschkatzen – trotz exzellenter Kekse und einer Riesenauswahl an Pralinen. Selten verwöhnen sie sich selbst, das überlassen sie anderen: Pralinen sind das beliebteste Mitbringsel, wenn man zum Essen eingeladen wird. Nur manchmal werden Belgier schwach, wenn es am Nachmittag frische Waffeln gibt. Die kompaktere Lütticher Version kann ein ganzes Familiensouper ersetzen, während man die luftigen Brüsseler Waffeln nur als Dessert serviert.

Waterzooi
Aal im Grünen
Pommes frites
Muscheln
Chicorée
Rosenkohl und Hopfensprossen
Geflügel
Ardennenschinken
Wildgerichte aus den Ardennen
Kochen mit Bier
Belgische Biere
Lambic und Gueuze
Trappistenbiere
Herve
Käse
Lütticher Waffeln
Sirup
Pralinen

Waterzooi

Wenn flämische Fischer den Tagesfang nicht komplett verkaufen konnten, teilten sie die übriggebliebenen Fische unter der Mannschaft auf. Dann trug jeder sein Sammelsurium aus dem Wasser – wie man *Waterzooi* frei übersetzen kann – nach Hause und überließ Seezunge, Glatt- und Steinbutt, Kabeljau, Wittlinge, Merlan, Krabben oder was auch immer seiner Frau. Sie nahm Gemüse der Saison, das sie gerade im Hause hatte, dünstete es an und goß Wasser und eventuell Weißwein dazu. Dann legte sie die ausgenommenen, von Gräten befreiten und in große Stücke geschnittenen Fische hinein und ließ sie auf niedriger Flamme langsam garen. Zum Essen setzte sie einfach den Topf auf den Tisch, und jeder schöpfte sich heraus, was er mochte – ein simpler Fischeintopf, wie er in ungezählten Variationen überall existiert, wo Fischer aus- und einlaufen.

Was Waterzooi regionalen Charakter gibt, sind die frischen Nordseefische. Mit der Zeit haben die Flamen mit ihrem Sinn für feine Küche selbst diverse Abwandlungen kreiert, darunter eine Luxusversion nur mit Steinbutt und Hummer. Inzwischen beschränken sie sich meist auf Lauch, Kartoffeln und Sellerie als Gemüse und schneiden es viel feiner als früher üblich. Sahne und Butter runden die ziemlich flüssige Sauce ab.

Für *anguilles au vert* benötigt man außer der Hauptzutat Aal Spinat und viele grüne Kräuter, damit die Sauce grün wird.

Zunächst werden die Aalstücke mit feingehackten Schalotten in Butter gedünstet, bis ihr Fleisch weiß ist.

Dann gibt man Fischfond und Weißwein hinzu und läßt die Aale darin langsam gar ziehen.

Die Kräuter verleihen dem Gericht, das auch kalt gegessen wird, eine frische Würze.

Waterzooi
Eintopf aus Nordseefischen
(Abbildung 1–4 und großes Foto, linke Seite)

Für 8 Personen

2 kg verschiedene frische Nordseefische sowie Muscheln und Krustentiere
125 g Schalotten
1/2 l Fischfond
1/2 l trockener Weißwein
400 g Lauch
1/2 Stange Sellerie
400 g Möhren
150 g Butter
1/2 l Sahne
3 EL feingehackte Petersilie
Salz, schwarzer Pfeffer

Die Fische ausnehmen und filetieren, Muscheln und Krustentiere gründlich putzen. Die Schalotten schälen, fein hacken und mit Fischen, Muscheln und Krustentieren in einem Sud aus Fischfond und Weißwein pochieren (1). Das restliche Gemüse putzen, in feine Streifen schneiden und in 50 g Butter andünsten; durch ein Sieb passieren und die Flüssigkeit auffangen (2). Fische, Muscheln und Krustentiere aus dem Sud nehmen, die Gemüsebrühe hinzufügen und die Flüssigkeit reduzieren (3). Die Sahne hinzufügen und nochmals einkochen lassen, dann die restliche Butter unterziehen.
Die Krustentiere aus den Schalen brechen und mit Fischen und Muscheln sowie dem Gemüse in eine feuerfeste Terrine geben; mit der Sauce übergießen. Nochmals kurz aufkochen, mit Petersilie bestreuen und servieren (4).
Dazu paßt ein Chardonnay.

Aal im Grünen

Um Aale für *anguilles au vert*, Aal im Grünen – eine weitere Spezialität Belgiens – zu fangen, mußte man nicht unbedingt Fischer sein. Denn wenn sich die Aale nach ihrem Leben in Flüssen oder Teichen auf den Weg zum Laichen ins ferne Sarragossa-Meer begeben wollten, nahmen sie bisweilen Abkürzungen: Sie schlüpften über die Wiesen, was ihnen den Namen gab. Daß sie auch zubereitet grün erscheinen, dafür sorgen zum Beispiel Spinat und Sauerampfer, Petersilie, Estragon und Salbei. Löscht man den leicht mit Zwiebeln angedünsteten Aal nach dem allgemein belgischem Rezept mit Fischsud und Weißwein ab, nehmen die Flamen dafür oft Bier.

Anguilles au vert
Aal im Grünen

Für 4 Personen

1 kg Aal
100 g Schalotten
50 g Butter
400 ml trockener Weißwein
400 ml Fischfond
200 g Spinat
2 EL Kerbel
2 EL feingehackte Petersilie
1 TL feingehackte Pimpernelle
1 TL feingehackter Salbei
1 TL feingehacktes Bohnenkraut
1 TL feingehackter Estragon
1 TL feingehackter Thymian
2 Blatt feingehackte Pfefferminze
1 Eigelb
1/2 Zitrone
Salz, schwarzer Pfeffer

Die Aale häuten, ausnehmen, waschen und in Stücke von 6–8 cm Länge schneiden. Die Schalotten schälen, fein hacken und in der Butter andünsten. Die Aalstücke dazugeben und dünsten, bis ihr Fleisch weiß ist. Mit Weißwein und Fischfond ablöschen und gar ziehen lassen.
Die Aale herausnehmen und beiseite stellen. Den Fischfond auf ein Viertel reduzieren. Den Spinat gründlich waschen, putzen, fein hacken und mit den Kräutern in den Fischfond geben. Einmal kräftig aufkochen lassen, abschmecken und mit dem Eigelb binden.
Die Aalstücke in der grünen Sauce heiß oder kalt mit Zitronenachteln garniert servieren.
Gern trinken die Belgier dazu einen knochentrockenen Riesling aus Luxemburg oder ein Pils.

Linke Seite: Nordseefische, Schal- und Krustentiere sind die Hauptzutaten für Belgiens berühmten Fischeintopf *Waterzooi*. Dabei kann die Zusammenstellung variieren – wichtig ist, daß Fische und Meeresfrüchte frisch sind.

Pommes frites

Daß die Belgier die Erfinder der Pommes frites sind, wird von den Franzosen gern bestritten. Nur ernährte sich bereits ein großer Teil der belgischen Bevölkerung von den ursprünglich amerikanischen Erdäpfeln, als die meisten Franzosen von deren Existenz noch gar nichts wußten. Nordeuropäische Länder brauchten generell länger, um sich für Kartoffeln zu begeistern. Zuerst kamen die nahrhaften Knollen, auf die ein Waffenbruder Pizarros aufmerksam wurde, in der ersten Hälfte des 16. Jahrhunderts nach Spanien. Als Geschenk des spanischen Königs Philipp II. erreichten sie 1565 Papst Pius IV., angeblich als wirksames Mittel gegen Rheumatismus. Jedenfalls nahmen die Italiener die *tartufolo*, die kleine Trüffel – was verballhornt »Kartoffel« ergab – gut auf.

Die Kartoffel verbreitete sich in den Ländern nördlich der Alpen nicht zuletzt dank der Studien und der 1601 erschienenen »Plantara Historia«, der Pflanzengeschichte des flämischen Botanikers Charles de Lescluse, der in Wien, Frankfurt und Leiden wirkte. Da die Kartoffel in Belgien gute Böden und geeignete klimatische Bedingungen vorfand, nahm ihr Anbau schnell zu. Rund ein halbes Jahrhundert später begannen Klöster im heutigen Belgien auch von Kartoffeln den Zehnten als Abgabe zu verlangen, weil die Bauern zu viele Getreidefelder auf ihren Anbau umstellten, so daß die Einnahmen aus der »Getreidesteuer« sanken. Gegen Ende des 17. Jahrhunderts dürften dann die ersten Pommes frites gebrutzelt worden sein. In einem 1781 verfaßten Manuskript, das der Historiker Jo Gérard in seinem Familienarchiv fand und aus dem sein Kollege Léo Moulin zitiert, heißt es: »Die Einwohner von Namur, Andenne und Dinant pflegen in der Meuse Kleinzeug zu fischen und es in Fett zu braten, um ihre Alltagskost aufzubessern, vor allem die armen Leute. Aber wenn der Frost die Wasserläufe ergreift und der Fischfang darauf riskant wird, schneiden die Einwohner Kartoffeln in Form kleiner Fische aus und braten sie im Fett wie jene. Es kommt mir zu Ohren, daß dieser Brauch sich schon mehr als hundert Jahre zurückverfolgen läßt.«

Fast an jeder Straßenecke findet man *fritures*, Frittenbuden, wo man zu der Portion Pommes frites diverse Saucen erhalten kann, zum Beispiel:
• Mayonnaise – vermutlich eine Entdeckung der Belgier, daß Mayonnaise und Pommes frites geschmacklich eine glückliche Liaison eingehen;
• Sauce andalouse – Mayonnaise mit Paprikapüree;
• Sauce tartare – Ei-Kräuter-Sauce mit kleingehackten Gürkchen.
• Mixed Pickles – mit in Essig eingelegten Gemüsen wie Perlzwiebeln, Blumenkohlröschen, Gürkchen.

Stoemp

Ein anderes belgisches Nationalgericht aus Kartoffeln ist *Stoemp*, Kartoffelpüree mit Gemüse. Geschälte Kartoffeln werden in Salzwasser mit jeweils einem oder zwei Gemüsen gekocht, etwa mit Möhren, Lauch, Spinat, Chicorée und/oder Endivien. Dann zerdrückt man beides mit einer Gabel, würzt mit Pfeffer, Salz und Muskat und rührt etwas Butter unter das Püree. Stoemp wird meist mit einer schmackhaften Wurst oder Scheiben von geräuchertem Speck gegessen.

Muscheln

An der belgischen Küste und in Brüssel werden Muscheln in den Töpfen serviert, in denen man sie im eigenen Saft oder mit verschiedenen Zutaten dünstet. Dazu reicht man einen Teller mit großgeschnittenen Pommes frites. Muscheln wie Pommes frites ißt man mit Hilfe einer leeren Muschelschale, die man wie eine Zange benutzt. Seit die Muscheln aus den großen Zuchtanlagen des niederländischen Seeland stammen, beginnt die Saison bereits Mitte Juli und reicht bis Anfang April.

Zubereitungsarten für Miesmuscheln

Moules natures – Im eigenen Saft gedünstet
Moules à l'ail – Mit Knoblauchbutter wie Schnecken
Moules à la crème – In etwas Weißwein gedünstet, dann mit Sahne angemacht
Moules à la poulette – Mit Champignons, Weißwein und Crème fraîche (Rezept rechte Seite)
Moules à la provençale – Mit Tomaten, Tomatenmark, Knoblauch, Thymian und Lorbeer
Moules au beurre – Aus den Schalen gelöste Muscheln in einer Sauce aus Butter, Eigelb und Kräutern
Moules au champagne – In Champagner gegart, in nur jeweils einer Schalenhälfte serviert und mit Champagner-Crèmesauce übergossen
Moules au curry – Aus den Schalen gelöste Muscheln in Currysauce
Moules au vin blanc – Mit Weißwein gedünstet (Rezept rechte Seite)
Moules parquées – Rohe Muscheln, geöffnet, mit Zitrone und Pfeffer oder Senf-Vinaigrette
Moules sauce tartara – Gekochte Muscheln kalt mit *sauce tartare*

Pommes frites mit Tomatenketchup, der mit Currypulver gewürzt wurde

Pommes frites mit *sauce tartare*, einer Sauce auf der Basis von Ei, Kräutern und gehackten Gürkchen

Pommes frites mit Mayonnaise

Pommes frites mit *sauce andalouse* – Mayonnaise, angereichert mit Paprikapüree

Moules au vin blanc
Miesmuscheln in Weißwein
(Abbildung 1–4)

Für 2 Personen

2 kg Miesmuscheln
2 Zwiebeln
1 Stange Sellerie
150 ml trockener Weißwein
schwarzer Pfeffer
30 g Butter

Die Muscheln unter fließendem kaltem Wasser abbürsten und gründlich waschen; geöffnete und beschädigte aussortieren (1). Die Zwiebeln schälen und hacken, den Sellerie putzen und in Stücke schneiden. Zwiebeln und Sellerie mit den Muscheln in einen großen Topf geben, den Weißwein hinzufügen sowie reichlich Pfeffer (2).
Den Deckel auflegen und die Muscheln zum Kochen bringen. Wenn sie sich öffnen, sind sie gar.
Die Butter hinzufügen und den Topf mehrmals schütteln, so daß sich die Butter gut verteilt (3). Die Muscheln sofort im Topf servieren (4).
Dazu trinkt man einen Luxemburger Rivaner.

Moules à la poulette
Muscheln auf Hühnchenart

Für 2 Personen

2 kg Miesmuscheln
1 Schalotte
Saft von 1 Zitrone
$1/4$ l trockener Weißwein
Salz, schwarzer Pfeffer
500 g Champignons
300 ml Crème fraîche

Die Muscheln unter fließendem kaltem Wasser gründlich abbürsten und waschen; geöffnete und beschädigte aussortieren.
Die Schalotte schälen, fein hacken und mit Zitronensaft und Weißwein in einen großen Topf gegeben; gut pfeffern. Die Muscheln hinzufügen und zum Kochen bringen.
Die Champignons putzen, blättrig schneiden und mit der Crème fraîche zu den Muscheln geben; 10 Minuten köcheln lassen. Mit Salz abschmecken und servieren.
Ein Muscadet paßt gut dazu.

Huîtres au champagne
Austern in Champagner

Für 2 Personen

12 flache Austern
1 Schalotte
200 ml Champagner
200 ml Crème fraîche
50 g Butter
Salz, schwarzer Pfeffer

Die Austern mit einem Spezialmesser öffnen (siehe S. 59), dabei das Austernwasser auffangen und darauf achten, daß die tiefere Hälfte der Austernschale nicht beschädigt wird, da sie zum Servieren benötigt wird.
Die Schalotte schälen, fein hacken und mit Champagner, Austernwasser und den Austern in einen Topf geben; die Austern bei schwacher Hitze pochieren.
Die Austern aus dem Topf nehmen, in ihre Schalen zurücklegen und im vorgeheizten Backofen warm halten.
Die Sauce auf ein Viertel reduzieren, die Crème fraîche hinzufügen und nochmals einkochen. Vom Herd nehmen, die Butter unterrühren und die Sauce würzen.
Die Austern mit der Sauce übergießen und sofort – mit einem Glas Champagner – servieren.

1 2 3 4

Oben und links: Muscheln ißt man, indem man zwei noch zusammenhängende Schalen als Zange benutzt. Dazu knabbert man gern frischgebackene Pommes frites.

Chicorée

Chicorée, wie wir ihn heute schätzen, wurde um 1830 im Botanischen Garten in Brüssel entdeckt. Dabei handelte es sich keineswegs um das Ergebnis eines Experiments. Vielmehr hatte der Obergärtner einen Winkel der weitläufigen Keller reserviert, wo er im Winter Gemüse und Salate zog. Dort fand er heraus, daß mit einer dicken Schicht lockerer Erde abgedeckter Chicorée schöne feste Spindeln formte. Es dauerte noch etwa zwei Jahrzehnte, bis sich diese Methode entwickelt und herumgesprochen hatte. Dann aber eroberte Chicorée als delikates Wintergemüse und knackiger Salat die Küchen Belgiens. Europaweite Verbreitung fand er erst ab 1950.

Der Hauptanbau fand früher im Gebiet zwischen Brüssel, Leuven und Mechelen statt. Aber Chicorée hat dort die meisten Böden erschöpft. Im Mai und Juni wird er auf freiem Feld ausgesät. Er entwickelt zunächst lange lappige Blätter und große Wurzeln. Im September und Oktober ziehen die Bauern die Wurzeln aus dem Boden und schneiden die Blätter ab. Heute lagern die Rüben anschließend in Kühlkammern auf wenig unter null Grad, bevor sie in Hydrokultur bei konstanter Temperatur zum Treiben gebracht werden.

Der traditionelle Anbau, bei dem die Felder mit Mist gedüngt werden und auch die zweite Vegetationsphase im Freien stattfindet, wird kaum noch praktiziert. Dabei bereitet der Bauer Beete vor, unter denen Warmwasserleitungen verlaufen. Die Wurzeln werden schräg und dicht an dicht in Reihen in die Erde getrieben und mit weiterer lockerer tonhaltiger Erde zugeschüttet. Mit Stroh isoliert – und meist mit Wellblech gegen Regen geschützt – brauchen die Wurzeln etwa einen Monat, um Blätter auszutreiben: Sie bilden den Chicon. Auf den Knien und per Hand ausgegraben, werden die Wurzeln abgebrochen und später verfüttert. Nun entfernt man die äußeren Blätter, bis die Chicons weiß zum Vorschein kommen. In Erde gezogen, sind sie besonders fest, gleichmäßig und süß im Geschmack. Bei sechs Grad Celsius dunkel und trocken aufbewahrt, halten sie sich bis zu drei Monaten. Licht führt zu Chlorophyllbildung, färbt die Blätter grün und macht sie bitter.

Wäscht man Chicorée, sollte man ihn nicht lange im Wasser lassen, da dies Aroma und Konsistenz beeinträchtigt. Will man ihn dünsten, darf man keine Eisentöpfe benutzen und muß ihn schnell mit Zitronensaft beträufeln, damit er seine makellose Blässe bewahrt.

Les chicons au gratin
Überbackener Chicorée

Für 2 Personen

120 g Butter
4 Kolben Chicorée
Salz, schwarzer Pfeffer
1 EL gehackte krause Petersilie
40 g Mehl
$1/2$ l Milch
1 Prise Muskat
100 g geriebener Greyerzer (Gruyère)
4 Scheiben gekochter Schinken

50 g Butter in einem Topf zerlassen. Am Wurzelende der Chicorée-Kolben den bitteren Kern keilförmig herausschneiden, die Chicorées in die Butter geben, salzen, pfeffern und mit Petersilie bestreuen. Zugedeckt 20 Minuten garen lassen.
Für die Sauce aus 50 g Butter und dem Mehl eine Schwitze zubereiten und unter ständigem Rühren die Milch zugeben; 5 Minuten köcheln lassen. Vorsichtig mit Salz, Pfeffer und Muskat würzen und ein Drittel des geriebenen Käses unterrühren.
Den Backofen auf 200 °C vorheizen.
Eine feuerfeste Form mit der restlichen Butter einfetten. Die Chicorées aus dem Topf nehmen, gut abtropfen und jeweils in eine Scheibe Schinken wickeln; in die Form geben. Mit der Sauce übergießen und mit dem restlichen Käse bestreuen.
Im Backofen überbacken und sofort servieren.
Die Belgier essen Kartoffelpüree dazu und trinken ein Pils, einen Sauvignon aus der Touraine oder aus Sancerre.

Stoemp aux choux de Bruxelles et carottes
Kartoffelpüree mit Rosenkohl und Möhren

Für 2 Personen

500 g Rosenkohl
200 g Möhren
60 g Butter
Salz, schwarzer Pfeffer
1 Bouquet garni
300 g Kartoffeln
1 Prise Muskat

Den Rosenkohl putzen und halbieren, die Möhren schälen und dritteln. Die Gemüse in 30 g Butter 10 Minuten dünsten. Mit kaltem Wasser bedecken, salzen, pfeffern und das Bouquet garni hinzufügen. Zum Kochen bringen und 5 Minuten kochen.
In der Zwischenzeit die Kartoffeln schälen und in große Würfel schneiden, zu den Gemüsen geben und weitere 15 Minuten kochen. Falls das Wasser nicht verdunstet ist, abgießen.
Die Zutaten mit einer Gabel grob zerdrücken. Abschmecken, Muskat und die restliche Butter hinzufügen. Gut durchmischen und servieren.
Außer einem Pils käme ein Coteaux de Tricastin als Begleitung in Frage.

Hintergrund: Chicorées in – abgesehen von den leuchtend gelben Spitzen – vornehmer Blässe. Spitzenqualitäten schmecken süß.

Chicorée wird im Freiland ausgesät, wo die Pflanzen lange lappige Blätter entwickeln und in der Erde große weißliche Wurzeln.

Aus den neu eingegrabenen Wurzeln sprießen die eßbaren Kolben. Die äußeren Blätter werden von Hand entfernt (unten).

Rosenkohl und Hopfensprossen

Die Briten sind davon überzeugt, daß Rosenkohl (Abbildung rechts) erstmals in der Umgebung der belgischen Hauptstadt angebaut wurde, und gaben ihm daher den Namen *Brussels sprouts*. Auch Franzosen unterstützen diese These und nennen ihn *choux de Bruxelles*. Zwar bezeichnen ihn auch die Belgier selbst so, sind aber keineswegs sicher, ob sie das Urheberrecht wirklich beanspruchen dürfen. Wenn man Rosenkohl jedoch mit Kartoffeln und Möhren zu einer Variante des überaus beliebten Gemüsebreis *Stoemp* verarbeitet, kann er als echte Spezialität gelten.

Hopfensprossen, eine andere Art Sprossen, sind eine rare kulinarische Besonderheit. Ihre eigentliche Saison ist im März und April. Sobald sich die jungen Triebe aus der Erde bohren, werden sie ausgerissen, eine mühselige Arbeit, die kniend zu leisten ist. Aber der delikate Geschmack der Sprossen lohnt den Aufwand und auch den Preis, denn Hopfensprossen werden teuer gehandelt.

Geflügel

Belgier lieben Geflügel. Das klassische Sonntagsmenü besteht aus Hühnchen und Pommes frites oder Hühnchen und Apfelkompott. Huhn hat überdies Bedeutung als Hauptzutat der fleischigen Version der *Waterzooi*, aber auch in Blätterteigpasteten, als Kroketten oder kalt mit Mayonnaise und Salat wird Geflügel viel verwendet. In der Hauptstadt Brüssel ist es seit Jahrhunderten so beliebt, daß Flamen die Einwohner von Brüssel auch *Kiekefretters*, Hühneresser, nannten.

Die meisten traditionellen Geflügelzüchter gibt es in Flandern. Allerdings ist ihre Zahl rückläufig, da der Beruf viel Handarbeit und Zeitaufwand erfordert, was vor allem auf die Arbeit des Rupfens zurückzuführen ist.

Neben der artgerechten Haltung der Tiere, die Struktur und Geschmack des Geflügelfleisches beeinflussen, hängt die Qualität des Federviehs entscheidend davon ab, ob es von Hand gerupft, *plumé à sec*, trockengerupft, ist. Bei der üblichen maschinellen Methode kommt das Huhn zunächst in ein warmes Wasserbad, damit sich die Poren erweitern. Nur danach kann das maschinelle Rupfen erfolgreich vollzogen werden. Der Nachteil des Verfahrens besteht darin, daß dabei Wasser unter die Hühnerhaut dringt. Dieses Wasser beeinträchtigt Bratprozeß und -saft. Ein traditionell von Hand gerupftes Huhn brät jedoch unbeeinträchtigt im eigenen Fett, so daß das Fleisch saftig bleibt und seine geschmackliche Intensität behält.

Geflügel-Qualitäten

Die Ziffern verweisen auf die Abbildungen auf der rechten Seite.

1 **Coucou de Malines** – Aus dem Bezirk von Malines, einer Stadt im Brabant in der Nähe Antwerpens, stammt Belgiens Nationalgeflügel. Was den Franzosen ihr Bresse-Huhn, ist den Belgiern ihr »Kuckuck«. Er stammt von der Rasse Blaue von Holland ab und besitzt ein graues Federkleid sowie schwarzweiße Krallen. Das sehr anspruchsvolle Federvieh verträgt keine forcierte Mast. Man muß es sorgsam aufpäppeln und ihm Zeit lassen, fett zu werden. Die besten Exemplare stammen aus kleinen Züchtereien, wo die Hähnchen mit Getreide ernährt werden. Nach zehn bis zwölf Wochen erreichen sie mit 1,3 bis 1,4 Kilogramm optimales Schlachtgewicht. Das Fleisch ist saftig und besitzt ein feines Aroma, einfach gebraten schmeckt es am besten.

2 **Poularde de Bruxelles** – Bei diesem ansehnlichen Huhn handelt es sich um einen größer und älter gewordenen Vogel aus der Familie der Coucou de Malines.

3 **Poussin** – Eine seltene Spezialität sind Küken, die mit rund 450 Gramm gerupft werden.

4 **Pintadeau** und **Pintade** – Perlhühner kamen früher der Saison entsprechend auf den Markt. Männliche Exemplare tauchten im Alter von elf Wochen zur Pfingstzeit bei den Geflügelhändlern auf, wenn sie die Größe eines jungen Rebhuhns besaßen. Dagegen war dem jungen Perlhuhn, das mindestens ein Kilogramm zu wiegen hatte, der Herbst vorbehalten. Inzwischen finden sich das ganze Jahr über Perlhühner mit 800 bis 1000 Gramm Gewicht im Angebot.

5 **Pigeon belgique** – Die belgische Taube besitzt, im Gegensatz zur rötlichen französischen Taube, helles Fleisch. Sie brütet nur einmal im Jahr. Wenn Taubenfreunde zu viel Nachwuchs haben, verkaufen sie die Jungtauben. Die Tauben werden nicht für den Verzehr gezüchtet. Frühestens kann man sie ab Ostern mit einem Gewicht von 300 bis 350 Gramm finden, doch sie sind sehr selten.

6 **Oie** – Die Nachfrage nach Gänsen konzentriert sich in Belgien immer mehr auf die Festtage zum Jahresende.

7 **Caille** – Mit den Franzosen teilen die Belgier die Liebe zu Wachteln. Diese nicht einmal handgroßen Feldhühner, die eigentlich zu den Zugvögeln zählen, werden inzwischen gezüchtet.

Hintergrund: Die Maison Matthys & Van Gaever in Brüssel ist ein Dorado für Geflügelfreunde, da der Laden von den besten Züchtereien beliefert wird.

Ardennen-schinken

Die Ardennen sind seit eh und je für zwei Dinge berühmt: das Wild ihrer Wälder und ihren Schinken. Der Ruhm des Schinkens ging ursprünglich auf eine regionale Schweinerasse zurück. Der wilden Umgebung angepaßt, handelte es sich um hochbeinige, widerstandsfähige und genügsame Tiere. Ihre Schinken dürften mit den heutigen wenig gemein haben, denn ihr Fleisch muß ausgesprochen mager und höchst aromatisch gewesen sein. Für die Bauern waren diese Qualitäten nicht überzeugend – sie kreuzten ihre Kelten mit häuslicheren, mehr Fleisch und Fett produzierenden Rassen.

Welche Geduld frühere Generationen mit der Herstellung der Schinken hatten, erscheint immer wieder erstaunlich. Oft ließ man das Fleisch zunächst tagelang mit Kräutern, Essig und Salz marinieren, bevor man es in Salzlake legte – in den Ardennen wird naß gepökelt. Danach hängte man die Schinken monatelang in den Kamin, möglichst hoch nach oben, wo der Rauch schon kalt war, wenn er sie passierte. In einer zugigen Dachkammer reiften sie anschließend gemächlich ihrer Bestimmung entgegen. Die Reifung war nach etwa 18 Monaten abgeschlossen – sie läßt unweigerlich an die Spitzenschinken südlicher Länder denken.

Bestes Aroma besitzen Schinken, die nicht nur über Eichen- und Buchenspänen, sondern auch über Wacholder- und Thymianzweigen geräuchert wurden.

Der *Jambon d'Ardennes* ist das einzige Produkt belgischer Schlacht- und Wurstwaren, das ein offizielles Gütezeichen trägt. Immer bezieht es sich auf einen Knochenschinken, während entbeinte Schinken *Cobourg* heißen. Längst ist das Herstellungsverfahren moderner geworden. Heute werden Schinken zwölf bis 21 Tage gepökelt. Anschließend lagern sie in Kühlkammern oder klimatisierten Räumen. Je nach Art der Räucherkammer und des gewünschten Geschmacks benötigen sie zwischen zwölf Stunden und einer Woche, um in kaltem Rauch ausreichende Würze aufzunehmen. Bei der Räucherung verwendet man Buchen- oder Eichenspäne, manchmal noch Wacholder- und Thymianzweige, was dem Schinken zusätzliche Aromen verleiht. Beim Qualitätsschinken kommt es in erster Linie darauf an, daß das Schwein auf natürliche Weise aufwuchs und gut gefüttert wurde, damit es Fett ansetzen konnte. Ist er zu mager, trocknet der Schinken aus und verliert seinen vollen Geschmack.

Zwar können Schinken bereits nach gut einem Monat angeschnitten werden, aber sie gewinnen erheblich nach drei bis vier Monaten Reifung. Hat man den Schinken einmal angeschnitten, sollte man ihn innerhalb von zwei Wochen verbrauchen.

Unten: Auf das richtige, ausgewogene Verhältnis von Fett und magerem Fleisch kommt es an – dann ist Schinken aus den Ardennen ein saftiger Hochgenuß.

Rechte Seite: Bis zu einer Woche hängen die Schinken in der Räucherkammer, um delikate Würze anzunehmen.

Wildgerichte aus den Ardennen

Die Ardennen sind eine bevorzugte Region für die Jagd auf Damwild und Wildschweine. In Belgien findet man Hirsche und Wildschweine nur auf der östlichen Seite der Meuse, südöstlich von Namur. Das Wild ernährt sich vom Wald, doch müssen die Wälder gepflegt werden, um ihm ausreichend Nahrung zu bieten. Sonst würden die Tiere, die fähig sind, große Entfernungen zurückzulegen, das Revier wechseln, was nicht im Sinne der Jagdherren ist. Teilweise wird das Wild vor der Eröffnung der Jagd noch in großen Parks gehalten. Diese Praxis ist ab dem Jahr 2000 verboten.

Die Saison beginnt im allgemeinen am 1. Oktober und reicht bis Ende Dezember, für manche Wildarten bis in den Januar. Für jede Wildart sind die Tage, an denen die Jagd freigegeben ist, sehr präzise festgelegt.

Die Ardennen sind jedoch nicht nur ein Paradies für Jäger, sondern auch für die Freunde deftig-feiner Spezialitäten. Ganz im Süden der belgischen Ardennen, in dem idyllischen Dorf Oignies-en-Thiérache, führt Jacky Buchet-Somme mit seiner Familie ein Restaurant, in dem er die Jagdbeute der umgebenden Wälder zu unvergeßlichen Menüs verwandelt. Von ihm stammen die hier mitgeteilten Rezepte, während den begleitenden Wein Dominique Gobert, Premier Sommelier de Belgique, empfahl.

Ragoût de marcassin à la Super des Fagnes – Frischlingsragout in Fagnes-Bier

Côtes de marcassin au Maury du Mas Amiel
Frischlingskotelett in Maury du Mas Amiel

60 g Butter
16 Frischlingskoteletts
Salz
Pfefferkörner, zerstoßen
100 ml Maury (Vin Doux Naturel)
250 ml Crème fraîche
1 EL Preiselbeeren

Die Butter in einer Pfanne zerlassen und die Koteletts bei großer Hitze von beiden Seiten gut bräunen. Salzen und zerstoßene Pfefferkörner darübergeben; im Backofen warm stellen.
Das Fett aus der Pfanne abgießen, den Bratensatz mit dem Wein ablöschen und reduzieren. Crème fraîche und Preiselbeeren hinzufügen, aufkochen lassen und die Sauce über die Frischlingskoteletts geben.
Mit Selleriepüree und Apfelkompott servieren.
Maury Mas Amiel Vintage oder Châteauneuf-du-Pape, Château de Beaucastel, dazu reichen.

Pâté de marcassin aux noisette
Frischlingspastete mit Haselnüssen

Für 8–10 Portionen

100 g Geflügelleber
350 g Schweinehals
400 g Frischlingsfleisch
150 g Schweineleber
1 TL feingerebelter Thymian
2 EL Whisky
5 EL Portwein
Salz, schwarzer Pfeffer
2 EL Haselnüsse
200 g frischer Speck
2 Lorbeerblätter

Die Geflügelleber pürieren, den Schweinehals gegebenenfalls häuten und mit dem Frischlingsfleisch und der Schweineleber durch die 8-mm-Scheibe des Fleischwolfs drehen. Thymian, Ei, Whisky und Portwein hinzufügen, salzen und pfeffern. Alle Zutaten gründlich vermischen. Den Backofen auf 200 °C vorheizen.
Den Speck in dünne Scheiben schneiden und eine feuerfeste Terrinenform damit auskleiden. Die Form zur Hälfte mit der pürierten Fleisch-Leber-Farce füllen, Haselnüsse darüberstreuen und mit der restlichen Farce auffüllen. Die Lorbeerblätter darauflegen und mit Speckscheiben bedecken.
Die Terrine mit Alupapier abdecken und im Wasserbad etwa 40 Minuten im Backofen garen. Die Folie entfernen, die Terrine erkalten lassen und zugedeckt über Nacht in den Kühlschrank stellen. Vor dem Servieren aus der Form stürzen, Speck und Lorbeerblätter entfernen und die Terrine aufschneiden.
Als Wein ist Banyuls Vintage, La Tour Vieille oder Muscat de Rivesaltes, Mas Amiel zu empfehlen.

Ragoût de marcassin à la Super des Fagnes
Frischlingsragout in Fagnes-Bier
(Abbildung)

1 kg Frischlingsfleisch
80 g Butter
Salz, schwarzer Pfeffer
1 TL feingerebelter Thymian
1 Lorbeerblatt
10 Schalotten
1 Knoblauchzehe
½ l Super des Fagnes (ersatzweise ein anderes Bier)
1 Scheibe Brot ohne Rinde
1 EL rotes Johannisbeergelee
1 EL Senf

Das Frischlingsfleisch würfeln und in 30 g Butter anbräunen. Salzen, pfeffern, den Thymian und das Lorbeerblatt hinzufügen.
Schalotten und Knoblauch schälen, hacken und in einem gußeisernen Topf in der restlichen Butter andünsten.
Das Fleisch hinzugeben, das Fett abschöpfen und die Sauce mit dem Bier ablöschen. Das Brot zerkrümeln, in die Sauce geben sowie Johannisbeergelee und Senf einrühren.
Etwa 2 Stunden köcheln lassen. Abschmecken und gegebenenfalls mit etwas Stärkemehl binden.
Mit kleinen jungen belgischen Kartoffeln, den *cornes de gatte*, und Apfelkompott servieren. Als Getränk entweder Bier (Super des Fagnes) oder einen Côtes du Roussillon Villages der Domaine Gauby servieren.

Magret de canard sauvage Sauce aigrelette à la choucroute
Wildentenbrust auf Sauerkraut

200 g gekochtes Sauerkraut
50 ml trockener elsässischer Weißwein
¼ l Sahne
20 g Butter
2 ganze Wildentenbrüste
1 TL Senf
Salz, schwarzer Pfeffer

Das Sauerkraut in dem Wein erhitzen. Die Sahne in einen Saucentopf geben und reduzieren.
Den Backofen auf 225 °C vorheizen.
Die Butter zerlassen und die Entenbrüste darin auf beiden Seiten 2 Minuten braten; im Backofen warm stellen.
Die Sauerkrautflüssigkeit in die Sahne geben und reduzieren. Den Senf einrühren und die Sauce mit Salz und Pfeffer abschmecken.
Auf vorgewärmten Tellern das Sauerkraut anrichten, darauf jeweils eine halbe, in diagonale Scheiben geschnittene Entenbrust legen und mit der Sauce umgeben.

Kochen mit Bier

Bei seiner tausendjährigen Brautradition liegt es auf der Hand, daß in Belgien Bier als Zutat in viele Rezepte Eingang gefunden hat. Nach dem Zweiten Weltkrieg wurden erstaunlicherweise jedoch aus diesem Fundus nur noch wenige Gerichte zubereitet. Die Erneuerung der Bierküche leitete der Koch Raoul Morleghem in den 50er Jahren mit einem umfangreichen Rezeptbuch ein, das lebhaften Anklang fand. Seither sind nicht nur *ballekes à la bière*, Frikadellen in Biersauce, eine Brüsseler Spezialität. Oft steht *à la Bruxelloise* für eine mit Bier zubereitete Sauce.

Aber auf Bier als Zutat läßt sich manchmal auch schließen, wenn es *à la flamande* heißt. Dieser Zusatz wird beispielsweise auf den meisten Speisekarten den berühmten *carbonnades* gegeben. Inzwischen kennt jede Region Belgiens ihre eigene Variante. Einig sind sich die Köche nur darüber, daß die in Würfel geschnittene Rinderschulter mit viel Zwiebeln in Bier gegart wird. Aber was die Biersorte anbelangt, gehen die Meinungen auseinander. Manche halten sich an Braunes, aber in Brüssel nimmt man selbstverständlich Lambic oder Gueuze. Senf, ein Schuß Essig und etwas brauner Rohrzucker geben dem zweieinhalb Stunden lang schmorenden Gericht einen dezent süßsauren Charakter.

Wenn es auch kaum Restaurants gibt, die sich ganz auf das Kochen mit Bier spezialisierten, so haben die bekanntesten Gerichte allgemeinen Einzug in die belgische Gastronomie gehalten. Dennoch wird das weite Spektrum der Bierküche, das von Suppen bis zu Nachspeisen reicht, hauptsächlich in den privaten Haushalten und durch Bücher weitergereicht.

Côtes de porc à la Leffe
Schweinekoteletts mit Leffe-Bier

Für 2 Personen

2 Schweinekoteletts
Salz, schwarzer Pfeffer
40 g fetter Ardenner Schinkenspeck (ersatzweise Butter)
1 Zwiebel
1 Apfel (Reinette)
½ Flasche Leffe-Bier (S. 29, 30)
200 ml Crème fraîche

Die Koteletts salzen und pfeffern. Den Speck fein würfeln und auslassen (oder die Butter erhitzen). Die Koteletts kurz von beiden Seiten bräunen, dann zugedeckt gar schmoren; herausnehmen und warm stellen.
Zwiebel und Apfel schälen, fein hacken und in dem Fett dünsten; das Fett abschöpfen. Den Bratensatz vom Boden lösen, mit dem Bier ablöschen und die Flüssigkeit reduzieren. Crème fraîche hinzufügen und etwa 5 Minuten einkochen. Die Sauce mit Salz und Pfeffer abschmecken und heiß über die Koteletts geben.

Carbonnades flamandes
Flämischer Rindertopf
(Abbildung rechte Seite)

Für 4 Personen

1 kg Rinderschulter
60 g Butter
Salz, schwarzer Pfeffer
3 große Zwiebeln
1 EL brauner Rohrzucker
½ l Gueuze, Lambic oder Braunbier (S. 29)
1 Scheibe Brot
1 Bouquet garni
1 EL Weißweinessig
1 EL Senf

Das Fleisch in große Würfel (etwa 50 g) schneiden und in der Butter von allen Seiten anbräunen, salzen und pfeffern; herausnehmen.
Die Zwiebeln schälen, in Scheiben schneiden und in dem Bratensaft andünsten. Rohrzucker und Bier hinzufügen und zum Kochen bringen.
Das Brot zerkrümeln und mit Bouquet garni, Essig und den Fleischstücken in die Sauce geben.
Bei schwacher Hitze zugedeckt 2 ½ Stunden schmoren lassen, dabei hin und wieder umrühren. Am besten mit einem *stoemp aux carottes*, einem Kartoffel-Möhren-Püree, servieren.

Ballekes à la bière
Frikadellen in Biersauce

Für 6 Personen

2 Scheiben Weißbrot
2 Zwiebeln
500 g Schweinehack
500 g Kalbshack
1 EL feingerebelter Thymian
1 EL feingehackte Petersilie
2 Eier
1 Prise Muskat
Salz, schwarzer Pfeffer
70 g Butter
2 Schalotten
2 Knoblauchzehen
1 EL Mehl
1 l Bier

Das Brot in Wasser einweichen und gut ausdrücken. Die Zwiebeln schälen, fein hacken und mit Hackfleisch, Thymian, Petersilie, Eiern, Muskat, Salz und Pfeffer mischen. Aus dem Fleischteig große runde Frikadellen formen.
50 g Butter erhitzen und die Frikadellen darin rundherum anbräunen. Schalotten und Knoblauch schälen, fein hacken und in der restlichen Butter andünsten, mit Mehl bestäuben und mit Salz und Pfeffer würzen, das Bier angießen und aufkochen lassen.
Sobald die Frikadellen gebräunt sind, die Biersauce angießen und 30 Minuten bei schwacher Hitze garen; die Frikadellen dabei mehrmals wenden. In der Sauce servieren und Pommes frites dazu reichen.

L'étuvée de Westmalle
Schmortopf Westmalle

Für 6–8 Personen

1 kg Kalbsnuß
1 kg mageres Schweinefleisch
50 g Butter
500 g Zwiebeln
Salz, schwarzer Pfeffer
1 Prise Muskat
1 EL Mehl
2 Flaschen Westmalle- oder Braunbier (S. 30–31)
1 TL feingerebelter Thymian
1 Lorbeerblatt
1 kg mehligkochende Kartoffeln

Das Fleisch in 3 Zentimeter große Würfel schneiden. Die Butter in einem großen Schmortopf erhitzen.
Die Zwiebeln schälen, vierteln und mit den Fleischwürfeln in der Butter anbraten. Mit Salz, Pfeffer und Muskat würzen, mit Mehl bestäuben und das Bier angießen. Thymian und Lorbeerblatt hinzufügen und 60 Minuten schmoren lassen.
Die Kartoffeln schälen, in große Würfel schneiden, zu dem Fleisch geben und alles noch 20–30 Minuten garen.

Lapin du brasseur
Bierbrauers Kaninchen

Für 3 Personen

200 g Korinthen
50 ml Genever
250 ml Lambic-Bier (S. 29)
1 küchenfertiges Kaninchen (etwa 2 kg)
250 g Räucherspeck
50 g Schweineschmalz
20 Perlzwiebeln
Salz, schwarzer Pfeffer
1 Knoblauchzehe
1 Bouquet garni
1 EL Mehl
1 EL brauner Rohrzucker

Die Korinthen in Genever und einem Schuß Lambic einweichen. Das Kaninchen in etwa gleich große Stücke zerteilen.
Den Räucherspeck würfeln und in einem gußeisernen Topf in dem Schmalz bräunen, herausnehmen und beiseite stellen.
Die Perlzwiebeln häuten, in dem Fett andünsten, ebenfalls herausnehmen und beiseite stellen.
Die Kaninchenstücke von allen Seiten anbraten; danach das Fett abgießen. Das Fleisch salzen und pfeffern. Den Knoblauch fein hacken und mit dem Bouquet garni zu dem Fleisch geben; mit Mehl bestäuben.
Die Korinthen mit der Marinade und dem Zucker zu dem Fleisch geben. Das restliche Bier angießen und mit gerade so viel Wasser auffüllen, daß das Fleisch bedeckt ist. Leicht umrühren und dabei den Bratensaft vom Boden lösen. Zum Kochen bringen.
Zwiebeln und Speck zugeben und 30 Minuten köcheln. Wenn die Sauce dann noch zu dünnflüssig ist, Kaninchen, Zwiebeln und Speck herausnehmen und die Sauce reduzieren.
Die Kaninchenstücke auf einer vorgewärmten Platte anrichten, mit der heißen Sauce übergießen und mit Salzkartoffeln oder sahnigem Kartoffelpüree servieren.

26 **Belgien**

Carbonnades flamandes –
Flämischer Rindertopf

Belgische Biere

Die Belgier sind stolz auf ihre Biere. Grundsätzlich gibt es drei Sorten:
- Untergärige Biere, die auf niedriger Temperatur gebraut werden (unter zehn Grad Celsius), eine helle, gelbliche Farbe besitzen und vom Hopfen ihren leicht bitteren und trockenen Geschmack beziehen. Am bekanntesten sind in Belgien die Marken Jupiler, La Stella und La Maes.
- Biere mit spontaner Gärung – sie wird durch Bakterien und Hefen ausgelöst, die sich von Natur aus im Sennetal befinden.
- Obergärige Biere, die bei höheren Temperaturen gebraut werden können (15 bis 20 Grad Celsius), meist eine kupferne bis dunkelbraune Farbe aufweisen, süß und fruchtig im Geschmack sind (siehe »Trappistenbier«, S. 30–31).

Darüber hinaus ist Belgien berühmt für seine Spezialbiere. Dabei lassen sich außer dem Trappistenbier weitere fünf Kategorien aufzeigen:
- Starkbiere – wie das Duvel, was »Teufel« bedeutet, ein goldenes Bier mit sehr ausgeprägtem Nachgeschmack, das in eisgekühlten Gläsern ausgeschenkt wird; auch – mit ähnlichem Charakter – Gouden Carolus, Gauloise, Lucifer, Verboden Vrucht und das sehr starke Bush Beer; das Kwak, ein aromatisches Starkbier, wird in einem besonderen Glas mit Holzstiel und -fuß serviert.
- Braunbiere – darunter ist Roodenbach das berühmteste und verbreitetste, das es in drei Versionen gibt; zum einfachen, recht bitteren, das gut zu Krabben paßt, wird oft ein Schuß Grenadine gegeben; Cuvée Alexandre mit viel Finesse und Frucht und das ausgezeichnete Grand Cru.
- Biere vom Typ Ale, Scotch, Christmas oder Stout – dickflüssige und dunkle, bisweilen sehr starke Biere, die aus England importiert werden.
- Saisonbiere – obergärige, saisongebundene Biere, die in der Wallonie gebraut werden; sehr erfrischend und leicht säuerlich.
- Weißbiere – Hoegaarden in Flandern ist heute die Kapitale der aus Weizen gebrauten Weißbiere, die trübe, leicht und sehr erfrischend sind. Früher war das bekannteste die Blanche de Louvain, die in Stein- oder Porzellankrügen serviert wurde. Sehr gut ist Brugs Tarwerbier von der Brügger Brauerei De Gouden Boom und das Weißbier aus Namur. Weißbiere gibt es meist in zwei Versionen: Standard und Grand Cru, wobei letzteres mehr Alkohol und komplexere Aromen besitzt.

Lambic und Gueuze

Die Leute in Brüssel haben allen Grund, ihre Luft für etwas Besonderes zu halten: Sie verdanken ihr nämlich das einzige Bier der Welt, das in spontaner Gärung entsteht. Man braut es in Brüssel selbst und in seiner allernächsten Umgebung, insbesondere im Sennetal – den Lambic.

Lambic dient heutzutage überwiegend als Grundstoff für Gueuze, Kriek und Faro. Nur in Kneipen des Pajottenlandes, durch das Brueghel d. Ä. streifte und Motive wie seinen »Bauerntanz« fand, wird der nicht schäumende säuerliche Lambic ausgeschenkt. Oder in Cafés der Hauptstadt. Von ihnen einst 50 Brauereien blieb nur die letzte, die Brasserie Cantillon, als lebendiges Museum erhalten. Im Umkreis wirken noch ein gutes Dutzend. Mindestens 30 Prozent Vollweizen schreibt das Gesetz vor. Er wird mit gemälzter Gerste zermahlen und in den Maischetank geschüttet. Zwischen 50 und 75 Grad Celsius heißes Wasser fließt dazu, während mechanische Arme das Getreide zweieinhalb Stunden verrühren. Dann läßt man es sich absetzen und zieht die Würze ab, die man in einen Siedekessel pumpt und mit Hopfen vermischt. Lambic-Brauer benutzen zwei Jahre alten Hopfen. Dadurch gewinnt das Bier sanfte Herbheit. Gleichzeitig schützt er gegen üble Bakterien. Der

Hoegarden – Aus dem gleichnamigen Ort in Flandern, der Kapitale der aus Weizen gebrauten, erfrischenden Weißbiere.

Jupiler – Eines der bekanntesten untergärigen hellen Biere mit leicht bitterem und trockenem Geschmack.

Bellevue – Erzeugt Biere in spontaner Gärung wie dieses Kriek, das mit Kirschsaft aromatisiert ist.

Duvel – »Teufel« unter den Bieren, ein goldenes Starkbier mit anhaltendem Nachgeschmack.

Belgien

Kessel brodelt drei bis vier Stunden. Dabei verdampft Wasser, was die Würze konzentriert.

Im Anschluß daran nimmt der spätere Lambic seinen einzigartigen Werdegang. Er fließt in ein niedriges offenes Kühlbecken aus Kupfer oder Edelstahl, wo frische Luft darüber hinziehen kann – eine Hochzeitsnacht mit den Mikroorganismen des Pajottenlandes. Über Nacht senkt sich langsam seine Temperatur bis auf 22 Grad. Jetzt wird die Würze in Fässer gefüllt, meist *pipes*, die an die 650 Liter Volumen haben. Gewissenhaft werden sie für jede neue Füllung gereinigt, wobei allein Wasser und mechanische Mittel Verwendung finden, da man die kostbaren Bakterien und Hefen nicht zerstören will. Davon zeugen auch Staubschichten und Spinnweben in den Faßkellern. Bereits am dritten Tag beginnt die Gärung, die zwei bis drei Monate dauert. Dann aber reift der Lambic in der Regel mindestens ein Jahr, oft auch zwei oder drei, je nach Bestimmung.

Das Brauen von Lambic ist saisonbedingt. Denn im Sommer gibt es zu viele Bakterien, aber zu wenig Hefezellen. Dann würde das Bier nicht schmecken. Wenn es am kältesten ist, gelingt Lambic am besten. Folglich beschränken sich die Brauer auf die Zeit von Mitte Oktober bis Mitte Mai. Lambic bildet die Basis verschiedener Spezialitäten. Beim Faro, das seine Glanzzeit um die Jahrhundertwende erlebte, wird ihm kandierter Zucker zugesetzt. Für Kriek warteten die Brauer ursprünglich die lokale Sauerkirschernte ab. Bis zu einem halben Jahr ließen sie die Früchte im Lambic mazerieren, dann hatten diese sich völlig aufgelöst. Heute wird meist Kirschsaft zugefügt. Kriek ist ein angenehm fruchtiges und erfrischendes Getränk. Ähnliche Fruchtbiere gibt es mit Himbeer- und Pfirsicharoma.

Die Krönung der spontanen Biere ist jedoch die Gueuze. Für den »Champagner von Brüssel« macht der Brauer eine Assemblage aus Lambic unterschiedlichen Alters: Er nimmt Biere, die bereits zwei und drei Jahre Faßreife aufweisen, und mischt sie mit der doppelten Menge frischen, noch unfertigen Lambics. Dadurch findet in den Flaschen eine weitere Gärung statt. Ein Jahr lang liegen sie in der Brauerei, bevor sie angeboten werden. Nach dem Kauf von Gueuze sollte man die Flaschen mindestens vierzehn Tage liegend aufbewahren, damit sich die Heferückstände wieder absetzen können. In dieser Position muß man Gueuze tragen, öffnen und vorsichtig ausschenken, damit das Depot in der Flasche verbleibt. Gueuze wird kellerkühl getrunken, mit einer Temperatur um die 12 Grad Celsius. Geschmacklich am besten ist sie nach zwei Jahren Reifung. Aber sie altert noch drei weitere Jahre bemerkenswert gut.

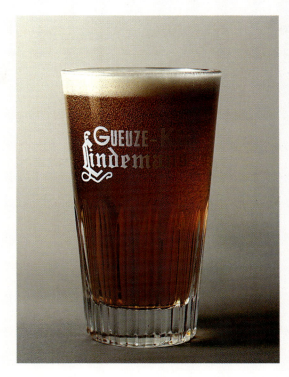

Das Geheimnis der Gueuze beruht auf der spontanen Gärung, die durch Bakterien in der Luft des Sennetals bei Brüssel ausgelöst wird.

effe – Von einer unabhängigen Brauerei hergestelltes obergäriges dunkles, leicht üßes Klosterbier.

Ciney – Das dunkle obergärige, süßliche Bier dieser Brauerei bei Dinant zählt zu den *bières d'abbaye*, den Klosterbieren.

Rochefort – Obergäriges fruchtiges Trappistenbier aus der Abtei Saint-Rémy, zwei Kilometer von Rochefort.

Trappisten-
bier

Über 100 Biersorten gibt es in Belgien – die berühmtesten werden von Mönchen gebraut. Schon ab dem 9. Jahrhundert bemühen sie sich um den Gerstensaft. Abgesehen von seinem Nährwert war auf ihn mehr Verlaß als auf Wasser: Im 11. Jahrhundert stieg Sankt Arnold zum Heiligen der Brauzunft auf, weil er seinen Schäfchen in Oudenburg statt des verseuchten Flußwassers gesegnetes Bier verordnete, das durch das stundenlange Aufkochen der Würze frei von Keimen war. Brauten Mönche anfangs nur, um den eigenen Durst unschädlich zu löschen, verkauften sie es alsbald auch an ihre Nachbarschaft. Das Geschäft florierte, zog immer weitere Kreise und füllte die Kassen der Benediktiner-Klöster. Die meisten traten im 17. Jahrhundert der Bewegung des Abtes Bouthillier de Rancé bei, der im französischen Kloster La Trappe die Ordensdisziplin verschärft hatte. Von den sechs belgischen Trappistenklöstern brauen fünf Bier: Westvleteren, Westmalle, Rochefort, Orval und Chimay.

Trotz ihrer langen Tradition haben es die Mönche verstanden, den Respekt vor der Natur mit modernstem Wissen und fortschrittlichster Technik zu vereinen. Pionier dieser Entwicklung wurde die 1850 gegründete Abbey de Scourmont bei Chimay im Süden Belgiens. Als sie nach dem Kriege ihre Brauerei überholen mußte, geschah dies auf dem neuesten Wissensstand der berühmten Brauschule der Katholischen Universität von Leuven, beraten von ihrem Direktor Jean de Clerck.

Es versteht sich, daß die Trappisten dem obergärigen Bier treu blieben. Sie nehmen gemälzte Gerste, die mit reinem Grundwasser gemaischt wird. Am Ende des Siedeprozesses setzen sie ausgewählten Hopfen zu. Die Würze kühlt nur auf gut 20 Grad Celsius ab. Dann sorgt die von den Mönchen selbst isolierte Hefe, die entscheidenden Einfluß auf den Charakter der Biere hat, für die Gärung, die in den neuen, 500 Hektoliter großen Edelstahlbottichen eine Woche dauert. Nach einer Klärung in der Zentrifuge wird dem Bier in Lagertanks Zeit gegeben, sich abzurunden.

Statt wie andere Brauereien dem Bier bei der Abfüllung einfach Kohlensäure zuzufügen, sind die Trappisten zur traditionellen Methode zurückgekehrt. Sie versorgen jede Flasche mit einer genauen Dosis Hefe, die eine erneute Gärung nach der Abfüllung bewirkt. Dieser Flaschengärung verdanken Trappistenbiere ihren feinen, vollen, würzigen Geschmack und ihre Blume. Erst nach dem Abschluß der Flaschengärung, wenn das Hefedepot auf dem Flaschenboden haftet, gelangen die Biere in den Verkauf. Ihre braune, an Kupfer erinnernde Farbe entsteht durch das hochtemperierte Malz. Dies wird bei den bernsteinfarbenen, mehr durch Hopfen geprägten Bieren vermieden. Die kräftigsten Biere, wie die mit Jahrgangsangabe versehene blaue Kapsel von Chimay, gewinnen durch Alterung in der Flasche, die immer stehend aufbewahrt wird und bei Kellertemperatur getrunken werden sollte.

Verschiedene, zu anderen Orden gehörende Abteien Belgiens gaben Brauereien das Recht, ihren Namen zu nutzen. Meist handelt es sich dabei ebenfalls um obergärige Biere wie bei den *spéciales* oder *brunes* (Braunen) kleiner Brauhäuser, die in der Regel hervorragende Qualität besitzen. Wem es jedoch darauf ankommt, daß Mönche sein Bier bereiteten, muß sich an die genannten fünf *trappistes* halten.

Bierbrauen ist eine alte Tradition und Kunst, die in Trappistenklöstern gepflegt wird. Hier überprüft ein Mönch, ob die Gerste gut gekeimt ist.

Im Kloster Notre-Dame-de-Scourmont, nahe bei dem südbelgischen Ort Chimay, wird seit 1862 Bier gebraut.

Die Edelstahlbottiche sind mit einem Bullauge ausgestattet, das eine optische Kontrolle des Gärungsprozesses erlaubt.

Wie Champagner machen Trappistenbiere eine zweite Gärung in der Flasche durch und müssen mit entsprechend verdrahteten Korken verschlossen werden.

Die Flaschengärung verleiht dem Bier natürliche Kohlensäure und eine feine Blume, die der Braumeister mit berechtigtem Stolz präsentiert.

Trappisten-Brauereien

Chimay
In der Abtei Notre-Dame-de-Scourmont, südlich von Chimay, wird seit 1862 gebraut: 1. Rote Kapsel, das erste Bier der Mönche, kupferfarben und sehr sanft – 2. Weiße Kapsel, bernsteinfarben, feine Bitterkeit, frisch – 3. Blaue Kapsel, dunkel, fruchtig, voll, dicker Schaum, stark. Außerdem die Sonderabfüllungen Première, Cinq Cent und Grande Réserve.

Orval
Am meisten besuchte, 1070 gegründete Abtei, 1948 wieder aufgebaut, die nur ein Bier braut. Das Orval in der Kegelflasche ist orangefarben, hat viel Aroma und einen leicht bitteren Abgang; aus drei Malzsorten. Am besten im Alter von vier Monaten bis zu einem Jahr, hält aber fünf Jahre.

Rochefort
Aus der im 13. Jahrhundert gegründeten Abtei Saint-Rémy, zwei Kilometer von Rochefort. Drei verschiedene Biere: 1. Das rote mit mildem fruchtigem Geschmack – 2. Das grüne mit markantem Nachgeschmack – 3. Das trockene, herbe blaue.

Sint Sixtus de Westvleteren
Die am wenigsten bekannte Abtei braut vier interessante dunkle Biere, die aber selten auf Bierkarten geführt werden: 1. Das Double ist die gängige Qualität – 2. Spécial ist stärker und leicht würzig – 3. Extra besitzt mehr Frucht, Lebendigkeit, aber auch Alkohol – 4. Abbot, samtig und sehr körperreich, eines der stärksten Biere Belgiens.

Westmalle
Die Abtei in der Nähe Antwerpens erzeugt drei Biere: 1. einfaches Bier, das den Mönchen vorbehalten bleibt – 2. Westmalle Double von bräunlicher Farbe und ausgeprägtem Malzgeschmack – 3. Westmalle Triple, das am meisten verlangt wird, besitzt eine goldene Farbe, ist fruchtig und sehr rund.

Bières d'abbayes – Klosterbiere
Unter den Klosterbieren, die inzwischen von unabhängigen Brauereien hergestellt werden, sind die berühmtesten: das sehr bekannte Leffe; die Cuvée de l'Hermitage aus der Gegend von Charleroi; Grimbergen; Maredsous; Floreffe.

Belgien

Herve

Einen Herve kann man nicht verstecken. Sein intensiver Duft durchdringt alles. Schon seine weiche, bräunlich-rosa schimmernde Rinde verheißt pikanten Genuß. Aufgeschnitten verrät er dem Kenner, was ihn erwartet: Je cremiger er ist und je tiefer seine Cremigkeit in das Zentrum reicht, um so kräftiger der Geschmack. Die besten dürfen sich *traditionell mûri à coeur* nennen, »bis zum Herzen gereift«.

In der Regel verblüfft die Käseberühmtheit aus dem Osten Belgiens, nahe bei Aachen, durch ihr charakteristisches, jedoch ausgesprochen mildes Aroma. Heute wird Herve meist angeboten, wenn er vier Wochen alt und noch mild ist. Nach zwei Monaten hat er einen kräftigeren Geschmack. Die gesetztesten, die nur noch trocken gewendet werden, die Remoudous, benötigen zusätzliche Geduld.

Was den Herve zu einer Besonderheit werden läßt, ergibt sich aus verschiedenen Faktoren.

Zum einen ist das Pays de Herve eine auf rund 200 Metern gelegene Hochebene mit tonkalkigen Böden. Was hier an Gräsern wächst, hat bereits einen eigenen Charakter, der sich auf die Milch auswirkt. Das Klima sorgt dafür, daß es in den Kellern immer feucht und gleichmäßig temperiert bleibt – ideale Bedingungen für Bakterien und Hefepilze, die sich das ganze Plateau eroberten. Sie sind überall: in der Luft, im Wasser, in Molkereien und Reifekellern.

Frischgemolkene Milch wird wie üblich erhitzt und mit Lab geimpft. Ist die Molke abgelaufen, gibt der Bauer den Käseteig auf einen Stahltisch zwischen Holzplanken. So tropft der Teig zwei Tage lang ab, formt sich und wird hart, während er mehrere Male gewendet wird. Dann schneidet der Bauer den Käse in Würfel, die später 200 oder 400 Gramm auf die Waage bringen. Nach einem Bad in Salzlake, das drei, auch fünf Stunden dauert, hat der *fermier* sein Werk getan. Es sei denn, er wolle den Käse selbst reifen lassen, meist besorgt dies der *affineur*. Zu diesem Zeitpunkt ist der Käse schon mit dem Rotferment infiziert.

Die Keller, ob sie seit Jahrhunderten oder erst seit Jahren dienen, sind Brutstätten dieser Fermente. Selbst im Wasser, mit dem die Käse dreimal in der Woche abgerieben werden, existieren sie. Sie breiten sich auf der Oberfläche der Käse aus und sorgen für ihre Reife. Allmählich dringen sie weiter und weiter in sein Inneres vor. Dabei bauen sie die Säure des Frischkäses ab und entwickeln ihre Geschmackskomponenten. Und wie bei jeder großen kulinarischen Spezialität entstehen so ganz eigene Aromen, die eben nur Käse aus dem Pays de Herve aufweisen.

Die geronnene Milch wird zu Bruch zerkleinert, so daß die Molke ablaufen kann.

Aus dem Käseteig schneidet der Milchbauer Würfel, die er in Salzlake legt.

Die weitere Reifung, zu der das regelmäßige Waschen gehört, übernehmen Firmen oder Genossenschaften.

Herve »duftet« immer – je nach Reifestadium besitzen die Käse milden bis pikanten Geschmack.

Hintergrund: Auf der Hochebene von Herve in der Nähe von Lüttich grasen die Kühe auf besonders reichhaltigen Weiden.

Käse

Mit über 300 Sorten könnten die Belgier stolz auf ihren Käsereichtum sein. Dabei fangen sie selbst gerade erst an, ihn wirklich zu würdigen. Dank einer Handvoll engagierter Affineure reichen inzwischen die besten Restaurants Käseplatten. Noch ist es aber eine Ausnahme, wenn Belgier nach dem Hauptgang Käse essen. Sie schätzen Käse eher zu Hause, in Scheiben geschnitten zwischen zwei Scheiben Brot, in Baguettes oder Pistolets, den kleinen runden Brötchen, die das Frühstück am Wochenende bereichern. Man liebt Käse auch in kleinen Würfeln zu einem besonderen Bier oder zum Aperitif. Sonst ißt man Käse zum Frühstück, nachmittags zur Vesper als Brotbelag oder am Abend. Ein leichtes Abendessen besteht einfach aus einer Suppe, einem Brot mit Streichkäse, Fruchtkompott und etwas Hartkäse.

Natürlich gehört Käse auch zu zahlreichen Rezepten, insbesondere zu den süßen oder salzigen Käsetorten wie *tarte au blanc stofé* und *tarte au maton* aus Gallerte, der geronnenen Milch. Ihre Tradition reicht weit zurück. Die berühmte *tarte al Djote*, eine Mangoldtorte mit vollfettem Käse, wurde Kaiser Heinrich III. am 4. Mai 1046 bei der Weihung der neuen Abtei Sankt Gertrud kredenzt.

Chèvre frais
Besonders gute Frischkäse aus Ziegenmilch kommen von der Fromagerie d'Ozo aus den Ardennen.

Petit Lathuy
Ausgezeichneter, cremiger Käse aus Jodoigne; erinnert etwas an Reblochon.

Clairieux
Hartkäse vom Mont de l'Enclus aus der Gegend von Tournai.

Chimay
Die Trappistenabtei erzeugt fünf Käsesorten, darunter einen Rohmilchkäse und einen Bierkäse mit feinem Aroma.

Herve
Würfel mit rötlicher Rinde, intensivem Geruch, je nach Alter mildem bis pikantem Geschmack.

Boû d'fagne
Von der Fromagerie Vanderheyden affinierter viereckiger würziger Weichkäse mit gewaschener Rinde und wie der Trou aus Rohmilch.

Trou d'sottai
Besonders cremiger Rotschimmelkäse in Tortenform aus der Region des Herve.

Père Joseph
Produkt der bekannten Fromagerie de Passendale; leicht betonter, eigenständiger Geschmack; wird zum Aperitif oder auf dem Käseplateau gereicht.

Lütticher Waffeln

In Liège, Lüttich, beginnt das Neue Jahr mit Waffeln – immer noch. Inzwischen haben sich Familien und Bäcker jedoch mit modernen elektrischen Waffeleisen ausgerüstet. Früher, als in fast jedem Haus gußeiserne Formen mit langen Stielen auf dieses und andere besondere Ereignisse warteten, mußten die Kohlen im Kamin oder Ofen gut glühen. Dann wurden die Eisen über die Glut gehalten, wobei man darauf achtete, daß sie nicht zu heiß wurden. Erst buk die eine Seite, dann wurde gewendet. Es konnte Stunden dauern, bis der Heißhunger von Groß und Klein auf die lockere Leckerei befriedigt war.

Zu gut schmeckte das feine Gebäck, um nur einem einzigen Tag vorbehalten zu bleiben. Und da sich nicht jeder die Mühe machen wollte oder konnte, trugen Frauen an Festtagen selbstgebackene Waffeln in Körben zu Markte. Oder Waffelbäcker bereiteten ihre Köstlichkeiten an Ort und Stelle. Schon im Mittelalter schwärmten Poeten von diesem Genuß.

Frische ist oberstes Gebot. So arbeiten selbst große Waffelbäckereien nur auf Bestellung und horten keine Ware. Dabei halten Waffeln sich mindestens zwei Wochen und bis zu drei Monaten. Am feinsten ist ihr Geschmack, wenn man Mehl, Zucker und Eigelb nur mit Butter oder Sahne zu einem Teig verknetet. Ihre Luftigkeit, auf die es in Brüssel so sehr ankommt, wo Waffeln eine Dicke von fünf Zentimetern erreichen, beruht auf der Menge des untergeschlagenen Eischnees. In Liège hält man sich damit zurück, die Lütticher mögen sie zwar auch locker, aber sie schätzen das traditionelle kleine Karree in seiner handlichen Kompaktheit. Golden gebräunt müssen die Waffeln sein, wenn man das Eisen aufklappt, und nach Vanille oder Zimt duften.

Belgische Backwaren-Spezialitäten

Couque de Dinant
Trockener, harter Keks aus dem Städtchen in der Provinz Namur.

Cramique
An Eiern und Butter reiches Rosinenbrot.

Craquelin
Spezialität von Liège; rund und aus dem gleichen Teig wie der Cramique, doch mit Zucker statt Rosinen.

Faluche
Kleines rundes Brot, das wie eine dicke Mini-Pizza aussieht. Man schneidet es auf, streicht Butter hinein, streut Rohrzucker darüber und erwärmt es fünf Minuten im Ofen.

Gaufre de Bruxelles
Sehr lockere Waffel mit viel Eischnee, die man mit Zucker, Schlagsahne oder Schokolade genießt.

Gaufre de Liège
Süße Waffel im klassischen Karreeformat mit Vanille, Zimt und Zuckerstückchen gewürzt.

Pain à la grecque
Aus Brotteig, der in grobem Zucker gerollt wird (hat nichts mit griechischem Brot zu tun). In Herzform heißt es *coeur de Bruxelles*.

Pistolet
Brötchen, das sonntags frisch vom Bäcker geholt und mit Wurst, Käse, Eiern oder – an der Küste – mit frischen grauen Krabben gegessen wird.

Speculaus
Belgischer Nationalkeks, reich an Gewürzen und Kandiszucker, in vielen verschiedenen Formen und Größen, besonders beliebt als Nikolaus-Figur.

Auf jedes Waffeleisen kommt eine Portion Teig, bevor es auf dem Fließband durch den Ofen läuft.

Charakteristisch für Lütticher Waffeln sind die Zuckerstückchen im Teig.

Frische ist oberstes Gebot bei Waffeln. Dann duften sie nach Vanille und Zimt.

36 **Belgien**

Oben: Birnen- und Apfelsirup ist eine köstliche Spezialität Ostbelgiens – so herrlich dunkel und von fester, doch streichfähiger Konsistenz muß Sirup sein.

Rechts: Aus dieser Presse, die mit zermahlenen Früchten gefüllt wird, fließt reiner Most, der später durch Kochen zu Sirup konzentriert wird.

Sirup

Zucker blieb bis ins 19. Jahrhundert hinein ein Luxusgut. Im Spätmittelalter wurde er sogar nur in Apotheken verkauft. Zwar stieg sein Absatz in Europa, seit im 17. Jahrhundert auf den Antillen Zuckerrohr in großem Stil angebaut wurde, dennoch konnten sich die meisten Menschen zuckersüße Sachen nur selten leisten. Schleckermäuler sannen daher auf Abhilfe.

Im östlichen Teil Belgiens, am Rande der Hautes Fagnes, wuchsen von altersher Birnen- und Apfelbäume. Vor etwa 400 Jahren ging man dort dazu über, Früchte durch Kochen einzudicken, bis man einen zähflüssigen, fast schwarzen, wunderbar süßen Sirup erhielt. An ihm fanden nicht nur Kinder großen Gefallen. Aber er blieb ein Produkt der kleinen Leute. Erst seit Köche ihn für Wild- und Fleischsaucen verwenden, findet seine gastronomische Ehrenrettung statt. Allerdings gibt es nur noch wenige handwerkliche Erzeuger wie beispielsweise die Siroperie Nyssen in Aubel.

Sobald die Obsternte ab Mitte September beginnt, laden Bauern der Umgebung Berge von Birnen und Äpfeln vor dem Haus der Nyssens ab. Täglich gegen 14 Uhr schaufeln Vater und Sohn die drei großen kupfernen Kessel randvoll, die zusammen 2800 Kilogramm Früchte fassen. Dann entflammen sie die Gasbrenner. Zehn bis zwölf Stunden lang kochen die Früchte.

Aber das Tagwerk der Nyssens beginnt bereits um vier Uhr morgens. Dann karren Vater und Sohn den Fruchtbrei zur Presse. Auf jede Schicht Obst breiten sie eine Lage Säcke. Die Jute hält Kerne und Fruchtfleisch zurück. So fließt der Most gefiltert in den Tank, während die Presse hydraulisch und allmählich bis zu 250 Kilogramm Druck pro Quadratzentimeter ausübt. Die Rückstände dienen als Futter für die Kühe, was besonders fettreiche Milch ergibt.

Ab acht Uhr lassen die Nyssens in die frischgeputzten Kessel jeweils zwischen 200 und 300 Liter Most laufen. Nun beginnt die Raffinage. Durch Kochen wird das darin enthaltene Wasser verdunstet, der Saft konzentriert. Hat er die richtige Konsistenz erreicht, kommt er zur Homogenisierung in den Mischtank und die nächste Ladung in die Kessel. Denn um 14 Uhr beginnt das Verfahren von vorn. Auf der breiten Fläche des Abfülltrichters kühlt der Sirup auf 40 Grad Celsius ab, bevor er in die Becher fließt.

Bei traditioneller Herstellung werden ausschließlich Birnen und Äpfel verwendet. Aus acht Kilogramm Obst wird ein Kilogramm Sirup. Ganz süßer aus süßen Birnen und Äpfeln, saurer aus sauren Früchten und süß-saurer aus einer Melange. Die leckerste Mischung besteht aus vier Teilen Birnen und einem Teil Äpfeln, aber dieses Verhältnis läßt die Natur nicht immer zu. Sie verhält sich ohnehin launisch, schenkt manchmal überreichliche, mal karge Jahre. Dementsprechend prägt jeder Jahrgang den Sirup – wie beim Wein. Und wie Wein gewinnt Birnen- und Apfelsirup durch Alterung im kühlen Keller.

Pralinen

Belgische Pralinen haben mit den simplen Zuckermandeln, mit denen seinerzeit der Graf von Plessis-Praslin angebetete Damen becircte, nichts gemein. Bei ihnen handelt es sich statt dessen um eine ganze Armee süßer Verführungen. Belgische *chocolatiers* sind stolz auf die Vielfalt ihres Angebots und tüfteln ständig an neuen Rezepten. Sogar Schokoladenfabriken bringen es auf über 60 unterschiedliche Pralinen. Unabhängige Meister erreichen mühelos 100 Variationen in Bitter-, Milch- oder weißer Schokolade. Bei letzterer handelt es sich – strenggenommen – gar nicht um Schokolade. Sie enthält nur Kakaobutter, Zucker und Milchpulver, keinen Kakao. Am besten geeignet für Pralinen ist Bitterschokolade. Sie harmoniert mit nahezu allen Zutaten und Aromen. Insgesamt beläuft sich die belgische Schokoladenproduktion auf 220000 Tonnen jährlich, von der mehr als 60 Prozent exportiert werden. Davon entfallen allerdings 180000 Tonnen auf Kuvertüre.

Unter den Pralinen gibt es zwei große Familien: die glasierten und die gegossenen. Bei der ersten zaubert der Chocolatier eine aromatische Schokoladenpaste, zum Beispiel den bekannten Klassiker mit Namen Praliné. Er besteht aus gemahlenen gerösteten Mandeln oder Haselnüssen mit Zucker. Diese Paste wird in einem Rahmen zu einer Schicht gepreßt, aus der man Taler, Romben oder Quadrate aussticht, die dann von flüssiger Schokolade umhüllt werden.

Die zweite Familie glänzt durch Formenvielfalt. Große Platten mit entsprechenden Matrizen werden mit erwärmter Kuvertüre ausgegossen, gerüttelt, damit die Luftbläschen entweichen, und abgekühlt. Für die Füllung mischen Zuckerbäcker Cremes auf der Basis von Butter und Zucker, zu denen sie – der Phantasie und ihrem Geschmacksempfinden folgend – andere Zutaten wie Schokolade, Sahne, Früchte, Karamel, Liköre oder Schnäpse und vieles mehr hinzukomponieren. Auch Nüsse, Kastanien oder Marzipan werden miteinbezogen. Ist die Füllung in der Form, verschließt Schokolade den Boden der Praline. Bei Marzipan, *massepain*, demonstrieren Zuckerbäcker fröhlichen Kunstsinn: Körbeweise formen sie – per Hand – Bananen, Pflaumen, Kiwis, Äpfel, Zitronen, Tomaten und Karotten oder drollige Schweinchen in möglichen und unmöglichen Verrenkungen. Wer in Belgien demnach bei einem Chocolatier eine pfundschwere Schachtel Pralinen ersteht, darf mit rund 40 kleinen Überraschungen rechnen – alle von köstlicher Frische.

Schokoladenfiguren werden mit Hilfe von Formen gegossen, ein Verfahren, in dem auch viele Pralinen gefertigt werden.

Die Schokolade muß erst erkalten, bevor die Figur aus der Form gelöst werden kann.

Hintergund: Belgische Chocolatiers erfinden ständig neue Formen und Füllungen für ihre Pralinen.

Bei glasierten Pralinen übergießt man eine aromatische Paste mit flüssiger Schokolade.

Man gießt Pralinen nicht nur aus Bitterschokolade, sondern auch aus Milch- und weißer Schokolade.

Die Füllung vieler Pralinen besteht aus Cremes, deren Grundzutaten Butter und Zucker sind.

André Believer

Frankreich

Weinlandschaft im Burgund

Vorherige Doppelseite: Geflügelzüchter
mit einem Bresse-Huhn

42 **Frankreich**

In wohl keinem anderen Land der Welt werden Essen und Trinken so selbstverständlich als Ausdruck der Kultur betrachtet wie in Frankreich. Der Sinn für gutes Essen ist derart verbreitet, daß selbst einfache Leute mit Leidenschaft und Kenntnis darüber sprechen. Durch solche Wertschätzung haben die Franzosen einen höchst differenzierten Geschmack entwickelt. Er bildet die eigentliche Basis für ihre Kochkunst und die zahlreichen Spezialitäten.

Jeder Frankreich-Reisende weiß, daß Läden und Werkstätten in der Regel um die Mittagszeit für mindestens zwei Stunden schließen: Man gönnt sich Zeit beim Essen, denn Mahlzeiten dienen nicht nur der Nahrungsaufnahme. Sie geben Raum zum Entspannen und Kommunizieren, und selbst noch das einfachste Mahl besteht aus wenigstens drei, meist sogar vier Gängen: Vorspeise, Hauptgericht, Käse und Dessert. Durch diese Vielfalt wird gleichzeitig eine abwechslungsreiche, ausgewogene Ernährung gewährleistet.

Wie jedes Land Spezialitäten besitzt, die Feinschmeckern anderer Nationalitäten das Wasser im Munde zusammenlaufen lassen – der Ruf zumal der französischen Küche gründet sich auf eine große Zahl solcher Köstlichkeiten –, gibt es einige, die gewöhnungsbedürftig sind. Ein Beispiel dafür sind in Frankreich Andouilles und Andouillettes, Würste aus Darm und Magen. Franzosen mögen Innereien, so wie sie gereifte und dementsprechend intensive Käse bevorzugen.

Zum Essen gehört selbstverständlich Wein. Früher galt er schlicht als Nahrungsmittel. Wer körperlich arbeitete, hatte Anrecht auf mehrere Liter pro Tag. Heute wird kein französischer Winzer oder Weinhändler einem Kunden auch nur eine Flasche empfehlen, ohne nicht mindestens einen guten Rat parat zu haben, mit welchem Gericht dieser Tropfen besonders harmoniere. Überhaupt hat die Kunst, Aromen und Texturen miteinander zu verbinden, zu einer nie gekannten Finesse geführt. Dabei gilt dem wahren Geschmack der Zutaten mehr Achtung denn je. Nur mit ausgezeichneten Zulieferern können Köche meisterhafte Speisen bereiten. In einer Zeit, in der immer banalere Produkte die Eßgewohnheiten prägen, liegt darin die Hoffnung, daß Spezialitäten steriler Gleichmachung entgehen und Qualität wie Charakter bewahren.

Die Baguette
Butter aus Rohmilch
Brote und Gebäcke
Croissant
Pastis
Crème de Cassis
Weinbergschnecken
Hummer
Austern
Meeresfrüchte
Fische
Fisch, Schal- und Krustentiere:
Gerichte für Feinschmecker
Bouillabaisse
Anschovis
Suppen
Trüffeln
Pasteten und Terrinen
Volaille de Bresse
Geflügel
Geflügelgerichte
Der Traiteur
Delikatessen vom Traiteur
Schinken und Wurst
Rind
Schwein und Schaf
Choucroute
Gemüse und Kartoffeln
Salate, Öl und Essig
Kräuter der Provence
Moutarde de Dijon
Quiche lorraine
Käse
Wein
Champagner
Cognac
Likör
Armagnac
Obstbrände
Cidre
Apfeldesserts
Calvados
Süßspeisen
Crêpes
Patisserie
Schokolade aus Lyon
Nougat

Die Baguette

Müßte man unter allen eßbaren Spezialitäten Frankreichs eine wählen, die für ihr Heimatland am typischsten ist, hätte die bescheidenste die größten Chancen: die Baguette. Im Umgang mit Brot sind Franzosen sehr eigen. Brot ist Begleitung zu allem, was sie essen. Gleichwohl dient es nur aushilfsweise dazu, belegt zu werden. Zierliche Canapés sind allenfalls amüsante Häppchen, überbordende Baguette-Hälften Erfindungen für Notsituationen und Touristen.

Ob im Restaurant oder zu Hause, stets kommt zunächst Brot auf den Tisch. Wer will, kann damit den gröbsten Hunger stillen. Aber seine Bedeutung hat es – von der Vorspeise bis zum

Der aus Weizenmehl, Hefe und Natur-Sauerteig hergestellte Teig wird in 200-Gramm-Portionen geteilt.

Dann formt der Bäcker den Teig zu etwa 70 cm langen Baguettes, die er auf ein Backblech legt.

Bevor die Baguettes gebacken werden, ritzt man die Oberfläche ein, damit die Kruste kroß aufbricht.

Käse – als Beilage. Seine Erfindung ist noch nicht allzu alt. Nachdem die alten Ägypter den Sauerteig vervollkommnet, die Griechen mit Weinhefe gewirkt und die Römer das Vermahlen von Getreide verfeinert hatten, geschah auf dem Backsektor über eineinhalb Jahrtausende wenig. Die Bäcker hatten mehr damit zu tun, an Mehl zu gelangen, als sich über technische Verfeinerungen den Kopf zu zerbrechen. Die unregelmäßige Versorgung war ihr Hauptproblem, nicht nur in quantitativer, sondern auch in qualitativer Hinsicht.

Die Bäcker, die Brot früher zu Kugeln, *boules*, rollten – daher ihre Standesbezeichnung *boulanger* –, stellten das Hauptnahrungsmittel der Bevölkerung her. Um die Versorgung zu regeln und Mißbrauch auszuschließen, gab es schon früh eine ganze Reihe von Verordnungen, die Gewicht, Zusammensetzung und Preis des Brotes vorschrieben. Auch durften die Bäcker erst Mehl erstehen, wenn sich das Volk versorgt hatte. Gebacken wurde das Brot aus Vollkornmehl und ohne Salz. Letzteres war zu rar und zu teuer, und wie man zur Herstellung von Weißbrot Kleie aussondert, fand man erst in der Ära des Sonnenkönigs heraus. Louis XIV wünschte feines weißes Weizenbrot. Zu dessen Herstellung begann man zusätzlich zum Sauerteig Bierhefe einzusetzen, und damit das Brot eine schönere Kruste bekam, gab man ihm eine langgestreckte Form und ritzte den Teig ein.

Die Lust an der krossen Kruste brachte schließlich die Baguette hervor. Auch heute noch ist die Kruste das Qualitätskriterium schlechthin. Sie muß golden bis maximal hellbraun sein. Die Krume sollte eine gleichmäßige Struktur besitzen. Wenn heute Baguettes eine besondere Güte aufweisen, liegt dies meist daran, daß der Fortschritt in der Backstube erst in Maßen Einzug gehalten hat. Denn je weniger Hefe man nimmt, je länger man ihr Zeit zum Aufgehen läßt, je langsamer die Maschine knetet, desto besser ist das Brot.

Butter aus Rohmilch

Butter, seit Jahrtausenden als Nahrungsmittel bekannt, gibt es erst seit wenig mehr als hundert Jahren in bedeutenderen Mengen. Bis dahin war sie ein kostbares und sehr seltenes Gut. Aber Butter blieb überall den Landherren vorbehalten, diente als Mittel, um Abgaben zu entrichten, mußte bisweilen sogar als Zahlungsmittel dienen. Erst mit dem Wandel der Landwirtschaft, der das Rind davon erlöste, seine Kräfte als Zugtier zu verschleißen, und erst mit einer Züchtung, die sich auf Milchwerte ausrichtete, und dem Aufbau von Milchherden gab es den Rohstoff für die Butterherstellung in ausreichendem Maße. Als dann die Zentrifuge das Butterfaß ersetzte und Pasteurisierung für Keimfreiheit sorgte, entwickelte sich Butter zu jenem Allerweltsprodukt, das wir heute kennen und auf das niemand mehr verzichten muß.

Wirklich gute Butter erhält man nur aus der Milch von Kühen, die auf besonders saftigen Wiesen mit vielfältigen Kräutern grasen können, wo zudem ein mildes Klima herrscht, das den Kühen behagt. Bislang haben nur Produkte aus vier Regionen die begehrte Appellation d'Origine Contrôlée (AOC) erhalten:
• Beurre d'Isigny,
• Beurre des Charentes,
• Beurre Charentes-Poitou,
• Beurre des Deux-Sèvres.

Dennoch kommt ihr feiner, nußartiger und floraler Geschmack erst dann ausgeprägt zum Tragen, wenn es sich um Rohmilchbutter handelt. Sie verlangt eine besonders sorgfältige und schnelle Verarbeitung und ist eine rare Spezialität. Isigny-sur-Mer im Département Calvados ist für seine Rohmilchbutter und die einzige Sahne mit Appellation d'Origine Contrôlée berühmt. Die meisten anderen Buttersorten sind hingegen pasteurisiert.

Hintergrund: Frische Baguettes mit goldbrauner, krosser Kruste und saftiger Krume

Ficelle – »Bindfaden«
100 oder 125 Gramm schwer, fast so lang wie eine Baguette, jedoch schmaler

Flûte – »Flöte«
150 oder 175 Gramm schwer, größenmäßig zwischen Baguette und Ficelle

Baguette – »Trommelstock«
200 oder 250 Gramm schwer, etwa 70 Zentimeter lang, sechs Zentimeter hoch

Couronne – »Krone« oder »Kranz«
Brot in Kranzform

Pain – Brot
Großer Bruder der Baguette, 400 Gramm schwer

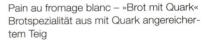

Pain au fromage blanc – »Brot mit Quark«
Brotspezialität aus mit Quark angereichertem Teig

Bâtard – »Bastard«
Ovale, ungleichmäßige Form, etwa 30 Zentimeter lang, 300 oder (öfter) 500 Gramm schwer

Der Kranz ist eine beliebte Form für Landbrote und deftige Bauernbrote.

Pain au son – »Brot mit Kleie«
Weizenbrot mit 20prozentigem Kleieanteil

Pain aux noix – »Brot mit Nüssen«
Mit einem Nußanteil von 15 Prozent

Pain anglais – »Englisches Brot«
Toastbrot aus Weizen oder Weizenvollkornmehl

Pain Graham – »Grahambrot«
Vollkornbrot aus geschrotetem Weizen

Pain de seigle – »Brot aus Roggen«
Roggenbrot mit Vorteig aus Weizenmehl

Pain rond – »Rundes Brot«
Flacher, runder Laib; im Norden als Kugel, *pain boulot,* bis zwei Kilogramm

Petit pain de 100 grammes
Brötchen oder kleine Brote von 100 Gramm Gewicht

Pain à la bière – »Bierbrot«
Mit Bier angesetztes, kerniges Brot

Fougasse – »Tretmine«
Brezel aus Brotteig; auch mit Speck oder gesüßt erhältlich

Frankreich

Croissant

Der Croissant ist das beliebteste Frühstücksgebäck der Franzosen und weit über die Landesgrenzen hinaus bekannt und beliebt. Doch was so urfranzösisch scheint, stammt aus Ungarn. *Croissant* bedeutet wörtlich »zunehmender Mond« und hat eine Geschichte: Ende des 17. Jahrhunderts belagerten die Türken Budapest, und um die Stadt zu Fall zu bringen, gruben sie unter den Stadtmauern Tunnel hindurch. Dies bemerkten die Bäcker, die schon in den frühesten Morgenstunden ihrem Handwerk nachgingen, und schlugen rechtzeitig Alarm. Unverrichteter Dinge mußten die Türken abziehen. Als Zeichen ihres Triumphs formten die Bäcker das Emblem des Türkenreichs, den zunehmenden Mond, aus Blätterteig.

Auch in Wien machte der Croissant Furore, noch bevor ihn im 18. Jahrhundert Marie Antoinette, die gebürtige Österreicherin auf dem französischen Thron, in Frankreich einführte.

Um keine Enttäuschung zu erleben, verlangt man beim Bäcker *croissants au beurre*, Butter-Croissants. Und, bitte, nicht einstippen! Wo bliebe sonst das kroß-knisternde Vergnügen?

Für die Herstellung von Croissants benötigt man einen Blätterteig mit viel Butter.

Aus dem dünn ausgerollten Teig schneidet man Dreiecke aus, die zur Spitze hin aufgerollt werden.

Der Teig wird mehrmals gefaltet, wobei er jedesmal mit einer Schicht Butter belegt wird.

Von einem bemehlten Tuch lassen sich die Hörnchen leicht abnehmen, um sie auf das Backblech zu legen.

Bretzel au flan – Brezel mit Füllung Blätterteigbrezel mit Vanillepudding

Brioche – Teilchen aus einem gehaltvollen, mit Eiern und viel Butter hergestellten Hefeteig

Croissant au beurre, mit Butter hergestellte »Luxusversion« des Hörnchens

Chausson aux pommes – Apfeltasche aus Blätterteig

Pain aux noix – Hefeschnecke mit Nüssen

Gugelhupf – Napfkuchen aus Hefeteig

Crémontaise – Frühstückskuchen

Pain au raisin – Rosinenschnecke

Pain au chocolat – Gebäck mit Schokoladenstückchen

Pastis

Daß der beliebteste französische Aperitif an die Provence, an strahlenden Sonnenschein, laue Luft und blaues Meer denken läßt, hat zwei Gründe. Der eine ist historischer, der andere werblicher Natur. Pastis ist ein Aperitif auf Anisbasis, und Anis gibt es vor allem rund um das Mittelmeer. Ägypter, Griechen und Römer hielten ihn in Ehren und schätzten seine vielfältigen medizinischen Eigenschaften. Heutzutage würzt er Fisch, Gebackenes und Desserts. Am liebsten genießt man ihn jedoch flüssig, ob als Arrak, Raki, Ouzo, Sambucca, Aniseta oder eben als Pastis. Die Bauern in den Weindörfern der Provence stellten ihn her mit diversen Kräutern für den Hausgebrauch.

Von einem alten Provenzalen erhielt denn auch Paul Ricard, der »Promoter« des Pastis, das Grundrezept. Im Jahre 1932, als Aperitifs auf Anisbasis gesetzlich erlaubt wurden, begann er in Marseille mit der Produktion.

Doch nicht nur Ricard hatte Erfolg, Anisschnaps wurde generell zu einem beliebten Getränk. Mit seinem typisch würzigen, von Lakritze geprägten Geschmack erinnert er an den berüchtigten Absinth. Dieser ursprünglich als Allheilmittel verabreichte Wermutextrakt hatte sich gegen Ende des 18. Jahrhunderts in der Schweiz zur Spirituose zu entwickeln begonnen. Die erste Brennerei in Frankreich eröffnete ein gewisser Henri-Louis Pernod. Im Reich Napoléons III (1852–70) galt es als schick, sich am späten Nachmittag in den Cafés zur »grünen Stunde« zu treffen. Sie verdankte ihren Namen der Farbe des mit Zuckerwasser verdünnten Absinths. Dann aber sank Absinth zum billigsten Fusel herab und ruinierte Tausenden die Gesundheit, bis er 1915 verboten wurde. Ab 1951 begannen viele ehemalige Absinth-Hersteller Pastis anzubieten und erinnerten mit ihren Etiketten häufig an die verbotenen Vorläufer.

Die magenfreundliche Anisessenz, der Basisstoff Anethol, wird meist aus Sternanis – der Frucht des Badianbaums, einer in China gezogenen Magnolienart – destilliert. Anethol kann aber auch aus Anissamen, Fenchel oder Estragon gewonnen werden. Weitere Zutaten zu Pastis sind die gesetzlich vorgeschriebene Süßwurzel sowie Provence-Kräuter, die man mit Alkohol und Wasser ansetzt. Diese Bestandteile aromatisieren einen 45 Volumprozent starken, mit Zucker und Karamel abgeschmeckten und gefärbten Alkohol. Pastis wird verdünnt genossen. Der Kenner gibt nur eiskaltes Wasser, nie aber Eiswürfel hinzu, die eine Absonderung des Anethols bewirken. Auch dürfen Flaschen nicht kalt stehen, sonst trübt sich der Pastis.

In der Kräuterkammer lagern Pastis-Zutaten aus der Provence und fernen Ländern. Die wichtigste, der Sternanis, stammt von einem chinesischen Magnolienbaum.

In Alkohol und Wasser eingeweicht, werden Kräuter und Gewürze zur Essenz destilliert.
Unten: Die fünf bekanntesten Pastis-Marken Frankreichs.

Unten: Pastis trinkt man nie unverdünnt. Zum Verdünnen verwendet man jedoch nur eiskaltes Wasser, keine Eiswürfel. Durch die Kristallisierung des im Pastis enthaltenen Minzöls bei der Zugabe des Wassers ergibt sich die typisch trübe Färbung des Pastis.

Traditionelle Aperitifs

Amer Picon
Mit Chinarinde, Enzianwurzel und Orangendestillat aromatisierter Bitter; heute hauptsächlich der mit Bier aufzufüllende Picon Bière.

Byrrh
Zutaten sind besonders kräftiger roter Traubenmost, Extrakte von Chinarinde, Kräutern und Früchten.

Dubonnet
Ein Aperitif *à base de vin*, auf Weinbasis, aus rotem oder weißem Traubenmost hergestellt. Gemäß Originalrezept wird er unter anderem mit Chinarinde aromatisiert.

Noilly Prat
Trockener Vermouth aus maderisiertem – oxydiertem, geschmacklich leicht an Madeira erinnernden – Weißwein, Basis des berühmten Cocktails Martini Dry; ausgezeichnet in Fischsaucen.

Rivesaltes
Vin doux naturel, ein Wein mit Appellation d'Origine Contrôlée (AOC), dessen Gärung durch Zugabe von Weingeist beendet wird, so daß natürlicher Traubenzucker erhalten bleibt.

Saint-Raphaël
Aperitif aus einer Mischung von Most und Wein, ebenfalls mit appetitanregender Chinarinde gewürzt.

Suze
Sein Geschmack wird im wesentlichen vom Enzian bestimmt; man serviert ihn mit Eiswürfeln und Soda.

Crème de Cassis

Crème de Cassis, ein Johannisbeerlikör – *cassis* ist der botanische Name der Schwarzen Johannisbeere –, wäre uns kaum so geläufig, hätte es nicht den Chanoine (Domherrn) Félix Kir gegeben. Der 1878 geborene Pfarrer wurde als strikter Nazi-Gegner berühmt, der Tausenden von Widerstandskämpfern die Flucht ermöglichte. Mit mehr als 60 Jahren wurde er zum Bürgermeister von Dijon gewählt. Und da die Dijoner Likörfabriken nach dem Krieg ums Überleben kämpften, schenkte er kurzerhand jedem Gast Weißwein und Cassis ein – so wie man ihn früher schätzte. Denn auch der Blanc-Cassis, ein Aperitif aus einem trockenen Weißwein mit frischer Säure wie dem Bourgogne Aligoté und einem Schuß Crème de Cassis, war ein Opfer des Kriegs geworden.

In Frankreich hatte bis dahin das Café als zweite Wohnstube gedient, jedenfalls den Männern. Dieser Brauch verschwand während der Besatzungszeit, noch nicht einmal wegen der Rationierung des Alkohols, sondern weil unbefangene Plauderer im Café Gefahr liefen, denunziert zu werden. So geriet mancher berühmte Aperitif in vier Jahren in Vergessenheit, auch der Blanc-Cassis. Wiederbelebt durch Pfarrer Kir, wurde dessen Name Synonym für dieses Getränk – eine in Frankreich äußerst seltene Ehre.

Ursprünglich war der Blanc-Cassis eher eine Pariser Angelegenheit gewesen. Jedenfalls kamen zwei Dijoner Kaufleute in Neuilly zum ersten Mal auf seinen Geschmack. Begeistert begannen sie 1841 in ihrer Heimatstadt die eigene Herstellung. Es gab nur ein Problem: Fast niemand pflanzte Schwarze Johannisbeeren. Das änderte sich jedoch schnell. Der Fruchtlikör fand großen Anklang, so daß 1914 rund 80 Likörfabriken gegründet wurden. Deren Nachfrage verlockte die Winzerfrauen, Cassis-Büsche an die Ränder der Weinberge zu setzen und so ihr Haushaltsgeld aufzubessern.

Noch immer liefert Burgund – neben Teilen des Loire- und des Rhône-Tals – Cassis. Doch längst haben sich die Bauern auf seinen Anbau richtiggehend spezialisiert. Cassis braucht im Winter zehnwöchige Minustemperaturen, nur dann entwickelt er reichlich Knospen. Optimales Aroma besitzen die reifen Beeren nur einen Tag lang. Deshalb wird schnell mit Maschinen geerntet. Der Reichtum an Vitamin C ist der Schatz des Cassis, aber auch sein Nachteil: Die Beeren oxydieren schnell. Die modernste Methode, die Aromen und die frische schwarzviolette Farbe zu erhalten, besteht im Schockgefrieren auf minus 30 Grad Celsius. So können die Früchte außerdem nach Bedarf verarbeitet werden. Dazu bringt man sie auf eine Temperatur von minus fünf Grad Celsius und bespritzt sie mit Alkohol. Er dient als Lösungsmittel für Farbe und Aromen und verhindert gleichzeitig die Gärung. Fünf Wochen lang mazerieren die Früchte in Rotationstanks in einem Alkohol-Wasser-Gemisch. Dann wird der erste Saft abgezogen, welcher der Spitzenqualität vorbehalten bleibt. Fruchtliköre mit der Bezeichnung »Crème« werden ausschließlich durch Mazeration gewonnen.

Schwarze Johannisbeeren besitzen von Natur aus viel Säure. Um im Likör Harmonie und aromatische Kraft zu erreichen, müssen die drei Bestandteile Säure, Zucker und Alkohol optimal ausgewogen sein. Bei 20 Volumprozent hat er maximalen Fruchtanteil aufgenommen und Zucker bis zur Saturation, nämlich 520 Gramm. So ist die Alkoholangabe ein Indiz für Qualität, denn eine 16 Volumprozent starke Crème enthält nur halb so viel Früchte, aber lediglich 60 Gramm Zucker weniger. Früher stand Crème de Cassis in den Cafés wie Senf auf dem Tisch als kostenlose Würze. Und in Frankreich würde niemand auf den Gedanken kommen, sie pur zu trinken. Aber sie aromatisiert nicht nur Wein, Champagner, Vermouth oder Mineralwasser, auch zu Kuchen oder Eis ist sie ein Genuß, ebenso zu Enten- oder Schweinegerichten. Einmal geöffnet, sollte man sie im Kühlschrank aufbewahren und in drei Monaten verbrauchen.

Die in Folie verpackten und in Kühlkammern aufbewahrten Schwarzen Johannisbeeren werden nach Bedarf das ganze Jahr über verarbeitet.

In bester Reife schockgefrorener Cassis behält seine geschmacklichen Qualitäten wie auch seine frische Farbe und den hohen Vitamin-C-Anteil.

In den guten Likören aus Schwarzen Johannisbeeren sind mehr als 500 Gramm Beeren enthalten.

Links: Für den Kir kommt zuerst Crème de Cassis ins Glas, dann wird mit einem säurebetonten Weißwein aufgegossen.

Rechte Seite: Dickflüssig rinnt Crème de Cassis, eine Burgunder Spezialität, in die Flaschen.

Félix Kir, Bürgermeister von Dijon, wurde so populär, daß ein Getränk nach ihm benannt wurde.

Kir

20 ml Crème de Cassis in ein bauchiges Weinglas geben und mit gut gekühltem Bourgogne Aligoté oder einem anderen trockenen, herben Weißwein auffüllen.

Communard

20 ml Crème de Cassis in ein bauchiges Weinglas geben und mit gut gekühltem Bourgogne-Passe-Tout-Grain oder einem anderem trockenen, fruchtigen Rotwein auffüllen.

Kir Royal

10–20 ml Crème de Cassis in eine Champagnerflöte geben und mit gut gekühltem Champagner Brut oder Brut Nature auffüllen.
Hinweis: Eine Crème de Cassis mit 20 Volumprozent enthält doppelt so viele Früchte wie eine Crème mit 16 Volumprozent, aber nur ein Achtel mehr Zucker. Sie ist deshalb wesentlich fruchtiger und ergiebiger und kann sparsamer verwendet werden.

Short-Drink mit Pernod, Sherry und Gin

10 ml Pernod, 20 ml trockenen Sherry und 30 ml Dry Gin mit einigen Eiswürfeln schütteln. Mit Zitronenschale servieren.

Short-Drink mit Pernod und Wodka

40 ml Wodka mit jeweils 5 ml Sirup und Pernod auf zerstoßenem Eis vermischen und mit Gurkenscheiben garnieren.

Weinberg-schnecken

Antoine Carême (1784–1833), der eigentliche Begründer der feinen französischen Küche, sorgte Anfang des 19. Jahrhunderts auch dafür, daß die Weinbergschnecken zu gastronomischen Ehren kamen – *à la bourguignonne*, auf Burgunder Art, mit Butter, Knoblauch und Petersilie. So beliebt wurden die mundgerechten Weichtiere, daß man für sie sogar spezielle, mit Vertiefungen versehene Tellerchen und eine Zange erfand, um ihre heißen Häuser fest im Griff zu haben, während eine zweizackige Gabel sie aufspießt. Der Genießer ahnt nicht, daß sein knorpeliger Happen extreme Vorbereitungen verlangt.

Schnecken müssen vor dem Verzehr eine mindestens zehntägige Hungerkur überstehen, die nur im Midi – dem französischen Mittelmeergebiet – durch eine Thymian-Diät gemildert wird. Grund sind für den Menschen giftige Blätter, die sich die Schnecken möglicherweise einverleibt haben. Der Reinheit wegen warten dann drei Waschungen mit Wasser auf sie. Die erste widmet sich ihrem Äußeren, die zweite, nun mit Essig und Salz angereichert, dem Inneren. Ein Bad in klarem Wasser folgt. Meist werden die Schnecken dann blanchiert, abgekühlt, aus ihren Häusern gezogen und in der Regel in gut gewürzter Bouillon gekocht. Kalt füllen sie erneut die inzwischen sterilisierten Gehäuse. Mit Schnecken- oder Kräuterbutter zugestrichen sind sie küchenfertig.

Schon unsere Urahnen erfreuten sich an den Bauchfüßlern, wovon prähistorische Abfallhaufen zeugen. Die Griechen widmeten ihnen eingehende Betrachtungen, und die nimmersatten Römer erfanden die Schneckenzucht. Sie grillten ihre spiralschaligen Leckerbissen, ganz so wie es Katalanen und Provenzalen noch heute mögen, ohne sie vorher zu garen. Im übrigen Frankreich jedoch überließ die Oberschicht den Armen die Schnecken und stocherte an ihnen höchstens zur Fastenzeit herum – bis eben der Koch der Könige und König der Köche sich ihrer annahm. Seither übertreiben die Franzosen ihre Schneckenliebe. Die große burgundische Weinbergschnecke, deren Haus bis zu fünf Zentimeter Durchmesser erreicht, wurde ein Opfer von Gourmets (und moderner Landwirtschaft) und ist mittlerweile sehr selten. Statt dessen präsentieren Köche auf Speisekarten und Tellern *petits gris*, die kleinere Variante der Weinbergschnecken mit dem grauen Körper im weiß- oder gelbgesprenkelten Gehäuse. Sie bevölkern Gascogne, Provence, Languedoc und Roussillon und eignen sich – im Gegensatz zu ihren größeren Verwandten – auch für die Zucht, die *héliciculture*.

Für Konserven nimmt man osteuropäische Importe und die türkische Schnecke, die man an ihrem dunkleren Fleisch und einem schwarzen Hausrand erkennt, sowie ein aus China tiefgefroren eingeführter, mindestens halbpfundschwerer Gigant aus der Familie der Achatschnecken. Schnecken besitzen zwar reichlich Mineralsalze, sind aber recht unverdaulich. Deshalb sollte man sie mit höchster Moderation konsumieren.

Beurre d'escargot
Schneckenbutter

1 Schalotte	
2 Knoblauchzehen	
1 EL feingehackte glatte Petersilie	
125 g Butter	
Salz, schwarzer Pfeffer	

Schalotte und Knoblauch schälen und fein hacken. Zusammen mit Petersilie und Butter vermengen und mit Salz und Pfeffer abschmecken.

Die Butter streicht man in die Öffnungen der Schneckenhäuser. Im Backofen werden die Schnecken dann so lange erhitzt, bis die Butter geschmolzen ist. Dann die Schnecken sofort aus dem Ofen nehmen – die Butter darf nicht bräunen – und mit Baguette oder Bauernbrot servieren.

Schnecken als Handelsware

Escargot achatine – Achatschnecke
Die Achatschnecke stammt ursprünglich aus Ostafrika und ist in Asien sehr verbreitet, wo sie auch gezüchtet wird. Die bis zu 500 Gramm schwere Riesenschnecke wird überwiegend aus China importiert. Sie dient zunehmend als Ersatz für Burgunder- oder Weinbergschnecken, indem man Gehäuse mit Fleischstücken von der Achatschnecke füllt und unter der schlichten Bezeichnung »Escargot« anbietet.

Escargot de Bourgogne – Weinbergschnecke
Die mitteleuropäische Weinbergschnecke hat ein Gehäuse von meist drei bis vier Zentimetern Durchmesser. In der Regel gibt es sie vorgekocht und tiefgefroren oder in Dosen.

Petit gris – Kleine Weinbergschnecke
Die südeuropäische Weinbergschnecke mit zwei bis drei Zentimeter großen Häusern ist in diversen nahverwandten Arten bis nach Kleinasien verbreitet. Sie wird auch gezüchtet. Auf südfranzösischen Märkten findet man sie lebend im Angebot, sonst als Konserve.

Schneckenfarm in Südfrankreich, wo die schmackhaften Weichtiere in Holzkästen unter freiem Himmel gezüchtet werden

Ein Jahr brauchen die Salat und Grünzeug fressenden Schnecken, um eine genießbare Größe zu erreichen.

Spezielles Besteck für die klassische Zubereitung: Schnecken in Kräuterbutter

Hintergrund: *Petit gris*, die »kleine graue« südeuropäische Weinbergschnecke, ersetzt heute vielfach die selten gewordene Burgunder Schnecke.

Hummer

Wem es darauf ankommt, Meeresfrüchte im allgemeinen und *homard*, Hummer, im besonderen in unerreichter Frische zu genießen, sollte in die Bretagne reisen. Saint-Brieuc gilt Franzosen als erste Adresse für Hummer, Langusten, Krebse, Jakobs- und andere Muscheln. Auch Austern, die auf keiner Platte mit Meeresfrüchten fehlen dürfen, hat die Bretagne zu bieten. Als der Hummerfang für die Fischer aus Häfen wie Erquy oder Saint-Quaynoch noch ein lohnendes Geschäft war, servierten bretonische Köche stolz *homard à l'armoricaine*, so bezeichnet nach »Armorica«, dem alten Namen der Bretagne. Dazu wurde der zerteilte Hummer flambiert, die rote Sauce erhielt durch Tomaten zusätzlich Geschmack und Farbe. Doch die Vorkommen an der bretonischen Küste sind praktisch erschöpft, heute werden frische Hummer von der englischen Westküste oder aus Irland angelandet.

Der Hummerfang ist eine aufwendige Arbeit. Dafür werden auf dem Meeresboden bis zu einer Tiefe von 70 Metern Körbe ausgesetzt, die mit Ködern versehen sind: für Hummer gesalzenen, für Krebse frischen Fisch. Täglich fahren die Fischer hinaus, ziehen die Körbe nach oben und überprüfen, was ihnen in die Falle gegangen ist, ob Hummer, Krebse, Langusten oder Seespinnen – Alltagslotterie. Dunkelblau leuchten lebende Hummer. Der Fang ist für sie ein Schock. Mehrere Tage brauchen sie im Vivier, um sich davon zu erholen. Kauft man sie lebendig, kann man sie mindestens zwei Tage im untersten Fach des Kühlschranks aufbewahren, vorausgesetzt, man bedeckt sie mit einem feuchten Tuch. Erst beim Kochen färben Pigmente den Hummer rot, der nur dann ein wirklicher Genuß ist, wenn er richtig gegart wird: Nicht länger als eine Viertelstunde darf ein mittelgroßer Hummer köcheln, sonst wird sein Fleisch zäh und verliert an Geschmack. Im Sommer, zur Hauptfangzeit, sind Hummer am frischesten und preiswertesten.

Hintergrund: Ein Prachtexemplar von Hummer, dem zehnfüßigen Krebs der europäischen Meere

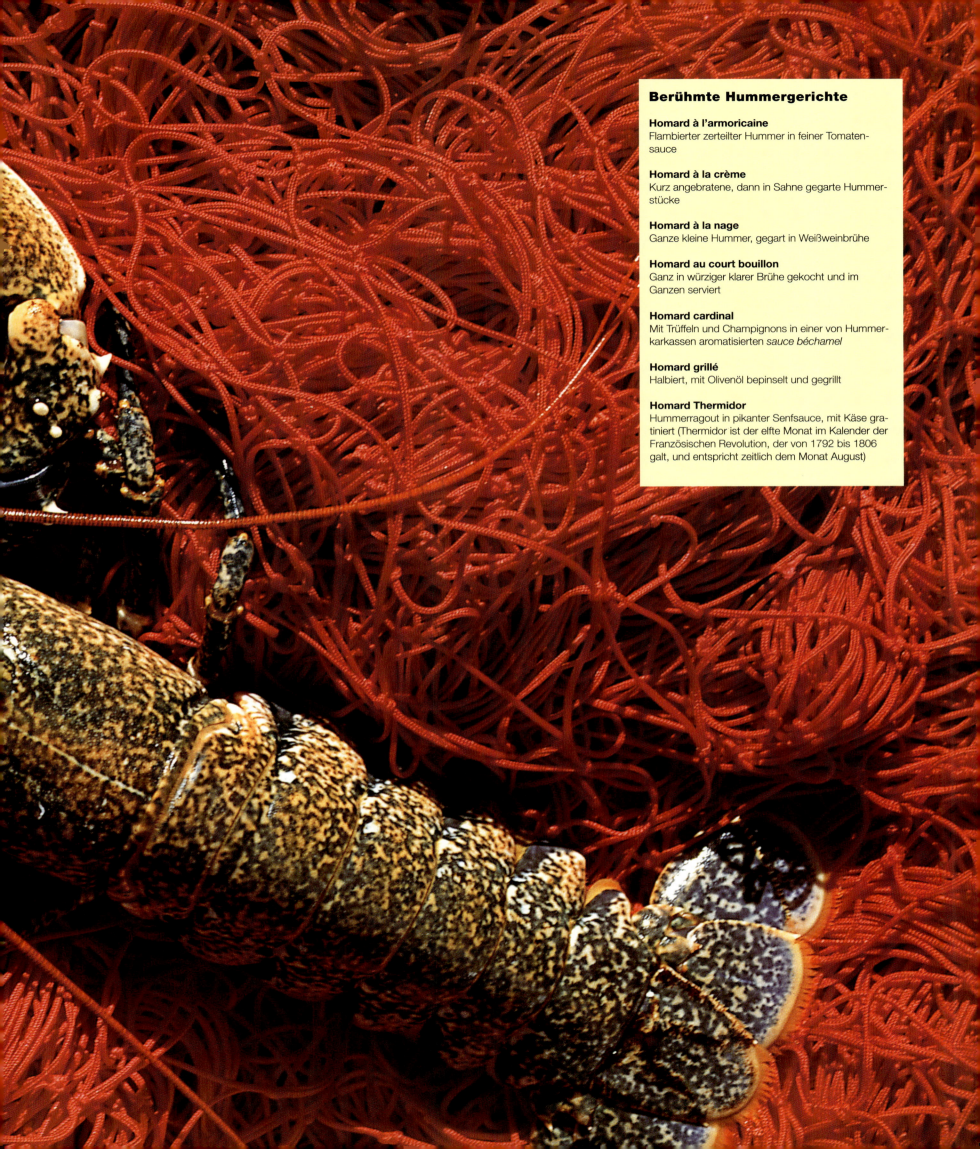

Berühmte Hummergerichte

Homard à l'armoricaine
Flambierter zerteilter Hummer in feiner Tomatensauce

Homard à la crème
Kurz angebratene, dann in Sahne gegarte Hummerstücke

Homard à la nage
Ganze kleine Hummer, gegart in Weißweinbrühe

Homard au court bouillon
Ganz in würziger klarer Brühe gekocht und im Ganzen serviert

Homard cardinal
Mit Trüffeln und Champignons in einer von Hummerkarkassen aromatisierten *sauce béchamel*

Homard grillé
Halbiert, mit Olivenöl bepinselt und gegrillt

Homard Thermidor
Hummerragout in pikanter Senfsauce, mit Käse gratiniert (Thermidor ist der elfte Monat im Kalender der Französischen Revolution, der von 1792 bis 1806 galt, und entspricht zeitlich dem Monat August)

Austern

Austernzüchter verstehen sich als Bauern des Meeres, denn ihre Arbeit hat landwirtschaftlichen Charakter, auch wenn sie von den Gezeiten des Meeres abhängig sind und sich nur während der Ebbe um ihre Felder, die Parks, kümmern können. In Frankreich liegen die Austernparks an der bretonischen Küste, bei Marennes und Arcachon, sowie am Mittelmeer bei Bouzigues im Lagunensee von Thau. Die Parks des Marennes-Gebiets umfassen 3500 Hektar. Sie erstrecken sich auf Sandbänken zwischen der Mündung der Flüsse Seudre und Charente und an der Ostseite der vorgelagerten Insel von Oléron. Dort finden Austern die geeignete Mischung von Meer- und Flußwasser und die sommerliche Wassertemperatur von mehr als 22 Grad Celsius, die sie benötigen zum Gedeihen. Die einheimische flache europäische Austernart wurde 1922 von einer Seuche radikal dezimiert. Zum Glück gab es Ersatz, denn 1868 hatte ein in Seenot geratenes Schiff seine Ladung mit portugiesischen Austern über Bord werfen müssen, die sich an der Küste von Marennes prächtig entwickelten, bis auch sie Opfer einer Epidemie wurden. Abhilfe schuf die pazifische Felsenauster *crassostrea gigas*. Seither dominiert sie in französischen Küstengebieten und Restaurants.

Im Juli vermehren sich die Austern auf natürlichen, streng geschützten Bänken. Die zu den Muscheln zählenden wirbellosen Weichtiere pflanzen sich durch Millionen von Larven fort, die zunächst frei im Wasser schwimmen, dann jedoch festen Halt suchen. Dies ist die Chance des *ostréiculteur*, des Austernzüchters. An strategisch günstigen Punkten installiert er Holzziegel, Schindeln oder die jetzt vorwiegend verwendeten geriffelten Plastikrohre. Daran klammern sich die Larven und beginnen umgehend, ihre Schale zu entwickeln. In zwei Monaten sind sie erbsengroß. Nur ein Dutzend Nachkommen pro Auster schaffen das Hindernisrennen ihrer ersten Lebensphase.

Kommt das Frühjahr, siedeln die Züchter beispielsweise von La Tremblade die Rohrkolonien um, da diese, um zügig zu wachsen, gehaltvollere Nahrung benötigen, wie sie das Meerwasser bietet. Daher plaziert man sie auf Holzgestellen in der Bucht von Ronce-les-Bains. Auch im zweiten Lebensjahr sind sie bedroht von Fischen, Schnecken, Seesternen und Muscheln oder von Stürmen. Haben sie diese Gefahren überlebt, streift der Züchter sie von den Rohren, sortiert sie nach Größe und bestimmt ihren weiteren Werdegang. Einige setzen ihr Wachstum in *poches*, schwarzen Plastiknetzen, auf Eisengestellen im Meer fort, andere werden ausgesät. Zu kleine Exemplare erhalten ein Jahr Schonzeit.

Jeder Züchter hat verschiedene Parzellen vom Staat gepachtet. Einige bieten viel, andere wenig Nahrung, in der einen wachsen die Austern rasch, während ihr Wachstum in einer anderen stagniert.

Zwischen Marennes und der Insel Oléron, an der Atlantikküste nördlich von Bordeaux und der Gironde-Mündung, sind die Bedingungen für die Austernzucht ideal.

Nach der Zwischenlagerung in früheren Salzbecken, wo Austern durch den Verzehr von Kieselalgen an Gewicht und Finesse zulegen, werden sie geerntet.

Ob Verschläge oder schmucke Häuschen, jede Auster hat eine Heimatadresse, wo sie in *bourriches,* den Originalpackungen, frisch gehalten werden.

Wie man Austern öffnet (Abbildungen rechte Seite)

1. Austern werden nicht gewaschen, da sie bereits gesäubert geliefert werden.
2. Die Auster auf eine mehrfach gefaltene Serviette legen, so daß die flache Seite nach oben zeigt.
3. Fest mit der linken Hand greifen und gerade halten. Über einer flachen Schale agieren, um eventuell vergossenes Austernwasser aufzufangen.
4. Mit dem kurzen kräftigen Austernmesser in das sogenannte Scharnier stoßen und zuerst den Schließmuskel durchtrennen.
5. Nun das Messer waagerecht zwischen den Schalen durchziehen, dann als Hebel benutzen, die Schalen aufklappen und die obere abheben.

Austernsorten

Belons
Flachauster aus der Bretagne mit sehr delikatem, nussigem Geschmack

Bouzigues
Aus dem großen Binnensee von Thau an der Mittelmeerküste zwischen Sète und Agde

Gravettes d'Arcachon
Meist »Arcachons« genannt; Flachaustern von der südwestfranzösischen Atlantikküste bei Bordeaux

Marennes
Felsenaustern aus dem Gebiet zwischen der Charente-Küste und der Insel Oléron; werden in natürlichen Becken, den *claires*, gemästet und affiniert (verfeinert):
- *claires* wurden kurze Zeit in Aufzuchtbecken affiniert,
- *fines de claires* dürfen die Züchter sie nennen, wenn die Austern zu 20 pro Quadratmeter vier Wochen im Aufzuchtbecken verbracht haben und nicht weniger als sechs Prozent Fleisch aufweisen,
- *spéciales de claires* heißen sie nach zwei Monaten nur zu zehn pro Quadratmeter. Dann besitzen sie mindestens neun Prozent Fleisch.

Diese natürlichen Bedingungen macht er sich zunutze, um ihre Entwicklung zu dirigieren. Nach drei Jahren könnte man die Austern fischen und verzehren. Doch nicht so in Marennes-Oléron. In den Sümpfen der Küste und 20 Kilometer weit das Seudre-Tal hinauf liegen Becken, in denen früher Salz gewonnen wurde. Schon die Römer, große Austern-Genießer, entdeckten deren einzigartigen Vorzug. Die bei jeder Flut durch ein Kanalsystem mit frischem Wasser versorgten *claires*, Aufzuchtbecken, eignen sich vorzüglich, um Austern zwischenzulagern. Dort wachsen sie nicht weiter. Statt dessen verhärtet sich ihre Schale, was sie widerstandsfähiger macht. Sie ernähren sich von einzelligen Algen, den blauen Navicula, wodurch sie an Gewicht, Feinheit und eine überraschend grüne Farbe gewinnen. Außerdem entwickeln sie viel Glykogen, ein Kohlenhydrat, und sind ein Schatz an Mineralsalzen und Vitaminen. In ihrer Originalpackung, der *bourriche*, und zwischen fünf und 15 Grad Celsius kühl gehalten, bleiben *fines de claires* und *spéciales de claires* (Erläuterungen oben) acht bis zehn Tage frisch, selbst im Sommer. Dann schmecken die kleineren und festeren am besten. Sonst wählt der weise Genießer Austern nach der Größe seines Mundes – und den soll man bekanntlich nicht zu voll nehmen, schon gar nicht beim Schlürfen.

58 **Frankreich**

Austerngrößen

Ostrea edulis, huître plate, **Europäische Auster**

Nr. 4	=	40 Gramm
Nr. 3	=	50 Gramm
Nr. 2	=	60 Gramm
Nr. 1	=	75 Gramm
Nr. 0	=	90 Gramm
Nr. 00	=	100 Gramm
Nr. 000	=	110 Gramm
Nr. 0000	=	120 Gramm
Nr. 00000	=	150 Gramm

Crassostrea gigas **und** ***crassostrea angulata, huître creuse*** **Pazifische und Portugiesische Auster**

Très Grand (TG) – sehr groß	=	100 Gramm und mehr
Grand (G) – groß	=	75 bis 99 Gramm
Moyen (M) – mittelgroß	=	50 bis 74 Gramm
Petit (P) – klein	=	weniger als 50 Gramm

Unten: Vor dem Versand in alle Welt werden die Austern nach strikt vorgegebenen Größen sortiert und entsprechend verpackt. Damit sie etwa zehn Tage außerhalb des Wassers überleben können, durchlaufen sie einen Vorgang, den man *expédition* nennt.

In Europa gängige Austernrassen

Ostrea edulis, huître plate, **Europäische Auster**
Nach ihren Zuchtgebieten als Belons, Marennes oder Gravettes d'Arcachon bezeichnet; delikat mineralischer Geschmack; weniger verbreitet

Crassostrea angulata, huître creuse, **Portugiesische oder Felsenauster**
Gewölbte Auster, insbesondere in Marennes-Oléron gezüchtet, wo ihr Geschmack in *claires*, Aufzuchtbecken, verfeinert wird; verliert an Bedeutung

Crassostrea gigas, huître creuse du Pacific, **Pazifische Felsenauster oder Japanische Auster**
In Frankreich *gigas* oder *japonaise* genannt; größte und widerstandsfähigste Sorte; gewinnt an Bedeutung

So öffnet man eine Auster

Man sticht das Messer in den Schließmuskel, das sogenannte Scharnier.

Der Schließmuskel wird durch waagerechte Bewegungen durchtrennt. Dann setzt man das Messer zum Hebeln an.

Durch Drehen des Messers werden die Schalen aufgehebelt.

Nach dem Entfernen der oberen Schale schlürft man die Auster oder serviert sie auf Eis.

Meeresfrüchte

Auster
(siehe S. 58–59)

Grande cigale de mer – Großer Bärenkrebs
Mit – wie bei Languste oder Hummer – schmackhaftem Schwanzfleisch

Clam, mye – Sandklaffmuschel
Stammt aus Amerika; wird in Frankreich roh gegessen

Bigorneau – Strand- oder Uferschnecke
Etwa drei Zentimeter groß; meist kurz gekocht und auf Meeresfrüchten serviert

Langouste – Languste
Mit langen Fühlern, aber ohne Scheren; im Mittelmeer inzwischen rar geworden. Die besten sind rot und kommen aus den Gewässern vor der Bretagne und den Britischen Inseln. Lebendig gekauft, müssen sie noch agil sein. Dann bewegen sie den Schwanz, wenn man sie anhebt.

Moule – Miesmuschel
Sie heißt am Atlantik *bouchot*; am besten vom Herbst bis Februar

Amande de mer – Samtmuschel
Meist aus dem Atlantik; im Mittelmeer ganzjährig. Sie ist nicht sehr schmackhaft.

Praire – Rauhe Venusmuschel
Mit geriffelten Schalen; sie kommt fast überall in europäischen Salzgewässern vor. Man ißt sie roh, gedünstet oder gegrillt.

Coque, bucarde – Herzmuschel
Hat wenig Fleisch und muß gründlich gereinigt werden

Clovisse, palourde – Venusmuschel
Mit zartem Fleisch; ganzjährig

Bulot, buccin – Wellhornschnecke
Etwa zehn Zentimeter groß; meist kurz in *court bouillon* (Brühe) gekocht, mit Mayonnaise oder Vinaigrette oder auf Meeresfrüchte-Plateau serviert

Frankreich

Varech, algues marines – Meeralgen
Gern benutzt, um Krustentiere oder Muscheln darauf anzurichten

Crabe tourteau – Taschenkrebs
Mit sehr aromatischem Fleisch; in Frankreich hochgeschätzt, gehört zu jedem guten Meeresfrüchte-Plateau

Homard – Hummer
Berühmt sind bretonische Hummer der tiefblauen europäischen Gattung. Sie können bis zu zehn Kilogramm schwer und an die 50 Zentimeter lang werden. Sie sollten lebend gekauft werden, am besten aus einem Bassin, in dem sie den Fangstreß abbauen konnten.

Crevette rose, bouquet – Garnele mit rotem Panzer
Etwas größere Garnelen, die gern als Hors d'œuvre gereicht werden

Ecrevisse – Fluß- oder Edelkrebs
Als Saucen-Basis geschätzt; wird heute importiert

Coquille Saint-Jacques (S. 64) – Kamm- oder Jakobsmuschel
Äußerst schmackhaft ist der feste Muskel (*noix*), aber auch der weichere rötliche Rogensack (*corail*) schmeckt gut, wenn die Muschel frisch ist. Saison: Oktober bis April; am besten Anfang des Jahres.

Fische

Anchois – Anschovis
Der kleine Heringsfisch ist aus dem Mittelmeer besonders schmackhaft; im Sommer ißt man ihn am besten ganz frisch, kurz mariniert und roh.

Anguille – Aal
Die beste Zeit für frischen Aal ist das Sommerhalbjahr. In Bordeaux und der Charente liebt man ihn als *matelote*, Ragout, in Rotwein gedünstet.

Brochet – Hecht
Hecht verwendet man in Frankreich für die beliebten *quenelles de brochet*, Hechtklößchen. Sonst wird er meist in Fischsud gegart.

Cabillaud, morue – Kabeljau
Die Vorliebe für Stockfisch hat auch frischem Kabeljau zur Renaissance verholfen. Er ist sehr vielseitig zuzubereiten und am besten im Winterhalbjahr.

Congre – Meeraal
Der fast schwarze Meeraal, der ganzjährig an allen Küsten vorkommt, kann drei Meter lang werden. Wegen seiner vielen Gräten überwiegend für Suppen und Saucen genutzt.

Dorade – Brasse (4)
Die in vielen Arten vorkommende Brasse lebt nicht nur im Mittelmeer, wird aber in der Provence besonders geschätzt, ob ganz oder in Filets, ob gegrillt oder im Ofen gebacken. Ganzjährig.

Eglefin – Schellfisch
Der zur Dorschfamilie zählende Schellfisch heißt in Frankreich auch *morue noire*. Er wird im Nordatlantik gefangen und wie Kabeljau zubereitet.

Grondin – Knurrhahn (5)
Das feste Fleisch der Knurrhähne ist sehr aromatisch. Aber stachelige Schuppen und große Köpfe ergeben viel Abfall, weshalb man sie am besten für Suppen verwendet.

Lieu jaune – Pollack
Erst in letzter Zeit findet man diesen engen Verwandten des Kabeljaus öfter als Filet an Fischständen in Frankreich. Sein weißes Fleisch ist etwas saftiger als das des *lieu noir*, des Seelachses oder Köhlers.

Lotte, baudroie – Seeteufel (8)
Wegen seines schweren häßlichen Kopfs wird der Seeteufel immer ohne Kopf und Haut angeboten. Er lebt in tiefen Gewässern, im Mittelmeer wie im Atlantik. Sein festes Fleisch wird gern zum *rôti*, Rollbraten, gebunden und im Ofen gegart.

Loup de mer – Seebarsch (1)
So heißt er am Mittelmeer, wo er selten geworden ist, am Atlantik wird er *bar* genannt. Sehr feiner, delikater, aber überteuerter Speisefisch, der gern im Ganzen gegrillt, gebraten oder in Salzkruste gebacken wird. Gut im Frühjahr und Sommer.

Maquereau – Makrele
Die Makrele hat viel Geschmack, aber auch viel Fett. Deshalb grillt man sie meist, gart sie mit Zitronensaft oder Essig oder mariniert sie. Am besten ist sie aus kalten Gewässern. Im Frühling heißt sie *lisette*.

Merlan – Wittling
Der delikate Speisefisch hat sehr zartes Fleisch. Er wird hauptsächlich im Atlantik gefangen, im Mittelmeer ist er selten geworden.

Plie, Carrelet – Scholle (6)
Die an ihren orangefarbenen Flecken leicht zu erkennenden Schollen kommen auch im Mittelmeer vor. Sie haben weiches Fleisch und werden gebraten oder überbacken.

Raie – Rochen
In Frankreich ist Rochen ein häufig gegessener Fisch, von dem man allerdings nur *les ailes*, die Flügel, genießt. Der Nagelrochen stammt meist aus dem Atlantik, aber der Fleckenrochen kommt auch oft im Mittelmeer vor.

Rascasse – Großer Roter Drachenkopf
Weder Panzer noch Stacheln schützen den Fisch vor seiner Verwendung als geschätzte Zutat zur Bouillabaisse, denn sein weißes Fleisch besitzt ein angenehmes Aroma.

Rouget-barbet – Rotbarbe (2)
Obwohl Rotbarben auch an der französischen Atlantikküste gefangen werden, gehören sie vornehmlich zur Mittelmeerküche und harmonieren bestens mit deren Kräuter und Olivenöl. Nie pochieren.

Saint-Pierre – Petersfisch, Heringskönig
Wegen seines feinen, aromatischen Fleisches ist der Petersfisch gesucht und teuer. Er kommt in vielen Meeren vor, ist aber trotzdem selten.

Sandre – Zander
Der besonders im Burgund beliebte Raubfisch aus Süßgewässern erinnert mit seinem feinen Geschmack an jungen Hecht.

Sardine (3)
Die recht fette Verwandte des Herings hat ein kräftiges Aroma, das vor allem Südfranzosen mögen, welche die Fische gerne in großen Mengen, sonnenförmig angeordnet, als Sardinade auf einem Rost über Weinruten grillen.

Saumon – Lachs
Auch Franzosen lieben Lachs. Oft wird er als *darne de Saumon*, als Scheibe, gegart, gebraten oder gegrillt, auch gebeizt oder als Tatar serviert.

Sole – Seezunge
Als einer der feinsten Speisefische überhaupt hat die Seezunge weltweit Verehrer. In Frankreich stammen die besten aus der Normandie. Ganzjährig.

Thon – Thunfisch
Der im Mittelmeer gefangene Thunfisch wird auf Märkten in Scheiben angeboten, gegrillt oder gebraten, mit mediterranen Kräutern und Gemüsen zubereitet. Beste Saison: Frühsommer.

Truite – Forelle
Zahlreiche Zuchten liefern Forellen. Gern wird *truite aux amandes*, Forelle mit Mandeln (Rezept S. 64), serviert.

Turbot – Steinbutt (7)
Der Steinbutt ist wegen seines festen und sehr schmackhaften Fleischs ein begehrter und teurer Plattfisch. Er eignet sich für alle Zubereitungsarten.

Vive – Petermännchen
Wegen ihres aromatischen Fleischs sind Petermännchen in Südfrankreich geschätzt, wo sie die Bouillabaisse bereichern, doch werden sie im Mittelmeer nur noch selten gefangen.

Gerichte für Feinschmecker

Fische, Schal- und Krustentiere

Truite aux amandes
Forelle mit Mandeln

Für 2 Personen

2 Forellen
Salz, schwarzer Pfeffer
2 EL Mehl
40 g Butter
30 g Mandelsplitter
2 EL Crème fraîche
Zitronenscheiben

Die Forellen ausnehmen, abspülen und trockentupfen. Salzen, pfeffern und in dem Mehl wälzen.
Die Butter leicht erhitzen und die Fische darin auf jeder Seite 7 Minuten braten. Vorsichtig wenden!
Die Forellen herausnehmen und warm stellen.
Die Mandeln kurz anrösten und die Crème fraîche unterrühren. Die Mandelsauce über die Forellen geben und mit Zitronenscheiben dekorieren.

*Coquilles Saint-Jacques sautées –
Sautierte Jakobsmuscheln*

Coquilles Saint-Jacques sautées
Sautierte Jakobsmuscheln
(Abbildung)

16 Jakobsmuscheln
1 EL Zitronensaft
1 Prise Cayennepfeffer
Salz, schwarzer Pfeffer
1 EL Mehl
1 EL Olivenöl
40 g Butter
2 Knoblauchzehen, feingehackt
2 EL feingehackte Petersilie

Die Jakobsmuscheln mit dem Messer öffnen, die weißen Nüsse und den orangefarbenen Rogen entnehmen, gründlich abspülen und trockentupfen.
Die Nüsse horizontal halbieren.
Den Zitronensaft mit dem Cayennepfeffer verrühren, das Muschelfleisch salzen, pfeffern, mit Zitronensaft beträufeln und mit Mehl bestäuben.
Öl und Butter erhitzen. Die Nüsse von jeder Seite 1 Minute anbraten, dann den Rogen hinzufügen, mit Knoblauch und Petersilie bestreuen. Zugedeckt bei schwacher Hitze 4 Minuten gar ziehen lassen und sofort servieren.

Dorade rose à la provençale
Rotbrasse auf provenzalische Art
(Abbildung)

1 Rotbrasse (etwa 1 kg)
3 EL Olivenöl
1 Zweig Fenchel, gewaschen
2 Zweige Petersilie, gewaschen
2 Tomaten
1 Zwiebel
1 grüne Paprikaschote
2 Knoblauchzehen
1/2 TL feingerebelter Thymian
Salz, schwarzer Pfeffer

64 **Frankreich**

Rôti de lotte
Gebratener Seeteufel

2 Knoblauchzehen
1 kg küchenfertiger Seeteufel
5 EL Olivenöl
Salz, schwarzer Pfeffer

Den Backofen auf 240 °C vorheizen.
Den Knoblauch hacken und damit den Fisch spicken. Mit etwas Öl bepinseln und würzen.
Mit dem restlichen Olivenöl einen Bräter einfetten und den Fisch hineinlegen.
Im Backofen etwa 25 Minuten backen, dabei mehrmals mit dem Fischsaft übergießen.
In Scheiben schneiden und mit *ratatouille* (Rezept S. 103) oder Weißweinsauce servieren.

Mouclade charentaise
Charentaiser Muscheln

2 kg Miesmuscheln
3 Schalotten
50 g Butter
200 ml trockener Weißwein
3 Knoblauchzehen, feingehackt
1 EL Mehl
1 Eigelb
125 g Crème fraîche
1 TL Currypulver
2 EL feingehackte Petersilie
Salz, schwarzer Pfeffer

Die Muscheln gründlich bürsten und waschen; die Bärte entfernen. Die Schalotten schälen, fein hacken und in 20 g Butter andünsten. Den Wein angießen und aufkochen. Die Muscheln dazugeben, den Topf bedecken und gelegentlich rütteln.
Sobald sich die Muscheln geöffnet haben (nach etwa 7 Minuten), den Sud durch ein Tuch abgießen und auffangen. Die Schalen entfernen und die Muscheln warm stellen.
Den Knoblauch in der restlichen Butter andünsten, das Mehl einstreuen (nicht bräunen) und nach und nach den Muschelsud angießen. Den Topf vom Herd nehmen.
Eigelb, Crème fraîche und Currypulver miteinander vermischen und unter die Sauce rühren, dann die Petersilie dazugeben. Mit Salz und Pfeffer abschmecken und unter Rühren wieder vorsichtig erhitzen.
Die Muscheln anrichten, mit der Sauce übergießen und mit einem gut gekühlten Vin de pays Charentais oder Muscadet servieren.

Dorade rosé à la provençale – Rotbrasse auf provenzalische Art

Sardines grillées – Gegrillte Sardinen

Sardines grillées
Gegrillte Sardinen
(Abbildung)

12–16 Sardinen
1/4 l Olivenöl
1 TL feingerebelter Thymian
1 TL feingerebelter Rosmarin
1 EL feingehackter Fenchel
3 EL Zitronensaft
3 Knoblauchzehen, feingehackt
Salz, schwarzer Pfeffer

Die Fische küchenfertig vorbereiten und mit den übrigen Zutaten mindestens 30 Minuten marinieren.
Herausnehmen, würzen und je nach Größe von beiden Seiten 3–5 Minuten grillen.

Die Brasse küchenfertig vorbereiten, kalt abspülen und trockentupfen. Einige Tropfen Olivenöl, Fenchel und Petersilie in den Fisch geben.
Den Backofen auf 200 °C vorheizen.
Die Tomaten enthäuten, entkernen und würfeln, die Zwiebel schälen und fein hacken, die Paprikaschote putzen und in Ringe schneiden. Die Gemüse mit dem restlichen Olivenöl in eine feuerfeste Form geben, salzen und pfeffern. Den Fisch auf beiden Seiten einschneiden, ebenfalls würzen und auf die Gemüse legen.
Im Backofen etwa 20 Minuten garen und in der Form servieren.

65

Bouillabaisse

Phantastische Geschichten versuchen die Herkunft dieser mediterranen Spezialität zu erklären. Sie reichen von der Deutung, daß Venus mit der Suppe ihren Gatten Vulcanus schläfrig machen wollte, über die Interpretation, eine Äbtissin habe sie als Freitagsmahlzeit erdacht, bis zu dem Ondit, ein Mann aus Bordeaux, der Baysse hieß, habe sie erfunden. Letztere Theorie, die Robert J. Courtine anführt, ist besonders abwegig – warum sollte ausgerechnet jemand vom Atlantik das bekannteste Gericht der französichen Mittelmeerküste ersonnen haben?

Die Wahrheit ist simpel: »Bouillabaisse« – gebildet aus der Ableitung von *bouillir*, »kochen«, und *baisse*, »Abfall« – bürgerte sich als Name für die Suppe ein, die sich Fischer aus den Resten ihres Fangs zubereiteten. Sie nahmen vor allem die Felsenfische der mediterranen Küste, die ihnen in die Netze gegangen waren, wie Drachenkopf, Meeraal, Knurrhahn, Petersfisch, Seeteufel, Rotbrasse und Wittling. Früher wurde für diese Fische am wenigsten bezahlt. Dann fügten sie bisweilen einen oder mehrere andere Fische oder Krustentiere hinzu, wenn sie dafür keinen Käufer fanden. Ist der Eintopf fertig, werden Fische und Krustentiere auf einer Platte aufgetürmt, während die Fischbrühe in einer Schüssel auf den Tisch kommt. Beweis ihrer einfachen Herkunft ist auch die Scheibe Brot, die in jeden Teller gelegt und mit Fischbrühe übergossen wird. In Marseille, das für sich beansprucht, die wirklich klassische Version der Bouillabaisse zuzubereiten, nimmt man ein Landbrot, das *marette* heißt und weder geröstet noch mit Knoblauch eingerieben wird, wie man es heute anderswo zu tun pflegt.

Muscheln gibt man in Marseille nicht in die Bouillabaisse, Butter unter keinen Umständen, doch Languste oder Hummer wertet sie zum Luxusgericht auf. An der Küste zwischen Menton und Cerbère findet man diverse Varianten. Anspruch auf die Bezeichnung »Bouillabaisse« haben nach stillschweigender Übereinkunft eigentlich nur jene Zubereitungen, in denen ausschließlich Mittelmeerfische verwendet wurden, und zwar mindestens ein halbes Dutzend verschiedene Arten.

Rechte Seite: Zutaten für eine Bouillabaisse – verschiedene Sorten Mittelmeerfische, nach Belieben auch Krebse, sowie diverse Gemüse, Kräuter und Gewürze

Für eine Bouillabaisse dünstet man zunächst in Olivenöl die Gemüse mit den Kräutern an und gibt dann die Fische mit festerem Fleisch hinzu.

Das Grundrezept läßt – da es sich ursprünglich um die Verwertung von Resten handelte – viele Varianten zu. So wurden oft auch Kartoffeln verwendet.

Wenn die Zutaten etwa 10 Minuten gekocht haben, gibt man die Fische mit zartem Fleisch in den Sud und läßt die Zutaten weitere 10 Minuten garen.

Krebse und Fische richtet man auf einer großen Platte an und reicht die Suppe getrennt dazu.

Bouillabaisse
Provenzalischer Fischeintopf

Für 10 Personen

3 kg frische Fische aus dem Mittelmeer (Drachenkopf, Streifen- oder Rotbrasse, Knurrhahn, Wittling, Meeraal, Tintenfisch, Seeteufel und Petermännchen)
2 große Bärenkrebse
2 Stangen Lauch
2 große Zwiebeln
100 ml Olivenöl
5 Tomaten
4 Knoblauchzehen, zerdrückt
1 Lorbeerblatt
3 Zweige Fenchel
1 Zweig Pfefferkraut oder Thymian
1 EL gehackte Petersilie
1 Streifen unbehandelte Orangenschale
1 g Safranfäden
Salz, schwarzer Pfeffer
südfranzösisches Bauernbrot in Scheiben

Fische und Krebse küchenfertig vorbereiten und abspülen, die größeren Fische in Portionsstücke schneiden. Lauch und Zwiebeln putzen oder schälen, in kleine Stücke schneiden und mit dem Knoblauch in einem großen Topf in der Hälfte des Olivenöls andünsten, aber nicht bräunen. Die Tomaten enthäuten und würfeln, die Kräuterzweige waschen. Tomaten, Kräuter und Gewürze zu der Lauch-Zwiebel-Mischung geben; 10 Minuten dünsten.
Erst die Krebse, dann die Fische mit festerem Fleisch auf das Gemüse geben, würzen und mit dem restlichen Olivenöl übergießen. Mit kochendem Wasser aufgießen, so daß die Fische soeben bedeckt sind, und 10 Minuten brodelnd kochen, dann die Fische mit zartem Fleisch hinzufügen und maximal weitere 10 Minuten lebhaft kochen. Fische und Krebse auf einer vorgewärmten Platte anrichten. In jeden Teller eine Scheibe Landbrot legen, über das man die Suppe gießt. Dazu reicht man *rouille* oder *aïoli*.

Rouille
Scharfe Sauce für Fischsuppen

2 reife rote Paprikaschoten
5 Knoblauchzehen
1 kleine frische rote Pfefferschote
1 g Safranfäden
1 TL Meersalz
1 große Kartoffel (mehligkochend), gekocht und gepellt
200 ml Olivenöl

Die Paprikaschoten im Backofen garen, Kerne und Haut entfernen. Mit Knoblauch, Pfefferschote, Safran und Salz im Mörser zerreiben. Dann mit der Kartoffel zu einer dicken Paste verrühren. Das Olivenöl unter ständigem Schlagen tropfenweise zufügen, bis die Sauce die Konsistenz eines sämigen Pürees hat.

Aïoli
Knoblauchpaste

10 Knoblauchzehen
2 Eigelb
½ TL Salz
½ l feines provenzalisches Olivenöl
1 TL Zitronensaft

Den Knoblauch zerdrücken. Eigelbe und Salz zugeben und gründlich verrühren. Unter ständigem Schlagen tropfenweise das Öl hinzufügen, bis eine feste Paste entsteht. Abschließend den Zitronensaft einrühren und die Paste abschmecken.

Frankreich

Anschovis

Maler und Hobbykünstler mit ihren Staffeleien säumen im Sommer den Kai von Collioure, des berühmtesten Fischer- und Badeorts der Côte Vermeille, einen Katzensprung von der spanischen Grenze entfernt. Immer wieder bannen sie die geschützte Bucht mit der befestigten Kirche und dem einstigen Sommersitz der Könige von Mallorca auf Leinwand oder Aquarellpapier. Collioure scheint seit Phöniziern, Griechen und Römern nichts von seiner Anziehungskraft verloren zu haben. Im Gegenteil: Heute lebt es überwiegend vom Tourismus. Nur sein charaktervoller Rotwein, der natursüße Banyuls, und seine Anschovis – die berühmten *anchois de Collioure* – sind noch Zeugen einer einst blühenden Wirtschaft.

Über Jahrhunderte war Collioure ein bedeutender Handelshafen. Schon im Mittelalter hatte der hier hergestellte eingesalzene Fisch – ob Anschovis, Sardinen, Kabeljau oder Thunfisch – einen guten Ruf. Als Collioure durch den Pyrenäen-Vertrag von 1659 an Frankreich fiel, befreite es der König sogar von der Salzsteuer, der *gabelle*. Während Collioure als Handelsplatz alle Bedeutung verlor, brach die goldene Zeit der Fischerei an.

Die Fischer von Collioure fuhren auf ihren *catalanes*, zehn Meter langen Segelbooten mit sechs Mann Besatzung, hinaus aufs Meer. Sie warfen das *sardinal* aus, ein 400 Meter langes Netz. Immer schon stellten die Anschovis einen großen Teil des Fangs dar. Diese schmalen länglichen Heringsfische kommen zwar in allen warmen Ozeanen zahlreich vor, doch die Anschovis des Mittelmeers gelten als besondere Delikatesse – vor allem die von Collioure. Die Konservierung durch Einsalzen war in dem kleinen Hafen am Fuße der Pyrenäen ein überliefertes Gewerbe, in dem viele Fischersfrauen Arbeit fanden. In der wirtschaftlichen Blütezeit des Ortes gab es an die 30 Betriebe, von denen nur vier überlebt haben. Und von der einstigen stolzen Flotte von 150 Barken blieb nur ein halbes Dutzend als touristische Schaustücke übrig. Rund 30 Jahre ist es her, daß die Fischer zum letzten Mal mit ihren *catalanes* von Collioure aus den Hafen in Richtung Meer verließen. Nur das benachbarte Port-Vendres hat eine kleine Flotte dieser alten Fischerboote bewahrt.

Die frisch gefangenen Fische werden sofort mit Salz vermengt. Dann entfernt man Innereien und Köpfe und schichtet die Anschovis in Fässer, wobei zwischen jede Schicht reichlich grobes Salz gestreut wird. Mit großen Steinen beschwert, müssen sie dann drei Monate reifen, um ihr ausgeprägtes Aroma zu entwickeln. Danach wäscht man die Fische gründlich, um das Salz zu entfernen, sortiert sie nach Größe, schichtet sie in Gläser und füllt mit Salzlake auf. Länger als ein Jahr halten sich Anschovis auf diese Weise. Man kann beliebige Mengen entnehmen, muß jedoch darauf achten, daß die im Glas verbliebenen Fische mit Lake bedeckt bleiben.

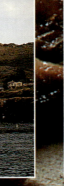
Collioure, der malerische Fischerort am Fuße der Pyrenäen, ist berühmt für seine Anschovis.

Die Anschovis werden in 400 Meter langen Netzen gefangen und sofort verarbeitet.

Heute gibt es nur noch vier Betriebe, in denen die Fische marktfähig vorbereitet werden.

Hintergrund: *Anchois de Collioure* – hier in starker Vergrößerung – sind eine berühmte Spezialität.

Anschovis als Handelsware

Anchois – Anschovis
Ganze, in Salzlake eingelegte und meist in Gläsern angebotene Fische. Man muß sie 60 Minuten in Wasser, das man häufig erneuert, entsalzen. Dann halbiert man sie der Länge nach und entfernt die Gräte. Gut abtupfen. Mit Olivenöl beträufeln, mit Persillade (feingehackter Petersilie und Knoblauch) bestreuen und mit hartgekochten Eiern servieren.

Filets d'anchois – Anschovisfilets
Meist in kleinen Gläsern in Öl eingelegt, sind sie als Würzzutat für Salate und Pizzas beliebt.

Crème d'anchois – Anschovispaste
Aus Filetstückchen und Öl gerührte Paste, die als Würze für Grilladen oder als Aufstrich für Toast oder Brot dient. Jedem Gericht geben *anchois de Collioure* eine markante mediterrane Note.

Die frisch gefangenen Fische vermengt man gleich nach dem Fang mit Salz.

Nach dem Salzen entfernt man Innereien und Köpfe und schichtet die Fische in Fässer.

Zwischen jede Schicht streut man reichlich grobes Salz. Die Anschovis müssen dann drei Monate reifen.

Suppen

Jedes traditionelle Menü beginnt mit einer Suppe – weshalb Grimod de la Reynière (1758–1838), einer der ersten Fein- und Vielschmecker Frankreichs, bemerkte, die Suppe sei für ein Mahl, was ein schönes Vestibül für ein Haus bedeute. Das galt, als Grimod zwischen 1803 und 1813 seine berühmten Almanache für Gourmets veröffentlichte, nur für gehobene Kreise.

Noch bis zur Mitte des Jahrhunderts blieb die Suppe Haupt- und einzige warme Mahlzeit zumindest der Landbevölkerung. Geben wir heute in einen *pot-au-feu*, Feuertopf, reichlich und reichhaltige Zutaten, stellte er früher praktisch die einzige Kochweise einfacher Leute dar: Man hängte einen Topf über die Feuerstelle, gab an Gemüse hinein, was man gerade hatte, goß Wasser dazu und überließ den weiteren Kochvorgang sich selbst. Stundenlang garte der Topfinhalt dann über schwacher Flamme.

Fleisch und Fett konnten sich die wenigsten leisten. Man legte eine Scheibe Brot in den Teller und übergoß ihn mit heißer Suppe, ganz so wie es zum Beispiel noch bei der Bouillabaisse Brauch ist. Auch sie war einst Alltagsgericht der Fischer. Daß Franzosen ihre Abendmahlzeit *souper* nannten, läßt unschwer darauf schließen, worin sie im wesentlichen bestand – eben aus Suppe, in die man sein Brot eintunkte. Die Bourgeoisie wollte sich dann allem Anschein nach nicht allzu gern an die mageren *soupes* erinnern, mochte aber auch nicht auf deren wohltuende Effekte verzichten: Sie löffelte *potages*, deren Zutaten aus dem *jardin potager*, dem Gemüsegarten, kamen.

Von *potage* und *soupe* gibt es unzählige Variationen. Die Suppe wurde zur alltäglichen Vorspeise, und noch heute gehört in manchen Regionen Frankreichs, etwa dem Südwesten, in vielen Restaurants zu jedem Menü die Tagessuppe. Mit zunehmendem Wohlstand sind auch die einfachen Suppen der ländlichen Gegenden immer üppiger geworden, ob es sich um *garbure, ouillade* oder *potée* handelt. Nur ihre Grundbestandteile Kohl und/oder Kartoffeln verraten, daß Speck, Fleisch und Würste nicht immer mit von der Partie waren. Heute handelt es sich dabei meist um deftige Eintöpfe, bei denen man die Brühe vorweg genießt oder manchmal für eine spätere Verwendung aufbewahrt. Auch wenn Suppen in letzter Zeit vom täglichen Speiseplan in Frankreich mehr und mehr verdrängt zu werden scheinen, sind sie für die Küche nicht nur ein schönes Vestibül, sondern ihr eigentliches Fundament.

Potage printanier
Frühlingssuppe

3 junge Möhren
1 kleine weiße Rübe
3 dünne Stangen Lauch
1 Stange Sellerie
4 Kartoffeln
2 Zweige Petersilie
1 1/2 l Fleischbrühe
Salz, schwarzer Pfeffer
2 EL Crème fraîche

Die Gemüse putzen und in kleine Würfel schneiden. Die Brühe zum Kochen bringen, die Gemüse hineingeben und 60 Minuten köcheln lassen. Die Brühe durch ein Sieb in eine Suppenschüssel passieren. Die Gemüse mit Pfeffer würzen, pürieren und wieder in die Brühe geben. Dann die Crème fraîche einrühren und die Suppe sofort servieren.

Bouillon
Klare Fleisch-, Fisch- oder Gemüsebrühe

Crème
Mit Mehl und/oder Kartoffeln oder Trockengemüse gebundene Suppe

Bisque
Suppe mit Flußkrebsen, Hummer oder anderen Krustentieren

Consommé
Besonders konzentrierte Fleischbrühe (Kraftbrühe), für die Rinderhack mit Wurzelgemüsen ausgekocht wird

Frankreich

Soupe à l'oignon
Zwiebelsuppe

250 g Zwiebeln
50 g Butter
2 EL Mehl
Salz, schwarzer Pfeffer
100 ml trockener Weißwein
1 1/2 l Rinderbrühe
8 Scheiben Baguette
100 g geriebener Gruyère

Die Zwiebeln schälen, in dünne Scheiben schneiden und in der Butter glasig dünsten. Mit Mehl bestäuben und unter Rühren leicht bräunen; mit Pfeffer würzen. Den Wein und dann nach und nach auch die Brühe angießen. Mit Salz abschmecken und zum Kochen bringen; 30 Minuten köcheln lassen.
Die Baguettescheiben toasten. Die Zwiebelsuppe in vier feuerfeste Suppenschalen füllen. Jeweils 2 Scheiben Baguette vorsichtig auf die Suppe geben, mit dem Käse bestreuen und im Backofen gratinieren.

Soupe au pistou
Provenzalische Gemüsesuppe

125 g frische weiße Bohnen
2 junge Möhren
2 kleine Stangen Lauch
125 g grüne Bohnen
1 kleine Zucchini
3 Tomaten
50 g Fadennudeln

Pistou
2 EL feingehacktes Basilikum
2 Knoblauchzehen
50 g geriebener Parmesan
6 EL Olivenöl
Salz

Die Bohnen 60 Minuten in Salzwasser kochen, abtropfen lassen. Die Gemüse putzen und kleinschneiden. Die Tomaten enthäuten und entkernen.
1 1/2 l Salzwasser zum Kochen bringen, Gemüse – mit Ausnahme der Zucchini – und Bohnen hineingeben und 15 Minuten garen, dann die Zucchini hinzufügen. Nach weiteren 15 Minuten die Nudeln zu den Gemüsen geben und alles noch 10 Minuten köcheln lassen. Die Suppe in eine Terrine umfüllen und warm stellen.
Für die Zubereitung von Pistou Basilikum und Knoblauch im Mörser miteinander verreiben und mit dem Parmesan vermischen. Unter Rühren tropfenweise das Olivenöl zugeben. Dann eßlöffelweise etwas von der Gemüsebrühe hinzufügen, bis eine dünnflüssige Sauce entsteht. Diese in die Suppe rühren und die Suppe servieren.

Crème Dubarry
Blumenkohlcreme

50 g Butter
2 EL Mehl
1 1/2 l Fleischbrühe
1 kleiner Blumenkohl
2 Eigelb
2 EL Crème fraîche
Salz, weißer Pfeffer
1 Prise Muskat

Aus Butter und Mehl eine Mehlschwitze zubereiten. Die Brühe hinzufügen und zum Kochen bringen. Den Blumenkohl putzen, waschen und in der Brühe etwa 15 Minuten garen.
Den Blumenkohl aus der Brühe nehmen und warm stellen. Die Brühe vom Herd nehmen, mit den Eigelben und Crème fraîche binden, mit Salz, Pfeffer und Muskat abschmecken.
Den Blumenkohl in Röschen zerteilen, in die Cremesuppe geben und servieren.

Gratinée
Mit geriebenem Käse überbackene Suppe, meistens Synonym für Zwiebelsuppe

Potage
Zum einen eine dicke cremige Suppe mit püriertem Gemüse – zum anderen Oberbegriff der (feinen) Suppen, deren Basis Fleischbouillon ist

Potée
In verschiedenen Regionen, etwa in den Vogesen oder der Auvergne, Bezeichnung für Kohlsuppe

Soupe
Suppe mit reichhaltigen Zutaten, in der Regel nicht püriert; kann als vollwertiges Essen dienen

Velouté
Glatte, sehr cremige, mit Eigelb (und meist Mehl) gebundene Suppe aus einem einzigen Gemüse und/oder dessen Brühe

Trüffeln

Trüffeln sind kostbar. »Schwarzer Diamant der Küche« nannte sie Brillat-Savarin, der Großmeister der französischen Gastronomie. Französischen Feinschmeckern gelten sie als höchster Genuß. Ihr Preis von um die 1000 Mark pro Kilogramm erscheint astronomisch. Doch Trüffeln sind auf der Waage eher Leichtgewichte, von Geruch und Geschmack aber »Kraftprotze«. Da reichen einige Gramm, um einer Terrine das himmlische Etwas zu verleihen, einer *foie gras mi-cuit*, halbgegarter Gänsestopfleber, das I-Tüpfelchen aufzusetzen oder einen Gänsebraten aromatisch zu adeln.

Baum und Pilz acht bis zwölf Jahre in Symbiose leben, gibt sich schließlich die Königin des Pilzreichs die Ehre. Im April wird sie geboren, bleich und klein wie ein Stecknadelknopf. Erst im Sommer rötet sie sich, und nur warmer Regen läßt sie sprießen – geruchlos. Frühreife Trüffeln beginnen ab Mitte November zu duften, aber volle Reife, volles Aroma und ein – bis auf die hellen Adern – fast schwarzes Inneres stellen sich nicht vor Ende Dezember ein. Dann reicht ihre Saison bis in den März.

Früher fungierten Schweine als Trüffelsucher. Inzwischen haben Hunde ihnen den Rang abgelaufen. Mühselig dressiert, doch leichter in der Handhabung, wittern sie das Glück ihres Herrn und zeigen es scharrend an. Dieser legt dann vorsichtig

Zeitalter der schwarzen Trüffel begann. Schnell trat sie ihren Siegeszug an und verbreitete ihr Aroma auf den winterlichen Festmählern wohlhabender Feinschmecker.

Die Trüffelschwemme kam nicht von ungefähr. Trüffeln mögen keine pflanzliche Konkurrenz. Sie brauchen Sonne und gepflegte Wälder. Kriege und veränderte Lebensweisen führten daher zu ihrer Verwilderung. Die Folge: Von über 1000 Tonnen jährlich schrumpfte die Ernte in Frankreich auf 30 Tonnen, von denen nur noch zwei Tonnen aus dem Périgord kommen. Von kontaminierten Eichen erhofft man sich nun bessere Ergebnisse. Plötzlich selten geworden, wurde der eigentliche, nämlich der gastronomische Wert der *truffe noir du Périgord* erst richtig geschätzt.

Die kostbaren Trüffeln wachsen unter der Erde in den Haarwurzeln von Bäumen, vor allem von Eichen. Um sie aufzuspüren, setzte man früher eigens dafür abgerichtete Schweine ein. Heute haben entsprechend dressierte Hunde deren Aufgabe übernommen.

Wenn der Suchhund einen Fundort anzeigt, wird die Trüffel vorsichtig ausgegraben: Die Königin des Pilzreichs erscheint als unscheinbarer Erdklumpen.

Durch Seltenheit und Kostbarkeit hat die schwarze Trüffel des Périgord ihre eigentliche Bestimmung gefunden. Mit ihrem unvergleichlichen Aroma dient sie frisch als Gewürz, doch gekocht besitzt sie sogar eine noch intensivere Kraft – im Gegensatz zur weißen Trüffel des italienischen Piemont, die nur frisch den Feinschmecker bezaubert. Die unter der Erde wachsende, unansehnliche Trüffel erschien den Menschen denn auch immer als Mysterium und verleitete bis in die jüngste Zeit zu abenteuerlichen Theorien.

Tatsächlich stellen Trüffeln präzise Ansprüche. Mediterranes Klima und Wasserzufuhr im Sommer, meist durch Gewitter, sind Grundvoraussetzungen. Unabdingbar für ihre Entfaltung ist das Zusammenleben mit einem Baum. Sie akzeptieren manche Arten, aber Eichen ziehen sie vor. Als Schlauchpilze (Ascomyceten) bilden sie zunächst Sporen, aus denen das Myzel hervorgeht. Es flicht sich zwischen die Haarwurzeln der oberirdischen Partner, und Mykorrhizeen entstehen. Wenn

grabend die Beute frei – einen unscheinbaren Erdklumpen, mal kirschklein, mal walnußgroß oder apfelriesig.

Das Périgord – Heimat der schwarzen Trüffel

Zum Inbegriff der schwarzen Trüffel wurde das Périgord, ein reich bewaldeter Landstrich rund 100 Kilometer östlich von Bordeaux. Als die um 1870 auftretende Reblausplage dort in kürzester Zeit ausgedehnte Weinberge vernichtete, eroberten Eichen die freien, unbewachsenen Flächen, und Trüffelsporen erwachten zum Leben. Bald erkannten die Bauern ihre neue Chance und halfen dem Glück ein wenig nach. Bis 1890 wurden im Périgord und im Südosten Frankreichs, woher heute die meisten Trüffeln stammen, 75 000 Hektar Boden mit Eichen bepflanzt. Das Goldene

Rechts: Die schwarzen Trüffeln des Périgord gelten Feinschmeckern auf der ganzen Welt als Gipfel aller Gaumenfreuden.

Frankreich

Wissenswertes über Trüffeln

- *Tuber melanosporum*, die echte Trüffel des Périgord ist schwarz und von feinen hellen Venen durchzogen. Ihr intensives und verwirrendes Parfüm erinnert an Moschus und Lorbeer.
- *Tuber brumale* erscheint zur selben Zeit und sieht sehr ähnlich aus, ist aber selten. Das Geflecht der wesentlich breiteren Adern ist weniger dicht. Ihr Geruch – und der Geschmack – sind deutlich schwächer.
- *Tuber aestivum* wird im Sommer gesammelt. Äußerlich ähnelt sie der schwarzen Trüffel, ihr Inneres ist jedoch hell und der Geschmack fade.
- *Tuber magnatum*, die Trüffel des Piemont, beweist nur frisch ihre aromatische Kraft. Sie kommt in Frankreich nicht vor.

Frisch sollte man die Trüffel – nicht länger als zwei Wochen – in einem verschlossenen Behälter kühl aufbewahren. Ihr Parfüm hält sich länger, wenn man sie gründlich bürstet und mit einer Prise Salz in etwas Wasser drei Stunden kocht.

1

2

Omelette aux truffes
Trüffelomelett
(Abbildung 1–3)

Pro Person

1 Trüffel
2 Eier
Salz, schwarzer Pfeffer

Die Trüffel in feine Scheiben schneiden, die zwei schönsten beiseite stellen, die übrigen fein würfeln. Die Eier schlagen, salzen und pfeffern. Die Trüffelwürfel untermischen.
In einer Pfanne etwas Butter zerlassen und die Eiermasse hineingießen (1). Wenn die Masse zu stocken beginnt, mit einer Gabel von Pfannenrand und -boden lösen (2). Kurz bräunen lassen, dann rollen und auf einen vorgewärmten Teller gleiten lassen. Mit den zwei Trüffelscheiben garnieren (3) und sofort servieren.
Hinweis auf eine sparsame Methode: Die Trüffel in einem Einmachglas mit frischen Eiern kühl und dunkel stellen. Nach drei Tagen sind die Eier durch die Schale hindurch mit dem Trüffelduft aromatisiert und ergeben ein nach Trüffel schmeckendes Omelette, während die Trüffel selbst für andere Gerichte verwendet werden kann.

3

Petits pains aux truffes
Brötchen mit Trüffeln

Für 4 Personen

125 g Weizenvollkornmehl
7 g Hefe
je 1 Prise Zucker und Salz
etwa 1/8 l lauwarmes Wasser
4 walnußgroße Trüffeln
Milch

Das Mehl in eine Schüssel sieben, in die Mitte eine Mulde drücken, die Hefe hineinbröckeln, Zucker, Salz und Wasser hinzufügen und alles gut verkneten, bis der Teig geschmeidig ist und sich von der Schüssel löst. Mit einem Tuch bedecken und 3 Stunden an einem warmen zugfreien Ort gehen lassen.

Den Teig nochmals durchkneten und in 4 gleiche Teile teilen. Die Teigstücke ausrollen, jeweils eine gut gesäuberte und trockene Trüffel daraufgeben, einschlagen und zu runden Brötchen formen.
Die Brötchen auf ein gebuttertes Backblech setzen und bei 50 °C im Ofen 15 Minuten gehen lassen. Aus dem Ofen nehmen, die Backofentemperatur auf 200 °C erhöhen und die Brötchen 15 Minuten backen. Mit der Milch bepinseln und weitere 5 Minuten bräunen. Mit frischer Landbutter und Meersalz servieren.

Truffes sous la cendre
Trüffeln unter Asche
(Nach Escoffier)

Auguste George Escoffier (1846–1935) schuf mit seinem »Le guide culinaire«, der 1903 erschien und in viele Sprachen übersetzt wurde, ein Standardwerk der Kochkunst.

Für 4 Personen

4 mittelgroße Trüffeln
Salz
1 Glas Champagner
4 dünne Scheiben Bauchspeck

Die Trüffeln gründlich säubern, leicht salzen und mit Champagner begießen. Jede Trüffel in eine Speckscheibe wickeln. Dann in zwei Lagen Butterbrotpapier hüllen, das außen angefeuchtet wird.
Im Kamin mit heißer Asche, dann mit Glut bedecken und die Trüffeln 45 Minuten backen. Auf eine Serviette legen und mit frischer Landbutter servieren.

Poularde en demi-deuil
»Huhn in Halbtrauer«

Für 4–6 Personen

150 g Trüffeln
1 küchenfertige Poularde (etwa 2 kg)
3 l hausgemachte Hühnerbrühe
250 g Champignons
2 EL Zitronensaft
10 g Butter
400 ml Sahne
Salz, schwarzer Pfeffer

Die Trüffeln gründlich säubern. Eine Trüffel in Scheiben schneiden, die übrigen in das Innere der Poularde geben. Die Haut des Huhns einschneiden und mit den Trüffelscheiben spicken. 1–2 Tage zugedeckt kühl stellen. Die Trüffeln herausnehmen und beiseite stellen. 2 1/2 l Hühnerbrühe zum Kochen bringen, die Poularde hineingeben – die Brühe muß das Huhn bedecken – und 50 Minuten garen.
Die Champignons putzen und in Scheiben schneiden. Etwas Wasser mit Zitronensaft und Butter zum Kochen bringen und die Pilze 3 Minuten darin blanchieren. Alle Trüffeln in Scheiben schneiden.
Die restliche Hühnerbrühe reduzieren, die Sahne hinzufügen und 10 Minuten köcheln lassen. Champignons und Trüffeln in die Sauce geben und ziehen lassen.
Die Poularde aus dem Topf nehmen, abtupfen und in Stücke schneiden. Auf einer Platte anrichten und mit der Sauce übergießen.

Terrine de foie de volaille – Geflügelleberterrine

Pâté de campagne – Bäuerliche Pastete

Pâté en croûte – Krustenpastete

Frankreich

Pasteten und Terrinen

Die Vorliebe für Pasteten reicht bei den Franzosen bis ins Mittelalter zurück. Damals kümmerten sich die *pâtissiers*, die Feinbäcker und Konditoren, darum, weshalb ihre leckeren *pâtés*, Pasteten, immer mit *pâte*, Teig, umhüllt waren und somit *en croûte*, in Kruste, serviert wurden. Im 14. Jahrhundert, zu Zeiten des großen Feinschmeckers Taillevent (1326–1395) – er schrieb das erste französische Kochbuch »Le viandier« (Der Fleischer) –, füllte man Krustenpasteten auf vielfältigste Weise, beispielsweise mit Aal oder Makrele, Taube oder Gans, Spanferkel oder Reh. Der äußerlich reizvollen Gestaltung der Pasteten maß man viel Bedeutung bei, indem man Geflügel nachbildete, Wappentieren huldigte oder andere spektakuläre Teiggebilde schuf. Bis ins 20. Jahrhundert durften auf keinem Bankett Pasteten fehlen.

Heute sind die Begriffe *pâté* und *terrine* weitgehend austauschbar. Es gibt Pasteten ohne *pâte* und Terrinen, die eine Teighülle besitzen. Immer aber sind sie, wenn sie aus guten und frischen Zutaten zubereitet wurden, als Vorspeise ein Genuß, wobei ihr besonderer Vorteil darin besteht, daß man sie im voraus zubereiten kann.

Pâté en croûte
Krustenpastete
(Abbildung linke Seite)

Für 10–12 Personen

1 kg Pastetenteig
20 g Butter
400 g frischer Bauchspeck
500 g Schweinekamm
30 g geschälte Pistazien
2 Knoblauchzehen, feingehackt
1/2 TL feingehackter Majoran
Salz, weißer Pfeffer
400 g Eisbein
6 Blatt Gelatine
1/2 l Kalbsfond
je 1 Messerspitze Muskat und gemahlene Nelken
50 ml Madeira

Den festen Teig – hergestellt aus Mehl, Butter, Schmalz, Öl, Ei, etwas Salz und kaltem Wasser – ausrollen. Eine Kastenform mit der Butter einfetten und vollständig mit dem Teig auskleiden.
Für die Farce jeweils die Hälfte des Bauchspecks und des Schweinefleischs pürieren und mit Pistazien, Knoblauch, Majoran, etwas Pfeffer und 2 TL Salz gründlich vermischen.
Das Eisbein in größere, den restlichen Bauchspeck und Schweinekamm in kleinere Würfel schneiden; gut salzen. Zuerst einen Teil der Farce, dann Fleischwürfel und Farce abwechselnd und gleichmäßig in die Form schichten. Den oberen Teigrand leicht einbiegen, aber die Füllung nicht bedecken.
Im Backofen bei 200 °C etwa 90 Minuten backen.
Die Gelatine in kaltem Wasser einweichen. Den Kalbsfond erhitzen, mit Madeira, Muskat und Nelken abschmecken und mit der Gelatine andicken. Über die Pastete gießen und erkalten lassen.

Pâté de campagne
Bäuerliche Pastete
(Abbildung linke Seite)

Für 10–12 Personen

250 g Schweineleber
400 g Schweinefleisch (Schulter oder Kamm)
300 g fetter Speck
1 TL feingehackte Petersilie
je 1 TL feingerebelter Thymian und Majoran
1 Lorbeerblatt, zerbröselt
1 EL feingehackte Schalotten
1 TL feingehackter Knoblauch
1 EL Salz
1/2 TL schwarzer Pfeffer
2 EL Armagnac
2 Eier
Schweinenetz

Leber, Fleisch und Speck zu einem groben Püree verarbeiten und in eine große Schüssel geben. Kräuter, Schalotten, Knoblauch, Salz, Pfeffer und Armagnac hinzufügen. Die Zutaten gut vermischen und die Masse über Nacht in den Kühlschrank stellen.
Dann die Eier untermischen und die Masse in einer feuerfesten Form gleichmäßig verteilen. Die Oberfläche glattstreichen und mit Schweinenetz abdecken.
Zugedeckt im Backofen bei 180 °C etwa 90 Minuten garen. Abkühlen lassen und vor dem Anschneiden 24 Stunden in den Kühlschrank stellen.

Terrine de foie de volaille
Geflügelleberterrine
(Abbildung linke Seite)

Für 6–8 Personen

250 g Putenleber
200 g Hühnerleber
1 TL Banyulsessig
1 EL feingehackte Schalotte
4 Lorbeerblätter
1/2 TL feingerebelter Thymian
1/2 TL weiße Pfefferkörner, zerdrückt
80 ml Banyuls oder Portwein
150 g Hühnerbrust
150 g Kalbfleisch
2 TL Salz
100 g fetter Speck, in feine Streifen geschnitten

Die Lebern mit Essig beträufeln und über Nacht mit Schalotte, 1 Lorbeerblatt, Thymian und Pfeffer in Banyuls marinieren.
Dann Putenleber, Hühnerbrust und Kalbfleisch pürieren, salzen und mit der Marinade vermischen. Eine feuerfeste Terrine mit den Speckstreifen auskleiden und mit einem Drittel der Farce füllen. Die Hühnerleber würfeln, mit einem weiteren Drittel der Farce vermischen und als nächstes in die Terrine schichten. Zum Schluß die restliche Farce aufstreichen und mit den restlichen Lorbeerblättern garnieren.
Die Terrine im Backofen bei 175 °C im Wasserbad 60–90 Minuten garen. Erkalten und mindestens 24 Stunden im Kühlschrank durchziehen lassen.

Terrine de lapin
Kaninchenterrine

Für 10–12 Personen

300 g Kaninchenfleisch
100 g Hühnerleber
200 g Kalbfleisch
200 g Schweinekamm
300 g fetter Speck
je 1 TL feingehackter Majoran und Thymian
2 EL Cognac
Salz, schwarzer Pfeffer
1 Ei
125 g fetter Speck, in Streifen geschnitten

Das Kaninchenfleisch in schmale Streifen schneiden. Für die Farce die Leber, das übrige Fleisch und den fetten Speck pürieren. Das Püree mit Kräutern, Cognac, Pfeffer, Salz und Ei vermischen.
Eine feuerfeste Terrine mit den Speckscheiben auskleiden. Abwechselnd die Farce und das Kaninchenfleisch einschichten, mit Kaninchenfleisch und den Speckstreifen abschließen.
Zugedeckt im Backofen bei 175 °C etwa 90 Minuten im Wasserbad garen. Mit einem Gewicht beschweren und 6 Stunden kalt stellen.

Foie gras

Wenn Weihnachten näherrückt, füllen sich die Regale der *épiceries fines*, der Feinkostläden, mit Konserven, die Gänse- oder Entenstopfleber enthalten. Selbst in Super- und Hypermärkten türmen sich Pyramiden der teuren Dosen, denn was wären die größten Feste des Jahres ohne diese Delikatesse, den Inbegriff luxuriösen Genießens? Zwar werden fette Geflügellebern, *foie gras*, auch in Polen, Tschechien, Luxemburg und Belgien produziert, ebenso in vielen französischen Provinzen, aber das eigentliche Dorado der watschelnden Vögel ist die Gascogne westlich von Toulouse. Dort wogen zahllose Maisfelder zwischen sanften Hügeln und in den Ebenen. Während im Département Gers Enten den Schnabel weit vorn haben, behaupten sich in den Landes die Gänse. Und wer sehen möchte, mit welcher Sorgfalt und Andacht ihre fetten Lebern zu Markte getragen werden, sollte zwischen November und April die *marchés au gras*, Märkte für gestopfte Enten und Gänse, von Samatan, Gimont oder Aire sur l'Adour besuchen.

Die ersten drei bis vier Monate genießen die Vögel ein unbeschwertes Leben. Dann beginnt man mit der Mast. Den Tieren wird Maisbrei eingetrichtert (im wahrsten Sinne des Wortes), heute meist maschinell mit elektronisch abgewogenen Mengen. Die Güte der Stopfleber hängt von der behutsamen Steigerung der täglichen Dosis ab. Enten schlucken in drei Wochen Mast bis zu 18 Kilogramm Mais, Gänse in vier Wochen an die 25 Kilogramm. Die forcierte Überernährung bewirkt ein überdimensionales Wachstum der Lebern. Schließlich werden sie so groß – bis zu 900 Gramm bei Gänsen –, daß sich die Vögel kaum noch bewegen können. Während in den meisten Fällen dann ihre letzte Stunde geschlagen hat, verordnen ihnen die besten Züchter noch einige Tage Diät, welche die Galle reinigt.

Nachweislich wurde die Mast durch Stopfen schon vor 4500 Jahren in Ägypten praktiziert. Die Römer, allen voran der Despot Nero, waren auf Stopflebern versessen. Wie diese Methode nach Frankreich kam, weiß man nicht, aber im 16. Jahrhundert war sie in der Gascogne verbreitet, wo sie mit der Ausweitung der Maisplantagen weiteren Boden gewann. Der kulinarische Durchbruch fand allerdings in Straßburg statt. Dort kreierte ein Koch namens Clause die Gänseleberpastete, um seinen Herrn, den Marschall de Contades, zu verwöhnen. Der ließ Louis XVI davon kosten, womit der Foie gras fortan königliche Ehren zuteil wurden.

Inzwischen haben in Frankreich Enten- die Gänselebern mengenmäßig bei weitem überflügelt. Im Jahre 1993 standen bescheidene 607 Tonnen von der Gans 7629 Tonnen von der Ente gegenüber. Dabei sind Gänselebern feiner und bewahren auch als Konserve mehr und länger ihre Finesse. Entenlebern verfügen aber über stärkere Aromen und eignen sich deshalb auch für eine frische Zubereitung. Unerläßlich ist die gründliche Vorbereitung, bei der die von der Galle grünlich gefärbten Partien sowie sämtliche Adern und Nervenstränge entfernt werden müssen.

Da Foie gras so kostbar ist, haben sich früher die Köche darin überboten, sie mit weiteren kulinarischen Kostbarkeiten zu vermählen und in komplizierte Rezepte zu integrieren. Dieses Unterfangen ist von zweifelhaftem Wert, denn der Wert der Stopflebern liegt in ihrer auf der Zunge zerschmelzenden Konsistenz und ihrem subtilen Eigengeschmack, der am besten unverfälscht genossen wird, nur von einer Scheibe guten, leicht gerösteten Brots begleitet. Am besten kommt er in einer frisch zubereiteten Terrine zur Geltung. Konservierung läßt die Stopfleber leicht trocken werden. Oft servieren Köche heute frische Entenleber. Am authentischsten ist ihre simpelste Version: schlicht auf Weinruten gegrillt.

> **Hinweise zur Qualität von Foie gras**
> - Frisch sollte Foie gras sich fest anfühlen, glänzen und möglichst rosa sein; je feiner die Faserung, desto edler das Produkt.
> - Bei Terrinen kommt es darauf an, daß die cremefarbene Leber ein rosiges Inneres besitzt.
> - Als *foie gras mi-cuit* (halbgegart) kommt das typische feine Aroma am besten zum Ausdruck. Man erhält sie so in Restaurants oder bei guten Traiteurs (Feinkosthändlern), aber auch in der Vakuumverpackung, im Glas oder in der Dose.
> - Konserviert ist *foie gras entier* am edelsten, wobei es sich um ganze Lebern oder ein einziges großes Stück handelt.
> - Steht nur »Foie gras« auf dem Etikett, besteht das Produkt aus mehreren Stücken.
> - *Bloc de foie gras avec morceaux* (mit Stücken) bezeichnet zusammengepreßte Leber mit mehr oder weniger großen Stücken.
> - Das *parfait de foie gras* enthält mindestens 75 Prozent Stopfleber plus einfache Geflügelleber.
> - Mindestens 50 Prozemt Foie gras sind für Pasteten, Mousses, Médaillons, Pürees und Galantinen vorgeschrieben.

Gänse- und Entenstopfleber gehören in Frankreich zu den begehrtesten Delikatessen, wobei die Enten den Gänsen inzwischen den Rang abgelaufen haben.

Durch die Mast wird das Wachstum der Leber forciert, die schließlich so groß wird, daß sich die Tiere kaum noch bewegen können.

Bis zu 900 Gramm schwer wird die Stopfleber bei Gänsen.

Jedes Bresse-Huhn genießt den Vorzug, zehn Quadratmeter Wiese für sich beanspruchen zu können.

Das Geflügel wird mit Milch und Mais gefüttert und ist daher kerngesund.

Volaille de Bresse

Frankreichs edelstes Geflügel, *volaille*, tritt in den Nationalfarben auf – von Natur aus. Die Hühner der Bresse kommen auf blauen Füssen daher, haben ein strahlendweißes Gefieder und tragen einen feuerroten Kamm. Außerdem lassen sie es sich gut ergehen. Sie stolzieren über saftige grüne Wiesen und picken nach Herzenslust.

Im Alter von einem Tag ziehen die Küken auf einem der rund 600 Höfe ein, die sich um ihre Aufzucht kümmern (wofür diese eine Lizenz benötigen). Nach spätestens 35 Tagen öffnen sich für die jungen Hühner die Stalltüren, und es geht hinaus aufs grüne Gras. Zehn Quadratmeter davon sichert jedem Hühnchen das Gesetz zu. Jedes Gehege muß überdies mindestens einen halben Hektar groß sein. Darin dürfen sich nicht mehr als und an malerischen alten, oft etwas gebrechlichen Fachwerkhäusern. Ohne diese Tradition wären die Bresse-Hühner nicht so einzigartig.

Immerhin beschloß das französische Parlament 1957, die Hühner der Bresse als bislang einziges Federvieh mit einer Appellation d'Origine Contrôlée zu adeln, die sonst Weinen und wenigen anderen Köstlichkeiten vorbehalten ist. Damit war auch die Absicht verbunden, sie zu schützen, denn die Verordnung legt ihr Wohl genauestens vom ersten bis zum letzten Tag fest, wie es den althergebrachten Gepflogenheiten entspricht.

Bei den Bresse-Hühnern handelt es sich um eine ganz eigene Rasse, die man heute mit wissenschaftlicher Akribie bewahrt. Die Aufzucht liegt oft in Frauenhänden, denn die Höfe betreiben in erster Linie Milchwirtschaft. Milch wiederum kommt dem Geflügel zugute, da sein Futter zum größtenTeil aus in Milch eingeweichtem Mais besteht. Zwar bevölkern auch Tauben, Enten und Truthähne die Bresse, aber höchste Auszeichnung wird nur dem Huhn gewährt. Als *poulet* darf es neun Wochen Freiheit genießen, der *poularde* Poularde, deren Bestimmung es ist, die großen Festmahle des Jahresendes zu krönen, müssen ausreichend Fett angesetzt haben. Der Kapaun erfährt königliche Behandlung, bei der weibliches Fingerspitzengefühl gefordert ist: Nach behutsamem Rupfen und Milchbad wird er in Leinen genäht. Was einst konservierte, dient heute der Schönheit. Wenn das Gewand nach zwei Tagen fällt, ist der nun ebenmäßig geformte Körper bereit für den großen Auftritt.

Kurz vor Weihnachten ruft die Bresse zu den »Ruhmreichen«. In Bourg-en-Bresse, Montrevel und Veaux-le-Pont reihen sich Hunderte von feinen Vögeln auf Ausstellungstischen. Zuerst geht es um die Ehre. Gestrenge Richter beäugen (seit 1862) die wächsernen Körper und küren die besten mit leidenschaftlich begehrten Auszeichnungen. Dann schlägt die Stunde der Köche und Händler. Für Züchter geht es nun um baren Lohn für ihre Mühe. Bis zu 500 Mark werden für Spitzenexemplare geboten.

Wer einen Bresse-Vogel nach Hause trägt, sollte ihm die rechte Achtung erweisen. Sein Ruhm

Auf das Siegel ist Verlaß: Frankreichs berühmtestem Geflügel wird es nur nach einer strengen Kontrolle verliehen.

Bresse-Hühner tragen die Nationalfarben: Rot-Weiß-Blau vom Kopf über das Gefieder zu den Füßen.

Sorgfältigste Pflege wird dem Geflügel zuteil auf seinem Weg zum Verbraucher: Wie Pralinen werden die kostbaren Hühner dargeboten.

500 Artgenossen tummeln – wahrhaft paradiesische Zustände. Wer die Bresse, die von den ersten Hängen des Jura im Osten bis zur Saône im Westen reicht, zur wärmeren Jahreszeit durchstreift, fühlt sich in der Tat an ein Paradies erinnert, nämlich das einer fröhlichen, gesunden und satten Bauernlandschaft. Da stehen noch alte Bäume auf Wiesen, wuchern Hecken und Gebüsche, blühen herrliche Stauden, ranken Blumen an Brunnen stehen elf, dem kastrierten *chapon*, Kapaun, sogar 23 Wochen zu.

Das edle Geflügel wird nicht ohne weitere Vorbereitung auf die exquisitesten Tafeln der Welt entlassen. Es erhält eine Finition in kleinen Käfigen. Dort labt es sich weiterhin an bester Nahrung, ohne viel laufen oder scharren zu können. So setzt es noch eine zusätzliche Fettschicht an. Die ist absolut erwünscht. Insbesondere Kapaun und gründet auf dem schmackhaften, auf der Zunge zergehenden Fleisch. Sein besonderes Aroma stammt von dem Fett, mit dem es durchsetzt ist. Am einfachsten brät man ihn im Ofen, wobei man ihn häufig mit dem eigenen Saft begießt, damit er unter keinen Umständen austrocknet. Berühmt ist die *volaille à la crème*: Das in Stücke zerteilte Huhn wird in Butter angebraten und in Sahne gegart. Ein Gedicht.

Frankreich

Geflügel

Poulet – Masthähnchen
Hühnchen und Hähnchen geben einerseits das billigste Fleisch, andererseits eroberte Freilandgeflügel durch die strengen Bestimmungen des *label rouge*, des roten Siegels, und aufgrund seiner hohen Qualität die Gunst des französischen Verbrauchers. Höchste Qualität: Bresse, Houdan, Challans. Gute Qualität: Gers, Landes, Louée.

Poulet noir de Challans – Challans-Hähnchen
Seltenes, hochwertiges, mit Körnern und Mais gefüttertes Freilandhähnchen aus der Vendée.

Poularde de Bresse – Bresse-Huhn
Besonders hochwertiges Geflügel aus der Region Bresse, das mit einem blau-weiß-roten Siegel gekennzeichnet wird (siehe vorherige Doppelseite)

Pigeon – Taube
Täubchen gewinnen in Frankreich seit einigen Jahren zunehmend an Beliebtheit. Sie werden in den Landes und dem Gers, der Bresse und der Bretagne gezüchtet.

80 **Frankreich**

Coq – Hahn
Hahn erscheint auf vielen Speisekarten, vor allem als *coq au vin*. Selten handelt es sich dabei um echten Hahn, sondern meist um *poulet*. Der gerade geschlechtsreife Jüngling des Hühnerhofs bringt mehr Biß, Geschmack und mit rund zwei Kilogramm mehr Fleisch auf den Teller.

Poulet jaune de Challans – Challans-Hähnchen
Ebenso hochwertig wie das schwarze Challans-Hähnchen, aber etwas fetter und saftiger. Nur in spezialisierten Geflügelgeschäften erhältlich.

Caille – Wachtel
Wachteln haben weißes, sehr schmackhaftes Fleisch. Seit man sie züchtet, werden sie relativ günstig und küchenfertig angeboten. Traditionell brät man sie in ein Weinblatt gewickelt. Beim Feinkosthändler sind sie auch gefüllt erhältlich.

Dinde – Truthahn, Puter
Der gastronomische Supervogel Amerikas hat als günstiges, mageres, problemloses Portionsfleisch auch den europäischen Markt erobert. Als Festtagsbraten seit kurzem auf dem Vormarsch, besitzt er gleichwohl nicht das Renommee von Poularde oder Kapaun.

Canard – Ente
Ente – ob Barberie (Kreuzung zwischen Hausente und wildem Erpel) oder Mulard, eine in den Landes weitverbreitete widerstandsfähige Rasse mit braunem Gefieder – hat die Gans nicht nur bei der Stopfleber weit überflügelt, sondern wird auch gastronomisch höher bewertet.

Geflügelgerichte

Poule au pot
Huhn im Topf

Für 6 Personen

1 Stange Sellerie
1 Stück Möhre
1 Zwiebel
2 Gewürznelken
500 g Hühnerklein
6 Pfefferkörner
Salz, schwarzer Pfeffer

Farce

200 g trockenes, geriebenes Weißbrot
100 ml Milch
200 g luftgetrockneter Schinken
1 Suppenhuhn (etwa 2 kg) mit Innereien
2 EL feingehackte Petersilie
1 EL feingehackter Estragon
2 Knoblauchzehen
1 Ei
Herz eines Weißkohls
6 Möhren
6 dünne Stangen Lauch
6 Scheiben Landbrot

Sellerie und Möhre putzen, die Zwiebel mit den Nelken spicken. Das Hühnerklein mit Sellerie, Möhre, Zwiebel, Pfefferkörnern und Salz in einem großen Topf mit 4 Liter kaltem Wasser aufsetzen. Zum Kochen bringen und 30 Minuten kochen lassen, dabei die Hühnerbrühe mehrmals abschäumen. Durch ein Sieb passieren und beiseite stellen.
Für die Farce das Weißbrot in der Milch einweichen und ausdrücken. Schinken und Hühnerinnereien pürieren und mit Brot, Petersilie, Estragon, Knoblauch und Ei gründlich vermengen und pfeffern (der Schinken ist meist ausreichend salzig, so daß Salzen nicht erforderlich ist). Das Suppenhuhn mit der Farce füllen und mit Küchengarn zunähen.
Die Hühnerbrühe erneut zum Kochen bringen, das Suppenhuhn hineingeben und etwa 90 Minuten garen. Den Weißkohl 15 Minuten in Salzwasser kochen und in 6 Stücke schneiden. Möhren und Lauch putzen und mit dem Kohl zu dem Huhn in die Suppe geben. Weitere 15 Minuten garen.
Huhn und Gemüse aus der Suppe nehmen und warm stellen. Die Suppe durch ein Sieb passieren, die Brotscheiben toasten und in die Suppenteller legen. Mit der Brühe übergießen und als Vorspeise servieren. Das Huhn zerteilen, die Füllung in Scheiben schneiden und mit den Gemüsen anrichten. Dazu passen Salzkartoffeln.

Coq au vin
Hahn in Wein
(Abbildung)

Für 6 Personen

1 Hahn (etwa 2 kg)
1 Möhre
1 Stange Sellerie
1 Zwiebel
3 Knoblauchzehen
1 Lorbeerblatt
1 Zweig Thymian
1 Zweig Bohnenkraut
6 schwarze Pfefferkörner
1 Flasche roter Burgunder
50 g Butter
1 EL Mehl
Salz, schwarzer Pfeffer
6 Frühlingszwiebeln
250 g Champignons
150 g durchwachsener Speck
1 EL grobgehackte Petersilie

Den Hahn in Stücke schneiden. Die Gemüse putzen oder schälen und ebenfalls in Stücke schneiden. Den Hahn mit den Gemüsen, Knoblauch, Lorbeerblatt, Thymian, Bohnenkraut und Pfefferkörnern in dem Burgunder über Nacht marinieren. Das Fleisch aus der Marinade nehmen, trockentupfen und in einem großen Topf in 40 g Butter bräunen. Gemüse und Kräuter aus der Marinade hinzufügen. Mit Mehl bestäuben, salzen und pfeffern. Die Marinade angießen, zum Kochen bringen und die Zutaten etwa 2 Stunden köcheln lassen.
Frühlingszwiebeln und Champignons putzen und halbieren. Den Speck ohne Schwarte in Streifen schneiden. In einer Pfanne die restliche Butter zerlassen, Frühlingszwiebeln, Champignons und Speck hinzufügen und 10 Minuten dünsten.
Das Fleisch aus dem Topf nehmen und mit der Champignon-Mischung anrichten.
Die Sauce reduzieren, abschmecken und über Fleisch und Champignons geben. Mit Petersilie bestreuen und servieren.
Hinweis: Zum Kochen empfiehlt sich ein kräftiger Pinot noir aus einem guten Jahrgang, zum Trinken sollte man einen Premier Cru vorziehen oder sich den berühmten Chambertin leisten.

Escalopes de foie gras
Gebratene Entenstopfleber
(Abbildung unten)

Für 4 Personen

40 g Trüffeln aus dem Glas
4 EL Madeira
40 g Butter
4 Scheiben rohe Entenstopfleber (je 100 g)
Salz, schwarzer Pfeffer
4 Scheiben Landbrot

Die Trüffeln in 12 sehr dünne Scheiben schneiden. Trüffelsaft und Madeira in einer kleinen Saucenpfanne reduzieren. Die Butter unterrühren, die Trüffelscheiben hineinlegen und erwärmen.
Die Entenstopfleber salzen, pfeffern und in einer beschichteten Pfanne von jeder Seite 1 Minute braten. Gleichzeitig das Brot toasten.
Die Brotscheiben so zurechtschneiden, daß sie der Größe der Leberscheiben entsprechen. Jede Brotscheibe mit einer Scheibe Entenstopfleber belegen und jeweils mit 3 Trüffelscheiben garnieren. Die Leberscheiben mit etwas heißer Trüffelsauce beträufeln.

Coq au vin – Hahn in Wein

Escalopes de foie gras – Gebratene Entenstopfleber

Frankreich

Confit de canard
Eingelegte Ente
(Abbildung S. 86)

Für 12 Personen

12 Keulen einer fetten Stopfente
100 g grobes Meersalz
1 kg Entenschmalz

Die Keulen mit dem Salz bestreuen und über Nacht stehenlassen. Dann gründlich abspülen und trockentupfen.
Mit der Haut nach unten in einen breiten Topf legen und das Schmalz hinzufügen. Bei sehr schwacher Hitze 2 1/2–3 Stunden garen (nach 45 Minuten müssen die Keulen ganz von flüssigem Schmalz bedeckt sein). Die Keulen sind gar, wenn man sie mit einer Nadel ansticht und kein Blut mehr austritt.
Die Keulen aus dem Fett nehmen und zu viert oder sechst in Steinguttöpfe oder Einmachgläser geben und mit heißem Schmalz übergießen, bis sie völlig bedeckt sind. Mit Cellophanpapier abdecken und fest verschließen. Kühl und dunkel gelagert, hält sich das Confit bis zu einem Jahr. Man kann die Keulen auch in Einmachgläsern 45 Minuten lang sterilisieren.
Für die Zubereitung nimmt man sie aus dem Fett und brät sie in etwas eigenem Schmalz braun an. Dann wärmt man sie unter häufigerem Wenden gut durch.
Für die Verwendung in Eintöpfen wie dem Cassoulet nimmt man sie einfach aus dem Gefäß und erwärmt sie im Topf mit den anderen Zutaten.
Hinweis: Nach den Festtagen zum Jahresende ergibt sich in Frankreich oft Gelegenheit, gestopfte und entsprechend fette Enten oder Gänse günstig zu kaufen. Man kann ganze Vögel erstehen, sie in Portionsstücke zerlegen und als Confit verarbeiten. Immer öfter werden verschiedene Stücke auch einzeln angeboten. Besonders empfehlen sich *cuisses* (Keulen), *magrets* (Bruststücke), *gésiers* (Mägen) und *cœurs* (Herzen). Beim Garen darf das Schmalz nicht zu heiß werden. Auch müssen die Stücke völlig durchgegart sein. In beiden Fällen würden sie sonst zu hart und trocken. Öffnet man ein Gefäß, sollte der gesamte Inhalt sofort verbraucht werden.

Canard à l'orange
Ente mit Orangen
(Abbildung)

Für 4 Personen

1 junge Kantonente (etwa 2 kg) mit Innereien
1 Zwiebel
30 g Butter
1 Stange Sellerie
1 Möhre
1 Zweig Thymian
Salz, schwarzer Pfeffer
100 ml trockener Weißwein
50 ml Madeira
Schale und Saft von 1 unbehandelten Orange
3 EL Erdnußöl
30 ml Cointreau
2 Orangen, geschält und in dünnen Scheiben geschnitten

Die Ente küchenfertig vorbereiten. Flügel und Hals abtrennen. Die Zwiebel schälen und hacken. Entenklein und Innereien mit der Zwiebel in der Butter andünsten. Sellerie und Möhre putzen und mit Thymian, Salz und Pfeffer zu den Ententeilen geben. Weißwein, Madeira und 200 ml Wasser angießen. 45 Minuten köcheln lassen, durch ein Sieb passieren und die Brühe beiseite stellen.
Die Orangenschale in schmale Streifen schneiden, in kochendem Wasser 5 Minuten blanchieren und beiseite stellen.
In einem großen Bräter das Öl erhitzen und die Ente darin von allen Seiten gut anbraten; das Fett abgießen. Die Ente mit Salz und Pfeffer würzen, mit der Brühe und dem Orangensaft übergießen und bei schwacher Hitze zugedeckt 60 Minuten schmoren lassen. Mehrmals mit dem Bratensaft begießen. Am Ende der Garzeit Orangenschale und Cointreau zugeben und noch weitere 5 Minuten köcheln lassen.
Die Ente herausnehmen und warm stellen. Die Bratensauce etwas reduzieren, dann die Orangenscheiben hineinlegen und kurz ziehen lassen. Die Ente zerlegen, mit den Orangenscheiben auf einer vorgewärmten Platte anrichten und mit der Orangensauce übergießen.
Ein lieblicher Jurançon von den Hängen der Pyrenäen in Südwestfrankreich mit seiner lebendigen Säure paßt dazu ausgezeichnet.

Canard à l'orange – Ente mit Orangen

Der Traiteur

Franzosen erwarten vom Traiteur – wie sie den Feinkosthändler nennen –, daß er sie pflegt und verpflegt. Wenn sie seinen Laden betreten, dann haben sie 1. keine Zeit zu kochen; 2. keine Lust zu kochen; 3. Lust auf Gerichte, die für ihre Zubereitung viel Zeit verlangen. Aber sie möchten zu Hause essen, ob allein oder mit Freunden. Oder sie wollen gar einen Empfang oder eine Gesellschaft geben. In jedem Fall bieten Traiteure ihre Dienste an. Gibt es unter ihnen inzwischen auch manch hochdotierte Kochkünstler, die mit ausgefallensten Leckereien aufwarten, so wird der Traiteur an der Ecke wegen der familiären Küche und der altbekannten Klassiker geschätzt. Seit über 500 Jahren wirken in Frankreich Spezialisten, die Braten garen oder Fleisch kochen: *rôtisseurs* und *chair-cuitiers*, zu denen sich noch die *pâtissiers* gesellten, die alles Eßbare in Teig hüllten. So entwickelte sich unter den Verbrauchern früh der Hang, fertig Zubereitetes zu erstehen. Dafür sorgt heute in erster Linie die *charcuterie* (Metzgerei), die meist eine umfangreiche Auswahl an Speisen führt. Unter der – nicht geschützten – Bezeichnung »Traiteur« verbergen sich inzwischen häufig größere Unternehmen, die in der Lage sind, auch vielköpfige Gesellschaften zu verkösten.

Delikatessen vom Traiteur

Tomates farcies
Gefüllte Tomaten
(Abbildung S. 87)

Für 4 Personen

8 mittelgroße feste Tomaten
Salz, schwarzer Pfeffer
1 Stück trockene Baguette
100 ml Milch
1 Zwiebel
2 Knoblauchzehen
40 g Butter
400 g Schweinehack
1 Ei
2 EL feingehackte Petersilie
1 TL feingeriebeler Thymian

Die Tomaten waschen und trockentupfen. Einen Deckel abschneiden und mit einem Löffel vorsichtig die Kerne entfernen. Das Innere leicht salzen.
Die trockene Baguette zerbröseln und in der Milch einweichen. Die Zwiebel schälen, hacken und mit dem Knoblauch in etwas Butter andünsten. Zu der eingeweichten Baguette geben.
Den Backofen auf 180 °C vorheizen.
Hackfleisch, Ei, Petersilie und Thymian hinzufügen und die Zutaten gut verkneten. Die Tomaten mit der Masse füllen. Eine feuerfeste Form mit Butter einfetten. Auf jede Tomate ein Butterflöckchen geben und die zuvor abgeschnittenen Deckel aufsetzen. Die gefüllten Tomaten im Ofen etwa 45 Minuten backen und heiß servieren.

Champignons à la grecque
Champigons auf griechische Art
(Abbildung S. 86)

Für 4 Personen

500 g frische Champignons
2 EL Olivenöl
1 EL Tomatenpüree
2 Knoblauchzehen
1 EL feingehackte Petersilie
1 TL Koriander- und Fenchelsamen
1 EL Zitronensaft
2 EL Cognac
Salz, schwarzer Pfeffer

Die Champignons säubern und putzen, größere halbieren. Das Öl in einem Topf erhitzen und die Champignons darin zugedeckt 8–10 Minuten schmoren lassen. Die restlichen Zutaten hinzufügen, gut salzen und pfeffern und bei schwacher Hitze kurz ziehen lassen. Herausnehmen und abkühlen lassen.
Champignons à la grecque werden kalt gegessen.

Bouchées à la reine
Königinpasteten

Für 6 Personen

600 g Kalbsbries
1 Zwiebel
2 kleine Möhren
1 Lorbeerblatt
200 g Champignons
Zitronensaft
50 g Butter
Salz, schwarzer Pfeffer
2 Schalotten
2 EL Mehl
2 EL Portwein
3 EL Crème fraîche
6 fertige Blätterteigpasteten (Handelsware)
2 EL gehackte Petersilie

Das Kalbsbries 60 Minuten wässern, das Wasser dabei mehrmals erneuern. Anschließend das Bries vorsichtig von Häutchen, Adern, Fett und Fleischresten befreien. Zwiebel und Möhren schälen oder putzen und kleinschneiden. Mit dem Lorbeerblatt in 1 l Salzwasser zum Kochen bringen. Das Kalbsbries hineingeben und 8 Minuten köcheln lassen. Aus der Brühe nehmen, abkühlen lassen und in Scheiben schneiden. Die Brühe durch ein Sieb passieren.
Die Champignons säubern, putzen, in Scheiben schneiden und mit etwas Zitronensaft beträufeln, damit sie sich nicht verfärben. In etwas Butter andünsten, würzen, mit etwas Wasser aufgießen und bei schwacher Hitze 5 Minuten garen.
Die Schalotten schälen und fein hacken, in der restlichen Butter andünsten, das Mehl hinzufügen und nach und nach so viel Brühe zugeben, bis eine sämige Sauce entsteht. Unter Rühren zunächst den Portwein, dann die Crème fraîche dazugeben; mit Salz und Pfeffer abschmecken.
Champignons und Kalbsbries in die Sauce geben und erhitzen. Die Pasteten im Backofen aufbacken, mit der Kalbsbriesmischung füllen und mit Petersilie bestreuen.

Salade niçoise
Nizzaer Salat
(Abbildung rechte Seite)

Für 4 Personen

8 kleinere feste Tomaten
Salz, schwarzer Pfeffer
1 grüne Paprikaschote
2 Zwiebeln
1 Salatgurke
2 gekochte Kartoffeln
100 g gekochte Stangenbohnen
24 schwarze Oliven
1 Dose Thunfisch in Olivenöl
6 EL provenzalisches Olivenöl
2 EL roter Weinessig
1 EL gehacktes Basilikum
2 hartgekochte Eier
12 Sardellenfilets

Die Tomaten waschen, vierteln und leicht salzen. Die Paprikaschote waschen, putzen und in Streifen schneiden, Zwiebeln und Gurke schälen und in Scheiben schneiden. Die Kartoffel pellen und würfeln, die Bohnen halbieren. Gemüse und Oliven in eine große Salatschüssel geben. Den Thunfisch zerpflücken und dazugeben. Die Zutaten gut vermischen. Aus Öl, Essig, Pfeffer, Salz und Basilikum eine Vinaigrette rühren und über den Salat gießen. Kalt stellen. Vor dem Servieren umrühren, mit Eivierteln und Sardellenfilets garnieren.

Langue de bœuf madère
Rinderzunge in Madeira

Für 10 Personen

1 Rinderzunge (etwa 2 kg)
1 Zwiebel
2 Gewürznelken
3 kleine Möhren
2 Stangen Lauch
1 Stange Sellerie
1 Bouquet garni (S. 107)
2 Knoblauchzehen
Salz, schwarzer Pfeffer
2 Schalotten
50 g Butter
50 g Mehl
150 ml Madeira

Die Zunge über Nacht in Salzwasser wässern, abspülen und 10 Minuten in kochendem Wasser garen. Abtropfen lassen und in einen sauberen Topf geben.
Die Zwiebel mit den Nelken spicken, Möhren und Lauch putzen, in Stücke schneiden und mit den Kräutern zu der Zunge geben. Mit Salz und Pfeffer würzen. Alles gut mit Wasser bedecken und etwa 3 Stunden köcheln lassen.
Zur Herstellung einer Sauce 40 Minuten vor Ende der Garzeit 1/2 l Brühe entnehmen, durch ein Sieb passieren und abkühlen lassen. Die Schalotten schälen, fein hacken und in der Butter andünsten. Das Mehl einstreuen und unter Rühren nach und nach Brühe und Madeira zugeben. Abschmecken und zugedeckt bei schwacher Hitze etwa 20 Minuten köcheln lassen.
Die Haut von der Zunge abziehen. Das Fleisch in dünne Scheiben schneiden, auf einer vorgewärmten Platte anrichten und mit der Madeirasauce übergießen.

Salade niçoise – Nizzaer Salat

Blanquette de veau – Kalbsfrikassee

Lapin à la moutarde – Kaninchen in Senfsauce

Blanquette de veau
Kalbsfrikassee
(Abbildung)

Für 4 Personen

500 g Kalbsschulter
Salz, weißer Pfeffer
1 Zwiebel
2 Gewürznelken
2 Möhren
1 Stange Lauch
1 Stange Sellerie
1 Bouquet garni (S. 107)
50 g Butter
2 EL Mehl
1 Eigelb
100 ml Sahne
Saft von 1/2 Zitrone
1 EL feingehackte Petersilie

Das Fleisch in große Würfel schneiden und in kaltem Wasser zum Kochen bringen. Abschäumen und salzen. Erneut zum Kochen bringen.
Die Zwiebel mit den Nelken spicken. Möhren, Lauch und Sellerie putzen und in Stücke schneiden. Gemüse und Kräuter zu dem Fleisch geben und bei schwacher Hitze etwa 20 Minuten garen.
Das Fleisch herausnehmen und gründlich abtropfen lassen, pfeffern und in einer flachen Schüssel warm halten. Die Brühe durch ein Sieb passieren.
Die Butter zerlassen, das Mehl einstreuen, unter Rühren die Brühe zugießen und kurz aufkochen. Dann 10 Minuten köcheln lassen.
Eigelb und Sahne vermischen. Die Sauce unter schnellem Rühren hinzufügen, dann den Zitronensaft einrühren. Abschmecken und über das Fleisch geben. Mit Petersilie bestreuen und sofort servieren.

Lapin à la moutarde
Kaninchen in Senfsauce
(Abbildung)

Für 4 Personen

1 küchenfertiges Kaninchen (mindestens 1,3 kg)
Salz, schwarzer Pfeffer
3 EL Dijon-Senf
100 g durchwachsener Speck
30 g Butter
2 EL Erdnußöl
1 EL Mehl
2 Zwiebeln
1/4 l trockener Weißwein
1 TL feingerebelter Thymian
3 EL Crème fraîche

Das Kaninchen in Stücke schneiden, mit Salz und Pfeffer würzen und mit 2 EL Senf bestreichen. Den Speck würfeln.
In einem gußeisernen Topf Butter und Öl erhitzen. Die Speckwürfel darin anrösten, herausnehmen und beiseite stellen. Das Fleisch in das Fett geben, mit Mehl bestäuben und rundum leicht anbraten.
Die Zwiebeln schälen und fein hacken, zu dem Fleisch geben und glasig dünsten.
Den Wein zugießen und das Fleisch zugedeckt etwa 35 Minuten schmoren lassen, dann die Speckwürfel und den Thymian zugeben. Nach weiteren 10 Minuten Garzeit das Kaninchenfleisch herausnehmen, auf einer Servierplatte anrichten und warm stellen.
Die Crème fraîche unter die Sauce ziehen und den Topf vom Herd nehmen. Den restlichen Senf unterrühren. Die Sauce über das Fleisch geben. Sofort servieren.

Rôti de veau
Traditionelles Kalbsfrikassee

Canapés
Kleine Appetithappen

Champignons à la grecque
Mit Knoblauch, Olivenöl und Tomaten gedünstet, kalt serviert (Rezept S. 84)

Confit de canard
Im eigenen Schmalz eingelegte Entenstücke
(Rezept S. 83)

Couscous
Mit Lammfleisch zubereitetes orientalisches Gericht

Fromage de tête de porc
Sülze vom Schweinskopf

Gallantine de volaille
In Bouillon gegarte Geflügelpastete

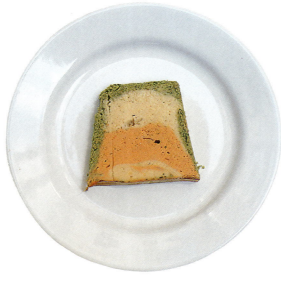

Gâteau de poisson
Fischterrine

Lapin à la moutarde
Kaninchen in Senfsauce (Rezept S. 85)

Mousse de foie de volaille
Feines Hühnerleberpüree in Gelee

Quenelles de brochet
Hechtklößchen

Rôti de porc
Schweinerollbraten

Salade de lentilles
Linsensalat mit gebratenen Speckwürfeln

Salade niçoise
Salat mit Thunfisch, hartgekochten Eiern, Kartoffeln, Tomaten und Sardellenfilets (Rezept S. 84)

Saucisson en brioche
In Brioche-Teig gebackene Schweinswurst

Taboulé
Mit Pfefferminze gewürzter Salat aus kaltem Couscous und rohen Gemüsen; ursprünglich libanesisch

Tomates farcies
Mit Wurstfleisch gefüllte und gedünstete Tomaten (Rezept S. 84)

Tourte à porc
Mit Schweinefleisch gefüllte Teigpastete

87

Die Andouillette – eine Wurst aus Kalbsgekröse, Schweinebauch und Schweinemagen – ist eine Spezialität der Franzosen, die eine Vorliebe für Innereien haben.

Hintergrund: Eine *charcuterie*, Metzgerei, präsentiert ihr erlesenes Angebot an Wurstwaren, Schinken, Terrinen und fertigen Gerichten.

Schinken und Wurst

Den Metzgern ist das Schwein heilig, was die unzähligen Wurst- und Schinkenvariationen hinreichend veranschaulichen. Immer wieder bestätigen sie das alte Motto: »*Dans le cochon, tout est bon.*« – »Beim Schwein ist alles gut.« Schon die Gallier hielten es in Ehren. Sie trockneten Schinken, die bereits den Römern das Wasser im Munde zusammenlaufen ließen. Vor allem die »keltischen Schinken« der bergigen Regionen der Pyrenäen, des Massif Central oder des Jura, aber auch bereits die der waldreichen Ardennen waren höchst begehrt. Bis heute kommen wohl die besten luftgetrockneten Rohschinken und Würste aus diesen Gebieten und aus Korsika. Aber was Koch- und Räucherwürste, gekochte Schinken und Sülzen, Leberpasteten und Terrinen anbelangt, gibt es keinen Landstrich, der nicht seine eigenen Spezialitäten aufzuweisen hätte. Am renommiertesten sind Elsaß und Bretagne, Lyon und der Südwesten.

Schinken

Jambon cru
Luftgetrockneter roher Schinken gewinnt seinen feinen Geschmack nach mehr als sieben Monaten Reife. Er sollte weder zu trocken noch feucht sein. Am bekanntesten ist der Jambon de Bayonne. Besonders empfehlenswert: Ibaïona aus dem Baskenland und Schinken aus Auvergne, Lacaune, Morvan und Korsika.

Jambon cru fumé
Der geräucherte rohe Schinken stammt meist aus Elsaß, französischen Ardennen, Jura, Haut-Savoie oder – über Weinruten geräuchert – aus Sancerre.

Jambon cuit oder Jambon choix
Gekochter Schinken der untersten Kategorie.

Jambon cuit supérieur
Gekochter Schinken guter Qualität, der vorher nicht tiefgefroren sein durfte.

Jambon cuit à l'os
Im Ganzen gekochter, vom Knochen geschnittener Schinken.

Jambon d'York
Langsam gepökelter, in Rauchatmosphäre gedünsteter und dann mit Knochen, Fett und Schwarte in feingewürzter Brühe gekochter Schinken. Er wird nur im frischen Anschnitt verkauft. Keine Ursprungsbezeichnung.

Jambon supérieur maison
Gekochter Schinken, der vom Metzger selbst hergestellt wurde und von ihm am Verkaufstag geschnitten werden muß.

Saucisson de porc
Luftgetrocknete Wurst aus reinem, feiner oder gröber hachiertem, magerem und fettem Schweinefleisch in Salamiart und vielfältigen Formen. Das Mehl verhindert bei warmen Temperaturen das Schmelzen des Fetts.

Saucisson de Lyon nature
Rohe dicke Wurst aus magerem und fettem Schweinefleisch; gekocht zu Kartoffeln und Sauerkraut sowie in Eintöpfen.

Saucisson à la cendre
In Asche gerollte reine Schweinswurst, die beim Trocknen einen feinen Rauchgeschmack annimmt.

Montbéliard
Geräucherte Wurst, die zu drei Vierteln aus magerem, zu einem Viertel aus fettem Schweinefleisch besteht; für Eintöpfe, insbesondere Linsengerichte.

Boudin noir
Blutwurst aus gewürfeltem weißem Speck, Zwiebeln, Schweineblut und Crème fraîche.

Grelot aux noix
Kleine harte Salami mit Nüssen; Spezialität Savoyens.

Baguette
Luftgetrocknete, salamiähnliche Schweinswurst in Stabform.

Saucisson de Lyon aux pistaches
Die Lyoner wird gern auch mit Pistazienkernen zubereitet.

90 **Frankreich**

Mourteau
Leichtgeräucherte Schweinswurst; kalt oder warm gegessen, mit Hülsenfrüchten, Kohl oder Sauerkraut.

Saucisse de fois
Spezialität aus hachierter Leber und Speck, dann luftgetrocknet.

Saucisse seche
Mittelgrobe feste Wurst aus rohem gesalzenem Schweinefleisch, in lange Därme gestopft und in Mäandern luftgetrocknet; Spezialität Südfrankreichs

Fouet
Fingerdünne, halb- oder ganzgetrocknete Wurst aus reinem magerem und fettem Schweinefleisch, meist nur mit Salz und Pfeffer gewürzt; Miniausgabe der *saucisse seche*.

Andouillette
Aus fettfreiem Schweine- und/oder Kalbsdarm oder beidem gestopfte, marinierte und in Brühe gekochte Wurst; gegrillt oder im Ofen gebacken.

Saucisson de sanglier
Luftgetrocknete Salami aus reinem Wildschweinfleisch oder mit einem Zusatz von fettem und magerem Schweinefleisch.

Rind

Zwei herausragende Rinderrassen beherrschen die Steakszene Frankreichs: Charolais und Limousin. Die Vorfahren des Charolais, die aus dem Jura stammten, grasten an Saône und Loire. Sie labten sich an fetten Weiden und waren als schnellwüchsige schwere Zugochsen bekannt. Ganz in Weiß kommt das Charolais-Rind daher oder bisweilen in elegantem Crème. Seine Stirn ist breit, die Hörner weiß und rund, die Backen ausgeprägt, das Maul breit und der Hals kurz. Die rundliche Brust ragt tief hinunter. Der muskulöse Rücken streckt sich schnurgerade. Lenden und Hüften sind wuchtig, die Glieder kräftig.

Das Limousin dagegen weidete auf Hängen und Almen des westlichen Zentralmassivs, hatte mit rauherem Klima zu kämpfen und nur dürftige Weiden. Weil es so robust und anspruchslos war, spannten die Bauern es vor ihre Pflugscharen. Sein Haarkleid ist mal heller, mal dunkler, immer aber rostrot. Auf dem kurzen, kompakten Kopf trägt es getönte, an den Enden nach oben gebogene Hörner. Auf den recht langen Hals folgt ein kaum gebogener Rücken. Es besitzt eine sehr muskulöse Hinterhand mit runden, fleischigen Keulen, aber relativ kurze Beine.

Zur reinen Fleischrasse entwickelten sich Charolais und Limousin von dem Augenblick an, als die Technik sie als Zugtiere überflüssig machte. Beide sind für die Mutterkuhhaltung bestens geeignet. Im Burgund, westlich von Mâcon, dem klassischen Charolais-Gebiet, leben Muttertiere und Kälber von Anfang April an auf den Weiden. Bis in den Sommer hinein sorgt üppiges Gras für erstaunliche Gewichtszunahmen. Im Herbst herrscht donnerstags im Marktflecken Saint-Christophe-en-Brionnais, dem traditionellen Umschlagplatz, Hochbetrieb. Jungbullen werden bis zum Alter von 15 bis 17 Monaten gemästet, Ochsen wird zwischen 24 und 36 Monaten Zeit gegeben. Charolais-Fleisch ist sehr schmackhaft und fettarm. Mit rund 1,4 Millionen Mutterkühen ist das Charolais die bedeutendste Fleischrasse Frankreichs.

Mit knapp der Hälfte an Kühen folgt das Limousin auf Platz zwei – Tendenz steigend. Es hat sich nicht nur als ideale Mutterkuh bewährt. Sein Fleisch übertraf an Qualität und Geschmack in nationalen und internationalen Wettbewerben wiederholt alle anderen Sorten. Zuerst wurde es durch das Milchkalb und das *veau de Lyon*, Kalb von Lyon, berühmt, die von kleineren Höfen aufgezogen werden. So früh geschlachtet, ist das rosarote Fleisch außerordentlich zart und aromatisch. Inzwischen allerdings sind Jungmastrinder im Alter von 15 bis 20 Monaten am meisten gefragt. Doch auch die Kühe liefern noch zartes und geschmacklich ausgezeichnetes Fleisch. Zwar muß, wer Charolais oder Limousin kauft, tiefer in die Tasche greifen, aber wer den Unterschied einmal schmeckte, zögert nicht.

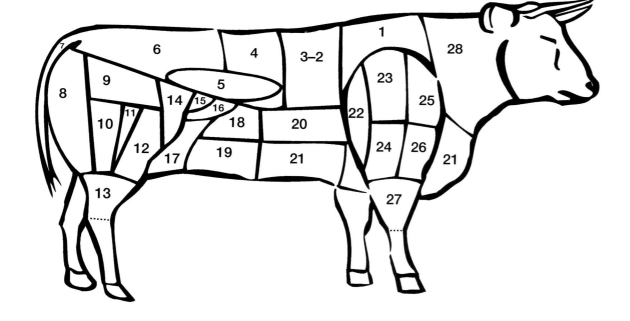

Der französische Fleischschnitt beim Rind
1 Basses côte – Fehlrippe
2 Côtes – Hochrippe
3 Entrecôte – Zwischenrippenstück
4 Faux-filet – Roastbeef
5 Filet – Filet, Lende
6 Rumsteck – Hüfte, Rumpsteak
7 Queue – Schwanz
8 Rond de gîte – Schnitt über Ober- und Unterschale
9 Tranche grasse – Schnitt über Kugel und Oberschale
10 Gîte à la noix – Nuß
11 Araignée – Maus
12 Tranche – Schnitt über Unterschale und Kugel
13 Gîte et jarret arrière – Hinterbein, Beinscheibe
14 Aiguillette baronne – Oberster Teil der Nuß
15 Onglet – Schnitt unterhalb des Filets
16 Hampe – »Wamme«, Schnitt oberhalb des Lappens, unterhalb des Filets
17 Bavette d'aloyau – Lendenstück, Schnitte vom hinteren Lappen (umgangssprachlich)
18 Bavette de flanchet – Seitenstück vom oberen Lappen
19 Flanchet – Seitenstück vom unteren Lappen
20 Plat de côtes – Spannrippe
21 Poitrine – Brust
22 Macreuse à bifteck – Mageres Bug- oder Schulterstück
23 Pabron – Schaufeldeckel
24 Macreuse – Schaufelstück, Schulterspitz
25 Jumeau à bifteck – Vorderes oberes Schulterstück, falsche Lende
26 Jumeau à pot-au-feu – Vorderes unteres Schulterstück
27 Gîte et jarret avant – Hesse, Hachse
28 Collier – Hals

Aubrac
Südliches Zentralmassiv. Sehr widerstandsfähige, genügsame Tiere, die ganzjährig draußen leben. Oft mit Charolais-Bullen gekreuzt. Gute Fleischqualität.

Bazadaise
Nördliche Landes und Hügel des Bazadais. Rustikale, anpassungsfähige Rasse mit schönem grauem Haarkleid. Sehr aromatisches Kalbfleisch.

Blonde d'aquitaine
Hügel des Südwestens. Verschmelzung der Rassen Garonnais, Quercy, Blond des Pyrénées 1962. Muskulöse Tiere. Besonders auf Kalbfleisch ausgerichtet.

Charolais
Saône-et-Loire. Sehr robust und anpassungsfähig. Mageres schmackhaftes Fleisch.

Der Umgang mit hochwertigem Rindfleisch

- Das Fleisch nicht in Frischhalte- oder Alufolie aufbewahren.
- Eine Stunde vor der Zubereitung aus dem Kühlschrank nehmen, sonst wird es zäh.
- Keinen im Netz gebundenen Rollbraten kaufen, der meist aus mehreren, oft nicht den besten Stücken besteht und mit Speck umwickelt ist.
- Stets einen *rôti nature*, Braten am Stück, verlangen.
- Das Fleisch immer zuerst bei großer Hitze auf allen Seiten anbraten, damit es saftig bleibt.
- Erst unmittelbar vor oder während des Bratens salzen.
- Bratendes Fleisch nicht mit einer Gabel anstechen.
- Vor dem Servieren das Fleisch einen Moment ruhenlassen.
- Bratenscheiben nicht in Sauce servieren, da sie sich dadurch verfärben; die Sauce separat reichen.
- Steaks in sehr heißem Öl anbraten.
- Steaks nur einmal wenden.
- Wenn Blut an der Oberfläche austritt, ist das Steak *à point* (medium); für *saignant* (englisch) das Fleisch bis maximal zwei Minuten von jeder Seite braten.
- Hochwertiges Rindfleisch nie durchbraten.
- Auf fertiggebratene Steaks ein Stück Butter geben.

Rinderrassen

Gasconne
Zentrale Pyrenäen. An rauhes, schwieriges Terrain und Höhen angepaßt, extrem widerstandsfähige, für Almenhaltung prädestinierte Rasse. Würziges Fleisch.

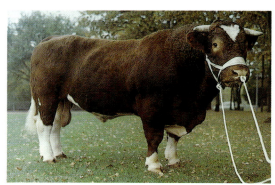

Limousin
Westliches Zentralmassiv. Große, genügsame Tiere. Sehr zartes, feines, wohlschmeckendes Fleisch.

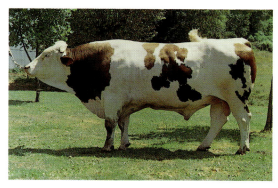

Maine-Anjou
Maine-Anjou. Kreuzung zur Zeit der Jahrhundertwende von einheimischer Mancelle mit der Fleischrasse Shorthorn; rot-weiße Rinder. Dunkles, marmoriertes Fleisch.

Normande
Normandie. Weiß-schwarz gesprenkelte Mischrasse; gut in extensiver Haltung. Fette Milch und bemerkenswerter Fleischertrag.

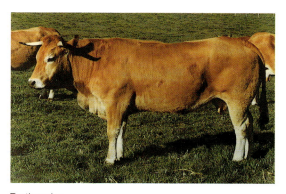

Parthenaise
Bretagne bis Charente. Überwiegend mittelbraune Tiere; fruchtbare Kühe, lieferten ursprünglich die Milch für die berühmte Butter. Hohe Fleischqualität.

Salers
Auvergne. Hohe, rot-braune, sehr robuste Tiere. Gute Milch und dunkles, wohlschmeckendes Fleisch.

Rindfleischgerichte

Pot-au-feu
»Feuertopf«
(Abbildung)

Für 6 Personen

1 kleine Kalbshachse
750 g Rindfleisch (Nacken)
750 g Beinscheibe
3 Markknochen
1 Zwiebel
3 Gewürznelken
2 große und 6 kleine Möhren
1 Stange Sellerie
6 weiße Rübchen
6 dünne Stangen Lauch
2 Knoblauchzehen
1 Bouquet garni (S. 107)
Salz

Fleisch und Knochen abspülen. Fleisch und Beinscheiben in 3 l kaltem Wasser aufsetzen. Zum Kochen bringen und 30 Minuten kochen lassen; wiederholt abschäumen.
Die Zwiebel mit den Nelken spicken. Die Gemüse putzen. Die beiden großen Möhren in Stücke schneiden. Zwiebel, Möhrenstücke und Selleriestange mit Knoblauch und Bouquet garni zu dem Fleisch geben. 2 1/2 Stunden zugedeckt köcheln lassen. Bouquet garni, Sellerie und Zwiebel aus der Brühe nehmen, die Brühe salzen.
Die kleinen Möhren, Rüben und Lauch mit den Markknochen zu dem Fleisch in die Brühe geben. Zugedeckt weitere 20 Minuten garen. Dann das Fleisch herausnehmen, gut abtropfen lassen und in Scheiben schneiden. Die Brühe durch ein Sieb passieren und die Gemüse abtropfen lassen.
Fleisch und Gemüse auf einer vorgewärmten Platte anrichten. Die Fleischbrühe in einer Terrine getrennt dazu servieren.

Entrecôte bordelaise
Entrecôte nach Bordeaux-Art
(Abbildung)

Für 2 Personen

2 EL Olivenöl
1 Entrecôte (etwa 500 g)
Salz, schwarzer Pfeffer
4 Schalotten
1 Knoblauchzehe
25 g Butter
200 ml roter Bordeaux

Das Öl erhitzen. Das Entrecôte – eine Scheibe vom Roastbeef, dicker geschnitten als Rumpsteak – anbraten, bis Blut auf der Oberfläche perlt. Salzen, pfeffern und das Fleisch wenden, die gebratene Seite ebenfalls salzen und pfeffern. Nach der gleichen Bratzeit herausnehmen und warm halten.
Schalotten und Knoblauch schälen, fein hacken und in der Butter bräunen. Den Wein angießen und die Flüssigkeit reduzieren.
Das Fleisch quer zur Faser in breite Scheiben schneiden und anrichten. Die Sauce getrennt dazu reichen.
Dazu paßt ein reifer Saint-Emilion, ein Wein aus der kleinen mittelalterlichen Stadt östlich von Bordeaux.

Bœuf à la ficelle –
»Rindfleisch am Faden«

Entrecôte bordelaise –
Entrecôte nach Bordeaux-Art

Pot-au-feu – »Feuertopf«
Seinen Namen erhielt das Gericht, weil der Topf früher über das offene Feuer gehängt wurde. Die Zutaten garten langsam und stundenlang, so daß sich alle Aromen wunderbar verbinden konnten.

Bœuf à la ficelle
»Rindfleisch am Faden«
(Abbildung)

Für 4 Personen

1	Zwiebel
2	Gewürznelken
1	Möhre
1	Stange Lauch
1	Stange Sellerie
1	Zweig Thymian
1	Zweig Bohnenkraut
1/2 TL	schwarze Pfefferkörner
1	Lorbeerblatt
800 g	Rinderfilet am Stück
	Meersalz, schwarzer Pfeffer, Senf, Cornichons

Die Zwiebel mit den Nelken spicken. Die Gemüse putzen, in große Stücke schneiden und mit der Zwiebel sowie Kräutern und Gewürzen in einen hohen Topf geben. Etwa 2 l Wasser zugießen und zum Kochen bringen. Die Zutaten etwa 30 Minuten kochen lassen.
Das Rinderfilet mit Küchengarn wie einen Rollbraten umwickeln, aber an den Enden jeweils ausreichend Garn übriglassen, um das Fleisch an einem Holzstab oder Kochlöffel festbinden zu können. Das Rinderfilet in die sprudelnd kochende Brühe hängen, so daß es völlig mit Flüssigkeit bedeckt ist.
Das Fleisch leise siedend 16 Minuten für *saignant* (englisch), 24 Minuten für *à point* (medium) garen.
Das Filet aus dem Topf nehmen, kurz ruhenlassen und in Scheiben schneiden. Zum Würzen Meersalz, Pfeffer, Senf und Cornichons bereitstellen.

Frankreich

Schwein und Schaf

Schweinefleisch ist in Frankreich im wesentlichen eine Familienangelegenheit. Man ißt es zu Hause oder in schlichten Restaurants. Ausnahmen wie *choucroute* (Sauerkraut mit Schlachtplatte), im Ganzen geschmorter Schinken, Milchferkel oder wieder beliebte Deftigkeiten, etwa Ragout von Schweinsohren und –füßen, bestätigen die Regel. Auch die ganze Fülle der exzellenten Würste bereichert in vielen Restaurants die Speisekarte. Aber schlichte *côtes de porc*, Koteletts, *saucisses*, (oft hervorragende) Bratwürste, oder *rôti de porc* (Rollbraten) bereitet man in der Regel selbst zu. Koteletts und Bratwürste werden gegrillt, der Braten einfach in den Ofen geschoben. So können auch Berufstätige schnell ein Essen zaubern, überdies ein preiswertes.

Der Schweinebestand umfaßt rund 11,5 Millionen Tiere, womit Frankreich hinter den Niederlanden und Spanien den dritten Platz behauptet. Fast zwei Drittel davon werden in der Bretagne und dem Pays-de-la-Loire aufgezogen, während im gesamten Osten des Landes, vom Elsaß bis in die Provence, die Schweinezucht relativ unbedeutend ist. Die Zeiten, als die meisten Haushalte auf dem Land ihr eigenes Schwein mästeten, schlachteten und verarbeiteten, sind vorbei, in manchen Regionen jedoch erst seit zehn oder 20 Jahren.

Während vier Rassen die Schweinezucht bestimmen, gibt es über 30 Schafrassen in Frankreich. Der Schafbestand erreicht rund 12,5 Millionen Tiere. Darunter sind für ihre Wolle berühmte Merinos, Lacaunes, die Milch für Roquefort liefern, und Bleu de Maine, deren feines Lammfleisch Gourmets verzückt. Lamm ist in Frankreich äußerst beliebt. Es gibt kaum ein Restaurant, das nicht mehrere Lammgerichte anbietet. Zwar ist Lamm heute das ganze Jahr über erhältlich, aber die Hauptsaison für *agneaux de lait*, Milchlämmer, die im Alter von drei bis vier Monaten geschlachtet werden, reicht von Januar bis in den Mai.

In der Aufzucht unterscheidet man zwischen *agneaux de bergerie*, die im Stall gehalten werden, und *agneaux de l'herbe*, die im Freiland leben und frisches Gras fressen. Deren Lebensbedingungen sind artgerechter, und das Fleisch ist magerer, muskulöser und schmackhafter.

Schweinerassen

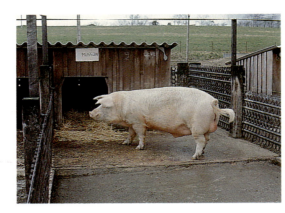

Landrace français
Frühe Kreuzung zwischen Large White und keltischen Rassen Nordeuropas; um 1930 aus Dänemark importiert. Fruchtbar, gute Muttertiere; langgestreckter Körper. Eng verwandt ist die Landrace belge.

Large White
Um die Jahrhundertwende aus Yorkshire eingeführt; anpassungsfähige Rasse, stellt 55 Prozent als Muttersauen. Schnell wachsend und unanfällig gegen Streß. Wenig Fett, recht muskulös, gute Fleischqualität.

Pietrain
In Belgien 1920 begonnene Rasse, doch erst ab 1950 verbreitet; bedeutend im Norden, aber auch im Elsaß, Burgund und Picardie. Streßanfällig. Sehr muskulös und mager, gute Fleischqualität.

Rôti de porc
Schweinerollbraten

Für 4 Personen

1 kg Schweinerollbraten
Salz, weißer Pfeffer
1 TL Dijon-Senf
1 TL Schmalz

Den Backofen auf 250 °C vorheizen.
Das Fleisch mit Salz und Senf einreiben und pfeffern. Einen Bräter mit dem Schmalz einfetten, das Fleisch hineingeben und im Ofen 25 Minuten garen, dabei ein- oder zweimal wenden und mit dem ausgetretenen Bratensaft begießen.
Dann die Hitze auf 200 °C reduzieren und das Fleisch weitere 25 Minuten braten. Erneut wenden und begießen. Den Ofen ausschalten und den Rollbraten bei offener Backofenklappe 5 Minuten ruhenlassen.

Grillades de porc
Schweinefleisch vom Grill

Für 4 Personen

4 Schweinekoteletts
1 EL Olivenöl
Salz, schwarzer Pfeffer
1 TL Kräuter der Provence
600 g frische Bratwurst

Den Grill heiß werden lassen. Die Koteletts abspülen, trockentupfen und mit Olivenöl bepinseln. Von beiden Seiten salzen und pfeffern, 7 Minuten grillen und dann wenden. Die gegrillte Seite mit Kräutern bestreuen. Die andere Seite ebenfalls 7 Minuten grillen.
Gleichzeitig oder anschließend die Bratwurst auf den Grill legen, mit einer Gabel mehrmals einstechen und von jeder Seite so lange grillen, bis sie durchgebraten ist (etwa 7 Minuten). Auf vorgewärmten Tellern mit gegrillten Tomaten oder Salat servieren.
Hinweis: Frische Bratwurst ist eine Spezialität des Midi, wo man viel mageres Fleisch dafür verwendet. Dort ist es auch Brauch, über der Glut von Weinruten zu grillen. Sie geben dem Fleisch einen besonders würzigen Geschmack.

Schafrassen

Berrichonne du cher
Weitverbreitete Rasse aus dem Zentrum, aber auch im Südwesten. Überwiegend Stallhaltung. Gute Keulen. Lämmer nehmen schnell zu. Gewicht der Lämmer nach 70 Tagen: 21 bis 27 Kilogramm.

Bleu de Maine
Große Tiere mit typisch blauen Köpfen aus dem Westen. Gute Mutterschafe. Weidehaltung. Feines mageres Fleisch. Gewicht der Lämmer nach 70 Tagen: 22,5 bis 27 Kilogramm.

Charmoise
Sehr widerstandsfähig und genügsam; stellt den größten Teil der Herden des westlichen Zentrums. Freilandhaltung. Gewicht der Lämmer nach 70 Tagen: 15 bis 18,5 Kilogramm.

Ile de France
Stämmige, breitköpfige, allerdings relativ anspruchsvolle Rasse. Schnelle Gewichtszunahme und gute Wollqualität. Stall- und Freilandhaltung. Gewicht der Lämmer nach 70 Tagen: 22 bis 27 Kilogramm.

Lacaune
Verbreitetste Milchrasse, deren Milch für Roquefort bestimmt ist. Robust, an Weidehaltung gewöhnt. Gutes Fleisch. Gewicht der Lämmer nach 70 Tagen: 25 bis 30 Kilogramm.

Mouton charolais
Alte Rasse aus dem Burgund und Morwan und gewissermaßen das Pendant zu den Charolais-Rindern. Robust. Überwiegend Freilandhaltung. Gutes Fleisch. Gewicht der Lämmer nach 70 Tagen: 22 bis 27 Kilogramm.

Mouton vendeen
Robuste, anpassungsfähige Rasse, die auch feuchte Winter gut verträgt. Meist Freilandhaltung. Gute Milchwerte. Gewicht der Lämmer nach 70 Tagen: 20 bis 24 Kilogramm.

Rouge de l'est
Anpassungsfähige, große, zunehmend verbreitete Rasse. Weide- oder Stallhaltung. Gute Gewichtszunahme. Gewicht der Lämmer nach 70 Tagen: 22,5 bis 28 Kilogramm. Verkauf als 100-Tage-Lämmer.

Côtes de porc en papillote
Schweinekoteletts in Alufolie
(Abbildung)

Für 2 Personen

2 Schweinekoteletts
100 g gekochter Schinken
20 g Butter
1 kleine Zwiebel
1 Schalotte
1 Knoblauchzehe
150 g Champignons
1 Tomate
1 TL feingerebelter Thymian
Salz, weißer Pfeffer
Alufolie

Den Backofen auf 220 °C vorheizen.
Den Fettrand der Koteletts abschneiden und mit dem Schinken fein hacken, in der Butter kurz anbraten. Zwiebel, Schalotte und Knoblauch schälen und fein hacken.

Die Champignons säubern, putzen und in Scheiben schneiden. Die Tomate enthäuten und entkernen. Die Gemüse mit dem Thymian zu der Schinkenmischung geben, andünsten und würzen.
Die Gemüse aus der Pfanne nehmen und warm stellen. Die Koteletts in der heißen Pfanne von beiden Seiten nur kurz anbraten, damit sich die Poren schließen.
Für jedes Kotelett einen Bogen Alufolie ausbreiten, jeweils ein Viertel der Gemüse-Schinken-Mischung und ein Kotelett darauflegen und in der Folie einwickeln (*papillote* heißt »Lockenwickler«). Im Backofen auf den Rost legen und 18 Minuten garen. In der Alufolie servieren.
Hinweis: Auch Lamm- und Kalbkoteletts oder Bries lassen sich auf die gleiche Weise zubereiten. Statt Alufolie nahm man früher geschmacksneutraleres Pergamentpapier.

*Côtes de porc en papillote –
Schweinekoteletts in Alufolie*

Gigot d'agneau boulangère
Lammkeule auf Bäckerinnenart

Für 6 – 8 Personen

1,5 kg Kartoffeln
6 EL Olivenöl
8 Schalotten
1 TL getrockneter Rosmarin
1 Lammkeule (etwa 2,5 kg)
5 Knoblauchzehen
Salz, schwarzer Pfeffer

Die Kartoffeln schälen und in dünne Scheiben schneiden.
Das Olivenöl in einen Topf – am besten einen Tontopf –
geben und die Kartoffelscheiben gleichmäßig hinein-
schichten. Die Schalotten schälen und halbieren und mit
dem Rosmarin über den Kartoffeln verteilen.
Die Keule mit dem Knoblauch spicken, gut mit Salz und
Pfeffer einreiben und auf das Kartoffelbett legen. Den Topf
mit Alufolie abdichten und in den Backofen stellen. Das
Fleisch bei 220 °C etwa 60 Minuten garen, dann die
Alufolie entfernen und die Lammkeule unter dem Grill
bräunen.
Weitere 10 Minuten im Ofen ruhenlassen. Die Keule aufschneiden und mit den Kartoffeln anrichten.

Côtelettes d'agneau
Lammkoteletts

Für 2 Personen

6–8 Milchlammkoteletts
3 Knoblauchzehen, zerdrückt
Salz, schwarzer Pfeffer
2 EL Olivenöl
1 TL feingerebeltes Bohnenkraut

Den Grill heiß werden lassen. Die Koteletts abspülen und
trockentupfen. Mit Knoblauch einreiben und mit Olivenöl
bepinseln, auf beiden Seiten salzen und pfeffern.
1– 1½ Minuten grillen, dann wenden. Die gegrillte Seite
mit Bohnenkraut bestreuen und die andere Seite ebenfalls 1–1½ Minuten grillen. Auf vorgewärmten Tellern mit
ratatouille (Rezept S. 103) servieren.
Ein kühler Rosé der Côtes de Provence oder aus Tavel
unterstreicht den sommerlichen Charakter des Essens.
Hinweis: Zwar gilt das Fleisch mit dem Prädikat *pré-salé*
(»vorgesalzen«) von Lämmern, die auf den Salzwiesen am
Atlantik gegrast haben, als besonders delikat. Aber in der
Provence, den Cevennen und generell dem Hinterland
der Mittelmeerküste, wo Schafe im Freiland weiden und
sich von kargen Gräsern und Wildkräutern ernähren, bekommt ihr Fleisch ein einzigartiges Aroma.

Navarin de mouton
Lammragout

Für 4 Personen

1 kg Lammschulter ohne Knochen
2 EL Olivenöl
4 kleine Zwiebeln
3 Knoblauchzehen, zerdrückt
Salz, schwarzer Pfeffer
2 EL Mehl
2 EL Tomatenpüree
1 TL Zucker
1 Bouquet garni (S. 107)
8 weiße Rübchen
8 junge Möhren
8 kleine neue Kartoffeln
1 EL feingehackte Petersilie

Das Fleisch in Würfel schneiden und in dem Olivenöl
rundum bräunen. Herausnehmen und warm stellen. Das
Fett bis auf einen kleinen Rest abgießen.
Die Zwiebeln schälen, halbieren und in dem verbliebenen
Öl andünsten. Knoblauch und Fleisch hinzufügen. Salzen,
pfeffern, mit Mehl bestäuben, umrühren und knapp mit
Wasser bedecken. Tomatenpüree, Zucker und Bouquet
garni dazugeben. Zugedeckt 60 Minuten garen.
Rübchen und Möhren putzen und zu dem Fleisch geben,
nach 10 Minuten auch die Kartoffeln hinzufügen. Weitere
30 Minuten köcheln lassen. Mit Petersilie bestreuen und
servieren.

Epaule braisée menagère
Lammschulter auf Hausfrauenart

Für 6 Personen

2 Schalotten
50 g Butter
300 g Bratwurstbrät (chair à saucisse)
Salz, schwarzer Pfeffer
1 EL feingehackte Petersilie
1 TL feingerebelter Thymian
1 TL feingerebelter Rosmarin
1 Lammschulter ohne Knochen (etwa 1,5 kg)
6 kleine Zwiebeln
6 junge Möhren
2 Knoblauchzehen
200 ml trockener Weißwein
500 g rohe Kartoffeln
2 EL Erdnußöl

Die Schalotten schälen, hacken und in 20 g Butter glasig
dünsten. Das Bratwurstbrät – falls nicht schon vom Metzger gewürzt – pfeffern und salzen, mit den Schalotten
und Kräutern vermengen.
Die Lammschulter mit der Brätmasse füllen, mit Küchengarn umwickeln, salzen, pfeffern und in der restlichen
Butter rundherum anbraten.
Die Zwiebeln schälen, die Möhren putzen und vierteln
und mit dem Knoblauch zu dem Fleisch geben. Den Wein
und 1 Glas Wasser angießen. Zugedeckt 75 Minuten
schmoren lassen.
Die Kartoffeln würfeln und in dem Öl leicht anrösten, zu
dem Fleisch geben und alles weitere 20 Minuten garen.
Die Schulter in Scheiben schneiden, mit dem Gemüse
anrichten und mit dem Bratensaft übergießen.
Ein Cru des Beaujolais sowie ein Brouilly oder Chiroubles
wäre ein idealer Begleiter.

Cassoulet de Castelnaudary
Eintopf aus Castelnaudary

Für 8 Personen

800 g weiße Bohnen
300 g Speckschwarte
300 g Dicke Rippe
500 g Lammbrust
4 Zwiebeln
2 Möhren
1 Bouquet garni (S. 107)
1 Zweig Bohnenkraut
150 g fetter Speck
8 Knoblauchzehen
3 Tomaten
100 g Gänseschmalz
Salz, schwarzer Pfeffer
1 Knoblauchwurst
8 Stücke Enten- oder Gänse-Confit (eingemachtes Enten- oder Gänsefleisch, Rezept S. 83)
5 EL Semmelbrösel

Die Bohnen in kaltem Wasser aufsetzen und 20 Minuten
kochen; das Wasser abgießen. Erneut in viel kaltem Wasser aufsetzen.
Speckschwarte, Dicke Rippe und Lammbrust zu den
Bohnen geben. Die Zwiebeln schälen, eine vierteln, die
anderen hacken. Die Möhren putzen und vierteln. Zwie-
belviertel, Möhren, Bouquet garni und Bohnenkraut ebenfalls zu den Bohnen geben und zum Kochen bringen.
Den Speck mit 5 Knoblauchzehen fein hacken und zu der
Brühe geben; 60 Minuten zugedeckt kochen.
Die Tomaten enthäuten und entkernen. Das Gänseschmalz erhitzen, die gehackten Zwiebeln darin anbräunen, den restlichen Knoblauch sowie die
Tomaten dazugeben, salzen und pfeffern. 2 Tassen Bohnenbrühe angießen und 15 Minuten zugedeckt köcheln
lassen.
Das Fleisch aus der Brühe nehmen und in Scheiben
schneiden, die Knoblauchwurst ebenfalls in Scheiben
schneiden. In einen feuerfesten großen Tontopf die Hälfte
der Bohnen geben, darauf die Confit-Stücke sowie die
Fleisch- und Wurstscheiben legen. Mit den restlichen
Bohnen bedecken, mit der Tomatenmischung und 1 Tasse Bohnenbrühe übergießen und mit den Semmelbröseln
bestreuen.
Im Backofen bei 160 °C etwa 90 Minuten garen; gegebenenfalls nach 45 Minuten etwas Bohnenbrühe angießen.
Im Tontopf servieren.
Traditionell gehört ein kräftiger roter Corbières zum *cassoulet,* aber ein tanninreicher Madiran paßt ebensogut zu
der Deftigkeit dieses Eintopfgerichts.

Choucroute

Mögen die Elsässer wegen ihres Nationalgerichts *choucroute*, Sauerkraut, immer wieder einmal von anderen Franzosen verspottet werden, längst erhält man Sauerkraut und seine deftigen Zutaten in allen Provinzen des Landes – schließlich werden die jährlich produzierten 25 000 Tonnen nicht allein am Rhein verzehrt. Die mächtigen Weißkohlköpfe – Prachtexemplare bringen es auf sieben Kilogramm – werden zu Streifen gehobelt oder geschnitten und in Behältern eingesalzen, für den Hausgebrauch in Fässern oder Steinguttöpfen. Nach dem Stampfen ordentlich zugedeckt und beschwert, wird dem Kraut Zeit gegeben, sauer zu werden. Drei bis sieben Wochen benötigt die Milchsäuregärung, dann hat sich der Kohl verwandelt. Er ist nicht nur haltbar geworden, sondern bekömmlich und gesund, dank verschiedener Spurenelemente und Vitamine. Haltbarkeit und Vitamin-C-Gehalt bestimmten das Sauerkraut zur idealen Seefahrernahrung, die auch auf langen Entdeckungsreisen vor Skorbut bewahrte und die Zähne erhielt.

Über seine Herkunft weiß man nur wenig. In Asien kennt man es seit Jahrtausenden, und auch auf dem Balkan hat gesäuertes Gemüse eine uralte Tradition. Frisch, also nicht vorgekocht, ist Sauerkraut am besten. Knackig muß es sein und möglichst hell, und seine Säure sollte angenehm in die Nase steigen.
Die Elsässer lieben Sauerkraut seit dem Mittelalter. Aber der Verdacht drängt sich auf, daß sie es vor allem deshalb so schätzen, weil sie vielerlei vom Schwein so appetitlich darauf ausbreiten können. Zur *choucroute* gehören nämlich geräucherter und ungeräucherter Speck, Kasseler, die dort *schiffala* heißt, unbe-

Choucroute à l'ancienne
Sauerkraut auf traditionelle Art

Für 8 Personen

2 kg frisches rohes Sauerkraut
2 Speckschwarten
2 Möhren
2 Zwiebeln
1/2 TL Pfefferkörner
1/2 TL Kümmel
2 Knoblauchzehen
4 Gewürznelken
12 Wacholderbeeren
2 Lorbeerblätter
1 Zweig Thymian
1 Schweinshachse
2 fingerdicke Scheiben geräucherter durchwachsener Speck
1/2 Flasche trockner Riesling
4 Räucherwürstchen aus Montbéliard
etwa 600 g Kasseler
4 Paar Straßburger Knackwürste
1 Kochwurst aus Mourteau

Das Sauerkraut im Sieb unter fließendem Wasser waschen, auseinanderzupfen und ausdrücken. Den Boden eines großen gußeisernen Topfes mit den Speckschwarten auslegen.
Die Hälfte des Sauerkrauts daraufgeben. Möhren und Zwiebeln putzen oder schälen, in Stücke schneiden und auf dem Sauerkraut verteilen. Die Pfefferkörner gleichmäßig darüberstreuen. Die übrigen Gewürze mit dem Thymian in ein Mullsäckchen binden und zu dem Gemüse geben. Hachse und Speck darauflegen und mit dem restlichen Sauerkraut bedecken. Den Wein und 1/4 l Wasser angießen.
Den Topf fest verschließen, in den Backofen stellen und das Fleisch bei 180 °C etwa 2 1/2 Stunden schmoren lassen.
Dann Räucherwürstchen und Kasseler in den Topf unter das Kraut geben. Weitere 30 Minuten garen. Straßburger Würstchen und Kochwurst aus Mourteau auf das Kraut legen und nochmals 20 Minuten garen.
Den Gewürzbeutel entfernen. Das Sauerkraut mit Fleisch und Würsten anrichten.
Dazu paßt ein gut gekühlter Sylvaner oder Riesling.

---

dingt Leberknödel, auch Wellfleisch oder Eisbein. Selbstverständlicher Bestandteil sind Würste. Straßburger Knackwurst ist obligatorisch, aber Rauch-, Brat-, Blut- oder Leberwurst sind als Bereicherung gern gesehen. Da Weißkohl ab Mitte August bis November geerntet wird, freuen sich die Elsässer darauf, daß ihr Sauerkraut gerade richtig durchgegoren ist, wenn die Zeit der Schlachtfeste naht.

Das gehört auf eine Schlachtplatte mit Choucroute

Sauerkraut ist eine willkommene Ausrede, um in der ganzen Vielfalt von deftigen Fleischstücken und allen erdenklichen Würsten zu schwelgen. In eine richtige *choucroute* gehören folgende fleischige Zutaten:

1. Bratwurst
2. Straßburger Knackwurst
3. Geräuchertes Schulterstück
4. Eisbein
5. Fetter Speck
6. *Schiffala,* Kasseler
7. Leberknödel
8. Räucherwurst
9. Fleischwurst
10. Kartoffeln

Gemüse und Kartoffeln

Die Franzosen haben ein sonderbares Verhältnis zu Gemüse. Auf den Speisekarten vieler Restaurants wird zum Fleischgericht das tägliche Gemüse angepriesen. Kein Franzose wundert sich, sollte es sich dabei um Kartoffeln, Reis oder Nudeln handeln. In manchem französischem Kochbuch findet man Reis- und Nudelrezepte im Kapitel »Gemüse«. Nicht selten rümpfen Männer die Nase, will man ihnen frisch zubereitetes Gemüse servieren. Manche akzeptieren es allenfalls in der Form von Rohkost, den *crudités*, die mit einer Vinaigrette als einfache Hors d'œuvres gegessen werden, oder als begleitenden Salat.

In Regionalküchen behauptet sich Gemüse als traditionelle Zutat zu deftigen Eintöpfen. Dabei dominieren Kohl und weiße Bohnen, auch Zwiebeln, Möhren und Lauch finden Verwendung. An der Mittelmeerküste sind vor allem Tomaten und Paprika beliebt, denen die Sonne volles Aroma verleiht. *Ratatouille*, der bekannte provenzalische Gemüseeintopf, veranschaulicht hier am besten die Einstellung zu Gemüse.

Kartoffeln wurden vergleichsweise spät in Frankreich eingeführt, erst zur Zeit von Louis XVI (1774–92). Gleichwohl bietet die französische Küche eine fast unüberschaubare Fülle von Kartoffelrezepten. Mehlig- und festkochende Sorten dominieren das Angebot, die je nach Konsistenz für Pürees, Suppen und Eintöpfe oder für Salate und als Salz- oder Pellkartoffeln zubereitet werden. Auch rote, meist festkochende Kartoffeln wie die Sorten Roseval und Viola sind beliebte Beilagen.

Céleri – Stauden-, Stangen-, Bleichsellerie
Beliebtes Gemüse, vor allem zur Aromatisierung von Brühen, Suppen und Saucen.

Epinards – Spinat
In der Regel als Blattgemüse zubereitet.

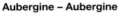

Aubergine – Aubergine
Kaum Eigengeschmack, aber köstlich mit Tomaten und anderen Gemüsen gekocht oder pikant gefüllt.

Poireau – Lauch, Porree
In Saucen oder Suppen oder als Gratin; kalt oder warm mit Vinaigrette auch als Vorspeise.

Petits pois – Erbsen
Meist einfach in Wasser, *à l'anglaise*, gekocht, dann mit Butter verfeinert. Schon im zeitigen Frühjahr frisch erhältlich.

Artichauts – Artischocken
Aus Bretagne, Provence, Roussillon. Man ißt nur die Blattansätze mit Vinaigrette oder *sauce béchamel*, auch *à la barigoule*, »auf Pilzart«, mit Speck gedünstet.

Carottes – Möhren
Roh als *crudité*, sonst als Grund- und Geschmackszutat für Saucen, Suppen und Brühen.

Haricots blancs – Weiße Bohnen
Hochgeschätzt in vielen Regionen für deftige Eintöpfe oder als Beilage.

Haricots verts – Stangen- oder Buschbohnen
Frisch von Mai bis Oktober. Blanchiert im Salat oder mit Knoblauch und Petersilie in Butter geschwenkt.

Poivron – Paprikaschote
Charakteristische Zutat der Midi-Küche. Im Salat, gedünstet oder gegrillt.

Tomates – Tomaten
Reif in vielen Gerichten verwendet, aber fest und blaßrot in mediterranen Salaten oder gegrillt mit Füllung.

102   **Frankreich**

Chou-fleur – Blumenkohl
Berühmter Exportartikel der Bretagne. Vielseitig verwendbar für Salat, Creme, Püree, Soufflé, Gratin.

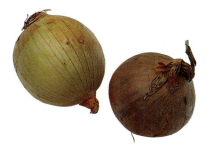

Oignons – Zwiebeln
Meistverwendetes Gemüse. Für Salate nimmt man jedoch eher Frühlingszwiebeln oder *oignons rouges*, rote Zwiebeln.

Navet – Weißes Rübchen
Als traditionelle Zutat in vielen Regionalrezepten verwendet; Spezialität von Nantes.

Ail – Knoblauch
Eines der meistverwendeten Würzmittel der französischen Küche, bei Fleisch- und Gemüsegerichten ebenso wie bei Salaten.

Fenouil – Fenchel
Würziges, nach Anis schmeckendes Knollengemüse; Spezialität des Midi.

Courgette – Zucchini
Als Gratin oder mit Tomaten gedünstet.

Asperges blanches et vertes – Weißer und grüner Spargel
In Frankreich bevorzugt man die grüne Sorte; vornehmlich in Salaten.

Crudités
Rohe Gemüse

Menge der Gemüse und Gewürze nach Bedarf und Geschmack zusammenstellen, beispielsweise:
Gurke – Sellerie – Möhren – gekochte rote Beten – feste Tomaten – Zwiebeln – Radieschen
Salz, schwarzer Pfeffer – feingehackter Estragon – feingehackte Petersilie – Basilikumblätter – Olivenöl – Essig – Mayonnaise – Dijon-Senf – hartgekochte Eier

Die Gemüse waschen, putzen oder schälen und in mundgerechte Stücke schneiden. Mit Vinaigrette oder einer Mayonnaise-Senf-Sauce anmachen. Gemeinsam auf einer großen Platte anrichten.

Ratatouille
Gemüseeintopf

2 Auberginen
Salz, schwarzer Pfeffer
4 kleine Zucchini
je 1 rote und grüne Paprikaschote
500 g Tomaten
2 große Zwiebeln
4 EL Olivenöl
1 TL feingerebelter Thymian
1 TL feingerebelter Rosmarin
1 TL feingerebeltes Bohnenkraut
1 EL feingehackte Petersilie
1 TL feingehackter Knoblauch

Die Auberginen in Stücken schneiden, salzen und 20 Minuten stehenlassen, dann abspülen und trockentupfen. Zucchini und Paprikaschoten waschen und putzen, Zucchini in Stücke, Paprika in Streifen schneiden. Die Tomaten enthäuten, entkernen und würfeln, die Zwiebeln schälen und ebenfalls würfeln. Die Gemüse in dem Öl andünsten, salzen und pfeffern. Dann Kräuter und Knoblauch zu den Gemüsen geben. Zudecken und bei schwacher Hitze etwa 20 Minuten garen.
Ratatouille schmeckt heiß zu Fleisch oder Reis, aber auch kalt als Vorspeise oder Beilage.

Kartoffelvielfalt
Die französische Küche ist reich an Zubereitungen von Kartoffeln. Hier die wichtigsten:

Croquettes Duchesse
In Mehl gewendete und gebratene Kroketten aus Kartoffelpüree
Pommes à la vapeur
Gedämpfte Kartoffeln
Pommes de terre à l'anglaise
Salzkartoffeln
Pommes de terre au gratin
Überbackene Kartoffeln
Pommes de terre en papillote
In Alufolie gebackene Kartoffeln
Pommes de terre en purée
Kartoffelpüree
Pommes de terre sautées
Bratkartoffeln
Pommes en robe des champs
Pellkartoffeln
Pommes frites
Frittierte Kartoffeln
Pommes soufflées
Zwei- bis dreimal gebackene und aufgegangene Kartoffelchips

Salate, Öl

Ölsorten

Huile d'arachide – Erdnußöl
Importiert aus den Hauptanbaustaaten Senegal, Brasilien und Indien. Beliebt als Fritier- und Bratöl wegen seines angenehmen Geschmacks; auch für Salatsaucen.

Huile d'olive – Olivenöl
Insbesondere aus der Provence, deren Öl sich durch Finesse und Fruchtigkeit auszeichnet. Die Qualität des kaltgepreßten Öls wird nach Säuregrad bestimmt, der sich wiederum aus der Pressung ergibt – 1. Pressung: *vièrge extra*, 2. Pressung: *vièrge fine*, 3. Pressung: *vièrge semi-fine* oder *courante*, mittelfein). Als *huile d'olive* bezeichnetes Olivenöl ist eine (weniger hochwertige) Mischung aus nativem und raffiniertem Olivenöl. Unabhängige *oléiculteurs*, Ölbauern, etikettieren meist aus praktischen Gründen nur *huile d'olive vièrge*.

Huile de colza – Rapsöl
Seit der enormen Ausbreitung von Rapskulturen in den letzten Jahrzehnten auch im französischen Handel weitverbreitet und als geschmacksneutrales Allzwecköl beliebt.

Huile de mais – Maiskeimöl
Meist zum Braten genommen; für Salatsaucen in Frankreich weniger beliebt.

Huile de noisette – Haselnußöl
Sein Aroma erinnert an geröstete Nüsse; vorzugsweise zum Würzen von Rohkost und für feine Salate.

Huile de noix – Walnußöl
Fast 50 000 Hektar Walnußbäume besitzt Frankreich. Als Salatöl beliebt.

Huile de pépins de raisin – Traubenkernöl
Aus den kleinen Kernen, die im Trester übrigbleiben, wird durch Lösungsmittel das Öl gewonnen und raffiniert. Hoher Anteil mehrfach ungesättigter Fettsäuren; geschmacksneutral, gut geeignet für das Aromatisieren mit Kräutern. Wegen seines hohen Siedepunktes als Fritieröl geeignet.

Huile de tournesol – Sonnenblumenöl
Entaromatisiert bei weitem das am meisten verwendete Speiseöl; enthält viel Vitamin E.

Scarole – Eskariol, glatte Endivie
Endivienart mit hellem Herzen, breiten Blättern und gegenüber anderen Endiviensorten milderem Geschmack. Als Salat oder gedünstet als Gemüse beliebt.

Romaine – Römischer Salat
Eine Variante des Kopfsalates. Längliche, breite, dunkle Blätter. Beste Zeit: frühes Frühjahr bis Frühsommer.

Sucrine – kleiner Kopfsalat
Spezialität Südfrankreichs; Freilandsalat aus Gärtnereien, wird nach Gewicht verkauft, schöne feste Köpfe, leicht süßlicher Geschmack.

Endive belge – Chicorée
Sowohl als Vorspeisen-Salat wie auch als gedünstetes Gemüse in Frankreich sehr beliebt. Vor der Verarbeitung muß der sehr bittere Kern herausgeschnitten werden. Hauptsaison im Winterhalbjahr.

Huile à l'aneth – Öl mit Dillzweig | Huile d'olive vièrge extra – Natives Olivenöl extra | Huile de noisette – Haselnußöl | Huile de noix – Walnußöl | Huile d'olives – Olivenöl | Huile de pépins de raisins – Traubenkernöl | Huile de tournesol arôme truffé – Sonnenblumenöl mit Trüffelaroma | Huile d'arachide – Erdnußöl

Essig

Feuille de chêne – Eichblattsalat
Eichblattsalat gehört zu den Schnittsalaten; je nach Region im Gewächshaus von November bis April geerntet; als Freilandsalat von April bis Oktober; selten im Angebot.

Laitue – Kopfsalat, grüner Salat
Verbreitetster und preiswertester Blattsalat; wird in Frankreich auch gedünstet oder für Suppen verwendet. Aus dem Freiland hat er im Sommer und Frühherbst Hauptsaison, aber Gewächshauskulturen ernten ihn von Oktober bis Mai.

Essigsorten

Vinaigre à la framboise – Himbeeressig
Beliebtester Fruchtessig aus Himbeersaft und Essig; Varianten mit anderen Beeren und Kirschen. Für Saucen und Salate.

Vinaigre à l'estragon – Estragonessig
Mit Estragonzweigen aromatisiert; Varianten mit Thymian, Rosmarin, Pfefferkraut, Fenchel oder anderen Kräutern. Zur Zubereitung von *sauce béarnaise*, Fisch- und Salatsaucen.

Vinaigre de vin blanc – Weißweinessig
Zum Kochen und zur Zubereitung von *sauce béarnaise*, Mayonnaise, für Kartoffel- oder Meeresfrüchtesalat; eignet sich gut als Basis für Kräuteressige.

Vinaigre de vin rouge – Rotweinessig
Unabdingbarer Bestandteil der gängigsten Salatsauce, der Vinaigrette. Beste Qualitäten, die durch Altern an Finesse und Aroma gewinnen, nur vom Winzer. Basis sind gute Rotweine oder auch ein Likörwein wie der südfranzösische Banyuls.

Iceberg – Eisbergsalat
Feste Köpfe mit sehr knackigen Blättern. Ursprünglich eine kalifornische Züchtung, inzwischen auch in Europa beliebt. Hauptsächlich vom Freiland; Saison von Mitte Mai bis Ende November im Norden, im Süden nicht in den heißesten Monaten.

Chicorée frisée – Frisée, krause Endivie
Endiviensorte mit schmalen, gezackten Blättern, gelbem Herz und leicht bitterem Geschmack. Kommt im Winter aus Freilandkulturen des Midi; im Norden nur Oktober, November von draußen oder Februar und März aus Gewächshäusern.

Vinaigrette

1 EL Rotweinessig
3 EL Öl
Salz, Pfeffer
Nach Belieben:
1 TL Dijon-Senf und/oder 1 EL feingehackte Kräuter

Alle Zutaten gründlich miteinander vermischen.
Hinweis: Das klassische Mengenverhältnis einer Vinaigrette sieht 3 Teile Öl auf 1 Teil Essig vor. Geschmacksvarianten ergeben sich – außer durch Zutaten wie Senf oder Kräuter – auch durch die Verwendung jeweils verschiedener Öle und Essigsorten.

Vinaigre à l'estragon – Estragonessig

Vinaigre aux herbes de Provence – Essig mit Kräutern der Provence

Vinaigre de Banyuls – Rotweinessig

Vinaigre à la framboise – Himbeeressig

Vinaigre de vin blanc – Weißweinessig

Kräuter der Provence

Was den Kräutern der Provence Kraft, Macht und Ruhm gibt, ist das landwirtschaftliche Niemandsland, auf dem sie sprießen. Vor 2000 Jahren standen dort noch üppige Wälder. Doch dann kamen die Römer, fällten, rodeten, kultivierten, konstruierten und hinterließen verkarstete Böden. Kräuter und Heide eroberten die kargen steinübersäten Flächen. Dort konzentrieren Sonne und glühende Hitze ihre aromatischen Essenzen und Würzkräfte. *Farigoule* nennen die Provenzalen den *thymus vulgaris*, den sie als König der Küchenkräuter schätzen. Kein anderes aromatisches Kraut vereint sich so bereitwillig mit solch unterschiedlichen Nahrungsmitteln wie Auberginen und Erbsen, Möhren und Pilzen, Fisch und Fleisch, Geflügel und Wild. Würsten und Schinken gibt Thymian einen pikanten Hauch, Feigen oder Backpflaumen Raffinesse. Medizinisch wirkt er wohl: auf Magen, Darm und Lungen. Doch seine schönste Wirkung hatte er auf die Mädchen der Provence, die sich von einem Jüngling geliebt wußten, wenn sie ein Thymiansträußchen an ihrer Tür fanden.

Thymian ist rund um das Mittelmeer zuhause, obwohl er beinahe überall gedeiht. Sein mildes, fast süßes, doch prägnantes Aroma schätzten bereits die alten Griechen. Spätestens ab dem Mittelalter verlieh er auch angelsächsischen Stews und germanischen Braten leckeren Duft, durchdrang fette Füllungen und magere Suppen. Er wird in Reihen angebaut und bildet niedrige kugelförmige Büsche. Von knorrigen Ästchen steigen dünne Stengel mit länglichen Blättchen auf. Blaßrot blüht er ab Ende April bis in den Juni. Im Frühjahr wird zwischen den Reihen gepflügt und darin per Hand Unkraut gerupft. Denn wenn man geerntet hat, ist es bei den *herbes de Provence* zu spät, die Spreu vom Weizen zu trennen.

Erst seit Beginn der 80er Jahre gewann der Anbau von Thymian in der Provence an Bedeutung, nachdem zwei Bauern im Drôme eine Erntemaschine ausgetüftelt hatten. Danach wurde die Region um und zwischen La Garde d'Adhémar, Grignan und Suze-la-Rousse zu einem der Hauptanbaugebiete von Kräutern. Die Ernte kommt als zehn Quadratmeter große, eineinhalb Meter dicke, zwei Tonnen schwere Kräutermatratze in Trockenkammern. Darin bläst von unten laue Luft durch das Stengelgewebe. Anschließend wird entblättert, sortiert, abgepackt und verschickt.

Hintergrund: Ein Lavendelfeld in der Provence – ein blaues, duftendes Blütenmeer mit dem Geschmack von Sonne, Licht und Luft

1 Basilic – Basilikum
Die frischen Blätter schmecken mild, getrocknet sind sie pikant-pfeffrig. Vielseitig verwendbar.

2 Estragon – Estragon
Sehr beliebt in Frankreich und Bestandteil der *sauce béarnaise*; oft für Fisch und Salate, in Senf und Essig.

3 Laurier – Lorbeer
Herb-würziger Geschmack; paßt zu allen Braten, Eintöpfen und Saucen; Verwendung auch in Sud und Marinade.

4 Lavande – Lavendel
Im Hochsommer bietet die Haute-Provence einen besonderen Augenschmaus. Dann blühen die Lavendelfelder. Parfüm ist zum Lebenselixier dieser extrem kargen und harten Landschaft geworden. Als einzige Kulturpflanze gewährt Lavendel den Bauern noch ausreichende Einkünfte. Oft verlegen sie sich auf anspruchsloseren und ergiebigen Lavandin, die unfruchtbare Kreuzung zwischen Höhenluft liebendem, schmalblättrigem Edellavendel und wärmehungrigem breitblättrigem Aspic. Echter Lavendel ist für Parfümerien oder Apotheken reserviert oder als Sträußchen bestimmt, Wäsche mit seinem frischen, angenehmen Duft zu imprägnieren.

5 Marjolaine – Majoran
Sein intensives Aroma eignet sich besonders für Hackfleisch, Geflügel, Fleisch- und Tomatensaucen.

6 Marjolaine sauvage – Oregano
Wilder Majoran, geschmacksintensiver als die kultivierte Form; wächst überall im Mittelmeerraum als Strauch.

7 Romarin – Rosmarin
Intensives harziges Aroma, das besonders zu Lammfleisch und mediterranen Fleischgerichten paßt.

8 Sauge – Salbei
Intensives, eigenwilliges Aroma, deshalb vorsichtig dosiert verwenden für helles Fleisch und Farcen.

9 Thym – Thymian
König unter den Provence-Kräutern, da am vielseitigsten verwendbar, ob mit Gemüse, Saucen, Suppen, Fisch oder Fleisch.

10 Bouquet garni – Kräutersträußchen
Dazu gehören Thymian und Lorbeerblatt, meist auch Petersilie; Rosmarin oder Majoran je nach Gericht oder Region.

Herbes de Provence – Kräuter der Provence
Mischung meist aus drei oder vier Kräutern, immer dabei Thymian und Rosmarin, oft Majoran und Lavendel, auch Salbei und Lorbeer. Handelsware.

Moutarde de Dijon

Als hätte Rabelais, dieser ruhelose Spottgeist des 16. Jahrhunderts, es geahnt: Was läßt er dem Riesen Gargantua verabreichen? Ohne Unterlaß Schaufeln voll Senf. Immer zwischen die Dutzende von Schinken, Ochsenzungen, Blut- und Leberwürste, die sich der Vielfraß als Vorspeise einverleibt. Denn Senf wirkt – inzwischen wissenschaftlich erwiesen – höchst anregend auf Magen- und Verdauungssäfte. Bereits im antiken Alexandria schätzte man das würzige Brennen der Senfkörner und zerstieß sie wie Gewürznelken oder Koriander. Columella – römischer Landwirt und Agrarautor, der in zwölf Büchern mit dem Titel »De re rustica« um 60 n. Chr. Ackerbau und Viehzucht seiner Zeit beschrieb – notierte im Jahre 42 das erste überlieferte Rezept für Speisesenf – man nannte ihn *mustum ardens*, brennenden Saft. Davon abgeleitet wurde das französische *moutarde*, das englische *mustard* und das deutsche »Mostrich«. Tatsächlich läßt Senf uns Europäern also schon seit 2000 Jahren die Augen tränen, jedenfalls wenn es sich um Spitzenqualitäten handelt. Seit Karl der Große im »Capitulare de villis« den Bauern nahegelegt hatte, Senf anzubauen, sproß er überall im einstigen Frankenreich. In Paris wirkten bereits um 1300 zehn *moutardiers*, und 1650 waren es bereits 600. Die in Dijon residierenden Herzöge von Burgund hielten es jedoch Ende des 14. Jahrhunderts für geboten, die Qualität des Senfs ihrer Stadt mittels einer Verordnung zu gewährleisten. Sie schrieb »gutes Samenkorn, in kompetenten Essig getunkt« vor. Trotz solider Reputation gewann der Dijon-Senf anderen Regionen gegenüber erst deutlichen Vorsprung, als Jean Naigeon um 1752 den Essig durch den Most unreifer Trauben – den *verjus* – ersetzte. Das verlieh ihm zusätzliche Säure. Nun wurde *moutarde de Dijon* zum Inbegriff bester Senfqualität. Seit 1937 garantiert die Bezeichnung die Art der Herstellung, bei welcher der Senf mindestens 28 Prozent Trockenextrakt aufweisen muß und nicht mehr als zwei Prozent Schale enthalten darf. Ein Hinweis auf den Fabrikationsort ist sie nicht, auch wenn neun Zehntel des französischen Senfs in oder bei Dijon produziert werden.

Biologisch zählt Senf zur Familie der Kreuzblütler wie Radieschen, Rettich oder Kresse. Zwei Arten haben es in sich, die bei der Herstellung je nach gewünschtem Schärfegrad miteinander vermischt werden. Die sanftere gelbliche *sinapis alba* gibt feine Aromen, die rotbraune *brassica nigra* Schärfe. Die versteckt sich in den Saatkörnern. Heute liefert Kanada, größter Senferzeuger der Welt, fast den gesamten französischen Bedarf. Oft leicht angequetscht, um die Schale zu spalten, werden die Körner mit Branntweinessig, Wasser und Salz für mehrere Stunden angesetzt, dann gewogen, mit Gewürzen vermischt und gemahlen. Erst das eiweißartige Ferment Myrosin und Wasser bringen ätherisches Allyl-Senföl hervor, und stechende Schärfe entsteht – und vergeht, zum großen Teil wenigstens, wenn industrielle Mühlen es mit 3000 hitzigen Umdrehungen pro Minute vertreiben. Denn Hitze verträgt Senf überhaupt nicht, sein Aroma ist hochflüchtig. Dann muß Meerrettich die entwichene Schärfe ersetzen.

Frankreichs angesehenster Senfmüller mahlt in Beaune, nur 200 Meter von den berühmten Hospizien entfernt. Die Firma Edmond Fallot beliefert die meisten französischen Drei-Sterne-Köche, auch mit eigens abgefüllten Hausmarken. Mit Stolz zeigt der junge Senfmacher Marc Desarmeniens, dessen Großvater die Mühle um die Jahrhundertwende übernahm und ihr seinen Namen gab, sein Geheimnis. »Wir hegen und pflegen die alten Steinmühlen, denn sie erhitzen die Paste nicht und bewahren so die eigentliche Essenz.« Die Trennung von Schalen und Paste erfolgt in der Zentrifuge. Nur bei der *moutarde à l'ancienne* bleiben die Schalen erhalten. Zum Schluß fügt man Kurkuma zum Gelbfärben, Zitronensäure und Antioxydant hinzu. Ganz gleich, welches Gewürz oder Kraut Fallot verwendet, immer ist der Senf der gleiche: kräftig im Geschmack und stark an Schärfe. Zwar wird Senf in Frankreich mit warmem oder kaltem Fleisch serviert, aber sein eigentliches Reich bleibt die Küche, wo er eher im Verborgenen wirkt. Senf gilt als das universelle Gewürz par excellence. Es intensiviert den Geschmack zwar generell, aber besonders den von Salat-, Fleisch- und Fischsaucen. Ein guter Koch benutzt ihn immer mit Fingerspitzengefühl.

Hintergrund: Beim Mahlen dürfen die Senfkörner nicht überhitzt werden, damit sich das Senföl nicht verflüchtigt, das für die natürliche Schärfe sorgt.

Senfsorten

Moutarde de Champagne – Champagnesenf
Grobkörniger Senf, dem der Wein der Champagne besondere Milde verleiht. Zu Braten oder Gegrilltem oder für Salatsaucen.

Moutarde à l'ancienne – Senf auf traditionelle Art
Grobkörniger Senf, aus dem die Schalen nicht entfernt wurden. Zum Marinieren oder für Vinaigrette. Wird zu kaltem oder warmem Fleisch gereicht.

Moutarde à l'estragon – Estragonsenf
Beliebt für Fischsaucen und Vinaigrette.

Moutarde au poivre vert – Senf mit grünem Pfeffer
Der grüne Pfeffer eignet sich am besten zum Würzen von Grillgerichten.

Moutarde de Dijon – Dijon-Senf
Klassischer feiner Senf, insbesondere zum Kochen geeignet. Für Saucen aller Art, zum Einreiben von Braten und Kurzgebratenem.

Hinweis: Senf immer gut verschlossen im Kühlschrank aufbewahren. Denn er verträgt weder Wärme noch Licht, noch Luftkontakt. Um Schärfe und Charakter des Senfs beim Kochen zu erhalten, darf man ihn nur am Ende der Garzeit hinzufügen.

Einige Stunden Reife in Holzfässern braucht Senf, um nach dem Mahlen seine anfängliche Bitterkeit zu verlieren und seine wahre Schärfe zu gewinnen.

Gelbe Körner geben feine Aromen, rotbraune Schärfe. Leicht vorgequetscht und eingeweicht, entfalten sich ihre Eigenschaften beim Mahlgang.

Quiche lorraine

Lothringens Beitrag zu den Leckereien Frankreichs konzentriert sich vor allem auf Kuchen, Torten, Kekse, Makronen, Konfitüren und Konfekt – schließlich gibt es reichlich Sahne und Butter, Eier und Obst auf der Westseite der Vogesen. Doch ausgerechnet ein salziger Kuchen wurde zu seiner bekanntesten Spezialität. Immerhin taucht dessen Rezept schon in 400 Jahre alten Kochbüchern auf. Dabei kommt geschmacklich dem Räucherspeck die Hauptrolle zu, einer anderen Spezialität dieser Provinz. Seit dem Mittelalter wurde in Lothringens Salinen Salz abgebaut, ein kostbares und einträgliches Handelsgut. Natürlich verstanden sich die Lothringer hervorragend darauf, es zur Konservierung ihrer ausgezeichneten Wurst- und Schlachtwaren zu verwenden. Als die Quiche lorraine alle Regionen Frankreichs eroberte, mogelte sich geriebener Käse mit ins Rezept. Ursprünglich gehört er nicht dazu, die Urversion baut allein auf die Güte von Butter, Eier und Speck. Ein trockener Riesling oder ein fruchtiger Beaujolais passen am besten dazu.

1

2

3

4

Quiche lorraine
Lothringer Speckkuchen
(Abbildung 1–4)

Für 2–4 Personen

150 g Mehl
Salz, schwarzer Pfeffer
3 Eier
75 g Butter
150 g feiner magerer Räucherspeck
125 g Crème fraîche
1 Prise Muskat

Das Mehl in eine Schüssel sieben und in die Mitte eine Mulde drücken (1). 1 Prise Salz, 1 Ei und die Butter in kleinen Stücken zufügen. Zutaten und Mehl miteinander verkneten und den Teig zu einer Kugel formen. Auseinanderdrücken und erneut zu einer Kugel formen. In Frischhaltefolie wickeln und 2 Stunden in den Kühlschrank legen. Den Backofen auf 220 °C vorheizen.
Den Teig dünn ausrollen. Eine Tortenboden- oder Quiche-Form von 18 cm Durchmesser – dem klassischen Maß für Quiches – mit Butter einfetten. Mit dem Teig auskleiden (2), überschüssigen Teig abschneiden. Den Teig mehrmals mit einer Gabel einstechen. Im Ofen 10 Minuten backen, dann herausnehmen.
Die Schwarte vom Speck schneiden, alle Knorpel entfernen und den Speck in kleine Würfel schneiden. In einer Pfanne leicht anbräunen. Die restlichen beiden Eier schlagen, Crème fraîche unterrühren und die Masse mit Muskat und Pfeffer würzen, kaum salzen.
Auf dem Teigboden die Speckwürfel gleichmäßig verteilen (nach Belieben mit geriebenem Käse bestreuen [3]) und mit der Ei-Sahne-Mischung übergießen (4). Etwa 25 Minuten im Ofen backen. Heiß servieren.

110 **Frankreich**

Käse

»Comment est-il possible de gouverner un pays qui produit plus de trois cent soixante-dix fromages différents?« – »Wie ist es möglich, ein Land zu regieren, das mehr als 370 verschiedene Käsesorten produziert?« Mit diesem Stoßseufzer wollte General de Gaulle auf die zahlreichen regionalen Unterschiede Frankreichs aufmerksam machen. Denn unterschiedliche Landschaft, Klima, Vegetation, Tierrassen, Traditionen und Charakter der Menschen spiegeln sich in der Vielfalt der Käsesorten wider – vom Coulommiers zum Munster, vom Roquefort zum Saint-Maure, vom Saint-Nectaire zum Comté, um nur einige wenige aus der Fülle der Käsezubereitungen von hoher und höchster Qualität zu nennen, von denen bislang 32 Sorten das Gütesiegel »Appellations d'Origine Contrôlée« erhielten. Ob die Konsistenz nun weich, halbhart oder hart ist, der Käse eine Rinde oder keine hat, ob er im Inneren Blauschimmel entfaltet oder äußerlich rötlichen. Ist er jung oder gereift, wurde er gewürzt, gewaschen oder mazeriert? Aufgrund ihrer Herstellungsweise werden Käse in Frankreich folgenden Kategorien zugeordnet: Frischkäse, industrielle Kochkäse, Weichkäse mit weißer oder roter Schimmelrinde, Blaue Edelschimmelkäse, Ziegenkäse und – aus nicht gekochtem oder gekochtem Teig gepreßte – Hartkäse. Selbstverständlich darf bei einem guten französischen Essen der Käse-Gang nie fehlen.

Hintergrund: Ein liebenswerter alter Käseladen in Paris mit reichem Angebot

Fromage frais – Frischkäse

Neben der Flut an Produkten, die das Thema Quark – französisch *fromage blanc* – variieren, gibt es praktisch überall dort, wo Käse noch handwerklich hergestellt werden, Spezialitäten, die auf ganz frischem Käse basieren. Er hatte noch keine Zeit, eine Rinde zu bilden oder sich farblich zu entwickeln, ist also völlig weiß. Je nach Fettgehalt kann er locker bis cremig sein.
In diese Kategorie gehören ganz junge Ziegenkäse ebenso wie angerichtete Frischkäse, die man mit Gewürzen, Kräutern, gehackten Zwiebeln oder anderem zubereitet. Oft werden sie in naturbelassenem Zustand als Alternative zum Käse-Plateau oder als Dessert angeboten. Dann süßt man sie mit Zucker, Honig oder Konfitüren.

Camembert

Während viele Käse schon im Mittelalter und oft von Abteien hergestellt wurden, gibt es Camembert erst seit 200 Jahren. Außerdem ist er die einzige Käsegröße, deren »Erfinderin« namentlich bekannt ist: die Bäuerin Marie Harel aus dem Dorf Camembert in der Normandie. Während der Revolution nahm sie einen Priester aus dem Brie-Gebiet auf, der ihr bei der Käseherstellung zur Hand ging. Durch die Zusammenarbeit, bei der sich die Kenntnisse des Gastes gewissermaßen mit den florierenden Bakterien des Pays d'Auge – auch Heimat des feinsten Calvados – verbanden, entstand ein besonders delikater Käse, den Marie zu handgroßen, halbpfundschweren Talern formte. Ab 1880 wurde er dann in dünne Holzschachteln verpackt. Sie sorgten für die Verbreitung seines Ruhms, zumal er darin vorzüglich reiste.

Hintergrund: *A la louche*, mit der Schöpfkelle, wird für die Herstellung von Camembert der Bruch in die kleinen Käseformen gefüllt.

Auf den Weiden der Normandie finden die Kühe fettes Gras, das ihrer Milch die Reichhaltigkeit gibt.

Ist die Rohmilch geronnen, wird die sogenannte Gallerte zerteilt und der Bruch herausgeschöpft.

Die Schöpfkelle bestimmt das spätere Gewicht des Käses, das für Camembert in der Regel bei 250 Gramm liegt.

Camembert ist ein Süßmilchkäse, der mit Lab, einem Ferment aus dem Magen von Kälbern, zum Gerinnen gebracht wird. Anschließend schöpft man die Käsemasse in Formen. Gesalzen kommt der Käse zum Reifen. Damit sich seine typische flaumige Außenschicht bildet, helfen Käsereien heute mit einer feinen Dosis Edelschimmel nach. Bevor sich Feinschmecker an Camembert laben, muß er das reife Alter von drei Wochen erreicht haben. Dann birgt er unter dem flaumigen, dezent rötlichen Äußeren einen weichen gelben Teig, der fast – aber eben nur fast – zu fließen scheint und volle Duftnoten ausstrahlt. Am besten ist er übrigens im Sommer und Herbst.

Fromages à croûte fleurie – Weißschimmelkäse

Diese Käsesorte erfreut sich großer Beliebtheit und ist in vielen Varianten verbreitet. Jeder Supermarkt führt diverse populäre, Camembert imitierende Markenkäse mit weißer, flaumiger Schimmelrinde und geschmacksneutrale, oft gipsähnliche Bries aus pasteurisierter Milch. Wer hochwertige Käse sucht, muß nach *fermiers* fragen.

Vacherin Mont d'Or

Wenn Franzosen eine Käseplatte für das Weihnachts- oder Silvestermenü zusammenstellen, steht dem Mont d'Or ein Ehrenplatz zu. Obwohl diese Käsespezialität aus dem französischen Jura bereits zwischen dem 31. August und 31. März hergestellt werden darf, beginnt ihre eigentliche Saison erst im Dezember. Durch die große Nachfrage kommt es oft vor, daß dann der Vacherin de Haut-Doubs noch nicht ausreichend gereift ist. Ein Hochgenuß ist er, wenn unter seiner gelblich-rötlichen, oft etwas grauen und zu Falten aufgeworfenen Rinde ein elfenbeinfarbener Teig fließt und ein Teelöffel benötigt wird, um sich bedienen zu können. Dann besitzt er einen cremigen, fruchtigen, balsamischen und verführerischen Geschmack.

Auf über 700 Meter müssen Kühe der Rassen Montbéliarde oder Pie rouge de l'Est, die allein Milch für den Vacherin liefern dürfen, auf den Weiden des Doubs grasen. Der Käse wird ausschließlich aus Rohmilch hergestellt, die mit Lab zum Gerinnen gebracht und leicht gepreßt wird. Die flachen runden Laibe, die entweder ein halbes oder ein Kilogramm oder 1,8 bis drei Kilogramm wiegen, reifen zunächst auf Fichtenbrettern. Dabei werden sie regelmäßig gewendet und mit Salzwasser abgerieben. Ihre Affinage – ihre geschmackliche Ausprägung und letzte Verfeinerung – erhalten sie in den Spanholzschachteln aus Fichten- oder Tannenholz, in denen sie verkauft werden.

Fromages à croûte lavée – Weichkäse mit Rotflora

Diese Weichkäse aus der nördlichen Hälfte Frankreichs werden während des Reifeprozesses immer wieder feucht abgerieben. So bildet sich eine glatte, anfangs glitschige Rinde, und natürlicher Rotschimmel entwickelt sich. Im Verlauf des Reifungsprozesses färbt sich der Käse immer stärker orangefarben und rötlich. Gleichzeitig gewinnt er zunehmend an Aromen. Die letzte Phase der Affinage kann mit Wein, Bier oder Bränden durchgeführt werden. Ist der Duft dieser Käse oft auch sehr intensiv und markant, so besitzen viele einen würzigen, gleichwohl erstaunlich milden, cremigen und elastischen Teig. Nie dürfen sie stechend oder bitter im Geschmack sein. Die meisten »gewaschenen« Käse werden inzwischen von größeren Molkereien geliefert.

Ist die Molke abgetropft, werden die Käse aus den Formen genommen, eingesalzen und in Reifekammern gelagert.

Mit einer Dosis Edelschimmel versehen, braucht Camembert drei Wochen Zeit, um den charakteristischen hellen Flaum zu entwickeln.

Hat er optimale Reife erlangt, zeigen sich auf dem weißen Flaum rötliche Flecken. Innen ist er dann gelb und weich.

Roquefort

Wie Marmor sieht er aus. Von edler Bleichheit, durchzogen von blaugrünen Adern und Flecken. Sein Geschmack ist Legende. Roquefort ist Schafskäse aus reiner voller Rohmilch. Er stammt aus einem 900-Seelen-Dorf im Süden Frankreichs, Roquefort-sur-Soulzon, einem klassischen Schafgebiet. Es liegt am Rande des kargen Causse de Larsac, einer kalkigen, windgebeutelten Hochebene, auf der sich nur knorrige Sträucher und wilde Kräuter behaupten. Herden von dünnbewollten Lacaune-Schafen machen sich die spärliche Nahrung streitig, die ihrer Milch die feine Würze verleiht. Hirten aus dem gesamten Aveyron, aber auch anderen Regionen des Südens und sogar aus den Pyrenäen, arbeiten heute für die große genossenschaftliche Société und zehn weitere Käsefirmen in dem Ort zwischen Millau und Saint-Affrique. Daß nur dort der berühmteste Edelschimmelkäse Frankreichs reift, ist Folge einer urzeitlichen Katastrophe: Der nordöstliche Rand des Kalksteinmassivs des Combalou stürzte ein und bildete einen gigantischen Schutthaufen. In seinem Inneren jedoch blieben natürliche Hohlräume von teils beachtlicher Größe erhalten. Saugfähiger Kalkstein garantiert dort 95prozentige Feuchtigkeit. Frische Luft dringt durch Felsspalten ein, und die Temperatur bleibt auf kaltem Niveau konstant – ideale Bedingungen für *penicillium roqueforti*, das sich an den Höhlenwänden ausbreitete. Heute impft man bereits in den Molkereien Tausende Liter Milch mit winzigen Pilzmengen, bevor die Käseherstellung beginnt. So infiziert, erreichen die Laibe ihre Reifekeller. Bevor sie, auf langen Gestellen aus solider Eiche aufgebahrt, unverhüllt ihre erste Reifephase angehen, werden sie mit Nagelbrettern malträtiert. Auf diese Weise mit einem luftigen Röhrensystem versehen, kann sich der Schimmelpilz einen Monat lang ungehindert entfalten. Dann zeigt er sich so übermütig, daß es ihn aufzuhalten gilt. Nun erhält er sein typisches Gewand aus dünner Zinnfolie und zieht in tiefere und kühlere Gefilde des Combalou um. Mindestens drei weitere Monate hat der Edelschimmel Zeit, sein Adernnetz zu spinnen. Aber bei manchen Qualitäten geben ihm die Erzeuger bis zu einem Jahr, gelegentlich sogar länger. Je jünger der Roquefort, desto weißer ist er, desto spärlicher und desto dunkler der Edelschimmel. Mit zunehmender Reife gewinnt der Käse Elfenbeinton. Der Pilz erobert mehr und mehr Terrain und zeigt sich im geschätzten Grünlichblau und mit voller Würze. Köstlich vermählt er sich mit den natursüßen Muskatweinen des Südens, insbesondere dem Muscat de Rivesaltes.

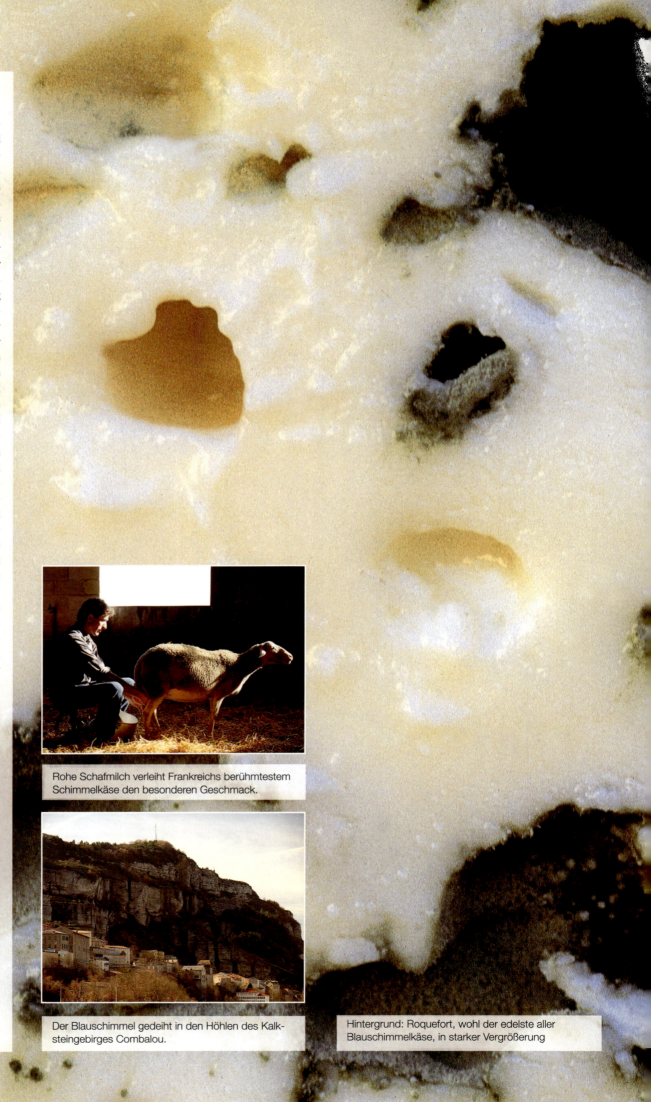

Rohe Schafmilch verleiht Frankreichs berühmtestem Schimmelkäse den besonderen Geschmack.

Der Blauschimmel gedeiht in den Höhlen des Kalksteingebirges Combalou.

Hintergrund: Roquefort, wohl der edelste aller Blauschimmelkäse, in starker Vergrößerung

Damit der Pilz sich im Käse entfalten kann, bohren ihm Nadeln gleichmäßig verteilte Luftkanäle.

Bis zu einem Monat dauert die erste Reifephase der bloßen, auf Holztischen gelagerten Laibe.

Der Käse- und Kellermeister der Genossenschaft überprüft das Reifestadium jedes einzelnen Käses.

Für die zweite Reifephase werden die Käse in Zinnfolie gewickelt und kommen in kühlere Höhlen.

Chèvre – Ziegenkäse

Ziegen sind genügsame Tiere. Sie brauchen kein fettes Gras. Kräuter und Halme, Blätter von Büschen und Bäumen sind ihnen ebenso recht. Deshalb werden Ziegen praktisch überall in Frankreich gehalten. Meistens gehören sie kleinen landwirtschaftlichen Betrieben, die über wenig oder nur karges Land verfügen. Verschiedene Regionen sind seit Jahrhunderten für ihre Ziegenkäse bekannt wie etwa Poitou, Berry, Quercy, Provence oder Korsika. Nach dem Zweiten Weltkrieg, als die Landwirtschaft technisiert wurde, wandten sich allerdings viele Bauern von der Ziegenzucht ab, welche häufig Bestandteil einer traditionellen vielseitigen, aber unökonomischen Wirtschaftsweise war.

Neuen Aufschwung erlebte sie in der Folge der Mai-Revolte der Studenten 1968. Viele junge Leute zogen aufs Land, um dort ein natürlicheres Leben zu erproben. Ihr Wappentier wurde die Ziege. Kehrten auch die meisten 68er nach einigen Jahren in die Städte zurück, die Alternativen, die blieben, verstanden sich immer besser auf ihr neues Metier. *Fromage de chèvre* – oder kurz Chèvre – wurde ihr Hauptprodukt – kein Wochenmarkt, auf dem nicht wenigstens ein Stand eigene Ziegenkäse anbietet.

Im Durchschnitt gibt eine Ziege vier Liter Milch pro Tag, bis zu 800 Liter im Jahr. Was den Fettgehalt betrifft, ist Ziegenmilch reichhaltiger als Kuh- oder Schafmilch. Die Milch wird im Kessel auf etwa 33 Grad Celsius erhitzt. Dann kommt Lab hinzu, 30 Milliliter auf 100 Liter. Nach einer guten halben Stunde gerinnt die Milch, und das Kasein verwandelt sich in eine puddingähnliche Masse. Vorsichtig wird diese mit einer sogenannten Käseharfe in Stücke zerteilt, damit die Molke ablaufen kann. Nun füllt man die Käsemasse in Formen mit durchlöcherten Böden. Bei handwerklich hergestelltem Ziegenkäse ist das Kleinformat am beliebtesten, das von einem Liter Milch ausgeht, falls nicht die Tradition Pyramiden, Stangen oder Zylinder vorschreibt. Kommt Ziegenkäse ganz frisch aus der Form, ist er weich, weiß, sehr cremig und besitzt nur recht wenig Geschmack.

Nach einer Woche, wenn er durch Trocknen bereits deutlich an Volumen eingebüßt hat, entwickelt er allmählich sein typisches Aroma. Nach zwei Wochen ist sein Teig bereits fester geworden. Dann hat er eine weiche gelbliche, bisweilen leicht bläuliche Kruste gebildet und entfaltet ein deutliches, aber mildes Aroma. Nach 20 bis 30 Tagen ist er bereits trocken. Nun zeigt seine Kruste Risse und oft Flecken von Schimmel. Je länger er an der Luft altert, desto härter, trockener und schärfer wird er.

Die Ziege hat sich überall dort verbreitet, wo das Land für andere Tierzucht zu karg ist. Ihr verdanken die Franzosen eine ihrer köstlichsten Käsefamilien.

Fromages à pâte pressée non cuite – Halbfeste und feste Schnittkäse

In Frankreich unterscheidet man bei Hartkäsen und festen Schnittkäsen zwischen denjenigen, die nur gepreßt, aber nicht gekocht werden, und denjenigen, bei denen der Bruch zusätzlich erwärmt wird (siehe unten). Für die *fromages à pâte pressée non cuite* wird – bei handwerklicher Herstellung – die morgens und abends gemolkene Milch jeweils sofort auf etwa 32 Grad Celsius erwärmt und Lab zugegeben. Nach 30 bis 60 Minuten der sogenannten Dicklegung, wenn sie geronnen ist und sich die Gallerte gebildet hat, wird der Teig mit einer Käseharfe gebrochen. Danach wird der Bruch zum ersten Mal gepreßt und ruhengelassen. Erneut und diesmal feiner zerkleinert, wird er gesalzen, in eine mit einem Tuch ausgekleidete Form gefüllt und für 48 Stunden ein zweites Mal gepreßt. Anschließend nimmt man die großen Zylinder aus der Form und bringt sie in kühle feuchte Reifekeller. Je nach Käseart schließt sich nun eine gewisse Zeit der Affinage, der Verfeinerung, an.

Die bekanntesten Käse dieser Familie, der Cantal und seine beiden Brüder Salers und Laguiole, stammen aus der vulkanischen Landschaft der Auvergne. Auf den zwischen 700 und 1000 Meter Höhe gelegenen Mittelgebirgsweiden fressen die Kühe der rustikalen Rassen Aubrac und Salers eine Fülle frischer und aromatischer Kräuter, darunter viel Klee, aber auch beispielsweise Enzian. Diese verleihen der Milch eine besondere Würze und dem Käse Geschmack.

Fromages à pâte pressée cuite – Hartkäse

Die Methode, Käse mit gepreßtem und gekochtem Teig zuzubereiten, entwickelte sich vor allem in den Alpenregionen und ist insbesondere typisch für großformatige Hartkäse wie den – auch in Frankreich hergestellten – Emmentaler sowie für die mit Ursprungsbezeichnungen geschützten Beaufort und Comté, der auch Gruyère de Comté genannt wird. Der halbgekochte, seit dem Mittelater hergestellte Abondance zählt ebenfalls zu dieser Gruppe. Nachdem die Milch durch Labzugabe dickgelegt wurde und zu einer gallertartigen Masse geronnen ist, wird diese mit der Käseharfe auf Weizenkorngröße zerkleinert. Unter Rühren erhitzt man den Bruch zunächst langsam, dann stärker, bis er eine Temperatur von 52 Grad Celsius erreicht hat. Dabei gewinnt das Bruchkorn an Festigkeit. Nachdem er weitere 30 Minuten gerührt wurde, wird der Bruch zum Absondern der Molke in mit Tüchern ausgekleidete perforierte Gefäße gegeben. Danach kommt er in Formen – beim Beaufort bestehen sie aus Buchenreifen – und wird gepreßt. Ist der Käselaib fest geworden, wird er gesalzen und abgerieben und erfährt eine drei- bis sechsmonatige Reifung.

Ist die Ziegenmilch durch den Zusatz von Lab geronnen, wird der Bruch in Formen gefüllt.

Durch die perforierten Böden kann die Molke ablaufen, und die Käse nehmen Form an.

Bereits nach einer Stunde haben die Käse eine solche Festigkeit erlangt, daß man sie zum Reifen aus der Form nehmen kann.

Gut gereifte Ziegenkäse mit fester Rinde und cremig-weißem Teig.

Französische Käse auf einen Blick
(Abbildungen S. 120–123)

Die mit * bezeichneten Sorten besitzen das Gütesiegel Appellation d'Origine Contrôlée und werden ausschließlich aus Rohmilch hergestellt.

Fromages à croûte fleurie – Weißschimmelkäse
Brie de Meaux*
Brie de Melun*
Brillat-Savarin
Camembert*
Chaource*
Coulommiers
Neufchâtel*
Saint-Marcellin

Fromages à croûte lavée – Weichkäse mit Rotflora
Epoisses*
Langres*
Livarot*
Maroilles*
Mont d'Or, Vacherin de Haut-Doubs*
Munster, Munster-Géromé*
Pont l'Evêque*

Chèvre – Ziegenkäse
Cabécou
Chabichou du Poitou*
Charolais, Charolles
Crottin de Chavignol*
Montrachet
Pélardon
Picodon de l'Ardèche, Picodon de la Drôme*
Poivre d'âne
Pouligny-Saint-Pierre*
Saint-Maure*
Selles-sur-Cher*

Fromages à pâte persillée – Blauschimmelkäse
Bleu d'Auvergne*
Bleu des Causses*
Bleu du Haut-Jura, Bleu de Gex, Bleu de Septmoncel*
Fourme d'Ambert, Fourme de Montbrison*
Roquefort*

Fromages à pâte pressée non cuite – Halbfeste und feste Schnittkäse
Ardi-gasna
Bethmale
Cantal*
Laguiole*
Mimolette
Morbier
Ossau-Iraty*
Reblochon*
Saint-Nectaire*
Salers*
Tomme de Savoie

Fromages à pâte pressée cuite – Hartkäse
Abondance*
Beaufort*
Comté, Gruyère de Comté*

Fromages à croûte fleurie – Weißschimmelkäse

Camembert
Berühmter Käse aus der Normandie, vorzugsweise aus *lait crû,* Rohmilch (siehe S. 114–115)

Coulommiers
Brie aus der Ile-de-France; um 500 Gramm schwere Taler

Saint-Marcellin
Kleiner Kuhmilchkäse aus der Isère. Am aromatischsten im Zustand wie abgebildet.

Brillat-Savarin
Sehr milder, leicht säuerlicher, sehr fetter Käse aus der Normandie.

Brie de Melun
Torten von etwa 28 Zentimeter Durchmesser. Nach üblichen vier Wochen Affinage ähnliche äußerliche Merkmale wie der Brie de Meaux, mit glattem gelbem Inneren, nussigem Geschmack. Beide Bries werden in Seine-et-Marne und angrenzenden Départments hergestellt. Weniger gut im Frühjahr.

Neufchâtel
Am bekanntesten in Herzform mit weißem Flaum, nur kurz affiniert, angenehmer Geschmack mit dezenter Schimmelnote. Stammt aus der Seine-Maritime, seit dem 11. Jahrhundert verbrieft, früher *fromenton* genannt.

Chaource
Aus der Champagne und dem nördlichen Burgund, bekannt seit dem Mittelalter, angeboten als mit Papier umgürtete Zylinder von 450 und 200 Gramm Gewicht, mit 50 Prozent Fett in der Trockenmasse, sehr cremig, reif mit Champignonaroma. Am besten im Sommer.

Brie de Meaux
Bekanntester Brie, bereits von Karl dem Großen geschätzt. Heute überwiegend industriell hergestellt, dann meist ziemlich salzig. Flache Torten von 2,5 Zentimeter Höhe und 35 Zentimeter Durchmesser. Zeigt reif auf weißlichem Flaum rötliche Flecken oder Streifen.

Frankreich

Fromages à croûte lavée – Weichkäse mit Rotflora

Pont l'Evêque
Aus der Normandie, seit dem Mittelalter hergestellt. Typische quadratische Form, 350 und 400 Gramm Gewicht. Glatter gelblicher Teig mit prägnantem, leicht nussigem Geschmack.

Livarot
Aus dem Herzen des Calvados-Gebiets. Rinde an den Seiten von Binsenstreifen eingekerbt. Gelber elastischer Teig.

Munster, Munster-Géromé
Von Mönchen kreierter, sehr aromatischer Käse aus Kuhmilch der Vogesen-Almen. In großen Torten.

Vacherin Mont d'Or
Ausschließlich aus Rohmilch hergestellt. Die Laibe reifen auf Fichtenbrettern.

Langres
Jung mit gelber glatter und dünner Rinde, mit zunehmender Reife dunkler. Schmelzender, leicht pikanter Teig. Am besten im Herbst.

Epoisses
Burgunder Spezialität, die mit Marc (Trester) und/oder Weißwein affiniert wird. Glänzende glatte oder leicht geriffelte Rinde von dunklem Orange. Markantes Bukett, sehr cremig, angenehm würzig.

Maroilles
Berühmter, seit dem Mittelalter geschätzter Veteran. Quadratische Form von 13 Zentimeter Seitenlänge und sechs Zentimeter Höhe mit ziegelroter, glänzender Rinde. Starker Duft, ausgeprägter eigener Geschmack, gut zum Bier.

Chèvre – Ziegenkäse

Charolais, Charolles
Burgunder. Oft jeweils zur Hälfte aus Ziegen- und Kuhmilch, 150-Gramm-Zylinder

Cabécou
Weicher Ziegen- oder Schafskäse aus dem Query, dem Périgord oder dem Rouergue.

Pouligny-Saint-Pierre
Von der Loire aus dem Zentrum Frankreichs. Pyramide von etwa 250 Gramm. Am besten mit leicht bläulichem Schimmel.

Selles-sur-Cher
Von der südlichen Loire. Leicht verjüngte Zylinder, werden mit einer Mischung aus Salz und Holzkohle bestäubt und dann affiniert. Feine Nußnote.

Picodon de l'Ardèche, Picodon de la Drôme
Kleine, flache Taler, die mit zunehmendem Alter und bläulichem Schimmel pikanter werden.

Crottin de Chavignol
Kleine, abgerundete Käse, benannt nach dem Loire-Dorf in der Region des Sancerre-Weins.

ardon
s den Cévennes. Gibt es in vielen riationen. Milder, aromatischer schmack.

Chabichou du Poitou
Geht angeblich auf die Mauren zurück. Kleine Zylinder von 150 Gramm Gewicht.

Saint-Maure
Der bekannteste Chèvre. Handwerklich gemachte, leicht bläuliche (sonst weiße) Rolle, die durch einen Strohhalm in der Mitte ihre Form hält.

Poivre d'âne
»Eselspfeffer«. Aus der Provence. Halbtrocken, in Kräuter, meist Bohnenkraut, gerollt.

Montrachet
Burgunder. Sehr milder, cremiger Käse, der jung gegessen wird.

Fromages à pâte persillée – Blauschimmelkäse

Bleu d'Auvergne
Zum ersten Mal Mitte des 19. Jahrhunderts von einem pfiffigen Bauern im Zentralmassiv hergestellt. Gebürstete dünne Rinde, fester elfenbeinfarbener Teig mit ungleichmäßigen blaugrünen Pilzadern durchzogen. Charakteristischer pikanter Geschmack.

Bleu des Causses
Nur aus Kuhmilch erzeugter Bruder des Roquefort, der in Kalkgebirgshöhlen des Aveyron unter vergleichbaren Bedingungen altert. Gleichmäßig heller Teig mit bläulichem Edelschimmel.

Roquefort
Berühmtester, aus roher Schafmilch hergestellter Blauschimmelkäse (siehe S. 116–117)

Bleu du Haut-Jura, Bleu de Gex, Bleu de Septmoncel
Außenseiter unter den französischen Blauschimmelkäsen. Wird zu Rädern geformt. Per Hand gesalzen, mit schöner goldgelber Rinde, cremefarbenem, von feinem blaugrünem Schimmel marmoriertem Teig, delikates, nussiges Aroma. Beste Saison: Juni bis Oktober.

Fourme d'Ambert, Fourme de Montbrison
Seit vermutlich 2000 Jahren in den Bergen der Auvergne hergestellt, früher direkt auf den Almen. Wird zu hohen Zylindern geformt, dann meist geimpft und mehrere Monate affiniert. Graue Rinde, oft mit verschiedenfarbigem Schimmel. Gelblicher, recht gleichmäßig von Blau durchzogener, fetter Teig mit sanftem Geschmack. Wird mit dem Löffel aus dem 19 cm hohen Stumpen geschält.

Abondance
Von Mönchen des Klosters Abondance in der Haute-Savoie seit dem 12. Jahrhundert produziert. Die Milch stammt von der gleichnamigen Rasse, die sie auch selbst züchteten. Nach dem Gerinnen wird die Käsemasse nochmals erwärmt, in ein Tuch geschlagen und in Holzreifen gepreßt. Nach drei Monaten Reife ist die Rinde von hellem Orange, der Teig mit wenigen Löchern von hellem Gelb, der Geschmack angenehm. Besonders fruchtig im Sommer.

Fromages à pâte pressée cuite – Hartkäse

Beaufort
In Buchenreifen gepreßt, erhält er seine Radform mit einem Durchmesser von bis zu 75 Zentimetern und einem Gewicht von bis zu 70 Kilogramm. Nach mindestens sechs Monaten Reife hat er eine harte gelbe bis braune Rinde und schmeckt nussig.

Comté, Gruyère de Comté
Populärster Hartkäse Frankreichs aus dem Franche-Comté, wo die Kühe im Sommer auf den Almen des Jura weiden. Nach alter Tradition wird die Konsistenz des Korns durch Erwärmen erreicht, worauf der Teig in Tuch gepreßt wird. Gesalzen und abgerieben, reift er – regelmäßig gewendet – drei bis sechs Monate. Unter ihrer harten Rinde verbergen die bis zu 55 Kilogramm schweren Räder einen gelben glatten Teig mit fruchtigen und floralen Aromen.

122 **Frankreich**

Fromages à pâte pressée non cuite – Halbfeste und feste Schnittkäse

Reblochon
Flacher, runder, im Ganzen oder als Hälfte verkaufter Käse aus den Bergen Savoyens. Er wird leicht gepreßt und wiederholt gewaschen. Seine Rinde ist gelb-orangefarben, aber mit Weißschimmel überzogen. Der elastische, gleichmäßige, cremige Teig schmeckt angenehm mild und leicht nach Haselnuß.

Tomme de Savoie
Früher nur in Savoyen aus entrahmter Milch hergestellt. Die grau-braune Oberfläche hat rötliche Flecken. Intensiver Geschmack.

Bethmale
Kuhmilchkäse aus den Pyrenäen. Mittelgroße Räder mit natürlich gereifter Rinde; leicht pikanter Geschmack.

Morbier
Aus der Region des Comté. Typisch der Aschestreifen in der Mitte.

Ardi-gasna
Fester Schafskäse *(pur brebis)* aus dem Baskenland, der gern mit Kirschkonfitüre gegessen wird.

Ossau-Iraty
Reiner fester Schafskäse aus Tälern und von Almen der westlichen Pyrenäen. Ossau liegt im Béarn, Iraty im französischen Baskenland. Nur leicht gepreßt, wird der Käse in Laiben nach mindestens drei Monaten Affinage geliefert. Feste Rinde, glatter Teig mit wenigen Löchern, feine markante nussige Aromen. Am besten im November und Dezember.

Salers
Cantal-Käse, aber nur aus der Milch der auf Sommerweiden grasenden Salers-Kühe hergestellt. Hoher Zylinder mit 35 bis 45 Kilogramm Gewicht.

Mimolette
Ursprünglich aus Holland importiert, inzwischen auch in Frankreich hergestellt. Schnittfester, rötlicher Teig mit wenigen Löchern.

Cantal
Bekanntester Schnittkäse des südlichen Zentralmassivs.

Laguiole
Naher Verwandter des Cantals vom Hochplateau des Aubrac. Handwerklich hergestellt und vier bis zehn Monate gereift.

Saint-Nectaire
Er wird seit 1000 Jahren hergestellt, aber berühmt, seit Louis XIV ihn genoß. Halbfester, zweimal gepreßter Rohmilchkäse in Tortenform, der auf Roggenstroh in feuchten Kellern altert und dabei seine bunte Rinde erhält. Feiner Teig mit Pilz- und Nußaromen.

Wein

In Frankreich wird Wein mit einem einzigartigen, unübersetzbaren Begriff verbunden: *terroir*. Zwar klingt darin der Boden, *la terre*, an, aber *terroir* meint viel mehr. Es faßt alle Bedingungen zusammen, unter denen Wein an einem bestimmten Ort gedeiht: Bodenstruktur und Steinigkeit, Gefälle und Ausrichtung, Sonnenschein und Regen, Frost, Hitze und Wind, einfach alle natürlichen Elemente. Überall dort, wo Wein hohes Ansehen erreichte, vereint das Terroir besonders günstige Faktoren.

Das ausgeklügelte System der französischen Herkunftsbezeichnungen basiert vor allem auf diesen Gegebenheiten. Insgesamt wurden rund 320 verschiedene Anbaugebiete zur Appellation d'Origine Contrôlée erhoben, der höchsten Kategorie. Sie reicht von einem bis zu Tausenden von Hektaren. Immer garantiert sie die Echtheit der Weine, ob Sauternes oder Chablis, Margaux oder Pommard, Châteauneuf-du-Pape oder Saint-Emilion, Beaujolais oder Hermitage. Sie erfaßt aber auch noch weitere Faktoren und verpflichtet die Erzeuger, sie zu respektieren, wie zum Beispiel die Rebsorten, deren Wahl und Erziehung meist auf alten Traditionen fußt.

Neben der Arbeit im Weinberg prägen alle Aktivitäten im Keller, von der Vinifikation bis zur Abfüllung, den Wein. Dennoch bleibt der entscheidenste Faktor der Mensch. Entsprechend seinem Charakter, seinem kulturellen und historischen Hintergrund, seiner Philosophie und Ethik, seiner Ein- und Absicht nimmt der Winzer Einfluß auf den Wein. So kommt es, daß es in einer einzigen Appellation selbst in herausragenden Jahren bisweilen enttäuschende und gleichzeitig großartige Weine geben kann, die ihrem Terroir einmaligen Ausdruck verleihen.

Französische Weine haben in den letzten zwei Jahrzehnten enorme Fortschritte gemacht. Immer interessanter wird ihre unglaubliche Vielfalt, denn immer mehr Winzern in immer mehr Appellationen gelingt es, große Weine zu erzeugen – lebendiger Beweis für eine kulturelle Entwicklung, die mit Phöniziern, Griechen und Römern begann.

Weinkategorien

Vin de table, VdT
Tafelwein, unterste Kategorie, meist charakterloser Massenwein.

Vin de pays, VdP
Landwein, bereits reglementiert, kann angenehme, aromatische, bisweilen rebsortenreine Weine bieten.

Vin délimité de qualité supérieure, VDQS
Begrenzter Wein von höherer Qualität, reglementierte Kategorie zwischen Land- und AOC-Wein, inzwischen selten, kann gute Qualitäten bringen.

Vin d'appellation d'origine contrôlée, AC oder AOC
Wein mit kontrollierter Ursprungsbezeichnung, höchste Qualitätsstufe mit strikten Reglementierungen hinsichtlich Rebsorten und Ertrag, sollte immer ordentliche Qualität garantieren; alle Spitzenweine sind AOCs.

Flaschenformen

Einige Anbauregionen haben eigene Flaschenformen entwickelt. Die bekanntesten sind:

1 Burgund
2 Bordeaux
3 Elsaß
4 Provence
5 Châteauneuf-du-Pape

124 **Frankreich**

Unten: Unter Zinnkapseln und Korken verschlossen, birgt Frankreich eine unglaubliche Fülle an verschiedenartigsten Weinen – eine unerschöpfliche Fundgrube für Feinschmecker und Weinfreunde.

Weinwissen – Basis-Vokabular

Acidité	Säure
Assemblage	Mischung, Verschneidung
Barrique	Eichenfaß von 225 Litern
Bouche, goût	Mund, Geschmack
Bouchon	Korken
Bouquet, nez	Bukett, Duft, Nase
Cave	Keller
Caveau	Probierkeller
Caviste	Kellerarbeiter, -meister
Cep, souche	Rebstock
Cépage	Rebsorte
Chai	Lagerkeller, -halle
Chaptalisation	Aufzuckerung, Anreicherung
Charpente	Struktur
Couleur, robe	Farbe
Cru	Lage, (Hoch-) Gewächs
Cuvaison	(Länge der) Maischung
Cuve	(Gär-) Tank
Cuvée	besondere Abfüllung, Mischung
Degré	Alkoholgrad
Dégustation	Verkostung
Echantillon	Probe (flasche), Muster
Elévage	Ausbau
Equilibre	Ausgewogenheit
Fermentation	Gärung
Fermentation maloctique (malo)	biologischer Säureabbau
Fût	Faß
Garde	Lager-, Alterungsfähigkeit
Générique	Wein gängiger Qualität
Grape	Weintraube
Lie, lies	Bodensatz aus Weinhefe
Macération	Maischung
Millésimé	Jahrgang
Mise (en bouteille)	Flaschenabfüllung
Nez, bouquet	Nase, Duft, Bukett
Persistance	Länge am Gaumen
Pièce	Faß im Burgund
Pigeage	Untertauchen des Tresterhuts
Pressurage	Pressung, Keltern
Puissance	Intensität, Kraft
Raisin	Weinbeere
Rendement	Ertrag
Robe, couleur	Farbe
Souche, cep	Rebstock
Taille	Schneiden der Rebstöcke
Tastevin	Probiertasse
Tri	Auslese der Trauben
Vendange	Weinlese
Vigne	Weinberg
Vigneron	Weinbauer
Vignoble	Gesamtheit der Weinberge
Vinification	Weinbereitung
Viticulteur	Winzer

④ ⑤

125

Bordeaux

Um die südfranzösische Hafenstadt Bordeaux liegt das mit über 100 000 Hektar größte zusammenhängende Qualitätsweingebiet der Welt. Bordeaux bietet eine ganze Palette von Weinen – außer Rotweinen, auch trockene, liebliche und sehr süße Weißweine sowie Rosés und sogar Schaumweine. Das Angebot reicht von simpelsten Tropfen bis zu weltberühmten Châteaux. Bei »Châteaux« handelt es sich übrigens selten um schloßähnliche Bauwerke: Im Bordelais ist dieser Begriff Synonym für Weingut.

Das nah am Atlantik gelegene Gebiet besitzt ein gemäßigtes Klima. Wälder schützen es gegen Stürme vom Meer. Oft bringt der Herbst sonnige Tage, während derer die Trauben optimale Reife erlangen – Voraussetzung für jeden guten Jahrgang. Das Gebiet wird von den Flüssen Dordogne und Garonne geteilt, die sich nördlich der Stadt zur Gironde vereinen. Dadurch werden drei Zonen gebildet, die im Charakter sehr unterschiedliche Weine liefern.

- Links von Garonne verläuft ein höchstens 20 Kilometer breiter Streifen Rebland um Bordeaux herum und am linken Ufer der Gironde entlang bis zu deren Mündung. Dies sind zunächst die berühmten Graves, an die sich nördlich der Stadt Haut-Médoc und Médoc anschließen. Gut filtrierender Kies, teils mit tiefreichenden Kalkschichten, prägt ihre Böden. Süße, goldfarbene Weißweine erlangen darauf äußerst komplexe Aromen, allen voran Sauternes. Graves stellt die besten trockenen Weißen Bordeaux. Die von Cabernet Sauvignon geprägten Rotweine, ob Graves, Margaux, Saint-Julien oder Paulliac mit ihrem in der Jugend oft verschlossenen, später distinguierten und vielschichtigen Charakter, sind Legende.
- Zwischen Garonne und Dordogne liegt das landschaftlich reizvolle, hügelige Gebiet der Entre-Deux-Mers, am rechten Ufer der Garonne von den Premières Côtes de Bordeaux mit ihren kraftvollen Rotweinen gesäumt. Hier überwiegt generell Lehm auf kalkreichem Untergrund. Entre-Deux-Mers ist eine Weißwein-Appellation, in der Sauvignon für fruchtbetonte Aromen sorgt.
- Auf der rechten Seite der Dordogne, dem Libournais, finden sich erneut herausragende Lagen mit Kies über kalkigem Untergrund, so teilweise in Saint-Emilion und in Pomerol. In diesem Gebiet herrscht die Rebsorte Merlot im Mischsatz, die besonders samtige, harmonische Rotweine ergibt. In den umgebenden Appellationen, wie den Sateliten, überwiegen schwerere Böden, auf denen gute, kernige Rotweine entstehen. Bourg und Blaye, nordwestlich von Libourne, erzeugen auf heterogenen Böden sowohl fruchtbetonte Rot- wie auch trockene, oft florale Weißweine.

Linke Seite: Merlot ist die auf dem rechten Ufer der Dordogne, in Saint-Emilion und dem Libournais, dominierende Rebsorte im Gegensatz zum Médoc, wo die Cabernets vorherrschen.

Rebsorten in Bordeaux

Cabernet Sauvignon
Einheimischer Star, der in den großen Weinen des Médoc dominiert und weltweite Verbreitung fand. Wein: dunkel, nach Cassis und Zeder duftend, kraftvoll, ausgeprägte Tannine, deshalb Alterung notwendig.

Cabernet Franc
Enger Verwandter, früher austreibend, gehört zum traditionellen Mischsatz der Bordeaux. Wein: komplexe Beerenfrucht, viel Würze, schlankerer Körper, dezentere Tannine, langsame Entwicklung.

Merlot
Früh reifend, oft enorme Erträge; wichtiger Bordeaux-Bestandteil, insbesondere im Pomerol und Saint-Emilion; sonst vor allem im Midi. Wein: animalisch, samtig, viel Körper, sanfte Tannine, schneller reifend.

Petit Verdot
Sehr spät reifend, daher problematisch und unregelmäßig; vor allem im Médoc rückläufig. Wein: dunkel, würzig, großes Volumen, ausgeprägte Tannine. Hervorragend im Mischsatz.

Malbec, Auxerrois, Cot, Pessac
Frostgefährdet; Hauptsorte des Cahors; selten im Bordeaux-Gebiet. Wein: dunkel bis schwarz, sehr kräftige Tannine, gutes Alterungspotential.

Sémillon
Neigt zum Befall mit Edelfäule, dann Basis des Sauternes und anderer lieblicher Weißweine; zusätzlich zum Sauvignon in trockenem Bordeaux; im Südwesten. Wein: entwickelt erst durch Überreife oder Alterung faszinierend komplexe Aromen von Honig, kandierten Früchten und Pralinen.

Sauvignon
Grundlage der trockenen weißen Bordeaux; sehr produktiv; Hochburg an der Loire, weltweit gepflanzt. Wein: höchst aromatisch, Cassis, auch -blätter; sehr fruchtig, präsente Säure.

Südwestfrankreich

Starke klimatische Einflüsse des Atlantiks sind der einzige gemeinsame Nenner der sonst sehr unterschiedlichen anderen Appellationen Südwestfrankreichs. Für den Weinfreund bergen sie eine Fülle von Entdeckungen zu günstigen Preisen. Östlich vom Bordeaux-Gebiet hat das Bergerac auf 12 000 Hektar die gleiche Vielfalt an Weinen wie der berühmte Nachbar zu bieten. Der liebliche Star heißt Monbazillac. Im Cahors prägt der Malbec die Rotweine, die in guten Jahren lange altern können und viel Charakter besitzen.

Der Ausdruck von Appellationen wie Côtes de Duras oder Buzet basiert vor allem auf roten Bordeaux-Sorten, auch wenn es Weiß- und Roséweine gibt. Dagegen profitiert Côtes du Frontonnais von einem größeren Sortenspektrum für seine oft sehr aromatischen, im Stil leichteren Rotweine. Die seltene Negrette verleiht den besten Kraft und Charakter. Gaillac ist ein Schmelzpunkt zwischen mediterranen und atlantischen Einflüssen mit zahlreichen Rebsorten – ob moussierend oder still, ob trocken oder lieblich, ob weiß, rosé, rot, alles ist in diversen Variationen vorhanden.

Viel Aufsehen erlangte Madiran dank seiner von Alain Brumont angeführten jungen Winzergeneration. Sie führt vor, daß der traditionelle Tannat als (fast) reinsortiger Wein in ihrer Region wesentlich mehr Tiefe und Größe als Cabernet aufweist. Auch Jurançon, südwestlich von Pau, erfreut sich starker Nachfrage wegen seiner hervorragenden lieblichen oder trockenen Weißweine, die aus Manseng gekeltert werden. Und schließlich lohnt Irouléguy das Probieren, der baskische Wein, der von teils spektakulären Weinbergen geerntet wird.

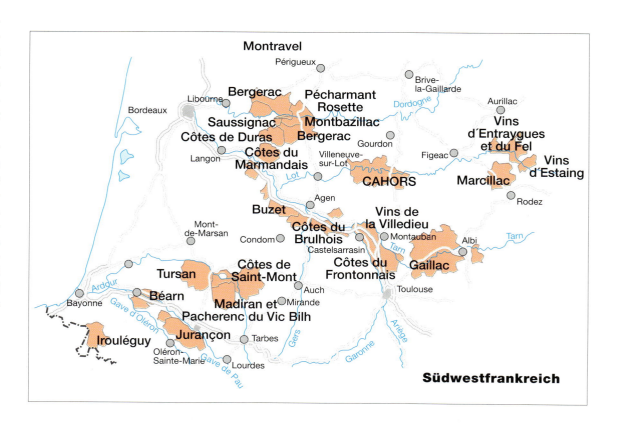

Südwestfrankreich

Frankreich 127

Burgund

Keine andere Weinregion besitzt ein so ausgetüfteltes System, das einzelne Rebparzellen voneinander abgrenzt und Qualitätskategorien zuordnet. Allein das Herzstück, die Côte d'Or, der Goldene Hang, die sich von Dijon nach Süden über Beaune hinaus bis nach Chagny erstreckt, bringt es auf ihren 8500 Hektar auf fast 70 unterschiedliche Appellationen, wobei die Aufteilung der kommunalen Appellationen in Premiers Crus nicht einmal berücksichtigt ist. Auch die Besitzverhältnisse sind entsprechend kleinteilig. Insgesamt umfaßt Burgund 24 000 Hektar Weinberge, die – wie die Crus des Beaujolais – Anrecht auf die AOC Bourgogne haben.

Während die Geologie also mit erstaunlichsten Variationen aufwartet, gibt es im Burgund Faktoren, die allen Weinen einen gemeinsamen Nenner geben – beispielsweise das kontinentale Klima, das oft erhebliche Unterschiede von Jahr zu Jahr beschert, die sich im Charakter der Jahrgänge äußern; oder die Rebsorten. Burgund ist die Heimat zweier herausragender Sorten: des weißen Chardonnay und des blauen Pinot noir. Sie erreichen in den großen Crus des Burgunds ihren edelsten und tiefgründigsten Ausdruck. Immer aber spielen die zahlreichen Lagen ihre faszinierend vielfältigen Melodien nach diesen zwei vorgegebenen Themen.

Burgund ist in vier Anbaugebiete unterteilt:
• Chablis liegt im Nordwesten, in der Yonne. Ausschließlich Weißweine kommen von seinen Muschelkalkböden, die dem Chardonnay sehr frische mineralische Aromen verleihen. 2400 Hektar Chablis, weitere 1900 Hektar Regional-Appellationen wie Irancy.
• Côte d'Or:
1. Côtes de Nuits, südlich von Dijon beginnend, stellt 23 (fast nur rote) von 30 Grands Crus, die in Hanglagen auf Mischungen aus Kieselerde, Ton und Kalk gedeihen. Generell besitzen ihre Rotweine feste Struktur, markante Tannine und altern hervorragend.
2. Côtes de Beaune – Heimat der berühmten voluminösen Weißweine Meursault und Montrachet, wo Mergel im Boden mitspielt – ergibt überwiegend geschmeidigere, jung sehr fruchtbetonte Rotweine mit Ausnahme von Pommard.
3. Höher liegen Hautes-Côtes de Nuits und de Beaune mit frischen Chardonnays und leichteren Pinot noirs; insgesamt 8500 Hektar.
• Côte Chalonnaise mit teils hohen Kalk- und Mergelanteilen in den Böden ergibt in den Appellationen Bouzeron, Rully, Mercurey, Givry und Montagny oft sehr aromatische und elegante Weine; 2200 Hektar.
• Das Mâconnais im Südburgund beginnt nördlich von Tournus und reicht bis zu den Felsen von Solutré und Vergisson, wo Pouilly Fuissé und Saint-Véran, seine besten Weißen, wachsen. Sonst sehr unterschiedliche Böden, angenehme, frische, jung zu trinkende Weiß- und Rotweine; 8800 Hektar.

Beaujolais

Beaujolais ist einer der charmantesten Rotweine überhaupt. Seine 22 500 Hektar schließen sich direkt an das Mâconnais und damit an das Burgund an und erstrecken sich bis nah vor Lyon. Die zehn Spitzenlagen im Norden des Beaujolais haben das Recht, ihre Weine als »Appellation Bourgogne« zu verkaufen. Historisch jedoch war Beaujolais nie burgundisch, und sein auf Gamay basierender Rotwein ist durchaus eigenständig. Er erlangt nirgends einen derart vielfältigen und differenzierten Ausdruck. Er wird in ganzen, per Hand gelesenen Trauben vergoren.

Rebsorten im Burgund

Chardonnay
Überragende einheimische weiße Rebe, die im Burgund einige der berühmtesten Weißweine der Welt schenkt; heute international verbreitet. Wein: je nach Boden und Vinifikation frisch, stahlig, fruchtig oder buttrig, voluminös, kraftvoll.

Pinot noir
Hervorragende rote Sorte, Basis großer, sehr feiner Rotweine; auch als Rosé oder Champagner im Elsaß. Wein: jung höchst delikate Beerenaromen, oft herbe, sehr feine Tannine; hervorragende Entwicklung.

Gamay
Robuste Sorte; auf Granit und mit reduzierten Erträgen interessante Weine, sonst meist banal; auch unter anderem an der Loire, im Jura und in der Schweiz. Wein: angenehme fruchtige oder florale Aromen, am Gaumen frisch, fruchtig und süffig.

Aligoté
Heute wenig verbreitete weiße Sorte des Burgunds, wegen ihrer derben Säure mit Cassis-Likör zu Kir vermischt; mit Sorgfalt behandelt wie in Bouzeron oder Saint-Bris interessanter feiner Weißwein. Wein: leicht fruchtiger Duft, sehr lebendig, erfrischend und in den besten seidiger Körper.

Weinempfehlungen
• Entdeckungen um Chablis gewähren regionale Appellationen wie Saint-Bris, Irancy oder Tonnerre.
• Gute Pinot noirs, nur günstiger, liefern an der Côte d'Or alle unbekannteren Appellationen wie Marsannay, Chorey-lès-Beaune, Monthélie.
• Rote Premiers Crus oft von großer Klasse, und im Vergleich preiswert sind die der AOC Beaune.
• In Clessé und Viré im Mâconnais wachsen gute Chardonnays, hervorragend sind seltene Spätlesen.
• Chénas, Cru des Beaujolais, bietet gleichen Charakter wie Moulin-à-Vent zu niedrigeren Preisen.

Der Clos de Vougeaut mit seinem Château und der Kellerei aus dem 12. Jahrhundert ist einer der berühmtesten Weinberge Burgunds.

Côtes du Rhône

Das Rhône-Tal bietet über 200 Kilometer, von Vienne bis Avignon, eine Fülle von Appellationen. Sie unterteilen sich in zwei Familien, die der nördlichen und die der südlichen Rhône. Im Norden wurzeln Rebstöcke oft auf steilen Terrassen. Die Anbaugebiete sind winzig und reichen vom 3,4 Hektar großen Château-Grillet bis zum Crozes-Hermitage, der 1000 Hektar umfaßt. Rotweine verdanken ihren großartigen Charakter allein der Syrah. Weißweine werden aus dem originellen Viognier oder aus Marsanne und Roussanne gekeltert. Überall sind die Erträge niedrig, die Weine in guten Jahren sehr konzentriert, die tiefdunklen Roten langlebig.

Im Süden mit Châteauneuf-du-Pape und seinen 13 zugelassenen Rebsorten ist das Spektrum breiter, verleiht die ausgiebige Sonne den besten Rotweinen große Wucht. Aber viele Winzer oder Genossenschaften produzieren lieber leichtere und simplere Rote und Rosés. Weißweine sind relativ selten, sieht man vom natursüßen Muscat de Beaumes-de-Vénise und dem Schaumwein Clairette de Die ab.

Provence

Erfreut sich der Rosé der Provence als Sommerwein auch großer Beliebtheit, die besten Tropfen der sechs Appellationen des 23 000 Hektar großen Weingebiets sind Rot- und rare Weißweine. In den Coteaux d'Aix-en-Provence oder Côtes de Provence verbinden sich oft Cabernet Sauvignon und Syrah zu kraftvollen, würzigen Rotweinen. Enorme Finesse entfaltet der Mourvèdre, der nicht nur in Bandol angebaut wird, nach mehreren Jahren Flaschenreife, während in Cassis sehr eigene, säureschwache, aber wuchtige Weißweine gedeihen.

Korsika

Von Korsikas 12 000 Hektar Rebflächen sind 2400 Hektar als Appellation anerkannt. Dort hegt man die einheimischen Sorten Nielluccio und Sciacarello, die durch andere mediterrane Sorten ergänzt werden. Neben viel Rosé und eher rustikalen Rebsorten gibt es eine Gruppe von engagierten Winzern, die sehr intensive, volle und komplexe Rotweine abfüllen, insbesondere in Patrimonio.

Languedoc-Roussillon

Mediterranes Klima verwöhnt die Weinberge des Landstreifens, der von der spanischen Grenze bis an die Rhône reicht. Dort wächst eine Vielzahl von Rebsorten, aber in den Appellationen haben südliche Sorten die Oberhand. Sie erreichen in der Regel eine optimale Reife. Anreicherung mit Zucker ist untersagt. Zwar ist das gesamte Gebiet, Tafel- und Landwein eingerechnet, noch immer größter Weinerzeuger Frankreichs, aber die Fläche für Vin de table ist stark rückläufig. Dagegen erbringen seine rund zweieinhalb Dutzend Appellationen jährlich nur um zwei Millionen Hektoliter, ein Drittel von Bordeaux. Ihr Niveau ist eindeutig gestiegen. Heute nutzt die neue Generation klimatische Vorteile, karge Böden und südliche Rebsorten, um mediterrane Weine voll Kraft und Finesse zu entwickeln.

Eine Spezialität sind Vins Doux Naturels, natursüße Weine, wie Banyuls, Maury oder die Muscats, in denen etwas natürlicher Traubenzucker erhalten bleibt. Sie sind außerordentlich aromatisch und verfügen nach Jahren der Alterung über höchst komplexe Geschmacksnoten.

In den Bottichen brechen die Männer mit den Füßen den Tresterhut auf.

In Eichenfässern reift der fertig vergorene Wein heran, was man Ausbau nennt.

Der Zeitpunkt der Abfüllung entscheidet über die aromatische Qualität des Weins.

Ein guter Wein verdient erstklassige Korken.

Besondere Weine werden oft noch per Hand etikettiert.

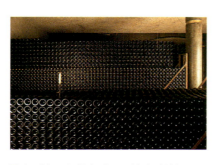

Einige Monate Ruhe braucht der Wein, bevor er genossen werden kann.

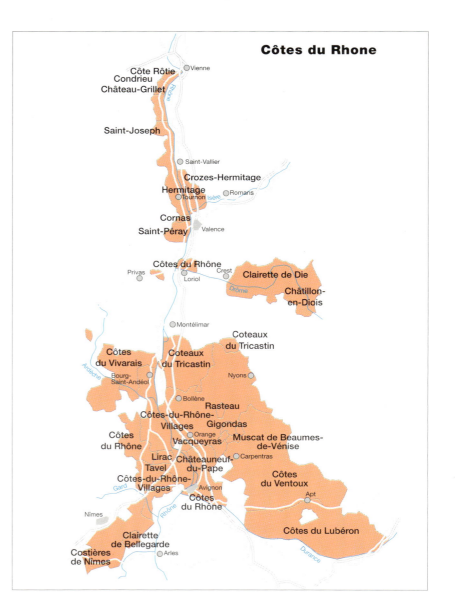

Rebsorten Südfrankreichs

Syrah
Superbe Rotweinsorte von der Rhône, im ganzen Midi verbreitet, auch in Australien, Kalifornien u. a. Wein: tiefdunkel, intensives würzig-wildes Bukett mit Kirsch- und Beerennoten; exzellente Tannine.

Grenache
Ursprünglich aus Spanien; leicht verrieselnd, aber gegen Trockenheit resistent; Basis körperreicher Roter, guter Rosés und vieler Vins Doux Naturels. Wein: viel Frucht, Rundheit, Stärke.

Mourvèdre
Ursprünglich aus Katalonien; anspruchsvolle, sehr spät reifende Traube; grandios im Bandol. Wein: dunkel, würzig, großartige starke, doch feine Tannine, im Alter sehr elegant mit Lederaromen.

Carignan
Ebenfalls aus Spanien; als Massenträger mißbraucht, noch weit verbreitet, aber rückläufig; bei geringen Erträgen viel Charakter und Struktur. Wein: würzig, Heide- und Wildbretaromen, rauh.

Cinsault
Traditionelle Rebe, braucht Hitze, entwickelt wenig Tannine und Säure; als Rosé und im Mischsatz. Wein: blaß, floral, elegant.

Viognier
Sorte des berühmten weißen Condrieu, die sich im Midi verbreitet; sehr niedrige Erträge. Wein: intensiv, Duft nach Aprikosen, körperreich.

Macabeo
In Spanien weitverbreitete weiße Sorte für Cava und Rioja; sonst vor allem im Roussillon. Verkannte Sorte, drückt sich nur reif und gealtert aus. Wein, unreif gelesen: wenig Aromen, banal.

Roussanne und Marsanne
Zwei Sorten der nördlichen Rhône, wo sie gemischt, sich ergänzen; jetzt vermehrt im übrigen Midi. Wein: Roussanne bringt Finesse, Marsanne Struktur.

Muscat
Weiße Traube mit kleinen Beeren, hervorragend in natursüßen Weinen (oder trockenen Vins de Pays). Wein: blaßgolden, sehr intensiv, Muskatnuß, kandierte Zitrusfrüchte oder Fenchelnoten, süß.

Weinempfehlungen
- Berühmteste Rotweine der nördlichen Rhône wie Côte Rôtie oder Hermitage sind rar, teuer und sollten lange altern. Schnäppchen gibt es in Saint-Joseph und Crozes-Hermitage.
- Cairanne in den Côtes-du-Rhône-Villages zeichnet sich durch einige ausgezeichnete Winzer aus.
- Coteaux d'Aix-en-Provence, kleinere Appellation mit einer Dominanz guter Erzeuger, hochinteressante, erschwingliche Prestigeweine.
- Im Languedoc Spitzengüter wie Château des Estanilles, Mas Jullien, Domainen l'Hortus, Peyre Rose, d'Aupilhac und Coopérative Embres-Castelmaure.
- Im Roussillon Domaine Gauby, Château Casenove, Mas Crémat, Banyuls L'Etoile und Vial Magnères, Collioure La Rectorie, Muscat von Cazes Frères.

Abbildung unten: Beim Muscat de Rivesaltes, einer natursüßen Spezialität des Roussillon, glaubt man in frische Trauben zu beißen, insbesondere, wenn er von Spitzenwinzern wie den Gaubys kommt

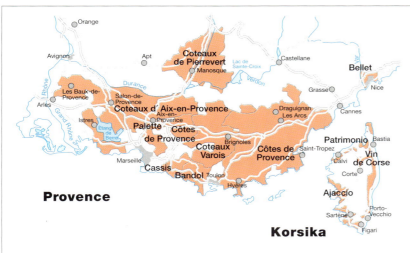

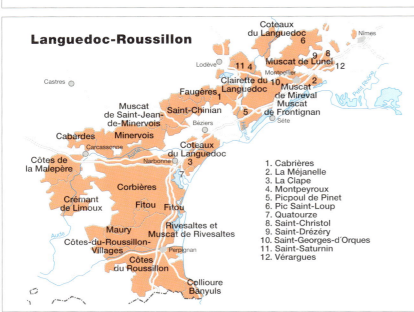

Loire

Über 1000 Kilometer erstrecken sich entlang der Loire und ihren Nebenflüssen Weinberge. In Anjou und Touraine verfügt sie über grandiose Felsenkeller in ehemaligen Steinbrüchen, in denen ihre großen Weine Ewigkeiten reifen können. Vier große Regionen zeichnen sich entlang des Flusses ab.
• Muscadet, dessen Kapitale die Hafenstadt Nantes ist, wächst auf 11 000 Hektar im untersten Teil der Loire; ein leichter, spritziger Weißwein, dessen beste Qualitäten auf den Hefen – *sur lie* – reifen.
• Anjou umfaßt ein 14 500 Hektar großes Weingebiet, bekannt wegen seines simplen, halbtrockenen Rosés. Rote Anjou-Villages und Saumur-Champigny können sehr gute, feinwürzige Rotweine sein. Herausragend sind Weißweine wie trockene rassige Savennières oder liebliche Coteaux du Layon oder Bonnezeaux.
• Touraine ist das Dorado des Cabernet Franc, der raffinierten Ausdruck in Chinon, Bourgueil und Saint-Nicolas-de-Bourgueil erfährt, sowie die weiße Chinon-Traube Höhepunkte im Vouvry und Montlouis erlangt, ob trocken, lieblich oder als Schaumwein. Als AOC Touraine gibt es aromatische Sauvignons, fruchtige Gamays und kräftigere Rotweine, vor allem in Mesland und Amboise.
• Sancerre und Pouilly, die Hochburgen des Sauvignon; nirgendwo anders erreicht er so viel Finesse und Komplexität wie hier und den benachbarten Menetou-Salon, Quincy und Reuilly.

Elsaß

Die Hanglagen des Elsaß auf der linken Rheinseite sind durch die Vogesen gegen schlechte Witterungseinflüsse geschützt. Sie erstrecken sich über 100 Kilometer und 13 500 Hektar zwischen Mühlhausen und Straßburg. Ihr Kerngebiet liegt je knapp 20 Kilometer südlich und nördlich von Kolmar. 50 klassierte Lagen werden auf Etiketten als Grands Crus aufgeführt und müssen verschärften Reglementierungen folgen. Das gilt auch für *Vendange tardive* (Auslese) und *Sélection de grains nobles* (Beerenauslese).
Sonst verzeichnet man im Elsaß – im Gegensatz zu anderen Appellationen Frankreichs – sieben Rebsorten, welche die Weine entscheidend prägen:
Vier auch für Grands Crus zugelassene Sorten:
• Riesling, die feinste Sorte, mit delikatem Bukett, rassig, elegant mit exquisiter Säure.
• Gewürztraminer, höchst aromatischer, würziger Weißwein aus rosafarbenen Beeren.
• Pinot gris (Tokay), Grauburgunder, in Deutschland Ruländer, sehr kraftvoll.
• Muscat, trockener, sehr intensiver, aromatischer, leichter Weißwein mit Muskatnoten.
Andere Sorten:
• Pinot noir, Spätburgunder, als angenehmer Rosé oder heller, feinaromatischer Rotwein.
• Sylvaner, sehr ertragreiche Rebe, wenig aromatischer, trockener Wein.
• Pinot blanc, auch Klevner genannt, hohe Erträge, Wein mit wenig Charakter.

Jura und Savoyen

Die beiden kleinen bergigen Weinregionen liegen nahe der Schweizer Grenze. Jura mit seinen 1400 Hektar ist ein zusammenhängendes Gebiet, während die 1500 Hektar Rebflächen Savoyens verstreut auf sonnigen Hängen liegen. Savoyen erzeugt frische Weißweine wie Roussette, Crépy oder Seyssel oder fruchtige hellere Rotweine. Dagegen bietet der Jura Weine von großem Charakter. Neben kernigen Rotweinen sowie Rosés, aus Trousseau und Poulsard, gibt es die hervorragende weiße Savagnin-Rebe. Sie drückt sich am besten im süßen Vin de paille (Strohwein), dessen Trauben auf Matten trocknen, und im Vin jaune aus. Er altert mindestens sechs Jahre im Faß, wobei sich ein schützender Hefeflor bildet, und entwickelt sherry-ähnliche Aromen, jedoch von unerreichter Finesse.

Rebsorten der Loire

Melon
Ursprünglich aus Burgund, wird er jetzt oft Muscadet genannt, den er hervorbringt. Wein: dezente Frucht, wenig Aromen, sehr trocken.

Gros Plant
Eigentlich Folle Blanche, nur bei niedrigen keine Probleme mit Fäule; berühmter Brennwein. Wein: schwache Aromen, dünn, außerordentlich herb.

Grolleau
Auch Groslot, sehr produktiv, vor allem für Rosé. Wein: blaß, wenig Frucht, schwach.

Cabernets, Gamay, Malbec
Siehe Bordeaux, S. 127

Chenin Blanc
Die große weiße Loire-Sorte; vielseitig verwendbar; frostempfindlich; hohe Säuregrade; je nach Reife unterschiedlicher Ausdruck; weltweit verbreitet. Wein, Spätlese: sehr komplex, Honig, viel Frucht, feine Süße, sehr ausgewogen, sehr alterungsfähig.

Weinempfehlungen
• Muscadet des Côtes de Grand Lieu, neue Appellation, etwas kräftiger, aber nervös.
• Coteaux du Layon bringt in guten Jahren hervorragende, langalternde, recht günstige Spätlesen.
• Savennières, rar und teuer, aber unvergleichlicher trockener Weißwein mit hohem Reifepotential.
• Chinon, ein Rotwein mit feiner Frucht und Würze, der sehr gut altert und große Finesse gewinnt.

Weinempfehlungen im Elsaß

• Im Elsaß zählen die Namen der alten Familien, die Trauben, teils Wein dazukaufen, aber ihr Renommee hochhalten wie Léon Beyer, Trimbach, Hugel, Josmeyer, Dopff, Wolfberger, Zind-Humbrecht u.a.
• Schnäppchen gibt es in Genossenschaften wie Bennwihr, Dambach-la-Ville, Eguisheim, Hunawihr, Ribeauvillé, Turckheim u. a.
• Hochinteressante Weine bei der neuen Garde wie Kreydenweiss, Ostertag, Barmès-Buecher u. a.

Hintergrund: Ob rote oder weiße Trauben – Loire, Elsaß, Jura und Savoyen bieten eine Fülle an Spezialitäten, von edelsüßen Spätlesen bis zu sherry-ähnlichem Vin jaune, von seltenen roten Sorten Savoyens zum eigenständigen Pinot noir des Elsaß.

Jeder Elsässer Winzer erzeugt ein breites Spektrum an Weinen, die auf verschiedenen Rebsorten, Reifegraden und Vinifikationen basieren.

Elsaß

Jura und Savoyen

Loire

Champagner

Selbst Demokratisierung oder Rezession können dem berühmtesten Schaumwein nichts anhaben. Ungetrübt bewahrt er sein Flair von Luxus. Sein – damals noch verhaltenes – Perlen faszinierte im 17. Jahrhundert zuerst die Londoner Gesellschaft. Dann spritzte die Lust am prickelnden Wein nach Frankreich über. Louis XV, königlicher Prasser, ließ sich von seinen Mätressen zum Champagner verführen. Seither behauptete sich Champagner auf allen fürstlichen Tafeln, ob nun Adel, Bourgeoisie oder Halbwelt daran Platz nahmen. Und nicht nur dort. Jedes Fest, jeder Ball, jeder besondere Anlaß gewann – und gewinnt – durch Champagner. Eine Flasche Champagner zu öffnen, ist selbst bereits ein Fest. Dabei wird oft vergessen, daß Champagner Wein ist, und zwar der nördlichste, der in Frankreich wächst. Anbaugebiet und Herstellungsweise verleihen ihm außerordentlich viele Facetten. Bei keinem anderen Wein gibt es so viele Variationsmöglichkeiten. Sie alle beeinflussen seinen Geschmack. So gibt es schlanke und füllige, fruchtige und blumige, frische und reife, einseitige und komplexe, süße und knochentrockene, junge und entwickelte. Und wie überall gute und schlechte, feine und banale, harmonische und ruppige, teure und billige. Einige eignen sich zum Aperitif, andere passen zu Krustentieren. Manche begleiten Fisch oder helles Fleisch, diverse zielen auf das Dessert. Champagner passen zu allen Gelegenheiten – nur muß es der richtige sein.

Die meisten der 25 000 Hektar Rebflächen der Champagne liegen in den Départements Marne und Aube. Mineralreiche Kreideböden und kühles Klima verleihen den zwei roten Sorten Pinot Meunier und Pinot noir, sowie dem weißen Chardonnay Frische, Fruchtigkeit und Finesse. Darauf haben auch die Lagen entscheidenden Einfluß. Sie sind in Grands Crus und Premiers Crus sowie weitere Kategorien aufgeteilt, nach denen die – jährlich neu festgesetzten – Traubenpreise zwischen 100 und 80 Prozent erzielen. Denn die meisten Weinbauern der Champagne liefern ihre Lese an Handelshäuser oder Genossenschaften.

Kleines Champagner-Glossar

Blanc de blanc
Aus der weißen Chardonnay-Traube

Blanc de noir
Aus roten Trauben von Pinot noir oder Pinot Meunier

Cuvée
Mischung verschiedener Grundweine zur immer gleichbleibenden Basisqualität und von gleichbleibendem Geschmack

Dégorgement
Durch Degorgieren, Abschlemmen, Entfernung der Heferückstände

Dosage
Zusatz von Zucker-Wein-Mischung, dem *liqueur d'expédition*, die den Typ bestimmt:
Brut non dosé, brut nature, ultra brut, brut zéro: nicht dosiert, kein Zuckerzusatz.
Brut: unter 15 Gramm Zucker
Sec: 17 bis 35 Gramm Zucker
Demi-sec: 33 bis 50 Gramm Zucker
Doux: über 50 Gramm Zucker

Méthode champenoise
Verfahren der Flaschengärung

Remuage
Rütteln, bei dem sich die Hefe im Flaschenhals absetzt

Millésimé
Jahrgangschampagner, der mindestens drei Jahre reifte

Pupitre
Rüttelpult, Rüttelmaschine

Rosé
Auf der Basis von Grundweinen aus roten oder einer Mischung von roten und weißen Trauben.

Das ideale Champagnerglas ist aus feinstem klaren Kristallglas. Es besitzt einen hohen Stiel und einen schmalen langgestreckten Kelch und ist am oberen Rand leicht eingebogen, was die Aromen konzentriert.

Bekannte Champagner-Marken

1 **Ayala Brut**
Feines Bukett, gute Perlung, harmonisch

2 **Taittinger**
Fruchtig, gute Präsenz am Gaumen

3 **Salon**
1982, kraftvoll, erstaunliche Frische, besondere Klasse

4 **Philipponat Royal Reserve**
Rassig, elegant, ausdrucksvoll

5 **Mercier Brut**
Ausgewogen und angenehm

6 **Abel Lepitre**
Feine Perlung, gute Harmonie

7 **Heidsieck Monopole,**
Intensives Bukett, gute Struktur und Länge

8 **Audoin de Dampierre**
Würzig, reif, elegant und charaktervoll

9 **Henriot Souverain Brut**
Sehr saubere, feine Nase, weinig, Brioche-Note

10 **Besserat de Bellefon**
Ausgewogen, gute Frische

11 **De Venoge**
Fruchtbetont, angenehmer Aperitif

12 **Lanson**
Sehr fruchtig, Note von Zitrusfrüchten, feine Säure

1 2 3 4 5 6 7 8 9 10 11 12 13 14 15

Bei der Remuage wird jede einzelne Flasche alle zwei, drei Tage leicht gedreht und dabei immer steiler gestellt, um die Heferückstände in den Flaschenhals zu befördern.

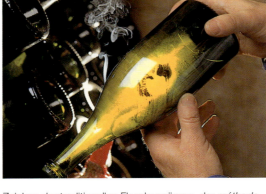
Zeichen der traditionellen Flaschengärung, der *méthode champenoise*, sind die Heferückstände, die vor der endgültigen Abfüllung durch Degorgieren entfernt werden.

Anschließend wird der Champagner mit Expeditionslikör – mit Zucker vermischtem Wein – aufgefüllt und marktgerecht abgefüllt.

Wird der Lesebann gegen Ende September aufgehoben, ist Eile geboten. Denn weder dürfen die Trauben oxydieren noch die roten Sorten Farbe an den Most abgeben. Jeweils 4000 Kilogramm bilden eine sogenannte Charge. Nur 100 Liter Most dürfen aus – nach aktuellem Stand – 160 Kilogramm Trauben gekeltert werden. Nach der Pressung folgt die alkoholische Gärung unter kontrollierter Temperatur. Sie ergibt den Grundwein. Hier setzt nun die Kunst der Champagnerbereitung ein, die als erster Dom Pérignon, der berühmte Kellermeister der Abtei von Hautvilliers, entwickelte. Weine aus verschiedenen Sorten, Lagen und Jahren – falls es sich nicht um Jahrgangschampagner handelt – werden zur Cuvée assembliert und abgefüllt. Auf ihren Charakter und ihre gleichbleibende Qualität gründen sich Marken, Erfolg und Renommee der Häuser. In jede Flasche kommen nun 24 Gramm Zucker und Reinzuchthefe. Dann wird sie mit Kronenkorken verschlossen. Im Frühjahr, das der Ernte folgt, kann die zweite, die Flaschengärung, die *méthode champenoise*, beginnen, die dem Wein erst Schaum beschert. Ein Jahr lang müssen die einfachen, drei Jahre die Jahrgangschampagner mindestens auf den Heferesten harren. Solange verbleiben sie in den endlosen, in die Kreidefelsen gegrabenen Lagerkeller von Reims oder Epernay. Die besten jedoch altern dort wesentlich länger.

Nachdem die Rückstände in den Flaschenhals gerüttelt wurden, werden diese entfernt – ein Vorgang, den man »degorgieren« nennt, indem man sie im Tauchverfahren gefrieren läßt. Der Druck der Kohlensäure befördert die Resthefe hinaus und schafft Platz für den *liqueur d'expédition*, mit Zucker vermischten Wein, die sogenannte Versanddosage. Ihre Zugabe entscheidet über den Champagnertyp. Handelt es sich um trockenen Wein, haben wir es mit einem *brut non dosé, brut nature, ultra brut* etc. zu tun. Sonst reicht die Skala vom meist wenig dosierten Brut bis zum Doux. Dabei kommt es darauf an, daß das Endprodukt harmonisch ausgewogen ist. Süßere Champagner empfehlen sich nur zum Dessert. Mit Jahreszahlen gekennzeichnete Champagner werden ausschließlich in guten bis hervorragenden Jahrgängen abgefüllt. In der Regel bringen die Häuser sie erst dann heraus, wenn sie ein Mindestmaß an Entwicklung, Finesse und Trinkreife erreicht haben. Darunter finden sich immer wieder wunderbar komplexe und raffinierte Weine – sie wollen mit Achtung behandelt sein. Dazu zählt, sie behutsam und geräuschlos zu entkorken, wobei man immer nur die Flasche dreht. In oben leicht verengten, tulpenförmigen Weingläsern aus dünnem farblosem Kristall serviert man ihn am besten. Sie konzentrieren seine Aromen. Zugleich lassen sie das Spiel seiner Perlen sich ungehindert entfalten. Schließlich ist das feine Moussieren das faszinierende Vorspiel seines Genusses.

13 **Pommery**
Weinig, harmonisch und frisch
14 **Veuve Cliquot Ponsardin**
Aromatisch, feine Frucht, kräftig am Gaumen
15 **Laurent Perrier**
Komplex, fruchtbetont, rassig
16 **Pol Roger**
Schöne Harmonie, Eleganz und aromatische Vielfalt
17 **Piper Heidsieck**
Klassischer, ausgewogener Wein
18 **Jacquart**
Komplexes Bukett und gute Länge
19 **Deutz**
Lebendig und nervös, zu Meeresfrüchten
20 **Ruinart**
Leichter Charakter, nervös, erfrischend
21 **Charles Heidsieck**
Typische Butternote, fruchtiger Geschmack
22 **Perrier-Jouët**
Angenehm harmonisch, feine Perlung
23 **Mumm Cordon Rouge**
Sehr intensive Nase, Finesse und Länge am Gaumen
24 **Bollinger**
Rassige, komplexe Cuvée mit langem Abgang
25 **Gosset**
Fruchtig, nervös, gutes Volumen
26 **Krug Grande Cuvée**
Hervorragender, ausdrucksstarker, finessenreicher Wein
27 **Louis Roederer**
Ausgezeichnet, feinfruchtig, sehr ausgewogen und elegant
28 **Moët & Chandon**
Fein und geradlinig, harmonisch und beständig
29 **De Castellane**
Florales Bukett, ausgewogen, gute Nervosität
30 **Bricout**
Angenehme Frische und gute Länge

16 17 18 19 20 21 22 23 24 25 26 27 28 29 30

Cognac

Am Ufer der Charente drängen sich langgestreckte Lagerhäuser. Würziger Geruch steigt in die Nase. Auf den Wänden haftet schwarzer Pilz, watteähnlich: *torula cognaciensis*. Er gedeiht, wo Alkohol verdunstet. Denn im Dunkel der hohen, luftigen *chais*, Lagerkeller, schlummern Tausende von vollen Fässern. Vom Fluß kriecht spürbar Feuchtigkeit herauf. Seine Nähe fördert natürliche Reduzierung und sanftes Altern. Ganz allmählich verwandelt sich anfangs 70prozentiger Branntwein in den feinsten Weinbrand der Welt.

Früh schon zog das Gebiet um La Rochelle und die Gironde-Mündung Händler an, insbesondere die Hanse schickte ihre Schiffe – vor allem wegen des Salzes, das an der Küste gewonnen wurde. Aber die Koggen segelten auch die Charente hinauf und luden im Städtchen Cognac zusätzlich Wein. Der überstand bei weitem nicht jede Reise. Deshalb kamen Holländer auf den Gedanken, ihn zu brennen – erstens stabilisierte das den Rebensaft, zweitens verringerte es das Volumen. Wo er ankam, verdünnte und aromatisierte der Abnehmer ihn nach Geschmack. Doch das 17. Jahrhundert brachte dem Gebiet diverse Unruhen und somit Absatzkrisen. In Cognac stapelten sich die Fässer. Das Destillat begann zu altern und verfeinerte sich zu dem, was dann unter dem Namen der Stadt berühmt wurde.

Heute ist das Cognac-Gebiet riesig. Es nimmt große Teile der Départements Charente und Charente-Maritime ein und wird im Westen vom Atlantik begrenzt. Selbst die Inseln Ré und Oléron sind deklariert. Aber von seinen sechs Anbauzonen erzeugen nur vier bemerkenswerte Qualitäten. Die Borderies liefern weiche, bukettreiche Brände, die Fins Bois schneller alternde Destillate. Am angesehensten sind die Petite und insbesondere die Grande Champagne zwischen Cognac, Jarnac und Segonzac. Ursache für das Renommee ist der kreidehaltige Boden, er verleiht dem Cognac letztlich die Finesse. Im übrigen ist in einem Fine Champagne mehr als die Hälfte Grande und der Rest Petite Champagne. Der Grundwein wird überwiegend aus der Sorte Ugni Blanc, die man hier Saint-Emilion nennt, gekeltert – ein schwacher, saurer, neutraler Weißwein. Das Destillieren geschieht mit dem charentaiser Alambic in zwei Fraktionen. Zunächst fängt der Brennmeister oder *bouilleur du cru*, wie die unabhängigen Winzer und Selbstdestillierer heißen, den Rauhbrand, *brouillis*, auf, der um 28 Alkoholgrad besitzt. Damit füllt er die Brennblase erneut für die *bonne chauffe*. Indem er Unreinheiten des Vor- und Nachlaufs absondert, erlaubt sie ihm, nur das sogenannte »Herzstück« zu gewinnen, das entsprechend feine, um 70 Prozent starke und wasserklare Destillat. Sofort setzt der Alterungsprozeß ein. In neue Fässer aus Tronçais- oder Limousin-Eiche gefüllt, beginnt der Cognac im *chai* aus dem Holz Tannine und Aromastoffe aufzunehmen und sich durch verhaltene Oxydation und Verdunstung immer mehr zu harmonisieren und aromatisch zu entwickeln. Durch Umlagerung in ältere Fässer reguliert der Kellermeister den Vorgang. Bis zu 50 Jahre schreitet die Verfeinerung des Weinbrands voran. Dann hat er seinen Höhepunkt erreicht. Da er bei weiterem Holzlager abbauen würde, wird er in Glasbonbonnen – bis etwa 50 Liter fassende Glasflaschen im Korbgeflecht – gefüllt und konserviert, falls er nicht gleich in Flaschen kommt.

Während kleinere Erzeuger bisweilen unreduzierte und unverschnittene Cognacs anbieten, beruht der Stolz der weltbekannten großen Häuser in der Beständigkeit ihrer Cuvées. Viel Erfahrung gehört dazu, um Brände verschiedenen Alters und unterschiedlicher Herkunft miteinander zu assemblieren und sie in der Stärke zu reduzieren, um immer wieder aufs neue den typischen Geschmacksstil des Hauses zu treffen. Dies gilt für jedes Altersniveau. In Wirklichkeit werden alle Qualitätsstufen mit zum Teil wesentlich älteren Cognacs aufgebessert. Außerdem gibt es Luxus-Abfüllungen, die aus den Paradiesen, den Schatzkammern der Erzeuger, stammen. Erst nach Jahrzehnten entwickeln Cognacs neben Röst- und Würznoten, floralen oder fruchtigen Aromen Vielfalt und Länge – und jenen unvergleichlichen Hauch von Rancio, den an junge Walnüsse erinnernden Alterston, der ihre Klasse beweist.

In dieser typischen charentaiser Brennanlage wird Cognac in zwei Durchgängen, den sogenannten Fraktionen, gebrannt.

Das wasserklare Destillat kommt in Eichenfässer, um in langjährigem Holzfaßausbau seine Aromen zu gewinnen.

Oft wird Cognac in Cognacschwenkern serviert, deren breiten Kelch man in der Handfläche erwärmen kann. Läßt man dann den Cognac im Glas kreisen, steigen seine Aromen auf und werden durch das sich verjüngende Glas konzentriert. Noch besser kann man Cognac aus schmaleren Degustationsgläsern genießen.

Cognac-Kategorien

- Drei-Sterne: mehr als zwei Jahre Holzreife
- VSOP (Very Special Old Pale), VO, Réserve: mehr als vier Jahre Holzausbau
- Napoléon, Extra, XO oder Vieille Réserve: über sechs Jahre im Faß

Bekannte Cognac-Marken

1 Larsen
Von einem Norweger 1926 übernommenes Handelshaus mit einem guten Vorrat alter Brände.

2 Hennessy
Das 230 Jahre alte Unternehmen ist die Nummer eins unter den Cognac-Häusern und setzt rund 35 Millionen Flaschen jährlich ab.

3 Frapin
Hochangesehenes familiäres Haus mit 200 Hektar eigenem Weinbergsbesitz in der Grande Champagne, dem Château de Fontpinot.

4 Croizet
Familienbetrieb mit um die 100 Hektar Rebflächen in der Grande Champagne. Spezialität: Jahrgangscognacs.

5 Landreau
Familienunternehmen mit Weinbergsbesitz in den Fins Bois bei Aigre, das seit 1931 destilliert und seit 1980 selbst vermarktet.

6 Remy Martin
Auf Cognacs der Fine Champagne-Assemblage aus Grande und Petite Champagne ausgerichtetes, erfolgreiches, großes Traditionshaus.

7 Martell
Das älteste der großen Handelshäuser wurde 1715 gegründet. Seinen Bedarf sichert es durch Verträge mit weit über 2000 Weinbauern.

8 Ragnaud Sabourin
Berühmteste Domäne mit 50 Hektar in der Grande Champagne bei Ambleville, grandiose alte Weinbrände.

9 Prunier
Kleines grundsolides Handelshaus in Familienbesitz, dessen Aushängeschild die historische Maison de la Lieutenance ist.

10 Renault
Nur eine einzige Qualität, die Carte Noire Extra, ein Napoléon, wird von dem mit Bisquit vereinten Haus angeboten.

11 Courvoisier
»Der Cognac Napoléons« stammt aus dem eindrucksvollen Handelshaus in Jarnac, dem viertgrößten Erzeuger.

12 Domaine des Brissons de Laage
Dieser VSOP stammt von einem Gut bei Jonzac, das der Familie Raymond gehört und Weinberge in der Petite Champagne besitzt.

13 Camus
Das auf Edelprodukte ausgerichtete Handelshaus, das sich seit der Gründung 1863 im Besitz derselben Familie befindet, destilliert selbst.

14 Domaine de Brissons de Laage
Ein ausgewogener, gutgereifter Napoléon vom Gut der Bertrands bei Jonzac.

15 A. E. DOR
Seit die Familie Rivière das kleine Handelshaus übernahm, hat es sich einen guten Ruf als Spezialist für alte und älteste Cognacs erworben.

Likör

Das Geheimnis des Izarra aus dem französischen Baskenland beruht auf 30 Kräutern und Gewürzen.

In der Kräuterkammer lagern alle Zutaten. Jeweils fünf Kilogramm werden genauestens zusammengestellt.

Frankreichs berühmteste Liköre

Bénédictine
Kräuterlikör nach altem Mönchsrezept
Cointreau
Farbloser Bitterorangenlikör, Triple Sec
Grand Marnier
Orangenextrakte und Cognac
Izarra
Baskischer Kräuterlikör in gelber und grüner Version, mit Armagnac
La Grande Chartreuse
Einziger von Mönchen nach altem Rezept hergestellter Likör in gelber und grüner Version
Marie Brizard
Anislikör

Die berühmtesten Liköre stammen aus Frankreich. Ihr Ursprung ist im Mittelalter und in den Klöstern zu suchen. Mönche sammelten Kräuter, ließen sie in Wein oder Weingeist ziehen, gaben damals kostbaren Zucker oder Honig hinzu und verabreichten ihr Elixier Kranken und Schwachen. Heute ist Chartreuse der einzige Likör Frankreichs, der noch von Mönchen hergestellt wird. Drei Klosterbrüder überwachen gewissenhaft Destillierung und Komposition. Getreu halten sie sich an ein Rezept, das dem Kloster 1605 vermacht, aber erst seit 1737 umgesetzt wurde. Auch Bénédictine basiert auf alter Mönchstradition. Als Markenlikör war er aber von Anfang an ein weltliches Unternehmen.

Nach der Französischen Revolution (1789) gewann die ganze Nation Geschmack an süßen Seelentröstern. Jedes Städtchen hatte seinen eigenen Liquoristen, doch erst gegen Ende des 19. Jahrhunderts boten sich ihnen bessere Chancen. Damals entwickelte sich eine Vorliebe für Orientalisches. Als dessen Inkarnation galten Orangen, unter den Likören der holländische Curaçao aus Pomeranzen, den nußgroßen Urapfelsinen. Da dieser jedoch dunkel, schwer und aromatisch überladen war, ersann Edouard Cointreau, Likörfabrikant in Angers, eine wasserklare, simplere und weniger süße Alternative, die er »Triple Sec« nannte. Dem Zeitgeist entsprechend, setzte er auf die Werbung, um sein Produkt bekannt zu machen – mit großem Erfolg. Das gleiche galt für Grand Marnier, den Louis Alexandre Marnier aus Bitterorangenessenz und Cognac komponierte. Ob aber Orangen- oder Kräuterlikör, die Herstellung folgt immer der gleichen Prozedur: Je nach Pflanze werden Blätter, Stengel, Wurzeln, Schalen, Rinden oder Samen mit Wasser und Alkohol angesetzt. Diese Mazeration kann einige Stunden, aber auch Wochen dauern. Durch das Wasser quillt der Pflanzenteil, und Alkohol kann eindringen, der Aromen löst. Anschließend wird destilliert. Dabei steigen Alkoholdämpfe und essentielle Öle auf und kondensieren. Ein zweiter Brennvorgang, die Rektifikation, verfeinert die Aromen. Vor oder nach der Destillierung werden die Komponenten zusammengestellt. So erhält der Likörmacher das Alkoholat, das aromatische Prinzip. Mit Zucker, Alkohol und Wasser vermischt und gefiltert, ergibt es den Likör. Bei anderen, aufwendigeren Herstellungsverfahren wird Alkoholat mit mazerierten Früchten oder Nußschalen assembliert. Grand Marnier fügt Cognac zu, Izarra, der Kräuterlikör der Basken, enthält Armagnac. Einige legen Wert auf eine Reifezeit in alten Fudern. Letztendlich wahrt indes jede Marke ihr – oft seit Generationen überliefertes – Geheimnis. Auch wenn sie sich als Zutat zu Longdrinks oder Cocktails einiger Beliebtheit erfreuen, zeigen sie ihre wahre Güte immer noch am besten als Digestif.

Armagnac

Sparbücher stehen bei den Nachfahren der Musketiere nicht hoch im Kurs. Statt dessen hortet eine Familie, die auf sich hält, ihren Reichtum in dunklen Kellern in stabilen Fässern. Wird dann die Tochter verheiratet, der Enkel getauft oder soll gar gebaut werden, verflüssigt man golden funkelnden Armagnac. Armagnac stammt aus der Gascogne. Sein Gebiet gleicht einem gigantischen Weinblatt, dessen oberer Rand zwischen Mont-de-Marsan und Agen liegt. Im Süden erstreckt es sich über Auch hinaus. Entscheidend für die Qualität des Armagnac ist zunächst der Boden. Während beim Cognac Kreideboden die feinsten Brände ergibt, ist es beim Armagnac der Sand, der jedoch einen tonhaltigen Unterboden benötigt. Sonst würde es ihm an Körper fehlen.

Beste Bedingungen findet er im Bas-Armagnac. In der Tenarèze, wo Tonkalk dominiert, wird er kräftiger und rauher. Die dritte Großlage, das Haut-Armagnac, spielt eine untergeordnete Rolle. In den Weinbergen regiert – wie beim Cognac – Ugni Blanc. Daneben behauptet sich allein die Hybride Baco A 22. Folle Blanche, wegen ihrer Finesse berühmt, fault leicht. Hat aber Fäulnis Trauben befallen, kann man weder guten Wein noch guten Armagnac gewinnen. Ideal zum Brennen sind acht bis neun Volumprozent starke Weine. Kaum sind sie gegen Mitte November durchgegoren, wird destilliert. Es gilt: je früher, desto aromatischer das Resultat. Traditionelle Erzeuger schwören auf das kontinuierliche Verfahren in Kolonnengeräten, Destillierapparaten, die fortwährend mit Grundwein nachgefüllt werden für eine einfache Destillation. Dabei bleiben aromatische Unsauberkeiten erhalten, die sich erst nach langen Jahren verfeinern, aber individuellen Charakter garantieren. Seit 1972 ist auch die doppelte Destillierung der Cognac-Methode erneut erlaubt. Sie eignet sich insbesondere, um jungen Armagnacs mehr Sanftheit zu verleihen. Mit zunehmendem Alter entfaltet Armagnac Komplexität, aber auch Fülle, Finesse und Länge. Viel von seiner Güte hängt von neuen, vorzugsweise aus gasconner Eiche gemachten Fässern ab, in die das farblose Destillat gefüllt wird. Rechtzeitig muß der Armagnac in älteres Holz umlogiert werden, sonst nimmt er zuviel Tannin und Farbe auf. Bedeutung kommt dem *chai*, dem oberirdischen Lagerkeller, zu. Seine Luftfeuchtigkeit und Temperatur beeinflussen das Altern entscheidend. Wenn Armagnac ein Jahr im Holz alterte, darf er drei Sterne, »VS« (Very Special) oder »Monopole« auf dem Etikett tragen. Für die Prädikate »VO« (Very Old), »VSOP« (Very Special Old Pale) oder »Réserve« muß er mindestens vier Jahre reifen, nach fünf oder mehr Jahren Reifezeit wird er »Extra«, »Napoléon«, »XO«, »Hors d'Age« oder »Vieille Réserve« genannt. Für optimale Reife sind indes 30 bis 40 Jahre im Faß nötig.

Zwei heikle Aufgaben hat der Kellermeister zu lösen. Will er den Armagnac nicht auf natürlicher Stärke belassen, gilt es ihn in Etappen behutsam zu reduzieren, oft bis auf das vorgeschriebene Minimum von 40 Volumprozent. Zum anderen besteht seine Kunst darin, ihn mit Bränden von anderen Böden, Rebsorten und Jahrgängen zu assemblieren, um ihm möglichst viel Harmonie und Ausdruck mitzugeben. Bislang war Armagnac der einzige Weinbrand, bei dem die Angabe des Erntejahrs erlaubt war, vorausgesetzt, er stammte nur aus diesem Jahr. Doch sollte man dabei nicht an Wein denken. Durch Destillation und lange Alterung werden die Unterschiede nivelliert. Bedeutend dagegen ist die Anzahl der Jahre, die er im Faß reifte. Deshalb kommt es auf das Abfülldatum an, denn ist er erst in Glas abgefüllt, altert er nicht mehr. So bleibt ein 1964er, der 1966 abgefüllt wurde, ein simpler Drei-Sterne-Brand. Wurde er jedoch erst 1994 aus dem Faß gezogen, handelt es sich um eine 30jährige Rarität. Um den zu genießen, sollte man einen Augenblick der Muße wählen und sich Zeit gönnen.

Fine

Fast in allen Gegenden, in denen Wein kultiviert wird, gibt es auch Weinbrände, die entweder zweifach im Cognac-Verfahren oder kontinuierlich nach Armagnac-Methode gebrannt werden. Sie brauchen wie Cognac und Armagnac einen Holzfaßausbau, um Harmonie und komplexere Aromen zu gewinnen. Sie werden »Fine« genannt.

Marc

Im Gegensatz zu Fine, Cognac oder Armagnac wird Marc (»mar« ausgesprochen) aus Trester gebrannt – Traubenrückständen, die nach dem Pressen übrigbleiben –, nicht aus Wein. Dennoch: Je besser der Wein, von dem der Trester stammt, um so feiner ist das Destillat. Deshalb gibt es viele berühmte Güter in Frankreich, die eigenen Marc anbieten. Andererseits ist es in manchen Gegenden Tradition, Trester zu brennen. So im Elsaß – grandios der Marc de Gewürztraminer d'Alsace –, in Lothringen, Savoyen, in der Champagne und vor allem im Burgund. Um hochwertigen Marc zu erzeugen, befreit man die Traubenreste von Stielen, Strünken und weitgehend von Kernen, was einen Marc égrappé ergibt. Waren die Trauben nicht vergoren, erhält der Trester, vor Regen und Licht geschützt, vier, fünf Wochen Zeit durchzugären. Nur wenn der in ihm enthaltene Traubenzucker sich in Alkohol verwandelt hat, kann man mit dem Brennen beginnen. Meist wird Marc in kontinuierlicher, durch Dampf beheizter, einfacher Destillation gebrannt und hat zwischen 65 und 70 Volumprozent Alkohol. Für sehr feine Ausnahmen werden Brennkolben aus der Charente, der Cognac-Region, eingesetzt. Dann folgt die oft langjährige progressive Reduzierung und Alterung. Sie findet beim Marc meist in Eichenfässern statt, wodurch er immer mehr Farbe und Würze annimmt sowie an Feinheit gewinnt.

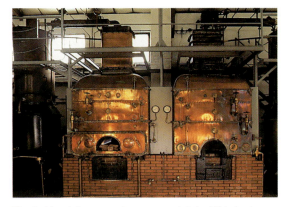

Für die Herstellung von Armagnac wird der Wein in den Alambics genannten Brennapparaten in zwei getrennten Durchgängen destilliert.

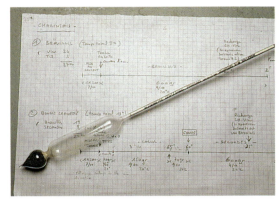

Der Brennmeister zeichnet den Destilliervorgang genau auf. Aus dem *brouillis*, dem Rauhbrand, entsteht der 70prozentige Feinbrand.

Unerläßliches Instrument ist das Aräometer, die Senkwaage, die das spezifische Gewicht und damit den Alkoholgehalt anzeigt.

Bevor es als hochwertiger Armagnac abgefüllt werden kann, reift das Destillat viele Jahre in Eichenfässern.

Frankreich

Obstbrände

Die Hochburgen der klaren Obstwässer sind das Elsaß und Lothringen – im ersten ist Kirsch, im zweiten die Mirabelle populärstes Destillat. Beiden gemeinsam ist die Prozedur. Kirschen wie Mirabellen werden eingemaischt und vollziehen eine langsame, einige Wochen dauernde Gärung, bevor sie schließlich gebrannt werden können. Da sie in großen Demijohns aus Glas altern – zwischen fünf und 50 Liter fassenden Glasflaschen im Korbgeflecht (wobei die Franzosen die englische Bezeichnung gern als »Dame Jeanne« verballhornen) –, bleiben sie wasserklar. Das gilt auch für Beerenobst, das nicht genügend Zucker besitzt, um als Maische zu vergären und deshalb in reinem Alkohol eingeweicht wird. Bei diesem – Mazeration genannten – Vorgang löst der Alkohol die Aromastoffe und nimmt sie auf. Erneut destilliert, gelangen sie in feiner, aber konzentrierter Form in Obstgeiste. Auf diese Weise kann allen Beeren ihre aromatische Potenz entlockt werden. Das unterstreichen Spezialitäten, die aus Weißdorn, Stechpalme, Holunder, Schlehe oder Maulbeere gewonnen werden. Nur bei der aus Pflaumen gewonnenen Prune und dem Eau-de-Vie-de-Poire William, wobei reife Birnen gemaischt und vergoren werden, gibt es einige Meisterbrenner in anderen Regionen wie Hardouin in Maine-et-Loire, Christian Labeau in Lot-et-Garonne und insbesondere den unvergleichlichen Birnenschnaps von Etienne Brana im Pays basque, den seine Tochter Martine brennt.

Beeren, Wildbeeren und Früchte für Obstbrände

Die Ziffern in Klammern verweisen auf die Abbildung

Abricot – Aprikose
Alisier – Weißdorn, Eberesche
Baies de houx – Beeren der Stechpalme
Cassis – Schwarze Johannisbeere
Coing – Quitte
Eglantier – Wildrose
Fraise – Erdbeere (3)
Framboise – Himbeere
Genevrier – Wacholder
Gratte-cul – Hagebutte
Kirsch – Kirsch
Mirabelle – Mirabelle (4)
Mûre – Maulbeere
Mûre sauvage – Brombeere
Muscat – Muskateller (6)
Myrtille – Heidelbeere
Nefle – Mispel
Pêche blanche – Weißer Pfirsich
Poire Williams – Williamsbirne (1, 2)
(Pomme) golden – Golden Delicious
Pomme verte – grüner Apfel
Prunelle – Schlehe
Prune – Pflaume (5)
Quetsch – Zwetschge
Reine-claude – Reine-Claude (Pflaumenart)
Sorbier des oiseaux (oiseleurs) – Vogelbeerbaum
Sureau – Holunder

1 2 3

Kleines Glossar der Obstbrände – Eaux-de-vie de fruits

Degré alcoolique – Alkoholgehalt
Der in Volumprozent ausgedrückte Grad, in der Regel zwischen 40 und 50 Prozent bei Obstbränden.

Distillation – Destillation
Destilliert werden Obstschnäpse meist zweimal, zunächst zu einem niedrigprozentigeren Rauh-, dann zum Feinbrand, was man auch »fraktionsweises Brennen« nennt.

Eau-de-vie
Wörtlich: »Lebenswasser«; Bezeichnung für destillierte Getränke; auch Armagnac und Cognac sind *eaux-de-vie*.

Eau-de-vie de fruit
In der Regel aus einer einzigen Frucht gebrannter Alkohol, der deren Aromen konzentriert, meist als Digestif nach dem Essen genossen. Die beliebtesten sind Williamsbirne, Himbeer, Kirsch, Mirabelle und Zwetschge.

Elévage en fût – Holzfaßausbau
Er ist bei Obstbränden die Ausnahme, aber insbesondere Pflaumendestillate verbessern sich durch Reifezeit in Holzfässern.

Fermentation – Gärung
Wenn Früchte genügend natürlichen Zucker haben, werden sie zermahlen und als Maische vergoren; nach Abschluß der alkoholischen Gärung wird gebrannt.

Macération – Mazeration
Wenn Früchte oder Beeren nicht ausreichend Zucker haben, werden sie in Alkohol eingeweicht, der dann destilliert wird, insbesondere bei Himbeeren und Früchten von Wildgewächsen.

Vieillissement – Alterung
Obstbrände besitzen jung das intensivste Aroma, doch brauchen sie meist einige Monate im Glasballon, um sich zu harmonisieren. Nicht alle gewinnen durch weitere Alterung wie Kirschwasser.

Regionen

Alsace – Elsaß
Hochburg der Obstgeistherstellung, wo viele Brenner neben den bekannten Klassikern erstaunlichste Spezialitäten destillieren.

Lorraine – Lothringen
Insbesondere für seinen ausgezeichneten Mirabellengeist berühmt.

Loire
Im langen Loire-Tal gibt es mehrere Brenner, die gute regionale Früchte wie Birnen, Äpfel, Kirschen, Cassis destillieren; im übrigen Frankreich nur vereinzelte Meisterbrenner.

Frankreich 141

Cidre

Schon lange bevor die Normannen hier Wurzeln schlugen, wuchsen in der Normandie Apfelbäume. Bis heute behaupten sich auf Wiesen und Weiden Hochstämme mit ausladenden Ästen. Apfelbäume prägen noch immer die Landschaft. Hunderte von Sorten entdeckten Botaniker. Vier Dutzend hat man für Cidre und Calvados aufgelistet. Meist tragen sie nur kleine hutzelige Früchte, von Natur aus offensichtlich für Most bestimmt. Cidre ist ein flüssiges Mosaik. Jede Sorte bildet darin ein Steinchen. Sie unterteilen sich in drei Gruppen: süße, bittere und saure. Man rechnet auf jeweils zwei süße und zwei bittere Äpfel einen sauren Apfel. Letzterer verleiht Frische und Biß, die bitteren Struktur und Gerbstoffe, die süßen Milde und alkoholische Stärke. Zum Glück wissen gute Cidre-Bauern Vielfalt zu schätzen. Sie können sogar wie Winzer auf besondere Lagen schwören. Die Hochebene von Gonneville, nahe der Seine-Mündung, wird gerühmt, wo fast ständiger Wind durch die Äste bläst. Der junge Eric Bordelet, Ex-Sommelier und studierter Weinmacher, pocht auf die Überlegenheit des Schieferbodens von Charchigné an der Grenze zwischen Normandie und Bretagne, wo er aus 20 Sorten lebendig schäumenden »Sidre« von großer Finesse vergärt. Im September beginnt die Ernte und erstreckt sich über drei Monate. Immer mehr Apfelhaufen türmen sich. Aber auf qualitätsbewußten Höfen harrt man geduldig auf Frost, der verhindert, daß die Gärung zu frühzeitig eintritt. Nach Waschen und Aussortieren wird das Obst dann zermahlen und in die Kelter geschichtet. Frisch gepreßter Most bleibt in Fudern oder Stahltanks sich selbst überlassen. Wegen winterlicher Kälte gärt er im Zeitlupentempo, ein bis drei Monate lang. Während Großerzeuger ihn filtern, pasteurisieren und gegebenenfalls mit Kohlensäure versetzt auf Flaschen ziehen, füllen die Bauern, *fermiers*, den Cidre ungefiltert ab. Je nach Zeitpunkt bleibt ihm dann mehr oder weniger Zucker, der sich in der Flasche in Alkohol und Kohlensäure spaltet, die ihm natürliche Mousse verleiht. Durchgegoren bringt *cidre brut*, trockener Apfelwein, es auf 4,5 Volumprozent. Mancher Cidre reift über ein Jahr höherer Bestimmung entgegen. Er bildet den Grundwein für Calvados. Während sich Großerzeuger mit Cidre aus verschiedenen Regionen und teils mit jungem Apfelbrand versorgen, verläßt man sich bei bäuerlichen und handwerklichen Brennern auf Cidre aus eigenen Äpfeln oder solchen der direkten Nachbarschaft.

Mit den gemahlenen Äpfeln wird die von Hand betriebene Kelter gefüllt und hydraulisch gepreßt.

Kaum wird genügend Druck ausgeübt, beginnt der Most zu fließen.

Hintergrund: Nach dem ersten Frost beginnt die Cidre-Produktion mit dem Zermahlen der Früchte.

Dann wird die Kelter geöffnet, um die Preßrückstände zu entfernen, und der Most in Tanks gefüllt.

Der »Sidre« wird ungefiltert und ohne Zusätze abgefüllt. Eine Flaschengärung verleiht ihm den Schaum.

Die edle Ausstattung ist berechtigt: Eric Bordelets »Sidre« ist ein Naturprodukt.

Apfeldesserts

Frankreich, viertgrößter Apfelerzeuger der Welt, hält den ersten Platz als Apfelexporteur. Dabei dominiert mit großem Anstand »La Golden«, der Golden Delicious. Auf ihn entfallen 64 Prozent der Menge und 50 Prozent der Apfelpflanzungen. Auf Grund seiner guten Lagerfähigkeit gibt es die Sorte das ganze Jahr. Dem Delicious folgt der Granny Smith, ursprünglich eine australische Züchtung, mit elf Prozent. Er hat von November bis April Saison. Rote amerikanische Sorten, zu denen Starking und Roter Delicious zählen, machen zehn Prozent der französischen Produktion aus. Sie werden von Oktober bis April angeboten. Geschätzt ist die traditionelle Sorte Reine des Reinettes, deren Saison nur von August bis Ende Oktober reicht. Als guter Kochapfel hält sich der Boskoop in Nordfrankreich.

**Symphonie autour d'une pomme –
Symphonie um einen Apfel**

Im alten Stadtkern von Caen, gleich beim Château, führen Françoise und Michel Bruneau »La Bourride«, eines der besten Restaurants der Normandie. Natürlich behaupten mit Finesse und Inspiration zubereitete Krustentiere und Fische einen gebührenden Platz auf der Karte. Begeisterten Zuspruch unter Gourmets finden aber auch Michel Bruneaus dem Apfel gewidmete Desserts wie seine berühmte »Symphonie«, deren Rezepte hier folgen.

Aumonières de pommes
Apfeltaschen

2 Äpfel (Granny Smith)
Butter
Zucker
4 EL Konditorcreme (S. 151), mit Calvados aromatisiert
4 Crêpes, hergestellt nach traditionellem Rezept (S. 148)
4 grüne Lauchblätter

Die Äpfel schälen, entkernen und in Stücke schneiden; in etwas Butter und Zucker dünsten. Abkühlen lassen und mit der Creme vermischen. Die Apfelcreme auf die Crêpes geben.
Die Lauchblätter längs in dünne Streifen schneiden und in kochendem Zuckersirup glasieren. Die Crêpes über der Füllung zusammenfalten, mit den Lauchstreifen verschnüren und servieren.

Tartelettes Tatin
Apfeltörtchen

Mürbeteig
4 Äpfel (Granny Smith)
20 g Butter
100 g Zucker

Den Mürbeteig aus Mehl, kalter Butter und Zucker im Verhältnis 3:2:1 sowie 1–2 Eiern und 1 Prise Salz herstellen. In Frischhaltefolie einschlagen und mindestens 60 Minuten in den Kühlschrank legen.
Die Äpfel schälen, entkernen und in Stücke schneiden; in Butter und Zucker dünsten. Tortelettförmchen mit Butter einfetten, mit Zucker ausstreuen und mit Teig auskleiden. Im Backofen 8–10 Minuten bei 180 °C backen. Das Apfelkompott in die Törtchen geben und servieren.

Gâteau »Grandmère«
Apfelkompott nach Großmutters Art

10 g Gelatinepulver
5 Äpfel (Granny Smith)
20 g Butter
100 g Zucker
5 Eier
Streuzucker

Die Gelatine in 3 El Wasser auflösen. Die Äpfel schälen, entkernen und in Stücke schneiden. In der Butter mit dem Zucker dünsten.
Die Äpfel vom Herd nehmen und die Gelatine zu den heißen Äpfeln geben. Dann nach und nach die Eier unterrühren.
Eine feuerfeste Pudding- oder Auflaufform mit Butter einfetten und mit Zucker ausstreuen. Das Kompott in die Form geben und im Wasserbad bei 170 °C im Backofen etwa 40 Minuten fest werden lassen.
Aus der Form stürzen, mit Zucker bestreuen und unter dem Grill karamelisieren lassen.

Sorbet pomme verte
Sorbet von grünen Äpfeln

2 große Äpfel (Granny Smith)
100 g Zuckersirup
Saft von 1 Zitrone
1 Prise schwarzer Pfeffer

Die Äpfel waschen, in Stücke schneiden und in die Tiefkühltruhe geben.
Wenn sie fest sind, im Mixer mit Zuckersirup, Zitronensaft und Pfeffer pürieren. Tiefgekühlt aufbewahren.

Sorbet pomme rouge
Sorbet von roten Äpfeln

Rote Äpfel, beispielsweise der Sorte Idared oder Jubillé, verwenden und das Sorbet herstellen nach den Anweisungen des Rezepts für *sorbet pomme verte*.

Die *symphonie autour d'une pomme* – Symphonie um einen Apfel – serviert man, indem man eine *aumonière de pomme*, eine *tartelette Tatin* sowie einen *gâteau »Grandmère«* in der Mikrowelle erwärmt, auf einem großen Teller anrichtet, darauf zwei Löffel Kompott und je ein Bällchen Sorbet von grünen und roten Äpfeln gibt. Heiß servieren.

Frankreich

Calvados

Calvados wird in einem Gebiet gebrannt, das sich von Cherbourg im Norden bis fast nach Le Mans im Süden und bis an die Seine-Mündung erstreckt. Eine zusätzliche Region liegt bei Beauvais. Als Appellation Calvados ist seine Herkunft festumgrenzt. Meist wird im kontinuierlichen, im für Armagnac gebräuchlichen Brennverfahren destilliert. Der Calvados du Pays d'Auge, als Spitzen-Cru angesehen, erhielt eine eigene Appellation. Aus seinem Reich, rund um Lisieux, stammen zugleich einige der berühmtesten Käse Frankreichs wie der Pont L'Evêque und der Livarot. Mit der hohen Anerkennung ist die Auflage zum zweifachen, fraktionsweisen Brennen verbunden, wie man es beim Cognac praktiziert. Daher fängt man nach dem ersten Durchgang die *petites eaux* auf, bei denen aus schwachem Cidre ein 30prozentiger Rauhbrand wurde. Die zweite Destillierung erlaubt die Unreinheiten des Vor- und Nachlaufs auszusondern und nur das Herz aufzufangen. Mit 69 bis 72 Volumprozent läuft der wasserklare Apfelschnaps aus der Kühlschlange. Sein weiterer Werdegang gleicht den berühmten Weinbränden: Zuerst in Eichenfässer gefüllt, nimmt er eine Dosis von Aromen und Gerbstoffen des Holzes auf. Dann füllt man ihn in immer ältere Gebinde um. Die behutsame Reifung macht ihn von Jahr zu Jahr feiner. Entsprechend seiner Faßzeit wird er qualitativ eingestuft:

• Drei Sterne oder Äpfel: zwei Jahre Faßreife
• VO (Very Old): vier Jahre Faßreife
• VSOP (Very Special Old Pale): fünf Jahre Faßreife
• Hors d'Age, Extra oder Napoléon: sechs und mehr Jahre Faßreife

Hin und wieder geben Kellermeister Cidre für ein Jahr in ein Faß, bevor erneut Calvados darin reift. Dadurch nimmt dieser viele zusätzliche Fruchtaromen auf. Inzwischen gönnen einige der besten Erzeuger ihren edelsten Apfelbränden eine Passage in ehemaligen Sherry- oder Portfässern und füllen sie mit Jahrgangsangabe ab. In der Regel wird Calvados jedoch aus Bränden verschiedenen Alters und verschiedener Herkunft verschnitten, um möglichst große geschmackliche Harmonie und Beständigkeit bieten zu können.

Calvados reift behutsam mehrere Jahre in Holzfässern und wird von Jahr zu Jahr feiner.

Hintergrund: Ein urtümlicher ambulanter Brennapparat, bei dem die Kunst des Brennmeisters darin besteht, das Feuer richtig zu regulieren.

Süßspeisen

Œufs à la neige
»Schnee-Eier«

4 Eiweiß
1 Prise Salz
1 TL Zucker
3/4 l Milch

Crème anglaise – Englische Creme

Mark von 1/2 Vanillestange
4 Eigelb
100 g Zucker

Die Eiweiße mit Salz und Zucker zu festem Eischnee schlagen. Die Milch in einem Topf mit großem Durchmesser fast zum Kochen bringen.
Mit zwei Eßlöffeln aus dem Eischnee eiförmige Stücke stechen und vorsichtig jeweils so weit auf der Milch plazieren, daß sie sicheren Abstand zueinander bewahren. Jeweils 1 Minute köcheln lassen und dann wenden. Nach 1 weiterer Minute herausnehmen und gut auf Küchenkrepp abtropfen lassen.
Für die Creme die Milch durch ein Sieb in einen kleineren Topf geben und erneut erhitzen; die Vanille zugeben. Eigelbe und Zucker in einer Schüssel verrühren. Dann unter Rühren zunächst löffelweise, später schneller die heiße Milch dazugeben. In den Topf umfüllen und bei schwacher Hitze – nicht kochen! – ständig rühren, bis die Creme dick zu werden beginnt. Sofort durch ein Sieb streichen und abkühlen lassen. Die Schnee-Eier auf der Creme servieren.

Bavarois au chocolat
Schokoladenpudding

4 Blatt Gelatine
120 g Schokoladenkuvertüre
1/2 l Milch
Mark von 1/2 Vanillestange
4 Eigelb
100 g Zucker

Die Gelatine in kaltem Wasser einweichen. Die Kuvertüre im Wasserbad schmelzen. Die Milch mit der Vanille zum Kochen bringen.
In einer Schüssel Eigelbe und Zucker verrühren. Unter Rühren zunächst löffelweise, später schneller die heiße Milch hinzufügen. Die Mischung zurück in den Topf geben und bei schwacher Hitze – nicht kochen! – ständig rühren, bis die Creme dick zu werden beginnt. Vom Herd nehmen und durch ein Sieb streichen.
Die Gelatine ausdrücken. Gelatine und geschmolzene Schokolade unter die Creme rühren. Eine Puddingform ausfetten, die Creme hineingeben, abkühlen und anschließend im Kühlschrank erkalten lassen.
Aus der Form stürzen. Nach Belieben mit Früchten und geschlagener Sahne garnieren und servieren.

Crème caramel
Karamelcreme
(Abbildung rechte Seite)

150 g Zucker
3/4 l Milch
100 g Zucker
1 Päckchen Vanillinzucker
6 Eier

4 EL Zucker mit 2 EL Wasser erhitzen. Wenn der Zucker gebräunt ist, vom Feuer nehmen. Den Karamel in eine feuerfeste Puddingform füllen – Vorsicht: sehr heiß! – und in der Form schwenken, so daß sich der Karamel überall gut verteilt.
Die Milch mit dem restlichen Zucker und dem Vanillinzucker zum Kochen bringen. Die Eier in einer Schüssel verquirlen. Unter Rühren nach und nach die heiße Milch zu den Eiern geben.
Den Backofen auf 225 °C vorheizen.
Die Eiercreme durch ein Sieb in die Puddingform gießen und diese im Wasserbad für etwa 30 Minuten in den Backofen stellen, bis die Eiercreme fest geworden ist. In der Form völlig auskühlen lassen, dann auf einen flachen Teller stürzen.

Soufflé au Grand Marnier

3 EL Mehl
300 ml Milch
50 g Zucker
3 Eigelb, 3 Eiweiß
50 g Butter
3 EL Grand Marnier
1 Prise Salz
2 EL Puderzucker

Das Mehl mit etwas kalter Milch anrühren. Die restliche Milch mit dem Zucker zum Kochen bringen und mit dem Mehl andicken.
Die Milch vom Herd nehmen. Eigelbe und 30 g Butter unterschlagen, dann den Grand Marnier hinzufügen. Die Eiweiße mit dem Salz steif schlagen und unter die Eiercreme heben.
Den Backofen auf 200 °C vorheizen.
Vier feuerfeste Auflaufförmchen mit der restlichen Butter einfetten und mit dem Puderzucker bestäuben.
Die Eiercreme in die Förmchen füllen, glattstreichen und im Ofen 25 Minuten backen. Mit Puderzucker bestäuben und sofort servieren.

Beignets de pommes
Apfelkrapfen

150 g Mehl
2 Eigelb, 2 Eiweiß
1 EL Sonnenblumenöl
1 Prise Salz
100 ml Milch
4 große aromatische Äpfel
3 EL Calvados
Öl zum Frittieren
Streuzucker

Das Mehl in eine Schüssel sieben. Eigelbe, Salz und Öl zufügen und gut mit dem Mehl vermischen. Nach und nach die Milch unterrühren. Den Teig 60 Minuten zugedeckt ruhenlassen.
Die Äpfel schälen, das Kerngehäuse ausstechen und die Äpfel in (etwa 5 mm) schmale Ringe schneiden. Mit Calvados beträufeln.
Die Eiweiße steif schlagen und unter den Teig heben. Die Apfelringe einzeln im Teig wenden und im erhitzten Öl goldgelb ausbacken. Abtropfen lassen und mit Zucker bestreuen.

Tarte Tatin
Gestürzte Apfeltorte

600 g säuerliche Äpfel
100 g Butter
100 g Zucker
1 Päckchen Vanillinzucker
200 g Mürbeteig (siehe Tartelettes Tatin, S. 144)

Äpfel schälen, entkernen und in Scheiben schneiden. In einer flachen Kuchenform mit hohem Rand die Hälfte der Butter zerlassen, mit der Hälfte des Zuckers sowie dem Vanillinzucker bestreuen. Den Boden gleichmäßig mit Apfelscheiben belegen, dann die restlichen Äpfel einschichten. 15 Minuten schmoren. Vom Herd nehmen.
Den Backofen auf 200 °C vorheizen.
Den Mürbeteig dünn zu einer runden Platte ausrollen, auf die Apfelfüllung legen und den Teig fest am Formrand andrücken. 30 Minuten im Ofen backen.
Die Torte vorsichtig aus der Form stürzen. Die restliche Butter in Flöckchen auf die Äpfel geben, mit dem restlichen Zucker bestreuen und unter dem Grill karamelisieren lassen. Die Tarte Tatin wird warm gegessen.

Clafoutis aux cérises
Eierkuchen mit Kirschen

500 g schwarze Kirschen
150 g Mehl
2 Eier
40 g Zucker
1 Prise Salz
350 ml Milch
Streuzucker

Die Kirschen waschen und die Stiele entfernen – nicht entsteinen. Mehl, Eier, Zucker und Salz verrühren und so viel Milch zufügen, bis man einen glatten, nicht zu dünnen Eierkuchenteig erhält.
Den Backofen auf 175 °C vorheizen.
Eine runde Backform ausbuttern, die Kirschen auf dem Boden verteilen und mit dem Eierkuchenteig übergießen. Im Ofen etwa 60 Minuten backen. Abkühlen lassen und vorsichtig aus der Form stürzen. Mit Zucker bestreuen und noch warm servieren.

146 Frankreich

Poires au vin rouge
Birnen in Rotwein
(Abbildung)

4 reife, aber feste Birnen
125 g Zucker
½ Flasche kräftiger Rotwein
1 EL Zitronensaft
1 Stück unbehandelte Orangenschale
Mark von ½ Vanillestange
1 Messerspitze Zimt
2 Gewürznelken

Die Birnen dünn schälen, die Stiele belassen. Den Zucker mit dem Rotwein in einen Topf geben und leicht erhitzen, bis sich der Zucker aufgelöst hat. Zitronensaft, Orangenschale und Gewürze hinzufügen. Die Birnen in den Rotweinsirup stellen und zugedeckt bei schwacher Hitze etwa 30 Minuten garen. Im Sirup abkühlen lassen. Die kalten Birnen in Schälchen stellen. Die Sauce durch ein Sieb passieren und die Birnen damit übergießen. Nach Belieben mit Makronen dekorieren und servieren.

Poires au vin rouge – Birnen in Rotwein

Crème caramel – Karamelcreme

Crêpes

So hauchdünn, so golden schimmernd wie kleine Sonnen, so vielfältig belegt, kurz: so fein und delikat, wie wir sie kennen, waren Crêpes nicht immer. Ihre Urform erinnert an die grauen Felsen der Bretagne. Auf deren Granitböden tat sich feiner Sommerweizen schwer. Dagegen gedeiht Buchweizen, den die Bretonen »schwarzen Weizen« nennen, dort prächtig. Sein graues Mehl wurde schlicht mit Wasser und Salz zu Teig geknetet, den man auf heißen Steinen zu *galettes* buk. Sie dienten als Brotersatz und bildeten mit dickgewordener Milch und Kartoffeln die Grundernährung der Bretonen. In schlechten Zeiten gab es oft überhaupt nichts anderes zu essen. Die aromatischen Galettes behaupten bis heute ihren Platz als salzige Crêpes, die man mit Käse oder Schinken, Fisch oder Fleisch, Gemüse oder Pilzen garniert. Oder auf die man einfach ein Ei schlägt, das auf dem heißen Teig stockt, bevor man ihn darüber zusammenfaltet.

Die feinen Crêpes verlangen nach weißem Weizenmehl, Eiern, Butter und Milch. Oft gibt man einen Schuß Bier oder Cidre hinzu, um den Teig lockerer zu machen. Gebacken werden sie in schweren Eisenpfannen, welche die Hitze gleichmäßig verteilen und die zuvor mit Schmalz eingefettet werden. Erst um die Mitte des letzten Jahrhunderts, als sich in Frankreich die Haute Cuisine mehr und mehr verbreitete, traten sie ihren Siegeszug an – doch nicht etwa als Imbiß oder Fast-Food-Ersatz, wie die zahllosen Crêperien suggerieren, sondern als Dessert.

Am berühmtesten wurden die Crêpes Suzette. Wie alle Crêpes erscheinen auch sie im Plural und werden zweimal gefaltet. Der spätere britische König Edward VII, ein großer Frankreich-Verehrer, schätzte sie über alles. Wie es um die Jahrhundertwende Mode war, verbrachte er den Winter an der Côte d'Azur. Eines Tages lud er Suzette, eine hübsche Französin, der er den Hof machte, zum Essen ein. Als zum Dessert am Tisch Crêpes zubereitet wurden, entflammte sich der Orangenlikör. Geistesgegenwärtig servierte der Koch sie als neue Kreation. Der Prince of Wales war begeistert und taufte die flambierten Eierküchlein auf den Namen seiner Begleiterin.

1

2

3

4

Grundrezept für Crêpes
(Abbildung 1–4)

500 g Mehl
6 Eier
Schale von 2 unbehandelten Zitronen
3 EL Zucker
100 g zerlassene Butter
1 l Milch
Butter zum Backen

Das Mehl in eine Schüssel sieben und in die Mitte eine Mulde drücken. Die Eier hineingeben, ebenso Zitronenschale, Zucker und zerlassene Butter. Dann mit der Milch nach und nach zu einem dünnflüssigen Teig vermischen. Den Teig etwa 30 Minuten bei Zimmertemperatur stehenlassen. Zum Backen etwas Butter in einer Pfanne erhitzen. Jeweils eine kleine Kelle Teig hineingeben (1) und durch Schwenken der Pfanne oder mit einer Rakel auf dem Pfannenboden gleichmäßig verteilen (2). Ein kleines Stück Butter auf der Teigoberfläche zergehen lassen (3). Backen, bis die Unterseite goldgelb ist mit einigen braunen Flecken, dann wenden (4) und die andere Seite backen. Auf diese Weise den gesamten Teig verarbeiten. Die Crêpes auf einem vorgewärmten Teller stapeln. Zu Halbmonden oder Vierteln zusammenklappen (rechte Seite).

Die beliebtesten Crêpes

Crêpes au sucre
Ganz klassisch: nur mit Zucker bestreut und etwas Zitronensaft beträufelt

Crêpes aux confitures
Mit Konfitüre bestrichen und aufgerollt

Crêpes aux marrons
Mit Maronencreme bestrichen und aufgerollt

Crêpes bretonnes
Teig mit einem Anteil Buchweizenmehl und Rum

Crêpes fourrées
Mit Konditorcreme sowie mit in Rum getränkten Rosinen und Trockenfrüchten gefüllt und aufgerollt

Crêpes Georgette
Um eine Ananasscheibe gefaltet

Crêpes souflées
Eine kleine Menge Soufflé, vorzugsweise Café Praliné, eingeschlagen und etwa 15 Minuten im Backofen aufgegangen

Crêpes Suzette
Ihr Aroma entsteht durch die Teigmischung aus Butter, Zucker, Mandarinensaft, geriebener Zitronenschale und flambiertem Bitterorangenlikör

148 **Frankreich**

Galettes sind salzige Crêpes aus Buchweizenmehl – hier eine Variante, bei der man ein Ei auf dem Teig stocken läßt und die Teigkanten darüberschlägt.

Patisserie

Pastisserien gleichen Juweliergeschäften. Ihre Einrichtung blitzt von Gold und Kristall. Das Angebot süßer Köstlichkeiten nimmt es mit der Auslage von Pretiosen auf. Bedächtig wählt die Kundschaft aus dem Angebot der *gourmandises*, den Leckereien, als würde sie Schmuckstücke erstehen. Schließlich sollen Torten oder Tarten, Kuchen oder Küchlein, Charlotten, Bavarois oder Eis, Petits fours oder Schokoladen ein gutes Essen mit optischer und geschmacklicher Raffinesse abschließen. Patisserien liefern den Franzosen das Dessert – und beliebte Mitbringsel für Einladungen zum Essen. Große Restaurants brauchen hervorragende Patissiers, sonst fallen sie bei Kritikern und Gourmets durch. Frankreich wäre nicht das Land des verfeinerten Genusses, hätte es nicht schon früh süßen Verführungen gehuldigt. Im 13. Jahrhundert erhielten Oblatenbäcker offiziellen Status und buken zu Festtagen Waffeln. Noch aber waren die verschiedenen Berufe, die sich um Ernährung und leibliches Wohl kümmerten, nicht klar voneinander getrennt. Teigmacher, *pâtéiers*, fertigten überwiegend salzige Torten und Pasteten, aber auch bereits heißbegehrte Krapfen. Aufschwung nahm das süße Gewerbe dank Katharina de' Medici, die im Jahre 1533 Henri II heiratete. In ihrem Troß kamen italienische Konditoren und Köche nach Paris, machten Eis und erfanden den Brandteig. Der Gebrauch zweier elementarer Grundzutaten, Zucker und Mandeln, verbreitete sich. *Pâtissier* wurde 1566 als eigener Berufsstand anerkannt. Nonnen in Nancy ersannen Ende des 16. Jahrhunderts die Makronen, der Maler Claude Lorrain einige Jahrzehnte später den Blätterteig. Dem Grafen von Plessis-Praslin wurden geröstete Mandeln kredenzt, die er »Pralinen« nannte. Dann erreichte die Kenntnis der Schokoladenherstellung Frankreich. Als man lernte, aus Rüben preiswert Zucker herzustellen, stand einer weiten Verbreitung süßer Sachen nichts mehr im Wege. Der große Koch und Reformer Carême legte in seiner Schrift »Le pâtissier royal« die Grundlagen des Handwerks fest. Die Erfindung von Schokoladen-, Eis- und Dragées-Maschinen sowie der Kältemaschine erleichterten im 19. Jahrhundert die Ausübung des Gewerbes. Geniale Köche und Patissiers ließen sich immer neue Köstlichkeiten einfallen, ob glasierte Maronen, die Biskuitrolle oder Pfirsich Melba. Inzwischen muß ein Meister des Metiers alle Kategorien süßer Köstlichkeiten beherrschen – schließlich liegt der gelungene Abschluß eines Essens in seinen Händen.

Hintergrund: Wie Pretiosen präsentieren sich die süßen Köstlichkeiten in einer Patisserie.

Die wichtigsten Cremes der Patissiers

Der Geschmack der meisten Kuchen und Gebäcke wird im wesentlichen von der Creme bestimmt, mit denen sie gefüllt oder überzogen sind.

Grundzutaten
Eier, Milch, Butter, süße Sahne, Crème fraîche, Vanillestangen, Zucker

Zutaten zur Aromatisierung
Kakao, Schokolade (Kuvertüre), Kaffeepulver, Mandelpaste, Liköre oder Schnäpse

Crème anglaise – Englische Creme
Aus Eigelb, Milch, Puderzucker, Vanille. Kann mit Kakao, Schokolade, Kaffee, Mandelpaste, Likör oder Schnäpsen aromatisiert werden; für Mousses, Bavarois, Parfaits, Eisdesserts

Crème au beurre – Buttercreme
Aus Butter, Zucker, Wasser, Eigelb, Vanille. Kann mit Kakao, Schokolade, Kaffee, Mandelpaste, Likör oder Schnäpsen aromatisiert werden; für Biskuitrollen, Petits fours, Dekorationen

Crème bavaroise – Bayerische Creme
Aus Eigelb, Zucker, Vanille, Milch, Gelatine und Schlagsahne. Abwandelbar mit Vanille, Schokolade, Kaffeepulver, Mandeln, Früchten, Alkoholika

Crème Chantilly – Vanillesahne
Aus Crème fraîche, Zucker und Vanille. Für Choux (Windbeutel), Savarins (mit Rum getränkter Ringkuchen), Bavarois, Eis und Eisbomben

Crème d'amandes – Mandelcreme
Aus Butter, Zucker, Eiern, gemahlenen Mandeln, Mehl, Rum und Vanille. Für Jésuites (Blätterteiggebäck), Pithiviers (runder Blätterteigkuchen)

Crème pâtissière – Konditorcreme
Aus Eiern, Milch, Mehl, Vanille, Zucker. Kann mit Kakao, Schokolade, Kaffeepulver, Mandelpaste, Likör oder Schnäpsen aromatisiert werden; für Choux und Eclairs, Savarins, Millefeuilles (Blätterteigkuchen), Soufflées. Basis für: Crème Saint-Honoré (mit Gelatine), Crème frangipane (mit gemahlenen Mandeln), Crème mousseline (mit Buttercreme gemischt)

Ganaches – Ganachecreme
Aus Crème fraîche, Schokolade oder Kuvertüre, eventuell Butter oder Milch. Können mit Zitronen- oder Orangenschalen, Tee, Kaffee, Likör, Schnaps, Pfefferminz aromatisiert werden; für Überzug und Garnierung von Kuchen und Süßspeisen und als Pralinenfüllung

Petit fours: Feines Backwerk in mundgerechter Größe

Succès au chocolat: Reichhaltiges Teilchen aus Schokolade und Vanille

Eclairs au chocolat: Brandteig-Gebäck mit Schokoladencreme

Choux à la crème: Windbeutel mit Konditorcreme

Schokolade aus Lyon

»Was die großen Liebhaber der Schokolade suchen, ist der Geschmack des Kakao«, sagt Maurice Bernachon, Großmeister der französischen *chocolatiers* in Lyon. Als Purist macht er seine Schokoladen selbst – ab Kakaobohne. Nur noch fünf französische Confiserien halten diese Kunst am Leben und komponieren den Geschmack ihrer Schokolade nach eigenen Rezepten. Vor 40 Jahren waren es noch 400 in Frankreich, um 1900 allein 300 nur in Lyon. Aber zu aufwendig und teuer ist die Herstellung für kleine Betriebe.

Kakaobäume wurden zuerst von den Mayas, später von den Azteken kultiviert, denen sie heilig und teuer waren. Denn ihre Bohnen dienten nicht nur dazu, einen stärkenden Trank zuzubereiten, sondern auch als Zahlungsmittel. Als Kolumbus 1502 an der Insel Guanaja landete, kostete er als erster Europäer den Kakao, den ihm die Eingeborenen zur Begrüßung reichten. Hernando Cortés brachte den Kakao nach Spanien. Ab dem 17. Jahrhundert eroberte er Frankreich. Zwar ist Rotterdam Umschlagplatz für Kakao- wie für Kaffeebohnen, doch Bordeaux traditioneller Sitz der Kakaoexperten. Wie Wein kennt auch Kakao hoch- und minderwertige Sorten, Spitzenlagen und mittelmäßige Anbaugebiete. Überall, wo tropisches Klima herrscht, gedeiht er. Aber nur auf gutem Boden wie in seiner mittel- und südamerikanischen Heimat sowie auf den karibischen Inseln oder auf Madagaskar erreicht er Spitzenqualität. In den reifen Schoten sind die Bohnen von Fruchtfleisch umgeben, mit dem sie zunächst fermentieren. Dann folgt die Trocknung, entweder in Erdlöchern oder an der Sonne, bevor die Bohnen exportiert werden – Rohstoff für Schokolade. Zuerst röstet man sie, nach Sorten getrennt, wie Kaffee, 20 Minuten bei 180 bis 200 Grad Celsius, was ihre Aromen freisetzt. Danach kann man die oft violette Haut von der Frucht trennen. Nach Sorten abgewogen, erfolgt die Mischung in einer Mühle, deren sich drehende Zylinder die Bohnen zerquetschen. Um eine Paste zu erhalten, fügt man Kakaobutter hinzu, das ausgepreßte, nicht ranzig

Je besser die Kakaosorten, desto feiner und schmackhafter die Schokolade, aber erst Röstung setzt – wie beim Kaffee – das aromatische Potential frei.

Die Kuvertüre, die Basisschokolade, wird 24 bis 72 Stunden gerührt, erst dann hat sie die gewünschte geschmeidige Konsistenz und den harmonischen Geschmack.

werdende Fett der Kakaobohnen. Bei der nächsten Etappe werden Zucker und Vanillestangen untergewalzt. Um aber Bitterkeit und Säure auszumerzen und der Schokolade ihre Geschmeidigkeit zu verleihen, wird sie zwischen einem und drei Tagen in einem Drehwerk gerührt, was zum Teil im Vakuum geschieht. Dann ist die Kuvertüre fertig und wird zu großen Tafeln gegossen, deren Kakaoanteil meist 63 bis 70 Prozent beträgt. Nur aus erstklassigen Kakaobohnen lassen sich erstklassige Kuvertüren mischen. Sie sind der Stolz jedes Herstellers, da sie die Basis des Handwerks darstellen, ob man Tafelschokolade oder Pralinen, Cremes oder Kuchen produzieren will. Sie sind aber auch Lieblingsstoff wahrer Kenner.

Jeder *chocolatier* läßt seine Kreativität spielen. Ob er sich eher auf klassische Assoziationen wie Zimt, Tee und Kaffee verläßt oder mit Ingwer, Lakritze und Pfeffer komponiert, ob er Nüsse oder Trockenfrüchte überzieht, Cremes oder edle Tropfen einsetzt – die Qualität der Zutaten, Fingerspitzengefühl bei der Zubereitung und Gespür für die Vermählung von Aromen und Konsistenzen wird bestimmen, welches Ansehen er bei den Schleckermäulern genießt. Wie in den anderen Sparten der Kulinarik auch, wissen Franzosen die feinen Unterschiede herauszuschmecken. Und sie wissen, daß solch kunstvolle und edle Miniaturen ihren hohen Preis wert sind, am besten bei 20 Grad Celsius aufgehoben werden (im Kühlschrank laufen sie weiß an) und nicht länger als drei Wochen herumliegen sollten. Aber so lange kann ihnen ohnehin kein Genießer widerstehen.

Aus der Kuvertüre gießt man alle Schokoladenformen. Hier werden Nüsse in eine Tafel eingelegt. Bei den großen Chocolatiers ist das meiste Handarbeit.

1   2

3   4

5   6

7   8

Mousse au chocolat
Schokoladencreme
(Nach Jean-Marie Patroueix)
(Abbildung 1–8)

300 g Bitterschokolade
4 Eigelb
130 g Zucker
50 ml Sahne
250 g Eiweiß

Die Schokolade im Wasserbad schmelzen.
Die Eigelbe mit 2 EL Zucker schaumig schlagen (1, 2).
Dann die Sahne unterrühren (3). Die Schokolade unter die Eigelb-Zucker-Masse ziehen (4).
Das Eiweiß mit dem restlichen Zucker zu Schnee schlagen (5) und unter die Schokoladenmasse heben (6, 7).
Die Mousse in Gläser oder Förmchen füllen und kalt stellen.

Nougat

»*Tu nous gâte*« – »Du verwöhnst uns«, schwärmten die Kinder, als Großmutter ihnen wieder einmal aus Honig, Zucker und Mandeln die traditionelle Leckerei Montélimars bereitete. Und so soll diese süße Spezialität ihren Namen erhalten haben. Sprachforscher verweisen dagegen auf den lateinischen Begriff für Nußkuchen, *nux gatum*. Allerdings mußten die Nüsse durch Mandeln ersetzt werden, denn ohne sie hätte der weiße Nougat nicht sein typisches Aroma.

Mandelbäume wurden Ende des 16. Jahrhunderts von dem weitgereisten Agronomen Olivier de Serre aus Westasien nach Südfrankreich eingeführt. Um den kleinen Ort Villeneuve-de-Berg in der Ardèche, 30 Kilometer westlich von Montélimar, entwickelten sich schnell bedeutende Plantagen. Lange wird es nicht gedauert haben, bis der erste Zuckerbäcker Mandeln mit Honig mischte, der seit dem Alterum als Basis für Schleckereien diente. Um für ihr Produkt zu werben, stifteten fortan die *confisiers* jedesmal, wenn eine hochgestellte Persönlichkeit durch das Rhône-Tal reiste, enorme Mengen ihrer Näscherei. Als erste werden 1701 diesbezüglich die Herzöge von Berry und Bordeaux erwähnt. Ein gewisser Monsieur Miche gründete 1778 die erste Fabrik.

Die Qualität des Nougat hängt von der Güte seiner Zutaten ab. Außer guten Mandeln kommt es vor allem auf den Honig an. Das feinste und typischste Parfüm liefert reiner Lavendelhonig. Immer beginnt die Herstellung mit dieser Ingredienz. Er wird in einen Kessel gegeben und im Wasserbad erhitzt, damit das in ihm enthaltene Wasser verdunstet. Dann kommen Eiweiß und Zucker hinzu, der zuvor mit etwas Glukose (Traubenzucker) gekocht wurde. Sie verhindert, daß er kristallisiert. Übersteigt seine Temperatur 120 Grad Celsius nicht, bleibt der spätere Nougat weich. Klettert sie auf 150 Grad, erhält man ein hartes Produkt. Es gilt daher den richtigen Moment abzupassen, wenn der Teig locker und luftig ist. Albert Escobar, für den feinsten Nougat berühmt, prüft die Konsistenz im Rührwerk mit den Fingern. Dann reduziert er die Geschwindigkeit. Nun werden gemahlene oder halbierte Mandeln und Pistazien hinzugefügt – oder auch andere Nüsse und Trockenfrüchte wie Hasel- oder Walnüsse, Zitronen oder Orangen. Sind alle Zutaten gründlich vermischt, wird die zähe Masse in mit Spezialpapier ausgekleidete Rahmen gestrichen und gleichmäßig ausgerollt. In kleine Dominos, Barren oder Würfel geschnitten, wird der Nougat verpackt. Während Nougat mit zu hohem Zucker- und Glukoseanteil übersüß und wenig aromatisch ist, überraschen bei Escobars kleinen Meisterwerken dezente Süße, zarte Konsistenz, feine Mandel- und Pistazienaromen und ein unverkennbarer Hauch von Lavendel.

Der Grundteig für Nougat wird aus Honig, Eiweiß und Zucker gerührt.

Das Rührwerk muß so lange kräftig arbeiten, bis der Teig luftig wird, was genau zu überprüfen ist.

Bei reduzierter Geschwindigkeit gibt man dann Mandeln, Pistazien und Trockenfrüchte hinzu.

Gut vermischt, wird der Nougat in Rahmen gegossen und glattgestrichen.

Hintergrund: Laden aus der Blütezeit des Nougat um die Jahrhundertwende (Collection Patrick Morand).

Die Klassiker der Confiserie

Bonbons de chocolat – Pralinen
Bezeichnet die ganze Fülle von leckeren kleinen Gebilden, die mit Schokoladenglasur überzogen werden und innen verschiedenste Füllungen bergen, vom Praliné über Zuckerschmelz zu Mandeln oder Nüssen, Nougat oder Marzipan und vielem mehr.

Dragées – Bonbons in Zuckerhülle
Ovale Bonbons mit glatter, bisweilen aromatisierter Zuckerhülle. Das Innere bestand ursprünglich ausschließlich aus einer Mandel. Heute findet man diverse Füllungen wie Schokolade, Pistazien, Haselnuß, Praliné, Fruchtpaste, Nougat und anderes.

Fruits confits – Kandierte Früchte
Kandierte Früchte sind eine berühmte französische Spezialität, von der es an die 20 Varianten gibt. Sie reichen von Engelwurz über Melonen bis zu Maronen, den zu Weihnachten hochgeschätzten glasierten Eßkastanien, *marrons glacés*.

Pâtes d'amandes – Marzipan
Marzipan in Form von Früchten oder Gemüsen oder mit Glasur. Auch als Füllung von Dragées oder *bonbons de chocolat*. In der Patisserie viel verwendet.

Pâtes de fruits – Fruchtpasten
Pasten aus einzelnen Früchten wie Apfel, Aprikose oder Quitte, die oft als Füllungen dienen. Gleichfalls in diese Kategorie gehören alle Bonbons, die aus Fruchtfleisch und Zucker hergestellt werden, nicht jedoch Gelees.

Pralinés – Mandelmasse
Die aus Mandeln oder Haselnüssen sowie dem gleichen Anteil Zucker gemahlene und gerührte Paste geht auf den Marschall von Plessis-Praslin (daher »Praline«) zurück, dessen Köche sich besonders auf Confiserien verstanden. Sie wird als Füllung von *bonbons de chocolat* verwandt, die in anderen Ländern Pralinen heißen.

Pralines – Geröstete Mandeln
Bei den *pralines* handelt es sich nicht um Pralinen, jener gefüllten Süßigkeit mit Schokoladenüberzug, sondern um die in Frankreich im 17. Jahrhundert erfundenen gerösteten Mandeln.

Fede Falces

Spanien

Hügellandschaft in Asturien

Vorherige Doppelseite: Lebensmittelhändler in Barcelona
mit Serranoschinken

158 **Spanien**

An spanischen Spezialitäten und spanischer Küche faszinieren Unverfälschtheit und Reichtum. Sie gehen auf die Struktur des Landes zurück, das den größten Teil der Iberischen Halbinsel einnimmt. Denn in Regionen, die im Nordwesten am Atlantik liegen, herrschen ganz andere klimatische und vegetative Bedingungen als im Zipfel Andalusiens, der ebenfalls – an der Straße von Gibraltar und am Golf von Cádiz – an den Atlantischen Ozean grenzt. Es wachsen andere Pflanzen, können andere Tiere gehalten werden, und selbst Fische und Meeresfrüchte, die in beiden Gebieten von hervorragender Qualität sind, scheinen durch die unterschiedliche Atmosphäre, in der sie genossen werden, anderen Charakter zu besitzen. Das gilt auch für die insgesamt 17 Regionen Spaniens. Welch außerordentliche Unterschiede liegen zwischen Katalonien und Kastilien, zwischen La Mancha und Navarra!
Wie andere südliche Völker halten auch die Spanier nicht viel vom Frühstück, dem *desayuno*. Aber sie kehren morgens gern in ihrer Stammbar ein, schlürfen eine heiße Schokolade und verzehren frischgebackene *churros*, das allgegenwärtige Spritzgebäck. Auf dem Lande und unter Arbeitern, die den Tag früh beginnen, legt man Wert auf *almuerzo* oder *las once*, ein zweites deftiges Frühstück mit Brot, Eiern und Wurst. *Comida*, Mittagessen und Hauptmahlzeit, beginnt für mitteleuropäische Verhältnisse spät. Die meisten Familien setzen sich zwischen 14 und 15 Uhr zu Tisch. Dann wird reichlich aufgetischt – drei bis vier Gänge, und natürlich dürfen Wein und Brot nicht fehlen. Wenn dann doch am späteren Nachmittag Appetit oder Naschlust erwachen, gibt *la merienda* zu Kuchen, Keksen, Süßigkeiten und *café solo* oder *con leche*, schwarzem oder Milchkaffee, Gelegenheit.
La cena, das Abendessen, beginnt tatsächlich erst um zehn Uhr. Zu Hause begnügt man sich dann mit einem leichten Mahl, das aber dennoch aus Suppe, Fisch, Gemüse und Früchten bestehen kann. Gern aber läßt man es ausfallen, um ein wenig zu flanieren. Dann kehrt man irgendwo ein und genießt das eine oder andere Gläschen und ein paar leckere Kleinigkeiten, die unwiderstehlichen Tapas, welche die große Vielfalt spanischer Spezialitäten Parade ziehen lassen.

Tapas
Sherry
Iberischer Schinken
Würste
Gazpacho
Fleisch
Suppen und Eintöpfe
Eierspeisen
Fisch
Meeresfrüchte
Fischgerichte und Gerichte mit Meeresfrüchten
Reis
Paella
Olivenöl
Gemüse
Käse
Obst
Desserts und Süßigkeiten
Rioja
Wein
Cava
Sidra

Tapas

Die kleinen Gerichte Spaniens, von denen es Hunderte gibt, sind Ausdruck eines Lebensstils, der Geselligkeit und Abwechslung liebt. *Tapeo* – *tapas* essen gehen – ist ein alltägliches Ritual, dem die Zeit vor Mittag- und Abendessen gehört. Da man – insbesondere in den Sommermonaten – sehr spät zu essen pflegt, bleiben Stunden fürs *tapeo*, das man auch *tasqueo* oder je nach Region *ir de vinos*, *poteo* oder *chiquiteo* nennt.

Statt sich in einem Stammlokal niederzulassen, ziehen Spanier mit Freunden oder Kollegen von einer Bar zur nächsten, besuchen Kneipen und einfache Gaststätten, *tascas* und *mesones*, die sich besonders auf Tapas eingerichtet haben.

Manche sind berühmt für ihre umfangreiche Auswahl an Tapas. Andere stützen ihre Anziehungskraft auf nur eine einzige Spezialität wie zum Beispiel *champiñones a la plancha*, auf der Eisenplatte gebratene Champignons, *calamares fritos*, fritierte Tintenfische, oder *pinchos morunos*, Spießchen mit mariniertem und gegrilltem Fleisch. Einige sind auf Meeresfrüchte spezialisiert, andere auf traditionelle, stundenlang geschmorte Gerichte. Aber noch das simpelste Lokal hat wenigstens Salzmandeln, Oliven, Muscheln oder Thunfisch aus der Dose oder *tortilla española*, Kartoffelomelett, anzubieten. Das Renommee stützt sich bisweilen auch auf die Güte des Finos, des leichtesten und trockensten Sherry, des *vino joven*, Jungweins, oder der *sidra*, des Apfelweins, den sie ausschenken.

In allen Ländern rund um das Mittelmeer wirkte maurischer Einfluß und hinterließ eine Vorliebe für vielseitige Vorspeisentafeln. Der Brauch der Tapas und des Tapeo entstand aber vermutlich um die Mitte des vorigen Jahrhunderts in Andalusien. Im heißen Süden Spaniens schützten Wirte den Sherry gegen Staub und Fliegen, indem sie die schmalen Gläser mit einer Scheibe Brot, Käse, Wurst oder Schinken abdeckten. Wörtlich bedeutet *tapa* Deckel. Der nach dem Fino, dem trockenen und leichtesten Sherry, verzehrte Happen besänftigte den Hunger, und salziger Aufschnitt weckte zusätzlichen Durst. Schon bald wurde aus den Tapas ein besonderer Anreiz, und Wirte begannen mit Güte und Vielfalt der angebotenen Häppchen zu wetteifern. Noch immer gilt Andalusien als Hochburg der Tapas, und ihre Auswahl in Sevilla, Córdoba oder Cádiz ist umwerfend.

Aber längst hat dieser Brauch ganz Spanien erobert. Insbesondere in den Städten ist Tapas-Essen zum Bestandteil des Lebens und des sozialen Kontakts geworden. Zu Beginn der Mittagspause oder gleich nach Feierabend bildet es den zwanglosen Rahmen, sich zu treffen, sich zu unterhalten, zu scherzen und zu diskutieren, etwas zu trinken und nach Lust und Laune verschiedene Kleinigkeiten zu probieren. Ob es sich nun dabei nur um ein paar Oliven oder um aufwendige Minigerichte handelt, Essen ist nur ein Aspekt dieser lebensfrohen Sitte.

Bei den Tapas lassen sich zwei Hauptkategorien unterscheiden: kalte und warm servierte. Das Angebot an kalten Tapas ist unmittelbar überschaubar, denn sie stehen in Reihen von Schalen und Tellern mit allen vorhandenen Knabbereien und kalten Gerichten hinter dem Tresen. Aber es lohnt sich, den Blick schweifen zu lassen, um zu registrieren, was an Schinken und Würsten von der Decke hängt. Denn auch sie gehören, ebenso wie Käse, dazu.

Was es an warmen Tapas gibt, kann man entweder entsprechend beschrifteten Tafeln entnehmen, manchmal auch Speisekarten, oder muß sich beim Wirt oder Kellner erkundigen, der diesbezüglich gern Auskunft gibt, nicht ohne auf Anfrage auch die eine oder andere Empfehlung auszusprechen. Dann werden kleine leckere Speisen, die in Saucen garten, in *cazuelitas*, kleinen braunen Tonschälchen, gereicht. Frisch Gegrilltes wie *pinchos*, Spieße, *costillas*, Rippchen, oder Koteletts gibt es oft auf Brot. Beliebt sind auch Meeresfrüchte, die auf einer Eisenplatte, *a la plancha,* gegrillt werden.

Doch ganz gleich, wo man sich in Spanien auch befinden mag – hat man Appetit auf wirklich gute Tapas, dann hält man sich am besten an jene Bars und Lokale, in denen sich die Einheimischen ab etwa 12 Uhr mittags und 19 Uhr abends drängen.

Tapas-Bars haben ihren festen Platz im Leben spanischer Großstädter, denen der Genuß einiger Leckerbissen den Alltag verschönt.

Anschovis, die kleinen Verwandten der Sardinen, sind vor allem in Nordspanien ein Klassiker im Tapas-Angebot.

Tapas müssen nicht aufwendig ein, ein paar Oliven und einige Scheiben Chorizo reichen oft aus.

Hintergrund: Eine große Auswahl auf dem Tresen ist das Aushängeschild einer Tapas-Bar und weckt den Appetit der Gäste.

Albóndigas
Hackfleischbällchen – klassische Tapas – mit unterschiedlichen, oft pikanten Saucen

Almejas
Venusmuscheln, oft mariniert mit Knoblauch und Petersilie in Weißwein

Atún fresco con judías en escabeche
Frischer Thunfisch mit Bohnen in Marinade

Bacalao
Stockfisch, in vielen Zubereitungen oder als Füllung; besonders geschätzt *pil pil*, mit Knoblauchpaste

Berberechos – Herzmuscheln
Herzmuscheln, natur, mit Knoblauch und Petersilie, in Kräuter-, Tomaten-, Sherry- oder anderen Saucen

Boquerones
Anschovis oder Stinte; besonders köstlich fritiert

Buñuelos
Gemüse, Käse, Wurst oder Schinken als Füllungen, fritiert im Brandteigmantel

Calamares rellenos
Gefüllte Kalmare; ihre tütenähnlichen Körper werden gern mit gehacktem Fleisch, Schinken oder Pilzen gefüllt

Champiñones
A a la plancha, auf der Eisenplatte gebraten, gefüllt oder als Salat

Cigallas
Kaisergranate, mit Olivenöl bestrichen und *a la plancha*, auf der Eisenplatte, gegrillt

Conejo
Kaninchenfleisch, im Tontopf geschmort oder gegrillt

Croquetas
Hergestellt aus Mehl und Brotkrumen, mit Gemüse, Fisch, Fleisch, Ei oder Käse

Anchoas
Eingelegte Anschovis, eine Spezialität der Costa Brava, aber auch frisch mariniert oder fritiert, mit schwarzen Oliven

Aceitunas
Oliven, grüne oder schwarze unterschiedlicher Größe; grüne mit Sardellenpaste, Mandeln oder Paprika gefüllt; in Kräutermarinade

162 **Spanien**

Dátiles de mar – Meerdatteln
Meerdatteln, einfach nur gedünstet eine Delikatesse

Ensalada mixta
Gemischter Salat, mit grünem Salat, Tomaten, Oliven, Thunfisch

Ensalada del salmón marinada
Gebeizter Lachs, delikat angerichtet auf verschiedenen Salatblättern

Esqueixada
Katalonischer Stockfischsalat mit Paprikaschote, Tomate und Zwiebel

Jamón
Schinken, gern roh gegessen, auch mit Gemüse, Fisch oder anderem Fleisch

Mejillones
Pfahlmuscheln, vielfältig zubereitet oder als Konserve kalt gegessen

Navajas
Meerscheiden, beliebt als Konserve oder frisch; so lange geröstet, bis sie sich öffnen, und mit Zitronensaft beträufelt

Pa amb tomáquet
Katalonische Spezialität; mit Olivenöl und Knoblauch geröstetes Brot, das mit reifen Tomaten eingerieben wird

Pescados fritos
Fischfritüren (rechts), köstlich insbesondere in den Hafenstädten Andalusiens und Galiciens; ebenso schmackhaft: fritierte *chipirones*, kleine Tintenfische, *rabas*,

Tintenfischstückchen, *pulpitos*, kleine Kraken, *calamares*, Tintenfischringe (links), sowie Garnelen, Muscheln und andere Meeresfrüchte

Pimientos
Paprikaschoten, am köstlichsten einfach gegrillt mit Knoblauch oder mit Stockfisch gefüllt

Tortilla
Omelett, insbesondere als *española* mit Kartoffeln

Atún
Thunfisch, als Konserve eine spanische Spezialität; in verschiedensten Salaten, auch frisch

Gambas
Garnelen, mit Knoblauch gewürzt, mit Olivenöl bepinselt und *a la plancha*, auf der Eisenplatte, geröstet

Sherry

Sherry kommt aus Andalusien, aus der Provinz Cádiz. Das Anbaugebiet, das an den Atlantik grenzt, ist rund 23 000 Hektar groß. Sein Zentrum liegt zwischen den Städten Jerez de la Frontera, das dem Wein den Namen gab, Puerto de Santa María am Guadalete und Sanlúcar de Barrameda an der Mündung des Guadalquivir. Die Rebflächen erstrecken sich über flache, sanft gewellte Hügel, deren Kalkböden, die berühmten *albarizas*, in der starken südlichen Sonne blendend gleißen. Über 90 Prozent der Weinberge sind mit der Palomino-Rebe bestockt. Pedro Ximinez und Moscatel, die beiden anderen Sorten des Jerez, dienen als Süßmittel.

Der Weinanbau der Region geht bis auf die Phönizier zurück und entwickelte sich unter Römern und Westgoten. Die ab dem 8. Jahrhundert herrschenden Mauren führten die Geheimnisse der Destillation aus dem Morgenland ein. Mit Alambiques und Alquitaras brannten sie al-Kuhl, den sie für Medizin oder Kosmetika verwandten. Später fanden andalusische Weinmacher heraus, daß der Zusatz von Alkohol den Wein konserviert – der Sherry war geboren.

Sein Ruhm verbreitete sich bereits im Mittelalter. Als Sir Francis Drake 1587 Cádiz überfiel, erbeutete er 300 Fässer Wein und nahm sie mit nach England. Sie begründeten die große Liebe der Engländer zum *sack*, wie er damals hieß, bei dem es sich vermutlich um schweren Süßwein handelte. Später nannten sie ihn Sherry, wie sie Jerez de la Frontera, seine Heimatstadt, aussprachen (in Frankreich nennt man ihn Xeres)

Die eigentliche Besonderheit des Sherry, Jerez oder Xeres weiß man erst seit wenigen Jahrzehnten wirklich zu würdigen und zu bewahren. Sein wahres Geheimnis ist nämlich der Flor, eine spezielle Hefe, die unter bestimmten Bedingungen auf dem Wein eine watteähnliche Schicht bildet und ihn gegen Oxydation schützt.

Florhefen sind heikel. Sie brauchen ein besonderes Milieu, sonst gehen sie ein. Sie mögen nur völlig durchgegorene Weine, die auf 15 bis maximal 16 Volumprozent verstärkt wurden, und ein feuchtes, mäßig warmes Klima. Die Bauweise der *bodegas*, Weinkeller, berücksichtigt ihre Schwächen. Hohe luftige Kellerhallen, in denen Sherry-Fässer lagern, bieten im heißen Sommer Kühle und lassen den Poniente-Wind ein, der Feuchtigkeit vom Atlantik bringt. Je näher die Bodegas am Wasser stehen, um so beständiger blüht die »Blume« der Hefen. Sie verleiht dem anfangs neutralen Wein Aromen.

Ganz gleich zu welchem Sherry-Typus der Wein später von den Bodegas – auch Synonym für Weinfirma – ausgebaut wird, zu Beginn gärt aller aus Palomino-Trauben gekelterter Most durch. Der junge, trockene Wein wird auf 15,5 Volumprozent verstärkt und in Eichenfässer gefüllt. Ein Jahr lang gibt ihm der Kellermeister, der *capataz*, Zeit. Dann prüft er Faß für Faß, beschaut den Flor, senkt seine *venenzia* – meist ein schlanker Silberbecher an einer Gerte, nur in Sanlúcar ist er aus Bambus – in den Wein, verkostet und entscheidet den weiteren Werdegang jedes einzelnen Fasses. Sein Urteil markiert er mit Kreidestrichen auf dem Holz. Feinster Wein mit schönstem Flor wird zu Fino. Bei Wein mit dünnerem Flor schiebt er die Entscheidung hinaus. Wein ohne Flor bestimmt er zum langjährigen Ausbau als (wohlriechenden) Oloroso und verstärkt ihn auf 18 Volumprozent, was jegliche Hefe abtötet. Amontillados entstehen aus alternden Finos, deren Flor nach

Sherry-Marken (von links nach rechts: Fino, Amontillado, Oloroso, Pedro Ximinez

Sherry-Sorten

Almacenista-Sherry
Raritäten von kleinen, privaten Erzeugern

Amontillado
Gealterte und oxydativ ausgebaute Finos, bernsteinfarben; trockene Spitzenqualitäten sind kraftvoll, vielschichtig mit Nußaromen

Cream Sherry
Oloroso, dem Süßwein aus Pedro Ximinez oder Moscatel zugefügt wurde; sehr voll und rund

Fino
Sehr trockener, heller Sherry, unter Flor gereift, am besten in den sechs Monaten nach der Abfüllung; besitzt Hefe- und Mandelaromen; gut gekühlt als Aperitif, zu Tapas oder Fischgerichten; angebrochen nicht lange haltbar

Manzanilla
Der besonders leichte und helle Fino aus Sanlúcar de Barrameda, der eine feine Jodnote besitzt

Manzanilla Pasada
Selten; hervorragende Amontillado-Version aus Sanlúcar; sehr vielschichtig und elegant

Oloroso
Lange oxydativ, ohne Flor ausgebaute körperreiche, komplexe Weine mit Aromen von getrockneten Früchten und Nüssen

Palo Cortado
Sehr seltener, trockener, äußerst feiner und komplexer Sherry, der ohne Flor alterte, zwischen Amontillado und Oloroso angesiedelt

Pedro Ximinez
Selten als sortenreiner, extrem süßer Dessertwein, sonst mit Oloroso assembliert

Unten: Fino-Sherry wird durch eine dünne Schicht von Hefepilzen, dem Flor, geschützt und gewinnt so sein charakteristisches frisch-würziges Aroma.

Spanien

einigen Jahren abstirbt. Um süße Sherrys zu erhalten, vermischt man Amontillado oder Oloroso mit speziellen Süßweinen.

Sherry-Macher interessierten sich nie für Jahrgangsweine. Ihnen geht es stets um gleichbleibende Qualitäten – von Kunden geschätzte Konstanz. Dafür schufen sie ein einzigartiges Verfahren: das Solera-System. Es besteht immer aus mehreren Reihen 500–Liter-Eichenfässer unterschiedlichen Alters. Nur aus der ältesten, der Solera, die auf dem Boden (span. *suelo*) ruht, wird abgezogen. Die fehlende Menge ersetzt Wein aus der nächstältesten Reihe oder *criadera*. So füllt man Reihe um Reihe nach und gießt in die jüngste, die oberste, jungen Wein. Auf diese Weise prägen die älteren die jüngeren Weine, und die Solera behält ihren Charakter.

Fino existiert, solange es überhaupt Sherry gibt. Nur ließ man ihn früher im Faß, bis er bernsteinfarben und fast zum Amontillado geworden war. Erst seit modernes Weinwissen neue Perspektiven schuf, begannen Finos jünger, frischer, heller zu werden und ihren eigentümlichen Hefecharakter und Geschmack nach frischen Mandeln deutlicher hervorzukehren. Sie sind der in Andalusien – und Madrid – am meisten geschätzte Sherry-Typ. Schnell sind die *copitas*, die schmalen hohen, oben sich verjüngenden Sherry-Gläser gefüllt, wenn sich Freunde treffen.

Brandy de Jerez

Bereits im 16. Jahrhundert wurden in Jerez erhebliche Mengen an Branntwein erzeugt, der für die Sherry-Produktion unerläßlich war. Bald aber ergab sich dafür ein neuer Markt. Handelslustige Holländer hatten Liköre und Schnäpse erfunden, für die sie wohlschmeckenden Weingeist benötigten. Jerezanos tauften ihn bald nach seinen Hauptabnehmern »Holanda«. Zum Glück für Jerez verlief der Holanda-Handel nicht reibungslos. Berühmtestes Beispiel: Pedro Domecq Loustau. Domecq blieb eines Tages auf 500 Fässern jungen Branntweins sitzen. In der ältesten Bodega von Jerez wußte man keinen anderen Rat, als ihn einfach in ehemalige Sherry-Fässer zu füllen. Erst fünf Jahre später entsann sich der Kellermeister, probierte und ließ Pedro Domecq kosten. Welche Verwandlung! Aus der rauhen Holanda war ein feiner Brandy geworden. Domecq begriff. Mit dem Namen »Fundador« gründete er Anfang 1874 die erste Brandymarke.

Anfangs wurde Brandy aus Sherry-Trauben gebrannt. Inzwischen beziehen die Bodegas junge Brände aus Weinen, die überwiegend in La Mancha gekeltert werden. Der beste – weiterhin Holanda genannte – Weingeist stammt aus traditionellen kupfernen Brennkolben, ist reich an Aromastoffen und nur um 65 Prozent stark. Er bildet die Basis aller Premium-Brandys. Denn minderwertigere Brände würden das kostspielige Altern nicht lohnen.

Nach Cognac und Armagnac ist Brandy de Jerez die dritte Weinspirituose, die als Appellation – Denominación especifica – 1989 anerkannt wurde. Im Gegensatz zu Cognac und Armagnac, bei denen die Weinbergsböden den Charakter erheblich beeinflussen, beginnt Brandy de Jerez tatsächlich erst in dem Augenblick zu entstehen, in dem Weingeist in den Bodegas des Sherry-Gebiets in Fässer gefüllt wird. Allein die besondere Alterung verleiht ihm Farbe, Bukett und Geschmack. Gern nimmt man dafür Fässer, in denen Oloroso reifte und das Holz mit seinen ausgeprägten Aromen imprägnierte. Immerhin saugt das Holz eines 500-Liter-Fasses 17 Liter Sherry auf. Brandy muß zwischen 36 und 45 Volumprozent Alkohol aufweisen. Er reift in Soleras (siehe links), bei der Qualitätsstufe Solera sechs, bei Solera Reserva zwölf und bei Solera Gran Reserva 36 Monate. Dabei handelt es sich um Minima, die oft erheblich überschritten werden.

Die berühmte La Ina Bodega in Jerez de la Frontera, wo einer der bekanntesten Finos reift.

Das ideale Sherry-Glas ist ein schmales hohes Probierglas. Mit der – in Jerez – silbernen *venenzia* werden Faßproben entnommen.

Der *capataz,* Kellermeister, gießt eine Sherry-Probe in hohem Bogen aus der *venenzia* ins Glas.

Iberischer Schinken

Cerdo ibérico – iberisches Schwein, so heißt die hochbeinige Kreatur, ohne die es eine der begehrtesten Schinkenspezialitäten der Welt nicht gäbe: den *jamón ibérico*. Dieses seit Jahrtausenden gehaltene mediterrane Schwein, das seinem wilden Cousin ähnelt, lebt im Südwesten Spaniens – von Andalusien über die Extremadura bis in die beiden Kastilien-Provinzen – in der *dehesa. Dehesa* ist ein lichter, südlicher Wald aus immergrünen Stein- oder Korkeichen, in dem die Bäume in großem Abstand, nur etwa 35 pro Hektar, stehen. Das iberische Schwein hat sich großartig an seinen natürlichen Lebensraum angepaßt. Es kann über lange Zeiten mit wenig Nahrung und Wasser auskommen und so die trockenen Sommer überbrücken. Wenn im Herbst aber die Eicheln von den Bäumen fallen, kennt sein Appetit kaum Grenzen. Täglich frißt jedes einzelne dann zwischen sechs und zehn Kilogramm Eicheln. Außerdem vertilgt es allerlei Kräuter und Wurzeln, was dem Fleisch zusätzliche Würze verleiht. Wurden iberische Schweine früher nach zwei Jahren »geopfert«, wie man tiefsinnig auf Spanisch sagt, schlachtet man sie heute im Alter von 14 bis 18 Monaten mit einem Gewicht zwischen 160 bis maximal 180 Kilogramm. Während sie im Sommer zusätzlich Getreide erhalten, treten sie die traditionelle Mastperiode, die *montanera*, im Herbst mit einem Gewicht von rund 100 Kilogramm an. Die Eichelmast führt zu einer dicken Fettschicht, die bei den agilen Tieren bis in die Muskelpakete dringt. Sie sorgt später für die feine Marmorierung des Fleisches und den unvergleichlichen Geschmack.
Außerordentlich wichtig dafür aber sind zwei Faktoren: Die Tiere müssen reinrassig, mindestens zu 75 Prozent *cerdo ibérico* sein, und ihre Mast darf höchstens mit 30 Prozent Zusatzfutter unterstützt werden.
In Spätherbst und Winter wird geschlachtet. Nachdem die Schinken völlig ausgeblutet sind, verbringen sie die erste Phase ihrer Verwandlung rundherum von grobem Meersalz bedeckt. Je Kilogramm rechnet man zwischen einem Tag in den kälteren Regionen bis zu eineinhalb Tagen in den wärmsten. Weitere vier bis sechs Wochen beläßt man sie in kalten Lagerräumen, bevor sie in luftigen Trockenhallen, den *secaderos*, aufgehängt werden.
Die wichtigsten Zentren der Schinkenherstellung – Valle de los Pedroches, Sierra de Aracena, Dehesa de Extremadura und Guijuelo

in Salamanca – liegen alle relativ hoch in bergigen Regionen, die für Lufttrocknung besonders geeignet sind. Je wärmer es wird, desto stärker wird das *sudado*, das Schwitzen, bei dem Schinken Feuchtigkeit und Fett absondern und allmählich an Aromen zu gewinnen beginnen. Etwa ein Drittel ihres Gewichts haben sie nach dem Sommer auf diese Weise eingebüßt. Wenn es im Frühherbst kälter wird, ziehen die Schinken für den abschließenden Reifungsprozeß, den *curado*, in dunkle, konstant um zehn Grad Celsius kalte Keller um. Mindestens sechs Monate Zeit wird dort dem *penicillium roquefortis*, dem Edelschimmelpilz, gegeben, an der Abrundung des besonderen nußartigen Schinkenbuketts mitzuwirken. Dann greift der *calador* zu seinem Handwerkszeug, der *cala*, einer Punze aus Edelholz, Rinder- oder Hasenknochen, und sticht sie in jeden einzelnen Schinken etwa auf der Höhe des Knochengelenks. Anhand des Geruchs entscheidet er, ob der Schinken reif für den Verzehr ist. Bis dahin sind dann – vom Augenblick des »Opfers« gerechnet – mindestens 18, meist 20 oder 24 Monate verstrichen. Der fertig gereifte Schinken besitzt nach außen hin die charakteristische Form eines V. Die Keule selbst ist mit hellgelben bis bläulich grauen Schimmelflecken überzogen – ein Zeichen dafür, daß er seinen besonderen Geschmack auf traditionelle Weise erhielt. Die äußere Fettschicht muß bei leichtem Druck nachgeben. Das Gewicht beträgt zwischen 5,5 und acht Kilogramm. Auf den Etiketten gibt es Zusatzbezeichnungen, die sich auf das Mastfutter beziehen, das für die Qualität entscheidend ist:
• *Bellota* bezeichnet Tiere, deren Speck nur von Eicheln stammt,
• *recebo* kommt von Schweinen, deren Futter bis zu maximal 30 Prozent aus Getreide bestand,
• *pienso* sind Schinken von iberischen Schweinen, die nur mit Getreide fett wurden (eher eine Ausnahme).
Der in Spanien oft als Synonym für Iberico-Schinken benutzte Begriff *pata negra* bezieht sich auf die schwarzen Füße, die manche – keineswegs alle – iberischen Schweine haben, ist aber keine offizielle Qualitätsbezeichnung. Nur fünf Prozent der in Spanien geschlachteten Schweine sind iberische Schweine, die heute ausschließlich für die Schinken- und Wurstherstellung verwendet werden. *Jamón serrano* – der Oberbegriff für Bergschinken – wird dagegen aus üblichen Zuchtschweinen hergestellt, die mindestens acht Monate alt sein müssen. Seine Herstellung folgt ebenfalls traditionellen Prinzipien, und die Trocknung muß mindestens zwölf Monate betragen. Beste Serranoschinken alterten 18 Monate.

Rechte Seite (von oben nach unten): Schweine der Rasse *cerdo ibérico* leben in lichten Eichenwäldern. – Nach dem Einsalzen werden die Schinken in luftigen Hallen getrocknet. – Bei dem anschließenden Reifungsprozeß in kühlen Kellern entwickelt sich Edelschimmel. Von der Decke hängende Schinken in einer Bodega.

Wie man *jamón ibérico* schneidet und ißt

In Spanien benutzt man für Schinken eine *jamonera*, ein hölzernes oder metallenes Gestell, in dem die Keulen so eingespannt werden, daß sie immer eine der beiden flachen Seiten nach oben kehren. Außerdem verwendet man ein langes Messer mit einer dünnen schmalen, biegsamen Klinge. Nachdem man zunächst Schwarte und überflüssiges Fett entfernt hat, schneidet man in Faserrichtung hauchdünne, möglichst gleichmäßige Scheiben, die *lonjas*, ab. Dazu gehört einige Übung.

Wem ein ganzer Schinken zuviel ist und wem es an Geschick mangelt, sollte den Schinken geschnitten kaufen. Vorsicht auf Märkten: Nicht immer besitzt der Händler die nötige Fertigkeit oder Geduld, um Schinken fachgerecht per Hand zu schneiden.

Ein einmal angeschnittener Schinken sollte innerhalb von zwei Wochen verbraucht werden, da er sonst austrocknet und sich seine Aromen verflüchtigen. Es ist davon abzuraten, Schinken länger als drei Monate unangeschnitten aufzubewahren. An der Luft setzt er seinen Trocknungsprozeß fort. Dabei verliert er an Saftigkeit, und auch die geschmackliche Intensität leidet.

Jamón ibérico ist eine außergewöhnliche, rare und teure Delikatesse. Deshalb sollte man ihn solo und nicht kälter als mit 23 Grad Celsius genießen, nur von etwas Brot begleitet.

Die Messerklinge muß lang und flexibel sein, um den Schinken hauchdünn zu schneiden.

Würste

Spanische Wurstwaren besitzen besondere Güte. Zum einen liegt das – wie das Beispiel des *jamón ibérico* zeigt – daran, daß für die hochwertigsten Qualitäten das Fleisch des *cerdo ibérico*, des urwüchsigen iberischen Schweins, verwendet wird. Immerhin stellen die speziell gereiften Hinter- und Vorderschinken nur etwa ein Viertel des Gewichts. Die übrigen drei Viertel gehen in denselben Regionen in die Wurstherstellung. Aber über den Streifen der westlichen Provinzen – von Andalusien bis nach Salamanca – hinaus verstehen spanische Bauern sehr wohl, daß Qualität und Geschmack des Schweinefleischs vom Futter bestimmt werden. Der Einbruch moderner Zuchtmethoden und Futtermittel, der in den 70er Jahren die traditionelle Viehhaltung unterminierte, schaffte es nicht, das über Jahrhunderte gewachsene Wissen zu eliminieren – weder beim Bauern, noch beim Konsumenten.

Das Beispiel der hochwertigen, hochpreisigen und begehrten iberischen Schinken und Würste förderte in allen Regionen eine neue Bewußtwerdung der Fundamente natürlicher Qualität. Daß der *matanza*, dem traditionellen Schlachtfest, noch in vielen Regionen große Bedeutung beigemessen wird, unterstreicht die enge Verbundenheit mit der Tradition. Wie gut man zu unterscheiden weiß, belegt auch die spanische Sprache. In ihr differenziert man in Bezug auf Wurstwaren zwischen der kommerziellen *charcutería* und der in der Familie gemachten *chacinería*.

Beliebteste Würste Spaniens sind die *chorizos*. Von ihnen gibt es eine Fülle regionaler Variationen und unterschiedlichste Qualitätsstufen. Meistens sind die Basiszutaten Schweinefleisch, Speck, Paprika, Knoblauch und Oregano. Bei Trocknung und Reifung spielt sich ein Fermentationsprozeß ab, der den Würsten den charakteristischen leicht säuerlichen Geschmack verleiht. Je nach ihrer kulinarischen Bestimmung werden sie kürzer oder länger getrocknet, bleiben weich oder werden fest. Chorizo ißt sich keineswegs nur roh in Scheiben geschnitten, wie sie oft als Tapa serviert wird. In vielen traditionellen Rezepten, insbesondere Eintöpfen, ist sie unabdingbare Zutat. Entsprechend präsent sind diejenigen Chorizos, die zum Kochen, Braten oder Grillen bestimmt sind.

Nummer zwei im Angebot sind *morcillas*, die Blutwürste. Auch sie gehören in viele verschiedene Gerichte, werden geschmort, gekocht, gegrillt oder gebraten, aber auch roh serviert. Die Grundmischung besteht oft aus einem hohen Anteil an Reis oder Zwiebeln und wird mit Nelken, Anis, Muskat, Pfeffer und anderen Gewürzen bereichert.

Eine Sonderstellung nehmen Wurstwaren aus Galicien und den nördlichen Provinzen am Golf von Biskaya – Asturien, Kantabrien und Baskenland – ein. In ihrem feuchten Klima wird geräuchert. Das wirkt nicht nur aseptisch, sondern sich charakteristisch und delikat auf den Geschmack aus. *Embuchar* lautet das spanische Verb für das Stopfen von Därmen. *Embuchados* oder *embutidos* sind Oberbegriffe für Würste. Nicht selten bezeichnen sie besondere Spezialitäten. Darunter ist *lomo embuchado* die feinste und beliebteste. Dabei handelt es sich um ein ganzes Schweinefilet, das in feinabgeschmeckter Marinade, in der Paprika eine Hauptrolle spielt, gewürzt wird, bevor es in Därme gestopft in die Trockenkammer kommt.

Eine andere Kategorie sind *salchichones*, Mett-, auch Bratwürste, deren Hochburgen Salamanca, Boloñas, Lorca und Vic im katalonischen Hinterland sind.

Wurstformen

Ristras
Kleine Würste in großen Kränzen von stückweise abgebundenen Därmen; meist zum Grillen

Sarta
Beliebte Hufeisenform, in der Regel für Würste, die sowohl roh gegessen werden können, sich aber auch für Zubereitungen anbieten

Vela
»Kerzen«-gerade Würste, meist mit größeren Fleisch- und Filetstücken; in dünnen Scheiben roh als Tapa

Die meisten spanischen Würste erhalten ihren Charakter durch eine monatelange Reifung in luftigen Trockenkammern.

Nur Spezialitäten aus erstklassigem Schweinefleisch und Speck werden auf traditionelle Weise geräuchert.

Spanien hat eine Fülle von Wurstspezialitäten, zu denen jede Region eigene Varianten an Chorizos und Morcillas, Paprika- und Blutwürsten, beisteuert.

Lomo embuchado, caña de lomo
Mit Gewürzen und Kräutern mariniertes, dann im Darm getrocknetes Schweinefilet; beste Qualitäten aus Salamanca und Segovia

Jabuguito
Kleine Chorizos; fritiert zum Aperitif, aber auch roh

Morcilla mit Reis
Blutwurst mit meist 40 Prozent Reis, zehn Prozent Zwiebeln, Speck, Pinienkernen und Pfeffer

Asturiana
Blutwurst mit Rinderblut, Speck und Zwiebeln

Butifarra blanca
Mageres Schweinefleisch, Kutteln und Fett hachiert; katalonische Spezialität

Butifarra negra
Kleine, schwarze, gutgewürzte, katalonische Blutwurst

Bisbe, Biscot
Große katalonische Blutwurst mit Fleisch, Zunge und Innereien vom Schwein

Rondena, malagueña
Würzige Blutwurst aus dem südlichen Andalusien; ausgezeichnet auch jene von der Sierra de la Huelva

Chorizo iberico
Ausschließlich aus dem Fleisch iberischer Schweine, entsprechend empfehlenswert, mit größeren Fleischstücken

Extremeña
Blutwurst mit gehacktem Fleisch, Kartoffeln oder Kürbis

Cecina
Spezialität der Region von León aus eingesalzenem, mariniertem und manchmal aus geräuchertem Rindfleisch; etwa sechs Monate luftgetrocknet

Cantimpalo
Kleine Chorizo

Fuet
Weniger oder mehr getrocknete, fingerdünne, gut gepfefferte *salchichón*; Spezialität von Vic

Chistorra
Sehr dünne Chorizo in Navarra und Baskenland; meist fritiert oder gekocht

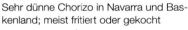

Chorizo aus Soria
Darf – wie jene aus Villarcayo im Gebiet von Burgos – bis 15 Prozent Rindfleisch enthalten

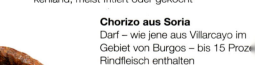

Morcón
Aus der Extremadura; mit grobgehacktem mariniertem Fleisch gefüllter großer Darm, der bis zwei Kilogramm wiegt; wird in dünnen Scheiben gegessen

Sobrasada
Schwergewichtige, runde, balearische Spezialität; Streichwurst aus sehr fein gehacktem Schweinefleisch, Speck und viel Paprika; beste Qualitäten vom iberischen Schwein; warm auf geröstetem Brot

Chorizo aus Pamplona
Feinhachierte feste Chorizo mit viel Paprika und Rindfleischzusatz; erinnert an Salami

Salchichón
Mett- und Bratwurst aus hachiertem magerem Schweinefleisch und Fett, nur gesalzen und gepfeffert; in Katalonien, an der Levanteküste und auf den Balearen auch *llonganissa* genannt; am besten, wenn mit dem Zusatz *casero*, hausgemacht

Chorizo aus Galicien
Über Eichenholz und Lorbeerblättern geräucherte Chorizo mit markanten Aromen

Morcilla
Wohl beliebteste Blutwurst aus gekochtem Schweineblut (oder Rinderblut)

Grundzutaten für den erfrischenden Gazpacho sind Knoblauch, Tomaten und Weißbrot.

Gazpacho

Gazpacho, die kalte Gemüsesuppe, ist die Antwort der Andalusier auf die oft unerträgliche Sommerhitze ihres Landes. Zugleich ist Gazpacho ein kulinarisches Kunstwerk, das den Geist seiner Heimatregion auf treffende Weise manifestiert – aus wenigen Zutaten auf einfache Weise etwas wunderbar Leichtes zu schaffen. Die durstlöschende Suppe versorgt den Körper mit dem in der Hitze so notwendigen Salz und ist während des Sommers in andalusischen Haushalten ständig als Erfrischung, leichte Zwischenmahlzeit oder Vorspeise präsent.

»Einfach« bedeutet jedoch nicht »mühelos«. Früher, als die Grundzutaten im Mörser zermahlen und verrührt wurden, verlangte Gazpacho viel Zeit und Arbeit. Die traditionelle Basis aller Gazpachos besteht aus Knoblauchzehen, Salz, Olivenöl, Sherry-Essig, von Rinde befreitem Brot und kaltem Wasser. Die genommene Brotmenge bestimmt dabei die Konsistenz der Suppe, die durchaus auch dickflüssig sein kann. Der Sherry-Essig trägt sehr zum erfrischenden Charakter bei. Seine Qualität hat entscheidenden Einfluß auf die Feinheit der Suppe.

Erst wenn alle Zutaten im Mörser zur Grundmasse verrührt waren, wurden verschiedene Gemüse zugefügt und ebenfalls püriert. Heute erleichtert und beschleunigt der elektrische Mixer diese Arbeit enorm. Aber nach wie vor spricht man vom *gazpacho de almirez*, was immer noch den Mörser meint, um diese Zubereitungsart zu benennen.

Tomaten, Gurken und Paprikaschoten gehören immer in die Suppe, die stets gekühlt serviert wird. Als Begleitung reicht man in separaten Schälchen *tropezones*, kleine Würfel geröstetes Brot, Gurke, Tomate, Paprika und Zwiebel, manchmal auch hartgekochtes Ei.

Eine simplere Version ist die *jeringuilla*, die ein Gericht andalusischer Tagelöhner war. Sie besteht aus den gleichen Grundzutaten. Nur werden diese nicht zerstoßen, sondern miteinander vermischt. Dann gibt man kleingeschnittene Tomaten, Gurken, Zwiebeln und Paprikaschoten in die Schüssel. Eine andere schmackhafte und originelle kalte Suppe Andalusiens stammt aus Málaga und heißt *ajo blanco*. Ihre Grundmischung besteht aus gemahlenen Mandeln, Knoblauchzehen, Brot, Olivenöl und Sherry-Essig. Jeder Teller wird mit frischen Muskattrauben garniert.

In der Extremadura schlägt man oft Eier unter die Suppe. *Porra* und *salmorejo* bezeichnen besonders dickflüssige Gazpachos, zu denen oft gewürfelter Serrano-schinken oder Thunfisch gereicht wird. Die Gazpachos von La Mancha gehören in eine andere Kategorie. Sie sind Wildeintöpfe, die aus der Hirtentradition stammen.

Gazpacho
Kalte Gemüsesuppe

3 Scheiben Weißbrot
3 Knoblauchzehen
Salz, schwarzer Pfeffer
4 EL Olivenöl
500 g Tomaten
1 Paprikaschote
1 Salatgurke
1 Zwiebel
2 EL Sherry- oder Weinessig

1 Scheibe Brot in Würfel schneiden und beiseite stellen. Den Knoblauch in einem Mörser mit 1 Prise Salz zerdrücken. Das restliche Brot zerpflücken und dazugeben. Unter Rühren nach und nach das Öl zugießen und eine gleichmäßige Paste herstellen; 30 Minuten ruhenlassen. Die Gemüse putzen oder schälen, gegebenenfalls entkernen. Ein Drittel in kleine Würfel schneiden. Die restlichen Gemüse mit der Knoblauchpaste pürieren. Durch ein Sieb streichen und mit dem Essig sowie gut 1/2 l Wasser verdünnen; mindestens 2 Stunden im Kühlschrank ziehen lassen. Noch einmal durchrühren und mit Salz und Pfeffer abschmecken.
Kalt mit den zurückbehaltenen Gemüse- und Brotwürfeln, die man zuvor geröstet hat, servieren.

Die kalte Gemüsesuppe Gazpacho ist im Sommer so beliebt, daß der zeitraubende traditionelle Mörser von den meisten Hausfrauen durch den Mixer oder einen Pürierstab ersetzt wird.

Fleisch

Fleisch ist in Spanien vergleichsweise rar. Mögen Gemüse, Obst und Oliven im Überfluß gedeihen, saftige Weiden gibt es nur in wenigen nordwestlichen Regionen. Fleisch zu essen, bedeutete deshalb zugleich soziales Prestige. Insbesondere Kalb- und Rindfleisch galt als Delikatesse der Bessergestellten. Allerdings wollte man die prächtigen Stiere, die ihr Leben in den Arenen ließen, nicht verzehren. Erst in letzter Zeit hat deren Fleisch kulinarisches Ansehen gewonnen.

Eine besondere Stellung nehmen Lamm und Schaf ein. Denn die genügsamen Tiere finden in den kargen Landschaften, die das Innere Spaniens prägen, immer noch genügend Futter. Gerade die dort existierende Flora mit vielen aromatischen Wildkräutern gibt dem Fleisch seinen hervorragenden Geschmack. Daß aber Lamm in Spanien ein unvergleichlicher kulinarischer Genuß sein kann, hat noch andere Gründe. Dort werden Milchlämmer, *lechazos* genannt, früher als in anderen Ländern geschlachtet, nämlich bereits im Alter von drei oder vier Wochen. Und sie werden in traditionellen Restaurants in zum Teil jahrhundertealten, aus gebranntem Ton errichteten, mit Reisig und Holz befeuerten Backöfen bei schwacher Hitze so lange geschmort, bis sie buchstäblich auf der Zunge zergehen. Auch Zicklein und Spanferkel werden auf diese althergebrachte Weise köstlich zubereitet.

Iberische Schweine dienen heute – bis auf seltene Ausnahmen – nur als Lieferanten für Schinken und Würste. Die übrige Schweinezucht hat sich weitgehend europäischen Methoden angepaßt, ebenso die Geflügelzucht. Dagegen ist Spanien ein Paradies der Jäger geblieben. Zum einen spielt die Wildschweinjagd wie in allen europäischen Mittelmeerländern eine große Rolle. Daß aber Spanien begehrtes Reiseziel vieler Jagdtouristen ist, liegt am rotgefiederten Rebhuhn oder kurz Rothuhn. Es kommt in großer Stückzahl in Neukastilien, La Mancha und der Extremadura vor. Anderes Wildgeflügel sowie Hasen und Kaninchen sind auch heute noch so begehrt wie eh und je.

Kleines Fleisch-Lexikon

Albóndigas – Fleischklößchen
Ajillo – andalusischer Schmortopf
Asado – Braten
Buey – Ochsen- oder Rindfleisch
Cabrito – Zicklein
Caldereta – Schmortopf
Callos – Kutteln
Carne – Rind- oder Kalbfleisch
Cerdo – Schwein
Chuleta – Kotelett
Cochinillo – Spanferkel
Conejo – Kaninchen
Codorniz – Wachtel
Cordero – Lamm
Cordero lechal – Milchlamm
Corzo – Reh
Estofado – Schmorfleisch
Filetes – dünngeschnittene Steaks
Gallina – Huhn
Hígado – Leber
Lacón – Schweinshachse
Lechazo, cordero lechal – Milchlamm
Lengua – Zunge
Liebre – Hase
Lomo – Schweinelende
Magras – gebratener Schinken
Molleja – Hirn, Bries
Oca – Gans
Pastenco – Osterlamm, älter als acht Wochen
Pato – Ente
Pavo – Truthahn
Pelota – Fleischball
Perdiz – Rebhuhn
Pichón – Taube
Pierna – Keule
Pinchito – Spieß, Kebab
Pollo – Hähnchen
Rabo de toro – Stierschwänze
Redondo – Rollbraten
Riñones – Nieren
Solomillo – Filet
Ternera – Kalbfleisch
Toro – Stier
Tronzón – Scheibe, Steak

Am Spieß gebratenes Spanferkel, läßt Spaniern das Wasser im Mund zusammenlaufen.

Cochinillo asado
Spanferkel

Für etwa 12 Personen

1/2 l Olivenöl
5 Knoblauchzehen, feingehackt
Salz, schwarzer Pfeffer
1 Spanferkel (am besten Milchferkel)

Farce

Ferkelleber
200 g Schweineleber
150 g roher Schinken
Salz, schwarzer Pfeffer
1 Prise Muskat
3 Zwiebeln
100 g schwarze Oliven, entsteint
3 hartgekochte Eier

Einen ausreichend großen Holzkohlengrill vorbereiten.
Olivenöl, Knoblauch, Salz und Pfeffer vermischen und das Ferkel damit einpinseln.
Für die Farce Lebern und Schinken hachieren. Mit Salz, Pfeffer und Muskat würzen.
Die Zwiebeln schälen und fein hacken, Oliven und Eier ebenfalls hacken. Zu dem Haschee geben und alles gut vermischen.
Das Ferkel mit der Farce füllen und mit Küchengarn zunähen. Nochmals mit dem Ölgemisch bepinseln und auf einen Drehspieß stecken.
Unter häufigem Begießen etwa 3 Stunden über der Holzkohlenglut grillen, bis die Haut goldbraun und krustig ist.
Dazu serviert man Weißbrot und *ensalada mixta* (S. 163). Als Getränk paßt am besten Bier.
Hinweis: Man kann das Spanferkel auch bei 180 °C im Backofen garen.

Zutaten wie Kichererbsen, Möhren und Kartoffeln, Wurst, Speck und Fleisch sind typisch für stärkende Eintöpfe. Die Brühe wird gern mit Nudeln oder Reis angereichert.

Sopa de ajo
Knoblauchsuppe

250 g altbackenes Weißbrot
5 EL Olivenöl
Saft von 5 Knoblauchzehen
1 l Fleischbrühe oder Wasser
4 Eier
Salz, schwarzer Pfeffer

Das Weißbrot würfeln und in dem Öl goldbraun rösten. Den Knoblauchsaft hinzufügen und dann die Fleischbrühe angießen; salzen und pfeffern. 20 Minuten zugedeckt köcheln lassen. Den Backofen auf 200 °C vorheizen. Die Suppe in 4 feuerfeste Suppentassen geben und jeweils ein Ei hineingleiten lassen. 15 Minuten im Ofen stocken lassen und servieren.

Fabada asturiana
Asturischer Bohneneintopf

500 g getrocknete weiße Bohnen
2 Zwiebeln
6 Knoblauchzehen
3 EL Olivenöl
2 Lorbeerblätter
200 g magerer Speck
1 Schinkenknochen
Salz, schwarzer Pfeffer
1 g Safranfäden
je 200 g Chorizos und Morcillas (S. 170)
1 Prise scharfes Paprikapulver

Die Bohnen über Nacht in viel Wasser einweichen. Zwiebeln und Knoblauch schälen, fein hacken und in dem Öl andünsten. Bohnen und Lorbeerblätter hinzufügen. Den Speck grob würfeln und mit dem Schinkenknochen in den Topf geben, salzen und pfeffern. Mit 1 1/2 l Wasser auffüllen, aufkochen, abschäumen und 60–90 Minuten kochen; gegebenenfalls heißes Wasser zugießen. Chorizos und Morcillas in Stücke schneiden und mit dem Safran zu den Bohnen geben; 60 Minuten köcheln lassen. Mit Paprika, Salz und Pfeffer abschmecken, die Lorbeerblätter herausnehmen und den Eintopf servieren.

Cocido madrileño
Madrilener Eintopf

700 g Kichererbsen
1 TL Soda
1 Schinkenknochen
500 g Rindfleisch
150 g Speck
1 Zwiebel
1 Möhre
8 Knoblauchzehen
1 Lorbeerblatt
1 EL grobes Meersalz
schwarzer Pfeffer
3 Kartoffeln
100 g Chorizos (S. 170)

Die Kichererbsen mit dem Soda in lauwarmem Wasser einweichen und über Nacht stehenlassen, abgießen und abtropfen lassen. Die Kichererbsen mit reichlich kaltem Wasser bedecken, Schinkenknochen, Rindfleisch und Speck hinzufügen. Zwiebel und Möhre schälen oder putzen, in Scheiben schneiden und ebenfalls zu den Erbsen geben, ebenso Knoblauch, Lorbeerblätter, Salz und Pfeffer. Zugedeckt etwa 3 Stunden köcheln lassen.
Die Kartoffeln schälen und grob würfeln, die Chorizos in Stücke schneiden. Beides zu dem Eintopf geben und weitere 15 Minuten kochen.
Fleisch und Gemüse in getrennten Schüsseln servieren.

Suppen und Eintöpfe

In Suppen und Eintöpfen spiegelt sich die Vielfalt Spaniens, seiner Landschaften und Menschen wider. Wie in den meisten Ländern Europas bestand die tägliche Hauptmahlzeit für die Mehrheit der Bevölkerung bis weit ins letzte Jahrhundert aus einem stundenlang über dem Feuer geschmorten Gericht, das alle verfügbaren Zutaten mit Wasser in einem Topf vereinte. Diese *potajes* oder *ollas* stellten vergleichsweise üppige Gerichte dar. Allerdings konnte es geschehen, daß sie zu lange über dem Feuer hingen. Dann mußte man *olla podrida*, verdorbenen Eintopf, essen wie Cervantes' Don Quichote.

Wie bescheiden Suppen ausfallen konnten, erkennt man an der immer noch beliebten *sopa de ajo*, der Knoblauchsuppe. Sie bestand nur aus Brot, Olivenöl, Knoblauch, Salz und einer Prise Paprika. Besaß man Eier, schlug man sie hinein, hatte man ein Stück Speck oder Wurst, kochte man es mit. War die Gegend reich an Gemüse, fand es sich in der Suppe wieder. Wuchsen nur wenige Sorten, blieben auch die Suppen entsprechend karg oder basierten auf Hülsenfrüchten wie Kichererbsen, Linsen oder meist weißen Bohnen. An den Küsten nahm man Fische und Schaltiere als Zutat. Wo Schweine gehalten und zu Schinken oder Wurst verarbeitet wurden, gelangten Reste oder kleinere Stücke ebenso wie Schmalz und Speck zur Bereicherung in den Suppentopf.

Olla hieß ursprünglich der Schmortopf, in dem gegart wurde und der seinen Namen Eintöpfen lieh, bei denen zuerst die Brühe gelöffelt wird, bevor man Gemüse und/oder Fleisch ißt.
So wird auch mit dem *cocido* umgegangen, dem spanischen *pot-au-feu*. Auch ihn gibt es in diversen regionalen Varianten. Die bekannteste ist der *cocido madrileño*. Aus dem einst bescheidenen Eintopf, den die Männer mit zur Arbeit nahmen, um sich dort mittags zu wärmen und sich zu stärken, liebt man es heute, ein außerordentlich üppiges, zwei-, meist aber dreigängiges Mahl zu machen, das in vielen Restaurants der Hauptstadt auf der Speisekarte steht. Es gehören immer mehrere Fleischsorten hinein, mindestens aber ein Stück Rindfleisch und ein Huhn. Dazu kommen Speck, Schinken – am liebsten auch ein Knochen – und Würste, *chorizo* wie *morcilla*. Unbedingt sind Kichererbsen, Kartoffeln und Kohl erforderlich, auch Knoblauch fehlt selten.

Kochte man ursprünglich wie bei einer *olla* Fleisch und Gemüse in einem Topf, ist man inzwischen dazu übergegangen, das Gemüse – bis auf die Kichererbsen – getrennt zuzubereiten. Das Essen beginnt mit der Brühe, die meist mit Suppennudeln aufgetragen wird. Den zweiten Gang stellt das Gemüse dar. Der Höhepunkt folgt mit der Fleischplatte, wobei man alles in kleinen Stücken oder Scheiben serviert. Allerdings ziehen manche Madrilenen Gemüse als dritten Gang vor.

174 **Spanien**

Eierspeisen

Jedes gute spanische Kochbuch hat ein gesondertes Kapitel, das Eiergerichten gewidmet ist. Schon allein die *tortillas* verdienen diese Aufmerksamkeit. Zu Recht hat sich für die *tortilla de patata* der Name *tortilla española* eingebürgert, denn sie ist eine nationale Institution. »Kartoffelomelett« ist eine unzureichende Übersetzung, da sie nicht entfernt den geschmacklichen Ausdruck dieses aus rohen Kartoffeln und Eiern gebackenen, außen golden gebräunten, im Innern aber noch höchst saftigen Kuchens bezeichnet.

Eier sind hochgeschätzte Lebensmittel. Oft fügt man sie einem Gericht zur Bereicherung hinzu. Kann man sie nicht unterrühren, werden sie hartgekocht, gewürfelt und als Garnierung verwendet. Aber auch Eier allein sind ein respektables Mahl, insbesondere Spiegeleier. Über die Kunst, sie mehr oder weniger knusprig zu braten, können Spanier lange diskutieren.

In vielen anderen Gerichten spielen Eier eine bedeutende Rolle in Verbindung mit Gemüsen oder Fleisch. Und viele spanische Desserts wären ohne Eier undenkbar.

Beliebte Tortillas

A la payesa
Bauernomelett mit verschiedenen Gemüsen, grünen Bohnen und Erbsen, oft aber auch Schinken, Chorizo oder Morcilla

Al sacre-monte
Mit Innereien vom Lamm oder Kalb; Spezialität der Zigeuner Granadas

Catalana
Meist mit weißen Bohnen und Botifarra

De alcachofas
Mit Artischockenherzen und Schinken

De angulas
Mit Glasaalen, die in Spanien eine Delikatesse sind und geschmacklich ausgezeichnet mit Eiern harmonieren

De cebolla
Nur mit Zwiebeln, die einen würzig-milden Geschmack verleihen

De espárragos trigueros
Mit dünnem wildem Spargel, der ein unvergleichliches Aroma gibt

De espinacas
Katalonisch; mit Spinat und Pinienkernen

De habas
Mit dicken Bohnen

De hierbas finas
Mit feingehackten Kräutern

De jamón
Mit Serranoschinken

De lechuga
Mit gedünstetem Römischem Salat

De pimientos verdes
Mit grüner, in Streifen geschnittener Paprikaschote

De riñones
Mit Scheiben von Kalbsnieren und einem Schuß Sherry

De setas
Mit Austernpilzen, noch lieber mit wilden Pilzen

De tomate y atún
Mit Zwiebeln, Tomate und weißem Thunfisch

De tres pisos
Drei verschiedene Tortillas übereinander mit Mayonnaise

Española
Mit rohen Kartoffeln und Zwiebeln

Mariscos
Variante mit Meeresfrüchten, meist Miesmuscheln

Murciana
Reichhaltig an Gemüse

Valenciana
Mit Reis und Schinken oder Paella-Resten,

Zur *tortilla española* gehören Kartoffeln, Zwiebeln, Eier, Pfeffer, Salz und selbstverständlich Olivenöl.

In reichlich heißem Öl werden rohe Kartoffeln mit den Zwiebeln bei mittlerer Hitze gebraten, bis sie gar sind.

Dann schlägt man die Eier schaumig und gibt Kartoffeln und Zwiebeln dazu.

In der inzwischen gesäuberten Pfanne läßt man die Masse in wenig Öl stocken.

Mit Hilfe eines Tellers wendet man die Tortilla, so daß auch die andere Seite goldbraun gebacken wird.

Fisch

Spanien besitzt nach Japan die größte Fischfangflotte der Welt. Schon immer ernährten sich seine Küstenbewohner von dem, was ihnen Mittelmeer oder Atlantik gaben und erwarben außerordentliches Geschick darin, Fische und Meerestiere zuzubereiten. In Spanien, wo die Regionen zwischen Nord, Süd und Ost große Unterschiede aufweisen, drückt der jeweilige Charakter den Gerichten einen reizvollen Stempel auf.

So essen Basken mit großer Vorliebe Seehecht – der übrigens der beliebteste Fisch der Spanier ist – oder auch Stockfisch *al pil pil*, in Olivenöl mit Knoblauch. Ihren Eintopf *marmitako* bereiten sie aus Thunfisch, Paprikaschoten und Tomaten. Asturier nehmen für ihre Suppe nur Fische mit weißem Fleisch, aber auch Muscheln und Krustentiere, die sie gern in Meerwasser aufsetzen. Dagegen lassen Galicier den Fisch für ihre *caldeirada* mehrere Stunden mit Kräutern, Olivenöl und Essig marinieren, bevor er kurz in Wasser kocht. Brühe und Fisch werden getrennt serviert. In Katalonien gehören nicht nur Seeteufel und Tintenfisch in das berühmte »Singspiel des Meeres«, die *zarzuela*, sondern eine möglichst große Vielfalt an Fischen sowie Muscheln und Garnelen. Die besondere Note entstammt der Mischung von gemahlenen Mandeln, Knoblauch und Kräutern.

In Andalusien, vor dessen Küste riesige Fischschwärme durch die Straße von Gibraltar ziehen, versteht man sich wie nirgendwo sonst auf die Kunst, Fische in Olivenöl zu fritieren, weshalb man es scherzhaft *zona de los fritos* nennt. Eine andere Tradition ist das Backen von Fischen in Salzkruste, das diesen das ganze Aroma erhält.

Am häufigsten aber werden Fische einfach gegrillt. Auch darin sind die Spanier Meister. Denn jeder Fisch braucht seine bestimmte Zeit, um eine krosse Haut zu erhalten, aber saftiges Fleisch zu bewahren. Wenn verschiedene Fische zu einer *parillada*, einer Grillplatte vereint werden, reichen schon Anblick und Duft aus, um zu verstehen, warum Fisch in Spanien so überaus geschätzt ist.

Beliebte Fische

Anchoa, anxoa – Anschovis
Anguila – Aal
Angula – Glasaal
Atún – Thunfisch (besonders roter)
Atún blanco – kleiner weißer Thunfisch
Atún claro (albacares) – große Thunfische mit
   gelben Flossen aus subtropischen Gewässern
Bacalao – Kabeljau, Stockfisch
Besugo – Seebrasse
Bonito – Pelamide (Thunfischart)
Boquerón – frische Anschovis, Sardellen
Caballa, verat (katalonisch) – Makrele
Cóngrio – Meeraal
Dentón – Zahnbrasse
Dorada – Goldbrasse
Lenguado – Seezunge
Lubina – Seebarsch, Wolfsbarsch
Melva – kleiner Thunfisch mit rosa Fleisch
Merluza – Seehecht
Mero – Zackenbarsch
Rape, pixin (asturisch) – Seeteufel
Raya – Rochen
Reo – Meeresforelle
Rodaballo – Steinbutt
Salmón – Lachs
Salmonete – Meerbarbe
Sardinas – Sardinen
Sardinillas – kleine Sardinen
Trucha – Forelle

Herz der Boqueria, der Markthalle in Barcelona, ist der große runde Stand mit Fischen, Muscheln und Krustentieren aus Mittelmeer und Atlantik.

Meeresfrüchte

Die spanische Provinz Galicien ist weltweit führend in der Muschelzucht. In den weiten und Dutzende von Kilometern ins Landesinnere reichenden Buchten der Rías Bajas werden seit einem halben Jahrhundert Muscheln kultiviert. Inzwischen gibt es über 3000 der *bateas* genannten Gitterflöße, die eine Größe von 500 Quadratmetern erreichen. In den ersten Monaten des Jahres wird die neue Muschelgeneration »gesät«. Winzige Muscheln werden mit Baumwollgarn an Tauen festgebunden, da sie selbst nicht imstande sind, sich anzuklammern. Die Muschelzüchter befestigen Hunderte von Tauen an den Streben der Flöße und lassen sie ins Wasser hinab. Bereits nach kurzer Zeit entwickeln die Muscheln ihre Bärte und haften aus eigener Kraft.

Das Wasser der Rías ist ideal, wenn ein Fluß in sie mündet. Dann ergibt sich in der Bucht eine Mischung von Süß- und Meerwasser, die (fast) allen Krusten- und Schaltieren ganz besonders behagt. Entsprechend gedeihen die *mejillones*, Pfahlmuscheln, die immerhin bis zu 18 Litern Wasser in der Stunde durch sich hindurchschleusen. Nach vier Monaten sind sie dermaßen gewachsen, daß sie nicht mehr alle am selben Seil Platz haben. Dann werden sie mit genügend Abstand auf neue Taue verteilt. Nach neun bis zwölf Monaten sind sie zwischen sieben und elf Zentimeter groß – also um einiges größer als die verwandten Miesmuscheln – und somit marktreif. Und da sie trotz herber Witterungsbedingungen Südländer sind, besitzen sie überdies – statt des bleichen Teints ihrer nördlichen Konkurrenten – herrlich orangefarbenes Fleisch. Daß ihr Geschmack ausgeprägter ist, versteht sich von selbst.

Die jährliche Ernte beläuft sich im Durchschnitt auf 200 000 Tonnen, was fast die gesamte spanische Produktion ausmacht, und der Hälfte der weltweiten Muschelzucht entspricht. 100 000 Tonnen gelangen frisch auf den Markt. Die gleiche Menge wird in Dosen konserviert, von denen 30 Prozent in den Export gehen.

Auch Austern, Venus- und Jakobsmuscheln werden in den Küstengewässern Südgaliciens gezüchtet. Jakobsmuscheln waren früher überreichlich vorhanden, inzwischen sind sie eine teure Delikatesse. Neben der wirtschaftlich sehr bedeutenden Zucht beschert der Fang vor Galiciens Küsten den Fischern immer noch eine für Europa einmalige Vielfalt an Meeresgetier. Nur versierteste Kenner wissen die mehr als drei Dutzend Meeresfrüchte – und über sechs Dutzend Fischarten – beim Namen zu nennen. Aber jeder Galicier versteht es meisterlich mit diesem geschmacklich äußerst differenzierten Reichtum umzugehen.

Cigala – Kaisergranat, Langustine

Navaja – Meerscheide, Schwertmuschel

Cangrejo de mar – Strandkrabbe

Gamba (katalonisch), camarón (spanisch) – Garnele

Txangurro (baskisch), centolla (spanisch) – Große Seespinne

Canadilla – Purpurschnecke

Bigarro – Strandschnecke

Mejillón – Pfahlmuschel

Percebe – Entenmuschel

Spanien

Calamar, raba – Kalmar
Ostra – Auster
Almeja – Venusmuschel
Berberecho – Herzmuschel
Chipiron – kleiner Kalmar
Cambaro masero – Taschenkrebs

Almejas – Venusmuscheln
Berberechos – Herzmuscheln
Chipirones – ganze kleine Kalmare
Pulpo – eingelegte Krake
Sardinas – Sardinen
Zamburiñas – Kammuscheln

Anchoas – Anschovis
Caballas – Makrelen
Mejillones – Pfahlmuscheln

Atún – Thunfisch
Pulpo – Krake
Navajas – Meerscheiden

Fischkonserven

Kein anderes Volk verzehrt mit solcher Begeisterung konservierte Fische und Meeresfrüchte wie die Spanier. Sie bringen es pro Kopf auf rund sechs Kilogramm pro Jahr. Diese Tradition ist an die 2000 Jahre alt. Fisch wurde eingesalzen, getrocknet oder in Olivenöl eingelegt. Letzteres ist eine besondere spanische Spezialität. Olivenöl verleiht Fischen mehr Geschmack und macht ihr Fleisch saftiger. Ölkonserven reifen sogar und erlangen erst in gewissem Alter ihr volles Aroma.

Die etwa 175 Betriebe, die fast so viele Spezialitäten anbieten, sind auf das modernste ausgerüstet. Dennoch wird der frische Fisch, den man innerhalb von 24 Stunden nach dem Fang verarbeitet, von Hand sortiert.

Die großen Zentren des Gewerbes befinden sich an der nördlichen Atlantikküste. Die galicischen Städte Vigo, Pontevedra und Coruña sind führend und liefern über 60 Prozent der gesamten Produktion. Dann folgt Kantabrien und San Sebastián. Aber auch in Ayamonte, Isla Cristina, Barbate und Zahara de los Atunes in Andalusien werden Fische und Meeresfrüchte konserviert, ebenso auf den Kanarischen Inseln. An der Mittelmeerküste hat sich nur an der Costa Brava die Tradition der eingesalzenen Anschovis erhalten.

Fischgerichte und Gerichte mit Meeresfrüchten

Zarzuela
»Singspiel des Meeres«

4 Scheiben Seeteufel
4 kleine Tintenfische
8 Langustinen
100 ml Olivenöl
1,5 kg Pfahlmuscheln
1 große Zwiebel
500 g Tomaten
4 Knoblauchzehen
1 g Safranfäden
Salz, schwarzer Pfeffer
10 ml Weinbrand
200 ml trockener Weißwein
60 g gemahlene Mandeln
2 EL feingehackte Petersilie
4 Scheiben Brot

Fische und Langustinen küchenfertig vorbereiten und in etwas Öl in einem großen Topf zugedeckt 10 Minuten dünsten.
Die Muscheln bürsten, waschen, die Bärte entfernen und in einem separaten Topf in etwas Wasser bei schwacher Hitze so lange köcheln, bis sich die Muschelschalen öffnen. Abgießen, die Muscheln aus den Schalen nehmen, einige für die Garnierung zurückbehalten.
Die Zwiebel schälen, hacken und in einer großen Pfanne in 2 EL Olivenöl glasig dünsten. Fische und Langustinen aus dem Topf nehmen und mit den Muscheln in die Pfanne zu den Zwiebeln geben. Die Tomaten enthäuten, entkernen und in Stücke schneiden. Mit 2 zerdrückten Knoblauchzehen und dem Safran ebenfalls hinzufügen. Salzen und pfeffern sowie den Weinbrand angießen.
15 Minuten bei schwacher Hitze garen. Den Weißwein angießen und reduzieren lassen. Dann die Mandeln unterrühren.
Die Weißbrotscheiben mit dem restlichen Knoblauch einreiben und in dem restlichen Öl goldgelb rösten. In vorgewärmte Suppenteller legen, die zarzuela darübergeben und mit Petersilie bestreut servieren.
Am besten begießt und genießt man den Fischeintopf mit dem spritzigen und sehr trockenen Blanc Pescador der Cavas del Ampurdán, dem bekanntesten Weißwein der Costa Brava.

Truchas a la Navarra
Forellen mit Schinken

4 Forellen, ausgenommen, mit Kopf (je 250 g)
Salz, schwarzer Pfeffer
4 dünne Scheiben Serranoschinken
3 EL Mehl
70 g magerer Speck
5 EL Olivenöl
Zitronenviertel

Die Forellen abspülen und abtupfen. Mit wenig Salz und Pfeffer würzen. Die Schinkenscheiben aufrollen und jeweils in das Innere der Forellen geben. Die Fische in Mehl wenden. Den Speck würfeln und in dem Öl auslassen. Forellen in die Pfanne geben und bei schwacher Hitze auf jeder Seite 10 Minuten braten. Zwischendurch mit dem Bratensaft übergießen.
Die Forellen auf vorgewärmten Tellern anrichten, mit Zitronenvierteln garnieren und servieren.
Dazu paßt ein kalter fruchtiger Rosé aus Navarra.

Dorada a la sal
Rotbrasse in Salzkruste
(Abbildung)

1 küchenfertige Rotbrasse (etwa 1,5 kg)
Saft von 1 Zitrone
3 Knoblauchzehen
1 Zweig Thymian
2–3 kg grobes Meersalz
2 unbehandelte Zitronen

Romesco-Sauce

50 g Mandeln
3 Knoblauchzehen
1 Tomate
Salz, schwarzer Pfeffer
5 EL Olivenöl
1 EL Weinessig

Den Backofen auf 250 °C vorheizen. Den Fisch abspülen und innen mit Zitronensaft würzen. Die Knoblauchzehen halbieren und mit dem Thymian in den Fischbauch geben. Den Boden einer feuerfesten Form mit einer fingerdicken Salzschicht bedecken. Den Fisch darauf betten und so viel Salz darübergeben, daß der Fisch völlig mit Salz bedeckt ist.
Im Ofen 40 Minuten backen.
Dann die Salzkruste aufschlagen und den Fisch vorsichtig aus der Form nehmen. Die Haut abheben und den Fisch filetieren. Auf vorgewärmten Tellern mit Zitronenvierteln garniert servieren.
Dazu wird oft eine *romesco*-Sauce gereicht: Die Mandeln schälen, anrösten und mit dem Knoblauch in einem Mörser zerstoßen. Die Tomate enthäuten, entkernen und zu den Mandeln geben. Alles zu einer homogenen Paste verarbeiten. Salzen und pfeffern sowie Olivenöl und Essig gründlich untermischen.

Spanien

Bacalao pil pil
Stockfisch in scharfer Knoblauchsauce

700 g Stockfisch
1 ganze Knoblauchknolle
1 trockene rote Pfefferschote
5 EL Olivenöl
schwarzer Pfeffer

Den Stockfisch mindestens 24 Stunden in kaltem Wasser einweichen, zwischenzeitlich das Wasser immer wieder erneuern. Dann den Fisch in kleine Stücke schneiden, gut abspülen und abtropfen.
Die Knoblauchzehen schälen und fein hacken, die Pfefferschote in mehrere Stücke brechen. Knoblauch und Pfefferschote in dem Öl andünsten, dann die Pfefferschote entfernen.
Die Fischstücke mit der Haut nach unten zu dem Knoblauch geben und 20 Minuten bei schwacher Hitze und unter ständigem Umrühren dünsten. (Durch das Rühren verbinden sich das Olivenöl, die Gelatine der Fischhaut und der Knoblauch zu einer Sauce, welche die Konsistenz einer Mayonnaise annimmt.) Mit Pfeffer abschmecken. Mit Salzkartoffeln servieren.
Der frische prickelige baskische Weißwein Txakoli ist ein geeigneter Begleiter.

Marmitako
Thunfischragout

1 Zwiebel
3 Knoblauchzehen
je 1 grüne und rote Paprikaschote
3 EL Olivenöl
400 g Tomaten
Salz, schwarzer Pfeffer
1 Prise scharfes Paprikapulver
6 Kartoffeln
200 ml trockener Weißwein
800 g frischer Thunfisch
Saft von 1 Zitrone

Zwiebel und Knoblauch schälen und fein hacken. Die Paprikaschoten waschen, entkernen und in Streifen schneiden. Das Öl in einem Schmortopf erhitzen und die Gemüse darin 5 Minuten andünsten. Die Tomaten enthäuten, entkernen und kleinschneiden. Zu den Paprikaschoten geben. Salzen, pfeffern und mit Paprikapulver würzen. Zugedeckt bei schwacher Hitze 15 Minuten schmoren.
Die Kartoffeln schälen, in Stücke schneiden und zu dem Gemüse geben, den Weißwein angießen und alles weitere 30 Minuten zugedeckt garen.
Den Thunfisch säubern und unter kaltem Wasser abspülen. In kleine Würfel schneiden, mit Zitronensaft beträufeln, salzen und pfeffern. Zu dem Gemüse geben und in 5–10 Minuten gar dünsten. Abschmecken und mit einem Rosé aus Navarra servieren.

Almejas a la marinera
Venusmuscheln auf Seemannsart

1 Zwiebel
2 Knoblauchzehen
2 EL Olivenöl
500 g Tomaten
200 ml trockener Weißwein
1 Lorbeerblatt
Salz, schwarzer Pfeffer
800 g Venusmuscheln
2 EL feingehackte Petersilie

Zwiebel und Knoblauch schälen, fein hacken und in dem Öl andünsten. Die Tomaten enthäuten, entkernen und in Stücke schneiden. Mit Weißwein, Lorbeerblatt, Salz und Pfeffer zu der Zwiebel geben. Zugedeckt 10 Minuten köcheln lassen.
Die Muscheln gründlich waschen und bürsten, zu der Zwiebel-Tomaten-Mischung geben und 10 Minuten bei schwacher Hitze garen, bis sich die Muscheln geöffnet haben; geschlossene Muscheln aussortieren. Mit Petersilie bestreut servieren.

Langostinos al ajillo
Langustinen in Knoblauchöl

1 kg frische Langustinen
150 ml Olivenöl
Salz, schwarzer Pfeffer
5 Knoblauchzehen
2 EL feingehackte Petersilie

Den Backofen auf 200 °C vorheizen. Die Langustinen in heißem Öl bei großer Hitze anbraten, salzen und pfeffern. In einer feuerfesten Form warm stellen.
Den Knoblauch fein hacken und in dem Bratöl unter Rühren 5 Minuten dünsten.
Das Knoblauchöl über die Langustinen geben und diese 10 Minuten im Ofen backen. Mit Petersilie bestreuen und sofort servieren.
Dazu Cava oder Manzanilla reichen.

Dorada a la sal – Rotbrasse in Salzkruste

*Arroz negro –
Schwarzer Reis*

> **Reis – Sorten und Qualitäten**
>
> **Bomba**
> Alte Reissorte, die insbesondere in Calasparra kultiviert wird; außerordentlich saugfähig, dabei fester Biß, lange Garzeit
>
> **Calasparra**
> In Europa die einzige kontrollierte Ursprungsbezeichnung für Reis; als Handelsware ausschließlich in Baumwollsäckchen; verschiedene Qualitäten, auch aus biologischem Anbau
>
> **Extra**
> Reis, in dem maximal vier Prozent Bruch enthalten sind
>
> **Primero**
> Reis, in dem maximal sieben Prozent Bruch enthalten sind
>
> **Semi-completo**
> Zwischen Vollkornreis und geschältem Reis; mit Eigenschaften des früheren, per Hand gedroschenen Reises

Reis

Den Reis verdankt Spanien den Mauren. Sie führten ihn im 8. Jahrhundert ein, und da Reis auf ihrem Speisezettel bereits erhebliche Bedeutung hatte, bauten sie ihn dort an, wo die natürlichen Gegebenheiten am geeignetsten waren. Die Voraussetzungen haben sich seither nicht verändert. Nicht nur wird Reis daher noch an denselben Orten angebaut, zum Teil haben sich sogar Bewässerungskanäle oder Verteilungsregeln erhalten, die von den Mauren vor mehr als 1200 Jahren installiert wurden.

Aber mit der Vertreibung der Mauren nach der Reconquista, der Wiedereroberung, im 13. Jahrhundert verjagten die katholischen Herrscher auch die Spezialisten der Bewässerungskulturen. Ein weiteres Problem beschränkte den Reisanbau und führte gar zu seinem Verbot: Malaria. In den Sümpfen Kataloniens und der Lagune Albúfera südlich von Valencia, in der Reis angebaut wurde, fanden auch Mücken günstige Bedingungen, nur hielt man über Jahrhunderte die Reispflanzungen für die Ursache des Fiebers. Erst 1860 wurde das Verbot aufgehoben.

Gleichwohl hatte sich der Reisanbau insbesondere bei Valencia schon früher ausgebreitet. Nun ging man daran, das Delta des Ebros trockenzulegen und auch dort Reis zu kultivieren. Die Arbeitsbedingungen waren extrem hart und Malaria an der Tagesordnung. »Terra de arroz, terra de plos« – »Reisland, Tränenland«, sagten die Einheimischen.

Die spanische Levante mit ihren vier Provinzen Murcia, Alicante, Valencia und Castellón de la Plana entwickelte sich zum wichtigsten Reisanbaugebiet. Mehr noch als Albúfera und das Ebro-Delta gilt Calasparra am Oberlauf des Segula, in der bergigen Region nordwestlich von Murcia, als Reis-Dorado. Dort sorgt traditionelle Mischkultur für ausgewogene, gesunde Böden, und auch die Wasserregulierung schafft ideale Bedingungen. Bei entschieden geringeren Erträgen erzeugt man – zum Teil in biologischem Anbau – Reis von hoher Qualität, darunter die selten gewordene alte Sorte Bomba. In Andalusien und der Extremadura, wo in den letzten 30 Jahren große Reiskulturen geschaffen wurden, hat man sich auf den Anbau von Langkornreis für den Export spezialisiert.

Die Spanier erwarten vor allem, daß der Reis, den sie verwenden, saugfähig ist, denn er soll die Aromen der anderen Zutaten aufnehmen. Reis ist nicht Beilage, er spielt die Hauptrolle – sei es in Zubereitungen mit Fisch, Fleisch oder Gemüsen, sei es als süßes Dessert.

Rundkornreis wurde ursprünglich den Anforderungen durchaus gerecht. Zudem entsprach er der kulinarischen Tradition – nur erwies er sich letztlich als zu anfällig, so daß man neue Züchtungen zu pflanzen begann, die zum einen ein mittleres Korn besitzen, zum anderen jedoch auch die gewünschten Kocheigenschaften aufweisen.

182 **Spanien**

*Caldero murciano –
Reistopf mit Fischen
nach Murcia-Art*

*Arroz con costra –
Reis mit Kruste*

Arroz negro
Schwarzer Reis
(Abbildung linke Seite)

3 EL	Olivenöl
4	Knoblauchzehen
1	Tomate
1 EL	gehackte Petersilie
1	großer Tintenfisch mit Tintensack
	Salz, schwarzer Pfeffer
1	Prise Zimt
250 g	Rundkornreis

In einer großen Pfanne das Öl erhitzen. Den Knoblauch fein hacken und in das Öl geben. Dann die Tomate enthäuten, entkernen, kleinschneiden und ebenfalls in das Öl geben. Mit Petersilie bestreuen.
Den Tintenfisch säubern (Tentakeln ablösen, Augen, harte Kauwerkzeuge, Schulp und Eingeweide entfernen), den Tintensack beiseite stellen. Den Tintenfisch waschen, in Stücke schneiden und zu den Tomaten geben, leicht salzen, pfeffern und mit Zimt würzen. Zugedeckt bei schwacher Hitze 30 Minuten köcheln.
Den Reis einstreuen, gut untermischen und kurz in der Sauce kochen lassen.
1/2 l heißes Wasser zugießen und alles bei großer Hitze kochen lassen. Den Tintensack über einer Tasse aufschlitzen. Die Tinte auffangen und mit 10 EL Kochflüssigkeit verrühren. Zu dem Reis geben und gut vermischen. Bei Bedarf noch etwas heißes Wasser angießen. Zugedeckt 20 Minuten bei schwacher niedriger Hitze garen, bis der Reis schwarz ist und alle Flüssigkeit aufgesogen hat. (Im Winter wird der Reis eher grau, da der Tintenfisch zu dieser Zeit weniger Tinte hat.)

Caldero murciano
Reistopf mit Fischen nach Murcia-Art
(Abbildung)

2 kg	frische Mittelmeerfische (Rotbarbe, Goldbrasse, Drachenkopf)
1	ganze Knoblauchknolle
2	Nora-Schoten (S. 189) oder Chillies ohne Samen
500 g	Tomaten
1	Zwiebel
1	Möhre
	Salz, schwarzer Pfeffer
1 g	Safranfäden
350 g	Rundkornreis

Die Fische küchenfertig vorbereiten und beiseite stellen; die Abfälle aufheben. Knoblauch und Schoten in einem Mörser mit etwas Wasser zu einer Paste verreiben. In einen *caldero*, einen großen gußeisernen Schmortopf, geben. Mit 2 l Wasser auffüllen. Die Tomaten enthäuten, entkernen und in Stücke schneiden, die Zwiebel schälen und vierteln, die Möhre putzen und in Scheiben schneiden. Die Gemüse mit den Fischabfällen in den Topf geben, mit Salz und Pfeffer würzen. Zum Kochen bringen und etwa 60 Minuten köcheln lassen.
Die Fischbrühe durch ein Sieb passieren. Den Topf ausspülen und die Hälfte der Fischbrühe zurück in den Topf geben, den Safran hinzufügen. Die Fischbrühe zum Kochen bringen und den Reis darin in knapp 20 Minuten garen, so daß er sehr saftig bleibt.
Zuerst den Reis servieren.
In der restlichen Fischbrühe die Fische pochieren. Auf einer Platte anrichten und mit Knoblauchsauce (siehe *Bacalao pil pil*, S. 181) als zweiten Gang reichen.

Arroz con costra
Reis mit Kruste
(Abbildung)

1	Kaninchen, Huhn oder Hahn (etwa 1,5 kg) mit Innereien
200 g	Butifarra negra (S. 170)
500 g	Tomaten
150 ml	Hühnerbrühe
150 ml	trockener Weißwein
1 g	Safranfäden
	Salz, schwarzer Pfeffer
250 g	Rundkornreis
11	Eier

Das Fleisch von den Knochen lösen und in kleinere Stücke schneiden. In einem feuerfesten Topf Öl erhitzen und das Fleisch darin anbraten. Die Tomaten enthäuten, entkernen und kleinschneiden. Mit den Innereien und der Butifarra negra zu dem Fleisch geben. Hühnerbrühe und Weißwein angießen, Safranfäden hinzufügen, mit Salz und Pfeffer würzen und alles 60 Minuten schmoren lassen. Knapp 1/2 l heißes Wasser angießen, nochmals mit Salz abschmecken und zum Kochen bringen. Dann den Reis einrühren und 20–25 Minuten köcheln lassen, bis der Reis alle Flüssigkeit aufgesogen hat und weich ist. Zwischendurch ab und zu umrühren.
Den Backofen auf 180 °C vorheizen.
Die Eier in eine Schüssel aufschlagen, mit Salz und Pfeffer würzen, verquirlen und über den Reis geben. Den Topf mit Alufolie abdecken und im Ofen gut 10 Minuten backen. Die Folie entfernen und das Gericht im Topf servieren. Die Eierkruste erst am Tisch aufbrechen.
Dazu paßt ein leicht gekühlter Rotwein aus der Mancha oder aus Valdepeñas.

183

Paella

Die Paella stammt aus der Gegend der Albúfera, wo Reis trotz aller Verbote immer angebaut und gern gegessen wurde. Im Gegensatz zu den unzähligen Varianten des Gerichts – das als das für Spanien typischste gilt und meist mit Pfahlmuscheln, Kalmaren und Garnelen zubereitet wird –, verwendete die Landbevölkerung jene Zutaten, die ihr zur Verfügung standen, beispielsweise: Enten des Sees, Kaninchen, die sie fingen, Hühner, die sie hielten, Schnecken, die sie sammelten, sowie Tomaten und getrocknete Bohnen, auch Artischocken und Erbsen, die sie in ihren Gärten ernteten. Einziger Luxus: Safran. Trotz ihrer Nähe zum Wasser waren für die Bauern Meeresfrüchte nur selten greifbar.

Die Zutaten wurden in flachen Metallpfannen, den *paellas*, gegart. Man stellte sie meist draußen über ein Feuer aus Weinruten oder Orangenzweigen. Noch heute gilt, daß eine richtige Paella über offenem Feuer garen muß. Dabei nimmt sie das feine Raucharoma an. Außerdem gelingt es am besten über Feuer, daß sich am Boden eine schmackhafte Kruste bildet, die man *socarrada* nennt, ohne die eine Paella nur den halben Genuß bereitet. Die Paella erlangte im letzten Jahrhundert unter den Einwohnern Valencias große Popularität, die das Gericht einfach als *paella valenciana* für sich adaptierten.

Bei der Zubereitung für eine bestimmte Anzahl von Personen geht man von bestimmten Pfannendurchmessern aus: Pro Person rechnet man 75 bis 100 Gramm Reis und benötigt bei vier Personen eine Pfanne von gut 30 Zentimetern Durchmesser. Für acht Leute sollte dieser 40 Zentimeter betragen. Die wahre Paella ist eigentlich die *valenciana* ohne Meeresfrüchte. Aber selbst sie wird inzwischen mit Muscheln, Kalmaren und Langustinen angereichert. Zudem gibt es viele Reisgerichte, die in der *paella* gegart werden und die Fische und Meeresfrüchte als Zutaten enthalten. Für andere, die man auf dem Herd oder im Ofen bereitet, sind aus Ton gebrannte Kochgeschirre empfehlenswerter als die schmalrandigen *cazuelas* oder die hohen *ollas* oder *pucheros*. Wieder andere – wie der berühmte Reistopf, den die Fischer an der Küste Murcias essen (Rezept S. 183) – verlangen nach dem tiefen, gußeisernen *caldero*.

Zur Paella gehören Gemüse, Fleisch, Langustinen oder Garnelen, Kalmare und Reis.

Zuerst werden die geputzten und in Streifen geschnittenen Gemüse angebraten.

Das Hähnchen zerteilt man in Stücke, das Schweinefilet schneidet man in Würfel.

Zunächst brät man die Geflügelstücke in heißem Olivenöl an.

In der Paellapfanne werden sodann Zwiebeln und Knoblauch angedünstet, danach fügt man das übrige Gemüse hinzu.

Das angebratene Fleisch gibt man zum Gemüse in die Pfanne.

Den Reis mischt man unter die anderen Zutaten und läßt ihn einige Minuten mitgaren.

Dann gießt man die mit Safran gewürzte Fischbrühe an.

Mit Langustinen garniert, zieht die Paella so lange, bis der Reis die Brühe aufgesogen hat.

Spanien

Grundregeln für die Zubereitung von Reis

- Reis nicht waschen, da Stärke, Vitamine und Mineralstoffe weggespült würden.
- Keine Zwiebeln in ein Reisgericht wie etwa die Paella geben, das trocken, *seco*, gegessen wird; sie würden das Gericht matschig werden lassen.
- Reis immer in kochende Brühe oder Wasser geben und nur kochende Flüssigkeit nachgießen.
- Jeder Reis hat eine bestimmte Saugkraft, jedes Gericht eine gewünschte Konsistenz. Entsprechend muß die zugefügte Flüssigkeitsmenge bemessen sein. Man rechnet 1 Teil Reis und 2–4 Teile Flüssigkeit.
- Die Kochzeit muß auf die Reissorte abgestimmt sein. Sie reicht von 15 Minuten bei dem für die Paella typischen weißen Rundkornreis bis zu 30 Minuten für Bomba-Reis. Bei den saugfähigen Reissorten entsteht schnell ein unerwünschter Brei, wenn man die angemessene Kochzeit überschreitet.
- Nachdem der Reis in die kochende Brühe gegeben und darin gleichmäßig verteilt wurde, nicht mehr umrühren. Beim weiteren Garen die Hitze kontinuierlich reduzieren.
- Bei spanischen Reisgerichten – wie etwa bei der Paella – kommt es in erster Linie auf den Geschmack des Reises an. Deshalb wird der Reis zuerst gegessen, eher läßt man Beilagen wie Muscheln oder Fleisch liegen. Manche Zutaten haben ohnehin einen großen Teil ihres Geschmacks an den Reis abgegeben.

Paella valenciana
Paella aus Valencia
(Abbildung linke Seite und unten)

250 g Tomaten
1 rote oder grüne Paprikaschote
200 g grüne Bohnen
3 Artischocken
250 g kleine Kalmare
1 Hähnchen oder Kaninchen (etwa 1,2 kg)
250 g Schweinefilet
150 ml Olivenöl
Salz, schwarzer Pfeffer
3 Knoblauchzehen
400 g Rundkornreis
1 g Safranfäden
2 l Fischbrühe
6 Langustinen

Gemüse, Meeresfrüchte und Fleisch küchenfertig vorbereiten und gegebenenfalls in Stücke schneiden.
Ein Drittel des Öls in einer Pfanne erhitzen. Artischocken, Bohnen und Paprika darin anbraten.
In einer zweiten Pfanne das zweite Drittel des Öls erhitzen und das Fleisch darin anbraten. Salzen, pfeffern und bei schwacher Hitze 10 Minuten schmoren lassen.
Zwiebel und Knoblauch fein hacken und in der Paellapfanne im restlichen Öl glasig dünsten. Das Gemüse und das Fleisch hinzufügen.
Den Reis unterheben. Sobald er glasig wird, die Tomaten und Kalmare zufügen, salzen, pfeffern und 10 Minuten köcheln lassen. Den Safran in die heiße Fischbrühe geben und in die Pfanne gießen. 10 Minuten bei sehr schwacher Hitze garen.
Die Langusten darauf verteilen und nochmals 10 Minuten ziehen lassen.
Nach Belieben mit separat gegarten Muscheln garnieren und servieren. In Katalonien wird gern Cava zur Paella getrunken, sonst empfiehlt sich ein fruchtiger Rosado.

Safran

Während über die klassischen Zutaten der Paella durchaus gestritten wird, sind sich alle Köche darin einig, daß Safran unbedingt hineingehört. Und nicht nur in die *valenciana*, auch in andere spanische Reisgerichte, denen er die appetitliche gelbe Farbe und eine feine Würze verleiht.
Die kostbaren roten Fäden mit ihrer unglaublichen Färbekraft sind fast so teuer wie Gold. Für die Familien, welche die Krokusart auf den Hochebenen von Kastilien und La Mancha in den Regionen von Toledo, Teruel und Albacete kultivieren, ist er nur ein kleines, mühevolles, aber willkommenes Zubrot. Denn Safran verlangt nicht nur Handarbeit, sondern Fingerspitzengefühl.
Sobald im Oktober der *crocus sativus* seine Blütenkelche öffnet, werden sie umgehend gepflückt. Aus jeder Blüte zupft man die drei winzigen roten Fäden und trocknet sie in Sieben über Glut, was großen Einfluß auf den Geschmack hat. Für ein Kilogramm Safran benötigt man an die 160 000 solcher Fäden. Fast zwei Milliarden Krokusse oder 35 000 Kilogramm jährlich machen Spanien mit Abstand zum größten – und wohl auch besten – Safranproduzenten der Welt. Trotz des astronomischen Preises pro Kilogramm kostet ein Faden kaum zehn Pfennig, und einige wenige reichen aus für das Wunder golden leuchtender Reispfannen.

Safran-Qualitäten

Mancha
La Mancha ist das Hauptanbaugebiet von Safran und gilt international als Bezeichnung für allerbeste Qualität. Der größte Teil spanischen Safrans entspricht dieser Güteklasse.

Rio
Nächst geringere Güteklasse. Entscheidend für die Qualität ist der rote Teil der Narben. Er hängt von der Erntezeit und von der Sorgfalt ab, mit der die Narben aus der Blüte gezupft werden.

Sierra
Unterste, leicht zu erkennende Qualität, da Gelb dem Rot Konkurrenz macht; doch nur die roten Teile der Narben verleihen Farbe und Aroma.

Olivenöl-Qualitäten

Aceite de oliva virgen extra
Beste Qualität kaltgepreßten Öls, perfekter Geschmack
Aceite de oliva virgen
Gute Qualität kaltgepreßten Öls, sehr guter Geschmack
Aceite de oliva
Gebräuchliches, mittelfeines Haushaltsöl aus einer Mischung von raffinierten und kaltgepreßten Ölen

Die Hersteller unterscheiden nach einem anderen System in sechs Kategorien:
1. Virgen – kaltgepreßtes Olivenöl mit vier Qualitätsstufen (1.–4. Pressung)
2. Raffiniertes Olivenöl – raffiniertes Virgen-Öl
3. Olivenöl – Mischung aus raffiniertem und Virgen
4. Rohes Oliven-Trester-Öl – durch Lösemittel aus Preßrückständen gewonnen
5. Raffiniertes Oliven-Trester-Öl
6. Oliven-Trester-Öl – eine Mischung aus raffiniertem Oliven-Trester-Öl mit Virgen und anderen Olivenölen

Olivenöl

Olivenöl ist seit den Römern eines der wichtigsten Produkte und Exportgüter Spaniens. Schon im 1. Jahrhundert war die Iberische Halbinsel Hauptlieferant des Römischen Imperiums. Olivenöl wurde bis in die letzten Winkel des Reiches in Amphoren verschickt, die mit Ursprungssiegeln verschlossen waren. Heute stehen in Spanien, weltweit dem wohl größten Olivenölerzeuger, mehr als 190 Millionen Olivenbäume.

Während früher die besten Oliven von italienischen Ölfirmen aufgekauft und das Öl unter ihren Etiketten verkauft wurde, ist in der letzten Zeit das Selbstbewußtsein spanischer Erzeuger erheblich gewachsen. Heute gibt es eine Anzahl von Gütern, Privatunternehmen und Genossenschaften, die sich mit eigenen Abfüllungen national und international einen Namen machten. Dabei ist bemerkenswert, daß sich verschiedene von ihnen auf biologischen Anbau spezialisiert haben.

In der Provinz Jaén beispielsweise sind neun Zehntel allen Ackerlandes, 435 000 Hektar, mit Olivenbäumen bepflanzt – wohl das größte zusammenhängende Olivenanbaugebiet der Welt. Neue Pflanzungen werden mit einstämmigen Buschbäumen angelegt, 150 pro Hektar. In älteren Plantagen mit drei- oder vierstämmigen, oft jahrhundertealten Veteranen stehen um die 85 auf derselben Fläche.

Zwar gibt es etwa 60 verschiedene Olivensorten in Spanien, aber für die Ölerzeugung haben sich Picudo und Picual durchgesetzt, wobei letzterer in Jaén, das 70 Kilometer nördlich von Granada liegt, der Vorzug gegeben wurde. Das Gebiet ist ausgesprochen trocken, und im Sommer steigen die Temperaturen auf ungeahnte Höhe. Zwar können Olivenbäume bei solcher Hitze durchaus gedeihen, für eine gute Ernte benötigen sie jedoch während der zweimonatigen Hauptwachstumsperiode viel Wasser. Das versucht man heute über Bewässerungssysteme zu liefern. Oliven bester Qualität kommen allerdings oft aus steilen Lagen, wo sich die Bäume selbst überlassen sind.

Olivenbäume ähneln in ihrem Anbau Reben. Auch sie müssen sorgfältig geschnitten werden, denn ihre Früchte bilden sich überwiegend an jungem Holz. Beschränkung im angestrebten Ertrag sorgt wie beim Wein für mehr Konzentration und Qualität, langlebige und gesunde Pflanzen.

Die Ernte erstreckt sich über drei Monate von Ende November bis weit in den Februar. Qualitätsbewußte Erzeuger verzichten auf maschinelle Ernten, welche die Bäume beschädigen. Die Oliven werden vielmehr mit Stangen, den *gaules*,

Linke Seite: Wenn das Olivenöl aus der Presse läuft, ist es noch mit dem Fruchtsaft vermischt und trübe.

Bis auf wenige Ausnahmen werden auch heute noch reife Oliven mit Stöcken von den Bäumen geschlagen.

Unter den Bäumen ausgebreitete Netze erleichtern das Einbringen der Ernte.

Oliven reifen zwischen Ende November und Mitte Februar, wobei ihre Farbe sich zunehmend intensiviert.

Die Oliven werden zwischen Scheiben aus Plastik oder Kokos, *caspachos*, gepreßt.

behutsam vom Baum geschlagen, von Hand aufgelesen und in kleinen Körben gesammelt.

Zuerst werden die geernteten Oliven gewaschen, dann ausgelesen, von Blättern und Strünken befreit und anschließend gemahlen, damit sie aufplatzen. Bei großen alten steinernen Mühlsteinen, die sich kaum erwärmen, bleiben alle Aromen erhalten. In traditionellen Pressen werden die Oliven auf Scheiben aus Kokosfasern, den *capachos*, verteilt und durch hydraulischen Druck gepreßt. Moderne Maschinen können bis zu 100 Tonnen Oliven pro Tag verarbeiten. Für beste Qualität darf die Temperatur 30 Grad Celsius nicht übersteigen. Man benötigt etwa fünf Kilogramm Oliven, um ein Kilogramm Öl zu erhalten.

Anschließend muß das jetzt rötliche Öl geklärt werden, um es vom Pflanzensaft, dem *alpechín*, zu trennen. Die natürlichste Form der Klärung folgt dem Prinzip von Überlaufbecken. Das leichtere Olivenöl steigt darin langsam an die Oberfläche. Da aber die Gefahr besteht, daß der Pflanzensaft zu gären beginnt und dann seinen schlechten Geschmack an das Öl abgibt, verwendet man heute schnellarbeitende Zentrifugen. Traditionell lagert das Öl in *trujales*, großen Tongefäßen. Vor der Abfüllung wird Olivenöl noch gefiltert.

Geschmacklich sind Olivenöle aus Katalonien sanfter, im Charakter feiner und werden oft durch leichte Nuß- oder Mandelaromen charakterisiert. Die Öle aus Andalusien dagegen besitzen meist einen ausgeprägteren Olivengeschmack und überzeugen durch ihre Fruchtigkeit.

Olivenöl wird in der spanischen Küche nicht nur für Salate oder als Bratfett verwendet. Es ist Bestandteil vieler Saucen und Mayonnaisen. Außerdem benutzt man es gern zum Fritieren insbesondere von Fisch oder Gemüse und sogar für einige süße Spezialitäten. Auch als natürliches Konservierungsmittel von Wurst und Käse, Fisch und Fleisch findet es Verwendung.

Olivenöl oxydiert leicht, wobei es seine feinen Aromen einbüßt. Deshalb sollte es in getönten Glasflaschen oder Weißblechdosen gegen Licht und Luft geschützt und kühl – aber nicht im Kühlschrank – aufbewahrt werden.

Alioli
Knoblauch-Olivenöl-Paste

1 frische Knoblauchknolle
350 ml Olivenöl
$1/2$ TL Salz
1 TL Zitronensaft

Die Knoblauchzehen schälen und in einem Mörser zu einem Brei zerdrücken. Das Olivenöl zunächst tropfenweise, dann in dünnem Strahl unter ständigem Rühren zufügen. Salz und Zitronensaft unterrühren.
Hinweis: Dies ist die ursprüngliche klassische Version der Alioli. Sie ist scharf und aromatisch und eignet sich als Würze zu gegrilltem Fisch und zu Meeresfrüchten ebenso wie zu Schnecken, gegrilltem oder kaltem Fleisch. Heute besteht die Paste meist aus einer Mayonnaise auf Eigelbbasis, wobei die Eigelbe mit zerdrücktem Knoblauch verrührt werden, bevor man das Olivenöl hinzugibt.

Gemüse

Spanien ist ein Gemüseparadies – das erkannten schon die Römer. Sie bewässerten weite Flächen in Murcia und Valencia und legten Gemüsegärten, *huertas*, an. Auch die Mauren schätzten Gemüse und Früchte und kultivierten sie mit ihren fortschrittlichen Garten- und Bewässerungstechniken sowohl an der Levante wie in Andalusien.

Noch heute ziehen sich die bedeutendsten Gemüseanbaugebiete an der gesamten Mittelmeerküste entlang von Gerona bis Málaga. Dabei finden sich die ausgedehntesten und vielfältigsten Kulturen in den Provinzen Valencia, Murcia, Almería und Málaga.

Das am meisten angebaute Gemüse sind mit etwa 2,5 Millionen Tonnen Tomaten, gefolgt von Zwiebeln (etwa 1,2 Millionen Tonnen) und Kartoffeln (etwa 850 000 Tonnen). Von Bedeutung sind außerdem Paprika und Salat, Salatgurken, Artischocken, grüne Bohnen, Knoblauch, Weiß- und Blumenkohl, Möhren, Dicke Bohnen, Zucchini und Auberginen. Mengenmäßig fällt der Spargel mit einer Produktion von rund 100 000 Tonnen nicht sonderlich ins Gewicht, gleichwohl sind hier die Gewinnspannen relativ groß. Endivien, Lauch, Erbsen, Sellerie, Cornichons, Brokkoli, Rosenkohl, Fenchel und Chichorée sind weitere wichtige spanische Erzeugnisse.

Spanier bevorzugen als ersten Gang Salat oder Gemüse. Dabei erfreut sich der etwas süßlich schmeckende Römische Salat mit den länglichen Blättern besonderer Beliebtheit. Für die Zubereitung von Salat nimmt man gern feste, noch etwas grüne Tomaten und Frühlingszwiebeln. Nie wird Salat mit fertiger Sauce serviert. Jeder bedient sich nach Geschmack, tröpfelt zuerst Weinessig über den Salat, salzt dann und gibt zum Schluß etwas Olivenöl darüber.

Unter den Gemüsespezialitäten nehmen Paprikaschoten eine Sonderrolle ein. Es gibt sehr verschiedene Sorten, wobei einige im Ausland gänzlich unbekannt sind wie die *pimientos del piquillo de Lodosa*, die einzigen Paprikaschoten, die über eine kontrollierte Herkunftsbezeichnung verfügen. Auch wenn die *piquillos*, höchstens zehn Zentimeter lange, dreieckige, in einer Spitze endende, immer rot geerntete Schoten viel in Navarra und der Rioja angepflanzt werden, wo man sie zu Konserven verarbeitet, die aus Lodosa sind beste Qualität. Sie dürfen nur drei Prozent statt der sonst erlaubten Feuchtigkeit (bis zu 38 Prozent) enthalten und wurden über Glut gegrillt.

Andere Sorten sind *choriceros*, die getrocknet und gemahlen Würsten Farbe und Schärfe geben. Dagegen kommen *ñoras*, runde, rote, pikante und getrocknete Schoten, in manche Sauce und viele Fisch- und Reisgerichte. Mehr Schärfe verleihen *guindillas verdes* oder *rojas*, grüne oder rote Pfefferschoten, welche die Basken *piparras* nennen. In Essig eingelegte *bichos* steckt man zum Würzen auf Grillspieße. Kleine, grüne galizische Schoten mit zartem Fruchtfleisch heißen *de Padrón*. Fritiert werden sie zum Aperitif oder zu Fleischgerichten gegessen. Hauptanbaugebiete der großen, oft quadratischen, in vollreifem Rot angebotenen Paprikaschoten, der *morrones*, sind Murcia und Almería. Am liebsten genießt man sie gegrillt.

Sofrito
Tomatensauce

1 große Zwiebel
100 ml Olivenöl
2 reife Tomaten
5 Knoblauchzehen
je ½ grüne und rote Paprikaschote
1 EL gehackte Petersilie
Salz, schwarzer Pfeffer

Die Zwiebel schälen und hacken. In etwa 100 ml Wasser so lange dünsten, bis das Wasser verdunstet ist. Das Öl zugeben und die Zwiebel darin leicht bräunen. Die Tomaten enthäuten, entkernen und vierteln, den Knoblauch fein hacken, die Paprikaschoten putzen und in Streifen schneiden. Die Gemüse zu der Zwiebel geben und köcheln lassen, bis alle Zutaten miteinander zu einer cremigen Sauce verbunden sind. Mit Salz und Pfeffer abschmecken.
Hinweis: Diese Basissauce – Grundlage für Eintöpfe und Fleischgerichte – wird oft auch ohne Paprikaschoten zubereitet.

Samfaina
Sommergemüse

je 1 große grüne und rote Paprikaschote
3 Auberginen
4 EL Olivenöl
4 Tomaten
3 Knoblauchzehen
Salz, schwarzer Pfeffer

Paprikaschoten und Auberginen putzen, entkernen und in große Stücke schneiden. Das Öl in einem Topf erhitzen und die Auberginen darin anbraten. Herausnehmen und beiseite stellen. Dann die Paprikaschoten in das Öl geben und andünsten.
Die Tomaten enthäuten, entkernen und in Stücke schneiden, den Knoblauch zerdrücken. Tomaten und Knoblauch mit den Auberginen zu den Paprikaschoten geben. Salzen, pfeffern und bei schwacher Hitze 30 Minuten schmoren lassen.

Espinacas con pasas y piñones
Spinat mit Rosinen und Pinienkernen

3,5 kg frischer Spinat
150 g Rosinen
5 EL Olivenöl
200 g Pinienkerne
Salz, schwarzer Pfeffer

Den Spinat verlesen und putzen. Gut waschen und in kochendem Salzwasser 10 Minuten blanchieren. In ein Sieb geben, abtropfen lassen und auspressen.
Die Rosinen 30 Minuten in lauwarmem Wasser einweichen, dann das Wasser abgießen und die Rosinen abtropfen lassen.
Das Öl in einer Pfanne erhitzen und die Pinienkerne leicht anrösten. Die Rosinen hinzufügen, durchrühren und dann den Spinat dazugeben. Alles gut miteinander vermischen, salzen und pfeffern. Sobald der Spinat heiß ist, in der Pfanne servieren.

Pisto manchego
Gemüseragout aus der Mancha

1 Zwiebel
3 EL Olivenöl
4 Knoblauchzehen
2 grüne Paprikaschoten
6 Zucchini
700 g reife Tomaten
Salz, schwarzer Pfeffer
2 EL feingehackte Petersilie

Die Zwiebel schälen, hacken und in dem Öl glasig dünsten. Die Knoblauchzehen zerdrücken, Paprikaschoten und Zucchini putzen und in Streifen schneiden und zu der Zwiebel geben. 5 Minuten dünsten. Die Tomaten enthäuten, entkernen, in Stücke schneiden und zu den Gemüsen geben, salzen und pfeffern. Bei schwacher Hitze im offenen Topf schmoren, bis alle Flüssigkeit verdampft ist (etwa 25 Minuten). Zum Schluß mit Petersilie bestreuen. Das Gemüse kann heiß oder kalt serviert werden.

Escalivada
Gemüse aus dem Ofen

2 kleine Auberginen
2 rote Paprikaschoten
2 Tomaten
2 Zwiebeln
2 Knoblauchzehen
Salz, schwarzer Pfeffer
5 El Olivenöl
2 El Weinessig

Den Backofen auf 180 °C vorheizen.
Auberginen und Paprika putzen und in große längliche Stücke schneiden. Die Tomaten enthäuten, entkernen und halbieren, die Zwiebeln schälen und in Scheiben schneiden, die Knoblauchzehen zerdrücken.
Die Gemüse in eine feuerfeste Form schichten, salzen, pfeffern und mit dem Olivenöl beträufeln. Im Ofen 25 Minuten garen und warm servieren.
Soll das Gemüse kalt gegessen werden, nach dem Garen den Essig untermischen und kalt stellen.

Linke Seite: Bauern und Gärtner liefern eine paradiesische Vielfalt an Salaten, Gemüsen und Früchten, die auf Wochenmärkten und in städtischen Markthallen angeboten werden.

Käse

Zu den größten kulinarischen Entdeckungen, die es noch zu machen gilt, gehören spanische Käse. Aufgrund seiner uralten, den Landschaften entsprechend sehr unterschiedlichen Hirtentraditionen gibt es auf der Iberischen Halbinsel eine Fülle von Käsespezialitäten. Mit Ausnahme des Manchego, der international bekannt ist, sind die anderen rund 100 Käsesorten weitgehend unbekannt außerhalb von Spaniens Grenzen. Während inzwischen viele fabrikmäßig hergestellt werden, gibt es die meisten dieser Sorten auch als Rohmilchkäse, die wie schon seit Jahrhunderten nach wie vor von Hand hergestellt werden.

Welche Käse aus welcher Milch wo erzeugt werden, hängt von den landschaftlichen Voraussetzungen ab. Schafe werden überall dort gehalten, wo das Klima extrem und das Futter zumindest zeitweise knapp sein kann, etwa in Zentralspanien, aber auch in den westlichen Pyrenäen. Überall dort, wo der Regen reichlicher fällt und saftigeres Gras beschert, an den Hängen der Pyrenäen und im Nordwesten Spaniens bis Galicien, werden Milchkühe gehalten. Ziegen passen sich dagegen hervorragend an trockenes, karges mediterranes Klima und unwegsame Berggegenden an, was die Inselgruppen der Balearen und Kanaren einschließt. Ziegenkäse ist als Frischkäse an der Levante und in Andalusien sehr beliebt.

Die häufig anzutreffenden Rindenmuster spanischer Schnittkäse resultieren von Ringen aus Espartogras, die den anfangs weichen Käseteig zusammenhalten. Hartkäse, insbesondere aus Schafmilch, werden von manchen Molkereien pasteurisiert. Käse aus Rohmilch, *lecha cruda*, sind geschmacklich indes vorzuziehen.

Je nach dem Verhältnis von Schaf-, Kuh- und Ziegenmilch unterscheidet man:
- Hispánico – mindestens 30 Prozent Schaf- und 50 Prozent Kuhmilch sowie 45 Prozent Fett in der Trockenmasse,
- Ibérico: mindestens 10 Prozent Schaf-, 30 Prozent Ziegen- und 50 Prozent Kuhmilch sowie 45 Prozent Fett in der Trockenmasse,
- de la Mesta: mindestens 75 Prozent Schaf- und 15 Prozent Kuhmilch, fünf Prozent Ziegenmilch sind gestattet, 50 Prozent Fett in der Trockenmasse.

Cabrales – asturischer Edelschimmelkäse

Jeder spanische Lebensmittelhändler bietet seinen Kunden eine gute Auswahl an Käsen.

Manchego – bekanntester Schafskäse aus La Mancha

Idiazabal – baskischer Hartkäse

Tetilla – cremiger Kuhmilchkäse aus Galicien

Spanische Käsesorten

Burgos
Ursprünglich aus dem Umkreis von Burgos, inzwischen überall in Spanien aus Schafmilch erzeugt; feuchter, fetter, wenig gesalzener Frischkäse. Beliebt ist *pata de mulo*, Käse aus Eselsmilch.

Cabrales
Edelschimmelkäse aus den Picos de Europa in Asturien, das die größte Vielfalt an Käsen produziert. Er wird aus einer variablen Mischung von Schaf-, Kuh-, und Ziegenmilch von Hand hergestellt und altert mindestens drei Monate in Höhlen. Sehr ausgeprägter, leicht pikanter Geschmack.

Cantabria
Halbfester, milder Schnittkäse aus der Milch von Kühen, die auf den saftigen Weiden Kantabriens zwischen Atlantik und Gebirge grasen.

Cebreiro
Zwei Wochen gereifter, fetter galicischer Kuhkäse in markanter Soufflée-Form.

Cendrat, Montsec
Katalonischer Ziegenkäse aus Montsec, dem Bergzug bei Lérida; im Dorf Clúa hergestellt, zu zwei Kilogramm schweren Laiben geformt und mit Asche bestreut zwei Monate gereift. Cremig mit charakteristischem Geschmack.

Garrotxa
Katalonischer Ziegenkäse, dessen Äußeres von einer grauen, samtigen Schimmelschicht gebildet wird; weiche Textur, feiner, nussiger Geschmack.

Ibores
Ziegenkäse aus der Extremadura, nordöstlich von Cáceres, in zylindrischer Form und etwa ein Kilogramm schwer, mindestens zwei Monate gereift; orangefarbene Rinde, sehr aromatisch. Vergleichbare Käse sind Acehuche, Fredenal, Hurdes und Siberia.

Idiazabal
Baskischer Hartkäse in flacher zylindrischer Form, überwiegend aus Rohmilch von Latxa-Schafen; ungeräuchert oder geräuchert, kräftiger, leicht pikanter Geschmack. Berühmt der verwandte Roncal aus der Gegend des historischen Pyrenäenübergangs Roncesvalles. Ähnlich der ein Kilogramm schwere Quesucos.

Mahón
Rechteckiger Kuhkäse von der Insel Menorca, der schon frisch gegessen wird, aber nach drei Monaten Affinage mit eingeölter Rinde einen festen Teig und ausgeprägtes Aroma erlangt.

Majorero
Bester gereifter Ziegenkäse der Kanarischen Inseln; angenehmer, leicht nussiger Geschmack. Die Bewohner der Kanaren sind Spaniens größte Käseliebhaber, denn sie produzieren große Mengen Ziegenkäse für den Eigengebrauch.

Manchego
Bekanntester spanischer Schafskäse; nur aus Vollmilch von Manchego-Schafen, die auf den trockenen Ebenen von La Mancha weiden; Hartkäse mit dichter Struktur und frischem, vollem Aroma.

Picón
Blauschimmelkäse aus dreierlei Rohmilch, wird im Bereich des Nationalparks der Picos de Europa hergestellt und in Blätter gewickelt angeboten; aus diesem Gebiet stammen Dutzende von höchst unterschiedlichen, handwerklichen Käsen. Bekannt ist auch der Gamonedo, ein 40 Kilogramm schwerer Käse mit Schimmelmarmorierung.

San Simón
Von den Hängen der Kantabrischen Kordilleren, aus roher Kuhmilch und zwei Monate affiniert; halbfest, mit geräucherter Rinde, in Birnenform.

Serena
Handwerklich hergestellter Käse mit jahrhundertealter Tradition, aus der Milch von Merino-Schafen, deren berühmte Wolle heute weniger gefragt ist. Von Hand gepreßt und eingesalzen; einen Monat gereift; wird nur im Frühjahr hergestellt. Teure Spezialität aus 21 Gemeinden der Provinz Badajoz im Südwesten der Extremadura.

Tetilla
Nach seiner Euterform benannter, junger, cremiger und sehr milder Kuhkäse aus Galicien. Der verwandte Ulloa ist etwas reifer und kräftiger.

Tronchón
Hartkäse aus Schafmilch von der Ostseite, aus den Provinzen Castellón und Teruel; seine Besonderheit ist die mit traditionellen Motiven dekorierte Kegelform.

Zamorano
Hartkäse aus Schafmilch, überwiegend aus der Milch der Churra-Rasse; reift drei bis zwölf Monate, zwei bis drei Kilogramm schwer, markanter Geschmack. Auf Rohmilchkäse achten! Kommt aus der Region Kastilien-León. Ähnlich ist der Castellano.

Obst

Als die Mauren im 11. Jahrhundert Bitterorangen, die ursprünglich aus Südostasien stammten, nach Andalusien brachten, dienten sie ihnen als Dekoration für ihre Palastgärten. Lange Zeit galten daher die Früchte als Symbol des Luxus. Als Kolumbus zu seiner Entdeckungsreise aufbrach, nahm er Bitterorangenbäume mit an Bord, die er in Amerika einführte. Doch obwohl sich Orangenbäume an der spanischen Mittelmeerküste verbreiteten, verwendete man nur Blüten und die getrockneten Schalen der Früchte für medizinische Zwecke. Erst ab etwa 1780 begann man in der Provinz Valencia Süßorangen als Obst zu kultivieren. Schon wenige Jahre später waren 3000 Hektar Land, 25 Jahre darauf bereits 37 000 Hektar und heute mehr als 200 000 Hektar mit Orangenbäumen bepflanzt. Drei Viertel der Produktion kommen aus Valencia, das seit dem 19. Jahrhundert Hauptanbaugebiet ist.

Zu den kultivierten Früchten zählen auch Mandarinen. Als in den Jahren nach dem Zweiten Weltkrieg eine *tristeza*, Traurigkeit, genannte Seuche Tausende von Orangenbäumen in der Region Valencia vernichtete, sahen die Obstbauern ihre Rettung in den aus Japan kommenden Satsumas. Diese kernlose Mandarinenart bot zudem den Vorteil, bereits nach sieben Jahren in vollem Ertrag zu stehen, während eine Navelorange dafür doppelt soviel Zeit benötigte. Bis auf fünf Prozent kommen alle europäischen Satsumas aus Valencia, wo sie in kleinen Obstgärten oft im Nebenerwerb gezogen werden. Ihre Saison reicht von Oktober bis Januar. Satsumas werden auch in Dosen konserviert. Jährlich werden davon über 300 Millionen verkauft.

Dank der ausgedehnten Anbaugebiete an der Mittelmeerküste und in Andalusien ist das Obstangebot paradiesisch.

Die Früchte Spaniens

Aguacate – Avocado
Das ganze Jahr über aus Andalusien und von den Kanarischen Inseln; dominierend die spätreifende Sorte Hass mit der dicken, runzeligen Schale (bis Juli).

Banana – Banane
Spezialität der Kanarischen Inseln, insbesondere von Teneriffa; süß und schmackhaft; ganzjährig.

Caqui – Kaki
Wächst entlang des Mittelmeers, oft als Zierbaum, seit langem in Granada gezüchtet; mit weichem, angenehm, doch eigen parfümierten Fruchtfleisch; von Oktober bis zum Jahreswechsel.

Cerezas, mollares – Kirschen
Werden mit Stiel angeboten oder ohne, dann heißen sie *picotas* oder *garrafales*; Saison von Mai bis August.

Chirimoya – Anone
Granada liefert diese kaum exportierte Frucht mit dem aromatischen, weißen Fruchtfleisch und den dunklen Kernen; wird von September bis März geerntet; nicht im Kühlschrank aufbewahren, wo sie schwarz wird.

Fresas – Erdbeeren
Huelva, klimatisch begünstigte Provinz im Südwesten Andalusiens, liefert inzwischen mehr als neun Zehntel der gesamten Produktion von über 200 000 Tonnen, die Spanien zum größten Erdbeerexporteur der Welt machen. Dort reifen sie im zeitigen Frühjahr vor allen Konkurrenten.

Granada – Granatapfel
An Levante und in Andalusien gezogen, aber vorwiegend aus Alicante; sehr saftig, granatrote Fruchtkerne; von Juli bis Januar.

Higo – Feige
Viele Sorten, von gelben bis fast schwarzen; frisch von Mitte Juli an bis zu Weihnachten.

Higo chumbo – Kaktusfeige
Wild wächst sie überall im warmen mediterranen Klima und wurde auch als Frucht kultiviert. Seit ihr züchterisch die Stacheln entfernt wurden, ist das Fruchtfleisch rötlich.

Limón – Zitrone
Hauptanbaugebiete: Murcia, Alicante und Málaga; von Februar bis Juli gibt es die sattgelbe Sorte Verna mit viel Fruchtfleisch; im Winterhalbjahr reifen hellere Sorten.

Manzana – Apfel
Golden Delicious und die roten Starking und Starkrimson reifen im nördlichen Katalonien und Zaragoza.

Melocotón – Pfirsich
Pfirsiche und Nektarinen wachsen vor allem in den nordöstlichen Provinzen sowie in Murcia.

Melones – Honigmelonen
Außer der im Sommer und Herbst reifenden gelben, süßen *amarillo liso* mit grünem Fruchtfleisch und der grünschaligen knackigen *tendral* setzt sich die gelbe, sehr süße Netzmelone Galia aus der Familie der Cantaloupen immer mehr durch.

Níspero – Mispel
Schon im März und bis Anfang Juni gibt es diese besondere orangegelbe, aprikosengroße, angenehm aromatische Frucht mit länglichen braunen Kernen.

Pera – Birne
Von Juni bis Oktober gibt es zitronengelbe, feingepunktete Birnen aus Lérida, Zaragoza und Huesca.

Racimo – Weintraube
In allen vier Provinzen der Levante und im westlichen Badajoz werden Tafeltrauben kultiviert; in Spanien sind Muskatellertrauben am beliebtesten; Juli bis Februar.

Sandía – Wassermelone
Kommen vor allem aus Almería, Valencia und Sevilla. Ab April. Inzwischen gibt es eine kernlose Variante.

Desserts und Süßigkeiten

Da es eine verlockende Fülle von immer reif angebotenen Früchten gibt, die jedes Essen auf leichte und erfrischende Weise beenden, gehören die Nachspeisen nicht zu den kulinarischen Stärken Spaniens. Beliebt hingegen ist Eis als Dessert. Dabei kann man stolz 1000 Jahre zurückdenken, als die Mauren von den Höhen der Sierra Nevada Eisblöcke herabbringen ließen, um mit Eis vermischte Getränke, *granizados*, oder Sorbets zu bereiten.

Obwohl die Auswahl an Desserts daher eher klein ist, gibt es einige klassische Nachspeisen, die sich ungebrochener Beliebtheit erfreuen, so etwa einige Variationen von Vanille- und Karamelpuddings. Gern wird der Zucker auf der *crema catalana* auf althergebrachte Weise karamelisiert, indem man ihn mit einem speziellen, glühenden Eisen zischend schmilzt. Zu Hause brät man in Mehl und Ei gewendete rechteckige Puddingwürfel in Öl aus, die *leche frita*, oder *torrijas*, »Arme Ritter«. Die in Fett gebackenen süßen Leckereien bilden eine eigene Kategorie. Am populärsten sind die *churros*. Sie bestehen aus einem einfachen Brandteig, der aus einem Spritzbeutel mit sternförmiger Tülle in heißes Öl gespritzt wird. Sobald er von beiden Seiten gebräunt ist, wird er mit einer Zange aus dem Öl genommen und in fingerlange Stücke geschnitten. Warm in offene Papiertüten verpackt und mit Zucker bestreut, werden *churros* am besten sofort gegessen, zum Frühstück oder als süßer Imbiß.

Auf die Mauren gehen auch die Süßspeisen aus Eigelb und Zucker zurück, *yemas*, kugelrundes Eikonfekt, oder *tocino de cielo*, »himmlisches« Eikonfekt in kleinen runden Formen. Sie werden gern zu Weihnachten zubereitet, wenn auch die *turrones* Saison haben, die traditionell aus gerösteten Mandeln, Honig und Zucker hergestellt werden. Beim festen *turrón duro*, dem Turrón von Alicante, bleiben die Mandeln ganz, und die Tafeln wiegen 200 Gramm. Beim weichen *turrón blando*, dem Turrón von Jijona – seiner Wiege und Hochburg nahe Alicante – wird die Mischung gründlich zermahlen und zu 300–Gramm-Tafeln gegossen. Klassische Turrones dürfen auch Wal- und Haselnüsse, Pistazien, Trockenfrüchte und Eigelb enthalten. Auch Marzipan zählt dazu, das zuerst von den Mauren in Toledo hergestellt wurde. Noch heute ist Toledo Kapitale des Marzipans und Spaniens bedeutendstes Erzeugerland.

Mit Leidenschaft knabbern Spanier Kekse und kleine Kuchen. Torten wie die *tarta de Santiago*, die aus Mandelmasse besteht und mit einem aus Puderzucker gestäubten Jakobskreuz verziert ist, sind größeren Ereignissen vorbehalten. Doch schon zum Frühstück stippt man gern María-Kekse oder Madeleines in den Kaffee. Viele Regionen haben eigene Spezialitäten aufzuweisen wie beispielsweise die *ensaimada mallorquina*, eine sehr lockere, in Schweineschmalz gebackene und mit Puderzucker bestreute Hefeschnecke. Gefüllte Varianten enthalten *cabell d'ángel*, Engelshaar, eine Konfitüre aus Faserkürbis und Pudding oder – als salzige Fassung –, *sobrasada*, die berühmte Paprikawurst der Insel Mallorca.

Oft werden feine Backwaren mit kirchlichen Feiertagen assoziiert wie die katalonischen *panellets*. Der Teig für dieses Gebäck besteht aus gekochter, zerdrückter Süßkartoffel und feingemahlenen Mandeln. Er wird zu Bällchen geformt, die vor dem Backen in gemahlenen Pinienkernen gewälzt werden. In Barcelona liebt man abwechslungsreiche *panellets* und gibt Trockenfrüchte, Gewürze, gemahlene Kastanien oder Kakao zum Teig. Gebacken werden sie zum Allerheiligentag am 1. November. In Valladolid ißt man dann mit Andacht in Öl gebackene kleine Heiligknochen, *huesistos de santo*, winzige Teigzylinder aus Mandeln, Zucker und Honig.

Espejo de fresitas silvestras: Gestürzte Walderdbeercreme, gekrönt von feinem Fruchtmark

Profiteroles con chocolate: Gefüllte Windbeutel mit Schokoladensauce sind ein beliebtes Dessert in allen Restaurants.

Petit fours: Das delikate Feingebäck hat spanische Konditoren zu eigenen Kreationen inspiriert.

Fresitas silvestras con nata: Walderdbeeren mit Schlagsahne; die in Spanien ausgezeichnet reifenden Erdbeeren sind generell als Nachtisch sehr beliebt.

Spanien

Crema catalana
Katalonische Creme
(Abbildung rechts und unten)

1/2 l Milch
1 Zimtstange
Schale von 1/2 unbehandelten Zitrone
3 Eigelb
etwa 150 g Zucker

Die Milch mit Zimtstange und Zitronenschale bei schwacher Hitze zum Kochen bringen; vom Herd nehmen. Die Eigelbe mit 100 g Zucker cremig rühren. Zimt und Zitronenschale aus der Milch nehmen, nach und nach die Eigelb-Zucker-Mischung unter die Milch rühren, wieder auf den Herd stellen und bei sehr schwacher Hitze so lange rühren, bis die Creme dick wird.
Die Creme in kleine feuerfeste Formen füllen, abkühlen lassen und dann für mindestens 30 Minuten in den Kühlschrank stellen. Aus dem Kühlschrank nehmen und mit Zucker bestreuen. Zum Karamelisieren kurz unter den Grill stellen.
Hinweis: Ursprünglich brachte man ein spiralförmiges Rundeisen über offener Flamme zum Glühen und hielt es kurz auf den Zucker, bis dieser karamelisierte.

Flan de naranja
Orangenpudding

2–3 Orangen
3 Eigelb, 3 Eiweiß
70 g Zucker
20 g Stärkemehl
4–6 Scheiben kandierte Orangen

Die Orangen auspressen und den Saft erhitzen; vom Herd nehmen. Die Eigelbe mit Zucker und Stärkemehl verquirlen und nach und nach unter den warmen Orangensaft rühren. Zurück auf den Herd setzen und bei sehr schwacher Hitze so lange rühren, bis die Creme dick wird. Vom Herd nehmen und abkühlen lassen.
Die Eiweiße steif schlagen und unter die Creme ziehen. Kalt stellen und gut gekühlt, mit den kandierten Orangenscheiben dekoriert, servieren.

Arroz con leche
Milchreis

125 g Rundkornreis
Salz
700 ml Milch
Schale von 1 unbehandelten Zitrone
70 g Zucker
20 g Butter
1 TL Zimt (nach Belieben)

Den Reis in kochendem Salzwasser 5 Minuten blanchieren. Abgießen und mit lauwarmem Wasser abspülen, gut abtropfen lassen.
Die Milch mit der Zitronenschale erhitzen. Butter und Zucker in der heißen Milch auflösen. Die Zitronenschale herausnehmen, den Reis in die Milch geben und aufkochen. Dann bei reduzierter Hitze zugedeckt und ohne umzurühren 25 Minuten kochen. In eine Servierschüssel füllen und – falls gewünscht – mit Zimt bestäuben. Heiß oder kalt servieren.

Manche Köche lassen auch heute noch den Zucker auf der *crema catalana* karamelisieren, indem sie ein heißes Rundeisen daraufhalten.

Crema catalana – Katalonische Creme

Leche frita
Gebratener Pudding

125 g Butter
250 g Mehl
100 g Zucker
1/4 l Milch
1 Zimtstange
1 Stück unbehandelte Orangenschale
1 Stück unbehandelte Zitronenschale
4 Eigelb, 4 Eiweiß
100 g sehr feine Semmelbrösel
8 EL Olivenöl
Puderzucker und Zimt zum Bestäuben

Die Butter langsam schmelzen lassen, das Mehl – 2 EL Mehl zurückbehalten – hineinsieben, den Zucker dazugeben und die Zutaten vermischen. Die Milch mit Zimtstange und Zitrusschalen zum Kochen bringen. Dann die Würzzutaten aus der Milch nehmen.
Die Milch langsam in die Mehlmischung geben und gut verrühren. Einzeln die Eigelbe unterschlagen.
Den Teig 3 cm dick auf ein gefettetes Blech streichen und mindestens 3 Stunden, besser noch über Nacht, ruhenlassen.
Den Teig in Quadrate von 8–10 cm Seitenlänge und diese dann diagonal zu Dreiecken schneiden. Die Eiweiße steif schlagen. Die Teigdreiecke leicht in dem zurückbehaltenen Mehl, anschließend in Eischnee und dann in den Semmelbröseln wenden. In sehr heißem Öl beidseitig ausbraten. Mit Puderzucker und Zimt bestäuben. Heiß oder kalt servieren.

Suspiros de monja
Nonnenseufzer

1/4 l Milch
150 g Butter
1 Prise Salz
1 Prise Zucker
250 g Mehl
6 Eier
Öl zum Fritieren
Puderzucker zum Bestäuben

Die Milch mit 1/4 l Wasser, Butter, Salz und Zucker zum Kochen bringen. Vom Herd nehmen und schnell das Mehl unterrühren. Den Topf zurück auf den Herd stellen und so lange rühren, bis sich die Masse von der Topfwand löst. Nun einzeln die Eier unterschlagen.
Das Öl erhitzen. Mit einem Teelöffel Teigportionen abstechen und in das Öl geben. Wenn sie aufgehen, die Temperatur erhöhen und 4–5 Minuten ausbacken. Mit einem Schöpflöffel aus dem Öl nehmen und auf Küchenkrepp abtropfen lassen. Auf diese Weise den gesamten Teig verarbeiten. Sofort mit Puderzucker bestreut servieren oder erkalten lassen.

Rioja

Spanier sind anspruchsvolle Genießer. Sie möchten, wenn sie eine Flasche Wein verlangen – ob im Restaurant oder im Laden –, daß der Wein trinkreif ist. Nach diesem ungeschriebenen Gesetz richten sich fast alle Bodegas (Kellereien), ganz gleich in welcher der inzwischen 39 Appellationen, Denominaciones de Origen, sie stehen.

Die Rioja ging mit gutem Beispiel voran. Ihr Vorsprung geht auf die Reblauskrise am Ende des letzten Jahrhunderts zurück. Als damals die Weinberge Bordeaux' dem gierigen Insekt zum Opfer gefallen waren, suchten deren Händler Ersatz. In dem nordwestspanischen Gebiet am Ebro fanden sie ideale Voraussetzungen. Sie initiierten Kellereien und brachten ihr Wissen mit. Aber als auch Spanien von der Epidemie betroffen wurde, endete der Boom. Während des Franco-Regimes blieb Rioja im eigenen Land völlig konkurrenzlos. Dabei gehorchten die Bodegas dem Anspruch ihrer treuen Kundschaft und brachten nur trinkreife Weine auf den Markt.

Der neue Aufschwung, der mit erneuter Nachfrage aus dem Ausland und der wirtschaftlichen Entwicklung Spaniens zusammenhing, lenkte ab 1970 das Interesse von – überwiegend einheimischen – Investoren auf das Gebiet. Neue, zum Teil spektakuläre Kellereien entstanden. Die Weinbereitung wurde modernisiert, doch man blieb beim bewährten Ausbau- und Vermarktungsprinzip. Während andere große Weingebiete der Welt es ihren Kunden selbst überlassen, edle Tropfen geduldig zu altern – oder zu früh zu öffnen –, bieten Rioja und spanische Weinregionen generell einen hervorragenden Service. Sie bringen Wein verschiedener Qualitätskategorien auf den Markt. Ganz gleich welche Stufe, jeder Wein ist zum sofortigen Genuß geeignet, auch wenn er sich in guten Jahrgängen weiterhin positiv entwickeln kann (siehe rechte Seite).

In der Rioja selbst – sowie im Baskenland – wird mit Begeisterung Vino joven getrunken, ein dem Beaujolais nouveau vergleichbarer, sehr fruchtiger roter Jungwein, der von kleinen unabhängigen Winzern, den *cosecheros*, abgefüllt wird. Seine Weinbereitung folgt der Tradition und findet in offenen Betontanks, den *lagos*, statt. Darin werden die ganzen, nicht entrappten Trauben vergoren, wobei es durch die entstehende Kohlensäure zur intrazellularen Gärung kommt. Sie entzieht den Schalen Farbe und Aromen, aber wenig Tannine, genau das, was man von einem jung zu trinkenden Wein erwartet. Diese Kohlensäure-Mazeration wird von manchen Bodegas auch in modernen Tanks durchgeführt, um Weinen, die nach nur kurzer Alterung auf den Markt kommen, viel Fruchtigkeit mitzugeben. Bei allen anderen roten Riojas vollziehen die Bodegas die Maischegärung, deren Dauer vom Traubengut und der angestrebten Qualität bestimmt wird. Anschließend erfolgt bei allen höherwertigen Weinen der Ausbau in *barricas*, den 225-Liter-Eichenfässern. Über Jahrzehnte wurden sie aus amerikanischer Eiche gefertigt. In den letzten 20 Jahren haben sich indes die feineren französischen *barriques* mit ihrer typischen Vanillenote in beachtlichem Maß durchgesetzt. Vor der Abfüllung liegt noch weitere Reife im Tank oder auf der Flasche.

Die Rioja besitzt eine wirtschaftliche Struktur, die an die Champagne erinnert und die in vielen anderen spanischen Regionen mehr oder weniger ausgeprägt regiert. Die Bodegas kaufen den größten Teil ihres Traubenbedarfs von Winzern, die entweder unabhängig sind oder sich in Genossenschaften organisierten. Die Trauben werden nach Kilogramm bezahlt. Während früher oft Most oder Jungwein verlangt war, haben sich die Bodegas inzwischen weitgehend mit modernen Vinifikationsanlagen ausgerüstet, nehmen nur Trauben an und bereiten ihre Weine unter eigener Kontrolle selbst. Dieser Schritt führte zu einer wesentlichen Erhöhung und Meisterung der Qualität. Eine ganze Anzahl von Bodegas haben auch in eigene Weinberge investiert. Die Kellereien, die überwiegend potenten Gesellschaften anderer Wirtschaftszweige gehören, sorgen für die Vermarktung. Unabhängige und nur ihre eigene Erzeugung abfüllende Weingüter sind in der Rioja die Ausnahme. Die bekanntesten sind Remelluri, Contino, Barón de Ley, Amezola de la Mora und der große Veteran Marqués de Murrieta.

Rioja-Jahrgänge

In der Rioja werden Jahrgänge offiziell nach ihrer Güte eingestuft:
A! = ausgezeichnet – SG = sehr gut – G = gut
M = mittelmäßig – MA = mangelhaft

1994	A!	1979	M	1965	MA
1993	G	1978	SG	1964	A!
1992	G	1977	M	1963	M
1991	SG	1976	G	1962	SG
1990	G	1975	SG	1961	G
1989	G	1974	G	1960	G
1988	G	1973	G	1959	SG
1987	SG	1972	MA	1958	A!
1986	G	1971	MA	1957	M
1985	G	1970	SG	1956	G
1984	M	1969	M	1955	A!
1982	A!	1968	SG	1954	G
1981	SG	1967	M		
1980	G	1966	M		

Qualitätskategorien

- Vino sin crianza: Nicht in Holz ausgebauter Wein; auf dem Etikett ist nur der Jahrgang angegeben oder *vino de cosechero*, wobei es sich um jung abgefüllte, fruchtige Winzerweine handelt, die man *vino joven* nennt und die Primeur-Stil besitzen.
- Vino de crianza: Kommt im Alter von mindestens zwei Jahren auf den Markt, wird bis zu einem Jahr in Holz ausgebaut; noch fruchtbetont, aber komplexer, runder.
- Reserva: Mindestens drei Jahre dauert der Ausbau, davon mindestens ein Jahr im Eichenfaß; Grundlage sind selektionierte, gut strukturierte Weine, die bei zusätzlicher Alterung oft hinzugewinnen; bieten bereits entwickeltere Buketts mit Noten von reifen Früchten, Unterholz oder Wild. Rosés und Weißweine mit minimalem Ausbau von zwei Jahren, davon sechs Monate im Faß.
- Gran reserva: Ausgewählte Rotweine aus überdurchschnittlichen Jahrgängen, die ausreichend Körper und Struktur besitzen, um sich über mindestens zwei Jahre Holzausbau und drei Jahre Flaschenreife zu entfalten. Vom Moment ihrer Freigabe weisen sie bereits ein vielschichtiges Bukett und samtigen Geschmack auf. In besseren Jahren vervollkommnen sie sich über mehrere Jahre oder Jahrzehnte. Auf ihnen basiert das Prestige einer Bodega.

Hintergrund: In der Rioja erreichen die Weinberge nur niedrige Erträge, was den berühmtesten Rotweinen Spaniens Kraft und Ausdruck gibt.

Rioja-Weine reifen in *barricas*, 225 Liter fassenden Eichenfässern. Entsprechend gigantisch sind die *bodegas*, Lagerkeller.

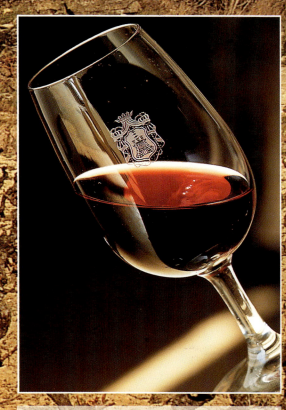

Spanier erwarten, daß Riojas trinkreif auf den Markt kommen, und scheuen für den Genuß eines älteren Reserva oder Gran Reserva keine Kosten.

Hintergrund: Palomino – Rebsorte aller trockenen Sherry-Weine

Airen – ergibt in der Mancha angenehme Weiße

Tempranillo – Star unter Spaniens roten Sorten

Cariñena – weitverbreitete Sorte, die Rotweinen Farbe und Struktur verleiht

Garnacha – gibt Rotweinen Fülle, Rosados Frucht und Delikatesse

Wichtige Rebsorten

Rote Trauben
Cariñena (Mazuelo)
Bringt Carignan bei gemäßigten Erträgen dunkle, robuste Weine.
Garnacha
Spaniens mengenmäßig bedeutendste Sorte; verträgt Trockenheit ausgezeichnet; sehr alkoholreich; häufig als Verschnittwein genutzt.
Monastrell
Weitverbreitete, widerstandsfähige Sorte, die warmes Klima bestens verträgt; kräftige, starke, recht helle Weine, zum Teil auch Likörweine.
Tempranillo (Cencibel, Ull de Llebre, Tinta del País u.a.)
Früh reifende, hochangesehene Rebsorte, ergibt auf Kalkböden elegante, langlebige Weine; dominierend in der Rioja und in Ribera del Duero.

Weiße Trauben
Airen
Hauptsorte im riesigen Anbaugebiet La Mancha; stellt 30 Prozent aller spanischen Reben; extrem widerstandsfähig gegen Trockenheit und Hitze; liefert Brennweine für Brandy-Destillierung.
Albariño
Star der weißen galicischen Sorten, wird sortenrein vergoren; aromatisch und nervös.
Garnacha blanca
In Nordspanien weitverbreitete, widerstandsfähige, weiße Version des Grenache (Garnacha).
Macabeo (Viura)
Trockenheit verkraftende, weiße Hauptsorte in Nordspanien; wichtig in Katalonien, wo sie für Cava und leichte Weiße benutzt wird.
Moscatel
Er liefert alkoholreiche, schwere Süßweine, insbesondere Málaga.
Palomino
Andalusische Sorte, die einzigartigen Ausdruck nur im Sherry erlangt.
Parellada
Sie gibt Cava und trockenen Weißweinen des Penedés Fruchtigkeit und Finesse; am besten von Höhenlagen.
Pedro Ximinez
Früh reifende Süßweintraube, dominierend in Montilla-Moriles und wichtig in Málaga; heute in Jerez unbedeutend.
Verdejo
Charaktervolle, sich in der Flasche gut entwickelnde Sorte des Rueda.

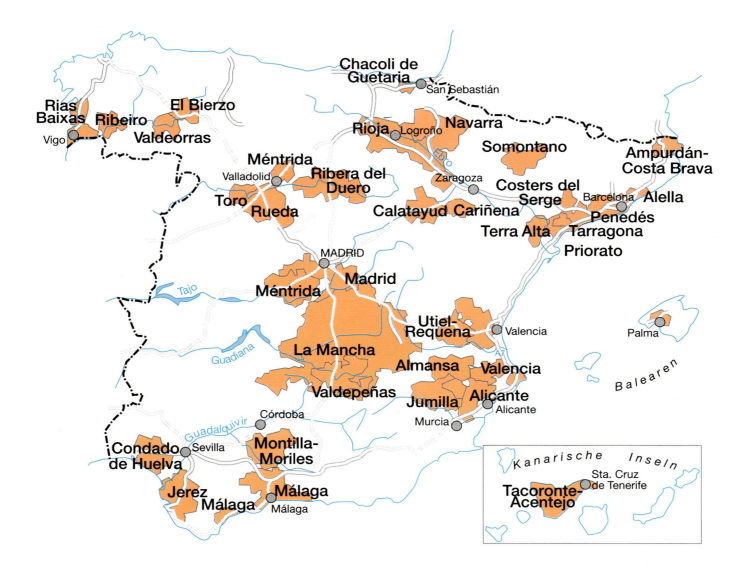

Wein

Spanische Weinanbaugebiete

El Bierzo
Interessantes Rotweingebiet ganz im Nordwesten Spaniens, wo die galicische Sorte Mencia im Mischsatz für Würze und Komplexität sorgt.

Cariñena
Nahe von Zaragoza gelegenes Gebiet für körperreiche haltbare Rotweine aus Garnacha Tinta; die Carignan-Rebe spielt eine untergeordnete Rolle.

Jerez (Xerez, Sherry)
23 000 Hektar großes, zu 90 Prozent mit Palomino Fino bestocktes, weltberühmtes Anbaugebiet in Andalusien (siehe S. 164–165).

La Mancha
Größtes Weingebiet der Welt im trockenen Zentralspanien; liefert Brennweine für Brandy de Jerez; inzwischen auch angenehme, leichte Weißweine aus Airen und fruchtbetonte Rotweine aus Tempranillo.

Montilla-Moriles
Südlich von Córdoba gelegenes, heißes Gebiet mit besten Kalkböden, das interessante Weine in Sherry-Art erzeugt, aber Schwierigkeiten hat, bekannt zu werden. Günstige Preise.

Navarra
An Rioja grenzende, sich weiter nach Norden in die Pyrenäen erstreckende Provinz; gehört zu den in letzter Zeit erfolgreichsten Weinregionen mit fruchtig-kräftigen Rosés und charaktervollen geschmeidigen Rotweinen.

Penedés
Nicht nur Heimat des katalonischen Cava, sondern auch ausgewogener Weißweine aus Macabeo, Xarel-lo und der feinen Parellada sowie Chardonnay. Gewinnt als Rotweinregion erneut Bedeutung, insbesondere durch Verbreitung von Cabernet Sauvignon und Merlot.

Priorato
Gebiet im bergigen Hinterland von Tarragona, das Dessertwein, den *vino generoso*, erzeugt, aber für zum Teil konzentrierte und volle Rotweine aus Garnacha und Cariñena bekannt ist.

Rías Baixas
Hochgeschätzte und folglich teure, galizische Appellation mit drei Teilgebieten: El Rosal und Condado del Tea im Süden, Valle del Salnés im Norden von Pontevedra; frische spritzige Weißweine, am besten reinsortiger Albariño.

Ribera del Duero
Heimat des Kultweins Vega Sicilia, der aus französischen Sorten, Tinto del País (Tempranillo) und weißem Albillo besteht; das Gebiet südlich von Burgos weist eine Reihe anderer großer Rotweine auf, darunter Pesquera; entwickelt sich mit großer Dynamik. Cabernet Sauvignon, Malbec und Merlot sind offiziell zugelassen.

Rioja
Bekanntestes, weiterhin führendes Weingebiet Spaniens; 45 000 Hektar Reben am Ebro, verteilt auf drei Zonen: die wärmere und trockenere Rioja Baja mit viel Garnacha im Osten; Rioja Alta westlich von Logroño, südlich des Ebro, mit dem bekannten Weinstädtchen Haro; darüber Rioja Alavesa, Teil des Baskenlandes, mit hohem Prozentsatz von Tempranillo. Traditionell werden Weine aus den drei Zonen miteinander verschnitten, aber Ausnahmen nehmen zu. Bislang einzige Region mit der höherwertigen Denominación de Origen Calificada (DOC).

Rueda
Berühmtes Weißweingebiet, südlich von Valladolid, dank der bemerkenswerten Verdejo-Rebe, die rassige und nachhaltige Weiße ergibt.

Somontano
Aufsteigende Region auf den Ausläufern der Pyrenäen, östlich der Stadt Huesca; bestockt mit mediterranen Sorten und Tempranillo; aber die Zukunft könnte in französischen Sorten liegen.

Valdepeñas
Von La Mancha zum größten Teil umschlossen und in der Provinz Ciudad Real; heute auf moderne, leichte, fruchtbetonte Weiß- und Rosé-Weine ausgerichtet; interessant die neue Generation von im *barrique* ausgebauten, samtig-würzigen Rotweinen aus Cencibel (Tempranillo).

Spanien

Cava

Cava (wörtlich: »Keller«) heißt in Spanien nach der *méthode champanoise* (S. 134) hergestellter Schaumwein. Er wird gern, reichlich und zu vielen Gelegenheiten getrunken. Insbesondere in seiner Heimat Katalonien genießt man ihn nicht nur als Aperitif oder zum Dessert, sondern als Begleitung eines ganzen Essens. Besonders gut paßt Cava Extra Brut oder Cava Brut zu Fischgerichten und Gerichten mit Meeresfrüchten, aber auch zu *pa amb tomáquet*, mit Tomate aromatisiertes Brot, oder zu edleren Speisen wie Gänsestopfleber. Eine Institution in Barcelona sind die Xampagnerias, Bars, die verschiedene Cavas glasweise ausschenken.

Im Jahre 1872 brachte José Raventos, dessen Familie auch heute noch das seit 1551 nachgewiesene Weinhaus Codorniu gehört, den ersten nach Champagnermethode zweimal vergorenen Schaumwein auf den Markt. Andere folgten, insbesondere Freixenet, dessen Ursprung auf das Jahr 1889 zurückgeht und der inzwischen Codorniu als größten Erzeuger überholte.

Penedés, die größte und bedeutendste Denominación de Origen, wurde zum Zentrum der Cava-Herstellung, seine Kapitale das Städtchen Sant Sadurni d'Anoia. Mehr als 90 Prozent aller Cavas werden hier erzeugt. Trauben reifen gut in der hügeligen Gegend südwestlich von Barcelona und zu Füßen des bizarren Montserrat. Auf natürliche Weise bilden sie genügend Zucker, so daß man bei Grundweinen nicht nachhelfen muß wie in der Champagne. Und um gutes Wetter während der Lese muß man sich auch keine Sorgen machen.

Anfangs stellte man in Katalonien Cava ausschließlich aus der Xarel-lo, einer kräftigen und alkoholreichen Traube, her. Dann mischte man Macabeo dazu, der dem Bukett und dem Geschmack Fruchtigkeit verlieh. Erst vor 40 Jahren wurde der Parellada wiederentdeckt, der ursprünglich Montonac – »der aus den Bergen« – hieß. Er verleiht dem Cava Finesse und Frische.

Im September erwachen die Kellereien zum Leben. Dann liefern Tausende von Winzern ihre Trauben an die Cava-Häuser. Da für gute Schaumweine jede Oxydation des Leseguts vermieden werden muß, ist ein bestimmtes Procedere vorgeschrieben: Sofort nach Kontrolle von Gewicht, Zuckergehalt und Gesundheitszustand gelangen die Trauben in die (vorherrschenden Endlos-) Pressen. Meist folgt eine Klärung des Mosts, bevor er auf kontrollierter Temperatur zu trockenen Weinen vergärt, jeweils nach Rebsorten getrennt. Aus den Grundweinen von Xarel-lo, Macabeo, Parellada und Chardonnay komponieren die Kellermeister die verschiedenen Cava-Typen. Einigen fügen sie einen Teil von Reservewein aus früheren Jahrgängen zu. Der weitere Werdegang des Cava entspricht dem aller Schaumweine gehobener Klasse. Abgefüllt in dickwandige Flaschen, von der jede eine genauestens abgemessene Dosis an Zucker und Hefe erhält, wird der Stillwein mit Kronenkorken verschlossen und in den Kellern gelagert. Dort vollzieht sich geruhsam die zweite Gärung, die erst den Schaumwein hervorbringt.

Wenn der Zeitpunkt naht, an dem der Cava das Licht der Welt erblicken soll – nach neun Monaten mindestens auf den Geschmack gebenden Hefen und nach bis zu fünf Jahren bei den besten Cuvées –, beginnt die Remuage, das Rütteln. Bei Spitzenqualitäten geschieht dies noch von Hand. Sonst verwendet man Rüttelpaletten, die übrigens Manuel Raventos von Codorniu erfand.

Haben sich nach gut eineinhalb Monaten alle Rückstände im Flaschenhals gesammelt, werden sie schockgefroren und mit dem Öffnen des Kronenkorkens entfernt. Nun erhält der Cava einen Schuß *liqueur d'expédition* aus Wein und Zucker, der Süße oder Trockenheit bestimmt – und den endgültigen verdrahteten Korken mit der Metallkapsel.

Cava-Qualitäten

Extra Brut – weniger als sechs Gramm Zucker pro Liter
Brut – bis 15 Gramm Zucker pro Liter
Extra Seco – von 12 bis 20 Gramm Zucker pro Liter
Seco – zwischen 17 und 35 Gramm Zucker pro Liter
Semi-seco – von 33 bis 50 Gramm Zucker pro Liter
Dolce – mehr als 50 Gramm Zucker pro Liter
Cava ohne Jahrgangsangabe – mindestens neun Monate auf der Hefe
Cava mit Jahrgangsangabe – mindestens 24 Monate auf der Hefe

In der Cava (»Keller«) muß eine konstante kühle Temperatur herrschen.

Bei der zweiten, der Flaschengärung, sind Rüttelpulte unerläßliche Geräte.

Im Flaschenhals müssen sich alle Resthefepartikel sammeln.

Nach Degorgieren und Auffüllen mit Expeditionslikör folgt die Verkorkung.

Hintergrund: Beim Degorgieren werden die vereisten Heferückstände aus den Cava-Flaschen durch den eigenen Druck herausgeschleudert.

Sidra

Die Heimat der Sidra – wie Apfelwein auf Spanisch heißt – ist der Nordwesten der Iberischen Halbinsel, vor allem das Baskenland und Asturien. In dem atlantischen Klima gedeihen urwüchsige Holzapfelsorten, aber auch süßere Varianten wie Kant- oder Honigäpfel. Die Kunst der Sidrerias, der Kellereien, besteht in deren Mischung. Geschmackliche Harmonie entsteht durch einen Alkoholgehalt von fünf bis sechs Volumprozent. Wegen der unterschiedlichen Reife der einzelnen Sorten erstreckt sich die Ernte von September bis Ende November.

Die eigentliche Herstellung beginnt mit dem Waschen und Zerkleinern der Früchte. Das Fruchtfleisch wird über Nacht in reichlich Wasser eingeweicht, um es quellen zu lassen. Dann kommt die Apfelmasse in Pressen. Um zu verhindern, daß sie zu kompakt wird und keinen Most abgibt, legt man lagenweise Stroh, Leinen oder Rohrgeflecht dazwischen. In große offene Fässer und Bottiche gefüllt, erhält der Most zunächst zwei Monate Zeit zu gären. Wegen der kühlen Temperatur setzt die Gärung nur langsam ein. Allmählich bildet sich an der Oberfläche der *sombrero*, der sogenannte »Tresterhut«. Anhand seiner Färbung erkennen Sidra-Meister die Qualität ihres Apfelweins. Variiert die Farbe zwischen Dunkelrot und Dunkelbraun, können sie zufrieden sein. Weiß- oder gelbliche Färbung läßt auf Mittelmaß schließen.

Nach der ersten Gärphase, wenn erst ein Teil des Zuckers in Alkohol umgewandelt wurde, zieht der Sidra-Meister den Most ab und füllt ihn in geschlossene Eichen- oder Kastanienfässer. Während man es in Asturien vorzieht, den Most zu klären, läßt man ihn im Baskenland auf den Hefen, was der fertigen Sidra mehr aromatische Kraft und Charakter verleiht. Bis zum Mai braucht sie, um durchzugären, so daß frische Sidra rechtzeitig zum Sommer in die Tapas-Bars und Sidreria genannten Schankstätten kommt.

In den Küstenregionen des Nordens ist die Sidra seit 2000 Jahren Traditionsgetränk. Mit großer, schwer zu imitierender Geste und über dem Kopf gestrecktem Arm lassen Wirte und Kellner Sidra in einem dünnen bernsteinfarbenen Strahl in das tiefgehaltene Halbliterglas schießen, so daß sie köstlich und golden aufschäumt. Der angenehm prickelnde und säuerlich frische Apfelwein wird nicht nur zu Tapas getrunken, sondern gern auch zu Stockfischgerichten, Sardinen und dem asturischen Nationalgericht, der *fabada* (S. 174).

Hintergrund: Den Apfelwein richtig einzuschenken, ist eine Kunst, die man in den Gaststätten Nordwestspaniens eindrucksvoll beherrscht.

Wenn die Sidra richtig ins Glas geschossen wurde, steigen die Perlen vorbildlich auf.

Das traditionelle Getränk wird von baskischen und asturischen Unternehmen handwerklich hergestellt.

Fede Falces

Portugal

Flußlandschaft des Douro im Norden Portugals, woher der berühmte Portwein stammt

Vorherige Doppelseite: Ein portugiesischer Restaurantbesitzer begutachtet einen Hummer und eine Languste.

206 **Portugal**

Portugal ist eine Reise wert für all jene, die Sinn für authentische Lebensmittel besitzen – für echte Feinschmecker. Ganz gleich auf welchem Gebiet der Landwirtschaft, überall haben sich Arten und Sorten erhalten, die sich über Jahrhunderte oder Jahrtausende im Einklang mit ihrer natürlichen Umgebung entwickelten oder entwickelt wurden. Gleiches gilt für viele Zubereitungsweisen, die fest in Traditionen wurzeln, ob es sich nun um Schinken, Würste, Käse, Trockenfrüchte und Süßigkeiten oder um die vielfältigen Küchenrezepte handelt. Daß Portugal noch heute über einen solchen kulinarischen Reichtum verfügt, erklärt sich aus seiner Geschichte. Über 40 Jahre, bis 1974 – als die von Salazar begründete Diktatur ihr Ende fand –, war das Land nach außen abgeschottet. Während dieser Zeit blieb die ländliche Struktur unverändert, und ohne Eigenversorgung kam kaum ein Portugiese aus. Seit der Angliederung an die Europäische Union steht ein Teil der portugiesischen Landwirtschaft unter dem Uniformisierungsdruck der Brüsseler Bürokraten. Aber standardisierte Euro-Produkte erreichen küstenferne Regionen nur schleppend. Folglich ist die Küche auf dem Lande generell besser als die der Städte, da sie auf regionalen Produkten basiert. In Porto, wo die Bewohner den Spitznamen *tripeiros*, Kuttelesser, tragen, findet man eine reichhaltigere Küche als in Lissabon, der Stadt der *alfacinhas*, der Kopfsalatesser. Die Küche der Algarve leidet unter der starken Ausrichtung auf den Massentourismus und ihrem weniger fruchtbaren Hinterland. Dagegen bieten alle Küstenregionen erstklassige Fische und Meeresfrüchte. Portugiesen messen dem Frühstück keinen großen Wert bei. Auf dem Land oder unter Arbeitern genießt man gern ein, zwei *petiscos*, die vielfältigen Leckerbissen, vor dem Mittagessen, zu denen traditionell Wein vom Faß gehört. Das Abendessen, *jantar*, zwischen 19 und 21 Uhr ist oft die eigentliche Familienmahlzeit. Dafür wird gekocht und in der Regel groß aufgetischt. Im Restaurant geht es je nach Anlaß mehr oder weniger üppig zu. Wie reichlich Brot, so gehört zu jedem Essen Wein. Jedes Restaurant, das auf sich hält, bietet mehrere Flaschenweine aus unterschiedlichen Regionen an.

Petiscos und Salgados
Caldo verde
Suppen und Eintöpfe
Sardinen
Bacalhau
Fische und Meeresfrüchte
Fleisch
Wurst und Schinken
Brot
Olivenöl
Käse
Süßes und Feingebäck
Früchte und Honig
Vinho verde
Wein
Portwein
Madeira

Petiscos und Salgados

Petiscos sind kleine Leckerbissen und den spanischen *tapas* vergleichbar. Mit *petiscar* bezeichnet man eine Lieblingsbeschäftigung der Portugiesen, die darin besteht, in Kneipen, Cafés und Bars einzukehren und sich Petiscos zu gönnen. Meist verlangt man ein *pratinho*, ein Tellerchen. Die Portionen sind in der Regel so großzügig bemessen, daß zwei Petiscos ausreichen, um Hungergefühle für Stunden zu vertreiben.

Mögen manche Kneipen Petiscos schon ab elf Uhr morgens bereithalten, die bevorzugte Zeit für den Imbiß ist der späte Nachmittag. Dann kehrt man in eine *tasca*, eine einfache Bar, ein und genießt bei einem Glas Wein vom Faß am liebsten marinierte Fische, einen Salat aus Bohnen, Schweinsohren oder Krake, fritierte oder gebratene Fleisch- oder Fischstücke.

Salgados hingegen, die salzigen Teigpastetchen mit den würzigen Füllungen, sind die eigentliche Domäne der *pastelarias*, Feinbäckereien. Mit Brand- oder Blätterteig, in Panade oder ohne Hülle werden Fisch und Fleisch, Würste und Meeresfrüchte mit Kartoffeln und Gemüsen vermischt und mit Kräutern und Pfeffer gewürzt im Ofen oder in Öl gebacken. Salgados sind in Portugal stets präsent, wenn sich Appetit regt – vom Frühstück bis um Mitternacht.

Rissóis – Leckere kleine Pasteten, die fast zu jeder Tageszeit genossen werden, enthalten traditionell eine Füllung aus Krabben, werden jedoch heute auch mit Fisch oder Hackfleisch gefüllt.

Salgados – Pikante Pastetchen

Bola de carne, de fiambre, de chouriça – Mit Hackfleisch, gekochtem Schinken oder Paprikawurst gefülltes Brot, auch als Brötchen wie *pães de chouriço*

Bolinhos de bacalhau – Kleine Kroketten oder Klößchen aus Stockfisch, Kartoffeln und Kräutern (Abbildung rechte Seite, Rezept S. 217); auch als größere *bolos*, Kugeln; mancherorts als *pastel de bacalhau*, Stockfisch-Pastete, bezeichnet

Chamuças – Fritierte Dreiecke mit knuspriger dünner Teighülle; Füllung aus gehacktem Hühner- oder anderem Hackfleisch, pikant mit Curry, Piri-Piri (Pfefferschoten) und Minze gewürzt; ursprünglich aus Mozambique, besonders in Lissabon verbreitet

Croquetes – Fritierte Kroketten mit Hackfleischfüllung

Empada und **Folhado de galinha** – Mit Hühnerfleisch gefüllte Pasteten unterschiedlicher Form, teils gebacken, teils fritiert

Rissóis – »Kopfkissen«; halbmondförmige fritierte Brandteigpastetchen (Abbildung rechts); original mit Krabben gefüllt; als *rissoi de peixe* Pastete mit Fisch und eventuell Muscheln; als *rissóis de carne* mit würzigem Hackfleisch

208 **Portugal**

Bolinhos de bacalhau, die beliebtesten salzigen Appetithappen der Portugiesen, sind kleine, pikant gewürzte Bällchen oder Kroketten aus Stockfischpüree, die in Öl ausgebacken werden (Rezept S. 217).

Petiscos – Leckerbissen

Amêijoas à bulhão pato – Venusmuscheln in einem Sud mit Knoblauch, Korianderblättern, Zitronensaft und Pfeffer

Azeitonas – Meist kleine schwarze Oliven, auch vielfältig gefüllt oder eingelegt

Berbigão – Herzmuscheln, Natur oder im Sud; schmackhafter und preiswerter Petisco

Caracois – Kleine Schnecken, pikant mit Piri-Piri (Pfefferschote), Pfeffer, Knoblauch, Zwiebel und Kräutern in Öl

Choquinhos fritos com tinta – Gebratene kleine Tintenfische in ihrer Tinte; typisch an der Algarve

Enguias de escabeche – Gebratene kleine Aale in gut gewürzter Marinade mit gebratenen Zwiebelringen; auch Sardinen und Stockfisch werden so mariniert

Espadarte fumado – Geräucherter Schwertfisch, hauchdünn geschnitten; portugiesische Alternative zu Lachs

Fígado oder iscas – Dünne Scheiben gebratene Leber, kalt auf Brot; landesweit beliebt

Figo com presunto – Frische Feigen mit rohem Schinken; vor allem an der Algarve

Filete de pescada – Panierte und fritierte Stücke vom Seehecht; kalt mit Brot serviert; auf die gleiche Weise auch Stockfisch

Grão com bacalhau – Salat aus Kichererbsen, Stockfisch, Zwiebeln, Essig und Öl

Melão com presunto – Melone mit rohem Schinken; beliebte Vorspeise in Restaurants der gehobenen Klasse

Moelas – Herzhaft gewürzte Hähnchenmägen

Pimentos assados – Gegrillte Paprikaschoten mit Essig, Öl, Knoblauch, Salz und Paprikapulver

Pipis de frango – Gebratene, warm servierte Innereien vom Hähnchen mit Knoblauch und Piri-Piri

Salada de bacalhau – Stockfisch in Essig und Öl sowie mit je nach Region variierenden weiteren Zutaten

Salada de feijão frade – Salat von kleinen weißen Bohnen mit Zwiebeln, Ei, Petersilie, Essig und Öl

Salada de orelha – Salat von kleingeschnittenen Schweinsohren in Vinaigrette; sehr beliebt

Salada de polvo oder **Polvo com molho verde** – Zarte kleine Stücke der Krake in Vinaigrette mit Zwiebeln, Petersilie oder Korianderblättern

Caldo verde

Das Nationalgericht der Portugiesen, die *caldo verde*, Grüne Suppe, stammt ursprünglich aus der Heimat des *Vinho verde*, des Grünen Weins. Denn die besondere Kohlart, auf der sie basiert, ist *couve galega*, der galicische Kohl. Im Minho und im gesamten Norden gehört er zu den Elementen, welche die Landschaft prägen. Oft gedeiht er unter den hochwachsenden Reben, und in allen Gärten hat er einen Stammplatz, selbst in Hinterhöfen in Lissabon wird er gezogen. Auf allen Märkten gehört er zum Standardangebot. Dabei wird der supergrüne, langstielige Kohl oft kochfertig in Tüten angeboten – für die Suppe muß er nämlich äußerst fein geschnitten sein. Im übrigen wird *couve galega*, der nur in Galicien und Portugal erhältlich ist, praktisch ausschließlich für die Grüne Suppe verwendet.

Traditionell gehört zur Caldo verde frischgebackenes *broa de milho*, das für den Norden typische Hefemaisbrot mit seiner dicken Kruste. Außerdem sollten in jede Schale oder jeden Teller einige Scheibchen Wurst, *chouriço* oder *salpicão*, gegeben werden, bevor die heiße Suppe darübergegossen wird.

Caldo verde
Grüne Suppe
(Abbildung 1–4)

300 g galicischer Kohl (ersatzweise Grünkohl)
1 große Zwiebel
2 Knoblauchzehen
500 g mehligkochende Kartoffeln
3 EL Olivenöl
150 g Chouriço (S. 222)
Salz, schwarzer Pfeffer
Maisbrot

Den Kohl waschen, abtropfen lassen und in sehr feine Streifen schneiden (1, 2). Zwiebel und Knoblauch schälen und fein hacken. Die Kartoffeln schälen und in dünne Scheiben schneiden.

Das Olivenöl in einem großen Topf erhitzen. Zwiebel und Knoblauch darin glasig dünsten, die Kartoffelscheiben hinzufügen und unter gelegentlichem Wenden leicht anbräunen. So viel Wasser angießen, daß die Zutaten bedeckt sind.

Bei schwacher Hitze etwa 25 Minuten garen, bis die Kartoffeln weich sind.

Den Topf vom Herd nehmen und die Kartoffeln zerstampfen.

Die Wurst in Scheiben schneiden und etwa 10 Minuten braten; das Fett abtropfen lassen.

Den Topf zurück auf den Herd stellen. Die Wurst in die Suppe geben und langsam erwärmen; mit Salz und Pfeffer abschmecken.

Den Kohl dazugeben und etwa 5 Minuten garen; nach Geschmack einen Schuß Olivenöl hinzufügen. Die Suppe in Schalen füllen (3, 4) und mit gebrochenem Maisbrot servieren.

Hintergrund: Hauptzutaten für die Caldo verde, die Grüne Suppe, sind Kohl, Wurst, Zwiebeln und Kartoffeln sowie *broa de milho*, Maisbrot.

Kleines Gemüse-Glossar

Agrião – Brunnenkresse, im oder als Salat; ganzjährig

Abóbora – Große, innen orangefarbene Kürbisart; wichtige Zutat in Gemüsesuppen

Batata – Kartoffel; einheimische, oft violette Sorten von hoher Qualität (Jahresverbrauch pro Kopf etwa 150 kg!)

Batata doce – Süßkartoffel; gern fritiert, selten in Restaurants

Bróculo – Brokkoli; beliebte Beilage, auch zu gekochtem Fisch, dann mit Öl und Essig angemacht

Cebola – Zwiebel; vielleicht wichtigstes Gemüse, auch als Gewürz und Beilage; einheimische Sorten sind groß, aber abgeflacht und köstlich im Salat

Cenoura – Möhren; schmecken in Portugal besonders süß, weshalb man sie in Rezepten von Kuchen und Desserts findet

Couve-flor – Blumenkohl, einfach gekocht oder in hausgemachten Mixed Pickles

Couve galega – Hochwachsender galicischer Markstammkohl, in feinen Streifen für Caldo verde

Couve portugesa – Portugiesischer Kohl; weniger hochwachsend, aromatisch; für *cozido*, Eintopf; gekochte ganze Blätter zu Fleisch und Fisch

Ervilhas – Erbsen; von ausgezeichneter Qualität frisch von März bis Mai, zu und in Fleischgerichten

Espinafres – Spinat; allein oder mit anderem grünen Blattgemüse, meist mit Knoblauch in Öl gedünstet

Fava – Dicke Bohnen; im Norden besonders beliebt

Feijão verde – Grüne Bohnen; Vielzahl von Sorten; in Suppen mit Pfefferminze, gekocht mit Koriander

Feijão – Getrocknete Bohnen, ob weiße, schwarze, braunrote, gepunktete, sind eines der portugiesischen Grundnahrungsmittel

Grelos – Grüne Kohltriebe mit Blütenknospen; delikates, meist mit Knoblauch gedünstetes einheimisches Gemüse

Nabiças – Junge Blätter der kleinen Rübchen; gedünstet eine beliebte Beilage

Nabo – Kleine weiße Rübchen; für Eintöpfe, Suppen und mit Kartoffeln als Mus

Pimento – Gemüsepaprika, *verde* (grün) oder *vermelho* (rot); ganzjährig, aber aus dem Freiland nur von Ende Juni bis Mitte November; am liebsten süße rote gegrillt als Salat

Tomate – Tomaten; in Salaten, zahlreichen Gerichten und Saucen; mit 17 000 Hektar im Freiland bedeutender Anbau; Saison Juni bis Oktober

Sopa de pedra – Steinsuppe

Caldeirada à algarvia – Fischeintopf nach Algarve-Art

Suppen und Eintöpfe

Suppen sind in Portugal wesentlicher Bestandteil jedes Essens. Noch immer putzen, schälen und schneiden Hausfrauen und Köche kleiner wie großer Restaurants morgens Gemüse und Kartoffeln, wichtige Zutaten der meisten Suppen. Frisch und auf althergebrachte Weise gekocht, besitzen portugiesische Suppen so viel Geschmack und Qualität, daß man nur ungern auf sie verzichten wird. Neben der klassischen Caldo verde und der üblichen *canja*, Hühnerbrühe, behauptet sich die schlichte *sopa de legumes*, eine pürierte Gemüsesuppe. Sie darf praktisch alles enthalten, was Garten und Markt an frischen Gemüsen zu bieten haben. Ist das Angebot weniger reich, finden getrocknete Bohnen als weitere Zutat Verwendung. Als Bindemittel dienen – wie bei der Caldo verde – oft Kartoffeln. Ihre typische gelbliche Farbe verdankt die Suppe entweder Möhren oder dem beliebten Kürbis mit seinem leuchtend orangefarbenen Fleisch. Auch Kohl findet sich in vielen Suppen. Auf dem Land gibt man, um Suppen sättigender zu machen, gern Reis oder Nudeln hinein, die in der Regel viel zu weich gekocht werden. Dem Geschmack allerdings, zu dem Olivenöl beiträgt, tun sie keinen Abbruch.

Grundsätzlich unterscheidet man in Portugal bei Suppen zwei Kategorien:
• *Sopas* – legierte und pürierte Suppen;
• *Caldos* – klare Brühen.

Doch wie die sämige Caldo verde unterstreicht, bestätigen Ausnahmen die Regel, so auch die *sopa à alentejana*, bei der es sich um eine Bouillon handelt, oder die *sopa de cozido*, die Brühe des portugiesischen Nationalgerichts *cozido à portuguesa* (Rezept rechte Seite).

Für Eintöpfe gibt es drei geläufige Bezeichnungen:
• *Cozido* – Dabei handelt es sich um das abgewandelte, vom Prinzip her jedoch immer gleiche Nationalgericht, den Fleischeintopf *cozido à portuguesa*.
• *Açordas* – Bezeichnung für Brotsuppen, deren Konsistenz von breiig bis flüssig variiert. Mit Brot als einziger Einlage waren sie das bescheidene Mahl in den armen Regionen, vor allem des Alentejo. Weitere Zutaten waren Olivenöl, Knoblauch, frische Korianderblätter und – falls vorhanden – Eier. In der Gegend von Lissabon gab man Muscheln hinzu. Heutige Edelversionen werden mit Hummer oder anderen kostspieligen Meeresfrüchten zubereitet.
• *Caldeiradas* – Oberbegriff für Fischeintöpfe. Sie können auf nur einem einzigen Fisch basieren, beinhalten meist jedoch mehrere verschiedene Sorten und zählen zu den Hauptgerichten. Leichtere, oft hervorragende Fischsuppen heißen dagegen einfach *sopa de peixe*. Die Cremesuppe von Schaltieren oder oft auch von Garnelen, *creme de mariscos*, kann hier qualitativ meist nicht mithalten.

Sopa de pedra
Steinsuppe
(Abbildung oben links)

Für 8 Personen

1 Schweinsohr
150 g durchwachsener Speck
2 Zwiebeln
3 Knoblauchzehen
1 schwarze Chouriço (Blutwurst)
1 Chouriço (S. 222)
500 g frische rote oder braune Bohnen
2 Lorbeerblätter
Salz, schwarzer Pfeffer
750 g Kartoffeln
1 Möhre
1 weißes Rübchen
1 Tomate
2 EL feingehackter Koriander

Schweinsohr und Speck abbrühen. Zwiebeln und Knoblauch schälen, fein hacken und mit Fleisch, Speck, Würsten, Bohnen und Lorbeerblättern in einen großen Topf geben; salzen und pfeffern. Mit Wasser bedecken und zum Kochen bringen. Zugedeckt bei schwacher Hitze 45 Minuten köcheln lassen.
Fleisch und Speck herausnehmen und beiseite stellen. Einen Teil der Bohnen herausschöpfen, pürieren und ebenfalls beiseite stellen. Kartoffeln, Möhre und Rübchen schälen und in Würfel schneiden, die Tomate enthäuten und ebenfalls würfeln. Die Gemüse in die Suppe geben und weitere 30 Minuten köcheln lassen, bis die Gemüse gar sind.
Die pürierten Bohnen unterrühren, aufkochen lassen und abschmecken. Fleisch, Speck und Würste in Stücke oder

212 **Portugal**

*Sopa à alentejana –
Suppe nach Alentejo-Art*

Sopa à alentejana
Suppe nach Alentejo-Art
(Abbildung oben rechts)

Für 4 Personen

4 Scheiben helles Sauerteigbrot	
2 Bund Koriander	
4 Knoblauchzehen	
Salz	
100 ml kaltgepreßtes Olivenöl	
4 Eier	

Die Brotscheiben in große Stücke schneiden. Die Korianderblätter von den Stielen zupfen und fein hacken, den Knoblauch ebenfalls hacken und mit Koriander, Salz und Olivenöl vermischen. Das Brot in eine Suppenterrine geben und mit der Kräuter-Öl-Mischung beträufeln.
1 l Wasser zum Kochen bringen. Die Eier hineingleiten lassen und 3 Minuten pochieren; beiseite stellen.
Das Brot in der Suppenterrine mit kochendem Wasser übergießen und mit den Zutaten verrühren. Die Eier vorsichtig in die Suppe geben und diese leicht salzen. Zudecken und 5 Minuten ziehen lassen.
Hinweis: In Portugal verwendet man *pão caseiro*, weißes ländliches Sauerteigbrot.

Scheiben schneiden und in eine Suppenterrine geben; mit der heißen Suppe übergießen. Den Koriander hinzufügen und einige Minuten ziehen lassen.
Traditionell legt man in die Suppe vor dem Servieren einen großen, gründlich gesäuberten und gewaschenen Stein und reicht dazu frisches Maisbrot.

Caldeirada à algarvia
Fischeintopf nach Algarve-Art
(Abbildung oben Mitte)

Für 6–8 Personen

2 kg frische gemischte Fische	
(Seeteufel, Rochen, Wolfsbarsch, Hai)	
grobes Meersalz	
750 g Venusmuscheln	
3 große Zwiebeln	
800 g reife Tomaten	
1 grüne Paprikaschote	
5 Knoblauchzehen	
750 g Kartoffeln	
2 EL Petersilie	
1/4 l Olivenöl	
1 oder 2 Piri-Piri (Pfefferschoten)	
1 Prise Muskat	
weißer Pfeffer	
200 ml trockener Weißwein	
2 Lorbeerblätter	

Die Fische ausnehmen, schuppen und waschen, in 5 cm große Stücke schneiden und mit Meersalz bestreuen. Die Venusmuscheln bürsten und waschen, offene aussortieren. Die Zwiebeln schälen und in Ringe schneiden, Tomaten und Paprikaschoten waschen und in Scheiben schneiden, die Knoblauchzehen hacken, die Kartoffeln schälen und ebenfalls in Scheiben schneiden.
In einen großen Topf zuerst eine Schicht Zwiebeln, Tomaten, Paprika, etwas Knoblauch und Petersilie, dann eine Schicht Kartoffeln geben. Anschließend Fische und Venusmuscheln dazugeben und diese wiederum mit Gemüsen und Kartoffeln bedecken. Olivenöl mit zerstoßenen Piri-piri (ohne Kerne sind sie weniger scharf), Muskat und Pfeffer vermischen und mit dem Wein verrühren. Gleichmäßig über den Fischtopf verteilen und die Lorbeerblätter darauflegen.
Zugedeckt etwa 35 Minuten garen. Ab und zu den Topf leicht schwenken, damit sich die Brühe gleichmäßig verteilt. Sofort servieren. Dazu paßt ein weißer Bairrada.

Cozido à portuguesa
Portugiesischer Fleischeintopf

Für 8 Personen

1 kg Rinderbrust	
500 g Schweinebauch	
1 Schweinsohr	
200 g durchwachsener Speck	
1 Suppenhuhn (etwa 1,5 kg)	
1 Kopf Weißkohl	
2 Köpfe galicischer Kohl (S. 210–211)	
3 weiße Rübchen	
5 mittelgroße Möhren	
8 große Kartoffeln	
2 Chouriços (S. 222)	
2 schwarze Chouriços (Blutwürste)	
2 Knoblauchwürste	
500 g weißer Reis	
Salz, schwarzer Pfeffer	

Rind- und Schweinefleisch, Speck und Huhn in einen großen Topf geben. Mit reichlich Salzwasser bedecken und zugedeckt etwa 2 1/2 Stunden garen. Nach 90 Minuten etwas Fleischbrühe abschöpfen und in einen anderen Topf geben. Den Kohl putzen und in Streifen schneiden, Rübchen, Möhren und Kartoffeln schälen oder putzen, in Stücke schneiden und mit dem Kohl in die Brühe geben. Nach 45 Minuten die Würste überbrühen, zu dem Gemüse geben und alles noch 15 Minuten garen.
Wenn man die Würste zu dem Gemüse gibt, aus dem Fleischtopf 1 l Brühe abnehmen und den Reis in die kochende, eventuell nachgesalzene Fleischbrühe geben und garen.
Fleisch und Wurst aus den Töpfen nehmen. Das Fleisch in Stücke, die Wurst in Scheiben schneiden und das Huhn in 8 Teile zerlegen. Den gegarten Reis in eine Schüssel geben und mit den Wurstscheiben garnieren. Das Fleisch auf einer großen vorgewärmten Platte anrichten. Mit einem Schöpflöffel das Gemüse aus der Brühe nehmen und um das Fleisch legen; alles mit etwas Brühe übergießen. Als Wein ist ein roter Ribatejo zu empfehlen.
Hinweis: Die gehaltvolle Fleisch- und Gemüsebrühe ergeben die berühmte *sopa de cozido*, die oft als Vorspeise gereicht wird.

Sardinen

»Von der Sardine«, bemerkte König João II, der Ende des 15. Jahrhunderts regierte und gutem Essen, großen Festen und geistreicher Unterhaltung zugetan war, »gibt es viel, sie schmeckt sehr gut und kostet sehr wenig.« Damit faßte »der Vollkommene«, wie ihn seine Untertanen nannten, die Gründe zusammen, welche die Sardine zum Lieblingsfisch der Portugiesen machten. Die Feststellung des Königs gilt auch heute noch. Während Edelfische selbst in Portugal teuer geworden sind, bleiben Sardinen günstig. Mit einem jährlichen Fang von annähernd 100 000 Tonnen stellen Sardinen rund 40 Prozent des portugiesischen Fischfangs. Gerade wegen ihrer Vorliebe für Sardinen wissen die Portugiesen sehr wohl zu unterscheiden, wann sie frisch, gut und am wohlschmeckendsten sind. Wenn sich die Schwärme nach der Überwinterung in südlicheren und tieferen Gewässern im April wieder der Küste nähern, ist ihr Fleisch besonders fett und aromatisch. Dann beginnt die Saison, die bis Ende Oktober reicht. Entlang der gesamten portugiesischen Küste, von der Algarve bis zum Minho, werden sie gefangen. Da Sardinen köstlich schmecken, wenn sie fangfrisch sind, findet man sie überall in Küstennähe, aber eher selten im Landesinneren, wo statt dessen Klippfisch und (auch tiefgefroren) Seehecht häufiger auf dem Küchenzettel stehen – oder Sardinen in Öl.

Ein großer Teil des portugiesischen Fangs wird zu Konserven verarbeitet. Ihren ausgezeichneten Ruf begründete die verarbeitende Industrie in jener Zeit, als Sardinen nur in *azeite*, Olivenöl, eingelegt wurden wie auch heute alle Spitzenqualitäten. Frisch gibt es *sardinhas assadas*, worunter man die Zubereitung auf dem Holzkohlengrill versteht. Nachdem die ausgenommenen und geschuppten Fische mindestens zwei Stunden in grobem Salz lagen, werden sie abgewaschen, getrocknet und mit Olivenöl bepinselt. Dann gibt man sie auf den Rost über glühende Holzkohle und grillt sie von jeder Seite, je nach Dicke zwei bis drei Minuten. Besonders köstlich sind die Sardinen, wenn man sie zusammen mit reifen Paprikaschoten grillt und anschließend mit Olivenöl und Essig beträufelt. Auch *sardinhas fritas*, meist in Mehl – mit oder ohne Ei – gewendete und fritierte Sardinen, sind beliebt. Insbesondere an der Algarve ersetzen oft *carapaus*, eine Makrelenart, die Sardinen. Sind sie besonders klein, heißen sie in der Koseform *carapauzinhos*, große, über 25 cm lange Exemplare nennt man *chicharro*.

Oft werden Sardinen in den Küstenorten von Frauen auf kleinen aus Ton gebrannten Grills zubereitet, die man auch beim Sankt-Antonius-Fest am Abend des 12. Juni in den Straßen Lissabons

Linke Seite: Im April nähern sich die Sardinenschwärme der Küste, und die Fangsaison beginnt. Um diese Zeit ist das Fleisch der Fische besonders fett und aromatisch.

Ein großer Teil des Sardinenfangs wird zu Konserven verarbeitet. Hier werden die Fische ausgenommen.

Die Herstellung von Ölsardinen ist nach wie vor Handarbeit und sichert in den Küstenorten viele Arbeitsplätze.

Bevor die Fische eingelegt werden können, müssen sie geschuppt und gesäubert werden.

Sardinen in Öl entwickeln einen ganz eigenen, besonders delikaten Geschmack.

sieht. Frisch bieten Straßenverkäuferinnen *sardinhas* oder *carapaus* an. Sie stellen sich einfach mit einer Holzkiste voller Fische auf den Bürgersteig. Sofort wecken sie das Interesse der Passanten. Ist die Qualität gut, sind die Fische schnell ausverkauft. Ein Volk von Fischkennern läßt sich frische leckere Sardinen nicht entgehen.

Sardinhas assadas com pimentos
Gegrillte Sardinen mit Paprikaschoten

Für 6 Personen

2 kg mittlere und große Sardinen
grobes Meersalz
Olivenöl
4 grüne und/oder rote Paprikaschoten
1 Zwiebel
Weinessig

Die Sardinen schuppen, aber nicht ausnehmen, in Salzwasser waschen und mit Meersalz einreiben. Gut 2 Stunden stehenlassen. Etwas Salz abreiben und die Fische mit Olivenöl bepinseln.
Die Paprikaschoten waschen, entkernen, in Streifen schneiden, leicht einölen und salzen. Fische und Paprikaschoten von beiden Seiten über Holzkohlenfeuer grillen. Die Zwiebel schälen und in Ringe schneiden. Die Sardinen auf vorgewärmten Tellern anrichten, mit den Zwiebelringen und gegrillten Paprikastreifen garnieren. Mit Olivenöl und nach Geschmack mit Essig beträufeln. Dazu reicht man Salzkartoffeln und einen grünen Salat sowie einen frischen trockenen Alentejo-Weißwein.

Sardinhas de escabeche
Marinierte Sardinen

Für 4–6 Personen

1 kg kleine bis mittlere Sardinen
Pflanzenöl zum Fritieren

Marinade
3 Zwiebeln
1 Tomate
5 EL Olivenöl
1 Bund glatte Petersilie
2 Knoblauchzehen
2 Lorbeerblätter
100 ml trockener Weißwein
2 EL Weißweinessig
Salz, schwarzer Pfeffer
1 TL Paprikapulver

Die Sardinen schuppen, ausnehmen, abspülen, trockentupfen und portionsweise fritieren. Auf Küchenkrepp geben, auskühlen lassen.
Für die Marinade die Zwiebeln schälen und in Ringe schneiden, die Tomate enthäuten, entkernen und in Stücke scheiden, Petersilie und Knoblauch fein hacken. Das Olivenöl in einer Pfanne erhitzen und zuerst die Zwiebeln darin leicht anbräunen, dann Knoblauch, Lorbeerblatt, Tomate und Petersilie dazugeben, etwas salzen und mit Weißwein und Essig ablöschen. 5 Minuten kochen und abkühlen lassen.
Die Sardinen in eine Schüssel geben, salzen, pfeffern und mit Paprika bestreuen. Mit der Marinade übergießen und 2 Tage im Kühlschrank ziehen lassen.
Vor dem Servieren mit Zwiebelringen und Petersilie garnieren und portionsweise mit etwas Marinade übergießen. Dazu paßt ein gut gekühlter Vinho verde.

Portugal 215

Stockfisch kommt unzerteilt und als ganzer Fisch in den Handel und wird nach Bedarf portioniert.

Am beliebtesten sind die dicken, fleischreichen Mittelstücke.

Der Ladenbesitzer wiegt bereitwillig die vom Kunden gewünschte Menge ab.

Echten Klippfisch, der hier an Holzgestellen in der Sonne trocknet, gibt es nur noch selten.

Hintergrund: Das Angebot an *bacalhau* umfaßt viele Qualitäten. Ein guter Laden – hier in Lissabon – bietet eine reiche Auswahl.

Bacalhau

Bereits kurz nach der Eroberung Amerikas durch Kolumbus wagten sich portugiesische Fischer mit ihren Booten bis in die Gewässer Terranovas, Neufundlands, um dort Dorsch und Kabeljau, *bacalhau*, zu fangen. Täglich verarbeiteten sie ihre Beute, schnitten die Köpfe ab, entfernten Wirbelsäule und Seitengräten und salzten die Fische ein. So konserviert, verdarb der Fisch nicht, so daß die Schiffe vor der Atlantikküste Kanadas so lange ausharren konnten, bis sie voll beladen waren. Erst nach der Rückkehr in die Heimat wurde Klippfisch an der Sonne getrocknet.

Nicht einmal ein Jahrzehnt nach der Entdeckung Amerikas stellte Klippfisch ein Zehntel sämtlicher in nordportugiesischen Häfen verkaufter Fänge. Damals kam ihm besondere Bedeutung als Schiffsproviant für Handels- und Entdeckungsfahrten zu. Noch immer laufen portugiesische Schiffe aus, um Kabeljau oder andere dorschartige Fische zu fangen und an Bord zu verarbeiten. Aber längst wird ein erheblicher Teil des in Portugal verbrauchten Klippfischs aus Norwegen, England und Kanada importiert.

Bacalhau wird in Portugal in der Regel im ganzen Stück verkauft (obwohl Stockfisch im Unterschied zu Klippfisch sofort getrocknet und nicht gesalzen wird, hat sich inzwischen die Bezeichnung »Stockfisch« generell für gesalzenen und getrockneten Kabeljau eingebürgert):

- *Especial* heißen die größten, dicksten und besten Exemplare, die um die fünf Kilogramm wiegen.
- *Graúdo* bezeichnet die dünnere Qualität.
- *Lombo* oder *meio* heißen die begehrten dicken Mittelstücke.
- *Barbatanas* sind die preiswerteren Flossen, aus denen sich aber exzellente Gerichte zubereiten lassen.

Vor den vielfältigen Zubereitungsweisen steht immer das gründliche Entsalzen. Stockfisch muß in kaltem Wasser – am besten sogar im Kühlschrank – in der Regel mindestens 24 Stunden entsalzen werden, wobei das Wasser vier- bis fünfmal erneuert werden sollte. Je nach Dicke der Stücke kann diese Zeit beträchtlich variieren. Für sehr dünne Stücke können zwölf Stunden ausreichen, für dicke Seiten 36 Stunden angemessen sein. Nicht ausreichend entsalzener Fisch macht jedes Gericht ungenießbar, zu lange gewässert, wird der Fisch lasch und geschmacklos. Eindeutigen Hinweis gibt das zuletzt erneuerte Wasser. Frisch spielt Kabeljau in Portugal praktisch keine Rolle.

Bacalhau com natas
Stockfisch mit Sahne

750 g Stockfisch
500 g Kartoffeln
5 EL Olivenöl
3 Zwiebeln
schwarzer Pfeffer
40 g Butter
2 EL Mehl
600 ml Milch
300 ml Sahne
1 Lorbeerblatt

Den Stockfisch 24 Stunden in kaltem Wasser einweichen, dabei das Wasser mehrmals erneuern. Den Fisch abspülen, die Haut abziehen, die Gräten entfernen und das Fleisch in kleine Stücke zupfen. Die Kartoffeln schälen, in dünne Scheiben schneiden und in 3 EL Olivenöl anbraten, bis sie goldbraun sind; auf Küchenkrepp abtropfen lassen. Die Zwiebeln schälen, in Ringe schneiden und in dem restlichen Öl andünsten. Die Fischstücke hinzufügen und pfeffern.
Den Backofen auf 180 °C vorheizen.
Die Butter zerlassen, das Mehl einrühren, nach und nach unter ständigem Rühren die Milch angießen und aufkochen. Vom Herd nehmen und die Sahne unterrühren.
Stockfisch und Zwiebeln in eine feuerfeste Form geben und mit den Bratkartoffeln bedecken. Die Sahnesauce angießen und das Lorbeerblatt zugeben. Im Backofen 30 Minuten garen und sofort heiß servieren.

Bolinhos de bacalhau
Stockfischklößchen
(Abbildung S. 209)

300 g Stockfisch
250 g mehligkochende Kartoffeln
1 Zwiebel
2 Knoblauchzehen
2 EL feingehackte glatte Petersilie
1 Prise Cayennepfeffer
1 Prise Muskat
4 Eier
Salz, schwarzer Pfeffer
Olivenöl zum Ausbacken

Den Stockfisch 24 Stunden in kaltem Wasser einweichen, dabei das Wasser mehrmals erneuern. Den Fisch in einen Topf geben, mit kochendem Wasser übergießen und 10 Minuten garen. Herausnehmen, von Haut und Gräten befreien, in kleine Stücke zupfen und durch den Fleischwolf drehen. Die Kartoffeln in der Schale kochen, pellen und pürieren.
Zwiebel und Knoblauch schälen, fein hacken und mit Petersilie, Gewürzen, Kartoffel- und Stockfischpüree in eine Schüssel geben und gut vermischen. Nach und nach die Eier unterrühren und mit Salz und Pfeffer abschmecken.
Mit zwei Eßlöffeln, die man zuvor jeweils in kaltes Wasser taucht, aus dem Teig eiförmige Klößchen abstechen und in heißem Öl fritieren. Die Klößchen kalt als Petiscos reichen oder noch warm mit Salat als Hauptgericht servieren.
Vinho verde paßt am besten zu Bacalhau-Gerichten.

Fische und Meeresfrüchte

Portugal ist ein Paradies für Fischliebhaber. Der Grund hierfür liegt weder in den zahlreichen Zubereitungen von Stockfisch noch an der Sardine, der Nummer eins unter den Frischfischen. Es sind die Vielfalt und herausragende Qualität der Edelfische, Meeresfrüchte und Krustentiere. Unter Fachleuten hat sie sich längst europaweit herumgesprochen. In renommierten Restaurants Frankreichs, Italiens und Deutschlands stammt mancher Wolfsbarsch oder Seeteufel und manche Rotbarbe aus portugiesischen Gewässern.

Obwohl Petersfisch und Goldbrasse fehlen, da sie fast ausnahmslos auf französischen Tellern landen, ist die Vielfalt des Angebots an der portugiesischen Küste überwältigend. Bessere Restaurants präsentieren es stolz auf Eis gebettet hinter Glasscheiben. So wählt der Gast den Fisch nach seinen individuellen Wünschen aus und bestimmt auch die Zubereitungsart:

- assado na brasa — über Holzkohlenglut gegrillt
- assado no forno — im Backofen gebacken
- cozido — gekocht
- frito (na frigideira) — in der Pfanne gebraten
- frito (na fritadeira) — in Öl frittiert
- grelhado — gegrillt
- guisado — gedünstet

Abgerechnet wird nach dem in einer Liste verzeichneten Kilogrammpreis. Bei Fischgerichten sind Beilagen wie Kartoffeln oder Reis, Salat oder Gemüse im Preis meist inbegriffen.

Pescada, der einst preiswerte Seehecht, ist aufgrund seiner Qualität und Beliebtheit zum teuren Edelfisch geworden. Verzeichnen Speisekarten ihn zu einem niedrigen Preis, war er mit Sicherheit tiefgefroren. Die Algarve ist für ihre Muscheln berühmt, und ihre Gewässer sind ein Dorado für Krustentiere. Einen guten Ruf hinsichtlich der Qualität von Krustentieren genießen – in der Nähe von Lissabon – vor allem auch Sesimbra und Setúbal sowie Cascais und Ericeira.

Weiter nördlich liegen Peniche und Matosinhos bei Porto, Portugals größte Fischereihäfen. Die einstigen Fischerorte im Norden haben sich, dank der Sandstrände, zu Zentren des Tourismus entwickelt. Der Norden Portugals ist auch berühmt für seine Süßwasserfische. Das aalähnliche Neunauge, das nur in den saubersten Flüssen Europas überlebt hat und zu einer entsprechend teuren Spezialität wurde, verlockt Feinschmecker aus der Hauptstadt am Wochenende 400 Kilometer gen Norden zu fahren, nur um eine Portion *lampreia à bordelesa*, Neunauge in Rotwein, zu genießen.

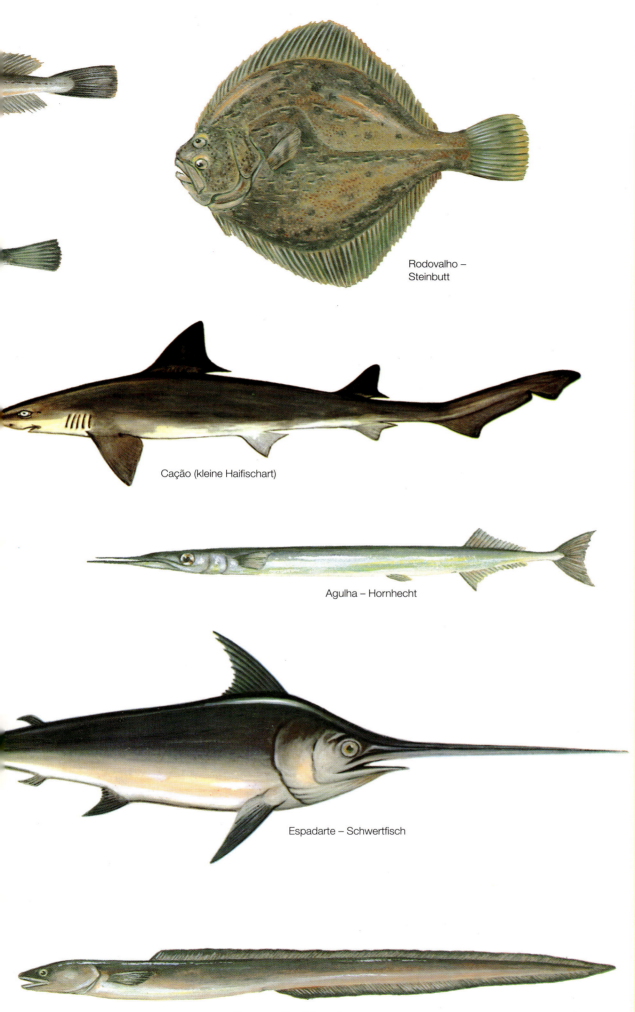

Rodovalho – Steinbutt

Cação (kleine Haifischart)

Agulha – Hornhecht

Espadarte – Schwertfisch

Congro, safio – Meeraal

Aus portugiesischen Gewässern

Amêijoas – Venusmuscheln; nicht nur als eigenständiges Gericht, auch in diversen Fisch- und selbst Fleischgerichten
Berbigão – Herzmuschel; preiswert; oft pikant gewürzt als Petisco oder Vorspeise
Besugo, goraz – Graubarsch oder Seekarpfen; fein, noch erschwinglich
Búzios – Wellhornschnecken; besonders an der Algarve beliebt
Cabras cegas – Krabben, allerkleinste Sorte; rar, delikat und teuer
Cação – Kleine Haifischart; wichtiger Fisch für *caldeiradas*, Fischeintöpfe
Camaroes de costa – Kleine Garnelen; begehrt und recht teuer; gesucht für Pastetengebäck
Carapau – Stöcker; makrelenähnlich; wie die Sardine billig und gut, gegrillt zu Kartoffeln
Cherne – Silberbarsch, neben Wolfsbarsch und Steinbutt kostbarster Fisch Portugals; Hauptfanggebiet im Raum Lissabon und Algarve
Choco – Tintenfisch (Sepia); meist gegrillt oder gebraten; oft mit eigener Tinte serviert
Choquinhos – Kleine Tintenfische; oft als Petisco
Congro, safio – Meeraal; für Eintöpfe
Corvina – Adlerfisch; früher preiswert, heute höher geschätzt; schmackhaft, meist etwa 60 cm groß
Dourada – Goldbrasse; hervorragender, hauptsächlich exportierter Speisefisch
Enguias – Glasaale; sehr begehrt; berühmt in Aveiro; vorwiegend als *caldeirada de enguias*
Espadarte – Schwertfisch; gern geräuchert
Faneca – Franzosendorsch; preiswert; delikates Fleisch, meist gedünstet
Gamba – Große Garnele; sehr beliebt; oft importiert
Lampreia – Neunauge, Lamprete; in den Flüssen Nordportugals; selten, schmackhaft, sehr teuer
Lavagante – Hummer; sehr rar geworden; jährlicher Fang nur fünf Tonnen
Lagosta – Languste; exzellente Qualität; berühmt aus Ericeira bei Lissabon
Lagostim – Langustine, Kaisergranat; vor allem von der Algarve; oft teurer als Langusten
Linguado – Seezunge; gegrillt oder in Butter
Lula – Kalmar; seltener als Krake oder Tintenfisch; vielfältige Zubereitungen; gern gefüllt
Navalheira, caranguejo – Kleine Krebsarten
Pargo – Sackbrasse; leicht rötlicher Körper; feiner Geschmack; klassisch zubereitet im Backofen
Peixe-espada preta – Degenfisch; nur gegrillt oder gebraten; sehr schmackhaft, dabei günstig
Peixe-galo – Petersfisch; ausgezeichnet; sehr selten, da exportiert
Perceves – Entenmuscheln; selten geworden, entsprechend teuer, doch köstlich
Pescada – Seehecht; sehr beliebt
Polvo – Krake; ausgezeichnet als Salat mit *molho verde*, der Kräuter-Vinaigrette
Robalo – Wolfsbarsch von überragender Qualität; von der nördlichen Atlantikküste Portugals
Rodovalho – Steinbutt; hervorragende Qualität; überwiegend exportiert
Salmoneta – Rotbarbe; meist gegrillt; vor allem aus Setúbal und an der Algarve
Santola – Große Seespinne; hervorragende Qualität; insbesondere nordwestlich von Lissabon
Sável – Seesaibling; sehr feiner Fisch, der wie das Neunauge aus dem Meer in die Flüsse steigt
Tamboril – Seeteufel; früher für Fischeintöpfe; oft im Meeresfrüchtereis oder vom Spieß; erst seit wenigen Jahren in Mode und teuer
Truta – Forelle; im Norden Portugals zum Teil noch aus Wildgewässern

219

Fleisch

Zwei bemerkenswerte Voraussetzungen machen Fleischgerichte in Portugal zu einem kulinarischen Abenteuer und ungewöhnlichen Genuß. In der noch ungebrochenen Hirten- und Bergbauerntradition haben sich alte Rassen unverändert bewahrt, was im modernen Europa inzwischen bedauerlicherweise die Ausnahme ist. Zum anderen haben es die Menschen in dem – aufgrund seiner landschaftlichen, klimatischen und früheren politischen Verhältnisse – armen Land verstanden, noch aus den minderwertigsten Fleischstücken eine leckere Mahlzeit zu zaubern. Dies gilt ebenso für Innereien und Blut wie für Füße und Ohren oder betagtere Hühner, ältere Ziegen oder Hammel. Viele der beliebten *ranchos*, Eintöpfe mit Kichererbsen, der *feijoadas*, Bohneneintöpfe, oder der *ensopados*, dickflüssigen Ragouts, sowie das berühmte Nationalgericht *cozido* verdanken ihre Geschmacksintensität gerade solchen Zutaten.

Daß man in Portugal Tierzucht und Fleischproduktion, vor allem die der *to inhos*, Rinder, aus einem einmaligen Blickwinkel betrachtet, beweist ein Begriff, der nur in der portugiesischen Sprache existiert: *solar*. *Solar* ist als Bezeichnung für Fleischqualität, was der französische Begriff *Terroir* für Wein ist. *Solar* umfaßt alle natürlichen Faktoren, die zusammenwirken, um ein Tier artgerecht aufzuziehen, was sich schließlich in einer sehr spezifischen Fleischqualität niederschlägt. Unter diesem Aspekt spielt nicht nur die Rasse eine Rolle, sondern auch Lebensraum, Klima, Vegetation, Futterangebot und anderes mehr. Die besondere Qualität portugiesischen Rindfleisches wurde bereits im vorigen Jahrhundert hochgeschätzt. Damals importierte England insbesondere Barrosão-Rinder, die in London als *portuguese beef* das Nonplusultra an Rindfleisch darstellten. Glücklicherweise sind in Portugal Wissen und Achtung der Errungenschaften landwirtschaftlicher Traditionen lebendig geblieben und nach wie vor verbreitet. So wurde nicht nur bestimmten Käsesorten die Denominação de Origem (DO) verliehen, sondern auch mehreren alten, qualitativ hochwertigen Tierrassen.

Portugiesische Tierrassen mit der Qualitätsbezeichnung Denominação de Origem (DO)

Vaca – Rind
Alentejana
Alentejo-Rasse; bekannteste portugiesische Rinderrasse mit erstklassigem Fleisch
Arouquesa
Alte nordportugiesische Rasse; kleine Tiere, ausgewachsen nur bis 300 Kilogramm
Barrosão
Berühmte Rinderrasse; Bestand 5000 bis 6000 Tiere; im 19. Jahrhundert viel nach England exportiert
Cachena
Sehr kleine, seltene Rasse in den Bergen bei Arcos de Valdevez im Nord-Minho; Bestand um 200 Tiere; ausgewachsen rund 150 Kilogramm; sehr fetthaltige Milch
Marinhoa
Rare, exquisite Rasse in der Bairrada-Gegend
Marônes
Seltene, ausgezeichnete Rasse im Norden Portugals
Mertolenga
Hauptsächlich im Alentejo; kleine Tiere; selten
Mirandesa
Kleines, nordportugiesisches Rind mit geringem Schlachtgewicht

Borrego – Lamm
Terrincho
Lämmer der Rasse Churra de Terra Quente aus Trás-os-Montes, die in der Regel mit einem Gewicht von zwölf Kilogramm geschlachtet werden
Serra da Estrela
Schafe der adaptierten Bordaleira-Rasse, die den besten Käse ergibt

Cabrito – Zicklein
Cabrito Serrano Transmontano
Zicklein von jenen Geißen, welche die Milch für den bekannten Ziegenkäse liefern
Cordeiro Bragançano
Zicklein der nordportugiesischen Rasse Churra Galego Bragançano beiderlei Geschlechts, die im Alter von drei bis vier Monaten geschlachtet werden

Weitere Rassen erhielten eine Indicación Geográfica, eine Vorstufe der DO.

Ensopado de borrego
Lammragout
(Abbildung unten links)

Für 8 Personen

2 kg Lammfleisch
100 ml Olivenöl
5 Knoblauchzehen
Salz, schwarzer Pfeffer
3 Zwiebeln
1 EL Paprikapulver
2 Lorbeerblätter
1 EL Weißweinessig
$1/4$ l trockener Weißwein
$1/2$ l Fleischbrühe
8 dünne Scheiben helles Sauerteigbrot

Das Lammfleisch in große Würfel (je etwa 50 g) schneiden. Den Knoblauch schälen und fein hacken. Fleisch und Knoblauch mit dem Olivenöl in einen großen Topf geben, salzen und pfeffern und erhitzen.
Die Zwiebeln schälen, hacken und zu dem Fleisch geben, sobald dies rundum leicht gebräunt ist. Mit Paprika bestäuben, Lorbeerblätter, Essig und Wein hinzufügen und die Hälfte der Fleischbrühe angießen. Umrühren und das Fleisch bei schwacher Hitze etwa 30 Minuten schmoren. Dann erneut durchrühren und die restliche Brühe zugießen. Weitere 20–30 Minuten garen und abschmecken.
In tiefe Teller jeweils 1 dünne Scheibe Sauerteigbrot legen. Darauf die Lammstücke geben und mit der dünnflüssigen Fleischsauce übergießen. Dazu paßt ein junger Rotwein aus dem Alentejo.

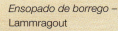

Ensopado de borrego –
Lammragout

Bife à café –
Steak nach Art Lissaboner Cafés

Bife à café
Steak nach Art Lissaboner Cafés
(Abbildung unten Mitte)

Für 1 Person

40 g Butter
1 Entrecôte (etwa 200 g)
grobes Meersalz, schwarzer Pfeffer
1 EL Kartoffelmehl
3 EL Milch
1 EL Senf
einige Tropfen Zitronensaft

In einer schweren Pfanne die Hälfte der Butter erhitzen. Das Fleisch auf beiden Seiten schnell bräunen, mit Salz und Pfeffer würzen.
Die Hitze reduzieren. Kartoffelmehl und Milch verquirlen und mit der restlichen Butter zu dem Fleisch geben, gut durchrühren und nach Geschmack weitergaren. Zum Schluß Senf und Zitronensaft in die Sauce rühren. Mit handgeschnittenen Pommes frites servieren.
Dazu paßt ein roter Reserva aus dem Douro.

Iscas com elas
Marinierte Kalbsleber
(Abbildung unten rechts)

Für 3–4 Personen

500 g Kalbsleber
2 Knoblauchzehen
Salz, weißer Pfeffer
1 Lorbeerblatt
1 EL Weißweinessig
100 ml trockener Weißwein
500 g Kartoffeln
40 g Schweineschmalz
1 EL grobgehackte glatte Petersilie

Die Leber in sehr dünne Scheiben schneiden und auf einer großen Platte (kein Metall) ausbreiten. Den Knoblauch fein hacken und über die Leber streuen, mit Salz und Pfeffer würzen. Das Lorbeerblatt hinzufügen und alles mit Essig und Wein übergießen. Mindestens 2 Stunden, besser über Nacht marinieren, dabei die Leberscheiben mehrmals wenden.
Die Kartoffeln in der Schale kochen, pellen und in Scheiben schneiden. Das Schweineschmalz in einer Pfanne erhitzen, die unabgetropften Leberscheiben hineingeben und nur kurz von beiden Seiten anbräunen; sofort herausnehmen.
Das Lorbeerblatt aus der Marinade nehmen, die Marinade in die Pfanne geben und einkochen lassen. Die Leberscheiben durch die Sauce ziehen und auf einer vorgewärmten Platte anrichten.
Dann die Kartoffelscheiben in der Sauce wenden und um die Leber verteilen. Mit Petersilie bestreuen und servieren.
Dazu einen roten Dão reichen.

Kleines Fleisch-Glossar

Boi – Ochse
Borrego – Lamm
Cabrito – Ziege
Carneiro – Hammel
Codornizes – Wachteln; beliebt als Petiscos und gegrillt als gängiges Hauptgericht
Coelho – Kaninchen, insbesondere im Norden von hoher Qualität und vielfältig zubereitet
Frango do campo – Freilandhähnchen
Galo – Hahn; wo er auf der Speisekarte erscheint, handelt es sich um echte Exemplare
Galinha do campo – Großes Freilandhuhn; meist von kleinen Höfen
Ganso – Gans; selten gegessen
Javali – Wildschwein; von ausgezeichneter Qualität, meist geschmort
Leitão – Spanferkel; sehr beliebtes Gericht
Novilho – junges Rind; nicht älter als 30 Monate, nicht schwerer als 300 Kilogramm
Pato – Ente; berühmt mit Reis als *arroz de pato*, aber selten
Perdiz – Rebhuhn; in Spitzenrestaurants oft zubereitetes, erstklassiges und teures Wild
Peru – Truthahn; für das typische portugiesische Weihnachtsessen
Vaca – Kuh, Rind
Vitela – Milchkalb von meist sechs Monaten, aber bis neun Monate und 150 Kilogramm

Iscas com elas – Marinierte Kalbsleber

Würste und Schinken

Dem Schwein kommt in Portugal eine besondere Bedeutung zu. Seit Jahrhunderten fungiert es als wesentliche Stütze der Ernährung, ob in den bergigen Regionen des Nordens oder in den heißen Ebenen des Südens. Nicht nur wurde es auf den landwirtschaftlichen Gütern im großen Stil gehalten oder von Hirten in den Korkeichenwäldern gehütet – in ländlichen Regionen hielt nahezu jede Familie ein oder zwei Schweine für den persönlichen Bedarf. Von Generation zu Generation wurde weitergegeben, wie man Schweinefleisch durch Einsalzen und Räuchern konserviert.

Obwohl in Portugal die gesamtiberische Tradition der Paprika- und Blutwürste gepflegt wird, gibt es eine unüberschaubare Fülle von regionalen Spezialitäten. Nicht selten werden die Würste immer noch hausgemacht. Ein Beispiel dafür ist Barrancos, eine kleine Enklave am Ostrand des Alentejo, die mit ihrer Spitze nach Spanien hineinragt. Dort werden reinrassige schwarze Schweine gehalten, aus deren Fleisch die besten Schinken und Würste Portugals hergestellt werden. Aber erst seit sich einige Erzeuger zusammenschlossen, werden sie überhaupt vermarktet und gelangen unter dem Etikett »Casa do Porco Preto« in den Handel. Auch im Norden des Alentejo, in der Gegend von Portalegre, die ebenfalls für ihre Wurstwaren bekannt ist, erlebt das dort *porco alentejano* genannte schwarze Schwein eine Renaissance.

Linguiça
Zungenwurstartige Chouriço, magerer und mit größeren Fleischstücken

Chouriço caseiro com vinho
Dunkle Paprikawurst mit hohem, eindeutig schmeckbarem Weinanteil

Chouriço
Landesweit verbreitete, recht fette Paprikawurst; roh, in Eintöpfen oder Suppen; auch gegrillt oder in Tontellern flambiert

Ouvido beira la mego
Entbeinter, getrockneter und geräucherter Schweinskopf für Eintopfgerichte

Chouriço caseiro
Besonders helle Paprikawurst mit feingemahlenem Fleisch

Morcela
Geräucherte, harte Wurst aus Schweineblut, magerem Fleisch, Fett und Brot; kräftig gewürzt; diverse Varianten; gekocht, gegrillt, gebraten oder im Ofen gebacken

Portugal

Salpição
Geräucherte Wurst aus Schweine- oder anderem magerem Fleisch, das zuvor mit Weißwein, Knoblauch und Gewürzen mariniert wurde

Paio
Dicke, leicht geräucherte Wurst aus Filetstücken vom Schwein; dezent gewürzt

Orelheira
Großzügig abgetrenntes Schweinsohr; im Norden geräuchert; wichtige Zutat für Eintöpfe

Paio de Barrancos
Aus dem Fleisch schwarzer Schweine; mit Paprika gewürzt; exzellente Qualität

Paio de lombo
Im Naturdarm getrocknetes Filet vom iberischen Schwein: Spezialität von Barrancos

Paiola
Feines, sehr gesuchtes Stück mit dichter Fettmaserung vom iberischen Schwein; mit Paprika, Pfeffer und Knoblauch gewürzt

Pézinho do porco
Schweinsfüßchen; geräuchert; sehr beliebt für Eintöpfe

Salsichão
Feine Wurst nach Salami-Art vom iberischen Schwein; mit geringem Fettanteil und ganzen Pfefferkörnern; Spezialität von Barrancos

223

Brot

Brot, *pão*, ist ein essentielles Lebensmittel in Portugal. Kaum ein Land in Südeuropa hat ein so kerniges, im Grunde noch archaisches Brot aufzuweisen wie die Portugiesen. Es behauptet sich unangefochten, obwohl fast jedes Gericht mit Kartoffeln und/oder Reis auf den Tisch kommt. *Pão caseiro*, das klassische, hausgemachte Brot ist ein Hochgenuß. Auf dem Lande häufig erhältlich, weisen in den Städten Schilder oder Zettel mit der Aufschrift *pão cozido na lenha* darauf hin. Das Verb *cozer*, »kochen«, bedeutet in diesem Fall »backen«, während *lenha* Brennholz heißt. Feinstes Aroma erhalten Brote, wenn das Feuer mit Pinienästen gemacht wird.

Für den Brotteig verwendet man nicht nur reines Weizenmehl, sondern Mischungen mit teilweise hohem Anteil an Roggenmehl. Als Backtriebmittel nimmt man Hefe, natürlichen Sauerteig oder beides. Man macht sich Mühe und knetet den Teig lange von Hand. Die hohe Temperatur in den Holzöfen sorgt für ausgeprägte rösche Krusten. Im Minho, der Region des Vinho verde, wird *broa de milho* gebacken, ein gelbes Brot mit hohem Maisanteil, das zur Caldo verde, der berühmten Grünen Suppe, gehört. Jedes Dorf backt nach eigenem Rezept. *Broa de avintes* eroberte mit seiner ungewöhnlichen Form eine Sonderstellung: Es gleicht einem kleinen, oben abgerundeten Turm. Sein Teig, in den etwas Honig gehört, ist schwarz. Es wird in dünne Scheiben geschnitten und paßt mit seinem starken Eigengeschmack am besten zu Wurst und Schinken.

Oben: *Pão*, portugiesisches Brot, kann als Symbol für die ursprüngliche Kulinarik gelten – ob als *pão caseiro*, hausgemachtes Brot, das in immer wieder anderen Formen gebacken wird, oder als *broa de avintes*, ein kleines hohes, sehr kompaktes Brot (im Papier), oder als *broa de milho* (angeschnitten).

Piri-Piri ist eine in Portugal überaus verbreitete Würzsauce aus roten Pfefferschoten

224 **Portugal**

Olivenöl

Portugiesen lieben ihr Olivenöl. Nicht nur findet es beim Braten und Dünsten reichlich Verwendung, oft wird das fertig zubereitete Gericht bei Tisch noch ausgiebig mit Öl beträufelt, insbesondere Fisch und Gemüse. Olivenöl wurde in Portugal vermutlich schon vor den Römern gepreßt. Unter ihrer Herrschaft wie unter der der Mauren dehnten sich die Olivenhaine aus. Später förderten Tempelritter die Ölproduktion, indem sie Pressen errichteten. Das Land unter den Bäumen wurde meist anderweitig genutzt. Noch heute schützt jeder zweite Hain eine andere Kultur, darunter Weizen, Kartoffeln, Mais und Kohl.
In ganz Portugal sind insgesamt 316 000 Hektar mit Olivenbäumen bepflanzt, die von 190 000 Landwirten bewirtschaftet werden. Es gibt an die 30 Sorten. Etwa drei Viertel der 50 Millionen Bäume sind sehr alt. Der überwiegende Teil, der in bergigen Regionen wächst, ist sich selbst überlassen und wird von Hand geerntet.

Die wichtigsten Anbaugebiete für *azeites extra irgem* mit Denominação de Origem (DO), mit Herkunftsbezeichnung, sind:
• Trás-os-Montes – Aus dem Douro-Tal, dort wo die Portwein-Trauben gedeihen; hohe Qualität; leichtes, sehr feines Olivenöl, Duft nach frischen Oliven und Kräutern; sehr fruchtig im Geschmack;
• Beira Alta und Beira Baixa oder Beira Interior – Östliche Regionen unterhalb des Douro; schließt unter anderem die Weingebiete Pinhel und Castelo Rodrigo ein; meist grünlich-gelb; sehr aromatisch und fruchtbetont;
• Ribatejo – Aus den Weingebieten des Ribatejo; historisch berühmte Anbauregion an den Ufern des Flusses Tagus mit hochangesehenen Qualitäten; geringe Produktion; goldgelber Ton, leicht dickflüssig; sehr fruchtig;
• Norte Alentejo – Nördliches Alentejo, darunter die Weinregionen Portalegre, Borba und Redondo; auch Anpflanzungen neuer regelmäßigerer Sorten; etwas dickflüssiger; kräftiger Geschmack;
• Moura – Gemeinden im Umkreis der Stadt Moura und aus dem Kreis Serpa sowie der Weinregion Granja im südlicheren Alentejo; aus den Sorten Galega und Verdeal; grüngelb; intensives Olivenaroma; feiner Bitterton.

Piri-Piri und andere Gewürze

Zu den beliebtesten Gewürzen in Portugal gehört Piri-Piri, sehr scharfe, kleine, rote Pfefferschoten aus Angola. Anfangs handelte es sich um winzige Malagueta-Schoten, wie sie noch in vielen Gärten geerntet werden. Piri-Piri gibt man mit Vorliebe an Meeresfrüchte, aber auch an Geflügel, Eintöpfe oder Marinaden. Außerdem mischt man kleingehackte Piri-Piri mit Olivenöl, Essig und grobem Meersalz, um damit bei Tisch nachzuwürzen. Die Würze gibt es auch fertig als Handelsware (Abbildung linke Seite).
Aufgrund der langen Geschichte des Landes als Kolonialmacht haben Portugiesen Geschmack an exotischen Aromen gefunden. *Caril*, Curry, wird viel, aber sparsam benutzt. *Canela*, Zimt, dominiert bei Desserts und Kuchen statt Vanille. Unter den Kräutern sind *coentros*, frische Korianderblätter, hochgeschätzt, aber auch *hortelã*, Minze, *louro*, Lorbeer, *oregão*, wilder Majoran, und *salsa*, glatte Petersilie werden gern verwendet. Fleischgerichte würzt man mit *nozmoscada*, Muskatnuß, *cominho*, Kreuzkümmel, und/oder *cravinho*, Nelken. Natürlich fehlt *alho*, Knoblauch, höchst selten.

Gallo–Azeite Novo–Colheita 94·95: Mit Jahrgangsangabe; Olivenöl hat jung die meisten Aromen

Romeu, Casa Menéres: Öl aus den biologisch kultivierten Olivenhainen des bekannten Familienguts

Moura, Cooperativa Agricola de Moura e Barrancos: Ein *virgem extra especial* aus dem Alentejo.

Vilaflor: Unter dieser Handelsmarke wird ein feines, nur 0,5 Grad Säure enthaltendes Öl abgefüllt

Santa Rosa: Aus der besten Olivenregion Terra Quente, traditionell gereinigtes Spitzenöl

Quinta Domoste: Eine gängigere Qualität mit 0,7 Grad Säure, das von einem einzigen Gut geliefert wird

Die handgemachten Käse Portugals sind ein kulinarischer Schatz. Oft wird die Milch durch eine Distelart zum Gerinnen gebracht wie bei dem reifen, aber milden Amarelo (oben links) oder dem reinen Schafmilchkäse aus der Region Castelo Branco (oben rechts), aber auch dem halbfesten Käse aus Nisa im nördlichen Alentejo (unten rechts). Berühmt ist der Queijo da Serra Estrela (unten links), ein Almkäse, der als *amanteigado* wunderbar fein und würzig zerläuft und mit dem Löffel gegessen wird.

Käse

Per Hand gemachte Rohmilchkäse erleben in Portugal eine Renaissance. Ihre jahrhundertealte Tradition, die durch standardisierte Massenprodukte in Gefahr zu geraten drohte, wurde 1985 durch die Zuerkennung von zehn Herkunftsbezeichnungen geschützt. Noch vor wenigen Jahren waren sie kaum zu bekommen. Sie wurden allenfalls auf regionalen Käsemärkten oder in den wenigen hervorragend sortierten *charcutarias*, den Feinkostgeschäften Lissabons, angeboten. Inzwischen aber veranstalten Supermarktketten wie Pingo Doce oder Continente im März, wenn die Käse am besten und häufigsten sind, einen *Feira de Queijo*, ein Käsefestival. Zwei bis drei Wochen lang werden bis zu 50 verschiedene Rohmilchkäse angeboten und gewähren einen bequemen und köstlichen Einblick in eine eigenständige Käsewelt. In ihr sind reine Schafmilchkäse am höchsten angesehen. Sie alle besitzen, abgesehen von den jeweils spezifischen Qualitäten ihrer Region, einen unvergleichlichen hausgemachten Charakter.

Portugals Käsesorten

Azeitão
Berühmter Schafskäse aus dem Arrábida-Gebirge bei Setúbal; Rarität von vier Erzeugern; mit Ferment aus spezieller Distelart geronnen; am besten zwischen Januar und April, dann als *amanteigado*, als läufiger Weichkäse; 100 bis 250 Gramm schwer.

Cabreiro
Ziegenkäse und Käse mit Ziegenmilchanteil aus Castelo Branco und Beira Baixa; als weiche, salzige Ziegenfrischkäse sehr beliebt; regionale Spezialität; auch gereift und pikant.

Evora
Schafmilchkäse aus dem Alentejo; meist als feste und scharfe Miniatur von 60 bis 90 Gramm, bei Arbeitern als Zwischenmahlzeit beliebt; auch bis 300 Gramm, dann meist frischer und weicher, leicht salzig.

Nisa
Halbfester Schafskäse aus dem nördlichen Alentejo; mit *cardo*, einer Distelart, zum Gerinnen gebracht; entweder 200 bis 400 Gramm oder 800 bis 1300 Gramm schwer.

Ovelheira
Umgangssprachlicher Name für gereifte, reine Schafskäse aus den Gemeinden um Castelo Branco und angrenzenden Gebieten der Beira Baixa; harte Rinde; pikanter Geschmack; als Reibekäse verwendet.

Queijo amarelo da Beira Baixa
Dunkelgelber Käse; aus reiner mit Ziegenmilch vermischter Schafsmilch; gereift, doch milder, butteriger, aber intensiver Geschmack.

Queijo da Ilha oder São Jorge
Einziger namhafter gepreßter, krümeliger Kuhkäse Portugals; von den Azoren; mit DO-Siegel aus Rohmilch; zylindrische Form; acht bis zwölf Kilogramm schwer; entweder sehr pikant oder in milder Version; wird oft gerieben verwendet.

Queijo da Serra Estrela oder Queijo da Serra
Der große Star unter den Schafskäsen; kommt von dem bis knapp 2000 Meter aufsteigenden Hochplateau; Almkäse aus der Milch von Bordaleira-Schafen; ein bis 1,7 Kilogramm schwer – als *amanteigado*, butterartig, feine, sahnige Struktur, dezente Würze und Säure; zerlaufend, von Leinenband zusammengehalten, oft mit dem Löffel gegessen – *meio-curado*, halbgereift ab Mai, dann bereits schnittfest – *curado*, gereift, nach einem Jahr, intensiverer Geschmack, aber noch sahnige Note.

Queijo de cabra Serrano Transmontano
Sehr harter Ziegenkäse aus dem Norden Portugals, aus der Milch der dortigen Ziegenrasse; Gewicht von 600 bis 900 Gramm; wenig bekannt. Sonst werden unter *cabras* Ziegenfrischkäse verstanden, die besonders im Alentejo populär sind.

Queijo de Castelo Branco
Schafkäse aus der Region der Serra Estrela; mit *cardo*, einer Distelart, zum Gerinnen gebracht; überwiegend halbreif, als *meio-curado*, angeboten; zwischen halbweich und halbfest; oder gereift, dann hart und zum Reiben benutzt.

Queijo picante da Beira Baixa
Harter oder halbfester Mischkäse; dem Namen entsprechend scharf und würzig im Geschmack; oft recht salzig; 400 bis 1000 Gramm schwer.

Rabaçal
Südlich von Coimbra erzeugt; aus etwa 80 Prozent Schaf- und 20 Prozent Ziegenmilch; mit Ziegenlab geronnen; 300 bis 500 Gramm schwer; am besten halbweich im März, April; typische, dezente Schärfe.

Serpa
Reiner Schafskäse aus dem Umkreis der Stadt Serpa im Baixo Alentejo; aus der Milch von Merino-Schafen; in verschiedensten Formen, am häufigsten 1,5 bis zwei Kilogramm schwer, aber auch als *merendeira* mit 250 Gramm; von Januar bis April als *amanteigado*, zerlaufend und weich; aber auch als *meio-curado*, halbfest, oder *curado*, hart, beliebt; komplexer, markanter, aber sahniger Geschmack; zur Herstellung werden weiße Wolltücher verwendet.

Terrincho
Cremiger, weißer Käse aus Trás-os-Montes; nur aus Milch der Rasse Churra da Terra Quente; 800 bis 1200 Gramm schwer.

Süßes und Feingebäck

Portugiesen haben einen süßen Zahn. Auf keinem anderen Sektor kulinarischer Spezialitäten wirkten und wirken sie mit einem solchen Überschwang an Erfindungsgeist wie bei den *doces*, Süßigkeiten. Dabei wird vor allem das Grundthema Eigelb und Zucker unzählige Male variiert. Daß man Eigelb in so unglaublicher Fülle verwendete, hatte einen praktischen Hintergrund: Es war gewissermaßen »übrig«, da man Eiweiß in großen Mengen benötigte, um Rotwein zu schönen und um die Takelage der Segelschiffe zu bestreichen. Seinen Ursprung nahm die süße Kunst in den über das ganze Land verbreiteten Nonnenklöstern. Fromme Schwestern zauberten aus Eidottern und Zucker immer neue Köstlichkeiten, um klerikale oder weltliche Persönlichkeiten für ihren Konvent einzunehmen oder sich selbst das rigide Klosterleben zu versüßen. Als die Klöster aufgelöst wurden, gab man die oft jahrhundertealten Rezepte an Laien weiter. Andererseits hüteten auch Familien über Generationen süße Geheimnisse, bis sie sich an ihrem Wohnort als Spezialität etablierten. Fast jede Stadt und viele Dörfer nähren ihren kulinarischen Stolz aus speziellen *doces de o os*, Süßigkeiten aus Eiern, die nur sie fabrizieren und die nur in ihrer Gemeinde gekauft und genossen werden können.

Portugiesen finden Zugang zu einem neuen Ort oder einer neuen Umgebung in der *pastelaria*, der Konditorei. Nach ihren Süßigkeiten und Gebäcken werden sie beurteilt, wobei zum Genuß auch das taktile Empfinden gehört. Aufbau und Struktur von Teig, von Hülle und Füllung bereiten Gefühle von Leichtigkeit oder Schwere. Einige Lissaboner Cafés werben mit Auslagen von Küchelchen, die regionale Namen tragen. Tagtäglich werden sie aus dem ganzen Land frisch beliefert. Denn kein einzelner Konditor wäre in der Lage, die arbeitsaufwendigen regionalen Kunststücke zu kopieren. Abgesehen davon, daß manche Rezepte immer noch strikt gehütet werden, obwohl jedes traditionelle portugiesische Kochbuch den *doces* mehr Platz einräumt als jeder anderen Rubrik.

Außer den unzähligen *doces de o os* ist *pudim*, Pudding, sehr beliebt. Nicht zuletzt daran zeigt sich das Niveau eines Restaurants – ob es sich nun um einfachen *pudim flan* mit Karamelsauce oder *pudim de leite* mit karamelisiertem Zucker und oft

228 **Portugal**

etwas Zitrone handelt oder um *pudim de abóbora*, mit orangefarbenem Kürbis, *de limão*, mit Limone oder Zitrone, oder *de laranja*, mit Orange.

Ein Favorit ist *pudim de amêndoa*, der Mandelpudding, und in Nordportugal *pudim do abade de priscos*, mit geräuchertem Speck, Zimt, Zitronenschale und Portwein. Der dezenter gesüßte *arroz doce*, Milchreis, wird meist in Tonschälchen serviert, und die simple *leite creme*, eine Creme aus Milch, Eigelb, Zucker und abgeriebener Zitronenschale, macht dem *pudim flan* Konkurrenz. Unter den Kuchen gibt es in vielen Regionen süße *broas* aus Maismehl. Auf Madeira wird der sehr reichhaltige *bolo de mel* aus Gewürzen, Nüssen, Trockenfrüchten und Madeira gebacken. Zu Ostern gibt es im ganzen Land Variationen des lockeren *pão de ló*, während Weihnachten der *bolo rei*, der Königskuchen, geteilt wird. Wer von diesem Hefekuchen mit Trockenfrüchten und Nüssen jenes Stück erhält, in das eine Saubohne, ein Spielzeug oder ein Schmuckstück eingebacken wurde, darf sich glücklich schätzen – aber er muß allen Tischgenossen im nächsten Jahr einen Königskuchen schenken.

Feingebäcke und kleine Kuchen

Die Ziffern in Klammern verweisen auf die nebenstehende Abbildung.

Bolinhos de amêndoa
Kleine Mandelkuchen; in zahlreichen Variationen
Bolo de coco
Kleine Kuchen mit Kokosnuß
Dom Rodrigo
Spezialität an der Algarve; aus Eigelb und geriebener Mandelmasse
Morgado
Aus Eigelb, Zucker, Mandeln und manchmal Feigen; Spezialität der Algarve
Ovos moles (1, 2)
Spezialität aus Aveiro; Masse aus Eigelb, Zucker, manchmal Reis und Zimt, die in Oblatenteig gefüllt wird; vielfältige Formen wie Muscheln, Schnecken, Fische, Fässer, die in Pappschachteln verpackt werden; auch pur von 100 Gramm bis zu mehreren Kilogramm in bemalten Holzfäßchen
Papos de anjo (4)
»Engelsmägen«; Formen aus Eigelb-Zucker-Masse, mit Sirup oder Marmelade überzogen
Pastel de nata (5)
Leicht blättrige Teighülle, gefüllt mit Puddingmasse aus Eiern, Sahne, Zucker; heißen in Lissabon nach dem Stadtteil *pastel de Belem*, wo sie im berühmten Jerónimo-Kloster vor Jahrhunderten erfunden wurden
Pastéis de brasão (9)
»Wappentörtchen«; Marke einer Pastelaria für ihre *Pastéis de feijão*, Bohnenpastetchen
Pastéis de cenoura (3)
Pastetchen mit einer Füllung aus Möhren, Eiern, Zucker, manchmal auch Nüssen
Pastéis de feijão (9)
Küchelchen mit weißen Bohnen; berühmt in Torres Vedras bei Lissabon, zusätzlich mit Mandeln
Pastéis de grão
Kleine Kuchen aus Kichererbsenmehl
Pastéis de laranja (7)
Kleine Mürbeteigkuchen, deren Eier-Zucker-Füllung mit Orangenschale aromatisiert ist
Pastéis de Santa Clara oder de Tentugal
Berühmte, längliche Teilchen mit dünner, transparenter Hülle, gefüllt mit *ovos moles*, mit Reis; knistern im Mund wie Papier
Pinhoadas
Schnitten von Pinienkernen, gebunden mit Honig, Zucker und Butter; Spezialität aus Alcácer do Sal im Alentejo
Queijadas
Kleine Kuchen aus Frischkäse und Eigelb; im Raum Lissabon hervorragende *queijadas de sintra* mit geraspelten Mandeln, Kokosnuß und Zimt
Rabanadas
Gebratene Brötchen oder Brotscheiben, die in Milch, Eier, Zucker, Honig, abgeriebene Zitronenschale und Wein getaucht werden
Tarte de amêndoa (8)
Mit Mandelsplittern belegte Törtchen oder Torten
Tigeladas (6)
Lockerer, schaumiger, dicker, pfannkuchenähnlicher Pudding aus Milch, Eiern, Zucker, in Tonförmchen im Ofen gebacken
Toucinho do céu
»Himmelsspeck«; unter dieser Bezeichnung im ganzen Land Süßigkeiten aus Eiern, Mandeln, Kürbis und Butter, selten mit echtem Speck

Früchte und Nüsse

Auch bei frischen oder getrockneten Früchten hat sich Portugal seine Ursprünglichkeit bewahrt. So gibt es Orangen und Kastanien, Äpfel und Oliven, Kirschen und Pinienkerne, Aprikosen und Mandeln in vielen einheimischen Sorten. Geschmacklich lassen sie moderne Züchtungen weit hinter sich, in der Produktivität sind sie dagegen unterlegen. Fast jede Frucht wird zusätzlich importiert, nur bei wenigen übersteigt der Export den Import.

Auf den Märkten sind oft die einheimischen, nicht selten äußerlich unansehnlicheren Produkte teurer als Importware – mit Recht, denn sie gedeihen auf natürliche Weise, bringen niedrige Erträge, dafür konzentrierte Aromen. Meist verlangen sie einen großen manuellen Arbeitsaufwand, den qualitätsbewußte Kunden gleichwohl zu schätzen wissen. Große Tradition besitzt Portugal im Trocknen von Früchten. Vor allem die Algarve mit ihrem heißen Klima entwickelte darin eine wahre Meisterschaft. Unter dem Einfluß der Mauren wurden Häuser mit Flachdächern gebaut, die als Terrasse, als *açoteia* dienten und ideale Voraussetzungen bieten für das Trocknen von Feigen, Trauben, Aprikosen und anderem Obst. Die Algarve ist außerdem für die Qualität ihrer Mandeln berühmt.

Nüsse und Knabbereien

Die in Klammern angegebenen Ziffern verweisen auf die Abbildungen ganz unten.

Amêndoa (3, 5) – Mandeln; ein typisches Produkt Portugals; hervorragende Qualitäten aus dem Douro-Gebiet mit Herkunftsbezeichnung; auch Algarve und Alentejo; insgesamt 43 000 Hektar und 19 000 Tonnen; vor allem für Kuchen verwendet; geröstet und gesalzen eine beliebte Knabberei

Azeitona de mesa – Eßoliven; zusammen 12 500 Hektar in Trás-os-Montes, Beira Interior und Alentejo; Produktion 16 500 Tonnen, davon 23 Prozent für den Export; mehrere eigenständige Sorten; mit verschiedenen Füllungen oder mariniert gegessen; am häufigsten kleine schwarze Sorten

Castanha – Eßkastanien; 17500 Hektar, überwiegend in Trás-os-Montes und Beira Interior; gut 30 Prozent der jährlichen 13 000 Tonnen werden im Spätherbst exportiert, damit meist wichtigste Exportfrucht; Volksnahrungsmittel, vor allem in Suppen; im Herbst geröstet im Dutzend in alte Zeitungen oder Telefonbuchseiten gewickelt an jeder Lissaboner Straßenecke

Fava frita (6) – Fritierte dicke Bohnen; gesalzen und meist mit Piri-Piri pikant gewürzt; beliebte Knabberei

Miolos de pevide (1, 2) – Kürbiskerne; geschält oder ungeschält

Miolos de pinhão (4) – Pinienkerne; aus küstennahen Pinienwäldern; oft bedeutendstes Exportprodukt unter portugiesischen Früchten; überwiegend per Hand aufgeschlagene Zapfen; intensiver Geschmack; gesalzen oder für Kuchen

Zu den beliebtesten Knabbereien gehören *tremoços*, eine eingelegte Bohnenart.

Köstliche Feigen wachsen an der Algarve und trocknen dort in der intensiven Sonne.

1 Geschälte und gesalzene Kürbiskerne

2 Ungeschälte Kürbiskerne

3 In Olivenöl geröstete und gesalzene Mandeln

Mel – Honig

In den abgelegenen und wilden Landschaften des portugiesischen Hinterlandes findet sich eine oft einzigartige Flora. Von der Sonne verwöhnt, entfalten Blüten von Wildkräutern reichlich Nektar und Aromen. Portugiesische Bienen produzieren die höchsten Honigerträge Westeuropas. Insgesamt existieren 210 000 Völker, um die sich 70 000 Imker kümmern.

Die besten Honige kommen aus Naturschutzgebieten. So wird in der Serra da Malcata in der Region der Beira Baixa hervorragender Heidehonig gewonnen. Vor allem Trás-os-Montes, Beira, Estremadura, Alentejo und die Algarve sind als Honig-Regionen bekannt. Von der Algarve, wo auch Met hergestellt wird, stammen Trachtenhonige von Orangenblüten. Inzwischen wurden 13 Herkunftsbezeichnungen eingeführt.

Den wilden Landschaften verdankt Portugal hervorragende Honigqualitäten, die oft in solchen Gläsern abgefüllt werden.

Rosmarinhonig, von wildwachsenden Sträuchern, besitzt eine unvergleichliche Würze.

In der Serra da Malcatat wächst eine Heideart, die diesen für seine Heilwirkungen berühmten Trachtenhonig liefert.

Die Heidekräuter der kargen Serra da Estrela verleihen diesem Honig intensivsten Geschmack.

Mandeln in Honig – zwei typische Spezialitäten auf leckerste Weise vermählt.

Unwiderstehliche und feinaromatische Nascherei: Pinienkerne in Honig.

4 Pinienkerne

5 Ungeschälte Mandeln

6 Fritierte dicke Bohnen

Vinho verde

Portugals populärster Weißwein gewinnt weltweit Freunde durch Frische und Leichtigkeit. Sie wird bei den zwischen 8,5 und 11,5 Volumprozent leichten Weinen durch viel Kohlensäure unterstützt, die ihm Spritzigkeit verleiht. Da sie ihn am Gaumen aber härter macht, sind führende Markenweine (bis auf eine Ausnahme) halbtrocken. Selbstabfüllende Weingüter, *produtores-engarrafadores*, bieten dagegen vorwiegend trockene Verdes an. Seinen Namen hat der »Grüne Wein« nicht etwa vom grünen, säurebetonten, bisweilen unreifen Charakter, sondern von der üppig grünen Natur seiner Heimat, dem Minho. Im regenreichen Nordwesten Portugals herrschen ideale Wachstumsbedingungen. Um die Ernährung der Bevölkerung des am dichtesten besiedelten Gebiets Portugals zu garantieren, war Weinanbau über Jahrzehnte verboten. Man gestattete ihn im Minho nur als Feldbegrenzung. Dies machten sich die Weinbauern zunutze, indem sie einen bis vier Weinstöcke um Pappeln, Platanen oder Kastanien pflanzten (die sie zuvor arg stutzten). Die Reben schossen am Baum empor und bildeten *uveiras*, hängenden Wein. Nach einem ähnlichen Prinzip baute man tunnelartige Gerüste und ließ den Wein Straßen und Wege überranken. Zwar gibt es mittlerweile auch übliche Rebflächen, aber noch immer prägen bis zu zehn Meter hoch gezogene Reben Landschaft und Weinbau. Mag die Lese auch zur Akrobatik ausarten, die Vorteile dieser Anbauweise in einem feuchten Klima sind offensichtlich: In luftiger Höhe sind Blätter und Trauben wesentlich gefeiter gegen alle Krankheiten. Verwunderlich für ausländische Freunde des Vinho verde ist die Tatsache, daß erst in den letzten Jahren weiße Reben die Oberhand über die Rotweinproduktion gewannen. Vor einem halben Jahrhundert stellte Rotwein über 90 Prozent der Menge. Dabei mögen ihn eigentlich nur Nordportugiesen. Er ist undurchsichtig, schäumt, hat eine schwarzviolette Farbe und schmeckt säuerlich und herb.

Der Vinho verde gedeiht in einer alten Kulturlandschaft, wovon die großartigen Gutshäuser zeugen. Sein Anbaugebiet erstreckt sich an Porto vorbei in den Süden und nimmt viel des Douro Litoral ein, das zwischen Hafenstadt und Portgebiet liegt. Es ist in sechs Subregionen gegliedert: Amarante, Basto, Braga, Lima, Penafiel und Monção. In Monçao (und Melgaço) ganz im Norden gedeiht die Sorte Alvarinho. Sie erreicht höhere Alkoholwerte (11,5 bis 13 Volumprozent) bei lebendiger Säure. Das ergibt frische, mundfüllende Weine mit guter Länge und Eleganz. Sie sind qualitativ den aus Azal, Avesso, Loureiro, Pederna und Trajadura gekelterten Vinhos verdes überlegen. Nur sind sie weniger spritzig, nervös und leicht, weniger *verde*. Während es einem Albarinho guttun kann, zwei Jahre auf der Flasche zu reifen, becirct ein einfacher Vinho verde am meisten, wenn er nicht älter als ein Jahr ist. Eine Jahrgangsangabe signalisiert oft die qualitätsorientierte Philosophie des Erzeugers und der Zusatz *seco* gibt Gewißheit, trockenen Wein zu entkorken, ohne Restsüße oder Süßreserve. Übrigens eignet sich weißer Vinho verde ausgezeichnet als Begleiter zu allen Fischgerichten und Meeresfrüchten. Beliebt ist er aber auch als unkomplizierter, erfrischender und anregender Aperitif und Terrassenwein.

Portugiesische Weinanbaugebiete

Vinho verde und Rios de Minho
Mit 38 000 Hektar das größte und nördlichste DOC-Gebiet Portugals. In ihm werden nicht nur Weiß-, sondern zur Hälfte leicht schäumende, säuerliche Rotweine und Brennweine erzeugt. Deckt sich mit dem Regionalweingebiet Rios do Minho.

Douro und Trás-os-Montes
Die Anbauregion des Portweins (S. 234) liefert inzwischen zur Hälfte trockene Weiß- und Rotweine, die 1982 die DOC Douro erhielten. Über 100 einheimische Rebsorten. Gehört zum Regionalweingebiet Trás-os-Montes, das weiter nach Nord und Ost reicht und die IPRs Chaves, Valpaços und Planalto Mirandês einschließt. Heimat des Matéos Rosé.

Dão, Bairrada und Beiras
Berühmtestes, schon 1907 abgegrenztes Gebiet für erstklassige, gut alternde Rotweine von Granit- und Schieferböden. Umfaßt 20 000 Hektar, aber nur 30 Prozent der Produktion mit DOC-Siegel. Spitzenqualität ist der mindestens vier Jahre alte Dão Nobre. Ein Viertel Weißweine. Liegt im Regionalweingebiet Beiras, das im Norden bis zum Douro, im Osten zur spanischen Grenze und südlich weit über Coimbra reicht. Schließt die DOC Bairrada und die IPRs Encostas da Nave, Varosa, Pinhel, Castelo Rodrigo, Lafoes und Cova da Beira ein. – Nördlich der Universitätsstadt Coimbra liegt die DOC Bairrada in der Provinz Beira Litoral mit bedeutender Schaumweinproduktion in Flaschengärung.

Estremadura (Oeste)
Insgesamt 60 000 Hektar umfassende Landweinregion oberhalb von Lissabon die Atlantikküste hinauf. In ihr liegen von Nord nach Süd die IPRs Encostas de Aire, Alcobaça, Obidos, Alenquer, Arruda und Torres Vedras sowie die DOCs Bucelas mit seinem angenehmen Weißwein, Colares, dessen Weine im Dünensand wachsen, und Carcavelos vor Lissabon, wo auf 20 Hektar Likörwein gedeiht.

Ribatejo
50 000 Hektar großes Gebiet entlang des Flusses Tejo, nordöstlich von Lissabon. Viel Weißwein, aber interessantere Rote. Umfaßt die IPRs Tomar, Santarém, Chamusca, Cartaxo, Almeirim und Coruche.

Alentejo
Das letzte Jahrzehnt haben Genossenschaften und teilweise riesige Güter im heiß-trockenen Südosten zu nutzen gewußt. Mit modernen Methoden gelingen ihnen aromatische und verläßliche Rot- und Weißweine, die jung bereits angenehm zu trinken sind. Anfang 1995 stiegen Portalegre, Borba, Redondo, Reguengos und Vidigueira zur DOC auf.

Setúbal und Terras do Sado
Die Halbinsel von Setúbal südlich von Lissabon und der Küstenstreifen des Alentejo sind in der Landweinregion Terras do Sado vereint. Berühmteste DOC ist jedoch der Moscatel de Setúbal, ein Dessertwein, der im Alter große Komplexität erreicht. Nachbarn sind die für ihre Rotweine bekannten IPRs Arrábida und Palmela.

Algarve
Die reizvolle Küstenregion ganz im Süden Portugals ist als Landweinregion anerkannt, besitzt aber auch die vier DOCs Lagos, Portimão, Lagoa und Tavira, die vor allem touristische Bedeutung haben.

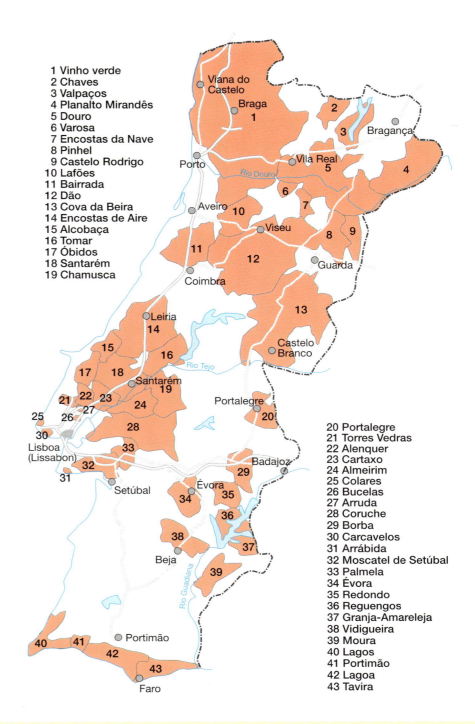

1 Vinho verde
2 Chaves
3 Valpaços
4 Planalto Mirandês
5 Douro
6 Varosa
7 Encostas da Nave
8 Pinhel
9 Castelo Rodrigo
10 Lafões
11 Bairrada
12 Dão
13 Cova da Beira
14 Encostas de Aire
15 Alcobaça
16 Tomar
17 Óbidos
18 Santarém
19 Chamusca
20 Portalegre
21 Torres Vedras
22 Alenquer
23 Cartaxo
24 Almeirim
25 Colares
26 Bucelas
27 Arruda
28 Coruche
29 Borba
30 Carcavelos
31 Arrábida
32 Moscatel de Setúbal
33 Palmela
34 Évora
35 Redondo
36 Reguengos
37 Granja-Amareleja
38 Vidigueira
39 Moura
40 Lagos
41 Portimão
42 Lagoa
43 Tavira

Weinkategorien

Insgesamt wurden bislang 44 Qualitätsweingebiete festgelegt und das gesamte Land 1991 in acht Landweinregionen aufgeteilt:

Denominação de origem controlada, DOC
Der höchsten Stufe gehören bislang 18 Regionen an. Sie schreibt Mindestalkoholgehalt, Rebsortenspiegel und Maximalerträge vor.

Indicação de proveniência regulamentada, IPR
Diese zweithöchste Kategorie ist als Vorstufe zur DOC zu werten und entspricht den französischen VDQS-Weinen. Zu ihr gehören 26 Gebiete.

Vinhos de qualidade produzidos em região determinada, VQPRD
Die beide Qualitätsweinstufen zusammenfassende, oft auf Etiketten verwendete Bezeichnung.

Vinhos regionais
Portugiesische Bezeichnung für Landwein mit acht Hauptregionen und fünf Subregionen. Wird von allen Erzeugern außerhalb der VQPRD-Regionen verwendet sowie für Weine, bei denen der Rebsortenspiegel nicht den DOC-Vorschriften entspricht.

Bezeichnungen, die höhere, ausgesuchte Qualität und ausgebaute Weine mit erster Trinkreife garantieren:
- Reserva – Mindestalter vor dem Verkauf bei Weißwein ein Jahr, bei Rotwein zwei Jahre; oft älter.
- Garrafeira – Wörtlich: »Flaschenkeller«; bezeichnet länger ausgebaute Weine, die mindestens ein Jahr in Flaschen reiften. Weißweine müssen insgesamt mindestens zwei Jahre, Rotweine mindestens drei Jahre gereift sein; oft wesentlich älter und langlebig.

Wichtige Bezeichnungen und Begriffe:
- Superior – Angabe auf Etiketten; besagt höhere Qualität und ein Prozent mehr Alkohol
- Velho – Zwei Jahre Alterung bei Weiß-, drei Jahre bei Rotweinen, oft keine Jahrgangsweine
- Vinho de mesa – Tischwein, oft Verschnittweine
- Vinho leve – Leichtwein; neun Volumprozent Alkohol

Portugal

Portwein

Portugiesen trinken selten Portwein – nur zu besonderen Anlässen wie Weihnachten oder bei Festen. Denn Portwein wurde von Anfang an als Exportartikel geschaffen und nicht für den heimischen Markt.

England hatte sich Mitte des 17. Jahrhunderts große Vorrechte im Handel mit Portugal gesichert. Da der Konsum von Claret aus Bordeaux mal streng verboten, mal nur politisch unerwünscht (immer aber besonders beliebt) war, hätte man ihn zu gern durch portugiesischen Rotwein ersetzt. Nur taugte der damals nicht viel. Für eine Wende sorgte der Marquis de Pombal. Er schuf 1756 eine Klassierung der Weinlagen, die erste der Welt, die klare – noch heute verläßliche – Qualitätskategorien einführte. Schon damals verstärkten Händler Weine mit Brandy, um sie haltbarer zu machen. Doch wohlschmeckend süßer Port, so wie wir ihn kennen, begann sich erst gut hundert Jahre später durchzusetzen.

Daß Portwein so außergewöhnliche Qualitäten erlangen kann, verdankt er wie jeder andere Wein auch der Qualität des Leseguts und dessen optimaler Reife. Seine Trauben gedeihen bis zu einer Höhe von 700 Metern auf steilen, terrassierten Schieferhängen zu beiden Seiten des Douro-Flusses und in dessen Seitentälern, rund 100 Kilometer östlich der Hafenstadt Porto und bis fast zur spanischen Grenze. Der Schiefer schützt tagsüber gegen die im Sommer oft extrem heiße Sonne, gibt aber in den relativ kühlen Nächten Wärme ab. So sorgt er für gleichmäßige Reife der Trauben. Auf den steinigen Böden werden nur geringste Erträge erreicht. Von der großen Fülle an Sorten spielen fünf rote die Hauptrolle: Touriga Nacional, Touriga Francesa, Tinta Roriz, Tinta Barroca und Tinto Cão. Meist beginnt die Lese Ende September, wenn die Trauben zwischen zwölf und 14 Volumprozent potentiellen Alkohol erlangt haben.

Für Portwein kommt es bei der Weinbereitung auf drei Phasen an: das Mahlen der Trauben, die Maischegärung und die Verstärkung mit Brandy. Am bedeutendsten ist dabei die Maischung oder Mazeration. Denn während dieser, beim Port maximal 48 Stunden während Phase löst der gärende Wein Aromen, Farbstoffe und Tannine aus den Beerenschalen. Traditionell geschah dies in *lagares,* offenen, niedrigen und breiten Steinbecken. Im Vergleich zum Tank ist die Oberfläche wesentlich größer, was den Kontakt zwischen Schalen und Saft entsprechend erhöht, zugleich aber die Gärtemperatur begrenzt. Außerdem werden die Trauben in den *lagares* mit den Füßen zerquetscht und getreten, was die optimale Extraktionsmethode ist. Aus Kostengründen hat sich generell Tankgärung durchgesetzt. Aber einige der besten Vintages erhalten nach wie vor zusätzliche Struktur, Tannine und Ausdruck in *lagares*.

Ist der Wein nach eineinhalb bis zwei Tagen etwa zur Hälfte durchgegoren, wird er abgezogen und behutsam mit 77prozentigem jungem, geschmacksneutralem Brandy vermischt. Auf 20 Volumprozent verstärkt, stoppt die Gärung, und dem Portwein bleibt natürliche Süße.

Ab Januar wird der Wein aus dem Douro-Tal nach Vila Nova de Gaia gebracht. Heute geschieht dies per Tankwagen. Die kleine Flotte der *barcos rabelos,* jener urtümlichen Transportkähne, die dort auf dem Fluß vertäut liegen, dient der Nostalgie. Vila Nova de Gaia, dessen Häuser und Kellergebäude, die Caves, sich direkt gegenüber von Porto den Hang hinaufziehen, ist die eigentliche Heimat des Portweins, des Vinho do Porto. In den Caves, den Kellereien, entscheidet sich, was aus den jeweiligen Weinen wird. Denn dort werden sie entsprechend ihrem Charakter in dämmrigen Kellerhallen unterschiedlich ausgebaut, verschieden lange gealtert und dann vermarktet.

In Vila Nova de Gaia, gegenüber von Porto, reifen die in Fässer gefüllten Portweine in den Caves, am Hang gelegenen Kellergebäuden.

Portweine können Jahrzehnte altern und dabei eine außergewöhliche Vielfalt und Intensität an Aromen erlangen.

Unten: Der Portweinhandel war von Anfang an auf den Export ausgerichtet, und viele Häuser wurden von Engländern gegründet.

Madeira

Zarco, portugiesischer Kapitän im Dienste Heinrichs des Seefahrers, landete 1420 auf der sagen- und wolkenumwobenen Insel, 600 Kilometer vor der marokkanischen Küste. Er rodete das dichtbewaldete, unbewohnte Gebirge am Atlantik, das 4000 Meter unter die Wasseroberfläche reicht und bis zu 1861 Meter darüber aufragt, durch Brand. Zuckerrohr und Malvasia wurden gepflanzt, die supersüße, von Kreta mitgebrachte Rebsorte, der spätere Malmsey. Nach der Entdeckung Amerikas gewann Madeira als Proviantstation auf dem günstigsten Seeweg über den Atlantik Bedeutung. Englische Schiffe durften sich nur dort versorgen. Bald fand man heraus, daß Madeira-Wein sich im Tropenklima erstaunlich verbesserte. Britische Kaufleute, die das Weingeschäft in die Hand nahmen, verschifften ab 1750 absichtlich Fässer nach Ostindien und zurück, verstärkten sie aber vorsichtshalber mit Brandy auf 20 Volumprozent. Der Madeira stieg zum Luxusgetränk auf. Längst simulieren die acht Weinfirmen, die von einst 70 übrigblieben, den Tropeneffekt. In *estufas*, durch Heizungen erwärmten Tanks, halten sie die Weine mindestens drei, besser fünf Monate auf 45 Grad Celsius. Danach beginnt der Ausbau in oft mächtigen Holzfässern.

Von den 2100 Hektar Weingärten der Insel, die pro Jahr an die zehn Millionen Liter ergeben, sind lediglich gut ein Zehntel mit den vier edlen weißen Sorten Sercial, Verdelho, Boal und Malvasia bestockt. Nur sie taugen zu großen Weinen. Der Anbau mutet archaisch an: Die Reben Madeiras werden meist als niedrige Pergolen auf Terrassen gezogen. Darunter können die 4000 Weinbauern den kostbaren Boden zusätzlich nutzen. Gepflückt wird gebückt oder auf Knien. Oft muß die Lese bis zur Straße 200 bis 300 Meter hinaufgetragen werden. In primitiven Endlospressen werden die Trauben dann gepreßt. Gepflegte Weinbereitung zählt nicht – auf den langen Ausbau kommt es an.

Leider dominiert die Negra-Mole-Rebe, mit der jeder Winzer, jede Firma nach Belieben verfährt und billigen Madeira jeglicher Geschmacksrichtung herstellt, der 40 Prozent der Gesamtproduktion ausmacht. Das ist ein Unglück. Denn aus den vier Edelreben gealterte Madeiras gehören zu den einmaligsten Spezialitäten der Welt. Sie besitzen eine unglaubliche Eigenschaft: Sie können ewig altern und scheinen sich ständig zu verbessern. Etliche noch verfügbare Jahrgänge vom Beginn des 20. und aus dem 19. Jahrhundert bezeugen dies auf köstlichste Weise.

Hintergrund: Die spektakulärsten Weinberge Madeiras liegen an seiner rauhen Nordküste, oft nur wenige Meter über den Schaumkronen des Atlantiks.

Hervorragende Madeiras

Boal oder **Bual**
Halbsüßer Madeira; immer seltenere Rebe mit kleinen, erstaunlich behaarten Blättern; entwickelt vergleichsweise früh interessante Aromen von getrockneten Aprikosen, Rosinen, Nuß, Karamel und Rancio, der typischen Note von Maderisierung.

Malvasia
Süßer Madeira; weniger häufig als Verdelho; als schwerer Likörwein in angelsächsischen Ländern sehr beliebt; besitzt große Fülle und Länge und im Alter feine Noten von Schokolade.

Sercial
Der trockenste Madeira entwickelt nach etwa zehn Jahren sein sehr komplexes und elegantes Bukett, das mit weiteren Jahrzehnten an Subtilität und Finesse gewinnt; sehr selten.

Terrantez
Legendäre, seit der Reblausplage fast ausgerottete Rebsorte; sehr rare alte Weine von unglaublicher Finesse und Lebendigkeit; am berühmtesten und unvergleichlich der Terrantez 1795 von Barbeito.

Verdelho
Halbtrockener Madeira; frühreifende, verbreitete Sorte, angenehmer Wein mit dezenter Süße; kann nach langem Alter eigenwillige Jod- und Röstnoten aufweisen.

Bettina Dürr

Italien

Toskanische Landschaft mit Olivenbäumen

Vorherige Doppelseite: Der stolze Besitzer einer Metzgerei
vor seinem Laden in Greve im Chianti

Italien weist in Geographie und Klima große Unterschiede auf, was sehr verschiedene Formen von Landwirtschaft begünstigt. Daher gibt es vorzügliche Kuhkäse aus dem Norden, aber ihnen qualitativ in nichts nachstehende Schafskäse im Süden. Greifen norditalienische Rezepte oft auf Butter und Sahne zurück, dominiert in der südlicheren Küche feines Olivenöl. Verstanden es Norditaliener, Risotto und Polenta zu köstlichen Gerichten zu verwandeln, ergingen sich ihre südlichen Landsleute in ungezählten Variationen leckerster Pasta.

Allen Italienern ist eine gewisse *ars vivendi*, Lebenskunst, gemeinsam. Auf gutes Essen wird heute – trotz modernen städtischen Lebens und entsprechender Berufstätigkeit – noch genauso viel Wert gelegt wie früher.

Die lebendige und aktuelle Vielfalt der Zubereitungen basiert auf der Achtung für das Grundprodukt und einem Gespür für Frische und Qualität der Zutaten. Entsprechend reichhaltig und hochwertig ist das Angebot. Unverfälschtheit und geniale Einfachheit sind die Hauptcharakteristiken italienischer Kulinarik – und ein gesunder Sinn für sparsamen Umgang.

In den Städten besteht das Frühstück meist nur aus einem schnell getrunkenen Espresso, wichtiger ist die kurze Vormittagspause gegen zehn Uhr, wenn man gern in einer Bar einen *spuntino*, einen Happen, zu sich nimmt. War früher das Mittagessen Hauptmahlzeit und hieß, Üppigkeit suggerierend, *pranzo*, zu dem sich die ganze Familie bei Tisch einfand, spricht man heute vom *seconda colazione*, zweiten Frühstück, und ißt entsprechend weniger. Nur in den Vorstädten und auf dem Lande, wo die Mittagspause unverändert von 13 bis 16 Uhr dauert, nimmt man sich noch Zeit für ein ausgiebiges Mahl mit drei oder vier Gängen. Umfangreichere Speisenfolgen mit zusätzlichen *antipasti* und *dolci* sind indes dem Sonntag oder besonderen Ereignissen vorbehalten. Das Abendessen wird in den Städten meist gegen 20 Uhr eingenommen und inzwischen schneller konsumiert. Man gönnt sich ein warmes Hauptgericht mit Gemüse und einen Nachtisch. Allerdings bürgert sich ein zusätzlicher Imbiß gegen Mitternacht ein. Denn für delikaten Schinken, feine Salumi oder andere Spezialitäten ist es nie zu spät.

Brot
Pizza
Prosciutto di Parma
Prosciutto di San Daniele
Antipasti
Pasta secca
Pasta fresca
Gnocchi
Polenta
Parmigiano-Reggiano
Pecorino
Gorgonzola
Italiens Käsesorten
Suppen
Kutteln
Reis
Salumi
Salami
Fleisch
Geflügel
Wild
Fische und Meeresfrüchte
Gemüse
Steinpilze
Trüffeln
Olivenöl
Dolci
Panettone
Gelati
Aceto balsamico
Wein
Vin Santo
Grappa
Campari
Aperitifs und Spirituosen
Espresso

Brot

Ohne Brot, *pane*, ist kein italienisches Essen denkbar, ob als Begleitung zu Suppen, Gemüse, Fisch oder Fleisch. In Süditalien stellt man selbst zur Pasta Brot auf den Tisch, und auch zu Weintrauben und Melonen ißt man gern ein Stück Brot.

Die Krume italienischen Brotes ist weiß, feinporig und weich, insbesondere in Norditalien. Lange muß der einfache Hefeteig aus Mehl und Wasser, der manchmal mit etwas Olivenöl oder Schmalz angereichert wird, durchgeknetet werden, um die erwünschte lockere Struktur zu garantieren.

Italiener sind Meister in der vielfältigen und verfeinerten Verwendung von Brot und Brotteigen. Das gilt nicht nur für die weltweit bekannte Pizza. Man röstet und überbackt Brotscheiben, füllt Teige und Teigtaschen, bestreut oder bestreicht Fladen mit Kräutern, Olivenöl oder Käse, aromatisiert Laibe mit Salbei oder Rosmarin, backt Weiches und Krustiges, Helles und Dunkles, Salziges und Ungesalzenes – von der Fülle süßer Brote ganz zu schweigen. Und aus altbackenem Brot stellt man auch nicht zwangsläufig Brösel her, sondern verwendet es zur Zubereitung von Suppen und Salaten.

Wie hoch Italiener das Brot achten, beweist eine geläufige Redewendung: Spricht man von einem liebenswerten, gutherzigen Menschen, dann bezeichnet man ihn als *buono come il pane*, »gut wie das Brot«.

Bruschetta
Geröstetes Knoblauchbrot

4 Scheiben helles italienisches Bauernbrot
2 Knoblauchzehen, zerdrückt
4 EL kaltgepreßtes Olivenöl
Salz, schwarzer Pfeffer

Die Brotscheiben im Ofen von beiden Seiten grillen. Mit dem Knoblauch einreiben und mit Öl beträufeln, gut salzen und pfeffern und sofort heiß servieren.
Hinweis: Oft zerdrückt man auf jeder Brotscheibe zusätzlich eine enthäutete, entkernte mittelgroße Tomate.

Um Crocette zu formen, wickelt der *panettiere*, Bäcker, ausgerollten Ölteig schräg auf.

Den Teig rollt er geschickt zu kleinen, dünnen, gleichlangen Hörnchen.

Mehrere dieser Hörnchen verschlingt er zu einem Knoten.

Hier wird der Teig zu einem Stern geformt, auch Kreuze oder Knäuel sind beliebt.

Brot-Spezialitäten

Die in Klammern angegebenen Ziffern beziehen sich auf die Numerierungen der Abbildung auf der rechten Seite unten.

Biovetta (10), **Filonciono** (7), **Mantovana** (9), **Montasù** (3), **Rosetta** (8), **Soffiato** (11) – verschiedene Brötchenformen, die aus einfachem Hefeteig hergestellt werden

Bruschetta – geröstete Scheiben von großporigem Bauernbrot mit Knoblauch und Olivenöl (Rezept links)

Carta da musica (6) – wörtlich: »Notenpapier«; hauchdünne, runde Fladen aus Hartweizengrieß; Spezialität Sardiniens

Cilindrati – Hörnchen aus sehr dünnem, mehrmals ausgerolltem, dann aufgerolltem Brotteig; Spezialität von Ferrara; aus dem gleichen Teig geformte Brötchen heißen *cazzottini*

Crocette (4) – wörtlich »Kreuze«, kunstvoll geformtes Gebäck aus geschmeidigem Ölteig

Crostini – überbackene Weißbrotstücke mit Leber, Salbei, schwarzen Oliven oder anderem Belag

Filascetta – dickerer Hefefladen, der mit gerösteten Zwiebeln belegt und dann gebacken wird; manchmal mit Zucker karamelisiert; Spezialität der Lombardei

Focaccia – dünner Fladen aus einfachem Hefeteig, mit Öl, Kräutern, Salz und Oliven gewürzt; eine Spezialität Liguriens; gern als Doppeldecker mit verschiedenen Füllungen; auch süße Versionen

Grissini (12, 13) – Brotstangen aus Turin; werden so lange gebacken, bis der aus Mehl und Wasser hergestellte Teig zu reiner Kruste wird; die dickeren *grissini del pannetiere*, Bäcker-Grissini, werden von Hand ausgerollt

Michette – Mailänder Brötchen mit schöner Kruste, innen hohl; mit Käse oder Salami gefüllt

Pan sciocco – salzloser Brotklassiker der Toskana; wird altbacken als Pasta-Ersatz verwendet; bekannt ist *panzanella*, ein Salat aus Brotbrei, Tomaten, Zwiebeln und anderen Zutaten

Pane (1, 2) – das alltägliche Brot basiert auf einem einfachen, lockeren Hefeteig aus Weizenmehl; in Mittel- und Süditalien ein äußerlich rustikaler Laib, aber innen hell; in Neapel ein mächtiger Laib mit dunkler Rinde

Pane alla salvia – Salbeibrot; gern in der Toskana gebacken, wo man den Hefeteig mit etwas Weißwein und mit in Öl gedünstetem Salbei verknetet; oft auch mit Rosmarin als *pane al rosmarino*

Pane casareccio (5) – wörtlich: »im Hause gebackenes Brot«; Bezeichnung für das runde, sehr lockere Brot aus Apulien mit heller, knuspriger Kruste

Pane di segale – Roggenbrot

Pane nero – Schwarzbrot aus einer Mischung von Roggen- und Weizenmehl; besonders typisch für das Aostatal

Panzarotti – Brotkissen, je nach Region aus simplem Hefe- oder fettreichem Mürbeteig; als Brötchen immer länglich, eckig mit verschiedenen Füllungen

Piadina – Fladenbrot der Emilia-Romagna; meist noch warm mit Schinken oder Wurst gegessen; zum Teil auch gefüllt

Schiacciata – wörtlich: »plattgedrückt«; runder Fladen aus mit Öl angereichertem Hefeteig aus Weizenmehl; oft einfach mit grobem Salz bestreut, mit Öl bestrichen und gebacken; Spezialität der Toskana

Knusprig und golden gebacken zieht der Bäcker das Brot
– hier *pane casareccio* – aus dem Backofen.

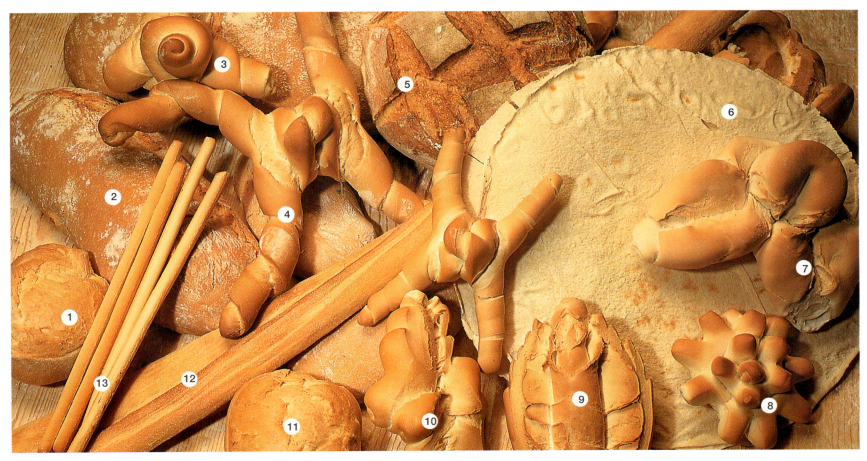

Brotsorten und Kleingebäcke gibt es in unzähligen Variationen – die Nummern
verweisen auf die Übersicht der Brot-Spezialitäten auf der linken Seite.

Pizza

Als ein heimwehkranker Neapolitaner 1895 in New York die erste Pizzeria eröffnete, ahnte er nicht, daß sein heimatlicher Hefefladen sich damit anschickte, die Welt zu erobern. Rund 60 Jahre später verzehrten Amerikaner, Australier und Nordeuropäer mit Begeisterung Pizzas, als die meisten Italiener Neapels Volksnahrung nur vom Hörensagen kannten. Erst ab 1970 begann Pizza allmählich gesamtitalienisch zu werden. Heute ist Pizza der einzig ernstzunehmende Widersacher der Hamburger-Invasion, allerdings mit weitaus größerer gastronomischer Perspektive und Durchschlagskraft.

In Neapel schätzt man die Pizza schon seit 200 Jahren als leckeren, preiswerten Imbiß. In den Gassen wurde sie in holzbefeuerten Öfen gebacken, mit Kräutern, ein paar Tropfen Olivenöl und bestenfalls eingesalzenen Sardellen gewürzt. Buchstäblich hoffähig wurde die Pizza am 1. Juni 1889. Damals besuchte das italienische Königspaar Neapel. Um sich volksnah zu zeigen, bestellte es Pizza. Der beauftragte Bäcker garnierte den flachausgerollten Hefeteig mit weißer Mozzarella aus Büffelmilch, roten Tomaten und leuchtend grünen Basilikumblättern, den Farben der italienischen Flagge.

Der optisch so reizvolle Aspekt dieser National-Pizza leidet oft beträchtlich. Aber die geschmackliche Harmonie hat die nach der damaligen Königin Margherita benannte Version nicht nur in den inzwischen rund 30 000 Pizzerien Italiens, sondern weltweit zur beliebtesten Pizza gemacht.

Grundrezept für Pizzateig

Für 3–4 Böden

25 g Hefe
1 Prise Zucker
350 ml lauwarmes Wasser
500 g Mehl
½ TL Salz

Für den Vorteig die Hefe in eine kleine Schüssel bröckeln und mit Zucker bestreuen. Mit 5 EL lauwarmem Wasser und 3 EL Mehl verrühren. Mit einem Tuch bedecken und an einem warmen zugfreien Ort 30–60 Minuten gehen lassen.
Das restliche Mehl auf die Arbeitsfläche sieben, in die Mitte eine Mulde drücken und den Vorteig hineingeben; salzen. Das Mehl vom Rand her nach und nach einarbeiten, dabei das restliche lauwarme Wasser zufügen – die Wassermenge hängt letztlich von dem verwendeten Mehltyp ab – und einen festen Teig herstellen.
Den Teig mit den Händen mindestens 15 Minuten kneten, indem man ihn mit den Handballen immer wieder in die Länge zieht und übereinanderschlägt, bis er glatt und elastisch ist.
Den Teig zu einer Kugel formen und in einer Schüssel zugedeckt 1–2 Stunden an einem warmen Ort gehen lassen. Nochmals kurz durchkneten, in Portionen teilen und jeweils zu einer runden Platte ausrollen. Diese auf ein gefettetes Backblech setzen und die Ränder zu einem Wulst hochdrücken.
Dünn mit Öl bestreichen und nach Wunsch belegen.
Im Backofen bei 250 °C auf der untersten Schiene 15–20 Minuten backen.
Am besten wird die Pizza, wenn sie im typischen italienischen Steinofen gebacken wird, der mit Holz befeuert wird. Darin steigt die Hitze bis auf 340 °C. Bei dieser Temperatur braucht eine Pizza nur 4–5 Minuten Backzeit.

Pizza alla napolitana – Neapolitanische Pizza
Mit Tomaten, Mozzarella, Sardellenfilets, Oregano und Olivenöl

Pizza alla romana – Römische Pizza
Mit Tomaten, Mozzarella, Oregano (wie die Napolitana) und Sardellen, dem klassischsten aller Pizzabeläge

In den Steinöfen der Pizzerien werden die Teigfladen bei sehr hoher Temperatur in wenigen Minuten gebacken.

Calzone – Zusammengeklappte Pizza
Gedeckte Pizza in Halbmondform, gefüllt mit Schinken, Mozzarella, oftmals auch mit Ricotta und Oregano

Pizza pugliese – Apulische Zwiebelpizza
Mit feingehackten Zwiebeln, Oregano, geriebenem Pecorino und Olivenöl

Pizza calabrese – Kalabrische Pizza
Mit Tomaten, Thunfisch, Sardellen, Oliven, Kapern und – im Original – Schweineschmalz statt Olivenöl

Pizza alle vongole – Pizza mit Muscheln
Mit Tomaten, Oregano, Muscheln, Petersilie und Knoblauch

Pizza spinaci – Pizza mit Spinat
Mit frischem Spinat und viel Knoblauch

Pizza al prosciutto – Pizza mit Schinken
Mit Tomaten, Mozzarella und gekochtem Schinken

Pizza con funghi – Pizza mit Champignons
Mit Tomaten, Mozzarella, in Scheiben geschnittenen Champignons, Knoblauch und Petersilie

Pizza quattro stagioni – Pizza Vier Jahreszeiten
Mit Tomaten, Mozzarella; jeweils ein Viertel mit Champignons, gekochtem Schinken, feingeschnittenen Artischockenherzen und Oliven

Pizza alla siciliana – Sizilianische Pizza
Mit Tomaten, Mozzarella, in Olivenöl gedünsteten gelben, roten und grünen Paprikastreifen, Salami- und Champignonscheiben

Pizza Margherita – Pizza Margherita
Mit Tomaten, Mozzarella und Basilikum, so daß bei Pizzabäckern mit Feingefühl die italienischen Nationalfarben deutlich erscheinen

243

Prosciutto di Parma

Auf seiner Schwarte prangt die fünfzackige Krone des einstigen Herzogtums Parma. Italiens berühmtester Schinken stammt aus der gleichnamigen Provinz, nordwestlich von Bologna. Sein streng begrenztes Territorium beginnt fünf Kilometer südlich der Via Emilia und reicht in die ersten Hügel des Apennin hinein bis auf maximal 900 Meter Höhe. Zentrum und historischer Ausgangspunkt des Parmaschinkens ist Langhirano. Das 3000-Seelen-Dorf liegt 25 Kilometer von der Provinzhauptstadt entfernt, am Talausgang des Flusses Parma. Riesige Lagerhallen prägen den Ort. Ihre Fassaden zeigen lange Zeilen hoher, schmaler, mit Jalousien verkleideter Fensteröffnungen. Je nach deren Stellung zieht die besonders würzige Luft stärker oder schwächer hinein und streicht um Millionen von Schweinekeulen, die zu duftenden Schinken reifen. Die Qualität des Parmaschinkens beginnt mit Schweinen, die sich an Futtergerste, Mais und Obst sattfressen dürfen. Sie leben in genau überprüften Ställen Nord- und Mittelitaliens. Bei ihrer Schlachtung müssen sie mindestens zehn Monate alt sein. Ihr Fleisch ist dann fest und rosig und von einer beachtlichen Fettschicht umgeben, die als Schutzmantel dient, damit der Schinken nach einem Jahr Trocknung und Reifung besonders weich und zart ist.

Zunächst wird die rohe, rund zehn Kilogramm schwere Keule eingesalzen. Dann kommt sie für die erste Salzphase sechs bis sieben Tage in null bis vier Grad Celsius kalte Kühlzellen. Nach einer neuen Salzung folgt die zweite, 15 bis 18 Tage dauernde Phase. Kälte und Salz treiben die Feuchtigkeit aus dem Fleisch, was für die Konservierung unabdingbar ist. Abschließend wird die Keule kräftig – inzwischen maschinell – durchgewalkt. So durchdringt das Salz schneller das Fleisch, wofür ihm in Ruhezellen 60 bis 70 Tage gegönnt werden. Nach einer lauwarmen Waschung beginnt für den Schinken die eigentliche Trocknungsphase (*prosciutto* ist abgeleitet von *prosciugare*, was »trocknen« bedeutet).

Über sechs Monate durchlaufen Parmaschinken genau ausgetüftelte Passagen in Kühlkammern, temperierten Trockenräumen und luftigen Lagerhallen für die Vorreife. Dann werden die schwartenlosen Teile mit einer Paste aus Schmalz, Reismehl und Pfeffer zugespachtelt. Sie schützt das Fleisch vor Austrocknung und Verhärtung. Nach dem Einspecken ziehen die Schinken in Keller mit geringerer Luftzufuhr und kühleren Temperaturen um. Dort vollziehen sich die natürlichen biochemischen Veränderungen, die ihnen den feinen Geschmack verleihen.

Nach zehn bis zwölf Monaten, je nachdem ob er sieben bis neun oder über neun Kilogramm wiegt, ist ein Parmaschinken fertig zum Verzehr. Allerdings kann er unter guten Lagerbedingungen bis zu weiteren 14 Monaten an Würze und Finesse gewinnen. Während der letzten Reifezeit werden die Schinken regelmäßig mit einem nadelähnlichen Pferdeknochen kontrolliert. Wird er hineingestochen, bleiben an seiner porösen Oberfläche winzige Partikel hängen. An deren Geruch weiß der Schinkenmeister zu erkennen, ob der Schinken ausreichend reifte.

Die Hälfte aller Parmaschinken wird in Italien selbst genossen. Die andere geht in den Export, wo man – im Gegensatz zu seinem Heimatland – die Schinken zu 95 Prozent ohne Knochen verlangt.

Prosciutto di San Daniele

Der nordöstlichste Zipfel Italiens hat die zweite große Schinkenspezialität zu bieten, den San Daniele aus dem Friaul, 25 Kilometer von Udine. Auch er geht auf eine lange Tradition zurück. Seine kommerzielle Entwicklung setzte später ein als die des Parmaschinkens. Ausgangsbasis des San Daniele sind Schinken, die mindestens elf, maximal 15 Kilogramm wiegen. Das Durchschnittsgewicht liegt bei etwa 13 Kilogramm. Die Schinken werden in verschiedenen Regionen Italiens aufgekauft. Ihren besonders feinen, süßlichen Geschmack und die charakteristische Form verdanken sie jedoch verschiedenen Faktoren:

- Der Schinken wird nur kurz gepökelt, im Prinzip nur so viele Tage, wie er an Kilogramm besitzt, doch werden oft zwei zugegeben; in der Regel sind es 14 bis 16 Tage;
- danach wird er gepreßt, was ihm nicht nur die schöne Gitarrenform verleiht, sondern auch das Fett um den Schinken verteilt;
- ihm wird der Fuß gelassen, damit die unteren Partien nicht austrocknen;
- seine Reifezeit beträgt mindestens zehn, meist zwölf bis 13 Monate.

Sein Markenzeichen ist das Monogramm SD auf einem langgestreckten, nach rechts weisenden Schinken.

> **Parma- oder San-Daniele-Schinken ißt man gern**
> - sehr dünn geschnitten, nur mit etwas Weißbrot oder Grissini;
> - mit in Segmente geschnittener reifer Melone;
> - mit reifen Feigen;
> - mit Pfeffer;
> - mit anderen Salumi und Salami;
> - mit Spargelstangen, die man mit dem Schinken umwickelt;
> - als »Springbrunnen« angerichtet – die Schinkenscheiben werden um ein in die Mitte des Tellers gestelltes Glas kreisförmig arrangiert.

Jeder echte Parmaschinken trägt als Markenzeichen und Garantie die fünfzackige Krone und den Namen seiner Heimatregion.

Der Meister sticht mit einem nadelähnlichen Pferdeknochen in den Schinken. Am Geruch erkennt er, ob die gewünschte Reife erreicht ist.

Die Hälfte aller Parmaschinken wird in Italien selbst genossen. Die andere geht in den Export, wo man die Schinken meist ohne Knochen verlangt.

Dünn geschnitten, kommt der Geschmack von Parma- und San-Daniele-Schinken am besten zur Geltung.

Antipasti

Antipasti heißt Vorspeisen. Aber diese wörtliche Übersetzung fängt nichts von ihrer tatsächlichen Bedeutung ein. Antipasti sind das kulinarische Vorspiel, die Ouvertüre des Essens. Ihre Aufgabe ist es, Gäste, Familienmitglieder, Freunde auf ein Mahl einzustimmen.

Antipasti aus einfachen (keineswegs immer günstigen) Zutaten bestehen aus Oliven, eingelegtem, rohem, mariniertem, gedünstetem und fritiertem Gemüse, gerösteten Brotscheiben, Salaten, Würsten und Schinken in dünnen Scheiben mit oder ohne Melone oder Feigen etc..

Zugleich kommt es auf spielerische Zusammenstellung an. Antipasti verfehlten ihren Sinn, wenn sie einzeln aufträten. Ihre Komposition will Auge und Gaumen gleichermaßen ansprechen und verlocken. Je üppiger aber nachfolgende Gänge sind, um so leichter müssen Antipasti sein. Und sollten *primo* und *secondo piatto* – Pasta oder Risotto sowie Hauptgericht – nicht sehr abwechslungsreich ausfallen, versöhnen vielfältige Antipasti schon im voraus.

Caponata
Süß-saures Auberginengemüse
(Abbildung rechte Seite)

4 Auberginen
Salz, schwarzer Pfeffer
1 große Gemüsezwiebel
6 EL Olivenöl
4 Stangen Sellerie
500 g Tomaten
100 g schwarze Oliven
2 EL Kapern
50 g Pinienkerne
3 EL Aceto balsamico (Balsamessig)
1 Prise Zucker

Die Auberginen in etwa 2 cm große Würfel schneiden, einsalzen und 60 Minuten entwässern, dann gut ausdrücken. Die Zwiebel schälen, in Ringe schneiden und in einer großen Pfanne in 2 EL Olivenöl schmoren, bis sie Farbe annehmen. Herausnehmen und beiseite stellen. Weitere 2 EL Öl in die Pfanne geben und die Auberginen darin braten, herausnehmen und zu den Zwiebeln geben. Nochmals 2 EL Öl in die Pfanne geben. Den Sellerie putzen, in Stücke schneiden und etwa 10 Minuten in dem Öl andünsten. Die Tomaten enthäuten, entkernen, hacken und zu dem Sellerie geben, beides weitere 10 Minuten dünsten.
Die Oliven entkernen, halbieren und mit Kapern, Pinienkernen, Auberginen und Zwiebel in die Pfanne geben. Erhitzen und den Essig dazugeben; mit Pfeffer, Salz und Zucker abschmecken und durchrühren. Etwa 2 Stunden durchziehen lassen und leicht gekühlt servieren.

Cipolline al vino bianco
Zwiebeln in Weißwein

30 g Butter
3 EL Olivenöl
500 g weiße Zwiebeln
150 ml trockener Weißwein
Salz, schwarzer Pfeffer
1 Bund glatte Petersilie

Die Butter in einer feuerfesten Form zerlassen, das Öl hinzufügen. Die Zwiebeln schälen und nebeneinander in die Form setzen. Mit dem Weißwein begießen und im Backofen bei 180 °C etwa 30 Minuten schmoren.
Dann die Zwiebeln wenden und eventuell noch etwas Wein oder Wasser zugießen. Weitere 30 Minuten im Ofen garen. Salzen und pfeffern. Die Petersilie waschen, fein hacken und über die Zwiebeln streuen.

Finocchi stufati
Geschmorter Fenchel
(Abbildung rechte Seite)

4 Fenchelknollen
100 ml Gemüsebrühe
100 ml Weißwein
1 Lorbeerblatt
4 EL Olivenöl
Salz, schwarzer Pfeffer

Den Fenchel putzen und vierteln. Mit Brühe, Wein, Lorbeerblatt und Olivenöl in einen flachen Kochtopf geben. Aufkochen und 20–30 Minuten ohne Deckel köcheln lassen, bis die Flüssigkeit verdampft ist. Mit Salz und reichlich frischgemahlenem schwarzen Pfeffer abschmecken.

Carpaccio
Carpaccio vom Rinderfilet
(Abbildung S. 274–275)

500 g gut abgehangenes Rinderfilet
150 ml kaltgepreßtes Olivenöl
Saft von 1 Zitrone
Salz, schwarzer Pfeffer
geriebener Parmesan
1 Bund Rucola (Rauke)

Das Rinderfilet in Alufolie wickeln und 60 Minuten ins Gefrierfach legen. In hauchdünne Scheiben schneiden und auf einer Platte anrichten. Aus Olivenöl, Zitronensaft, Salz und Pfeffer eine Sauce rühren und über das Fleisch geben. 15 Minuten in den Kühlschrank stellen. Mit Parmesan bestreuen und mit Rucola garnieren.

Scampi alla griglia
Gegrillte Kaisergranate
(Abbildung rechte Seite)

24 Kaisergranate
10 EL Olivenöl
Saft von 1/2 Zitrone
1 Knoblauchzehe
1 EL feingehackte glatte Petersilie
Zitronenachtel

Die Kaisergranate jeweils in der Bauchmitte bis zum Kopf mit einer Schere aufschneiden und in 6 EL Olivenöl marinieren. Auf einem heißen Grill unter ständigem Wenden 8 Minuten grillen.
Aus Olivenöl, Zitronensaft, mit Salz zerdrücktem Knoblauch und Petersilie eine Sauce rühren und über die Scampi träufeln. Mit Zitronenachteln garnieren.

Fritto misto di pesce
Gemischte fritierte Fische
(Abbildung rechte Seite)

250 g kleine Sardinen
4 kleine Rotbarben
250 g Tintenfische
250 g mittelgroße Garnelen mit Schale
1 l Pflanzenöl
Mehl
Salz
1 unbehandelte Zitrone

Sardinen und Rotbarben schuppen, ausnehmen und waschen. Den Tintenfisch küchenfertig vorbereiten (Tentakeln ablösen, Augen, harte Kauwerkzeuge, Schulp und Eingeweide sowie Tintensack vorsichtig entfernen), waschen und in Ringe schneiden. Die Garnelen abspülen.
Das Öl in einem breiten hohen Topf oder in der Friteuse erhitzen. Fische, Tintenfisch und Garnelen mit Küchenpapier abtupfen, in Mehl wenden und portionsweise fritieren. Salzen und mit Zitronenspalten garniert anrichten.

Seppie ripiene
Gefüllte Tintenfische
(Abbildung rechte Seite)

800 g Tintenfische
400 g Venusmuscheln
3 Zweige glatte Petersilie
1 Knoblauchzehe
2 EL geriebener Pecorino
1 Ei
3–4 EL Semmelbrösel
Salz, schwarzer Pfeffer
5 EL Olivenöl
1/4 l trockener Weißwein

Die Tintenfische küchenfertig vorbereiten. Die Muscheln waschen, bürsten und in kochendem Wasser unter Rütteln etwa 5 Minuten garen; abgießen. Die Muscheln aus der Schale nehmen – nicht geöffnete Muscheln wegwerfen – und das Muschelfleisch grob hacken. Die Petersilie waschen und fein hacken, die Knoblauchzehe zerdrücken. Petersilie und Knoblauch sowie Muschelfleisch, Pecorino, Ei und Semmelbröseln mit reichlich Pfeffer und einer guten Prise Salz vermischen.
Die Tintenfische mit der Masse füllen und mit einem Zahnstocher oder Küchengarn verschließen.
Das Öl in einer großen Pfanne erhitzen, die Tintenfische hineingeben und unter vorsichtigem Wenden rundherum anbraten. Pfeffern, salzen und mit dem Wein ablöschen. Zugedeckt etwa 30 Minuten schmoren lassen, bis die Tintenfische gar sind.

Gamberetti aglio e olio
Garnelen mit Öl und Knoblauch
(Abbildung rechte Seite)

800 g kleine Garnelen
5 EL Olivenöl
Saft von 1/2 Zitrone
2 EL feingehackte glatte Petersilie
2 Knoblauchzehen
Salz, weißer Pfeffer

Garnelen in reichlich kochendes Salzwasser geben und 3 Minuten sprudelnd kochen, abschütten, mit kaltem Wasser abschrecken und schälen.
Aus Olivenöl, Zitronensaft, Petersilie, ausgepreßtem Knoblauch sowie Pfeffer und Salz eine Sauce rühren.
Die Garnelen mit der Sauce übergießen; 60 Minuten kalt stellen. Abschmecken und anrichten.

246 **Italien**

Finocchi stufati – Geschmorter Fenchel
(Rezept linke Seite)

Caponata – Süß-saures Auberginengemüse
(Rezept linke Seite)

Peperoni imbottiti– Gefüllte Paprika
(Rezept S. 285)

Fritto misto di pesce – Gemischte fritierte Fische
(Rezept linke Seite)

Seppie ripiene – Gefüllte Tintenfische
(Rezept linke Seite)

Gamberetti aglio e olio – Garnelen mit Öl und Knoblauch
(Rezept linke Seite)

Vongole in padella – Venusmuscheln, in der Pfanne
gegart

Scampi alla griglia – Gegrillte Kaisergranate
(Rezept linke Seite)

Insalata frutti di mare – Meeresfrüchtesalat
(Rezept S. 282)

Pasta secca

Was wäre ein italienisches Essen ohne *il primo*, den ersten Gang? Und was wäre der ohne Pasta? Jeder Italiener verspeist durchschnittlich einen halben Zentner *pasta secca*, getrockneter (gekaufter) Teigwaren pro Jahr, die frisch zubereiteten nicht mitgerechnet. Zum Vergleich: Amerikaner essen – statistisch gesehen – acht Kilogramm, Deutsche 5,6 Kilogramm Nudeln.

Italien kennt an die 300 verschiedene Formen. Pasta, der Oberbegriff für Hartweizennudeln, werden generell in drei Kategorien unterschieden:

• *Pasta corta* – kurze Nudeln, zu denen die winzigsten Suppennüdelchen ebenso zählen wie ansehnliche *penne*, aber ebenso Ohr-, Muschel-, Spiral-, Rad-, Stern-, Schnecken- und kurze Röhrenformen;

• *Pasta lunga* – lange Nudeln, die das gesamte Gefolge der Spaghetti und Tagliatelle umfassen; alles ab etwa zehn Zentimetern Länge gehört zu dieser Gruppe;

• *Pasta ripiena* – gefüllte Teigtaschen, wobei Tortellini und Ravioli die bekanntesten sind.

Der Ursprung der Pasta ist umstritten. Gern sieht man schon die Etrusker als *mangia maccheroni*, was nicht nur Makkeroni-Esser heißt. Lange Zeit stand *maccheroni* als allgemeiner Überbegriff für jegliche Form von Nudeln. Der Begriff soll auf das griechische *macarios* zurückgehen, das »glücklich« bedeutet. Die jüngere Geschichte der Maccheroni nahm von Sizilien aus ihren Lauf. Dort trockneten – laut Beschreibungen – bereits im 12. und 13. Jahrhundert Teigfäden an der Sonne. Von da war es kein weiter Sprung zum Festland, wo Neapel sich bald zur Hochburg entwickelte. Bedeutend für den Siegeszug der Pasta erwies sich die Verbreitung des Hartweizens, des *grano duro*, ab dem 15. Jahrhundert.

Sizilien, Apulien und Kalabrien liefern heute den größten Teil des sonnenhungrigen Getreides. Seine besondere Eignung für Pasta beruht auf dem hohen Prozentsatz von Klebereiweiß. Dies läßt den Teig, der mit Wasser angerührt wird, ohne jegliches andere Bindemittel zusammenhalten. Außerdem gewährleistet er die *tenuta alla cottura*, die Festigkeit beim Kochen. Nur deshalb gelingen sie *al dente*, mit dem gewünschten Biß.

Als im 18. Jahrhundert ein durchlöchertes Eisen, die *trafila*, aufkam, durch das der Teig zu langen Fäden gedrückt wurde, eroberten die Spaghetti das Land. Aber erst 100 Jahre später setzte sich ihr Name, der von *spago*, »Bindfaden« abgeleitet ist, durch.

Der Erfolg der *pasta secca*, der getrockneten Nudel, hat gute Gründe:

• Sie hält sich bis zu drei Jahren;

• sie wird einfach in kochendem Salzwasser gegart, wobei man ein Liter Wasser auf 100 Gramm Nudeln rechnet;

• sie braucht je nach Dicke nur zwischen vier und zwölf Minuten Kochzeit;

* 100 Gramm Nudeln aus Hartweizengrieß haben gerade 346, frische Pasta sogar nur 140 Kilokalorien;

• *in sugo*, »in Sauce«, das heißt mit Gemüse-, Tomaten- oder Fleischsaucen, beispielsweise *ragù alla bolognese*, finden sämtliche zur Verfügung stehenden Zutaten Verwendung;

• einfach nur mit Butter oder Öl, Käse, Kräutern und Pfeffer angerichtet, sind sie ein Hochgenuß;

• um den Wein, der so gut zur Pasta paßt, zu rechtfertigen, sagt man vielfach, er sei unerläßlich, da Wasser die Teigwaren im Magen quellen lasse (was natürlich nicht stimmt).

Pasta-Saucen

Salsa di pomodoro
Tomatensauce

1 Zwiebel
1 Knoblauchzehe
3 EL Olivenöl
1 kg reife Tomaten
1 TL feingehacktes Basilikum
Salz, schwarzer Pfeffer

Zwiebel und Knoblauch schälen, fein hacken und in dem Öl andünsten. Dann die Tomaten kleinschneiden und hinzufügen.
Zum Kochen bringen, zugedeckt bei schwacher Hitze 45 Minuten köcheln lassen. Durch ein Sieb passieren, das Basilikum dazugeben und würzen. Weitere 10 Minuten ziehen lassen.
Diese klassische Pasta-Sauce paßt zu allen Pasta-Sorten. Pro Portion gibt man 3–4 EL Sauce über die Nudeln und ein nußgroßes Stück Butter.

Pesto alla genovese
Pesto – Genueser Basilikumsauce

1 Töpfchen frisches Basilikum
4 Knoblauchzehen, zerdrückt
50 g Pinienkerne
150 ml Olivenöl
Salz
50 g geriebener Pecorino oder Parmesan

Basilikumblätter, Knoblauch und Pinienkerne pürieren. Mit dem Schneebesen langsam das Olivenöl, 1 Prise Salz – vorsichtig salzen, da der Käse salzig ist – und dann den Pecorino unterrühren, bis eine cremige Sauce entstanden ist.
Die klassischen ligurischen Nudeln zum Pesto sind Trenette, Spaghetti, Tagliatelle und Fettucine: Die Nudeln *al dente* kochen. Den Pesto in einer vorgewärmten Schüssel mit 4 EL kochendem Nudelwasser verrühren. Abgetropfte Nudeln zugeben, gut vermischen und servieren.
Hinweis: In einem luftdicht verschlossenen Glas hält sich Pesto im Kühlschrank mehrere Wochen. Nach jeder Entnahme genügend Olivenöl zugeben, so daß das Basilikum bedeckt ist, da es sonst oxydiert und eine häßliche dunkle Farbe annimmt oder schimmelt. Mit Pesto kann man auch Minestrone und Gnocchi würzen oder auf Toast als Antipasto zubereiten.

Ragù alla bolognese
Bologneser Sauce

1 kleine Zwiebel
1 Knoblauchzehe
1 mittelgroße Möhre
1 Stange Sellerie
2 EL Butter
50 g fetter Speck
100 g roher Schinken
100 g Hähnchenleber
100 g Schweinehack
100 g Rinderhack
200 ml Rotwein
200 ml Fleischbrühe
3 EL Tomatenmark
1 TL Oregano
Salz, schwarzer Pfeffer

Zwiebel, Knoblauch, Möhre und Sellerie schälen oder putzen und fein hacken. Die Butter in einem Topf zerlassen, den Speck fein würfeln und zusammen mit Gemüsen und Knoblauch darin anbraten.
Den Schinken fein würfeln, die Hähnchenleber fein hacken und mit dem Hackfleisch zu dem Gemüse geben; unter ständigem Rühren anbraten.
Wein, Brühe, Tomatenmark und Oregano dazugeben. Aufkochen lassen; sparsam salzen und pfeffern. Zugedeckt bei kleinster Hitze 2 Stunden köcheln lassen; abschmecken.
Die Sauce paßt zu fast allen Pasta-Sorten und wird als Füllung für Lasagne und Cannelloni verwendet.

Welche Sauce paßt zu welcher Pasta?

Nur in den beliebten klaren Brühen oder entsprechenden Suppen darf die Pasta schwimmen. Sonst sollten Saucen mengenmäßig so bemessen sein, daß die gewählte Pasta-Form die Sauce völlig aufnimmt – je flüssiger die Sauce, desto aufnahmefähiger und hohler muß die Pasta sein.

Aglio e olio – zerdrückte Knoblauchzehe, Petersilie und kaltgepreßtes Olivenöl: zu Spaghetti, Spaghettini, Vermicelli, Linguine
Ai frutti di mare – mit Meeresfrüchten: zu Capelli d'angelo, Fidelini, Spaghetti, Lingue
All'amatriciana – Speck- und Tomatensauce: zu Bucatini, Spaghetti, Gramigna
Alla napolitana – siehe *sugo di pomodoro*
Alla panna – in Sahne (gut gepfeffert): zu Tortellini, Rigatoni
Alla siciliana – Tomatensauce mit frischen Sardinen: zu Vermicelli, Bucatini
Allo spezzatino – mit geschmortem Fleisch: zu Maccheroni, Marelle, Fusilli, Penne, Rigatoni, Pappardelle und anderen Bandnudeln
Burro e salvia – Salbeibutter; aus Butter und knusprig gebratenen Salbeiblättern: zu allen Pasta-Sorten
Carbonara – Speck, Käse und Eier: zu Spaghetti und anderen langen dünnen Nudeln
In brodo – klare Brühe, meistens Hühnerbrühe: zu Anolini, Cappelletti, Tortellini, aber auch zu Capelli d'angelo oder Tagliolini
Pesto – Basilikumsauce: zu gefüllten oder einfachen Nudeln, insbesondere zu Trenette, Fettuccine, Tagliatelle, Linguine und Farfalle
Ragù alla bolognese – Hackfleischsauce: universelle Pasta-Sauce für alle Arten von langer Pasta wie Spaghetti, Tagliatelle oder Maccheroni, aber auch als Füllung für Lasagne
Salsa cruda – »Rohe«, das heißt ungekochte Sauce; mit rohen Eiern oder ungekochten Tomaten, Petersilie, Basilikum und Parmesan: zu Bandnudeln
Salsa di noci – Walnuß-Ricotta-Sauce: zu Fettuccine und anderen Bandnudeln
Sugo d'agnello – Lammragout: zu Penne, Rigatoni, Marelle, Orecchiette, Pappardelle, Tortiglioni
Sugo di asparagi – Spargelsauce: zu frischen Tagliatelle oder anderen, nicht zu breiten Bandnudeln, auch zu Gnocchetti
Sugo di pesce – Fischsauce mit Tomaten: zu Maccheroni, Penne, Rigatoni
Sugo di pomodoro, alla napolitana – Tomatensauce: zu Pasta jeglicher Form und Konsistenz

Hintergrund: In einer neapolitanischen Pasta-Fabrik werden Spaghetti auf einem Gerüst getrocknet.

Anelli
Ringelchen; wie Stelline (Sternchen), Semi (Samenkörner) oder Rotelline (Rädchen) geeignet als Einlagen in klare Brühen

Bavette
Schmale, flache und lange Bandnudeln

Bucatini
Lange glatte Nudeln wie dicke Spaghetti, aber mit einem kleinem Loch durch die Mitte

Cannelloni
Gut zu füllende, fingerlange Hohlnudeln

Chiocciole
Geriffelte, kurze Hohlnudeln mit halbkreisähnlicher Schneckenform; je nach Region oder Produzent heißen sie auch Chifferi, Lumachine, Pipe rigate oder Gobetti

Conchiglie
Muschelförmige, als Saucenträger sehr beliebte Nudeln

Ditali
»Fingerhüte«, ursprünglich aus Neapel; kleine Hohlnudeln

Faresine
Bandnudeln in länglichen Päckchen

Farfalle
In der Form Schmetterlingen ähnlich

Fedelini
Eine Variante dünner Spaghetti

Fettuccine
Schmale, oftmals auch mit Eierzusatz hergestellte Bandnudeln in Form von Nestern, die sich beim Kochen auflösen; oft auch mit Spinat grün gefärbt

Gnocchetti
Kleine gnocchiförmige Nudeln

Gnocchi
So genannt, weil sie in ihrer Form an die Kartoffel-Gnocchi erinnern

Lasagne
Breite, längliche, glatte Platten; die grünen Lasagne sind mit Spinat gefärbt; es gibt auch eine Variante mit gekräuselten Kanten (wie hier abgebildet)

Lingue di passero
»Spatzenzungen«; schmal und flach, aber so lang wie Spaghetti

Linguine
Lange, schmale Bandnudeln, sehen wie abgeflachte Spaghetti aus

250 **Italien**

Maccheroni
Dicke, kurze oder lange Hohlnudeln – der berühmte Pasta-Klassiker aus Neapel

Orecchiette
Ohrförmige Nudeln, die ursprünglich aus Apulien stammen; auch Baresi, nach ihrem Ursprungsort Bari in Apulien, genannt

Pappardelle
Breiteste Bandnudelart, auch unter Zugabe von Eiern hergestellt

Penne lisce
Kürzere, an den Enden schräg abgeschnittene Röhren

Penne rigate
Kurze, geriffelte Hohlnudeln mit schräg geschnittenen Enden

Rigatoni
Von *riga*, »Linie«; kurze, immer gerippte röhrenförmige Nudeln; typische Nudel der römischen Küche

Riscossa
Geriffelte Muscheln, Designernudel

Sedani
»Sellerie«; die außen geriffelten und innen hohlen Nudeln ähneln Selleriestangen

Spaghetti
Bindfadendicke, lange, bis superlange runde, lochlose Pasta; sie umfaßt im Sprachgebrauch alle Formen der langen, dünnen Nudel

Spaghettini
Extra dünne Spaghetti

Spirale
Zwei zu einer Spirale gedrehte Spaghetti

Tagliatelle
Beliebteste Bandnudel in Nestform, dünner als die Fettuccine; mit Zusatz von Spinat, Safran oder Rote-Bete-Saft verschieden eingefärbt

Taglierini
Schmale, drei Millimeter breite Streifen, oft als getrocknete Eiernudeln

Tortellini
Kleine, ringförmige gefüllte Teigtaschen; berühmte Spezialität von Bologna; frisch oder getrocknet mit Fleisch- und/oder Käsefüllung

Tortiglioni
In sich verdrehte, leicht gebogene und geriffelte mittellange Hohlnudel

Tubetti
Kleine Stücke von glatten Hohlnudeln; ist der Durchmesser sehr klein, heißen sie Tubettini

Pasta fresca

Frische, selbst hergestellte Teigwaren, *pasta fresca*, sind vor allem im Norden Italiens zu Hause, während *pasta secca* süditalienischen Ursprungs ist. Bereits im Jahre 1300 verzeichnet ein florentinisches Kochbuch erste Rezepte für frische Pasta aus Weizenmehl, Eiern und Salz.

Mit unglaublicher Fingerfertigkeit und Schnelligkeit formen die Frauen Hütchen und Täschchen, die sie mit verschiedensten Gemüse- und Fleischsaucen, auch mit Ricotta, einem Frischkäse, oder Spinat füllen.

Keine Hochzeit, keine Taufe und kein Weihnachtsmahl wäre ohne frische gefüllte Pasta ein Fest. Jede Stadt Norditaliens hat ihre eigenen, bewußt gehegten Formen und Füllungen. Für Tortellini gibt es mehr als 110 verschiedene Rezepte. Sie stammen aus dem genußfreudigen Bologna und sollen in ihrer Form den Nabel der Venus darstellen. Wie könnte man delikater darauf hinweisen, daß Liebe durch den Magen geht?

Grundrezept für Pasta fresca
Frischer Pasta-Teig

Für 6–8 Portionen

500 g Weizenmehl
5 Eier
½ TL Salz

Das Mehl auf die Arbeitsfläche sieben. In die Mitte eine Mulde drücken, Eier und Salz hineingeben.
Nach und nach vom Rand das Mehl einarbeiten und einen groben Teig herstellen.
Den Teig 15 Minuten mit der Hand kneten, bis er glänzend und geschmeidig ist. In Frischhaltefolie wickeln und 60 Minuten ruhenlassen.
Die Arbeitsfläche mit Mehl bestäuben und den Teig mit einem bemehlten Nudelholz dünn ausrollen, indem man ihn immer wieder dreht, so daß er von allen Seiten gleichmäßig gedehnt wird.

Man kann den Teig nun weiterverarbeiten:
- Um Bandnudeln wie Tagliatelle zu erhalten, rollt man die Teigplatte auf und schneidet mit dem Messer 5 mm breite Streifen.
- Soll die Pasta ganz frisch zubereitet werden, gibt man sie sofort in kochendes Salzwasser. Je nach Dicke ist sie bereits nach 2–4 Minuten gar. Frische Pasta braucht nur etwa die Hälfte der Kochzeit wie industriell hergestellte getrocknete Nudeln.
- Will man die Pasta erst nach einigen Stunden verwenden, entrollt man die Teigbänder und legt sie zwischen saubere, mit Mehl bestäubte Küchentücher.
- Hat man dagegen vor, sie mehrere Tage aufzubewahren, rollt man die Teigbänder aus und verschlingt sie vorsichtig zu Nestern, da sie dann nicht so leicht brechen. Nach 2–3 Stunden und einmaligem Wenden auf einem mit Mehl bestäubten Küchentuch sind sie trocken genug, um sie in einem fest verschlossenen Behälter 4–5 Tage aufbewahren zu können.
- Für grüne Pasta gibt man nur 3 Eier, aber zusätzlich 100 g gekochten, gut abgetropften und pürierten Spinat in den Teig.
- Um rote Pasta zu erhalten, gibt man zusätzlich 2 EL Tomatenpüree in den Teig.
- Als Standardregel für die Herstellung selbstgemachter Pasta gilt: auf je 100 g Mehl 1 Ei.

Links: Mit Hilfe eines langen Nudelholzes wird der dünne Pasta-Teig wie eine Stoffbahn ausgebreitet, bevor man ihn weiterverarbeitet.

Für Ravioli kommt auf jedes vorgezeichnete Quadrat etwas Füllung, bevor der ausgerollte Teig mit einer zweiten Teigplatte abgedeckt und ausgestochen wird.

Besondere Fingerfertigkeit ist erforderlich, um kleine Teigkreise mit Füllung zu Tortellini zu formen.

Wie man Ravioli herstellt

Frischen Pasta-Teig zu einer etwa zwei Millimeter dünnen, rechteckigen Platte ausrollen und diese anschließend halbieren.
Auf eine Hälfte in gleichbleibendem Abstand – der Abstand richtet sich nach der gewünschten Größe der Ravioli – gleich große Häufchen der vorbereiteten Füllung setzen und den Teig um die Füllmasse herum mit Ei bestreichen. Die zweite Teigplatte genau auf die erste legen und um die Füllungen herum vorsichtig andrücken. Mit einem Teigrädchen die gefüllten Taschen voneinander trennen.
Die Ravioli in kochendes Salzwasser geben und in zwei bis vier Minuten, je nach Größe, garen.

Wie man Tortellini herstellt

Frischen Pasta-Teig etwa zwei Millimeter dünn ausrollen. Mit dem Teigrädchen fünf bis sechs Zentimeter breite Streifen schneiden. Aus den Streifen Kreise von etwa fünf Zentimeter Durchmesser ausstechen. In die Mitte jedes Teigplättchens einen halben Teelöffel Füllung setzen. Um die Füllung herum den Teig mit Ei oder Wasser bepinseln. Die Teigkreise zu einem Halbmond zusammenfalten, der die Füllung umschließt. Die Halbmonde einzeln um die Spitze des Zeigefingers biegen und die Enden fest zusammendrücken.
Die Tortellini in kochendes Salzwasser geben und in etwa sechs Minuten garen.

Tagliatelle coi tartufi
Bandnudeln mit Trüffeln

400 g frischer Pasta-Teig (Rezept linke Seite)
50 g Butter
50 g geriebener Parmesan
50 g weiße Trüffeln, feingehackt

Den Pasta-Teig dünn ausrollen und die Teigplatte aufrollen. Die Teigrolle mit einem scharfen Messer in 4–5 mm breite Scheiben – Tagliatelle – schneiden. Die Tagliatelle 10 Minuten ruhenlassen.
Salzwasser zum Kochen bringen und die Tagliatelle etwa 5 Minuten kochen, abgießen und gut abtropfen lassen. Die Nudeln zurück in den Topf geben, die Butter zufügen und die Tagliatelle schwenken, bis sie gleichmäßig mit Butter überzogen sind.
Den Parmesan mit den Nudeln vermischen. Die Tagliatelle portionsweise auf Teller geben und mit Trüffeln bestreuen. Dazu paßt ein alter Barolo oder Amarone.

Orecchiette coi broccoli
Ohrnudeln mit Brokkoli

Orecchiette
200 g Mehl
100 g Hartweizengrieß
1 Prise Salz
2 EL Olivenöl
200 ml warmes Wasser

500 g Brokkoli
5 EL Olivenöl
3 Knoblauchzehen
1 Peperoncini
2 Sardellenfilets
schwarzer Pfeffer

Für die Orecchiette Mehl und Grieß vermischen. In die Mitte eine Mulde drücken. 1 Prise Salz, Olivenöl und Wasser zugeben. Vom Rand her das Mehl einarbeiten und den Teig mindestens 10 Minuten kneten; zugedeckt 30 Minuten ruhenlassen.
Den Teig in Stücke teilen und jedes Teigstück zu einem 1 cm breiten und 1 cm dicken Strang ausrollen. Die Teigstränge in 1 cm große Stückchen schneiden. Jedes Stückchen zu einer Kugel rollen und mit dem Daumen eindrücken, so daß eine ohrmuschelähnliche Form entsteht. Einige Stunden auf einem bemehltem Tuch zugedeckt trocknen lassen.
Den Brokkoli in Röschen teilen, die Stiele in kleine Stücke schneiden. Reichlich Salzwasser (etwa 3 l) zum Kochen bringen. Zunächst die Brokkolistiele in das Wasser geben, nach 5 Minuten dann die Röschen. Nach weiteren 5 Minuten das Gemüse mit einem Schaumlöffel aus dem

Wasser nehmen und abschrecken.
Das Wasser wieder aufkochen lassen und die Orecchiette darin al dente kochen.
In der Zwischenzeit das Olivenöl erhitzen, Knoblauch, Peperoncini und Sardellenfilets hacken und in dem Öl andünsten, mit etwas Brokkolibrühe auffüllen.
Die Orecchiette abgießen, gut abtropfen lassen und mit dem Brokkoli zu der Sardellenmischung geben. Gut vermischen und mit Pfeffer abschmecken.

Linguine rosse con aglio e olio
Rote Linguine mit Knoblauch und Olivenöl

400 g frischer Pasta-Teig (Rezept linke Seite), mit Tomatenmark rot gefärbt
5 EL kaltgepreßtes Olivenöl
5 Knoblauchzehen
schwarzer Pfeffer
1 EL feingehacktes Basilikum

Den Pasta-Teig dünn ausrollen, die Teigplatte aufrollen und mit einem scharfen Messer in 2 mm schmale Streifen – Linguine – schneiden.
Das Öl erhitzen. Den Knoblauch schälen und auf niedriger Hitze darin hell anbräunen; aus dem Öl nehmen.
Die Linguine in Salzwasser 1–2 Minute al dente kochen, abgießen und gut abtropfen lassen. In das heiße Öl geben, pfeffern, mit Basilikum bestreuen und gut vermischen.

Conchiglie alle noci
Muschelnudeln mit Walnußsauce

150 g Walnüsse ohne Schale
30 g Butter
200 ml Sahne
1/4 TL getrockneter Majoran
Salz, schwarzer Pfeffer
500 g Muschelnudeln
100 g geriebener Parmesan

Die Nüsse grob hacken. Die Butter in einer Pfanne zerlassen, die Nüsse darin kurz anrösten und mit der Sahne ablöschen; den Majoran dazugeben. Die Sauce auf etwa zwei Drittel reduzieren, mit Salz und Pfeffer abschmecken.
Die Nudeln in Salzwasser al dente kochen, in eine Schüssel geben und mit der Sauce sowie etwa 4 EL Parmesan vermischen. Den restlichen Parmesan getrennt dazu reichen.
Dazu paßt ein Cabernet.

Lasagne al forno
Lasagne-Auflauf

Für 6 Personen

300 g frischer Pasta-Teig (Rezept linke Seite)
Ragù alla bolognese (Rezept S. 248)
3 EL Mehl
6 EL Butter
1/2 l Milch
Salz, schwarzer Pfeffer
100 g geriebener Parmesan

Den Pasta-Teig dünn ausrollen und zu großen gleichmäßigen Rechtecken – Lasagne – schneiden. Salzwasser mit etwas Öl zum Kochen bringen und die Lasagne-Platten etwa 5 Minuten kochen. Vorsichtig aus dem Wasser nehmen und auf Küchenkrepp abtropfen lassen.
Für eine sauce béchamel das Mehl in 3 EL Butter anschwitzen. Nach und nach unter ständigem Rühren die Milch zugeben. Kurz aufkochen lassen und mit Salz und Pfeffer abschmecken.
Den Backofen auf 200 °C vorheizen.
Eine flache rechteckige Auflaufform gut mit Butter einfetten. Den Boden mit einer Lage Lasagne bedecken, gleichmäßig mit sauce béchamel begießen. Darauf eine Schicht ragù alla bolognese geben und mit Parmesan bestreuen. Die entsprechenden Zutaten in gleicher Weise aufschichten, mit einer Schicht Lasagne abschließen.
Zum Schluß die restliche béchamel darübergeben, mit Parmesan bestreuen und die restliche Butter in Flöckchen darauf verteilen.
Im Ofen 30–40 Minuten backen. Dazu paßt als Wein ein Refosco oder ein Barbero.

Cannelloni ripieni
Gefüllte Cannelloni

Für 6 Personen

600 g frischer Pasta-Teig (Rezept linke Seite)
1 Zwiebel
2 Knoblauchzehen
3 EL Olivenöl
400 g gehacktes Kalbfleisch
Salz, schwarzer Pfeffer
1 TL getrockneter Oregano
200 g gekochter Schinken
600 g Tomaten
2 Eier
100 g geriebener Parmesan
30 g Butter

Den Pasta-Teig dünn ausrollen. Aus der Teigplatte 12 Quadrate von 8 cm Seitenlänge schneiden. Die Teigquadrate in Salzwasser mit etwas Öl 4–5 Minuten kochen; vorsichtig herausnehmen und abtropfen lassen.
Zwiebel und Knoblauch schälen, fein hacken und in dem Öl andünsten. Das Kalbfleisch zugeben und anschmoren. Salzen, pfeffern und mit Oregano bestreuen.
Den Schinken sehr klein würfeln, die Tomaten enthäuten, entkernen und in kleine Stücke schneiden. Schinken und Tomaten zu dem Fleisch geben. 20 Minuten schmoren lassen und abschmecken; abkühlen lassen.
Die Eier und die Hälfte des Parmesans unterrühren.
Mit einem Löffel jeweils einen Streifen Füllung an den unteren Rand jedes Teigquadrats geben, zu Cannelloni aufrollen und die Enden leicht andrücken.
Den Backofen auf 200 °C vorheizen.
Eine Auflaufform gut ausbuttern und die Cannelloni eng nebeneinander in die Form geben. Mit der restlichen Fleischmasse übergießen und dem restlichen Parmesan bestreuen. Die restliche Butter in Flöckchen darüber verteilen und im Ofen etwa 30 Minuten überbacken.
Dazu paßt ein Merlot.

Italien 253

Cappelletti
Hütchen mit Fleisch- und/oder Käsefüllung, die man entweder in klarer Brühe, *in brodo*, mit Butter oder Fleischsauce ißt.

Tortelli
Im allgmeinen Oberbegriff für gefüllten Nudelteig, im besonderen Bezeichnung für etwa fünf Zentimeter große Teigtaschen.

Lasagne
Rechteckige Teigplatten von etwa acht mal zwölf Zentimeter Größe; einfachste hausgemachte Pasta, auf unterschiedlichste Weise für Nudelaufläufe; auch getrocknet.

Pansôti
Aus handgemachtem Nudelteig, gefüllt mit Ricotta, Ei, Parmesan und Kräutern; werden mit Salbeibutter und Parmesan serviert.

Panzarotti di magro
Aus der Gegend von Piacenza; nur mit Spinat und Ricotta – *di magro*, das heißt »mager«, ohne Fleisch – gefüllt; im Backofen mit Butter und Parmesan überbacken.

Ravioli
Teigkissen; beliebteste unter den gefüllten Pasta-Sorten; meist mit Hackfleisch gefüllt und mit Tomatensauce serviert.

Ravioli alle noci
Mit einer Nußmasse gefüllte Ravioli.

Tortellini
Berühmteste Form kleiner mit Käse oder Hackfleisch gefüllter Pasta; auch als Pasta secca.

Triangoli al salmone
Raffinierte *pasta negra*, mit Tintenfischtinte gefärbt und mit Lachs gefüllt.

254 Italien

Gnocchi

Gnocchi – Nocken oder Klößchen – sind eine italienische Leidenschaft. Die verbreitetste Art der zahlreichen Versionen besteht aus zerdrückten Kartoffeln, die noch heiß mit Mehl zu einem Teig vermischt werden. Oft, aber nicht immer, gehören Eier dazu. Zu fertigen Gnocchi wird immer reichlich Parmesan gereicht. Häufig serviert man sie auch mit Tomaten- oder Fleischsauce.

Gnocchi müssen jedoch nicht aus Kartoffeln bestehen. Klößchen aus Hartweizengrieß sind fast ebenso beliebt. Andere Varianten benutzen Mais- oder Kastanienmehl. Und eine Spezialität aus Mantua ersetzt Kartoffeln durch Kürbis.

Gnocchi di patate
Kartoffel-Gnocchi

Für 6–8 Personen

1,5 kg mehlig-kochende Kartoffeln
2 Eier
Salz
etwa 300 g Mehl

Die Kartoffeln in der Schale weich kochen. Etwas abkühlen lassen, pellen und durch eine Kartoffelpresse drücken. Die Masse mit Eiern und Salz vermischen, dann das Mehl zugeben und alles zu einem gleichmäßigen festen Teig verkneten.
Den Kartoffelteig in 10 gleich große Portionen teilen und diese jeweils mit den Händen zu daumendicken Strängen rollen. Die Kartoffelstränge in 3 cm große Stücke schneiden und mit Mehl bestäuben. Mit einem Gabelrücken das für Gnocchi typische Riffelmuster eindrücken.
Die fertigen Gnocchi in nicht zu großen Portionen in leicht sprudelndes Salzwasser geben. Sie sind gar, wenn sie an die Oberfläche steigen. Mit einem Schaumlöffel aus dem Wasser nehmen und gut abtropfen lassen.
Mit Salbeibutter, Tomaten- oder Fleischsauce (S. 249) servieren.
Hinweis: Die Mehlmenge hängt von der verwendeten Kartoffelsorte ab. Da neue Kartoffeln sehr viel mehr Mehl aufnehmen als alte, sind sie für die Zubereitung von Kartoffel-Gnocchi ungeeignet.

Gnocchi alla romana
Gnocchi auf römische Art

Für 4 Personen

1 l Milch
1 TL Salz
300 g Hartweizengrieß
3 Eigelb
125 g Butter
125 g geriebener Parmesan

Die Milch mit dem Salz zum Kochen bringen. Unter ständigem Rühren den Grieß einrieseln lassen. Bei schwacher Hitze 20 Minuten köcheln lassen; im Topf etwas abkühlen lassen.
Die Eigelbe sowie je 50 g Butter und Parmesan unterrühren. Den Grießbrei knapp 1 cm dick auf ein feuchtes Backblech streichen. Wenn er erkaltet ist, mit einem Wasserglas runde Taler von etwa 5 cm Durchmesser ausstechen.
Den Backofen auf 180 °C vorheizen.
Eine Auflaufform ausbuttern, die Gnocchi dachziegelförmig in die Form schichten und mit dem restlichen Parmesan bestreuen. Die restliche Butter zerlassen und über die Gnocchi gießen. Im Ofen etwa 45 Minuten überbacken. In der Auflaufform servieren. Als passender Begleiter bietet sich ein gutgekühlter Frascati an.

Malfatti
Spinat-Ricotta-Gnocchi

Für 6 Personen

800 g Spinat
1 Zwiebel
125 g Butter
200 g Ricotta
100 g geriebener Parmesan
3 Eier
¼ TL Muskat
Salz, schwarzer Pfeffer
250 g Mehl

Den Spinat putzen, waschen und tropfnaß in einem großen Topf bei mittlerer Hitze zusammenfallen lassen. In ein Sieb geben, gut abtropfen lassen, auspressen und hacken. Die Zwiebel schälen, ebenfalls hacken und in 50 g Butter glasig dünsten. Dann den Spinat zufügen, umrühren, 2 Minuten dünsten und abkühlen lassen.
Den Ricotta mit 50 g Parmesan und den Eiern verrühren, mit Muskat, Salz und Pfeffer würzen. Den Spinat hinzufügen und alles gut miteinander vermischen. Nach und nach das Mehl dazugeben und alles zu einem geschmeidigen Teig verarbeiten.
In einem großen breiten Topf Salzwasser zum Kochen bringen, von der Spinat-Ricotta-Masse mit einem Teelöffel Klößchen abstechen und in das kochende Wasser geben. Die Hitze reduzieren und die Malfatti ziehen lassen, bis sie an die Oberfläche steigen. Mit einem Schaumlöffel aus dem Wasser nehmen und abtropfen lassen.
Den Backofen auf 200 °C vorheizen.
Eine feuerfeste Form mit Butter einfetten und die Klößchen hineingeben. Die restliche Butter zerlassen und über die Malfatti geben, mit dem restlichen Parmesan bestreuen und im Ofen 5–8 Minuten überbacken.
Ein Cabernet paßt ausgezeichnet dazu.
(*Malfatti* heißt – wörtlich übersetzt – »schlecht gemacht« und hat hier die Bedeutung von »unregelmäßig geformt«).

Gnocchi alla zafferano
Safran-Gnocchi auf sardische Art

Für 4 Personen

Teig

100 g Mehl
300 g Hartweizengrieß
1 g Safranfäden

Sauce

1 Zwiebel
3 EL Olivenöl
200 g sardische Knoblauchwurst
2 Knoblauchzehen
500 g Tomaten
1 Bund Basilikum
Salz, schwarzer Pfeffer
60 g geriebener Pecorino

Mehl und Grieß vermischen. Den Safran in 4 EL lauwarmem Wasser auflösen, zu der Mehlmischung geben und mit etwas Salz zu einem glatten Nudelteig verkneten. Den Teig in kleine Portionen teilen und diese zu 5 mm dicken Teigrollen formen. Die Teigrollen in 1 cm lange Stückchen schneiden und leicht mit Mehl bestäuben. Jedes Teigstückchen mit der Fingerkuppe flach drücken und gegen ein großmaschiges Sieb drücken, damit die Klößchen ihre gekrümmte Form und das typische Muster erhalten. Auf mit Mehl bestäubten Küchentüchern über Nacht trocknen lassen.
Für die Sauce die Zwiebel schälen, hacken und in dem Öl glasig dünsten. Die Wurst in Scheiben schneiden, Knoblauch und Basilikum fein hacken; zu der Zwiebel geben. Die Tomaten enthäuten, entkernen und in Stücke schneiden. Zu Zwiebel und Wurst geben, salzen und pfeffern. Bei schwacher Hitze köcheln lassen, bis die Sauce eingedickt ist.
Salzwasser zum Kochen bringen und die Klößchen 12–15 Minuten *al dente* garen. In ein Sieb geben und abtropfen lassen. Die Safran-Gnocchi in die heiße Sauce geben, alles gut miteinander vermischen und servieren. Dazu den Pecorino reichen und einen sardischen Rotwein, etwa einen Cannonau, einschenken.
Hinweis: In der nordsardischen Stadt Sassardi, in der diese Spezialität ihren Ursprung hat, werden Safran-Gnocchi mit Speck, Lamm- und Schweinehack zubereitet und heißen *ciciones*.

Gnocchi di patate – Kartoffel-Gnocchi

Polenta

Polenta bildete in Norditalien die Basis der Ernährung, lange bevor der Mais durch Kolumbus nach Europa gelangte. Meist mußte die Landbevölkerung damals mit in Wasser gekochtem Getreidebrei vorliebnehmen, ob er nun aus Hirse, Buchweizen oder Dinkel bestand. Auch aus Kichererbsen oder Puffbohnen kochte man Polenta.

Mahiz, der Maiskolben mit seinen knackig gelben Körnern, fand in Norditalien ein geeignetes Klima und ausreichend Wasser. Er brachte auch dort ordentliche Erträge, wo andere Getreidearten nur kümmerlich gediehen. Folglich war er bald am erschwinglichsten.

Zuerst breitete er sich feingemahlen in Venetien aus. Dann eroberte er in gröberem Korn die Lombardei. Piemont und die anderen nördlichen Provinzen folgten. Polenta begann Brot und Pasta zu ersetzen. Jede Region entwickelte ihre eigenen Versionen, je nachdem welche Zutaten zur Verfügung standen.

Immer aber wurde die Polenta im *paiolo* gekocht, dem großen Kupferkessel, der über das Feuer im Kamin gehängt wurde. Kochte das Wasser darin, wurde das Maismehl eingestreut. Dann begann die Schwerarbeit. Dafür brauchten Hausfrauen einen *olio di gomito*, einen gut geölten Ellbogen, und einen stabilen *bastone*, den langen Holzschlegel, denn der Polenta-Brei muß ständig gerührt werden.

So alltäglich wurde der stopfende goldgelbe Brei im Norden, daß Süditaliener ihre Landsleute als *polentoni*, Polenta-Esser, verspotteten woraufhin jene mit dem Schimpfwort *mangiamaccheroni*, Makkaroni-Esser, konterten.

War Polenta zeitweilig als Arme-Leute-Essen in Verruf geraten, hat sie längst wieder treue Anhänger gefunden. Die Liebhaber des Maisbreis bestehen darauf, daß er auf traditionelle Weise gerührt wird – und nicht im Schnellverfahren aus dem Dampfkochtopf quillt.

Löst sich der Brei vom Topfrand, wird die Polenta auf ein Brett gestürzt und mit einem Faden in Scheiben geschnitten. Meist wird sie sofort warm als Brotersatz gegessen. Polenta schmeckt hervorragend zu Ragouts von Kaninchen, Lamm, Wildbret oder Waldpilzen. Gern aber genießt man sie auch mit Würsten oder Frischkäse, und im Veneto ist sie obligatorischer Begleiter aller Fischgerichte. Man kann sie aber auch mit einem Stückchen Butter und frisch geriebenem Parmesan bestreut als *primo*, ersten Gang, reichen. Übriggebliebene Polenta wird gern gegrillt, gebraten oder als Auflauf mit Sauce zubereitet.

Mais ist vor allem in Norditalien verbreitet, wo er reichlichere Ernten bringt als andere Getreide.

Die gelben Körner werden zu Grieß gemahlen, dessen Korn die Textur der Polenta bestimmt.

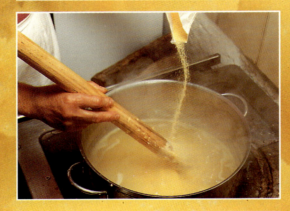

Bei der Zubereitung von Polenta verwendet man einen hohen Topf und einen stabilen hölzernen *bastone*.

Wenn die Polenta abgekühlt ist, schneidet man sie mit einem Faden in 1 cm breite Scheiben.

Hintergrund: Das Kochen von Polenta ist ein Kraftakt, da der Brei ununterbrochen gerührt werden muß.

Grundrezept für Polenta

Für 8 Personen

(Die Zutatenmengen können halbiert oder geviertelt werden)

1 ½ l Salzwasser mit 1 Prise Maisgrieß – das vermindert später das Klumpen des Grießes – in einem schweren hohen Topf zum Kochen bringen.
500 g Maisgrieß langsam und unter ständigem Rühren in das kochende Wasser einrieseln lassen. Je fester die Polenta wird, um so kräftiger muß man rühren. Sollten sich trotzdem Klumpen bilden, diese am Topfrand zerdrücken.
Wenn die gesamte Maisgrießmenge eingerührt ist, die Hitze reduzieren und unter ständigem Rühren die Polenta 45 Minuten kochen lassen. Vorsicht: Der Brei wird sehr heiß, und es bilden sich beim Kochen Blasen, die zerplatzen und über den Topfrand spritzen können.
Auf dem Topfboden bildet sich allmählich eine Kruste, was normal ist. Die Polenta ist fertig, wenn sie sich vom verkrusteten Boden löst.
Die Polenta auf ein Brett stürzen und mit einem nassen Messerrücken in Form streichen. Heiße Polenta schneidet man mit einem Faden, kalte mit einem Messer.

Polenta con gorgonzola
Polenta mit Gorgonzola

Polenta
40 g Butter
200 g Gorgonzola

Aus 250 g Maisgrieß und ¾ l Wasser Polenta nach obigem Grundrezept zubereiten und abkühlen lassen.
Den Backofen auf 180 °C vorheizen.
Eine feuerfeste Form ausbuttern. Die Polenta in etwa 1 cm dicke Scheiben schneiden und diese nebeneinander in die Form geben. Auf jede Scheibe etwas Gorgonzola bröckeln und mit einer zweiten Scheibe Polenta bedecken. Darauf die restliche Butter in Flöckchen setzen. Im Ofen 15–20 Minuten überbacken und heiß servieren.
Als Wein paßt dazu ein frischer Soave.

Polenta e fontina
Polenta mit Fontina

Polenta
150 g Fontina
100 g Butter

Den Käse in kleine Stücke schneiden.
Aus 250 g Maisgrieß und ¾ l Salzwasser Polenta nach obigem Grundrezept zubereiten. Wenn sie beginnt, sich vom Topfrand zu lösen, den Käse und 50 g Butter hinzufügen und weitere 5 Minuten rühren.
Auf einen Teller stürzen und mit einem feuchten Messer glätten. Die restliche Butter leicht bräunen lassen und über die Polenta geben.
Dazu einen roten Bardolino entkorken.

Parmigiano-Reggiano

Der berühmteste italienische Käse, der als Parmesan ungezählte Nachahmer hat, wird seit sieben Jahrhunderten auf die gleiche Weise erzeugt. Vermutlich war er sogar schon den Etruskern bekannt. Als Käse mit Ursprungsgarantie darf er nur in einem genau bezeichneten Gebiet hergestellt werden, das die Provinzen Parma, Reggio Emilia, Modena und Mantua rechtsseitig des Flusses Po und Bologna linksseitig des Flusses Reno umfaßt.
Zu den Regeln, welche die hohe Qualität des Parmigiano-Reggiano garantieren, gehört zuvörderst die Bestimmung, daß die Milchkühe nicht mit Silofutter, sondern mit Luzernen zu füttern oder auf der Weide zu halten sind.
Die Abendmilch bleibt über Nacht stehen; morgens wird der Rahm abgeschöpft. Dann kommt sie mit der Morgenmilch gemeinsam in den traditionellen glockenförmigen Kupferkessel. Dort wird ihr etwas Molke aus vorherigen Käseherstellungen zugegeben, das Fermentierungsserum. Unter langsamem Rühren erwärmt der Käsemeister die Milch auf 33 Grad Celsius, um ihr Lab – das Ferment aus Kälbermägen – zuzusetzen. Innerhalb von zwölf bis 15 Minuten gerinnt die Milch. Der Käsebruch, die *cagliata*, wird mit dem *spino* genannten Dorn zerkleinert, bis seine Körnung der Größe von Weizenkörnern entspricht. Nun heizt der Käsemeister den Kessel erneut an, um die Temperatur allmählich zunächst auf 45 Grad Celsius zu bringen und sie dann schnell auf 55 Grad Celsius zu erhöhen. Nach dem Abschalten der Hitze setzt sich die Käsemasse unten im Kessel ab und wird dann mit Leinentüchern herausgehoben. In den Tüchern kommt sie in hölzerne oder metallene Formen, die *fasceri*. Eine leichte Pressung beschleunigt den Austritt der restlichen Molke. Bereits nach wenigen Stunden wird das Tuch entfernt und eine Matrize eingesetzt, welche die Herkunftsbezeichnung »Parmigiano-Reggiano« sowie die Herstellungsdaten in die Rinde einprägt.
Noch einige Tage verbringt der Käse in der Form. Dann ist er bereits zu einem massiven, leicht bauchigen Zylinder geworden, der nun für 20 bis 25 Tage in eine Salzlauge gelegt wird. Nach kurzer Trocknung in der Sonne zieht er anschließend ins Lager, die *cascina*, um. Auf stabilen Holzregalen reifen die Käse langsam, wobei sie regelmäßig gewendet und gebürstet werden.
Meist am Ende des Jahres bringt der Käsehersteller seine gesamte Jahresproduktion in eigens eingerichtete Lager, die zwischen 50 000 und 100 000 Käselaibe aufnehmen können. Meist gehören sie Banken oder Genossenschaften, die auch Finanzhilfen gewähren. Pro Jahr erzeugt die Region 90 000 Tonnen gleich 2,4 Millionen Zylinder Parmigiano-Reggiano, wofür sie 1,44 Milliarden Liter Milch verarbeitet. Denn für ein Kilogramm dieses hochwertigen Käses braucht man 16 Liter. Der Parmigiano-Reggiano gehört zur Kategorie der halbfetten, gekochten Hartkäse. Er wird zwischen dem 1. April und dem 11. November hergestellt. Die Reifung, die auf völlig natürlichem Wege erfolgt, muß mindestens bis zum Sommerende des auf die Produktion folgenden Jahres dauern. Oft erstreckt sie sich über einen noch größeren Zeitraum. Folgende Merkmale charakterisieren den Parmigiano-Reggiano:

- Gewicht: zwischen mindestens 24 und maximal 44, meist zwischen 33 und 36 Kilogramm;
- Durchmesser: zwischen 35 und 45 Zentimeter;
- Seitenhöhe: zwischen 18 und 24 Zentimeter;
- Dicke der Rinde: etwa 6 Millimeter;
- Fett in der Trockenmasse: mindestens 32 Prozent;
- Farbe der Rinde: dunkel mit Paraffinierung oder natürliches Goldgelb;
- Farbe der Käsemasse: hellgelb bis strohgelb;
- Struktur der Käsemasse: feinkörnig; schuppenförmige Teilung; winzige, kaum sichtbare Durchlöcherung;
- Aromen: delikat und würzig, nie pikant;
- Alter: *fresco* (frisch) – weniger als 18 Monate; *vecchio* (alt) – 18 bis 24 Monate; *stravecchio* (extraalt) – 24 bis 36 Monate.

Rechte Seite: Nach monatelanger Reifung hat der Käse sein Aroma entwickelt und eine natürliche Rinde gebildet.

Mit der Schöpfkelle überprüfen die Käser, ob die geronnene Milch bereits die nötige Festigkeit besitzt, um zum Bruch zerkleinert zu werden.

Nach erneuter Erwärmung des Bruchs setzt sich der Käse – von der Molke bedeckt – am Boden ab, wie hier in einer Schüssel demonstriert wird.

Mit einem Tuch hebt man dann den Käseteig aus dem Kessel.

Dann wird die Käsemasse in eine Form gefüllt und leicht gepreßt, womit man den Austritt restlicher Molke beschleunigt.

In den *fasceri*, Holz- oder Metallformen, erhält der Parmigiano-Reggiano seine endgültige Form.

Zum Schluß prägt man dem berühmten Käse sein Markenzeichen ein.

Italien

Pecorino

Überall in Italien gibt es Käse, die »Pecorino« genannt werden. Niemand schreibt Bauern oder Molkereien vor, aus welcher Milch und wie sie ihn zu machen hätten. Folglich kann man die unterschiedlichsten Versionen finden. Es gibt frische und gereifte, milde und pikante. Doch im engeren Sinne ist Pecorino ein Hartkäse aus Schafsmilch. Deshalb kommen seine bekanntesten Vertreter aus Mittel- und Süditalien sowie von Sardinien und Sizilien, wo es die größten Schafherden gibt.

Der Milch wird Lab zugefügt, so daß sich bald die Gallerte bildet. In der Regel zerkleinern die Käsemacher den Bruch auf die Größe eines Weizenkorns. Dann erwärmen sie ihn auf knapp unter 50 Grad Celsius. Nun kommt er in zylindrische Formen, die auf Sardinien geflochten sind. Die Alterung, bei der Pecorino regelmäßig mit Salzwasser gewaschen und gewendet wird, erstreckt sich über acht Monate. Fertig gereift wird seine Kruste eingeölt, ist meist dunkel und hart. Der helle, manchmal leicht graue Teig schmeckt angenehm pikant. Die bekanntesten Vertreter sind Pecorino romano (oder latiale), Pecorino toscano, Pecorino siciliano und der Pecorino sardo oder Fiore sardo.

Jung ißt man Pecorino als Tafelkäse, gereift wird er gerieben. In Süditalien verwendet man ihn statt Parmesan.

Pecorino wird aus der frischen Vollmilch genügsamer Schafe gemacht, die sich mit meist kargen Weiden zufriedengeben.

Zwar kann man Pecorino auch jung und milde genießen, aber als Reibekäse muß er durch Alterung eine feste Konsistenz und kräftigen Geschmack besitzen.

Pecorino wird in vielen Regionen hergestellt, seine Formen variieren ebenso wie das Gewicht, das von 1,5 bis 22 Kilogramm reichen kann.

Gorgonzola

Zuerst nur in dem gleichnamigen Städtchen bei Mailand erzeugt, wird Gorgonzola heute in lombardischen und piemontesischen Provinzen produziert. Seine Basis ist pasteurisierte Vollmilch von Kühen.

Die Milch wird auf 28 bis 32 Grad Celsius erhitzt und mittels Kalbslab zum Gerinnen gebracht. Zugleich mit dem Lab werden Milchfermente und Sporen des *penicillium glaucum*, eines Edelpilzes, zugefügt. Nach der Trennung von Bruch und Molke kommt der Käse in Formen von 25 bis 30 Zentimetern Durchmesser, wird gesalzen und erhält zwei Wochen Zeit, sich zu setzen.

Damit sich der Edelschimmelpilz im Käseteig richtig entfalten kann, werden zunächst von der einen, eine Woche später von der anderen Seite lange Edelstahlnadeln in den Laib gebohrt.

In speziellen Lagerräumen, deren Temperatur und Luftfeuchtigkeit die ursprünglichen Höhlen des Valsassina-Tals imitieren, reift der Käse bis zu drei Monate zu verschiedenen Qualitäten heran:

- *bianco* – sehr jung, vor der Entfaltung des Schimmels;
- *dolce* – mit leichter Marmorierung, sehr milde.
- *piccante* – gut ausgebildeter grüner Edelschimmel, charakteristischer, würziger Geschmack.

Man sollte den Käse kühl aufbewahren, aber bei Raumtemperatur genießen, damit sein volles Aroma zur Geltung kommt.

In dem großen Kessel hat sich aus der Milch durch Zusatz von Gerinnungsfermenten die Gallerte gebildet, die zu Bruch zerteilt wird.

Der Käsemeister rollt den in zylindrische Form gepreßten Käse in Salz.

Nadeln durchstechen den Laib, damit die Käsemasse ausreichend belüftet wird, so daß der Edelschimmelpilz sich ausbreiten kann.

In jeden Käse wird das Wappen von Gorgonzola geprägt, das die Echtheit garantiert.

Auf stabilen Holzregalen in Kellern mit idealem Klima vollzieht sich die bis zu drei Monate dauernde Reife.

Vorbildlich marmoriert, verspricht dieser Gorgonzola einen sahnig-pikanten Genuß.

Italiens Käsesorten

Die Ziffern in Klammern verweisen auf der Numerierung der auf der rechten Seite abgebildeten Sorten.

Asiago d'Allevo
Mittelharter bis harter Käse mit kompakter Masse von acht bis zwölf Kilogramm; Ursprung auf alpiner Hochebene; kleine und mittelgroße Lochbildung; strohgelbe Farbe; jung milder, pikanter Geschmack nach neun und mehr Monaten; älter findet er meist als Reibekäse Verwendung.

Asiago pressato
Halbfetter oder fetter, halbgekochter und gepreßter junger, milchiger Käse aus den Vicenza und Trient.

Bel Paese
Seit 1929 aus pasteurisierter Milch hergestellter Butterkäse; gelber zarter Teig; süßlich, sehr milde.

Caciocavallo (3)
Hartkäse aus gekochter *pasta filata,* gezogenem Teig, sogenannter gebrühter Knetkäse, weit verbreitet in Mittel- und Süditalien; glatte oft goldgelbe Rinde, milder Tafelkäse, älter gern gerieben, auch gebraten oder gegrillt, kombiniert mit Reis, Eiern, Gemüse.

Caciotta (9)
Kleiner, vollfetter, halbfester Käse aus Mittelitalien; oft aus Kuh- und Schafmilch; dünne Rinde, mild.

Crescenza
Roher, ungekochter, fettreicher Weichkäse ohne Rinde; weicher, homogener Teig; frischer milder, zartschmelzender Geschmack; auch in Kleinpackungen.

Fiore sardo
Spezialität Sardiniens; roher Hartkäse aus Schafmilch; Laibe von 1,5 bis vier Kilogramm; dunkelgelbe oder nußfarbene Rinde; bei Reifung bis sechs Monate milder Geschmack; danach pikanter und dann meist gerieben.

262 Italien

Fontal
Seine gleichmäßige Schmelzfähigkeit prädestiniert ihn für viele Gerichte; milder, delikater, norditalienischer Schnittkäse; flacher Zylinder von zehn bis 16 Kilogramm.

Fontina (2)
Fettkäse aus Vollmilch aus dem Aostatal; oft orangefarbene Rinde; weicher, schmelzender Teig mit kleinen Löchern; reift drei Monate; beliebter Tafelkäse.

Gorgonzola (1)
Nach der gleichnamigen Gemeinde bei Mailand benannter weicher Edelschimmelkäse; in Teilen der Lombardei und Piemonts hergestellt; dem Käseteig wird *penicillium glaucum* beigegeben; später mit Nadeln gelocht; grüner Edelschimmel, sehr sahnig (siehe linke Seite).

Grana padano
Halbfetter, gekochter Hartkäse mit langsamer Reifung; das Pendant zum Parmigiano-Reggiano von der venetischen und lombardischen Seite der Po-Ebene; dunkle paraffinierte oder natürliche goldgelbe Rinde, mit Herkunftszeichen markiert; aus 26 Provinzen Norditaliens; ein bis zwei Jahre gealtert; Reibekäse, aber auch feiner, milder Tafelkäse mit kräftigem Duft.

Italico
Fetter Weichkäse aus der Lombardei im Stil des berühmten Bel Paese; 20 bis 40 Tage gereift; sehr dünne, glatte Rinde; weiche, elastische Konsistenz; butteriger, sehr milder Geschmack.

Marzolino (12)
In der Toskana hergestellter Schafskäse mit mildem bis leicht pikantem Geschmack; auch aus einer Mischung von Schaf- und Kuhmilch.

Mascarpone
Frischkäse von cremiger Konsistenz; aus Rahm hergestellt; oftmals anstelle von Sahne in der Küche verwendet.

Montasio
Fetter, gekochter und gepreßter Kuhkäse; aus Ebene und Alpen des Friaul und dem Veneto; bis fünf Monate als Tafelkäse mit pikantem Stich; sonst als Reibekäse.

Mozzarella
Frischkäse aus der Milch von Büffelkühen Kampaniens und Latiums; in Wasser gekocht; gezogener elastischer Käseteig *pasta filata*; nur gekühlt haltbar; auf Pizza; heißt *fior di latte*, wenn aus Kuhmilch.

Paglietta (10)
Weichkäse aus dem Piemont

Parmigiano-Reggiano (4)
Halbfetter, gekochter Hartkäse mit langsamer natürlicher Reifung; große Zylinder von meist 33 bis 36 Kilogramm; renommiertester italienischer Reibekäse (S. 258)

Pecorino romano
Gekochter Hartkäse aus vollfetter Schafmilch in hohen, meist um 17 Kilogramm schweren Zylindern; reift mindestens fünf Monate; aus Sardinien (Pecorino sardo) und der weiteren Umgebung Roms; als Reibekäse; jünger als Tafelkäse; viel exportiert.

Pecorino siciliano (6)
Ungekochter, gelblich-weißer Hartkäse aus Schafmilch, nur aus Sizilien; pikanter Geschmack.

Pecorino sardo (5)
Siehe Fiore sardo und Pecorino romano

Provolone
Halbfester Käse aus *pasta filata*, Käsebruch, der durch Eintauchen in kochendes Wasser eine gezogene, elastische Struktur erhält; er wird mit Schnüren birnen-, melonen- oder wurstförmig umwickelt und reift hängend; jung sehr milde, nach drei Monaten pikanter.

Ragusano
Sizilianischer Hartkäse aus gekochter *pasta filata*; meist acht bis zehn Kilogramm schwer in rechteckigen Laiben; jung als milder Tafelkäse; nach sechs Monaten pikanter voller Geschmack.

Ricotta (7)
Ein aus Molke in vielen Regionen hergestellter Frischkäse; schneeweiß, weiche Konsistenz, leicht säuerlicher Milchgeschmack; wird frisch oder leicht gesalzen angeboten; in der Küche als Pasta- und Kuchenfüllung.

Scamorza (11)
Birnenförmiger Kuhmilchkäse mit glatter dünner Rinde; auch mit Schafmilch gemischt.

Taleggio (8)
Fetter, ungekochter Weichkäse in klassischer Backsteinform; wird in Lombardei, Piemont und dem Veneto hergestellt; rötliche, weiche Rinde; milder Geschmack.

Pasta e fagioli – Nudeln und Bohnen

Minestrone alla milanese – Mailänder Minestrone

Suppen

Die Suppen repräsentieren die verschiedenen Landschaften Italiens und die Jahreszeiten, die das Angebot an Gemüsen bestimmen. Viele Gemüsesuppen verraten aufgrund ihrer Zutaten die Region, aus der sie stammen. So enthalten Suppen in der Toskana als Einlage getrocknete weiße Bohnen und geröstete Weißbrotscheiben. In Suppen aus südlicheren Gebieten spielen Tomaten, Knoblauch und Olivenöl eine wichtige Rolle. Bei ligurischen Rezepten werden viele frische Kräuter oder Pesto verwendet. Im Mailänder Gebiet gehört Reis in die Minestrone, während man im Veneto Pasta zufügt. Generell liebt man es in Italien, die Suppen durch Pasta zu bereichern, wofür eine Fülle unterschiedlicher Nudelformen zur Auswahl steht. Als nach der Entdeckung Amerikas Hülsenfrüchte nach Europa – und zuerst nach Spanien und Italien – kamen, wurden sie schnell zum Hauptbestandteil von Gemüsesuppen, da sie so gut sättigen. Nimmt man für Bohnensuppen im Norden doch vornehmlich die braunen gesprenkelten Borlotti und im Süden die weißen kleinen Cannellini, so gibt es darüber hinaus eine ganze Anzahl von regionalen Spezialitäten. Dazu zählen die süditalienische *zuppa di ceci* mit Kichererbsen, die *zuppa di lenticchie* mit Linsen und die für das restliche Italien exotische *jota* aus Triest, bei der es sich um eine Sauerkrautsuppe mit weißen Bohnen und Knoblauchwurst handelt.

Minestrone alla milanese
Mailänder Minestrone
(Abbildung)

3 EL	Olivenöl
150 g	frischen Bauchspeck
50 g	fetter Speck
1 EL	gehackte Zwiebeln
1 EL	feingehackte glatte Petersilie
1 TL	feingehackter Knoblauch
2	Stangen Sellerie
2	Möhren
3	mehlig-kochende Kartoffeln
2	Zucchini
500 g	Tomaten
1 EL	grobgehacktes Basilikum
250 g	frische enthülste Borlotti-Bohnen
1	kleiner Kopf Wirsing
250 g	frische enthülste Erbsen
150 g	Arborio- oder Vialone-Reis
80 g	geriebener Parmesan
	Salz

Das Öl in einem großen Suppentopf erhitzen. Bauchspeck, Speck, Zwiebel, Petersilie und Knoblauch in dem Öl anschmoren.
Sellerie und Möhren putzen, die Kartoffeln schälen und die Gemüse kleinschneiden. Die Zucchini waschen und würfeln, die Tomaten enthäuten, entkernen und in kleine Stücke schneiden.
Die Gemüse mit dem Basilikum und den Bohnen in den Topf geben und mit 2 l kochendem Wasser auffüllen; zugedeckt 2 Stunden köcheln lassen.
Den Wirsing putzen, in feine Streifen schneiden und mit den Erbsen in den Topf geben, nach 15 Minuten den Reis hinzufügen. Weitere 20 Minuten garen, bis der Reis körnig ist. Den Parmesan unterrühren und die Minestrone mit Salz abschmecken.
Die Minestrone ißt man heiß, im Sommer auch lauwarm.
Dazu paßt als Wein ein kühler Soave oder Pinot grigio.

1 l	Rinderbrühe
60 g	Butter
4	Scheiben Toastbrot
4	Eier
4 EL	geriebener Parmesan

Die Rinderbrühe erhitzen. Die Butter in einer Pfanne zerlassen und die Toastscheiben darin auf beiden Seiten goldbraun braten. Die Brotscheiben in feuerfeste Suppentassen geben und vorsichtig jeweils ein Ei auf das Brot gleiten lassen.
Den Backofen auf 200 °C vorheizen.
Die Suppentassen in den Backofen stellen, bis die Eier stocken. Herausnehmen, die Eier mit Parmesan bestreuen und jeweils 1–2 Kellen heiße Brühe in die Suppentassen geben. Dazu paßt ein weißer Franciacorta Pinot.

264 **Italien**

Pasta e fagioli
Nudeln und Bohnen
(Abbildung linke Seite)

500 g Borlotti-Bohnen
2 Knoblauchzehen
2 EL getrockneter Rosmarin
1 große Zwiebel
1 Stange Sellerie
1 kleine Möhre
5 EL Olivenöl
Salz, schwarzer Pfeffer
200 g gebrochene Linguine oder kleine Hohlnudeln

Die Bohnen über Nacht in reichlich lauwarmem Wasser einweichen. Das Einweichwasser fortgießen, die Bohnen in einen genügend großen Suppentopf geben und mit frischem lauwarmem Wasser bis etwa 4 cm hoch über den Bohnen auffüllen.
Den Knoblauch schälen und mit dem Rosmarin in ein Gewürzei oder ein Mullsäckchen geben und in den Topf hängen. Die Zwiebel schälen, die Wurzel stehen lassen, damit die Zwiebel nicht auseinanderfällt. Sellerie und Möhre putzen, würfeln und mit der Zwiebel zu den Bohnen geben. Das Öl hinzufügen und alles zum Kochen bringen. Zugedeckt 2 1/2–3 Stunden köcheln lassen, bis die Bohnen gar sind (die Garzeit hängt vom Alter der Bohnen ab). Das Gewürzei und die Zwiebel herausnehmen.
Ein Drittel der Bohnen aus der Suppe nehmen, durch ein Sieb streichen und wieder in den Topf geben. Gut mit Salz und Pfeffer abschmecken. Die Bohnensuppe nochmals aufkochen lassen, die Nudeln hinzufügen und *al dente* kochen.
Die Suppe wird heiß oder im Sommer auch kalt gegessen. Als guter Begleiter erweist sich hier ein Cabernet.

Kutteln

In die Genueser Kaldaunengarküchen ging man einst nach durchzechter Nacht, um mit einer Schale heißer Kuttelbrühe den Kater zu vertreiben. Oder man trank sie noch spät am Abend nach einem Theaterbesuch, und nach der Silvesternacht war sie traditionell die erste Stärkung am Neujahrsmorgen. Hafenarbeitern schmeckte sie dagegen täglich zum Frühstück.
Nur wenige Garküchen haben überlebt. Kutteln zuzubereiten ist eine arbeitsaufwendige und langwierige Angelegenheit. Für die Brühe muß sorgfältig gesäuberter Pansen vom Kuhmagen und hundertblättriger Faltenmagen mindestens drei Stunden lang kochen.
Heute gibt es Kutteln sogar wieder in guten Restaurants, wo sie als regionale Delikatessen auf der Speisekarte stehen – ob in Rom, Florenz, Bologna, Mailand, Genua oder Südtirol.

Minestra di trippa alla piemontese
Piemonteser Kuttelsuppe
(Abbildung)

50 g Speck
1 Stange Sellerie
2 Stangen Lauch
2 mehlig-kochende Kartoffeln
2 Zwiebeln
1 Lorbeerblatt
6 Salbeiblätter
50 g Butter
2 l Fleischbrühe
700 g vorgekochte Kalbskutteln
400 g Wirsing
2 EL geriebener Parmesan
Salz, schwarzer Pfeffer

Den Speck fein würfeln, Sellerie und Lauch putzen und in Scheiben schneiden. Kartoffeln und Zwiebeln schälen und würfeln. Das Lorbeerblatt zerkrümeln, die Salbeiblätter fein hacken.
In einem großen Topf den Speck mit Sellerie, Salbei und Lorbeerblatt in der Butter unter Rühren anschmoren. Kartoffeln, Zwiebeln und Lauch hinzufügen und ebenfalls anschmoren. Die Fleischbrühe erhitzen und angießen.
Die Kutteln in feine Streifen schneiden und in die Brühe geben, vorsichtig pfeffern und zugedeckt 1 Stunde köcheln lassen.
Den Wirsing putzen, in schmale Streifen schneiden und zu den Kutteln geben, zugedeckt 60 Minuten köcheln lassen. Zum Schluß den Parmesan unterrühren und die Suppe mit Salz und Pfeffer würzen.
Dazu mundet ein Dolcetto aus dem Piemont.

*Minestra di trippa alla piemontese –
Piemonteser Kuttelsuppe*

Reis

Italien ist nicht nur Europas größter Reiserzeuger. Kein anderes westliches Land hat so viele verschiedene köstliche Reisrezepte entwickelt. Zwar brachte bereits Alexander der Große Reis von seinen Eroberungszügen mit, aber erst die Araber verstanden es, seine kulinarischen Eigenschaften wirklich zu würdigen und zu verbreiten, etwa auf Sizilien. Genoß man auch schon um 1300 gehaltvollen Reispudding, den *biancomangiari*, in der Toskana, die Entwicklung des Reisanbaus setzte erst im 15. Jahrhundert ein. Nach 1800 gewann er schnell an Bedeutung.

Die Anbaufläche für Reis, die insgesamt 245 000 Hektar umfaßt, konzentriert sich fast ausschließlich auf die Po-Ebene. In dem Dreieck zwischen Vercelli, Novara und Pavia, südwestlich von Mailand, werden im März nach dem Säen die Felder unter Wasser gesetzt. Wenn Ende Mai die hellgrünen Pflänzchen hinaussprießen, wird das Wasser abgelassen. Zur Erntezeit im September sind die Reispflanzen buschig, braun und trocken geworden. Vor allem in der Küche Norditaliens spielt Reis eine bedeutende Rolle und hat sich neben der Pasta zu den *primi piatti*, den zweiten Vorspeisen, gesellt. Aber auch in Suppen und Salaten, als Beilage oder als Zutat zu Süßspeisen oder Gebäck ist er beliebt. Der durchschnittliche Pro-Kopf-Verbrauch liegt bei fünf Kilogramm im Jahr.

Italiener wissen mit Reis umzugehen. Denn es gibt unterschiedliche Sorten, die beim Kochen andere Eigenschaften zeigen und deshalb für jeweils andere Gerichte geeignet sind. Große Bedeutung haben die Züchtungen, die zur *oryza sativa japonica* zählen und eher runde Körner besitzen. Dagegen ist der Langkornreis, *oryza sativa indica*, weniger verbreitet.

Reis einer Sorte ist nach italienischem Gesetz immer gleich. Die verschiedenen Sorten werden den vier Kategorien zugeordnet, die das Italienische Reisinstitut aufgestellt hat. Das Institut hat bisher über 25 000 Sorten getestet.

Nach dem Einsäen im Frühjahr werden die Reisfelder in der flachen Po-Ebene unter Wasser gesetzt.

Sobald die Halme die Wasseroberfläche durchstoßen, wird das Wasser abgelassen. Im September folgt die Ernte.

In dieser Mühle wird der Reis geschält.

Reissorten

Man unterscheidet in Italien folgende Kategorien, wobei der Sortenname immer auf der Packung angegeben wird:
- **Riso comune** – unterteilt in die Sorten Originario und Balilla: kleines rundes Korn; wenig kochfest; 13 bis 14 Minuten Kochzeit; insbesondere für Süßspeisen;
- **Riso semifino** – unterteilt in die Sorten Padano, Lido, Rosa Marchetti: längliches rundes Korn; 15 Minuten Kochzeit; speziell für Minestrone und andere Suppen;
- **Riso fino** – unterteilt in die Sorten Vialone nano, Ribe, R. B., Sant'Andrea und Ringo: mittellanges rundes Korn; kochfest und gleichmäßige Garung; 16 Minuten Kochzeit; gute Risotto-Sorten;
- **Riso superfino** – unterteilt in die Sorten Arborio, Roma, Baldo und Carnaroli: langes, großes rundes Korn; 18 Minuten Kochzeit; verbreitetster Risotto-Reis.

Besonderheiten:
Carnaroli: langes rundes Korn; aufwendiger Anbau ohne Dünger und Unkrautvernichter; Spitzenqualität mit sehr guter Kochfestigkeit; 18 Minuten Kochzeit; hervorragend für Risotto;
Indica oder **Thai**: langes schmales Korn; Langkornreis mit guter Kochfestigkeit; stellt inzwischen über ein Fünftel des in Italien angebauten Reises; hauptsächlich für den Export; 18 bis 20 Minuten Kochzeit; für internationale Reisgerichte.

Risotto di gamberetti
Risotto mit Garnelen
(Abbildung unten)

1 ¼ l Fleischbrühe
1 Schalotte
100 g Butter
400 g Arborio-Reis
250 g geschälte Mittelmeergarnelen
200 ml Weißwein
1 EL gehackte glatte Petersilie

Die Fleischbrühe erhitzen. Die Schalotte schälen, fein hacken und in 50 g Butter goldgelb anrösten, den Reis hinzufügen und glasig werden lassen. Die Garnelen abspülen, zu dem Reis geben und 1–2 Minuten andünsten, dann mit dem Weißwein ablöschen.
Hat der Reis den Wein gänzlich absorbiert, unter ständigem Rühren nach und nach die Brühe hinzufügen. Wenn der Reis *al dente* ist (nach etwa 18 Minuten), die restliche Butter und die Petersilie untermischen. Den fertigen Risotto zugedeckt 2 Minuten ziehen lassen und auf vorgewärmten Tellern servieren. Dazu paßt ein Bianco Colli Euganei.
Hinweis: Risotto mit Meeresfrüchten oder Fisch wird fast immer ohne Parmesan zubereitet.

Risotto di gamberetti – Risotto mit Garnelen

Risi e bisi
Reis mit Erbsen

800 g junge Erbsen in der Schote
75 g frischer Bauchspeck
1 Zwiebel
75 g Butter
300 g Arborio-Reis
2 EL feingehackte Petersilie
100 g geriebener Parmesan

Die Erbsen aushülsen und beiseite stellen. Die Erbsenschoten in 1 ½ l Salzwasser 60 Minuten kochen lassen, durch ein Sieb geben und die Brühe warm halten.
Den Bauchspeck würfeln, die Zwiebel schälen und fein hacken. Die Butter in einem genügend großen Topf zerlassen, Bauchspeck und Zwiebeln darin anrösten. Den Reis hinzufügen und unter ständigem Rühren glasig werden lassen. 2 Kellen Erbsenbrühe und die Erbsen dazugeben; 5 Minuten kochen lassen. Wenn der Reis die Flüssigkeit absorbiert hat, unter ständigem Rühren so lange Erbsenbrühe hinzugeben, bis der Reis nach etwa 18 Minuten *al dente* ist. Zum Schluß die Hälfte des Parmesan und die Petersilie untermischen.
Den fertigen Risotto 1–2 Minuten ruhenlassen und mit dem restlichen Parmesan bestreuen.
Dazu einen Tocai del Piave einschenken.

Risotto alla milanese
Risotto nach Mailänder Art

1 ¼ l Hühnerbrühe
1 g Safranfäden
2 große Rinderknochen mit Mark
80 g Butter
1 EL gehackte Zwiebeln
400 g Vialone-Reis
200 ml trockener Weißwein
100 g geriebener Parmesan

Die Hühnerbrühe erhitzen. 2 El Brühe abnehmen und den Safran darin einweichen. Das Knochenmark aus den Knochen lösen und in 60 g Butter zerlassen, die Zwiebeln hinzufügen und andünsten.
Den Reis zugeben und unter Rühren glasig werden lassen, mit dem Weißwein ablöschen und diesen gänzlich einkochen lassen. Unter ständigem Rühren kellenweise nach und nach die heiße Hühnerbrühe dazugeben.
Nach etwa 10 Minuten den Safran mit der Einweichbrühe hinzugeben. Ist der Reis *al dente* (nach etwa 16 Minuten), den Topf vom Herd nehmen und die restliche Butter sowie die Hälfte des Parmesan unterrühren. Den Risotto mit dem restlichen Parmesan bestreuen und servieren.
Als Wein eignet sich beispielsweise ein Barbaresco dell'Oltrepò Pavese.

Risotto con asparagi verdi
Reis mit grünem Spargel

1 ½ l Fleischbrühe
500 g grüner italienischer Spargel
1 EL gehackte Zwiebeln
75 g Butter
400 g Vialone-Reis
200 ml trockener Weißwein
100 g geriebener Parmesan

Die Fleischbrühe erhitzen. Den Spargel schälen, die Köpfe abschneiden und beiseite stellen, die Stangen in etwa 2 cm lange Stücke schneiden.
Die Zwiebel in der Butter glasig dünsten. Die Spargelstücke dazugeben und kurz andünsten. Dann den Reis hinzufügen. Wenn der Reis glasig ist, mit dem Weißwein ablöschen. Sobald der Reis den Wein absorbiert hat, unter ständigem Rühren kellenweise die heiße Brühe angießen.
Nach etwa 10 Minuten die Spargelspitzen dazugeben. Ist der Reis *al dente* (nach etwa 16 Minuten), die Hälfte des Parmesan einrühren und den Risotto mit dem restlichen Parmesan bestreut servieren.
Dazu paßt ein Sauvignon Colli Berici.

Reissorten
(siehe Übersicht linke Seite)
1 R. B.
2 Riso brillato
3 Riso sbramato
4 Roma
5 Riso parboild
6 Balilla
7 Vialone nano
8 Arborio

Salumi

Italien verfügt über ein reichhaltiges Angebot an Salumi. Unter diesem Oberbegriff, in dem sich das Wort *salare*, einsalzen, verbirgt, werden sämtliche Wurst- und Schinkensorten zusammengefaßt. Salumi sind so beliebt, daß italienische Schweine nur unter dem Aspekt ihrer Verwendung zu Schinken und Wurst aufgezogen werden. Frischfleisch vom Schwein spielt eine untergeordnete Rolle.
Wurstwaren und Schinken werden in zwei Kategorien unterteilt:
• Rohe und gereifte Produkte – aus rohem Fleisch hergestellt; mehr oder weniger gesalzen und anschließend gereift, wobei Lufttrocknung eine Vorrangstellung einnimmt; nach Abschluß der Reifung können sie bei Raumtemperatur aufbewahrt werden. Zu dieser Kategorie gehören Rohschinken wie Parma oder San Daniele, Dauerwürste wie Salami oder Soppressa, Coppa oder Bresaola.
• Gekochte Produkte – nach der eigentlichen Zubereitung gekocht oder in modernen Umluftöfen erhitzt und gegart; sollten immer kühl aufbewahrt und relativ schnell verzehrt werden. Hierzu zählen Mortadella, Cotechino und Zampone sowie *prosciutto cotto*, gekochter Schinken, der unter den Salumi – was den Verbrauch betrifft – mit Abstand den ersten Platz einnimmt.

1 **Coppa** – berühmte Spezialität aus dem Muskelfleisch des Schweinenackens; reift eingewickelt in ein mit Weißwein getränktes Tuch
2 **Bresaola** – luftgetrocknetes Rindfleisch, direkter Verwandter des Bündner Fleisches
3 **Mortadella** – Fleischwurst; ursprünglich aus Bologna; verschiedene Qualitäten
4 **Zampone** – gefüllter Schweinsfuß; Spezialität von Modena; die Füllung besteht aus feingehacktem, gut gewürztem Fleisch von Hachse und Schulter
5 **Soppressa veneta** – Preßwurst mit grober Körnung aus dem Veneto; bis zu sechs Monate in dunklen Räumen luftgetrocknet
6 **Bondiola** – deftige Wurst aus dem Veneto
7 **Soppressata** – Sülzwurst mit pikantem Geschmack; oft leicht geräuchert, dann gepreßt und luftgetrocknet
8–10 **Salame** – berühmte, drei bis sechs Monate gereifte Dauerwurst; im Norden milder, im Süden pikanter und schärfer gewürzt

Salami

Basis jeglicher Salami ist rohes Fleisch, insbesondere Schweinefleisch, aber auch Rind-, Esels-, Wildschwein- oder Gänsefleisch kann verwendet werden. Je nach gewünschter Art nimmt man in der Regel 50 bis 100 Prozent mageres Fleisch, das beim Schwein meist aus Nacken und Schulter kommt. Als weitere Zutat kann Bauch- oder Rückenspeck hinzugefügt werden.

Das Fleisch wird durch den Fleischwolf gedreht und zunächst grob hachiert. Soll die Textur feiner sein, passiert man es ein weiteres Mal durch eine kleinere Scheibe.

Dann werden mageres und fettes Fleisch vermischt und gewürzt – mit feingehacktem Knoblauch, frisch gemahlenem oder ungemahlenem Pfeffer, getrockneten Kräutern, auch Fenchelsamen, eventuell etwas Wein, vor allem aber ausreichend mit Salz. Alle Zutaten müssen gründlich vermischt werden, damit ein gleichmäßig fetter und gewürzter Fleischteig entsteht. Dann bindet man den gereinigten Darm an einem Ende ab und zieht das andere über einen Trichter, durch den man den Fleischteig in den Darm drückt. Dabei ist wichtig, daß der Darm fest gefüllt wird und keine Luftblasen bleiben. Nach gewünschter Länge bindet man den Darm ab.

Der weitere Werdegang der Salami beginnt mit einer einige Stunden währenden Trocknung in einer geheizten Kammer. Daran schließt sich die eigentliche Reifung an. Sie muß in einem kühlen Raum stattfinden, in dem es weder zu trocken noch zu feucht sein darf. Im Laufe des natürlichen Reifungsprozesses, der meist drei bis sechs Monate dauert, bildet sich auf der Salamihaut mehliger Schimmel, der regelmäßig abgewischt wird. Ihm verdankt sie ihr feines Aroma.

Italiens Schweine

Schweine werden in Italien in erster Linie für die Verarbeitung zu Schinken und Würsten gezüchtet. Dafür müssen sie völlig anderen Anforderungen gehorchen als ihre nordeuropäischen Vettern. Während diese leichtgewichtig mit unter 100 Kilogramm ihr Leben lassen, verlangen italienische Wurst- und Schinkenfabrikanten stämmige Exemplare, die um die 160 Kilogramm Schlachtgewicht besitzen. Damit ihr Fleisch für die Wurstherstellung geeignet ist, darf man die Schweine nicht zu schnell mästen. In der Regel werden sie im Alter von neun bis zwölf Monaten geschlachtet.

Der Ausgewogenheit des Futters, das aus Maismehl, Gerste, Soja, Kleie und Molke zusammengesetzt ist, wird große Beachtung geschenkt. Denn es verleiht dem Fleisch das feine Aroma und die feste Konsistenz – unabdingbare Voraussetzung für Qualitätsschinken.

Wildschweine sind eine begehrte Jagdbeute, denn sie stiften nicht nur ausgezeichnete Ragouts, sondern ihr Fleisch wird häufig auch zu Salami verarbeitet, einer toskanischen Spezialität.

Das Fleisch wird in den Wolf gegeben und gröber oder feiner gemahlen.

Jeder Metzger hat seine eigene Gewürzmischung komponiert.

Ist der Teig gleichmäßig vermischt, wird er in lange Därme gefüllt.

Oft wird Wildschweinsalami kurz – zu kleinen Würsten – abgebunden.

270 Italien

Salami-Spezialitäten
(siehe auch S. 268–269)

Salame al sugo
Ihren besonderen Geschmack verdankt sie der mitverarbeiteten Zunge und Leber sowie verschiedenen Gewürzen und Kräutern, darunter vor allem Knoblauch (das Rezept wird Lucrezia Borgia zugeschrieben); Reifezeit: sechs Monate. Man ißt sie gegart, wobei sich während des Garens eine kräftige Sauce, der *sugo*, bildet; eine Spezialität aus Ferrara, Emilia-Romagna.

Salame di Felino
Das Dorf bei Parma hat sich mit seiner mittelgrob hachierten Wurst aus Schweinefleisch und Bauchspeck Ruhm erworben; wenig gesalzen; mit in Weißwein zerdrücktem Knoblauch und Pfeffer gewürzt.

Salame di Milano
Berühmteste Sorte; aus besonders magerem, feingehacktem, sehr gleichmäßig vermischtem Schweinefleisch oder einer Mischung von Schweine- und Rindfleisch mit höchstens 20 Prozent Schweinefett; mindestens drei, oft bis zu sechs Monate gereift; unterschiedliches Gewicht, bis zu vier Kilogramm.

Salame di Montefeltro
Ihren eigenen Charakter verdankt sie dem Fleisch schwarzborstiger Landschweine. Nur die besten Stücke von der Lende und die Schinken werden genommen und mit feinem sowie grobem Pfeffer gewürzt.

Salame di Napoli
Aus dem Fleisch der kleineren Schweine Süditaliens, vermischt mit Rinderhack, viel Knoblauch und Pfefferschoten; leicht geräuchert und luftgetrocknet.

Salame di Varzi
Mit Weißwein, Knoblauch und Muskat gewürztes, grob durchgedrehtes Schweinefleisch mit 30 Prozent Speckanteil; meist 30 Zentimeter lang; aus dem Grenzgebiet zwischen Lombardei und Emilia.

Salame d'oca
Geschmacklich vom Gänsefleisch bestimmt (ital. *oca* heißt Gans), aber mageres Schweinefleisch und Bauchspeck gehören zu gleichen Teilen in die Mischung; berühmt ist die Gänse-Salami aus Mortara, einem Dorf in der Lombardei.

Salame gentile
Die »liebenswürdige« Salami kommt aus der Emilia-Romagna, wo sie aus magerem Schweinefleisch und Speck gemischt wird. Sie wird in besonders dicken Darm gefüllt und ist wegen ihrer Zartheit berühmt.

Salame nostrano veneto
In Venetien liebt man diese grobkörnige Salami aus magerem und fettem Schweinefleisch, die mit grob zerstoßenem Pfeffer zubereitet wird. Es gibt sie mit oder ohne Knoblauch; man schneidet sie mit dem Messer in dicken Scheiben auf.

Eine Auswahl regionaler grob- bis feinkörniger, scharf bis mild gewürzter Salamispezialitäten

Fleisch

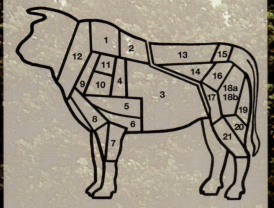

Der italienische Fleischschnitt beim Rind

Quarto anteriore – vorderer Teil:
1 Costata – Kotelett, Kamm
2 Sottospalla – Fehl- und Hochrippe
3 Pancia – Bauchlappen
4 Fesone di spalla – Querrippe
5 Reale – Spannrippe
6 Petto – Brust
7 Muscolo anteriore – Hesse
8 Polpa di spalla – Schulter
9 Girello di spalla – obere Schulter
10 Copertina – unteres Bugstück
11 Copertina di sotto – oberes Bugstück, Schaufelstück
12 Collo – Hals

Quarto posteriore – hinterer Teil:
13 Lombata – Roastbeef
14 Filetto – Filet
15 Scamone – oberes Stück von der Hüfte
16 Fianchetto – Lendenstück aus der Kugel
17 Noce – Nuß aus unterer Kugel und Unterschale
18 a) Fesa – Nuß, inneres Keulenstück
18 b) Sottofesa – Nuß, äußeres Keulenstück
19 Girello – übriges Stück der Oberschale
20 Campanello – Unterschale
21 Muscolo posteriore – Hinterhesse

Vitello tonnato
Kalbfleisch mit Thunfischsauce

Für 6 Personen

1 kg Kalbsnuß
1 Zwiebel
1 Möhre
1 Stange Sellerie
1 Lorbeerblatt
1 Dose Thunfisch in Öl
4 Sardellenfilets
2 hartgekochte Eier
2 EL Kapern
200 ml Olivenöl
Salz, schwarzer Pfeffer
1 EL Zitronensaft
Zitronenscheiben, Petersilie

Das Fleisch mit Küchengarn zu einer dicken Rolle binden und in einen Topf geben. Zwiebel, Möhre und Sellerie schälen oder putzen, zu dem Fleisch geben und so viel Wasser angießen, daß das Fleisch bedeckt ist; zum Kochen bringen. Zugedeckt bei sehr schwacher Hitze 2 Stunden garen. Das Fleisch in der Brühe erkalten lassen.
Den Thunfisch gut abtropfen lassen und grob zerpflücken. Die Sardellen abspülen und trockentupfen. Thunfisch, Sardellen, Eier und 1 EL Kapern im Mixer pürieren. Langsam das Olivenöl und einige EL Fleischbrühe dazugeben, so daß die Sauce eine cremige Konsistenz erhält; mit Salz, Pfeffer und Zitronensaft abschmecken.
Das Kalbfleisch von dem Garn befreien, in sehr dünne Scheiben schneiden und auf einer Platte anrichten; die Thunfischsauce darübergeben.
Mit Zitronenscheiben, den restlichen Kapern und Petersiliensträußchen garnieren.
Vor dem Servieren mindestens 2 Stunden zugedeckt im Kühlschrank durchziehen lassen.
Dazu einen Cabernet oder Bardolino reichen.

Das berühmteste Fleischstück der Toskana ist die *fiorentina* von Filet und Lende des Chianina-Rinds.

Der legendäre *ossobuco,* die Beinscheibe des Kalbs mit dem Markknochen, wird langsam geschmort und mit Polenta serviert.

Kleines Fleisch-Glossar

Agnello – Lamm
Besonders gern als Milchlamm – *agnello di latte*, in Rom *abbacchio* – zu Ostern gegessen; wird meist in Stücke geschnitten und als Ragout mit Gemüsen wie Erbsen oder Artischocken geschmort; aber auch Lammkeule, *cosciotto d'agnello*, oder Lammkoteletts, *costolette di agnello*, sind beliebt; sie werden besonders gern im Piemont, in Ligurien und Rom gegessen; hervorragendes Lammfleisch gibt es auf Sardinien.

Capretto – Zicklein
Zicklein, wesentlich seltener als Lamm, kommt aus bergigen Regionen Mittel- und Süditaliens; wird ähnlich zubereitet, oftmals mit Schinken in Wein geschmort; gern mit Oregano gewürzt; im Piemont vielfach in einem guten Wein geschmort, meistens einem Barolo.

Coniglio – Kaninchen
Kaninchen wird überall in Italien geschätzt; in den Marken gibt es die wohl größte Vielfalt an Rezepten; wird gern gefüllt – *ripieno* oder *farcito* – oder gerollt, *arrotolato*; oft in Weißwein mit Salbei, Knoblauch und Tomaten geschmort; meistens mit Rosmarin gewürzt; im Nordosten wird es gern vor dem Braten mariniert; im Süden auch mit Pinienkernen und Rosinen zubereitet.

Maiale – Schwein
Schweinefleisch wird traditionell in den Schinken- und Wurstregionen, wie der Emilia-Romagna mit Bologna, aber auch in Umbrien mit seinen seit dem Mittelalter gerühmten Metzgern geschätzt; als große Delikatesse gilt dort – entbeintes – Spanferkel, *porchetta*; in Umbrien gibt es eine spezielle Rasse freilaufender magerer schwarzer Schweine, deren Fleisch meist – mit Speck umwickelt – am Spieß gebraten wird.

Manzo – Rind
Rindfleisch steht vor allem in der Po-Ebene, mit ihren reichlichen Weiden, häufiger auf dem Speisezettel; kulinarisch berühmtestes Rind Italiens ist das große weiße Chianina aus dem Chiana-Tal in der Toskana; sein bestes Stück heißt in Restaurants *fiorentina*, ein Schnitt, der Lendenstück, Knochen und Filet umfaßt, einige Zentimeter dick ist und mindestens 400-500 Gramm wiegt.

Vitello – Kalb
Kalbfleisch wird besonders jung gegessen; eine Spezialität ist das seltene *vitello da latte*, Milchkalb, nicht älter als ein Jahr, nicht schwerer als 180 Kilogramm; das etwas ältere, bereits Gras fressende Kalb bringt bis zu 230 Kilogramm auf die Waage.

Vitellone – Färse, Jungrind
Das junge Rind wiegt maximal 500 bis 600 Kilogramm und ist 16 bis 18 Monate alt; unterteilt in *vitello leggero*, leichtes Jungrind, das nicht mehr als 500 Kilogramm wiegt, und *vitello pesante*, das zwischen 500 und 600 Kilogramm wiegen darf. Der Anteil von *vitellone* am gesamten Fleischverbrauch in Italien beträgt bis zu 60 Prozent. Sehr beliebt sind *scaloppine*, dünne, flachgeklopfte Schnitzel von den oberen Teilen der Keulen, der Nuß und vom Rücken; oder *ossobuco*, wörtlich: »Lochknochen«, Scheiben vom Hinterbein; aber auch *spezzatino*, eine Art Gulasch, oder ein klassischer Braten werden gern mit *vitellone* zubereitet. Hochgeschätzt von italienischen Feinschmeckern werden die Kalbsinnereien, vor allem Leber und Kutteln.

Saltimbocca alla romana
Kalbsschnitzel mit Schinken und Salbei
(Abbildung)

Für 2 Personen

2 dünne Kalbsschnitzel
2 Scheiben Parmaschinken
4 Salbeiblätter
70 g Butter
Salz, schwarzer Pfeffer
100 ml trockener Weißwein

Kalbsschnitzel und Schinkenscheiben halbieren, die Schnitzel behutsam flach klopfen. Mit Hilfe von Zahnstochern jeweils eine Schinkenscheibe mit einem Salbeiblatt auf einer Schnitzelhälfte befestigen.
40 g Butter in einer großen Pfanne erhitzen und die Schnitzel bei starker Hitze von beiden Seiten 2 Minuten braten. Pfeffern, aber kaum salzen, den Wein angießen und stark reduzieren.
Die restliche Butter hinzufügen und mit dem Bratensaft verrühren. Die Schnitzel auf vorgewärmten Tellern anrichten und mit der Sauce beträufeln.
Dazu schmeckt ein kühler trockener Frascati.

Ossobuco alla milanese
Kalbshachse auf Mailänder Art
(Abbildung rechte Seite)

4 dicke Scheiben Kalbshachse
Salz, schwarzer Pfeffer
4 EL Mehl
5 EL Olivenöl
40 g Butter
2 Zwiebeln
2 Knoblauchzehen
2 Möhren
1 Stange Sellerie
2 Zweige Thymian
1 Lorbeerblatt
1 Stück unbehandelte Zitronenschale
200 ml trockener Weißwein
200 ml Fleischbrühe oder Hühnerfond
3 Tomaten
1 EL Tomatenmark

Gremolata

4 Knoblauchzehen
abgeriebene Schale von 1 unbehandelten Zitrone
2 EL feingehackte Petersilie

Die Fleischscheiben salzen, pfeffern und in Mehl wenden. Öl und Butter in einem breiten Schmortopf erhitzen und das Fleisch von beiden Seiten darin gut anbräunen; herausnehmen und warm halten. Zwiebeln, Knoblauch, Möhren und Sellerie schälen oder putzen und hacken, in den Topf geben und unter Rühren andünsten. Thymian, Lorbeerblatt und Zitronenschale zugeben, mit Wein und Brühe ablöschen.
Die Tomaten enthäuten, entkernen, kleinschneiden und mit dem Tomatenmark zu dem Gemüse geben, alles gut durchrühren und das Fleisch zurück in den Topf geben. Zugedeckt bei schwacher Hitze 90 Minuten schmoren.
Für die Gremolata den Knoblauch fein hacken und mit Zitronenschale und Petersilie vermischen. Die Fleischscheiben auf einer vorgewärmten Platte anrichten, mit der Gremolata bestreuen und die Sauce angießen. Traditionell gehört ein *risotto alla milanese* (Rezept S. 267) als Beilage dazu. Als Wein eignet sich hervorragend ein Barbera d'Asti.
Hinweis: *Ossobuco* schmeckt aufgewärmt noch besser, so daß man ihn bereits am Vortag zubereiten kann. Die Gremolata darf man jedoch erst kurz vor dem Servieren über das Fleisch streuen.

Carpaccio vom Rinderfilet
(Rezept S. 246)

Saltimbocca alla romana –
Kalbsschnitzel mit Schinken und Salbei

Scaloppine di maiale al marsala
Schweineschnitzel in Marsala

4 Schweineschnitzel
Salz, schwarzer Pfeffer
2 EL Mehl
60 g Butter
100 ml trockener Marsala

Die Schnitzel sehr flach klopfen, salzen, pfeffern und mit Mehl bestäuben. 30 g Butter in einer Pfanne erhitzen und die Schnitzel von beiden Seiten jeweils 1 ½ Minuten anbraten. Mit dem Marsala ablöschen und 5 Minuten ziehen lassen. Die Schnitzel herausnehmen und auf einer Servierplatte warm stellen.
Den Bratenfond lösen und die restliche Butter in Flöckchen unterrühren. Abschmecken und heiß über die Schnitzel träufeln. Ein gut gekühlter trockener Frascati ist ein guter Begleiter.

Fegato alla veneziana
Kalbsleber auf venezianische Art

3 EL Olivenöl
3 weiße Zwiebeln
200 ml trockener Weißwein
30 g Butter
500 g Kalbsleber
Salz, schwarzer Pfeffer
2 EL feingehackte Petersilie

Das Öl erhitzen, die Zwiebeln schälen, in Ringe schneiden und darin glasig dünsten, mit Wein ablöschen und 20 Minuten dünsten, bis der Wein verdampft ist. Die Zwiebeln herausnehmen und beiseite stellen.
Die Butter zerlassen, die Leber in schmale Streifen schneiden, in die heiße Butter geben und unter ständigem Rühren in 4 Minuten garen. Die Zwiebeln zufügen, heiß werden lassen; mit Salz und Pfeffer abschmecken. Petersilie darüberstreuen und sofort servieren.

Agnello arrosto
Lammbraten

Für 6 Personen

1 Lammkeule (etwa 1,5 kg)
1 Zweig Rosmarin
4 Knoblauchzehen
Salz, schwarzer Pfeffer
3 EL Olivenöl
100 g fetter Speck
200 ml trockener Weißwein
1 EL feingehackte Petersilie
1 EL Semmelbrösel
2 EL geriebener Parmesan

Die Lammkeule an verschiedenen Stellen mit einem scharfen Messer einstechen und mit Rosmarinnadeln und halbierten Knoblauchzehen spicken; salzen und pfeffern. Den Backofen auf 200 °C vorheizen.
2 EL Öl in einem großen schweren Bratentopf erhitzen, den Speck würfeln und darin auslassen. Die gespickte Lammkeule in das Fett geben und rundum gut anbraten. Mit Wein ablöschen und die Flüssigkeit um die Hälfte reduzieren. Im Backofen etwa 75 Minuten garen, dabei mehrmals mit dem Bratensaft begießen.
Petersilie, Semmelbrösel, Parmesan und das restliche Olivenöl vermischen. Die Lammkeule mit der Würzsauce bestreichen und im Backofen noch weitere 15 Minuten im offenen Topf überkrusten lassen. Nach Ende der Garzeit die Lammkeule 10 Minuten ruhenlassen, dann das Fleisch aufschneiden, auf einer vorgewärmten Platte anrichten und mit dem Bratensaft übergießen. Ein Montepulciano d'Abruzzo ist dazu ein idealer Begleiter.

Ossobuco alla milanese – Kalbshachse auf Mailänder Art

Pollastro in squaquaciò –
Venezianisches Huhn in Tomatensauce

Geflügel

Geflügel zählt zu den beliebtesten Gerichten auf italienischen Speisekarten, genauer: Huhn und Perlhuhn. Das am weitesten verbreitete Mittelmeerhuhn hat ein rebhuhnfarbenes Gefieder. Berühmt ist das Paduaner, das besonders stämmig und schwer ist. Die Phantasie der italienischen Köchinnen und Köche hat eine Fülle von Geflügelrezepten kreiert, die vom einfach gegrillten Huhn bis zur raffiniertesten Zubereitung reichen. In erster Linie kommt es aber darauf an, daß der entsprechende Vogel ein gutes und möglichst freies Leben genießen konnte. Deshalb wird Geflügel in Italien – zumindest in den ländlicheren Regionen – immer noch gern lebend gekauft und zu Hause geschlachtet und gerupft.

Kleines Geflügel-Lexikon
Anatra – Ente
Beccaccia – Schnepfe
Cappone – Kapaun
Fagiano – Fasan
Faraona – Perlhuhn
Galletto – Hähnchen
Gallina – Suppenhuhn
Oca – Gans
Pernice – Rebhuhn
Piccione – Taube
Pollastra, pollastro – Junghenne, Junghahn
Pollastro da ingrasso = Masthuhn (Poularde)
Pollo – Huhn
Quaglie – Wachteln
Tacchina, tacchino – Pute, Puter

Pollastro in squaquaciò
Venezianisches Huhn in Tomatensauce
(Abbildung)

10 g getrocknete Steinpilze
1 küchenfertige Poularde (etwa 1,5 kg)
1 Zwiebel
1 Dose Tomaten
2 Knoblauchzehen
einige Basilikumblätter
¼ l Cabernet (Rotwein)
Zucker
Salz, schwarzer Pfeffer
50 g Butter
4 EL Olivenöl

Den Backofen auf 200 °C vorheizen.
Die Pilze in lauwarmem Wasser 15 Minuten einweichen. Die Poularde in vier Teile zerlegen. Die Zwiebel schälen und vierteln, die Tomaten kleinschneiden. Zwiebel, Tomaten, Pilze mit Einweichwasser, Knoblauch, Basilikum, Rotwein und 1 Messerspitze Zucker in einen Bräter geben und die Zutaten gut miteinander vermischen.
Die Poulardenteile salzen und pfeffern und mit der Hautseite nach oben in den Bräter geben. Butter und Olivenöl hinzufügen. Die Poularde im Ofen 60–90 Minuten garen. Das Fleisch aus der Sauce nehmen und warm halten. Die Sauce durch ein Sieb passieren, gegebenenfalls andicken, abschmecken und separat reichen.
Dazu paßt gegrillte Polenta, als Wein serviert man den, der auch als Kochzutat verwendet wurde.

Pollo alla diavola
Huhn nach Art der Teufelin
(Abbildung)

1 küchenfertiges junges Huhn (etwa 1,2 kg)
2 kleine getrocknete Peperoncini
8 Salbeiblätter
1 Rosmarinzweig
6 EL Olivenöl
Saft von 1 Zitrone
Salz

Das Huhn mit der Geflügelschere entlang dem Rücken aufschneiden und sehr flach drücken. Peperoncini, Salbeiblätter und Rosmarin fein hacken und mit Öl, Zitronensaft und 1 Prise Salz verrühren.
Mit der Hälfte der Würzsauce das Huhn bepinseln und diese 60 Minuten einziehen lassen.
Den Backofen auf 200 °C vorheizen.
Das Huhn auf einen Bogen Alufolie legen, den man an allen Seiten hochklappt, und auf ein Backblech geben. Im Ofen etwa 60 Minuten knusprig braun braten, dabei von Zeit zu Zeit mit der restlichen Würzsauce bestreichen. Wenn das Huhn zu schnell bräunt, die Hitze reduzieren.
Ein junger Chianti paßt gut dazu.

*Pollo alla diavola –
Huhn nach Art der Teufelin*

*Faraona al vino bianco –
Perlhuhn in Weißwein*

Faraona al vino bianco
Perlhuhn in Weißwein
(Abbildung)

1 Perlhuhn (etwa 1,2 kg)
Salz, schwarzer Pfeffer
1 Zwiebel
2 Knoblauchzehen
8 mittelgroße Kartoffeln
1 Zweig Rosmarin
5 Salbeiblätter
40 g Butter
4 EL Olivenöl
¼ l trockener Weißwein (Soave)
¼ l Hühnerbrühe

Den Backofen auf 200 °C vorheizen.
Das Perlhuhn in vier Teile zerlegen, salzen und pfeffern.
Die Zwiebel schälen und vierteln, den Knoblauch halbieren, die Kartoffeln schälen.
In eine feuerfeste Kasserolle Zwiebel, Knoblauch, Rosmarin und Salbei geben. Darauf die Perlhuhnteile mit der Haut nach unten legen. Dann die Kartoffeln um das Fleisch anordnen und Butter und Öl dazugeben.
Die Kasserolle in den Backofen stellen. Wenn das Fett nach etwa 15 Minuten zu brutzeln beginnt, den Wein und die Hälfte der Hühnerbrühe angießen. Nach etwa 40 Minuten Kartoffeln und Fleisch wenden, gegebenenfalls die restliche Brühe angießen. Nach einer Schmorzeit von 90 Minuten sollte nur noch das Bratfett vorhanden sein.
Perlhuhn und Kartoffeln auf einer Platte anrichten und warm halten. Die Sauce durch ein Sieb passieren und separat servieren. Dazu reicht man den Soave, mit dem das Perlhuhn gegart wurde.

Pollo alla Marengo
Huhn Marengo

1 küchenfertiges junges Huhn (etwa 1,2 kg)
Salz, schwarzer Pfeffer
6 EL Olivenöl
400 g Tomaten
2 Knoblauchzehen, zerdrückt
150 ml trockener Weißwein
150 ml Hühnerbrühe
250 g Champignons
200 g Perlzwiebeln
3 EL Butter
3 EL Zitronensaft
4 große Garnelen oder Flußkrebse
4–8 Scheiben Stangenweißbrot
4 Eier
einige Basilikumblätter
1 EL feingehackte glatte Petersilie

Das Huhn in mehrere Teile zerlegen, salzen und pfeffern.
5 EL Olivenöl in einer großen Pfanne erhitzen und die Hühnerteile 10 Minuten von allen Seiten anbraten. Die Bruststücke beiseite stellen und warm halten.
Die Tomaten enthäuten, entkernen und vierteln; mit dem Knoblauch zu dem Huhn geben. Kurz anschmoren und mit dem Weißwein und der Hühnerbrühe ablöschen. Zugedeckt etwa 45 Minuten schmoren lassen.
Die Champignons putzen, die Perlzwiebeln häuten. In einer zweiten Pfanne 2 EL Butter zerlassen, Pilze und Zwiebeln darin etwa 10 Minuten dünsten. Mit 2 EL Zitronensaft, Salz und Pfeffer würzen.
Den Backofen auf 200 °C vorheizen.
In einer dritten, kleineren Pfanne die Garnelen in dem restlichen Öl 5 Minuten garen. Mit 1 EL Zitronensaft ablöschen. Die Brotscheiben auf ein gefettetes Backblech geben und im Backofen 10 Minuten (einmal wenden) hellbraun rösten. Das Fleisch aus der Pfanne nehmen, die Sauce reduzieren und abschmecken. Pilze, Zwiebeln, Geflügelteile und Bruststücke in die Sauce geben und erhitzen.
Die restliche Butter zerlassen, die Eier hineingeben, würzen und unter Rühren stocken lassen. Hühnerfleisch, Gemüse und Garnelen auf einer großen vorgewärmten Platte anrichten. Rundum die gerösteten Weißbrotscheiben legen und die Eier darauf verteilen. Mit Petersilie und Basilikum garnieren und servieren.
Hierzu mundet ein Barbera.

Wild

Italiener sind begeisterte Jäger. Mögen manche Tierarten selten geworden sein, für Hasen und Wildschweine gilt dies noch nicht. Der Bestand gerade der Wildschweine hat in den vergangenen Jahren erheblich zugenommen. So findet man in der Jagdsaison im Spätherbst und zum Winterbeginn in Regionen wie der Toskana, Latium, den Abruzzen und Kalabrien wieder nach traditionellen Rezepten zubereitete Wildschweingerichte. Mehr Glück benötigt der Feinschmecker, wenn er in Restaurants Zubereitungen von Fasan, Reb- oder Bläßhuhn genießen will. Wachteln dagegen sind häufiger auf Speisekarten anzutreffen, da sie gezüchtet werden. In den nördlichsten Regionen gibt es zur Jagdsaison (August bis Januar) auch Damwild.

Fagiano tartufato
Getrüffelter Fasan

Für 2 Personen

1 junger Fasan
2 EL Weinbrand
1 EL trockener Marsala
1 kleine schwarze Trüffel
Salz, schwarzer Pfeffer
6 Scheiben frischer fetter Speck
3 EL Olivenöl
1 Knoblauchzehe
1 Zweig Rosmarin
100 ml Hühnerbrühe

Den Fasan küchenfertig vorbereiten. Weinbrand und Marsala vermischen. Die Trüffel in feine Scheiben schneiden und darin 60 Minuten marinieren.
Die Trüffelscheiben aus der Marinade nehmen – die Marinade aufbewahren – und vorsichtig unter die Haut des Fasans schieben. Den Fasan über Nacht abgedeckt im Kühlschrank lagern, damit die Trüffel das Fleisch aromatisieren kann.
Den Backofen auf 180 °C vorheizen.
Den Fasan salzen, pfeffern und mit den Speckscheiben bedecken. In einem Schmortopf das Öl erhitzen. Knoblauch und Rosmarin fein hacken und darin andünsten (der Knoblauch darf keine Farbe annehmen). Dann den Fasan in den Topf geben und zugedeckt 30 Minuten im Ofen schmoren lassen. Trüffelmarinade und Hühnerbrühe angießen. Den Fasan zwischenzeitlich mit dem Bratenfond begießen. Nach 15 Minuten die Speckscheiben von dem Fleisch nehmen, die Hitze erhöhen und den Fasan 15 Minuten bräunen lassen.
Den Fasan aus dem Topf nehmen und warm stellen. Die Sauce durch ein Sieb geben, das Fett abschöpfen und die Sauce gegebenenfalls reduzieren, bis höchstens 6 EL Sauce verbleiben. Den Fasan trachieren und die Sauce über das Fleisch träufeln.
Sofort heiß servieren.
Dazu paßt ein Barolo.

Cinghiale al barolo
Wildschwein in Rotwein

1 kg Wildschweinschulter
Salz, schwarzer Pfeffer
3 EL Olivenöl
50 g Butter
1 EL Tomatenmark

Marinade

1 Zwiebel
1 Möhre
1 Stange Sellerie
2 Knoblauchzehen
5 Gewürznelken
10 schwarze Pfefferkörner
1 Lorbeerblatt
1 Zweig Rosmarin
1 Zweig Thymian
1 Flasche Barolo (Rotwein)

Das Fleisch gegebenenfalls enthäuten und in einen schmalen hohen Topf legen.
Für die Marinade Zwiebel, Möhre und Sellerie schälen oder putzen und in Stücke schneiden. Mit Gewürzen und Kräutern zu dem Fleisch geben, mit dem Wein übergießen und 1–2 Tage marinieren lassen.
Das Fleisch aus der Marinade nehmen, gut abtrocknen und mit Salz und Pfeffer würzen. Die Marinade durch ein Sieb geben.
In einem schweren Bräter Öl und Butter erhitzen und das Fleisch in dem Fett rundum anbraten. Die Hälfte der Marinade angießen, das Tomatenmark zugeben und das Fleisch bei schwacher Hitze schmoren lassen. Von Zeit zu Zeit den Braten wenden und bei Bedarf Marinade nachgießen. Die Garzeit beträgt 2–3 Stunden.
Den Braten aus dem Schmortopf nehmen und 10 Minuten ruhenlassen. In der Zwischenzeit die Sauce durch ein Sieb streichen, gegebenenfalls reduzieren und abschmecken. Den Braten aufschneiden und die Sauce separat reichen. Dazu serviert man eine frische weiche Polenta und einen reifen Barolo.

Lepre in salmì
Hasenragout
(Abbildung)

1 Wildhase (etwa 1,5 kg)
Salz, schwarzer Pfeffer
Mehl
50 g Butter
3 EL Olivenöl
1 EL Tomatenmark

Marinade

1 Zwiebel
1 Möhre
1 Stange Sellerie
2 Knoblauchzehen
1 Lorbeerblatt
10 schwarze Pfefferkörner
6 Wacholderbeeren
1 Zweig frischer Thymian
1 Zweig frischer Rosmarin
6 Salbeiblätter
1 Flasche Chianti

Den Hasen küchenfertig vorbereiten und zerlegen. Die Innereien in einer Schüssel im Kühlschrank aufheben. Das Hasenfleisch in einen Topf geben.
Zwiebel, Möhre und Sellerie schälen oder putzen und in Stücke schneiden. Mit Gewürzen und Kräutern zu dem Fleisch geben, mit dem Wein übergießen und an einem kühlen Ort 2 Tage marinieren lassen.
Das Fleisch aus der Marinade nehmen, trockentupfen, salzen, pfeffern und leicht mit Mehl bestäuben. Die Marinade durch ein Sieb geben.
In einem schweren Schmortopf Butter und Olivenöl erhitzen und die Hasenteile rundum anbraten. Die Innereien fein hacken, dazugeben und kurz mitschmoren. Mit der Marinade ablöschen und das Tomatenmark zugeben. Das Hasenfleisch 2 ½–3 Stunden bei schwacher Hitze schmoren lassen.
Das Fleisch aus dem Topf nehmen und warm stellen, die Sauce durch ein Sieb passieren und gegebenenfalls reduzieren. Die Hasenteile zurück in die Sauce geben, erhitzen und sehr heiß servieren. Als Beilage paßt am besten eine frisch gerührte Polenta und als Wein ein Chianti.

Lepre in salmì – Hasenragout

278 Italien

Die Jagd ist eine große Leidenschaft der Italiener, die Jung und Alt mobilisiert. In vielen Regionen werden hauptsächlich Wildschweine gejagt.

Fische und Meeresfrüchte

Italiens besonderer Reiz liegt nicht zuletzt in seiner unglaublichen Küste. Welches andere bedeutende Land kann im Verhältnis zu seiner Fläche einen so großen Anteil an Gestaden vorweisen? Obendrein kommen noch die Inseln Sardinien und Sizilien hinzu. Siziliens Gewässer gelten als sehr ergiebig und artenreich. Auch der Golf von Venedig ist berühmt für seinen Reichtum an Fischen und Meeresfrüchten.

Da verwundert es nicht, daß die Italiener über einen außerordentlichen Schatz an Rezepten verfügen. Dieser jedoch basiert vor allem darauf, daß jede Küstenregion für jede Meeresfrucht und jeden Fisch auf ihre eigene Zubereitungsart schwört. Die Unterschiede sind in vielen Fällen gering, da man alles, was das Mittelmeer schenkt, zu sehr liebt, um seinen Geschmack mit aufwendigen Zubereitungen zu verfälschen.

Hintergrund: Wenn die Muschelzüchter ihre Ernte eingebracht haben, steuern sie den Pfahlbau an, in dem die Weichtiere sortiert und verpackt werden.

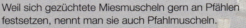

Weil sich gezüchtete Miesmuscheln gern an Pfählen festsetzen, nennt man sie auch Pfahlmuscheln.

In Körben bringt der Muschelzüchter seine Ernte an Land.

Kleines Lexikon der Fische und Meeresfrüchte

Acciuga, alice – Sardelle, Anschovis
Anguilla – Aal
Aragosta – Languste
Astice – Hummer
Baccalà – gesalzener Klippfisch; auch Stockfisch
Bianchetto, spratto, sarda papalina;
    gianchetto (genuesisch) – Glas- oder Weißfisch
Branzino, spigola – See- oder Wolfsbarsch
Calamaretto – kleiner Kalmar
Calamaro – Kalmar
Canocchio – Heuschreckenkrebs; nur in der Adria
Cannolicchio – Meerscheide
Capa santa, conchiglia di San Giacomo – Jakobsmuschel
Carpa, carpione – Karpfen
Cernia – Zackenbarsch
Ciecha – Glasaal

Cocciola, vongola (umgangssprachlich) – Herzmuschel
Cozza, mitilo – Miesmuschel
Dattero di mare – Meeresdattel
Gamberetto – kleine Garnele (200 bis 250 Stück auf ein
    Kilogramm)
Gambero – größere Garnele
Gamberone – Riesengarnele
Grancevola, granceola – Seespinne
Granciporro – Taschenkrebs
Grongo – Meeraal
Lampreda – Neunauge, Lamprete
Luccio – Hecht
Lumaca di mare – kleine Meeresschnecke
Merluzzo – Kabeljau
Muggine – Meeräsche
Nasello – Seehecht
Orata – Goldbrasse
Ostrica – Auster
Pesce cappone – Knurrhahn
Pesce San Pietro, sampiero – Petersfisch

Pesce spada – Schwertfisch
Polpetto – kleiner Krake
Polpo – Krake
Razza – Rochen
Riccio di mare – Seeigel
Rombo – Steinbutt
Rospo, rospo marino – Seeteufel
Salmone – Lachs
Sarda, sardina – Sardine
Scampo – Kaisergranat
Seppia – Tintenfisch
Sgombro – Makrele
Sogliola – Seezunge
Stoccafisso – Stockfisch
Tellina – Tellermuschel, kleine Dreiecksmuschel
Tinca – Schleie
Tonno – Thunfisch
Triglia – Meerbarbe, Rotbarbe
Trota – Forelle
Vongole – Venusmuschel

Auf italienischen Märkten, vor allem in den Fischerdörfern, wird eine Fülle von Meeresfrüchten angeboten. Besonders beliebt sind:
1 *chicciole di mare* – Wellhornschnecken; 2–4 verschiedene Venusmuscheln: *vongola minore* (2), *vongola grigia* (3), *vongola fasolara* oder *noce* (4); 5 *lumace di mare* – kleine Meeresschnecken.

Coda di rospo in umido
Seeteufel in Weißweinsauce

4 Seeteufelfilets (je 250 g)
1 Zwiebel
2 Knoblauchzehen
1 Stange Sellerie
1 Zweig Rosmarin
3 Stengel glatte Petersilie
6 EL Olivenöl
Salz, weißer Pfeffer
Mehl
¼ l trockener Weißwein

Die Fischfilets abspülen und trockentupfen. Zwiebel, Knoblauch und Sellerie schälen oder putzen und hacken, die Kräuter ebenfalls hacken; die Zutaten in einer feuerfesten Pfanne in dem Olivenöl andünsten.
Den Backofen auf 200 °C vorheizen. Den Fisch salzen und pfeffern, in Mehl wenden und von beiden Seiten anbraten. Mit dem Weißwein übergießen und im Ofen 20 Minuten garen.
Die Fischfilets auf einer Platte anrichten und warm halten. Den Fischfond rasch reduzieren, durch ein Sieb passieren und über den Fisch geben. Sofort sehr heiß servieren. Ein Vermentino aus Ligurien ist dazu ein idealer Begleiter.

Insalata frutti di mare
Meeresfrüchtesalat
(Abbildung)

500 g frische Tintenfische
250 g frische Kraken
400 g frische Garnelen
750 g frische Venusmuscheln
Sauce
5 EL Olivenöl
¼ TL Senfpulver
Saft von 1 Zitrone
1 Knoblauchzehe
1 Bund glatte Petersilie
Salz, weißer Pfeffer

Die Tintenfische küchenfertig vorbereiten (Tentakeln ablösen, Augen, harte Kauwerkzeuge, Schulp und Eingeweide sowie Tintensack vorsichtig entfernen), waschen und in Ringe schneiden. Die Kraken abspülen, die Garnelen schälen und den schwarzen Darm herausziehen.
1 ½ l Salzwasser zum Kochen bringen und Tintenfischringe, Kraken und Garnelen 5 Minuten kochen, herausnehmen und kalt abschrecken.
Die Venusmuscheln waschen, bürsten und in einen Topf mit etwas Wasser geben. Zudecken, zum Kochen bringen und etwa 5 Minuten ziehen lassen, bis sich die Schalen öffnen. Abgießen und aus der Schale lösen, nicht geöffnete Muscheln wegwerfen.
Für die Sauce Olivenöl, Senfpulver und Zitronensaft verrühren. Den Knoblauch auspressen und den Saft zu der Sauce geben. Die Petersilie waschen, ganz fein hacken und ebenfalls unter die Sauce mischen; mit Salz und Pfeffer würzen.
Die Meeresfrüchte in eine Schüssel geben und mit der Sauce vermischen. Mindestens 2 Stunden im Kühlschrank durchziehen lassen. Vor dem Servieren nochmals abschmecken.
Mit Zitronenachteln und Petersilienzweigen garniert anrichten und einen gekühlten Chardonnay dazu reichen.

Insalata frutti di mare – Meeresfrüchtesalat

Calamaretti alla napoletana
Tintenfische neapolitanische Art

800 g kleine Tintenfische
30 g Rosinen
¹/₄ l trockener Weißwein
1 EL gehackte Zwiebel
1 Knoblauchzehe, zerdrückt
5 EL Olivenöl
300 g Tomaten
100 g schwarze Oliven
30 g Pinienkerne
2 EL gehackte glatte Petersilie
Salz, weißer Pfeffer

Die Tintenfische küchenfertig vorbereiten, waschen und in Ringe schneiden. Die Rosinen in 3 EL Wein einweichen. Zwiebel und Knoblauch in dem Öl in einer schweren Pfanne glasig dünsten, den restlichen Wein angießen und auf die Hälfte reduzieren.
Die Tomaten enthäuten, entkernen, in Stücke schneiden und in dem Wein 20 Minuten köcheln lassen. Tintenfischringe und Rosinen hinzufügen und alles zugedeckt 30 Minuten garen.
Die Oliven entkernen und halbieren, die Pinienkerne in einer Pfanne ohne Fett anrösten. Oliven und Pinienkerne mit der Petersilie zu den Tintenfischringen geben, gut durchrühren, aufkochen lassen und mit Pfeffer und Salz abschmecken.
Ein Weißwein aus Capri oder Ischia paßt gut dazu.

Grigliata mista di pesce
Gemischte gegrillte Fische
(Abbildung)

4 kleine Seezungen
4 kleine Rotbarben
4 Seeteufelfilets
8 mittelgroße Garnelen in der Schale
8 EL Olivenöl

Sauce
2 Knoblauchzehen
1 EL gehackte Petersilie
6 EL Olivenöl
Saft von ¹/₂ Zitrone
Salz, weißer Pfeffer
Zitronenscheiben

Den Grill vorheizen. Seezungen und Rotbarben schuppen, ausnehmen und säubern, Seeteufelfilets und Garnelen abspülen und gut abtropfen lassen. Fische und Garnelen mit 4 EL Olivenöl einpinseln und 10 Minuten stehenlassen.
In der Zwischenzeit die Sauce zubereiten. Den Knoblauch fein hacken, mit Petersilie, Olivenöl, Zitronensaft, Salz und Pfeffer vermischen.
Den Fisch von jeder Seite etwa 10 Minuten behutsam grillen, Garnelen pro Seite höchstens 5 Minuten.
Garnelen und Fische auf einer Platte anrichten und mit Zitronenscheiben garnieren. Die Sauce getrennt dazu reichen. Als Beilage eignet sich gegrillte Polenta, als Wein ein Riesling Italico.

Grigliata mista di pesce –
Gemischte gegrillte Fische

Tonno stufato – Geschmorter Thunfisch

Tonno stufato
Geschmorter Thunfisch
(Abbildung)

1 Zwiebel
1 Knoblauchzehe
2 Zweige Rosmarin
6 EL Olivenöl
1 kg Thunfisch am Stück
Salz, schwarzer Pfeffer
200 ml trockener Weißwein
1 EL gehackte glatte Petersilie

Zwiebel und Knoblauch schälen und fein hacken, den Rosmarin ebenfalls fein hacken; in dem Olivenöl andünsten.
Den Backofen auf 170 °C vorheizen.
Den Thunfisch waschen, trockentupfen, salzen und pfeffern und von beiden Seiten schnell in dem Öl anbraten. Mit dem Wein ablöschen und diesen aufkochen lassen. Den Fisch im Ofen 40 Minuten garen. Aus dem Topf nehmen und warm stellen.
Die Sauce stark reduzieren, die Petersilie dazugeben und über den Thunfisch gießen.
Mit einem leicht gekühlten Cabernet servieren.

Gemüse

Peperoni imbottiti – Gefüllte Paprika

Zwischen Alpen und Stiefelspitze gedeiht in Italien alles erdenkliche Gemüse. Offiziell listet die Landwirtschaft rund 50 verschiedene Sorten auf. Ihre unbestrittene Königin ist die Tomate. Nirgendwo sonst hat die Frucht eine solche Vorherrschaft erlangt – als Sauce zu Pasta und Gnocchi, als Basis auf Pizzas, im Salat oder umwerfend einfach mit Mozzarella, als Zutat in zahlreichen Fischsuppen und Gerichten sowie in Fleisch- und Geflügelragouts und diversen anderen Rezepten. Und um sie das ganze Jahr über genießen zu können, werden Tomaten ganz oder als konzentriertes Mark in Gläser und Dosen eingemacht oder getrocknet.

Generell gehen Italiener mit Gemüse äußerst verständig um, indem sie es vorsichtig garen, um seine Aromen und seine Farbe zu bewahren und ihm eine angenehme Bißfestigkeit zu erhalten.

Parmigiana di melanzane – Auberginenauflauf

Bagna caôda – Gemüsefondue

Gemüsefondue ist die traditionelle Vorspeise des Piemont. Die Zutaten sind von Ort zu Ort, von Gastgeber zu Gastgeber, von Restaurant zu Restaurant verschieden. Mal nimmt man für die Sauce mehr oder weniger Sardellen, mal mehr oder weniger Knoblauch. Mal nimmt man entweder nur rohes oder nur gekochtes Gemüse, mal kombiniert man beide. Die Jahreszeiten sorgen jeweils für die Auswahl. Unbedingt kommt es darauf an, daß das Gemüse frisch und von allerbester Qualität ist. Die Gemüse werden in eine Knoblauch-Sardellen-Sauce getaucht, die auf einem Rechaud warmgehalten wird. Im Piemont serviert man dieses Gericht meist im Winter – in geselliger Runde oder großem Familienkreis. Bei einem mehrgängigen Menü reiht es sich vor dem Hauptgericht ein.

Bagna caôda
Gemüsefondue

Viele verschiedene Gemüse, mundgerecht zerkleinert

Sauce
6–8 Knoblauchzehen
60 g Butter
$1/4$ l Olivenöl
100 g Sardellenfilets in Öl

Die Gemüse auf einer Platte dekorativ anrichten. Den Knoblauch zerdrücken und in einem Topf in der Butter andünsten, ohne daß er bräunt. Nach und nach bei kleinster Hitze unter Rühren das Olivenöl angießen und erhitzen – dabei achtgeben, daß es nicht zu heiß wird, da der Knoblauch dann braun und bitter wird.
Den Topf vom Herd nehmen. Die Sardellenfilets dazugeben und mit einer Gabel zerdrücken. Den Topf auf den Herd zurückstellen und die Sauce bei schwacher Hitze so lange rühren, bis eine cremige Masse entstanden ist. Die Sauce auf einen Rechaud in die Mitte des Tisches stellen, so daß jeder das Gemüse seiner Wahl in die heiße Sauce dippen kann. Achtung: die Sauce darf nie zum Kochen kommen!
Dazu reicht man Stangenweißbrot und trinkt einen jungen fruchtigen Rotwein, beispielsweise einen prickelnden Bonarda Piemontese oder einen Dolcetto.

Parmigiana di melanzane
Auberginenauflauf
(Abbildung linke Seite)

1 kg Auberginen
Salz, schwarzer Pfeffer
4 EL Olivenöl
2 Knoblauchzehen, zerdrückt
2 EL feingehacktes Basilikum
1 kg Tomaten
Pflanzenöl zum Ausbacken
Mehl
3 Mozzarella
150 g geriebener Parmesan

Die Auberginen längs in etwa 1 cm dicke Scheiben schneiden. Einsalzen und 60 Minuten stehenlassen. Dann gut ausdrücken und mit Küchenkrepp trockentupfen.
In der Zwischenzeit das Olivenöl erhitzen, Knoblauch und Basilikum darin andünsten. Die Tomaten enthäuten, entkernen und in kleine Stücke schneiden, in das Öl geben und 20 Minuten köcheln lassen. Mit Salz und Pfeffer abschmecken.
Reichlich Pflanzenöl in einer großen Pfanne erhitzen. Die Auberginenscheiben leicht mit Mehl bestäuben und portionsweise ausbacken, bis sie Farbe annehmen. Zum Abtropfen auf Küchenpapier legen. Die Mozzarella in Scheiben schneiden.
Den Backofen auf 180 °C vorheizen.
Eine feuerfeste Form leicht einfetten. Abwechselnd jeweils Auberginen, etwas Tomatensauce, Mozzarella und 2 EL Parmesan in die Form schichten, mit einer Schicht Mozzarella und Parmesan abschließen.
Den Auflauf 30–40 Minuten im Ofen überbacken.
Er schmeckt am besten lauwarm mit einem Chianti Classico.

Peperoni imbottiti
Gefüllte Paprika
(Abbildung linke Seite)

je 2 rote und gelbe Gemüsepaprika
3 Tomaten
Salz, schwarzer Pfeffer
2 Knoblauchzehen
8 Sardellenfilets (in Öl)
3 EL kaltgepreßtes Olivenöl
1 EL gehackte glatte Petersilie

Den Backofen auf 200 °C vorheizen.
Die Paprikaschoten waschen, halbieren und entkernen. In eine feuerfeste Form setzen.
Die Tomaten in Scheiben schneiden; auf jede Paprikahälfte zwei Tomatenscheiben legen, salzen und pfeffern. Den Knoblauch in dünne Scheiben schneiden und mit einer Sardelle pro Schotenhälfte auf die Tomaten geben. Mit Olivenöl beträufeln und 30 Minuten im Backofen garen.
Mit Petersilie bestreuen und heiß servieren.
Dazu paßt ein kühler Trebbiano.

Fiori di zucchini fritti
Fritierte Zucchiniblüten

2 Eigelb, 2 Eiweiß
100 ml Mineralwasser
100 ml Weißwein
Pflanzenöl zum Fritieren
Salz, schwarzer Pfeffer
200 g Mehl
16 Zucchiniblüten mit Fruchtansatz
Zitronenachtel

Die Eigelbe mit Mineralwasser, Wein, 1 EL Öl, Salz und Pfeffer gut verschlagen und langsam das Mehl hinzufügen. Den Teig etwa 20 Minuten quellen lassen. Dann die Eiweiße mit 1 Prise Salz sehr steif schlagen und unter den Teig ziehen.
Das Fritieröl erhitzen, die Zucchiniblüten vorsichtig säubern – nicht waschen, nur auspusten –, durch den Ausbackteig ziehen und portionsweise fritieren. Auf Küchenpapier abtropfen lassen. Mit Zitronenachteln garnieren und sofort servieren.

Peperonata
Paprikagemüse

1 kg rote, grüne und gelbe Paprika
500 g Tomaten
100 ml Olivenöl
2 EL feingehackte Zwiebeln
1 TL feingehackter Knoblauch
Salz, schwarzer Pfeffer

Die Paprikaschoten waschen, entkernen und in Streifen schneiden, die Tomaten enthäuten und hacken. Das Öl erhitzen, Zwiebeln und Knoblauch darin glasig andünsten. Das Gemüse hinzufügen und zugedeckt unter gelegentlichem Rühren 20–30 Minuten schmoren lassen. Falls die Sauce noch zu flüssig ist, die Flüssigkeit reduzieren. Mit Salz und Pfeffer abschmecken.

Carciofi alla veneziana
Artischockenböden auf venezianische Art
(Abbildung)

8 frische Artischockenböden
Zitronensaft
3 Knoblauchzehen
1 Bund glatte Petersilie
50 g Butter
3 EL Olivenöl
Salz, schwarzer Pfeffer

Artischockenböden bis zur Weiterverarbeitung in Zitronenwasser legen, damit sie sich nicht verfärben. Den Knoblauch zerdrücken, die Petersilie waschen und fein hacken. Butter und Olivenöl, Knoblauch und Petersilie darin andünsten, dann die Artischockenböden dazugeben. Etwa 100 ml Wasser angießen und das Gemüse etwa 30 Minuten garen. Mit Salz und Pfeffer würzen. Stangenweißbrot als Beilage reichen, ein Sauvignon aus dem Friaul paßt als Wein ausgezeichnet.

Carciofi alla veneziana –
Artischockenböden auf
venezianische Art

Kleines Gemüse-Lexikon

Aglio – Knoblauch
Asparago, bianco e verde – Spargel, weiß und grün; auch Wildspargel
Bietole, erbette – Mangold
Broccoli – Brokkoli
Carciofi – Artischocken
Cardi – Karden, Kardonen (distelähnliches Gemüse)
Carota – Möhre, Karotte
Castagne, marroni – Eßkastanien
Cavolfiore – Blumenkohl
Cavolo – Kohl
Cavolo capuccio – Weißkohl
Cavolo verza – Wirsing
Ceci – Kichererbsen
Cipolle – weiße Zwiebeln
Fagioli – Bohnenkerne (allgemein)
Fagiolini – grüne Bohnen
Fave – dicke Bohnen
Finocchio – Fenchel
Fiori di zucchini – Zucchiniblüten
Funghi – Pilze, meist Steinpilze (S. 286–287)
Funghi prataioli – Champignons
Indivia riccia – krause Endivie
Indivia scarola – Eskariol, glatte Endivie
Lattuga – Salat (allgemein)
Lattuga brasiliana – Eisbergsalat
Lattuga capuccia – Kopfsalat
Lattuga romana – Römischer Salat
Lenticchie – Linsen
Melanzana – Auberginen
Patate – Kartoffeln
Peperoncini – kleine scharfe Pfefferschoten
Peperoni – Gemüsepaprika
Piselli – Erbsen
Pleutrotus – Austernpilz
Pomodoro – Tomate
Radicchio – Radicchio, roter Chicorée
Radicchio rosso di chioggia – rundköpfiger Radicchio
Sbrisa (umgangssprachlich), pleutrotus – Austernpilz
Scorzobianca – Haferwurzel (bittere weiße lange Wurzel aus der Familie der Tragopogone)
Scorzonera – Schwarzwurzeln
Sedano – Stangen-, Stauden-, oder Bleichsellerie
Spinaci – Spinat
Zucca – Kürbis
Zucchini – Zucchini

Was ist eine Frittata?

Eine *frittata* ist eine Art flaches Omelett und in allen Regionen Italiens überaus beliebt.
Sie ist aber nicht locker wie ein Omelett, sondern trocken und fest. Sie wird auch nicht wie ein Omelett zusammengeklappt, sondern in einer Schicht, zusammen mit der jeweiligen Füllung, gebacken. Die Zutaten verbinden sich direkt beim Braten mit den Eiern und geben so ihren Geschmack an die Eier weiter. Die *frittata* wird wie eine Torte aufgeschnitten und als Vorspeise gereicht.

Zu den Zutaten können beispielsweise gehören:
Artischocken – Champignons oder andere Pilze – Erbsen – Fleischreste – grüne Bohnen – Kartoffeln – Käse – Schinken – Spargel – Spinat – Zucchini – Zwiebelringe

Italien 285

Steinpilze

Funghi porcini sind eine italienische Leidenschaft. Der Star unter den Wildpilzen ist überall dort verbreitet, wo die von ihm bevorzugten Bäume – Eichen, Buchen, Maronenbäume, Fichten und Kiefern – wachsen. Da er sich in Wurzelnähe von Nadel- ebenso wie von Laubbäumen wohlfühlt, kommt er in entsprechenden Wäldern vor, aber vor allem im Mischwald, dem er anscheinend den Vorzug gibt.

Steinpilze werden in Ligurien und im Piemont genauso begeistert gesammelt wie im südlichen Teil des Apennins. Aber die Toskana ist bekannt für die überragende Qualität ihrer *porcini*. So beliebt ist der Pilz, daß sein eigentlicher Name oft nicht einmal mehr genannt wird, sondern man einfach von *funghi*, Pilzen, spricht.

Ein Vetter des Steinpilzes, der Körnchen-Röhrling oder Schmerling (*suillus granulatus*), schmeckt fast so gut, hat aber einen klebrigen, helleren, ungleichmäßiger gewölbten Hut und einen wesentlich dünneren und weniger delikaten Stiel.

• Der echte Steinpilz besitzt jung hell- bis dunkelbraune, feste, halbkugelförmige Köpfe. Die kleinsten haben Hüte von etwa sechs Zentimetern Durchmesser. Bei ausgewachsenen kann der Durchmesser 20 Zentimeter überschreiten.

• Als Röhrling hat er keine Lamellen, sondern unter dem Hut eine Schicht aus dichten weichen Röhren, die an einen trockenen Schwamm erinnern. Zunächst hell und blaß, dunkeln sie mit zunehmendem Alter nach. In voller Reife gleicht ihre Farbe der von gutem Olivenöl.

• Leicht erkennbar sind Steinpilze aufgrund ihrer dicken bauchigen oder keulenförmigen Stiele, die direkt unter dem Hut ein feines Netzmuster tragen. Bisweilen übertreffen sie den Hut an Masse.

• Ihr in der Jugend sehr festes, später faseriges Fleisch ist weiß, bis auf die bräunliche Einfärbung direkt unter dem Hutrand.

• Je wärmer die Region, desto intensiver wird ihr angenehmer würzig-nussiger, komplexer, dezent modriger Geruch.

• Sie tauchen bereits im Sommer auf, haben aber im Spätherbst Hochsaison und finden sich noch im Winter, solange die Temperaturen milde bleiben.

Steinpilze werden auf vielfältige Weise zubereitet – als Salat, gebraten, gegrillt oder geschmort, eingelegt in Weißweinessig als Antipasti, als Beilage zu Fleisch und getrocknet als Aromazutat zu Saucen, Suppen und Eierspeisen.

Auch getrocknete Morcheln mit ihrem ausgeprägten Aroma sind eine beliebte Zutat zu Saucen.

Trüffeln

In der Umgebung des Städtchens Alba im Piemont wird eine auf der Welt einzigartige Trüffel gefunden, der *tuber magnatum*. Diese weiße Trüffel mit ihrer rundlichen, aber eher unregelmäßigen Form hat eine glatte Oberfläche von graubrauner Farbe. Aufgeschnitten zeigt ihr Fleisch einen bräunlichen Ton, der an Haselnüsse erinnert und von weißlicher Marmorierung durchsetzt ist. Trüffeln bevorzugen Eichen als Wirte, mit deren Wurzeln sie Mykorrhizeen bilden.

Albas – ohnehin schon durch Weine und Gastronomie verbreiteter – Ruf setzt die weiße Trüffel die kulinarische Krone auf. In seiner hügeligen Landschaft, der Langhe, mit ihren Wäldern gedeiht sie besonders gut. Doch viele Fundstellen sind im Piemont unergiebig geworden. Die größten Trüffelvorkommen finden sich heute in der Provinz Pavia.

Ab Anfang Oktober beginnen die ersten Trüffeln zu reifen. Nur dann entfalten sie ihren starken Duft. Er dringt durch die zehn bis vierzig Zentimeter dicke Erdschicht, unter der sie sich verbergen. So können dressierte Hunde sie erschnuppern. Piemonteser Trüffelsucher sind meist nachts aktiv, da sich die Hunde dann auf ihren Geruchssinn konzentrieren.

Bis zum 31. Dezember reicht die Trüffelsaison in der Langhe. Im Morgengrauen kommen die Sucher mit ihrer erdigen Beute nach Alba, um mit Köchen, Händlern und Gourmets die besten Preise auszuhandeln. Die wenig ansehnlichen Knollen sind nuß- bis faustgroß. Im Durchschnitt liegt ihr Gewicht zwischen 50 und 100 Gramm. Ist das Angebot knapp, kann der Preis bis auf einige hundert Mark pro 100 Gramm klettern. Die Trüffel muß nur gut gebürstet werden, um sie von jeglicher Erde zu befreien, dann kann sie genossen werden.

Die weiße Trüffel von Alba behält zehn Tage lang Frische und Aromen. Mancher Betrieb vor Ort versucht sie und ihre hochflüchtigen Aromen zu konservieren, ob in Vakuum, Öl oder Butter, in Fertigrisotto oder Eier-Tagliatelle. Doch wissende Feinschmecker pilgern lieber zur Saison ins Piemont, um die intensiven, appetitanregenden Aromen mit der deutlichen Knoblauchnote und dem Anflug von altem Käse zu inhalieren. Diese entfalten sich am besten, wenn die Trüffeln hauchdünn über Risotto, Pasta oder Rühreier gehobelt werden. Gekocht büßen sie ihren hinreißenden Duft und Geschmack völlig ein, im Gegensatz zu den schwarzen Trüffeln der Art *tuber melanosporum*, die auch in Norcia und Spoleto in Umbrien gefunden werden und die ihr ganzes Aroma erst bei der Zubereitung entfalten.

ello Sport

* Giovedì 18 novembre 1993

Roth

Ecco il mo...
cui tutta l'Ita...
tirato un sos...
sollievo: Dino...
all'83', raccog...
una respinta e...
segna il gol che...
piega il Portoga...

Der intensive Duft der unter der Erde wachsenden weißen Trüffeln von Alba verzaubert alle Feinschmecker. Eigens abgerichtete Hunde sind die besten Trüffelsucher.

Olivenöl

In Italien geht der Kult des Olivenbaums bis auf die Römer zurück. Er war heilig, Symbol für Frieden und Fruchtbarkeit. Olivenöl diente zum Einsalben, als Lichtquelle, als Medizin und zugleich als kostbares Handelsgut. Mehr als jede andere Nation haben es die Italiener verstanden, Olivenöl den – inzwischen rein kulinarischen – Heiligenschein zu bewahren.

Sie wissen sich dabei von der modernen Ernährungswissenschaft bestärkt:
- Olivenöl ist nicht nur leicht verdaulich, es hat generell eine positive Wirkung auf Magen und Darm.
- Der hohe Anteil einfach ungesättigter Fettsäuren, der mit 80 Prozent nicht nur tierische, sondern auch andere pflanzliche Öle weit übersteigt, senkt das Risiko von Herz-Kreislauf-Krankheiten.
- Aufgrund des hohen Gehalts an Antioxydantien widersteht Olivenöl auch Erhitzung, ohne sich in gesundheitsschädliche Substanzen aufzuspalten, wie dies bei tierischen und anderen pflanzlichen Fetten geschieht.
- Alles in allem – unter den üblichen im Haushalt verwendeten Fetten ist Olivenöl mit Abstand das gesündeste, gesundheitsförderndste und vom menschlichen Organismus am besten assimilierte.

Der Olivenanbau umfaßt in Italien 1,2 Millionen Hektar. Davon erstrecken sich fast drei Viertel in höheren hügeligen Regionen, wo die Erträge niedriger sind, die Qualität jedoch höher ist. Die beste Zeit, Oliven zu ernten, beginnt im November, wenn die kleinen grünen Früchte sich zu verfärben beginnen und zunächst violett werden. Dann sind sie besonders aromatisch, würzig und ausgewogen in ihren Nährstoffen. Werden schwarze, vollreife Oliven geerntet, was sich bis ins zeitige Frühjahr erstrecken kann, erhält man weniger aromatische, doch harmonische und im Charakter leichte Öle.

Für Spitzenöle werden Oliven per Hand gepflückt. Ein guter Pflücker bringt es auf 40 Kilogramm pro Tag, was etwa 20 000 Oliven entspricht, die in guten Jahren acht Liter Öl ergeben. Sonst werden Oliven für alle besseren Qualitäten mit dem Stock vom Baum geschlagen und in Netzen aufgefangen, die weitgehend verhindern, daß die Früchte Schaden nehmen. Wie beim Weißwein ist es wichtig, möglichst wenig Zeit verstreichen zu lassen, bis die Oliven gepreßt werden.

Längst ist die Olivenölproduktion technisch gemeistert. Italien ist generell führend in Europa, was spezielle Agrartechnologien betrifft. Natürlich auch in Elaiotechnik – so heißt der Fachbegriff für Ölgewinnung. Gleichwohl werden Oliven oft noch mit Mahlsteinen aus Granit im Kollergang zu Brei zermahlen, während Pressen und Zentrifugen technisch auf aktuellem Stand sind. Auch wenn für die meisten Qualitäten gefiltert wird, schätzen Kenner die ungefilterten, leicht trüben, aber geschmacksintensiveren Öle.

Bei der Olivenernte werden die Bäume kräftig geschüttelt, so daß die Früchte auf das ausgebreitete Netz fallen.

Die unterschiedliche Färbung der Oliven, die von Grün über Violett zu Schwarz reicht, zeigt das unterschiedliche Reifestadium.

Schwere Mahlsteine zerdrücken die Ölfrüchte zunächst zu einem groben Brei.

Die Paste wird auf Matten gestrichen, die in der Presse unter tonnenschweren Druck gesetzt werden.

Olivenöl-Qualitäten

Olio d'oliva extra vergine – Natives Olivenöl extra
Öl der 1. Pressung; beste Qualität

Olio d'oliva vergine – Natives Olivenöl
Öl der 2. und 3. Pressung in den Qualitätsstufen »fein« und »mittelfein«; überdurchschnittliche Qualität

Olio d'oliva – Olivenöl (auch: **Reines Olivenöl**)
Aus nativem und raffiniertem Öl gemischt

Olio di sansa d'oliva – Oliventresteröl
Hierin überwiegt das aus den Preßrückständen durch Lösungsmittel gewonnene, raffinierte Tresteröl

Die nativen Olivenöle werden Geschmacksprüfungen unterzogen. Kaltgepreßte Öle erster Pressung sind besonders hochwertig und sollten deshalb vorzugsweise in der kalten Küche benutzt werden. Zum Kochen eignet sich ein einfaches natives Olivenöl.

Inzwischen werden Herkunftsbezeichnungen für Olivenöle vergeben, mit denen eine Kontrolle des Anbaus und der Verarbeitung verbunden ist. Generell kann man die Gebiete dem Norden, dem Zentrum und dem Süden Italiens zuordnen:
- Im Norden ist die Ligurische Riviera berühmt, wo die Taggiasco-Sorte dominiert und sehr helle, feine, dünnflüssige Öle mit delikatem Mandelgeschmack ergibt; auch das südliche Gebiet am Gardasee, das zum Veneto gehört, bringt sehr delikate Öle; in der Lombardei werden aus den Sorten Casaliva, Leccino und Moraiolo grünliche, kräftigere und fruchtigere Öle gepreßt, die oft nach Kräutern schmecken.
- Im Zentrum, in der Toskana, Emilia-Romagna, in Umbrien, den Marken und in Latium wachsen eine Vielzahl von Sorten, wobei in den Herkunftsgebieten Toscano und Umbria Frantoio, Leccino und Moraiolo vorherrschen. Je nach spezifischen Wachstumsbedingungen – wie Boden, Klima, Feuchtigkeit, Höhenlage – erhalten die Öle ihre oft sehr würzigen, kräuterigen, nussigen Aromen und bisweilen pfeffrigen Biß.
- Im Süden, der den größten Teil des italienischen Olivenöls produziert, hat jede Region ihre eigenen Hauptsorten, ob in den Abruzzen Gentile di Chieti, in Apulien Cima del Bitonto, in Kalabrien Ottobratica, auf Sizilien Nocellara, auf Sardinien Palma, um nur jeweils eine von mehreren zu nennen. Das Spektrum ist groß, meist aber sind die Öle goldgelb, im Charakter kräftig mit ausgeprägten Olivenaromen, fruchtigem Geschmack und oft leicht nussigem Nachklang.

Die großen Unterschiede im Bukett und Geschmack der Öle führten in Italien zu einer besonderen gastronomischen Kultur. Olivenöl wird als Würzmittel eingesetzt und über die fertig zubereiteten Speisen geträufelt. Dabei wird genauso wie bei Wein die Harmonie zwischen Gericht und Öl gesucht. In guten Restaurants steht dem Gast eine Ölkarte oder ein Ölwagen zur Verfügung, vom dem er selbst den richtigen Tropfen wählt oder sich vom Wirt oder Kellner beraten läßt.

Hinweis: Olivenöl ist licht-, wärme-, luft und feuchtigkeitsempfindlich. Daher sollte es in einer gut verschlossenen Flasche an einem dunklen, kühlen und trockenen Ort aufbewahrt werden. Dann hält es sich eineinhalb Jahre.

Insalata – Salat

Wie man italienische Salate anmacht

Salat besteht in Italien aus rohen oder gegarten Gemüsen. Er setzt sich zusammen aus einer oder mehreren Gemüsesorten, die mit Salz, Pfeffer, Olivenöl und gutem Weinessig oder Zitronensaft angemacht werden. Die Auswahl bestimmt auch hier die Jahreszeit. Im Frühjahr beispielsweise kombiniert man Spargel mit grünen Bohnen oder gekochte Zucchini mit Kartoffelwürfeln. Im Sommer herrschen die grünen Blattsalate vor, kombiniert mit Fenchel- und Paprikastreifen, Tomaten, Gurken, geraspelten Möhren und vielem mehr.

Sicherlich gibt es auch Variationen mit Fleisch und Fisch, sie sind jedoch kein *insalata* als Beilage oder Gemüsegang, sondern ein eigenständiges Gericht, wie auch die Reissalate mit Meeresfrüchten oder Hühnerfleisch, die zu den Vorspeisen zählen. Angemacht werden die Salate fast ausschließlich bei Tisch ganz nach eigenem Geschmack. Dressings, wie man sie im Norden kennt, sind unbekannt.

Dolci

In Italien bereitet man nur selten Süßspeisen oder Kuchen selbst zu. Als Nachtisch gibt es zu jeder Jahreszeit Obst. Der Frühling bringt die Walderdbeeren, und ist die Erdbeerzeit vorbei, kommen Kirschen und Melonen. Im Spätsommer und Herbst reifen Pfirsiche, Trauben und Birnen, im Winter Orangen und Mandarinen auf Sizilien. An besonders kalten Winterabenden gibt es geröstete Kastanien. All dieses macht wenig Mühe und ist gleichwohl gut und schmackhaft.

Gewöhnlich muß ein besonderer Anlaß gegeben sein, daß nach dem Hauptgang eine Süßspeise gereicht wird. Meist kauft man sie beim Konditor. Dort findet man hinreißend köstliche *dolci*. Hinsichtlich der Zuckermenge gibt es ein deutliches Nord-Süd-Gefälle – je südlicher die Region, desto süßer die Nachspeisen.

Tiramisù

200 ml Sahne
5 EL Zucker
4 Eigelb
500 g Mascarpone
200 g Löffelbiskuits
4 EL starken Espresso
4 EL Amaretto
Kakaopulver

Die Sahne mit 1 EL Zucker steif schlagen. Die Eigelbe mit dem restlichen Zucker auf höchster Geschwindigkeitsstufe mit dem Handmixer cremig rühren. Löffelweise den Mascarpone und dann, bei verringerter Geschwindigkeit, die Sahne unterrühren.
Eine flache Form mit den Löffelbiskuits auslegen; einige für die Dekoration aufbewahren. Espresso und Amaretto vermischen und die Kekse damit beträufeln (nicht zuviel). Eine Lage Creme aufstreichen und diese mit einer Schicht Löffelbiskuits bedecken, mit dem Espresso-Amaretto-Gemisch beträufeln und die restliche Creme darüber verteilen. Mit Kakaopulver bestreuen. Vor dem Servieren mindestens 60 Minuten in den Kühlschrank stellen.
Dazu paßt ein Marsala all'uovo (mit Ei).

Zabaione
Weincreme

4 Eigelb
4 EL Zucker
Mark von 1 Vanilleschote
4–6 EL Marsala

Die Eigelbe mit Zucker und Vanillemark schaumig rühren. Die Eiercreme ins Wasserbad stellen. Unter ständigem Schlagen nach und nach den Marsala dazugeben, bis eine dicke, feste Creme entstanden ist. (Die Zabaione darf nicht kochen, da sie dann gerinnt.) Sofort in Gläser füllen und servieren, da sie so schnell wieder zerfällt, wie sie aufgeschlagen wurde.
Dazu paßt Marsala oder Prosecco.

Kandierte Früchte sind eine beliebte Nascherei und gern verwendete Zutat für Süßspeisen.

Diese *frutta di Martorana* – so benannt nach einem sizilianischen Kloster – sind naturgetreue Nachbildungen von Früchten, hier von Meeresfrüchten, aus Marzipan.

Cannoli, fritierte Teigröllchen mit süßer Ricotta-Creme, Schokoladen- und kandierten Fruchtstückchen, gehören zu den feinsten Dolci.

Beliebte Süßspeisen

Albicocche alla panna – Aprikosen mit Sahne
Amaretti – Mandelmakronen; überall in Italien beliebtes Gebäck, das man gern in Vin Santo oder Marsala stippt
Cannoli alla siciliana – fritierte Teigröllchen, gefüllt mit süßer Ricotta-Creme, Schokoladen- und kandierten Fruchtstückchen
Cassata siciliana – gutgekühlte, reichhaltige Ricotta-Torte mit kandierten Früchten, Bitterschokolade und Pistazien
Crema al mascarpone – mit Brandy oder Rum aromatisierte Creme aus Mascarpone (Frischkäse)
Crema caramel – Eiercreme mit Milch und Zucker, die in mit Karamel ausgegossenen Förmchen im Wasserbad gegart und kalt gestürzt wird; sehr beliebtes Dessert in Restaurants
Crostata – mit Marmelade bestrichener Mürbeteigkuchen
Fragole all'aceto – in *aceto balsamico*, Balsamessig, marinierte Walderdbeeren
Fragole al vino – Walderdbeeren mit Zucker; bei Tisch nach Geschmack entweder mit Rot- oder Weißwein, Prosecco oder Dessertweinen übergossen
Frutta di Martorana – nach dem gleichnamigen Kloster auf Sizilien benannt; naturgetreu nachgebil-

Rechts: Auch wenn Cassata die Welt erobert hat, nie reicht sie andernorts an die Urform, die sizilianische Festtagstorte, heran.

dete und entsprechend eingefärbte Früchte (und andere Formen) aus Marzipan
Gelato – Eiscreme (siehe S. 294–295)
Krapfen – ein österreichisches Erbe, das vom Trentino aus ganz Italien eroberte; auch *castagnole fritte* genannt
Macedonia di frutta – diverse zerkleinerte Früchte der Saison, mit Zucker und Maraschino zubereitet
Monte bianco – »Montblanc«: Berg aus Eßkastanienpüree, gekrönt mit weißer süßer Sahne
Panna cotta – gestürzte Sahnecreme mit Karamel
Pastiera – neapolitanischer Osterkuchen, mit Orangenschale und Orangenblütenwasser aromatisiert
Pesche ripiene – Pfirsiche mit Makronenfüllung, in Marsala geschmort
Semifreddo – Halbgefrorene Schichttorte
Strudel di mele – Südtiroler Apfelstrudel
Tiramisù – Creme aus Mascarpone mit aromatisierten Löffelbiskuits
Zabaione – kalter Eischaum mit Marsala aromatisiert
Zucotto – Eistorte mit Schokoladenmandelcreme; Spezialität der Toskana
Zuppa inglese – Biskuitkuchen, schichtweise mit Alchermes und Rum getränkt und mit Vanillecreme gefüllt; Spezialität aus Rom
Zuppa romana – Schichttorte mit Biskuitboden, Vanillecreme, kandierten und eingemachten Früchten

Der köstliche, lockere Panettone, der bei keinem italienischen Weihnachtsfest fehlen darf, wird aus Hefeteig hergestellt.

Die braune Papierform, welche die Konditoren verwenden, zwingt den reichhaltigen Teig beim Aufgehen in die Höhe.

Gebräunt kommt der Panettone mit der charakteristischen »Bauchbinde« aus dem Ofen.

Panettone

Panettone (wörtlich: »großes Brot«) war ursprünglich ein einfaches gesüßtes Brot, wie es für die Lombardei typisch ist. Er stammt aus Mailand – wo man ihn gern mit Eiscreme füllt –, doch jedes Jahr zur Weihnachtszeit verwandelt er sich von der berühmten Mailänder Spezialität zum gesamtitalienischen Festtagskuchen. Über 30 Millionen Kilogramm Panettone verkaufen dann die Konditoreien.

Der Panettone gelingt nur bei größter Sorgfalt. Hefe als Backtriebmittel und eine Gehzeit von zehn bis 20 Stunden garantieren, daß er hoch und locker aufgeht. Dem mäßig gezuckerten Teig werden Rosinen, kandierte Früchte und Zitronat untergemischt. Die letzten Stunden seiner Gehzeit verbringt der Panettone in einer runden Form (Konditoren nehmen dazu eine Papierform, in welcher der Kuchen auch verkauft wird). Sie zwingt den Teig beim Aufgehen in die Höhe.

Panettone ißt man weder mit der Gabel noch zerkrümelt man ihn. Vielmehr zupft man sein weiches, elastisches Gewebe in mundgerechte Bissen. Dazu mundet am besten ein kalter, prickelnder Spumante brut.

Panettone

Für 10–12 Personen

50 g Hefe
4 EL lauwarmes Wasser
600 g Mehl
150 g Zucker
1 Prise Salz
5 Eier
200 g Butter
abgeriebene Schale von 1 unbehandelten Zitrone
250 g kandierte Früchte und Zitronat, gewürfelt
150 g Rosinen
1 EL Sonnenblumenöl

Die Hefe in dem lauwarmen Wasser mit etwas Mehl verrühren und 30 Minuten zugedeckt gehen lassen. Mehl, Zucker und Salz mischen und in die Mehlmischung eine Mulde drücken. Hefe und Eier in die Vertiefung geben und alle Zutaten zu einem geschmeidigen Teig verkneten. Die Butter in Flöckchen, Zitronenschale, kandierte Früchte und Rosinen hinzufügen und gründlich in den Teig einarbeiten.
Den Teig zu einer Kugel formen, zudecken und an einem warmen zugfreien Ort 8 Stunden aufgehen lassen. Dann den Teig zu einem großen länglichen Zylinder formen und in eine gut eingeölte Charlotten- oder Brioche-Form geben. Weitere 2 Stunden aufgehen lassen.
Den Backofen auf 220 °C vorheizen. Die Teigoberfläche kreuzförmig einritzen und den Kuchen etwa 50 Minuten backen. Sofort aus der Form nehmen und auf ein Kuchengitter setzen. Vor dem Anschneiden mindestens 12 Stunden ruhenlassen.

293

Gelati

Das köstlich kalte Symbol italienischen Geschmackssinns nahm seinen Ursprung in Sizilien, wo die Araber demonstrierten, welche erfrischenden Delikatessen man mit dem Schnee des Ätna herstellen konnte.

Sorbetto – »Vereistes« – nannten die Sizilianer die auf pürierten Früchten basierenden zerschmelzenden Leckereien. Die moderne Eis-Geschichte prägte ebenfalls ein Sizilianer: Francesco Procopio de' Coltelli eröffnete 1668 in Paris das erste Kaffeehaus. Im noch heute existierenden »Procope« bot er Sorbets und *granita* an, eine herrliche Erfrischung aus zerstoßenem Eis und Fruchtsirup oder anderen Zutaten wie Kaffee.

Die eisige Eroberung Nord- und Mitteleuropas ging jedoch von den venetischen Dolomitentälern aus. Als dort im Zuge der industriellen Entwicklung der traditionelle Berufsstand der Schmiede vor dem Ruin stand, fanden diese plötzlich eine Alternative in der Speiseeisproduktion. Nun zogen sie im Sommerhalbjahr mit ihren Eiswagen in die Städte, Kur- und Badeorte. Das Gelati-Gewerbe versprach solche Zukunftsperspektiven, daß man bereits Ende des letzten Jahrhunderts im Valzoldana, seiner Hochburg, über tausend Eishersteller zählte. Bei diesem Angebot reichte der italienische Absatzmarkt allein nicht mehr aus. Unternehmungslustige *gelatieri*, Eismacher, stießen bis Wien vor und auf begeisterte Kundschaft. Da man dort jedoch keine ambulanten Eishändler akzeptierte, wurden die ersten italienischen Eisdielen eröffnet – der Auftakt zur Eroberung des restlichen Europas. Als nach 1945 nur die Niederlande und Deutschland den Italienern bereitwillig Arbeitsgenehmigungen erteilten, war der Weg der Gelatieri vorgezeichnet. Noch immer dominieren Eismacher aus den Dolomiten bei weitem das Gewerbe, man schätzt zu 80 Prozent.

Beim Eis unterscheidet man drei Hauptgruppen:
- *gelati mantecati* – Cremeeis auf der Basis von Milch, Eigelb und Zucker mit Aromazutaten;
- *gelati sorbetti* – Sorbets, bestehend aus pürierten Früchten oder Gemüsen, Spirituosen oder Wein und Zuckersirup;

Italienisches Eis und seine Geschmacksrichtungen

Amaretto – Eiscreme auf der Basis des Mandellikörs

Caffè – Kaffee

Cioccolato – Schokolade

Gelati mantecati – Cremeeis

Pistacchio – Pistazie

Stracciatella – Vanilleeis mit Schokostückchen

Yogurt – Joghurt

- *gelati perfetti e bombe* – Parfaits und Eisbomben, basierend auf Sahne, Eigelb und Zuckersirup mit aromatisierenden Zutaten, wobei Parfaits immer nur eine Geschmacksrichtung haben, während Eisbomben mehrere Sorten schichtenweise kombinieren wie bei der berühmten Cassata.

Neben den bewährten Klassikern folgt der Eisgeschmack heute der Mode. Jedes Jahr werden neue Sorten kreiert, die im darauffolgenden durch andere ersetzt werden. Sehr gefragt sind auch Eisdrinks, *granita*, wobei Fruchtsirup oder Kaffee über zerstoßene Eiswürfel gegossen wird, und *frappè*, bei dem man eisgekühlte, mit Kaffee oder Vanille aromatisierte Milch auf zerstoßenes Eis gibt. Wird Milch mit Obst oder Fruchteis gemischt, spricht man von *frulatto*.

Grundrezept für Eiscreme

| 4 Eigelb |
| 100 g Zucker |
| ½ l Milch oder Sahne |

Die Eigelbe mit dem Zucker zu einer schaumigen Creme schlagen. In einen Topf geben und bei schwacher Hitze vorsichtig unter Rühren erwärmen.
Nach und nach die Milch hinzufügen, dabei unablässig rühren. Die Masse vollständig erkalten lassen; gelegentlich umrühren.
Die Creme in die Eismaschine oder das Tiefkühlfach geben und erstarren lassen. Nach Geschmack mit einer aromatisierenden Mousse oder Creme aufschlagen.

Zabaione – Milchsahneeis mit einem Schuß Marsala

Fragola – Erdbeer

Lampone – Himbeer

Gelati sorbetti – Fruchteis

Limone – Zitrone

Menta – Pfefferminze

Mora (di rovo) – Brombeer

Aceto balsamico

Diese leuchtend dunkelbraune, dickflüssige Essenz mit dem außerordentlich komplexen Duft hat nichts mit anderen Essigsorten gemein. Spätestens am Geschmack, wenn sich die einzigartige Harmonie zwischen Süße und Säure, Samtigkeit und unnachahmliche balsamische Würze offenbart, beweist sich seine Einmaligkeit. Wohlgemerkt – wir sprechen vom echten kostbaren Balsamessig, der die Bezeichnung *tradizionale* oder *naturale* zu Recht trägt, und nicht von billigen Imitationen, die in jedem Supermarkt erhältlich sind.

Wer den Werdegang des Aceto balsamico kennt, weiß, daß nur jene Flakons echt sein können, für die man sehr tief in die Tasche greifen muß, falls sie überhaupt käuflich zu erwerben sind. Im Grunde ist dieser Essig nämlich kein merkantiles Produkt. Bereits vor 900 Jahren stellten die Herzöge von Este und andere Adelsfamilien im Raum von Modena und Reggio Emilia Essige her. Sie galten als kostbarste Stärkungs-, Heil- und Würzmittel und wurden bedeutenden Personen als Gunstbeweis zum Geschenk gemacht.

Im Gegensatz zu anderen Essigen basiert Aceto balsamico auf Most, nicht auf Wein. Er stammt von geschmacklich neutralen Trebbiano-Trauben, die an den Hängen um Modena oder in der Provinz Reggio Emilia reifen. Nach der Pressung, bei der man aus 100 Kilogramm Lesegut 70 Liter Most keltert, wird dieser im Zeitlupenverfahren auf maximal 80 Grad Celsius Hitze konzentriert, bis ein Drittel oder gar die Hälfte verdunstet ist. Wird er nicht sofort weiterverwendet, verkorkt man ihn in Demijohns – Glaskorbflaschen mit einem Inhalt von fünf bis 50 Litern –, um auf ihn im Frühjahr zurückzugreifen.

Aceto balsamico reift und altert in Fässerbatterien auf luftigen Dachböden, die *acetaia* genannt werden. Für Jahre und sogar Jahrzehnte wird er dort Wetterwechseln und Jahreszeiten ausgesetzt, erleidet Hitze und Kälte, Trockenheit und Feuchtigkeit – Faktoren, die seine Entwicklung fördern. Eine Fässerbatterie, die *batteria*, besteht aus mehreren Fässern unterschiedlichen Volumens. Oft umfassen Batterien fünf bis zwölf Stück, wobei die größten 100-Liter-, die kleinsten 15-Liter-Fässer sind. Alle Fässer sind nur zu drei Vierteln gefüllt, denn Essigbakterien benötigen viel Luft. Aceto balsamico wird nur aus dem kleinsten Faß, das den ältesten Essig enthält, abgezapft und auch nur ein geringer Teil. Dann wird aus dem nächstgrößeren Faß nachgefüllt, das wiederum aus dem davorliegenden ergänzt wird. Schließlich wird auf diese Weise im größten Faß Platz für den neuen Most geschaffen. Etwa drei Jahre braucht dieser, bis er die doppelte Gärung abgeschlossen hat. Zunächst verwandelt sich Zucker in Alkohol, der dann zu Essig wird. Pro Jahr verdunsten etwa 10 Prozent der Flüssigkeit.

Seine große aromatische Vielfalt und den balsamischen Charakter gewinnt Aceto nicht allein durch lange Alterung. Eine wichtige Rolle spielt dabei das Holz, aus dem die Fässer hergestellt wurden. Nicht nur Eiche findet Verwendung. Kastanie, Kirschbaum und Esche werden für größere Gebinde benutzt, während Maulbeere und Wacholder den kleinsten vorbehalten sind und somit dem Aceto letzte Würze verleihen.

Die Bezeichnung »Aceto balsamico tradizionale di Modena« ist seit 1983 gesetzlich geschützt, der »di Reggio Emilia« seit 1987. Das Mindestalter beider Essige beträgt zwölf Jahre. Abgefüllt werden sie in Fläschchen, die 100 Milliliter enthalten. Aber selbst nach einem Dutzend Jahre steckt ein echter Aceto balsamico noch in den Kinderschuhen. Die wahren – selten käuflichen – Spezialitäten haben mehrere Jahrzehnte im Faß verbracht.

Angewendet wird er mit allem Respekt, den seine Laufbahn verlangt. Außerdem ist er zu einem Aromakonzentrat geworden. So genügen wenige Tropfen, um Salat, Carpaccio, Edelfisch, Kalbfleisch oder selbst Eis eine unvergleichliche Geschmacksnote zu schenken.

Hintergrund: Auf Dachböden, wo er während der Reifezeit in Fässern Temperaturschwankungen erlebt, gewinnt Aceto balsamico an Verfeinerung.

Die Essigmutter, eine gallertartige Masse, die sich in den Fässern bildet, löst die Gärung des Mostes aus.

Wie beim Wein wird mit der Pipette eine Probe aus dem Faß genommen.

Der Consorzio de Aceto Balsamico prüft jeden Essig, bevor er in den Verkauf kommt.

Wein

Keine andere Region zeigt so beispielhaft die Entwicklung des italienischen Weins auf wie die Toskana. Vor 25 Jahren lieferte sie massenweise Korbflaschen, *fiaschi* genannt, voll Chianti. Zwar sorgten sie für einen hohen Popularitätsgrad, aber die Qualität entsprach meist dem Namen der einprägsamen Flasche und war ein Fiasko. Heute ist Chianti nicht nur der weltweit bekannteste italienische Wein – neben guten gängigen Qualitäten stammt eine ganze Anzahl hervorragender Weine mit garantierter Herkunftsbezeichnung aus dem Chianti-Gebiet. Außerdem gibt es eine Reihe ausgezeichneter toskanischer Weine, bei denen die Erzeuger sich bewußt von den strikten gesetzlichen Vorschriften hinsichtlich Rebsorten und Ausbau befreiten. Diese *vini da tavola*, Tafelweine, sind ein Symbol der Dynamik und Kreativität der neuen Generation italienischer Winzer, Weinmacher und Önologen geworden. Einige Weine wie Sassicaia und Tignanello sind bereits legendär. Praktisch in allen Regionen gibt es inzwischen Winzer, Genossenschaften und Handelshäuser, die es verstanden haben, die Zeichen der Zeit zu erkennen. Sie beschränken die Erträge und haben die Kellerarbeit unter Einbeziehung modernen Weinwissens und entsprechender Technik gemeistert. Obwohl Italien über einen gewaltigen Fundus an einheimischen Rebsorten verfügt, bleibt die Zahl der gebräuchlichen und überzeugenden italienischen Sorten relativ beschränkt. Dabei gibt es jedoch ausgeprägte regionale Unterschiede. Nicht selten wird das einheimische Sortenspektrum durch bewährte französische ergänzt, teilweise schon seit einem Jahrhundert.

In keinem anderen Weinbauland Europas gibt es aber so krasse Unterschiede. Schließlich wird Wein von den Hängen der Alpen bis zur Afrika zugewandten Küste Siziliens gelesen. Dabei waren die nördlicheren Regionen mit dem berühmten Piemont, das die größte Konzentration an klassifizierten Anbaugebieten vereint, zunächst treibende Kraft, während im oft günstigen heißen Klima des Südens auf Quantität gesetzt wurde. Aber auch dort treten in letzter Zeit neue engagierte Winzer auf und überraschen mit köstlichen Tropfen.

Mögen die Winzer des Piemont, der Toskana und anderer Regionen Weine machen, die an Anspruch den Kreszenzen anderer großer Länder, insbesondere Frankreichs, nicht nachstehen, so liegt die Stärke des modernen italienischen Weinbaus vor allem darin, gefällige, leicht zugängliche Weine zu erzeugen und sie auf ansprechende Weise zu präsentieren.

Schon die Römer, geniale Weinanbauer, denen europaweit kaum eine Spitzenlage verborgen blieb, wußten die Anbaugebiete zu begrenzen. Aber es dauerte bis zum Jahr 1963, daß die Anbaugebiete gesetzlich erfaßt und genaue Bestimmungen für sie festgelegt wurden.

Weinkategorien

Nach dem neuen, 1992 verabschiedeten Weingesetz unterscheidet man folgende Kategorien:

Denominazione di origine controllata e garantita, DOCG
Kontrollierte und garantierte Herkunftsbezeichnung, die nicht nur Gebiet, sondern auch Rebsorte, Erträge, Ausbau u.a. festlegt, kontrolliert und degustativ (in Verkostung) strikt überprüft; verweigert oft einzelnen Weinen Zuerkennung; höchste Kategorie; 1980 eingeführt. Nur 13 Regionen wie Barolo, Barbaresco, Brunello di Montalcino, Vino Nobile di Montepulciano, Chianti, Torgiano Rosso Riserva und andere.

Denominazione di origine controllata, DOC
Kontrollierte Herkunftsbezeichnung, die nicht nur Gebiet, sondern auch Rebsorte, Erträge, Ausbau u.a. festlegt, kontrolliert und degustativ überprüft. Jetzt etwa 240 Gebiete, die aber über 1000 unterschiedliche Weine zusammenfassen.

Vino da tavola con indicazione geografica
Tafelweine, die aus einem geographisch festgelegten Gebiet kommen; sie dürfen Herkunft, Rebsorte und Jahrgang auf dem Etikett vermerken; in diese Kategorie fallen alle ausgefallenen *vini da tavola*, die sich nicht um DOC-Regeln scheren, oft qualitativ höher einzustufen sind.

Vino da tavola
Unterste Kategorie italienischer Weine, in welcher der große Rest Platz findet; oft aus Verschnitten; kein Recht auf Nennungen weder der geographischen Herkunft noch des Jahrgangs.

Wichtige Rebsorten

Weiße Trauben

Catarratto
Alte sizilische Sorte mit großer Ausdehnung; über 80 000 Hektar; verschiedene Varianten; robust und ertragreich; vorrangig für Marsala verwendet.

Chardonnay
Berühmte Weißweinsorte aus dem Burgund; zuerst im Norden gepflanzt, findet sie zunehmend Verbreitung.

Cortese
Empfindliche traditionelle Rebe; gibt dem berühmtesten Weißwein des Piemont, dem Gavi, frischen, dezent fruchtigen, aber nachhaltigen Charakter mit guter Säure.

Garganega
Hauptsorte des Soave; schon früh im Veneto dokumentiert; meist nur durchschnittlich; kann aber frische trockene oder dezent liebliche, fruchtige Weine ergeben.

Malvasia bianca
Fast über ganz Italien verbreitete, alte, sehr aromatische und charaktervolle Sorte; oft in Verschnitten; für alle Weinbereitungen von trocken bis süß geeignet; viele Arten; nicht verwandt mit dem Roten Malvasier.

Moscato bianca
Überall in Italien angebauter Muskateller mit kleinen Beeren; typisches Muskataroma; trocken bis süß – als Likörwein – vinifiziert; viel verwendet für Schaumweine.

Nuragus
Sardische Weißweinrebe, die nach den Nuraghe, den charakteristischen Turmbauten der Insel, benannt ist; weit verbreitet; einfache, leichte Weine.

Pinot grigio
Wichtiger als Weißburgunder, Pinot bianco, ist die graue Version; als sortenreiner italienischer Weißwein aus den nördlichen Anbaugebieten international bekannt; da säurearm, oft etwas plump.

Prosecco
Weiße Sorte Friauls und Venetiens; für trockene oder dezent liebliche stille, aber insbesondere für Perl- und Schaumweine genutzt.

Trebbiano
In 40 Provinzen und weltweit auch als Ugni blanc stark verbreiteter Massenträger; mit Varianten über 130 000 Hektar in Italien; insbesondere in Toskana, Emilia-Romagna und Latium; meist nur im Verschnitt; neutrales Aroma, präsente Säure; auch als Brennwein.

Rote Trauben

Aglianico
Von den Griechen am unteren Stiefel eingeführt; ergibt reinsortig zwei große, sehr tanninreiche, gut alternde Rotweine, den Taurasi in Kampanien und den Aglianico del Vulture in der Basilikata.

Barbera
Nummer zwei in Italien, aber weltweit verbreitetste rote italienische Sorte; säurehaltige, farbintensive, ertragreiche Rebe aus dem Piemont; oft als Verschnittwein eingesetzt oder jung getrunken; erlebt als Charakterwein eine Renaissance, insbesondere als Barbera d'Alba.

Cabernet
Cabernet Sauvignon und Cabernet Franc waren schon im letzten Jahrhundert im Nordosten verbreitet; heute wird Cabernet Sauvignon als Modesorte in vielen, auch südlicheren Regionen angebaut.

Dolcetto
Empfindliche, anspruchsvolle Piemonteser Sorte; ergibt fruchtbetonte, süffige, trockene Weine mit wenig Tanninen, die jung genossen werden sollten.

Lambrusco
Uralte Sorte der Emilia-Romagna; widerstandsfähig und vieltragend; wird lieblich oder trocken zu leicht schäumendem Rot-, Rosé- und sogar Weißwein vinifiziert.

Merlot
Die berühmte Bordeaux-Rebe nimmt inzwischen Platz drei unter den roten Sorten ein; insbesondere zu sortenreinen, im Süden zu angenehm runden und vollen, im Norden zu fruchtig-leichten Weinen vinifiziert.

Montepulciano
Weitverbreitete Sorte; spätreifend und robust; vor allem in Mittel- und Süditalien, kräftige, angenehme Rotweine; als Rosé heißt er in den Abruzzen Cerasuolo.

Nebbiolo
König unter Italiens roten Reben; anspruchsvolle, wenig verbreitete Sorte, die Sommerhitze braucht und spät im Herbst reift, wenn Nebel – italienisch *nebbia* – aufsteigt; tiefdunkle, kraftvolle, säure- und tanninreiche Weine, die sehr langlebig sind; typische Aromen von Veilchen und Teer; prägt Barolo und Barbaresco; heißt im Norden des Piemont Spanna, im Valtellina Chiavennasca.

Nerello
Auf Sizilien weit verbreitet; in der Variante Mascalese in vielen Tafelweinen und im Mischsatz des Corvo Rosso; im Nordosten reinsortig vinifizierter Nerello Capuccio.

Primitivo
Neben dem Negro Amaro in Apulien dominierende Sorte für aromatische, fruchtige, harmonische Rotweine; gilt als Ahn des kalifornischen Zinfandels.

Sangiovese
Führende, uralte, widerstandsfähige, aber dünnschalige Rotweinrebe Italiens; ursprünglich aus der Toskana; jetzt mit Varianten über 180 000 Hektar überall auf dem Stiefel, wobei Sangiovese piccolo dominiert; dieser stellt die Hauptsorte des Chianti, die Grosso-Version ergibt Brunello und Vino Nobile di Montepulciano; bei niedrigem Ertrag hervorragende, sehr langlebige Rotweine.

Vernatsch
In Südtirol dominierende Rotweinsorte; auch Schiava grosso oder wie in Deutschland Trollinger genannt; in vier Varianten verbreitet, die oft miteinander vermischt werden; ergibt aromatische, fruchtige, jung zu trinkende Weine.

Das Weinangebot Italiens steigerte sich in den letzten zwei Jahrzehnten außerordentlich und bietet heute in allen Regionen ein faszinierendes Spektrum.

Italienische Weinanbaugebiete

Valle d'Aosta
Aostatal, Hauptstadt Aosta, kaum 1000 Hektar, darunter mit die höchsten Weinberge Europas; Italiens kleinstes, sehr bergiges Anbaugebiet im Nordwesten an der französischen und Schweizer Grenze; Weine mit eigenwilligem Charakter in Kleinstmengen, oft mit französischen Namen; berühmt die DOC Donnaz und Enfer d'Arvier; interessant die Weißweine Blanc de la Salle und Blanc de Morgex aus autochtonen Valdigne-Trauben.

Piemonte
Piemont, Hauptstadt Turin, rund 60 000 Hektar Reben, davon 36 000 zu drei DOCG- und 35 DOC-Gebieten klassiert; führende DOC-Region; nordwestitalienische Heimat der großartigen Nebbiolo-Rebe und der aus ihr gewonnenen Barolo, Barbaresco und anderen reinsortigen, charaktervollen, gut alternden Weinen; überhaupt stehen auf den von Alpen und ligurischem Apennin geschützten Weinbergen überwiegend Piemonteser Sorten und prägen die Weine; so die roten Barbera, Dolcetto, Grignolino, Freisa, aber auch die weißen Arneis und Cortese zum Beispiel; berühmteste Weinorte sind Alba und Asti mit seinem weltbekannten Spumante.

Lombardia
Lombardei, Hauptstadt Mailand, 30 000 Hektar Rebflächen, davon machen die 13 DOCs die Hälfte aus; weit auseinanderliegende Anbaugebiete; interessante Schaumweine aus Franciacorta, während ein Großteil des Pinot nero aus Oltrepò Pavese in Asti versektet wird; beste Rotweine aus dem Valtellina-Tal (Veltlin).

Trentino-Alto Adige
Trentino und Südtirol, Hauptstadt Trient, norditalienisches Anbaugebiet mit 13 000 Hektar Fläche, von denen über 12 000 als DOC klassiert sind, 12 DOC-Gebiete; bekannt sind Vernatsch-Weine wie Sankt Magdalener oder der populäre Kalterersee; berühmt wurde das Gebiet durch modern gemachte, sortenreine Rotweine aus Merlot und Cabernet sowie Weißweine aus deutschen oder französischen Sorten; charaktervoll sind die roten Teroldego und Lagrein.

Liguria
Ligurien, Hauptstadt Genua, wunderschöne Landschaft um den Golf von Genua; der Hauptteil der 6000 Hektar, oft steil terrassierten Weinberge liegt im westlichen Teil, bis auf Cinque Terre mit seinem bemerkenswerten Weiß- und Likörwein und Colli di Luni um La Spezia; bedeutend der Rossese di Dolceacqua, ein floraler, feiner Roter ganz aus dem Westen.

Emilia-Romagna
Emilia-Romagna, Hauptstadt Bologna, mit 76 000 Hektar fünftgrößte Anbauregion mit 15 DOC, aber überwiegend Massenwein; zwei unterschiedliche Gebiete: nordwestlich die Emilia mit ausufernder Lambrusco-Produktion, von der nur ein Bruchteil fruchtig-trockener DOC-Wein ist; südöstlich Romagna mit dem bekannten weißen Albana aus der gleichnamigen Rebe; sonst runde Rotweine aus Sangiovese und Anbau französischer Sorten.

Veneto
Venetien, Hauptstadt Venedig, 80 000 Hektar, davon 36 000 als DOC; insgesamt 13 Regionen, darunter Valpolicella und Soave bei Verona sowie Colli Berici und Piave; nicht nur wuchtiger Amarone und populärer Bardolino, auch prickelnd frischer Prosecco; zunehmend französische Sorten und ein neuer Qualitätstrend.

Friuli-Venezia Giulia
Friaul-Julisch Venetien, Hauptstadt Triest, Grenzregion im Nordosten; eins der interessantesten Weingebiete Italiens mit 20 000 Hektar und sieben DOC, insgesamt gut 13 000 Hektar; darunter Collio und Grave del Friuli; moderne, frische, aromatische, sortenreine Weißweine aus einheimischem Tocai Friulano oder internationalen Sorten; gute Merlots; in letzter Zeit mehr Gewicht auf eigenen Rebsorten und Mischsätzen.

Toscana
Toskana, Hauptstadt Florenz, knapp 72 000 Hektar, davon über 31 500 als DOCG oder DOC klassiert; diese 26 Gebiete liefern nach dem Piemont die größte Menge an anerkannten Qualitätsweinen; darunter als DOCG großartigen Brunello di Montalcino, den raren samtigen Carmignano, Chianti und Vino Nobile di Montepulciano; Basis dieser Rotweine ist die hervorragende Sangiovese-Traube; insbesondere die Chianti-Region erlebte in den letzten 20 Jahren eine einzigartige Qualitätsrevolution; Zeichen davon sind nicht zuletzt hochwertige und exzellente *vini da tavola* aus internationalen Sorten.

Umbria
Umbrien, Hauptstadt Perugia, 21 000 Hektar, wovon eine DOCG- und acht DOC-Regionen 6000 Hektar stellen; bekanntester Wein ist der weiße, oft überzeugende Orvieto, der auf Procanico, wie hier die Trebbiano-Traube heißt, und Malvasia basiert; interessante Likörweine werden aus Malvasia und dem einheimischen Grechetto gekeltert; am renommiertesten ist der gut alternde rote Torgiano Rosso Riserva aus Sangiovese.

Marche
Marken, Hauptstadt Ancona, 27 000 Hektar Weinflächen umfassendes Gebiet an der Adria, davon stellen zehn DOC ein Drittel; Hauptwein ist weißer Verdicchio dei Castelli di Jesi und di Matelica; aber auch verläßlich, teils charaktervolle Rotweine aus Montepulcinao oder Sangiovese wie Rosso Conero und Rosso Piceno.

Lazio
Latium, Hauptstadt Rom, rund 60 000 Hektar mit 16 DOC-Gebieten von zusammen 17 500 Hektar; überwiegend trockene, leichte Weißweine aus Malvasia und Trebbiano, darunter der bekannte Frascati, aber auch Marino und Est!-Est!!-Est!!! di Montefiascone; Aprilia, südöstlich von Rom, liefert viel Rotwein, darunter auch Merlot; aus alten roten italienischen Sorten wird der schon in der Antike bekannte seltene Cecubo gekeltert.

Abruzzo e Molise
Abruzzen und Molise, benachbarte Weingebiete an der Adria bei Pescara und Térmoli, wobei Molise mit 9000 Hektar im Vergleich zu 30 000 in den Abruzzen deutlich weniger Rebfläche besitzt; am erfolgreichsten ist roter Montepulciano d'Abruzzo aus der gleichnamigen Rebsorte oder der weiße harmonische Trebbiano d'Abruzzo, die beiden einzigen DOC-Gebiete der Abruzzen.

Campania
Kampanien, Hauptstadt Neapel, berühmtestes Anbaugebiet der alten Römer mit ihrem verehrten Falernum; 43 000 Hektar Rebflächen; überwiegend simple Tafelweine; elf DOC teilen sich nur 2000 Hektar; darunter Vesuvio (früher Lacrima Christi) von den Vesuv-Hängen, reizvoller, nussiger, weißer Fiano di Avellino, ein sehr angenehmer Greco di Tufo aus der gleichnamigen uralten Rebsorte und hervorragender roter Taurasi aus Aglianico-Trauben; auch die DOC Ischia und Capri zählen zu Kampanien.

Puglia
Apulien, Hauptstadt Bari, 120 000 Hektar Reben am Absatz des Stiefels entlang, davon 22 000 in 24 DOC klassiert; meist größter Mengenproduzent Italiens; überwiegend Rot- und Rosé-Weine; aus dem nördlichen Teil kommt der bekannte Castel del Monte als Rot-, Rosé- und Weißwein, wobei der angenehme Rosé 50 Prozent stellt; im Süden, von der Halbinsel Salento, stammen Rot- und Rosé-Weine des Salice Salentino aus der Sorte Negro amaro; außerdem ist die Primitivo-Traube, Verwandter des Zinfandels, weitverbreitet; Rotweine erreichen hohe Alkoholgrade.

Basilicata
Basilikata, Hauptstadt Potenza, 14 000 Hektar meist hochgelegene Weinberge, von denen inzwischen 12 000 als DOC Aglianico del Vulture anerkannt sind; ausgezeichneter, gut alternder und charaktervoller Rotwein aus der von den Griechen eingeführten Rebsorte; sonst sind nur seltener Moscato und Malvasia von Interesse.

Calabria
Kalabrien, Hauptstadt Catanzaro, 26 000 Hektar an der Stiefelspitze, davon insgesamt 3500 zu acht DOC aufgewertet; bekanntester Wein sind der rote samtigfeine Cirò aus der griechischen Gaglioppo-Rebe, einer Spielart des Aglianico, und der nach Orangenblüten duftende Greco di Bianco, ein süßer Weißwein aus der gleichnamigen Sorte.

Sardegna
Sardinien, Hauptstadt Cagliari, 46 000 Hektar, überwiegend in der südlicheren Inselhälfte; 18 DOC-Gebiete; sehr unterschiedliche Weintypen, von leichten Weißen bis zu schweren roten Dessertweinen aus dem mit der spanischen Garnacha verwandten Cannonau oder dem sherry-ähnlichen Vernaccia di Oristano; stark in Traditionen verhafteter Weinbau; zwei Drittel gängige Weißweine aus der neutralen Nuragus-Sorte oder der kernigeren Vermentino. Im Nordosten der Insel hat der Vermentino di Gallura eine eigene DOC.

Sicilia
Sizilien, Hauptstadt Palermo, mit 150 000 Hektar von der Fläche her größte italienische Weinregion; 22 000 Hektar entfallen auf neun DOC; abgesehen von berühmten Dessertweinen wie Marsala oder Moscato, große Mengen simpler Tafelweine; zunehmend jedoch modern vinifizierte Weiß- und Rotweine aus einheimischen oder internationalen Sorten; berühmt ist Cerasuolo di Vittoria, eine hellrote, gut alternde Weinspezialität; bekannteste – 160 Jahre alte – Weinmarke ist Corvo, die von den Herzögen von Salaparuta begründet wurde.

300 **Italien**

Brunello di Montalcino

Die berühmteste Denominazione di origine controllata Italiens, die als erste 1980 den Zusatz »e garantita« (DOCG) erhielt, gehört nicht etwa einem Wein, dessen Geschichte sich bis zu den Römern zurückverfolgen ließe. Sie gründet sich auf das Werk der Familie Biondi-Santi. Aus der besonderen Spielart des Sangiovese Grosso, die sein Großvater um die Mitte des letzten Jahrhunderts gezüchtet hatte, kelterte Ferruccio Biondi-Santi 1888 den ersten Brunello di Montalcino.

Im Gegensatz zu anderen Rotweinen der Toskana griff er nicht auf einen gebräuchlichen Mischsatz verschiedener Traubensorten zurück, sondern baute den Wein reinsortig aus. Seither vervollkommnete die Familie ihren der Tradition verbundenen Arbeitsstil, der sich im Prinzip nicht veränderte.

Erst nach dem Krieg setzte der Brunello sich in Italien und international durch, als Verkostungen der ersten Jahrgänge seine außerordentliche Langlebigkeit und Komplexität bewiesen. Der Ruhm inspirierte Bewohner des reizvollen befestigten Städtchens südlich von Siena und auswärtige Investoren. Inzwischen gibt es etwa 60 Produzenten von Brunello. Der in seiner Jugend harte und verschlossene Rotwein braucht viele Jahre, um seine einzigartigen Qualitäten zu entfalten. Von Gesetz wegen darf er erst im Alter von vier Jahren nach Faßausbau angeboten werden.

Nur in großen Jahrgängen lohnen sich diese Mühen und weitere Reifung wirklich. Deshalb wurde 1984 der zuerst von dem Gut Il Poggione angebotene Rosso di Montalcino anerkannt. Bei ihm handelt es sich um jüngeren Brunello mit kürzerer Ausbauzeit, für den jüngere Reben oder aber die Lese weniger konzentrierter Jahrgänge verwendet werden. So bietet er zugänglichere Weine, die zeitlich früher etwas von dem großen Charakter des Brunellos ahnen und schmecken lassen.

Herausragende Erzeuger sind nebem dem Gut Il Greppo der Familie Biondi-Santi unter anderem (in alphabetischer Reihenfolge): Altesino, Caprili, Cerbaiona, Case Basse, Costanti, Lisini, Il Poggione, Villa Banfi.

301

Vin Santo

Eine wahre Spezialität der Toskana ist der Vin Santo, der heilige Wein, der zur Messe diente. Auf kleinen Gütern wird er noch immer für den Hausgebrauch hergestellt und zu besonderen Anlässen ausgeschenkt. Zum Glück kümmern sich manche Erzeuger und Häuser darum, ihn auch Weinfreunden anzubieten. Vin Santo ist ein geschätzter Aufmunterer, Aperitif oder Likörwein. Gern tunkt man in seiner Heimat *cantucci*, trockene Mandelkekse, ins Glas. Zwar zerschmilzt das Gebäck dann köstlich auf der Zunge, der Vin Santo ist aber unwiderruflich für den puren, unverfälschten Genuß verdorben.

Vin Santo wird überwiegend aus Malvasia und Trebbiano gewonnen. Besonders schöne, spätgelesene Trauben hängt man an Haken auf oder breitet sie auf Matten aus. In der Regel läßt man sie zwei Monate trocknen und nachreifen. Während sich die Trauben halb zu Rosinen verwandeln, konzentrieren sich Zuckergehalt und Extraktwerte. Jede Woche sind faulende Beeren auszusondern.

Wenn die Trauben gepreßt werden, bleiben von einem Doppelzentner zwischen 40 und 20 Liter äußerst gehaltvoller Most. Er wird in kleine alte Eichen- oder Kastanienfässer, die *caratelli*, gefüllt, die meist bereits Vin Santo enthielten und mit Hefen imprägniert sind. Sonst wird dem Most eine Portion Heferückstand, den man *madre*, Mutter, nennt, von einem Vorgänger hinzugefügt.

Die Fässer werden nicht ganz gefüllt und mit Zement versiegelt. In der Vinsanteria unter dem Dachboden beginnt nun der lange Werdegang des Vin Santo. Zwar setzt die Gärung sofort ein, aber im geschlossenen Milieu des Fasses brauchen die Hefen wiederholte Ansätze, um Traubenzucker in Alkohol umzuwandeln. Je nach Wechsel der Jahreszeiten und der Temperaturen wird ihre Arbeit einmal gefördert, dann wieder gebremst. In jedem einzelnen Faß spielen sich Gärung und Reifung, die zwei bis sechs Jahre dauern, ein wenig anders ab. In einem gärt der Wein völlig durch und ist trocken, in einem anderen bleibt er dezent lieblich, in einem dritten ist er deutlich süß. In einem hat er einen dunkleren Bernsteinton angenommen und typische Oxydationsnoten. Ein anderer Wein ist strohfarben und fruchtig. Nun kommt es auf Kunst und Zunge des Winzers an. Denn er wird die Fässer miteinander assemblieren, um seinem Wein den gewünschten Charakter zu verleihen. Immer aber ist Vin Santo sozusagen ein Geschenk des Himmels.

In Vin Santo, den »heiligen« (Meß-)Wein, tunkt man mit Vorliebe Amaretti ein, populäre Mandelkekse. Dabei sollte man das himmlische Getränk lieber unverfälscht genießen.

Grappa

Keine traditionelle europäische Spirituose hat einen solchen Aufstieg genommen wie Grappa. Vom ruppigen Tresterschnaps, mit dem Bauern italienischer Alpen- und Voralpenregionen die Kälte vertrieben und ihre Lebensgeister weckten, wandelte er sich zum Edelbrand, der sich in Designerflaschen auf Digestifwägelchen der Spitzenrestaurants drängelt.

Seit wann genau Trester gebrannt wurde, darüber streiten sich die Gemüter. Aber im Jahre 1451 vermachte im Friaul ein gewisser Enrico seinen Erben testamentarisch ein Lebenswasser und präzisierte am Rande: grape. Dieser Begriff wird sowohl von *rapus* oder *rappe*, was »Weintraube« bedeutet, wie auch von *graspa*, der ausgepreßten Traube, hergeleitet.

Als Tresterbrand basiert Grappa auf den Rückständen der gepreßten Trauben, dem *vinaccia* genannten Weintrester. Handelt es sich um rote Trauben, mußten diese zuvor von Stielen und Strünken befreit werden, was man »entrappen« nennt. Bei weißen Trauben ist der Prozeß aufwendiger. Wird beim Rotwein erst nach der alkoholischen Gärung gepreßt, so daß auch der Trester bereits vergoren ist, preßt man weiße Trauben vor der Gärung. Deshalb muß ihr Trester zunächst noch gären. Dies geschieht in Gärbottichen, wo er unter geringer Wasserzugabe eingestampft wird. Erst dann folgt die Destillation.

Erlaubt ist es, dem Trester bis zu 20 Prozent des Hefetrubs zuzufügen, der sich nach Abschluß der Gärung auf dem Boden der Tanks absetzt. Wird Trester nicht sofort destilliert, muß er mit Sorgfalt eingelagert werden, damit ihn weder Schimmel- noch Essigbakterien verderben. Große Mengen sind nötig: 100 Kilogramm Trester ergeben nur etwa drei bis sieben Liter 60- bis 80prozentiges Destillat.

Zwei Brennverfahren sind für Grappe üblich – das diskontinuierliche und das kontinuierliche. Bei der diskontinuierlichen Destillation wird der Kessel mit Trester gefüllt und per Dampf oder im Wasserbad, *a bagnomaria*, erhitzt. Dadurch steigen Alkohol und andere flüchtige Stoffe auf und kondensieren in einer Kühlschlange. Die große Kunst des Brenners besteht darin, Vor- und Nachlauf zum richtigen Zeitpunkt aufzufangen und abzutrennen. Denn *testa*, der Kopf, und *coda*, der Schwanz, enthalten nicht nur unerwünschte Alkoholverbindungen und Fuselöle, sondern auch den Großteil der Aromen. Nur aufgrund langjähriger Erfahrung und einer guten Nase gelingt es, *cuore*, den »Herz« genannten Mittellauf, auf bestmögliche Weise zu trennen und Grappa das gewisse Etwas zu verleihen, das seinen Marktwert bestimmt und seinem Erzeuger Ruhm bringt. Ist der Brennvorgang beendet, wird der Kessel entleert und aufs neue gefüllt. Alle exquisiten Grappe werden nach diesem Prinzip gebrannt.

Bereits bei der Pressung wird die Grappa-Qualität entscheidend bestimmt. Guter Trester sollte von edlen Trauben kommen und saftig sein.

Zur Destillation füllt man den Trester direkt in den Brennkolben und schließt dann sorgfältig die Klappe.

Zum Befeuern des Destilliergeräts wird alter Trester verwendet, die anfallende Asche dient als Dünger für den Weinberg.

Im Kondensator schlägt sich das Destillat nieder.

Dieses aufwendige Verfahren ist indes für größere Mengen nicht geeignet. Deshalb wurde 1960, als die Nachfrage zu steigen begann, die kontinuierliche Destillation eingeführt. Dabei werden die mit Dampf betriebenen Brennapparate fortwährend mit Trester gespeist. In dem eingesetzten Kolonnensystem gibt es dennoch die Möglichkeit, Vor- und Nachlauf zu trennen, wenn auch nicht mit der gleichen Subtilität.

Außer der Destillierung spielen zwei Faktoren bei der Grappa-Herstellung eine große Rolle: Trester und Alterung.

- Der Trester, der unbedingt rein und recht saftig sein sollte, wirkt sich – je nachdem, um welche Trauben- oder Weinsorte es sich handelt – entscheidend auf die Aromen aus. Generell unterscheidet man zwischen Grappe aus nichtaromatischen und aus aromatischen Sorten wie Muskateller oder Traminer.
- Die Alterung, die bei Grappa mit Angaben über Alter und Lagerung – wie zum Beispiel Riserva oder Stravecchia – mindestens zwölf Monate, davon sechs im Holzfaß, zu dauern hat, wirkt sich harmonisierend und verfeinernd aus. Dabei erhält er in Eichenfässern bernsteinfarbenen Ton, während Eschenholz ihm Farblosigkeit bewahrt. Eine besondere Spezialität sind mehrere Jahre gealterte Grappe.

Grappa entfaltet jedoch, vergleichbar mit Obstbränden, sein bemerkenswertes Bukett und seinen geschmacklichen Charakter bereits einige Monate nach dem Destillieren. Jüngere Grappe sollten kühl mit acht bis zehn Grad Celsius in hohen Digestifgläsern ausgeschenkt werden, während ältere ihre Aromen am besten bei 16 bis 18 Grad Celsius in Degustationsgläsern oder Schwenkern entfalten.

Grappe werden nach Herkunftsgebieten unterschieden:
- Grappa aus Friaul-Julisch Venetien;
- Grappa aus der Lombardei;
- Grappa aus dem Piemont und dem Aostatal;
- Grappa aus dem Trentino und Südtirol;
- Grappa aus dem Veneto.

Weitere, jedoch seltenere Grappe kommen aus: Emilia-Romagna, Toskana, Ligurien, Sardinien und Latium. Unter der Bezeichnung »Italienischer Grappa« verbergen sich Verschnitte aus Bränden verschiedener Regionen.

- Grappa di monovitigno, Grappa aus einer Rebsorte, stammt meist von besonders qualitätsorientierten Brennern. Am berühmtesten ist der Grappa di Picolit, da diese Sorte nur geringe Erträge, aber sehr konzentrierte und süße Trauben bringt. Beliebt sind unter anderem auch die Sorten Barolo, Verduzzo oder Moscato.

Eine Sondergruppe stellen die aromatisierten Grappe dar. Unter ihnen ist Grappa alla ruta, mit einem Rautenzweig abgefüllt, der berühmteste. Aber es gibt eine Fülle anderer Kräuter, Gewürze und Früchte, die zur Aromatisierung verwendet werden. Darunter sind Pfefferminze, Beifuß, Enzian, Kümmel, Anis, aber auch Himbeer, Heidelbeer, Orange, Mandel, Honig und selbst Kaffee.

Nicht nur die Faßprobe (Hintergrund), sondern jede einzelne Flasche Grappa wird kontrolliert.

Die Etiketten für die edlen Grappe werden mit der Hand geschrieben.

Hintergrund: Im Camparino, der berühmten Mailänder Bar

Campari

Als das Caffè Campari 1867 in der gerade fertiggestellten Galleria Vittorio Emanuele II am Domplatz in Mailand öffnet, serviert Inhaber Gaspare Campari seinen Gästen ein leuchtend rotes Getränk, daß er »Bitter all'uso di Hollanda«, Bitter nach holländischer Art, nennt. Wie damals die meisten seiner Kollegen fabriziert Campari eine ganze Reihe von Getränken selbst. Darunter gibt es eigene Vermouths und Aperitifs wie Kinal, Cedro oder Americano, aber auch Fernet, Grappa Moscato, Latte di Vecchia, Assenzio und sogar Schwarzwälder Kirschwasser. Doch schnell findet seine elegante Kundschaft Geschmack an dem dezent herben, leicht bitteren Aperitif und verlangt kurzerhand Bitter Campari.
Bitter bilden eine besondere Getränkekategorie. Sie werden aus Alkohol, Wasser, Zucker, meist Karamel, und pflanzlichen Rohstoffen erzeugt. Herstellungsweise und Zutaten entsprechen dabei im Grunde jenen von Kräuterlikören. Doch unter Bitter versteht man in Italien und Frankreich vorwiegend Aperitifs, für deren geschickt dosierte Bitterkeit meist Chinarinde und Bitterorangenschale verantwortlich sind. Beides gehört gewiß auch in den Campari. Doch in Sesto San Giovanni, dem Hauptwerk in Mailand, nennt man keine Zutaten mit Namen. Aus Kräutern, Früchten und Pflanzenteilen wird ein Aufguß hergestellt, der mehrere Tage quillt. Dann zugefügter Alkohol entzieht in einem automatisch gesteuerten Umlaufverfahren weitere Geschmacksstoffe. Nach drei Wochen ist das Aromenkonzentrat fertig. Elektronisch dosiert und mit Alkohol, Zuckerlösung, destilliertem Wasser und Karminrot vermischt, entsteht der Bitter-Aperitif. Der Farbstoff stammte ursprünglich aus dem Panzer von Schildläusen, wird heute jedoch chemisch hergestellt.

Den karminroten, feinherben Campari serviert man in Stielgläsern.

Aperitifs und Spirituosen

Die Ziffern verweisen auf die unten abgebildeten Marken.

Amaro und starke Bitter (6, 7, 8)
Kräuterliköre sind eine italienische Spezialität, die es in verschiedensten Variationen von stark bis leicht – dann als Aperitivos oder Bitter –, von herb bis sanft gibt; Amari werden hauptsächlich als Digestif getrunken.

Americano
Mischung aus Vermouth und Bitter; in Turiner Bars um die Mitte des 19. Jahrhunderts sehr beliebt; geht auf eine Verballhornung des Wortes *amaricante* zurück, das »bitter« bedeutet; fast alle Vermouth-Produzenten erzeugen auch Americano.

Aperitivo
Beliebte Bezeichnung, die viele Firmen für Bitter oder Americanos benutzen; typischstes Getränk ist der nur elfprozentige Aperol. Er wird seit 1919 aus vier Dutzend aromatischen Pflanzen, darunter Chinarinde, Rhabarber, Enzian und Bitterorangen, hergestellt.

Brandy (5)
Trebbiano aus der Romagna und Toskana sowie Asprigno aus Venetien sind die beiden dominierenden Sorten für italienischen Weinbrand; je nach Qualität im Cognac-Verfahren zweimal oder kontinuierlich destilliert; Mindestalterung sechs Monate, bei Spitzenqualitäten viele Jahre. Marktführer ist Vecchia Romagna, der nach spanischem Solera-System in Fässern altert. Dabei wird die entnommene Menge an altem mit jungem Brandy aufgefüllt.

Liquori (1, 4, 8)
Große Gruppe oft regionaler Spezialitäten; am bekanntesten sind Amaretto, der süße Bittermandellikör, sowie der goldgelbe Strega und ebenfalls goldene, nach Vanille riechende Liquore Galliano in der überlangen Flasche; Nocini, Nußliköre, stammen aus Piemont, Venetien, Emilia, Abruzzen und Kampanien; Rosoliköre wie Rosolio di Rose, Tè Rose und Amarella sind vermutlich arabischen Ursprungs; Centerbe (Hundertkraut) und Mentuccia, ein Pfefferminzlikör, kommen aus den Abruzzen.

Sambuca (2)
Beliebter wasserklarer Likör; stammt aus Mittelitalien; wird mit Wasserdampf aus Anissamen und anderen pflanzlichen Aromaten destilliert; nach dem Essen gereicht; entweder mit Eiswürfeln, bei Zimmertemperatur flambiert oder *con la mosca*, mit Fliege, serviert: mit einer ungeraden Zahl von Kaffeebohnen, die auf der Oberfläche schwimmen.

Vermouth (3)
Schon früher bekannter Wermutwein, der aber unter der Bezeichnung Vermuth zum ersten Mal 1786 von Antonio Benedetto Carpano in seiner Turiner Bottega lanciert wurde. Als Luxuswein sofort sehr populär, folgten andere Likörfabrikanten Carpanos Beispiel, zuerst Cinzano. Martini wurde ab 1863 auf den Markt gebracht. Weitere bekannte Marken sind Gancia, Filipetti, Riccadonna, Stock, Lombardo und Cora. Vermouth besteht aus Weißwein, der mit Essenzen und Aufgüssen aus einer Fülle von pflanzlichen Rohstoffen, darunter Wermutblättern, aromatisiert wird. Zucker, Alkohol und für roten Vermouth Karamel als Farbstoff sind weitere Bestandteile.

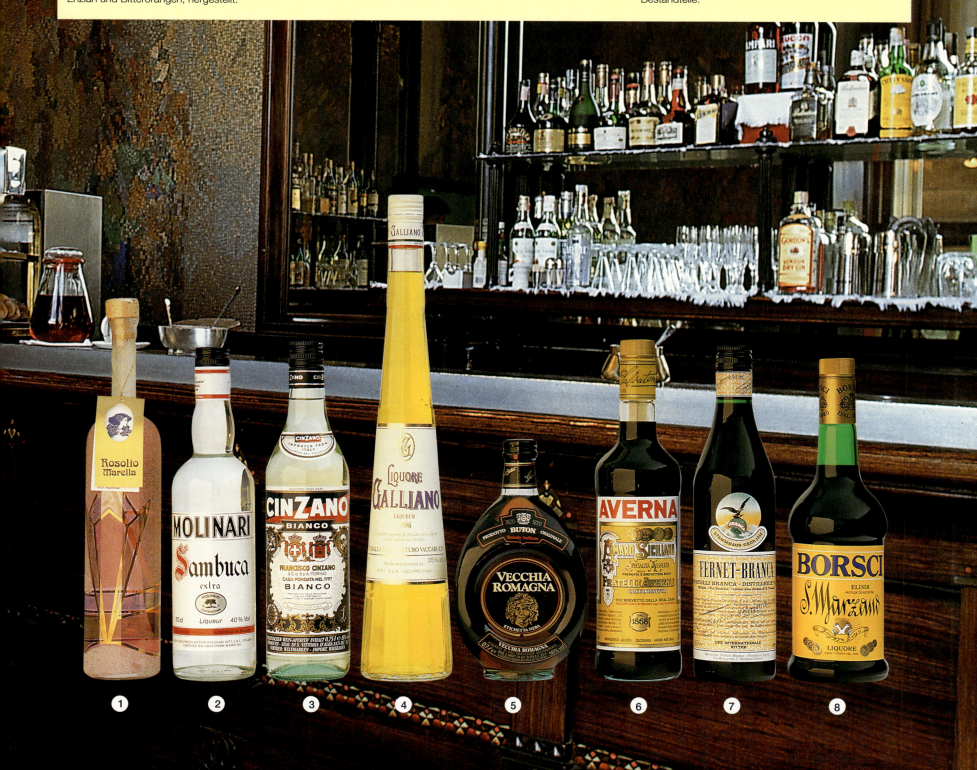

Espresso

Die italienische Weise, Kaffee zu genießen, hat die Welt erobert. Es gibt kein anderes Land, in dem Kaffee einen solchen Platz im sozialen Leben behauptet wie in Italien. Zwischen Alpenbogen und Stiefelspitze werden alljährlich neun Milliarden Täßchen *caffè* getrunken. Davon geht knapp ein Drittel über die Theken der rund 134 000 Stehbars, in die man gern auf einen Sprung einkehrt.

Espresso ist untrennbar mit der Entwicklung der Kaffeemaschinen verbunden, die mit Dampf und Druck arbeiten. Zu ihnen gehört aber ein weiteres Element, das für die italienische Kaffeekultur unerläßlich wurde: Caffè wird frisch gemahlen, portionsweise in einem speziellen Halter in einen individuellen Filter gefüllt und für den Kunden frisch zubereitet. Luigi Bezzera ist der Urvater dieses Systems, das er sich 1901 in Mailand patentieren ließ. Ab 1905 begann Desiderio Pavoni die Produktion von Maschinen, die auf Bezzeras Erfindung basierten. Andere Fabrikanten folgten in den darauffolgenden Jahren. Erst mit dieser Technik entstand wirklicher *caffè espresso*, schneller Kaffee. Seine Qualität hängt von der Berücksichtigung verschiedener Faktoren ab:

• Kaffee – italienische Röster bevorzugen brasilianische Sorten, aus denen sie ihre speziellen Mischungen zusammenstellen, wobei sie Robusta der feineren Arabica vorziehen;

• Röstung – in Italien werden die Bohnen erheblich stärker als in anderen Ländern geröstet: sechs bis 20 Minuten auf 180 bis 240 Grad Celsius; die starke dunkelbraune Röstung sorgt für ein kräftiges Aroma;

• Mahlgrad – abgesehen davon, daß Kaffee frisch gemahlen werden muß, um volles Aroma zu entfalten, kommt es auf seine Körnung an, die so beschaffen zu sein hat, daß das Wasser in der benutzten Maschine in 25 bis 30 Sekunden hindurchgepreßt wird; bei längerer Laufzeit wird er zu bitter, bei kürzerer zu hell; ist er zu fein gemahlen, wird die Creme zu dunkel, ist er zu grob, wird sie zu hell;

• Menge pro Tasse – zwischen sechs und sieben Gramm Kaffeepulver;

• Maschine – im Idealfall preßt sie das Wasser mit 90 bis 95 Grad Celsius und neun Atmosphären Druck in 25 bis 30 Sekunden durch den Kaffee, um ein Täßchen von 25 Milliliter zu füllen; ist ihre Temperatur zu niedrig oder der Druck zu hoch, wird die Creme zu hell; wird diese zu dunkel, ist die Temperatur zu hoch oder der Druck zu schwach.

Einen perfekten Espresso erkennt man an seiner fast schwarzen Farbe, die sich unter einer sehr hellbraunen Cremeschicht verbirgt.

Die Filter bieten für das exakte Maß an Kaffeepulver Platz, das man für ein Täßchen Espresso benötigt.

Der Filter wird in die Maschine eingehakt. Es hängt vom Druck ab, ob der Espresso gelingt.

Mit dem Dampfhahn kann man Milch aufschäumen, beispielsweise für Cappuccino.

Funktionsteile einer Espresso-Maschine

1 Dampfdüse
2 Druckregulierung
3 Leuchten
4 Filterhalter
5 Manometer (Druckmesser)
6 Wasserzulauf
7 Behälter für Kaffeepulver
8 Tassenvorwärmung
9 Milchgefäß
10 Elektrische Kaffeemühle

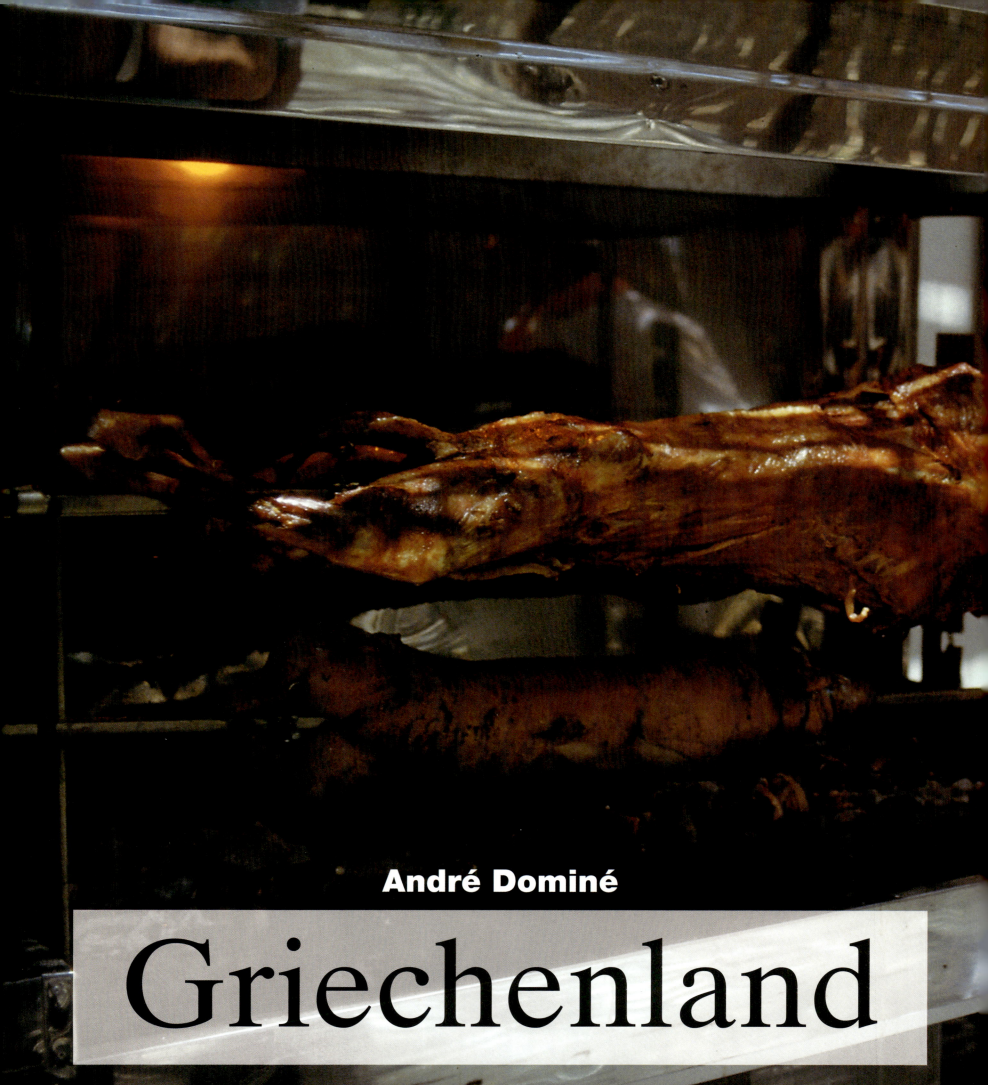

André POLIN

Griechenland

Fischerboot auf dem Ägäischen Meer

Vorherige Doppelseite: Am Spieß gebratene Lämmer zählen zu den kulinarischen Höhepunkten, die Griechenland zu bieten hat.

312 **Griechenland**

Was griechischer Küche und ihren Spezialitäten den eigenen Reiz verleiht, ist die eindeutig mediterrane Prägung. Als im Altertum griechische Köche ebenso großen Ruhm erlangten wie Dichter, Philosophen und Künstler, schöpften sie – dank der Vormachtstellung Athens und Spartas – aus einer Fülle von Zutaten. Griechische Kaufleute brachten Gewürze, Früchte, Gemüse, Geflügel, Schweine, Rinder und Weine von ihren Reisen mit nach Hause. Handelsniederlassungen rund um das Mittelmeer sorgten für vielfältigen Nachschub.

In der Folgezeit und insbesondere unter der 400 Jahre andauernden türkischen Besetzung regierten Unterdrückung und Armut. Fleisch war rar und selten erschwinglich, nur das Meer schenkte üppigere Zutaten. Auch wenn heute in Griechenland wie überall in Europa das Angebot der Märkte und Läden reichhaltig ist, so basieren Kochkunst und Gebräuche doch auf den langen Zeiten knapper Ernährung. Essenszeiten werden flexibel gehandhabt. Das Frühstück spielt keine Rolle, gern nimmt man jedoch gegen elf Uhr einen Imbiß zu sich oder spendiert sich wenigstens beim Pasatémpo-Händler ein Tütchen gesalzene Pistazien, Kürbis- oder Sonnenblumenkerne. Mittags setzt man sich ausgiebig zu Tisch und genießt ein mehr oder weniger üppiges Gericht, auch Salat und Oliven. Schließlich hat man am Nachmittag genügend Zeit für eine Ruhepause, jedenfalls im Sommer. Dafür verzichtet man am Abend auf umfangreiche Mahlzeiten. Oft geht man abends aus, kehrt ein, sitzt am liebsten draußen und gönnt sich ein Getränk und ein paar Mezédes. Das Angebot folgt noch immer den Jahreszeiten. Lamm und Zicklein von einheimischen Herden besitzen besonderes Aroma. Aber mit Kräutern wird eher zurückhaltend umgegangen, was dem Eigengeschmack der Zutaten zugute kommt. Féta und andere Schafskäse verfeinern viele Gerichte und verleihen ihnen den typisch griechischen Geschmack, denn in Europa halten die Griechen nach den Franzosen den zweiten Platz im Käseverbrauch. Neben dem harzigen Retsína überzeugt eine wachsende Anzahl gutgemachter trockener Weine, die dem ältesten Weinanbaugebiet der Welt zunehmend neues Ansehen erwerben.

Mezédes
Suppen
Píta und Fíllo
Gemüse
Moussakás
Fische und Meeresfrüchte
Fleisch
Käse
Griechische Ostern
Oúzo
Retsína
Wein
Süßspeisen
Kaffee

Mezédes

Ganz gleich, zu welcher Stunde sich Appetit einstellt, in Griechenland gibt es die »kleinen Happen« – die *mezédes*. Unter diesem Oberbegriff findet praktisch alles Platz, was man auf einem kleinen Teller servieren kann. Nur in Restaurants rangieren diese Gerichte unter *orektiká*, als Vorspeisen. Doch für ein in verschiedenen Gängen festgelegtes Menü, wie man es in anderen Ländern schätzt, haben Griechen – außer an besonderen Festtagen – wenig Sinn. Viel lieber bestellen sie eine Anzahl Mezédes, die sie miteinander teilen.

Abends, wenn sie mit Freunden in Tavernen – am liebsten unter freiem Himmel – sitzen und die Geselligkeit mindestens so sehr wie das Essen genießen, ziehen sie es deshalb meist vor, verschiedene kleine Gerichte zu ordern. Falls nicht anders verlangt, werden diese alle zu gleicher Zeit serviert. Jeder probiert von dem, wozu er Lust hat. Man läßt sich Zeit zum Plaudern und Genießen. Und da der Appetit oft mit dem Essen kommt, folgt eine weitere Auswahl an Mezédes, ohne daß jemand das Bedürfnis hätte, etwas Üppigeres als die Appetithappen zu bestellen. In guten Tavernen ist die Auswahl an Mezédes groß und abwechslungsreich. Aber selbst das einfachste Kafeníon wird noch Brot, Salat und Eier bieten können.

Tzatzíki
Joghurtdip mit Gurken
(Abbildung rechte Seite)

500 g Joghurt
1 Salatgurke
3 Knoblauchzehen
1 EL feingehackter Dill
2 EL Olivenöl
1 EL Weißweinessig
Salz
Minzeblätter zum Garnieren

Den Joghurt ohne Molke in eine Schüssel geben. Die Gurke schälen, halbieren, entkernen, raspeln und zu dem Joghurt geben. Mit zerdrücktem Knoblauch, Dill, Olivenöl und Essig gut verrühren, mit Salz abschmecken. Gut gekühlt und mit Minzeblättern dekoriert servieren.

Biftéki – Hackfleischbällchen

Dolmadákia – Gefüllte Weinblätter

Féta – Schafskäse

Gígantes Plakí – Gebackene Butterbohnen

Horiátiki Saláta – Bauernsalat mit Féta

Melitzanosaláta – Auberginenpüree

Melitzanosaláta
Auberginenpüree
(Abbildung linke Seite)

1 kg Auberginen
2 EL Zitronensaft
1 Zwiebel
3 Knoblauchzehen
1 EL gehackte Petersilie
100 ml Olivenöl
Salz, schwarzer Pfeffer
schwarze Oliven

Die ganzen Auberginen im Backofen bei 200 °C etwa 45 Minuten backen, bis die Haut braun und runzelig ist. Die Früchte halbieren, mit einem Holzlöffel auskratzen und das Fruchtfleisch in einen Mixer geben; mit Zitronensaft beträufeln. Zwiebel und Knoblauch schälen und mit der Petersilie zu den Auberginen geben; die Zutaten pürieren. Nach und nach das Olivenöl untermischen. Das Püree mit Salz und Pfeffer abschmecken.
Gut gekühlt, mit Oliven garniert, servieren.

Saganáki
Gebackener Käse
(Abbildung unten)

300 g fester Schafskäse
Mehl
5 EL Olivenöl
2 unbehandelte Zitronen, geviertelt

Den Käse in 1 cm dicke Scheiben schneiden. In Mehl wenden und in dem Öl von beiden Seiten braten. Auf Küchenkrepp abtropfen lassen und mit Zitronenvierteln garniert servieren. Eventuell zusätzlich mit frischem Oregano würzen.

Taramosaláta
Fischrogenpaste
(Abbildung unten)

4 Scheiben Weißbrot ohne Rinde
1 Zwiebel
100 g Karpfenrogen oder Lachskaviar
100 ml Olivenöl
5 EL Zitronensaft
Petersilie und Zitronenscheiben

Das Brot in Wasser einweichen und gut ausdrücken. Die Zwiebel schälen und fein hacken, mit Rogen oder Kaviar und dem Brot im Mixer pürieren.
Nach und nach Olivenöl und Zitronensaft zufügen und die Zutaten zu einer cremigen Paste schlagen. Gut gekühlt, mit Petersilie und Zitronenscheiben garniert, servieren.

Oktapódi xitádo – In Essig marinierter Oktopus

Saganáki – Gebackener Käse

Sardélles – Sardellen, eingesalzen oder in Öl

Souvlákia – Kleine Fleischspieße

Taramosaláta – Fischrogenpaste

Tzatzíki – Joghurt mit Gurke und Knoblauch

Fasoláda – Weiße-Bohnen-Suppe

Kotósoupa avgolémono – Hühnersuppe mit Eier-Zitronen-Sauce

Suppen

Nimmt man Speisekarten als Anhaltspunkt, könnte man meinen, Suppen spielten in der griechischen Küche keine Rolle – weit gefehlt. In vielen Familien stellen sie im Winter die tägliche Hauptmahlzeit. Entsprechend gehaltvoll müssen sie dann sein. Meist basieren sie deshalb auf einer kräftigen Brühe, die aus Knochen und minderwertigen Fleischstücken gekocht wurde. Ihre dickflüssige Konsistenz gewinnen sie durch Linsen, Bohnen, Kichererbsen, durch zerdrückte Kartoffeln oder Reis. Gern würzt man Suppen mit frischem Zitronensaft, aber noch lieber wird kurz vor dem Servieren die berühmte Eier-Zitronen-Sauce, die *avgolémono,* unter die Suppe gerührt.

In den Häfen des Festlands und der Inseln kochen Fischer die *kakaviá,* ihre Fischsuppe, für die sie kleine Felsenfische verwenden, wobei ihnen der *scorpena,* Drachenkopf, der liebste ist. Zwiebeln und Tomaten gehören immer dazu, in der Regel auch Kartoffeln und Möhren. Immer wird mit Zitronensaft abgeschmeckt. Im Gegensatz zu verfeinerten Küchenrezepten, denen an festem Fisch liegt, lassen Fischer ihre Suppe wesentlich länger köcheln. Manche mögen sie am liebsten, wenn die Fische nach zwei bis drei Stunden Garzeit völlig zerfallen sind und sich mit dem Gemüse zu einer dicken Brühe verbunden haben. Ihren Namen hat die Suppe im übrigen nach dem *kakávin,* dem traditionellen Tontopf, erhalten.

Kakaviá – Fischsuppe

Kakaviá
Fischsuppe
(Abbildung)

2 Zwiebeln
4 EL Olivenöl
3 Tomaten
2 Möhren
3 kleine Kartoffeln
2 Knoblauchzehen
1 EL feingehacktes Selleriekraut
1 Lorbeerblatt
Salz, schwarzer Pfeffer
1,5 kg kleine gemischte Mittelmeerfische
1 EL feingehackter Dill
1 EL feingehackte Petersilie
3 EL Zitronensaft

Die Zwiebeln schälen, in Ringe schneiden und in einem hohen Topf in dem Öl glasig dünsten. Die Tomaten enthäuten, entkernen und würfeln, die Möhren putzen und in Scheiben schneiden, die Kartoffeln schälen und vierteln, den Knoblauch fein hacken und alles mit Selleriekraut, Lorbeerblatt, Salz und Pfeffer zu den Zwiebeln geben. 1 ½ l Wasser angießen, zum Kochen bringen und die Zutaten 30 Minuten köcheln lassen.
Die Fische schuppen, ausnehmen, gründlich waschen und in Stücke schneiden. Die Fischstücke mit Dill und Petersilie zu der Suppe geben und bei schwacher Hitze etwa 10 Minuten gar ziehen lassen.
Die Suppe mit Zitronensaft und Salz abschmecken und heiß servieren.

Fasoláda
Weiße-Bohnen-Suppe
(Abbildung linke Seite)

500 g getrocknete weiße Bohnen
1 Zwiebel
3 EL Olivenöl
4 Tomaten
1 Möhre
1 EL Tomatenmark
1 EL feingehacktes Selleriekraut
Salz, schwarzer Pfeffer
1 EL feingehackte Petersilie

Die Bohnen über Nacht einweichen, abgießen, abspülen und abtropfen lassen.
Die Zwiebel schälen, fein hacken und in dem Öl glasig dünsten. Die Tomaten enthäuten, entkernen und in Würfel schneiden, die Möhre putzen und würfeln. Tomaten und Möhre mit Tomatenmark, Selleriekraut, Salz und Pfeffer zu den Zwiebeln geben.
Die Bohnen hinzufügen und so viel Wasser angießen, daß das Gemüse bedeckt ist. Zum Kochen bringen und zugedeckt etwa 90 Minuten garen, bis die Bohnen weich sind. Gegebenenfalls noch Wasser zugießen. Abschmecken und mit Petersilie bestreut servieren.

Kotósoupa avgolémono
Hühnersuppe mit Eier-Zitronen-Sauce
(Abbildung linke Seite)

1 küchenfertiges Suppenhuhn (etwa 1,5 kg)
1 Zwiebel
1 Möhre
1 Lorbeerblatt
Salz
125 g Langkornreis
2 Eier
5 EL Zitronensaft
2 EL feingehackte Petersilie

Huhn, Zwiebel, Möhre, Lorbeerblatt und Salz in einen Topf geben, mit Wasser bedecken und zum Kochen bringen. Zugedeckt etwa 2 Stunden garen, dabei wiederholt abschäumen.
Das Huhn aus der Brühe nehmen, das Fleisch von Haut und Knochen befreien und beiseite stellen.
Die Brühe durch ein Sieb geben und erneut zum Kochen bringen. Den Reis hinzufügen und etwa 20 Minuten garen. Das Hühnerfleisch in die Suppe geben und diese kurz aufkochen lassen.
Die Eier leicht schaumig schlagen, nach und nach den Zitronensaft zugeben, weiter schlagen und portionsweise mehrere EL heiße Brühe hinzufügen. Den Topf vom Feuer nehmen und die Eier-Zitronen-Sauce mit der Suppe verrühren. Die Suppe mit Petersilie bestreuen und heiß servieren.

Píta und Fíllo

Nicht von den flachen weichen Teigtalern, die im Ofen aufgebacken, halbiert und mit Salat gefüllt werden, ist hier die Rede, sondern von Kunststücken der griechischen Küche – den Teigpasteten, *pítes*. Für eine Píta benutzt man meist *fíllo*-Teig, der ursprünglich aus Persien stammen soll. Dabei handelt es sich um eine einfache Mischung aus Weizenmehl, Wasser und Salz, zu der vielleicht noch etwas Olivenöl kommt. Da für Aperitifpastetchen wie *tirópites* oder Süßigkeiten wie *baklawás* jedoch besonders dünn ausgerollter Teig notwendig ist, braucht es Erfahrung und Geschick, ihn zuzubereiten. Deshalb greifen auch Griechen gern zu fertigen Teigblättern, die jeder Lebensmittelladen vorrätig hält. Die Packungen enthalten 12 oder 24 Blätter, die 30 mal 30 oder 30 mal 50 Zentimeter groß sind. Es gibt sie im Ausland meist tiefgefroren. Dann sollte man sie vor Gebrauch zwei Stunden in der Packung auftauen lassen. Beginnt man den Teig zu verarbeiten, müssen die nicht sofort benutzten Blätter mit einem feuchten Tuch abgedeckt werden, da sie schnell austrocknen und brüchig werden.
Fíllo-Teig erinnert an Blätterteig, denn entweder werden Füllungen in ihn mehrmals eingerollt, oder mehrere Schichten Teig werden als Basis, Zwischenteil und Deckel benutzt. Sollte er dabei über die Form hinausragen, wird er nie abgeschnitten, sondern mit Butter bestrichen und eingeschlagen. Teigpasteten füllt man meist mit einer Mischung aus Gemüse, Käse, Eiern und Kräutern, viel seltener mit Fleisch. Ist die Pastete backfertig, muß die obere Teigschicht mehrmals durchstochen werden, damit sich bildender Dampf entweichen kann. Außerdem sollte man sie mit etwas Wasser beträufeln, bevor man sie in den Ofen schiebt. Auch kalt schmeckt Píta – manchem sogar zum Frühstück.

Tirópita – Fíllo mit Käsefüllung

317

Gemüse

Griechen essen mehr Gemüse als alle anderen Europäer. Der griechisch-orthodoxe Glaube erklärt ein gutes Drittel des Jahres zur Fastenzeit. Jeder Mittwoch und Freitag fällt darunter. Während der *nistía*, Fastentage, ist nicht nur der Verzehr von Fleisch verboten, sondern auch von Fischen, die bluten, sowie von tierischen Produkten wie Milch, Käse und Eiern. Daß *nistísima*, die Fastenspeisen, nicht gleich triste Mienen hervorrufen, liegt einerseits am kulinarischen Einfallsreichtum der Griech(inn)en, andererseits an ihrer Vorliebe für Wildwachsendes wie Spargel, Löwenzahn, Endivien, Karden, Zwiebeln und Kräutern. Wenn in Athen, Thessaloniki und anderen Städten inzwischen auch liberaler mit den Fastenvorschriften umgegangen wird, viele Griechen halten sich immer noch an die Verbote. Auch jene, die nicht strenggläubig sind, essen gern und viel *laderá*, gegartes Gemüse. Deshalb sind in Restaurants gesondert aufgeführte Gemüsezubereitungen auch keine Beilagen, sondern immer vollwertige Gerichte. Die vielfältigen Salate hingegen gelten in Griechenland entweder als Mezédes oder als Begleitung von Fleisch- oder Fischgerichten, wobei man zu letzteren solche aus leicht gegarten Gemüsen vorzieht.

Kolokithokeftédes
Zucchini-Frikadellen
(Abbildung 1–4)

500 g kleine Zucchini
1 Zwiebel
1 EL Olivenöl
100 g geriebener Kefalotíri
150 g Semmelbrösel
1 Ei
1 EL feingehackte Petersilie
1 EL feingehackte Minze
Salz, schwarzer Pfeffer
Pflanzenöl zum Ausbacken

Die Zucchini waschen, putzen, in Stücke schneiden und in Salzwasser 8 Minuten garen; gut abtropfen lassen (1). Die Zwiebel schälen, fein hacken und in dem Öl glasig dünsten. Die Zucchini im Mixer pürieren, mit Käse, Zwiebel, 100 g Semmelbröseln, Ei, Petersilie, Minze, Salz und Pfeffer gründlich vermischen (2). 30 Minuten kühl stellen. Von Hand kleine Frikadellen aus dem Zucchini-Püree formen (3), in den restlichen Semmelbröseln wenden und in heißem Öl goldgelb ausbacken (4). Aus dem Öl nehmen und auf Küchenkrepp abtropfen lassen. Warm servieren.

1

2

3

4

Angináres alá Politá
Artischocken nach Konstantinopeler Art

8 frische Artischocken
4 EL Zitronensaft
5 EL Olivenöl
1 Zwiebel
4 junge Möhren
8 Frühlingszwiebeln
8 kleine Kartoffeln
1 El feingehackter Dill
Salz, schwarzer Pfeffer

Von den Artischocken oben zwei Drittel abschneiden und die Stiele entfernen. Dann alle harten äußeren Blattenden entfernen und das Heu herauszupfen. In eine Glasschüssel geben, mit 2 EL Zitronensaft beträufeln und mit Wasser bedecken, damit sie sich nicht verfärben.

Horiátiki saláta – Bauernsalat

Griechenland

Die Zwiebel schälen, fein hacken und in einem Schmortopf in dem Olivenöl glasig dünsten. Die Möhren putzen und längs halbieren, die Frühlingszwiebeln putzen und mitsamt dem Lauch in Ringe schneiden. Möhren und Frühlingszwiebeln zu der Zwiebel geben und kurz andünsten.
Die Kartoffeln schälen. Mit Artischockenböden und Dill zu den Gemüsen geben. Salzen, pfeffern und 200 ml heißes Wasser angießen. Zugedeckt bei schwacher Hitze etwa 60 Minuten garen.
In einer Schüssel anrichten und mit dem restlichen Zitronensaft würzen. Warm oder kalt servieren.

Horiátiki saláta
Bauernsalat
(Abbildung)

2 große feste Tomaten
1 unbehandelte Salatgurke
1 grüne Paprikaschote
1 Zwiebel
150 g Féta, gewürfelt
1/2 TL getrockneter Oregano
1 TL frischer feingerebelter Thymian
5 EL Olivenöl
2 EL Rotweinessig
Salz, schwarzer Pfeffer
schwarze Oliven

Die Gemüse waschen und abtrocknen. Die Tomaten achteln, die Salatgurke ungeschält in Würfel schneiden, die Paprikaschote entkernen und in schmale Streifen schneiden, die Zwiebel schälen und in Ringe schneiden. Die Gemüse mit dem Féta in eine Salatschüssel geben, einige Féta-Würfel und Zwiebelringe zurückbehalten. Die Kräuter hinzufügen.
Öl und Essig mit Salz und Pfeffer gründlich verrühren. Über den Salat gießen, alles vorsichtig vermengen und mit dem restlichen Féta bestreuen. Den Salat mit Zwiebelringen und schwarzen Oliven garnieren.

Briámi
Gebackenes Gemüse

2 Auberginen
3 Zucchini
300 ml Olivenöl
2 Zwiebeln
2 Knoblauchzehen
2 grüne Paprikaschoten
5 Tomaten
1 TL getrockneter Oregano
1 EL feingehackte Petersilie
400 g kleine Kartoffeln
200 g grüne Bohnen
Salz, schwarzer Pfeffer

Auberginen und Zucchini in Stücke schneiden, mit Salz bestreuen und getrennt 30 Minuten Wasser ziehen lassen. Abspülen und leicht ausdrücken. Etwas Olivenöl in eine Pfanne geben, Auberginen und Zucchini anbraten. Die Zwiebeln schälen und in Ringe schneiden, den Knoblauch hacken, die Paprikaschoten putzen, entkernen und in Streifen schneiden, die Tomaten enthäuten, entkernen und würfeln. Die Gemüse mit Oregano und Petersilie in die Pfanne geben und alles 10 Minuten dünsten.
Den Backofen auf 180 °C vorheizen.
Die Kartoffeln schälen und halbieren, die Bohnen putzen und in Stücke schneiden. Kartoffeln und Bohnen mit den angebratenen Gemüsen in eine feuerfeste Form geben und würzen. Das restliche Olivenöl darübergeben und 150 ml Wasser angießen. Zugedeckt im Ofen 60–70 Minuten garen, zwischenzeitlich das Gemüse ein- bis zweimal umrühren. Warm oder kalt servieren.

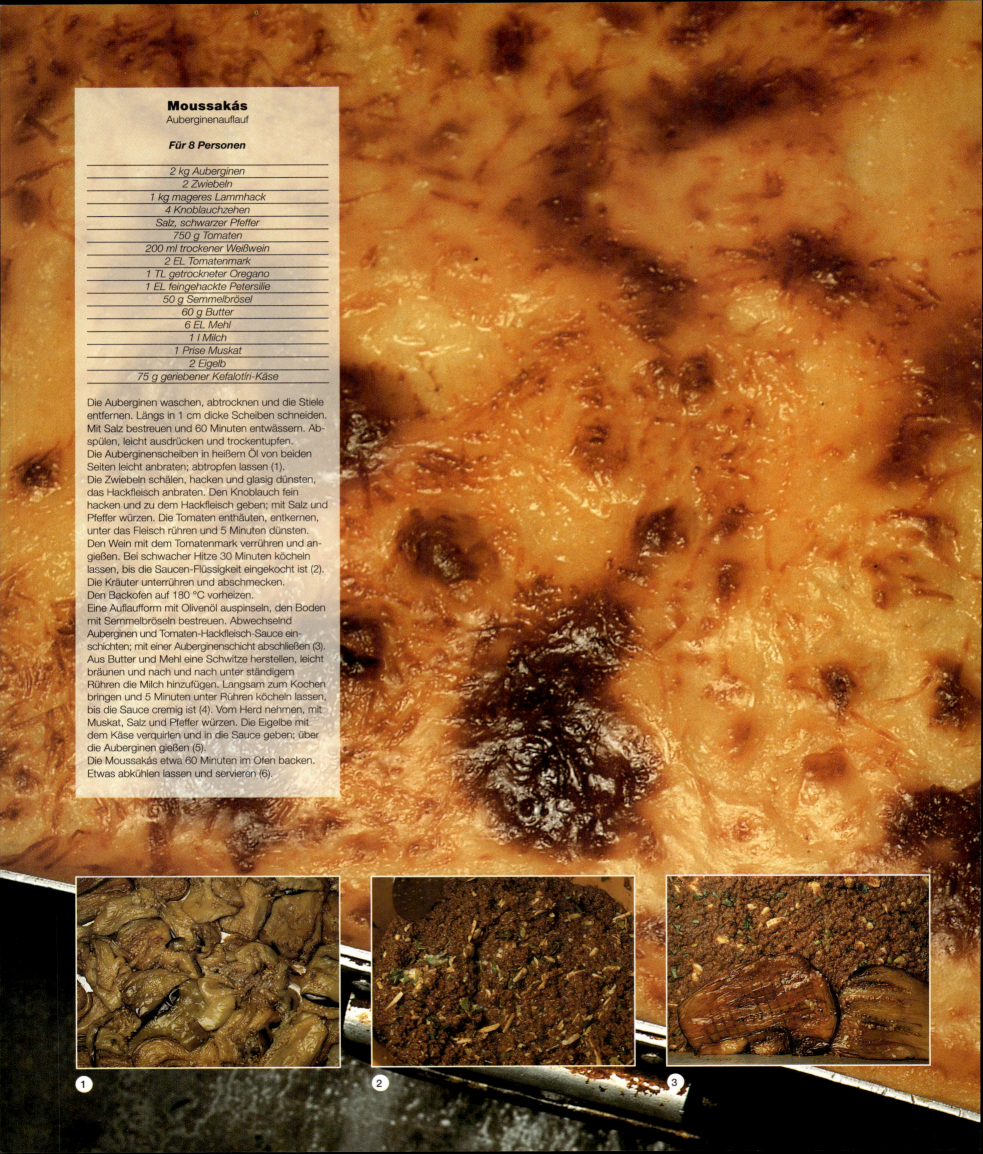

Moussakás
Auberginenauflauf

Für 8 Personen

2 kg Auberginen
2 Zwiebeln
1 kg mageres Lammhack
4 Knoblauchzehen
Salz, schwarzer Pfeffer
750 g Tomaten
200 ml trockener Weißwein
2 EL Tomatenmark
1 TL getrockneter Oregano
1 EL feingehackte Petersilie
50 g Semmelbrösel
60 g Butter
6 EL Mehl
1 l Milch
1 Prise Muskat
2 Eigelb
75 g geriebener Kefalotíri-Käse

Die Auberginen waschen, abtrocknen und die Stiele entfernen. Längs in 1 cm dicke Scheiben schneiden. Mit Salz bestreuen und 60 Minuten entwässern. Abspülen, leicht ausdrücken und trockentupfen.
Die Auberginenscheiben in heißem Öl von beiden Seiten leicht anbraten; abtropfen lassen (1).
Die Zwiebeln schälen, hacken und glasig dünsten, das Hackfleisch anbraten. Den Knoblauch fein hacken und zu dem Hackfleisch geben; mit Salz und Pfeffer würzen. Die Tomaten enthäuten, entkernen, unter das Fleisch rühren und 5 Minuten dünsten. Den Wein mit dem Tomatenmark verrühren und angießen. Bei schwacher Hitze 30 Minuten köcheln lassen, bis die Saucen-Flüssigkeit eingekocht ist (2). Die Kräuter unterrühren und abschmecken.
Den Backofen auf 180 °C vorheizen.
Eine Auflaufform mit Olivenöl auspinseln, den Boden mit Semmelbröseln bestreuen. Abwechselnd Auberginen und Tomaten-Hackfleisch-Sauce einschichten; mit einer Auberginenschicht abschließen (3). Aus Butter und Mehl eine Schwitze herstellen, leicht bräunen und nach und nach unter ständigem Rühren die Milch hinzufügen. Langsam zum Kochen bringen und 5 Minuten unter Rühren köcheln lassen, bis die Sauce cremig ist (4). Vom Herd nehmen, mit Muskat, Salz und Pfeffer würzen. Die Eigelbe mit dem Käse verquirlen und in die Sauce geben; über die Auberginen gießen (5).
Die Moussakás etwa 60 Minuten im Ofen backen. Etwas abkühlen lassen und servieren (6).

④ ⑤ ⑥

Fische und Meeresfrüchte

Fische und Meerestiere gehörten schon immer zum Speisezettel der Griechen. Gerade die Bewohner der zahlreichen Inseln waren oft darauf angewiesen, sich großenteils aus dem Mittelmeer zu ernähren. Der orthodoxe Glaube, der während der Fastenzeit sogar blutende Fische untersagt, förderte die Vorliebe für Muscheln, Krusten- und Weichtiere. *Ktapódia*, die achtarmigen Kraken, und *kalamarákia* mit ihrem länglichen sackähnlichen Körper, der sich besonders zum Füllen eignet, werden auf vielfältige Weise zubereitet. Kraken können eine beachtliche Größe erreichen mit Fangarmen von – im Extremfall – vier Metern Länge. Die im Ägäischen oder Ionischen Meer gefangenen Exemplare besitzen meist eine Armlänge von einem halben bis einem Meter. In dieser Größe ist ihr Fleisch zäh und braucht eine drastische Behandlung, um weich und genießbar zu werden: Fischer schlagen sie Dutzende von Malen auf Felsen. Dennoch brauchen *ktapódia* – die man in der Küche »Tintenfische« nennt wie die kurzarmigeren Sepia – lange Kochzeiten. Ganz kleine Exemplare, wie winzige Sepia oder Kalmare, darf man nur zwei oder drei Minuten braten, sonst würden sie ihre natürliche Zartheit einbüßen. Früher hing man Tintenfische wie Wäsche auf Leinen, um sie zu trocknen und einen Vorrat für die Fastenzeit anzulegen.

Savrídi – Bastardmakrele

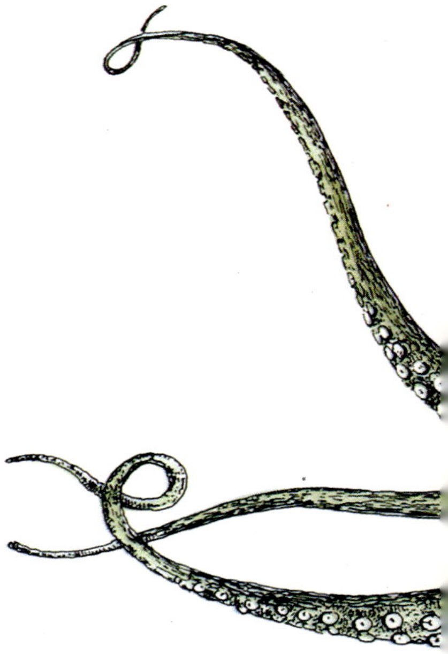

Palamída – Bonito

Sinagrída – Zahnbrasse

Kéfalos – Meeräsche

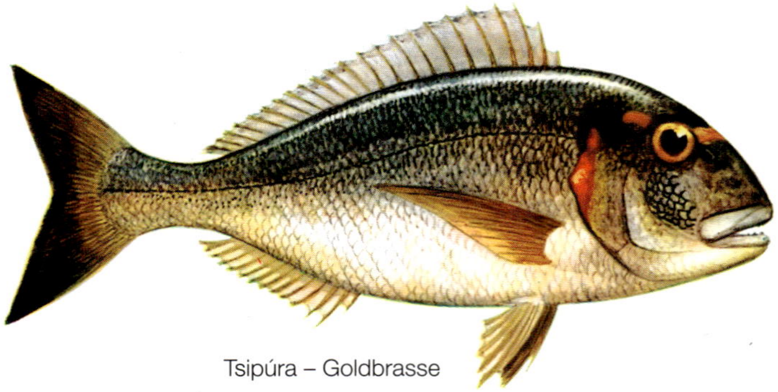

Tsipúra – Goldbrasse

Scórpena – Drachenkopf

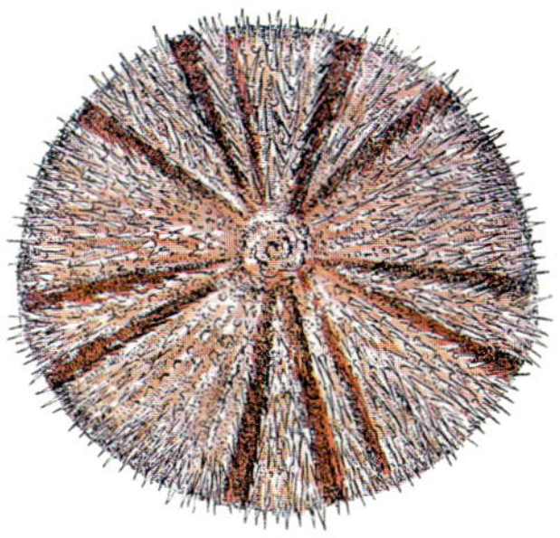

Achinós – Seeigel

Zubereitungsarten

Krassáto	in Wein gegart
Marináta	mariniert, meist in Zitronensaft, Olivenöl und Kräutern
Ostraka	in Öl gebackene Krustentiere
Psári plakí	im Ofen gebackener Fisch
Psitó	gebraten
Savóre	eingelegter Fisch
Souvláki	auf Spießen
Spetsiótiko	In Wein mit Knoblauch und Petersilie im Ofen gegart
Sto foúrno	aus dem Ofen
Sta kárvouna	vom Holzkohlengrill
Sti skára	vom Grill
Tiganitá	in Mehl oder Teig gewendet und in Öl ausgebacken
Vrastó	gekocht
Yemistó	gefüllt

322 **Griechenland**

Ktapódi – Krake

Seláchi – Rochen

Lithríni – Meerbrasse

Xifías – Schwertfisch

Drákena – Petermännchen

Tónnos – Thunfisch

Ktapódi krassáto
Krake in Wein

1 kg Oktopus (Krake)
100 ml Olivenöl
3 Zwiebeln
3 Knoblauchzehen
1 Lorbeerblatt
2 Tomaten
2 EL Tomatenmark
400 ml trockener Rotwein
Salz, schwarzer Pfeffer

Den Oktopus vom Fischhändler vorbereiten lassen. Falls dies nicht möglich ist, wie folgt verfahren: den Kopfteil abschneiden, und zwar zwischen den Fangarmen und dem Säckchen; die Haut von dem Säckchen abziehen, umstülpen und die Eingeweide entfernen; die Fangarme auseinanderdrücken und die Kauwerkzeuge entfernen.
Den Oktopus gründlich waschen und abtrocknen, dann kräftig und ausgiebig weich klopfen; in mundgerechte Stücke schneiden.
Das Öl erhitzen und die Oktopusstücke darin anbraten. Die Zwiebel schälen, in Scheiben schneiden, zu dem Fisch geben und glasig dünsten. Den Knoblauch fein hacken und mit dem Lorbeerblatt hinzufügen. Bei schwacher Hitze 15 Minuten – unter wiederholtem Rühren – dünsten.
Die Tomaten enthäuten, entkernen, würfeln und mit dem Tomatenmark zu dem Oktopus geben, salzen und pfeffern. Nach und nach den Wein angießen und aufkochen lassen. Zugedeckt gut 90 Minuten garen.
Den Oktopus heiß oder auch abgekühlt mit frischem Weißbrot servieren.

Fleisch

Dem bergigen kargen Griechenland fehlen von Natur aus günstige Bedingungen zur Viehzucht. Schafe und Ziegen passen sich am besten den oft steilen, steinigen und dürren Bergweiden an, die zwei Fünftel des gesamten Landes ausmachen. So sehr das Fleisch von Lämmern und Zicklein geschätzt wird, den Herden kommt zunächst aus anderen Gründen Bedeutung zu. Ihre Milch, aus der Joghurt und Käse hergestellt werden, ist ein zentraler Bestandteil griechischer Ernährung. Und die Weiterverarbeitung von Wolle und Leder ist immer noch ein wichtiger Wirtschaftszweig. Dort wo die Weiden etwas saftiger werden, insbesondere im Norden des Landes, wird auch Rinderzucht betrieben.

Die Griechen bevorzugen junges Fleisch, sei es Kalb, Lamm, Zicklein oder Spanferkel. Hammel oder Ziege ist nicht so sehr ihr Fall. Da Fleisch selten und teuer war, denn es mußte und muß überwiegend importiert werden, sind viele Fleischgerichte als Festmahlzeiten mit Festtagen verbunden – der Braten selbst war schon ein Fest. Aus der Not entsprang der Einfallsreichtum, mit dem Fleisch in Aufläufen, Pasteten und Saucen – zusammen mit reichlich anderen Zutaten – verwendet wird. Weniger Mangel herrscht an Hühnern und Hähnchen. Wie alles Fleisch mögen die Griechen sie durch und durch gar, so daß sich das Fleisch von selbst von den Knochen löst und auf der Zunge zergeht.

Arní kléftiko – Lammfleisch, mit Erbsen, Möhren, Tomaten und Kartoffeln in Papierhülle gegart

Keftédes – Frikadellen aus Hackfleisch

Kotópoulo me bámies – Huhn mit Okras

Kotópoulo piláfi – Piláf mit Hühnerfleisch, Zwiebeln und Tomatensauce

Gyros gehört international zu den bekanntesten Zubereitungen griechischer Küche – köstlich duftendes Fleisch an einem senkrecht um die eigene Achse rotierenden Spieß. Das Fleisch wird mit einem langen Messer in dünnen Scheiben abgeschnitten. Der Name dieser Spezialität wurde abgeleitet von *gyre*, der Bezeichnung für eine Drehungsachse.

Souvlákia
Fleischspieße
(Abbildungen rechte Seite)

800 g Lamm- oder anderes zartes Fleisch
Salz, schwarzer Pfeffer
1 EL getrockneter Oregano
100 ml Olivenöl
Saft von 1 Zitrone
2 Zwiebeln
2 grüne Paprikaschoten
2 feste große Tomaten
Holzspießchen

Das Fleisch in etwa 3 cm große Würfel schneiden und in eine Schüssel geben. Von allen Seiten pfeffern und mit Oregano bestreuen, mit Olivenöl und Zitronensaft übergießen.
Mindestens 6 Stunden kühl stellen und marinieren lassen.
Die Zwiebeln schälen und vierteln, die Paprikaschoten und Tomaten waschen, entkernen und in mundgerechte Stücke schneiden.
Das Fleisch aus der Marinade nehmen, trockentupfen und abwechselnd mit den Gemüsen auf die Spieße stecken.
Die Spieße auf den heißen Holzkohlengrill legen und etwa 15 Minuten grillen, dabei mehrmals wenden. Vor dem Servieren mit Salz würzen und mit Píta oder Reis servieren.

Kokinistó – Rindfleisch, am besten vom Kalb, *moskari*, in Tomatensauce geschmort

Kotópita – Hühnerpastete, mit frischen Kräutern gewürzt

Kotópoulo me avgolémono – Huhn in Zitronen-Eier-Sauce

Pastítsi – Nudelauflauf mit Hackfleisch und Käsesauce

Sutzukákia – Hackfleischwürstchen

Stifádo – Geschmortes Rind- oder Kalbfleisch mit Zwiebeln

Souvlákia – Fleischspieße, meist aus Lammfleisch, das vor dem Grillen mariniert wird (Rezept linke Seite)

Souvlákia – Spieß mit Schweinefleisch und Gemüsen

Youvarlákia – Eier-Zitronen-Suppe mit Hackfleisch-Reis-Bällchen

325

Käse

Die Griechen sind große Käseliebhaber und nehmen – nach den Franzosen – den zweiten Platz in Europa ein, wobei Féta, was wörtlich einfach »Stück« heißt, mit großem Abstand die Beliebtheitsskala anführt. Da dieser Käse zu Blöcken gepreßt wurde, konnte man nie den ganzen Käse, sondern immer nur ein Stück nehmen.

Féta ist ein Hirtenkäse, der aus geronnener Schafmilch hergestellt wird. Schon früh werden sich die Hirten dem Problem der Konservierung gegenübergesehen haben. Einerseits hatten sie in der Regel nicht die Möglichkeit, ihre Produktion an Ort und Stelle abzusetzen, sondern mußten weite Wege zum nächsten Marktflecken zurücklegen. Andererseits jedoch verlangte die Kundschaft frischen weißen Käse. Auch galt es, die milchlose Zeit zu überbrücken, ohne dabei auf Féta verzichten zu müssen. Die Methode, ihn in Salzwasser, in Lake, aufzubewahren, ist uralt. Darin hält er sich monatelang, und Exportqualitäten sind demzufolge besonders stark gesalzen. Um sie genießen zu können, sollte man den Féta für mehrere Stunden in kaltes Wasser legen.

Féta mit einigen schwarzen Oliven und einem Stück Brot zählt zu den üblichsten Mezédes, ebenso gehört er auf jeden griechischen Bauernsalat. Seine Rolle in der Küche ist darüber hinaus bedeutend. Er wird zum Überbacken ebenso benutzt, wie er Bestandteil zahlreicher Füllungen ist. Beim Kauf von Féta ist darauf zu achten, daß es sich um Käse aus Schaf-, eventuell mit einem Zusatz von Ziegenmilch handelt. Außerdem sollte man sein Augenmerk auf den Fettgehalt richten, der am besten 45 oder 50 Prozent in der Trockenmasse betragen sollte – aus Kuhmilch hergestellter Féta hat einen völlig anderen Geschmack.

Féta
Weicher oder halbfester, in Lake marinierter und aufbewahrter Schafskäse in Blöcken; vielseitige Verwendung

Kasséri
Leicht zu erkennen, da ausgesprochen gelb und etwas glänzend, erinnert an Cheddar; milder Geschmack

Myzíthra
Weicher Frischkäse, in erster Linie verwendet bei der Herstellung von Gebäck

Kefalotíri
Salziger harter Rohmilchkäse, der vor allem gerieben in der Küche verwendet wird; am besten aus einer Mischung von Ziegen- und Schafmilch

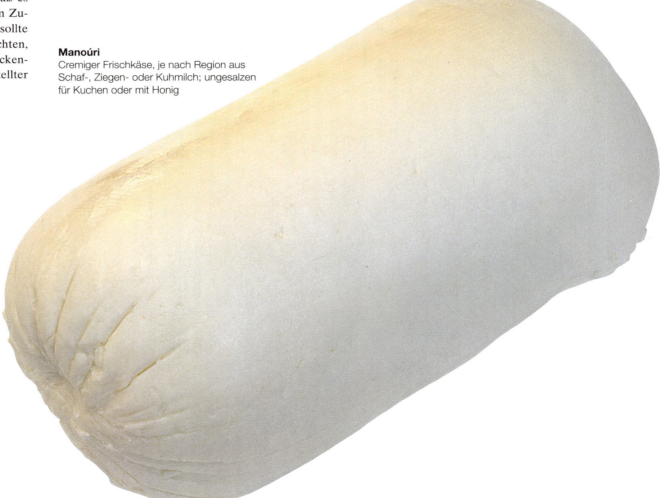

Manoúri
Cremiger Frischkäse, je nach Region aus Schaf-, Ziegen- oder Kuhmilch; ungesalzen für Kuchen oder mit Honig

Griechische Ostern

Ostern ist das größte Fest der Griechen. Mit Freude, Begeisterung und Feuerwerk gedenkt man der Auferstehung Christi, macht sich gegenseitig Geschenke und feiert mit der ganzen Familie. Ostern ist auch kulinarischer Höhepunkt des Jahres. Nach wochenlangem Verzicht auf den Genuß von Fleisch, Fisch und tierischen Produkten schmeckt alles unvergleichlich gut. In die Zubereitung investieren die Frauen viel Zeit und Liebe, so daß einige der berühmtesten griechischen Spezialitäten mit dem Osterfest verbunden sind.

Infolge des vom römisch-katholischen Kirchenkalender abweichenden Beginns des Kirchenjahres fällt das Osterfest der griechisch-orthodoxen Ostkirche zeitlich bis zu fünf Wochen später, so daß sich die Osterfeste nur alle drei Jahre zeitlich decken. Zur 40 Tage währenden Fastenzeit leitet schon die letzte Woche der Karnevalszeit über, in der nur noch Käse als Lebensmittel aus tierischer Produktion erlaubt ist. Der Rosenmontag bringt dann ein beliebtes Picknick mit *lagána*, dem ungesäuerten Brot, *taramosaláta*, Tintenfisch, viel süßer *halwá* und den ersten Tag, an dem die strengen Fastenregeln gelten. Der Karfreitag symbolisiert mit Kreuzabnahme und Grablegung den Höhepunkt des Leidenswegs Christi. In der Nacht des Samstags zieht die Messe praktisch alle Familien in die Kirchen. Um Mitternacht, nachdem das neue Licht entfacht ist und die Glocken läuten, grüßt man sich mit den Worten »Christus ist auferstanden«. Feuerwerke knallen, man küßt und umarmt sich und hat guten Grund zu feiern. Jetzt wird die berühmte Ostersuppe, die *majirítsa*, aufgetragen. Sie wird nur einmal im Jahr, zu diesem Anlaß, gekocht. Innereien des frisch geschlachteten Lamms, das als Osterbraten bestimmt ist, gehören mit in die Suppe. Angedickt wird sie mit der beliebten Eier-Zitronen-Sauce *avgolémono*. Am Ostersonntag werden über offenem Feuer ganze Lämmer am Spieß gegrillt, *arní sti soúvla*. Am liebsten nimmt man nach dem morgendlichen Gottesdienst zum Essen draußen Platz. Jeder erhält *kókkina avgá*, hartgekochte Eier. Von altersher sind sie rot, denn die Farbe der Schale symbolisiert das Blut Christi und das Ei das ewige Leben. Mit den Eiern wird das traditionelle Osterspiel *tsoúgrisma* ausgetragen: Jeder nimmt ein Ei in die Hand und stößt es mit dem des Tischnachbarn an. Der Ostersonntag endet mit Mezédes, Musik und Tanz.

Mit rotgefärbten Eiern beginnt nach dem Morgengottesdienst das traditionelle Osterfest.

Bei einem Osterschmaus im Freien werden ganze Lämmer (großes Hintergrundfoto) gegrillt.

Der Ostersonntag endet mit Musik und Tanz: Die Männer tanzen ihren weltweit berühmten Sirtáki.

Oúzo

Wie alle Mittelmeeranrainer hegen die Griechen eine ausgesprochene Vorliebe für den an Lakritze erinnernden Anisgeschmack. Schließlich stammt das doldenbildende, weißblühende Kraut aus dem östlichen Mittelmeerraum und dem Vorderen Orient. Den Ägyptern war es heilig, und die Griechen achteten es als Allheilmittel. Sobald sich die Kunst der Destillation, eine Erfindung der Araber, um das Mittelmeer verbreitete, ging man in allen Ländern dazu über, Anis in Alkohol einzuweichen und für stärkende Liköre zu verwenden. In Griechenland mit seiner uralten Weinbautradition brannte man zu diesem Zweck Trester zu klarem Schnaps. Um aber den Anissamen ihr ganzes Aroma zu entziehen, muß man sie in einer Alkohol-Wasser-Mischung mazerieren. Erst eine, sogar eine zweifache Destillation bringt die erwünschten Geschmacksstoffe rein zur Geltung.

Fast überall in Griechenland wird Oúzo hergestellt, meist in kleinen Mengen auf handwerkliche Weise. Jeder hütet sein Rezept wie seinen Augapfel, und auch die großen Marken bewahren darüber striktes Schweigen. Dort kalkuliert man heute jede Würzmischung aufs genaueste, um keine Geschmacksabweichungen zu riskieren. Das aromatisierende Destillat wird dann mit geschmacksneutralem Alkohol, Zucker und destilliertem Wasser zum Anislikör gemischt. Gern genießt man Oúzo kalt, mit Eiswürfeln, und verdünnt ihn mit Wasser. Dann färbt er sich augenblicklich milchig weiß, da sich das Anisöl in feinsten Tröpfchen absondert. Beliebt ist in Griechenland die 0,2-Liter-Flasche Oúzo, die zwei Freunden ausreicht, sich je zwei Aperitifs – und einige Mezédes – zu genehmigen. Aber Oúzo wäre nicht der griechische Nationalschnaps, wenn man ihm nicht auch zum Abschluß des Essens Platz einräumen würde – im Restaurant oft als sympathische Geste des Wirtes.

Digestifs

Metaxá
Die bekannteste Spirituosenmarke Griechenlands rangiert unter Brandys. Dabei ist Metaxá kein reiner Weinbrand. Er wird aus Weinbrand, Weingeist, Naturaromen und destilliertem Wasser assembliert und in Fässern gealtert. Die Basis-Qualität trägt fünf Sterne und hat 38 Volumprozent. Sieben Jahre alterte der 40prozentige Amphora in der Spezialflasche mit sieben Sternen. Darüber liegen Grand Olympian Reserve und der exquisite Centenary, der zum 100. Jubiläum abgefüllt wurde.

Tsípouro
Aus Trester oder Trauben gebrannt, ursprünglich aus Makedonien, eifert Tsípouro immer stärker den italienischen Grappe nach. Dennoch sind bislang rebsortenreine Feindestillate selten. Statt dessen verschwimmt bei der mit Anis aromatisierten Version die Abgrenzung zum Oúzo.

Tsikoudiá
Kretischer Tresterschnaps, der oft auch mit dem allgemeineren Begriff Rakíya bezeichnet wird.

Das weißblühende Aniskraut stammt aus dem östlichen Mittelmeerraum und dem Vorderen Orient.

Um den Anissamen ihr ganzes Aroma zu entziehen, muß man sie in einer Alkohol-Wasser-Mischung mazerieren.

Oúzo, den griechischen Nationalschnaps, trinkt man pur mit Eiswürfeln oder verdünnt mit kaltem Wasser.

Retsína

Den Wein verdanken die Griechen – und damit letztlich alle Europäer – Dionysos, dem Gott des Weinbaus. Auf Kreta ist eine tönerne Schale erhalten, in der Trauben gepreßt wurden. Sie besitzt einen Schnabel, durch den der Most in den tieferstehenden Gärkrug tropfte. Ihr Alter wird auf etwa 3600 Jahre geschätzt. Schon zu dieser Zeit war der Anbau von Reben und das Keltern von Wein auf dem griechischen Festland und den Inseln weit verbreitet. In den ältesten Amphoren, die man fand, stieß man auf Harzrückstände. Im Altertum, als man Weine mit Kräutern und Honig anreicherte, dichtete man Tongefäße mit dem Harz der Aleppi-Pinie ab, das als natürlicher Konservierungsstoff wirkte. Möglich, daß Dionysos selbst dies Geheimnis enthüllte, denn als Zeichen seiner Würde trug er den Thýrsos, einen mit einem Pinienzapfen verzierten Stab. Jedenfalls haben die Griechen eine Vorliebe für den markanten Harzgeschmack bewahrt, der sämtliche anderen Aromen überdeckt.

Retsína ist bei weitem der beliebteste Wein. Mit jährlich einer halben Million Hektolitern stellt er allein mehr als zehn Prozent der etwa 4,5 Millionen Hektoliter betragenden Gesamtproduktion des Landes. Der größte Teil des Retsína wird im attischen Anbaugebiet in der Nähe Athens erzeugt. In erster Linie werden dafür die weißen Trauben der Savatiano-Rebe verwendet, die unanfällig gegen Trockenheit ist. Während der Gärung fügt man dem Most Harzkristalle hinzu, die ihn vor Oxydierung bewahren und ihm einen charakteristischen Geschmack verleihen. Der einzigartige Retsína genießt einen besonderen Status als »traditioneller Wein«, der seine Herstellungsweise und die drei Anbauregionen Attika, Viotia und Euböa definiert. Ein als Landwein deklarierter Retsína entspricht zusätzlich den dafür festgesetzten Auflagen wie der enger begrenzten Herkunft und garantiert höhere Weinqualität.

Weinanbau

Griechenlands Weinanbau befindet sich seit dem Beitritt zur Europäischen Gemeinschaft 1979 in einer Umbruchphase. Bereits von 1971 an wurden genau umrissenen Gebieten kontrollierte Herkunftsbezeichnungen verliehen. Inzwischen gibt es 28 Appellationen, in denen Sortenspektrum, Ertrag und Weinbereitung festgelegt sind. Dank erheblicher Subventionen wurde die Weinbereitung, die zum überwiegenden Teil bei den Genossenschaften – und den wenigen potenten Weinfirmen – liegt, von Grund auf modernisiert. Dabei kommt im heißen Griechenland der Kältetechnik eine vorrangige Bedeutung zu. Seit bei Gärung und Konservierung Temperaturexzesse unterbleiben und die Weinbereitung von qualifizierten Önologen durchgeführt wird, gibt es ein großes Angebot sauberer und angenehmer Weiß- und Rotweine. Die bedeutendsten Anbauregionen sind der Peloponnes, Attika und Kreta, die es zusammen auf fast 80 Prozent der etwa 70 000 Hektar bringen, die für die Weinerzeugung kultiviert werden. Allerdings besitzt vermutlich Makedonien im Norden die besten natürlichen Voraussetzungen für große Weine. In den Weinbergen bleibt jedoch noch viel zu tun. Von der unüberschaubaren Fülle an Rebsorten sind nur wenige wirklich geeignet, qualitativ überzeugende Weine zu erbringen. Oft reicht die traditionelle Sortenwahl nur zu schweren und rustikalen Tropfen, deren Markt selbst in Griechenland rückläufig ist. Aber längst gibt es positive Ansätze mit hochwertigen Reben wie der Agiorítiko des Neméa, der Xynómavro des Náoussa oder den weißen Sorten Robóla auf der Insel Kefalloniá sowie Assýrtiko auf Santorin.

Daß Griechenlands Weine international zunehmend Anhänger finden, liegt vor allem an den dynamischen Weinhäusern. Früher Vorreiter dieser Bewegung war der Deutsche Gustav Clauss, der 1861 in dem traditionsreichen Weingebiet oberhalb von Patras das Gut Achaia Clauss gründete. Über viele Jahrzehnte setzte Achaia Clauss, das 1902 den bekannten Rotwein Deméstica auf den Markt brachte, einsame Maßstäbe an Qualität und Umsatz. Noch immer zählt das Gut zu den erfolgreichsten und innovativsten Weinunternehmen, was der 1991 eingeführte frische weiße Landwein Peloponnesiakós aus den Sorten Rodítis und Chardonnay beweist.

Inzwischen sind noch drei andere Unternehmen zu den Hauptvermarktern aufgestiegen. Boutáris, das auf Appellationsweine setzt, hat sich insbesondere im Norden, in Makedonien, stark gemacht. Dort setzt die Firma auf den Náoussa, der aus dem charaktervollen, säurebetonten Xynómavro, dem Sauerschwarzen, erzeugt wird. Ihre Grande Reserve Naoussa ist einer der besten Weine Griechenlands. Interessant ist auch der weiße Santoríni. Der bekannte Oúzo-Erzeuger Tsántalis begann in den 80er Jahren in Wein zu expandieren und schuf ein beispielhaftes 100-Hektar-Gut im Mönchsstaat Athos, das im wesentlichen mit Agiorgítiko bestockt ist. Mit Retsína und Imíglykos verzeichnet er enorme Exporterfolge. Vierter im Bunde ist Kourtákis, Retsína-Riese, der in eine technisch bestens ausgerüstete Großkellerei investierte.

Besonders erfolgreich sind weißer und roter Landwein aus Kreta, die auf traditionellen Sorten basieren. Das größte private Weingut gründete der Reeder John Carrás vor 25 Jahren in den nördlichen Côtes de Meliton. Das Aushängeschild Château Carras besteht aus einem Mischsatz von bordelaiser Sorten.

Andere griechische Winzer haben sich in der Zwischenzeit ebenfalls einen Namen gemacht. Darunter sind die Châteaux Calligas, Lazaridis, Matsa oder Pegasus, die Domänen Cambas, Hatzimichalis, Parpatoussis und Semeli, um nur einige der interessantesten zu nennen.

Der typische Geschmack des Retsína stammt von dem Pinienharz, das aus der angeritzten Rinde tropft und in Dosen aufgefangen wird.

Das Harz wird dem Wein zugefügt, um ihn gegen Oxydierung zu schützen.

Retsína wächst zum größten Teil in der Nähe Athens und wird meist aus Savatiano-Trauben gekeltert.

Den populären traditionellen Wein gibt es auch in Flaschen mit Kronenkorken.

Mavrodáphne-Trauben erlangen hohe Zuckerwerte und eignen sich vorzüglich für natursüße Likörweine.

Mavrodáphne-Weine lagern jahrelang in Fässern und Fudern, um an Rundheit und Harmonie zu gewinnen.

Likörwein

Der Weinbau auf Sámos geht bis auf das 9. Jahrhundert vor unserer Zeitrechnung zurück. Schon damals wurde die im gesamten Mittelmeerraum verbreitete Muskatrebe gesetzt, und zwar ihre hochwertigste Variante – der weiße, kleinbeerige Muskateller. Heute stehen etwa 1500 Hektar Muskatwein auf Sámos in Ertrag. Der überwiegende Teil der traditionellen Weingärten ist in schmalen Terrassen angelegt, die man nur per Hand bearbeiten kann. Zwar werden einige Weine auch trocken ausgebaut, aber der eigentliche Sámos ist ein natursüßer Wein. Muskattrauben erreichen in dem heißen mediterranen Klima der Ägäis außerordentlich hohe Mostgewichte. Für die traditionellste Art wurden Trauben früher auf Stroh oder Tüchern in der Sonne ausgebreitet, um ihre Konzentration weiter zu erhöhen. Heute geschieht dies auf Papier- oder Plastikbahnen. Der Zuckergehalt ist dann so groß, daß die Hefen nur etwa die Hälfte davon in Alkohol umzusetzen vermögen. Dieser als Nectar bezeichnete Sámos bringt es bei 14 Volumprozent auf Restzuckerwerte von bis zu 250 Gramm. Bei den anderen süßen oder halbsüßen Weinen wird die Gärung durch Zugabe von Alkohol angehalten, so daß der gewünschte Anteil natürlichen Traubenzuckers im Wein erhalten bleibt. Traditionell werden die Weine in großen Eichenfässern ausgebaut, wobei ihre Farbe schnell dunkelt und einen tiefgoldenen oder an Bernstein erinnernden Ton erhält. Ihr Bukett besitzt immer den typischen Muskatduft, der sich mit Noten von Honig, Wachs, Rosinen, anderen getrockneten oder eingekochten Früchten mischt. Inzwischen gibt es Weine, die früher abgefüllt und besser gegen Oxydation geschützt werden. Dementsprechend ist ihre Farbe wesentlich heller und oft ein klares gelbes Gold. Die besten werden von fruchtigeren, frischeren Aromen und dezenterer Süße bestimmt. Andere anerkannte Muskatweine kommen aus Patras und Ríon sowie von den Inseln Kefalloniá, Rhódos und Límnos.

Der goldene Muskat hat einen roten Bruder, der aus der Sorte Mavrodáphne, dem »schwarzen Lorbeer«, gewonnen wird. Zwar kann er als körperreicher, starker, trockener Wein ausgebaut werden, aber als natursüßer Wein gibt es ihn in zwei Appellationen, dem Mavrodáphne von Patras und dem von Kefalloniá. Auch bei seiner Bereitung stoppt Weingeist die Gärung und bewahrt Traubenzucker. Dann folgt Holzfaßausbau, wobei er in der Regel das erste Jahr im Freien verbringt, wo Hitze und Temperaturschwankungen seine Entwicklung beschleunigen. Mavrodáphne ergibt einen komplexen natursüßen Wein, der auch ausgezeichnet zu Ziegen- oder Schafskäse paßt.

Linke Seite: Ein alter natursüßer Roter aus Patras oder Kefalloniá spiegelt in dem Reichtum seiner Aromen die wilde Landschaft wider, in der er wuchs und reifte – für jeden Weinfreund ein Riech- und Trinkvergnügen.

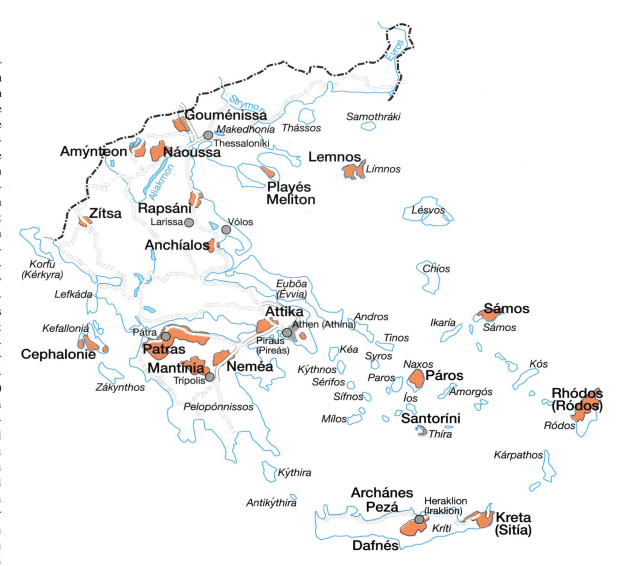

Rebsorten, Weine und Weinanbaugebiete

Agiorgítiko – sehr gute griechische Rotweinrebe, die aber nur bei niedrigen Erträgen und hohen Lagen samtige, gutstrukturierte Tropfen ergibt; Hauptanbaugebiet: Neméa

Assýrtiko – Weißweinrebe, auf der Insel Santorin für feine, frische Weine mit guter Säure angebaut

Cáva – Kein Schaumwein, sondern weiße und rote Tafelweine mit zwei und drei Jahren Ausbau, der bei roten zum Teil im Faß stattfinden muß

Chíma – allgemeiner Begriff für Faßwein

Epitrapézio – Tafelwein, meist unter Markennamen angeboten

Gouménissa – nördliche Rotweinregion, in der Xynómavro dominiert

Kántza – bester trockener, nicht geharzter, säurearmer Savatiano-Weißwein Mittelgriechenlands

Kefalloniá – Insel im Ionischen Meer mit drei Qualitätsweinen, dem guten trockenen weißen Robóla, dem dunklen schweren Mavrodáphne und Muscat

Kokkinéli – geharzter dunkler Rosé

Kotsifáli – Kretas dominierende rote Rebe, die Pezá und Archánes prägt, angenehmer aromatischer Charakter

Kreta – bedeutende Anbauregion mit vier Appellationen: Archánes, Dafnés, Pezá, Sitía

Mantínia – fruchtige Weiß- und Schaumweine, überwiegend aus der Moscho- und Filero-Traube, die auf der Hochebene Mantínia im Zentrum des Peloponnes wächst

Mavrodáphne – rote Rebe, insbesondere für natursüße Likörweine, als Appellation aus Patras und Kefalloniá

Muskat – schon im Altertum berühmte Weine aus der weißen, kleinbeerigen Muskatellertraube; außer auf Sámos, Límnos und Kefalloniá auch auf dem Peloponnes in Patras und Ríon erzeugt

Náoussa – Anbaugebiet in Makedonien, wo der Xynómavro beste Ergebnisse erzielt

Neméa – größtes zusammenhängendes Weingebiet des Peloponnes, wo aus rotem Agiorítiko einige interessante samtige Weine gewonnen werden; jedoch überwiegen Durchschnittsqualitäten, »Herkulesblut« genannt

Patras – Hafen- und Provinzhauptstadt am gleichnamigen Golf sowie bedeutendes, hochangesehenes Weingebiet im Norden des Peloponnes sowohl für Likör- wie für trockene Weine

Rapsáni – rustikaler Rotwein aus der Gegend des Olymp

Retsína – geharzter Weißwein, meist aus der Savatiano-Traube

Rodítis – rosafarbene Trauben, die geharzten Kokkinéli oder insbesondere in Patras angenehme trockene Weine ergeben

Sámos – berühmte süße Muskatweine der gleichnamigen Insel im Ägäischen Meer

Topikós oínos – griechische Bezeichnung für Landweine

Vilaná – weiße kretische Rebsorte, aus der man ausgewogene Landweine oder den weißen Pezá keltert

Griechenland 331

Süßspeisen

Griechen mögen keine Süßspeisen als Desserts. Zum Abschluß des Essens ziehen sie frische Früchte vor – was verständlich ist, denn sie können sich aus einem paradiesischen Angebot bedienen. Nach Orangen und Mandarinen, die im Winter reifen, künden Mispeln das Frühjahr an. Ihre Früchte ähneln Aprikosen. Ausgezeichnete Erdbeeren und die sehr beliebten Kirschen folgen. Im Frühsommer reifen Aprikosen, Pflaumen und die ersten Pfirsiche, deren Hauptsaison der Juli ist. Dann türmen sich auf den Märkten auch Pyramiden von Melonen. Sehr aromatisch sind die kleinen Bananen. Äpfel und Birnen gibt es schon früh und auch Weintrauben. Noch immer ist die Produktion von Sultaninen und Korinthen bedeutend. Über 60 000 Hektar Rebflächen stehen dafür in Ertrag. Getrocknet werden auch die Feigen, die schon im Altertum zu Kränzen gebunden wurden. Frisch sind sie eine Delikatesse.

Natürlich kennt Griechenland eine Fülle von süßen Spezialitäten. Sie werden aber nicht als Nachtisch, sondern am Nachmittag oder späteren Abend genossen. Oder man bietet sie zu einem griechischen Kaffee Besuchern an, Verwandten, Nachbarn oder Freunden, die vorbeischauen. Oft reicht man zuerst Löffelsüßigkeiten, *gliká koutalioú.* Traditionell werden sie in einer silbernen Schüssel serviert, der *glikothíki.* An ihr hängen Löffel, mit denen sich die Gäste bedienen. In der Schüssel befinden sich in Sirup eingelegte Früchte – beispielsweise Feigen, Kirschen, Weintrauben oder Aprikosen, aber auch grüne Tomaten, Bitterorangen oder Miniatur-Auberginen. Immer wird ein Glas Wasser – wie auch bei anderen Süßigkeiten oder Kuchen – dazu gereicht. Gern setzen sich Griechen vor oder in eine Konditorei, um das Beisammensein mit einem Stück der zahlreichen Kuchen oder Torten, der Fíllo-Pasteten oder Hefekugeln zu krönen. Viele Süßigkeiten werden mit Honig gemacht, und die vielleicht klassischste Süßspeise, Yoghurt mit Honig, erfreut sich weiterhin großer Beliebtheit. Bereits im Altertum, als Honig begehrtester Süßstoff war, rühmte man attischen Thymianhonig. Er gilt heute noch als griechische Spezialität, auch wenn man andere besondere Trachtenhonige findet wie Zitronen- und Orangenblüte oder Pinie.

Hintergrund: Baklawás, die supersüßen Blätterteigschnitten, werden nicht als Dessert gereicht, sondern sind der Griechen liebste Nascherei.

Baklawás
Nußpastete

250 g Butter
500 g Fíllo-Teigblätter (S. 317)
1 kg Mandeln, feingehackt
3 TL Zimtpulver
625 g Zucker
Schale von 1 unbehandelten Orange
3 Gewürznelken
1 Zimtstange
125 g Honig
1 EL Rosenwasser

Die Butter zerlassen. Eine rechteckige Backform ausbuttern, mit einem Fíllo-Blatt auslegen und dieses mit flüssiger Butter bestreichen. Weitere 9 Teigblätter nacheinander darauflegen und jeweils buttern. Den restlichen Teig mit einem feuchten Tuch abdecken, damit er nicht austrocknet.
Den Backofen auf 160 °C vorheizen.
Mandeln, Zimtpulver und 125 g Zucker vermischen. Eine dünne Schicht der Mandelmasse auf den Teig geben und mit 3 jeweils gebutterten Blättern Fíllo abdecken. Auf diese wieder Mandelmasse streichen, mit Fíllo abdecken und so fortfahren, bis die Füllung verarbeitet ist; mit einer Teigschicht abschließen, überhängenden Teig mit Butter bepinseln und einschlagen. Im Rautenmuster Portionen markieren. Die Teigoberfläche nochmals mit Butter einpinseln und mit etwas Wasser befeuchten.
Die Pastete etwa 75 Minuten goldbraun backen.
In der Zwischenzeit den restlichen Zucker mit Orangenschale, Nelken und Zimt in 400 ml Wasser unter Rühren langsam zum Kochen bringen; 15 Minuten köcheln lassen. Dann Gewürze und Orangenschale entfernen, Honig und Rosenwasser hinzufügen und verrühren; abkühlen lassen. Den Sirup über die fertige Pastete geben und über Nacht stehenlassen (nicht in den Kühlschrank stellen). Portionsweise in Schnitten schneiden und servieren.
Hinweis: *Baklawás* läßt sich ebensogut mit anderen Nüssen oder einer Nußmischung zubereiten.

Beliebte Süßigkeiten

Amygdalotá – Mandelbällchen, mit Rosen- oder Orangenblütenwasser aromatisiert
Baklawás – Fíllo-Pastete, mit Nuß- oder Mandelmasse gefüllt und mit Sirup übergossen
Díples – Teigschleifen, in Öl gebacken, mit Honigsirup übergossen und mit feingehackten Walnüssen bestreut
Galaktoboúreko – Fíllo-Pastete, gefüllt mit Vanillecreme
Gliká koutalioú – Früchte, in Sirup konserviert, die als Löffelsüßigkeit gereicht werden
Halwás – Grießpaste, meist mit feingehackten oder gemahlenen Mandeln, Walnüssen, Pistazien oder Pinienkernen angereichert; oder auch bestehend aus einer Mischung von zerstoßenen Sesamsamen und Zuckersirup oder Honig
Karidópita – Walnußkuchen, mit Weinbrand-Sirup getränkt
Kataífi – Röllchen aus dem faserigen »Engelshaar«-Teig mit Nußfüllung und mit Zitronensirup getränkt
Kourabiédes – Mandelgebäck, mit Oúzo oder Weinbrand aromatisiert; zu Festtagen
Loukoumádes – Hefekugeln, in Öl ausgebacken, in Honigsirup getunkt und mit Zimt gewürzt
Moustalevriá – Weinlese-Pudding aus Traubenmost
Tiganítes – Küchlein, meist mit Orangenaroma, in Öl gebacken

Für einen griechischen Kaffee gibt man zunächst den Zucker in das Töpfchen.

Dann wird das Kaffeepulver genau abgemessen und hinzugefügt.

Nun gibt man die notwendige Wassermenge dazu und bringt sie zum Kochen.

Der fertige Kaffee muß einen Moment stehen, damit der Satz auf den Tassenboden sinken kann.

Gliká koutalioú
Löffelsüßigkeiten

Für 2–3 Gläser

1 kg Früchte (Kirschen, Aprikosen, Weintrauben, Feigen, grüne Tomaten)
1 kg Zucker
Saft von 1 Zitrone
unbehandelte Zitronenschale

Die Früchte gründlich waschen, gegebenenfalls entsteinen, entkernen und/oder enthäuten.
Den Zucker mit 1/2 l Wasser unter Rühren langsam zum Kochen bringen. Die Früchte in den Sirup geben, Zitronensaft und –schale hinzufügen und bei schwacher Hitze 10 Minuten köcheln lassen. In eine Schüssel geben und zugedeckt über Nacht ziehen lassen.
Erneut zum Kochen bringen und 5 Minuten köcheln lassen; weitere 12 Stunden ziehen lassen. Nochmals aufkochen; etwas abkühlen lassen, die Zitronenschale entfernen und die Fruchtmasse in sterilisierte, angewärmte Schraubgläser füllen und verschließen. Kühl und dunkel aufbewahren.

Loukoumádes
Ausgebackene Hefebällchen

Für 8 Personen

400 g Mehl
30 g Hefe
1 TL Zucker
100 ml lauwarme Milch
1 TL Salz
1 l Erdnußöl zum Ausbacken
250 g Honig
1 EL Zitronensaft
Zimtpulver

Das Mehl in eine Schüssel sieben. In die Mitte eine Mulde drücken. Die Hefe in die Vertiefung bröckeln, mit Zucker bestreuen und die Milch dazugeben; mit etwas Mehl verrühren. Zudecken und 30 Minuten gehen lassen.
Salz und nach und nach etwa 300 ml lauwarmes Wasser zufügen. Den Teig gut kneten, bis er eine sehr lockere Konsistenz besitzt. Zudecken und 2 Stunden gehen lassen.
Das Erdnußöl erhitzen. Mit einem Teelöffel Teigbällchen abstechen, mit einem zweiten Löffel abstreifen und in das heiße Öl gleiten lassen. Portionsweise etwa 4 Minuten schwimmend ausbacken, bis die Teigbällchen zu bräunen beginnen, dabei einmal wenden. Mit dem Schaumlöffel aus dem Öl nehmen und auf Küchenkrepp abtropfen lassen.
Den Honig mit 300 ml Wasser und dem Zitronensaft erhitzen und zu Sirup verkochen. Die Teigbällchen nacheinander in den Honigsirup tauchen, auf einem Teller auftürmen und mit Zimt bestreuen. Den restlichen Sirup in eine Schale geben und zu dem Gebäck reichen.

Griechenland

Halil Gülel

Türkei

Teeplantagen am Schwarzen Meer

Vorherige Doppelseite: Eine gesellige Runde türkischer Männer, die Wasserpfeife rauchen. Dabei füllen sie zuerst feuchten Tabak ein, auf den sie dann glühende Holzkohle legen.

Die Türkei blickt auf ein erstaunliches kulinarisches Erbe zurück. Dank verschiedener Schriften, die sich bereits früh und eingehend mit Küche und Speisen beschäftigten, wissen wir, daß manche der heute noch begehrten Spezialitäten bereits vor 700 Jahren hoch geschätzt wurden. *Helva* ist ein Beispiel dafür oder der mit Safran gewürzte Hochzeitsreis. Unter den osmanischen Sultanen führte dann die sogenannte Palastküche zu einer Spezialisierung, die sich auch nachhaltig auf das kulinarische Hand- und Kunstwerk generell auswirkte. So entwickelten sich für alle kulinarischen »Sachgebiete« Berufsstände: Fettgebackenes lieferte der *lokmacı*, Fleischbällchen der *köfteci*, salzige Pastetchen der *börekci* und Reisspeisen der *pilavcı*. Die Türkei verfügt über ein vielfältiges Angebot an Gemüsen und Obst, Fisch- und Fleischspezialitäten. Der Grund liegt in der geographischen Struktur des Landes mit seinen reichen und fruchtbaren Küstengebieten. So werden am Schwarzen Meer, wo der Fischfang eine bedeutende Rolle spielt, nahezu alle Gartengemüse angebaut sowie Tee und Tabak kultiviert. Auch Haselnüsse sind ein erheblicher Wirtschaftsfaktor. Das Marmara-Gebiet, insbesondere seine europäische Seite und Thrakien, ist das Zentrum des türkischen Weinanbaus. Von der der Ägäis zugewandten Seite kommt der größte Teil des türkischen Olivenöls, aber auch die schmackhaftesten Feigen. Dagegen hat man sich an der türkischen Mittelmeerküste auf Zitrusfrüchte, Bananen, Tomaten, Paprika und andere Gemüse sowie Baumwolle spezialisiert. Ein ganz anderes Bild zeigt sich im Binnenland. Anatolien beispielsweise ist ein karges Land, in dem Schäfer und Hirten leben, während das fruchtbare Kappadokien mit der Stadt Kayseri nicht nur für seine Teppiche, sondern auch für *pastırma*, das berühmte Dörrfleisch, und *sucuk*, eine pikant gewürzte Knoblauchwurst, bekannt ist. In Ostanatolien wiederum dominiert die Viehzucht, welche die besten Kebabs der Türkei liefert. Mit seiner Vielfalt an Gemüsen, seinen speziellen Gewürzen, Garmethoden und Eßgewohnheiten, den erfrischenden Saucen und aromatischen Grillgerichten, überquellenden Vorspeisetafeln und hinreißenden Süßspeisen schenkt die Türkei dem Genießer bereits einen Vorgeschmack auf Asien.

Fladenbrot
Meze
Yufka, Bulgur und Reis
Rakı
Gemüse
Fisch
Fleisch
Joghurt und Käse
Süßspeisen
Tee und Teehäuser

Fladenbrot

Soweit die kulinarische Erinnerung der Türken zurückreicht, gibt es das Fladenbrot. Schon bei den Nomadenstämmen war es wichtiger Bestandteil der Ernährung, und in der Zeit der Seldschuken-Herrschaft vom 11. bis zum Ende des 13. Jahrhunderts existierten beispielsweise in Anatolien religiöse Gesellschaften, die Küchen und Herbergen unterhielten. In ihnen verpflegten sie Mitglieder und Reisende mit den vom Koran festgelegten zwei täglichen Hauptmahlzeiten und versorgten sie pro Person mit vier Fladenbroten.

Zur klassischen Einrichtung einer türkischen Küche gehörte kein Backofen. Denn der Vorteil des ungesäuerten, nur aus Mehl, Wasser und Salz bestehenden Fladenbrotes bestand darin, daß es einfach auf einem runden Backblech, dem *saç*, über dem Feuer gebacken werden konnte und sich getrocknet wochenlang hielt. Es kann als »Urform« des *yufka*, der hauchdünnen Teigblätter, angesehen werden; nach dem Backblech wird es auch als *saç ekmeği* oder *yufka ekmeği* genannt.

Besonders schmackhaft aber ist *pide*, das international als typisch türkisches Fladenbrot bekannt ist, in der Türkei allerdings nur zur Fastenzeit des Ramadan gegessen wird. Es ist obligatorischer Bestandteil des Iftar-Mahls, das am Abend eingenommen wird, wenn das tagsüber praktizierte Fastengebot aufgehoben wird.

Pide
Fladenbrot

30 g Hefe
Zucker
¼ l lauwarmes Wasser
500 g Mehl
1 TL Salz
1 Eigelb
1 TL Olivenöl
30 g Sesamsamen

Die Hefe mit 1 Prise Zucker in ⅛ l lauwarmem Wasser auflösen. Das Mehl in eine Schüssel sieben, Salz und Hefe hinzufügen und alles gut verrühren. Nochmals ⅛ l lauwarmes Wasser zugeben und den Teig so lange kneten, bis er locker und geschmeidig ist und sich leicht von den Händen löst. Den Teig zugedeckt an einem warmen Ort mindestens 20 Minuten gehen lassen.
Den Backofen auf 200 °C vorheizen.
Den Teig mit den Händen auf einer bemehlten Arbeitsfläche zu einem Fladen formen und in der Mitte etwas flacher drücken. Den Zeigefinger in Öl tauchen und auf die Oberfläche ein Rautenmuster prägen; den Fladen auf ein gefettetes Backblech setzen. Eigelb, Olivenöl und 1 TL Zucker verrühren und den Fladen damit einpinseln, mit Sesamsamen bestreuen. Im Ofen etwa 20 Minuten backen, bis das Fladenbrot goldgelb ist.

Der fertig zubereitete Teig wird sorgfältig in gleich großen Portionen abgewogen.

Der Teig muß locker und geschmeidig sein und sich leicht von den Händen lösen.

Auf einer Holzschaufel schiebt der Bäcker die Teigfladen in den Backofen.

Leckere Fladenbrote, die beim Backen prächtig aufgehen und eine schöne Kruste erhalten.

Hintergrund: Knuspriges Brot ist eines der bevorzugten Grundnahrungsmittel der Türken

Jedes einzelne Brot wird eingeritzt, damit es besser aufgeht und eine krosse Kruste bekommt.

Die Auswahl an Broten ist groß und reicht von Fladen- und Stangenbrot bis zu Wecken.

Meze

Bei den *meze*, Vorspeisen, entfaltet sich der ganze Reichtum der türkischen Küche. Wenn es einen nicht alltäglichen Anlaß gibt, bietet man den Gästen eine große Auswahl verschiedener kleiner Leckerbissen an, und weil dazu der beliebte Anisschnaps Rakı ausgeschenkt wird, spricht man von einer »Rakı-Tafel«. In Istanbul und anderen größeren Städten gibt es Restaurants, die sich darauf spezialisiert haben. Stehen dabei auch die reichhaltigen Meze im Vordergrund, so gibt es gleichwohl mehrere Gänge – verschiedene Hauptgerichte mit Fisch, Fleisch und Geflügel, Gemüse und Teigwaren, Dessert, Obst und Kaffee. Bei einer Rakı-Tafel gewinnt man den Eindruck, daß die vielfältige, raffinierte Küche der osmanischen Herrscher wieder auflebt.

Domates Salatası
Tomatensalat

2 Fleischtomaten
1 Zwiebel
1 EL feingehackte Pfefferminze
2 Knoblauchzehen
6 EL Olivenöl
2 EL Zitronensaft
2 EL Weinessig
Salz, schwarzer Pfeffer

Die Tomaten enthäuten und in Scheiben schneiden. Die Zwiebel schälen und ebenfalls in Scheiben schneiden. Tomaten und Zwiebeln vermengen und mit Pfefferminze bestreuen. Den Knoblauch auspressen und mit den übrigen Zutaten gründlich vermischen, bis sich eine homogene Sauce ergibt. Die Sauce über die Tomaten geben und den Salat servieren.

Humus
Kichererbsenmus

250 g Kichererbsen
150 g Tahin (Sesampaste)
Saft von 2 Zitronen
3 Knoblauchzehen
1 TL Salz
6 EL Olivenöl
1 TL Rosenpaprika
Petersilie

Die Kichererbsen über Nacht einweichen. Abspülen und 60 Minuten in Salzwasser kochen; abgießen und abkühlen lassen. Von den – sich leicht lösenden – Häutchen befreien und pürieren.
Tahin, Zitronensaft, Knoblauch, Salz und 5 EL Olivenöl hinzufügen und alle Zutaten gründlich vermischen. Das Humus in eine Servierschüssel geben und glattstreichen. Den Rosenpaprika mit dem restlichen Olivenöl verrühren und über das Humus verteilen. Mit Petersilie garnieren.

Typische türkische Vorspeisen
(Abbildung unten)

1 **Bezelyeli havuçlu patates yemeği** – Gemischtes Gemüse mit Kartoffeln, Erbsen und Möhren
2 **Karnabahar köftesi** – Blumenkohlfladen
3 **Haydari** – Creme aus Schafkäse und Kräutern
4 **Salatalık turşusu** – Eingelegte Gurken
5 **Soğuk mantar buğulama** – Eingelegte Champignons
6 **Karides güveci** – Krabben im Tontöpfchen
7 **Cacık** – Joghurt mit Gurke, Knoblauch und Dill
8 **Turşu** – Eingelegte Gemüse wie Möhren, Paprika, Auberginen, Bohnen oder Gurken
9 **İmam bayıldı** – »Des Imams Entzücken«; gebackene Auberginen
10 **Beyin köftesi** – Fladen aus Kalbshirn
11 **Midye dolması** – Gefüllte Miesmuscheln
12 **Domatesli karışık kızartma** – Gebratene Gemüse mit Tomatensauce
13 **Beyaz Peynir** – Schafskäse
14 **Mücver** – Zucchini-Puffer mit Minze und Dill
15 **Çiğ köfte** – Scharf gewürztes, rohes Hackfleisch
16 **Patates Piyazı** – Kartoffel-Zwiebel-Salat

Yufka, Bulgur und Reis

Die türkische Küche verwendet drei Grundzutaten, die vielen Gerichten einen besonderen Reiz verleihen:

• Yufka sind sehr dünn ausgerollte Teigblätter und entsprechen dem griechischen Fíllo-Teig (S. 317). Manchmal stellen türkische Hausfrauen sie selbst her, was viel Zeit in Anspruch nimmt. Deshalb überläßt man diese Aufgabe meist dem *yufkacı*. Die Teigblätter gibt es in türkischen Läden – in Folie verpackt – auch fertig zu kaufen. In der Regel enthalten die 500-Gramm-Packungen fünf etwa 50 Zentimeter große Teigbätter. Die berühmteste Verwendung der blätterteigähnlichen Yufka ist *baklava*, das türkische Nationaldessert. Aber man nutzt die Teigplätter auch für eine Vielzahl von kleinen salzigen Pasteten, die ihren Platz als Meze auf dem Rakı-Tisch haben.

• Bulgur ist Weizengrütze und aus gekochtem Weizen hergestellt, den man trocknen läßt und anschließend schrotet. In grobgeschroteter Form wird er als Beilage zu Hackfleischgerichten oder Kebabs gekocht oder mit Gemüse und gewürfeltem Fleisch als Hauptgericht zubereitet. Feingeschroteten Bulgur formt man – verbunden mit anderen Zutaten – zu Röllchen, die ungekocht oder ausgebacken gegessen werden, oder man verwendet ihn in Salaten oder Suppen.

• Reis ist in der Türkei Bestandteil der meisten Hauptgerichte. Er wird nach der Pilav- oder Absorptionsmethode gekocht (wie auch Bulgur oder Weizen). Dabei kommt es auf die Flüssigkeitsmenge an: Der Reis – man nimmt besten Langkornreis – wird einige Minuten in Butter angeröstet. Dann gießt man mit heißer Brühe auf. Ist die Flüssigkeit absorbiert, gibt man heiße Butter über den Pilav, deckt ihn mit einem Tuch oder Küchenpapier ab, verschließt den Topf mit dem Deckel und läßt den Reis 15 Minuten an einem warmen Ort stehen, damit er überschüssige Feuchtigkeit aufsaugen kann. Auf diese Weise wird er besonders locker. Nach der Qualität des Pilavs beurteilt man die Kunst eines Kochs oder die Fähigkeiten einer Hausfrau.

Ispanak böreği – Pastete (Börek) mit Spinat- und Schafskäsefüllung

Links: *Su böreği* – Pastete aus Nudelteig, gefüllt mit Spinat und Schafskäse

Rechts: *Pide böreği* – Pastete aus Brotteig, gefüllt mit Hackfleisch (links) und Schafskäse

Kısır
Bulgur-Salat

150 g feingeschroteter Bulgur
2 Zwiebeln
2 Tomaten
1 gelbe türkische Paprikaschote
2 kleine milde grüne türkische Peperoni
2 EL feingehackte Petersilie
1 EL feingehackte Minze
½ TL Rosenpaprika
3 EL Olivenöl
3 EL Zitronensaft
Salz, schwarzer Pfeffer

Den Bulgur in eine Schüssel geben und nach und nach mit 150 ml kochendem Wasser verrühren; 20 Minuten quellen lassen. Die Zwiebeln schälen und fein hacken, die Tomaten enthäuten und würfeln, Paprikaschote und Peperoni waschen und ebenfalls würfeln.
Die Gemüse mit den übrigen Zutaten zu dem Bulgur geben und alles gut miteinander vermischen; 15 Minuten durchziehen lassen und abschmecken. Den Kısır nach Belieben auf Salatblättern anrichten.

Sigara Böreği
Zigaretten-Börek

200 g Schafskäse
1 Ei
2 EL feingehackte Petersilie
1 EL feingehackter Dill
schwarzer Pfeffer
2 Yufka-Blätter

Den Käse in eine Schüssel bröckeln, Ei, Kräuter und etwas Pfeffer hinzufügen und gründlich vermischen. Die beiden Teigblätter jeweils in 4 gleich große Stücke schneiden. Jedes Viertel wie eine Torte in 3 gleich große Dreiecke teilen.
Auf jedes Teigdreieck entlang einer der langen Kanten 1 EL der Käsemischung geben und wie eine Zigarette aufrollen. Die Ränder mit Wasser befeuchten und leicht andrücken. In heißem Öl etwa 5 Minuten ausbacken, bis die »Zigaretten« goldbraun sind. Auf Küchenkrepp abtropfen lassen und heiß als Vorspeise servieren.

İç Pilav
Gemischter Reis

200 g Langkornreis
60 g Butter
1 Zwiebel
30 g Pinienkerne
150 g Lamm- oder Hühnerleber
Salz, schwarzer Pfeffer
30 g Korinthen
½ TL Kreuzkümmel
300 ml Hühnerbrühe
1 EL feingehackter Dill

Den Reis mit heißem Salzwasser übergießen, abkühlen lassen und abgießen. Die Hälfte der Butter zerlassen. Die Zwiebel schälen, hacken und in der Butter andünsten. Die Pinienkerne hinzufügen und leicht bräunen.
Die Leber in kleine Würfel schneiden, zu der Zwiebel geben und anbraten; pfeffern, salzen und beiseite stellen.
Die restliche Butter zerlassen, Korinthen und Kreuzkümmel hinzufügen und die Brühe angießen. Zum Kochen bringen und den Reis zugeben, umrühren und 10 Minuten kochen lassen.
Vorsichtig die Leber sowie den Dill untermischen und weitere 10 Minuten garen. Den Topf mit einem Küchentuch abdecken und den Reis 10 Minuten ziehen lassen.

Rakı

Ein ausgiebiges türkisches Essen am Abend ist ohne Rakı kaum denkbar. Türken trinken den würzigen Anisschnaps mit seinem charakteristischen, an Lakritze erinnernden Geschmack zu den zahlreichen Gängen einer Mahlzeit oder zwischen den Gängen. Manche mögen ihn pur, um dann anschließend einen Schluck Wasser zu trinken. Aber die Mehrheit schätzt ihn in Form von *aslan sütü*, »Löwenmilch«, wie man den durch zugefügtes Wasser milchig-trüb gewordenen Rakı poetisch nennt. Bei dem klassischen Herstellungsverfahren werden Feigen und Rosinen gehackt und in Gärbottiche gefüllt. Dann gibt man die vierfache Menge Wasser dazu und läßt die Früchte weichen. Hefe löst anschließend die Gärung aus. In vier bis fünf Tagen hat sich der Fruchtzucker in Alkohol verwandelt und ergibt eine vergorene Maische von sieben bis acht Volumprozent. Im kontinuierlichen Verfahren wird ein erstes Mal gebrannt, wodurch man ein klares, hochprozentiges Destillat erhält, das *soma* genannt wird. Nun weicht man Anissamen in *soma* und Wasser ein und brennt ein zweites Mal. Dieses Destillat wird mit destilliertem Wasser auf 40 bis 45 Volumprozent Trinkstärke herabgesetzt, dezent gesüßt und ein bis zwei Monate vor der Abfüllung in Fässern gelagert.

Die erste offiziell erlaubte Rakı-Brennerei, die Bomomti Nektar, wurde 1912 in Izmir Halka Pazar eröffnet. Heute haben Monopolbrennereien des Staates die Herstellung übernommen. Inzwischen wird Rakı überwiegend aus türkischem Wein destilliert.

Man unterscheidet zwei Sorten:
- Yeni Rakı: 80 Gramm Anissamen pro Liter sowie vier Gramm Zucker, Alterung mindestens 1 Monat;
- Kulüp Rakı: 100 Gramm Anissamen pro Liter sowie sechs Gramm Zucker, Alterung mindestens 2 Monate.

Türken schätzen den angenehmen Anisgeschmack der »Löwenmilch«, wie sie ihr Nationalgetränk Rakı gern nennen, und trinken es während wie auch zwischen den Gängen eines Essens.

Gemüse

Das Gemüseangebot der Türkei ist sehr reichhaltig. Während man zum einen viele Fleischgerichte mit Gemüsen zubereitet, gibt es andererseits eine eigenständige Kategorie von Gemüsegerichten, die mit einheimischem Olivenöl zubereitet werden. Sie werden kalt gegessen und als Vorspeise oder Zwischengericht gereicht. Entsprechende Rezepte beginnen oft mit der Bezeichnung *zeytinyağli*, was »in Olivenöl« bedeutet. Beliebt ist sauer eingelegtes Gemüse, *turşu*, mit dem man besonders gern im Winter den Speiseplan bereichert.

Karışık Turşu
Eingelegte Gemüse
(Abbildungen)

6 Möhren
1/4 Knolle Sellerie
je 3 grüne, rote und gelbe Paprikaschoten
12 kleine Gurken
6 kleine, sehr feste Tomaten
12 Knoblauchzehen
2 EL Kichererbsen
6 Stengel Dill
6 Minzeblätter
50 g Weinblätter
1 l Weißweinessig
125 g Salz

Die Gemüse waschen, putzen oder schälen. Möhren, Sellerie und Paprikaschoten in mundgerechte Stücke schneiden, Gurken und Tomaten mehrmals einstechen, den Knoblauch schälen.

Die Gemüse abwechselnd und dekorativ in ein großes Glasgefäß schichten. Dazwischen Knoblauch, Kichererbsen, Dill und Minze verteilen; mit einer Lage Weinblätter abdecken.
2 l Wasser mit dem Essig und dem Salz aufkochen und über die Gemüse gießen, bis sie bedeckt sind. Das Gefäß etwas rütteln, damit alle Luftblasen entweichen.
Einen Teller in geeigneter Größe auf die Gemüse legen und mit einem Stein beschweren, damit sie nicht aus der Salz-Essig-Mischung hochsteigen. Das Glas verschließen und die eingelegten Gemüse an einem kühlen dunklen Ort etwa 5 Wochen stehenlassen. Nach Bedarf zu Vorspeisen oder gegrilltem Fleisch servieren.

Karışık Turşu – Eingelegte Gemüse

Zeytinyağlı Pırasa
Lauch in Olivenöl

1 kg Lauch
2 Zwiebeln
100 ml Olivenöl
2 Möhren
3 EL Langkornreis
1 TL Zucker
2 EL Zitronensaft
Salz
Zitronenscheiben

Vom Lauch alles Grüne abschneiden, gründlich waschen und abtropfen lassen. Die Lauchstangen in etwa 5 cm lange Stücke schneiden.
Die Zwiebeln schälen, hacken und in dem Öl glasig dünsten. Die Möhren putzen, in dünne Scheiben schneiden und zu dem Lauch geben. 10 Minuten dünsten, dabei gelegentlich umrühren.
Reis, Zucker, Zitronensaft und Salz hinzufügen und etwa 150 ml Wasser angießen.
Zugedeckt bei schwacher Hitze etwa 25 Minuten garen. In eine Schüssel geben, abkühlen lassen und mit Zitronenscheiben garnieren.

Yoğurtlu Kabak Kızartması
Ausgebackene Zucchini mit Joghurtsauce

500 g kleine Zucchini
125 g Mehl
150 ml Bier
Öl zum Ausbacken
Salz
1 Knoblauchzehe
250 g Joghurt

Die Zucchini waschen, trockentupfen und die Enden abschneiden. Längs in etwa 5 mm dünne Scheiben schneiden. Das Mehl in eine Schüssel sieben und mit dem Bier zu einem flüssigen Teig rühren.
Die Zucchinischeiben durch den Teig ziehen und in heißem Öl von jeder Seite etwa 3 Minuten ausbacken, bis sie goldgelb sind.
Die Zucchini auf einer vorgewärmten Platte anrichten und mit Salz bestreuen. Den Knoblauch auspressen, mit Joghurt und etwas Salz verrühren; separat in einem Schälchen dazu reichen.

İmam Bayıldı
»Des Imams Entzücken«
(Auberginen in Olivenöl)

4 mittelgroße Auberginen
Salz, schwarzer Pfeffer
150 ml Olivenöl
4 Zwiebeln
4 Knoblauchzehen
2 Tomaten
1 TL Zucker
2 EL feingehackte Petersilie
1 TL Rosenpaprika
4 milde grüne türkische Peperoni
2 Stengel glatte Petersilie

Die Auberginen waschen, die Stielansätze abschneiden und die Früchte im Abstand von etwa 2 cm der Länge nach streifig schälen. 15 Minuten in Salzwasser legen und trockentupfen.
Die Auberginen auf einer Seite der Länge nach tief einschneiden, so daß eine Tasche entsteht. In 100 ml Öl rundum 5 Minuten anbraten. Aus dem Öl nehmen und mit der Öffnung nach oben in eine gefettete feuerfeste Form setzen.
Die Zwiebeln schälen und in dünne Scheiben schneiden, den Knoblauch hacken, die Tomaten enthäuten und würfeln. Zwiebeln und Knoblauch in dem restlichen Öl andünsten. Vom Herd nehmen und Tomaten, Zucker, Petersilie und Paprikapulver hinzufügen; salzen und pfeffern.
Den Backofen auf 180 °C vorheizen.
Die Auberginen mit der Gemüsemischung füllen, das verbleibende Gemüse darauf verteilen und jede Aubergine mit 2 entkernten Peperonihälften belegen. Den Gemüsesaft aus der Pfanne mit 1/4 l Wasser verrühren und in die Form geben.
Die Auberginen 30–40 Minuten im Ofen garen, in der Form erkalten lassen, mit der Petersilie garnieren und in der Form servieren.

Fisch

Die Türkei ist auf drei Seiten von Meeren umgeben. Im Norden bildet das Schwarze Meer ihre Grenze, dessen Fischspezialitäten *hamsi*, Anschovis, sind. Eine Vielzahl von Rezepten verwendet diesen günstigen, sehr schmackhaften Fisch als Hauptzutat. So beliebt sind an der Schwarzmeerküste die kleineren Verwandten der Sardinen, daß man den Bewohnern dort spöttelnd nachsagt, Anschovis sogar zu Marmelade zu verarbeiten. Selten geworden sind der hochwertige *kalkan*, Steinbutt, der beliebte *levrek*, Seebarsch, und der typische *zargana*, Nadelhecht. Besondere Bedeutung kommt dem *mersin balığı*, dem Stör, zu, der in verschiedenen Arten im kühleren Wasser des Schwarzen Meers lebt und nicht nur wegen des Kaviars gefragt ist, sondern auch wegen seines exzellenten Fleisches.

Im Marmarameer, zwischen Bosporus und Dardanellen, finden insbesondere *karides*, Garnelen, und andere Krustentiere sowie *midye*, Miesmuscheln, günstige Bedingungen. Aber alle Schwärme, die vom Mittelmeer ins Schwarze Meer oder umgekehrt ziehen, müssen es durchqueren und sich durch den Bosporus zwängen. Auf beiden Seiten dieses Nadelöhrs zwischen den Kontinenten reihen sich daher Fischerdörfer aneinander. Daß Istanbul von altersher ein besonders reichhaltiges Fischangebot kennt und die Ansprüche an Qualität und Frische groß sind, nimmt unter diesen Voraussetzungen nicht wunder.

Die Ägäis ist für ihre verschiedenen Brassenarten und für Kalmare bekannt. Aber auch Thunfisch und der begehrte Bonito, der geschätzte Schwertfisch und die feine Meeräsche, Sardinen und Makrelen gehen dort wie im Mittelmeer, das die südliche Grenze der Türkei bildet, den Fischern ins Netz. So bietet auch Izmir reizvolle Fischmärkte und in seinen Restaurants viele Spezialitäten, die den Reichtum der türkischen Fischküche widerspiegeln. Oft werden die Fische auf Holzkohlenglut gegrillt, mit Tomaten und Salat angerichtet und mit Zitronensaft beträufelt. Doch zuvor liebt man es, sie für kurze Zeit zu marinieren, indem man den Fisch innen und außen mit einer Mischung aus Olivenöl, Zitronensaft und dem Saft ausgepreßter geriebener Zwiebeln bestreicht. Manchmal grillt man marinierte Fischstücke auch am Spieß oder gart größere Fische oder Fischfilets vom *levrek*, dem bevorzugten Seebarsch, in Pergamentpapier. Allen Zubereitungsarten ist gemeinsam, daß die hochgeschätzten Fische möglichst einfach und unverfälscht gegart werden, damit sie nichts von ihrem authentischen Geschmack einbüßen.

Fische aus drei Meeren

Ahtapot – Tintenfisch	Karides – Garnelen
Ayna – Große Seespinne	Kefal – Meeräsche
Barbunya – Rotbarbe	Kılıç (balığı) – Schwertfisch
Berlam – Seehecht	Kırlangıç – Knurrhahn
Böcek – Languste	Levrek – Seebarsch
Çipura – Goldbrasse	Lüfer – Blaufisch
Deniz kestanesi – Seeigel	Mercan – Rotbrasse
Dil (balığı) – Seezunge	Mersin balığı – Stör
Dülger – Petersfisch	Midye – Miesmuschel
Fenerbalığı – Seeteufel	Magri – Meeraal
Hamsi – Anschovis	Morina – Kabeljau
iskorpit – Drachenkopf	Orkinos – Thunfisch
Istakoz – Hummer	Palamut – Bonito
Kalamar – Kalmar	Sardalye – Sardine
Kalkan – Steinbutt	Som – Lachs
	Uskumru – Makrele
	Yengeç – Krabbe
	Zargana – Nadelhecht

Hintergrund: Vor der Silhouette Istanbuls ein guter Fang. Durch die enge Wasserstraße am Bosporus ziehen große Fischschwärme.

Fleisch

Mit Fleisch wird, aufgrund des moslemischen Glaubens, auf besondere Weise umgegangen. Es gibt vier strikte Vorschriften, von denen eine den Verzehr von Schweinefleisch, eine andere den Genuß von Blut verdammt. Die beiden anderen gebieten, die Tiere nach mohammedanischem Ritus, dem Durchschneiden der Kehle, und im Namen Allahs zu schlachten. Fleisch steht als Zutat in der Türkei in höchstem Ansehen. Am beliebtesten sind Lamm und Hammel, aber auch Kalb und Rind sowie Huhn werden gern gegessen. Als große Delikatesse gelten Milchlämmer, die im Frühjahr im Alter von zwei bis drei Wochen geschlachtet werden. Hammelschwänze, die in der Türkei nicht kupiert werden und in denen sich Fett absetzt, nimmt man gern als Bratfett wegen ihres Aromas.

Ein Erbe aus der Nomadenzeit ist die Vorliebe für Innereien. Gekochte Hammelköpfe sind ein üblicher Anblick. Auf dem Land ehrt man Gäste noch immer, indem man ihnen »Glocken des Glücks«, gegrillte Hammelhoden serviert. Lange Nächte beschließt man in Städten gern mit einem Teller Kuttelsuppe. Da Fleisch aber keineswegs immer reichlich zur Verfügung stand und steht, ist der sparsame und geschickte Umgang mit dem kostbaren Lebensmittel ein Kennzeichen der türkischen Küche. Oft wird Fleisch in kleine Würfel geschnitten, so wie es bereits die Nomadenstämme vor tausend und mehr Jahren zu tun pflegten. *Kebap* heißt diese mundgerechte Fleischeinheit. Sie kennt ungezählte Zubereitungsweisen, wobei *şiş kebabı*, die im Wechsel mit Paprika-, Tomaten- oder Zwiebeln aufgespießten und gegrillten Fleischstückchen, nur eine, wenn auch die international bekannteste Version sind.

Ein besonderer Ausdruck türkischer Kochkunst ist die Verbindung von Gemüse und Fleisch. Das zeigt sich an den Füllungen für Auberginen, Paprikaschoten, Tomaten, Zucchini, Weinblättern oder Artischocken, aber auch in der Art der Zubereitung, mit der Gemüse und Fleisch gemeinsam gegart werden. Damit diese Gerichte saftig bleiben, empfiehlt es sich, kein allzu mageres Fleisch zu verwenden. Völlig mager dagegen ist *pastırma*, das Dörrfleisch, für das man die besten Stücke des Rindes nimmt. Filet oder Entrecôte werden mit *çemen*, einer Würzpaste aus Paprikapulver, Piment, Kreuzkümmel, Pfeffer, Knoblauch und Salz eingerieben und luftgetrocknet. *Pastırma* genießt man, hauchdünn geschnitten, zu Rakı, als Füllung von Börek, in Eintöpfen oder mit Eiern gebraten.

Köfte – Hackfleisch, das oft am Spieß geröstet wird *(şiş köfte)*, gehört auf jede gemischte Grillplatte.

Şiş Kebap – Fleischspießchen gewinnen ihren feinwürzigen Geschmack oft durch Marinieren.

Aus Leber, Hirn, Nieren und anderen Innereien werden in ländlichen Gegenden viele Spezialitäten zubereitet.

Pirzola – Koteletts von Lamm (und Hammel) werden über Holzkohlenglut gegrillt oder im Ofen gebacken.

Şiş Kebap – Fleischwürfel, am Spieß gegrillt und oft mit Salat serviert

Linke Seite (Hintergrund): Döner Kebap besteht aus hauchdünnen, lange marinierten Lamm- oder Hammelscheiben, aus denen um den Spieß dicke Spindeln geformt werden. Sie rösten vor dem senkrechten Grill.

Koyun Pirzolası – Gebratene Hammelkoteletts, ein Klassiker türkischer Küche

Sebze soslu köfte – Rindfleischfrikadellen in Sauce mit Gemüse nach Hausfrauenart

Hünkar Beğendi – »Des Sultans Freude«; geschmorte Lammfleischwürfel mit Auberginenpüree

Çoban saç kavurması – Röstfleisch auf Hirtenart; Fleischwürfel mit verschiedenen Gemüsen

Türkei 349

Yoğurt Tatlısı – Joghurtkuchen
Ayran – Joghurtgetränk
Cacık – Joghurt mit Gurke

Joghurt und Käse

Joghurt ist eines der charakteristischsten Lebensmittel in der türkischen Küche. Auch er stammt aus jenen lang vergangenen Zeiten, als die Türken noch Nomaden waren. Joghurt dient insbesondere als Sauce oder zur Verfeinerung von pikanten Gerichten. Er wird aus Schaf-, Ziegen- oder Kuhmilch meist selbst hergestellt, indem man einen Liter Milch erhitzt, bis sie zu kochen beginnt, läßt sie noch 10 Minuten bei sehr schwacher Hitze köcheln und gibt sie dann in eine Schüssel. Wenn sie auf Handwärme abgekühlt ist, verrührt man zwei Eßlöffel Joghurt mit etwas warmer Milch und gibt die Mischung in die Schüssel. Zugedeckt und in ein Tuch gewickelt muß sich der Joghurt an einem warmen Ort in etwa fünf Stunden entwickeln. So erhält man den *sıvı tas yoğurt*, der recht flüssig ist. Gibt man ihn in ein Baumwolltuch und läßt ihn zwei bis drei Stunden abtropfen, erhält man den festen *süzme yoğurt*, der mit Früchten als Dessert gegessen wird.

Türkische Käsesorten

Beyaz Peynir
Schafskäse (in Griechenland und Bulgarien Féta genannt), entweder in Salzlake eingelegt und vor dem Verbrauch etwa sechs Wochen gereift oder als ungesalzener Frischkäse verwendet

Kaşar Peynir
Fester heller Hartkäse bester Qualität aus Schafmilch oder Kuhmilch oder einer Mischung von Ziegen- und Schafmilch hergestellt, in Radform gereift, auch als Reibekäse

Dil Peyniri
Eine Art Mozarella, als Belag von Fladenbrot

Tulum Peyniri – Weißer, krümeliger, gesalzener Bergkäse aus Schaf- oder Ziegenmilch

Çılbır – Pochierte Eier mit Joghurt

Yoğurt Tatlısı
Joghurtkuchen
(Abbildung linke Seite)

Für 6 Personen

250 g Vollmilchjoghurt
3 Eier
200 g Puderzucker
1 TL abgeriebene unbehandelte Zitronenschale
75 g Butter
250 g Mehl
1 Päckchen Backpulver
500 g Zucker
5 EL Zitronensaft
3 EL feingehackte Pistazien

In einer Schüssel den Joghurt mit Eiern, Puderzucker und Zitronenschale verrühren. 60 g Butter zerlassen und unter die Joghurtmasse mischen. Nach und nach Mehl und Backpulver hinzufügen und zu einem Teig verarbeiten. Den Backofen auf 180 °C vorheizen.
Eine rechteckige höhere Backform mit der restlichen Butter einfetten. Den Teig in die Form geben und etwa 45 Minuten im Ofen backen.
In der Zwischenzeit Zucker und Zitronensaft mit 600 ml Wasser unter Rühren zum Kochen bringen und so lange rühren, bis sich der Zucker völlig aufgelöst hat; bei schwacher Hitze weitere 10 Minuten köcheln lassen. Den Kuchen in der Form mit dem Sirup tränken und abkühlen lassen. In Quadrate schneiden und mit den Pistazien bestreuen.

Ayran
Joghurtgetränk
(Abbildung linke Seite)

Für 4–6 Personen

1 kg Joghurt
$1/2$ l Eiswasser
1 TL Salz

Den Joghurt gut kühlen und glattrühren. Nach und nach das Eiswasser und dann das Salz hinzufügen. Im Mixer oder mit dem Schneebesen aufschlagen. Abschmecken, nach Geschmack nachsalzen oder verdünnen. – Ayran trinkt man gern zum Essen.

Çılbır
Pochierte Eier mit Joghurt
(Abbildung oben)

Für 2 Personen

2 Knoblauchzehen
Salz
300 g Vollmilchjoghurt
3 EL Essig
4 Eier
30 g Butter
1 TL Paprikapulver
1 Prise Cayennepfeffer

Den Knoblauch mit Salz zerdrücken, in den Joghurt geben und verrühren. In eine Servierschüssel geben und warm stellen.
Salzwasser mit dem Essig zum Kochen bringen. Die Eier hineingleiten lassen und 3 Minuten pochieren. Mit einem Schaumlöffel herausnehmen und auf den Joghurt geben. Die Butter zerlassen, Paprikapulver und Cayennepfeffer einrühren und über Eier und Joghurt verteilen.
Sofort servieren.

Cacık
Joghurt mit Gurke
(Abbildung linke Seite)

Für 4 Personen

1 große Salatgurke
Salz
600 g Vollmilchjoghurt
3 Knoblauchzehen, zerdrückt
3 EL Olivenöl
2 EL feingehackter Dill
1 EL feingehackte Pfefferminze
Paprikapulver

Die Salatgurke schälen, entkernen, in sehr kleine Würfel schneiden oder reiben und einsalzen; nach etwa 60 Minuten ausdrücken. Mit dem Joghurt in eine Schüssel geben. Knoblauch, Dill, Pfefferminze und 2 EL Olivenöl hinzufügen, gegebenenfalls mit etwas kaltem Wasser verdünnen. Alles gut vermischen und abschmecken.
In Portionsschälchen füllen und gut kühlen. Vor dem Servieren mit dem restlichen Olivenöl beträufeln und mit Paprikapulver bestreuen.

Süßspeisen

In den Süßspeisen überbieten sich kulinarische Pracht und Vielfalt, und so ist es nicht verwunderlich, daß Süßes keineswegs auf den Nachtisch beschränkt bleibt. Man genießt es ebenso am Nachmittag zum Tee wie auch als Frühstück. Die allgemeine Wertschätzung von Süßspeisen brachte es mit sich, daß diese eine zusätzliche Funktion gewannen: Sie werden als ein Zeichen der Achtung und Zuneigung verschenkt oder angeboten. So ist es üblich, bei einem Besuch Süßigkeiten mitzubringen, und auch dem Gast serviert man etwas Süßes. Aber man teilt sein eigenes Glück auch gern, indem man ein erfreuliches Ereignis zum Anlaß nimmt, Freunde und Nachbarn mit Süßem zu bedenken.

»Hochburgen« von Süßigkeiten und Desserts:
• Tatlıcı – Konditorei: Hier gibt es *baklava*, das mit Nüssen angereicherte, mit Sirup getränkte schichtenreiche Nationaldessert in diversen Variationen; *lokum*, türkischen Honig, und *helva* sowie Spezialitäten mit solch orientalischen Namen wie »Frauennabel«, »Mädchenbusen«, »Nachtigallennester« oder »Frauenlippen«;
• Pastahane – Patisserie: Sie ist vor allem auf Kuchen, Gebäck und Plätzchen spezialisiert und verfügt über ein kleineres Angebot an anderen Süßigkeiten;
• Muhallebici – Geschäft für Milchspeisen: Es bietet Süßspeisen und Desserts auf Milchbasis an; am berühmtesten ist das Istanbuler Dessert *tavuk göğsü* oder *kazandibi*, das aus Hühnerbrust, Reis, Milch und Zucker zubereitet wird.
• Işkembeci – In diesem auf Innereien und Kuttelsuppe spezialisierten Lokal werden als Desserts *zerde*, mit Safran aromatisierter »Hochzeitsreis«, und *aşure*, »Noahs Pudding«, serviert, der nach dem Fest benannt wurde, mit dem die Errettung Noahs vor der Sintflut gefeiert wird.

Helva – Süßspeise aus Sesampaste, Honig und Pistazien

Lokum – Türkischer Honig; aus Zucker (manchmal auch Honig), Nüssen und Reismehl

Şekerpare – Süßes Gebäck aus Grieß und Mandeln.

Bülbülyuvası – »Nachtigallennester«; Blätterteig mit Pistazien, getränkt mit Sirup, der mit Rosenwasser und Zitrone parfümiert wurde

Baklava – Blätterteiggebäck; Variante mit Honig und Pistazien

Muhallebili Baklava – Blätterteiggebäck mit einer süßen Milchcremefüllung in Sirup

Sade Lokum
Türkischer Honig

Für etwa 1,2 kg

250 g Reismehl
1 kg Zucker
1/4 TL Zitronensäurekristalle (aus der Apotheke)
250 g Pistazienkerne
3 EL Rosenwasser

Eine etwa 25 x 25 cm große Form mit einem Mulltuch auslegen, das an allen Seiten etwas überhängt, und mit etwa der Hälfte des Reismehls gut einstäuben. Das restliche Reismehl mit dem Zucker und 1 1/4 l Wasser in einem großen Topf zum Kochen bringen. Die Zitronensäure hinzufügen und unter ständigem Rühren kochen lassen. Wenn die Zuckermasse zu schäumen beginnt, die Hitze reduzieren und auf kleiner Flamme weiterköcheln lassen, dabei immer wieder umrühren, damit der Zucker nicht ansetzt und karamelisiert.
Nach etwa 2 Stunden den Topf vom Herd nehmen und eine Probe machen: 1 TL der Zuckermasse in Eiswasser geben und zu einem Ball formen. Ist dieser elastisch und läßt sich zusammendrücken, ist der Lokum fertig.
Die Pistazienkerne rösten und mit dem Rosenwasser in die Zuckermasse rühren. Die heiße Masse in die vorbereitete Form gießen und glattstreichen. Mindestens 24 Stunden stehenlassen, dann auf ein dick mit Puderzucker bestäubtes Blech stürzen. Mit einem sehr scharfen Messer in Quadrate oder Rechtecke schneiden und in Puderzucker wälzen.
Hinweis: Statt Pistazienkernen kann man auch gehackte Hasel- oder Walnüsse verwenden. Soll der Lokum fester werden, gibt man zum Schluß 1 TL Mastixpulver hinzu und läßt die Masse nochmals aufkochen.

Teig-Honig-Bällchen, in Sirup getaucht

Gözleme Tatlısı – Aufgerollte Teigschnitten, in Öl ausgebacken und mit Sirup getränkt

Tulumba Tatlısı – Spritzkuchen, in Öl ausgebacken und in Sirup getaucht

Cevizli Ay – Mit Sultaninen und Walnüssen gefülltes Gebäck in Halbmondform

Baklava – Gebäckschnitten aus Blätterteig, Honig, Wal- oder Haselnüssen

Tel Kadayıf – Gebäck aus dünnsten Fadennudeln, in Sirup getränkt und mit Nüssen und Pistazien bestreut

Links: Von Helva gibt es ungezählte Variationen, nicht nur aufgrund regionaler Unterschiede. Viele sind Spezialitäten, die zu bestimmten religiösen Feierlichkeiten mit bestimmten Zutaten hergestellt werden. Eine der leckersten Zubereitungen macht man mit Sesamsamen.

Tee und Teehäuser

Im nordöstlichsten Zipfel der Türkei, an der Schwarzmeerküste und ihrem direkten Hinterland, herrscht feuchttropisches Klima. Fast täglich fallen Niederschläge, und die Ausläufer des Pontischen Gebirges sind in warme Nebel gehüllt. Dort, im Umkreis von Rize, findet Tee ideale Wachstumsbedingungen.

Tee, *çay*, begleitet einen Türken nicht nur durch den Tag, sondern auch bei allen wichtigeren Angelegenheiten. Das gilt für geschäftliche Besprechungen auf allen Ebenen ebenso wie für behördliche Termine und natürlich auch für den Service in Läden und Geschäften, wo man einem Kunden gern Tee anbietet. Treffpunkt der türkischen Männerwelt ist das *çayhane*, das Teehaus. In ihm tauscht man Neuigkeiten aus, plaudert, spielt, läßt den *tespih*, den türkischen Rosenkranz, durch die Hand gleiten und schlürft mehrere Tassen Tee. Frauen sieht man in den Teehäusern nicht. Nach islamischem Glauben dürfen sie sich nicht mit fremden Männern in einem Raum aufhalten. Abhilfe schaffen die *çaybahçesi*, Teegärten, in denen ganze Familien einkehren.

Wenn Tee nicht im Samowar zubereitet wird, nimmt man dafür einen Kessel und eine Kanne. Während das Wasser im Kessel erhitzt wird, setzt man die Kanne auf die Kesselöffnung und gibt die Teeblätter hinein. Auf diese Weise werden Kanne und Tee vorgewärmt. Dann gießt man den Tee mit wenig kochendem Wasser auf, setzt die Kanne zurück auf den Kessel und reduziert die Hitze. Nachdem der Tee acht bis zehn Minuten gezogen hat, gießt man davon nach Geschmack weniger oder mehr in die kleinen typischen Gläschen und füllt mit heißem Wasser auf. Jedes Gläschen wird auf einem Untersatz gereicht, auf dem zwei Stücke Zucker und ein Löffel liegen.

Der beste Tee der Türkei wächst bei Rize im direkten Hinterland der Schwarzmeerküste.

Wenn die Sträucher ihre Knospen entfalten, ist die Zeit der Ernte gekommen.

Hintergrund: Das Teehaus, *çayhane*, ist eine feste Institution im sozialen Leben – allerdings ist es nur Männern vorbehalten.

Mit reichlich Blättern wird sehr konzentrierter Tee aufgebrüht und in Gläser gegossen.

Je nach Geschmack verdünnt man das Konzentrat mit mehr oder weniger kochendem Wasser.

Tee begleitet einen Türken durch den Alltag und in allen Lebenslagen.

Glossar

Abgang
Fachausdruck der Weinsprache für den Nachgeschmack des Weins, vor allem im Hinblick auf seine Länge.

Ablöschen
Durch Zugabe von Flüssigkeit und unter Rühren den Bratensatz vom Topf- oder Pfannenboden lösen.

Abschäumen
Beim Kochen von Fleisch für Suppen und Eintöpfe den sich bildenden Schaum entfernen, am besten mit einem perforierten Schaumlöffel; auch bei Obst und Butter.

Abschmecken
Die Würzung des Gerichts überprüfen und mit Pfeffer und Salz, bisweilen auch mit anderen Gewürzen oder Kräutern nachwürzen.

Abschrecken
Gekochte Zutaten mit kaltem Wasser übergießen, auch nach dem Blanchieren angeraten.

Affinage
Beim Käse das Nachreifen bis zum optimalen Verzehrpunkt; beim Wein das Nachreifen in Flaschen.

Al dente
Italienisch; bißfester Garzustand von Teigwaren und Gemüsen.

Anbraten
Zutaten in wenig heißem Fett bräunen lassen.

Andünsten
Zutaten in Fett bei niedriger bis mittlerer Temperatur glasig oder leicht gebräunt werden lassen.

Angießen
Flüssigkeit behutsam zur Vorbereitung oder zu dem garenden Gericht hinzufügen.

Anschwitzen
Gemüse, insbesondere Zwiebeln, bei niedriger Hitze in Butter oder anderem Fett garen, so daß es nicht bräunt.

Appetizer
Appetithappen, Imbiß.

Aspik
Gelee aus Brühe und Geliermittel, in das andere Zutaten eingelegt werden.

Assemblage
Vermischung verschiedener Rebsorten oder Lagen; Verschnitt.

Aufwallen
Die Hitze kurzfristig erhöhen, so daß die Flüssigkeit zum Kochen kommt.

Ausbacken
In Teig oder Mehl gewendete Zutaten werden in heißem Fett schwimmend gebraten und gebräunt.

Ausbau
Reifeprozeß des zu Ende gegorenen Weins in Fässern oder neutralen Behältern.

Auslassen
Bei Speck oder anderen Zutaten auf dem Feuer das feste Fett zum Schmelzen bringen.

Bain-marie – s. Wasserbad.

Bardieren
Umwickeln mit dünnen Speckstreifen; geschieht bei Geflügel oder fettarmem Fleisch wie beispielsweise Wild.

Begießen
Fleisch oder Geflügel beim Braten oder Grillen mit Bratensaft oder anderer Flüssigkeit – wiederholt – übergießen, damit es nicht trocken wird.

Beizen, marinieren
Einlegen, insbesondere von Wild, in ein Bad aus Essig, Wein und Gewürzen.

Bestäuben
Zutaten meist mit Mehl – oder bei Desserts mit Puderzucker – fein bestreuen.

Binden
Andicken von Flüssigkeiten durch Mehl oder Stärkemehl, Mehlschwitzen oder Legieren mit Eigelb und Sahne.

Blanchieren
Zutaten, vor allem Gemüse für wenige Minuten in kochendes Wasser geben und vorgaren. Dadurch werden alle Keime und Enzyme zerstört.

Bouquet garni
Zusammengebundenes Kräutersträußchen, immer mit Thymian und Lorbeer, meist noch mit Petersilie; auch mit Rosmarin, Majoran, Liebstöckel oder Sellerie je nach Gericht und Region.

Braten
Garen von Fisch und Fleisch auf hoher Temperatur in der Pfanne oder im Ofen.

Bukett
Französisch *bouquet*; bezeichnet den Duft von bereits entwickeltem Wein, seine »Nase«.

Buttern
Eine feuerfeste Form oder ein Blech mit Butter gleichmäßig aus- oder einreiben.

Confit
Französisch: »eingemacht«, »eingelegt«; bezeichnet als Substantiv in meist eigenem Fett eingelegte Fleisch- und Geflügelstücke, vor allem von Gans und Ente.

Coulis
Sauce aus püriertem Obst oder Gemüse.

Court Bouillon
Garprozeß in Wasser unter Zugabe von Zwiebel, Möhre, Lauch, eventuell Sellerie, Kräutern und Gewürzen, vor allem bei Fisch.

Croûtons
Geröstete Brotwürfel.

Cuvée
Bezeichnung bei Champagner oder Wein für das fertige – aus verschiedenen Fässern oder Tanks gemischte – Produkt; Verschnitt.

Dämpfen
Garen von Speisen über Wasserdampf in einem speziellem Einsatz oder Sieb.

Deglacieren – s. Ablöschen.

Degorgieren
Bei Schaumweinen durch Rütteln der Flasche den Hefesatz in den Flaschenhals befördern.

Degustation
Verkostung, insbesondere das Probieren von Wein, um seine aromatischen Charakteristiken zu ergründen.

Dünsten
Speisen im eigenen Saft oder mit sehr wenig zusätzlicher Flüssigkeit garen.

Einweichen
Getrocknete Gemüse oder Früchte in Wasser oder andere Flüssigkeit legen, um sie quellen zu lassen.

Farce
Durch den Wolf gedrehte Mischung von Fleisch oder Fisch oder Pilzen mit Kräutern, Gewürzen, auch anderen Zutaten zur Füllung von Pasteten, Geflügel, Fischen u.a.; auch als Aufstrich.

Filetieren
Fische von Haut, Gräten, Kopf und Schwanz befreien.

Flambieren
Gerichte mit hochprozentigem Alkohol übergießen und anzünden, um sie mit dessen Aroma zu verfeinern.

Fond
Saft, der nach dem Garen von Fleisch oder Fisch zurückbleibt und die Basis für Saucen bildet.

Fritieren
Zutaten in heißem Öl oder Fett schwimmend garen und bräunen.

Fumet
Französisch, wörtlich: »Geruch« oder »Duft«; bezeichnet eine durch Kochen, Reduktion und Passieren gewonnene konzentrierte Suppen- oder Saucenbasis, meist von Fischen oder Krustentieren.

Garnieren
Um die Hauptzutat Beilagen anrichten oder das Gericht verzieren.

Gratinieren
Gerichte unter dem Grill durch starke Oberhitze überkrusten, oft mit Käse oder Semmelbröseln.

Grillen
Entweder unter Strahlungshitze oder auf dem Rost über Glut garen und bräunen.

Hachieren
Mit dem Messer feinhacken oder durch den Wolf drehen, hauptsächlich für Fleisch verwendeter Begriff.

Julienne
In feine Streifen geschnittenes Gemüse.

Karamelisieren
Im engeren Sinn das Innere einer (Back-)Form mit Karamelzucker überziehen; allgemeiner das Überbräunen mit Zucker und Butter.

Karkasse
Geflügelgeripppe, das entweder zur Herstellung von Saucenfonds dient oder – im Südwesten Frankreichs – gegrillt wird.

Klären, klarifizieren
Bei Brühen oder Saucen Bindung und Entfernung der Trübstoffe durch Einrühren von leicht aufgeschlagenem Eiweiß, vorsichtiger Erhitzung und anschließendem Passieren.

Köcheln
Auf kleiner Flamme garen, aber so, daß die Flüssigkeit weiter Blasen wirft.

Legieren
Leichtes Andicken und Binden von nicht kochenden Saucen unter Einrühren von Eigelb und Sahne, Milch oder Butter.

Marinieren, beizen
Zutaten in einer Sauce aus Öl, Essig oder Zitronensaft sowie Gewürzen und Kräutern einlegen und für einige Zeit ziehen lassen.

Mazerieren
Begriff aus der Getränkebereitung: das Ziehenlassen von Früchten oder anderen Zutaten in Alkohol, Wein oder Most.

Mehlschwitze
Verrühren von Mehl in zerlassener Butter oder anderem Fett zu einer homogenen Mischung, die dann nach und nach aufgegossen wird, um eine Flüssigkeit oder Sauce zu binden.

Mirepoix
Kleingewürfeltes, dann angedünstetes Gemüse wie Möhren, Zwiebeln, Schalotten mit Kräutern und etwas rohem Schinken, das dazu dient, den Geschmack von Saucen zu unterstützen.

Panieren
Zutaten in einer Mischung aus Mehl, Ei und Semmelbröseln (Paniermehl) wenden, um sie anschließend zu braten oder zu fritieren.

Parfait
Halbgefrorenes.

Parieren
Abschneiden von Fett, Knorpeln und sonstigem Überflüssigem von Fleisch- oder Fischstücken.

Passieren
Zubereitungen durch ein Sieb oder Tuch streichen.

Persillade
Mischung aus feingehackter Petersilie und Knoblauch.

Pochieren
Behutsames Garen in Flüssigkeiten, die nicht kochen.

Pürieren
Rohe oder gegarte Zutaten mit weicher Konsistenz zu einer homogenen Masse zerkleinern.

Rancio
Bestimmter Bukett- und Geschmackston, der bei lange gealterten Weinen und Weinbränden entsteht und an frische Walnüsse erinnert.

Reduzieren
Verringern einer Flüssigkeitsmenge durch Einkochen bei starker Hitze.

Rösten
Bräunen von Zutaten mit wenig oder ohne Fett.

Roux
Französisch; s. Mehlschwitze.

Sabayon
Weinschaumcreme.

Sauce béchamel
Auf der Basis einer mit Milch verrührten, mit Muskatnuß und Salz abgeschmeckten Mehlschwitze.

Sautieren
Von französisch *sauter* abgeleitet; Synonym für schmoren.

Schmoren
Zunächst Zutaten anbraten, dann etwas Flüssigkeit zugeben und garen.

Spicken
Speckstreifen, Trüffelscheiben oder Knoblauchzehen unter die Haut oder Oberfläche von Geflügel oder Fleisch einziehen, am besten mit einer speziellen Spicknadel.

Stocken
Festwerden von Eimassen durch Hitzezufuhr oder von Flüssigkeiten, in die Geliermittel gegeben wurden.

Sud
Gewürzte Kochbrühe zum Garen von Fisch oder Siedfleisch.

Tannine
Gerbstoffe im Wein, die aus Schalen und Strünken (Rappen) stammen und als natürlicher Konservierungsstoff wirken; sie garantieren Rotweinen ein langes Leben.

Unterheben
Zutat(en) in eine homogene Zubereitung oder Mischung geben und mit ihr verbinden, ohne kräftiges Rühren.

Vinaigrette
Salatsauce auf der Basis von Essig (französisch *vinaigre*) und Öl, gegebenenfalls noch (Dijon-)Senf.

Wasserbad
Schonendes Garen in einem Topf, der in einem anderen Topf mit kochendem Wasser hängt, oder in speziellen doppelwandigen Töpfen, wodurch ein Anbrennen vermieden wird.

Ziehen lassen
Auf niedrigster Hitze in Flüssigkeit zu Ende garen.

Ziselieren
Einschneiden von Fisch oder Fleisch, damit sie gleichmäßig garen und sich dabei nicht wölben, auch aus dekorativen Gründen.

Bibliographie

Accademia Italiana della Cucina: Cucina Italiana, Das große Buch der Italienischen Küche. Köln 1993

Albonico, Heidi und Gerold: Schweizer Tafelfreuden. Zürich 1974

Alexiadou, Vefa: Greek Cuisine. Thessaloniki 1989

Anderson, Burton: Atlas der italienischen Weine. Bern – Stuttgart 1990

Anderson, Jean: The Food of Portugal. New York 1994

Andrae, Illa: Alle Schnäpse dieser Welt. Herford 1988

Aris, Pepita: Rezepte aus einem spanischen Dorf. München 1991

Arnaud, Tony: Wildtiere. Stuttgart 1975

Ayrton, Elizabeth / Fitzgibbon, Theodora: Traditional British Cooking. London 1985

Bailey, Adrian: Die Küche der Britischen Inseln. Time Life International, 1974

Bailey, Adrian, u.a.: Die Speisekammer. München 1993

Bati, Anwer: Zigarren – Der Guide für Kenner und Genießer. München 1994

Beer, Otto F.: Wien – Reise durch eine Stadt. München 1977

Bernard, Françoise: Le Livre d'or. Paris 1985

Beyreder, Adelheid: Küchen der Welt – Österreich. München 1993

Beyreder, Adelheid: Böhmisch kochen. München 1994

Bobadilla, Vicente F. de: Brandy de Jerez. Madrid 1990

Bocuse, Paul: Bocuse dans votre cuisine. Paris 1982

Bocuse, Paul: Die Renaissance der Französischen Küche. München 1991

Brown, Catherine: Scottish Cookery. Edinburgh 1985

Brown, Dale: Die Küche in Skandinavien. Time Life International, 1971

Bugialli, Giuliano: Classic Techniques of Italian Cooking. New York 1989

Buren, Raymond: Le Jambon. Grenoble 1990

Cadogan, Mary: Delikate Meeresfrüchte. Hamburg 1992

Campbell, Georgina: Good Food from Ireland. London 1991

Cantin, Christian: Les Fromages. Paris 1978

Carluccio, Antonio: Passion for Pasta. London 1993

Casas, Penelope: Tapas. New York 1991

Casparek, Gustav: Das Kochbuch aus dem Rheinland. Münster 1976

Casparek-Türkhan, Erika: Küchenlexikon für Feinschmecker. München 1989

Casparek-Türkhan, Erika: Kulinarische Streifzüge durch die Türkei. Künzelsau 1989

Casparek-Türkhan, Erika: Kulinarische Streifzüge durch Europa. Künzelsau 1994

Casparek-Türkhan, Erika: Griechisch kochen. München 1994

Chaudieu, Georges: Le livre de la viande. Paris 1986

Christl-Licosa, Marielouise: Antipasti. München 1991

Connery, Claire: In an Irish Kitchen. London 1992

Cousteaux/Casamayor: Le Guide de l'Amateur d'Armagnac. Toulouse 1985

Cùnsolo, Felice: Italien tafelt. München 1971

Darwen, James: Das Buch vom Whisky. München 1993

Das große Buch vom Kochen. Köln 1986

Das große Koch- und Backbuch. Frankfurt/Main 1983

Das Land Bremen. Monographien deutscher Wirtschaftsgebiete. Oldenburg 1984

Davids, Kenneth: Espresso – Ultimate Coffee. Santa Rosa 1993

Davidson, Alan: Mediteranean Seafood. Middlesex 1981

Davidson, Alan/Knox, Charlotte: Seafood. London 1989

Degner, Rotraud: Fische und Meeresfrüchte. München 1989

Döbbelin, Hans Joachim: Kulinarische Streifzüge durch Skandinavien. Künzelsau 1990

Dominé, André: Die Kunst des Aperitif. Weingarten 1989

Döpp, Elisabeth: Griechisch kochen. München 1993

Dr. Oetker: Lexikon Lebensmittel und Ernährung. Bielefeld 1983

Duch, Karl: Handlexikon der Kochkunst. Linz 1989

Enciclopedia della cucina. Novara 1990

Engin, Funda: Türkei. München 1994

Erdei, Mari: Ungarisch kochen. München 1993

Eren, Neset: The Art of Turkish Cooking. New York 1969, 1993

Faist, Fritz: Fondue und Raclettes. Niedernhausen/Ts. 1986

Falkenstein, Peter-Paul: Das Wein-Buch. Köln o.J.

Ferguson, Judith: Polish Cooking. New York 1991

Freson, Robert: Italien – Eine kulinarische Entdeckungsreise. München 1992

Freund, Heidemarie: Backen mit Obst. München 1993

Gay, Lisa: Eloge de l'huître. Paris 1990

Gericke, Sören: Smörrebröd und rote Grütze. Berlin 1993

Getränke. Time Life International, 1982

Gööck, Roland: Ein kulinarisches Rendezvous mit Deutschland. Künzelsau 1985

Gorys, Erhard: Das neue Küchenlexikon. München 1995

Grösser, Hellmut: Tee für Wissensdurstige. Gräfelfing 1992

Großbritannien – Landschaften und Rezepte. London 1991

Halıcı, Nevin: Das Türkische Kochbuch. Augsburg 1993

Hamann, Ulla: Norddeutscher Kuriositätenführer. Königstein/Ts. 1981

Haroutunian, Arto de: Middle Eastern Cookery. London 1982

Harris, Andy: Grèce Gourmande. Paris 1992

Hering, Richard: Lexikon der Küche. Gießen 1978, 1987

Hess/Sälzer: Die echte italienische Küche. München 1990

Hillebrand/Lott/Pfaff: Taschenbuch der Rebsorten. Mainz 1990

Horvath, Maria: Spanische Küche. München 1964

Imhoff, Hans: Kakao – Das wahre Gold der Azteken. Düsseldorf 1988

Inzinger, Max: Die gute deutsche Küche. Köln 1991

Jackson, Michael: Bier international. Bern 1994

Jackson, Michael: Das große Buch vom Bier. Bern 1977

Jacobs, Susie: Die schönsten Rezepte aus der griechischen Inselwelt. Köln 1992

Johnson, Hugh: Der große Weinatlas. Bern – Stuttgart 1995

Johnson, Hugh: Der neue Weinatlas. Bern 1994

Juling, Petra: 100 schwedische Gerichte. Köln 1994

Kaltenbach, Marianne: Ächti Schwyzer Kuchi. Bern 1977

Kloos, W.: Bremer Lexikon. Bremen 1977

Knich (Hrsg.), Hubert: Türkisch kochen. München 1993

Ková, Eva Hany: Westböhmisches Kochbuch. Berlin 1992

Kramer, René: Büffets und Empfänge in der internationalen Küche. München 1977

Kramer, René: Wild und Geflügel in der internationalen Küche. München 1974

Lang, George: Die klassische ungarische Küche. Budapest 1993

Le Divellec, Jacques: Les Poissons. Paris 1990

Lechner, Egon: Jagdparadiese in aller Welt. München 1991

Lempert, Peter: Austern. Düsseldorf 1988

Likidis-Königsfeld, Kristina: Griechenland. München 1994

Lissen/Cleary: Tapas. London 1989

Löbel, Jürgen: Parmaschinken & Co. Düsseldorf 1989

Loberg, Rol: Das große Lexikon vom Bier. Wiesbaden o.J.

Lombardi, Liliana: Le ricette regionali italia ne. Mailand 1969

Luard, Elisabeth: The La Ina Book of Tapas. Cambridge 1989

Luján, Néstor und Tin: Spanien – Eine kulinarische Reise durch die Regionen. München 1991

Marcenta, A.: Suppen, die die Welt bedeuten. München 1978

Marchesi, Gualtiero: Die große italienische Küche. München 1984

Marstrander, Sigrid: Norwegian Recipes. Iowa 1990

Maxwell, Sarah: Meze Cooking. London 1992

McLeod-Grant, Ameli: Scottish Cookbook. Münster 1979

McNair, James: Pizza. Berlin 1990

Medici (Hrsg.), Lorenza de': Italien – Eine kulinarische Reise. München 1989

Mehlspeisen und Teigwaren von A bis Z. Köln 1985

Meurville/Creignou: Les fêtes gourmandes. Paris 1989

Meuth/Neuner-Duttenhofer: Toskana. München 1993

Meyer-Berkhout, Edda: Die spanische Küche. München 1985

Meyer-Berkhout, Edda: Kulinarische Urlaubserinnerungen. München 1981

Mitchell, Alexandra, u.a.: Frankreich – Das Land und seine Küche. München 1992

Mittelberger, Karl: Das Aachener Printenbuch. Aachen 1991

Moisemann, Anton/Hofmann, H.: Das große Buch der Meeresfrüchte. Füssen 1989

Monti, Antonia: Il nuovissimo cucciaio d'argento. Rom 1991

Musset, Danielle: Lavandes et plantes aromatiques. Marseille 1989

Norman, Jill: Das große Buch der Gewürze. Aarau 1993

Ojakangas, Beatrice: Fantastically Finnish. Iowa 1985

Olivier, Jean-François: Huiles et matières grasses. Paris 1992

Ott, Alexander: Fische. Künzelsau 1981

Papashvily, Helen und George: Die Küche in Rußland. Time Life International, 1971

Paradissis, Chrissa: Das beste Kochbuch der griechischen Küche. Athen 1972

Pebeyre, Pierre-Jean et Jacques: Le Grand Livre de la Truffe. Paris 1987

Perry, Sara: The Tea Book. San Francisco 1993

Priewe, Jens: Italiens große Weine. Herford 1987

Read, Jan: Sherry and the Sherry Bodegas. London 1988

Reck, Heinz: Käse-Lexikon. München 1979

Rezepte aus deutschen Landen. Herrsching o.J.

Rios/March: Große Küchen – Spanien. München 1993

Riza Kaya, Ali: Die Türkische Küche. München 1995

Rob, Gerda: Ein kulinarisches Rendezvous mit Griechenland. Künzelsau 1990

Rob, Gerda: Kulinarische Streifzüge durch Österreich. Künzelsau 1990

Rob, Gerda/Teubner, O.: Ein kulinarisches Rendezvous mit Portugal. Künzelsau o.J.

Robinson, Jancis: Reben, Trauben, Weine. Bern – Stuttgart 1987

Röger, Michael: Alles aus Lebkuchen. Augsburg 1990

Römer, Joachim/Schmidt, Gérard: Kölsch Kaviar un Ähzezupp. Köln 1990

Römer, Joachim: Kölsches Kochbuch. Köln 1994

Rossi Callizo, Gloria: Las Mejores Tapas. Barcelona 1985

Samalens, Jean et Georges: Le livre de l'amateur d'Armagnac. Paris 1975

Scheibenpflug, Lotte: Das kleine Buch vom Tee. Innsbruck 1992

Schindler, Hedwig: Die unbekannte türkische Küche. Berlin 1990

Schmöckel, Peter: Das große Buch der Getränke. München 1993

Schokolade und Kakao. Über die Natur eines Genusses. Neuwied 1991

Schoonmaker, Frank: Das Wein-Lexikon. Frankfurt/Main 1990

Schuhbeck, Alfons: Das neue bayerische Kochbuch. Steinhagen 1990

Schwäbisch-alemannische Küche. Offenburg 1982

Schwarzbach, Berti: Das Kochbuch aus Wien. Tirol 1978

Scott, Astrid Karlsen: Ekte Norsk Mat. Lake Mills, Iowa 1983

Stender-Barbieri, Uschi: Wanderung durch Italiens Küche. Herrsching 1974/75

Steurer, Rudolf: Vino – Die Weine Italiens. Rüschlikon–Zürich o.J.

Steurer, Rudolf/Thomann, Wolfgang/Schuller, Josef: Welt Wein Almanach. Wien – München – Zürich 1992

Supp, Eckhard: Enzyklopädie des italienischen Weins. Offenbach 1995

Taubert, H. G.: Kaviar. Düsseldorf 1989

Teubner, Christian: Die 100 besten Kochrezepte. Füssen 1994

Teubner (Hrsg.), Christian: Das große Buch vom Fisch. Füssen 1987

Teubner (Hrsg.), Christian: Das große Buch vom Käse. Füssen 1990

Teubner, Christian/Wolter, Annette: Spezialitäten der Welt – köstlich wie noch nie. München 1982

Theoharous, Anne: Griechisch kochen. München 1981

Thurmair, Elisabeth: Teigtaschen aus allen Ländern. München 1988

Torres, Marimar: The Spanish Table. London 1987

Toussaint-Samat, Maguelonne: La cuisine de Maguelonne. Paris 1988

Uecker, Wolf: Brevier der Genüsse. München 1986

Uecker, Wolf: Deutschland, deine Küchen. Steinhagen 1988

Volokh, Anne: The Art of Russian Cuisine. New York 1983

Walden, Hilaire: Portugese Cooking. London 1994

Ward, Susann: Russische Küche. Köln 1995

Widmer, Peter/Christ, Alexander: Schweiz – Kulinarische Tafelfreuden. Künzelsau 1993

Wien und Umgebung. Grieben-Reiseführer

Willan, Anne: Die Große Schule des Kochens. München 1990

Willinsky, Grete: Gemüse – international serviert. Berlin 1976

Wolter, Annette, u.a.: Spezialitäten der Welt – köstlich wie noch nie. München 1993

Wolter, Annette: Geflügel. München 1987

Zoladz, Marcia: Portugiesisch kochen. St. Gallen – Berlin – Sao Paulo 1987

Danksagung

Der Verlag dankt für die freundliche Unterstützung und Mithilfe. In diesen Dank mit eingeschlossen sind jene Personen und Institutionen, die bei der Realisierung des Projekts mithalfen, ohne dem Verlag namentlich bekannt zu sein.

Belgien

Fabienne Velge, Brüssel, für ihre Mitarbeit, insbesondere für Rezepte und detaillierte Informationen, aber auch für die große Hilfe bei der Organisation der Recherchen.

André Leroy, Charleroi, für seine herzliche Gastfreundschaft und große Hilfe bei der Organisation der Recherchen, sowie für die Weinempfehlungen zu den Rezepten.

Abbey Notre-Dame-de-Scourmont, Chimay
Bières de Chimay; Michael Weber
Brauerei Lindemans; Gert Lindemans, Vleezenbek
Brugge Tourist Office; J.P. Drubbel
Jacquy Cange, Péruwelz
Chocolaterie Sukerbuyc; M. Depreter, Brügge
Marc Danval, Brüssel
De Gouden Boom; Paul Vanneste, Brügge
Detry Frere, Aubel
Ferme Colyn, Bruyères-Herve
Fritterie Eupen
Fromagerie Vanderheyden, Pepinster
Gaufrerie La Doyenne Liégeoise; F. Joiris, Herstal
Dominique Gobert, Oigniès-en-Thiérache
Godiva, Chocolats, Brüssel
Herve Société, Herve
Hostellerie Pannenhuis, Brügge
Hotel- en Toerismeschool; Eddy Govaert, Brügge
Maison Dandoy; Jean Rombouts, Brüssel
Maison Matthys & Van Gaever; Patrick van Gaever, Brüssel
Office National des Débouchés Agricoles et Horticoles, Jambes
Office des Produits Wallons, Montignies-sur-Sambre
Pub Aquarell, Eupen
Restaurant Le Brabançon; Marie-Jeanne Lucas, Brüssel
Restaurant Café des Arts, Brügge
Restaurant Le Joueur de Flûte; Philippe van Capellen, Brüssel
Restaurant Le Sanglier des Ardennes; Jacky Buchet-Somme, Oignies-en-Thiérache
M. Ryckmans, Kortenberg
L. Ryckmans-Vrebos, Kortenberg
Siroperie Nyssen, Aubel
Van De Goor, Leevdaal

Frankreich

M. Astruc, Roquefort
Auberge de la Truffe; Mme. Leymar, Sorges
Guy Audouy, Ansignan
Roland Barthélemy, Paris
M. Bernachon, Lyon
René Besson, Saint-Jean d'Ardière
Gabriel Boudier, Dijon
Boulangerie-Pâtisserie Jean Baptiste Waldner, Erstein
Bureau Interprofessionnel des Vins de la Bourgogne; Dominique Lambry, Beaune
La Cargolade; Eheleute Fourriques, Argeles Surbeer
Le Chalut; Jean-Claude Mourlane, Port-Vendres
Le Chardonnay; Jean-Jacques Lange, Reims
Château de Monthélie; Eric de Suremont, Monthélie
Chocolaterie Valrhona, Tain-l'Hermitage
Cidrerie Château d'Hauteville; Eric Bordelet, Charchigné
La Cognathèque, Cognac
Jeanne und Michel Colls, Perpignan
Comité Interprofessionnel de la Volaille de Bresse, Louhans
Comité Interprofessionnel des Vins du Languedoc; Christine Behey-Molines, Narbonne
Coumeilles, Boucherie du Faubourg
Au Couscoussier D'Or, Lyon
Crémerie Henri Reynal, Perpignan
Crêperie Ty-Coz; Familie Lejollec, Locronan
Cru Minervois; Yves Castell, Olonzac
Martine Cuq, Roquefort
Distillerie des Fiefs Sainte Anne; Christian Drouin, Calvados
Ecole Hôtelière de Moulin-à-Vent, Perpignan
Ecomusée de la Truffe, Sorges
Albert Escobar, Montélimar
L'Estaminet au Bord L'Ill, Erstein
Edmont Fallot, Beaune
Ferme Auberge du Grand Ronjon; Pierre Emanuel Guyon, Cormoz

Anse Gerbal, Côte Catalane, Port Vendres
Claude Gineste, Izarra, Bayonne
Gérard Hulot, Paris
Laiterie de Saint-Hilaire-de-Briouze; Jacques de Longcamp, Gillot
La Littorine; Jean-Marie Patroueix und Jean Sannac, Banyuls
Maison Samalens; Philippe Samalens, Laujuzon
Maurice de Mandelaeré, Flörsheim-Dalsheim
Moët & Chandon; Laurence Le Cabel und Philippe de Roys de Roure, Epernay
Mairie de Montélimar
Patrick Morand, Montélimar
Gérard Mulot, Paris
Pierre und Dominique Noyel, St. Claude Huissel, Amplepuis
Les Pêcheries Côtières; Daniel Huché, Paris
Restaurant Auberge de Bergeraye; Pierrette Sarran, Saint-Martin d'Armagnac
Restaurant La Bourride; Michel Bruneau, Caën
Restaurant Chez Philippe; Philippe Schadt, Blaesheim
Restaurant Robin; Daniel Robin, Chénas
M. Rivière, Anjeal-Charente
Fa. Roque, Collioure
Claude Rozand, Montrevel en Bresse
Sopexa; Katja Bremer, Brigitte Engelmann und Christa Langen, Düsseldorf
Robert Telegoni, Montbrun Les Bains
La Tremblade; François Patsuris
Union Interprofessionnelle des Vins du Beaujolais; Michel Deflache, Villefranche
Le Vintage, Reimes

Spanien

Maité Schramm, Calce, welche die Rezepte beisteuerte.

Bodegas Marques de Caceres, Cenicero, Rioja
Cava Freixenet, San Sadurni de Noya
Charcuteria La Pineda; Antonio Segovia, Barcelona
Pedro Domecq S.A., Jerez de la Frontera
Fábrica de Sanchez Romero Carvajal, Huelva, Jabugo
Hostal Montoro; Rafael Majuelos y Bartolomé Garcia, Cordoba
Angel Jobal S.A., Barcelona
Klemann GmbH, Wachenheim
El Mirador de Las Cavas, San Sadurni de Anoy
Patrimonio Communal Olivarero, Montoro, Cordoba
Pescaderia Garcia, Mercado Galvany, Barcelona
Restaurant Cal Pep; Josep Manubens Figueres, Barcelona
Restaurant Los Caracoles, Barcelona
Don Manuel Roldan, Sevilla
Sidra Escanciador, Villaviciosa
Sidra Trabanco Lauandera, Gijon
Spanisches Generalkonsulat; Handelsabteilung, Vicente Salort, Juan Carlos Sanz und Barbara Wehowsky, Düsseldorf
Oliver Strunk, Barcelona
Tapas Bar El Xampanyet, Barcelona

Portugal

Joachim Krieger, Piesport, der in Portugal nach ursprünglichen und herausragenden Spezialitäten fahndete, Material und Informationen zusammentrug und viele Textpassagen vorformulierte.

Cervejaria da Trindade, Lissabon
Cockburn Smithes & Comp.; Gina Nonteiro, Villa Nova de Gaia
Isabella Gambero, Trier
Konservenfabrik Idamar, Matosinhos
Manteigaria Silva, Lda., Lissabon
Portugiesisches Generalkonsulat; Handelsabteilung, António Teixeira, Düsseldorf
Quinta de Ancede, Amares (Braga)
Restaurant Búzio; Luis Matens, Sintra

Italien

Uschi Stender-Barbieri, Herrsching, für Rezepte, Informationen, Korrekturen und Zusätze; Nico Barbieri für zahlreiche Hinweise und Empfehlungen.

Acetaia Raffaele Piccirilli, Cavriago (R.E.)
Al Castello Romano, Köln
Al'Dorale Ristorante, Köln
Antica Macelleria Falorni, Greve, Chianti
Antica Sciamadda, Genua
Associazione di trifulao; Agostino Aprile, Montà, Alba
Azienda Agricola Corbeddu Santino e Pasqualino, Castelnuovo Berardenga (SI)
Azienda Agricola Oberto Egidio, La Morra (CN)
Azienda Turistica; Federica Bono, Vercelli

Bar Camparino, Mailand
Barilla Alimentare S.P.A., Parma
Giuditta Besana, Calce
Camera Di Commercio, Modena
Castello Di San Paolo in Rosso; Stefan Giesen, Gaiolo in Chianti
Conservificio Allevatori Molluschi, Chioggia
Consorzio del Parmigiano Reggiano; Leo Bertazzi, Reggio Emilia
Consorzio per la tutela dell'Aceto Balsamico tradizionale di Moden, Modena
Consorzio per la tutela del formaggio Gorgonzola, Novara
Distillerie Sibona, Piobesi d'Alba
La Fungheria, Mailand
Gastronomie Service Dahmen GmbH, Köln
Gelateria Mickey Mouse, Parma
Gelateria Pasticceria Etnea, Bergamo
Frantoio Giachi, Mercatale Val Di Pesa (FI)
Ghibellino, Castelnuovo Berardenga (SI)
Italienisches Institut für Außenhandel, ICE; Gertrud Schmitz und Dr. Vittorio Taddei, Düsseldorf
Romano Levi, Neive
Lidero Truccore, Montà
Macelleria Falcinelli, Arezzo
Marcella Tognazzi, Radda
Mario Marchi, San Casciano
Mazzucchelli Goretti Piero, Bologna
Molino Sobrino, La Morra (CN)
Moto Nautica Nordio, Chioggia
Panetteria Paolo Atti e Figli, Bologna
Pasticceria Panarello; Francesco Panarello, Mailand
Pizzeria La Conchiglia, Novellara, Reggio Emilia
Prosciuttificio Pio Tosini, Langhirano bei Parma
Riseria Tenuta Castello, Desan, Vercelli
Ristorante Picci, Cavriago
Salsamenteria Bolognese Tamburini, Bologna
San Giusto A Rentennano; Bettina und Luca Martini, Gaiole, Chianti
Sansone, Köln
Michele Scrofani, Bergamo
Serafina Laboratorio Artigianale, Genua
La Sfogliatella, Bologna
A.B. Sre tripperia, Genua
Tartuflanghe di Bertolussi, Piobesi d'Alba
Torrefazione Faelli; Angela Biacchi, Parma
Uniteis, Seligenstadt

Griechenland

Achaia Clauss, Patras
Simos Countouris, Markagoulo, Attika
Dimitriadis, Attika
Griechisches Generalkonsulat; Handelsabteilung, Herr Alexandrakis, Bonn
Hotel Poseidon, Patras
Taverne Delphi; Eheleute Pavegos, Köln

Türkei

Bazar Kebap, Köln
Çinar Restorant, Istanbul
Grillrestaurant Bandirma, Köln
Ahmet Yavas, Istanbul

Fotonachweis

Alle Fotos Günter Beer
außer:
Food Foto Köln, Brigitte Krauth und Jürgen Holz: 24–27, 52/53, 64/65, 70/71,74/75, 82–85, 94/95, 98/99, 110/111 (großes Foto), 140/141, 146/147, 180–183, 208/209, 212/213, 220/221, 224/225 (großes Foto), 226–231, 264/265, 274–277, 282–285, 294/295, 314–317, 344/345, 350/351.
Till Leeser/Bilderberg: 106/107 (großes Foto)
© Claus Photography 1994 und 1995: 130/131; 132/133
André Dominé: 216 (kleines Foto unten), 233
Bishop/FOCUS: 310/311
Kalvar/magnum/FOCUS: 334/335
Manos/magnum/FOCUS: 327 (kleine Fotos)
Snowdon/Hoyer/FOCUS: 327 (großes Foto)
Naturbild Ag. Büttner/OKAPIA: 328 (Anispflanze)
Manfred Ruckszio/OKAPIA: 328 (Anissamen)
Scandinavian Fishing Year Book, Baekgaardsvej, DK-2640 Hedehusene: 218/219, 324/325
Spanisches Generalkonsulat, Handelsabteilung, Düsseldorf: 198 (© Carlos Navajas: Palomino, Tempranillo)
SOPEXA: 59 (3 freigestellte Austern), 62/63, 93, 96, 97, 121 (Vacherin de Mont d Or)
Ruprecht Stempell, Köln: 103 (Fenchel), 124, 125 (5 Weinflaschen)

360

Register

Verweise auf Rezepte und ausführlichere Text-
stellen sind halbfett gesetzt.
Die skandinavischen Buchstaben æ, ø, å sind
nach z eingeordnet.

Abkürzungen

A	=	Österreich
B	=	Belgien
CH	=	Schweiz
CZ	=	Tschechien
D	=	Deutschland
DK	=	Dänemark
E	=	Spanien
ENG	=	England
F	=	Frankreich
FIN	=	Finnland
GR	=	Griechenland
H	=	Ungarn
I	=	Italien
IRL	=	Irland
N	=	Norwegen
NL	=	Niederlande
P	=	Portugal
PL	=	Polen
RUS	=	Rußland und Staaten der ehemaligen Sowjetunion
S	=	Schweden
SCO	=	Schottland
SK	=	Slowakei
TR	=	Türkei
(Abb.)	=	mit Abbildung
I/...	=	Band I/Seite...
II/...	=	Band II/Seite...

Aachener Printen I/321
Aal
    Allgemein: B II/15; CH I/269; D I/301; DK **I/87,
    90**; E II/177; F II/62; N I/111; P II/219
    Spezialitäten (s. auch Rezepte): D I/333; DK /91,
    96 II/62; P II/209
    Rezepte: B II/15; DK I/91, 96
Aal im Grünen II/15 (Abb.)
Aal in Currysauce I/91 (Abb.)
Aargauer Rüeblitorte I/275
Abgebräunte Kalbshaxe I/296 (Abb.)
Abondance II/119, 122
Absinth II/48
Aceto balsamico **II/296–297**
Afternoon Tea I/17
Äggstanning I/124
Agnello arrosto II/275
Aïoli II/66
ajo blanco II/171
Ale **I/38–40**, 74
Alexander der Große II/266

Alioli II/187
Almejas a la marinera II/181
Anguilles au vert II/15 (Abb.)
Altbier **I**/331, **332**
Amarelo II/226
Angináres alá Politá II/318
Anis **II/48**, 49
Anna von Sachsen, Kurfürstin I/334
Anschovis
    Allgemein: E II/177, F **II**/62, **68**; TR II/346
    Fang II/68
    Konservierung **II/68–69**, 179
    Spezialitäten: E II/161, 162; F II/69
    Rezepte: S II/127
Antipasti **II/246–247**
Aperitifs
    Allgemein: E II/200; F **II/48**, 50; GR II/328;
    I **II/306–307**
    Sorten: F II/48, 50; I II/307
Apfel s. auch Obst; Obstbranntwein
    Allgemein: D **I/312–313**; F II/144; GR II/332;
    IRL I/83
    Konservierung I/31
    Sirup **II/37**
    Sorten: A I/248; D **I/312–313**; E **II/193;**
    ENG I/41; F II/144
    Strudel **I/248**; II/293
    Wein: D **I/328–329**; E **II/202–203**; ENG I/41;
    F **II/142–143**
    Spezialitäten (s. auch Rezepte): A I/237, 248;
    D I/312, 317, 333; ENG I/31; F II/47; I II/293
    Rezepte: A I/249; D I/314, 319; ENG I/31, 43;
    F II/144, 146; IRL I/72; NL I/347
Apfel-Chutney I/31
Apfelgelee mit Mandeln I/314
Apfelkrapfen I/146
Apfelpfannkuchen I/347
Apfelstrudel I/248–249 (Abb.)
Apfeltorte, Gestürzte I/146
Apfeltorte mit Rum I/319
Apfelwein
    Allgemein: D **I/328–329**; E II/160, 202;
    ENG **I/41**; F II/142
    Herstellung: Cider I/41; Cidre **II/142–143**;
    Ebbelwoi **I/328**; Sidra **II/202**
    Spezialitäten zum Apfelwein: D II/328;
    E II/160–163, 202
    Rezept mit Apfelwein: D I/328
Appelpannekoek I 347
Appenzeller I/262, 263
Apple Chutney I/31
Aquavit **I/112–113,** 122
Ardennenschinken **II/22**
Ardi-gasna II/119, 123
Armagnac **II/139**
Arme-Leute-Kaviar I/154
Armer Ritter auf Weinschaumsauce I/287 (Abb.)
Arroz con costra II/183 (Abb.)
Arroz con leche II/195
Arroz negro II/183 (Abb.)
Artischockenböden auf venezianische Art II/285
    (Abb.)
Artischocken nach Konstantinopeler Art II/318

Asiago d'Allevo II/262
Asiago pressato II/262
Asbach, Hugo I/334
aslan sütü II/343
Asturischer Bohneneintopf II/174
Aszú I/227
Ättikströmming I/123
Auberginenauflauf II/320 (griechischer; Abb.);
    II/285 (italienischer; Abb.)
Auberginengemüse, Süß-saures II/246
Auberginen in Olivenöl II/345
Auberginenpüree II/315 (Abb.)
Ausbruchwein **I/227**
Ausgebackene Hefebällchen II/333
Ausgebackene Zucchini mit Joghurtsauce II/345
Austern s. auch Muscheln
    Allgemein: E II/178–179; ENG I/26; F **II/56,
    58–59**; IRL I/70
    Arten **II/58–59**
    Parks II/58
    Öffnen **II/58–59**
    Zucht **II/58**, 178
    Rezepte: B II/17; IRL I/70
Austern in Champagner II/17
Austern mit Guinness-Bier I/70 (Abb.)
Avalon I/41
Avgolémono II/317
Ayran II/351 (Abb.)
Azeitão II/227
Ål i Karrysovs I/91 (Abb.)

Baba I/190 (Abb.)
Bacalao pil pil II/181
Bacalhau **II/217**
Bacalhau com natas II/217
bačas I/202
Bacstaí I/65
Bagna caôda II/284
Bagnes I/265
Baguette **II/44–46**
Bailey's Irish Cream **I/78**
Baklaschannaja Ikra I/154
baklava **II/342, 352–353**
Baklawás II/333
Ballekes à la bière II/26
Balsamessig **II/296–297**
Bamberger Rauchbier I/332
banbhianna I/80
Bandnudeln mit Trüffeln II/253
bannocks I/58
Barack pálinka **I/213, 227**, 256
Basilikumsauce, Genueser II/248
Basler Leckerli I/274 (Abb.)
Bäuerliche Pastete II/75 (Abb.)
Bauern-Gouda (alt) I/342
Bauern-Roggenbrot I/145
Bauernsalat II/319 (Abb.)
Bavarois au chocolat II/146
Beaufort II/119, 122
Becher, Jan I/204
Becherovka **I/204,** 205
beef trolley I/24–25
Beenleigh Blue I/32

361

Beerenobst s. auch Likör; Obstbranntwein
Allgemein: D I/314; E II/193; FIN **I/143**;
GR II/332; I II/292; RUS I/170, 173
Konfitüre I/22–23, 143
Spezialitäten (s. auch Rezepte): E II/194;
I II/292; RUS I/169
Rezepte: D I/314; ENG I/43; FIN I/143;
IRL I/78, 83; RUS I/169, 170; S I/128; SCO I/52
Bef Stroganoff I/166 (Abb.)
Beignets de pommes II/146
Bel Paese II/262
Benedikt XIV., Papst I/227
Berliner Weiße **I/331, 332**
Berner Rösti I/267
Bethmale II/119, 123
Beyaz Peynir II/350
Bezzera, Luigi II/308
Bidos I/115
Bier s. auch einzelne Sorten; s. auch
Produktnamen
Allgemein: A I/254; B **II/13, 26, 28–30**; CZ I/197,
207–209; D **I/331–333**, 334; DK **I**/94, 99; ENG
I/16, **38–40**; FIN I/138; IRL **I/74–75**, N I/112; PL
I/192; RUS I/169; S I/129; SK I/197, 207–209
Brauereien: B **II**/12, **28–31**; CZ **I/207–209**;
D **I/331–332**; DK **I/99**; ENG I/38, 40; IRL **I/75**;
SK I/207
Fruchtbier **II/29**
Herstellung: B **II/28–31**; CZ **I/208**; D I/331–**333**;
DK I/99; IRL **I/75**
Kwass **I/168–169**
Marken: B **II/28–31**; CZ **I/207–209**; D **I/332–333**;
DK **I/99**; ENG **I/38–40**; IRL **I/74**; SK **I/209**
Museum I/74
Reinheitsgebot **I/331**
Sorten: B **II/28–31**, CZ **I/208–209**; D **I/331–332**;
DK **I/99**; ENG **I/38–40**, IRL **I/74**
Spezialitäten zum Bier: CZ I/209; D I/333; DK
I/94–97; IRL I/70; SK I/209
Rezepte mit Bier: B II/25, 26; CZ I/209; IRL
I/67; SCO I/52; SK I/209
Bierbrauers Kaninchen II/26
Bierfleisch, Böhmisches I/209
Bife à café II/221 (Abb.)
Biff Lindström I/126
bigos **I**/180, **184**
Bigos I/185
Birnen, Gefüllte I/225 (Abb.)
Birnen in Rotwein II/147 (Abb.)
Bisque II/70
Blackberry Pudding I/83
Black Bun I/20
Blanquette de veau II/85
Blätterteig, dänischer s. Wienerbrotteig
Blauschimmelkäse s. auch Käse; einzelne
Produktnamen
Allgemein: ENG **I/32–33**; F **II**/112, **116**; I **II/262**;
NL I/340
Herstellung: F **II/116–117**; I **II/262**
Sorten: E II/191; ENG **I/32–33**; F **II**/119, **122**;
I **II/262**; IRL I/82
Bleu d'Auvergne II/119, 122
Bleu des Causses II/119, 122

Bleu de Gex II/119, 122
Bleu du Haut-Jura II/119, 122
Bleu de Septmoncel II/119, 122
Blini I/161
Blue Stilton I/32
Blumenkohlcreme II/71
Bockbier I/209, 331, 332, 332
Boerenkaas I/340
Bœuf à la ficelle II/95 (Abb.)
bogrács I/213, 218
Bográcsgulyás I/218
Böhmisches Bierfleisch I/209
Bohneneintopf, Asturischer II/174
Boiled Mutton with Caper Sauce I/68
Bolinhos de bacalhau II/217 (Abb.)
Bologneser Sauce II/248
Bols-Likör **I/358**
Bols, Lucas I/358
Borjúpörkölt I/218
borrel I/358
Borschtsch I/164 (Abb.)
Bouchées à la reine II/84
Boû d'fagne II/35
Bouillabaisse II/66
Bouillon II/70
Boxty I/65
Boxty Bread I/65
Boxty Pancakes I/65
Bramborová polévka I/209
Brandy de Jerez **II/165**
brännvinsbord I/122
Bratäpfel mit Aprikosensauce I/314 (Abb.)
Brathuhn, Gefülltes I/57 (Abb.)
Bratkartoffeln I/304
Brauerei s. Bier
Breakfast, English **I/14–15**
Brennereien s. Spirituosen; Whiskey; Whisky
bresaola I/273
Bresse-Huhn **II/78–79**
Brettljause I/246, 247
Brezeln **I/284–285**, 317, II/47
Brezen s. Brezeln
Briámi II/319
Brie de Meaux II/119, 120
Brie de Melun II/119, 120
Brienzer Mutschli I/263
Brillat-Savarin II/119, 120
Brokkoli, Ohrnudeln mit II/253
Brombeerpudding I/83
Brot s. auch Gebäck; Kleingebäck
Allgemein: D **I/284–286**; F **II/44–45**, 66;
FIN **I**/142, **144**; I II/240; IRL **I**/72, 83; N I/114;
P **II/210**, 224; RUS **I/169**, 170; S **I/130–131**;
TR **II/338**
Baguette **II/44–45**
Ballaststoffe **I/131**, 284
belegt **I/95–97**, 247, 328, 333
Getreide **I/58, 131**, 144
Herstellung: D **I/284, 285**; FIN **I/144**; P II/224;
S **I/131**; TR **II/338**
Knäckebrot **I/130–131**
Sauerteig **I/285**, II/45
Spezialitäten und Sorten: CZ I/198; D I/284–285,

286, 289, 328, 333; F II/46; FIN I/144–145;
I II/240–241; IRL I/83; N I/114, 117; P II/208,
209, 210, 212, 224; RUS I/169; S I/169; S I/131;
TR II/338–339
Rezepte: CZ I/209; D I/286–287; FIN I/145;
I II/240; IRL I/65, 72, 83; N I/117; P II/213;
RUS I/169; S I/131; SK I/209; TR II/338
Brötchen s. auch Gebäck; Kleingebäck
Allgemein: D **I/284–285**; ENG I/15, 17; I II/240;
NL I/353
Herstellung **I/285**;
Spezialitäten (s. auch Rezepte): B II/36;
D I/284–285; F II/46; I II/240–241; P II/208
Rezepte: A I/250; D I/286–287; ENG I/15, 20;
F II/73; NL I/353
Brötchen mit Trüffeln II/73
Brotkuchen I/83
Brotsuppe I/286
bryndza **I/202–203**
**Buchweizengrütze mit Champignons und
Zwiebeln I/169**
Buchweizenpfannkuchen I/161
Buchweizenpudding I/183
Budvar **I**/207, **208**
Budweiser **I**/207, **208**
Budýn gryczany I/183
Bulgur **II/342**
Bulgur-Salat II/342
Bündner Fleisch **I/272–273**
Burgos II/191
Burns, Robert I/54
Buschi Hwosti s Kaschel I/166
butler I/16
Butter I/80, **II/45, 54**
Buttercreme I/319
Butterkuchen I/239

Cabécou II/119, 121
Cabrales II/191
Cabreiro II/227
Cacık II/351 (Abb.)
Caciocavallo II/262
Caciotta II/262
Caerphilly I/32
Café s. auch Kaffeehaus
Allgemein: F II/50; I II/306
Cahill's Irish Porter I/82
calador II/166
Calamaretti alla napoletana II/283
caldeirada II/176
Caldeirada à algarvia II/213 (Abb.)
Caldero murciano II/183 (Abb.)
Caldo verde II/210 (Abb.)
Calvados **II**/142, **145**
Camembert **II/114–115**, 119, 120
Campari **II/306**
Canapés II/86
Canard à l'orange II/83 (Abb.)
Cannelloni, Gefüllte II/253
Cannelloni ripieni II/253
Cantabria II/191
Cantal II/119, 123
Caponata II/246

Carbonnades flamades II/26 (Abb.)
Carciofi alla veneziana II/285 (Abb.)
Carlsberg **I/99**
Carême, Antoine II/54, 150
Carpaccio vom Rinderfilet II/246 (Abb. 274–275)
carrageen I/70
Cashel Irish Blue I/82
Cassoulet de Castelnaudary II/99
caulders I/58
Cava **II/200–201**
çayhane II/354
Cebreiro II/191
Cendrat II/191
Chabichou du Poitou II/119, 121
Champagner **I/52**, 157, 159, **II/17, 134–135**
Champignons à la grecque II/84
Champignons auf griechische Art II/84
Chaource II/119, 120
Charentaiser Muscheln II/65
Charles II, König I/16, 42
Charlottka I/171 (Abb.)
Charolais II/119, 121
Charolle II/119, 121
Cheddar **I/32**
Cheshire I/32, 33
Chester I/33
Chestnut and Apple Stuffing I/43
Chèvre frais II/34
Chicorée II/18–19
Chicorée, Überbackener II/18
Chimay II/34
Chips I/36, 37
Choucroute II/100–101
Choucroute à l'ancienne II/101
Christmas Pudding I/42, **43**
Chutney I/28, **30–31**
Cider **I/41**
Cidre **II/142–143**
Çılbır II/351 (Abb.)
cima genovese I/239
Cinghiale al barolo II/278
Cipolline al vino blanco II/246
Clafoutis aux cérises II/146
Clairieux II/34
clapshot I/54
Club 21 I/52
Cochinillo asado II/173
Cocido madrileño II/174
Cock-a-Leekie I/57
Cockles and Bacon Rashers I/71
cockles **I/70**
Coda di rospo in umido II/282
coddler I/15
Cod's Roe Ramekin I/70
Cognac **II/136**
Cohiba-Zigarre **I/278–279**
Cointreau, Edouard II/138
Colcannon I/72
Collioure **II/68**
Colman, Jeremiah I/28
Commissie Kaas I/342
Communard II/52
Comté II/119, 122

Conchiglie alle noci **II/253**
Confit de canard II/83
Consommé II/70
Coolea I/82
Cooleeney I/82
Coq au vin II/82
Coquilles Saint-Jacques sautées II/64 (Abb.)
Cornflakes I/14
Cortés, Hernando II/152
costoletta milanese I/238
Côte de marcassin au Maury du Mas Amiel II/24
Côtelettes d'agneau II/99
Côtes de porc à la Leffe II/26
Côtes de porc en papillote II/98 (Abb.)
Cozido à portuguesa II/213
Cranberry Sauce I/43
Cratloe Hills I/82
Creamery Goat's Curd I/32
Crema catalana II/195 (Abb.)
Crème II/70
Crème anglaise II/146
Crème caramel II/146 (Abb.)
Crème de Cassis **II/50–53**
Crème Dubarry II/71
Crêpes
    Allgemein: F **II/148**; H I/224
    Spezialitäten (s. auch Rezepte): F II/148
    Rezepte: F II/144, 148
Crescenza II/262
Croissant II/47
Cromwell, Oliver I/42, 63
Crottin de Chavignol II/119, 121
Crowdie I/32
Crudités II/103
Crumpets I/15
csemege paprika I/220
Csirskepörkölt I/219 (Abb.)
Curry **I/30,** 92, 293

Danbydale I/33
Dand, David I/78
Danish Pastry I/100 (Abb.)
Darjeeling I/18–19
Davidoff, Zino I/278
Desarmeniens, Marc II/108
Des Imams Entzücken II/345
Desmond I/82
Desserts s. Süßspeisen
Dessertwein s. Likörwein
Deutscher Schweinebraten I/291
Devilled Kidneys I/15
Digestifs
    Allgemein: F II/138
    Sorten: F II/138; GR II/328
Dillhering I/122 (Abb.)
Dillsill I/122 (Abb.)
Dil Peyniri II/350
Dom Pérignon II/135
Domates Salatası II/340
Dorada a la sal II/180 (Abb.)
Dorade rosé à la provençale II/64 (Abb.)
Dörrfisch (s. auch Stockfisch) **I/108–109**

Dörrfleisch II/348
Dorsch s. Kabeljau
Dorschrogen-Auflauf I/70
Double Gloucester I/32, 33
Drake, Sir Francis II/164
Drenter Kräuterkäse I/342
Drentse Kruidenkaas I/342
Drinks I/52–53, 79, 204, 358, **II/52–53**
Dublin Coddle I/66
Dublin Lawyer I/71
Dundee Cake I/17, 20
Dundee Marmalade I/22
Dünnbier I/38, 99

Earl Grey I/16
Ebbelwoi **I/328–329**
Eccles Cakes I/20
Edamer **I/340,** 342
édesnemes paprika I/220
Edward VII, König II/148
Eglifilets in Weißwein I/269
Eier
    Allgemein: E **II/175,** 194; GR **II/327;** RUS I/150
    Spezialitäten (s. auch Rezepte): D/I 333;
    E II/163, 175, 194; ENG I/15; I II/285, 292–293;
    N I/108; P II/228–229
    Rezepte: D I/287, 299, 328; ENG I/15; F II/73,
    146; GR II/317; H I/224; I II/292, 295;
    RUS I/152–153, 171; S I/124; SCO I/52;
    TR II/351
Eier, Gefüllte I/124
Eier, Gestockte I/124
Eier mit Joghurt, Pochierte II/351 (Abb.)
Eierkuchen mit Kirschen II/146
Eier nach Minsker Art II/153
Eingelegtes Gemüse II/344 (Abb.)
Eingelegte Zwiebeln I/31
Eintopf s. auch Gemüse
    Allgemein: B **II/15;** E **II/174;** F II/90, 102;
    NL **I/344;** P **II/212**
    Spezialitäten (s. auch Rezepte): E II/174;
    D I/308, 333; N I/105, 114
    Rezepte: B II/15; D I/308–309; E II/174, 180;
    F II/99, 103; IRL I/68; NL I/344; P II/213;
    SCO I/57
Eintopf aus Castelnaudary II/99
Eintopf aus Nordseefischen II/15 (Abb.)
Eis
    Allgemein: E **II/194; I II/294–295**
    Spezialitäten und Sorten: I II/293, **294–295**
    Rezept: I II/295/335 (Abb.)
    Eiscreme, Grundrezept für II/295
Eisbein I/335 (Abb.)
Elch **I/114**
Elisen-Lebkuchen I/321
Emmentaler **I/262,** 263, 264, 265
Englische Creme II/146
enison sausages I/66
Ensopado de borrego II/220 (Abb.)
Ente s. auch Geflügel
    Allgemein: F II/76, 79, 81
    Mast II/76

(Fortsetzung umseitig)

Ente *(Fortsetzung)*
    Stopfleber II/76
    Wild I/240–242, II/25
    Rezepte: B II/25; F II/82–83, 99; PL I/187
Ente, Eingelegte II/83
Ente in Kapernsauce I/187 (Abb.)
Ente mit Orangen II/83 (Abb.)
Enteneintopf I/187
Entenstopfleber, Gebratene II/82
Entrecôte bordelaise II/94 (Abb.)
Entrecôte nach Bordeaux-Art II/94 (Abb.)
Epaule braisée menagàre II/99
Epoisses II/119, 121
Erbsensuppe I/309 (deutsche; Abb.); **I/344**
    (niederländische)
Erdbeerquark I/314
Erdbeerschnee I/143
Escalivada II/189
Escalopes de foie gras II/82
Escoffier, George II/73
Espinacas con pasas y piñones II/189
Essig
    Balsamessig **II/296–297**
    Sorten: F II/105; I II/296
Essighering I/123
Evora II/227

Fabada asturiana II/174
Fagiano tartufato II/278
Faraona al vino bianco II/277 (Abb.)
Farschirovannaja Kapusta I/162
Fasan, Getrüffelter II/278
Fasan im Speckhemd I/242 (Abb.)
Faschingskrapfen I/255 (Abb.)
Fasoláda II/317 (Abb.)
Fastenzeit
    Allgemein: GR **II/318, 322, 327**; TR II/338
    Spezialitäten: PL I/184; TR II/338
Fegato alla veneziana II/275
Fenchel, Geschmorter II/246
Ferdinand, König I/208
Féta II/326
Feuertopf II/94 (Abb.)
Fíllo **II/317**
Fine **II/139**
Finkenwerder Maischollen I/303
Finnisches Weihnachtsbrot I/145
Finocchi stufati II/246
Fiore sardo II/262
Fiori di zucchini fritti II/285
Fisch s. auch Rogen; s. auch einzelne Arten
    Allgemein: B **II/15**; CH **I/268**; D **I/300–303**;
    DK I/87, 94; E **II/176**; ENG I/36; F **II/66**,
    GR **II/316, 318, 322**; H I/213; I **II/280**;
    N **I/104, 110–111**; P **II/218**; S I/121; TR **II/346**
    Arten: CH **I/268–269**; D I/299, 301–303;
    E **II/177**; F **II/62–63**; FIN I/138; GR **II/322–323**;
    H I/214; N I/106, 108, **110–111**; P **II/215, 217,
    218–219**; TR **II/346**
    Fisch-Kalender I/111
    Konservierung **I/88–89, 106, 108–109, 122,
    298–299, 349, II68–69, 215, 217**
    Rogen **I/140**, 160–161, II/315

    Zubereitung I/106, 108–111, 138–139, 201, 214,
    II/176, 215, 218, 322, 346
    Spezialitäten (s. auch Rezepte): CZ I/201;
    D I/298–303, 333; DK I/88–90; E II/161–163, 176,
    184; F II/62–62, 69, 87; FIN I/138; GR II/315;
    I II/254; N I/106, 108–109; NL I/348–349;
    P II/208, 209, 212; S I/122
    Rezepte: B II/15; CH I/269; CZ I/201; D I/299,
    302–303; DK I/91, 96–97; E II/180–183, 185;
    ENG I/15, 36–37; F II/64–66; FIN I/140, 142;
    GR II/315, 317, 323; H I/215; I II/246, 272,
    282–285; IRL I/70; N I/107, 109, 111; NL I/349;
    P II/213, 215, 217; RUS I/151, 156, 165;
    S I/122–124, 127; SCO I/56
Fische, Gemischte, fritierte II/246
Fische, Gemischte, gegrillte II/283 (Abb.)
Fischeintopf nach Algarve-Art II/213 (Abb.)
Fischfilets auf Spinat I/56 (Abb.)
Fisch-Fleisch-Pastete I/142
Fisch in Curryreis
Fischklößchen I/111
Fisch mit Pommes frites, Fritierter I/36–37 (Abb.)
Fisch-Pirogge, Große sibirische I/156
Fischpudding I/111
Fischpüree I/111
Fischrogenpaste II/315 (Abb.)
Fischsalat I/124
Fisch-Soljanka I/165 (Abb.)
Fischsuppe I/215 (ungarische); **II/317** (griechische;
    Abb.)
Fischsuppe, Klare I/165
Fish and Chips I/36–37 (Abb.)
Fish Tobermory I/56 (Abb.)
Fiskeboller I/111
Fiskepudding I/111
Fisksallad I/124
Five o'clock tea **I/16–17**
Fladenbrot I/117 (norwegisches); **I/145**
    (finnisches); **II/338** (türkisches)
Flämischer Rindertopf II/26 (Abb.)
Flan de naranja II/195
Fleisch s. auch die einzelnen Tierarten (Rind;
    Schaf; Schwein; Wild)
    Allgemein: E **II/172**; GR **II/318, 324**; P **II/220**;
    RUS I/150, 157, 166; S I/121; TR **II/348**
    Glossar: E **II/172**; I **II/273**; P **II/221**
    Spezialitäten (s. auch Rezepte): A I/247; D
    I/333; E II/162–163, 174, 185; ENG I/25; F II/70;
    GR II/314, 325; I II/254; P II/208, 212; TR II/340,
    342, 348–349
    Rezepte: D I/308, 328; E II/174; ENG I/43;
    FIN I/142; GR II/315, 324; P II/212–213,
    220–221; PL I/183, 185; RUS I/156
Fleischeintopf, Portugiesischer II/213
Fleischfüllung mit Salbei und Zwiebel I/43
Fleischklößchen I/126 (Abb.)
Fleischspieße II/324 (Abb.)
Flußkrebs s. auch Krustentiere
    Allgemein: FIN I/137;
    Rezept: FIN I/137; I II/277
Flæskesteg med Svær I/92 (Abb.)
fogas I/213, **214–215**
Fogas, egészben sütve I/215

Fogas Gundel módra I/215
Foie gras (s. auch Gänseleber) **II/76–77**
Fondue **I/20, 264–265**
Fontal II/263
Fontina **II/257**, 263
Forelle
    Allgemein: CH I/268; D **I/302–303**; E II/177;
    FIN **I/138**; N I/106
    Arten: CH I/268; D I/302; FIN I/138; N I/106
    Rogen I/140, 160
    Zubereitung I/138–139
    Spezialitäten (s. auch Rezepte): D I/302; F II/63;
    FIN I/138
    Rezepte: D I/302; E II/180; F II/64
Forelle blau I/302
Forelle mit Mandeln II/64
Forelle mit Schinken II/180
Formosa Oolong I/19
Fourme d'Ambert II/119, 122
Fourme de Montbrison II/119, 122
Frankfodder Gebabbel I/328
Frankfurter grüne Sauce I/328
Franz Joseph, Kaiser I/233, 237
Friese Nagelkaas I/342
Frikadellen I/286
Frikadellen in Biersauce II/26
Frischer Nelkenkäse I/342
Frischer Pasta-Teig II/252
Frischkäse s. auch Käse; s. auch einzelne
    Produktnamen
    Allgemein: E II/190; F II/112, **114**; NL I/340
    Sorten: A I/247; N I/116
    Spezialitäten mit Frischkäse: I II/292
    Rezepte: I II/292; SK I/203
Frischlingskotelett in Maury du Mas Amiel II/24
Frischlingspastete mit Haselnüssen II/24
Frischlingsragout in Fagnes-Bier II/25 (Abb.)
Fritierter Fisch mit Pommes frites I/36–37 (Abb.)
Fritierte Zucchiniblüten II/285
Frittata II/285
Fritto misto di pesce II/246
Fromage de chèvre **II/118**, 119, 121
Fromages à croûte fleurie **II/115**, 119, **120**
Fromages à croûte lavée **II/115**, 119, 121
Fromages à pâte pressée cuite **II/119, 122**
Fromages à pâte pressée non cuite **II/119, 123**
Früchtebrot I/72
Früchtekuchen I/20, 42, 43
Frühlingssuppe II/70
Frühstück
    Büfett: N I/116; S **I/122–128**; englisches **I/14–15**;
    französisches II/47; italienisches II/239;
    portugiesisches II/207; russisches I/169; smørre-
    brød **I/94–97**; spanisches II/159; türkisches II/352
Fry, Joseph I/277
Fyllad Ägghalvor I/124
får i kål I/105

Gabriel I/82
Gaelic Steaks I/67
Galettes II/148–149
Gälische Steaks I/67
Gamalost I/116, 117

Gamberetti aglio e olio **II/246**
Gamsschlegel in Weinsauce I/243
Gans s. auch Geflügel
    Allgemein: DK I/92; F II/76; H **I/217**; PL I/179
    Arten: B II/20; H I/217
    Mast **I/217, II/76**
    Stopfleber **I/217, II/76–77**;
    Spezialitäten (s. auch Rezepte): D I/333; F II/76;
    I II/271
    Rezepte: D I/297; F II/99; H I/217
Gänsekeulen I/217
Gänseleber (s. auch foie gras) **I/216–217,**
  II /76–77
Gänseleber, Gebratene I/217
Garnelen mit Öl und Knoblauch II/246
Garrotxa II/191
Gazpacho II/171
Gebäck s. auch Brot; Brötchen; Kleingebäck;
    Kuchen
    Allgemein: A **I/248, 255**; CH I/274; D **I/316–317**;
    DK **I/100**; ENG I/15, 17; IRL **I/72**; RUS I/170;
    S I/128; SCO **I/58**
    Spezialitäten (s. auch Rezepte): A I/248–249;
    CH I/274, 276; D I/316–317; DK I/100;
    ENG I/15, 17, 24; SCO I/58
    Rezepte: A I/249, 255; CH I/274; DK I/101;
    ENG I/15, 20, 42; IRL I/72; S I/128; SCO I/59
Gebackener Hecht I/124 (Abb.)
Gebackener Käse II/315 (Abb.)
Gebackenes Gemüse II/319
Gebratene Entenstopfleber II/82
Gebratene Gänseleber I/217
Gebratener Pudding II/195
Gebratener Rogen I/140
Gebratener Seeteufel II/65
Gedünstete Möhren mit Ingwer I/163
Geeister Karlsbader Likör I/204
Geflügel s. auch einzelne Arten
    Allgemein: B II/20; DK I/92; ENG I/42; F II/76,
    79; GR II/324; H I/217; I **II/276**; PL I/179;
    TR II/348
    Arten: A I/240–242; B **II/20**; F **II/80–81**;
    I **II/276**
    Mast I/217; II/76, 78–79
    Wild I/240–242; II/24–25; 81, 172, 278
    Zubereitung I/242, II/20, 79
    Spezialitäten (s. auch Rezepte): D I/333;
    E II/184; F II/76, 79, 86–87; GR II/324–325;
    P II/208, 209; RUS I/156
    Rezepte: A I/242; B II/24–25; D I/297;
    ENG I/43; F II/73, 75, 82–83, 99; GR II/317;
    H I/217, 219, 221; I II/276–277, 278; P II/213;
    PL I/187; RUS I/151; SCO I/57; TR II/342
Geflügelleberterrine II/75 (Abb.)
Gefüllte Birnen I/225 (Abb.)
Gefüllte Cannelloni II/253
Gefüllte Hasenfilets in Madeira-Sauce I/243
Gefüllte kleine Kuchen I/20
Gefüllte Paprika II/285 (Abb.)
Gefüllte Paprikaschoten I/221
Gefüllter Kohl I/162
Gefüllter Schafsmagen I/54
Gefülltes Brathuhn I/57 (Abb.)

Gefülltes Roastbeef I/186
Gefüllte Tomaten II/84
Gegrillte Kaisergranate II/246
Gegrillter Lachs I/107
Gegrillte Sardinen II/65 (Abb.)
Gegrillte Sardinen mit Paprikaschoten
  II/215
Geitekaas I/342
Geitost I/117
Gelati **II/294–295**
Gelee
    Allgemein: ENG I/22–23
    Rezepte: D I/314; S I/128
Gemberpannekoek I/347
Gemischte, fritierte Fische II/246
Gemischte, gegrillte Fische II/283 (Abb.)
Gemischter Reis II/340
Gemüse s. auch Kartoffeln
    Allgemein: B II/18–19; D **I/306–308, 310**;
    DK I/92; E **II/189**; F II/102–103; GR II/316, **318**;
    I II/246, 264, **284, 291**; P II/211, 212; PL I/184;
    RUS I/162–163; TR **II/344**, 348
    Konservierung **I/30–31**; 162, 184, II/344
    Spezialitäten (s. auch Rezepte): D I/308, 333;
    E II/162–163, 171, 174; F II/70–71, 87, 103;
    GR II/314; I II/242–243, 285; N I/105; P II/209;
    TR II/340, 342, 348–349
    Rezepte: B II/15, 18; D I/306, 308–310, 328;
    E II/171, 174, 185, 189; ENG I/31; F II/70–71,
    84, 103; GR II/315, 317–320; I II/246, 253, 255,
    264–265, 267, 284–285; IRL I/72; NL I/344;
    P II/210, 212–213; PL I/185; RUS I/162–164;
    S I/124; SCO I/56, 57, 68; SK I/203; TR II/340,
    342, 344–345
Gemüse aus dem Ofen II/189
Gemüse, Eingelegte II/344 (Abb.)
Gemüseeintopf II/103
Gemüsefondue II/284
Gemüse, Gebackenes II/319
Gemüseragout aus der Mancha II/189
Gemüsesuppe, Kalte II/171
Gemüsesuppe mit Hammelfleisch I/56 (Abb.)
Gemüsesuppe, provenzalische II/71
Gemüsetopf aus Leiden I/344
Genever **I/358–359**
Genueser Basilikumsauce II/248
Germknödel I/251
Geröstetes Knoblauchbrot I/209
Gerstenbrot I/145
Geschmorter Fenchel II/246
Gestürzte Apfeltorte II/146
Getrüffelter Fasan II/278
Gewürzpaprika s. Paprika
Gewürztes Rindfleisch I/67
Gigot d'agneau boulangère II/99
Glasmästaresill I/123
Gliká koutalioú II/333
Gnocchi **II/255**
Gnocchi alla romana II/255
Gnocchi alla zafferano II/255
Gnocchi auf römische Art II/255
Gnocchi di patate II/255
Gogol Mogol I/171 (Abb.)

Gogol, Nicolai W. I/173
Gołąbki I/185
Gomser I/265
Gorgonzola **II/257, 262**
Gouda **I/340**, 342
Goudse Boerenkaas (oud) I/342
Gowjadina Tuschonaja I/166
Grana padano II/263
Grappa **II/304–305**
Gratinée II/71
Gratinerad Rom I/124
Gratin von Klippfisch I/109
Graupensuppe I/183
Gravet Laks I/106, 107
Gremolata II/274
Gretschnewaja Kascha I/169
Greyerzer (Gruviera; Gruyère) I/262, 264,
  265
Griby w Smetane I/154
griddle I/72, 83
Grigliata mista di pesce II/283 (Abb.)
Grillades de porc II/96
Groll, Josef I/208
Große sibirische Fisch-Pirogge I/156
Grundrezept für Eiscreme II/295
Grundrezept für Pasta fresca II/252
Grundrezept für Pizzateig II/242
Grundrezept für Polenta II/257
Grundteig für Pannekoeken I/346
Grünkohl mit Pinkel I/308 (Abb.)
Grütze **I/182, 169**, II/342
Gruviera (Greyerzer; Gruyère) I/263
Gruyère (Greyerzer; Gruviera) I/262, 263, II/119,
  122
Gruyère de Comté II/119, 122
Gubbeen I/82
Gudbrandsdalsost I/116, 117
Gueuze **II/28, 29**
Guinness **I/40, 70, 74**
Gulasch
    Allgemein: H **I/213, 218**
    Spezialitäten (s. auch Rezepte): A I/239; D I/333
    Rezepte: A I/236; H 218–219
gulyás I/213, 218
Gundel, Károly I/215, 224
Gundel-Palatschinken I/224 (Abb.)
Gunpowder I/19
Gurr Cake I/83
Gutap I/152
Gyokuro I/19
Gyros II/324 (Abb.)

Hackbraten I/67
Hackfleisch-Piroggen I/156
Hafer
    Allgemein: ENG I/14–15; IRL I/64; S I/130;
    SCO **I/58**
    Spezialitäten (s. auch Rezepte): ENG I/14–15;
    N I/105
    Rezepte: SCO I/52, 54, 59;
Haferbrei I/59
Haferplätzchen I/59 (Abb.)
Haggis I/47, 54

365

Hahn s. auch Huhn
  Allgemein: F II/79; GR II/324
  Arten: B II/20; F II/80–81
  Spezialitäten (s. auch Rezepte): P II/209
  Rezepte: F II/82; H I/221
Hahn in Wein II/82
Halászlé I/215
Halloween I/72
Halušky I/203
Ham and Eggs I/15
Ham and Haddock I/56
Hamburger Kraftbrot I/287
Hammel s. auch Lamm; Schaf
  Allgemein: GR II/324; H I/218; IRL I/68;
  P II/220; TR **II/348**
  Spezialitäten (s. auch Rezepte): D I/333; N I/105;
  TR II/348–349
  Rezepte: ENG I/15; IRL I/68; SCO I/56
Hammelfleisch in Kapernsauce I/68
Hammelnierchen, Pikante I/15
Hammel- oder Lammeintopf I/68
hamper I/34
Handkäs mit Musik I/328
Hansen, Emil Christian I/331
Harel, Marie II/114
Hasenfilets in Madeira-Sauce, Gefüllte I/243
Hasenragout II/278 (Abb.)
Havel, Václav I/204
Haxe **I/335**
Hecht
  Rogen I/140;
  Spezialitäten (s. auch Rezepte): F II/62, 87
  Rezepte: H I/215; S I/124
Hecht, Gebackener I/124 (Abb.)
Hefebällchen, Ausgebackene II/333
Hefezopf I/128
Henry II, König I/76
herbes de Provence **II/106–107**
Hering
  Allgemein: D **I/303; DK I/88**, 94; ENG I/15;
  N I/110, 111, 116; NL **I/348–349;** S I/121, **122**
  Fangzeiten I/348–349
  Konservierung **I/88–89, 122**, 349;
  Spezialitäten (s. auch Rezepte): D I/301, 303,
  333; DK I/88, 89; NL I/348–349; S I/122
  Rezepte: D I/303; NL I/349; RUS I/151;
  S I/122–123
Heringe I/151
Hering in Tomatensauce I/123 (Abb.)
Herve **II/32**, 35
Herzmuscheln mit Speck I/71
Het Pint I/52
Heuriger I/246–247
Hidelchäs I/263
Highland Cordial I/52
Hirschkoteletts mit Steinpilzen I/243
Hirschrücken, Montafoner I/243
Hivaleipä I/145
hogget I/68
Holländische Sauce I/310
Honig
  Allgemein: F II/154; GR **II/332**; P **II/231**;
  PL **I/182**, 192

Met: DK/199; P II/231; PL **I/192–193**
  sbitjen **I/173**
  Sorten: P II/231
  Spezialitäten (s. auch Rezept): E I/194; F II/154;
  GR II/332–333; P II/231; TR II/353
  Rezepte: CH I/274; GR II/333; NL I/357
Honigkuchen I/274 (Basler Leckerli; Abb); **I/357**
  (niederländischer)
Honigmet
  Allgemein: DK I/99; PL **I/192–193**
  Herstellung I/192
Honig, Türkischer II/352
Horiátiki saláta II/319 (Abb.)
Hot Cross Buns I/15
Hot Mustard Pickle I/31
Hot Pot I/26 (Abb.)
Hotch Potch I/56 (Abb.)
Houten, C.J. I/277
Howtowdie I/57 (Abb.)
Huhn s. auch Geflügel
  Allgemein: B **II/20**; F **II/79**; GR II/324; I II/276;
  TR II/348
  Arten: B **II/20**; F **II/79–80**
  Mast II/78–79
  Wild I/240, 242
  Zubereitung II/20, 79
  Spezialitäten (s. auch Rezepte): F II/79, 87;
  GR II/324–325; P II/212; RUS I/156
  Rezepte: F II/73, 75, 82; H I/219, 221;
  I II/276–277; P II/213; RUS I/151, 166; SCO I/57;
  TR II/342
Hühnerkotelett Kiew I/166
Hühnerpörkölt I/219 (Abb.)
Hühnersalat, Pikanter I/151
Huhn im Topf II/82
Huhn in Halbtrauer II/73
Huhn in Tomatensauce, Venezianisches II/276
  (Abb.)
Huhn Marengo II/277
Huhn nach Art der Teufelin II/276 (Abb.)
Huîtres au champagne II/17
Hummer s. auch Krustentiere
  Allgemein: F **II/56**
  Arten II/61
  Aufbewahrung II/56
  Spezialitäten (s. auch Rezept): F II/56, 57
  Rezept: IRL I/71
Hummer auf Dubliner Art I/71
Humus II/340
Hutspot met klapstuk I/344

Ibores II/191
iç Pilav II/342
Idiazabal II/191
Imam Bayıldı II/345
Ingwer
  Allgemein: NL **I/347**, **354**
  Spezialitäten (s. auch Rezepte): ENG I/31;
  NL I/354
  Rezept: NL I/347; RUS I/163; SCO II/52
Ingwerpfannkuchen I/347
Insalata frutti di mare II/282 (Abb.)
Irische Pfanne I/67

Irisches Sodabrot I/83
Irish Coffee I/79
Irish Fruit Delight I/78
Irish Fry I/67
Irish Oxtail Stew I/67
Irish Soda Bread I/83
Irish Stew (II) I/68 (Abb.)
Irish Whiskey Trifle I/79 (Abb.)
Iscas com elas II/221 (Abb.)
Italico II/263

Jacobsen, J.C. I/99
Jaiza po-minski I/153
Jaiza po-russki I/153
Jakobsmuscheln, Sautierte II/64 (Abb.)
jam I/22–23
jamón ibérico **II/166–167**
Janhagel I/357
Jansson's Frestelse I/127 (Abb.)
Janssons Versuchung I/127 (Abb.)
Jarlsberg I/116, 117
Jellied Lamb I/69
jelly I/22–23
jeringuilla II/171
João II, König II/215
Joghurtdip mit Gurken II/314 (Abb.)
Joghurtgetränk II/351 (Abb.)
Joghurtkuchen II/351 (Abb.)
Joghurt mit Gurke II/351 (Abb.)
Johannisbeergelee mit Vanille I/128
Joululimppu I/145

Kabeljau (Dorsch) s. auch Stockfisch
  Allgemein: E II/177; F II/62; N **I/108–109;**
  P II/217
  Arten I/108
  Dorschrogen s. Rezepte IRL, S
  Konservierung **I/108–109, II/217**
  Zubereitung I/108–109, 111;
  Spezialitäten (s. auch Rezepte): N I/108–109
  Rezepte: DK I/97; E II/181; ENG I/15; IRL I/70;
  N I/109; P II/217; S I/124
Kabeljauzunge I/109
Kaczka pieczona I/187 (Abb.)
Kaffee
  Allgemein: A I/231, **233**; CZ **I/204**; D I/315;
  ENG I/15, 16, 38; I **II/308**; N I/112; S I/128
  Zubereitung: Espresso **II/308**; griechischer
  Kaffee **II/333**
  Spezialitäten: A I/232–233; IRL I/79
Kaffeehaus s. auch Café
  Allgemein: A **I/230**, **233**; D I/315; ENG I/16
Kaisergranate, Gegrillte II/246
Kaiserschmarrn I/249
Kakao **I/277, II/150**
Kakaviá II/317 (Abb.)
Kalakukko I/142
Kalb s. auch Rind
  Allgemein: A I/238–239; D I/335; E II/172;
  GR II/324; I II/273; TR II/348
  Spezialitäten (s. auch Rezepte): A I/233,
  238–239; D I/333, 335; F II/88; GR II/325;
  TR II/340

Rezepte: A I/239; B II/26; CH I/267; D I/296; ENG I/27; F II/75, 85, 94; H I/218; I II/253, 265, 272, 274–275; P II/221; RUS I/157

Kalbfleisch mit Thunfischsauce II/272

Kalbsfrikassee II/8

Kalbshachse auf Mailänder Art II/274 (Abb.)

Kalbshaxe, Abgebräunte I/296 (Abb.)

Kalbsleber auf venezianische Art II/275

Kalbsleber, Marinierte II/221 (Abb.)

Kalbsleber mit Zwiebeln und Äpfeln I/239

Kalbspörkölt I/218

Kalbsschnitzel mit Schinken und Salbei II/274 (Abb.)

Kalte Gemüsesuppe II/171

Kaninchen

  Allgemein: I II/273

  Wild I/242; II/172;

  Spezialitäten (s. auch Rezepte): E II/162

  Rezepte: B II/26; D I/297; E II/183, 185; F II/75, 85; SCO I/57

Kaninchenbraten I/297

Kaninchen in Senfsauce II/85

Kaninchenterrine II/75

Kapaun II/79, 81

Kapr marinovany I/201

Kapr smažený I/201

Kapr v aspiku I/201

Kapustnye Kotlety I/162

Karamelcreme II/146 (Abb.)

Karışık Turşu II/344

Karlovarská vrídelní polévka I/204

Karlovarský aperitiv I/204

Karlsbader Aperitif I/204

Karlsbader Likör, Geeister I/204

Karlsbader Oblaten I/204

Karlsbader Thermalwassersuppe I/204

Karpfen

  Allgemein: CZ **I/200–201**

  Fang I/201

  Zubereitung I/201

  Spezialitäten (s. auch Rezepte): CZ I/201; D I/333

  Rezepte: CZ I/201; H I/215; GR II/315

Karpfen in Aspik I/201

Karpfen, Marinierter I/201

Karpfen, Panierter I/201

Kartofelnyj Salat po-russki I/152

Kartoffeln

  Allgemein: A I/250; B **II/16**; CH I/266; D **I/304**; E II/189; ENG I/36; F **II/102**; GR II/316; I II/255; IRL I/63, **64–65**

  Anbau: D **I/304–305**; IRL **I/64**

  Pflanze I/64, I/304, 305

  Sorten: D I/305; IRL **I/64–65**; P II/211

  Zubereitung: D I/304; IRL **I/65**;

  Spezialitäten (s. auch Rezepte): B II16; CH I/266, D I/333; E II/174, 175; F II/103; SCO I/54

  Rezepte: A I/251; B II/18; CH I/266–267; CZ I/209; D I/304; ENG I/37; GR II/319; I II/255; IRL I/65, 72; N I/117, NL I/341; P II/210, 212–213; RUS I/152; S I/127; SK I/203, 209

Kartoffel-Apfelkuchen I/72 (Abb.)

Kartoffelbrot I/65

Kartoffel-Gnocchi II/255

Kartoffelpuffer I/65

Kartoffelsalat I/304 (deutscher)

Kartoffelsalat, Russischer I/152 (Abb.)

Kartoffelsuppe I/209

Kaşar Peynir II/350

Kascha

  Allgemein: PL **I/182**; RUS **I/169**

  Rezepte: PL I/183; RUS I/169

Käse s. auch einzelne Sorten; s. auch einzelne Produktnamen

  Allgemein: B **II/33–34**; CH **I/262–265**; E **II/190**; ENG **I/32–33**, 34; F **II/112–123**; GR II/324, 326, 327; I **II/258–263**; IRL **I/80**; N **I/114, 116–117**; NL **I/338, 339, 340**; P **II/227**; SK **I/202**

  Herstellung: allgemein: F II/115, 119; NL I/340; speziell: Camembert II/114–115; Cheddar I/32; Emmentaler I/262; Gorgonzola II/262; Gouda I/340; Herve II/32; Milleens I/81; Parmigiano-Reggiano (Parmesan) II/258; Pecorino II/260; Roquefort II/116–117; Schafskäse I/196, 202–203; Stilton I/33; Vacherin Mont d'Or II/115; Ziegenkäse II/118–119

  Sorten: A I/247; B **II/34–35**; CH **I/262–263**; E **II/191**; ENG **I/32–33**; F **II/112–123**; GR **II/326**; I II/258, 260, 262–**263**; IRL **I/81–82**; N I/114, **116–117**; NL **I/340, 342–343**; P **II/227**; SK **I/202**; TR **II/350**

  Spezialitäten mit Käse (s. auch Rezepte): B II/34; CH I/264–265; D I/328, 333; I II/292; SK I/202; TR II/340, 342

  Rezepte: B II/18; CH I/263, 265; D I/311; GR II/315, 318, 320; I II/257, 292; NL I/341; SK I/203; TR II/342

Käsefondue I/260, 264–265 (Abb.)

Käse, Gebackener II/315 (Abb.)

Käsekuchen I/128 (schwedischer); **I/319** (deutscher)

Käse-Spätzle I/311

Kasséri II/326

Kastanien-Äpfel-Füllung I/43

kasza s. Kascha

Kasza krakowska I/183

Katalonische Creme II/195 (Abb.)

Katharina de' Medici II/150

Katharina die Große, Zarin I/227

Katharina von Bragança I/16

Kaviar I/159–161

Kebab **II/342, 348–349**

Kedgeree I/15

Kefalotíri **II/318, 320, 326**

Keiller, James I/22–23

Kekse s. Kleingebäck

Kernheimer I/342

Kernhemmer Kaas I/342

Kesselgulasch I/218

Ketchup I/28

Kichererbsenmus II/340

Kieler Sprotten **I/299**

Kieler Sprotten, Rührei mit I/299

Kipper I/15, 348

Kir II/52

Kir, Félix **II/50–51**

Kir Royal II/53

Kirschwasser I/334

Kısır II/342

Kislye Schtschi I/164

Kissel aus Heidelbeeren I/170

Kissel is Tscherniki I/170

Klare Fischsuppe I/165

Klarer (Branntwein) **I/334**

Kleingebäck s. auch Brötchen; Gebäck; Teigtaschen

  Allgemein: A **I/248, 255**; CH I/274; D **I/316**-317, **320–321**; DK **I/100**; E II/194; ENG I/15, 17; F II/150–151; NL **I/353, 356**; P **II/228–229**; RUS I/170; S I/128; SCO **I/58**; TR II/352

  Herstellung (s. auch Rezepte): F II/47

  Sorten: Aachener Printen **I/320–321**; Baklava II/352, 353; Brezel **I/100, 317**, II/47; Croissant **II/47**; Honigkuchen **I/170, 274, 357**; Kekse I/276, II/194, 36; Krapfen **I/255**, II/293; Lebkuchen **I/320–321**; Oblaten **I/204**; Petit fours II/150–151, 194; Plätzchen **I/58–59**, 354, **357**; Plundergebäck **I/100**, 317; Spekulatius **I/356**, II/36; Teegebäck **I/17, 20**; Teilchen **I/100, 248–249, 316–317**, II/151, 229; Waffeln **II/36**; Weihnachtsgebäck **I/42, 321, 356–357**; Windbeutel II/194

  Spezialitäten (s. auch Rezepte): A I/248–249, 255; B II/36; CH I/274, 276; CZ I/204; D I/316–317; DK I/100; E II/194; ENG I/15, 17; F II/47, 151; GR II/333; I II/292–293; P II/229; S I/128; SCO I/58; TR II/352–353

  Rezepte: A I/249, 255; CH I/274; D I/321; DK I/101; ENG I/15, 20, 42; F II/144; GR II/333; NL I/353, 356–357; SCO I/59

Klippfisch **I/109, II/**215, 216, **217**

Klippfisch, Gratin von I/109

Klippfiskegratin I/109

Knäckebrot **I/130–131**

Knoblauchbrot, Geröstetes I/209

Knoblauch-Olivenöl-Paste II/187

Knoblauchpaste II/66

Knoblauchsuppe II/174

Knödel **I/250–253**

Kohl s. auch Gemüse

  Allgemein: B **II/19**; D **I/306–307**; D **I/306–307**; DK I/92; P II/210, 211, 212; PL **I/184**; RUS I/162

  Konservierung: I/31, 162, 184

  Sauerkraut: B II/25; D **I/306**; F **II/100–101**; RUS **I/162**

  Spezialitäten (s. auch Rezepte): F II/71; N I/105

  Rezepte: B II/18, 25; D I/306, 308, 328; ENG I/31; F II/101; IRL I/72; NL I/344; P II/210, 213; PL I/185; RUS I/162, 164; SK I/203

Kohleintopf I/344

Kohl, Gefüllter I/162

Kohl in Kartoffelpüree I/72

Kohlrouladen I/185

Kohlsuppe I/164 (Abb.)

Kokt Laks I/107

Kolokithokeftédes II/318 (Abb.)

Kolumbus, Christoph II/152

367

Kölsch I/331, 332
Kommissionskäse I/342
Konfekt
    Allgemein: B II/38; CH I/277; E II/194;
    F II/155
    Spezialitäten (s. auch Rezepte): CH **I/277;**
    D I/322–323;
Konfitüre s. auch Marmelade
    I/22–23, 312
Königinpasteten II/84
Konservierung s. jeweiliges Nahrungsmittel
Kopenhagener I/100 (Abb.)
Korn (Branntwein) **I/334**
Kotlety po-Kiewski I/166
Kotosoupa avgolémono II/317 (Abb.)
Köttbullar I/126 (Abb.)
Krabbensalat I/124 (Abb.)
kräftaskiva I/137
Krakauer Kascha I/183
kransekage I/86, 100
Krapfen I/255, II/293
Kräuterbitter **I/204**
Kräuter der Provence **II/106–107**
Kräuter-Ei-Taschen I/152
Kräuterschnaps **I/334**
Krautschnitzel I/162
Krebs s. Flußkrebs; Krustentiere
Krenteweggen I/353
Krimsekt **I/170**
Krimskoje **I/170**
Krupnik I/183
Krustenpastete II/75 (Abb.)
Krustentiere s. auch Meeresfrüchte
    Allgemein: E II/178; F **II/56;** FIN **I/137;**
    GR II/322; I II/280; P II/218–219; TR II/346
    Arten: E **II/178–179;** F **II/56,** 60–61; FIN I/137;
    P II/219
    Fang II/56
    Zubereitung II/56
    Spezialitäten (s. auch Rezepte): E II/162–163,
    184; F II/56, 57, 70; P II/208
    Rezepte: E II/181, 185; F II/66; FIN I/137; I
    II/246, 266, 275, 282–283; IRL I/71
Kuchen s. auch Torte
    Allgemein: D **I/315,** 317, **319;** DK **I/86, 100;**
    ENG I/17, 42; F II/150–151; GR II/332;
    NL **I/345, 353;** P **II/228–229;** RUS I/170; S I/128;
    SCO I/58
    Quiche **II/110**
    Spezialitäten (s. auch Rezepte): D I/317, 319;
    DK I/86, 100; ENG I/17, 23; I II/292–293;
    NL I/352–353; P II/229; TR II/353
    Rezepte: D I/315, 319,; ENG I/20, 43; F II/146;
    I II/293; IRL I/83; NL I/345, 353; PL I/190;
    S I/128; SCO I/59
Kuchen, Gefüllte kleine I/20
kulebjaka I/156
kurnik I/156
Küsnachter Käse I/263
Kutteln **II/265,** 348
Kuttelsuppe, Piemonteser II/265 (Abb.)
Kwass I/168–169
Kwass Domaschnij I/169

Lachs (Salm)
    Allgemein: E II/177; ENG I/34; N **I/104, 106**
    Konservierung I/106
    Rogen I/140, 160, II/315
    Zubereitung I/106, 111;
    Spezialitäten (s. auch Rezepte): E II/163; F II/63;
    N I/106;
    Rezepte: DK I/96; ENG I/15; GR II/315; N
    I/107; S I/124
Lachsforelle **I/138–139,** 140
Lachs, Gegrillter I/107
Lachs, Pochierter I/107
Lady Tillypronie's Scotch Broth I/56
Laguiole II/119, 123
Lakritze **I/354–355**
Lambertz, Henry I/321
Lambic **II/28–30**
Lamb's Kidneys with Mustard Sauce I/69
Lamm s. auch Schaf
    Allgemein: E **II/172;** F **II/96–97;** FIN I/143;
    GR II/324, 327; I II/273; IRL **I/68;** P **II/220;**
    TR **II/348**
    Aufzucht II/96
    Zubereitung I/134, 143, II/172
    Spezialitäten (s. auch Rezepte): F II/86;
    FIN I/134, 143; GR II/327; TR II/348–349
    Rezepte: D I/296; DK I/97; ENG I/26; F II/99;
    GR II/320, 324; I II/275; IRL I/68–69; P II/220;
    SCO I/56; TR II/342
Lammbraten II/275
Lammeintopf mit Gemüsen I/68 (Abb.)
Lamm-Gemüse-Suppe I/56
Lamm in Gelee I/69
Lammkeule auf Bäckerinnenart II/99
Lammkeule, Mecklenburger I/296
Lammkoteletts II/99
Lammnieren in Senfsauce I/69
Lammragout II/99 (französisches); **II/220**
    (portugiesisches; Abb.)
Lammschulter auf Hausfrauenart II/99
Lammtopf I/26 (Abb.)
Lancashire I/32
Langostinos al ajillo II/181
Langres II/119, 121
Langue de bœuf madère II/84
Langustinen in Knoblauchöl II/181
Lapin à la moutarde II/85
Lapin du brasseur II/26
Lara, Avelino I/278
Lasagne-Auflauf II/253
Lasagne al forno II/253
Lauch in Olivenöl II/345
Lauchsuppe mit Huhn I/57
Laugenbrezel I/285
Lebkuchen **I/320–321**
Leche frita II/195
Leerdamer I/342
Lefse I/114, 117
Leicester I/33
Leidener Käse I/342
Leidse Kaas I/342
Leipziger Allerlei I/309 (Abb.)
Lepre in salmí II/278 (Abb.)

Lescluse, Charles de II/16
Les chicons au gratin II/17
Lescó I/221
L'étuvée de Westmalle II/26
Libacomb I/217
Libamáj I/217
Likör s. auch einzelne Produktnamen
    Allgemein: A I/256; CZ **I/204,** 205; F **II/50, 138;**
    FIN I/143; I II/307; IRL **I/78;** NL **I/358;** RUS I/174
    Herstellung I/78, 174, 358, II/50, 138
    Marken: A I/256; CZ I/204; F II/50, 138; I II/307;
    IRL I/78; NL I/358;
    Spezialitäten aus: Anis II/138, 307; Aprikosen
    I/358; Armagnac II/138; Beeren I/143, 174;
    Cognac II/138; Eiern I/358; Genever I/358;
    Johannisbeeren II/50; Kaffee I/78; Kakao I/78;
    Kirschwasser I/256; Kräutern I/174, 204, II/138,
    306–307; Mandeln II/294, 307; Marillen I/256;
    Nougat I/256; Nüssen I/256; II/307; Obstbrannt
    I/256; Orangen II/138; Pfefferminze II/307;
    Pomeranzen I/358, II/138; Rosen II/307; Schoko-
    lade I/256; Walnüssen I/256; Wermut II/307;
    Whiskey I/78; Wodka I/174
    Spezialitäten mit Likör: F II/148; I II/294
    Rezepte mit Likör: CZ I/204; D I/314; F
    II/52–53, 83, 146; I II/292; IRL I/78; NL I/358
Likörwein s. auch Wein; s. auch einzelne Sorten
    Allgemein: E **II/164;** GR **II/331;** I **II/320;**
    P **II/234,** 235
    Herstellung: Madeira II/235; Portwein II/234;
    Sámos **II/331;** Sherry **II/164–165;** Vin Santo **I/302**
    Rebsorten: E II/198; GR II/331; I II/302;
    P II/234, 235
    Sorten: Madeira **II/235;** Muskatwein **II/331;**
    Portwein **II/234;** Sámos **II/331;** Sherry **II/164;**
    Vin Santo **II/302**
    Spezialitäten zum Likörwein: E II/162–163;
    I II/302
    Rezepte mit Likörwein: D I/314; ENG I/33;
    F II/53; 75, 83–84; SCO I/53
Limburger Törtchen I/353
Limburgse Vlaai I/353
Linde, Carl I/331
Lindström, Carl-Gustav I/126
Lindt, Rudolph I/277
Linguine rosse con aglio e olio II/253
Linseneintopf I/309 (Abb.)
Linzer Torte I/254
Liptauer Käse I/202, 203, 247
Liptovský syr I/203
Livarot II/119, 121
Löffelsüßigkeiten II/333
Loukoumádes II/333
Louis (Ludwig) XIV, König I/227, II/45
Louis XV, König II/134
Lübecker Marzipan I/322
Lutefisk I/109
Lütticher Waffeln II/36

Maatjes met groene Bonen I/349
Maatjessla I/349
Maasdammer Kaas I/334
Madeira **II/235**

Madrilener Eintopf II/174
Magret de canard sauvage II/25
Mahón II/191
Mailänder Minestrone II/264 (Abb.)
Mais **II**/210; **256** (Polenta)
Majorero II/191
Makowiec I/190 (Abb.)
Malfatti II/255
Malzbier **I/40, 74–75**, 331
Manchego II/191
Mandeln
    Allgemein: CH I/277; D I/322; F II/154; P II/230
    Spezialitäten (s. auch Rezepte): D I/322;
    E II/194; F II/154–155; GR II/333; P II/229, 230,
    231
    Rezepte: D I/321, 322; E II/180; GR II/333; NL
    I/356–357
Mandelplätzchen, Gewürzte I/357
Manoúri II/326
Mansikkalumi I/143
Marc **II/139**
Markgraf, Andreas Sigismund I/315
Maria Theresia, Kaiserin I/227
Marie Antoinette, Königin I/315, II/47
Marillenknödel I/251
Marinierte Kalbsleber II/221 (Abb.)
Marinierte Pilze I/154
Marinierter Karpfen I/201
Marinierte Salzheringe I/123
Marinierte Sardinen II/215
Marinovannyje Griby I/154
Marmelade
    Allgemein: ENG **I**/17, **22–23**
    Herstellung I/23;
    Spezialitäten: ENG **I/22–23**;
    marmelos I/22
Marmitako II/181
Marnier, Louis Alexandre II/138
Maroilles II/119, 121
Martinsgans I/297
Marzipan
    Allgemein: D **I/322**; E II/194
    Herstellung I/322–323
    Spezialitäten (s. auch Rezepte): B II/38;
    CH I/277; D I/317, 322; E II/194; I II/292
    Rezept: D I/322
Marzipan I/322
Marzolino II/263
Mascarpone II/263
Maslenitza I/161
Matjes mit grünen Bohnen I/349
Matjessalat I/349
Matcha I/19
Mätivoi I/140
Maugham, Somerset I/14
Mazurek I/190 (Abb.)
Mecklenburger Lammkeule I/296
Melitzanosaláta II/315 (Abb.)
Meeresfrüchte s. auch Krustentiere; Schal- und
    Weichtiere; einzelne Arten
    Allgemein: B **II/16**; E **II/178–179**; F **II**/56, 58–59;
    GR **II/322**; I II/280–281; IRL **I/70**; NL **I/350**;
    P **II/218–219**; TR II/346

    Arten: E **II/178–179**; F **II**/56, 58–59, **60–61**;
    I II/280–281; IRL **I/70**; NL I/350
    Konserven II/178, 179
    Lagerung I/350, II/56
    Zucht s. Muscheln; Schnecken; einzelne Arten
    Spezialitäten (s.auch Rezepte): B II/16;
    E II/162–163, 176; F II/57; GR II/315; P II/208,
    209; TR II/340
    Rezepte: B II/17; E II/180–183; F II/64–65;
    GR II/323; I II/246, 266, 277, 282–283;
    IRL I/70–71; NL I/351; P II/213; S I/124
Meeresfrüchtesalat II/282 (Abb.)
Meeresgemüse I/70
Mehlspeisen
    Allgemein: A **I/248**; B **II/26**; F **II/148**; H **I/224**;
    IRL I/65; NL **I/346**; RUS **I/161**
    Spezialitäten (s. auch Rezepte): B II/36; D **I/333**;
    F II/148; NL I/345
    Rezepte: A I/249; F II/144, 146, 148; H I/224;
    IRL I/65; NL I/346–347; RUS I/161
Meze II/340–341
Mezédes **II/314–315**
Miesmuscheln s. auch Muscheln
    Allgemein: B **II/16**; NL **I/350**
    Zucht: I II/280; NL I/350
    Spezialitäten (s. auch Rezepte): B II/16;
    TR II/340
    Rezepte: B II/17; F II/65; NL I/351
Miesmuscheln in Weißwein I/351 (nieder-
    ländische); **II/17** (französische; Abb.)
Milchprodukte s. auch Käse
    Allgemein: F **II/45**; FIN I/140, 141; GR II/324;
    IRL I/80; N I/106, 116; TR **II/350**
    Spezialitäten (s. auch Rezepte): D I/333; F II/45;
    GR II/332; N I/106; TR II/340
    Rezepte: D I/314; E II/195; GR II/314; RUS
    I/154, 170, 171; TR II/345, 350–351
Milchreis II/195
Milleens I/81
Mimolette II/119, 123
Mince Pies I/42
Minestra di trippa alla piemontese II/265 (Abb.)
Minestrone alla milanese II/264 (Abb.)
Mixgetränke s. Drinks
Mohnkuchen I/190 (Abb.)
Möhren mit Ingwer, Gedünstete I/163
Mon Chou I/342
Montafoner Hirschrücken I/243
Montasio II/263
Montrachet II/119, 121
Montsec II/191
Moos, irisches I/70
Morbier II/119, 123
Morkov s Imbirem I/163
Morleghem, Raoul II/26
Mosselen in witte Wijn I/351
Most s. Apfel; Wein
Mouclade charentaise II/65
Moules à la poulette II/17
Moules au vin blanc II/17 (Abb.)
Moussakás II/320 (Abb.)
Mousse au chocolat II/153 (Abb.)
Mozzarella II/242–243, 263

Mrazená karlovaská becherovka I/204
Munster, Munster-Géromé II/119, 121
Muscheln s. auch Meeresfrüchte
    Allgemein: E **II/178**; F **II**/56, **58–59**; I II/280;
    IRL **I/70**; NL **I/350**; TR II/346
    Arten: E **II/178–179**; F II/58–59, 60–61; IRL I/70,
    NL I/350
    Zucht I/70, **350, II/58**, 178
    Spezialitäten (s. auch Rezepte): E II/162–163,
    184, 176; TR II/340
    Rezepte: E II/180–181; F II/64–65; I II/282;
    IRL I/70–71; NL I/351; P II/213
Muscheln auf Hühnchenart II/17
Muscheln, Charentaiser II/64
Muscheln in Weinsauce I/70
Muschelnudeln mit Walnußsauce II/253
mussels **I/70**
Mussels in Wine Sauce I/70
Mysost I/117
Myzíthra II/326

Nachmittagsaperitif des Kurgastes I/204
Nachmittagstee s. Afternoon Tea
Nadziewany rostbef I/186
Naigeon, Jean II/108
Näkkileipä I/145
nalivka I/174
nastoika I/174
Nationalgericht
    belgisches **II/16**; englisches I/13, **24; irisches I/66,
    68**; norwegisches I/105; **portugiesisches II**/212,
    213; schottisches I/54; türkisches II/342
Navarin de mouton II/99
Neufchâtel II/119, 120
Niederegger, Johann Georg I/322
Nisa II/227
Nizzaer Salat II/84
Nonnenseufzer II/195
Nougat
    Allgemein: CH I/277; F II/154
    Herstellung II/154
Nóżki wieprzowe w galarecie I/186
Nudeln s. Pasta fresca; Pasta secca; Teigwaren
Nudeln und Bohnen II/265 (Abb.)
Nüsse s. auch Mandeln
    Allgemein: CH I/277; F II/155; P F II/155;
    P **II/230**
    Spezialitäten mit Nüssen: A I/256; F II46, 47, 90;
    GR II/333; I II/254; P II/229, 230; TR II/352–353
    Rezepte: GR II/333; I II/253/333; I II/253
Nußpastete II/333

Oatcakes I/59 (Abb.)
Obst s. auch Apfel; Beerenobst; Likör; Obst-
    branntwein; Zitrusfrüchte
    Allgemein: A I/256; CZ I/197; D I/312–314, 319;
    E **II/192–193**; ENG I/14, 34, 41; F II/144; FIN
    I/143; GR II/332; I II/292; IRL I/83; P II/230;
    SK I/197
    Konfitüre I/22–23, 143
    Konservierung **I/31**, II/230
    Sirup **II/37**
(Fortsetzung umseitig)

Obst *(Fortsetzung)*
  Spezialitäten (s. auch Rezepte): A I/248; D 312,
    317, 333; ENG I/29, 42; GR II/332; I II/292–293,
    295; RUS I/169
  Rezepte: A I/249; 251; D I/314–315, 318–319;
    E II/195; ENG I/31, 43; F II/144, 146–147;
    FIN I/143; GR II/333; H I/225; IRL I/72, 78–79,
    83; NL I/347; RUS I/170; S I/128
Obstbranntweine s. auch Spirituosen
  Allgemein: A **I/256**; D **I/334**; F **II/140–141, 145**;
    H I/227; NL **I/358**
  Herstellung I/227, 256, 334; 358, II/140, 145
  Marken: A I/256; D **I/334**; H I/227; NL I/358, 359
  Spezialitäten aus: Äpfeln I/256, 334, 358, 359,
    II/145; Aprikosen I/213, 227, 256; Birnen I/256,
    334, II/140; Enzian I/256; Himbeeren I/359;
    Holunder I/256; Johannisbeeren I/359; Kirschen
    I/334, 358, 359; Marillen I/256; Muskattrauben
    I/256; Pflaumen II/140; Quitten I/256; Schlehen
    I/334; Wacholder I/358; Weichsel I/256; Zibarten
    I/334; Zwetschgen I/334
Obstler **I/334**
Obstsalat, Sommerlicher I/314 (Abb.)
Ochsenschwanz mit Buchweizen, Würziger I/166
Ochsenschwanzragout I/67
Öchsle, Ferdinand I/325
Odpolední lázeňský aperitiv I/204
Œufs à la neige II/146
Offenburger Sauerkraut I/306
Ohraleipä I/145
Ohrnudeln mit Brokkoli II/253
Öl s. auch Olivenöl
  Sorten **II/104**
Olive s. auch Olivenöl
  Anbaugebiete: E II/187; I II/290; P II/225, 230
  Spezialitäten: P II/209, 230
Olivenöl
  Herstellung: E II/187; I II/290
  Klassifizierung: F **II/104; E II/186; I II/290**
  Lagerung II/187, 290
  Marken: P **II/225**
  Verwendung: E II/179, 187; I II/290–291;
    P II/215, 225
Omelette aux truffes II/73
Ontbijtkoek I/357
Orangenmarmelade **I/22–23**
Orangenpudding II/195
Orecchiette coi broccoli II/253
orektiká II/314
Ossau-Iraty II/119, 123
Ossobuco alla milanese II/274 (Abb.)
Osterkuchen I/190 (Abb.)
Ostern
  Allgemein: GR **II/327**; RUS I/149, 170
  Spezialitäten (s. auch Rezepte): GR II/327;
    I II/293; P II/229
  Rezepte: PL I/190; RUS I/170
Original Irish Stew (I) I/68
Osetrina Varjonaja I/159
Ostkaka I/128
Oúzo **II/48, 328**, 333
Ovelheira II/227
Oysters and Guinness I/70 (Abb.)

Paella **II/184–185**
Paella aus Valencia II/185 (Abb.)
Paella valenciana II/185 (Abb.)
Paglietta II/263
Paistettu Mätiä I/140
palacsinta **I/224**
Palacsinta Gundel módra I/224 (Abb.)
palatcinky I/224
Palatschinken I/224
Panettone II/293 (Abb.)
Panierter Karpfen I/201
Pannekoeken, Grundteig für I/346
Paprika (Gemüse-)
  Allgemein: E II/189; H I/220
  Rezepte: E II/189; F II/103; GR II/319; H I/221;
    I II/285; P II/215; TR II/344
Paprika (Gewürz-)
  Allgemein: F II/102; H **I/213, 220–221**
  Herstellung **I/220–221**
  Sorten I/220, **221**
  Rezepte: H I/215, 217–219, 221
Paprika, Gefüllte II/285 (Abb.)
Paprikagemüse II/285
Paprikahähnchen I/221
paprikás **I/218**
Paprikaschoten, Gefüllte I/221
Paprikás csirke I/221
Paprika-Tomaten-Gemüse I/221
Parmaschinken **II/244–245, 274**
Parmesan II/258
Parmigiana di melanzane II/258 (Abb.)
Parmigiano-Reggiano **II/258**, 263
Pascha I/170
Pasta e fagioli II/265 (Abb.)
Pasta fresca **II/252–254**
Pasta fresca, Grundrezept für II/252
Pasta-Saucen **II/248–249**
Pasta secca **II/248–251**, 252
Pasta-Teig, Frischer II/252
Pasteten s. auch Teigtaschen; Terrinen
  Allgemein: CZ **I/198**; ENG I/34, **42**; F **II/75**;
    FIN **I/142**; GR **II/317**; RUS **I/156**
  Spezialitäten (s. auch Rezepte): CZ I/198;
    F II/76, 86–87; P II/208; TR II/342
  Rezepte: B II/24; ENG I/27, 42; F II/75, 84;
    FIN I/142; GR II/333; RUS I/156; TR II/342
Pastis **II/48–49**, 53
pata negra II/166
Pâté de campagne II/75 (Abb.)
Pâté de marcassin aux noisette II/24
Pâté en croûte II/75 (Abb.)
Patisserie **II/150–151**
Pavoni, Desiderio II/308
Pearoche I/33
Pecorino **II/260–261**
Pecorino romano II/263
Pecorino siciliano II/263
Pecorino sardo II/263
Pélardon II/119, 121
Pelmeni I/157
Pelmeni s Gribami I/157
Pelmeni Sibirskie I/157
penicillium glaucum II/262

penicillium roqueforti I/32, II/116, 166
Peperonata II/285
Peperoni imbottiti II/285 (Abb.)
Père Joseph II/35
Perlhuhn in Weißwein II/277 (Abb.)
Perltang I/70
Pernod, Henri-Louis II/48
Pesto alla genovese II/248
Pesto – Genueser Basilikumsauce II/248
Petiscos **II/208–209**
Petit Lathuy II/34
Petit pains aux truffes II/73
Pfälzer Saumagen I/297 (Abb.)
Pfannengericht, Schwedisches I/126
Pfannkuchen s. auch Mehlspeisen
  Allgemein: H **I/224**; NL **I/346**; RUS **I/161**
  Spezialitäten (s. auch Rezepte): NL **I/345**
  Rezepte: A I/249; H I/224; IRL I/72;
    NL I/346–347; RUS I/161
Pfannkuchen mit Sirup I/346
Pfannkuchen, Grundteig für I/346
Pflaumenkuchen I/315 (Abb.)
Pflaumenporridge I/42
Philipp II., König II/16
Piccalilli **I/30–31**
piccata I/239
Pichelsteiner Topf I/308
Pickled Onions I/31
Pickled Red Cabbage I/31
Pickles I/30–31
Picknick I/34–35
Picknickkorb I/34
Picodon de l'Ardèche II/119, 121
Picodon de la Drôme II/119, 121
Picón II/191
pie s. Teigtaschen
Piemonteser Kuttelsuppe II/265 (Abb.)
Pikante Hammelnierchen I/15
Pikanter Hühnersalat I/151
Pilav II/342
Pils I/99, 331, 332, 333
Pilsener Bier (Pils) **I/207–208, 332**
Pilsener Urquell **I/207–208**
Pilze s. auch Trüffeln
  Allgemein: F **II/72–73**; FIN **I/143**; I **II/286, 288**;
    PL **I/180**; RUS **I/154**
  Arten: F **II/73**; FIN **I/143**; I II/286–288;
    PL **I/180–181**; RUS **I/154**
  Aufbewahrung II/73
  Konservierung **I/154**, 180, II/288
  Zubereitung **I/180**; II/286, 288
  Rezepte: A I/243; F II/73, 84; FIN I/143; I II/253,
    278; PL I/180, 185; RUS I/154, 157
Pilze in saurer Sahne I/154
Pilze, Marinierte I/154
Pilz-Pelmeni I/157
pint I/40
Piri-piri **II/225**
Piroggen **I/156**, 182
pirogi **I/156**
Piroschki s Mjasom I/156
Piroschki s Tworogom I/56
Pisto manchego II/189

Pistou II/71
Píta II/317
Pius IV., Papst II/16
Pivní guláš I/209
Pizza **II/242–243**
Pizzateig, Grundrezept für II/242
Plätzchen s. Kleingebäck
plum porridge I/42
plum pudding I/42
Plundergebäck **I/100–101**, 317
Plzeňský Prazdroj **I/207–208**
poached egg I/15
Poacher's Pot I/57
Pochierte Eier mit Joghurt II/351 (Abb.)
Pochierter Lachs I/107
Poffert I/345 (Abb.)
poffertjes I/345
Poires au vin rouge II/147 (Abb.)
Poivre d'âne II/119, 121
Polenta **II/256–257**
Polenta con gorgonzola II/257
Polenta e fontina II/257
Polenta, Grundrezept für II/257
Polenta mit Fontina II/257
Polenta mit Gorgonzola II/257
Polnischer Rumkuchen I/190 (Abb.)
Pollastro in squaquaciò II/276
Pollo alla diavola II/276 (Abb.)
Pollo alla Marengo II/277
Polnischer Rumkuchen I/190 (Abb.)
Pommes frites s. auch Kartoffeln
    Allgemein: B **II/16**; ENG **I/36**
    Rezept: ENG I/37
Pont l'Evêque II/119, 121
pörkölt **I/218–219**
Pork, Sage and Onion Stuffing I/43
Porridge I/14–15, 47, **58, 59**
porridge drawer I/58
Portwein **II/234**
Pot-au-feu II/94 (Abb.)
Porter **I/40**, 74, 99
Portugiesischer Fleischeintopf II/213
Potage **II/70–71**
Potage printanier II/70
Potato Apple Cake I/62 (Abb.)
Potée II/70–71
poteen I/76
Poularde en demi-deuil II/73
Poule au pot II/82
Pouligny-Saint-Pierre II/119, 121
Prager Schinken I/198–199
Prager Schinken in Burgunder I/198
Pralinen
    Allgemein: B **II/38**; CH **I/277**; D I/322; F **II/155**
    Spezialitäten und Sorten: CH I/277
Pražská šunka **I/198–199**
Preiselbeersauce I/43
prim I/114
Prosciutto di Parma **II/244–245**
Prosciutto di San Daniele II/244–245
Provenzalische Gemüsesuppe II/71
Provenzalischer Fischeintopf II/66
Provolone II/263

Pub **I/39, 40,** 41, 48, 74
Pudding s. Süßspeisen
Pudding, Gebratener II/195
Pultost-Hedemark I/116
Pultost-Loiten I/116
Punsch **I/129**
Pupp, Jan Jirí I/204
Pytt i Panna I/126

Quargel I/247
Quark-Piroggen I/156
Quark-Streuselkuchen I/315
Queijo amarelo da Beira Baixa II/227
Queijo da Ilha II/227
Queijo da Serra Estrela II/227
Queijo de cabra Serrano Transmontano II/227
Queijo de Castelo Branco II/227
Queijo picante da Beira Baixa II/227
Quiche lorraine II/110

Rabaçal II/227
Raclette **I/263, 265**
Ragoût de marcassin à la Super des Fagnes II/25
    (Abb.)
Ragù alla bolognese II/248
Ragusano II/263
Rakı **II/48**, 340, **343**
Räksallad I/124 (Abb.)
rakørret I/106
Raleigh, Sir Walter I/64
Ratatouille II/103
Raventos, José II/200
Ravioli II/253
Reblochon II/119, 123
Reibekuchen I/304
Red Windsor I/33
Reis
    Allgemein: E **II/182**; I **II/266**; TR II/342
    Sorten: E **II/182**; I **II/266–267**
    Zubereitung II/185, 342
    Spezialitäten (s. auch Rezepte): E II/184;
    I II/266
    Rezepte: E II/183, 185, 195; GR II/317; I II/264,
    266–267; P II/213; TR II/342, 345, 352
Reis, Gemischter II/340
Reis mit Erbsen II/267
Reis mit grünem Spargel II/267
Reis mit Kruste II/183 (Abb.)
Reis, Schwarzer II/183 (Abb.)
Reistopf mit Fischen nach Murcia-Art II/183
    (Abb.)
Relish I/30–31
Rentier **I/114**
Rentierherz in Sahnesauce, Geräuchertes I/115
Rentier-Ragout der Samen I/115
Reynière, Grimod de la II/70
Rheinischer Sauerbraten I/296 (Abb.)
Ricotta II/263
Ridder I/116
Rind s. auch Kalb; Wurst
    Allgemein: A **I/237–239**; D I/335; E II/174, 190;
    ENG II/24; F **II/92–93**; H I/218; I II/265, 273;
    IRL I/80; P **I/220**; PL I/188; TR II/348

    Konservierung: CH I/273
    Rassen: ENG I/24–25, 47; F **II/92–93**; IRL I/80;
    P **II/220**
    Schnitt: englischer **I/24**; französischer **II/92**;
    italienischer **II/272**; österreichischer **I/237**
    Verarbeitung II/93
    Spezialitäten (s. auch Rezepte): A I/233,
    238–239; CH I/272–273; D I/333, 335; ENG
    I/24–25; F II/70; GR II/325; I II/268, 270; IRL
    I/67; TR II/340, 349
    Rezepte: A I/236–237, 239; B II/26; CH I/267;
    D I/286, 296; E II/174; ENG I/27; F II/84–85,
    94–95; H I/218; I I/344; II/246, 253, 264–265, 272,
    274–275; IRL I/67; NL I/344; P II/213; P II/221;
    PL I/180, 185–186; RUS I/151, 157, 166;
    S I/126–127
Rinderfilet, Carpaccio vom II/246
    (Abb. 274–275)
Rinderfilet mit Pilzen I/186
Rinderfilet Stroganoff I/166 (Abb.)
Rindfleisch à la Lindström I/126
Rindfleisch am Faden II/95 (Abb.)
Rindfleisch, Gewürztes I/67
Rindfleischsalat I/151
Rinderschmorbraten I/166
Rinderzunge in Madeira II/84
Rindsgulasch I/236 (Abb.)
Rioja **II/196–199**
Risi e bisi II/267
Risotto alla milanese II/267
Risotto con asparagi verdi II/267
Risotto di gamberetti II/266 (Abb.)
Risotto mit Garnelen II/266 (Abb.)
Risotto nach Mailänder Art II/267
Ristet Laks I/107
Roastbeef I/13, 24
Roastbeef, Gefülltes I/186
Rob Roy I/53
Rödbetsallad I/124 (Abb.)
Rogen
    Allgemein: FIN **I/140**, RUS **I/160–161**
    Fische **I/140–141, 159**–160
    Konservierung **I/160**
    Spezialitäten zum Rogen: FIN I/140; RUS I/161;
    Rezepte: FIN I/140; GR II/315; IRL I/70;
    S I/124
Rogen als Appetitanreger I/140
Rogenbutter I/140
Rogen, Gebratener I/140
Rogen, Überbackener I/124
Roggenbrot I/145
Rollal I/91 (Abb.)
Rollmops I/303
Romesco-Sauce II/180
Roquefort **II/97**, 116–117, 119, 122
Rosinenbrötchen I/15 (englische); **I/353** (niederländische)
Rosinenkuchen I/345 (Abb.)
Rossolnik I/187
Rostbraten Esterházy I/237
Rösti I/266
rosvopaisti **I/143**
Rotbrasse auf provenzalische Art II/64 (Abb.)

Rotbrasse in Salzkruste II/180 (Abb.)
Rote-Bete-Salat I/124 (Abb.)
Rote-Bete-Suppe I/164 (Abb.)
Rote Grütze mit Bailey's I/78
Rôti de lotte II/65
Rôti de porc II/96
Rotkohlsalat I/31
Rote Linguine mit Knoblauch und Olivenöl II/253
Rouille II/66
Rouladen mit Pilzfüllung I/180
Rüeblitorte, Aargauer I/275
Rührei mit Kieler Sprotten I/299
Ruisleipä I/145
Rulleål I/91 (Abb.)
Rumkuchen, Polnischer I/190 (Abb.)
Russische Cremespeise I/171 (Abb.)
Russische Eier I/153
Russischer Kartoffelsalat I/152
Russische Osterspeise I/170
Rybnaja Soljanka I/165 (Abb.)
Røkt Reinsdyrhjerte i Fløtesaus I/115
rømme I/106

saç ekmeği II/338
Sachertorte I/257 (Abb.)
Sade Lokum II/352
Safran II/184, 185
Safran-Gnocchi auf sardische Art II/255
Saganáki II/315 (Abb.)
sage derby I/32
Saibling auf Genfer Art I/269
Saint-Marcellin II/119, 120
Saint-Maure II/119, 121
Saint-Nectaire II/119, 123
Sakuska I/122, **150–154**, 160
Salade niçoise II/84
Salami I/213, **II/270–271**
Salate
    Allgemein: B II/18; GR II/318
    Sorten II/104–105
    Zubereitung (s. auch Rezepte): E II/189; I II/291
    Spezialitäten (s.auch Rezepte): E II/163; F II/87, GR II/314; P II/209
    Rezepte: F II/84; FIN I/143; GR II/319; I II/282; RUS I/151; S I/124; TR II/340, 342
Salat is Kurizy I/151
Salat is Gowjadiny I/151
Salers II/119, 123
Salgados **II/208**
Salm s. Lachs
Salonbeuschel I/239
Salsa di pomodore II/248
Saltimbocca alla romana II/274 (Abb.)
Salumi **II/268–269**
Salzburger Nockerln I/254 (Abb.)
Samfaina II/189
Samowar I/172–173
Sandwiches I/17, 34
San Simón II/191
São Jorge II/227
Sardine
    Allgemein: E II/177, 179; F II/63; P **II/215**; TR II/346

Konserven **II/215**
    Zubereitung II/215
    Rezepte: F II/65; P II/215
Sardinen, Gegrillte II/65 (Abb.)
Sardinen, Marinierte II/215
Sardinen mit Paprikaschoten, Gegrillte II/215
Sardines grillées II/65 (Abb.)
Sardinhas assadas com pimentos II/215
Sardinhas de escabeche II/215
Sauce für Fischsuppen, Scharfe II/66
Sauce hollandaise I/310
Saucen
    Allgemein: ENG **I/28–29**; I **II/248–249**
    Sorten: Aprikosensauce I/314; Avgolémono II/317; Basilikumsauce II/71, 248; Biersauce II/26; Bologneser Sauce II/248; Eier-Zitronen-Sauce II/317; Frankfurter grüne Sauce I/328; Helle Sauce I/309; Holländische Sauce I/310; Joghurtsauce II/345; Kapernsauce I/68, Knoblauchsauce II/181, 187; Knoblauch-Sardellen-Sauce II/284; Madeira-Sauce I/243; Pasta-Saucen II/248–249; Pesto II/248; Pistou II/71, Preiselbeersauce I/43; Romesco-Sauce II/180; Rouille II/66; Sahnesauce I/115; Schokoladen-Rum-Sauce I/224; Senfsauce I/28, 69, 107; II/85; Thunfischsauce II/272; Tomatensauce I/123, II/189, 248, 276; Vanillesauce I/128; Vinaigrette II/105; Walnußsauce II/253; Weinsauce I/70, 243; Weinschaumsauce I/287; Weißweinsauce II/282; Worcestershire-Sauce I/28–29
    Spezialitäten (s. auch Rezepte): A I/237; B II/16; ENG I/28–29, 31, 42; GR II/325; I II/249; N I/108, 110
    Rezepte: A I/243; B II/25, 26; D I/287, 309, 310, 314, 328; E II/180–181; ENG I/43; F II/66, 71, 85, 105; GR II/317; H I/224; I II/248, 253, 255, 272, 282–284; IRL I/69; N I/107; PL I/184; SCO II/56; TR II/345
Sauce aigrelette à la choucroute II/25
Sauerbraten, Rheinischer I/296 (Abb.)
Sauerkraut s. Kohl
Sauerkraut auf traditionelle Art II/101
Sauerkraut, Offenburger I/306
Sauerkraut selbst herstellen I/162
Sauerkrautsuppe I/164
Sauna I/136
Sautierte Jakobsmuscheln II/64 (Abb.)
Savoury Meat Loaf I/67
sbitjen **I/173**
Scaloppine di maiale al marsala II/275
Scampi alla griglia II/246
Scamorza II/263
Schabziger I/262
Schaf s. auch Hammel; Lamm
    Allgemein: E II/172, 190; F II/96, 116; FIN I/143; GR II/324, 327; I II/273; IRL I/68; H I/218; P II/220; SK I/202
    Rassen: F **II/97**; P II/220
    Spezialitäten (s. auch Rezepte): D I/333; FIN I/143; GR II/327; N I/105; SCO I/54,
    Rezepte: D I/296; DK I/97; ENG I/15, 25; F I/99; P I/227; SK **I/202**

Schafskäse s. auch Käse; s. auch einzelne Produktnamen
    Allgemein: E II/190; ENG I/33; F **II/116**; GR **II/326**; I II/260; IRL I/80; P II/227; SK **I/202**
    Herstellung: F **II/116–117**; I II/260; SK I/196, **202–203**
    Konservierung: GR II/326
    Sorten: E II/190–191; F **II/116, 122**; GR **II/314, 326**; I **II/260, 262–263**; IRL I/82; P II/227; SK I/202; TR **II/350**
    Spezialitäten mit Schafskäse: TR II/340, 342
    Rezepte: GR II/315; SK I/202; TR II/342
Schafsmagen, Gefüllter I/47, 54
Schal- und Weichtiere s. auch Meeresfrüchte
    Allgemein: B **II/16**; E **II/178**; F **II/54**, 56, **58–59**; GR **II/322**; IRL **I/70**; NL **I/350**
    Arten: E **II/178–179**; F II/54, 58–59, 60–61; IRL I/70, NL I/350; P II/219
    Spezialitäten (s. auch Rezepte): B **II/16**; E II/162–163, 176, 184; GR **II/315**; P II/208, 209, 212; TR **II/340**
    Rezepte: B **II/17**; E II/180–181, 183–185; F II/54, 64–65; GR II/323; I II/282–283; IRL I/70–71; NL I/351
Schaljapin, Fedor I/171
Scharfes Senfgemüse I/31
Schaumwein s. auch Wein; s. auch einzelne Sorten
    Allgemein: E **II/200; F II/134–135**; RUS I/170
    Herstellung: Cava **II/200–201**; Champagner **II/135**;
    Klassifizierung/Kategorien: E II/200; F II/134
    Marken: E II/200; F II/134–135
    Spezialitäten mit Schaumwein (s. auch Rezepte): RUS I/157, 159
    Spezialitäten zum Schaumwein: E II/200; F II/134
    Rezepte mit Schaumwein: B II/22; F II/53; RUS I/159; SCO I/52
Schinken s. auch Salumi
    Allgemein: B II/22; CZ I/198; E II/166–167; F II/88–89; I II/244, 268
    Herstellung: Ardennenschinken **II/22**; Iberischer Schinken **II/166**; Prosciutto di Parma **II/244**; Prosciutto di San Daniele II/244; Serranoschinken II/166
    Spezialitäten und Sorten: B II/22; CZ I/198; D I/293; E II/162–163, 166; ENG I/15; F II/89; FIN I/136; I II/244, 268; P II/208, 209; PL I/188, 189
    Rezepte: CZ I/198; D I/287; DK I/92, 97; E II/174, 180; I II/274; SCO I/56; SK I/198
Schinken auf Förster-Art I/198
Schinken mit Spargel, Überbackener I/198
Schinken und Schellfisch I/56
Schmortopf Westmalle II/26
Schnaps s. Spirituosen; s. auch einzelne Sorten; Produktnamen
Schnecken s. auch Schal- und Weichtiere
    Allgemein: F **II/54**
    Arten **II/54**, 55, 60, 178, 281, 219
    Vor- und Zubereitung **II/54**
    Spezialität (s. auch Rezept): P II/209
    Rezept: F II/54

Schneckenbutter II/54
Schnee-Eier II/146
Schokolade s. auch Nougat
    Allgemein: CH I/277; F II/150
    Herstellung I/277, II/152
    Pralinen I/277, II/38–39, 150
    Spezialitäten (s. auch Rezepte): CH I/277
    Rezepte: F II/146, 153; H I/224
Schokoladencreme II/153 (Abb.)
Schokoladenpudding II/146
Scholle
    Allgemein: D I/301, **303**; F II/63
    Rezept: D I/303
Schrippen (Brötchen) I/284
schtschi I/164
Schulterscherzel mit Wurzelgemüse I/236 (Abb.)
Schwarzer Reis II/183 (Abb.)
Schwarzwälder Kirschtorte I/318 (Abb.)
Schwedisches Pfannengericht I/126
Schwein s. auch Schinken; Speck; Wurst
    Allgemein: A I/238; B II/22; D I/291, 293, 335;
    DK I/87, **92**; E II/166, 168, 172; F II/89, 96,
    100–101; GR II/324; H I/213, 218; I II/268, 270,
    273; IRL I/66; P II/222; PL I/179, 188; TR II/348
    Konservierung I/92; II/20, 166, 222
    Mast II/166
    Rassen: E II/166; F **II/96**; P II/222
    Schnitt: deutscher I/290
    Spanferkel II/172–173
    Wild I/240–243; II/285–186 172, 270, 278
    Spezialitäten (s. auch Rezepte): A I/238, 247;
    B II/22; D I/293, 333; E II/166, 170; ENG I/15,
    25; F II/86–91; GR II/325; I II/244, 268–271;
    IRL I/66–67; P II/209, 222–223; PL I/188–189
    Rezepte: B II/24–26; CZ I/209; D I/286, 291, 297,
    334; DK I/92; E II/173, 185; F II/75, 96, 98;
    FIN I/142; H I/221; I II/275, 278; IRL I/71;
    NL I/344; P II/212–213; PL I/185–186
Schweinebraten, Deutscher I/291
Schweinebraten mit Kruste I/92 (Abb.)
Schweinefleisch vom Grill II/96
Schweinekoteletts in Alufolie II/98 (Abb.)
Schweinekoteletts mit Leffe-Bier II/26
Schweinerollbraten II/96
Schweineschnitzel in Marsala II/275
Schweinsfuß in Aspik I/186 (Abb.)
Schweinshaxe I/335
Schwyzer Käse I/263
scones (s. auch Tea Scones) I/58
Scotch Flip I/53
Scotch Sour I/52
scrumpy I/41
Seemannsauflauf I/127
Seetang I/70
Seeteufel, Gebratener II/65
Seeteufel in Weißweinsauce II/282
Sekt s. auch Schaumwein; Champagner; Krimsekt
Selles-sur-Cher II/119, 121
Semmeln (Brötchen) I/284
Senf
    Allgemein: ENG I/28; F II/108
    Arten II/108
    Museum I/28

Pulver I/28
Sauce I/28
Verarbeitung I/28, II/108
    Spezialitäten und Sorten (s. auch Rezepte):
    ENG I/28; F II/108–109
    Rezepte: F II/85; IRL I/69; N I/107
Senfgemüse, Scharfes I/31
Seljodki I/151
Seppie ripiene II/246
Serena II/191
Serpa II/227
Serranoschinken II/166
Serre, Olivier de II/154
Serviettenknödel I/250
Sherry II/53, 160–164
Shortbread I/17, 59
Short-Drink mit Pernod, Sherry und Gin II/53
Short-Drink mit Pernod und Wodka II/53
sibirische Fisch-Pirogge, Große I/156
Sibirische Pelmeni I/157
Sidra II/160, **202–203**
Sienisalaatti I/143
Sigara Böreği II/342
Singspiel des Meeres II/180
Sirup II/37
Sjömannsbiff I/127
smetana I/140, 141
smörgåsbord I/120, **122–128**
smørrebrød I/94–97, 99
Snert I/344
Snøfrisk I/116
Sodabrot, Irisches I/83
Sofrito II/189
solar II/220
soljanka I/164–**165**
Solöga I/124
Sommergemüse II/189
Sommerlicher Obstsalat I/314 (Abb.)
Sonnenauge I/124
Sopa à alentejana II/213 (Abb.)
Sopa de ajo I/174
Sopa de pedra II/212 (Abb.)
Sorbet II/294–295
Soufflé
    Allgemein: A I/254
    Rezepte: A I/254; F II/146
Soufflé au Grand Marnier II/146
Soupe II/70–71
Soupe à l'oignon II/71
Soupe au pistou II/71
Souvlákia II/324 (Abb.)
Spanferkel II/173
Spargel I/310, II/103
Spätzle I/311
Speck
    Allgemein: DK I/92; F II/100–101; H I/213
    Spezialitäten (s. auch Rezepte): ENG I/15
    Rezepte: B II/26; F I/99, 110; IRL I/71; NL I/346
Speckpfannkuchen I/346
Speculaas I/356 (Abb.)
Spekulatius I/356 (Abb.)
Spezialitäten s. jeweiliges Lebensmittel
Spiced Beef I/67

Spinat mit Rosinen und Pinienkernen II/189
Spinat-Ricotta-Gnocchi II/255
Spirituosen s. auch einzelne Sorten; s. auch
    einzelne Produktnamen
    Allgemein: A I/256; CZ I/197, 204; D I/334;
    DK I/94; E II/165; F I/48, 50, 136, 138–140, 145;
    FIN I/137; I II/304, 306; GR II/328; IRL I/76–78;
    N I/112; NL I/358; RUS I/150, 174; S I/122, 129;
    SCO I/47–48; SK I/197
    Brennereien: A I/256; D I/334; F I/48; N I/112;
    IRL I/76–77; NL I/358; SCO I/48–51; TR II/343
    Herstellung: Aquavit I/112; Armagnac II/139;
    Bitter-Aperitif II/306; Brandy de Jerez II/165;
    Calvados II/145; Cognac II/136; Crème de Cassis
    II/50; Genever I/358; Grappa II/304–305; Kräu-
    terlikör II/138; Marc II/139; Obstbrände II/140;
    Orangenlikör II/138; Oúzo II/328; Pastis II/48;
    Rakı II/343; Whiskey I/77–78; Whisky I/48–49;
    Wodka I/174
    Marken: A I/256; CZ I/204, 205; D I/334; F II/48,
    137–138; I II/307; IRL I/76–77; N I/112;
    NL I/358, 359; RUS I/174; SCO I/51
    Sorten: A I/256; CZ I/204; D I/334; E II/165; F
    II/48, 50, 136, 138–140, 145; GR II/328; I II/304,
    307; IRL I/76–78; N I/112; NL I/358; RUS I/174;
    SCO I/48–49, 51; TR II/343
    Rezepte mit Spirituosen: B II/24, 26; D
    I/318–319, 322; F II/52–53, 84; I II/292; NL I/358
Sprotten, Kieler I/299
Stamppot I/344
Stangenspargel I/310
Starkbier I/40, 74, 99, **331, 332,** II/28
Steak and Kidney Pie I/27 (Abb.)
Steak nach Art Lissaboner Cafés II/221 (Abb.)
Steak-Nieren-Pastete I/27 (Abb.)
Steinsuppe II/212 (Abb.)
Stekt Gädda I/124 (Abb.)
Stilton I/32–33
Stockfisch I/108–109, II/62, 162, 176, 208, 209, **217**
Stockfisch in scharfer Knoblauchsauce II/181
Stockfischklößchen II/217 (Abb.)
Stockfisch mit Sahne II/217
Stoemp II/16
Stoemp aux choux de Bruxelles et carottes II/18
Stopfleber s. Ente; Gans
Stör
    Allgemein: RUS I/159-161; TR II/346
    Arten I/159
    Kaviar I/158, 159, **160–161,** II/346
    Spezialitäten (s. auch Rezepte): RUS I/159
    Rezepte: RUS I/159
Stör in Champagner I/159
Stout I/40, 74, 99
Strammer Max I/287 (Abb.)
Strapačky I/203
Südwein s. Likörwein
süllö I/214
Šunka lesnická I/198
Suppe
    Allgemein: CZ I/204; E II/171, 174; F II/70–71;
    GR II/316; I II/264–265; P II/210, 212; RUS
    I/164–165

(Fortsetzung umseitig)

Suppe *(Fortsetzung)*
Spezialitäten (s. auch Rezepte): E II/171, 174; F
II/70–71; GR II/325; H I/218; PL I/180
Rezepte: CZ I/204, 209; D I/286, 309; E II/171,
174; F II/66, 70–71; GR II/317; I II/264–265; NL
I/344; P II/210, 212–213; PL I/183; RUS
I/164–165; SCO I/56–57; SK I/209
Suppe aus Pavia II/264
Suppe nach Alentejo-Art II/213 (Abb.)
surströmming **I/122**
Suspiros de monja II/195
Süßholz I/354, II/48
Süß-saures Auberginengemüse II/246
Süßspeisen
Allgemein: A I/254; DK I/87; E **II/194;**
FIN I/143; I II/292; GR II/332; IRL **I/83;** P
II/228–229; RUS **I/170;** S I/128; TR **II/352**
Spezialitäten (s. auch Rezepte): GR II/333; I
II/292–293; P II/228–229; TR II/351–352
Rezepte: A I/251, 254; D I/314; E II/195;
F II/144, 146–147, 153; FIN I/143; GR II/333;
H I/224–225; I II/292; IRL I/78, 79, 83; PL I/183;
RUS I/170–171; S I/128
Süßwaren s. auch einzelne Sorten; Kleingebäck
Allgemein: B **II/38;** CH **I/274, 277;** D **I/320–323;**
E II/194; ENG **I/20–21;** F **II/150, 152–155;**
NL **I/354–355;** P **II/228;** TR **II/352**
Spezialitäten (s. auch Rezepte): B II/38;
CH I/274, 277; D I/320, 322; E II/194; ENG
I/20–21; F II/154–155; NL I/354–355; P II/229
Rezepte: CH I/274; D I/321, 322
Swaledale I/33
sweet shops I/21
Sweschije Schtschi I/164 (Abb.)

Tabakwaren s. Zigarren; Wasserpfeife
Tafelspitz, Wiener I/236 (Abb.)
Tagliatelle coi tartufi II/253
Taleggio II/263
Tapas **II/160–163**
Taramosaláta II/315 (Abb.)
Tarte Tatin II/146
Taube
Allgemein: B II/20; F II/79, 80
Arten: A I/240; B II/20
Rezept: SCO I/57
Tea Scones I/17, 20
Tee
Allgemein: ENG **I/15, 16–19,** 38; RUS **I/173;**
TR **II/354**
aromatisiert **I/16, 18–19**
Gedeck I/17, 172, 173
grüner Tee I/18–19
Herkunft I/16, **18–19,** 148, 173, II/336, 354
Kräutertee I/18
schwarzer Tee **I/16–19**
Sorten I/16, 18–19
Sortenbezeichnungen **I/18–19**
Pflanze I/18
Verkostung **I/19**
Waldtee **I/173**
Zubereitung: ENG **I/16;** RUS **I/172–173;**
TR **II/354–355**

Teebrötchen I/20
Teehaus (Teestube) I/16, II/354
Teigtaschen s. auch Kleingebäck; Pasta fresca;
Pasteten
Allgemein: ENG **I/**34, **42;** GR **II/317;** RUS
I/156–157; TR II/342
Spezialitäten (s.auch Rezepte): E II/162; GR
II/333; I II/254; P II/208; TR II/342
Rezepte: ENG I/42; I II/253; RUS 156–157;
TR II/342
Teigwaren s. auch Teigtaschen; Pasta fresca;
Pasta secca
Allgemein: A **I/250;** D **I/311;** I **II/248, 252, 255**
Spezialitäten und Sorten: I II/248, 250–251, 254
Rezepte: A I/251; D I/311; I II/252–253, 255, 265
Terrincho II/227
Terrine de foie de volaille II/75 (Abb.)
Terrine de lapin II/75
Terrinen s. auch Pasteten
Allgemein: F II/75
Spezialitäten (s. auch Rezepte): F II/86
Rezepte: F II/75
Tête de moine I/262
Tetilla II/191
Thermalwassersuppe, Karlsbader I/204
Thistle I/52
Thunfisch, Geschmorter II/283 (Abb.)
Thunfischragout II/181
Tintenfische, Gefüllte II/246
Tintenfische neapolitanische Art II/283
Tiramisù II/292
Tiroler Krapfen I/255
Toddy I/52
Toffees I/20–21
Tokajer **I/**213, **227**
tokány **I/218**
Töltött körte I/225 (Abb.)
Töltött paprikᇠI/221
Tomaten, Gefüllte II/84
Tomaten-Paprika-Gemüse I/221
Tomatensalat II/340
Tomatensauce II/189 (spanische); **II/248**
(italienische)
Tomates farcies II/84
Tomatsill I/123 (Abb.)
Tomme I/262
Tomme de Savoie II/119, 123
Tonno stufato II/283 (Abb.)
Topfenknödel I/251
Topinky I/209
Torsketunge I/109
Tortellini II/253
Torten s. auch Kuchen
Allgemein: A **I/257;** D **I/318–319;** F II/150–151
Spezialitäten (s. auch Rezepte): A I/249;
D I/318; I II/292–293
Rezepte: A I/254, 257; CH I/275; D I/318–319
Tortillas II/175
Traditional Barm Brack I/72
Traditional Braised Turkey I/43
Traiteur **II/84**
Trappistenbier **II/**28, 29, **30–31**
Trockenfisch **I/108–109**

Tronchón II/191
Trou d'sottai II/35
Truchas a la Navarra II/180
Trüffeln **II/72–73, 278, 288**
Trüffeln, Bandnudeln mit II/253
Trüffeln unter Asche II/73
Trüffelomelett II/73
Truffes sous la cendre II/73
Truthahn
Allgemein: ENG **I/42;** F II/79, 81
Rezept: ENG I/43
Truthahn, Geschmorter I/43
Truite aux amandes II/64
Tulum Peyniri II/350
Türkischer Honig II/352
Twining, Thomas I/16
Tzatzíki II/314 (Abb.)

Überbackener Chicorée II/18
Überbackener Rogen I/124
Überbackener Schinken mit Spargel I/198
Ucha I/164–165
uisge beatha I/48, 76
Uld Man's Milk I/52

Vacherin I/262
Vacherin Mont d'Or **II/115,** 119, 121
Västkustsallad I/124
Velouté II/71
Venezianisches Huhn in Tomatensauce II/276
(Abb.)
Venusmuscheln auf Seemannsart II/181
Vetelängd I/128
Victoria, Queen I/17
Vinaigrette II/105
Vinbärskräm med Vaniljsås I/128
Vinho verde **II/232**
Vin Santo **II/302**
Vitello tonnato II/272
Vlaai, Limburgse **I/352–353**
Volaille de Bresse **II/78–79**
Vorspeisen s. Antipasti; Meze; Mezédes; Petiscos;
Sakuska; Smörgåsbord; Tapas

Waffeln, Lütticher **II/36**
Waldpilzsalat I/143
Wasserpfeife II/336
Waterzooi II/15 (Abb.)
Wecken (s. auch Brötchen) I/15, 284
Wecken, Gebackene I/15
Weichkäse mit Rotflora **II/115**
Weichtiere s. Schal- und Weichtiere
Weihnachten
Allgemein: ENG **I/42;** F II/76; NL I/356–357;
P II/229; PL I/179
Spezialitäten (s. auch Rezepte): CZ I/201;
E II/194; P II/229; PL I/184
Rezepte: D I/321; ENG I/42–43; FIN I/145;
I II/293; IRL I/67; NL I/356–357
Wein s. auch Apfelwein; Likörwein; Schaumwein
Allgemein: A **I/244–247,** 254; CH **I/264, 271;**
D **I/325–326;** E **II/164–165, 196, 200;** F **II/43,**
124–133; FIN I/137; GR **II/329, 331;** H **I/227;**

374 Register

I **II/298, 301–302**; N I/112; P **II/232, 234, 235**;
S I/129; SK I/197
Anbaugebiete: A **I/245**, 247; CH **I/271**; D I/325,
327; E **II/142, 196, 199**; 200; F **II/125, 126–133**,
134; GR **II/329**, 331; I **II/298, 300**–302; H I/227;
P **II/232, 233**, 234, 235; S I/129; SK I/197
Apfelwein: D **I/328–329**; E **II/202–203**;
ENG **I/41**; F **II/142**
Ausbruchwein: H **I/227**
Federweißer: D **I/326**
geharzt: GR **II/329**
Herstellung: allgemein: D **I/325**, GR II/331;
speziell: Cava **II/200–201**; Champagner **II/135**;
Cider I/41; Cidre **II/142–143**; Ebbelwoi **I/328**;
Federweißer I/326; Mamos **II/331**; Sherry
II/164–165; Sidra **II/202**; Tokajer **II/227**; Vino
joven **II/196**; Vin Santo **II/302**
Heuriger: A **I/247**
Klassifizierung/Kategorien: A I/245; D **I/326**;
E **II/197, 200**; F **II/124–125, 134**; I **II/298**; P **II/233**
Likörwein: E **II/164–165**, GR **II/331**; I **II/302**;
P **II/234, 235**
Rebsorten: A **I/245**; CH **I/271**; D **I/325–327**; E
II/198; F **II/127–128, 130–132**, 134; GR **II/329**,
330, **331**; H **I/227**; I **II/298**; P **II/234, 235**; RUS
I/170
Schaumwein: E **II/200–201**; F **II/134–135**;
RUS **I/170**
Vin Santo: I **II/302–303**
Spezialitäten und Sorten: A I/245; CH I/271;
D I/326–327; E **II/164, 196, 200**; F **II/127–134**;
H I/227; I II/298, 300–302; P II/232, 234, 235
Spezialitäten zum Wein: A I/247; CH I/272;
E II/162–163, 200; ENG I/33; F II/110, 116;
GR II/331; I II/253
Rezepte mit Wein: A I/243; B **II/17**, 24–25;
CH I/269; CZ I/198; D I/287, 297, 306, 310, 314,
319; E II/180, 183; ENG I/27; F **II/52–53**, 75,
82–85, 94, 99, 147; I II/246, 266–267, 274–278,
282–283, 292; IRL I/70; NL I/351; P II/213. 215,
221; SCO I/53, 57
Weinbrand s. auch einzelne Sorten
Allgemein: D **I/334**; F **II/136, 139**; I **II/307**;
S I/129
Herstellung: Armagnac **II/139**; Cognac **II/136**
Marken: D I/334; F **II/137**; GR II/328; I II/307
Weincreme II/292
Weiße-Bohnen-Suppe II/317 (Abb.)
Weißschimmelkäse II/115
Weizenbier **I/331**, 332, 333, **II/28**
Wensleydale I/32
Westküstensalat I/124
Wexford Irish Brie I/82
Whiskey s. auch Whisky
Allgemein: IRL **I/76–77**
Destillerien (Brennereien) **I/76–77**
Herstellung **I/77**
Museum I/76
Marken und Sorten: **I/76–77**
Rezepte (Drinks): I/79
Whiskey Punch I/79
Whisky s. auch Whiskey
Allgemein: ENG I/38, SCO **I/47–48**; S I/129

Destillerien (Brennereien): **I/48–51**
Herstellung **I/48–49**
Marken **I/51**
Sorten **I/48–49**, 51
Rezepte (Drinks): I/52–53;
Whisky Collins I/53
White Caudle I/52
Wiener Brot I/100
Wienerbrotteig I/101 (Abb.)
wienerbrød **I/100**
Wienerbrødsdej I/101 (Abb.)
Wiener Schnitzel I/238–239 (Abb.)
Wiener Tafelspitz I/236 (Abb.)
Wild s. auch Elch; Kaninchen; Rentier
Allgemein: A **I/240**; B **II/24**; E **II/172**; I **II/278**;
N I/114
Arten: A I/240; I II/278; N I/114
Jagd A **I/240, 241**, B **II/24**; E **II/172**; I **II/278**
Zubereitung I/242
Spezialitäten (s. auch Rezepte): I II/270;
IRL I/66; N I/114
Rezepte: A I/242–243; B II/24–25; D I/297;
I II/278–279; N I/115; SCO I/57
Wildentenbrust auf Sauerkraut II/25
Wilderer-Eintopf I/57
Wildschwein in Rotwein II/278
Wildschwein nach Lainzer Art I/243
Wilhelm IV., Herzog von Bayern I/331
Winzer-Vesper I/287 (Abb.)
Wodka
Allgemein: FIN I/137, 138; PL I/179, 192;
RUS **I/150, 174**
Liköre **I/174**
Marken und Sorten: RUS **I/174**
Spezialitäten zum Wodka: PL I/180, 184
Rezepte mit Wodka: F II/53
Wolowina z grzybami I/186
Worcestershire-Sauce I/28–29
Wurst s. auch einzelne Fleischarten
Allgemein: A **I/247**; D **I/293**; DK **I/92**;
E **II/168–169**; F **II/88–89**, 101; H **I/213**; I **II/268**,
270; P **II/222**; PL I/188
Herstellung I/188, II/168–169, 270
Spezialitäten und Sorten: A I/233, 246, 247;
D I/293, 295, 333; DK I/92; E II/168–170;
ENG I/25; F II/87, 88, 90–91, 101; I II/268–271;
IRL I/66; P II/208, 222–223; PL I/178, 188–189;
Rezepte: D I/287; ENG I/43; IRL I/66–67;
NL I/344; P II/210, 213; PL I/185
Würziger Ochsenschwanz mit Buchweizen I/166

Yoğurtlu Kabak Kızartması II/345
Yoğurt Tatlısı II/351 (Abb.)
Yorkshire Pudding I/24
Yufka **II/338, 342**

Zabaione II/292
Zamorano II/191
Zander
Allgemein: CH I/269; F II/63; H **I/213, 214**
Rogen I/140
Zubereitung **I/214**
Rezept: H I/215

Zander, Ganzer gebratener I/215
Zander nach Gundel-Art I/215
Zapečená šunka plněná chřestem I/198
Zarzuela II/176, 180
Zeytinyağlı Pırasa II/345
Ziegenkäse s. auch Käse; s. auch einzelne
Produktnamen
Allgemein: E **II/190**; ENG **I/33**; F **II/112**, 114,
118; IRL I/80; N I/116–117
Herstellung: F **II/118–119**
Sorten: B II/34; E II/190–191; F II/119, 121;
GR II/326; N I/116; NL I/342; P II/227;
TR II/350
Zigarren
Allgemein: CH **I/278–279**
Cohiba **I/278**
Davidoff I/278
Formate **I/278, 279**
Herstellung **I/279**
Kuba **I/278–279**
Lagerung I/279
Marken **I/278, 279**
Zigaretten-Börek II/342
Zitrusfrüchte s. auch Obst
Allgemein: E II/192–193; GR II/332
Marmelade I/22–23
Sauce I/29
Rezept: E II/195
Zrazy duszone z grzybami I/180
Zucchiniblüten, Fritierte II/285
Zucchini-Frikadellen II/318 (Abb.)
Zucchini mit Joghurtsauce, Ausgebackene II/345
Zuger Kirschtorte I/275
Zuppa pavese II/264
Zürcher Geschnetzeltes I/267 (Abb.)
Zwiebeln, Eingelegte I/31
Zwiebeln in Weißwein II/246
Zwiebelrostbraten I/237
Zwiebelsuppe II/71